谨以此书献给

陕西省考古研究院成立六十周年

本报告出版得到

陕西省文物保护专项资金资助

陕西省考古研究院田野考古报告　第83号

The Eastern Edge of the Zhouyuan Site Complex

A Report on the Archaeological Excavations in 2012

周原遗址东部边缘

2012年度田野考古报告

陕西省考古研究院
北京大学考古文博学院　编著
宝鸡市周原博物馆

上海古籍出版社

内 容 简 介

2012年,陕西省考古研究院等单位,在陕西周原遗址清理西周墓葬、马坑47座,试掘居址114.3平方米,考古调查10平方千米。本书系周原遗址2012年度田野工作报告,包括前言、姚家墓地的钻探与发掘、姚家墓地周邻区域的试掘与钻探、周原遗址东部边缘区域的调查、结语共五章。这批资料初步揭示了西周时期周原遗址东部边缘区域的文化、聚落与社会特征。

本报告适合考古、先秦史研究人员及大专院校相关专业师生阅读。

图书在版编目(CIP)数据

周原遗址东部边缘:2012年度田野考古报告/陕西
省考古研究院,北京大学考古文博学院,宝鸡市周原博物
馆编著.—上海:上海古籍出版社,2018.10
　　ISBN 978－7－5325－8988－3

　　Ⅰ.①周…　Ⅱ.①陕…　②北…　③宝…　Ⅲ.①文化遗
址-考古发掘-发掘报告-宝鸡-西周时代　Ⅳ.
①K878.05

　　中国版本图书馆CIP数据核字(2018)第222191号

周原遗址东部边缘
——2012年度田野考古报告
陕西省考古研究院
北京大学考古文博学院　编著
宝鸡市周原博物馆
上海古籍出版社出版发行
(上海瑞金二路272号　邮政编码200020)
　(1)网址:www.guji.com.cn
　(2)E-mail:guji1＠guji.com.cn
　(3)易文网网址:www.ewen.co
上海雅昌艺术印刷有限公司印刷
开本889×1194　1/16　印张34.5　插页29　字数765,000
2018年10月第1版　2018年10月第1次印刷
印数:1—1,800
ISBN 978－7－5325－8988－3
K·2552　定价:298.00元
如有质量问题,请与承印公司联系

目　录

插 图 目 录

插 表 目 录

彩 版 目 录

图 版 目 录

序

从1999年周原遗址的考古工作再次启动到现在,已将近20年了,这期间,周原遗址以及围绕周原遗址在关中西部开展的考古工作取得了一系列重要成果,可谓关中地区周代考古的黄金时期。其中,2012年对周原遗址东部边缘姚家一带的考古调查、钻探和发掘便是成果之一。

2010年,姚家墓地被盗。2011年,经初步钻探,确知这是一处西周墓地。2012年,陕西省考古研究院作为主持单位,邀请北京大学考古文博学院和宝鸡市周原博物馆,联合组成周原考古队,对姚家墓地进行抢救发掘。姚家东临美阳河,据以往考古资料,这里属周原遗址的东部边缘。发掘前,考古队再次对墓区进行了全面钻探与调查,得知姚家墓地仅有墓葬,其中包括两座带墓道的大墓,基本没有同时或更早的文化堆积,推测与遗址北缘的黄堆墓地类似,应是一处单纯的墓地,且等级较高。有墓地就有居址,那么与墓地相对应的居址在哪里,这是需要考虑的问题。于是,在对姚家墓地勘探和发掘的同时,亦在其附近进行了详细调查和勘探。

自1999年以来,本人曾是周原考古队的成员,故对周原的所有发现都颇感兴趣。虽没参加姚家一带的考古工作,但曾到发掘现场参观、学习与交流。报告成稿后,亦粗粗浏览一遍,因此对这项工作有比较详细的了解。感想有一些,以下略举二三。

首先是田野发掘方面。

本次发掘的主要是墓葬,居址遗迹很少。对先秦时期竖穴土坑墓的发掘,是田野考古工作再平常不过的项目,看似简单,好像每位考古工作者都能胜任,且做得很好。其实,若予深究,目前的学术界仍有诸多不尽人意之处,尤其是在发掘方法与文字记录方面往往比较粗疏。本次对姚家墓地的发掘则不然,注意了对诸多细微之处信息的提取,值得借鉴。比如对墓葬填土的发掘,根据墓葬形制与规模,在不同部位设计不同的剖面,以全面了解填土的堆积状况。这种发掘方法显然是必要的,可目前在学术界还比较少见。

再如对墓葬面积的记录,本报告除记录墓口尺度外,尤其重视墓底的尺度,正如报告所言,墓口往往被破坏,并非当时原状,而墓底则是真实的。众所周知,学术界在研究墓葬等级时,多把墓葬规模列为重要指标,而规模大小的主要依据就是面积,尤其对被盗的墓葬来说,面积几乎是判断墓葬规模与等级的唯一依据。那么在比较研究时,究竟以口部面积为准,还是以墓底面积为准更科学、更合理,显然后者优于前者。查一下以往的考古发掘报告,仅有墓口尺度,而缺少墓底尺度者并不罕见。

又如对墓道坡度的测量，发掘者根据实际情况，予以分段测量，多者有三个数据，而非简单地只测量一个数据。已发现的大量墓道表明，多数墓道底部与墓室相接一段比较平缓，甚至近于水平，可见，对这样的墓道底面坡度的测量，至少要有两个数据。对于墓壁，不仅观察和记录其加工修整状况，还仔细观察和记录了其所打破的所有地层。也正因如此，才发现了早于墓地的蓄水池这一重要设施。其实，即使墓葬全部打破生土，这样做也是有意义的。在周原遗址范围内，从顶层生土——红褐色土往下约7米深处，出现一层红色黏土层。当最初发现墓口时，若填土内含有红色斑点，则可知该墓打破了红色黏土层，深度不少于7米；若填土中不见红色斑点，则该墓深度不及7米，这一信息有益于下部发掘方案的制定。另外，根据这层红色黏土层堆积深度的规律，还可复原地表破坏严重之处的墓葬的深度。例如，有些墓地因后来取土或平整田地被削去很多，那么，只要发掘时注意墓壁上红色黏土的出现高度，就可推知其上的生土被削掉多厚，依次就可将墓葬深度复原。可见，在发掘墓葬时，注意墓葬打破地层——包括生土层的详细信息也是非常重要的。

其次是工作方法与理念方面。

就商周时期而言，周原遗址是一处连续时间较长的遗址，从"京当型"商文化到西周末年，一直相延不断。在这样的遗址开展考古工作，复原其聚落早晚变迁，还原各阶段聚落状况，首先要解决的问题是考古学文化分期。然而在1999年之前，周原遗址的考古学文化分期尚未完善，因此，当1999年周原遗址的考古工作再次开展时，我们就把建立该遗址的考古学文化分期编年列为首要任务，选择合适的地点予以发掘。1999年对齐家北的发掘，建立了西周时期的分期序列；2001年王家嘴与贺家的发掘建立了先周至西周早期的分期序列。两次发掘比较理想，目标基本实现。有了这一基础，再在遗址调查与发掘时，便可判定各期段的分布状况；无论遇到任何遗迹，只要有可以判断期别的遗物出土，就可对其做出时代定位，为今后工作的开展与研究提供依据。唯有如此，才能深入探讨聚落结构与变迁。

2012年姚家一带的考古工作亦以此为前提，并结合发掘者以往的田野考古经验及对周原的整体认识，采用了一些新的理念和方法。对此，本报告亦有总结。如在田野考古调查时，注意聚落结构，尤其注意功能区的划分。强调在分析聚落形成过程的基础上，根据多项标准，包括对空白地段与空白断坎的调查与记录，以及一些线性遗迹如水渠走向的分析等，这一做法对最终功能区的划分成效显著。如本年度对西周早期姚家水池及姚家西两个功能区的划分；对西周中晚期姚家墓地区、许家北区、姚家西区三个功能区的划分等。对姚家墓地本身，又依墓葬规模、方向和墓葬间的空白地带，划分为三个墓域。这对进一步判断不同功能区的相互关系非常重要，可以深化对聚落结构的了解。

在不同功能区确定之后，分别制定田野工作方案。如对姚家墓地的钻探，本次采用全面详探、准确定位的方法，搞清了墓葬数量、形制、分布与范围。发掘证明，钻探的准确率达到90%以上，这在周原遗址尚属首次。在多数情况下，由于一个墓地不可能全部发掘，准确的钻探结果对后续研究颇有助益。2012年对姚家墓地的发掘，由于各方面条件所限，就未全面揭露，但读者可以根据钻探平面图,对墓葬的分布与墓域的情况有个完整的了解。

另外,本报告在划分不同功能区之后,亦尝试探讨了部分功能区之间的关系。如初步认为许家北居址区,时间上与姚家墓地同时,且距姚家墓地最近。2000年,在许家北出土过一件青铜器,疑属窖藏,说明这里属贵族居住区,而姚家墓地包括有两座带墓道大墓。据此判断,姚家墓地与许家北居址区有对应关系,这一推断是比较合理的。

至于田野发掘期间值得借鉴的具体方法,前面已有涉及,不再重复。

最后是学术意义方面。

本次姚家一带考古调查与发掘的学术意义,我以为以下三点最为重要。

第一,姚家墓地是新发现的一处单纯的西周墓地,而且包括两座带墓道大墓,还包括不同的族系。这样的墓地位于遗址东部边缘,颇耐人寻味。

周原的墓地很多,但单纯的墓地很少,多与居住遗存交叠或错落。以往掌握的单纯墓地有黄堆墓地和贺家墓地。至于带墓道大墓,周原遗址仅在刘家发掘过一座。我们知道,西周时期带墓道大墓的等级多与诸侯级墓相当,姚家两座带墓道大墓的等级可想而知。联系位于遗址北部边缘的黄堆墓地,依以往发掘,可知该墓地有不少高级贵族墓,甚至有学者怀疑与周王室有关。据刘士莪先生调查,黄堆墓地也有带墓道大墓。这两处包括高级贵族墓在内的墓地,分处遗址东、北边缘,与周公庙遗址墓葬的分布规律相同,应该不是偶然现象,当属有意而为。在探讨周原聚落结构时,不容忽视。

至于墓地中不同族属之间的关系,报告根据墓葬等级和随葬品特征,进行了合理推测,认为墓地内西、北区的周系族群是统治者,南区殷遗民族群是周系族群的附庸。

第二,姚家西区发现有西周早期遗存,包括陶瓦和铸铜遗物。这是目前所知周原遗址西周早期最东边的一处遗存,它不与其它西周早期遗存的区域相连。这一发现改变了对周原遗址西周早期遗存分布范围的认识,对理解当时的聚落结构亦有帮助。陶瓦的发现,说明在西周早期这里有大型建筑;铸铜遗存的发现,预示着可能存在铸铜作坊。若联系近旁同时期大型池渠的存在,这里显然是一处高级贵族的居住地。这些发现让我们想到,在西周早期,生活在周原的人们并非居住在一个紧邻的区域内,而是相隔一段距离,各自相对独立,呈散点式分布,也许它们就是一个个采邑,究竟有多少个,需要今后的考古工作予以揭示。

在姚家西区一西周早期灰坑CH2中出土一件横绳纹鬲,这种鬲个性特征鲜明,一般体型较小,窄沿、有领、联裆、足稍高,很易辨认。过去都认为它和乳状袋足鬲属先周时期,我们曾根据周原和周公庙遗址多个遗迹单位的发现,觉得这两种鬲都与西周早期器物共存,可延用到西周初年,有学者曾就袋足鬲进入西周作过论述,宝鸡石鼓山多座西周早期墓随葬乳状袋足鬲的现象,已证明其确实延续到西周初年。现在看,横绳纹鬲也当如此。若这一推断不误,则姚家西CH2的年代属西周初年。由于本处不见更早的文化遗存,故它们的主人来自他方,这或许与周初大规模移民有关。

第三,姚家大型水池与沟渠亦属新的重要发现,时代属西周早期,依局部勘探,有的沟渠似通往召陈一带。这说明该池渠设施是经过统一规划的,也供其它居民点使用。

周原遗址的池渠遗迹发现于2009年,即周原博物馆对云塘大型池渠遗迹的勘探与发掘。这一发现引起了周原考古队的高度重视,意识到它是聚落结构的重要组成部分。继此之后,考古队在这方面进行了连续、大规模勘探,取得一系列重要成果,包括山前的巨型蓄水池与防洪设施。姚家池渠设施属偶然发现,而且位于遗址东部边缘,使用时间较短,究竟它与云塘池渠等遗迹是何关系,这是一项庞大的系统工程,需要今后做很多细致的田野考古工作方能梳理清楚。

类似的设施早在郑州商城和偃师商城,近在殷墟和沣西都有发现,说明在商周时期的大型遗址中是普遍存在的现象,其它遗址也需引起重视。

以上就本报告谈了一些自己的想法,部分与报告作者近同。拉拉杂杂,不成系统,也未必说在要点上。读者可据报告另抒高见,并对本文不周之处给予指正,以深化周原乃至周文化的研究。

北京大学考古文博学院　刘　绪

2018年9月

第一章 前 言

　　2012年2月至12月，以抢救性发掘陕西扶风县姚家墓地被盗墓葬为契机，由陕西省考古研究院作为主持单位，邀请北京大学考古文博学院和宝鸡市周原博物馆，联合组成周原考古队，以姚家墓地为中心，对周原遗址东部边缘区域开展考古调查、钻探和发掘。这是继2004年之后，对周原遗址进行的又一次大规模田野考古工作。本报告为周原遗址2012年度田野考古工作报告。

　　本章在简要介绍2012年度工作背景的基础上，概述年度工作内容与工作过程，介绍田野工作理念与方法，以及本报告编写理念与体例。

1.1 遗 址 位 置

　　《诗经·大雅·绵》云："周原膴膴，堇荼如饴。"按照史念海先生的考证，历史上的周原，是一个自然地理单元，位于陕西省关中平原西部，北倚岐山，南临渭河，包括现在陕西省凤翔、岐山、扶风、武功、杨凌的大部分，兼有陈仓、眉县、乾县三县（区）的小部分，东西70余千米，南北20余千米[1]。学界将该区域或称为"广义的周原"，也有称"周原地区"。21世纪初，由陕西省考古研究院、北京大学考古文博学院和中国社会科学院考古研究所等单位组成的周原考古队，又提出了"大周原考古"的概念。所谓"大周原"，与历史上的周原范围大致相同，稍有差别的是，"大周原"东部包括了漆水东岸的部分区域，西边可达宝鸡市区附近，北抵岐山，南部包括渭河南岸邻近区域。

　　周原遗址，因历史上的周原而得名，学界或认为是"狭义的周原"。该遗址位于今陕西省宝鸡市岐山、扶风两县北部的交界地带，东南紧邻法门寺遗址，西距商周时期大型聚落——周公庙遗址27千米（图一），包括了岐山京当镇和扶风法门镇的20多个自然村（图二；彩版二）。

　　遗址的具体范围认识不一，几经变更。截止到2017年的考古资料显示，古代遗存分布的主要范围，北到岐山脚下，南界为关中环线公路，东至美阳河，西达岐山县的岐阳堡，总面积约33平方千米。若考虑商周时期的聚落水系遗存等因素，周原遗址范围则应更大。

---

[1]　史念海：《周原的变迁》，《河山集（二）》，生活·读书·新知三联书店，1981年。

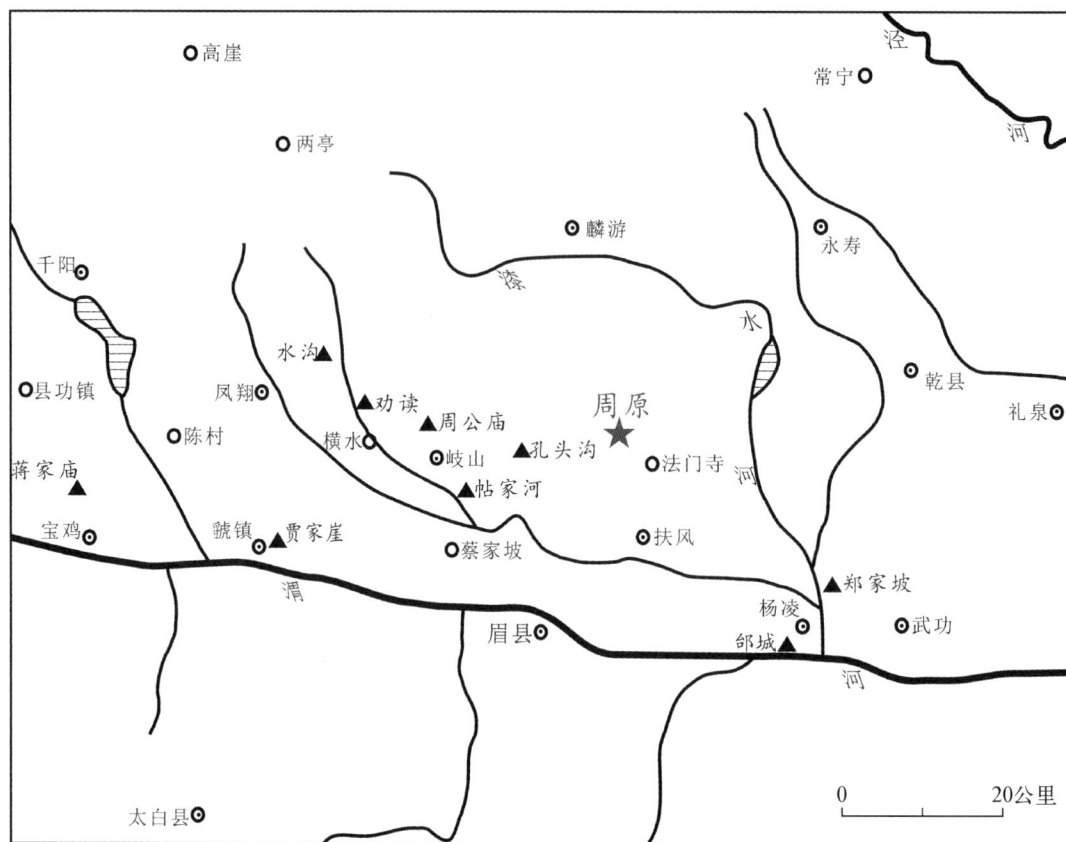

图一　周原遗址位置图

1.2　工　作　背　景

以石璋如先生1942年在周原遗址的考古调查[1]为肇端,周原遗址的田野工作已经有七十余年历程,大规模的田野考古工作时断时续。自1999—2003年的大规模发掘之后,田野工作又一度陷于沉寂。2004—2011年间,周原考古队在"大周原"地区进行了多次田野发掘,不仅取得了巨大收获,还积极探索了周原地区聚落考古的新理念与新方法。2012年度周原遗址的田野考古工作,就是在上述背景下展开的。

1.2.1　以往田野工作概况

周原遗址真正意义上的科学发掘,是中华人民共和国成立后开始的。1949—1999年间的田野考古收获颇丰,初步确定了遗址范围,较为深入地揭示了遗址内涵,一系列重要发现彰显了遗

---

[1]　石璋如:《传说中周都的实地考察》,《历史语言研究所集刊》第20本下册,1948年。

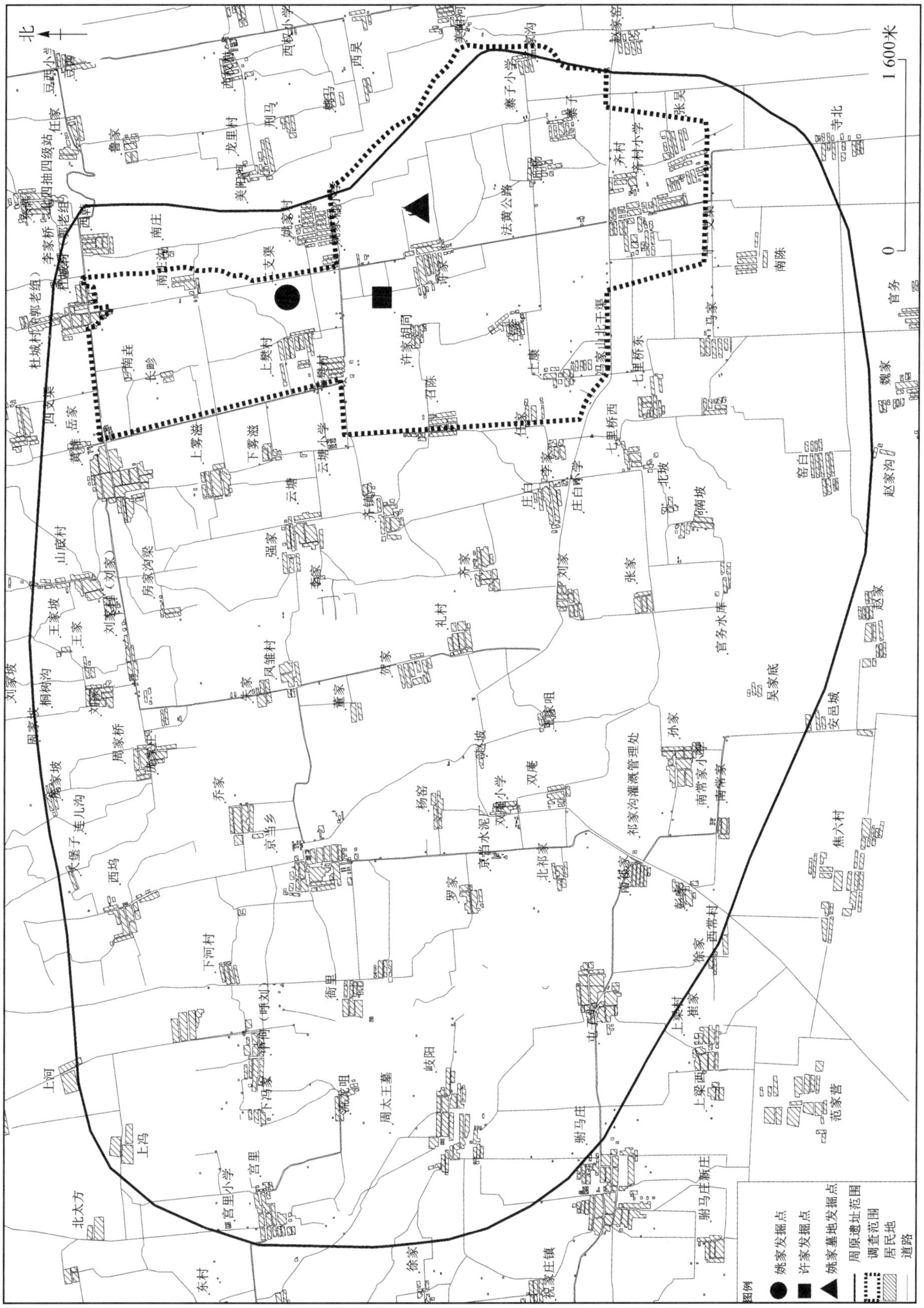

图二　2012年度周原工作区域位置图

址的重要价值。这一阶段的收获和研究成果已有学者进行过总结[1]，谨此不赘。

1999—2005年，由陕西省考古研究所、北京大学考古文博学院和中国社会科学院考古研究所三家单位，联合组成新的周原考古队，继1976年以后，又一次对周原遗址开展了大规模的田野考古工作，取得了丰硕成果，择要列举数端：

1. 1999年，于齐家东壕地点发掘了西周时期的居址和墓葬等遗存，将所获遗存分为三期6段，借此建立了周原遗址西周时期较为详细的考古学文化分期和陶器编年谱系[2]。

2. 1999—2002年间，于云塘、齐镇地点发掘了3座大型建筑院落[3]，为研究西周时期大型夯土建筑的建造技术、建筑形制和宫室制度等提供了新资料，这是西周建筑考古的重要收获。

3. 2001年，于王家嘴和贺家两地点，发掘商及西周时期遗存[4]，将商代遗存分为二期6段[5]，藉此建立了周原遗址商时期较为详细的考古学文化分期体系与文化谱系，有力推进了先周文化探索等重大学术课题的进展。

4. 2002—2004年，周原考古队发掘了齐家北的制石作坊[6]，对李家铸铜作坊进行了三次发掘[7]。这不仅为研究周原遗址西周时期的制石及铸铜工艺提供了丰富资料，也促进了周原手工业的研究。

5. 2001年，对周原遗址进行了较为全面的考古调查，更加深入地了解了商周时期遗存的分布与文化特征[8]。2002年七星河流域[9]和2005年美阳河流域的区域系统考古调查[10]，是首次以周原遗址为中心的区域聚落形态考古。

此外，对周原遗址的田野考古工作，还需强调两点：

1. 宝鸡市周原博物馆、宝鸡市考古队和岐山县周原博物馆，常年在周原遗址进行了大量的田野调查、文物征集、发掘清理、考古钻探等工作。这些考古收获及其学术意义亦十分重要。

2. 2011年，宝鸡周原博物馆发现并发掘了云塘池渠遗存[11]，可谓周原水系遗存考古发掘的开端。

虽然周原遗址的发掘和研究取得了丰硕成果，但有关周原遗址聚落布局的针对性田野考古与研究还非常薄弱，如：遗址的具体边界尚不明确，面积认识还未统一；虽知遗址墓葬数量众多，

[1] 马赛：《聚落与社会——周原遗址商周时期考古学研究》，北京大学博士学位论文，2008年。
[2] 周原考古队：《1999年度周原遗址ⅠA1区及ⅣA1区发掘简报》，《古代文明》（第2卷），文物出版社，2003年；黄曲：《周原遗址西周陶器谱系与编年研究》，北京大学硕士学位论文，2003年。
[3] 周原考古队：《陕西扶风县云塘、齐镇西周建筑基址1999—2000年度发掘简报》，《考古》2002年第9期。
[4] 周原考古队：《2001年度周原遗址（王家嘴、贺家地点）发掘简报》，《古代文明》（第2卷），文物出版社，2003年。
[5] 雷兴山：《周原遗址商时期考古学文化分期研究》，《古代文明》（第6卷），文物出版社，2007年。
[6] 周原考古队：《周原——2002年度齐家制玦作坊和礼村遗址考古发掘报告》，科学出版社，2010年。
[7] 周原考古队：《陕西周原遗址发现西周墓葬与铸铜遗址》，《考古》2004年第1期；周原考古队：《2003年秋周原遗址（ⅣB2区与ⅣB3区）的发掘》，《古代文明》（第3卷），文物出版社，2004年。
[8] 周原考古队：《2001年度周原遗址调查报告》，《古代文明》（第2卷），文物出版社，2003年。
[9] 周原考古队：《陕西周原七星河流域2002年考古调查报告》，《考古学报》2005年第4期。
[10] 周原考古队：《2005年陕西扶风美阳河流域考古调查》，《考古学报》2010年第2期。
[11] 宝鸡市周原博物馆、宝鸡市考古研究所：《周原遗址池渠遗存的钻探与发掘》，宝鸡市周原博物馆编《周原（第1辑）》，第264—297页。

但无一处墓地能明确范围和墓葬数量；商周时期聚落的功能分区还不清楚；青铜器窖藏与居址、墓葬的关系尚不能准确对应关系……凡此皆严重影响了聚落性质判定、先周文化探索等许多重大学术课题的深入开展。

1.2.2 "大周原考古"的主要收获

1999—2004年周原遗址考古期间，考古队成员感觉到，如果仅把田野工作局限在周原遗址，不仅不能更准确地判断周原遗址商周时期聚落性质，更不利于许多重大学术课题的解决。因此需走出周原遗址，在更大的区域开展田野工作，于是提出了"大周原考古"理念。2004—2011年间，由陕西省考古研究院和北京大学考古文博学院联合组成的考古队，在周原地区持续开展了一系列大规模田野工作，重要收获概要如下：

1. 2004—2011年，在岐山周公庙遗址，进行了"全覆盖式"的考古钻探，利用聚落结构调查方法进行了全面调查，对30多个重点区域进行了发掘。通过这次调查，发现了7处商周时期墓地共900多座墓葬，其中陵坡墓地是迄今为止西周时期等级最高的墓地，环绕该墓地周围的1 700多米夯土墙，应是目前所知最早的先秦时期陵墙；发现了40多座大型夯土建筑基址，首次发掘到先周文化大型夯土建筑；发掘了制陶、铸铜作坊，首次确认了先周文化铸铜遗存；发现了大量卜甲与卜骨，并初步辨识出甲骨文2 500多字，是全国其他遗址已见西周甲骨文总数的两倍半。根据这些收获，建立了该遗址商周时期较为详细的考古学文化分期体系与文化谱系，大致厘清了该遗址商周时期的聚落结构，初步判断聚落性质为周公家族之采邑[1]。

2. 2006—2008年，在岐山孔头沟遗址，发掘了多座西周时期墓葬，包括2座带墓道大墓。发掘了铸铜作坊，以及一批商周时期遗存，全面调查了该遗址，并初步厘清了该遗址商周时期聚落的形成过程与聚落结构，判断商周时期聚落性质为非姬姓的高级贵族采邑[2]。

3. 2004—2005年，在凤翔水沟遗址，进行了较为详细的考古调查，发现了4 000余米的夯土城墙，初步搞清了该遗址商周时期聚落的形成过程。2005年冬，在宝鸡市附近调查发现了若干商周时期遗存，最重要的是发现了蒋家庙城址。该城墙总残长2 190米，遗址总面积250万平方米。

4. 2007—2009年，试掘了凤翔劝读遗址、岐山帖家河和扶风下康遗址，收获了一批商周时期遗存。

5. 对"大周原"地区进行了区域系统调查，初步厘清了该区域商周时期的聚落形态。

此外，近年眉县杨家村和宝鸡石鼓山的考古发现，亦可视为大周原区域考古的重大收获。

大周原考古取得了一系列引人注目的成就，初步了解了该区域商周时期的聚落形态，较为深入地揭示了几个重点商周聚落的结构与性质，初步探讨了该区域商周时期的政治地理结构。更为重要的是，在大周原考古实践中，考古队探索总结了一些新的田野工作理念与方法，如"聚落结

---

[1] 种建荣：《周公庙遗址商周时期聚落与社会》，西北大学博士学位论文，2010年。
[2] 种建荣、张敏、雷兴山：《岐山孔头沟遗址商周时期聚落性质初探》，《文博》2007年第5期。

构调查法"等[1]。凡此皆对周原遗址的田野考古具有积极的指导或借鉴意义。

1.2.3　周原遗址田野工作的新构想

在进行大周原考古期间,我们已充分认识到,周原遗址是周原地区商周时期最核心的遗址,重大学术问题的最终解决,离不开周原遗址的发现。故我们多次计划重返周原遗址,并多次讨论该遗址田野考古的理念与方法,由此产生了一些不够成熟和完善的新构想,这也许可视为2012年度周原遗址考古的工作背景。

1. 工作目标

针对周原遗址以往田野考古与研究中急需解决的课题,依据新形势下对田野考古指导思想与相关要求,周原遗址新时期田野工作的总体目标有两个:

(1)以判断聚落性质为首要目标,大致厘清周原遗址商周时期遗存分布状况和聚落结构。周原遗址商周时期聚落布局与聚落性质,是周原考古当前最需解决的问题。聚落结构是研究聚落布局的有效途径,是判断聚落性质的必要前提,是研究社会问题必需的考古背景。

(2)较为深入地揭示周原遗址商周时期的社会组织结构和经济形态。社会组织结构涉及族群、等级构成等问题。经济形态主要以手工业遗存的发掘为主要对象,需大致搞清手工业的种类、数量及分布形态。通过对典型遗存的发掘和调查,我们可以了解各类手工业的生产工艺流程、管理模式、产品流通、工匠身份、技术操作链和手工业经济形态等。

2. 工作理念

(1)田野考古工作要以聚落功能区为切入点,围绕揭示功能区特征而展开。

(2)考古调查,注重功能区划分与聚落结构判断。不仅关注某一地点的遗存状况,更加注重居址与墓葬、青铜器窖藏的对应关系。

(3)考古发掘,强调把"堆积单位"作为发掘与记录单位;注重堆积形成过程和堆积结构的考察,甚至在发掘墓葬填土时亦需判断堆积过程;加强对以往有所忽略的堆积后过程影响因素的考察;除了以地层学作为发掘指导方法外,更强调埋藏学的指导作用。

(4)整理研究,在判断单位期别年代与考古学文化归属的基础上,更强调判断堆积单位属性;由"器物本位"转向"区位本位";由考古学文化谱系研究转向社会历史问题研究。

3. 工作方法

(1)考古调查方法采用"聚落结构调查法"。我们在充分借鉴"中国传统调查方法"与"区域系统调查方法"的基础上,曾提出了大遗址"聚落结构调查法"。这种调查方法的理念、工作目标与工作手段,与上述两种调查方法皆有不同,强调在分析聚落形成过程的基础上,根据多项特

---

[1]　种建荣、雷兴山:《周公庙遗址田野考古工作的理念与方法》,《考古与文物》2010年第2期。

此外,周原博物馆2012年初在刘家村附近发掘了4座墓葬,另有专文报道,也不收入本报告内。

1.4.3　各类编号说明

1. 区号与探方编号

本年度周原遗址发掘区编号原则仍沿用1999年周原遗址统一区划编号体系[1],即四象限分区方法。以齐家村东北村民齐万生住宅的东北角为十字坐标的原点(36 486 214,3 817 749),东西方向为X轴,南北方向为Y轴,将整个遗址分为四个象限,从东北方向开始依逆时针方向分别编为Ⅰ、Ⅱ、Ⅲ、Ⅳ象限。在每个象限内以400×400平方米为一个区的单位。X轴用英文字母A、B、C、D……表示,Y轴用阿拉伯数字1、2、3、4……表示。第Ⅰ象限距原点最近的为ⅠA1区,往东依次为ⅠB1区、ⅠC1区、ⅠD1区……;往北则为ⅠA2区、ⅠA3区、ⅠA4区……。其他象限的区号依此类推。

本年度发掘探方的布设及其编号均以400×400平方米为一区统一编排。每个探方按5×5平方米布设,一个区内共有探方6 400个;按10×10平方米布设,一个区内共有探方1 600个。第一象限以每个区的西南角为基点,探方依次由西往东、由南往北排列;第二象限以每个区的东南角为基点,探方依次由东往西、由南往北排列;第三象限以每个区的东北角为基点,探方依次由东往西、由北往南排列;第四象限以每个区的西北角为基点,探方依次由西往东、由北往南排列。

本年度发掘的探方位于上述编号区划中的第Ⅰ象限,分属于G2、F3和F4区,即姚家墓地位于G2区,许家北居址位于F3区,姚西居址位于F4区。由于本年度居址发掘面积甚少,且是根据所知遗迹而设方,所以探方编号未按照以往区划探方编号(4位数标示法),仅采用阿拉伯数字顺编,如T1。每个探方的完整表述应为:发掘年度+FZ(发掘遗址地区"扶风周原",下同)+象限号+区号+探方编号,如2012FZIF3T1、2012FZIF4T1等。但是为了阅读直观,一般表述为:发掘年度+FZ(发掘遗址地区"扶风周原",下同)+遗迹地点简称("许家北居址"简称X,"姚家西居址"或"姚家墓地"简称Y)+探方编号。为了行文方便,有时简写为:遗迹地点简称+探方号,如XT1、YT2等。

2. 遗迹编号

遗迹编号以区为单位,按阿拉伯数字顺序统一编号。各类遗迹的编号用其汉语拼音的第一个字的大写声母来表示[2],具体如下:

T—探方(沟);M—墓葬(D—盗洞;填土为"填");Y—窑;H—灰坑;G—沟;L—路;DK—断坎等。各类遗迹单位的完整表述为:发掘年度(2012)+FZ(发掘遗址地区"扶风周原")+象限号+区号+遗迹地点简称("许家北居址"简称X,"姚西居址"或"姚家墓地"简称Y)+遗迹编号,如2012FZIF3XH2、3……;2012FZIF3YM1、2、3……。遗迹单位前不加探方号。

---

[1]　周原考古队:《1999年周原遗址ⅠA1区及ⅣA1区发掘简报》,《古代文明》第2卷,文物出版社,第492页。
[2]　国家文物局:《田野考古操作规程》,文物出版社,2009年,第16页。

征划分聚落功能区,进而注重判断聚落功能区间相互关系。

（2）考古钻探方法,可根据具体遗存对象、工作目标和工作条件,采取多样形式。为厘清聚落结构,可采取遗址"全覆盖式"钻探,即对整个遗址进行全部钻探。不仅钻探诸如壕沟、道路、水渠、城墙、墓葬、建筑基址等聚落框架性遗迹或重要遗迹,亦强调要详细系统地钻探灰坑等以往甚少关注的堆积类型。对不同类型功能区可采取"抽样性钻探方法"。针对单纯的墓地可采用"宽十字带"钻探法,对墓地范围和墓葬数量进行抽样性钻探,钻探带内的遗迹需卡探其形制,遇到大墓则需探明其形制,并在其周围扩大钻探范围。这种钻探仅钻至墓口,仅绘制平面图。针对"居葬合一"的墓地,由于墓葬比较难发现,故采用单排钻至生土的钻探方法,并绘制探孔堆积状况剖面图。

（3）发掘不同性质的功能区,以尽可能多地了解聚落内涵。发掘一个功能区时,应采用钻探、调查等手段,尽可能全面地了解该功能区的特征,如功能区的范围、分期年代、文化内涵和人群构成等问题。

（4）在墓地分区的基础上发掘墓葬。周原遗址商周时期同一块墓地中,同一家族或者血缘关系相近的墓葬分布往往相对集中。在条件所限、不能完整发掘整个墓地的情况下,如先对墓地一个小区进行全部发掘,可起到了解整个墓地特征从而研究社会结构的效果。

（5）利用RTK、全站仪等高科技手段采集遗存地理信息,根据研究需求,建立"周原遗址田野考古GIS系统"。

（6）基于文化遗产保护理念下的考古发掘。考古发掘现场中的文物保护主动性介入,及时保护并科学提取一些容易丧失的重要信息,增加对文物出土状况与出土环境的现场把握与考察,及时有效地保护文物本体;加强"实验室考古发掘"的实践与探索;加强对文化遗产保护的宣传。

1.2.4　本年度工作缘起与工作目标

2012年度田野工作虽属于抢救性清理性质,但考古队更强调周原考古的课题意识。根据以往认识和初步了解的情况,工作之始制定的年度工作内容与工作目标是:

1. 以姚家墓地为重心,通过钻探和发掘,了解该墓地的墓葬特征与墓地特征。

2. 以姚家墓地为中心,探索周原遗址东部边缘区域的文化、聚落与社会特征。

以往在周原遗址东部边缘区域的田野考古工作甚少,有关遗址的东部边界、遗存分布状况等问题尚不清晰。因此,本年度拟以姚家墓地为中心,通过在姚家墓地周邻区域的调查与试掘,初步了解周原遗址东部边缘区域商周时期的考古学文化特征、聚落形态及其反映的社会组织状况。

3. 探索周原遗址聚落考古年度工作的新模式。

上文已述,周原遗址上一阶段的田野考古工作,主要还是着力在商周时期考古学文化的分期体系与文化谱系研究,有关聚落考古的意识尚不强烈突出。鉴于此,本年度工作应突出聚落考古特点。

换言之,本年度的工作绝不能按照常规,仅仅清理几座被盗墓葬而交差,而应藉此开展周原聚落考古,探索周原聚落考古的新理念与新方法,最终探索周原聚落考古的年度工作新模式。

北

250米

0

姚家墓地钻探区

许家

姚家村

姚家村小学

许家北钻探区

路

二支渠

姚家西钻探区

黄

砖厂

姚家西窑厂钻探区

法黄路南钻探区

法

许家河

许家胡同

钻探范围
断坎
庄
村
道路

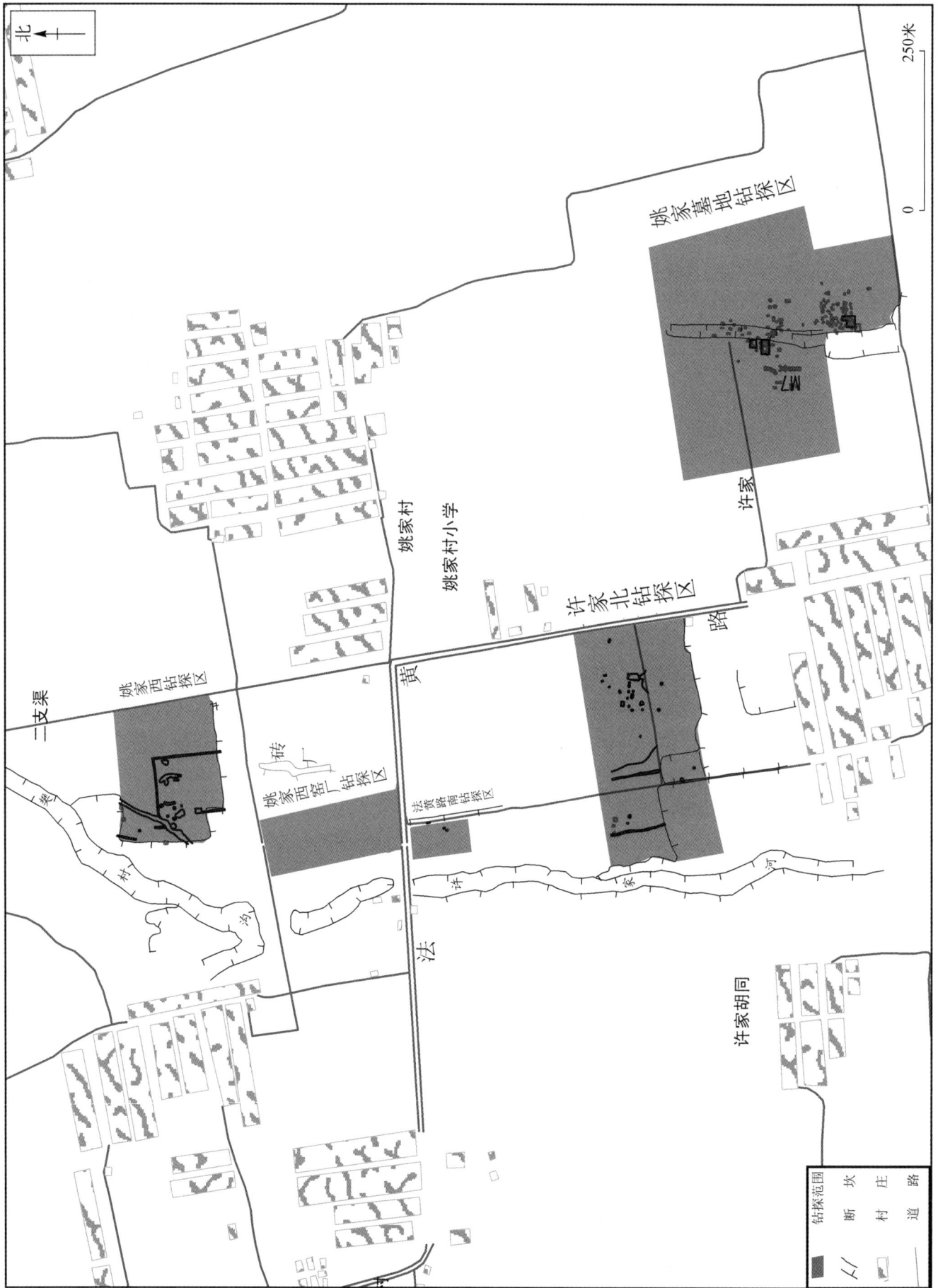

图三 2012年度钻探区域位置图

1.3　工作过程与工作方法

2012年度周原遗址考古的主要田野工作大体可分为三部分：一是以姚家墓地为重点，全面钻探了该墓地并选择性发掘了部分墓葬，其中共钻探出西周时期墓葬132座（含马坑1座），发掘47座（含马坑1座）；二是在姚家墓地周邻的许家北、法黄路南、姚家西窑厂、姚家西四个地点，进行了大面积的钻探（图三），在许家北和姚家西两个地点进行了试掘（图四），试掘面积为114.3平方米；三是在周原遗址东部边缘区域进行了大范围的考古调查（见图二），调查面积约10平方千米。

本节主要介绍2012年度工作过程，兼及工作缘起与报告编写过程。重点介绍参加人员与各阶段工作方法。对所有参与者而言，本报告不仅仅是一本科学专著，更像是一份集体记忆，记录了我们的欢笑与泪水，凝聚了我们的情谊与情绪。本节所谓的工作过程与工作方法，更像是描述我们共同走过的心路历程。

工作过程可分为十个阶段。

第一阶段，发现墓地

2010年6月，周公庙考古队技工史浩善得知，在周原遗址东部的扶风县法门寺镇姚家村西南，发现有贼盗墓。史浩善家住周原遗址的史家村，长期从事田野考古工作，具有高度的学术敏感性和强烈的文物保护责任感，听到信息后，就利用放假回家之机，查看了被盗地点，确认了被盗墓葬，并立即将此情况汇报给周公庙考古队的王占奎和种建荣，两位同志又将此信息通报给陕西省考古研究院周原遗址考古负责人孙周勇。

2010年底与2011年初，孙周勇带队在此进行考古调查与钻探，共发现30多座墓葬，初步判断这是一处西周时期墓地，遂命名为"姚家墓地"。

这是一处以往未曾发现的墓地。墓葬被盗令人痛惜，但孙周勇等人也敏锐地意识到，这是重启沉寂多年的周原考古的一个契机，于是向国家文物局汇报了初步发现情况并申报发掘。国家文物局批准以孙周勇为领队，同意发掘该墓地。但由于2011年下半年孙周勇其他发掘工作繁重，姚家墓地的发掘暂未进行。

第二阶段，墓地全面钻探与初步发掘

2012年初，陕西省考古研究院决定由种建荣全面负责姚家墓地考古项目，领队孙周勇参与指导。此后，姚家墓地及周原遗址东部边缘地区的勘探、调查、发掘、整理、研究、报告撰写等工作，均由种建荣全面负责。为更好地完成该项目，陕西省考古研究院作为主持单位，邀请宝鸡市周原博物馆和北京大学考古文博学院作为协助单位，联合组成新的周原考古队。

2月11日，钻探工作全面开展。考古队科研人员主要有王占奎、种建荣、陈钢、赵艺蓬，技工人员有李宏斌、吕少龙、赵国锋、许甫喆、史少锋、邱学武，都是陕西省考古研究院周公庙考古队的原班人马。周原博物馆人员张亚炜、魏兴兴、刘万军参与了业务协调与后勤工作。北京大学考古

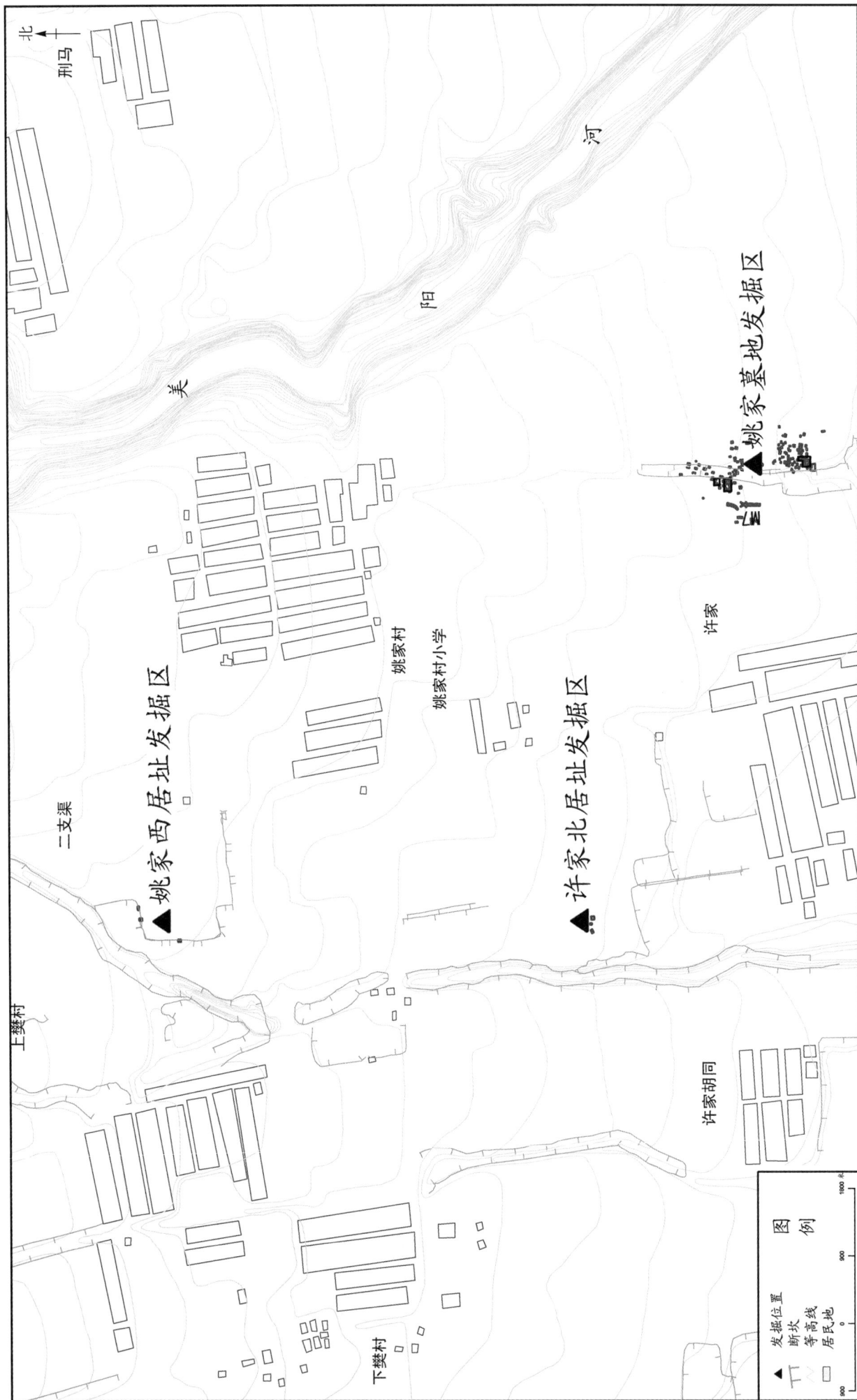

图四　2012年度发掘区域位置图

文博学院雷兴山重点参加了7月份以后的工作。

考古队员中唯独少了史浩善。就在2011年春天，这位可敬的考古工作者，被无情的车轮夺去了生命。他的一生，是考古的一生。从事考古30多年，他真心热爱考古，工作兢兢业业，勤于思考，善于发现。他是技工，别人不会称他为考古学家，但他不断地为周公庙考古、周原考古，乃至中国考古事业做出了诸多积极的贡献，值得我们怀念与钦佩。

"站在墓地的角度挖墓葬"，是此次工作的一个重要理念。

以往周原遗址尚未确认一处墓地的范围和墓葬的数量，这严重影响了周原墓地制度的研究。鉴此，本次工作首要目标，就是力图搞清墓地范围、墓葬数量及墓葬形制，明确所发掘墓葬在墓地中的区位。钻探采用普探方式，发现墓葬后，需增加探孔以"卡准"墓边。在墓葬集中区外大范围钻探，确保准确划定墓地范围。

钻探的同时，从2月18日开始试掘，本阶段共试掘墓葬11座。需提及的是，在钻探过程中，发现了大面积的黑土，当时不明其性质，一度怀疑是形成于东周时期的"黑卤土"，一些打破该层土的墓葬有可能不是西周时期墓葬。

钻探工作至3月5日结束。全面搞清了墓地范围，确定了墓葬数量。钻探过程中运用电子全站仪，全程跟踪测绘钻探结果，绘制出墓地总平面图，初步建立了姚家墓地考古钻探GIS系统。

第三阶段，墓地全面发掘

继续发掘墓葬。认真、细致一直是我们的工作要求，如我们曾"把墓葬填土当灰坑挖"，每座墓葬均要"清底"，打"二层台"时要仔细辨识棺椁形制与结构等。需重点提及的理念与方法有三点：

1. 注重安全

我们强调"安全第一"，坚持"以人为本"。注重工作人员安全和文物安全，甚至将人员安全放置第一位。全程安排专职安全检查人员，每日开工前细查设备状况，天天巡视墓口与墓壁裂缝状况，确保安全施工。设置专门的工地看护人员，还在工地拴一条狗，装配电子防盗监控系统，实行"人防"、"机防"和"犬防"结合。

2. 选择性发掘

本年度并未对姚家墓地进行全部发掘，原因有三：一是基于文化遗产保护理念，认为整体发掘会造成"遗址空洞化"，既不利于遗产的展示和后续利用，也不利于以后的验证。二是经过前期试掘和钻探，发现墓地内几乎所有墓葬均被盗扰，保存状况不佳。三是受时间、经费和人力所限。

鉴上，根据钻探结果，初步研究墓地结构，进而选择性发掘墓葬。各区墓葬均要选择性发掘，而且要尽可能地发掘成排或成列的墓葬，以期能较为全面地了解整个墓地的特征。

3. 采用"探方式发掘"

发掘并非根据钻探结果直接找墓口，而且采用布设探方的发掘方法，以防钻探有漏墓现象，并准备发掘墓葬以外的古代遗存。

至6月中旬,共发掘22座竖穴土圹墓。

第四阶段,中央民族大学等学生暑假考古实习

自6月下旬至7月底,结合中央民族大学等学生的田野考古教学实习,考古队进行了三方面的工作:发掘墓葬、初步整理、考古调查。

6月下旬,中央民族大学考古专业学生来周原参加田野考古实习。由马赛老师带队,学生有2009级本科生白阳杰、方玢、顾冠群、胡佳佳、刘冰洋、祁梅香、唐丽薇、王化琳、郑欣荻,2011级硕士生张若衡、张俭、章懿、高子凤、雷娜、刘伶、李聪。另外,北京大学2011级博士生徐团辉、2012级硕士生黄雪霁、吉林大学2011级硕士生张博、西北大学2012级硕士生刘耐冬也参加了实习。北京大学考古文博学院教师雷兴山参与了实习指导工作。

6月28日开始,有针对性地选择发掘南区小型墓葬。这一阶段开始发掘带墓道大墓。这是因为一个商周时期墓地的性质,是由墓地中最大的墓葬所决定。在发掘大墓填土时,设置了特定剖面,详细记录填土堆积状况,以此了解墓葬形成过程并判断墓葬形制结构。至7月24日,除带墓道大墓M7外,共清理11座小型竖穴土圹墓。

"站在聚落的角度挖墓地",是本次工作的另一个重要理念。

判断与墓地对应的居址,是商周考古的一个难题。以往有关商周时期居址与墓地关系的研究成果极为薄弱,一般在发掘商周时期墓地时也很少特意寻找并发掘与墓地对应的居址。我们认为寻找与姚家墓地对应的居址区,是周原聚落考古之必需,因此决定在姚家墓地周邻区域开展调查与钻探。

考古队与参加实习的师生采用"聚落结构调查法",在周原遗址东部边缘区域进行了大范围的考古调查。

发掘和调查完毕后,在种建荣、雷兴山、马赛的指导下,实习学生对墓葬随葬品和调查所获进行了初步整理。本科生实习结束后,张若衡、张俭、章懿、雷娜、刘伶、李聪等研究生继续整理并撰写实习报告。期间对调查区域又进行了复查,重点记录了空白断坎的位置与形制等。董红卫、刘军幸、徐永江三名绘图员开始绘图。至8月初,初步完成了墓葬发掘实习报告和调查报告初稿。

炎炎夏日下,实习师生挥洒汗水,为本年度周原考古做出了巨大贡献。时间虽短,但对许多初次参加田野考古的同学而言,这是一次经久难忘的历程。

第五阶段,许家北居址区的钻探

姚家墓地的发掘持续进行,仍是考古队工作之重点。8月中旬开始发掘带墓道大墓M8。

与此同时,开始许家北居址区的钻探。根据以往发现,结合上阶段调查结果,初步判断许家北为一居址区,并认为该居址区与姚家墓地属同一人群,遂决定对该区进行钻探,以期达到第一次在周原遗址初步确定一个居址区的范围及大体内涵的目的。

此次工作从2012年9月3日钻探开始,至28日结束,由雍科考古技术服务有限公司承担。钻探地点位于许家村北(见图三)。由于遗址被破坏殆尽,钻探结果不甚理想。几经努力,在靠法黄公路处发现若干汉代遗存或晚期遗存,所见西周时期灰坑甚为稀疏。

在许家北居址区苦苦寻找西周居址的同时,考古队员们不甘久无音讯的等待,不畏炙热,纷纷穿梭于田间地头,希望在别处觅到一处可解干涸的"凉泉"。果然,皇天不负有心人,在姚家村西、砖厂北部的断坎上发现西周灰坑。初步判断该区域也是一处居址区。

第六阶段,居址发掘与进一步调查

姚家墓地的发掘继续进行,考古队开始试掘居址遗存。从2012年9月底至12月初,为了解紧邻姚家墓地居址区的堆积状况和文化面貌,并配合湖南大学、中央民族大学硕士研究生发掘实习,试掘了许家北、姚家西两处居住区。

9月下旬开始,在许家北居住区发掘3个探方,至10月底工作结束。参加人员有湖南大学研究生魏聪、陈士松,技工李宏斌、史少锋、邱学武等。

10月上旬开始,在姚家西居址区也发掘3个探方,至12月初工作结束。参加人员有中央民族大学研究生高子凤、张俭、章懿,技工李宏斌、许甫喆、吕少龙等。发现了大量与制角镞作坊相关的遗物和少量与铸铜相关的遗物。

发掘居址区的同时,进一步扩大了周原遗址东部边缘地区的调查范围。

本年度周原田野工作,坚持科研与育人相结合。11月下旬到12月初,周原的天气已十分寒冷。尽管严寒袭人太甚,但是发掘者一直坚守工地,仔细操作,直至顺利完工。考古喜获丰收,队伍亦得到锻炼。

第七阶段,墓地发掘、姚西钻探与室内整理

姚家墓地发掘继续进行,进入12月初,主要是发掘大墓M8和马坑M10,参与人员主要有吕少龙、许甫喆、魏聪等。

(1)姚家墓地的发掘得到了许多先生的指点,李伯谦先生、刘绪先生等不仅指导了墓葬发掘,还对本年度其他工作提出非常宝贵的指导意见。

(2)墓葬发掘过程中,特别强调文物保护。为清理大墓中的葬车,我们求助于河南省文物考古研究所樊温泉先生,他安排游惠琴等同志前来支援,专门清理葬车。为保存大墓M7所见车轮遗迹,特请陕西省考古研究院赵西晨先生安排专业人员进行硅橡胶翻模。在清理马坑M10时,陕西省考古研究院动物考古专家胡松梅先生及赵东红和杨苗苗同志,对马坑进行专业清理和鉴定。此时正值寒冬雪天,工地冰冷异常,但是几位专家和发掘者仍兢兢业业,在马坑底进行分层、分个体清理,详细记录各个细微特征。

(3)发掘M8时,发现墓口裂缝且越来越宽。为保证安全,决定扩墓口并记录生土堆积状况。在扩墓口时发现一片陶瓦,使我们认识到原来认为的"黑卤土"其实是西周时期的水池堆积。遂以此为线索,进行了针对性的清理与钻探,初步了解了姚家墓地区域西周水池的形制与性质。

为明确姚家村西居址区的分布范围和整体状况,从11月15日到12月3日,考古队请西安博古文物勘探服务有限公司对该区进行了钻探,共有4人参加,大致搞清了姚西居址区的范围与内涵。我们认为,钻探搞清发掘地点所在功能区的范围与内涵,应是今后周原遗址聚落考古的一个基本工作模式。

室内整理工作在周原博物馆(扶风县召陈村)和周公庙考古队工作站(岐山县北郭村)两处先后拉开帷幕,雷兴山全程指导,除干部和技工外,实习学生是高子凤、张俭、章懿、魏聪、陈士松等5人。

首先整理许家村北、姚家村西居址区发掘的图文资料,随后对遗物进行清洗、标记、拼对、编号、登记、分类、描述,制图等。角镞制作工艺研究是整理过程中的一个重点。

大墓图文资料的初步整理,由吕少龙和许甫喆等负责,张俭和李宏斌等全面整理前后几次的调查资料,章懿和陈士松等初步整理了钻探内容。期间,一度兵分两路,一路在周原博物馆进行上述工作,另一路,李宏斌、赵国峰、张喜文、冯文丽等,在周公庙工作站,整理姚家墓地的竖穴土坑墓材料,进一步拼对、修复小墓出土器物,核对图、文、实物资料。种建荣与雷兴山等多次讨论,确定了本报告的编写体例与详细提纲。

2012年12月24日,大墓发掘结束。26日,马坑发掘结束,整个野外作业亦宣告结束。2013年1月初,初步整理结束。

第八阶段,全面整理与编写报告初稿

2013年1月初,考古队全体成员从周原遗址撤离,移师周公庙考古工作站,开始全面撰写发掘报告。主要工作是重写居址和墓葬发掘报告,修改考古调查与钻探报告。

这是一段拼搏的时光。大家誓言“不完成报告不回家”。夜以继日、通宵达旦、废寝忘食是工作常态。困了,或趴在桌上眯盹一下,或靠在椅背上小憩一下。饿了,或随时泡碗方便面,或简单做个热汤面。工作站小院的灯火彻夜不熄,成为岐山脚下一抹闪耀的星火。同志们宵衣旰食,反复核对、深入分析,力求科学准确;精心排图,详细描述,一切紧张有序。

同时,请西北大学陈靓老师鉴定墓葬出土人骨,请北京大学考古文博学院陈建立老师鉴定墓地所出铜器与金器。

1月30日,请陕西省文物保护研究院副院长王保平先生拍照出土器物。午饭时,几位同志竟端着饭碗睡着了。当日,正值报告集结、图文表清场之时,王占奎老师也到了工作站,亲睹室内整理之情状,感喟良多,赠对联一副:“桃符新换小龙舞周原,金石常听雏凤鸣岐岗”。

月底,报告初稿完成。

第九阶段,修改报告

本欲快马加鞭不下鞍,一鼓作气改完发掘报告。奈何春节过后,考古队成员各自投身其他工作,报告修改工作只能暂时搁置。

2015年10—12月,种建荣、陈钢、赵艺蓬在繁忙工作之余对报告进行了初步修改,形成第二稿。

2016年2—12月,在种建荣和雷兴山的指导下,北京大学的张敏、张天宇、杨博、王晶先后分头对报告的陶器、铜器、玉器部分,进行了资料核对与报告修改工作。2017年七八两月,北京大学博士生李楠、蔡宁、韩蕙如,以及首都师范大学硕士生席乐,集合在周公庙考古队工作站,集中时间对报告进行了全面的资料核对与修改,最终形成第三稿。修改报告枯燥至极,我们只能力求资料科学准确,几乎无力修饰词句。

第十阶段,报告定稿

2018年1—3月,亦即2018年春节前后,种建荣、雷兴山修改报告全文,重写了部分章节,审定了关键认识的表述。3月底,一切尘埃落定,形成定稿。

1.4　报告内容与编写体例

1.4.1　报告编写理念与体例

本报告体例与章节安排的确定,主要基于以下几点考虑:

1. 采用《天马—曲村》[1]“综述与分述”体例。

（1）相对于以往“举例式”的发掘报告体例,《天马—曲村》“综述与分述”体例,更能全面发表考古资料,应是田野发掘报告编写的典范。

（2）由于本年度发掘居址遗存甚少,在综述部分进行概述的意义不大。居址所出陶器较少,且以往已建立起周原遗址西周时期较为详细的陶器分期与编年体系,本年度未有突破性认识。因此,本报告在综述部分不再进行遗存的类型学分析。

2. 突出功能区文化特征,按工作区域收获安排章节。

（1）基于聚落考古理念下的田野发掘报告编写体例,是一个需要讨论的问题。我们认为,按工作区域（或工作地点）收获来编写报告,更能突出一个聚落不同功能区的特征,与聚落考古理念相吻合。所以本报告基本按工作区域安排章节。第二章是姚家墓地区的勘探与发掘,第三章是姚家墓地周邻区域居址的试掘与钻探,第四章是周原遗址东部边缘区域的调查。

（2）本报告未按以往常见的“居址”与“墓葬”分章的体例,理由之一是两者收获多寡不一,墓地发掘内容多,居址发掘材料对较少,若按居址与墓葬分章编写,则报告结构失衡。

（3）本报告未按田野工作方法及收获分章。一是因为调查与钻探收获较少,发掘所得资料较多,二是因为同一区域的工作并非只用一种工作方法。若按照不同工作方法分章编写,会使各章比例严重失衡,对某一功能区特征的描述和认识难免重复。

1.4.2　报告内容

本报告是周原遗址2012年度田野工作报告,主要包括姚家墓地墓葬遗存、姚家墓地周邻区域的试掘与钻探,以及周原遗址东部边缘地区考古调查等收获。

本年度发掘获取了一些自然环境样品、测年样品及古文化物质样品。由于这些样品的分析耗时长,需用经费多,且需整合历年发掘样品的分析结果,故本报告暂不收录这些样品的分析结果。

---

[1]　北京大学考古学系商周组、山西省考古研究所:《天马—曲村》,科学出版社,2000年。

由于本年度工作分不同发掘区进行,各个遗迹单位的编号以各个发掘区为整体进行统一编号。为行文简练、方便阅读,报告中简写为"XH2、3……"。各发掘区编号说明如下:

G2区的姚家墓地根据钻探结果编号,墓葬发掘编号沿用钻探编号。墓葬和马坑的编号自M1编至M133。另还有两个窑的编号分别为Y1、Y2。发掘遗迹仅为墓葬和马坑。

F3区的许家北居址区发掘遗迹有3个灰坑、1条灰沟、1条扰沟,故该发掘区灰坑的编号从H1编至H4,灰沟的编号为G1。H1实为1条近现代扰沟,后将之编号改为K1。

F4区的姚家西居址区的遗迹有灰坑、路,故该发掘区灰坑的编号是从H1编至H5(H5为采集灰坑),路的编号为L1。

3. 地层编号

以探方或遗迹为单位,其各层按打破关系和时间早晚关系、自上而下分别独立编号。

探方地层,如2012FZIF3XT1①、②、③……,在本报告中,简称为"XT1①、②、③……";遗迹内地层2012FZIF3XH2①、②、③……,在本报告中,简称为"XH2①、②、③……"。在同一地层下、无叠压打破关系的两个及以上的地层,使用大写英文字母A、B、C、D……表示,如F3区的许家居址XH4分四层,第③层就包括③A、③B两部分,分别表示为2012FZF3XH4③A、③B。

4. 遗物编号

(1) 居址遗物编号

各发掘区器物编号的对象是用于发表的标本。以探方或遗迹为一个独立的单位,依1、2、3……的顺序分别独立编号,如2012FZIF3XT1H3③:1、2、3……。

本报告中,探方地层中遗物以每层独立按阿拉伯数字顺序编号,如2012FZIF3XT1①中的遗物,遗物编号为T1①:1、2、3……;遗迹层位中遗物的编号,以遗迹为单位整体编号,每层标本不再从1开始编起,如XH1①:1、XH1②:2……。

(2) 墓葬遗物编号

若遗物确认为是出于原位的随葬品,则按照1、2、3……顺序进行编号,如2012FZYM7:1、2、3……。若遗物出于盗洞,则在墓号之后附加盗洞号以示具体位置,按出土顺序自1起编,并在编号数字前附加"0"以同未经扰动的随葬品相区别,如2012FZYM7D1:02、08……,2012FZYM7D2:06、07……。

发掘过程中墓葬和盗洞中出土随葬品未能做到一器一号,如毛蚶、海贝等,共用一个编号,发表时标本号后添加"-1"、"-2"……。个别遗物虽然已有编号,但在整理时可拼对为同一器物的,则保留其中一个编号,故本报告会出现空号。一些由于认识不清将不同器类或器物给同一个号的,在整理阶段则进行重新编号。

5. 调查编号

在调查过程中,每个调查点的编号是依据调查日期、GPS号等组成,这种编号有利于调查资料的核对,但在发表时显得过于繁琐和冗长,故整理发表时,将调查点重新编号。在调查GIS系统中把调查区域按照400×400米进行分区,并把所有采集点按坐标加入GIS系统,按相邻顺序对每一个采集点重新编号,依1、2、3……的顺序编号,则编号为C1、C2、C3……,取代原有GPS点号并将新点号加入数据库。调查点号全称为2012FZCx,如2012FZC1,为图注标示方便,在本报告将其简化为C1。

对每一个采集点中的标本依次给予编号,如C1:1,C1:2,C1:3,C2:4……。以往一般情况下,每个调查点遗物编号均从1起编,但本报告所有调查遗物标本编号,是统一编号,标本号无重复者。如此编号利于检索,避免实际工作中的重复。

6. 钻探编号

钻探遗迹编号,是以各钻探区为基本单位,按各类遗迹的性质给予统一编号,其完整表述格式应为:发掘年度(2012)+FZ(发掘遗址地区"扶风周原")+钻探简称(Z)+遗迹编号,如姚西居址区钻探所获灰沟:2012FZYZG1。为行文方便,本报告简称为:钻探地点简称("许家北钻探区"简称X,"姚家西钻探区"或"姚家墓地钻探区"简称Y)+钻探性质简称(Z)+遗迹编号,如YZG1。

1.4.4　关于图、文、表的说明

1. 图

(1)本报告插图时,遵循"图随文走"的原则。介绍遗迹单位(包括墓葬)时,均发表遗迹平、剖图。发表探方遗迹总平面图和四壁剖面图。区域调查图上,标示每一个调查点的空间位置,这在以往调查报告中是较为少见的。

(2)关于墓葬遗迹图的说明

本次发掘墓葬多被盗扰,有些墓有不止一个盗洞,且多数对墓室破坏严重。本报告除遵循绘制墓葬平、剖图的一般方法外,另考虑到清晰程度,特约定如下画法:

1)墓葬平面图上不绘制盗洞口,只绘盗洞底部范围,盗洞数量及其形制仅用文字详细描述。

2)墓葬大部分被盗,随葬品多数出于盗洞,本报告平面图上只画位于原位的随葬品。图上不画盗洞中随葬品的位置,在文字部分进行详细说明。

3)本报告墓葬剖视图中盗洞一律用实线表示,平面图、剖视图上位于盗洞范围内的葬具、二层台等遗存现象用虚线表示。

4)本报告葬具的绘法为复原性画法,如棺椁底板发掘时已不知其厚度,本报告为表现葬具结构,采用推测复原一定厚度的画法。

5)由于棺椁制度是墓葬制度的重要内容,故本报告选择发表若干保存较好的棺椁底板,在平面图上仅绘墓底边圹,不画墓口线。由于椁盖板均保存较差,故本报告平面图上不绘椁盖板,仅在剖视图上复原其厚度和相对位置,具体情况在文中详细说明。

2. 文

1）在遗迹的综述和分述中，各遗迹单位写其全称，如2012FZYM124。在介绍遗迹或器物标本时，为行文方便一律省去"2012FZX"字样，仅注明单位号，如XH4、YM7、YH2等。

2）在介绍器物标本时，分器类按标本编号顺序行文。

3）器物描述时，一般不写其制法，但较为特殊器物的制法例外。陶器前不加质地，其他质地遗物要加质地。特别是在描述特殊遗物时，如知其完整的生产流程和工艺，要详细描述各阶段废品的名称及其特征。将主要器类描述置前，将性质相同的器类放在一起。

3. 表

本报告中各类表格内百分比均保留小数点后1位。

"陶系、纹饰统计表"仅包括出土陶片超过（并包括）200片的遗迹单位，相关内容在正文中简略描述。对于少于200片陶片的遗迹单位，不再附表，在正文中对相关内容详细介绍。

第二章 姚家墓地的钻探与发掘

姚家墓地的钻探与发掘是本年度田野工作的重点(附表一、二)。本章在介绍墓地钻探结果的基础上,首先介绍2座带墓道大墓的发掘收获,然后分综述与分述两部分,介绍44座无墓道中小型墓葬与1座马坑的发掘收获。

2.1 墓地钻探

2.1.1 钻探概述

此次进行钻探的姚家墓地区位于周原遗址的东部边缘区域,大致位于扶风县法门镇姚家村偏西南1公里处,西距许家村400米,东距美阳河约500米。

该墓地发现于2010年6月,2011年初陕西省考古研究院初步判断这是一处西周时期墓地。2012年2月,为全面了解姚家墓地的性质,周原考古队在详细调查而初步确定墓地范围的基础上,对墓地及其外围地区进行了大面积"全覆盖式"钻探:首先,在墓葬密集区采用1.5×1.5米间隔的"梅花布孔法"进行钻探,并使用电子全站仪跟踪测绘。在钻探到单个墓葬时,对其加孔卡边以便更好地了解墓葬形制,但深度仅仅钻至墓口不及墓底。之后,又在墓葬密集区的墓地外围扩大至5×5米进行大范围二次钻探,目的是较为准确地判断姚家墓地边界,值得注意的是,此次钻探是周原遗址第一次完整地确定一片墓地的范围。

钻探出的墓葬主要分布于北高南低阶梯状地势的三、四级台地上。整个钻探区域由 A(36 489 053.03, 3 817 487.174)、B(36 489 416.52, 3 817 543.593)、C(36 489 484.96, 3 817 289.242)、D(36 489 414.67, 3 817 276.293)、E(36 489 436.87, 3 817 147.65)、F(36 489 297.21, 3 817 149.58)、G(36 489 283.15, 3 817 255.74)、H(36 489 098.05, 3 817 235.57)八个点组成倒"凸"字形(图五)。

M7发掘完成后,铲刮墓葬北壁,可见钻探区内的整体堆积情况为(图六):

第①层为耕土层。在整个墓地中均有分布,厚度较为一致。土色呈灰黄色,土质较疏松。深20—25、厚20—25厘米。出土塑料薄膜、铁丝、瓦片等,多为近代耕种和生活垃圾。

第②层为扰土层。在该区域中均有分布,厚度不一。土色呈淡黄色,土质较疏松。深45—

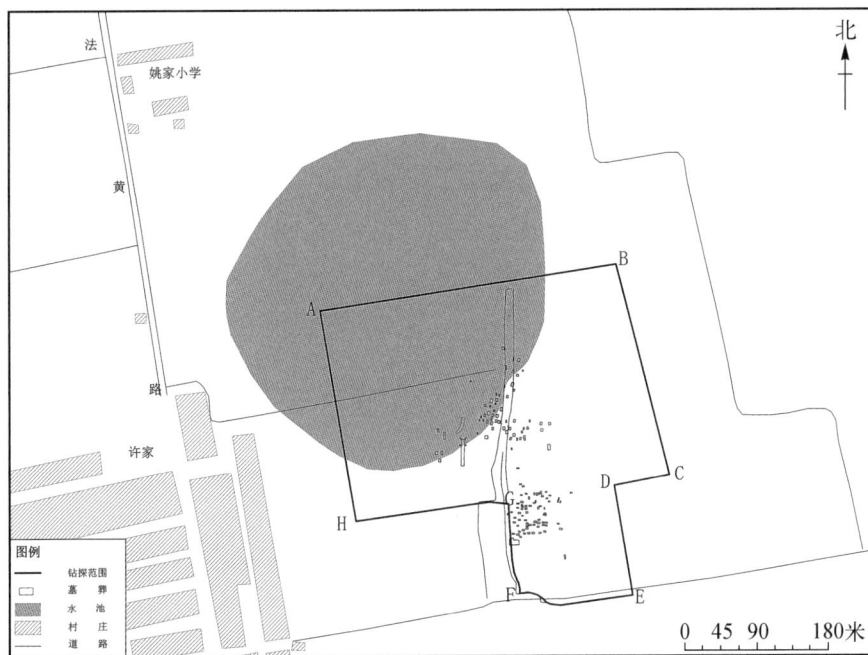

图五 姚家墓地钻探范围图

50、厚25—30厘米。出土近代瓷片、瓦片、料礓石等,多为生活垃圾。

所有墓葬均开口于第②层下,个别墓葬打破第③层。

第③层为淤土层。土色呈黑褐色,土质较松散。深130—160、厚85—110厘米。该层较为纯净,没有出土物,一直到M7西南角墓角斜道处几近消失。该层即水池(SC1)内堆积。

第④层为顶层红土层。在周原遗址均有分布,但在不同的区域深浅不一,在姚家墓地分布呈南高北低。土色为浅红色,土质较致密。深160—190、厚30—37.5厘米。该层含少量白丝,似为土壤中的钙质析出。

第⑤层为"白善土"层,即马兰黄土。土色为浅黄色,土质较疏松。深640—645、厚455—485厘米。

第⑥层为棕土层,俗称"红鸡粪土"。土色为棕色,土质坚硬。深665—675、厚25—35厘米。该层土壤中含有大量白丝,为上一层黄土中钙质、矿物质长期在雨水作用下逐渐形成。

第⑦层为浅红土层。土色为浅棕色,土质较硬。深785—795、厚125—130厘米。

第⑧层为深红土层。土色为棕红色,土质较硬。深850—855、厚60—65厘米。第⑦层、第⑧层当地俗称"古土"。

第⑨层为石头层。见于M7椁室上方1米范围内,M8也有发现。深935—950、厚85—95厘米。该层石头堆积北厚南薄,且从地势看来,北部略高,南部略低。该层上部石头大小体积不一,含有较多直径超过30厘米的大石头;下部石头大小较一致,均为直径在5—8厘米的鹅卵石、砂岩。推测该层可能为古河床。

第⑩层为沙土层。土色为黄色,土质松散,沙土细软。深1 160—1 170、厚215—230厘米。

O
P

① ② ③ ④ ⑤ ⑥ ⑦ ⑧ ⑨ ⑩

0   1米

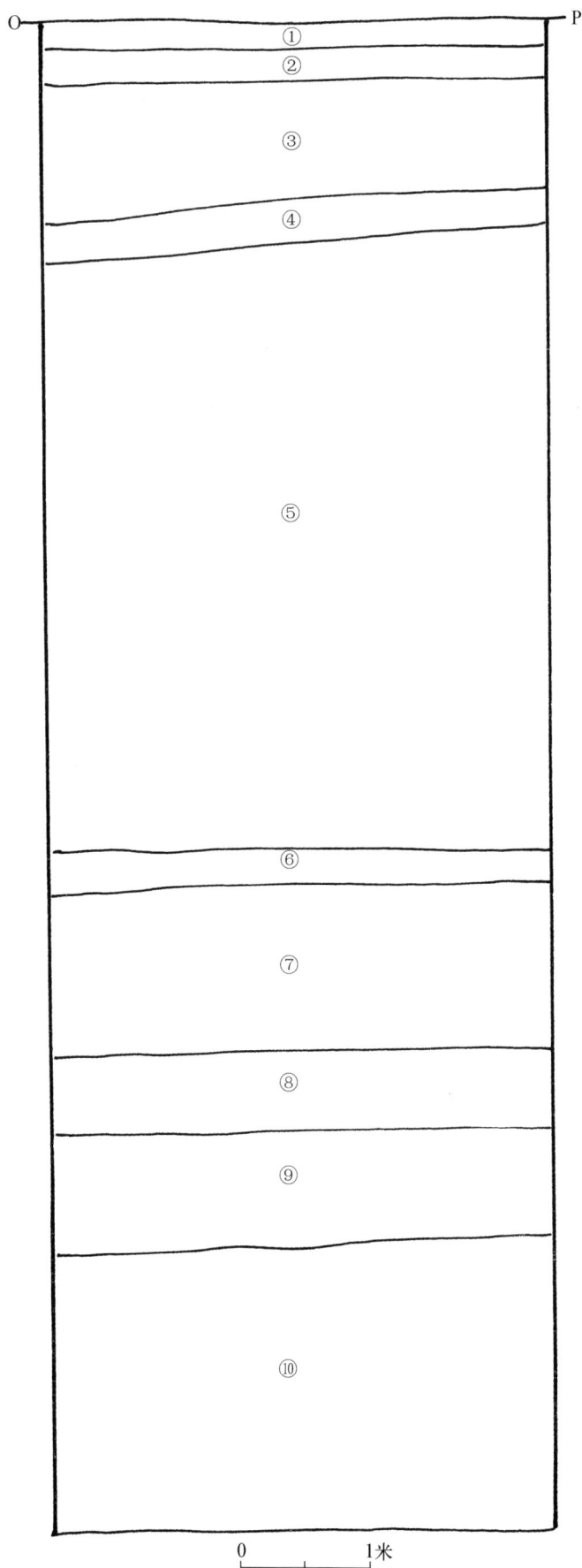

图六　姚家墓地文化层与自然堆积剖面图

2.1.2　钻探结果

此次钻探面积约为2.3万平方米,共发现西周时期墓葬132座、马坑2座(M10、M134)、水池1座(SC1),另有2个窑址(Y1、Y2)年代不明。

为评估钻探结果的有效性,我们将45座已发掘墓葬(包括马坑1座)的基本信息与钻探所得数据进行了对比,认为此次钻探取得了较为满意的效果(图七)。理由如下:

(1)墓葬数量。首先,此次钻探使用"全覆盖式",墓葬密集区进行加孔,所发掘的全部墓葬及马坑都事前经过钻探,没有出现遗漏重要遗迹的情况,钻探所得墓地墓葬总数基本可靠。

(2)墓向。由于钻探时无法得知墓主实际头向,因此南北向的墓葬头向默认朝北、东西向的墓葬头向默认朝西,故而个别墓向的钻探数据与发掘结果间可能存在180°的差值。排除头向的影响,墓葬钻探与发掘所得差值在0—16°之内。故整体来看,钻探所得墓向与发掘结果基本一致。

(3)墓葬性质及保存状况。钻探时主要根据遗迹形制、土质土色和包含物判断是否为墓葬及保存状况。M10在钻探时发现平面近于方形,且出土大量马骨,故判断为马坑,与之后发掘结果一致。M36、M37在钻探时平面不规整而被判断为残破,发掘后发现M36西部大部分被破坏,仅残留东南角,M37上部及西部被破坏。由此可见,在钻探时判断的墓葬性质及残破程度也得到了发掘的印证。

(4)墓葬规模。此处主要对比44座中小型墓葬及马坑M10的长、宽、面积三项数据。由于M7和M8为带墓道大墓,钻探时得到的是其整体范围,即包括墓道长度,而发掘所得主要为墓室数据,因此在进行统计分析时,不计入小型墓葬及马坑的分析之列。45座墓葬长、宽的钻探数据与发掘结果对比如下(表一):

表一　姚家墓地钻探数据与发掘结果对比表

墓　号	墓向(°)		墓口长度(米)		墓口宽度(米)		面积(米²)	
	钻探	发掘	钻探	发掘	钻探	发掘	钻探	发掘
M10	359	258	3.6	3.5	3.9	3.6	14	12.6
M11	3	15	3.4	2.9	2.0	1.8	6.8	5.2
M15	351	5	2.9	2.9	1.2	1.4	3.5	4.1
M16	11	5	3.2	3.3	2.7	2.1	8.6	6.9
M17	6	18	4.3	4.3	2.8	3.2	12	13.8
M18	16	13	3.8	3.6	2	2.2	7.6	7.9
M19	7	10	3.4	3.4	2	2.2	6.8	7.5
M20	14	15	2.8	2.7	1.5	1.4	4.2	3.8
M22	21	5	3.4	2.9	2	1.7	6.8	4.9
M23	13	195	3.8	3.6	2.6	2.8	9.9	10.1
M24	7	22	4	3.8	2.4	2.3	9.6	8.7
M27	11	10	4.4	3	2	1.9	8.8	5.7

续表

墓　号	墓向（°）		墓口长度（米）		墓口宽度（米）		面积（米²）	
	钻探	发掘	钻探	发掘	钻探	发掘	钻探	发掘
M29	0	13	2.1	3.1	1.2	2.2	2.5	6.8
M30	11	12	4.9	4.3	3.2	3.2	15.7	13.8
M31	0	0	3.7	3.9	2.4	2.4	8.9	9.4
M34	356	355	3.7	4.1	2.7	3.3	10	13.5
M35	359	0	3.7	3.4	2.4	2.3	8.9	7.8
M36	355	172	0.8	1.7	1.1	1.2	0.9	2.0
M37	354	3	2.9	2.9	1.2	1.0	3.5	2.9
M38	10	6	3.1	3	1.6	1.8	5	5.4
M39	13	7	3.7	4.9	2.3	3.5	8.5	17.2
M40	5	8	3	3.6	1	2.2	3	7.9
M83	270	270	3.4	3.3	2	2	6.8	6.6
M87	273	275	2.6	2.7	0.9	1.2	2.3	3.2
M88	275	272	2.5	2.8	1.2	1.4	3	3.9
M89	271	273	2.5	2.8	1.2	1.1	3	3.1
M95	271	277	2.5	2.6	1.3	1.4	3.3	3.6
M97	275	275	2.5	2.3	1.1	1.3	2.8	3.0
M98	278	273	3	3.1	1.9	2.0	5.7	6.2
M101	276	260	2.8	3.2	1.7	1.6	4.8	5.1
M102	270	268	2.4	2.4	0.9	1	2.2	2.4
M103	267	265	2.6	2.6	1.4	1.3	3.6	3.4
M104	274	273	2.9	3.2	1.6	1.5	4.6	4.8
M105	267	270	3	3	1.6	1.5	4.8	4.5
M107	278	277	3.2	3.4	1.5	1.7	4.8	5.8
M108	268	271	2.8	2.8	1.4	1.4	3.9	3.9
M109	266	272	2.5	2.9	1.4	1.6	3.5	4.6
M110	263	270	3	2.6	1.3	1.2	3.9	3.1
M123	266	270	3	2.9	1.7	1.4	5.1	4.1
M124	275	270	3.1	2.9	1.7	1.5	5.3	4.4
M125	294	278	3.1	2.6	1.5	1.2	4.7	3.1
M126	275	280	2.7	2.9	1.4	1.2	3.8	3.5
M127	269	275	2.8	2.3	1.9	1.8	5.3	4.1
M132	270	273	3.5	3.2	1.7	1.7	6	5.4
M133	287	277	2.7	2.6	1.3	1.2	3.5	3.1

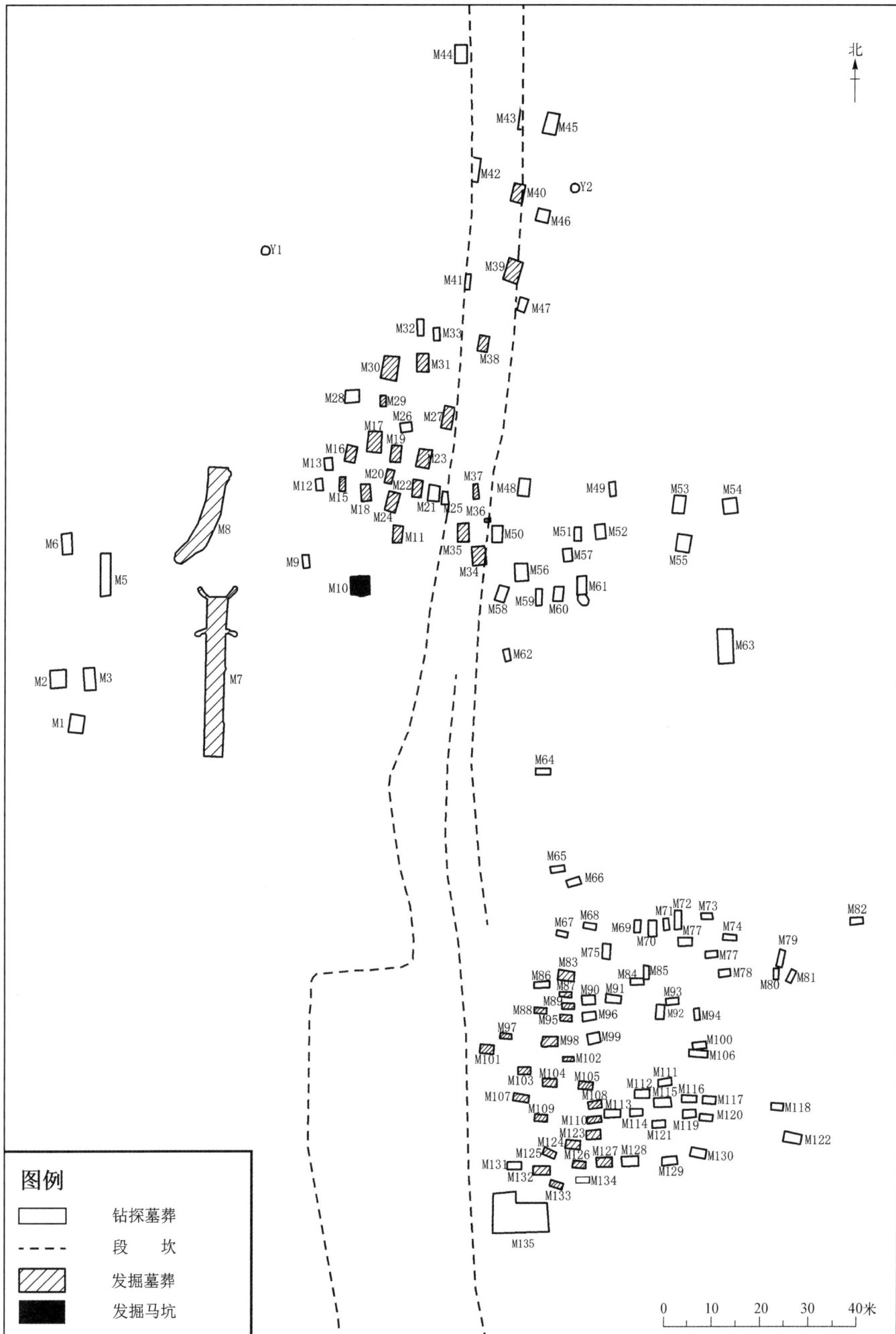

北

M44

M43 M45

M42
M40 ○Y2
M46

○Y1

M41 M39
M47

M32 M33
M38

M30 M31

M28 M29
M26 M27
M17
M19
M16 M23
M13
M20 M37 M48 M49 M53 M54
M12
M15 M22 M21 M25 M36 M50
M18 M24 M51 M52 M55
M6 M11 M35
M8 M9 M34 M56 M57
M5 M58 M59 M60 M61
M10
M62
M2 M3 M63
M7
M1

M64

M65
M66
M68 M71 M72 M73 M82
M67 M69 M70 M77 M74
M75 M77 M79
M86 M83 M84 M85 M78 M80 M81
M87 M90 M91 M93
M88 M89 M92 M94
M95 M96
M97
M98 M99 M100 M106
M101 M102
M103 M104 M105 M111 M116 M117
M107 M108 M112 M115 M120 M118
M109 M113 M119
M110 M114 M121
M123 M122
M125 M124 M126 M127 M128 M130
M131 M129
M132 M134
M133

M135

图例

▭	钻探墓葬
- - -	段　坎
▨	发掘墓葬
■	发掘马坑

0　10　20　30　40米

图七　姚家墓地平面图

由两组数据对比可知,发掘长度与钻探长度之差在1米及其以上的墓葬为M27、M29、M39,分别为发掘长度长于钻探长度1.4、1.0、1.2米;发掘长度与钻探长度之差在0.5—1.0米之间的墓葬共6座,占13.3%;发掘长度与钻探长度之差在0—0.5米之间的墓葬共28座,占62.2%;发掘长度与钻探长度相等的墓葬共8座,占17.7%。发掘长度大于钻探长度的墓葬共17座;钻探长度大于发掘长度的墓葬共20座(图八)。

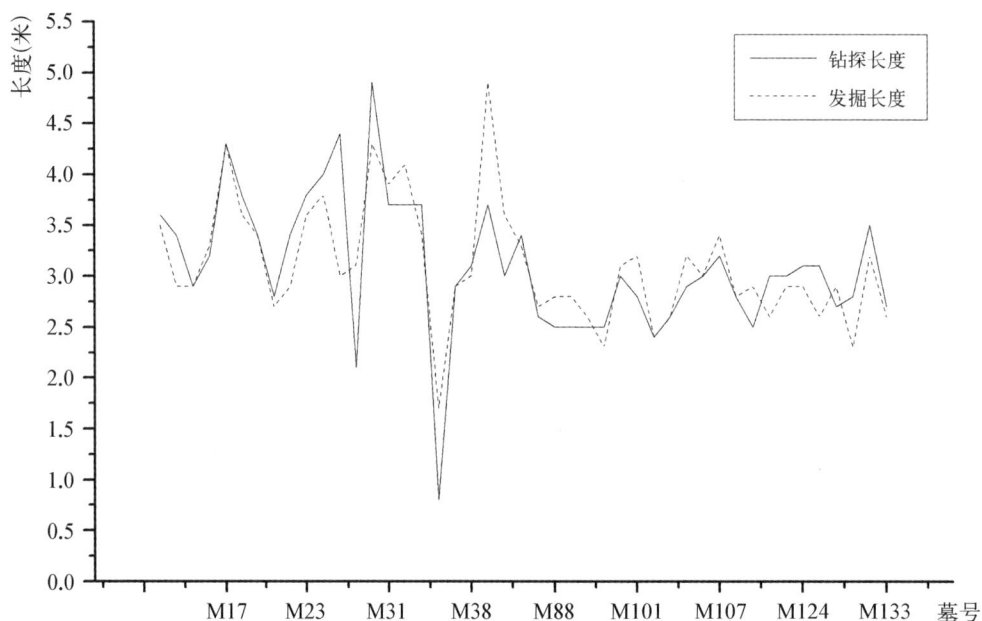

图八　姚家墓地墓葬钻探长度与发掘长度对比图

发掘宽度与钻探宽度之差在1米及其以上的墓葬为M29、M39、M40,分别为发掘宽度长于钻探宽度1、1.2、1.2米;发掘宽度与钻探宽度之差在0.5—1米之间的墓葬为M16、M34;发掘宽度与钻探宽度之差在0—0.5米之间的墓葬共35座,占77.8%;发掘宽度与钻探宽度相等的墓葬共5座,占11.1%。发掘宽度大于钻探宽度的墓葬共19座;钻探宽度大于发掘宽度的墓葬共21座(图九)。

发掘面积与钻探面积之差最大的为M39,发掘面积大于钻探面积8.7平方米,而发掘与钻探面积相等的为M108,为3.9平方米;差值在4—5平方米之间为M29、M40;差值在3—4平方米之间为M27、M34;差值在1—2平方米之间有12座,占26.7%;差值在0—1平方米之间有27座,占60%。发掘面积大于钻探面积的墓葬共21座,发掘面积小于钻探面积的则有23座。

综合以上分析,M29、M39、M40三座墓的墓葬规模在钻探与发掘时相差较大,其他小墓包括马坑钻探与发掘的规模均相差不大,钻探数据十分可靠。

为考察此次钻探的精度,利用统计软件SPSS 22.0,导入44座中小型墓及1座马坑钻探与发掘所得墓葬长度、宽度数据,使用"配对样本的t检验"法[1]进行计算与分析。所得结果表明(表二),

---

[1]　陈铁梅:《定量考古学》,北京大学出版社,2005年,第72—74页。

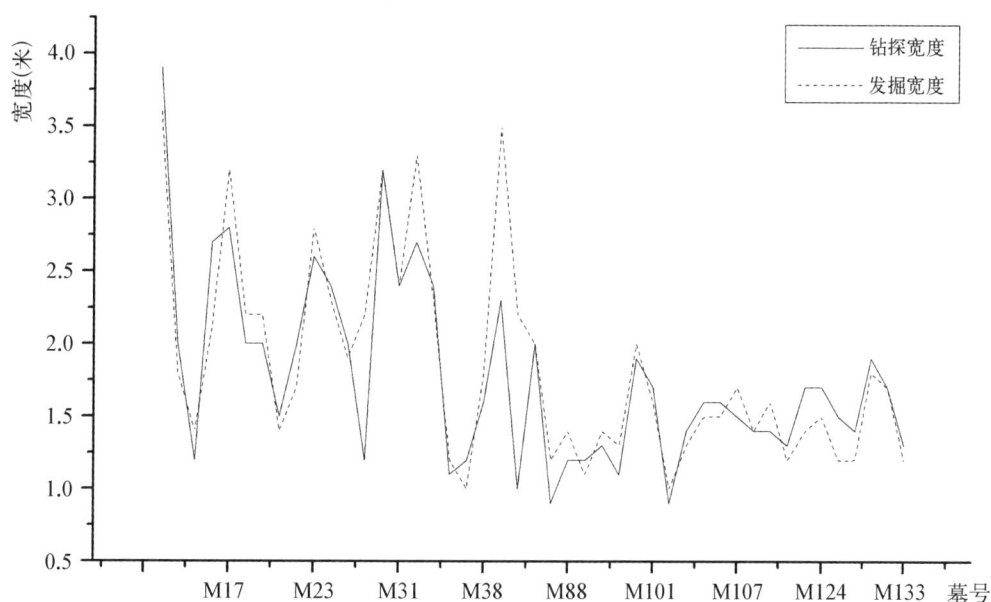

图九　姚家墓地墓葬钻探宽度与发掘宽度对比图

配对样本 A（钻探长度-发掘长度）和配对样本 B（钻探宽度-发掘宽度）的相关系数 $r > 0.7$、显著性水平 Sig. < 0.05，说明配对样本内部数据存在显著且可靠的相关性。t 检验结果表明，配对样本 A 和配对样本 B 的显著性水平（双侧）Sig. 远大于 0.05，说明在 $\alpha=0.05$ 的显著性水平上没有观察到存在系统差异，即钻探数据与发掘结果在 95% 的概率下无实质性差异，钻探精度高达 95%。

表二　姚家墓地钻探数据与发掘结果分析

配 对 样 本	样本量 n	相关分析		t 检验		
		相关系数 r	显著性 Sig.	t 值	自由度 df	显著性（双侧）Sig.
A. 钻探长度 – 发掘长度	45	0.771	0.000	0.068	44	0.946
B. 钻探宽度 – 发掘宽度	45	0.855	0.000	1.287	44	0.205

　　但此次钻探仅得到墓口长、宽，因此在对比已发掘墓葬的长、宽时，也选取墓口而非墓底数据，以形成对比。然而实际发掘中，有部分墓葬并非口底同大，而考察墓葬等级时，多以墓底面积作为划分依据。因此划分墓葬等级时若使用钻探数据，由于墓口面积与墓底面积有别，可能存在一定误差。

　　另外，本次已发掘墓葬的墓向与钻探所得墓向间差值在 16° 以内，二者基本一致。因此对于涉及墓向的墓位形态研究，钻探数据的可靠程度也相对较高。需要注意的是，在钻探中并无法得知南北向或东西向墓葬中的墓主人具体头向，如向东或向西。故而当墓位形态研究中涉及具体的墓主人头向问题时，还需以实际发掘情况为准。

　　在此次钻探中，钻探至 M10 时发现马骨，当时即推测该墓为一马坑，实际发掘证明其确为马坑。虽然仅此一例，但也在一定程度上说明钻探时判断的墓葬性质有参考价值，不可忽略。

综合而言,此次钻探准确率较高,故而对墓地中未发掘的大部分墓葬,钻探所得数据在研究时具有极大的参考价值。有鉴于此,完全可以使用此次钻探数据对姚家墓地的形态结构进行初步研究。

2.2　带墓道大墓的发掘

姚家墓地共有带墓道大墓2座,即位于墓地西部的M7和M8。本部分首先介绍两墓的发掘过程与发掘方法,然后再分别介绍两墓的发掘收获。

2.2.1　发掘过程与发掘方法

M7位于姚家墓地西区,北邻M8,间距约为6米;东北相邻M10,间距约为15米;西北相邻M5,间距约为17米;西南相邻M3,间距约为20米。

1. M7发掘过程与发掘方法

M7的发掘于2012年6月24日开始至2012年11月19日结束,历时148天,中途因下雨及其他原因停工数天,实际发掘天数约为108天,每天用工7人。整个发掘过程可分为四大阶段。

第一阶段:6月24日至7月11日,主要工作是寻找墓口,揭表土。该墓采用"探方式发掘法",根据墓葬范围将其每边向外扩出3米左右。

(1)第一步:清理该墓表土层、耕土层与扰土层。

(2)第二步:逐层向下清理至墓口,这期间常注意刮平面直至划出墓口范围。墓口开口于第②层下并打破第③层。第①层为耕土层,第②层为近代扰土层,两层均出有近代砖块、瓦片。将墓口上层堆积清理完以后,刮平面并判断其是否有盗洞。在墓室部分发现有盗洞5个。

(3)第三步:发掘盗洞,将其作为遗迹现象来发掘,盗洞向下清理至一定的深度时开始清理填土,以便更好地了解盗洞的形制、走向,并判断其对墓室的破坏情况。在墓葬西北角、东北角以及偏南部各发现一个近似U形的土槽。由于该墓的墓室与南墓道基本等宽,形制结构比较特殊,故针对性地设计了该墓的发掘方案,并绘制发掘方案平面示意图。

第二阶段:7月11日至9月10日,墓室、墓道及墓室四个墓角斜道的发掘。

(1)第一步:判断之前发现的两个近似U形槽北边为墓室,南边为墓道,先将各个盗洞清理完毕。

(2)第二步:取墓室的东、西边中线,清理墓室东半部分。斜道1和斜道2与墓室之间有较明显的分界线,且土质、土色有明显的区别,然后留有剖面,判断斜道与墓室的填土堆积状况,清理1.2米后发现平、剖面上都有较明显的线将斜道和墓室的填土分开,并且有两道裂痕,斜道内填土有夯土,墓室内填土由于塌落,上部土质、土色均有明显的变化。此时可发现在墓壁的南北剖面上有盗洞的形制、走向以及对墓葬的破坏程度,同时还可以借此来判断该墓填土的堆积过程、土质土色、夯土的形制、盗洞的走向以及墓室的塌落痕迹。为了解四个斜道的性质,发掘时对斜道设计了四个剖面(图一〇;图版一)。

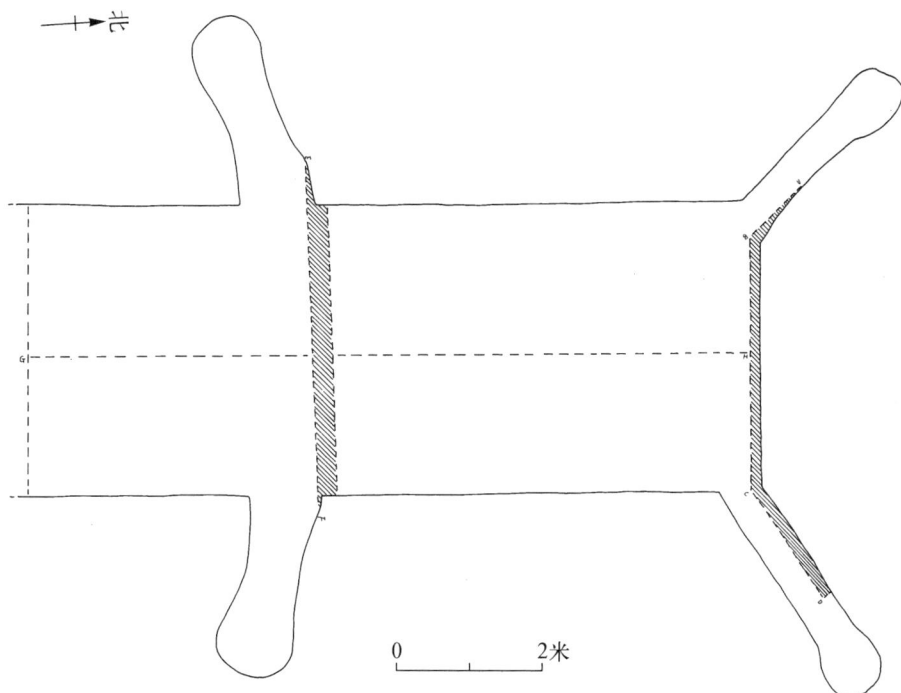

图一〇　2012FZYM7墓室与墓角斜道发掘方法示意图

（3）第三步：在发掘墓室四角斜道时，先清理东北角的小墓道，在其北部靠墓壁方向留有剖面，此时判断小墓道与墓室的关系及填土的堆积过程，在东南角与西南角的小墓道中间留东西向宽为30厘米的隔梁，判断该小墓道与墓室的关系及填土的堆积过程。

（4）第四步：将墓室东半部分清理至约2米深后，绘制各个墓壁的剖面，并进行照相和文字记录。接着清理墓室西半部，这一部分与东半部发掘过程相同。

（5）第五步：在判断清楚四个斜道的堆积状况后，打掉全部预留隔梁。

第三阶段：9月11日至10月23日，发现葬车及清理南边的墓道、车轮。在清理墓道东边靠近墓室的盗洞1时发现盗洞壁上有灰痕，疑似为车轮。

（1）第一步：在墓室周围留一宽约40厘米的台子，将台子清理至高约1.5米时，开始清理周围，并发现有车轮的痕迹。

（2）第二步：仔细清理墓壁上的车轮。判断盗洞1南边应该也有车轮，清理该处填土，当清理至与盗洞1北部车轮深度差不多的时候，留下一40厘米台子；再将其周围部分清理到1.2米左右时，则开始清理台子，共清理出完整的车轮2个，判断墓道底部可能有车，但经过仔细清理并未发现有车的痕迹。

本次墓道共清理车轮5个，其中除西部1个被盗洞破坏一半外，其他均完整。墓室西北角清理车轮1个，由于墓室内塌落严重，该车轮大部分已塌落，车毂上的铜器也下沉一部分；其周围的轮牙与辐条大部分塌落，但未发现因塌落而形成的灰痕，该车轮清理完后已面目全非。

（3）第三步：记录完所有车轮情况后，文物保护人员对其进行加固，对轮4和轮5进行翻模。

由于翻模对轮4和轮5破坏较大,无法再进行解剖,只能将其全部清理。

(4) 第四步:清理墓道北部底类似沟槽状遗迹,将墓道斜坡全部清理到底部,刮平面发现墓道底最北部未到生土,将生土与填土画出后,平面形状似"7"形。先清理东半边并留有剖面,判断其堆积状况,每层的填土都比较纯净,沟槽底部凹凸不平,并有大量的石头。沟槽打破石头层,石头均为一部分在生土里,一部分暴露在沟槽的底部。清理西边沟槽,发现其底部微斜,其上部有车轮,所以一部分未清理。该沟槽的性质不明。

第四阶段:10月23日至11月19日,清理椁室部分。

(1) 第一步:将椁的范围划出后,开始清理椁内塌落的土。土质极为疏松,内含有较多的小石头,清理约50厘米后,发现椁室北部与南部间有竖直的立板将其隔开,并非同一整体。仔细观察后发现南部有一椁,北部或为头厢。墓室南部的椁为东西向放置,北部葬具也为东西向放置。

(2) 第二步:继续往下清理,发现北部葬具的底板为东西向放置,下部东端与西端各有一根南北向放置的垫木,葬具内散落有较多的器物,经判断,全部被盗洞扰乱而失原位。还发现有人肢骨和盆骨零散地分布于盗洞底部,由于该盗洞从墓室西北角方向一直延伸下来,先进入头厢再进入南部椁室,因此极有可能是将南部椁室中人骨扰乱至北部头厢内。南部椁室被盗洞扰乱极为严重,棺只能看见范围,底板的数量已看不清。棺中仅发现残留少量海贝,同样被盗洞扰乱,且未发现人骨痕迹。

(3) 第三步:全部清理完后,对其进行照相、绘图,提取遗物。接着开始清理二层台,取墓室东部和西部的中线,先清理二层台西部,将西部的底板全部清理出来,再清理二层台东部。清理底板时发现墓底整个平面铺有一层席子,将席子的范围划出后,发现北部头厢底板紧挨着南部椁底板。

(4) 第四步:将其全部清理完后,开始照相、绘图等,最后解剖垫木及底板。

至此,M7的发掘正式结束。

2. M8发掘过程与发掘方法

该墓于2012年8月15日开始发掘至2012年12月24日结束,历时132天,中间有中断。发掘过程可分为五个阶段:

(1) 第一阶段:寻找墓口。

该墓经钻探后发现为长方形,然后开始布方发掘,将墓口以上堆积、耕土层与扰土层清理完毕后寻找墓口,将墓口北部划出后,中间部位向西南方向延伸。开始判断为有两座墓并有打破关系,而且该墓并未完全在探方内。

将探方继续向西南方向外扩并寻找墓口,同样先将墓口以上堆积清理完毕,并刮平面,画出墓口南部,墓口全部暴露后,再次刮平面确认为一座墓,并将盗洞画出来,该墓平面形制近似香蕉形。

(2) 第二阶段:清理墓室及墓道填土,发现水池。

先将全部盗洞向下清理部分后,开始清理墓室及墓道内的填土,盗洞与墓葬填土交替向下清理,发掘墓道填土时,留有南北剖面,观察填土是连续的,再次确认为一座墓。

墓室同样向下发掘,注意到墓葬外堆积与南部M7外堆积存在明显差异,该墓壁发现淤土堆积,并且填土中有仰韶陶片,结合钻探资料,初步怀疑墓葬打破的是不早于仰韶时期的古代遗存。根据钻探结果及以往周原的发现,初步认为是年代早于该墓且面积较大的水池。

此时,墓壁上出现裂缝,安全起见,同时为搞清水池堆积状况,将墓口平面图绘制完毕后,采取破壁发掘,向东外扩约70厘米,向西外扩约80厘米,向北外扩约80厘米。先发掘盗洞,后发掘水池内堆积,最后发掘墓葬内填土,三者交替进行,直至确保安全后,顺着墓壁继续向下发掘墓葬内的填土。

(3)第三阶段:车轮的清理。

鉴于M7随葬有车轮,故在发掘M8时特别注意这类现象。在墓室及墓道靠墓壁周围留有约40厘米的台子,并清理盗洞,发现盗洞边上有灰痕,仔细判断确定为车轮。遂开始由上至下、由外向内清理,由于该墓车轮保存状况较差,为保护车轮,轮牙与辐条周围均留有较薄的衬土,与M7相比,尽量将轮灰完全剔清,并用铁丝探测内端车毂,未发现有铜饰。

车轮基本只剩下灰痕,即使解剖,亦看不出辐条与轮牙的结合方式。为将来展示考虑,在加固的基础上放弃解剖。

(4)第四阶段:墓道底部与二层台的确认。

墓道底部:根据发掘大墓的经验,类似形制的墓葬墓道底部一般留有台阶,因此在发掘时特别注意是否有台阶或者人为踩踏的活动痕迹,但并未发现。墓道北部将水池打破至生土,南部较浅,并未完全打破水池,在清理至淤土时,判断其以下为水池内堆积,表明墓道已到底部。

二层台的清理:清理至一个平面时,椁的侧板及端板基本全部露出,二层台已暴露,台面较为平整。由于椁室塌落及盗洞破坏严重,未发现盖板,二层台为熟土。

(5)第五阶段:椁室内部清理。

椁室平面形制确定后,所有盗洞向下清理,椁室内部受到4个盗洞的严重盗扰,椁的侧板可见,由于塌落严重,其他情况不明。清理椁室内部时,由于二层台的挤压,侧板与端板成斜面,外椁内部发现有一内椁。因盗扰及塌落严重,内椁只能判断出底板痕迹,棺底板保存较好,痕迹较明显。在棺椁之间有少量且保存在原位的器物,棺内墓主人骨全部被盗洞扰乱,在盗洞下部发现有头骨,在椁室西南角残留有上肢。

将棺椁清理出后,照相、绘图,详细做记录,然后清理二层台以及椁底板。清理二层台时逐层向下清理,并留有剖面,观察并判断二层台填土的塌落痕迹,清理至距椁底板20厘米处,刮平面判断椁侧板与端板的结合方式。清理椁底板过程中,判断垫木的形制及是否有垫木槽。椁底板绘图、照相,并通过判断后确认无腰坑或其他迹象。考虑到展示需要,亦不再清理。

2.2.2　M7

1. 盗洞与墓葬保存状况

M7内共发现11个盗洞,其中墓室内5个、墓道部位6个(图一一)。自墓道近墓室处东侧开始,这11个盗洞依次编为D1、D2、D3……D9、D10、D11,具体情况如下(图一二、图一三):

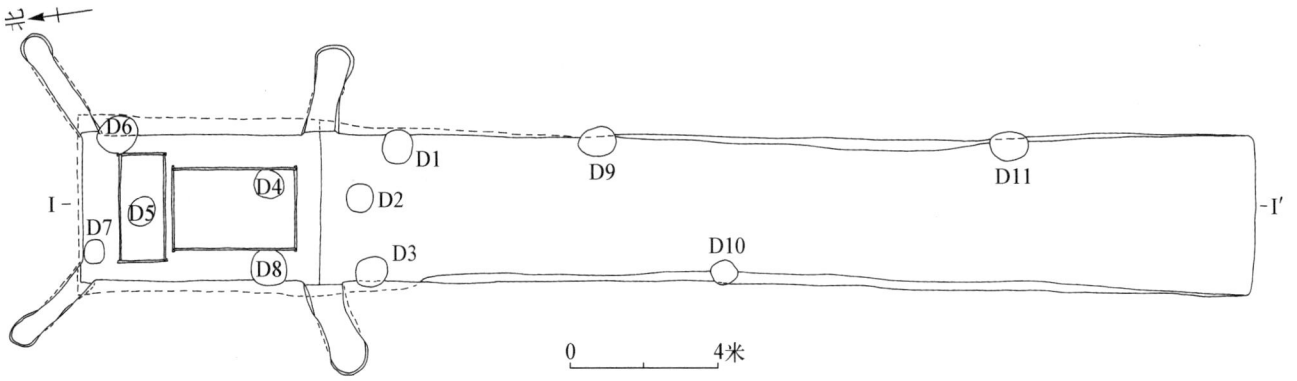

图一一　2012FZYM7墓口及盗洞位置平面图

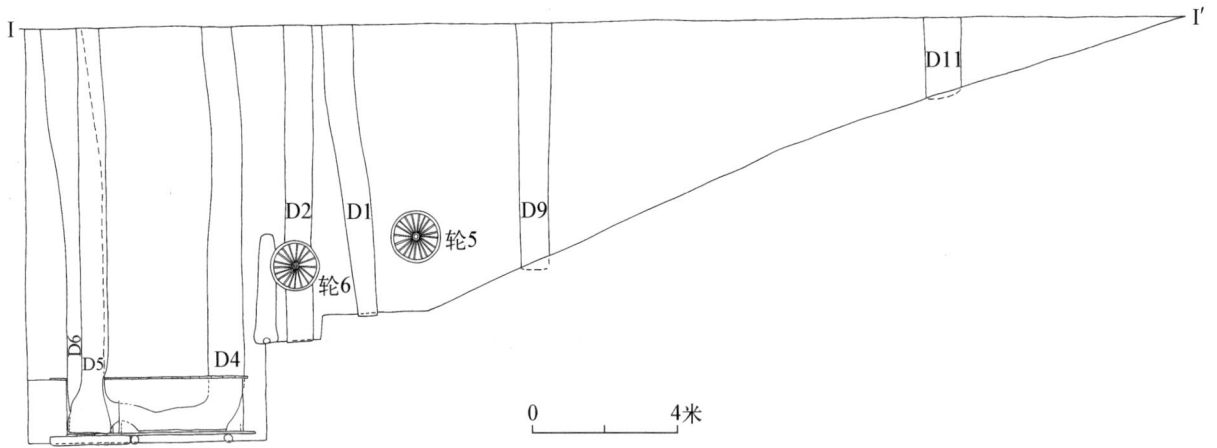

图一二　M7南北纵剖视图（由西向东）

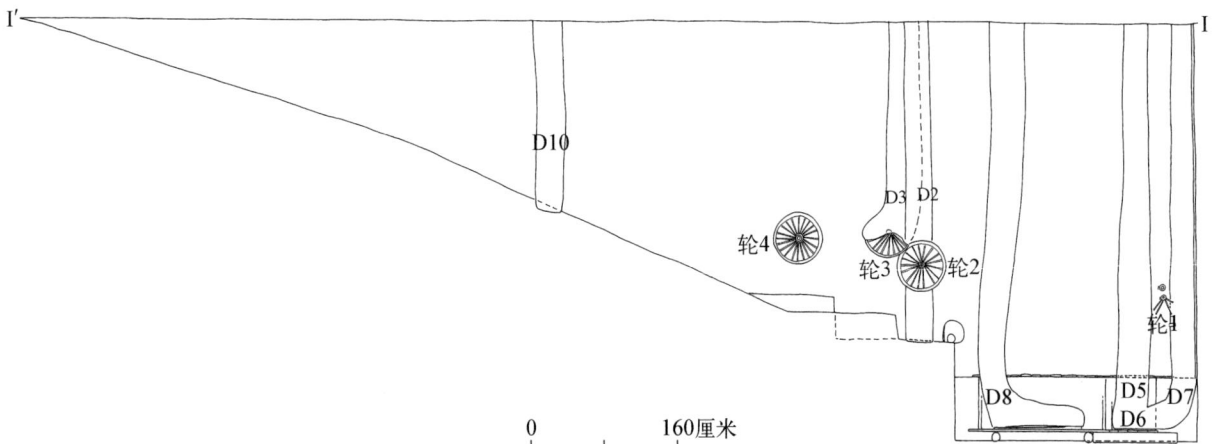

图一三　M7南北纵剖视图（由东向西）

D1位于墓道北端，打破墓道东壁和底部，北距墓室南壁170厘米。整体竖穴状，口大底小。口部近似圆形，斜壁，壁上自口下3米起竖排6个脚窝，间距为30—38、直径14—18、残深8厘米，洞底近平。口径85—95、底径50—60厘米，自深6.7米。总体向南斜通至墓道。上段距墓道口2米，较直，下段较上段倾斜。此盗洞破坏了墓道，未对墓室产生破坏。

D2位于墓道北端中部、D1西北侧，打破墓道底，北距墓室南壁75厘米。整体呈竖穴状，口小底大。口部为椭圆形，近直壁，底较平。口径70—80、底径74—83厘米，自深7.9米。总体较竖直，底至墓道底，且近底中空一段，未对墓室产生破坏。

D3位于墓道北端、D2西侧偏南，打破墓道西壁，北距墓室南壁95厘米。整体呈长筒靴状，口小底大。口部为椭圆形，上壁较直，下壁微弧，底上弧。口80—95厘米，自深5.9米。整体向南斜至墓道壁上轮3处。上段距墓道口4.5米，近直下行，下段较上段倾斜。此盗洞将轮3破坏了三分之二左右。

D4位于墓室南端偏东、D3北侧偏东，南距墓室南壁90、东距墓室东壁100厘米。整体呈长筒靴状，口小底大。口部为椭圆形，壁微弧，底近平。口径75—85、二层台上底径78—100厘米，自深1.1米。整体呈弧状通往椁室。上段距墓道口3.5米，向南倾斜；中段深约2.5米，向东南方向下行；下段竖直到东侧二层台上，末端从二层台上沿西北方向延展至椁室内。此盗洞打破椁东侧板南端，几乎毁坏了椁室东南角，并毁掉棺南端板东端，盗扰整个棺内，但椁盖板和棺椁底板未被破坏。

D5位于墓室北端中部、D4西北侧，北距墓室北壁125、西距墓室西壁145、东距墓室东壁160厘米。口部为椭圆形，壁微弧，底近平，口小底大。口径70—80厘米，自深10.9米。二层台以上呈竖穴状，以下呈袋状。此盗洞破坏椁盖板，进入头厢，盗扰严重，但未破坏棺椁底板。

D6位于墓室北端、D5东北侧，打破墓室东壁，北距墓室北壁40、西距墓室西壁335厘米。口部近椭圆形，弧壁，因垮塌壁上残留脚窝不明显，底近平，口小底大。口径95—115厘米，自深10.9米。总体略向南通往头厢内。此盗洞差不多毁尽头厢东端板，与D5相通且被其打破，覆盖绝大部分头厢。此外，又向南破坏了头厢南侧板和棺椁北端板，与D4相通，进入整个棺内，但棺椁底板未被破坏。

D7位于墓室北端、D5西北侧，北距墓室北壁5、西距墓室西壁42.5厘米。整体呈长筒靴状，口部近圆形，洞壁微外弧，壁上竖排10个脚窝，间距一般0.3—0.6米，个别为1.5、1.8米，直径12—15、残深6厘米，底近平，口小底大。口径55—65、二层台上底径63—82厘米，自深10.9米。二层台以上呈竖穴状，以下向南呈弧状进入头厢。此盗洞破坏了头厢西端板北端和北侧板西端，与D5、D6相通，严重扰乱头厢，但椁盖板和棺椁底板未被破坏。

D8位于墓室南端、D4西侧，打破墓室西壁，南距墓室南壁92.5厘米。口部为椭圆形，上壁近直，下壁弧，洞壁自口下2米起竖排7个脚窝，间距一般为0.3—0.6米，个别为1—2米，直径10—15、残深60—90厘米，底近平，口小底大。口径95—105厘米，自深10.1米。二层台以上基本上呈竖穴状，以下沿东北方向呈坡状进入椁室。此盗洞破坏椁西侧板南端和棺西侧板南端、南端板西端，与D5、D6相通，严重扰乱头厢，但未破坏棺椁底板。

D9位于墓道中部偏北、D1南侧4.7米处，打破墓道东壁和底部。整体呈竖穴状，口大底小。口部为椭圆形，斜直壁，底较平。口径70—107.5、底径58—80厘米，自深6.7米。总体而言，该盗洞较竖直地通往墓道底部,未破坏墓室。

D10位于墓道中部、D9西南侧4.1米处,打破墓道西壁和底部。整体呈竖穴状,口大底小。口部为椭圆形,弧壁,弧底。口径60—80、底径49—78厘米,自深5.2米。总体而言,该盗洞较竖直地通往墓道底部,未破坏墓室。

D11位于墓道南部、D9南侧10.3米处,打破墓道东壁和底部。整体呈竖穴状,口大底小。口部为椭圆形,近直壁,弧底。口径70—105、底径66—90厘米,自深2.2米。总体而言,该盗洞较竖直地通往墓道底部,未破坏墓室。

由于有些盗洞没有直通墓室,如墓道中的6个盗洞,除D3将车轮破坏严重外,对M7破坏甚少或者说基本没有。但是,墓室中的5个盗洞却对墓葬产生了几乎毁灭性的破坏,故M7墓葬保存状况不佳。

2. 墓葬形制结构

（1）墓室

M7为南北向带墓道长方形竖穴土坑墓,以墓室方向计算墓向为5°。墓室位于墓葬北部,呈长方形,口大底小(图一四、图一五、图一六)。墓口四角微弧长约6.5、宽约3.9、距地表约0.5米。墓底为平底,长约6.6、宽4.6—4.7、距地表约11.7米。墓壁南部为直壁,北部斜壁外扩,东部及西部为斜壁外扩,略呈袋状,二层台以下为直壁。墓壁较为规整,上部较下部光滑,应经过修整但未发现工具遗痕。自深11.3米。

（2）墓角斜道

M7墓室四角发现有4个沟状堆积。这种沟状堆积呈敞口且通往墓室内,本报告暂称其为"墓角斜道"(简称为"斜道")。四个斜道均开口于②层下。

1）斜道1

斜道1位于墓室西北角,朝向墓室东南,墓室中线与墓角斜道的中线夹角为44°。距斜道2为3.3米,距斜道3为5.9米。整体来看口大底小,口部呈长把勺形,水平长2.5、宽0.5—0.7、距地表0.4米。

斜道近墓室处口大于底,中部口小于底,西北部口大于底。斜道西北壁及最西部斜壁内收,东南壁及中部斜壁外扩。壁经修整较规整,但未见加工痕迹。

底部平面形状近似U形,斜坡状。水平长2.6、宽0.5—0.6、坡长3.7米,自身最深处约3.0米。坡度为55°(图一七)。

2）斜道2

墓角斜道2位于墓室东北角,朝向墓室西南,西南端与墓室相通,墓室中线与墓角斜道的中线夹角为56°。距斜道1约3.3米,距斜道4约5.5米。口部平面呈长把勺形,东北端近似呈圆形,由东北端向西南端走向的呈长条形,两壁较直,直通至墓室的东壁与北壁。东北端圆形口部为口大底小,长条形部分亦口小底大。口部长3.0、宽0.48—0.77、口距墓底3.1米。底部狭长,坡底。水平长3.0、宽0.4—0.7、坡长4米,坡倾斜度45°,墓底的斜道口南北向倾斜,宽0.5米。斜道壁0.5米之上为直壁,0.5—3.1米深处的壁微内凹,斜道整体壁面未见加工和修整痕迹(图一八)。

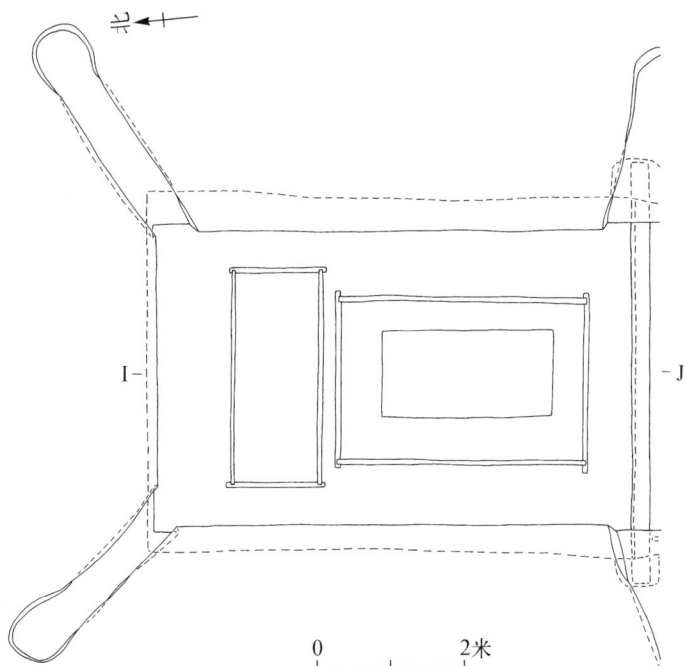

图一四　2012FZYM7墓室平面图

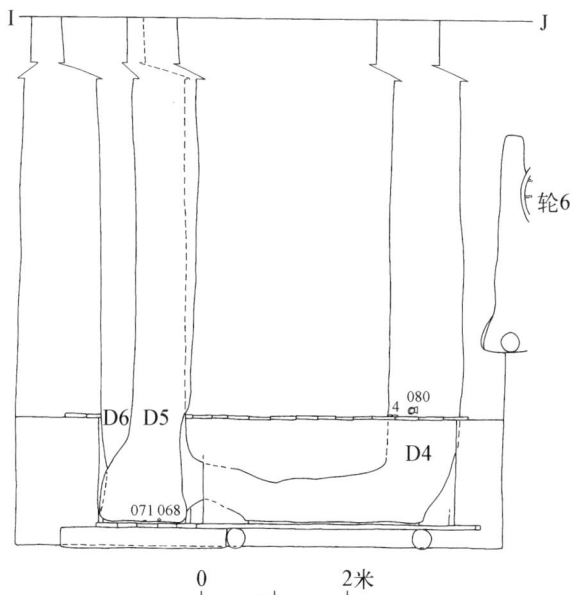

图一五　2012FZYM7墓室纵剖视图（由西往东）

068.铜矛　071.骨牌饰　080.陶豆

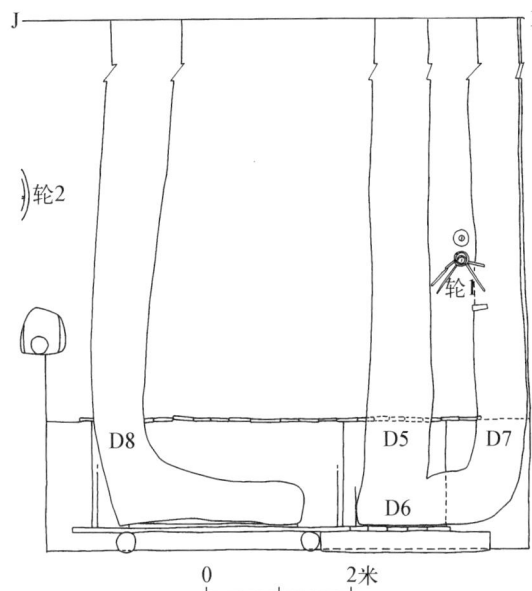

图一六　2012FZYM7墓室纵剖视图（由东往西）

3）斜道3

斜道3位于墓室西南角，朝向墓室东北，墓室中线与墓角斜道的中线夹角为43°。距斜道1约5.9米，距斜道4约3.9米。口部平面两端宽中间窄，水平长2.4、宽0.8—1.0米；西南呈椭圆形，直径约为0.9米；口距地表0.5米。

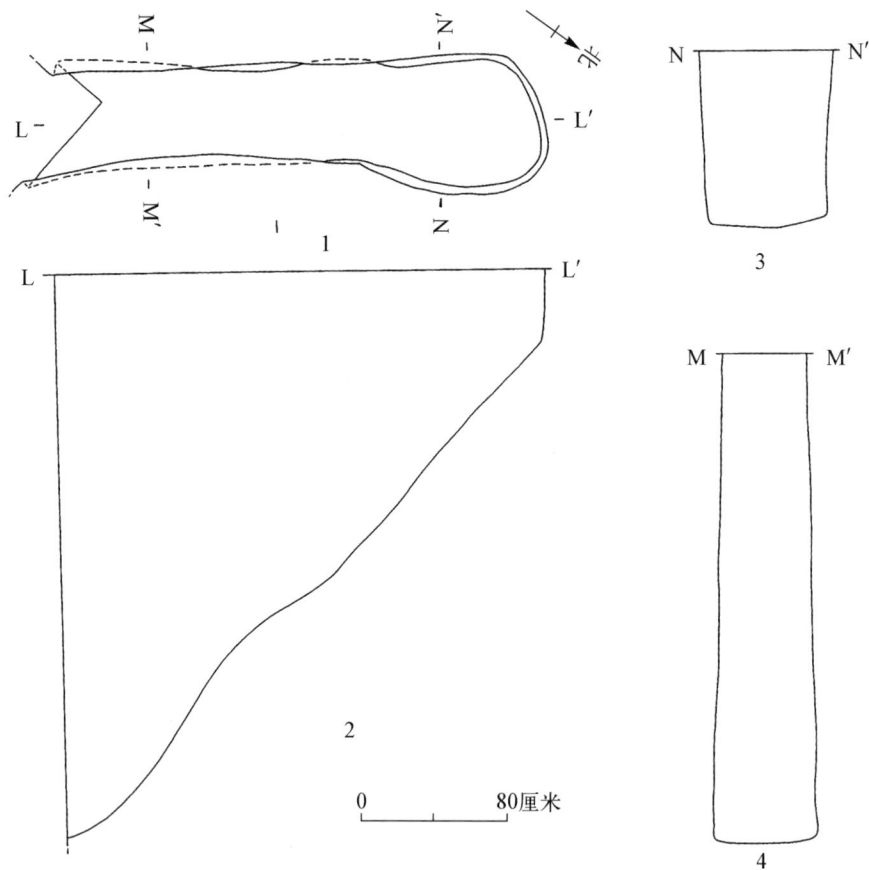

图一七　2012FZYM7墓角斜道1平剖图

1. 平面图　2、3、4. 剖面图

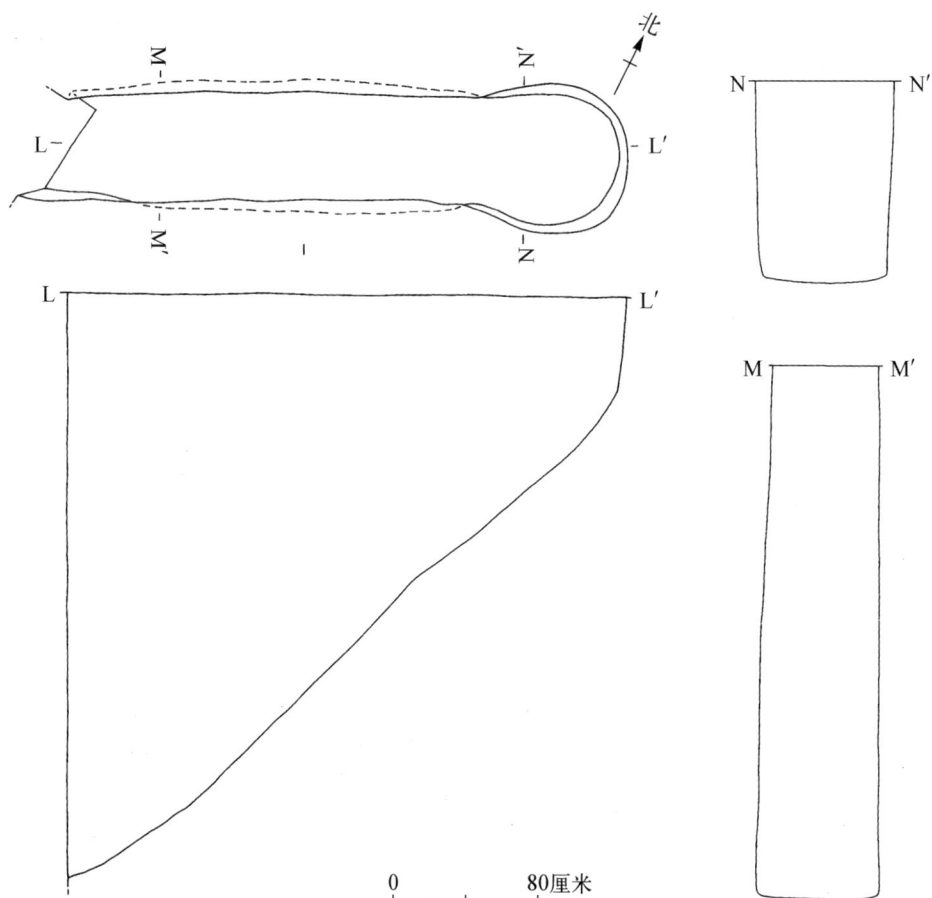

图一八　2012FZYM7墓角斜道2平剖图

1. 平面图　2、3、4. 剖视图

斜道近墓室处东部北侧口大于底,南侧口小于底,中间部位均为口小于底,西南部口大于底。斜道东北壁及最西部斜壁内收,东南壁及中部斜壁外扩。壁经修整较规整,但未见加工痕迹。

底部平面形状呈偏U形,坡底。水平长2.4、宽0.8—1.0、坡长3.8米,西南部近圆形,直径约为0.7米。距南部口0.4米处深2.7、1.8米处北高南低,深约0.9—1.1米,自身最深处约3.1米(图一九)。

4)斜道4

斜道4位于墓室东南角,朝向墓室西北,墓室中线与斜道中线的夹角为75°。

从东壁墓壁看,横木上部正对应斜道4的下部。距斜道2约5.5米,距斜道3约3.9米。

平面上,整体口大底小,在中部由西北-东南向略拐成东西向。口部呈腰鼓状,上端口部均近似为不规则圆形,口部平面宽0.7—1.1、厚0—3.3、深0.5—3.7米。底部近似呈"U"字形,以该斜道下端与墓室相连处为起始点,在水平方向上分别在口部的0.4米和1.4米处将该斜道分割成三级台阶,底部平面宽度为0.8—0.9米。从斜道剖面上看,以西北至东南方向在口部0.2米处截

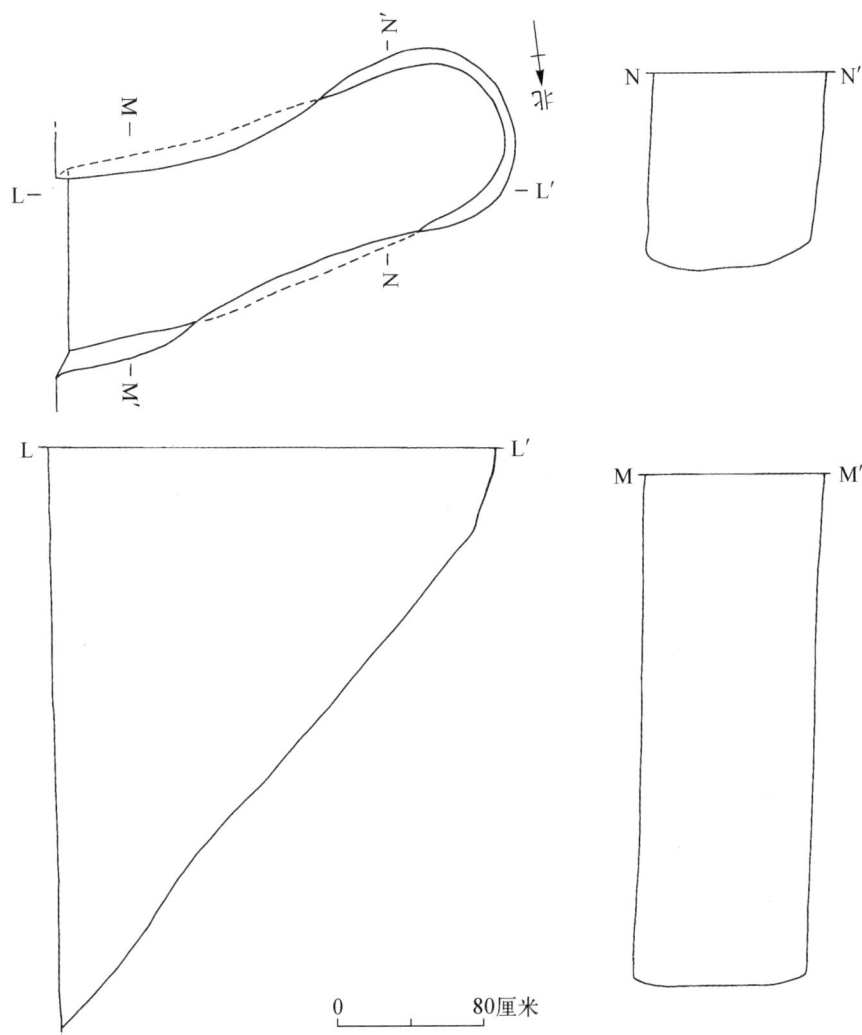

图一九　2012FZYM7墓角斜道3平剖图

1.平面图　2、3、4.剖视图

面,该斜道近似呈长方形,口大底小,斜直壁,深度较深,上部口宽度为0.9、下部底宽度为0.8、截面深度为2.9米;在口部1.7米处截面,该斜道近似呈方形,底略小于口,斜壁,深度较浅,上部口宽度为1.1、下部底宽度为0.9、截面深度为1.2米;在口部2.3米处截面,该斜道近似呈三角形,一侧壁近直,另一侧呈斜坡状,由上至下,坡度逐渐变缓,坡度约为44°—76°,深度较深,上部口宽度为0.9、下部底宽度为0.8、截面深度为3.3、坡长4.3米(图二〇)。

关于M7这四个墓角斜道的性质,存在以下几种推测:

推测一:M7四斜道可能为盗洞,如同周公庙遗址陵坡墓地M18[1]。M18一盗洞位于西墓道南边,长约7米,宽约0.9米,斜通向西墓壁,伴出铜泡等遗物。一般情况下,盗洞填土不分层,其内残留不少墓中遗物,而墓室和墓道填土分层且夯打。虽然M7一斜道填土中夹杂3件仰韶陶片,但

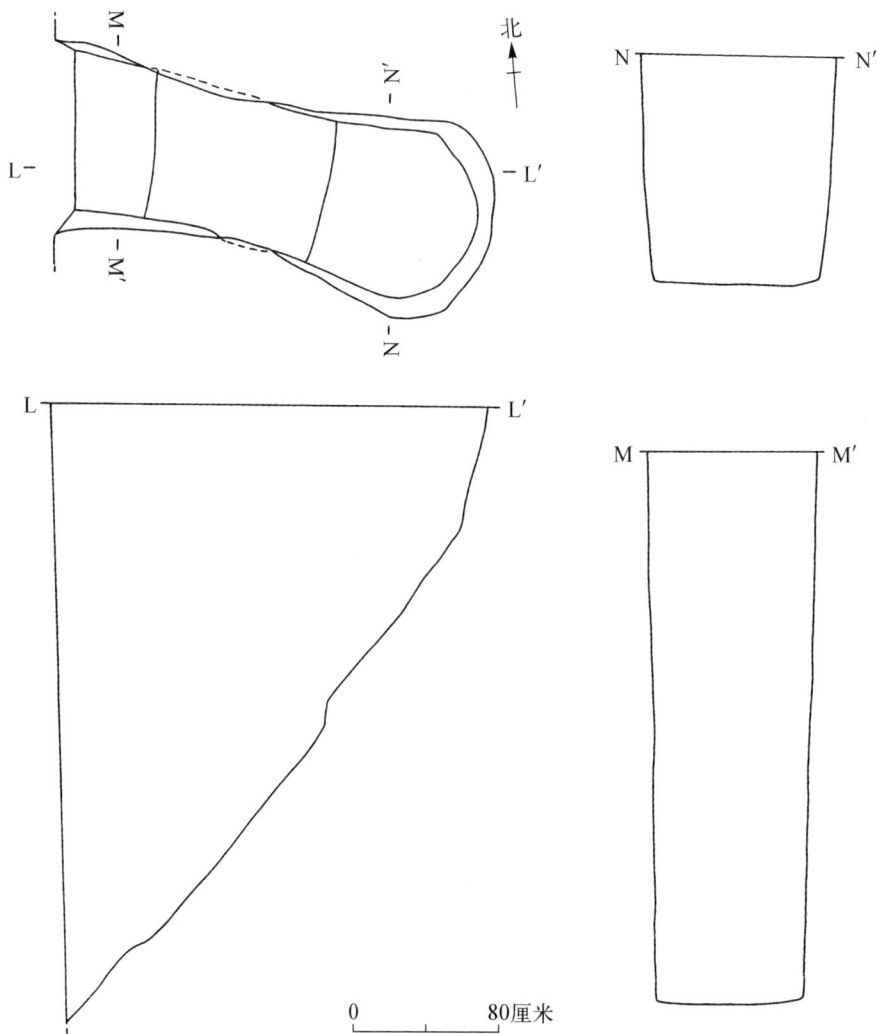

图二〇　2012FZYM7墓角斜道4平剖图
2.平面图　1、3、4.剖视图

[1]　徐天进:《周公庙遗址的考古所获及所思》,《文物》2006年第8期。具体资料待刊。

是，四斜道填土是经过夯打的，且分为6层。所以，仰韶陶片应为填土时混入。此外，四角斜道也并未真正进入墓室。故不存在盗洞的可能性。

推测二：M7四斜道可能是墓道，如同琉璃河墓地M1193[1]。据发掘报告资料，M1193四角墓道自深3.6—3.8米，口长4.0—5.6、宽约1.0米[2]，底宽0.3—0.7米，形制各不相同。其填土与墓室中填土一致，同为黄褐色五花土且经夯打，有夯窝，未见任何遗物。但M1193四角类似堆积是否为短窄墓道尚未形成定论，不能将其作为性质判断的参考。所以，倾向于认为M7的斜道不是墓道。

推测三：M7四斜道疑为墓角斜洞塌落所致。墓角有斜洞这种现象，在山西绛县横水墓地[3]、大河口墓地[4]、湖北叶家山墓地[5]三处皆有发现。横水墓地内大中型墓葬的墓口东侧外或四角处大多有长方形、圆形或椭圆形的柱洞或斜洞。据统计，14座墓口东侧外分布2柱洞，5座墓室四角各分布一斜洞。大河口墓地只在M1墓口四角外发现4个通向墓室的斜洞，具体信息不详。目前已经发表的湖北叶家山墓地资料中，M65四角各有一斜向柱洞，除东南角D3平面为圆形外，其他三角D1、D2、D4平面均为椭圆形。另外，除D3、D4与墓口有一段距离外，D1、D2都与墓口相接。这种在墓室的四角或墓室旁有一斜洞的情况，可能由整体塌落造成。但是，发掘时，M7近墓室四角填土未发现大的整块生土，且斜道壁有修整痕迹，上下一致，与墓壁也光滑一体。如果这四个斜道系塌落形成，那么斜道壁不可能如此规整、光滑。另外，从平面位置来看，四个斜道均位于墓室四角，且斜道口较圆滑，不可能为偶然的自然塌落，更似人工有意挖掘，故M7四角斜道并不是因塌落形成。

推测四：可能为方便下葬棺所建。这种棺木下葬通道说[6]，在探讨琉璃河M1193四角墓道性质时已提出，只是还有待进一步验证。当然，四角斜道也可能是方便提土或下土所用。

M7的四角斜道究竟性质如何，尚有待今后更细致的田野观察和深入研究。

（3）墓道

墓葬南部带斜坡墓道，口部平面呈较规则长方形，墓道南部口宽于底，近北部墓室处底宽于口。墓道南部壁斜直内收，北部斜直外扩（图二一）。墓道口水平长25.7—25.9、宽3.8—4.2、距地表约0.45米；墓道底水平长25.46—25.54、宽3.36—4.18米，墓道坡长27.1、深约0—8.5米（图二二、图二三、图二九）。墓道可分为三部分：最南部为第一部分，为斜坡，坡度不一，最南端坡度为17°，近第二部分处坡度22°；第二部分为小斜坡，坡度极小，近似水平，坡度约为2°；第三部分为最北部，与墓室相通，为一沟槽。

[1] 中国社会科学院考古研究所、北京市文物研究所琉璃河考古队：《北京琉璃河1193号大墓发掘简报》，《考古》1990年第1期。
[2] 简报中，西南墓道上口宽5.15米，但结合平面图，宽度应与其他墓道相差不多，也当为1米左右。详见中国社会科学院考古研究所、北京市文物研究所琉璃河考古队：《北京琉璃河1193号大墓发掘简报》，《考古》1990年第1期。
[3] 山西省考古研究所、运城市文物工作站、绛县文化局：《山西绛县横水西周墓地》，《考古》2006年第7期，第16—21页。
[4] 山西省考古研究所大河口墓地联合考古队：《山西翼城县大河口西周墓地》，《考古》2011年第7期。
[5] 湖北省文物考古研究所、随州市博物馆：《湖北随州叶家山M65发掘简报》，《江汉考古》2011年第3期。
[6] 赵福生：《西周燕都遗址》，《北京文博》1995年第1期。

北

轮6
3
D1
轮5

J —
D2
— K

轮4

2
轮2   轮3

0   80厘米

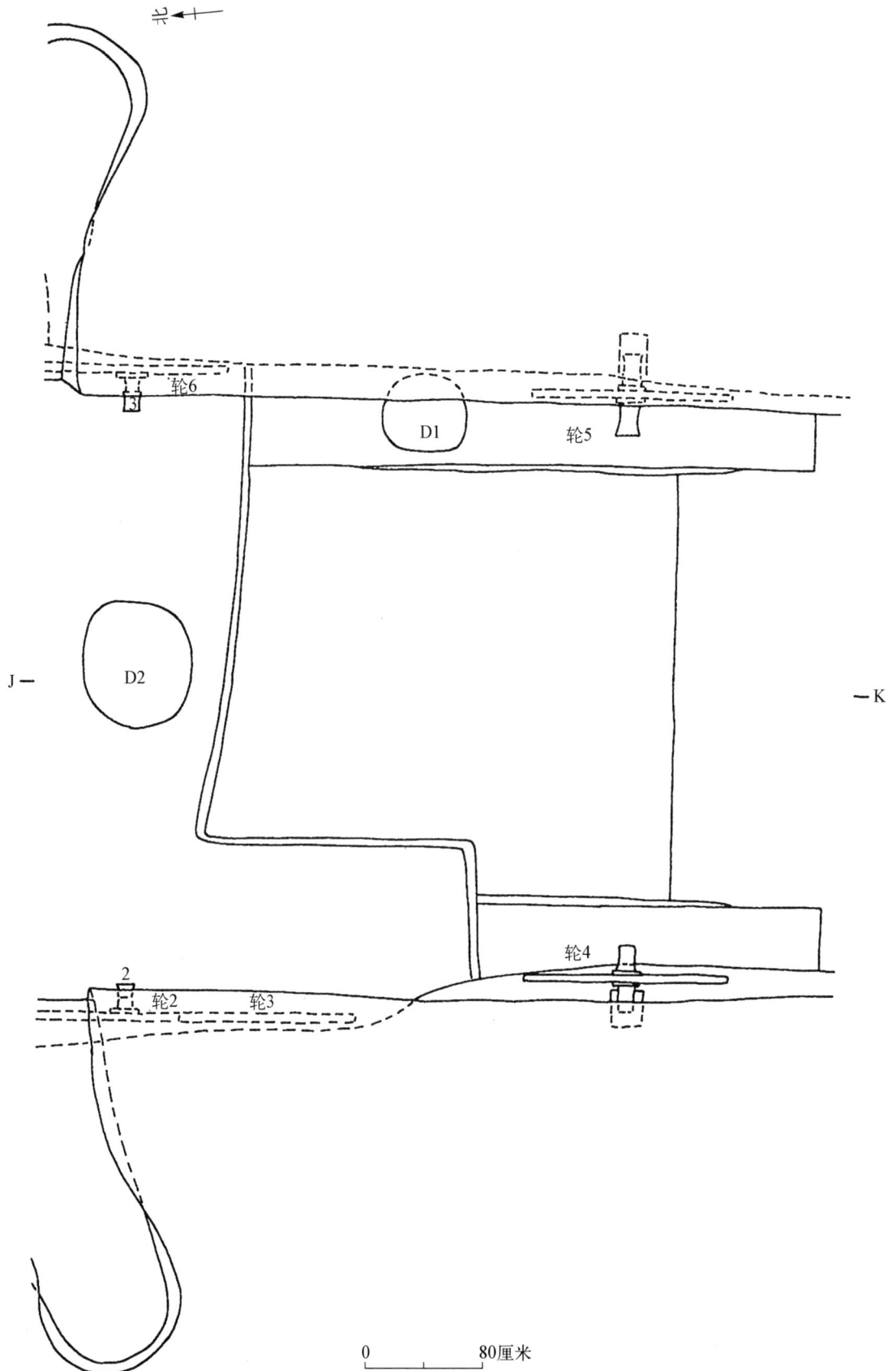

图二一　2012FZYM7墓道北部平面图

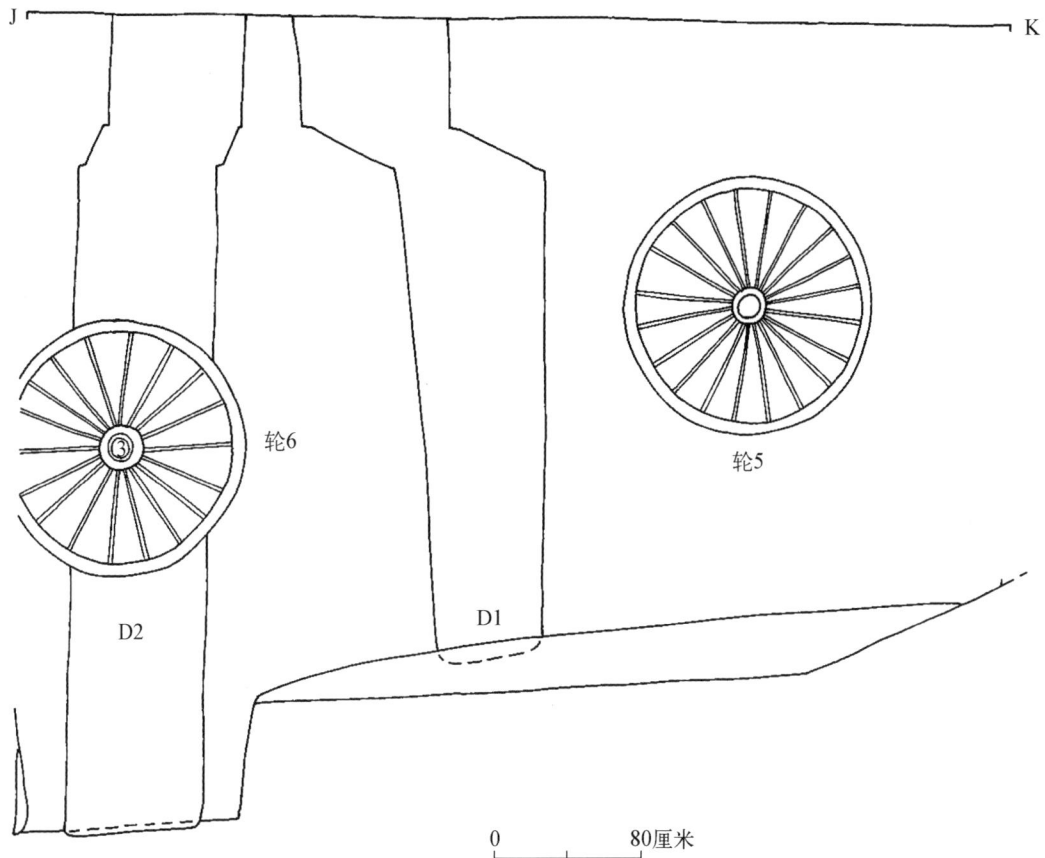

图二二 2012FZYM7墓道北部剖视图（由西向东）

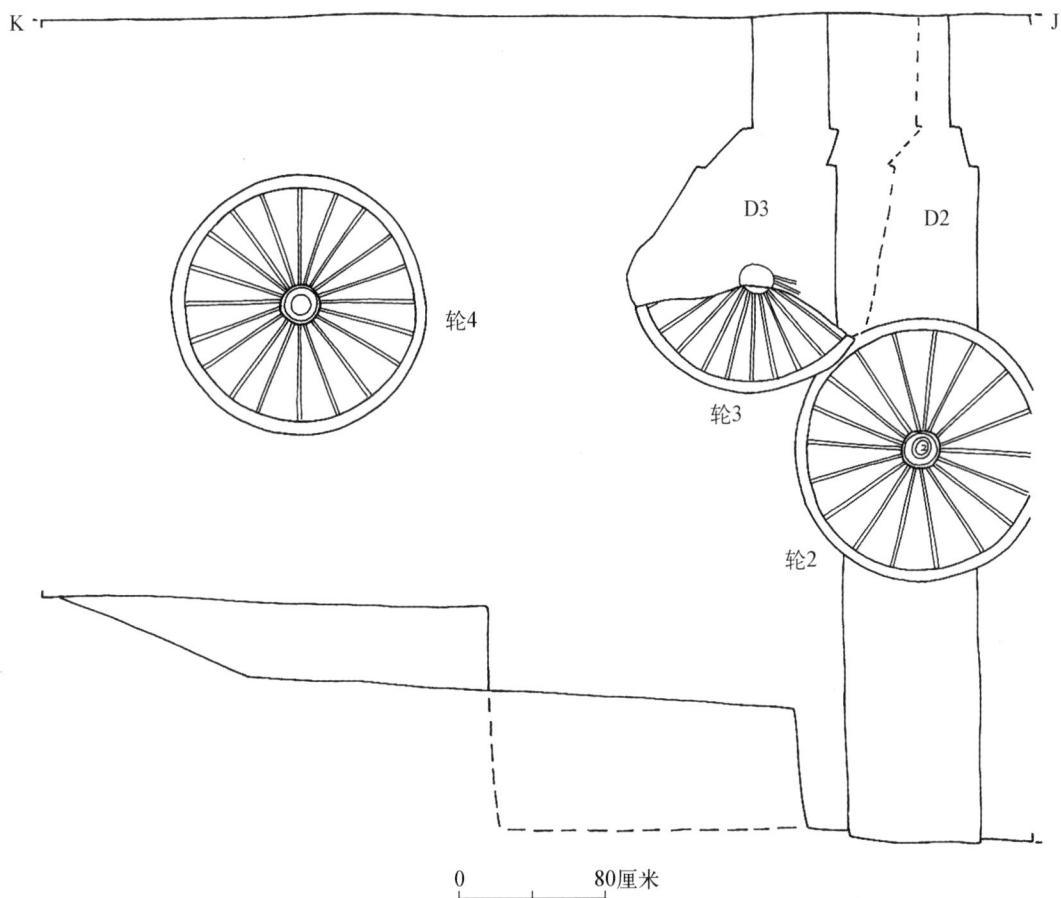

图二三 2012FZYM7墓道北部剖视图（由东向西）

第一部分斜坡水平长21.2、坡长22.8米。墓道近墓室处东、西侧各有一生土二层台。西侧二层台距墓口最南端水平距离约为20.1、自身长2.3米。南端上部与底部宽度相等，宽约为0.4米；北端底部宽于上部，上部宽0.5、底宽0.6米。距墓道口约7.4、高约0—0.4米。南高北低，坡度约为2.5°。

东侧二层台距墓口最南端水平距离约为20.2、自身长约3.8米。南、北部上部宽度与底部相等，南宽约0.5、北宽0.7米；中部底宽于上部，上部宽0.5—0.6、底部宽0.5—0.7米；距墓口约7.3、自身高0—0.3米。南高北低，坡度较大，约为15°。

二层台均位于墓道第一部分与第二部分。西侧二层台位于墓道第一部分长约1.0米，东侧二层台长约0.9米。

第二部分缓坡近似水平，平面形状呈不规则六边形，其水平南端宽2.8、东端长约2.9、北端宽2.4米，西端偏北内凹，长1.8、宽0.3米，西南端长1.3米，坡长为2.9米。

第三部分为沟槽，紧邻墓室，平面形状呈不规则六边形，口大底小。北宽4.7米，东北段长1.7、宽3.1米，西长3.4、西南长1.8、西南宽0.9米。

（4）墓壁沟槽

位于墓道最北端底部，东壁有一沟槽，西壁仅见凹槽，东高约2.9、西高0.6米。东壁由上向下逐渐变深，下部呈椭圆形近深凹槽，上部宽0.3、下部最大径约0.6米。西壁对应一凹槽，内放置一横木，横木东西长4.5、南北宽0.2米，其中南部0.2米位于墓道，0.04米位于墓室。按照其形制推测，横木首先放置于西部凹槽内，根据横木的长度决定东壁墓壁沟槽的进深度。

（5）二层台

墓底四周均为熟土二层台，因北部头厢呈东西向放置，北部东西二层台宽度窄于南部。南二层台宽0.6、北宽1.1、西北宽0.8、西南宽1.1、东北宽0.9—1.0、东南宽1.2—1.3米。

3. 填土

该墓的填土比较复杂，在发掘时留有较多剖面，以观察判断填土的形制结构、夯层、夯窝及各层填土的来源（图二四）。

（1）墓室填土

墓室填土塌落严重，在墓室南部留下的隔梁上，中间部分由于椁室的塌落，墓室填土中间整体下沉，形成了塌落部分与未塌落部分的填土上下错位。在隔梁剖面划分填土的堆积层位后，可明显看出，中间部分全部下沉，两边位于原位，下沉部分填土与未下沉填土之间有明显的塌落缝，在剖面上塌落痕上部小于下部，每填一层土然后夯打，上部填土夯土与夯土之间的间距较大，下部夯土与夯土间的距离很小，夯打较为密集。夯土厚度约2—5厘米。

在墓室下部、椁室上部清理出夯窝，夯窝平面呈圆形，剖面为半圆形，且大小各异，直径约2—4厘米，分布较为均匀，大多数夯窝之间有一定的距离，很少一部分夯窝出现重叠的现象。根据清理出的夯窝来判断，在一平方米内大约有115个夯窝。

填土上部夯层总体土质坚硬、致密，土色为红褐色，夹杂有较少的黄色土颗粒，墓室夯土包含有较多小石头及少量礓石，无其他包含物，夯层较为平整。下部夯层坚硬，密度大，土色基本为黄

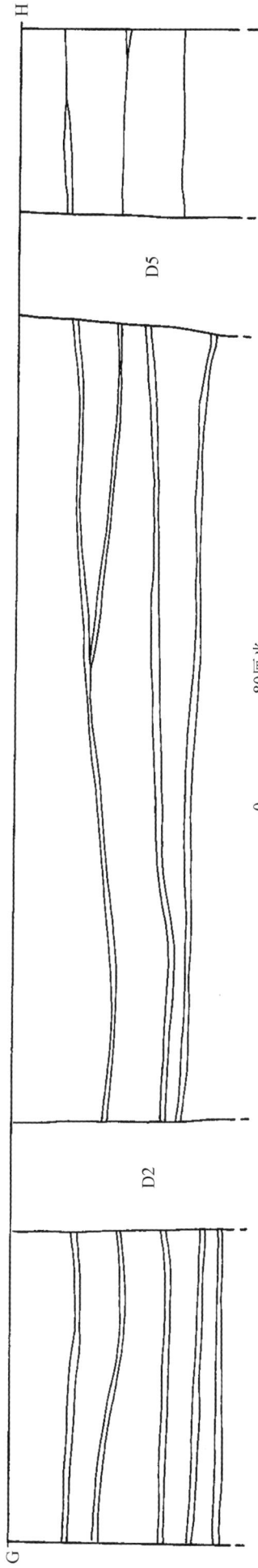

图二四 2012FZYM7墓室与墓道填土剖面图

G

H

D5

D2

0

80厘米

褐色,包含有较少小石块及少量礓石,夯层较为平整。上部夯土与夯土间的填土土质较为松散,土色总体为红褐色,夹杂有大量的黄色土点颗粒及浅黑色土颗粒。下部填土土质较硬,相对夯土较松散,土色呈红褐色,夹杂较多的红色土点颗粒,包含有大量小石块及较少大石块。该墓打破石头层,该石头来源于墓壁下部的石头层,经判断为古河床。填土在夯打过程中,每填一层土,然后夯打一层,反复如此,形成了夯土与夯土之间的填土。

（2）墓道填土

在清理墓道轮2、轮3及轮6时,车轮的下部留有填土,从留下的剖面来看,轮2与轮3下的夯层由北向南微倾斜,最下部由南向北倾斜,填土的堆积皆较规整,夯土坚硬、致密,土色为黄褐色,夹杂有少量的红色土点颗粒,夯土与夯土间的填土堆积土质较为松散,颗粒大,土色为褐色,夹杂较多的红色土点颗粒(图二五、图二六)。墓道填土有极少的石头,墓道北部的最底部填土由南向北倾斜,偏上部的填土土质较松散,土色为黄褐色,含有红褐色的颗粒,下部土质松散,土色为红褐色,含有较少的黄色土点颗粒。墓道南部的填土夯层较为水平,可根据轮4与轮5下的填土参考。

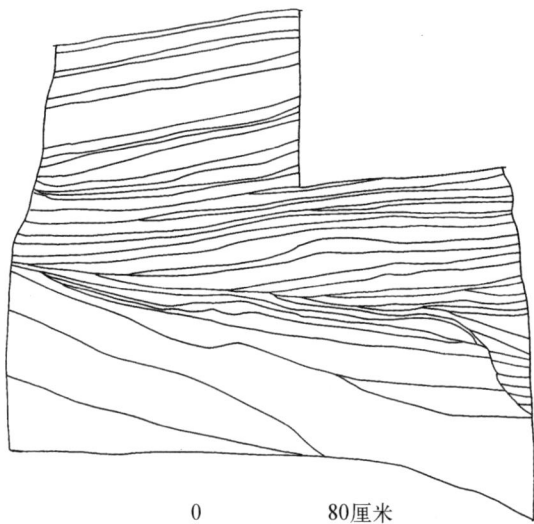

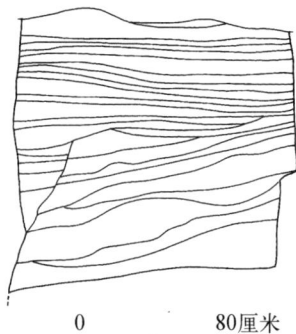

图二五　M7轮2与轮3下填土堆积状况　　　　图二六　M7轮6下填土堆积状况

（3）墓角斜道填土

1）斜道1

从斜道1的由墓口至下约1.5米剖面来看,共分6层,其中第③层夯打明显,为夯层。各层均明显向墓室方向倾斜,应是墓室塌落的缘故。现将各层介绍如下(图二七:1):

第①层:土质较疏松,土色呈淡黄色。深21—30、厚21—30厘米。内含大量直径超过7厘米的石块和小石头。该层填土应来自M7生土中的石头层上部。

第②层:土质较松,土色呈黄色。深72—80、厚50—56厘米。内含石头较少,均为直径1—3厘米的小石子、礓石。该层填土应来自M7生土中的石头层下部。

第③层:土质较致密,土色呈浅黄色。深80—88、厚6—10厘米。土质细腻,较纯净,基本不

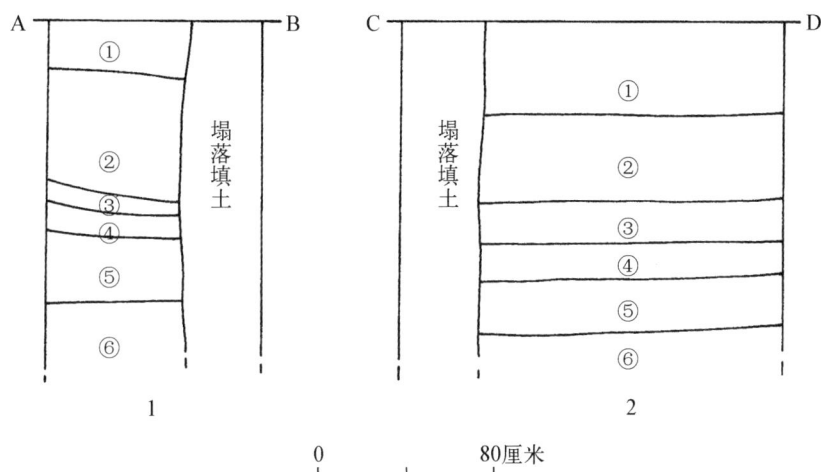

图二七 2012FZYM7墓角斜道填土剖面图

1. 斜道1 2. 斜道2

见小石头。可见夯层厚度较一致,该层填土应是M7生土中的"白善土"。

第④层:土质较疏松,土色呈褐色。深94—99、厚10—12厘米。内含极少量的细小石子。

第⑤层:土质较松散,土色呈浅褐色。深124—128、厚27—32厘米。土质纯净,不含其他杂质。

第⑥层:土质较松,土色呈棕褐色。深150—169、厚24—26厘米。内含少量细小礓石块。

第④、⑤、⑥层的填土应是来自M7生土中的"黑垆土"。

2)斜道2

从斜道2的由墓口向下至1.5米处的剖面来看,该斜道亦分6层,与斜道1不同的是,其中第③、④、⑤层均为夯层,且夯层的厚度明显要比斜道1要大。各层均稍向墓室倾斜,倾斜角度比斜道1的各层要小。现将各层介绍如下(图二七:2):

第①层:土质较疏松,土色呈棕色。深40—44、厚40—44厘米。内含较多小石头、小石子,分布较均匀。

第②层:土质较松,土色呈浅棕色。深80—88、厚38—40厘米。内含石头较①层大,均为直径为2—4厘米的石子、礓石,分布较分散。

第③层:土质较致密,土色呈棕黄色。深80—145、厚18—20厘米。土质较纯净,可见小石头分布。

第④层:土质较致密,土色呈浅黄色。深92—100、厚14—17厘米。内含石块大小不一,但基本为体积较小的石子。

第⑤层:土质较致密,土色呈淡黄色。深134—140、厚22—24厘米。土质较为细腻,偶见体积较大的石块,不见小石头。

第⑥层:土质较硬,土色呈浅黄色。深177—193、厚11—16厘米。土质纯净,基本不见有石子、礓石等杂质。

第③、④、⑤、⑥层的填土应是来自M7生土中的"白善土"。

3)斜道3和斜道4由于工作失误没有留好剖面,故此处不赘述,可详见图(图二八)。

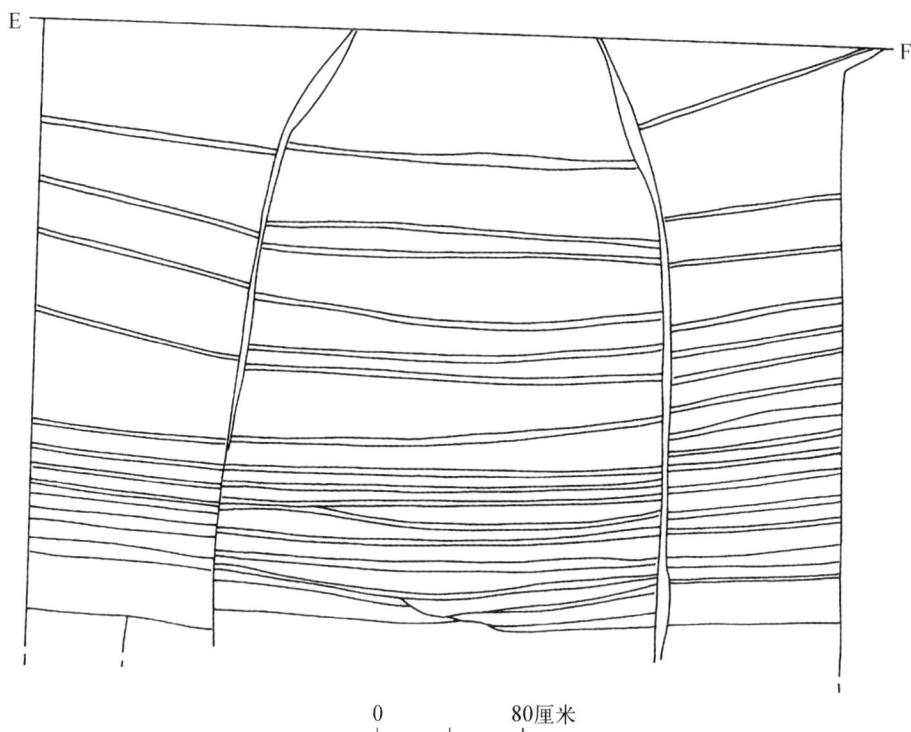

图二八　2012FZYM7斜道3与墓室填土剖面图

4. 葬具

该墓的葬具由一棺一椁一头厢、一席子一横木组成(图二九)。

(1)椁:该墓可以清楚辨别的为一椁,但也有迹象表明可能有两椁,只是盗扰严重,辨别不清(图版五:1)。

1)椁盖板:东西向,位于墓室中部,放置于棺及头厢上部,北边椁盖板上放置有骨牌饰,厚4厘米。其东边距墓室东壁46—70厘米,南边距墓室南壁42厘米,西边距墓室西壁40厘米,但有3块木板打破墓壁,超出6厘米。由20块木板组成,由南向北各板尺寸分别为:320×36、残长20×32、315×31、316×32、324×26、323×24、326×25、278×30、284×36、288×30、287×28、291×23、292×25、294×22、291×23、290×20、292×24、296×27、312×23、310×30厘米。

2)椁侧板:西边侧板总长341、宽8、高148厘米,其距椁底板西边14厘米。共由6块木板组成,由上至下尺寸依次为341×13、340×27、341×30、341×20、340×26、339×19厘米。东边侧板总长344、宽4—7、高148厘米,其距椁底板东边14厘米。共由6块木板组成,由上至下尺寸依次为342×12、344×26、343×29、336×22、328×27、330×18厘米。

3)端板:北边端板总长232、宽6—9、高148厘米,其距椁底板北边8厘米。共由6块木板组成,由上至下尺寸依次为232×15、230×27、229×25、232×24、231×26、228×18厘米。南边端板总长238、宽8、高148厘米,其距椁底板北边24厘米。共由6块木板组成,由上至下尺寸依次为236×17、238×28、235×23、237×26、236×25、238×17厘米。侧板与端板的组装方式为榫卯套

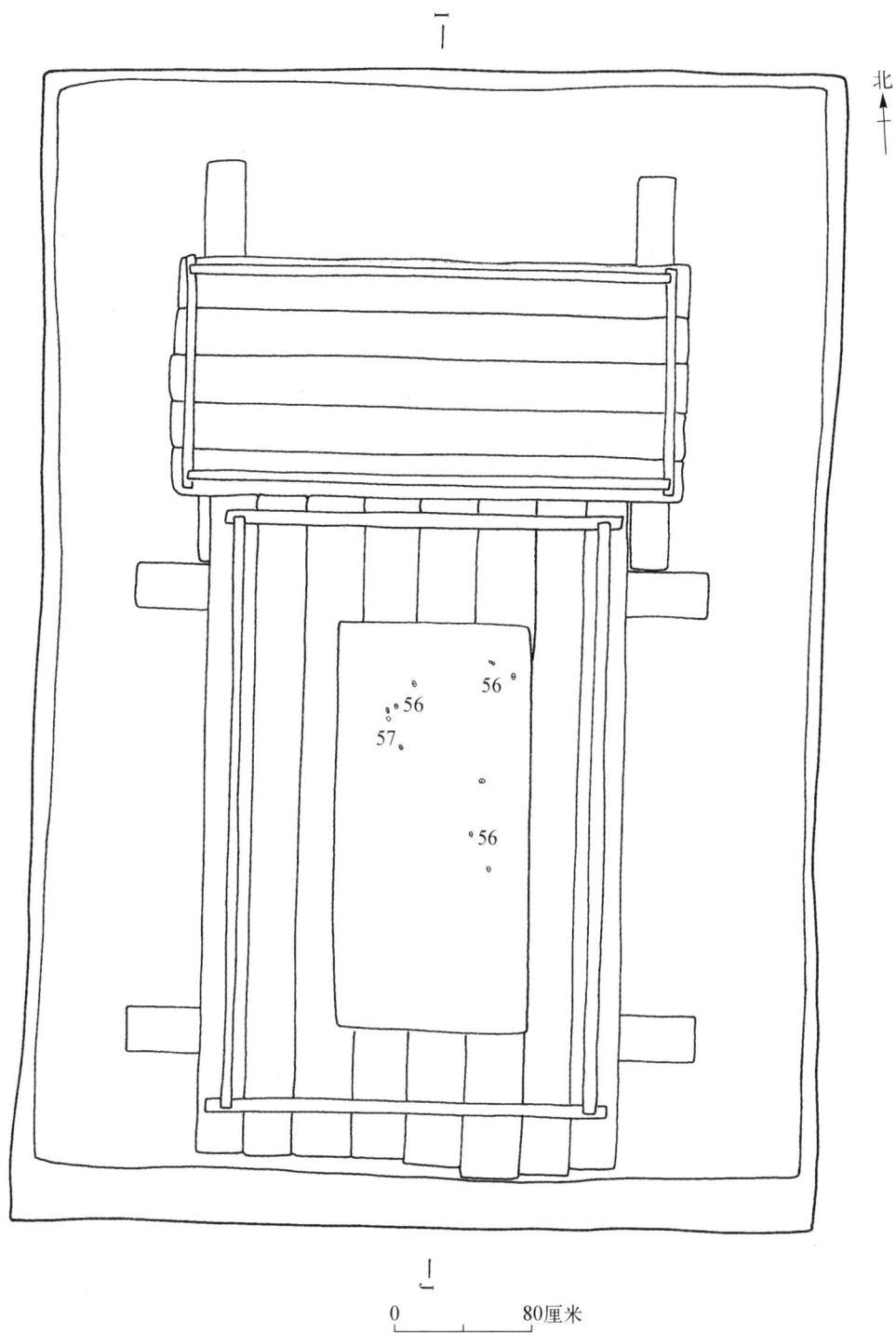

图二九　2012FZYM7 葬具平面图

56. 海贝　57. 铜泡

接,侧板嵌入端板中。两根侧板的四端嵌入端板长度均为4厘米。

4)椁底板:南北向放置于墓室的中间偏南部,厚6厘米。其东边距墓室东壁118厘米,南边距墓室南壁34—40厘米,西边距墓室西壁96厘米,与北部头厢紧挨,基本垂直。由8块木板组成,由东向西各个板的尺寸分别为:380×28、386×28、388×35、382×34、375×32、379×34、388×27、376×27厘米。

5)垫木:共2根。椁下部北边与南边各有一根东西向平行放置的垫木,头厢下的两根垫木与椁下的北端垫木基本垂直,且间距极小,仅约1厘米。椁下部南边垫木长336、宽26、高25、压入墓底2厘米;其东端距墓室东壁74、距东边椁侧板58、距南边椁端板25厘米;其西端距墓室西壁62、距西边椁侧板57、距南边椁端板26厘米。椁下部北边垫木长337、宽26、高25、压入墓底4厘米;其东端距墓室东壁71、距东边椁侧板59、距北边椁端板24厘米;其西端距墓室西壁54、距西边椁侧板46、距南边椁端板25厘米。

(2)棺:位于椁室中部,东边长236、西边长232、北边与南边均宽112厘米。棺东边距东边椁侧板38、西边距西边椁侧板56、北边距北边椁端板52、南边距南边椁端板40厘米。

(3)头厢:位于墓室北部,东西向放置(图版五:2)。

1)头厢侧板:北边侧板总长282、宽5、高148、其距底板北边为4厘米。共由6块木板组成,由上至下尺寸依次为282×18、281×22、282×30、282×27、282×26、282×16厘米。南边侧板总长283、宽6、高148厘米,其距底板北边10厘米。共由6块木板组成,由上至下尺寸依次为283×19、283×21、282×32、283×25、283×26、281×17厘米。

2)头厢端板:东边端板总长124、宽6—9、高148厘米,其距底板东边8厘米。仅残留下边3块木板,由上至下尺寸依次为:124×2(残宽)、124×23、124×6厘米,西边端板总长132、宽6、高148、其距底板北边2—10厘米。由于盗扰严重,无法辨别木板的数量。侧板与端板的组装方式为榫卯套接结构,侧板嵌入端板中。两根侧板的四端嵌入端板长度为2—4厘米。

3)头厢底板:厚6厘米。由5块木板组成,北边底板距墓室北壁110、东边底板距墓室东壁91、西边底板距墓室西壁76—82厘米,南边与椁底板紧密相连。由北向南各个底板的尺寸分别为:310×26、311×28、314×28、312×27、308×30厘米。

4)垫木:共2根,均为圆形。位于席子上,头厢下部东边与西边各有一根南北向并平行放置的垫木。头厢下部东边垫木长225、宽22、高26、压入墓底2厘米;其北端距墓室北壁40、距头厢内北边椁侧板54、距东边椁端板2厘米;头厢下部西边垫木长231、宽23、高26、压入墓底2厘米;其北端距墓室北壁52、距头厢内北边椁侧板61、距西边椁端板5厘米。从压入墓底的深度来看,应为未挖槽摆放。

(4)席子:位于墓室的最下部,即墓底的生土上,平铺于墓底。椁与头厢及垫木下全部为席子,席子范围大于椁与头厢及垫木。平面基本呈长方形,四边均不直,其北边距墓壁8、东边距墓壁10、西边距墓壁10、南边距墓壁26—30厘米。北端宽450、南端宽454、西侧长620、东侧长625厘米。席纹局部较明显,大部分较为模糊。

(5)墓室前的横木:南墓道的底部最北端东西向水平放置一根封门木头,其横截面为圆形,两端均插在墓壁沟槽内。性质不明,在其他地方亦未曾发现。长552、宽24、高20厘米。

5. 人骨遗骸

被盗洞全部扰乱,仅在头厢位置残存少量人骨,其他均不见,葬式不明,残存人骨经鉴定为一成年男性。

6. 随葬品位置

由于本墓盗扰严重,多数随葬品已脱离原位,出土于盗洞内(图三〇)。

保留在原位有如下器物:毂饰1件(1)位于车轮1的车毂上;辖2件(2、3)分别位于车轮2和车轮6的车毂上;铜戈1件(4)位于东侧二层台上偏南部;骨牌饰14件(5)位于北端二层台上第一块椁盖板中部;长方形铜泡(6)位于棺椁之间,椁室东北角。

出土于填土中的有:陶片3件(填1)位于墓室西北角斜道1的填土中。

出土于各个盗洞的情况如下:

出土于D1的有:陶联裆鬲残片1件(02),位于D1口部;原始瓷圈足2件(08、010)、蚌饰1件(013)、骨扣1件(018)、蚌泡1件(019),位于D1中部;残陶片1件(011),位于D1下部;原始瓷不明器1件(036),位于D1底部。

出土于D2的有:陶鬲足根1件(06),位于D2上部;海贝1枚(07)、石琮1件(014),位于D2中部;陶联裆鬲残片1件(023)、骨扣1件(030)、曲衡饰1件(032)、龟甲1件(033),位于D2下部。

出土于D3的有:圆形铜泡1件(031),位于D3下部。

出土于D4的有:原始瓷豆残片1件(03)、铜片2件(04),位于D4口部;蚌泡1件(020),位于D4上

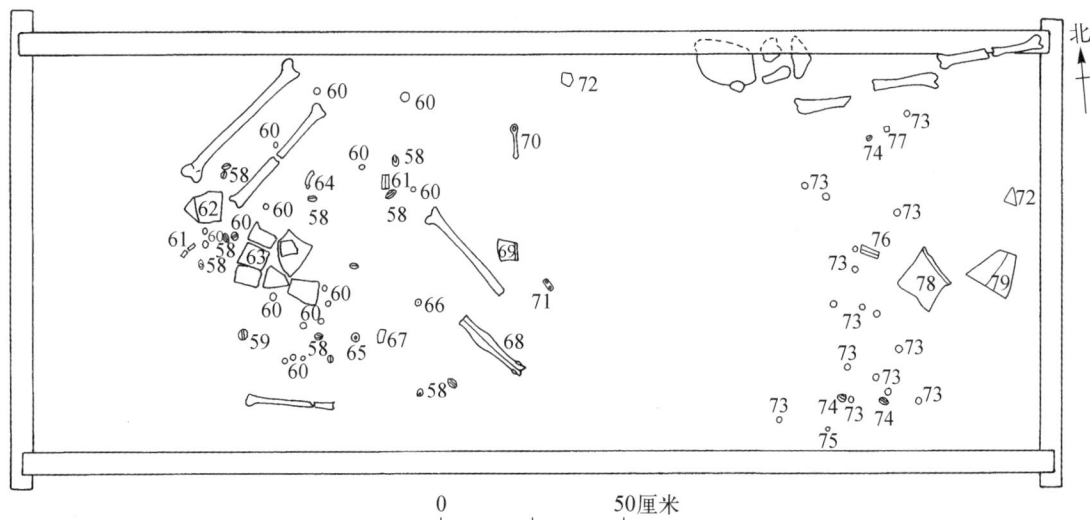

图三〇 2012FZYM7头厢内遗物平面图[1]

058、074.海贝 059、060、073.圆形铜泡 061、076.长方形铜泡 062、078.原瓷罐类 063.原始瓷瓮 064.玉兔 065.蚌泡 066.玉泡 067.残铜片 068.铜矛 069.陶联裆鬲 070.铜铃舌 071.骨牌饰 072.原始瓷不明器 075.玉柄形饰 077.龟甲 079.原始瓷圈足

[1] 俱为盗洞所出,为方便阅读,图中器物号前均未加"0"。

部;铜节约1件(09)、轼脚1件(015)、骨管1件(016),均位于D4中部;金箔1件(022)、骨管1件(028)、车軎1件(034),位于D4下部;圆形铜泡1件(049)、原始瓷瓮口沿1件(050)、原始瓷豆盖1件(051)、蚌鱼1件(053)、铜器残片1件(055),位于D4底部;陶豆1件(080),位于东侧二层台上(D4下部)。

出土于D5的有:铜器残片1件(01),位于D5口部;蚌鱼1件(021),位于D5上部;原始瓷豆1件(017),位于D5中部;衡末饰1件(026),位于D5下部;铜饰1件(041)、原始瓷瓮1件(045),位于D5底部;海贝9枚(056),位于D5最底部,紧贴棺底板上,可能原位于棺底板上,但也可能属盗扰。

出土于D6的有:残铜片1件(05),位于D6口部;圆形铜泡1件(012)、残陶片1件(024)、玉管1件(025)、轸饰1件(027)、轼脚1件(029)、管状舆饰1件(035),位于D6下部;铜残片1件(037)、骨扣1件(040)、柄形器1件(044)、原始瓷尊1件(046)、角形器1件(047),位于D6底部;海贝11枚(058)、圆形铜泡19件(059、060)、长方形铜泡2件(061)、陶瓷罐类残片1件(062)、原始瓷瓮5片(063)、玉兔1件(064)、蚌泡1件(065),位于D6的底部、头厢底板的西端;玉泡1件(066)、铜片1件(067)、铜矛1件(068)、陶联裆鬲残片1件(069)、铜铃舌1件(070)、骨牌饰1件(071),位于D6的底部、头厢底板的中部;原始瓷不明器2件(072),位于D6的底部(头厢底板的中部及东端各一片,能拼合);圆形铜泡16件(073)、海贝3枚(074)、柄形器1件(075)、长方形铜泡1件(076)、龟甲1件(077)、陶瓷罐类1件(078)、原始瓷圈足1件(079),位于D6的底部、头厢底板的东端。因D6在墓室的范围延伸至头厢和椁室,因而这些器物发现于头厢内西端或东端,一种可能是这些器物本就位于头厢,第二种可能是这些器物原先位于棺内,后被扰乱进头厢。

出土于D7的有:圆形铜泡1件(038)、海贝1枚(039)、铜节约1件(043)、小白石1件(054),位于D7底部。

出土于D8的有:铜环状器1件(042)、原始瓷瓮5片(048),位于D8下部;圆形铜泡1件(052),位于D8底部;铜泡1件(057),由于盗扰严重该铜泡残破过甚,位于D8最底部但紧贴棺底板,故可能原位于棺底板,也可能属盗扰。

其中,原始瓷瓮1件。残片共39片,原出于D4、D5、D6、D8四个盗洞内,情况是M7:08有2片、M7:045有27片、M7:063有5片、M7:048有5片。在整理时,根据纹饰、釉色、器形、制造痕迹、胎厚等多方面考察,这39片瓷片能够拼对缀合,属于同一器物。

7. 随葬品介绍

随葬品有金器、铜器、玉石器、原始瓷器、陶器、蚌器、海贝、骨角器、龟甲九类。其中有些同一器物出于不同盗洞。

(1)金器

金箔　1件。标本M7D4:022,残片,形状不规则,薄如纸,残长2.8、残宽1.7厘米(图三五:2)。

(2)青铜器

共71件,其中可辨器类者62件,铜器残片9件。

铜矛　1件。标本M7D6:068,叶身较长,前窄后宽,两侧边刃作弧形内收,形成凹腰状,锋部残缺不见。叶身中部起脊,脊与骹通连,横截面近菱形,脊两侧各有一血槽。骹体横截面为中空的菱形,骹口作角状内收。骹体偏下部饰有两道弦纹,两侧有三角形环。骹体内残留木屑。残长19.9、叶最宽处5.9、骹口径3.4×2.7厘米,重313.2克(图三二:1;图版一三:1)。

铜衡矛[1]　1件。标本M7D4:055,残留尖部,较薄。整体呈长等腰三角形,内弧。残长4.6、宽2.1、厚0.2厘米,重5.4克(图三一:8)。

铜戈　1件。标本M7:4,援身大部分残缺不见。从残余部分观察,援身截面呈菱形,双面刃,残缺处明显有扭曲痕,当为毁兵所致,援末近銎处的内侧有一长方形。有下阑、侧阑,无上阑,阑部有一凹槽。中胡,其上端有一细小的竖长方形穿,下端不过阑。援胡夹角约为140°。直内,前半段为椭圆形銎,后半段为圆角长条形,下斜且弯折。内上缘低于援上刃。阑内夹角为80°。銎内残留木屑。残长12.5、高9.8厘米,援长6.6、宽4.0厘米,内长5.6、宽3.4厘米,阑长6.1厘米,穿长1.6、宽0.4厘米,重230克(图三二:10)。

管状舆饰　1件。《洛阳北窑西周墓》报告中将此种形制的器物称为管形衡末饰[2],但吴晓筠认为“就张家坡与洛阳老城的发现位置看,此器应为车舆上的装饰品”[3],因此,将此类器称之为管状舆饰,应为车厢中部左、右两侧横栏上的装饰。标本M7D6:035,直筒管状,两端粗细相当,一端封闭。器表两侧有三对等距分布的穿孔,一侧圆形,一侧方形。两侧穿孔间饰两组夔纹,夔纹高于器体表面,故而形成明显的分界带,每组夔纹由两个夔纹组成,对称分布于器体两侧,为立体浮雕状,通体近S形,曲身、尾上卷,突目,张口向前,龙首均朝向封顶端。器体长19.2、管径2.9、管厚0.2厘米,圆孔孔径1.0—1.1,方孔孔径1.2×0.9厘米,重229.8克(图三一:9、图五三:6;彩版一〇:2)。

曲衡饰　1件。标本M7D2:032,大径部分残,从断口处可见管内夹有范芯,整体弯曲角度约115度,上翘部分的外侧有一个半圆环的鼻,通体素面。据张家坡西周墓地出土完整器推测该器应呈“S”形,“两端为管状,大径在下朝里,小径在上朝外”[4]。残长15.5、小径直径1.7、残留大径直径约1.9、鼻直径1.4厘米,重179.1克(图三一:15)。

衡末饰　1件。标本M7D5:026,銎部残缺。形似铜矛,圭形矛叶。中间一棱脊,脊两侧残留五对对称镂孔,尖端两孔呈细长柳叶形,其余四对呈逗形。正面叶边有一单面刃,正对棱脊背面有一凹槽。锋部较厚。残长9.7、宽4.4厘米,重43.3克(图三一:11)。

毂饰　2件,为1组。标本M7:1-1,和车轮一起,随填土一起塌落。辐軹軎合铸为一体,为圆筒管状;相当于辐的一端微侈,有圆环折挡头,平齐;相当于軎的一端外侈成盘口状,近軹部有一阶面;相当于軹的部分相间分布四个不规则形状穿孔。通体素面。通长23.5、辐直径11.4、挡宽1.5、軎直径17.9、盘口深3.8厘米,穿孔径1.1、距辐外端6.1厘米,重1 090.6克(图三三:4)。标本M7:1-2,位于埋葬时墓壁上,被盗洞破坏。完整器应为辐軹軎合铸为一体,现只残留軎部,呈盘口状,内残留木屑等物。素面。残长6.5、最大径18.4、盘口深3.5厘米,残重375克(图三三:2)。

[1]　该件器物从形制上来看,与《张家坡西周墓地》第204页中的E型铜衡矛相似,故引用此名称。详见中国社会科学院考古研究所编著:《张家坡西周墓地》,中国大百科全书出版社,1999年,第204页。

[2]　洛阳市文物工作队:《洛阳北窑西周墓》,文物出版社,1999年,第131—133页。

[3]　吴晓筠:《商至春秋时期中原地区青铜车马器形式研究》,《古代文明》第1卷,文物出版社,2002年,第218页。

[4]　中国社会科学院考古研究所编著:《张家坡西周墓地》,中国大百科全书出版社,1999年,第202页。

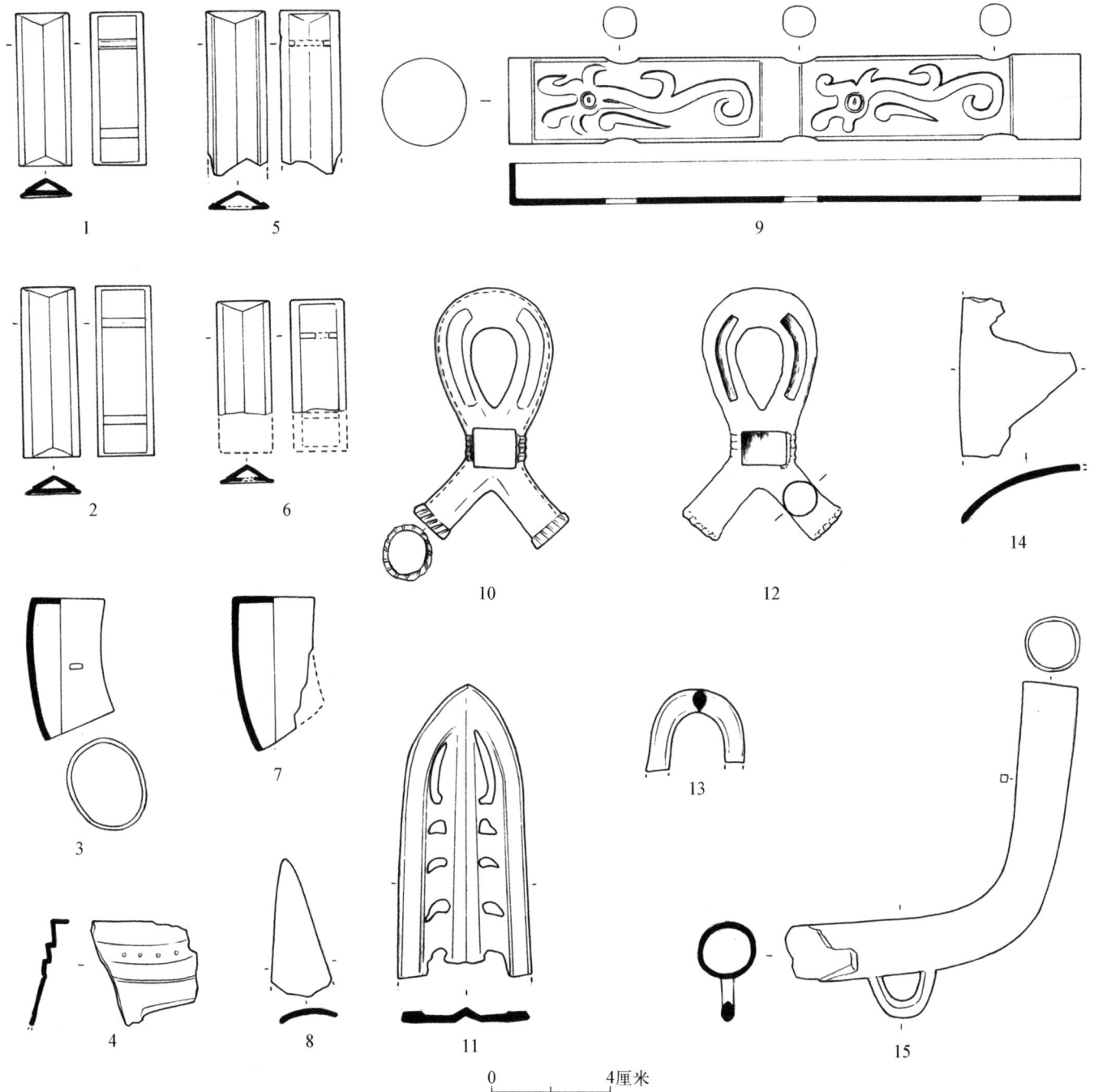

图三一　2012FZYM7铜器

1、2、5、6. 长方形泡（D6：061-1、D6：061-2、6、D6：076）　3、7. 轭脚（D4：015、D6：029）　4. 铜饰（D5：041）　8. 衡矛（D4：055）
9. 管状舆饰（D6：035）　10、12. 节约（D7：043、M7D4：09）　11. 衡末饰（D5：026）　13. 环状器（D8：042）　14. 不明器（D5：01）　15. 曲衡饰（D2：032）

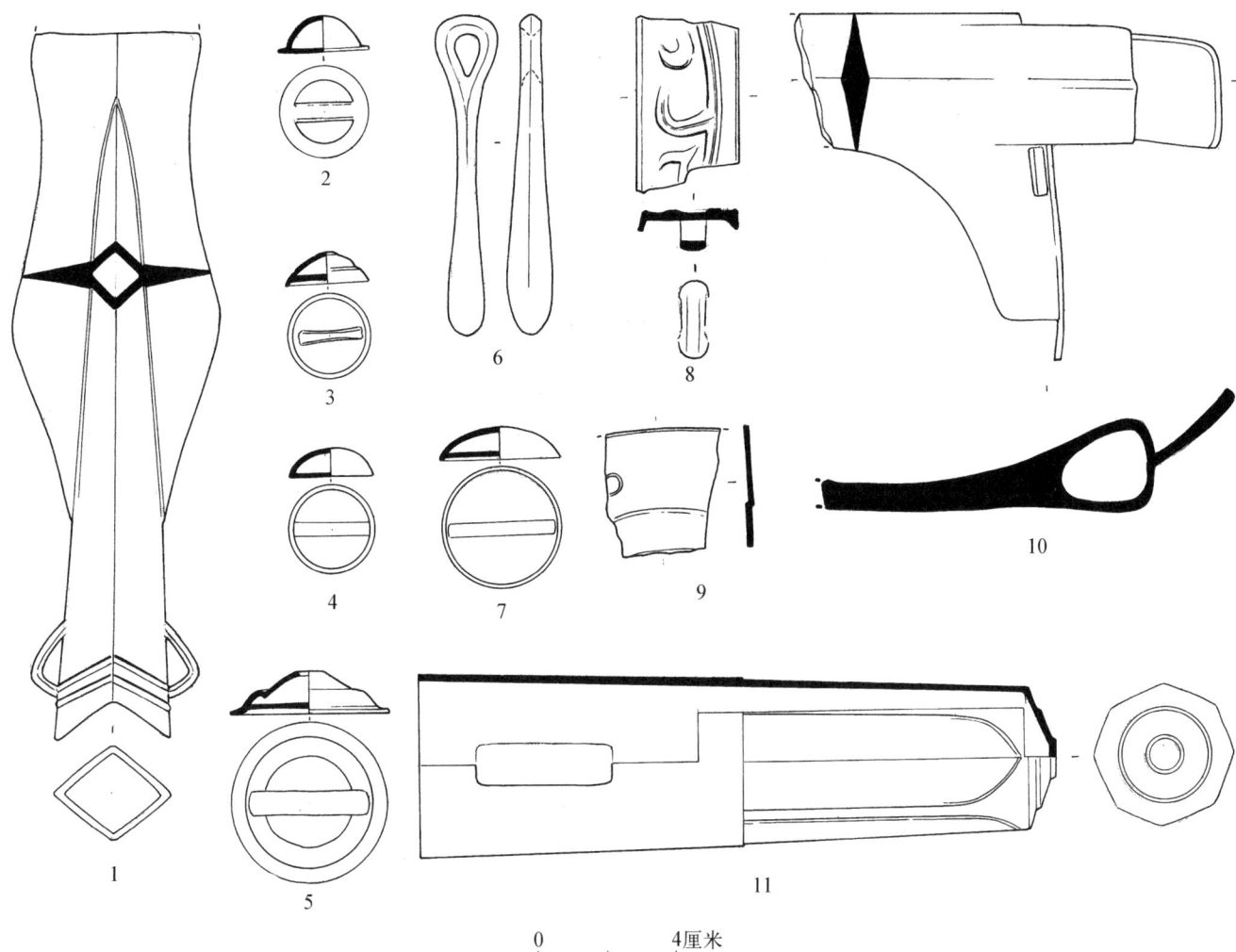

图三二　2012FZYM7 出土铜器

1. 铜矛（D6∶068）　2、3、4、5、7. 圆形泡（D4∶049、D6∶060-3、D8∶052、D3∶031、D6∶059）　6. 铃舌（D6∶070）
8. 轸饰（D6∶027）　9. 残铜片（D6∶05）　10. 铜戈（4）　11. 车軎（D4∶034）

轸饰　1件。标本 M7D6∶027，残。呈长条形片状，略弯，背部有半环形钮，两端均高于表面及背面。器表残存浅浮雕夔纹。残长 4.9、宽 3.0 厘米，鼻长颈 2.2、短径 0.9 厘米，重 30.4 克（图三二∶8）。

軎脚　2件。形状相同，高矮有异，兽蹄状，中空，一端封顶，一端开口，横截面呈椭圆形，通体素面。标本 M7D4∶015，出土时完整，高 4.4、开口端最大径 2.9、封口端最大径 2.8、厚 0.2 厘米，重 41.3 克（图三一∶3）。标本 M7D6∶029，出土时残，高 4.9、开口端最大径 3.0、封口端最大径 2.8、厚 0.2 厘米，重 44.3 克（图三一∶7）。

车軎　1件。标本 M7D4∶034，略残。軎身修长，分为两截，内侧一段为圆管状，有上下对穿的长方形辖孔；外侧一段器壁略呈弧形，周壁有四个蕉叶纹；顶端作菌状。通长 18.4 厘米；内端横截面呈圆形，长 9.3、直径 5.1 厘米；外端横截面呈八边形，通长 18.5、直径 5.2、辖孔长 3.9、宽 1.1 厘米，重 273.3 克（图三二∶11；彩版一〇∶5）。

辖 2件。器形均为圆筒状,里端微侈,外端有挡而中央留有轴孔,器壁较薄,其中外端挡部最薄。两端直径均略粗于中部,其中外端最大。中部两两相对分布四个近圆形小穿孔。通体素面。标本M7:2,出土时略被压扁,外端朝向墓道,里端朝向西墓壁。通长13.2、内端直径10.6、外端直径10.7、挡宽1.6、孔径1.0厘米,重427.6克(图三三:1;彩版一〇:1)。标本M7:3,外端朝向

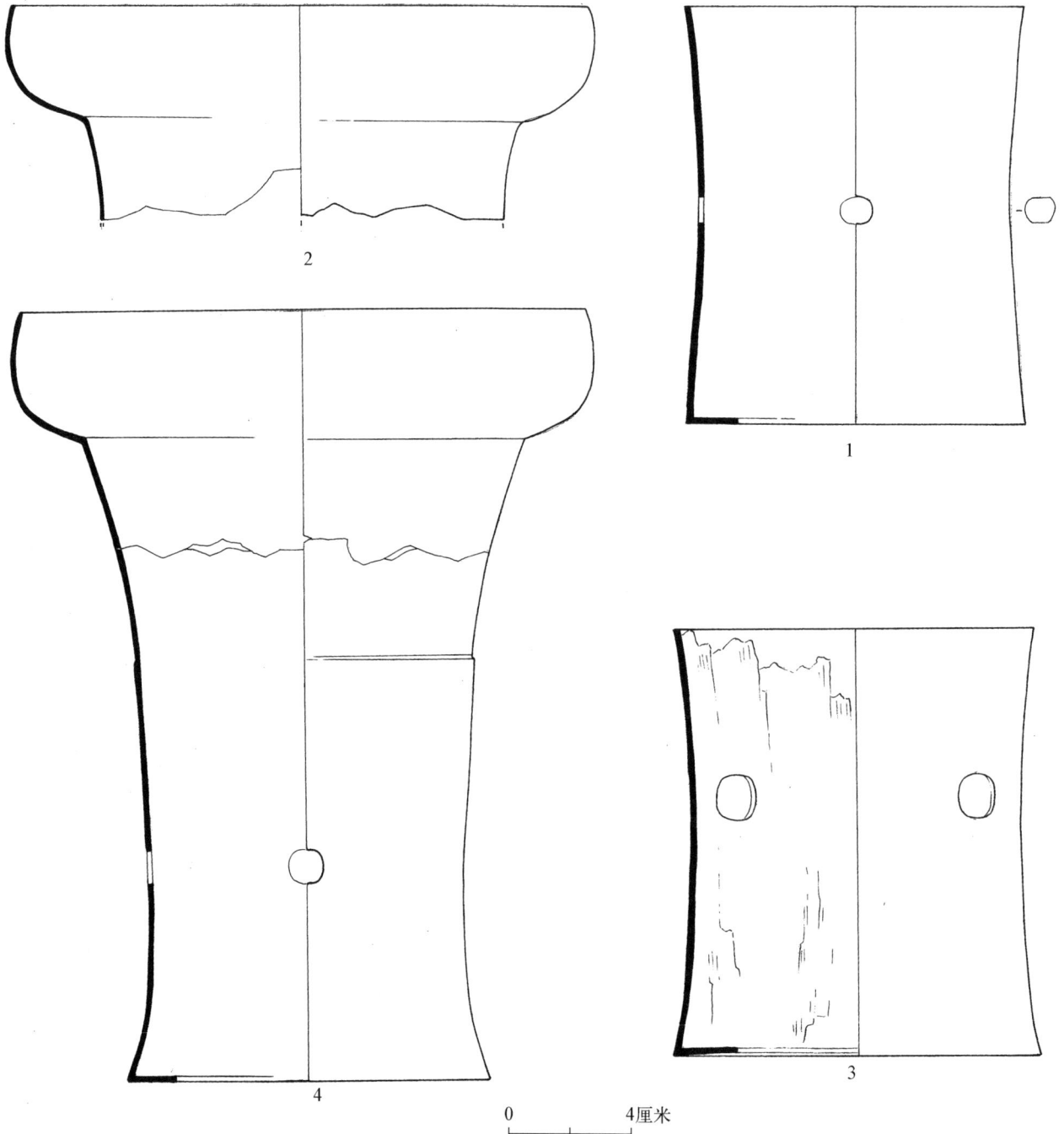

0 ____ 4厘米

图三三　2012FZYM7铜器

1、3.辖(2、3)　2、4.毂饰(1-2、1-1)

墓道，里端朝向东墓壁。管内壁分布一层较厚的似皮状物。通长13.1、内端直径11.3、外端直径11.6、挡宽1.95厘米，重488.2克（图三三：3）。

铃舌　1件。标本M7D6∶070，舌身修长，上端有椭圆形穿孔，下端呈纺锤形，横截面为椭圆形。通长8.9厘米，环孔长径1.1、短径0.7厘米，重28克（图三二：6）。

节约　2件。形制、大小相同。均仿绳索结成椭圆形套环结绳的形式，下具双脚。管状中空，中间相结处背面有一长方形穿孔，同一面还有两个弧长方形穿孔。双脚管口外沿皆有一周绳索纹，中间相结处饰三道弦纹。标本M7D4∶09，高8.3、管口径1.6—1.9、穿孔长1.5、宽1.1厘米，重67.3克（图三一：12；图版一四：1）。标本M7D7∶043，残，高8.2、管口径1.6—1.9、穿孔长1.5、宽1.3厘米，重57.6克（图三一：10）。

铜泡　44枚。可分为两类：长方形泡、圆形泡。

长方形泡　4枚。均平面呈长方形，顶为单脊两坡，有沿。标本M7∶6，1枚。残。两梁位于背面中部。残长5.5、宽2.0、高0.6厘米，重6.2克（图三一：5）。标本M7D6∶061-1，背面底部有两道短梁。泡长5、宽1.8、高0.6厘米，梁长1.25、宽0.3、梁间距2.6厘米，重6克（图三一：1）。标本M7D6∶061-2，背面底部有两道短梁。长5.6、宽1.9、高0.6厘米，梁长1.4、宽0.3、梁间距2.8厘米，重8克（图三一：2）。标本M7D6∶076，残，两梁位于背面中部。残长3.2、宽1.8、高0.6厘米，梁长1.2、宽0.2厘米，重5.9克（图三一：6）。

圆形泡　40枚，均背面有一道短梁。按沿面有无及总体形体分三型：

A型　有沿，半圆球状。2枚，梁均位于底部。按表面形态分两亚型：

Aa型　1枚。体表形态呈三层台结构。标本M7D3∶031，直径4.7、高1.2厘米，梁长3.5、宽0.7厘米，重15.3克（图三二：5）。

Ab型　1枚。表面光滑。标本M7D4∶049，直径2.6、高1.1厘米，梁长1.8、宽0.5厘米，重8.7克（图三二：2）。

B型　无沿，呈扁平状。2枚，梁位于底部。标本M7D8∶052，直径2.5、高0.8厘米，梁长2.2、宽0.4厘米，重8.6克（图三二：4）。标本M7D6∶059，直径3.4、高0.9厘米，梁长3.0、宽0.4厘米，重12.8克（图三二：7）。

C型　无沿，呈半圆球状。36枚，按大小分五亚型：

Ca型　底径1.9—2.2厘米。5枚，均底部微残。标本M7D6∶060-1，梁位于底部，面上有两周旋纹。直径1.9、高0.8厘米，梁长1.6、宽0.3—0.5厘米，重6.4克（图三四：2）。标本M7D6∶060-2，梁一端位于底部，一端位于底部偏上，表面有一周旋纹，顶部凸起。直径2.3、高0.8厘米，梁长2.1、宽0.3—0.5厘米，重3.8克（图三四：21）。标本M7D6∶060-3，梁位于背面中部，器表隐约可见一周旋纹。直径2.4、高0.9厘米，梁长1.9、宽0.3—0.5厘米，重3.8克（图三二：3）。标本M7D6∶060-4，梁残，位于底部，顶部凸起。直径1.9、高0.8厘米，梁残长0.3、宽0.3厘米，重4.8克（图三四：3）。

Cb型　底径1.75—1.8厘米。2枚，标本M7D6∶073-1，梁一端位于底部，一端偏上。直径2.0、高0.9厘米，梁长1.5、宽0.5厘米，重7克（图三四：20）。标本M7D6∶073-2，底部微残，梁位于底部，内填满铜锈，表面有一周旋纹，顶部凸起。直径2.0、高0.9厘米，梁长1.6、宽0.5厘米，重5.5克（图三四：19）。

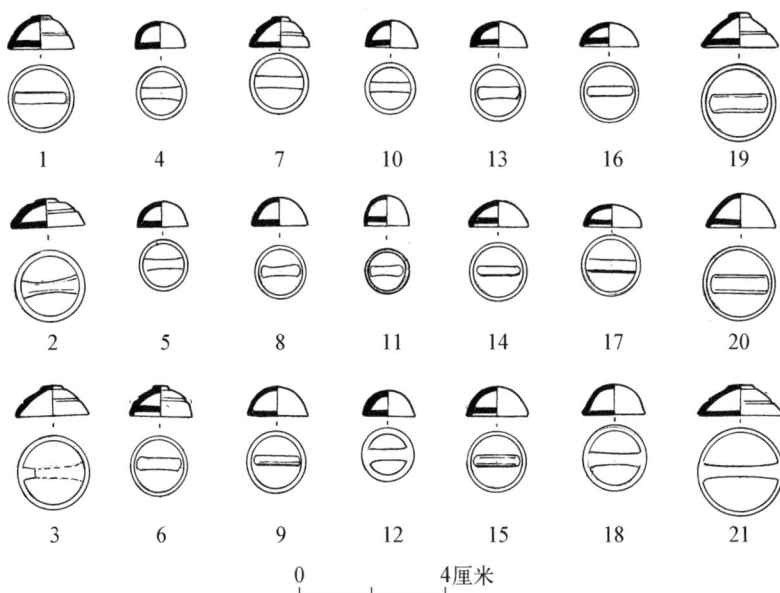

图三四　2012FZYM7圆形铜泡

1.(D6：073-4)　2.(D6：060-1)　3.(D6：060-4)　4.(D6：073-7)　5.(D6：073-9)　6.(D6：060-9)　7.(D6：060-5)
8.(D6：073-6)　9.(D6：060-7)　10.(D6：073-8)　11.(D6：060-12)　12.(D6：060-11)　13.(D6：073-5)　14.(D6：060-8)
15.(D6：060-6)　16.(D6：060-10)　17.(D6：073-3)　18.(D7：038)　19.(D6：073-2)　20.(D6：073-1)　21.(D6：060-2)

Cc型　底径1.5—1.7厘米。15枚，标本M7D6：060-5，梁位于底部，表面有两周旋纹。直径1.6、高0.8厘米，梁长1.3、宽0.3厘米，重3.1克（图三四：7）。标本M7D6：060-6，梁位于底部偏上，表面有一周旋纹，顶部凸起。直径1.6、高0.8厘米，梁长1.2、宽0.3厘米，重3克（图三四：15）。标本M7D6：060-7，底部微残，素面，梁一端位于底部，一端位于底部偏上。直径1.6、高0.8厘米，梁长1.3、宽0.3厘米，重2.7克（图三四：9）。标本M7D6：060-8，梁位于底部偏上。直径1.5、高0.7厘米，梁长1.2、宽0.25厘米，重2.1克（图三四，14）。标本M7D6：060-9，梁一端位于底部，一端位于底部偏上。直径1.6、高0.8厘米，梁长1.2、宽0.3厘米，重3.8克（图三四：6）。标本M7D6：060-10，梁位于底部偏上，素面。直径1.6、高0.7厘米，梁长1.2、宽0.25厘米，重2.6克（图三四：16）。标本M7D6：073-3，梁位于底部偏上，素面。直径1.6、高0.6厘米，梁长1.4、宽0.3厘米，重2.8克（图三四：17）。标本M7D6：073-4，梁位于底部，表面近底有一周旋纹，顶部凸起。直径1.8、高0.9厘米，梁长1.4、宽0.3厘米，重4.8克（图三四：1）。标本M7D7：038，梁一端位于底部，一端位于底部偏上，素面。直径1.7、高0.8厘米，梁长1.4、宽0.3厘米，重2.7克（图三四：18）。

Cd型　直径为1.3—1.4厘米。5枚，均素面。标本M7D6：060-11，梁位于底部，内填满铜锈。直径1.4、高0.7厘米，梁长1.1、宽0.3厘米，重3.5克（图三四：12）。标本M7D6：073-5，底部微残，梁位于底部偏上。直径1.5、高0.7厘米，梁长1.1、宽0.3厘米，重2.2克（图三四：13）。标本M7D6：073-6，梁位于底部，内填满铜锈。直径1.4、高0.7厘米，梁长1.1、宽0.2—0.3厘米，重3.2克（图三四：8）。

Ce型　底径为1.1—1.25厘米。9枚，均素面。标本M7D6：060-12，梁位于背部中间位置。直径1.2、高0.8厘米，梁长0.8、宽0.3厘米，重2.4克（图三四：11）。标本M7D6：073-7，梁位于底部。

直径1.7、高0.7厘米,梁长1.1、宽0.3—0.4,重2.1克(图三四:4)。标本M7D6:073-8,梁位于底部。直径1.4、高0.7厘米,梁长1.1、宽0.3厘米,重2.3克(图三四:10)。标本M7D6:073-9,梁一端位于底部,一端位于底部偏上。直径1.4、高0.7厘米,梁长1.1、宽0.2—0.3厘米,重2.6克(图三四:5)。

铜饰 1件。标本M7D5:041,整体较薄,中部微弧。前段呈三层阶状,最前端有窄挡,一侧边有较齐的范线。第二层阶外可见四个点纹,中部饰两道细旋纹。残长3.3、残宽3.3、挡残径0.5厘米,重7.7克(图三一:4)。

环状器 1件。标本M7D8:042,出土于盗洞,仅残留半边,环平面呈椭圆形,横截面呈圆形。内径1.9、外径3.5、厚0.7厘米,重12.8克(图三一:13)。

残铜片 1件。标本M7D6:05,中间有一棱阶而分为两部分。一部分较宽,残长3.2、宽2.3厘米,其上残留半圆形纹饰,另一端较窄,残长2.4、宽1.1厘米。重11.3克(图三二:9)。

不明器 1件。标本M7D5:01,残。器呈弯弧形,一直边,其余为残边。残长5.1、残宽4.0、厚0.2厘米,重15.9克(图三一:14)。

(3)玉石器

玉兔 1件。标本M7D6:064,青白玉。整体为砣具阴刻,作奔跑时欲跳状,前足点地,后腿收缩至腹部。嘴微张,三瓣唇,减地作圆眼突目,耳较长,长度约占身体二分之一,短尾上翘,有趾爪。通体抛光。前足处有穿孔一个,从底部向上单面桯钻,可佩戴。背面纹饰总体与正面相似,刻画较正面简单。内侧有旋磨和线拉痕迹,疑为环形器改制。长4.0、宽1.2、厚0.5厘米(图三五:1,图八〇:5)。

玉管 1件。标本M7D6:025,残,近三分之一圆。青色,局部有灰白色条疤。玉管外侧与上下两侧打磨程度较高,内壁有纵向打磨痕迹。外径4.8、内径3.3、高3.4、厚0.8厘米(图三五:4)。

玉泡 1件。标本M7D6:066,青绿色。半球状,中间有穿孔,穿孔一周饰4个涡纹,底部饰一圈旋纹,由底部向上饰四个涡纹,平底,底部有交叉打磨痕迹。直径1.9、孔径0.5、高0.9厘米(图三五:3,图八〇:9)。

柄形器玉附饰 共2件。标本M7D6:044,黄褐色。呈一端粗一端细的条状,横截面为梯形。粗端向外出一节凸棱。通体素面抛光。长5.6、宽为0.5—0.8、厚0.6、凸棱宽0.1厘米(图三五:8)。标本M7D6:075,青色,有絮状灰白色沁蚀痕迹,片状长方形,一端外出一凸棱,横截面呈长方形。长1.2、宽0.9、厚0.3厘米(图三五:7)。

石琮 1件。标本M7D2:014,仅残存一角。褐色,其中夹杂大量的颗粒状物质。内圆外方,整体呈圆管形方柱体,两端直径相当,两端出射,通体素面。器高6.6、孔径6.5—7.9、一端射高0.4、另一端射高0.7厘米(图三五:13)。

小白石 1件。标本M7D7:054。黄白色,整体呈椭圆形,扁平状表面光滑。长径1.9、短径1.4、厚0.8厘米(图三五:6)。

(4)原始瓷器

在盗洞中共发现原始瓷片60片。在发掘过程中,有些瓷片单独编标本号,分别为M7D6:079、M7D1:036、M7D4:050;有些盗洞中相邻的几块或数块瓷片编一个标本号,标本号分别为M7D1:08、M7D1:010、M7D5:017、M7D5:045、M7D6:046、M7D5:048、M7D4:051、M7D6:063、

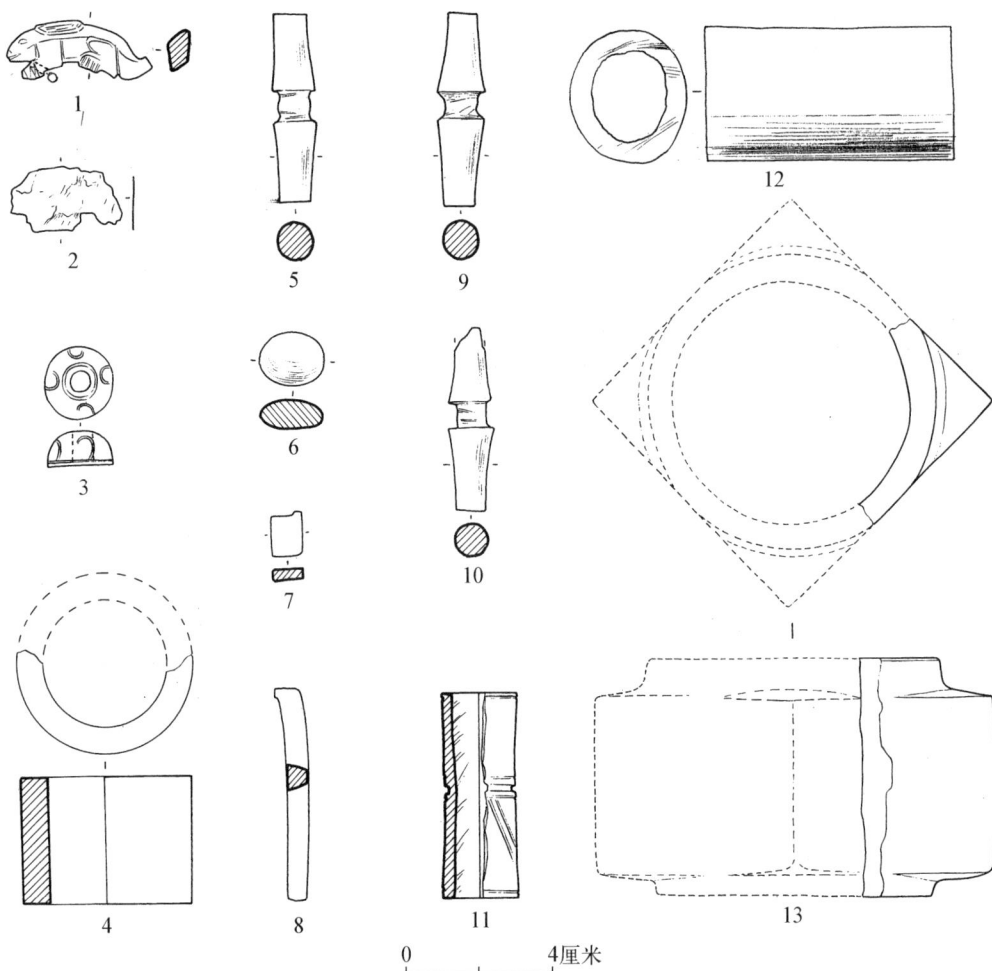

图三五　2012FZYM7 随葬品

1. 玉兔(D6∶064)　2. 金箔(D4∶022)　3. 玉泡(D6∶066)　4. 玉管(D6∶025)　5、9、10. 骨扣(D2∶030、D6∶040、D1∶018)
6. 小白石(D7∶054)　7、8. 柄形器玉附饰(D6∶075、D6∶044)　11、12. 骨管(D4∶028、D4∶016)　13. 石琮(D2∶014)

M7D6∶072。在整理时,根据纹饰、釉色、器形、制造痕迹、厚度等多方面考察,经过拼对,统计出最小个体数,结果表明,这些瓷片分属几件器物。本报告中,原编号中单独编号者仍使用此编号,几块或数块编号编1个号者在原先基础上重新编号,同属于1件器物的几片采用-1、-2等。

豆　1件。标本 M7D5∶017,仅残留部分豆盘。斜方唇,豆盘较浅。盘壁外侧从上至下分别有一道凹槽及两道弦纹。灰白色胎,表面施淡青色釉。口径12.0、残高3.5厘米(图三七∶12)。

豆盖　1件,共2片。标本 M7D4∶051。盖面较突出,上有两周凸棱,钮部残缺。灰白色胎,表面施一层极薄的分布较均匀的青灰色釉。口径13、残高4.4厘米(图三七∶14)。

簋形豆[1]　1件,仅残留部分豆盘。标本 M7D5∶048。盘较深,盘口沿内折,沿外侧可见两周凹槽,盘面高低不平。灰白色胎,表面施一层极薄的分布不太均匀的青釉。残高6.1、厚0.6厘米

[1]　过去曾见类似器物,见洛阳市文物工作队:《洛阳北窑西周墓》66页。

（图三七：7）。

　　簋　1件。残，共2片，无法拼合，从形制、胎体等方面判断，二者属于同一个器体。标本M7D6：063，直口，方唇，腹上壁较直，下壁斜收。胎色灰白，器表及器内壁施青釉，釉色不均匀，口部有因滴釉产生的泪痕现象。口径18、残高6.1厘米（图三七：16）。

　　瓮　2件。第一件残损，共38片，原出于四个盗洞内，分别编了M7D5：045、M7D5：048、M7D6：063三个号，现取其中一个号M7D5：045作为标本号。折沿，方唇，沿面内凹，宽肩，肩及上腹圆鼓，下腹斜收，小平底附假圈足，底较厚。沿外侧近颈部饰一周弦纹，肩面施斑驳的青色釉，腹部饰小斜方格网纹，周身及器内壁施草绿色釉，釉不均匀，因滴釉产生泪痕现象，胎呈灰白色。标本M7D5：045，口径23.0、通高35.0、肩宽44.2、底径11.6、底厚1.5厘米（图三六）。类似于洛阳北窑西周墓的I式瓮[1]。第二件为口沿残片。标本M7D4：050。方唇，折沿，沿面微内凹，斜肩。肩近颈部有一道凸弦纹。灰白色胎，表面施一层极薄的分布不均匀的青绿色釉。口径22、残高6.2厘米（图三七：1）。

　　尊　1件。残。根据洛阳北窑西周墓地中所出的原始瓷尊可知，此件标本与M442：1-1最为相近[2]。标本M7D6：046，腹部残片，腹圆鼓，圈足残，足较高。腹与底交界处饰两条凸棱，器内壁鼓腹处有一圈间断的斜向凹槽，当为制作胎体时留下的拼接痕。器表及器内壁施青色釉，釉色不均匀。器身最大径15.8、残高11.1厘米（图三七：9）。

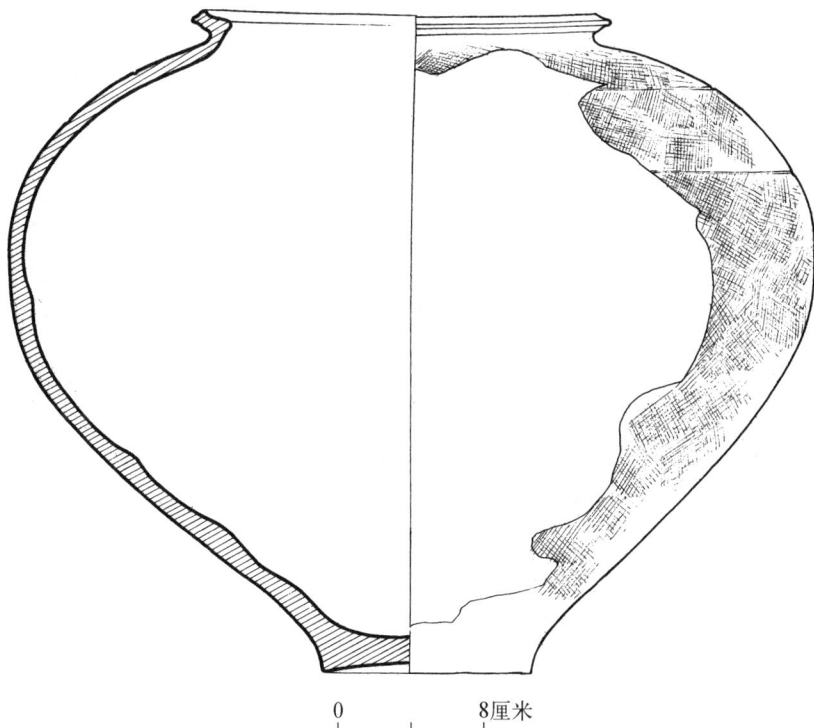

0　　　　　8厘米

图三六　2012FZYM7原始瓷瓮（D5：045）

［1］　洛阳市文物工作队：《洛阳北窑西周墓》，文物出版社，1999年，第71页。

［2］　洛阳市文物工作队：《洛阳北窑西周墓》，文物出版社，1999年，第68—70页。

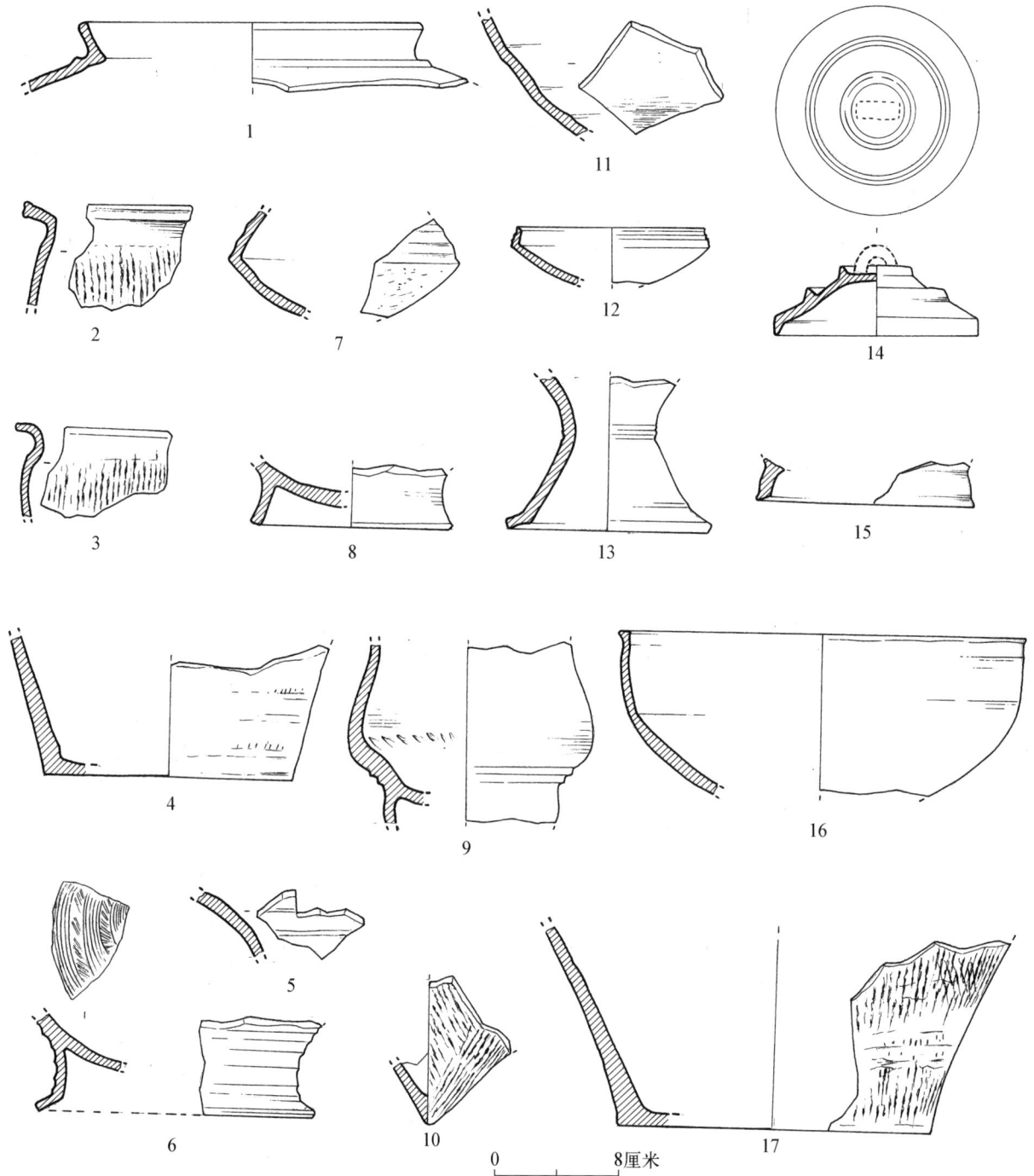

图三七　2012FZYM7陶、原始瓷器

1. 原始瓷瓮（D4：050）　2、3. 陶联裆鬲（D2：023、D6：069）　4、17. 陶瓮罐类（D6：062、D6：078）　5、11. 原始瓷不明器（D6：072、D1：036）
6、8、15. 原始瓷圈足（D1：010、D6：079、D1：08）　7. 原始瓷簋形豆（D5：048）　9. 原始瓷尊（D6：046）　10. 陶鬲足根（D2：06）
12. 原始瓷豆（D5：017）　13. 陶豆（D4：080）　14. 原始瓷豆盖（D4：051）　16. 原始瓷簋（D6：063）

圈足　3件。均残。标本M7D6：079，圜底附圈足，圈足微外撇，圈足口部方唇。胎大部呈灰白色，圈足底部黄白色。器内外壁及圈足局部施青灰釉，釉层厚薄不一。底径13、残高4厘米（图三七：8）。标本M7D1：010，圜底附圈足，圈足上部竖直，下部外撇，圈足口部出宽沿，方唇，唇面有一道凹槽。圈足上部釉下饰三周凸棱，圈足下部有两道凹槽，器内可见三组旋纹，各组旋纹之间间以斜向弯曲的短线篦纹。胎色呈青灰色，圈足底部呈黄白色。圈足及器底未施釉，其余部分施青绿釉，釉层厚薄不一。底径9、残高6.2厘米（图三七：6）。标本M7D1：08，圈足近直，微外撇。胎呈青灰色。圈足内外均施青灰釉。底径14、残高2.8厘米（图三七：15）。

不明器　2件。标本M7D1：036。内壁不甚平整，灰白色胎，青绿釉，上釉不均匀，局部有滴釉现象。残高7厘米（图三七：11）。标本M7D6：072，仅剩小块腹片。胎灰白色，青绿釉，上釉不均匀，器表饰两组各两周旋纹，旋纹处釉较厚。残高4.4厘米（图三七：5）。

（5）陶器

可辨器类有联裆鬲2件、豆1件、瓮罐类2件，另外还出土鬲足1件、陶器残片3片。

联裆鬲　2件。均夹砂灰黑陶。标本M7D2：023，仅存口沿及上腹部，粗白砂颗粒裸露其表。折沿方唇，唇面有一道凹槽，沿面内外缘部隐约微凹，沿下角100°左右，腹上部较直。沿外侧绳纹被抹，残痕依稀可见，器表饰印痕较深的竖行中粗绳纹。残高6.6、厚0.7厘米（图三七：2）。标本M7D6：069，卷沿方唇，沿面外缘部有窄平台，微束颈。饰印痕较浅的竖行中绳纹，局部纹理模糊。器表有烟炱。残高5.6、厚0.6厘米（图三七：3）。

鬲足根　1件。标本M7D2：06，夹砂灰陶。扁袋足，袋足内侧扁平，底部呈锥状，无实足根。饰条理清晰、印痕较浅的中绳纹。残高9.2、厚0.5厘米（图三七：10）。从陶系与纹饰特征看，应不是上述两件联裆鬲的足根。

豆　1件。标本M7D4：080，仅残存豆柄，泥质黑灰陶。豆柄较粗较矮，柄中部有一周凸棱，喇叭形圈足，圈足底部出宽沿，内沿面内凹。底径13、残高9.6、厚0.6厘米（图三七：13）。

瓮罐类　2件。均仅存底部，器类不明。标本M7D6：062，泥质灰陶。平底，下腹斜直。素面。底径16.0、残高8.4、厚0.8厘米（图三七：4）。该器可能为高体绳纹罐罐底。标本M7D6：078，夹砂灰陶。大平底，下腹斜直，内壁有许多小坑，似为砂砾脱落而留。饰印痕较浅的粗绳纹，局部有刮削痕迹，器底边缘饰一周指甲痕。底径20.0、残高12.0、厚1.0厘米（图三七：17）。该器不似一般常见的盘、罐之底，可能是一种大瓮底部。

另见3片残腹片。1片为夹砂灰陶，另2件为泥质灰陶或灰黑陶，残片过小，年代不明，器类不辨，但3件均不是上述标本之残片，应分属其他3件陶器。

（6）蚌贝器

蚌鱼　2件，均仅残留靠近尾部一半。扁平片状直体，分尾。标本M7D5：021，一面腹部近尾部下凹明显。通体素面。残长3.9、宽1.5—2.2、厚0.1—0.3厘米（图三八：10）。标本M7D4：053，残长5、宽1.8、厚0.2厘米（图三八：5）。

蚌泡　3件。薄体双面钻，球形面，背平，中部微鼓，边缘薄，形体较薄。标本M7D1：019，表面残。直径2.4、孔径0.2、厚0.5厘米（图三八：21）。标本M7D4：020，直径3.2、孔径0.4、厚0.8厘米（图三八：23）。标本M7D6：065，直径2.4、孔径0.4、厚0.5厘米（图三八：22）。

蚌饰　1件。标本M7D1：013，残，长条形，一端尖，另一端不规则，一面稍平，另一面外鼓。长4.5、宽1.5、厚1.1厘米（图三八：20）。

海贝　25枚。白色，面有唇，唇有细齿，龟背面有一穿孔。一般孔最大径为0.5—2.1、长1.2—3、宽1.4—2.3、高0.6—2厘米。根据其大小不同分两型：

A型　大体。8件。根据背部穿孔方式分两亚型：

Aa型　仅在背部磨一较小的孔。2件。标本M7D5：056-1，长3.2、宽2.3、高1.7、孔径0.8厘米（图三八：4）。

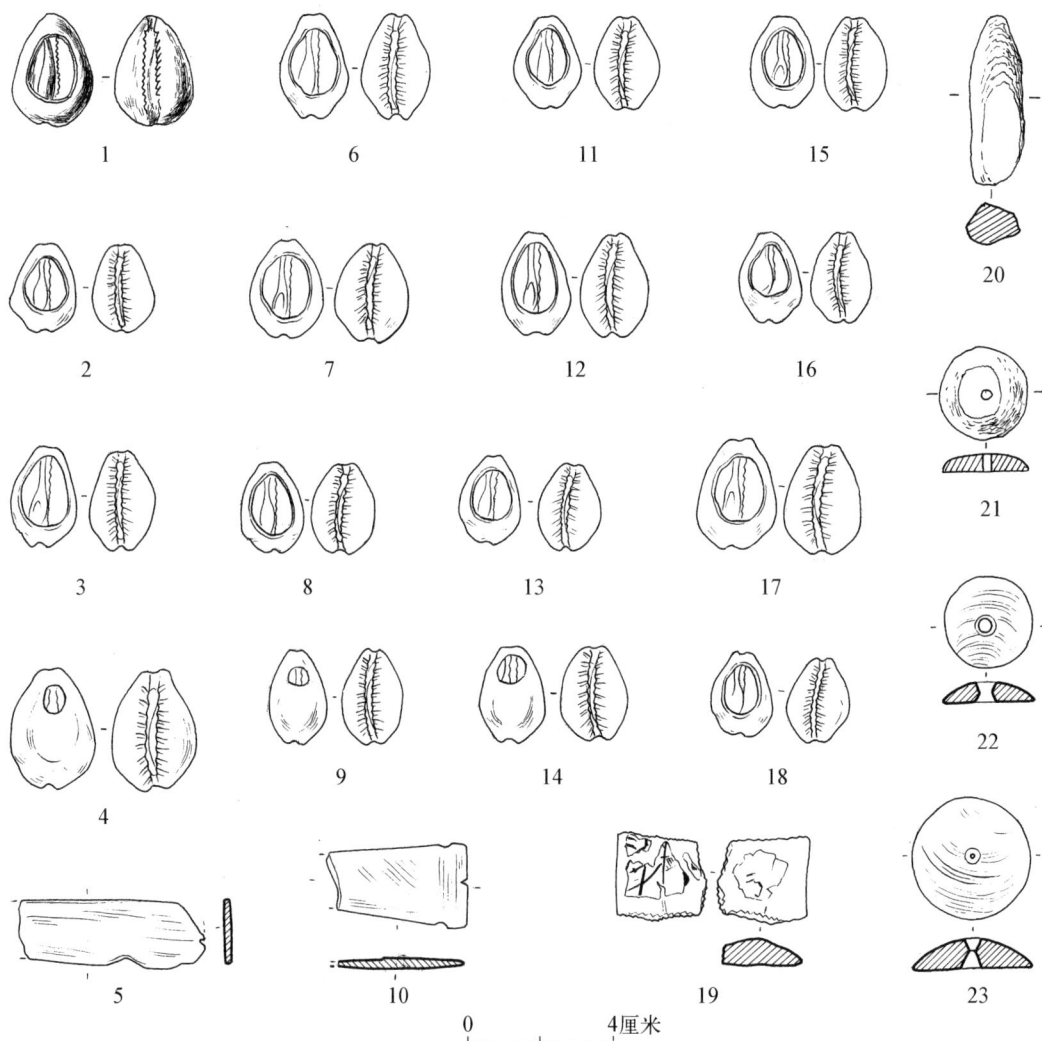

0   4厘米

图三八　2012FZYM7海贝、蚌器、龟甲

1、2、3、4.海贝（D2：07、D5：056-4、D6：058-6、D5：056-1）　5、10.蚌鱼（D4：053、D5：021）
6、7、8、9.海贝（D6：058-4、D6：058-1、D5：056-2、D5：056-6）
11、12、13、14.海贝（D6：058-2、D6：058-5、D6：058-3、D5：056-5）
15、16、17、18.海贝（D6：074-1、D6：056-3、D7：039、D6：074-2）　19.龟甲（D2：033）
20.蚌饰（D1：013）　21、22、23.蚌泡（D1：019、D6：065、D4：020）

Ab型　背部鼓出部分几乎被磨平。6件。标本M7D2：07，长3.0、宽2.2、高1.2、孔径1.8厘米（图三八：1）。标本M7D7：039，长2.9、宽2.1、高1.1、孔径1.7厘米（图三八，17）。标本M7D6：058-1，长2.6、宽2.1、高0.7、孔径1.6厘米（图三八：7）。

B型　小体。17件。根据背部穿孔方式分两亚型：

Ba型　仅在背部磨一较小的孔。2件。标本M7D5：056-5，长2.5、宽1.8、高1.2、孔径0.8厘米（图三八：14）。标本M7D5：056-6，长2.5、宽1.6、高1.4、孔径0.6厘米（图三八：9）。

Bb型　背部鼓出部分几乎被磨平。15件。标本M7D5：056-2，长2.4、宽1.7、高0.8、孔径1.6厘米（图三八：8）。标本M7D5：056-3，长2.5、宽1.7、高1.4、孔径1.4厘米（图三八：16）。标本M7D5：056-4，长2.3、宽1.8、高0.6、孔径1.4厘米（图三八：2）。标本M7D6：058-2，长2.5、宽1.8、高0.8、孔径1.5厘米（图三八：11）。标本M7D6：058-3，长2.4、宽1.7、高0.7、孔径1.3厘米（图三八：13）。标本M7D6：058-4，长2.7、宽1.9、高0.9、孔径1.8厘米（图三八：6）。标本M7D6：058-5，长2.7、宽1.9、高0.8、孔径1.8厘米（图三八：12）。标本M7D6：058-6，长2.7、宽1.8、高0.6、孔径1.9厘米（图三八：3）。标本M7D6：074-1，长2.4、宽1.7、高0.7、孔径1.5厘米（图三八：15）。标本M7D6：074-2，长2.2、宽1.7、高0.6、孔径1.3厘米（图三八：18）。

（7）骨角器

骨管　2件，均取动物股骨骨干中间的一段，将里面骨松质刮搓掉，仅余下骨密质部分。表面都打磨光滑，中空，整体似圆柱形。管内壁均有工具加工痕。标本M7D4：016，保存完整，整体较粗矮。从两端截面来看，管壁厚度不一，一端口径较长，另一端稍短，中孔为椭圆形。素面。长6.7、外径3.5、内径2.4、厚0.6厘米（图三五：12）。标本M7D4：028，出土时残破呈两片，不可复原。整体较矮。一端厚度较一致，另一端厚度不一。两端边缘处饰两道细旋纹，中部有一道较深的凹槽，中部至厚度不一的一端边缘处饰两道斜向细旋纹，角度约为60°。外表打磨光滑，管内壁满布工具刮痕。长5.4、外径2.1、内径1.4、厚0.3厘米（图三五：11）。

骨扣　3件。两端皆平顶伞状，横截面呈近圆形。中间以呈短圆柱状的凹槽相接。槽部凸凹不平。通体磨光。标本M7D1：018，乳白色间以黄色，一端残破。残长4.9、最大径1.2、一端径0.8厘米，槽长0.7、深0.2、直径0.8厘米（图三五：10）。标本M7D2：030，鹅黄色底上有白色斑点。长5.0、最大径1.2、两端径0.9厘米，槽长0.8、深0.1、直径0.9厘米（图三五：5）。标本M7D6：040，银白色，晶莹透亮。长5.1、最大径1.3、两端径0.8—0.9厘米，槽长0.7、深0.2—0.3、直径0.9厘米（图三五：9）。

骨牌饰　15件，组成1件骨牌串饰（图三九）。牌饰多残，完整者呈长方形。两端各一圆形锥状穿孔，一般正面孔径小于背面孔径。正面为骨密质并磨光，背面为骨松质。据整体形状分三型：

A型　2件。大型，短宽状。标本M7：5-1，两端皆残，两残孔。长2.8、宽1.7、厚0.5、孔径0.2、孔距1.6厘米（图四〇：7）。标本M7：5-2，一端残缺，残留一孔。残长2.3、宽1.55、厚0.4、孔径0.2厘米（图四〇：4）。

B型　5件。中型。标本M7：5-3，两孔皆残。长2.5、宽1.3、厚0.4厘米（图四〇：6）。标本M7：5-4，一孔残，一孔完好。长2.6、宽1.4、厚0.4、孔径0.2、孔距1.5厘米（图四〇：12）。

C型　8件。小型，窄长形。标本M7：5-5，长2.8、宽1、厚0.4、孔径0.25、孔距1.8厘米（图

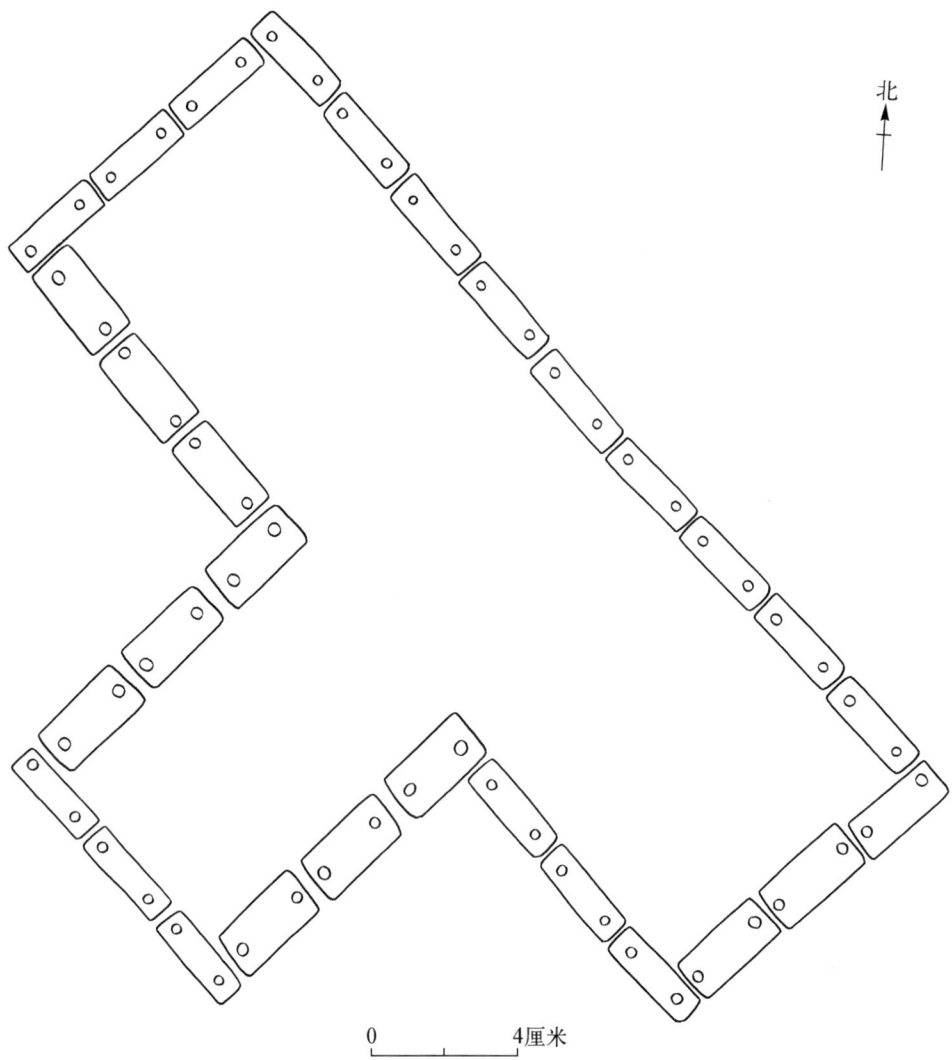

图三九 2012FZYM7骨牌串饰形制复原图

0   4厘米

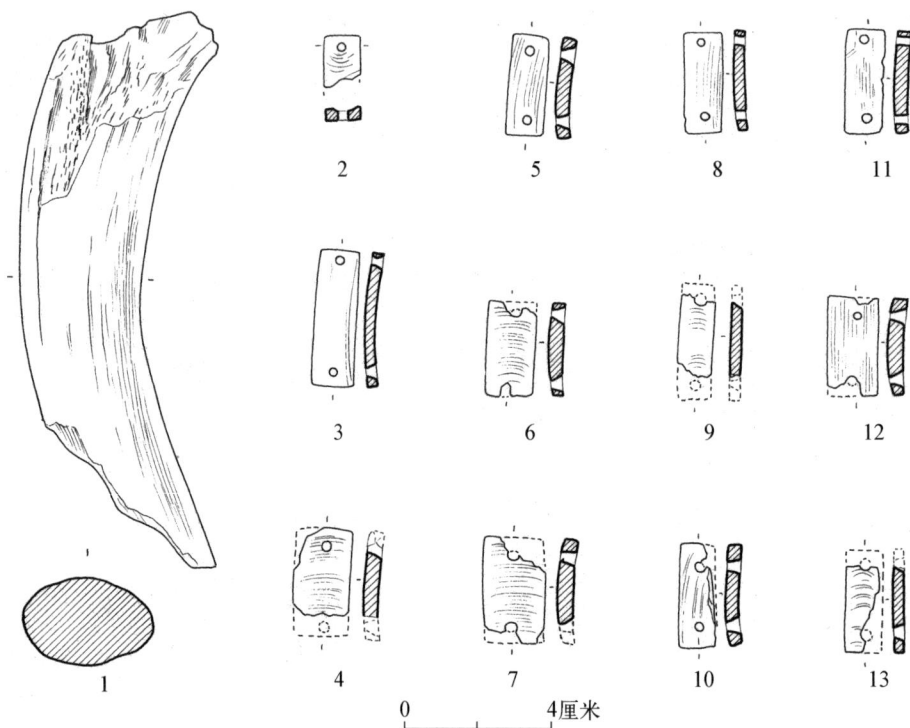

图四〇 2012FZYM7骨角器

1.角形器(D6：047)　2、3、4、5.骨牌饰(5-11、D6：071、5-2、5-6)　6、7、8、9.骨牌饰(5-3、5-1、5-10、5-9)

10、11、12、13.骨牌饰(5-7、5-5、5-4、5-8)

四〇：11）。标本M7：5-6，长2.7、宽1、厚0.4、孔径0.2、孔距1.6厘米（图四〇：5）。标本M7：5-7，一孔完好，一孔残。长2.8、宽1、厚0.4、孔径0.2、孔距1.3厘米（图四〇：10）。标本M7：5-8，两孔皆残。残长2.3、残宽0.9、厚0.3厘米（图四〇：13）。标本M7：5-9，两孔皆残缺不见。残长2.2、宽1、厚0.3厘米（图四〇：9）。标本M7：5-10，长2.7、宽1、厚0.3、孔径0.2、孔距1.75厘米（图四〇：8）。标本M7：5-11，一端残缺，只余一穿孔。残长1.4、宽1、厚0.3、孔径0.2厘米（图四〇：2）。标本M7D6：071，正面一凹槽，且一长边有一坡面。长3.7、宽1.2、厚0.3、孔径0.2、孔距2.7厘米（图四〇：3）。

（8）龟甲

角形器　1件。标本M7D6：047，为鹿角的一段，出土时已残破，放在盗洞底部。底端和角端均残，通体磨光，器较粗短，整体似弯角形。素面。水平残长14.7、最宽处4.1厘米（图四〇：1）。

龟甲　2件。均为龟背甲残片，因在地下埋藏时间长，腐蚀严重，表面未观察到加工痕迹。标本M7D2：033，背部棱脊突出，腹部较平。两面均有黑红色漆皮。残长2.4、残宽2.2、厚0.7厘米（图三八：19）。标本M7D6：077，背部棱脊突出，腹部微内凹。两面残留黑红色漆痕。残长2.7、残宽2.2、最厚处0.5厘米。

（9）车轮

该墓共随葬6个车轮，皆为木质结构轮车，编号为轮1—轮6，其中轮1—轮4在西壁上，轮5、轮6在东壁上（彩版六）。保留完整的车轮只有2个，因需保留展示也没有做进一步的解剖，故毂、辐、牙之间的榫卯接合方式尚无法明确。

现将M7中出土的6件车轮分述如下：

1）轮1

位于北侧墓室西壁上，其上部轮牙外侧距墓口7、北部轮牙外侧距墓室北壁0.6、下部轮牙外侧距墓室二层台1.7、南部轮牙外侧距轮2约5.7米。

仅存车毂及5根辐条，其中4根辐条连接着车毂，另一根长0.2米，横放在下方车毂0.7米处，距北侧墓壁0.7米。车毂分两部分上下分布，相距0.1米。

与下方车毂连接的4根辐条长度不一，残长约24—48厘米，残宽2—4厘米；另一根辐条残宽约7厘米。

上方车毂仅余车軧，直径残长约22厘米。下方车毂是辐軝軧合铸一体，呈圆套管状，軝直径约9、軧直径约15厘米。从轮1的剖面看，上方车毂似不规则方形，而下方车毂似钉状。车毂部的贤端与軹端已判断不明。

2）轮2

位于M7西壁靠近墓室部位，南半部与轮3紧紧相挨，轮3压在轮2之上（图四一：下）。轮直径1.4米，毂、辐、牙均只剩灰白色残痕，朝向墓室的一侧毂部上有铜构件加固。毂长21.5、軝直径12、軧直径8.5、軧直径17厘米。辐长55厘米，辐条20根，骹部间距为18—25.5厘米不等，股部间距为1—2.5厘米不等。辐跟轮牙不在一个平面上，牙较突出，牙高6.5厘米。

3）轮3

竖直地放置于墓道西壁近墓室处，紧贴轮2左上角轮牙，系整车上拆卸下来（图四一：上）。轮上毂、辐、牙各部分均已腐朽，只残留木灰，呈灰白色。经D3盗扰，只残留二分之一不到，毂部已残破不堪，但仍可辨车轮的大体轮廓。轮外径135厘米。辐条残余12根，长（不含辐端和贤端，只含股部和骹部）50—50.5、宽1—2、股部辐间距0.75—1.5、骹部辐间距11.5—15厘米。轮牙高7厘米，厚度不详。

4）轮4

位于墓道西壁上，其上部轮牙外侧距墓口5.1、北部轮牙外侧距墓室北壁10.1、下部轮牙外侧距墓道底1.26、北侧轮牙外侧距轮3约1.15米（图四二：下）。

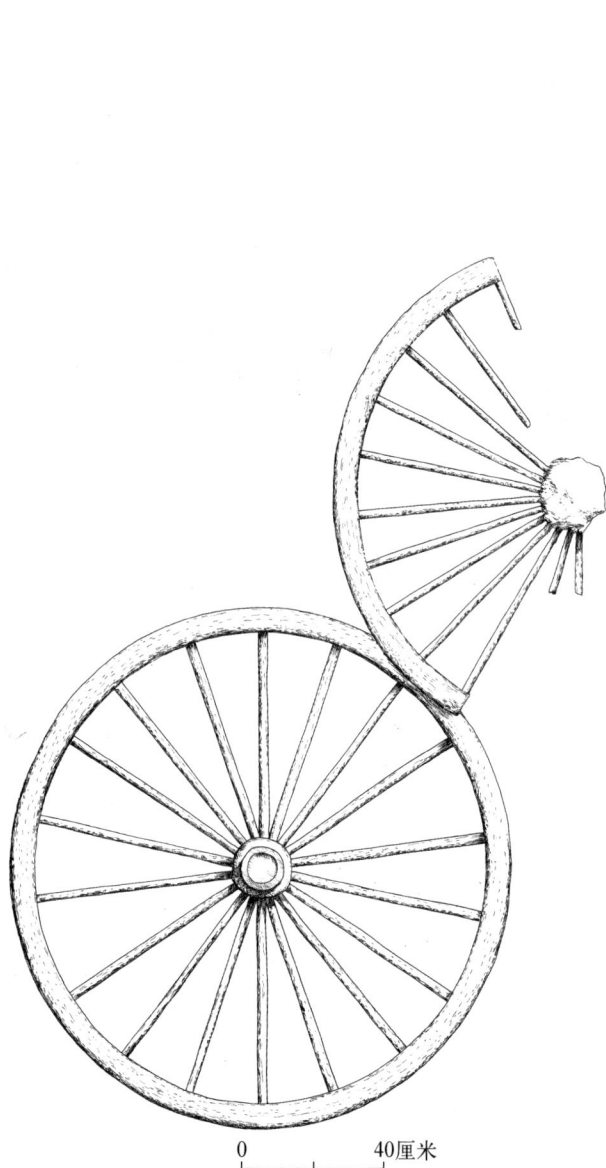

0   40厘米

图四一　2012FZYM7轮2与轮3保存状况

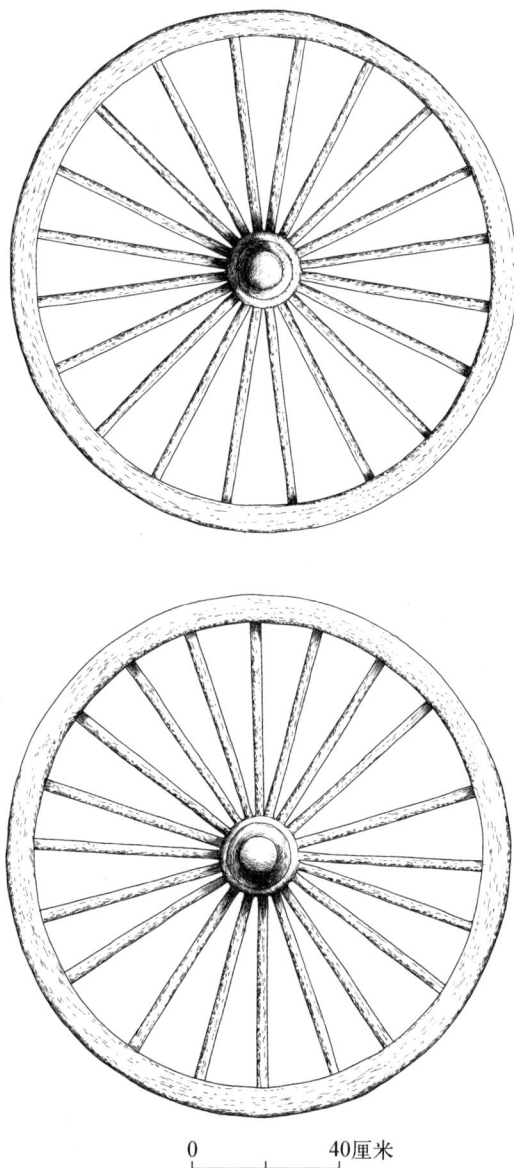

上. 轮3　下. 轮2

0   40厘米

图四二　2012FZYM7轮4与轮5正视图

上. 轮5　下. 轮4

车轮下部已压扁,整体呈椭圆形,从清理后来看,直径约138厘米(根据轮牙外侧测量得出)。下半部轮牙外侧略呈弧形,容辐一侧较平齐。牙宽约6、厚4—6厘米。

共有辐条20根,部分辐条已压弯。辐条呈长条形,长约50—52厘米(不包括插进轮牙和车毂两端),横断面呈斜三角形。骹部辐条间距约14—16厘米,股部端辐条间距约1—3厘米,直径约20厘米。

车毂部分留有棕色漆皮,说明此部分原髹漆。经解剖,各部件相互连接应是榫卯接合。

将该车轮清理后,在车毂对应的墓壁上发现一孔径约为22—26厘米的孔洞,说明当时是将其固定在此孔洞的。

5)轮5

位于墓道较平处(即近墓室处)的上部,北边距轮6约2.1、距墓口约5.1、距墓底约1.3米。车轮直径约为134厘米(图四二:上)。

车毂呈喇叭状,横截面近圆形,车毂总长约46厘米,墓壁内车毂长23、直径约为12、近轮处直径约为17厘米,外侧车毂长24、近轮处17、中间直径12、最外端直径约为15厘米。近墓壁处放置于凹槽内,凹槽横截面近圆形,直径18、进深26—30厘米,车毂上有棕色漆皮痕迹。

共有20根轮辐,股部与骹部,分布较为均匀,骹部之间间距为17.5,股部间距为1—2厘米。辐长52.5厘米,辐的宽度不一,股部直径1.5—2、骹部直径2—3厘米。

轮牙横截面为左右两端外弧,里外两侧较平,牙高约6、宽4—6厘米。

6)轮6

竖直地放置于墓道东壁近封门槽处,系整车上拆卸下来。轮上毂、辐、牙各部分均已腐朽,只残留灰白色木灰(图四三)。整体保存较完整,可辨车轮的大体轮廓,毂部套有铜毂饰。轮外径140厘米。一端毂长10、直径7.5厘米。另一端未解剖,情况不明。辐条共有18根,长(不含辐

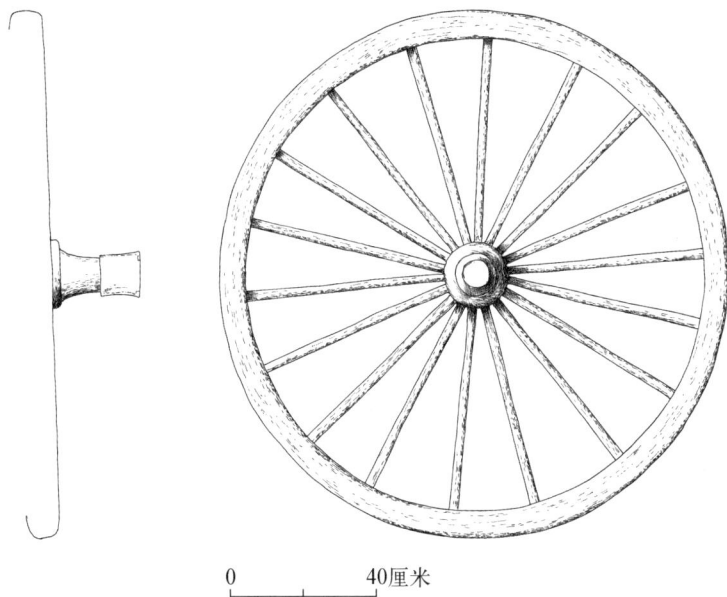

0　　　　40厘米

图四三　2012FZYM7轮6正、侧视图

端和蚤端,只含股部和骹部)53.5—54、宽2.5、股部辐间距1—2、骹部辐间距17—23厘米。轮牙高7.5厘米,厚度不详。辐条与毂、牙结合方式现场未解剖,情况不明。

8. 分期与年代

随葬陶器是判断本墓下葬年代的主要证据:联裆鬲M7D6∶069,沿下角较小,沿部平台较窄,绳纹模糊较细,是西周中期特征;联裆鬲M7D2∶023,似大袋足无实足根鬲,目前该类鬲的时代演变特征尚不清楚,但在周原遗址西周墓葬中,该类鬲一般出于西周中期,不见于西周早期,西周晚期墓葬中亦极为罕见。该器绳纹触之有扎手感,为西周中期特征;豆M7D4∶080,豆柄较西周早期偏晚者细、矮,但较中晚期之际者粗、高。一般而言,周原遗址豆柄在西周早期时不见凸棱,而西周早期后,凸棱发达,本标本柄部近有两道旋纹,形成"假凸棱",是西周中期之特征。总体而言,据陶器特征初步判断,该墓下葬年代为西周中期。

除陶器特征外,判断该墓期别与年代的依据还有以下两点:

其一,墓葬形制可作为分期与年代判断的依据之一。

根据以往对西周时期带墓道大墓形制分期与年代认识的初步研究,西周时期带墓道大墓可分为商系、周系两大类。西周早期的商系墓葬其墓道一般通至墓底或接近二层台,周系墓葬以晋侯墓地为典型,西周时期的形制可分为两阶段:西周中期偏晚以前,如M113、M114、M9、M13、M6、M7墓葬墓道口离二层台顶面距离甚高;但自西周中期偏晚如M31,至M93,这些墓道底部基本接近二层台顶面。M7墓道底部和二层台顶面相距约0.9米,特征更接近西周晚期。

其二,车马器较一般青铜容器而言,时代特征较为明显,更接近下葬年代,可作为墓葬判断年代依据之一。据以往研究,车軎的演变规律为:总体呈现车軎軎身由长向短过渡。西周早期时外端较内端长,顶端较细并外撇;西周中期车軎軎身较早期时要短,外端同内端比例相近;西周晚期时车軎軎身更短,顶端呈锥状[1]。此次发现的车軎形制为軎身较长,外端同内端基本等长,同西周中期车軎形制近同。据以往研究成果可知,结绳形节约的结处,西周早期时为素面,西周中期时常饰一至三道弦纹,西周晚期时多饰小兽面。张家坡墓地M170∶59与此次发现的标本形制近同[2],结处也饰三道弦纹。M170年代属西周中期偏晚阶段,约当共懿孝时期。故本墓所出2件节约当为西周中期偏晚阶段。

综上所述,M7的年代大致可定为西周中期偏晚阶段。

2.2.3 M8

1. 盗洞与墓葬保存状况

该墓共有7个盗洞,其中4个位于墓室、3个位于墓道。自墓室北部开始,依次编号为D1、D2……D6、D7(图四四)。

---

[1] 吴晓筠:《商至春秋时期中原地区青铜车马器形式研究》,《古代文明》(第1卷),文物出版社,2002年。
[2] 中国社会科学院考古研究所编著:《张家坡西周墓地》,中国大百科全书出版社,1999年,第223页。

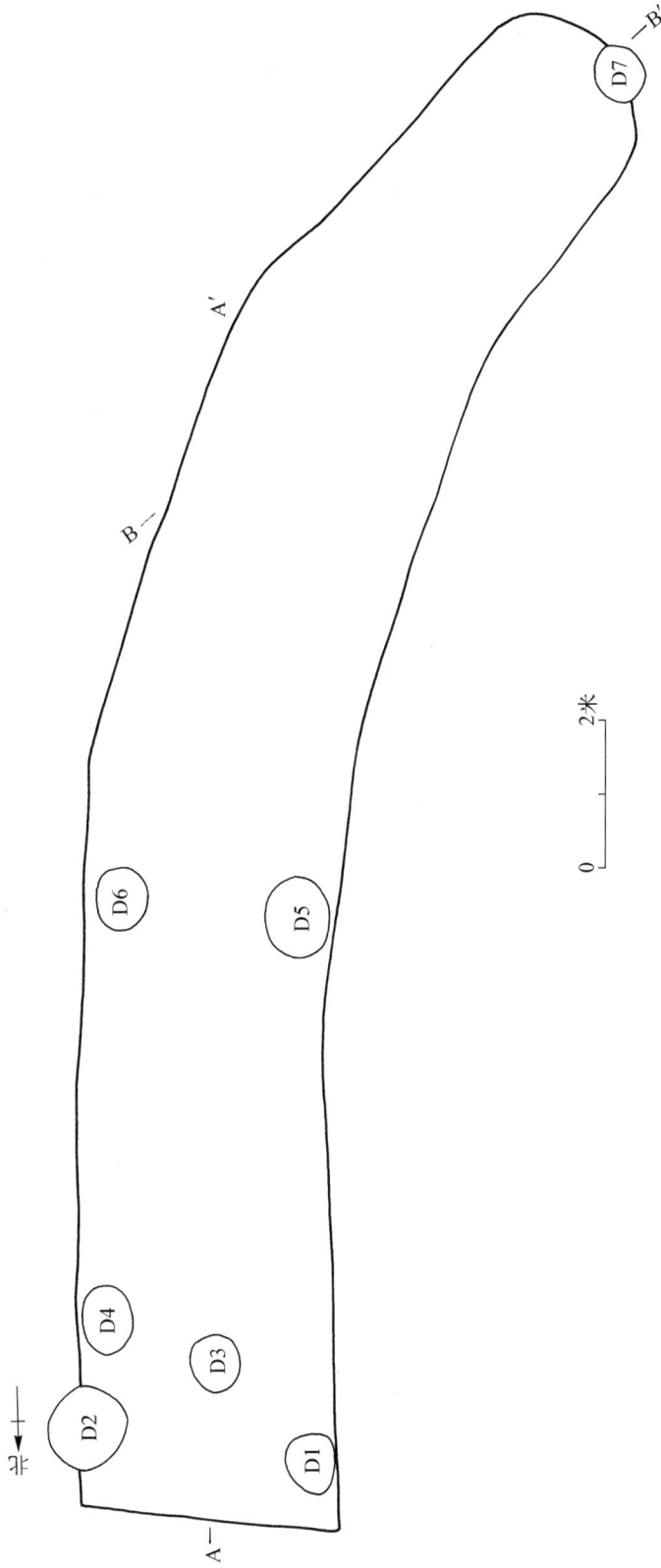

图四四　2012FZYM8墓口与盗洞位置平面图

D1位于墓室西北角，距北壁0.5米，距西壁0.1米。口小底大，口部近圆形，底近平。整体呈靴状，贴壁直至距地表6米处，6米以下内收打破二层台延伸至椁室，与D2、D3、D4相通。口径0.8—0.9、自深13.2米。西壁自口距地表5.9米以下竖排残存7个脚窝，底近平，间距约40—48、直径15—18、进深10—12厘米。出有蚌片、龟甲等。

D2位于墓室东北角，距北壁0.5米，打破墓口及墓壁。口部近圆形，口小底大，底近平。整体呈靴状，自墓口至2米处为直壁，2米以下至6.5米壁斜直内收，下部北扩打破二层台延伸至椁室，与D1、D3、D4相通。口径1.2、自深13.3米。东壁距地表6.4米处向下有10个脚窝，自上而下竖排9个，另外1个位于其北部，底部近平，间距44—50、直径18—23、进深10—12厘米。出有铜车马器、残铜片、原始瓷片、角镳、海贝等。

D3位于墓室中部，距北壁1.7、距西壁1.35、距东壁1.35米。口部近圆形，口小底大，底近平。整体呈靴状，竖直而下延伸至椁室，与D1、D2、D4相通。直径约55厘米，自深13.3米。出有2件残铜片。

D4位于D3的南部，距D3约0.5、距东壁约0.1米。口部呈椭圆形，口小底大，底较平。上部呈筒状，至椁室时向南向北外扩。贴壁竖直而下打破二层台延伸至椁室，与D1、D2、D3相通，口部最大径为90厘米，自深13.3米。东壁距地表7米处以下竖排残留有3个脚窝，脚窝下有一道凹槽，脚窝直径约20、间距44—45、进深10—13厘米，凹槽距墓底约1.7、高1.1—1.2、进深约0.2米。出有铜车马器、陶器残片、蚌片等。

D1、D2、D3、D4在椁室内相通后，扰乱椁室，破坏整个棺。内椁大部被扰乱，仅剩西侧端板、北边端板中部、东边侧板中部及东南角未被扰乱。外椁西北角被D1扰乱，D2、D4破坏东北角，D3扰乱西南角，外椁两端板保存较好。出有铜车马器。

D5位于墓道北部西侧，距西壁0.5米。口部呈椭圆形，口大底小，底近平。整体呈长筒状，壁上部较直，下部外扩。贴壁直下延伸至车轮，将车轮3的南侧全部破坏。最大径1.1、底径0.7、自深6.7米。

D6位于墓道北部西侧，距东壁约0.2米。口部呈椭圆形，口大底小，底近平。整体呈靴状，壁上部距地表约4米处较直，下部斜直内收。贴壁延伸至车轮6，破坏车轮的车毂及下部的轮牙及辐。口部最大径0.9、底径0.7、自深约6.8米（图四五）。

D7位于墓道最南端偏西侧，打破墓口及墓壁。口部近圆形，口大底小，底近平。整体呈靴状，壁斜直内收。竖直而下打破墓道底。口径0.8、底径0.7、自深0.6米。

2. 墓葬形制结构

（1）墓室

墓室为南北向的竖穴土坑，口小底大，以墓室方向计算墓向为5°。平面呈长方形，北宽南窄。口长4.9、北宽3.6、南宽3.5米。墓角圆弧。斜壁，作倒方斗状，壁面光滑，系工具精心修整而成。平底。底长4.8、北宽3.9、南宽3.8、自深13.6米。

（2）墓道

墓道位于墓室南端，中部宽于南端和北端，且北端宽于南端，与墓室齐宽。口部平面整体

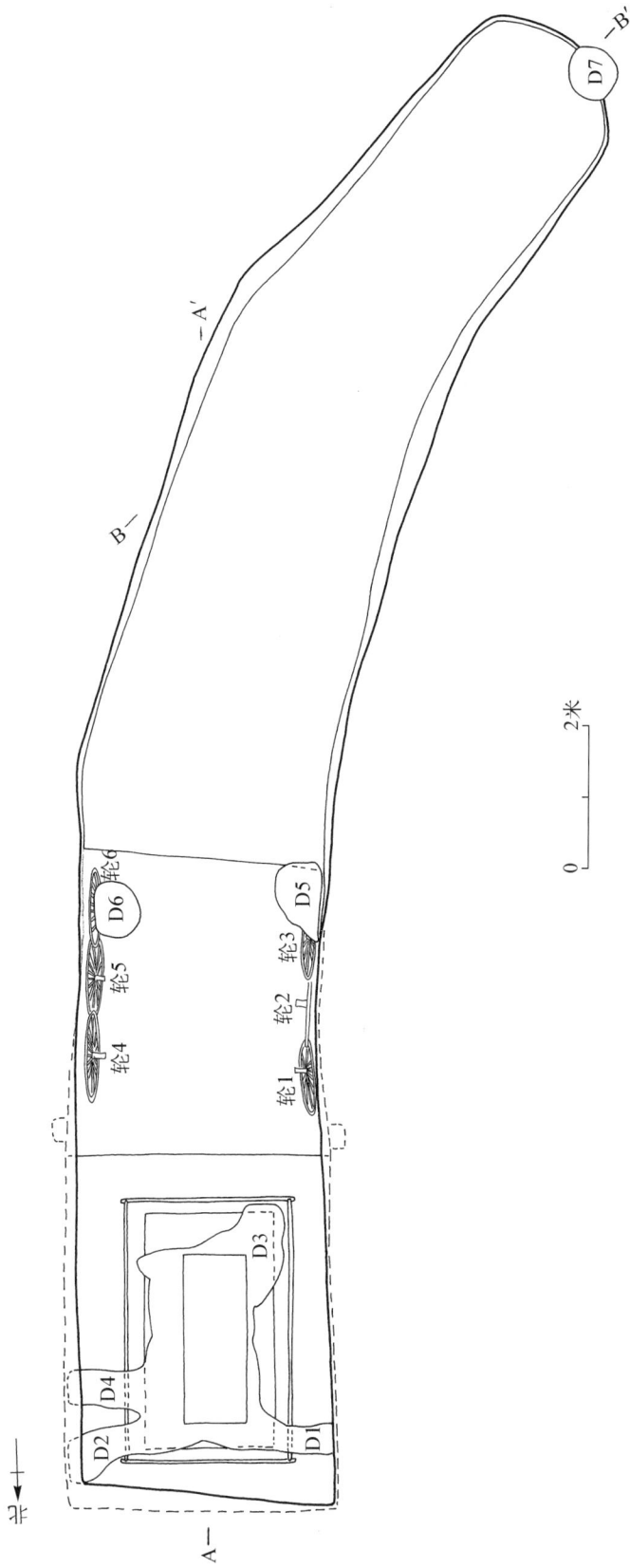

图四五　2012FZYM8葬具及车轮位置平面图

呈弧形。总体上为口大底小,但近墓室处东侧从2米、西侧从3.4米开始,口小底大。墓道入口为直口,圆弧至墓道底,高约0.25米。斜壁,近墓道底的墓道壁上分布着密集的工具修整痕。修整痕一般长15、宽3—5、深1—3厘米。坡状底,从口到底,坡度不一。上段坡度较缓,坡度为20°,中段坡度较陡,坡度为40°,下段坡面长3.7米,较上段更平缓,坡度为12°,距墓底约6.1米。口部平面曲线长16.9、北端宽约3.6、中部宽约3.7、南端宽约2.6、底部宽2.3—3.8、最深处7.5米(图四六)。

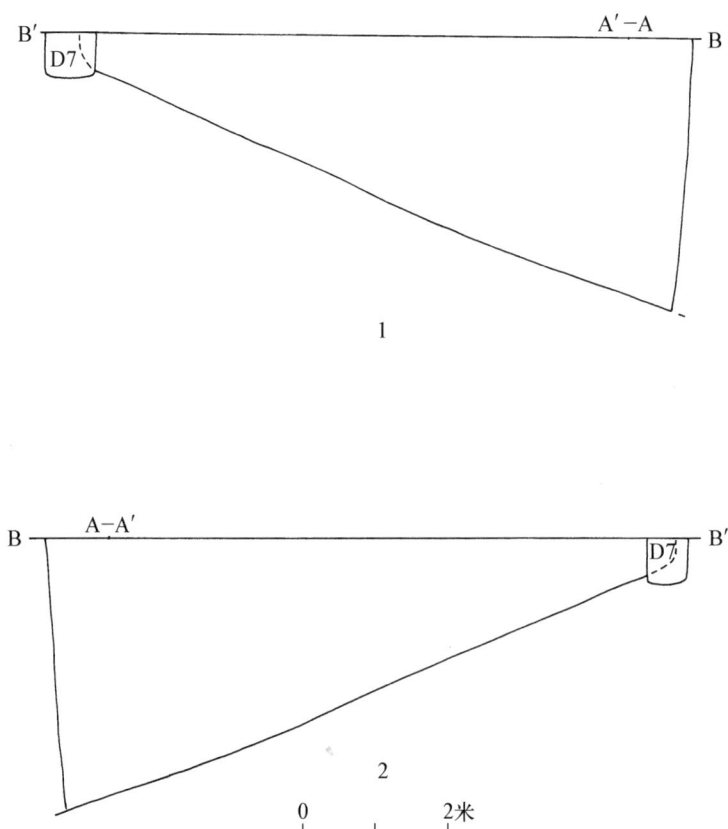

图四六　2012FZYM8墓道南部剖视图
1. 由东向西　2. 由西向东

（3）墓壁凹槽

墓道北部东西两壁上有各有1个凹槽,相互对应,应为完整的一道沟槽,北距墓室约17.5厘米。西壁上凹槽直径35、进深20—25、高20—36厘米,东壁上凹槽直径32.5、进深15—20、高25—30厘米(图四七、图四八)。

（4）二层台

墓底四周为熟土二层台,西北及东北角被盗洞打破。北二层台宽0.65米,西二层台北端宽于南端,北宽0.65、南宽0.6米,南二层台宽0.6米,东二层台宽0.6米。

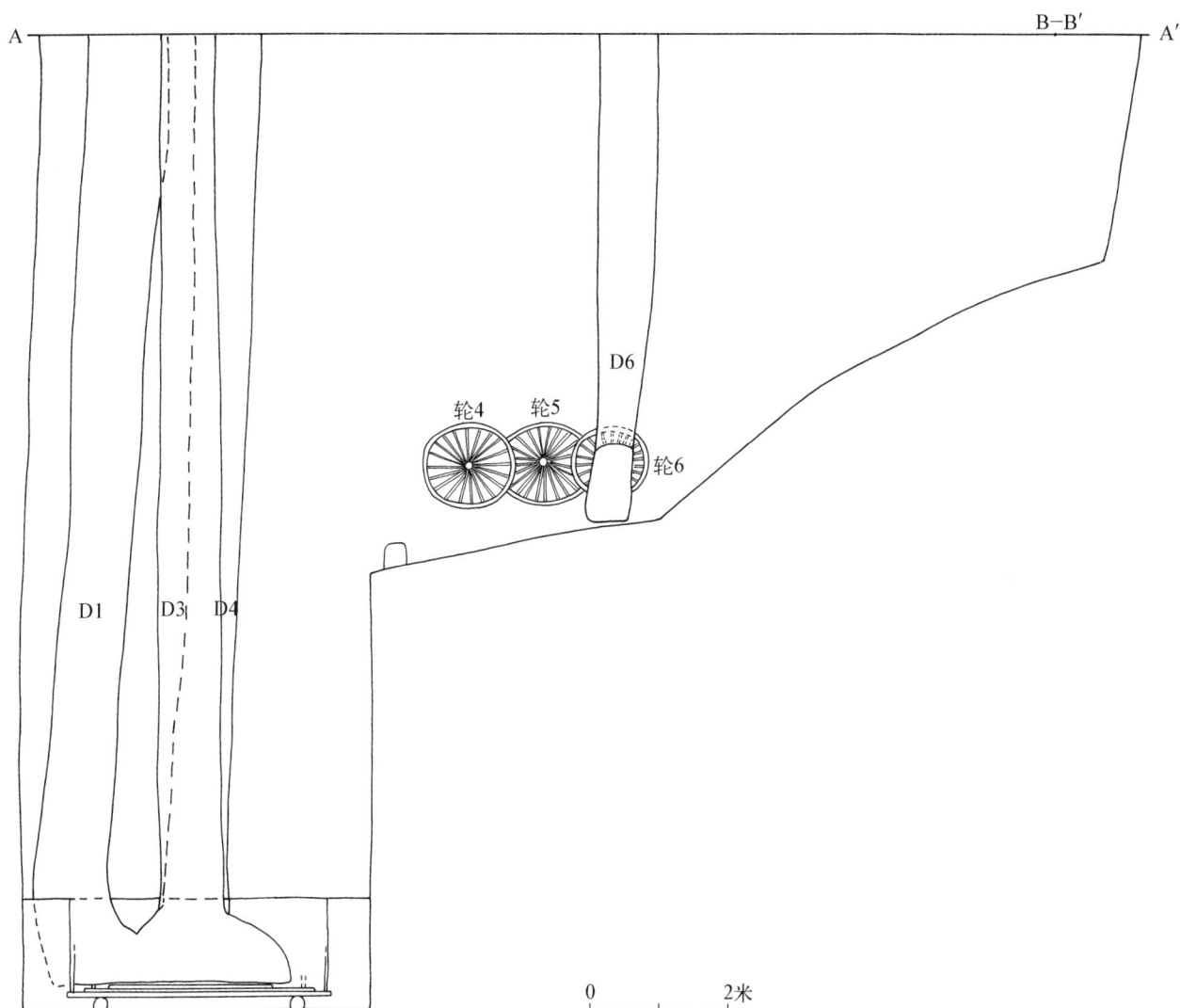

图四七　2012FZYM8剖视图（由西往东）

3. 填土

（1）墓室填土

椁室塌落，墓室填土中间部分全部下沉，周围保持在原位，填土总体较硬、致密，土色为黄褐色，夹杂较多的红褐色土点颗粒。上部未发现有夯打的痕迹，包含较多的大块与小块的石头，下部经过微夯，夯层夯窝不明显，土质较硬，有较多大块土块，土色为红褐色，夹杂有少量黄色土点颗粒，包含大量石头，分布散乱。

（2）墓道填土

土质总体较硬，致密。上部未发现有夯打的痕迹，并且有较多的石头。下部夯打的痕迹较为明显，夯层较薄，夯打程度为微夯，夯窝不明，坚硬，黄褐色，夹杂有较少的红色与浅黑色及淤土点，包含有极少的小块石头，无其他包含物。

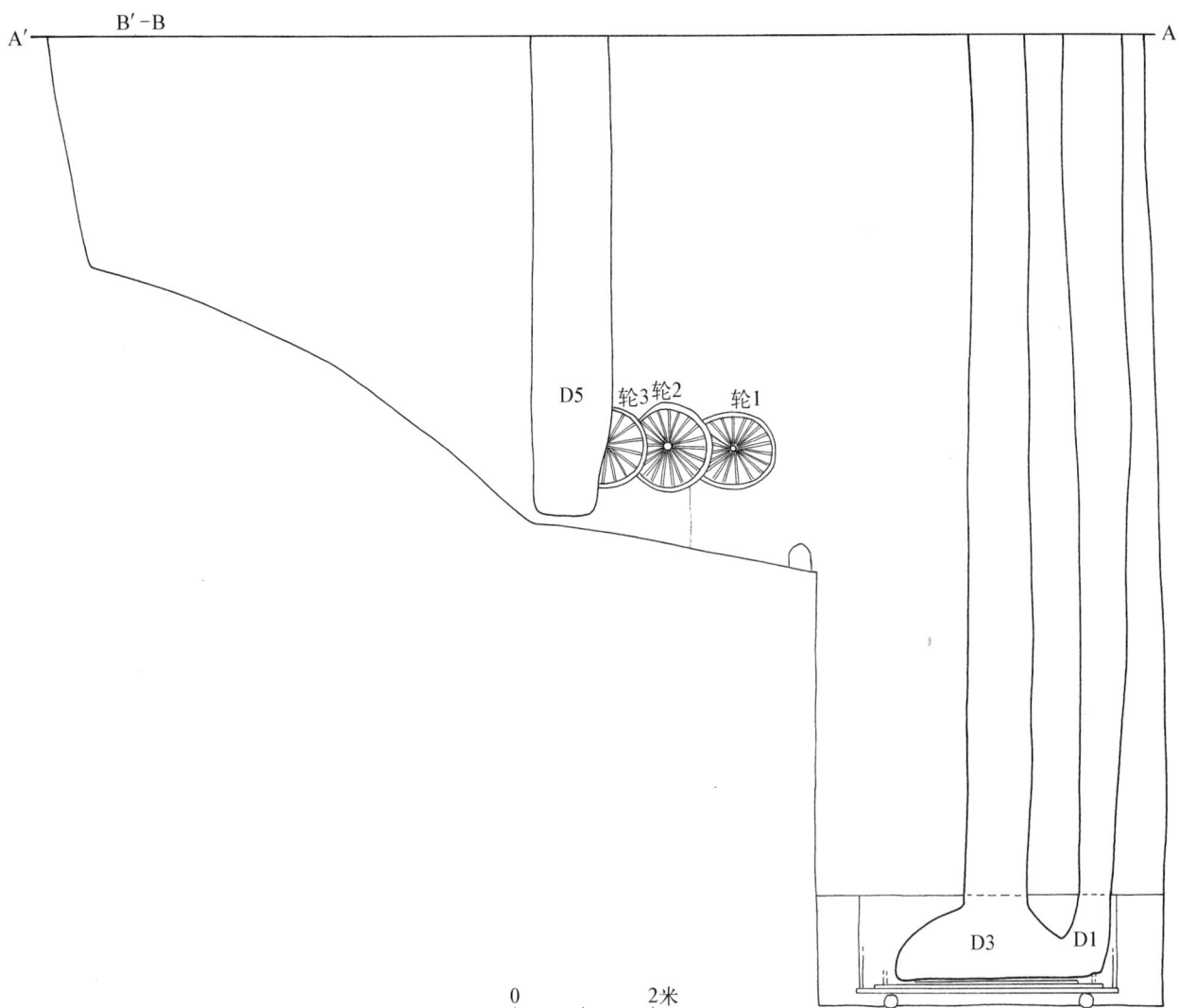

图四八 2012FZYM8剖视图（由东往西）

4. 葬具

该墓的葬具由一棺两椁组成，两椁清晰可辨（见图四五）。

（1）外椁

1）椁盖板：已经全部坍塌，无法辨别其存在形制。

2）椁侧板：坍塌较严重，仅能看出大致范围，无法辨别有多少木板。西边侧板总长364、宽5、高150厘米，其距椁底板西边为2厘米。东边侧板总长364、宽5、高150厘米，其距椁底板东边为2.5厘米。

3）端板：北边端板总长252、宽5、高150厘米，其距椁底板北边为4—7厘米。共由5块木板组成，从上至下尺寸依次为252×28、251×34、249×29、251×31、252×28厘米。南边端板总长251、宽6、高150厘米，其距椁底板南边为3—5厘米。共由5块木板组成，从上至下尺寸依次为

252×29、251×33、251×27、252×31、249×30厘米。侧板与端板的组装方式为榫卯套接结构,侧板嵌入端板中。两根侧板的四端嵌入端板长度均为4厘米。

4)椁底板:南北向放置于墓室的中部,厚5厘米。其东边距墓室东壁104厘米,南边距墓室南壁56—58厘米,西边距墓室西壁64—74厘米,北边距墓室北壁50—62厘米。由11块木板组成,由东向西各个板的尺寸分别为:381×22、384×24、386×24、388×29、379×18、377×21、376×14、377×20、378×20、377×20、377×17厘米(图四九;图版六:2)。

5)垫木:共2根。椁下部北边与南边各有一根东西向平行放置的垫木。椁下部南边垫木长314、宽20、高20、压入墓底2.5厘米;其东端距墓室东壁为39、距东边椁侧板41、距南边椁端板38厘米;其西端距墓室西壁为10、距西边椁侧板42、距南边椁端板37厘米。椁下部北边垫木长299、宽20、高20、压入墓底2.5厘米;其东端距墓室东壁为39、距东边椁侧板42、距北边椁端板39厘米;其西端距墓室西壁为47、距西边椁侧板28、距北边椁端板36厘米。

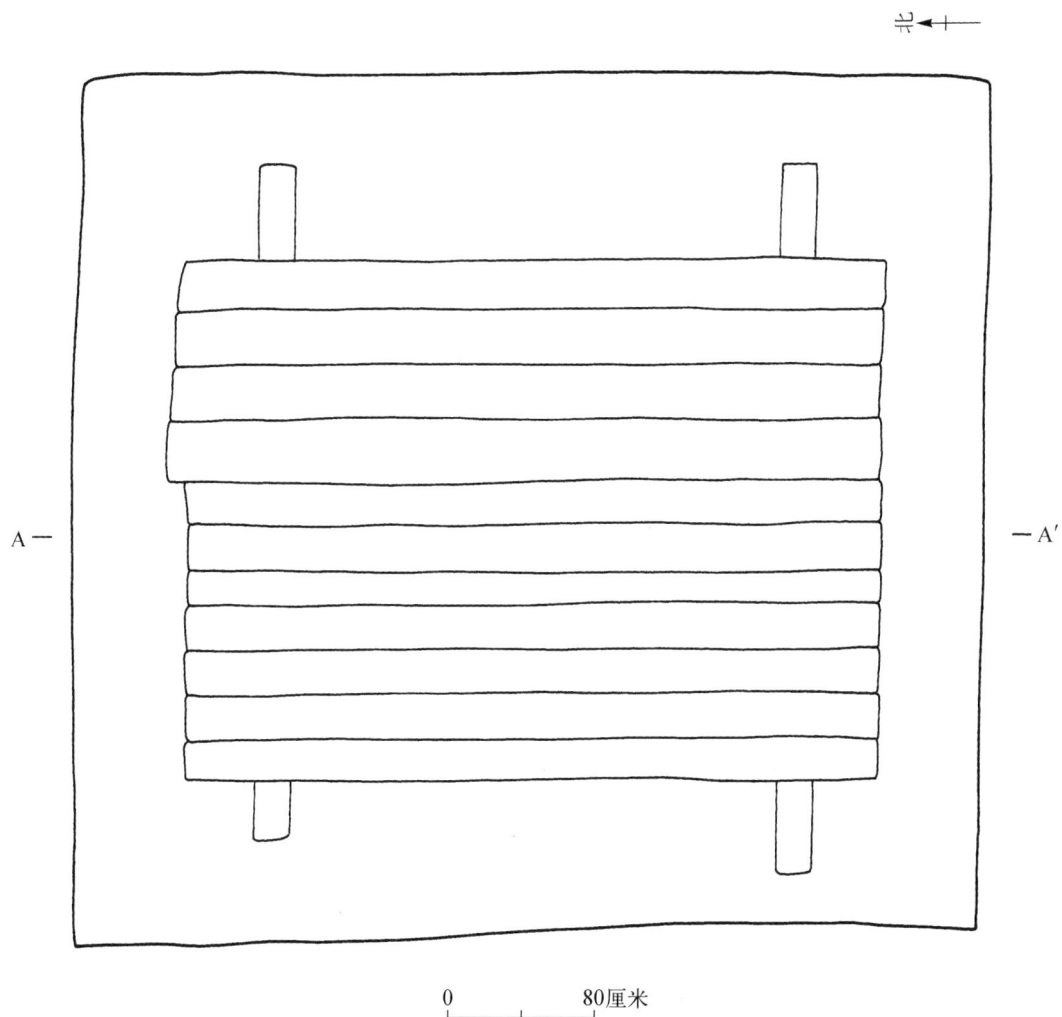

0　　　　　　80厘米

图四九　2012FZYM8椁底板平面图

（2）内椁

整体坍塌严重，仅能辨别其范围。

椁底板：仅有大致范围。南北向放置于墓室的中部，厚5厘米。西长328、东长330、南宽184、北宽186厘米。其东边距外椁东边25厘米，南边距外椁南边15厘米，西边距外椁西边20厘米，北边距外椁北边15厘米。

（3）棺

位于椁室中部，东长234、西长234、北宽90、南宽91厘米。棺东边距内椁东边椁侧板55、西边距内椁西边椁侧板39、北边距内椁北边椁端板34、南边距内椁南边椁端板59厘米。

5. 人骨遗骸

全部被盗洞扰乱，仅在盗洞中残存部分头骨，其他不详。经鉴定，墓主为40岁左右的男性。

6. 随葬品位置

由于本墓盗扰严重，多数随葬品已脱离原位，出土于盗洞中。

保留在原位或可能离原位不远者，有如下器物：矛1件（1），竖直放置于轮2后，紧贴南墓道北部西壁；圆形泡5件（2、3、4、13、14）、节约1件（5）、长方形泡2件（6、8）、柄形器玉附饰1件（7）、三角形泡2枚（9、10）、骨角镳1件（11）、海贝1件（12），均出土于棺椁之间内椁东南角（图五〇）。

出土于各个盗洞的情况如下：

出土于D1的有：蚌泡3件（01、023）、轭圆环残段1件（013）、椭圆形蚌片1件（014）。

出土于D2的有：圆形泡4件（02、03、07）、海贝1件（04）、蚌泡1件（05）、瓷片1件（06）、器盖1件（08）、骨角镳1件（09）、不明器1件（011）、管状舆饰2件（012、016）、龟甲1件（015）、镳2件（024、025）、长方形泡1件（026）、铜器残片1件（028）。

出土于D3的有：铜瓠？（017）1件、铜游环1件（020）。

出土于D4的有：蚌泡2件（018、019）、三足瓮足根1件（021）、铜镞1件（022）、圆铜管1件（027）。

7. 随葬品介绍

随葬品有铜器、玉石器、原始瓷器、陶器、蚌贝器、骨角器、龟甲等八类。

（1）铜器

瓠（？）　1件。标本M8D3：017，残口沿。喇叭形口，器壁薄。素面。残高3.1厘米，重13.2克（图五一：8）。

矛　1件。标本M8：1。由矛头和矛柲（柄）组成。矛头锋部残缺不见。矛身中间有一折棱脊。窄叶，叶面有凹槽，叶肩圆弧。双面刃，刃部锋利。骹部较长，为近圆形骹，两侧各有一半环钮状系，越往上越细，与脊相通，连成一体。骹内残留木屑。素面。残长19.2、叶最宽处3.7、骹径2.6、双系离骹下端3.6—3.8、钮外径1.4、钮内径0.9厘米，重192.7克（图五一：11；图版一三：2）。矛柲为木质杆，细长圆柱形，只残留灰白色木灰，残长（不含骹内长度）190、直径2.5厘米。

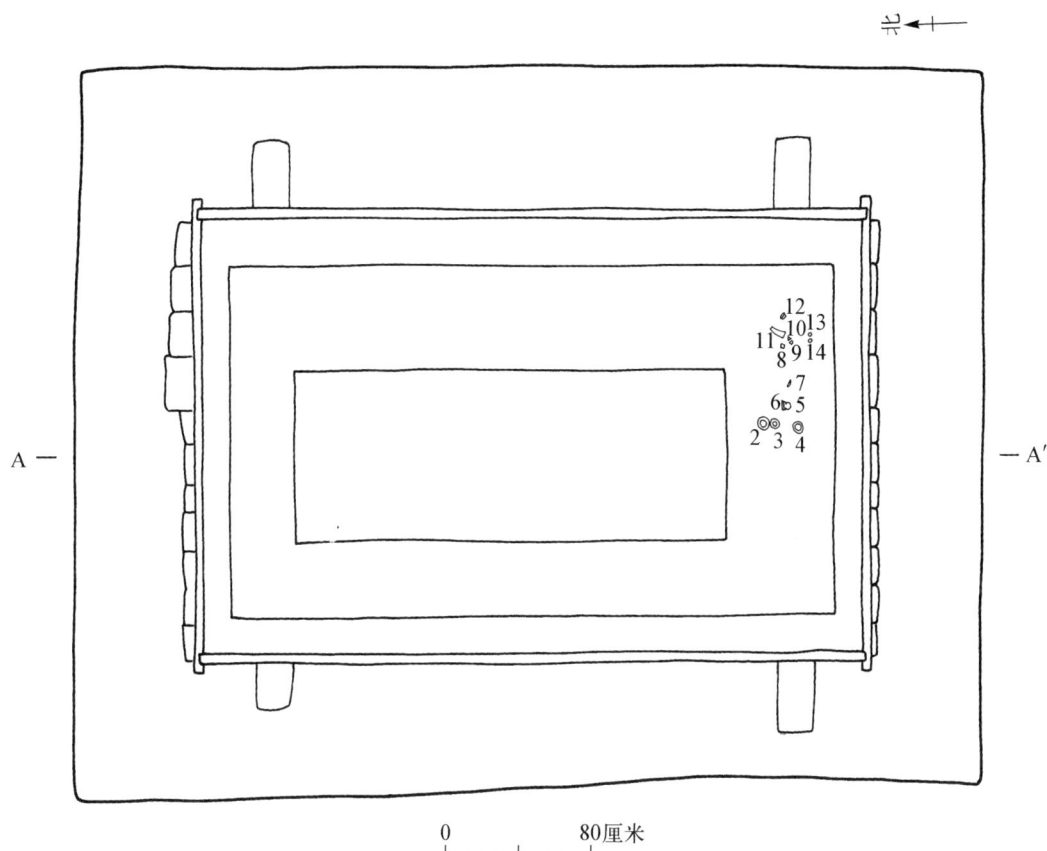

图五〇 2012FZYM8葬具与随葬品平面图

2、3、4、13、14.铜圆形泡 5.铜节约 6、8.铜长方形泡 7.柄形器玉附饰 9、10.铜三角形泡 11.骨角镳 12.海贝

镞 1件。标本M8D4：022，残。镞身扁窄，长翼，圆铤。脊透出本，脊横截面作菱形。双翼呈长条形，有血槽。翼部前段均呈钝角三角形，后端各有一阶面。双面刃微弧，锋利。后锋平齐内收，超过关部。其中，一后锋残。通长7.3厘米，铤长2.0、径0.5—0.7厘米，关下端径1.0、脊线长5.3、关长0.5、翼最宽处3.1厘米，重36.3克（图五一：3）。

镳 2件。方形，中间有一孔，两侧均有椭圆形管状穿，一侧有环。标本M8D2：024，环较细小，截面呈圆形。圆孔周围有一略高出周围的长方形面。长8.2、宽6.5厘米，重101.9克（图五一：2）。标本M8D2：025，环呈扁平状圆弧形，两侧与管状穿两端相接，切面与穿口面相齐。圆孔周围有一略高出周围的正方形面。长9.3、宽6.2厘米，重92.9克（图五一：1；图版一四：4）。

管状舆饰 2件。形制相同，大小相若，均直筒圆管状，两端粗细相当，一端封顶，一端圆形开口。器体有上下两组长方形对穿。距两端1厘米处各饰两道旋纹，两组旋纹之间饰有4条斜向螺旋纹，每条纹饰由2条旋纹组成。穿周围有凿或割痕，可判断纹饰乃铸成，穿为后凿成。标本M8D2：012，长13.6、管径2.1厘米，穿长1.1、宽0.9厘米，重106克（图五一：9、图五三：1）。标本M8D2：016，长13.6、管径2.2厘米，穿长1.1、宽0.8厘米（图五一：10）。

节约 1件。标本M8：5，扁圆鼓形，周壁有三个不规则圆形穿孔，未穿孔两圆面各有两圈凹

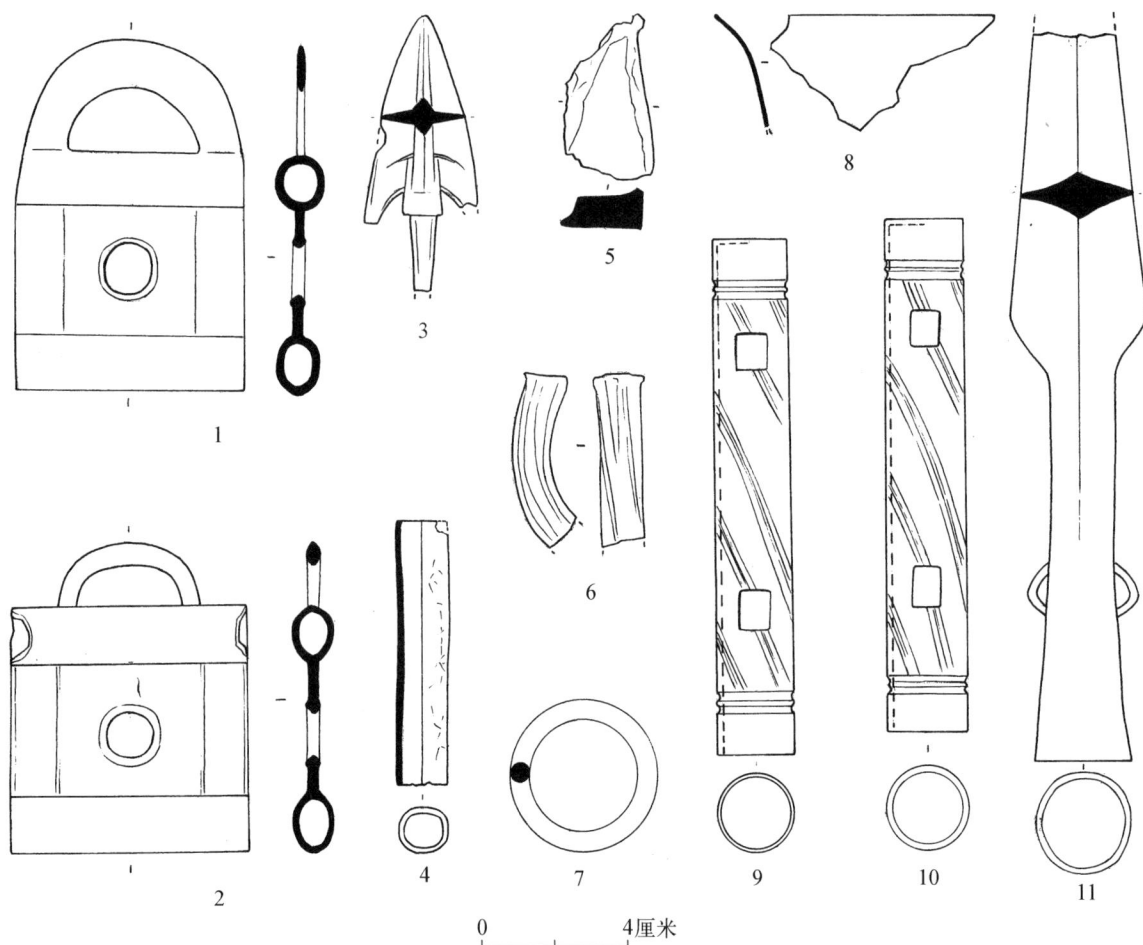

图五一 2012FZYM8铜器

1、2. 镳（D2：025、D2：024） 3. 镞（D4：022） 4. 圆管（D4：027） 5. 残片（D2：028） 6. 轪圆环残段（D1：013）
7. 游环（D3：020） 8. 觚？（D3：017） 9、10. 管状舆饰（D2：012、D2：016） 11. 矛（1）

槽。直径2.7、孔径1.3、高1.3厘米，重20.8克（图五二：4）。

游环 1件。标本M8D3：020，圆环状。素面。外径4.0、内径3.0、厚0.5厘米，重17.2克（图五一：7）。

圆管 1件。标本M8D4：027，圆管状，中部微鼓，似为挤压变形，中部有一圆形凹痕，似为其上外接的部分断裂造成。通长7、外径1.3、内径1.1厘米，重32.5克（图五一：4）。

泡 16枚，分为三类：三角形泡、长方形泡、圆形泡。

三角形泡 2枚。均平面呈三角形，其上有浮雕形似小兽面。头宽尾尖。表面雕出一对卷形凸眼，头腹间以一条横向旋纹分界，双翼以竖行旋纹表示，双翼合为一体，尖尾。标本M8：9，底部有两道短梁。长1.9、宽1.4、高0.4厘米，梁长0.4—0.7、宽0.2，梁间距0.4厘米，重4.9克（图五二：6、图五三：5）。标本M8：10，底部有一道平行短梁。长2.8、宽1.7、高0.5厘米，梁长1.2、梁宽0.3，重5.6克（图五二：7、图五三：4）。

长方形泡 4枚。平面呈长方形，背有两短梁。根据面上弧形分三型：

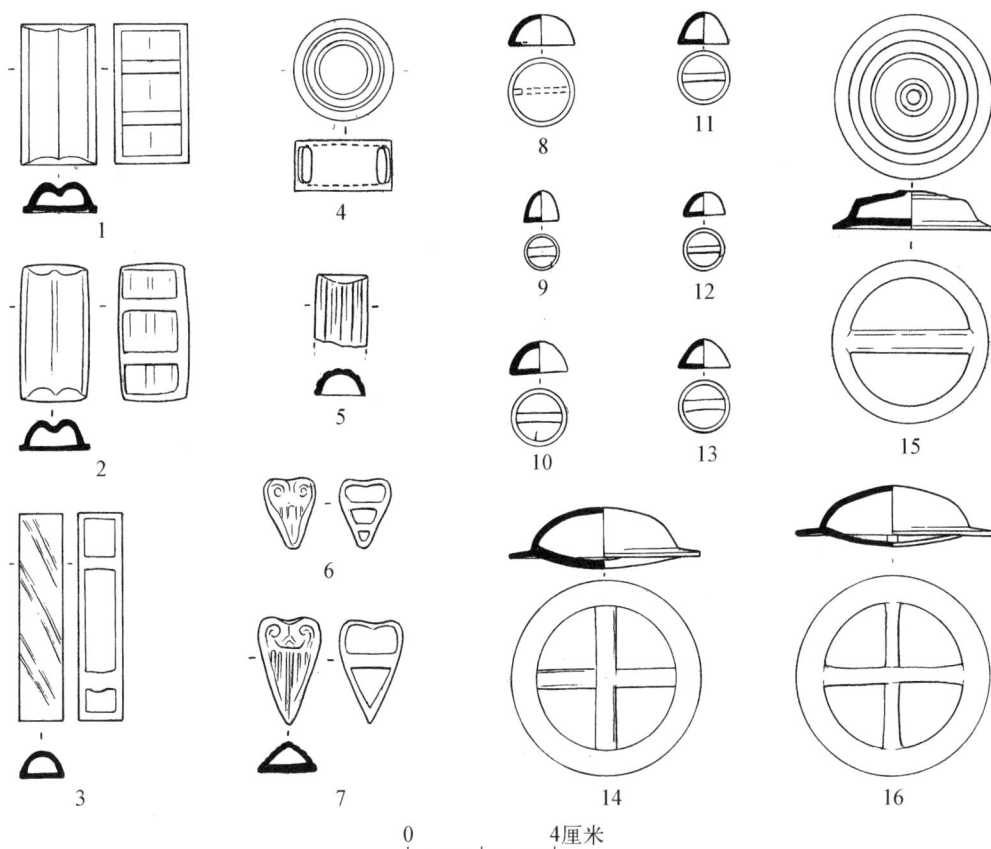

图五二　2012FZYM8铜器

1、2、3、5. 长方形铜泡（6、D2∶026、8、D2∶011）　4. 铜节约（5）　6、7. 三角形铜泡（9、10）
8、9、10、11. 圆形铜泡（13、D2∶07-2、14、D2∶07-1）　12、13、14、15、16. 圆形铜泡（D2∶03、D2∶02、3、4、2）

A型　面上为单弧形。标本M8∶8,面上饰三组斜行旋纹,每组由两条旋纹组成。梁位于底部。长5.5、宽1.2、高0.7、梁长0.8、梁宽0.3—0.5、梁间距2.7厘米,重12.6克(图五二∶3,图五三∶2)。

B型　面上二连弧形。标本M8∶6,梁位于底部偏上。长3.8、宽2.1、高0.8、两弧相连处高0.6、梁长1.6、梁宽0.3、梁间距1.1厘米,重15.9克(图五二∶1)。标本M8D2∶026,长3.6、宽1.9、高0.8、两弧相连处高0.6、梁长1.5、梁宽0.3、梁间距1.1厘米,重17.4克(图五二∶2)。

C型　面饰凸棱纹。标本M8D2∶011,残。平面呈长方形,一端底部残存一小段梁。面上饰数条凸棱纹。残长1.9、宽1.4、高0.7厘米,重4.0克(图五二∶5)。

圆形泡　10枚。均为半圆球状。根据沿的有无分两型:

A型　有沿。3枚,略扁。标本M8∶2,背底部有十字梁,十字梁下凸,两梁宽度不一。直径5.3、高1.6厘米,梁长3.9、梁宽0.3—0.4厘米,重38.4克(图五二∶16)。标本M8∶3,背底部有十字梁,十字梁下凸。直径5.2、高1.6厘米,梁长3.8、宽0.5厘米,重48.6克(图五二∶14)。标本M8∶4,呈三台面结构,顶部凹,有一圆形穿孔。顶部隐约可见三竖行弦纹及一涡纹。直径4.4、高1.0厘米,梁长3.3、宽0.6厘米,重25.9克(图五二∶15)。

B型　无沿。7件。大小不一,均背面底部有一短梁。标本M8∶13,残,底部略呈椭圆形。内

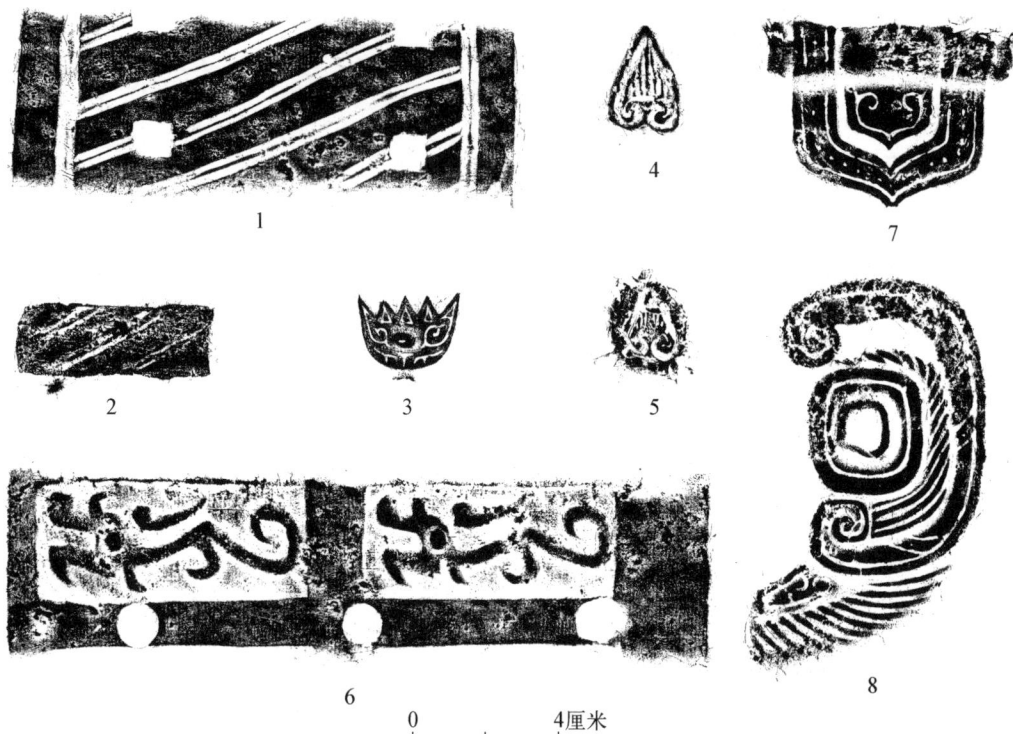

图五三　2012FZYM7、M8、M16、M30铜器拓片

1、6. 管状舆饰（M8D2：012、M7D6：035）　2. 长方形铜泡（M8：8）　3. 兽首（M30D1：026）　4、5. 三角形铜泡（M8：10、M8：9）

7. 铜马鼻饰（M16：7-1）　8. 铜马镳（M16：6-1）

有朱砂痕迹。直径1.8、高0.8厘米，梁残长0.2、宽0.1厘米（图五二：8）。标本M8：14，底部微残。直径1.5、高0.8厘米，梁长1.2、宽0.2厘米，重4.0克（图五二：10）。标本M8D2：02，直径1.4、高0.8厘米，梁长1.1、宽0.2厘米，重3.0克（图五二：13）。标本M8D2：03，底部微残。直径1.1、高0.6厘米，梁长0.9、宽0.2厘米，重1.4克（图五二：12）。标本M8D2：07-1，直径1.4、高0.8厘米，梁长1.2、宽0.2厘米，重3.5克（图五二：11）。标本M8D2：07-2，直径0.9、高0.6厘米，梁长0.7、宽0.3厘米，重2.0克（图五二：9）。

軎圆环残段　1件。标本M8D1：013，整体近似弯管状。器表呈六道绳索扭曲状。长4.6、两端直径1.1—1.3厘米，重36.5克（图五一：6）。推测可能为车軎上铜环。

铜器残片　1件。可能为铜容器残片。标本M8D2：028，残长4.4、残宽2.4、厚0.5—1.0厘米，重39.4克（图五一：5）。

（2）玉石器

柄形器玉附饰　1件。标本M8：7，青白玉，窄长条，根据以往完整器可知，复原于柄形器附饰中的第一排，尖端朝向器柄，圆端向下。有犬齿的那一侧朝向外，该侧有两对犬齿状扉棱，扉棱长1厘米，中间一个犬齿状缺口，缺口宽0.6厘米。另一侧偏下处有一方形缺口，宽0.7厘米。一面可见4道横向砣制阴线，另一面可见1道斜向砣制阴线，应为片状玉饰改制痕迹。长3.4、最宽处0.7、厚0.25厘米（图五四：13）。

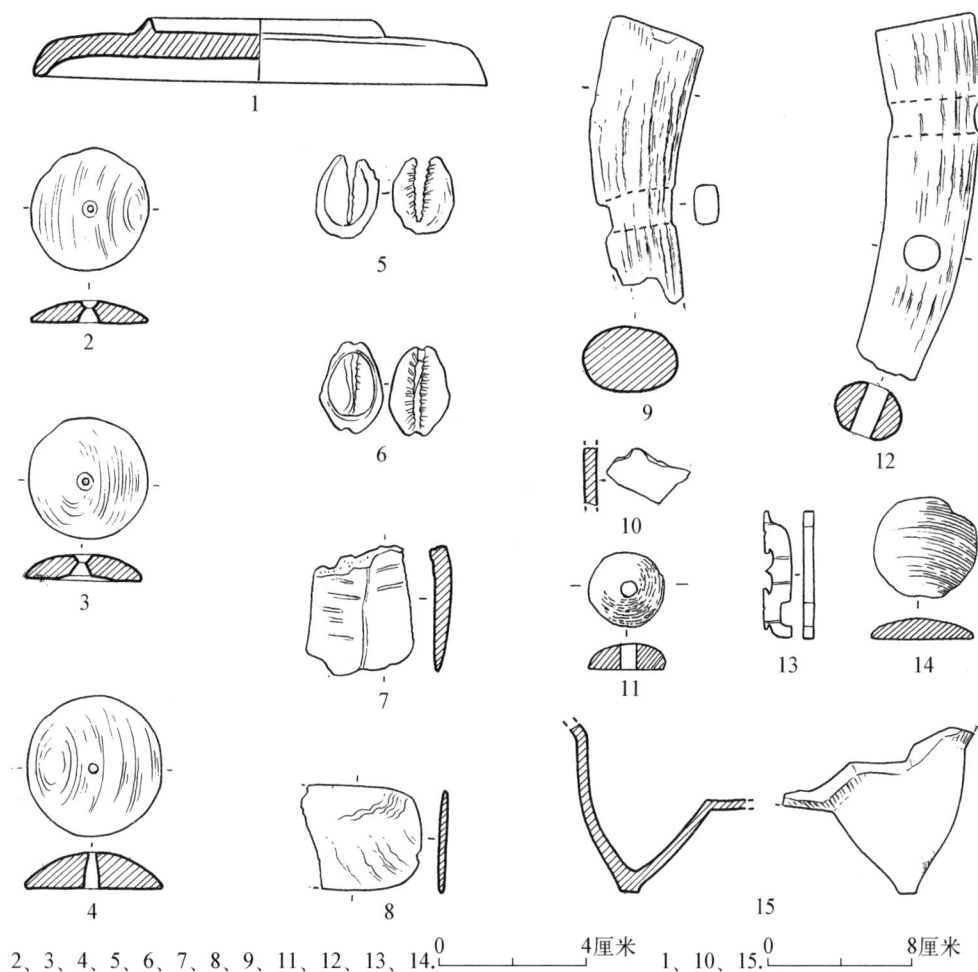

图五四 2012FZYM8 随葬品

1. 原始瓷豆盖(D2:08) 2、3、4、11、14. 蚌泡(D1:023、D4:018、D4:019、D2:05、D1:01) 5、6. 海贝(D2:04、12) 7. 龟甲(D2:015) 8. 椭圆形蚌片(D1:014) 9、12. 骨角镳(D2:09、11) 10. 瓷片(D2:06) 13. 柄形器玉附饰(7) 15. 陶三足瓮足根(D4:021)

（3）原始瓷器

豆盖 1件。标本M8D2:08，残。从残片来看为圆形，盖面微凸，可见一道凹槽及一周凸弦纹。灰白色胎，表面施一层极薄的分布较均匀的青灰色釉。口径24.8、通高3.4厘米（图五四:1）。

瓷片 1件。标本M8D2:06，残，不辨器形。灰白色胎，表面施一层极薄但分布不均匀的墨绿色釉。残高4.6厘米（图五四:10）。

（4）陶器

三足瓮足根 1件。标本M8D4:021，泥质灰陶，袋足无实足根，腹底处有较明显折棱。下腹部饰印痕极浅的细绳纹，足部素面，足部外表光滑，似上有一层泥衣。残高8.8厘米（图五四:15）。

（5）蚌贝器

椭圆形蚌片 1件。标本M8D1:014，推测应该是漆器上的螺钿，残。扁平片状，未残的一端为两圆角，且此端边沿上有一双面钻半圆形孔，表面光滑，附着极少量的朱砂。残长3.3、宽2.7、最厚处0.2厘米(图五四:8)。

蚌泡　5件。均呈圆形。以厚薄体和钻孔状况分三型:

A型　厚体双面钻,1件。体较小,两面均平,无明显薄缘,形体较厚、较高。标本M8D2:05,中心钻孔为一次钻成。底径2、孔径0.4、高0.7厘米(图五四:11)。

B型　薄体双面钻,3件。体较大,球形面,背平,中部微鼓,边缘薄,形体较薄。标本M8D4:018,底径3.2、孔径0.1—0.4、高0.7厘米(图五四:3)。标本M8D4:019,球面外鼓,用某种锥状物从背面一次钻成,致使背面孔直径稍大于球面孔直径。底径3.7、孔径0.2—0.4、厚0.9厘米(图五四:4)。标本M8D1:023,球面稍残,中心孔为两面对钻而成,两面钻孔直径大小不同,且能明显看出两个漩涡向中心形状。底径3.3、孔径0.1—0.4、高0.6厘米(图五四:2)。

C型　薄体无钻孔,1件。球形面,背平,中部微鼓,边缘薄,薄体。标本M8D1:01,边缘稍残,局部边缘依稀可见附着一圈朱砂。底径2.8、高0.5厘米(图五四:14)。

海贝　2件,均残。白色,面有唇,唇有细齿,龟背面有一穿孔,背部鼓出部分几乎被磨平。标本M8:12,长2.4、宽1.6、孔径1.2—1.7厘米(图五四:6)。标本M8D2:04,长2.1、宽1.7、高0.7、残孔径1.2—1.7厘米(图五四:5)。

(6)骨角器

骨角镳　2件。均呈黄绿色。整体呈弧形锥状,粗端截面平齐,呈椭圆形,细端残缺。器表为鹿角原面,未经修整,上有一道凹槽。标本M8:11,保存完整。器正面中部有一圆形穿孔,近两端侧面也横置一圆形穿孔,细端一圆形残穿孔。水平残长9.8、最大径2.7、最小径1.6、孔径1厘米(图五四:12)。标本M8D2:09,一端残缺。器中侧面有一长方形穿孔,细端正面有一方形残孔。水平残长7.6、最大径3.6、孔长1、孔宽0.7厘米(图五四:9)。

(7)龟甲

1件。残。标本M8D2:015,为龟背甲原板。不规则形。内面修整。正面、背面粘附有朱红色漆皮。残长3.4、最宽处2.9、厚0.5厘米(图五四:7)。

(8)车轮

该墓共随葬6个车轮,皆为木质,编号为轮1—轮6,其中轮1—轮3位于西壁,轮4—轮6位于东壁(彩版七)。由于发掘及盗洞扰乱造成不同程度的损伤,保留完整的车轮有3个,为保留展示未做进一步解剖,故毂、辐、牙之间的榫卯接合方式尚无法证实。

1)轮1

竖直地放置于墓道西壁近墓室处,紧贴轮2右侧轮牙和轮辐,系从整车上拆卸下来。轮上毂、辐、牙各部分均已腐朽,只残留灰白色木灰。整体保存较完整,可辨车轮的大体轮廓。毂部套有铜毂饰,并残留有漆皮。轮外径124厘米。一端毂长23、直径6.5—8厘米。另一端未解剖,情况不明。可见辐条有17根,推测有20根,长(不含辐端和爪端,只含股部和骹部)53.5—54、宽2.5、股部辐间距1.5—3、骹部辐间距7—9厘米。轮牙高5厘米,厚度不详(图五五:5)。

2)轮2

竖直地放置于墓道西壁近墓室处,紧贴轮1左侧轮牙和轮辐,系整车上拆卸下来。轮上毂、

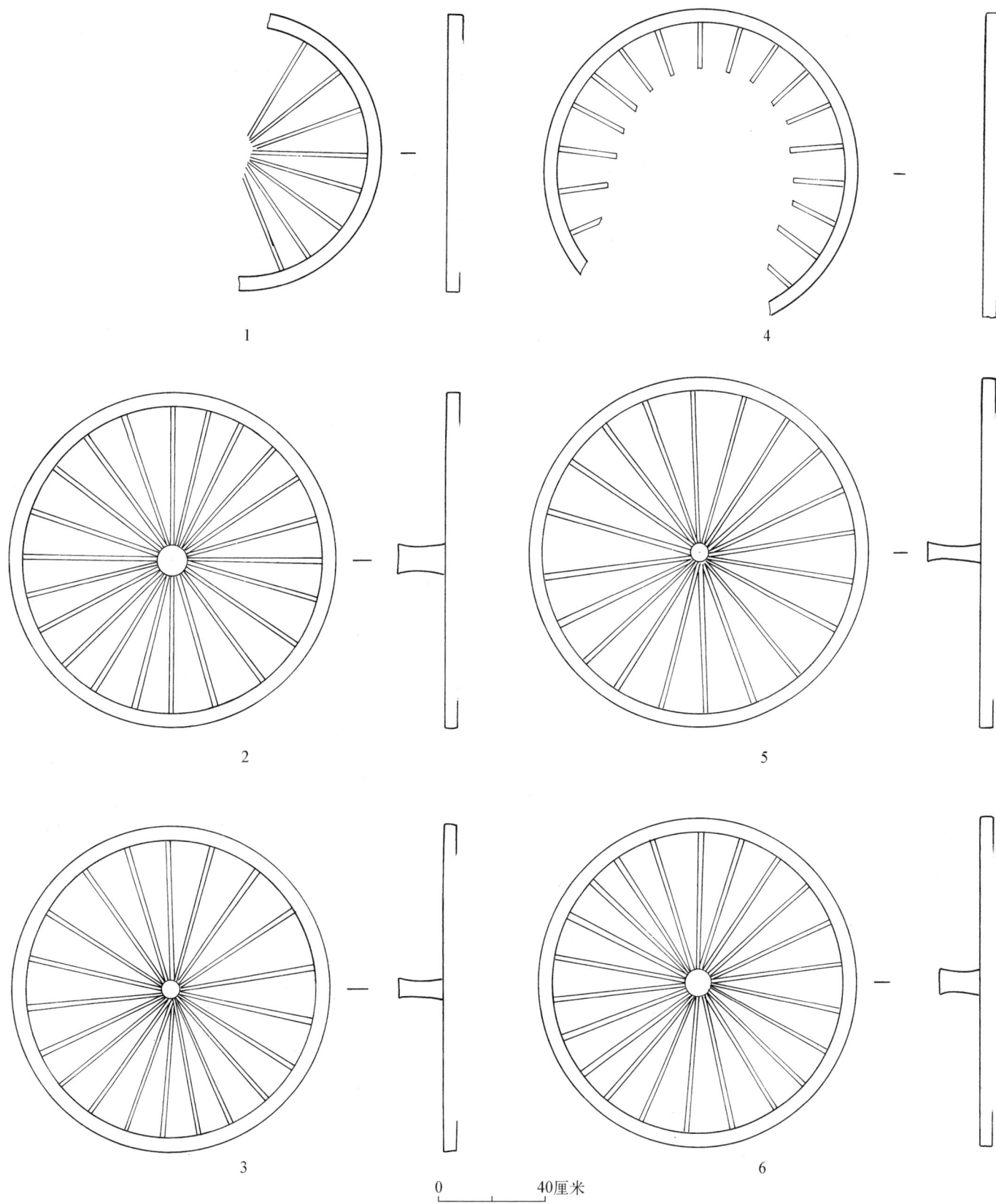

0   40厘米

图五五　2012FZYM8随葬车轮

1. 轮3　2. 轮2　3. 轮4　4. 轮6　5. 轮1　6. 轮5

辐、牙各部分均已腐朽,只残留木灰,呈灰白色,但仍可辨车轮的大体轮廓。轮外径124厘米。一端毂长16、最大径12、最小径9厘米。另一端未解剖,情况不明。辐条22根,长(不含辐端和爪端,只含股部和骹部)52—53、宽1.8—2.2、股部辐间距0.8—2.8、骹部辐间距12—16厘米。轮牙高4厘米,厚度不详(图五五:2)。

3)轮3

位于墓道北端的西壁上,距墓道口约5.2米,北部打破轮2的轮牙及部分辐,车轮一半及车毂一端被盗洞扰乱,仅剩北端及部分车毂。车轮直径约为114厘米。

车毂呈喇叭状,横截面近圆形,车毂残长约23、近辖处直径约为5.5、近轮处约10厘米。残存8根辐,股部宽于骹部,分布较为均匀,骹部间距为12—15厘米,股部间距为1—2厘米。辐长约45、股部直径1—1.5、骹部直径1.5—2厘米。轮牙横截面为圆角梯形,牙高约5、牙宽5.5厘米(图五五:1)。

4)轮4

位于墓道东壁上,其上部轮牙外侧距墓口5.38米,北部轮牙外侧距墓室北壁5.7米,下部轮牙外侧距墓道底0.6米,北侧轮牙外侧距东壁封门洞约0.24米,该轮右半边压轮5左半边局部。

轮牙稍已压扁,整体呈椭圆形。直径约132厘米(根据轮牙外侧测量得出)。上、下半部轮牙外侧略呈弧形近平,牙厚约0.6、宽约5—6厘米。横截面呈斜梯形。

共有辐条20根,部分辐条已压弯。辐条呈长条形,长约0.49—0.52厘米(不包括插进轮牙和车毂两端)。辐条横断面呈斜三角形。辐条分布较均匀,锱端辐条间距约14—21厘米,贤端辐条间距约2—4厘米。

车毂部已微压扁,毂直径长约20厘米,毂一端直径12厘米,中部内收,直径约10厘米(图五五:3)。

5)轮5

位于墓道东壁靠近墓室部位,北侧与南侧分别与轮4、轮6紧紧相挨,轮4、轮6压在轮5之上。轮直径1.22米。从毂、辐、牙的灰白色残痕推测其毂长21.5厘米,其上没有铜构件加固。辐条24根,辐长45—50厘米,被叠压的辐条残长25—30厘米,骹部间距为12—20厘米不等,股部间距为2—7厘米不等。辐跟轮牙不在一个平面上,牙较突出,牙高4.2厘米(图五五:6)。

6)轮6

位于墓道北端的东壁上,距墓道口约4.95米,北侧打破轮5的轮牙及部分辐。车毂、辐股部及车轮底部被盗洞扰乱,仅残存车轮上部。车轮直径114—124厘米。

残存17根辐,辐中部横截面近圆形,直径约为3厘米。分布较为均匀,骹部间距为10—15、近股部间距为7—10厘米,残长为20—22厘米。轮牙横截面为圆角梯形,牙高约4.5、宽约4厘米(图五五:4)。

8. 分期与年代

本墓劫余器物较少,且多为时代特征不十分清楚者,初步判断该墓年代应为西周中期,或可早至西周中期偏早阶段。理由如下:

其一,年代较明确的随葬品,均晚不到西周晚期。

根据吴晓筠的马镳形制研究[1]，标本M8D2：025的形制流行年代为西周早期偏早，与张家坡M35形制相近同，后者年代为成康时期，故可推测标本M8D2：025的年代应为西周早期偏早。标本M8D2：024应为较晚形制，与张家坡M183：57形制近同，后者年代为昭穆时期，故可初步判断标本M8D2：024年代为西周中期偏早。

据以往研究可知，铜镞M8D4：022两刃弧度较大，条形翼较长，这种形制只见于西周早中期[2]。铜矛M8：1为窄叶长骹双系矛，晚不到西周晚期，当处西周早中期。

最重要的证据是铜瓿M8D3：017，据朱凤瀚[3]等研究可知，西周中期时，铜罍基本取代铜瓿。故铜瓿M8D3：017的年代当为西周早中期。

其二，从墓葬形制判断，M8的墓道近墓室端，距二层台顶部甚高，而按其墓道到墓室的高度，M8墓葬形制流行于西周中期偏晚以前。从墓道形制看，M8的年代可能早于M7。

2.3　无墓道中小型墓葬及马坑的发掘

本年度共发掘无墓道中小型竖穴土坑墓44座、马坑1座。本部分首先综述中小型墓葬特征，然后分述各墓（及马坑）发掘收获。

2.3.1　综述

1. 墓葬特征

对墓向、墓葬规模与等级、盗扰情况、墓葬形制与填土、葬具、葬式、腰坑、殉牲等方面特征总结如下。

（1）墓向

从墓向上来看，墓葬可分为南北向、东西向两种。南北向的墓葬21座，东西向的墓葬23座。南北向的墓葬除M23为195°、M34为355°、M36为172°外，其他18座墓墓向均在0°—22°的范围内。东西向的23座墓葬则在260°—280°范围内。

（2）墓葬规模与等级

姚家墓地大部分墓葬被盗，墓口破坏严重，且存在口大底小的情况，以墓口面积作为划分墓葬等级的标准既不准确也不现实。故而，此次划分墓葬规模与等级时主要以墓底面积为准，并参考葬具和随葬品情况。所得结果如下：

第一等级：7.5—15平方米。共12座。其中北区有10座，占发掘总数的23.8%，分别为M16、M17、M18、M23、M24、M30、M34、M35、M39、M40。南区2座，占发掘总数的4.9%，为M83、M98。

---

[1]　吴晓筠：《商至春秋时期中原地区青铜车马器形式研究》，《古代文明》（第1卷），文物出版社，2002年。

[2]　石岩：《中国北方先秦时期青铜镞研究》，黑龙江大学出版社，2008年11月第1版，第99页。

[3]　朱凤瀚：《古代中国青铜器》，南开大学出版社，1995年，第121页。

第二等级：4.5—7.5平方米。共18座。其中北区8座，占发掘总数的19.1%，分别为M11、M15、M19、M20、M27、M29、M31、M38。南区10座，占发掘总数的23.8%，分别为M88、M95、M101、M104、M105、M107、M123、M124、M127、M132。

第三等级：2—4.5平方米。共12座。其中北区1座，占发掘总数的2.4%，即M22。南区11座，占发掘总数的26.2%，分别为M87、M89、M97、M102、M103、M108、M109、M110、M125、M126、M133。

从以上结果可以看出，北区的墓葬等级普遍高于南区。北区主要是第一、第二等级的墓葬，南区则主要是第二、第三等级的墓葬，且南区两座第一等级的墓葬与北区相比，也仅属于其第一等级中面积较小的墓葬。

（3）墓葬形制与填土

此次发掘的所有中小型墓葬形制均为竖穴土坑墓。

墓室墓壁均未发现工具加工痕迹。墓口墓角弧度大小不一，可分为两种：一为四角基本呈弧角，包括四角微弧、较弧、略弧、圆弧形；二为四角微弧近直角。墓底墓角弧度大小也不一，同墓口墓角形制一样。墓底绝大多数较平整，唯M39墓底不平整且北高南低。

从纵剖面形制来进行分类，可以分为三型：

A型　口大底小。共11座，约占墓葬总数的26%。这种形制的墓葬墓圹四壁从开口至底逐渐向内斜收。北区7座，为M17、M19、M22、M29、M31、M34、M39。南区4座，为M87、M103、M109、M126。

B型　口底同大。共9座，约占墓葬总数的21%。这种形制的墓葬墓口面积与墓底面积基本相等。根据墓壁的形制可分为两个亚型：

Ba型　四壁垂直。共7座。北区5座，为M35、M36、M37、M38、M40。南区2座，为M101、M108。

Bb型　墓壁总体垂直，但在接近二层台处墓壁类似头龛状向内凹。共2座，均位于南区，为M102、M107。

C型　口小底大。共24座，约占墓葬总数的53%。这种形制的墓葬墓圹面积小于墓底面积。根据墓壁的形制可分为四个亚型：

Ca型　剖面呈梯形，墓圹四壁从开口至底部逐渐向外扩呈袋状。共20座。北区9座，为M11、M15、M16、M18、M20、M23、M24、M27、M30。南区11座，为M83、M95、M98、M104、M105、M110、M123、M124、M127、M132、M133。

Cb型　剖面呈"凸"字形，墓壁基本垂直，但在近口部约三分之一处突然外扩，再垂直至墓底。共1座，位于南区，为M88。

Cc型　剖面呈喇叭形，仅墓口三分之一处为直壁，再向外扩直至墓底。共2座，均位于南区，为M97、M125。

Cd型　剖面呈近似平行四边形，即一边墓壁逐渐外扩至墓底，另一边墓壁斜收至墓底，但墓口面积小于墓底面积。共1座，位于南区，为M89。

南、北区墓葬的墓圹形制最大的差别在于：南区有墓室扩大现象且墓壁形制较为特殊，为北区所不见。北区中口大底小的墓葬分布相对集中，口小底大的墓葬则在北区各个地方都有集中分布。

二层台　墓葬大多数有二层台，分为熟土、生土两种，除M35为生土二层台外其余均为熟土二层台。

填土　本次发掘的墓葬中填土土质较疏松，土色以黄褐色与红褐色为主，夹杂红土或浅黑色土颗粒。另有7座墓葬的填土经过夯打，在南、北两区均有分布，与族属、等级等并无显著相关性。

（4）葬具

此次发掘的44座墓葬根据葬具的多少可分为单棺、一棺一椁两种。单棺的墓葬共6座，其中5座（M87、M89、M97、M102、M103）位于北区，剩下1座（M36）位于南区，均属于第三等级，剩余38座墓的葬具为一棺一椁。

1）棺

由于盗扰严重，现仅M23能辨别其形态，结构为侧板两端嵌于端板内。棺长174—236、宽46—100厘米。

2）椁

可辨别椁结构的墓葬共16座，均为侧板两端嵌于端板内。

此次发掘注重对椁底板的清理，经过统计后可知：

椁的长在198—326、宽在94—226、高在40—104厘米之间。椁底板的数量在4—11块的范围内变化，椁底板长度在240—354厘米之间，宽度一般在15—34厘米，但最窄者只有12厘米，最宽的椁底木板宽度达到36厘米。椁底板所用木板数量从4块到10块不等，常见的是5块。

能辨认出椁盖板的墓葬中，盖板数量从5块到11块不等。长108—220、宽13—28厘米，每块板的宽度在20—30厘米。

对于椁的面积通过聚类分析可将其分为两类：

第一类：4—7平方米，共4座，为M17、M24、M34、M39。这些均为我们所划分的第一等级墓葬。

第二类：1—4平方米，共40座，其所属墓葬在第一、第二、第三等级均有分布。

3）垫木

共37座墓葬有垫木。垫木一般存在于一棺一椁的墓葬中，但M97、M102这两座单棺的墓葬中也有垫木，垫木槽长116—288、宽8—20、深4—8厘米。可根据垫木形状分为三型：

A型　截面呈方形。共7座，占总数的18.9%。可根据垫木的放置方式分为四个亚型：

Aa型　底部、墓壁均有垫木槽。共1座。位于北区，为M31。

Ab型　底部、墓壁均无垫木槽。共1座。位于北区，为M39。

Ac型　底部有垫木槽，墓壁无垫木槽。共4座。北区2座，为M20、M34，南区2座，为M98、M124。

Ad型　墓壁有垫木槽，底部无垫木槽。共1座。位于南区，为M101。

B型　截面呈圆形。共18座。占总数的48.7%。可根据垫木的放置方式分为三个亚型：

Ba型　底部、墓壁均无垫木槽。共9座。北区4座，为M11、M16、M22、M29。南区5座，为

M110、M123、M125、M132、M133。

Bb型 底部有垫木槽,墓壁无垫木槽。共7座。北区5座,为M15、M17、M18、M24、M27,南区2座,为M83、M105。

Bc型 墓壁有垫木槽,底部无垫木槽。共2座。位于南区,为M108、M127。

C型 截面呈长方形。共12座。占总数的32.4%。

Ca型 底部、墓壁均无垫木槽。共6座。北区2座,为M19、M23,南区4座,为M88、M95、M104、M107。

Cb型 底部有垫木槽,墓壁无垫木槽。共5座。北区2座,为M30、M38,南区3座,为M97、M102、M109。

Cc型 墓壁有垫木槽,底部无垫木槽。共1座。位于南区,为M126。

经观察可发现,不同形状的垫木在墓位上成列分布。

另在M30、M98、M124中发现席的痕迹。M98中的席纹位于椁底板之上,根据残存席纹痕迹可判断当时席是压在椁侧板和端板下面的,席略小于椁底板。而M30的席铺设在椁底板下。M124共两层席,位于椁底板上,压在椁侧板和端板下,两层席中间有填土间隔。席子范围略小于椁底板。而在腰坑位置上的席子上方铺置有一层竹编物,范围与腰坑相同。

（5）葬式

姚家墓地中墓主葬式明确的均为仰身直肢葬。共计18座,占总数的40.9%。M22、M37、M110这3座墓葬由于盗扰,仅可判断为直肢葬,占总数的6.8%;另有23座墓葬葬式不明,占总数的52.3%。凡葬式不明者有如下几种情况:一是骨架腐朽严重;二是因盗扰破坏,墓主骨架大部分已被扰乱,葬式分辨不清。

能辨别具体葬式的墓葬共14座,可根据双臂摆放位置分为四型:

A型 双手交叉放置于腹部。共9座。北区1座,为M23。南区8座,为M97、M102、M103、M104、M107、M124、M132、M133。

B型 双手交叉放置于胸前。共2座墓。均位于南区,为M88、M98。

C型 双手交叉放置于盆骨处。共1座。位于南区,为M95。

D型 双手下垂。共1座。位于北区,为M37。

（6）腰坑

本次发现腰坑的墓葬共有7座,成排分布在墓地南区的中部。除M123、M127这2座墓由于破坏严重,仅能判断其在棺的中部外,其他4座墓M87、M105、M108、M110均位于盆骨处。而M124由于腰坑面积较大,位于墓主的盆骨及腿骨处。可根据腰坑的平面形制分为三型:

A型 圆形。共2座,为M87、M123。

B型 椭圆形。共2座,为M105、M110。

C型 长方形。共3座,为M108、M124、M127。

（7）殉牲

在本次发现的动物骨骼中,经鉴定M24内为一枚野猪牙、M29内为兔骨、M127内为羊骨,均出于盗洞,无法判定是否为该墓的殉牲。有腰坑的7座墓中,除M87未发现遗物外,M105、M108、M110、M123、M124、M127的腰坑中的殉牲均为狗。

2. 随葬品器类与形制

姚家墓地墓葬严重被盗,多数随葬品失去原位,故在这里采取按照质地分类为主的方法。但是有些保留在原位的随葬品虽为不同质地,却能够明显看出是某种组合,如漆器、串饰、马络饰、盾牌等,另有相同质地组合成一件器物,如柄形器等。若组合保存较完好,则按照原有组合归类,避免按照不同质地人为地将同件器物分开。

铜器主要有容器、兵器、车器、马器、工具等。容器只有一件鬲,还有数件难以辨明器形的铜容器残片。兵器有戈、矛、镞等。车器有軎、辖、軏、軛颈、軛足、衡末饰等。马器有马冠、镳、节约、马络头、当卢、鼻饰等,还有单一铜质或多种质地饰品搭配组成的马络头与马笼嘴。属于车马器的还有铜环、铜扣。工具有阳燧、刻刀等。棺饰有铜鱼等。此外,还有较为特殊的武器装备——盾牌。出土时,盾牌已腐朽不见,仅残留漆痕和其上铜锡装置。由于盗扰,保留原位的铜锡只有6件,据此估计至少有6面盾牌。

玉、石器主要有玉圭、玉璜、玉璧改制器、玉戈、玉鱼、玉贝、玉龙、玉鸟、玉蝉、玉虎、玉柄形器、玉管、玉口含、玉伏兽,石圭、石鱼、石鸟、石泡、石凿、砺石、小白石等器类,还有玛瑙珠、玛瑙管等。玉圭应为礼器。玉戈为兵器,但非实用兵器,而是作为一种礼仪象征。玉口含为葬玉。玉鱼为饰棺之用。玉贝、龙、鸟、蝉、虎等各种动物形象和玉璜、璧改制器等上均有穿孔,应为玉佩饰。玉管、玛瑙珠、玛瑙管原应为组玉佩饰件[1]。玉柄形器出土较多,主要由玉、石质柄部,玉、蚌质牙饰,绿松石等组成。

陶器主要包括鬲、簋、豆、罐、瓮、盂等。原始瓷包括原始瓷簋、豆、罍、瓠形器、尊、圈足和少量碎片。

骨牙器比较少,主要包括骨圭、骨管、骨扣、骨泡、骨牌饰等。

漆器包括漆壶、漆豆,多不能提取,但残存大量蚌泡、蚌片等。

此次在部分墓主人口中发现的口含为海贝、毛蚶与蚌泡,大部分出于南区,仅一座在北区。

(1) 铜器

本次发掘墓葬所获铜器有容器、兵器、车器、马器、工具以及漆壶铜钮、三棱器、圆棒器等其他类。另有残铜片,极其碎小,难以辨其器形。壁薄者,可能为铜锡残片。壁厚者,可能为铜容器残片。

铜鬲　1件,残口沿。窄平沿方唇,外缘厚于内缘。素面。标本M107∶5(图一八〇∶9)。

铜不明容器　有不少残铜块,难以判断器形,可能为铜容器。

车軎　11件。器形较为一致,均呈圆筒形,中部以一周宽弦纹区分内外端,内端开口,外端封顶。内端口部直径大于外端顶部直径。器表近内端口部有2个相对的长方形辖孔。按軎中部弦

[1]　孙庆伟:《周代用玉制度研究》,上海古籍出版社,2008年,第175页。

纹的不同分为两型：

A型　9件，圆箍状弦纹。按照纹饰的不同又可分为两个亚型：

Aa型　7件，通体素面。按内外端比例可分为三式：

Ⅰ式　1件。内端短于外端。标本M23：13（图一〇二：1）。

Ⅱ式　2件。内外端比例相若。标本M34：1（图一三九：1）。

Ⅲ式　4件。内端长于外端。标本M30：2（图一二一：5）。

Ab型　2件，外端器表饰四个相连分布的蕉叶纹。其中，一蕉叶为二阶面，面上无纹饰。顶面饰两周旋纹与圆涡纹的组合纹饰。标本M34：6（图一三九：6）。

B型　共2件，宽带状弦纹，带上有一周凸棱。按照纹饰的不同也可分为两亚型：

Ba型　1件，通体素面。标本M24：1（图一一一：4）。

Bb型　1件，外端饰三段纹饰：旋纹、波曲纹、窃曲纹。顶面饰重环纹。标本M39：7（图一五二：14、图一四一：3、6；彩版一〇：6）。

车辖　2件。形制相同，均为带底板、兽首形辖。标本M30：25（图一二一：1）。

车軎　1件。圆柱筒状，中部一相对的近圆形穿孔。标本M30：1（图一二二：7）。

本次发现軛饰均为分铸式，主要有軛颈、軛足。

軛颈　3件。中空，器表饰一周绚索状箍，两侧各有一长方形穿孔。按整体形态可分为两型：

A型　2件。直筒状，横截面呈圆角长方形。标本M23D1：034（图一〇二：5）。

B型　1件。扁喇叭状，横截面呈椭圆形。标本M23D2：036（图一〇二：4；彩版一〇：3）。

軛足　2件。形制一致，管状弧形。中空，一端封顶，一端开口，两侧各一穿孔。标本M23D2：02（图一〇三：1）。

衡末饰　1件。短长方筒形，中空，一端封顶，一端开口。标本M23D2：040（图一〇三：4）。

马冠　2件。形制一致，皆为镂空片状兽面。标本M30：5-2（图一二三：1）。

马镳　12件。器形近同，均为羊角状弧形，一端宽、一端窄，背面中空，器表中间一穿孔。常常成对使用于马颊两侧。多保存完好。按顶部悬梁、外侧置钮的有无可分两型：

A型　4件。顶部无悬梁，外侧附置一长方形钮，近内侧两半管状钮。标本M30：9（图一二一：8、图一四一：2）。

B型　6件。顶部一悬梁，外侧无外置钮。按整体形态、内侧孔或钮的位置及近外侧内置钮的有无可分为三式：

Ⅰ式　4件。宽扁形。内侧壁两近圆形穿孔。近外侧内置一半环形钮。标本M16：6-1（图五三：8、图六五：3；图版一四：6）。

Ⅱ式　1件。较窄长形。内侧两管状钮出器身。近外侧内置一半环形钮。标本M27D2：06（图一一六：8、图一四一：7）。

Ⅲ式　1件。窄长形。内外侧均不见孔或钮，仅在背面置两桥形钮。标本M38：2（图一四七：15、图一四一：5）。

另有1件残存窄端，异于上述型式，呈尖角状，背部内置一桥形钮。标本M30D3：09-4（图一二二：3）。

节约　13件。按器形不同可分为三型：

A型　7件，扁长方形。背部中空，一端封顶，一端开口、平直。两面近顶处各有一相对的长方形穿孔。素面。依据大小可分两个亚型：

Aa型　5件。器形较大。依据顶面及两侧面形态可分三式：

Ⅰ式　1件。顶面及两侧面中部有明显的折棱。标本M23D1：017（图一〇三：11；图版一四：2）。

Ⅱ式　1件。顶面及两侧面微弧。标本M16：4（图六五：6）。

Ⅲ式　3件。顶面及两侧面几近平直。标本M30：8（图一二五：2）。

Ab型　2件。器形较小。顶面及两侧面明显圆凸。标本M16：9-1（图六六：2）。

B型　4件。X形。四通式，两管口朝上，两管口向下。一般两管长、两管短，中部束腰呈宽带状，带上饰绚索纹箍，两两对称。标本M16：5-1（图六五：2）。

C型　1件。T形。三通式圆管。一面饰水波纹和旋纹。一面有一方孔。标本M30D2：016（图一二五：12；图版一四：3）。

铜泡　背部中空。按整体形态可分三类：

第一类　圆形。按大小可分三型：

A型　大型。与铜锡不同，沿边无穿孔，背部有梁。按面部构造和梁的形状可分为三亚型：

Aa型　有沿边，三层阶梯状，顶部一穿孔，一横梁。标本M16：1-1（图六五：10；图版一五：2）。

Ab型　无沿边，二层阶梯球面状，顶部一穿孔，一横梁。标本M30：6（图一二二：2）。

Ac型　有沿边，球面状，顶部无穿孔，十字形梁。标本M23D2：038（图一〇二：3）。

B型　中型。按沿边的有无、面部的纹饰不同可分为四亚型：

Ba型　无沿边，面饰两周同心旋纹。标本M24D2：010-1（图一一一：3；图版一五：3）。

Bb型　有沿边，面饰一周同心旋纹。标本M24D3：05-2（图一一一：2）。

Bc型　有沿边，通体素面。标本M16：8-2（图六六：3）。

Bd型　无沿边，通体素面。标本M30D3：09-1（图一二四：15）。

C型　小型。标本M16：8-4（图六六：10）。

第二类　四边形。按边夹角不同可分为三型：

A型　半圆柱形。按长宽比例和梁的数量可分为两亚型：

Aa型　窄长形，双梁。标本M23D1：025-1（图一〇三：12）。

Ab型　短宽形，一梁。标本M23D1：025-2（图一〇三：19）。

B型　圆角长方形。标本M16：8-1（图六六：8）。

C型　方形。标本M30D1：061（图一二六：4）。

D型　平行四边形。标本M24D3：05-1（图一一一：7）。

第三类　兽面状。标本M38：3（图一四七：11、图一四一：4）。

另有1件半管状不明器，可能为铜泡。中空，背面有一桥形横梁。标本M30D2：068（图一二六：2）。

当卢　2件。形制一致，均为圆钝犄角状。角部皆残。标本M30D1：062-1（图一二六：11）。

马鼻饰　4件。其中1件残破严重，仅见侧缘和背部残钮。其余3件完好，按整体形态可分两型：

A型　2件。上端圆管状，下端呈倒垂莲花瓣状。标本M16：7-1（图五三：7、图六五：1；图版一四：5）。

B型　1件。上端宽弧形，下端呈三角形。标本M30D1：022（图一二二：1）。

铜环　13件。按整体形态可分为三型：

A型　9件。圆箍状。按环内径大小可分三亚型：

Aa型　1件。大型。标本M34D1：01（图一四〇：7）。

Ab型　7件。中型。标本M30D1：019（图一二五：10）。

Ac型　1件。小型。标本M30D2：051（图一二五：9）。

B型　2件。瑗状。标本M23D2：035-1（图一〇三：3；图版一五：5）。

C型　1件。圆角长方形。环身截面近圆形。标本M23：7（图一〇三：15）。

铜扣　2件。形制一致，两端为伞状圆柱体，中部为榫卯凹槽，呈亚腰状。标本M23D1：042（图一〇三：10）。

戈　5件。援部均有折断或扭曲的痕迹，呈弯曲上翘状，3件锋部皆残缺不见，为西周时期典型的"毁兵"现象。皆为直内，有侧、下阑，其中2件下阑残损。根据胡部的有无可分为两型：

A型　1件。无胡。标本M23：3（图一〇二：2）。

B型　4件。有胡。根据胡部、内部特征，结合上阑有无和援部有无穿，可分为三亚型：

Ba型　1件。微胡，有上阑，援上无穿，长条形内下斜，上角圆转，内部一穿。标本M23：14（图一〇二：7；图版一三：5）。

Bb型　2件。短胡，胡上一穿，援上无穿，有上阑，长条形内下斜，上角圆转。按照援下刃特征和内部有无穿可分为两式：

Ⅰ式　援下刃微弧。标本M24：2（图一一一：10）。

Ⅱ式　援下刃较平直。标本M38：1（图一四七：1；图版一三：6）。

Bc型　长胡，胡上三穿，援上一穿，无上阑，内部一穿。援上缘与内上缘齐平，胡不过下阑。标本M23：8（图一〇二：9；图版一三：4）。

镞　3件。条形双翼，双面刃。按铤、刃、锋部特征分为两型：

A型　2件。圆铤，微弧刃，锋部尖锐。依镞身、铤比例及后锋、关位置，可分两亚型：

Aa型　1件。长身短铤，后锋与关齐平。标本M24D3：04（图一一一：1）。

Ab型　1件。铤、身相若，后锋过关。标本M30D2：049（图一二六：1；图版一三：3）。

B型　1件。圆銎，弧刃，锋部圆润。标本M30D2：050（图一二六：3）。

铜锡　8件。宽沿边，正面弧状，背面中空，沿边有成对的穿孔。仅1件保存完好，其余只能辨识沿边和一段弧面。标本M30：19（图一二二：4；图版一五：4）。

阳燧　1件。圆形凹面，一面中部有一桥形钮。标本M19：1（图八八：21；图版一五：1）。

铜刻刀　2件。形制近同,均为平背平刃,横截面近等腰三角形。标本M27D1:05(图一一六:6)。

漆壶铜釦　1件。呈喇叭圆筒状,椭圆形平口,近下部两侧各附有一竖直的半圆管状贯耳。标本M30:12(图一二二:8)。

铜鱼　5件。皆有不同程度破损,1件较严重,头、尾部皆残缺。形制近同,直体,背、腹鳍张开,分尾。头部一穿孔。标本M34D1:05-1(图一四〇:2;图版一五:6)。

(2)玉、石器

玉璜　1件。半瑗状。标本M29:1(图一一六:7、图一一三:6;图版一七:1)。

玉璧改制器　1件。扁平片状。标本M95D1:03(图一六四:15)。

玉戈　5件。均有不同程度的破损。玉色有白、翠绿、墨绿以及一半灰白,一半墨绿色。除1件仅残存援、内部一小段外,其余4件上下援部均有血槽,按锋部特征可分为两型:

A型　2件。锋部平直前收。标本M31:4(图一三六:20)。

B型　2件。锋部尖锐下斜。按器形大小可分两个亚型:

Ba型　1件。大者,标本M18D1:07(图七九:18)。

Bb型　1件。小者,标本M18D3:013(图七九:16)。

玉口含　4组。玉色有黄白、黄绿、浅绿、墨绿色几种。按器形可分为三型:

A型　2组。碎小玉块,或为玉戈、圭等碎片。标本M38:7-1(图一四七:13)。

B型　1组。小玉珠,标本M104:16-1(图一七五:9)。

C型　1组。玉璜,标本M124:4(图一九一:9)。

玉贝　2件。仿海贝形。标本M18D3:026-1(图七九:7)。

玉鱼　29件。多有残缺,保留头部者皆有一穿孔,保留尾部者均为分尾。玉色有墨绿、青绿、浅绿、暗绿、乳白、黄白、灰白色几种。根据以往发掘资料和研究[1],玉鱼主要用作棺饰和佩饰。此次所获玉鱼几乎全部为盗洞所出,难以依据出土位置判断其使用方式。保存原位者仅1件,标本M23:10,位于墓主人腹部,应为佩饰。按整体形态、尾部特征可分为三型:

A型　21件。扁平片状直体。根据鱼身的纹饰特征可分为两个亚型:

Aa型　16件。两面均阴刻圆睛、弧腮、背鳍、胸鳍、腹鳍线。标本M23:10(图一〇五:15;图版一六:1)。其中,2件鱼下腹有半圆形穿孔,应为改制遗痕。

Ab型　5件。两面未见阴刻圆睛、头部、背鳍、胸鳍、腹鳍线。标本M30D3:040(图一二八:11;图版一六:2)。

B型　5件。扁平片状卷体。两面阴刻背鳍、腹鳍线。按尾部特征可分为两个亚型:

Ba型　4件。垂尾,标本M30D1:021(图一二八:4)。

Bb型　1件。斜直尾。标本M18D3:015(图七九:8)。

C型　3件。扁平片状曲体。按嘴、尾部特征和纹饰不同可分为两个亚型:

---

[1]　中国社会科学院考古研究所:《张家坡西周墓地》,中国大百科全书出版社,1999年,第259页。

Ca 型　1 件。阔嘴闭口，弧尾。两面阴刻圆睛、弧腮、背鳍、腹鳍线。标本 M30D3∶041（图一二八∶17、图一一三∶1；图版一六∶6）。

Cb 型　2 件。阔嘴张口，垂尾。两面无阴刻圆睛、弧腮、背鳍、腹鳍线。标本 M23D2∶044-1（图一○五∶17；彩版一二∶6）。

玉龙　1 件。璜状龙形。龙首有穿孔，应为佩饰。标本 M17D3∶022（图七四∶32；彩版一一∶1）。

玉鸟　3 件。玉色有浅绿、深绿、青绿三色。扁平片状。按鸟身形态分为三型：

A 型　匍匐状。标本 M18D3∶09（图七九∶21；彩版一一∶4）。

B 型　飞翔状。标本 M18D3∶010（图七九∶22；彩版一一∶5）。

C 型　啄食状。标本 M18D3∶022（图七九∶20；彩版一一∶6）。

玉蝉　3 件。玉色有黄白、浅绿两色。尖状前吻，凸睛，双翼，分尾。按尾部特征分为两型：

A 型　2 件。平直尾。标本 M18D3∶011（图七九∶2；彩版一一∶2）。

B 型　1 件。斜直尾。标本 M18D3∶023（图七九∶4）。

玉虎　1 件。扁平片状虎形，首尾皆有穿孔，应为佩饰。标本 M18D3∶06（图七九∶24；彩版一二∶4）

玉柄形器　依器柄判断至少有 24 件。根据出土状况中有无附饰，将其分为单体和复合体两大类。

单体　即出土时没有附饰，仅为一件器柄。共 10 件。根据器形和纹饰可分为三型：

A 型　4 件。器体呈方形长条状，素面。根据柄首的形状可分两式：

Ⅰ 式　1 件。柄首扁平，器身较长，平底。标本 M132∶3（图二○四∶18）。

Ⅱ 式　3 件。柄首或扁平薄体或方柱厚体，底端或出榫，或抹角，或两边斜呈不对称三角形。标本 M23∶2（图一○五∶3；图版一八∶4）、标本 M23∶6（图一○五∶4）、标本 M132∶4（图二○四∶1；图版一八∶3）。

B 型　3 件。器体作长方形牌状，器身两面刻相同的鸟龙纹或回环纹，顶端和两侧均饰有犬牙状扉棱，底端或尖或出榫。标本 M18D3∶020（图七九∶23；图版一八∶2）、标本 M23∶4（图一○五∶23；图版一八∶5）、标本 M34D1∶06（图一三六∶23；图版一八∶6）。由于不见附饰，故暂将这 3 件置此分析。

C 型　3 件。扁平长方形或扁宽的薄片，素面。标本 M39∶2（图一五二∶5）、标本 M95D1∶02（图一六四∶11）、标本 M107∶12（图一七八∶13；图版一七∶5）。由于此型与一般意义上的器柄相去甚远，若出土时无附饰或附饰丢失，则它几乎与一般的玉片无别。但是，根据张家坡出土的柄形器 Ⅳ 式的 M43∶1、M249∶2、M81∶7、M96∶2 等[1]均有附饰来判断，此型确为柄形器的一种。这 3 件标本均无附饰伴随出土，故其究竟为单体还是复合体，还未能下结论，在这里暂且将其当作单体进行分析。

[1]　中国社会科学院考古研究所：《张家坡西周墓地》，中国大百科全书出版社，1999 年，第 275—276 页。

复合体　即由单体的玉柄形器器柄与其下端的附饰部分组合而成。玉柄形器的附饰一般由成组的玉片、绿松石片、蚌片分层、分列地粘黏在竹木片或编织物上[1]，且附饰底部有一个带穿孔的方形蚌托，这样便构成了一件完整的复合体玉柄形器。共14件。均素面。根据器柄的形状可分为四型：

A型　4件。器柄呈方形长条状，柄首作箍状平帽，两侧弧形内收为颈，柄身两侧平直，底端或平或尖或出榫，少数有穿孔。标本M17D3：029（图七四：30）、标本M23：9-1（图一〇五：21）、标本M31：5-1（图一三六：21）、标本M104：13-6（图一七五：23）。

B型　1件。器柄为牌状，顶端和两侧均饰有犬牙状扉棱。标本M127D1：027-1（图一九八：6）。

C型　5件。器柄呈扁平长方形、梯形或扁宽的薄片，底端或出榫，或抹角，或两边斜呈不对称三角形。标本M38：8-1（图一四七：3）、标本M38：9-10（图一四七：5）、标本M88：4-1（图一五六：18）、标本M88：4-2（图一五六：19）、标本M20D1：02（图九三：16）。

D型　4件。器柄呈扁平长条形，多为石圭改制而成，首端齐平且厚，底端或出榫，或斜收呈梯形并磨薄。标本M132：1-1（图二〇四：19）、标本M132：2-1（图二〇四：17）、标本M132：5-1（图二〇四：16）、标本M97D1：03（图一六四：5）。

柄形器玉附饰　由形状各异的玉片、玉条、玉蝉构成柄形器组合附饰中的玉饰部分。除位于原位的标本M132：1、M132：2、M132：5、M88：4、M88：6、M38：8、M38：9、M31：5、M23：9、M104：13外，其余附饰均出自盗洞。所出玉饰共176个，可根据其形状可分为三型：

A型　70个。带齿的玉片或玉条。根据齿的形状可分为两亚型：

Aa型　37个。带犬齿状扉棱。长条形，厚薄、长短不一。其中，较长者22个，一侧有两对犬齿状扉棱、一个犬齿状缺口和一个梯形缺口，另一侧平直或有一个梯形缺口。标本M17D3：023-1（图七四：23）、标本M88：7-1（图一五六：17）。较短者15个，一侧有一对或两对犬齿状扉棱、一个犬齿状或梯形缺口，另一侧平直。标本M132：2-4（图二〇四：15）、标本M30D3：013-5（图一二八：15）。

Ab型　33个。方形齿状。一侧有一个方形齿状缺口，另一侧平直。标本M132：1-5（图二〇四：13）、标本M38：9-8（图一四七：14）。

B型　66个。带浅槽的玉片或玉条。根据形状可分为两亚型：

Ba型　36个。窄长条形，厚体。正面有两道浅槽且凸出三道棱，面凹凸不平，尾端较薄且翘起。标本M23D1：023-2（图一〇五：11）。

Bb型　30个。扁平宽玉片，薄体。正面有三道阴线刻的浅槽，面较平，尾端平直且有一道细棱。标本M88：7-2（图一五六：16）、标本M20D1：09-3（图九三：6）。

C型　30个。方形的玉片或玉条。长方形或方形玉片，或素面，或一端有一道细棱。标本M23：9-4（图一〇五：2）、标本M104：13-3（图一七五：20）。

D型　10个。不规则形状的玉条。形状各式各样，包括1个带钩状、1个背面带浅槽正面起

----

[1]　李小燕：《玉柄形器研究》，吉林大学硕士学位论文，2008年。

两凸棱状、1个椭圆形球状、1个一端窄而薄,一端宽而厚状、1个两端翘起如船形状、2个玉蝉状、3个细小窄长方形状。

柄形器绿松石附饰　作为柄形器组合附饰中的点缀,多在列与列、排与排的玉片之间整齐摆放,或围绕中心一个圆形或方形玉片的两侧和底端整齐摆放。这些绿松石片均薄至0.1厘米,大小、宽窄不一,具体尺寸因柄形器附饰中的玉片尺寸而有所区分。若附饰中的玉饰整体片大、厚,则绿松石片也较大、宽。反之,玉饰小则用的绿松石也细小。

柄形器石附饰　即组合附饰中存在一类与玉饰同型的石饰,多排列在附饰的最底层和倒数第二层,形状多为圆形、方形,也有和玉附饰Ab型相同的形状。

组玉佩　2组,均出自盗洞,原状和用途不详。一组包括2件玛瑙管、2件玛瑙珠,标本M17D3：025-1(图七四：4),M17D3：025-3(图七四：16)。另一组包括4件玛瑙珠,标本M18D3：027-1(图七九：12;彩版一三：5)。该墓还出土有玉管。故该组玉佩组成部分包括玉管和玛瑙珠。

玉管　6件。玉色有乳白、黄白、灰褐色几种。按器形大小可分为两型:

A型　1件,大型。标本M18D3：025(图七九：19)。

B型　5件,小型。按横截面形状不同可分为两亚型:

Ba型　2件,圆角方形。标本M18D3：028(图七九：6;彩版一三：2)。

Bb型　3件,圆形。标本M18D3：029(图七九：15;彩版一三：3)。

玛瑙珠　6件。橘红色、紫红色、黄褐色几种。标本M17D3：025-1(图七四：4)。

玛瑙管　2件。均呈灰白色,横截面为圆形,中部一穿孔。标本M17D3：025-3(图七四：16)。

玉伏兽　1件。昂首伏卧状。标本M16D3：011(图六六：1;彩版一二：1)。

石圭　因器形残损较多,从完整器来看,大部分使用石灰岩或大理石制成,呈乳白色、粉白色或青白色。一端磨成尖峰状,另一端常被磨短成一级台阶,有些中部常双面钻一圆穿孔。器表打磨光滑或不打磨。器形长短不一,部分器身上附着朱砂。根据器体形制特征和放置位置分两型:

A型　长宽体,器形较大。从完整器看来,器身并无钻孔。器身打磨不均,部分有中脊,常留下解玉痕迹。常放置在棺内的某一角。标本M109：1(图一八五：20;图版一七：3)。

B型　短宽体,器身相对A型短,从完整器看来,器身后端中间常有一穿孔。此种形制的石圭常放在人肋骨旁、腰椎上或墓主人腹部。标本M132：6(图二〇四：21;图版一七：2)、M124：5(图一九一：14)。

C型　短窄体,器形相对瘦小,制作较规整,已磨出圭角、中脊和边锋。后端中央亦有一穿孔。常放置于棺椁之间,可能作为棺饰。标本M24：7(图一一二：6;图版一七：6)。

石鱼　主要出自M17、M27、M105、M110、M124、M127的盗洞中。大都保存不佳,残损严重。呈粉白色或淡黄白色,部分表面常有红色漆痕。从位于原位的石鱼看来,有的放在棺盖板上,可能作为棺饰;有的放在棺内头部或盆骨处。根据器身形状分两型:

A型　扁平状直体,器身较薄,长条形,未见明显的刻纹,分尾。标本M110：1(图一八五：11)。

B型　扁平状曲体,比A型稍宽厚,鱼头或上翘或低首,在两面均用阴线刻出鱼背鳍、腹鳍,部分在背鳍前部有一小穿孔,分尾较少。标本M27D2:09-1(图一一六:2;彩版一三:1)、M124:8(图一九一:10)。

石鸟 4件。形制较一致。扁平片状,飞翔状。按照鸟身形态可分两型:

A型 宽扁形。标本M24:6-1(图一一二:11、图一一三:3)。

B型 窄长形。标本M24:6-3(图一一二:7)。

石泡 1件,出自M30。整体为一半圆球,淡黄白色,凸面隆起较高,平底,由平面中间向凸面单面钻一斜细圆柱形穿孔。标本M30D2:058(图一三二:15)。

石凿 1件。残,整体呈宽短薄片状,青灰色,表面含较多黑色条纹。一侧及前端被磨成锋刃。标本M30D1:027(图一二八:20)。

砺石 2件,均有人工加工的痕迹。根据器形特征和加工痕迹分两型:

A型 近似呈圆形石饼,棕褐色,边缘较薄,一面中部有被砸凹痕迹。该石饼可能为一垫石。标本M15D1:01(图五九:16)。

B型 近似呈菱形石片,橘黄色。两侧边被磨成三角形,但没有磨刃,另一侧边呈半圆弧状,边缘稍薄,亦没有刃口。标本M19D1:06(图八八:19)。

小白石 数量较多,出自M19和27,其中M19出土最多。椭圆形,器表呈淡黄色、黄白色或淡黑色,器形大小不一,器表均光滑。根据器形大小分五型:

A型 长径2.35—2.6、短径1.75—2.1厘米。这一型数量最多。标本M19D1:038-1(图八八:1)、M19D1:038-2(图八八:5)。

B型 长径1.7—2.3、短径1.45—1.55厘米。标本M19D1:012-1(图八八:2)。

C型 长径1.45—1.6、短径1.3—1.35厘米。标本M19D1:012-7(图八八:11)。

D型 长径1.1—1.35、短径约1厘米。标本M19D1:012-2(图八八:3)。

E型 器形最小,长径0.75—1.05、短径0.7—0.9厘米。标本M19D1:012-5(图八八:8)。

(3)原始瓷器

本次发掘墓葬所获原始瓷器数量较少,集中出自北区墓葬中的M19、M23、M24、M29、M30、M34等,大多残损严重,难以复原。其中M30出土有原始瓷簋、瓿,在周原地区尚属首次发现。

原始瓷簋 2件。灰白胎,淡青釉,内壁及圈足有流釉现象。根据口部和纹饰特征分两型:

A型 敞口,卷沿,圆唇,短颈竖直,斜直腹下部微鼓,腹近颈处有桥状耳,内底较平。沿外侧及颈部有浅旋纹。标本M30:14(图一二九:6;彩版一五:2)。

B型 敛口,尖唇,沿与腹部无明显分界,弧腹。腹上部饰桥形耳,腹部饰瓦楞纹。标本M24D3:011(图一二九:3)。

原始瓷豆 9件。灰白胎,青釉,折盘。根据口沿形态、纹饰和盘部深浅分两型:

A型 敛口,方圆唇,盘较深,盘壁圆弧,矮圈足,圈足外撇。口沿外饰数周旋纹。标本M19D1:07(图八一:9;彩版一五:1)。

B型 敞口,斜方唇,口稍内敛后再外折,盘较浅。标本M24D3:07(图一三〇:2)。

原始瓷尊 2件。灰白胎,施淡豆绿色釉,釉不匀。根据器形和纹饰特征分两型:

A型　侈口，卷沿，方唇，宽折肩微鼓，斜直腹，圜底，喇叭状矮圈足，足外缘斜直，形似方唇。肩部饰数道旋纹，肩近腹饰桥形双系，腹下部及圈足饰数道凸尖棱和宽弦纹。标本M30：15（图一二九：4；彩版一五：3）。

B型　折肩，圆弧腹，肩腹分界明显。肩上附置竖向桥形耳，肩部饰数组由三根平行旋纹组成的带状纹饰，带状纹饰间饰细密方格布纹，折肩处素面，腹部饰与肩部相同的细密方格布纹。标本M30D1：025（图一二九：1）。

原始瓷瓿形器　1件。灰白薄胎，施青釉较薄且色浅。敞口，口沿斜平，深腹，圜底，圈足较高呈喇叭状。素面。标本M30：27（图一三〇：13；彩版一五：4）。

原始瓷罐　1件。灰白胎，青黄釉，直口微弧，方唇。残片饰细密小方格布纹。标本M30D1：028（图一二九：5）。

原始瓷圈足　共4件。灰白胎，施较薄淡绿色釉。根据圈足底外撇程度分三型：

A型　底部出沿，可见明显小平台，沿外缘斜直。外饰宽弦纹。标本M30D1：08（图一三〇：10）。

B型　底部稍向外卷翘，形成微翘尖唇状外缘。外饰数道细旋纹。标本M30D1：029（图一三〇：7）。

C型　底部斜直，外缘圆弧，形似圆唇。外饰一道细弦纹。标本M30D2：018（图一三〇：8）。

（4）陶器

本次发掘墓葬所获陶器较多，种类较全，型式较为简单。陶质主要为泥质陶、夹砂陶两种。夹砂陶主要为陶鬲。泥质陶则主要见于各类簋、豆、罐、盂、瓮、器盖等，陶色以灰色为主，少量红褐陶及黑皮陶。灰色有深灰与浅灰之分，器表颜色较单纯，少见斑驳不一的情况。

纹饰以绳纹最为常见，另有少量旋纹（图五六：1、图五六：3、图五七：4）、瓦纹（图五六：6）、波折纹（图五七：8）、篮纹、"S形"拍印纹（图五七：3）、戳印纹（图五七：2）、乳钉纹（图五七：7）等。绳纹多较为清晰，因施压或拍打情况不同，绳纹方向呈竖行、斜向、交错等几种不同形式（图五六：2、图五六：4、图五六：5、图五七：1、图五七：6）。绳纹主要饰于各类器物腹部，另有少量罐底亦有绳纹。旋纹亦是较为常见的纹饰之一，多饰于鬲口沿、罐、簋、豆、瓿腹部等。波折纹主要饰于器盖或三足瓮肩部。瓦纹主要饰于敛口簋腹部。

1）鬲

本次发掘所出陶鬲有似大袋足无实足根鬲及联裆鬲两类。

大袋足无实足根鬲（疑似）1件。夹砂灰黑陶，圆唇，折沿，折棱明显，沿面内凹，沿外侧外凸，颈部纹饰被抹，但残痕依稀可见，器表饰印痕较深的粗绳纹，沿下角大。标本M19D1：020（图八一：2）。

联裆鬲　夹砂灰陶，多弧裆。分两型。

A型　一般联裆鬲，锥状足。均饰绳纹。根据口部和纹饰特征分两亚型：

Aa型　卷沿。根据口沿及整体特征分两式：

Ⅰ式　尖圆唇，沿下角较大，沿面较宽。器表饰细绳纹，纹理模糊。标本M87D1：01（图

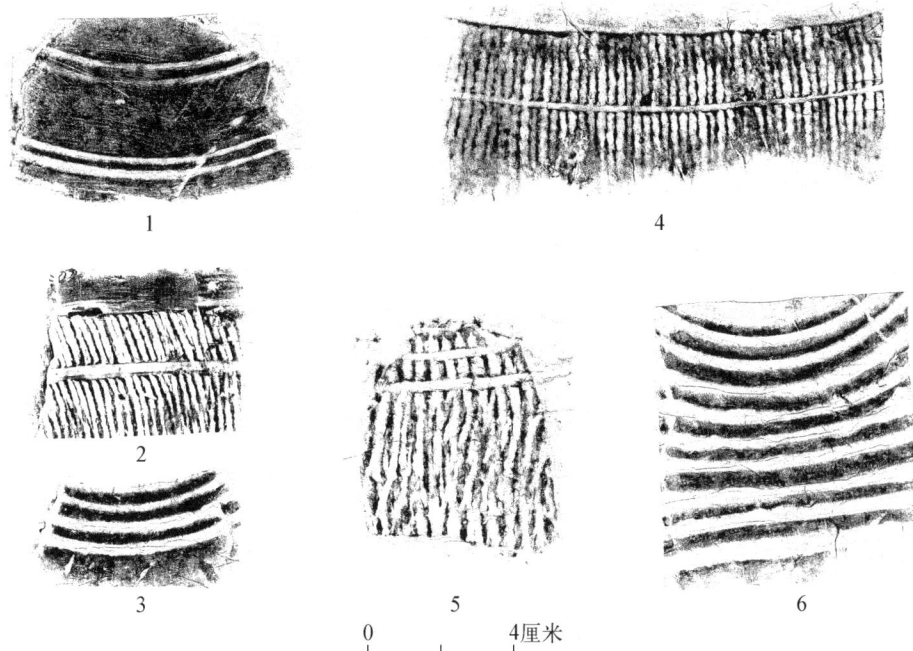

图五六　姚家墓地随葬陶器纹饰拓片

1、3. 旋纹（绳纹罐 M39D1：02、小口圆肩罐 M127D1：012）　2、4、5. 绳纹（绳纹罐 M39D1：02、联裆鬲 M38：4、联裆鬲 M27D1：01）
6. 瓦纹（小口圆肩罐 M105D1：02）

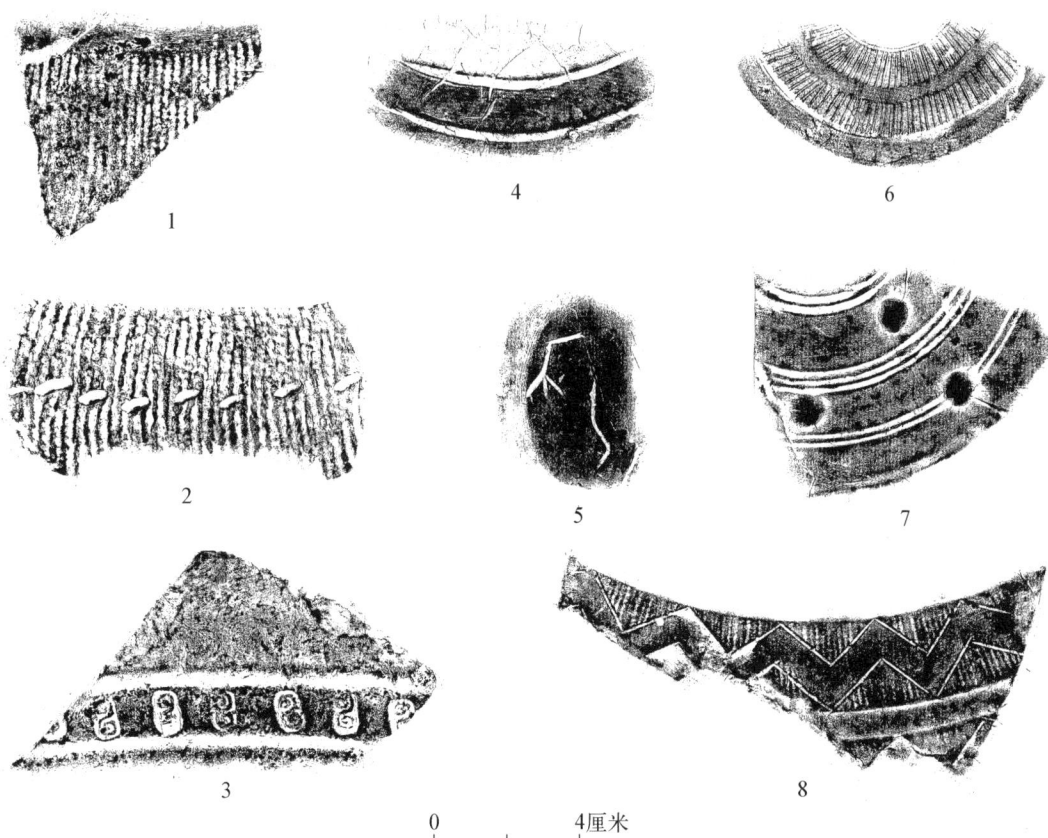

图五七　姚家墓地随葬陶器纹饰拓片

1. 绳纹（陶联裆鬲 M19D1：010）　2. 绳纹＋戳印纹（陶联裆鬲 M18D2：01）　3. "S形" 拍印纹（陶簋 M108D1：03）
4. 旋纹（陶小口圆肩罐 M16D3：012）　5. 陶文（陶器盖 M18D2：05）　6. 旋纹＋绳纹（陶器盖 M17D3：031）
7. 旋纹＋乳钉纹（陶器盖 M18D2：05）　8. 波折纹＋绳纹（陶三足瓮 M17D2：02）

一五九：7；彩版一六：1）。

Ⅱ式　圆唇，沿下角较小，沿面较窄。器表饰偏细中绳纹，纹理清晰。标本M30：4（图一三〇：9；彩版一六：2）。

Ab型　折沿。根据口部和纹饰特征分三式：

Ⅰ式　沿下角较大，沿面有小平台。器表饰粗绳纹，印痕较深。标本M27D1：01（图一〇六：6；彩版一六：3）。

Ⅱ式　沿下角较上式小。沿外缘有一周旋纹，器表饰细绳纹，印痕模糊。标本M17D3：030（图七五：9；彩版一六：4）。

Ⅲ式　沿下角较小，微有肩，裆部变矮。沿内外缘各饰一周旋纹，器表饰中绳纹，印痕较浅。标本M39D1：01（图一四九：5；彩版一六：5）。

B型　仿铜鬲。均为折沿，饰绳纹加扉棱或乳钉纹，柱足。根据口沿及整体特征分三式：

Ⅰ式　沿下角较大，沿面较宽，沿面饰一周旋纹，口径大于最大腹径，平裆，高柱足。标本M31：1（图一三七：1；彩版一六：6）。

Ⅱ式　沿下角较上式小，沿面内凹，沿面饰两周旋纹，口径与最大腹径相若，平裆，足变低。标本M98D1：07（图一六六：15；图版二〇：1）。

Ⅲ式　沿下角较小，沿面较上式窄，沿面饰多周旋纹，口径与最大腹径相若，裆微鼓，低足。标本M20D1：04（图一〇六：9；图版二〇：2）。

2）簋

泥质，多灰陶，有少量黑皮陶及红褐陶。根据整体形态分八型：

A型　敞口，梯形唇，颈腹交界处微折，粗矮圈足，腹部饰绳纹。根据口部、颈腹特征不同分两式：

Ⅰ式　唇部较厚，矮颈，腹较鼓，圈足较粗。标本M110D1：01（图一八八：7；图版二一：1）。

Ⅱ式　近折沿，唇较上式薄，颈部变长，腹斜直，圈足变细。标本M126D1：05（图一九三：4）。

B型　大敞口，有颈，肩部明显，鼓腹。根据腹部、颈肩交界处、圈足特征不同分三式：

Ⅰ式　圆唇，领较矮，腹较深，颈肩交界处不明显，矮圈足。标本M87：4（图一五九：11；图版二一：2）。

Ⅱ式　尖唇，领变高，腹较浅，颈腹交界处较上式稍明显，圈足较上式高。标本M110D1：02（图一八八：11）。

Ⅲ式　方唇，唇部有小平台，高领，浅腹，肩腹交界处明显，高圈足。标本M109D1：01（图一八四：12）。

C型　大敞口，卷沿，方唇，腹上部斜直，高圈足，圈足底部形成厚平台。标本M124：1（图一九三：7）。

D型　近直口，平折沿，圆唇，深鼓腹，圈足斜直且粗矮。腹部饰瓦楞纹，圈足饰有两周旋纹。标本M123D1：01（图一八八：8；图版二一：4）。

E型　泥质红褐陶，圈足斜直。标本M124D1：01（图一九三：3）。

F型 敞口,卷沿,圆唇,折肩,鼓腹,圈足近直,较矮。器身饰绳纹,印痕模糊。标本M101D1∶02(图一七二∶9;图版二一∶3)。

G型 敛口,浅腹。根据纹饰及圈足分两亚型:

Ga型 浅腹外鼓,高圈足外撇,且圈足较粗。肩部有四条弦纹,和对称四耳。标本M17D3∶010(图七五∶3)。

Gb型 肩部饰瓦纹,矮圈足。根据口沿及整体特征分两式:

Ⅰ式 平折沿,圆唇,瓦纹较稀疏。标本M127D1∶02(图一九九∶9)。

Ⅱ式 无沿,方唇,瓦纹分布致密。标本M104∶8(图一七六∶4;图版二二∶2)。

H型 近直口。根据口沿不同特征分两亚型:

Ha型 平折沿,施旋纹、乳钉纹。根据腹部与圈足的变化分两式:

Ⅰ式 斜方唇,口微敛,腹圆弧,圈足较粗、微撇。标本M104∶5(图一七六∶9;图版二一∶5)。

Ⅱ式 圆唇,口微侈,浅折腹,下腹斜直,圈足细高。圈足饰有旋纹和一道凸棱。标本M97∶1(图一五九∶8;图版二一∶6)。

Hb型 卷沿,斜方唇,微束颈,鼓腹,圈足较粗,外撇。素面。标本M132D1∶012(图二〇五∶3)。

Ⅰ型 上腹近直,下腹弧,圈足较粗。腹部饰"S"形纹。标本M108D1∶03(图一八〇∶10)。

3)豆

泥质,多灰陶。方唇,浅盘,盘底内凹。盘壁多饰一至两周旋纹。根据盘壁与圈足交界是否明显分两型:

A型 盘壁与圈足交界不明显,豆柄较粗。根据盘壁特征分两亚型:

Aa型 方唇,沿面较平,盘壁圆弧。标本M105D1∶01(图一八〇∶2)。

Ab型 方唇,沿面内凹,盘壁圆折。盘壁及柄部饰有数道旋纹。标本M29D2∶04(图一〇六∶8;图版二二∶4)。

B型 唇面内凹,折盘,盘壁与圈足交界明显,豆柄较细,喇叭状圈足。盘壁饰两周旋纹,豆柄有凸棱或者旋纹。标本M104∶11(图一七六∶1)。

4)罐

出土种类较多,主要有小口圆肩罐、敛口罐、绳纹罐、旋纹罐、素面罐。

小口圆肩罐 泥质,多灰陶,少量黑皮陶。小口,圆肩,平底。根据纹饰特征不同分三式:

Ⅰ式 圆唇,沿面内凹,腹较浅。肩部饰两周旋纹。标本M16D3∶012(图六七∶7;图版二三∶1)。

Ⅱ式 尖圆唇,盘口,口变小,腹变深。肩部饰多周旋纹,旋纹变粗。标本M127D1∶012(图一九九∶1)。

Ⅲ式 方唇,口更小,深腹。肩及腹上部饰数周瓦纹,分布紧密。标本M105D1∶02(图一八〇∶5;图版二三∶6)。

敛口罐 泥质褐陶。敛口,圆折肩,平底。素面磨光。标本M98∶3(图一六六∶6)。

旋纹罐 泥质灰陶。侈口,尖圆唇,束颈,圆折肩。肩部饰两周旋纹。标本M98D1∶015(图一六六：7）。

绳纹罐 泥质灰陶。平底，器身均饰绳纹。根据领部不同特征分两型：

A型 领较高。根据肩部不同特征分三亚型：

Aa型 圆唇，圆肩，深腹。纹饰模糊。标本M104：6（图一七六：8）。

Ab型 圆折肩。根据口沿特征变化分三式：

Ⅰ式 圆唇，卷沿，沿面有小平台，深腹，器体较高。腹部饰粗绳纹，印痕模糊。标本M103D1：02（图一七二：1）。

Ⅱ式 尖圆唇，卷沿甚，沿面微下倾，口变小，腹变浅，器体变矮。腹部饰中绳纹，印痕模糊。标本M132D1：014（图二〇五：1）。

Ⅲ式 斜方唇，折沿，沿面有凹槽，口更小，腹部与上式相同。腹部饰粗绳纹，印痕极浅。标本M123D1：05（图一八八：4）。

Ac型 折肩。根据口沿特征变化分两式：

Ⅰ式 尖圆唇，卷沿，沿面有小平台，深腹，器体较高。腹部饰旋断绳纹，印痕较浅。标本M103D1：01（图一七二：6；图版二三：2）。

Ⅱ式 方唇，卷沿甚，沿面较平，口部变大，腹变浅，整体变胖。中腹及以下饰中绳纹，印痕较深。标本M109D1：02（图一八四：3）。

B型 矮领，圆折肩。根据口沿特征及最大径所在位置分两式：

Ⅰ式 尖圆唇，卷沿，沿下角较大，最大径所在位置偏上。腹部饰粗绳纹，印痕模糊。标本M105D1：03（图一八〇：7）

Ⅱ式 尖圆唇，折沿，沿面内凹，最大径所在位置偏下，大平底。下腹饰细绳纹，印痕模糊。标本M132D1：08（图二〇五：4）。

素面罐 泥质陶。多灰陶，少量黑皮陶。多卷沿，平底，素面。根据口沿及整体特征分三型：

A型 圆唇，微侈口，圆肩，直腹。标本M105D1：04（图一八〇：6）。

B型 圆唇，侈口，圆折肩，弧腹。标本M98：1（图一六六：2；图版二三：3）。

C型 尖圆唇，折肩。根据口沿特征变化分两式：

Ⅰ式 沿面较平，近直腹，腹部较深，整体较高，磨光。标本M40D1：01（图一四九：2；图版二三：5）。

Ⅱ式 沿面微内凹，斜腹，腹部变浅，整体较矮。标本M132D1：04（图二〇五：7）。

另有1种高领罐，泥质灰陶，斜高领，素面。标本M16D3：018（图六七：4）。

5）瓮

出土数量较少，主要有矮直领瓮及三足瓮。

矮直领瓮 泥质灰陶，残，均饰竖行绳纹。标本M19D1：019（图八一：8）。

三足瓮 泥质浅灰陶，敛口，平沿，三角方唇，鼓腹，故据器表纹饰特征和器身特点分两型：

A型 圜底，袋足，器身最大径近中部。肩与腹部饰竖向粗绳纹，间以细旋纹隔开。标本M20D1：01（图一〇六：14）。

B型　器身最大径在偏上部。肩部为两条稍高的环带,其间填以细绳纹,并饰波折纹隔开。标本M17D2∶02(图七五∶5)。

6)盂

出土数量较少,均为泥质灰陶。折肩,斜腹,平底。根据口沿不同分两型:

A型　尖圆唇,卷沿,沿面较鼓。素面。标本M88∶3(图一五九∶6)。

B型　圆唇,折沿,沿面内凹。上腹饰瓦楞纹,下饰乳钉纹,底部饰中绳纹,印痕模糊。标本M88∶8(图一五九∶4)。

7)器盖

出土数量较少,均为泥质陶,根据是否子母口可分两型:

A型　子母口。根据器形大小和盖面纹饰特征可分两亚型:

Aa型　器体较大,盖面微弧变直,出沿较宽。盖面多饰细旋纹。这一型器多为浅灰陶。标本M20D1∶05(图一〇六∶1)。

Ab型　器体较小,盖面微弧。盖面多饰中间以刮削痕隔开的细刻纹或细旋纹和圆饼的组合纹饰。标本M18D2∶05(图八一∶10;图版二二∶1)。

B型　非子母口,方唇。盖面外缘饰两周旋纹。标本M17D3∶042(图六八∶9)。

8)其他

除上述陶器之外,另出土罍、瓿等少量其他器类。

罍　2件。残,泥质灰陶,侈口,溜肩。肩部饰有数周旋纹和乳钉纹。标本M17D1∶036(图七五∶10)。

瓿　1件。泥质灰陶。卷沿,圆唇,折肩,斜直腹,圈足较矮且外撇。器表满布瓦楞纹。标本M108D1∶04(图一八〇∶8;图版二二∶3)。

(5)蚌、贝器

本次发掘所见蚌饰主要集中于漆器上,除此之外,亦有少量柄形器附饰、棺饰等。

漆器附属蚌饰　数量极多,大小不一,形制各异。可按照蚌饰的整体形态分为三大类:

第一类:蚌泡。均为扁平状,平底。按其形状不同分三型:

A型　圆形。表面微鼓,正面边缘和中心均涂有一周红漆。以钻孔状况分三亚型:

Aa型　无钻孔。直径1.9—3、厚0.3—0.5厘米。标本M132D1∶010(图二〇六∶15)。

Ab型　单面钻。其中部分蚌泡只钻半穿。直径2.3—2.9、厚0.6—0.7、孔径0.3—0.4厘米。标本M22D1∶07-1(图九六∶17)。

Ac型　双面钻。其中部分蚌泡只钻半穿。直径2.4—2.9、厚0.5—0.6、正面孔径0.3—0.4、背面孔径0.4—0.6厘米。标本M22∶2-2(图九六∶14)。

B型　正方形。整体呈方锥状。以中心有无钻孔分两亚型:

Ba型　双面钻孔。钻孔位于正中心。标本M17D2∶07-3(图七六∶25)。

Bb型　无钻孔。四周边缘涂有一周红漆。边长1.3—2.6、厚0.5—0.7厘米。标本M17D3∶027(图七六∶23)。

C型　三角形。整体呈三棱锥状，底面均为等腰三角形。无钻孔，部分边缘涂有一周红漆。最长边1.8—4.4、厚0.5—0.6厘米。标本M27D1：03-2（图一一七：21）。

第二类：扁棱蚌饰。体厚，呈弧形扁平状，外弧刻有勾云纹和数道刻槽。按其纹饰的组成特征分两型：

A型　对称型。按勾云纹和刻槽的特征分三亚型：

Aa型　勾云纹分布在外弧两端的四分之一处，方向一致。外弧中间有一道刻槽，两边的勾云纹呈对称分布。标本M18D3：016-5（图八二：5）。

Ab型　勾云纹分布在蚌体的两端，方向相反。外弧中间有一道刻槽，两边的勾云纹呈对称分布。标本M18D3：016-6（图八二：6）。

Ac型　勾云纹分布在外弧中部，其两边等距各有一个刻槽呈对称分布。标本M18D2：02（图八二：19）。

B型　不对称型。通体仅有一处勾云纹。按勾云纹的特征分三亚型：

Ba型　勾云纹分布在蚌体的头端，方向朝外。外弧中部有一道刻槽。标本M18D3：016-4（图八二：4）。

Bb型　勾云纹分布在蚌体的头端，方向朝内。外弧中部突起呈尖齿状。尾端竖直。标本M23D1：07（图一〇八：15）。

Bc型　勾云纹和1个刻槽分别分布在外弧两端的三分之一处。外弧一端下部竖直，上部内凹呈月牙形。标本M18D3：016-2（图八二：2）。

第三类：几何形蚌饰。按其平面形状分九型：

A型　长条形。扁平状。按纹饰特征分两亚型：

Aa型　通体素面。蚌体长短、宽窄不一。标本M18D3：016-9（图八二：9）。

Ab型　一面刻划有4道直线。刻划较浅，划痕内似乎涂有绿漆，方向与蚌体的宽边平行。标本M18D3：016-14（图八二：13）。

B型　椭圆形。按形态分三亚型：

Ba型　近圆形泡状。体小，正面略鼓起，背面平。标本M18D3：016-44（图八三：29）。

Bb型　近圆形片状。体小，大小同Ba型相若。标本M31：2-6（图一三六：13）。

Bc型　椭圆形片状。体长，弧角略尖。标本M31：2-5（图一三六：9）。

C型　圆形片状。标本M31：2-4（图一三六：18）。

D型　三角形。扁平状。按形态分两亚型：

Da型　等腰三角形。标本M18D3：016-42（图八三：27）。

Db型　顶角呈弯曲状。标本M18D3：016-41（图八三：26）。

E型　弧形。扁平状。标本M18D3：016-45（图八三：30）

F型　圆角矩形。按大小分两亚型：

Fa型　大体。标本M18D3：016-21（图八三：6）。

Fb型　小体。标本M18D3：016-40（图八三：25）。

G型　"L"形。标本M18D3：016-15（图八二：18）。

H型　"U"形。标本M18D3：016-16（图八三：1）。

I型　勾形。标本M18D3：016-36（图八三：21）。

扉棱蚌饰初步判定应为大型漆器上的镶嵌物。此形制的蚌饰类似于铜器上的玉扉棱[1]，因此它可能为漆器上的扉棱装饰。几何形蚌饰较为常见，可根据其不同形状组合成不同的纹饰，如各种几何图案[2]、饕餮纹[3]等，也适用于多种器物。

柄形器附饰蚌饰　柄形器当中的蚌饰主要有蚌片和蚌托。蚌片多呈长方形扁片状，一般位于最底层的组合附饰的两侧，或间于其中，作为玉片与玉片之间的分界。本次出土的柄形器附饰中的蚌片保存状况较差，多破碎或呈粉末状，难以对其进行形制分析；而蚌托的个体较大且厚实，可以进行形制分析。值得注意的是，以往大多数发掘报告似乎没有认识到这种多边形中心有圆形穿孔的蚌饰，是属于柄形器的组成部分，大都将其作为一般的蚌饰来单个发表。本批墓葬中共出土这种蚌托6件，其中2件与柄形器完整组合在一起，剩余4件蚌托所在的墓中也出柄形器附饰，但均因盗扰，不能辨清与蚌托的位置关系。

蚌托　6件。中心均有一个单面钻穿孔。根据其整体形状差异分三型：

A型　1件。整体为宽长方体，其长边各有2个面，形成八面体。标本M30D3：070（图一三一：2）。

B型　3件。窄长方体，长边中部微弧，但并不能形成2个面，仍为四面体。标本M132：1-2（图二〇四：5）。

C型　2件。宽长方体，四面均平整，四面体。标本M132：5-5（图二〇四：12）。

蚌鱼　本次出土的蚌鱼大多破损严重。可辨器形者均为扁平片状，通体素面，嘴附近有穿孔，分尾。根据鱼的整体形态分两型：

A型　直体。根据鱼身长度分两亚型：

Aa型　长体。鱼身长度约6—8厘米。标本M107：6-8（图一八一：2）。

Ab型　短体。鱼身长度约4—5厘米。标本M107：8-3（图一八一：9）。

B型　曲体。作鱼跃状。标本M16D1：03（图六九：19）。

角形蚌饰　正面为蘑菇形，根部稍宽于颈部，背面平直。蚌体沾有少量朱砂。标本M17D3：026-1（图七六：13）。

柱形蚌饰　整体呈圆柱状，一端略粗，横截面呈椭圆形，蚌体沾有朱砂。标本M19D1：025（图八八：9）。

蚌坠饰　整体呈圆锥状，蚌体自头端向尾端缓收渐细。头端处有一双面钻穿孔，孔下刻有一周凹槽，尾端处环绕蚌体刻有数道螺旋状凹槽。标本M98D1：04-1（图一六四：3）。

[1]　杨伯达：《中国玉器全集》，河北美术出版社，2005年，第168页。

[2]　郭宝钧：《浚县辛村》，科学出版社，1964年，图版伍贰，1。

[3]　中国社会科学院考古研究所、北京市文物工作队、琉璃河考古队：《1981—1983年琉璃河西周燕国墓地发掘简报》，《考古》1984年第5期，图版贰，2。

波浪形蚌饰　蚌体近长条形,一端较宽,一端较窄,一侧边缘平直,另一侧边缘呈波浪状。标本M16D2：04(图六九：12)。

蚌握　整体呈上粗下细的圆柱状,两端均为平面,底端平面的中部有孔,孔长约占器体总长的四分之一。标本M15D1：04-2(图五九：9)。

蚌珠　扁圆球形,中心有穿孔,部分沾有朱砂。直径0.7—0.9、厚0.6—0.7、孔径0.25厘米。标本M17D3：024-1(图七四：5)。

卷曲形蚌饰　平面呈长方形,宽边,一端宽边卷曲上扬,另一端平直。体厚。标本M30D3：034-1(图一三一：14)。

蚌牌　长方形扁平状,一面中部刻凹槽一道。凹槽与蚌牌宽边平行,口大底小,截面呈梯形。标本M39：4(图一五二：1)。

蚌壳　蚌体较大、较厚,未见加工痕迹,呈不规则状。标本M18D1：03-2(图八二：14)。

毛蚶　数量较多,大小不一,形制相似。单扇,均在壳顶处有穿孔,扇面有长条形皱折纹。一般长2—4.3、宽1.7—4、高0.7—1.8、孔径0.2—0.8厘米。可根据其大小分为三型：

A型　大体。长3.7—4.3、宽3.3—4、高1.5—1.8、孔径0.2—0.4厘米左右。标本M22D1：08-1(图九七：12)。

B型　中体。长2.8—3.5、宽2.5—3、高1.2—1.4、孔径0.3—0.8厘米左右。标本M27D1：04-1(图一一七：8)。

C型　小体。长2—2.6、宽1.7—2.3、高0.7—1、孔径0.2—0.7厘米左右。标本M17D3：09-1(图七七：18)。

文蛤　大小相近,形制相似。扇形,表面光滑,自然纹理,部分壳顶部有一穿孔。标本M35D1：08(图一四三：10)。

海贝　数量极多,大小不一,形制各异。均为白色,面有唇,唇内侧各有一排细齿,龟背面有一穿孔。一般长1.2—3、宽1.4—2.3、高0.6—2、孔最大径为0.5—2.1厘米。可根据其大小不同分为两型：

A型　大体。长2.6—3.2、宽2—2.5厘米左右。可根据背部穿孔的方式分两亚型：

Aa型　仅在背部磨一较小的孔。孔最大径0.3—0.9、高1.1—1.5厘米。标本M125：1-1(图一九四：3)。

Ab型　背部鼓出部分几乎被磨平。孔最大径2—2.5、高0.8—1厘米。标本M30D2：017-2(图一三三：20)。

B型　中体。长2—2.4、宽1.4—1.7厘米左右。根据背部穿孔的方式分两亚型：

Ba型　仅在背部磨一较小的孔。孔最大径0.5—0.7、高1.1—1.8厘米。标本M132D1：011-2(图二〇六：11)。

Bb型　背部鼓出部分几乎被磨平。孔最大径1.7—2.1、高0.5—0.8厘米。标本M30D3：012-3(图一三三：6)。

C型　小体。长1.5—1.9、宽1.0—1.4厘米。可根据背部穿孔的方式分两亚型：

Ca型 仅在背部磨一较小的孔。孔最大径0.3—0.6、高0.7—0.9厘米。标本M17D3：028-7（图七七：10）。

Cb型 背部鼓出部分几乎被磨平。孔最大径1.2—1.4、高0.2—0.4厘米。标本M30D2：05-2（图一三三：13）。

（6）骨、牙器

本次发掘骨牙器数量较少，集中出自北区的M17、M19、M22、M23、M24、M30六座墓葬中。

骨匕 1件。两侧略微向内翻卷，自尾端至顶端逐渐变薄，顶端削成尖峰状。标本M17D2：011（图七二：1）。

骨管 2件。均为一截较粗壮的动物肢骨，中空。根据器体和器表纹饰特征分两型：

A型 环形骨饰，横截面为环形，内壁未经刲平，呈腰鼓状，表面一端阴刻有并列两组共八条的"之"字形纹饰。标本M19D1：014（图八八：4）

B型 圆管状，两端略粗，中间微细，中空，内壁刲平，器表素面。标本M23D1：013（图一〇八：18）。

骨扣 呈圆柱形，两端略细，削成伞状，表面经打磨光滑，中部凹入短圆柱相接。可能用来系扣[1]。依据器体特征和颜色分两型：

A型 器体较长，器表呈绿色、黄色相间分布。标本M30：24-1（图一三一：11）。

B型 器体短粗，器表呈褐色。标本M30：24-2。

骨泡 2件。呈半球状，中间单面钻一圆柱形孔，一面鼓出，另一面较平。根据器体厚薄程度和器表颜色分两型：

A型 器体较薄，器表呈褐黄色，局部有绿斑。标本M24D3：012（图一一四：11）。

B型 器体较厚，器表呈淡黄色。标本M30D3：036（图一三二：7）。

骨牌饰 呈长方形片状，中部略弧或稍鼓，四角各由凸面向另一面单面钻一小圆穿孔，孔径大小稍有不一。对照张家坡西周墓地的M131：8[2]的牙牌，推断是系在棺帏下端的饰物；又根据北吕周人墓地的M92：5[3]的骨铠甲片，推断或是骨铠甲。根据器形大小分两型：

A型 薄长片，中部略弧。长3.6—4.3、宽1.8—2.2厘米。标本M22D1：09-1（图九六：20）。

B型 中部较厚鼓出，两端较薄，制作规整。大部分器表呈淡绿色。长3.2—3.5、宽1.3—1.9厘米。标本M30D3：037-2（图一三一：9）。

獐牙器 黄白色，牙根部略残，牙冠部可能经过打磨修整，削成弯曲的薄片状，磨制光滑。标本M20D1：010（图九三：1）。

（7）其他

龟甲 龟背甲，呈黄色，器形不可辨，部分残片上有朱砂。标本M30D3：010（图一三一：3）。

---

[1] 中国社会科学院考古研究所：《张家坡西周墓地》，中国大百科全书出版社，1999年，第323页。

[2] 中国社会科学院考古研究所：《张家坡西周墓地》，中国大百科全书出版社，1999年，第324页。

[3] 罗西章：《北吕周人墓地》，西北大学出版社，1995年，第130页。

陶丸　红褐色圆球状,直径2.6厘米左右。标本M18D3∶030(图八二∶15)。

料管　多为浅绿色,少数为蓝色。磨制而成,圆管状,形制相近。长度不等,直径0.5厘米左右。标本M102∶1-1(图一六九∶13)。

3. 墓葬分期

周原遗址西周时期已经建立较为详细的陶器分期体系,本报告参照以往分期结果,大致将本次发掘墓葬分为两期3段。属于西周中期偏早阶段北区有M16、M18、M23、M24、M27、M29,南区有M87、M124、M133;属于中期偏晚阶段的北区有M11、M15、M17、M19、M30、M35,南区有M101、M105;属于晚期偏早阶段的北区有M20、M38、M39,南区有M97、M98、M107、M109、M123、M132。

各期陶器特点如下:

第一,西周中期偏早阶段,主要随葬Aa I、Ab I 式联裆鬲,B I、Gb I 式、C、E型簋,Ab型豆,I、II式小口圆肩罐,Ab型器盖等。Aa型联裆鬲尖圆唇,沿下角较大,沿面较宽;Ab型联裆鬲沿下角较大,沿面有小平台。B型簋领较矮,腹较深,颈肩交界处不明显;C型簋卷沿,方唇,腹上部斜直,高圈足;E型簋泥质红褐陶,圈足斜直;Gb型簋肩部饰瓦纹,矮圈足。Ab型豆方唇,沿面内凹,盘壁圆折。小口圆肩罐沿面内凹,腹较浅,肩部饰两周旋纹,或多周旋纹。

第二,西周中期偏晚阶段,主要随葬似大袋足无实足根鬲;Aa II、Ab II 式联裆鬲,F、Ga型簋,Aa型豆,III式小口圆肩罐,B I 式绳纹罐,A型素面罐,矮直领瓮等。这一时期卷沿联裆鬲沿下角变小,沿面有两周旋纹;仿铜鬲出现且逐渐增多。Aa型粗把豆,方唇,沿面较平,盘壁圆弧;开始出现B型细把豆。小口圆肩罐肩及腹上部数周瓦纹;绳纹罐尖卷沿,沿下角较大,最大径所在位置偏上,腹部饰粗绳纹;素面罐微侈口,圆肩,直腹。

第三,西周晚期偏早阶段,主要流行Ab III、B II、B III式联裆鬲,B III、Gb II、Ha II式、D、Hb型簋,B型豆,敛口罐,旋纹罐,Ab II、Ab III、Ac II、B II式绳纹罐,B型素面罐,A型三足瓮,Aa型器盖等。这一时期Aa型卷沿联裆鬲及小口圆肩罐消失不见。联裆鬲的沿下角更小,沿面饰两周旋纹;仿铜鬲增加,沿下角更小,足部变低,有些沿面饰数周旋纹,旋纹分布较为均匀。B型簋浅腹,肩腹交界处明显,圈足变高;Hb型簋亦为浅腹,圈足较高、较细。有大量B型豆出现,盘壁与圈足交界明显,豆柄较细。均折盘,唇面内凹,喇叭状圈足,盘壁多饰两周旋纹,豆柄均有凸棱或者旋纹。Ab型绳纹罐口小,腹变浅,器体变矮,腹部饰中粗绳纹;Ac型绳纹罐卷沿甚,沿面较平,口部变大,腹变浅,整体变胖;B型绳纹罐折沿,沿面内凹,最大径所在位置偏下,大平底;B型素面罐,侈口,圆折肩,弧腹。

柄形器不论是单体还是复合体,大体存在三种形制:一是长方形条状,柄首作箍状平帽或盝顶状;二是长方形牌状,顶端和两侧均饰有犬牙状扉棱,或素面或饰有鸟纹、龙纹等纹饰;三是扁平长方形或梯形或璋形的薄片。结合张长寿先生对西周柄形器的型式分析、年代推测[1],以及本次发掘出土有柄形器的17座墓的相关分析,这三种形制大致存在时代先后的演变规律。第一种

---

[1]　中国社会科学院考古研究所:《张家坡西周墓地》,中国大百科全书出版社,1999年。

形制为西周时期柄形器最常规,也是出土数量最多的一类,它多承继殷商时期的柄形器形制,第二种形制和第三种形制由第一种演变而来;根据第二种形制上的鸟纹、龙纹的式样来看,第二种形制是从西周中期偏早阶段便开始出现;第三种形制于西周晚期才开始出现[1]。复合体的组合附饰部分在西周早中期至晚期的演变趋势为:由繁到简,由精致到粗糙。

铜器方面:铜车軎,在西周中期器表多素面,但偏早阶段依然饰早期的蕉叶纹,晚期饰有波曲纹、窃曲纹和重环纹。扁长方形铜节约,西周中期时,器形较窄,素面为主,偏早阶段顶面及两侧面中部似有折棱或圆弧。悬梁羊角形铜马镳,西周中期偏早阶段立体感较强,器形较扁平且圆弧,钮或孔较多;至西周晚期偏早阶段,器形较薄,整体呈微弧状窄长条形,一般背置双钮。有胡直内铜戈,西周中期微胡或短胡,援下刃微弧,内部有穿,至晚期短胡或长胡,援下刃较平直,胡上有一或多个穿。

4. 随葬品位置

由于本次发掘墓葬盗扰现象极其严重,因此保留在原位的器物很少,给我们总结整体的规律现象造成较大的影响。现将仅存的保留在原位的器物所能看到的现象概括如下:

北区随葬品位置特征:大部分位于棺椁之间或二层台上,另有一部分器物位于棺内或椁底板上,少部分位于椁盖和棺盖板上。车马器主要位于棺椁之间及二层台上。玉石器主要位于棺内或椁底板上。毛蚶、海贝等分布于墓室内各个部位。

南区随葬品位置特征:大部分器物位于二层台上,一部分位于棺椁之间或棺内肢骨边。其他位置零星可见1、2件器物。陶器主要放置在二层台上。玉石器主要放置在棺椁之间或棺内肢骨边。柄形器主要置于胸部与腹部上。海贝在墓室各处均有分布。

需指出的是,南区虽位于原位的器物较少,但是有一座未被盗扰的墓葬M104共出土了10件陶器,分别位于南、北边的二层台上,一边为漆器、2罐、2簋、1鬲,另一边为1簋、2豆、2罐。另外,M98中有随葬陶器出土于椁盖板下、二层台中的现象。

从目前的材料来看,南、北区的随葬品位置中大部分器物均放置于二层台上,北区还有一部分放在棺椁之间,其次为棺内或椁底板上。总体上似乎没有太大的差异。

2.3.2 分述

本部分按墓号依次介绍各墓特征,内容包括墓位与盗扰情况、墓向与形制、填土、葬具、墓主、殉牲、随葬品及其位置、随葬品介绍、分期年代等。

1. 2012FZYM11(图五八)

（1）墓位与盗扰情况

位于姚家墓地北区。北距M21约6.0米,东距M35约11.1米,西南距M10约8.4米。

---

[1] 石荣传:《再议考古出土的玉柄形器》,《四川文物》2010年第3期。

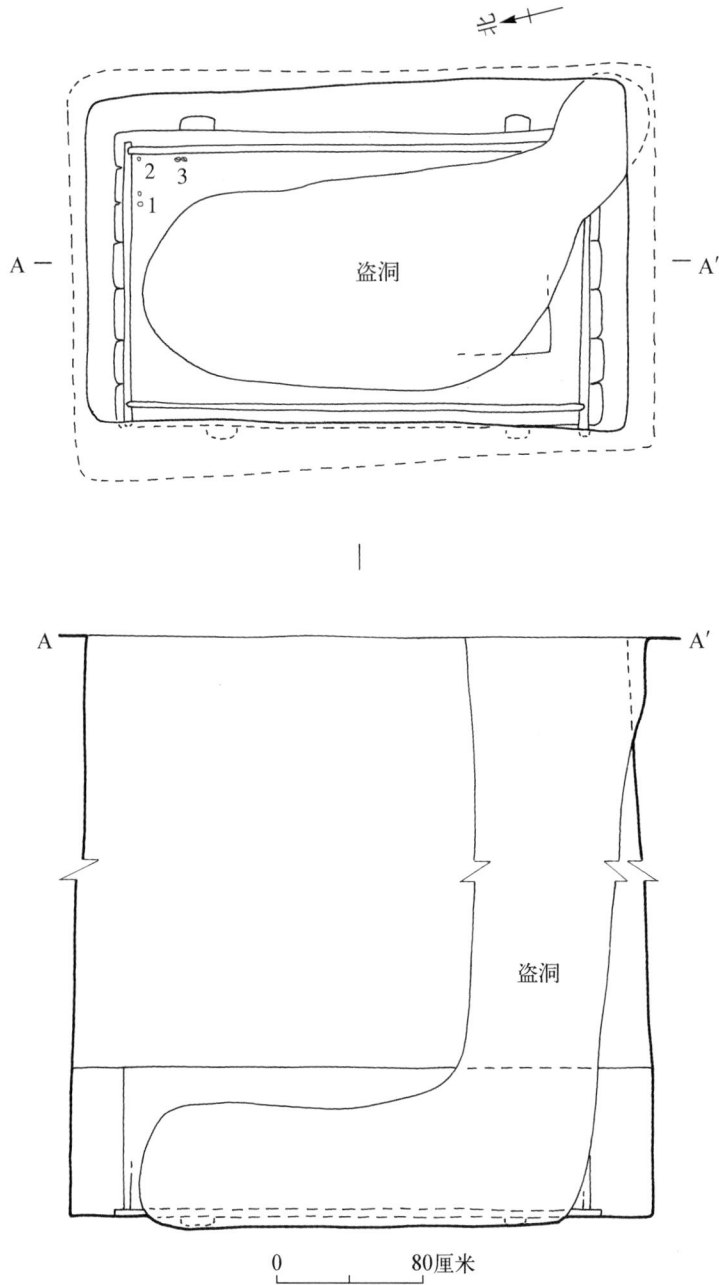

图五八　2012FZYM11平剖图

1、2.毛蚶　3.海贝

　　墓室东南角有一盗洞,口部形状不规则,最大径1.22米,打破墓口,距墓口约0.53米处贴南壁斜直而下延伸至椁室,打破生土,扰乱整个椁室,出有少量陶片。

　　(2)墓向与形制

　　南北向,墓向15°。

长方形竖穴土坑墓，口小底大。墓口南宽北窄，墓口及墓底四角微弧。四壁经修整较规整，无加工痕迹。平底。墓口长2.9、北宽1.6、南宽1.9米，墓底长3.2、北宽2.1、南宽2.2米，自深6.1米。

在墓室底部发现一桃形坑，长约0.5、宽约0.3、深约0.2米，底部较平。该坑并非腰坑，坑内未发现任何遗物，坑壁发现有工具痕迹。

（3）填土

土质较疏松，土色呈红褐色，未见夯打痕迹，无包含物。

（4）葬具

一棺一椁。棺椁均为南北向放置。

椁长270、宽约140、高80—85厘米。残存六块椁盖板，均东西横向放置在二层台上，由北向南长、宽依次为残6×14、170×20、168×16—20、168×20—24、残12×24、148×14厘米。椁侧板两端嵌于端板内。椁底板共5块，均为南北向放置，自西向东长、宽依次为残50×32、残114×22、280×23、残264×22—26、残246×34—37厘米。厚度不详。

由于盗扰严重，棺范围无法确定。

椁下放置两根圆形垫木，无垫木槽。北垫木长约210、直径18厘米，南垫木长196、直径19厘米，两垫木间距160厘米。

（5）墓主

被盗洞全部扰乱，仅在西北角二层台上发现头骨，其他均不见，葬式不明。

（6）随葬品及其位置

共5件（组）。其中海贝2枚（01）出于墓主头部口中，联裆鬲1件（02）出于盗洞下部。毛蚶3枚（1、2）、海贝2枚（3）位于椁内东北角。

（7）随葬品介绍

联裆鬲　1件。夹砂灰陶，火候甚低，出土时已碎成极小残块，残缺两足，腹片亦缺失较多，无法复原。标本M11D1：02-1，口沿部分，卷沿，斜方唇，沿面有三周旋纹。口径16、残高2.6厘米（图六七：5）。标本M11D1：02-2，柱状实跟足，裆部饰斜行绳纹。残高3.8厘米（图六七：6）。

毛蚶　3枚。均白色，单扇，壳顶处有穿孔，扇形面有长条形皱折纹，大小不等。标本M11：1-1，长3.6、宽3.1、高1.5、孔径0.2厘米（图五九：14）。标本M11：2，表面有朱砂痕迹。长2.7、宽2.1、高1.1、孔径0.4厘米（图五九：12）。

海贝　4枚。均白色，面有唇，唇内侧各有一排细齿，背面有一穿孔。标本M11：3-1，背部鼓出部分几乎被磨平，表面有朱砂痕迹。长2.2、宽1.8、高0.8、孔径1.2厘米（图五九：7）。标本M11D1：01-1，背部仅磨制一较小穿孔。出自墓主口中，为口含。长2.1、宽1.5、高1、孔径0.3厘米（图五九：13）。

（8）分期年代

根据联裆鬲形制判断，该墓年代为西周中期偏晚阶段。

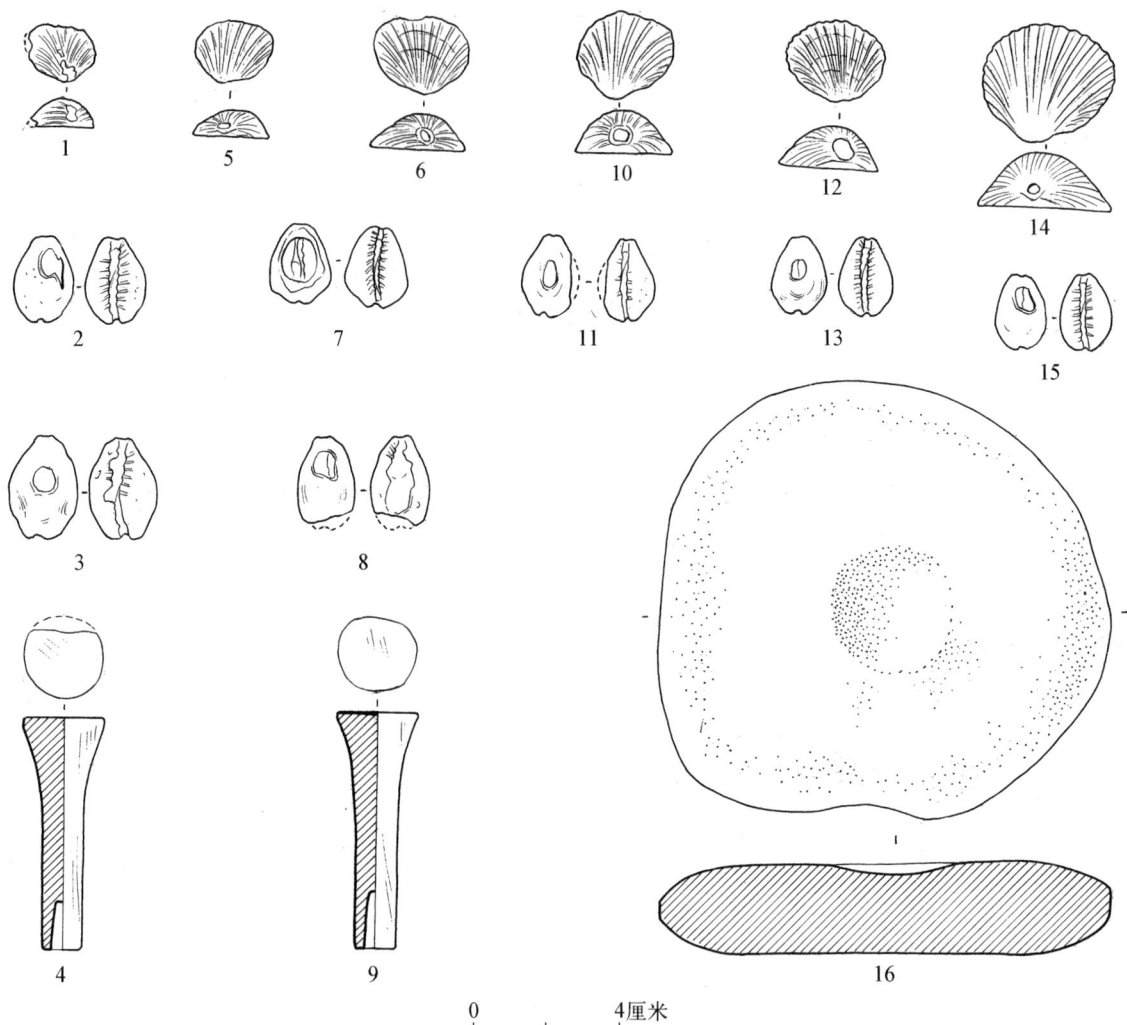

图五九　2012FZYM11、M15随葬品

1、5、6、10. 毛蚶(M15D1：05-1、M15D1：05-3、M15D1：05-2、M15D1：05-4)　12、14. 毛蚶(M11：2、M11：1-1)

2、3、7、8. 海贝(M15D1：02-1、M15D1：02-4、M11：3-1、M15D1：02-3)

11、13、15. 海贝(M15D1：02-2、M11D1：01-1、M15D1：02-5)　4、9. 蚌握(M15D1：04-1、M15D1：04-2)　16. 石饼(M15D1：01)

2. 2012FZYM15(图六〇)

(1)墓位与盗扰情况

位于姚家墓地北区。西南距M12约2.6米,西北距M13约0.46米,东北距M16约3.2米,东南距M18约3米。

东北角有一盗洞,口部呈椭圆形,口小底大,贴壁直下并打破墓底,口部最大径约0.7米,深3.26米。盗洞内土质较疏松,土色浅灰褐色。破坏棺椁北部及北部垫木中间,将墓主胫骨以上全部扰乱,并出土石、蚌、贝、陶等遗物,根据盗洞内的土质土色推测应为早期盗洞。

(2)墓向与形制

南北向,墓向5°。

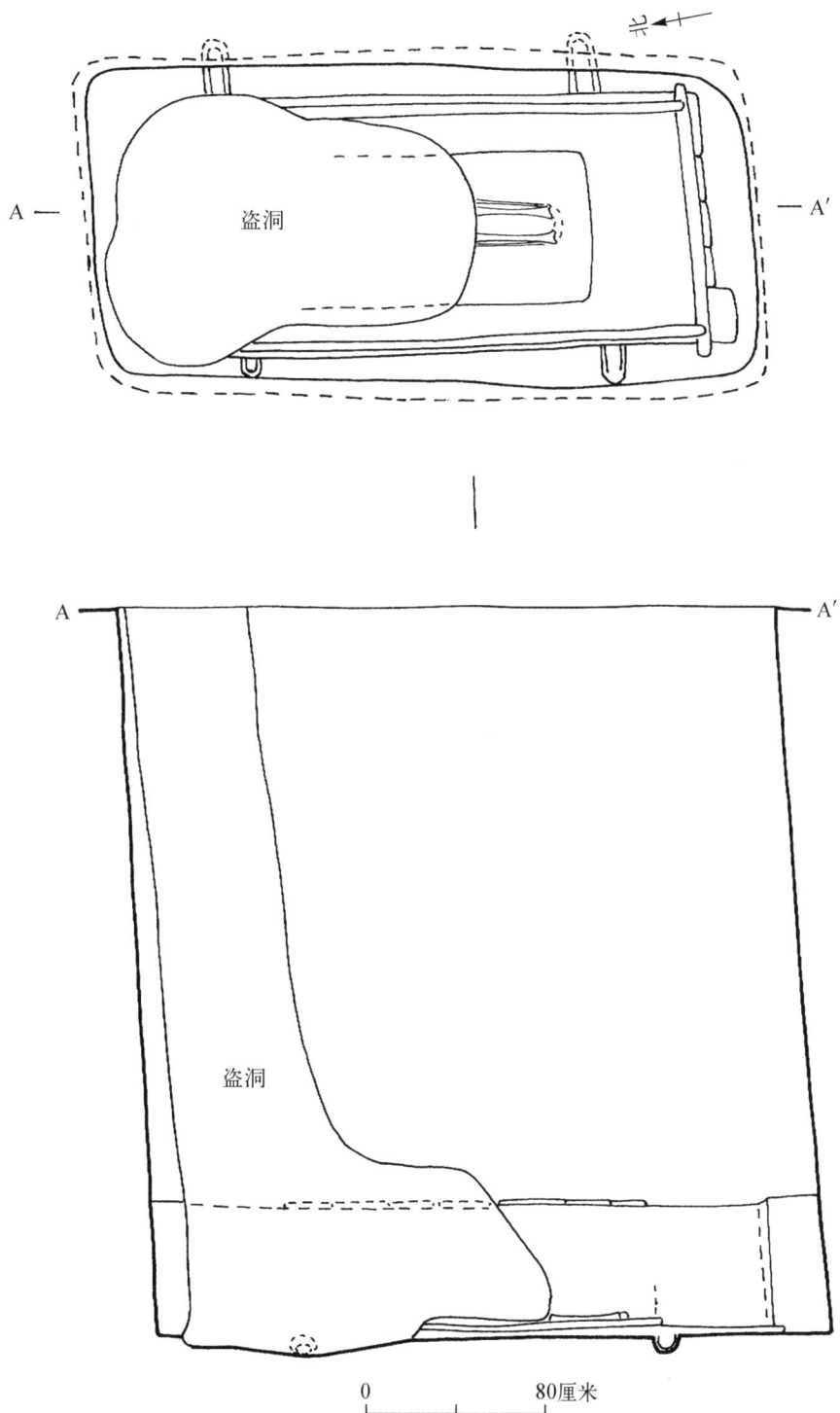

图六〇　2012FZYM15平剖图

长方形竖穴土坑墓，口小底大。墓口及墓底墓角均圆弧，墓底弧度较墓口小。墓壁局部经加工较光滑。平底。墓口长2.9、宽1.4米，墓底长3.0、宽1.5米，自深3.2米。

（3）填土

填土总体较致密，局部疏松，土色呈黄褐色。夹杂较多的红土颗粒及浅黑色土颗粒，分布较均匀，局部有较大的浅黑色土块，未发现夯打痕迹，无包含物。

（4）葬具

一棺一椁。棺椁均为南北向放置，棺放置于椁居中位置。椁下有两根东西向放置的垫木，南北大致平行。

椁残长200、宽94厘米。东、西二层台上均发现椁盖板，为东西横向放置，椁室中间未发现椁盖板，东部二层台上有7块，西部二层台上残存2块，各板间有空隙。由北向南长、宽依次为残14×23、134×25、132×18、残18×24、残17×30、残19×20、残9×16厘米。椁侧板两端嵌于端板内。端板长120厘米，东、西侧板残长分别为208、186厘米。椁底板由5块南北向放置的板组成，由西向东其残长与宽依次为228×25、174×19、154×20、152×21、194×30厘米（图版一〇）。

棺残长130、宽68厘米。棺底板由3块南北向木板组成，由西向东残长、宽依次为130×30、110×22、108×20厘米。

椁下有两道东西向的垫木槽，南北向基本平行。南垫木槽长157、宽12厘米，北垫木槽长148、宽10—12厘米，两垫木槽间距为150厘米。内各放置一根圆形垫木，北垫木长146、直径6厘米，南垫木长150、直径7厘米，两垫木间距152—155厘米。

棺内局部有朱砂，分布面积较小，较薄，主要分布于墓主腿骨周围。盗洞内局部也发现有较少朱砂，分布散乱。

（5）墓主

由于盗扰严重，墓主只剩下胫骨及脚骨，其余全部腐朽呈粉末状。据南边原位残留腿骨判断为直肢，头朝北。盗洞中发现有头骨残片、股骨、肋骨等。经鉴定，墓主为成年女性。

（6）随葬品及其位置

共5件（组），其中包括石饼1件（01）、海贝5枚（02）、陶鬲（03）、蚌握2件（04）、毛蚶21枚（05），均出于盗洞底部。

（7）随葬品介绍

联裆鬲　1件。夹砂红褐陶，火候甚低，出土时已碎成极小残块，残缺口沿及两足，腹片亦缺失较多，无法复原。器身饰绳纹。可辨器形者仅足根1件。标本M15D1：03，柱状实足。残高3.2厘米（图六八：2）。

石饼　1件。此类物品一般不见于墓葬，很可能为池渠内堆积，但考虑到极个别墓葬也随葬工具类石器，故暂附于此。标本M15D1：01，完整。灰色，平面为不规则圆形，一面平面较规整，另一面中心有一处凹陷。最大径12.2、厚2.4厘米（图五九：16）。

蚌握　共2件。整体呈上粗下细的圆柱状，两端均为平面，底端平面的中部有孔，孔长约占器体总长的四分之一。标本M15D1：04-1，顶端微残。长6.2、顶径2.2、底径1.2、孔径0.4、孔长

1.1厘米（图五九：4）。标本M15D1：04-2，长6.2、顶径2.2、底径1.25、孔径0.4、孔长1.5厘米（图五九：9）。

毛蚶　共21枚。除5枚较为完好，其他均残。壳顶处均有穿孔，扇形面有长条形皱折纹。部分毛蚶残留朱砂痕迹。标本M15D1：05-1，微残。残长1.8、宽1.5、高0.8、孔径0.4厘米（图五九：1）。标本M15D1：05-2，长2.6、宽1.9、高0.9、孔径0.3厘米（图五九：6）。标本M15D1：05-3，长2.1、宽1.2、高0.7、孔径0.3厘米（图五九：5）。标本M15D1：05-4，长2.6、宽2.3、高1.1、孔径0.3厘米（图五九：10）。

海贝　共5枚。均大小不一，面有唇，唇内侧各有一排细齿，背面有一穿孔。标本M15D1：02-1，长2.3、宽1.6、高1.1、孔径1.1厘米（图五九：2）。标本M15D1：02-2，微残。长2.1、残宽1.3、高0.9、孔径0.5厘米（图五九：11）。标本M15D1：02-3，微残。残长2.2、宽1.7、高1.1、孔径0.6厘米（图五九：8）。标本M15D1：02-4，长2.7、宽1.9、高1.3、孔径0.6厘米（图五九：3）。标本M15D1：02-5，长1.9、宽1.6、高0.9、孔径0.4厘米（图五九：15）。

（8）分期年代

根据陶鬲形制判断，该墓年代为西周中期偏晚阶段。

3. 2012FZYM16（图六一）

（1）墓位与盗扰情况

位于姚家墓地北区。西南距M13约1.6米，东北距M17约1.9米。

该墓共有3个盗洞。D1位于东南角，口部平近椭圆形，最大径0.66米，贴壁直下延伸至椁室，破坏部分椁端板及侧板，出有少量的遗物。D2位于西侧中部，口部近圆形，最大径0.68米，出有少量的遗物，打破东侧二层台北部。D3位于东北角，口部呈椭圆形，最大径0.74米，出有罐、蚌泡等遗物及少量的人骨，打破西侧二层台中部。D2、D3均直下延伸至椁室，二者相通，扰乱棺内大部分及椁的东北侧及西侧中部。

（2）墓向与形制

南北向，墓向5°。

长方形竖穴土坑墓，口小底大。墓口墓角弧度较小，较规整，墓底弧度大。墓壁局部经加工较光滑，但无工具痕迹，东边墓壁局部塌落。墓底北宽南窄，平底，墓口长3.3、宽2.1米，墓底长3.5、北宽2.5、南宽2.3米，自深6.5米。

（3）填土

土质较疏松，土色呈黄褐色，夹杂少量的红色土点，分布较均匀，未发现夯打痕迹，无包含物。

（4）葬具

一棺一椁。棺椁均为南北向放置。

椁长258、宽144、高72厘米。残存8块椁盖板，均东西横向放置在二层台上，从南往北长、宽依次为残150×26、176×23、175×24、180×26、178×20、残10×22、残8×22、残8×23厘米。椁

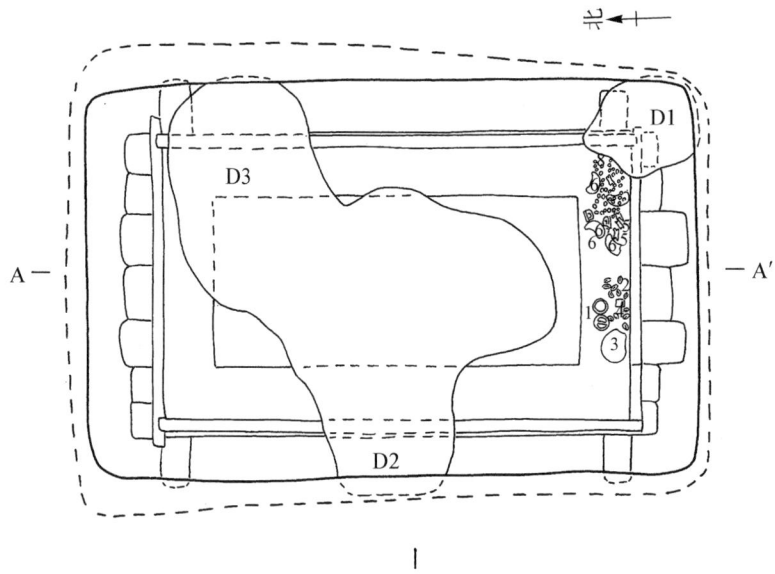

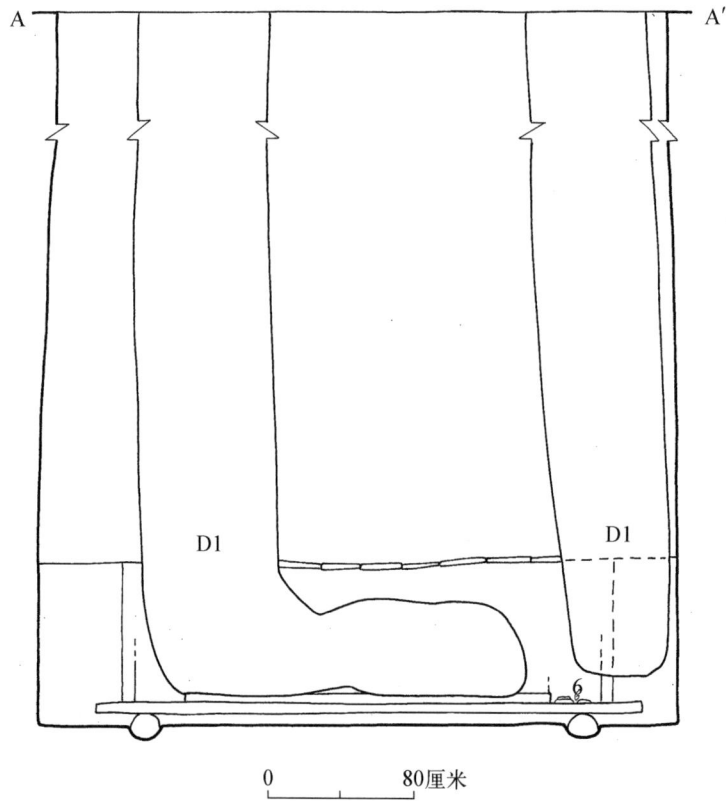

图六一　2012FZYM16平剖图

1.圆形有沿大铜泡　2.海贝　3.蚌片　5.X形铜节约　6.铜马镳　7.铜马鼻饰

侧板两端嵌于端板内。椁底板由7块南北向放置的木板组成，自东向西长、宽依次为292×20、295×24、313×28、300×30、312×24、293×20、292×18厘米（图六二）。

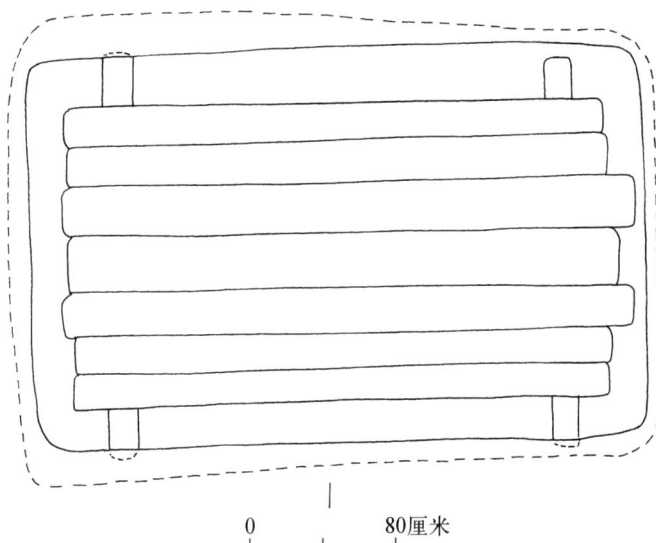

0　　　　　　80厘米

图六二　2012FZYM16椁底板平面图

棺长200、宽90厘米。

椁下放置两根圆形垫木，无垫木槽。北垫木长216、直径16厘米，南垫木长208、直径16厘米，两垫木间距2.2厘米。

（5）墓主人

被盗洞全部扰乱，在清理盗洞3下部时发现了少量的人骨，葬式不明。经鉴定，墓主为青壮年女性。

（6）随葬品及其位置

共39件（组）。其中蚌鱼1件（03）、海贝4枚（06），出于D1下部；蚌饰1件（04）出于D2下部，残铜片17片（010）出于D2底部；小口圆肩罐1件（05）出于D3下部，另1件小口圆肩罐（012）位于D3近底部的东二层台北部，蚌泡30枚（01）、联裆鬲1件（02）、器盖2件（07、015）、簋2件（08、014）、柄形器玉附饰2件（09）、玉伏兽1件（011）、旋纹罐3件（013、019、021）、大口尊1件（016）、高领罐1件（017、018、020）均出于D3底部。

墓室内棺椁之间、棺南端中部出土圆形有沿大铜泡2枚（1）、海贝25枚（2）、蚌片（3）、扁长方形铜节约1件（4），其中铜泡位于蚌片、海贝北部（图六三）；东部出有X形铜节约4件（5）、铜马镳4件（6）、铜马鼻饰2件（7）、小铜泡99枚（8）、扁长方形铜节约2件（9），由西向东依次为正面放置的铜镳、3件节约、2件对置的马络饰、2件反面放置的铜镳、1件节约，另有铜泡零散放置于其中（图六四；彩版八）。

（7）随葬品介绍

扁长方形铜节约　共3件。背部中空，一端封顶，一端开口、平直，两面近顶处各有一相对

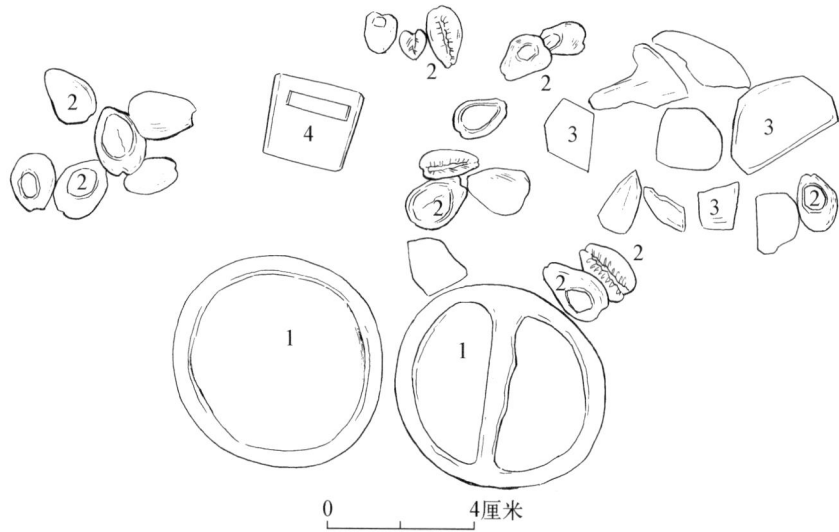

0   4厘米

图六三　2012FZYM16随葬品位置平面图

1. 圆形有沿大铜泡　2. 海贝　3. 蚌片　4. 扁长方形铜节约

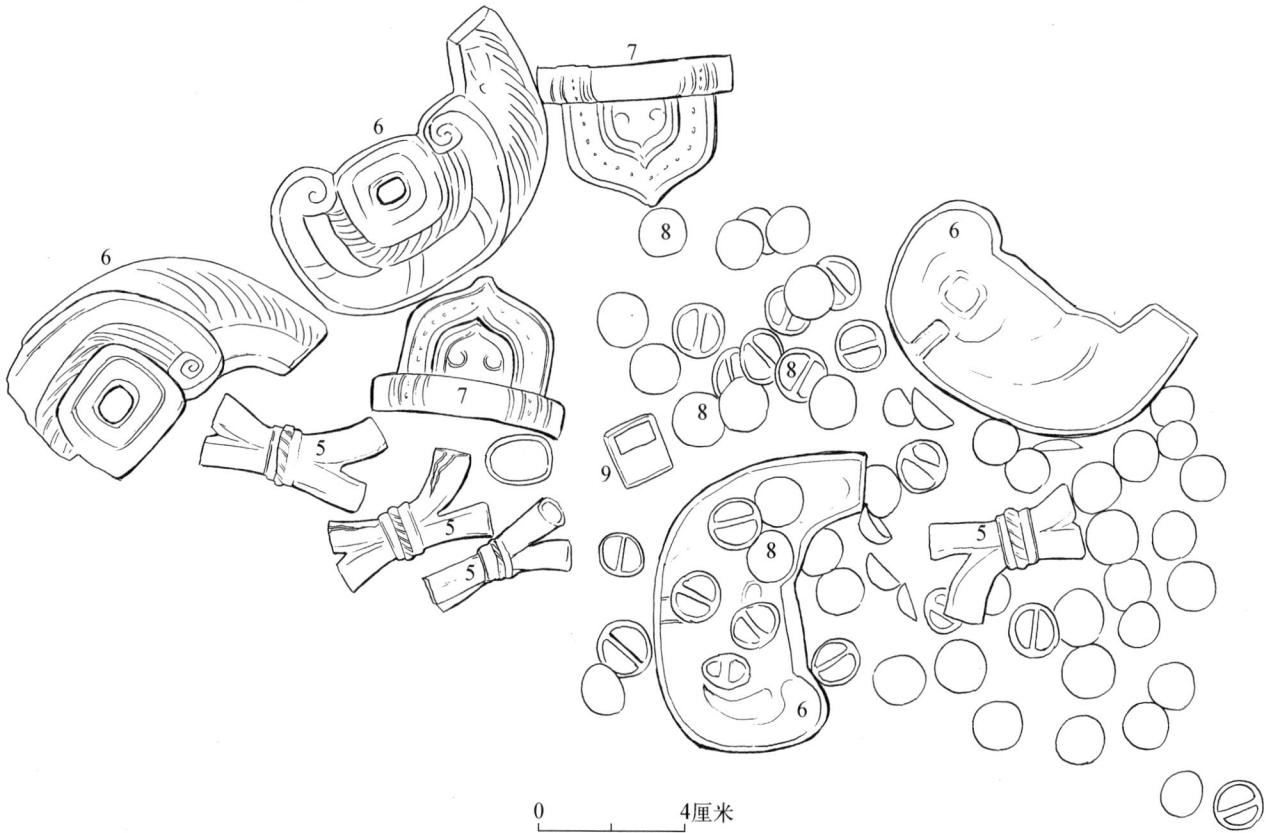

0   4厘米

图六四　2012FZYM16随葬品位置平面图

5. X形铜节约　6. 铜马镳　7. 铜马鼻饰　8. 圆形小铜泡　9. 扁长方形铜节约

的长方形穿孔。素面。标本M16：4，器表残留少量朱砂。边长3.2、厚0.9厘米，孔长2.5、宽0.6厘米，重19克（图六五：6）。标本M16：9-1，边长1.7、宽1.6、厚0.8厘米，孔长1.3、宽0.5厘米，重5.7克（图六六：2）。

X形铜节约　共4件。2件残，2件保存较完好。四通式，两管口朝上，两管口向下。一般两管长、两管短。中部束腰呈宽带状，带上饰绚索纹箍。两两对称。束腰背面有圆角长方形穿孔。2件下部左侧管左撇，2件下部右侧管右撇，应为两两相对。标本M16：5-1，下部右侧管右撇。长4.9、管径0.8厘米，穿孔长1.6、宽1.3厘米，重21.3克（图六五：2）。标本M16：5-2，下部左侧管左撇。长5.1、管径0.8、穿孔长1.5、宽1.05厘米，重25.8克（图六五：5）。

铜马镳　共4件。形制相同，均呈羊角状弧形。一端宽、一端窄，背面中空。顶部有一悬梁，饰云纹。正面中部有一方形穿孔，孔边饰旋纹，再外侧饰绳纹，其外底部饰云纹，与顶部的云纹外侧相接，中间有两道划纹组成的三组纹饰，划纹中间有两圆凹点。内侧壁有两近圆形穿孔，近外侧内置一半环形钮。尾部饰绳纹。标本M16：6-1，长9.8、宽2.0—5.2、厚1.2厘米，正面穿孔长1.0、宽0.6厘米，重83.3克（图五三：8、图六五：3；图版一四：6）。标本M16：6-2，上部悬梁残。残长8.0、宽4.9—7.9、厚0.7厘米，正面穿长1.1、宽0.8厘米，重67.8克（图六五：11）。标本M16：6-3，背部环钮残。长10.1、宽4.9—7.2、厚1.2厘米，正面穿孔长1.0、宽0.9厘米，重79克（图六五：9；图版一四：6）。标本M16：6-4，长9.8、宽4.9—7.5、厚1.3厘米，正面穿孔长0.9、宽0.6厘米，重83.4克（图六五：7）。

铜马鼻饰　共2件。上端呈圆管状，略弧，下端呈倒垂莲花瓣状。面部饰卷云纹，外侧沿器身饰两圈莲状旋纹，旋纹中间有均匀分布的小圆形凹点。标本M16：7-1，长5.0、宽3.6、管銎长6.6、孔径0.9厘米，重38.8克（图五三：7、图六五：1；图版一四：5）。标本M16：7-2，长5.0、宽3.6、管銎长6.6、孔径0.9厘米，重38.2克（图六五：4）。

圆形有沿大铜泡　共2枚，均呈三层阶梯状，背部中空，有沿边，顶部一圆形穿孔，背部有一横梁。标本M16：1-1，梁为齐平式。直径7.0、沿长0.8、高1.8厘米，重41克（图六五：10；图版一五：2）。标本M16：1-2，梁残。直径7.0、沿长0.8、高1.8厘米，梁长5.4、宽0.5厘米，重51.8克（图六五：8；图版一五：2）。

圆形有沿小铜泡　1枚。标本M16：8-2，呈半球面状，背部中空，有沿边，顶部一圆形穿孔，背部有一横梁。梁为齐平式。直径2.7、高0.7厘米，梁长1.8、宽0.3厘米，重6.4克（图六六：3）。

圆形无沿小铜泡　共97枚。均呈半球面状，背部中空，无沿边，顶部一圆形穿孔，背部有一横梁。标本M16：8-3，梁为内嵌式。直径1.7、高0.7厘米，梁长1.9、宽0.2厘米，重3.1克（图六六：6）。标本M16：8-4，梁为内嵌式。直径1.7、高0.7厘米，梁长1.4、宽0.2厘米，重3.9克（图六六：10）。标本M16：8-5，梁为齐平式。直径1.7、高0.7厘米，梁长1.5、宽0.2厘米，重2.5克（图六六：7）。标本M16：8-6，梁为内嵌式。直径1.7、高0.7厘米，梁长1.5、宽0.2厘米，重3.3克（图六六：9）。标本M16：8-7，梁为齐平式。直径1.8、高0.7厘米，梁长1.5、宽1.2厘米，重3.1克（图六六：11）。

圆角长方形铜泡　1枚。正面圆弧突起，背部中空，有沿边，背部有一横梁。标本M16：8-1，

图六五　2012FZYM16铜器

1、4. 马鼻饰 (7-1、7-2)　2、5. X形节约 (5-1、5-2)　3、7、9、11. 马镳 (6-1、6-4、6-3、6-2)　6. 扁长方形节约 (4)　8、10. 圆形有沿大铜泡 (1-2、1-1)　11. 圆形有沿大铜泡 (1-2、1-1)

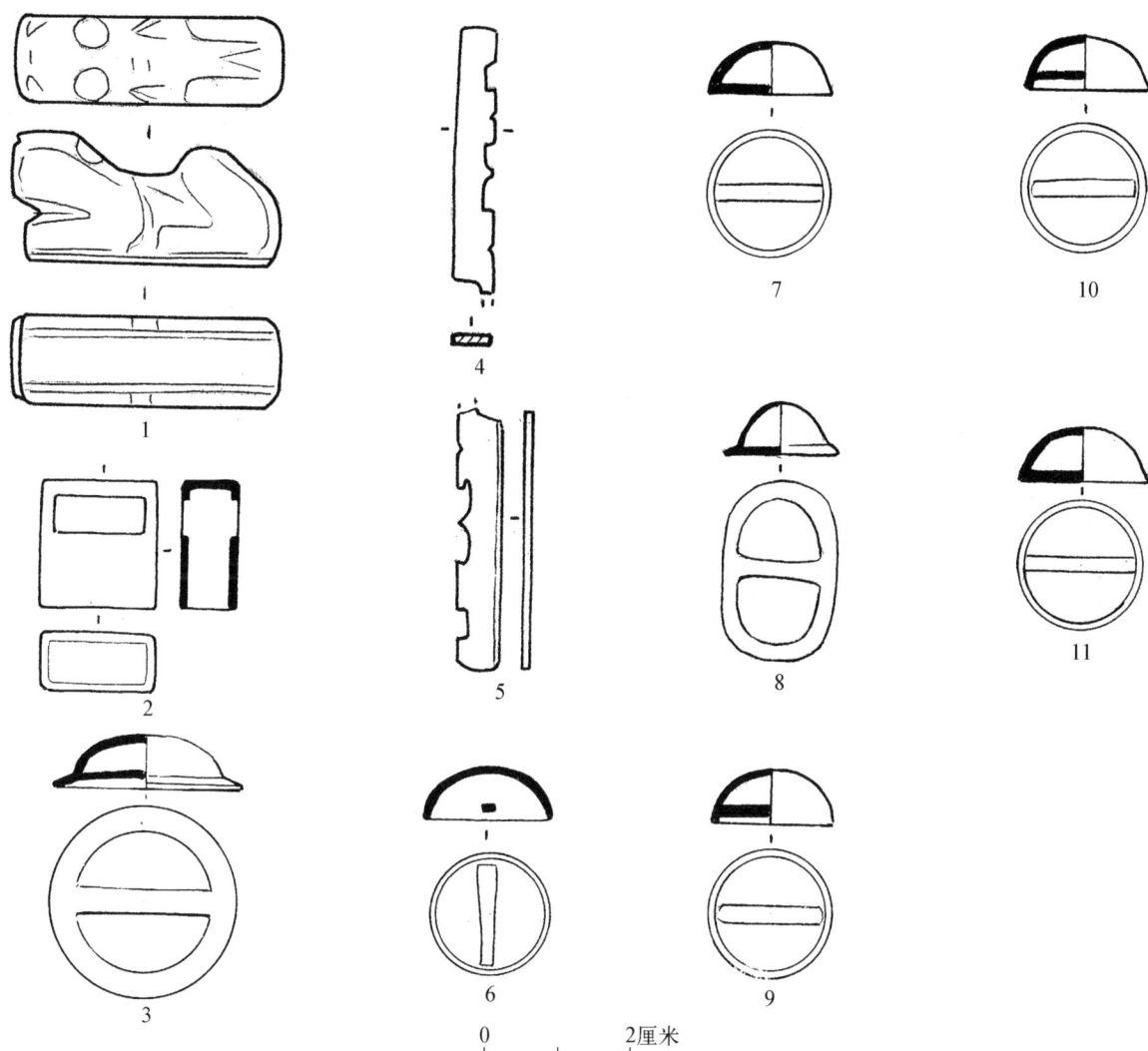

图六六　2012FZYM16铜、玉器

1. 玉伏兽（D3：011）　2. 扁长方形节约（9-1）　3. 圆形有沿小铜泡（8-2）　4、5. 柄形器玉附饰（D3：09-1、D3：09-2）
6、7、9、10、11. 圆形无沿小铜泡（8-3、8-5、8-6、8-4、8-7）　8. 圆角长方形铜泡（8-1）

长2.4、宽1.6、高0.7厘米，梁长1.1、宽0.3厘米，重3.9克（图六六：8）。

残铜片　共15片。标本M16D2：010，残损严重，无法辨明器形。大小不一，薄厚不均，最大残片长7.4、宽3.7、最小残片长1厘米。残片中包含疑似铜器足部残片1片，长6.1、宽3.6、残高1.2厘米。另有疑似口沿部的残片1片，圆唇，长4.2、宽1厘米。带有弦纹的残片2片，一大一小，较大的残片近似正方形，边长约2.5厘米，较小的残片近似直角三角形，两直角边分别长1.5、1.0厘米，重56.9克。

玉伏兽　1件。标本M16D3：011，黄绿色。圆雕伏卧虎造型，抬头，圆目，张口，后腿蜷缩，伏于地上。造型较简单，表面无明显纹饰。底部有两道凹槽，并嵌有黑色残迹。长3.7、宽1.2、高1.2—1.7厘米（图六六：1；彩版一二：1）。

柄形器玉附饰　2件。标本M16D3：09-1、M16D3：09-2，玉质造型相似，均为带犬齿状扉棱长条玉片。青玉。一端尖，一端平，尖端有残损。较长一侧有两个犬齿状扉棱，一个犬齿状缺口，一个梯形缺口，另一侧平直。复原于柄形器组合附饰的最外两侧，齿朝外，尖端朝向柄形器器柄，平端向下。尺寸相同，均长3.6、宽1.5、厚0.2厘米（图六六：4、5）。

联裆鬲　1件。标本M16D3：02，仅剩腹部残片2片。夹砂灰褐陶。饰印痕较深的交错粗绳纹。残高5.8、厚0.6厘米。

簋　共2件。均残。标本M16D3：08，仅剩腹部残片两片。泥质灰陶，其中一片为底部残片，圜底，素面。标本M16D3：014，仅剩部分底部及圈足，泥质灰陶，平底，圈足微外撇。腹部饰竖行细绳纹，底部饰细绳纹，近底部饰一周旋纹。残高7.2、厚0.8厘米（图六七：11）。

旋纹罐　共3件。均残。标本M16D3：013，仅剩部分口沿及肩部，泥质灰陶。小口，卷沿，沿面有小平台，尖圆唇，矮领，溜肩。领部有一周凸棱，肩部残存三组旋纹，每组两至三周旋纹，且残存5个乳钉纹。口径11.0、残高5.1、厚0.5厘米（图六七：9）。标本M16D3：019，泥质灰陶。仅存

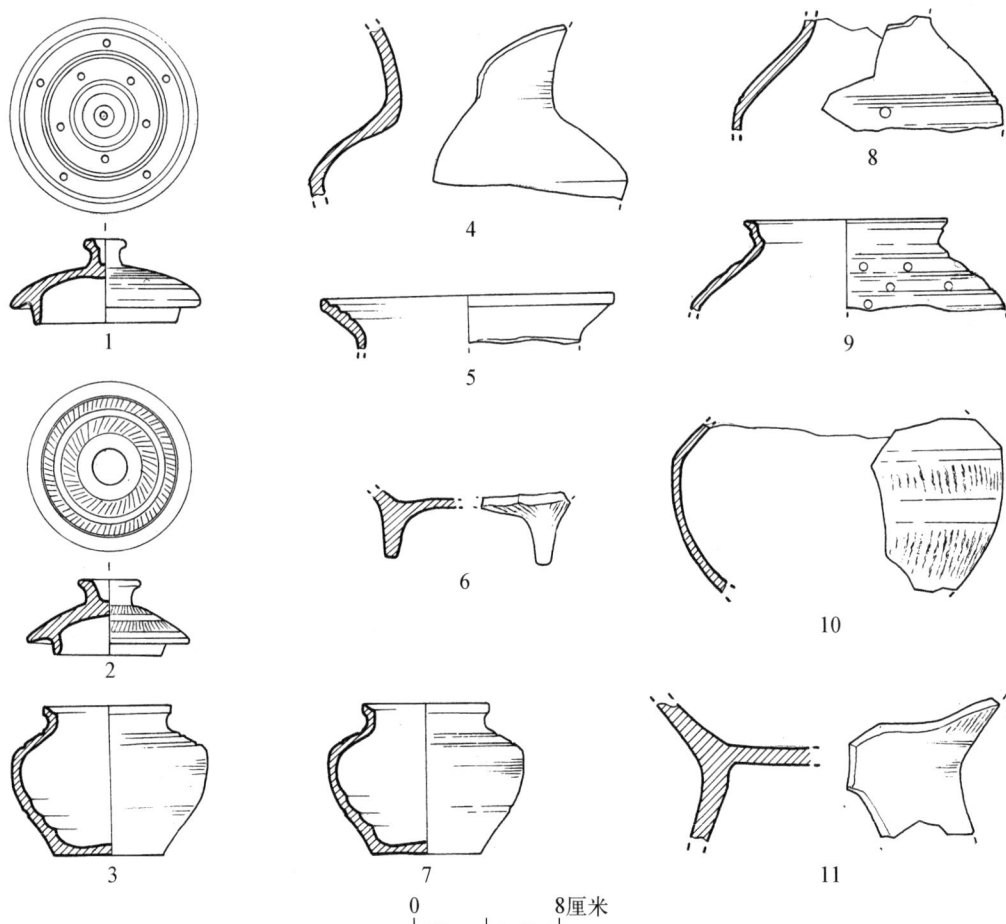

图六七　2012FZYM11、M16、M17陶器

1、2. 陶器盖（M16D3：07、M17D3：031）　3、7. 陶小口圆肩罐（M16D3：05、M16D3：012）　4、10. 陶高领罐（M16D3：018、M16D3：017）
5、6. 陶联裆鬲（M11D1：02-1、M11D1：02-2）　8、9. 陶旋纹罐（M16D3：021、M16D3：013）　11. 陶簋（M16D3：014）

部分口沿，敞口，卷沿，沿面微内凹，方唇，矮领，领部残存一道凸棱。口径10.6、残高2.4厘米（图六八：3）。标本M16D3：021，仅剩肩及腹部残片。泥质黑皮陶。肩部及腹部残存两周旋纹及2个乳突。残高6.2、厚0.5厘米（图六七：8）。

高领罐　1件。标本M16D3：017，残，仅存部分肩部及腹部，泥质灰陶。弧腹。肩部素面，腹部饰旋纹及竖行细绳纹。残高10.0、厚0.5厘米（图六七：10）。标本M16D3：018，残存部分领部及肩部，泥质灰陶。斜高领，溜肩。残高10.0、厚0.5厘米（图六七：4）。标本M16D3：020，残存口沿部分，侈口，卷沿，沿面有小平台，方圆唇。口径9.5、残高2.4厘米（图六八：5）。三者应为同一件器物。

小口圆肩罐　共2件。均残。泥质灰陶。小口，卷沿，圆唇，圆肩，腹微鼓，腹下部斜直微内凹，平底。肩面饰两周旋纹。标本M16D3：05，沿面有一道凹槽。口径6.9、器身最大径10.6、底径6.0、通高8.1、厚0.5厘米（图六七：3）。标本M16D3：012，沿面微内凹。口径7、器身最大径10.6、底径6.0、通高8.1、厚0.5厘米（图五七：4、图六七：7）。

器盖　共2件，标本M16D3：07，钮部微残，泥质黑皮陶。整体呈锅盖状，钮部平折沿有小平台，且上宽下窄。钮部圆唇。有子母口，子母口较深。盖面上饰三组旋纹，每组旋纹两至三周，另均匀分布10个乳钉纹。直径10.4、高4.5、厚0.5厘米；钮内径0.6、钮外径1.8—2.2、钮高1.2、子口径7.2厘米（图六七：1）。标本M16D3：015，残。泥质灰陶，钮部尖圆唇。钮内径3.8、钮外径5.2、钮高1.5、残高3.8厘米（图六八：10）。

大口尊　1件。标本M16D3：016，肩部残片1片。泥质灰褐陶，器表饰旋纹，旋纹间夹波折纹和绳纹，且有一周空白带。残长7.6、厚0.7厘米。

蚌鱼　1件。曲体，作鱼跃状。通体打磨较光滑，扁平片状，嘴附近有一单面钻穿孔，分尾。标本M16D1：03，长6.9、宽2.1、厚0.1、孔径0.1—0.3厘米（图六九：19）。

蚌饰　1件。标本M16D2：04，波浪形蚌饰，略残，近长条形。一端较宽，一端较窄，一侧边缘平直，另一侧边缘呈波浪状。蚌体边缘残留有白漆痕迹。长7.0、宽1.9、厚0.3厘米（图六九：12）。

蚌泡　共30枚。部分残缺，均为白色，扁平状，平底。可分为圆形蚌泡、正方形蚌泡、三角形蚌泡三类：

圆形蚌泡　共24枚，表面微鼓，正面边缘和中心均涂有一周红漆。其中单面钻22枚，有3枚钻孔为半穿。标本M16D3：01-3，钻孔未穿透。底径2.2、高0.7厘米（图六九：14）。标本M16D3：01-4，底径2.1、高0.6、孔径0.2厘米（图六九：17）。标本M16D3：01-6，底径2.3、高0.7、孔径0.12厘米（图六九：6）。标本M16D3：01-9，穿孔部微残。底径2.9、残高0.7、孔径0.3厘米（图六九：2）。标本M16D3：01-10，钻孔偏于一侧。底径2.2、高0.5、孔径0.2厘米（图六九：10）。

正方形蚌泡　共4枚，整体呈方锥状。均无钻孔，四周边缘涂有一周红漆。标本M16D3：01-5，底长2.4、高0.8厘米（图六九：13）。标本M16D3：01-8，底长2.4、高0.8厘米（图六九：16）。标本M16D3：01-7，底宽1.5、高0.5厘米（图六九：18）。标本M16D3：01-11，底残宽2.4、高0.7厘米（图六九：9）。

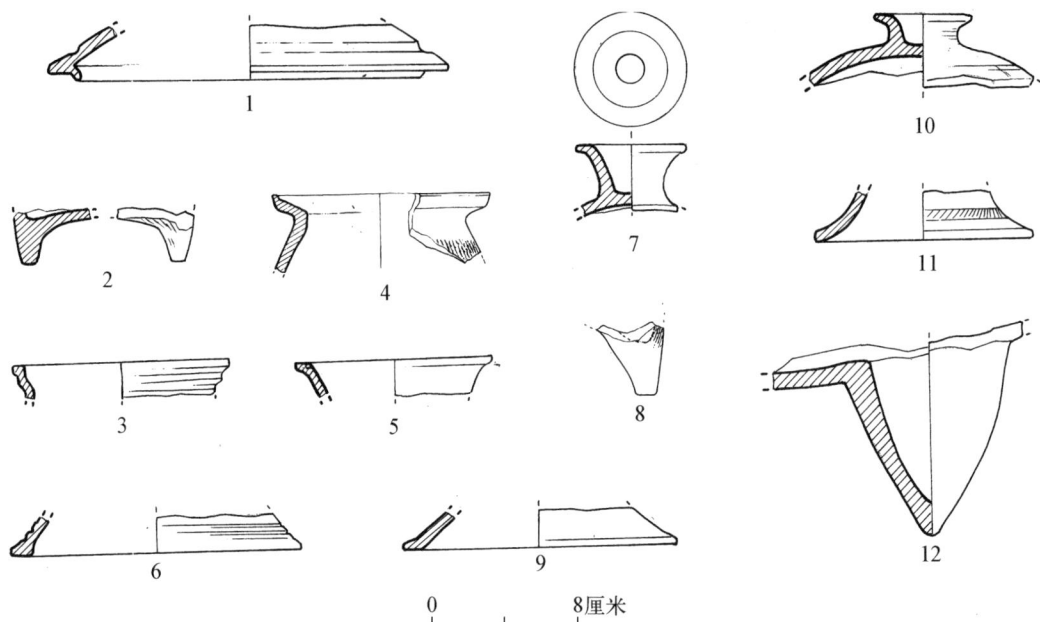

图六八　2012FZYM15、M16、M17陶器

1、7、9、10. 陶器盖（M17D3：040、M17D3：01、M17D3：042、M16D3：015）　2、4、8. 陶联裆鬲（M15D1：03、M17D2：04-1、M17D2：04-2）
3. 陶旋纹罐（M16D3：019）　5. 陶高领罐（M16D3：020）　6、11. 陶圈足（M17D3：043、M17D3：041）　12. 陶三足瓮（M17D2：033）

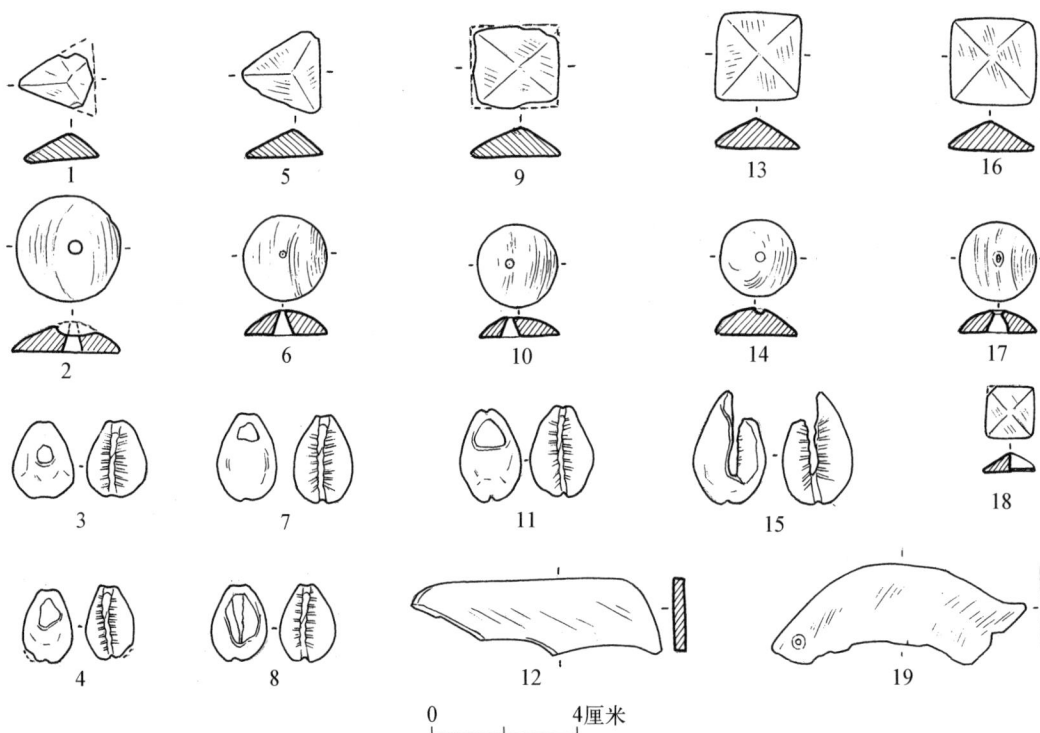

图六九　2012FZYM16蚌贝器

1、2、5、6. 蚌泡（D3：01-1、D3：01-9、D3：01-2、D3：01-6）　9、10、13、14. 蚌泡（D3：01-11、D3：01-10、D3：01-5、D3：01-3）
16、17、18. 蚌泡（D3：01-8、D3：01-4、D3：01-7）　3、4、7、8. 海贝（2-1、2-2、2-4、2-3）
11、15. 海贝（D1：06-1、2-5）　12. 蚌饰（D2：04）　19. 蚌鱼（D1：03）

三角形蚌泡　共2枚，整体呈三棱锥状，底面为等腰三角形。中心无钻孔，其中1枚边缘涂有一周红漆。标本M16D3∶01-1，残。底径2、高0.6厘米（图六九∶1）。标本M16D3∶01-2，底径2.1、高0.7厘米（图六九∶5）。

蚌片　共10片。标本M16∶3，残损严重，大小不一，呈不规则片状。白色，有磨制痕迹，蚌片表面沾有大量红色朱砂。

海贝　共29枚。大部分残损，均为白色，面有唇，唇内侧各有一排细齿，背面有一穿孔，位于原位的贝体表面沾有大量朱砂。标本M16∶2-1，长2.0、宽1.7、高0.8、孔径0.5厘米（图六九∶3）。标本M16∶2-2，长1.9、宽1.3、高0.8、孔径0.8厘米（图六九∶4）。标本M16∶2-3，背部鼓出部分几乎被磨平，长2.0、宽1.5、高0.5、孔径1.3厘米（图六九∶8）。标本M16∶2-4，长2.4、宽1.6、高1.1、孔径0.5厘米（图六九∶7）。标本M16∶2-5，孔部残，残长3.0、宽1.9、高1.2厘米（图六九∶15）。标本M16D1∶06-1，长2.5、宽1.7、高1、孔径0.7厘米（图六九∶11）。

（8）分期年代

该墓所出小口圆肩罐常见于西周早期偏晚阶段，但也见于中期偏早。另外，据以往研究[1]，X型节约商时期已出现，最早为素面；西周早期平面近H形，为四通式；早中期之际时出现两管短、两管长，束腰处饰一至三周凸旋纹，且延续至西周中期偏晚。M16所出此型节约两管短、两管长，束腰处饰一至三周凸旋纹，因此可判断其早不至早期偏晚阶段，晚不至晚期阶段。扁长方形节约最早底部平直、以素面为主，有的有纹饰；中期偏晚底部尖齿状，有纹饰。M16所出此形制节约为素面，可判断其晚不至到中期偏晚。根据墓内所出陶器、铜器并结合墓地形成过程，综合判断该墓年代为西周中期偏早阶段。

4. 2012FZYM17（图七〇）

（1）墓位与盗扰情况

位于姚家墓地北区。西南距M16约1.9米，东南距M19约1.91米。

该墓共有3个盗洞，自南向北依次为D1、D2、D3。D1位于南端中部，口部呈半圆形，最大径为1.1米，贴壁先弧后直下延伸至墓底，破坏部分南部端板，出土遗物有玉、陶、石、蚌、贝、骨等种类。D3位于北端中部，口部近圆形，直径约0.76米，直下延伸至二层台上部时打破北墓壁及二层台，底部出有贝、柄形器及人骨等，应为早期盗洞。D2位于D1与D3之间，口部呈圆形，直径约1.18米，直下延伸至墓底时与D3相通，将椁室内严重扰乱。

（2）墓向与形制

南北向，墓向18°。

长方形竖穴土坑墓，口大底小。墓口东北角略凸，墓口及墓底墓角均圆弧。墓壁局部经加工较光滑，但无加工痕迹。平底。墓口长4.3、南宽3.3、北宽3.1米，墓底东长3.9、西长3.9、南宽2.9、北宽2.6米，自深7.8米。

---

[1]　吴晓筠：《商至春秋时期中原地区青铜车马器形式研究》，《古代文明（第1卷）》，文物出版社，2002年。

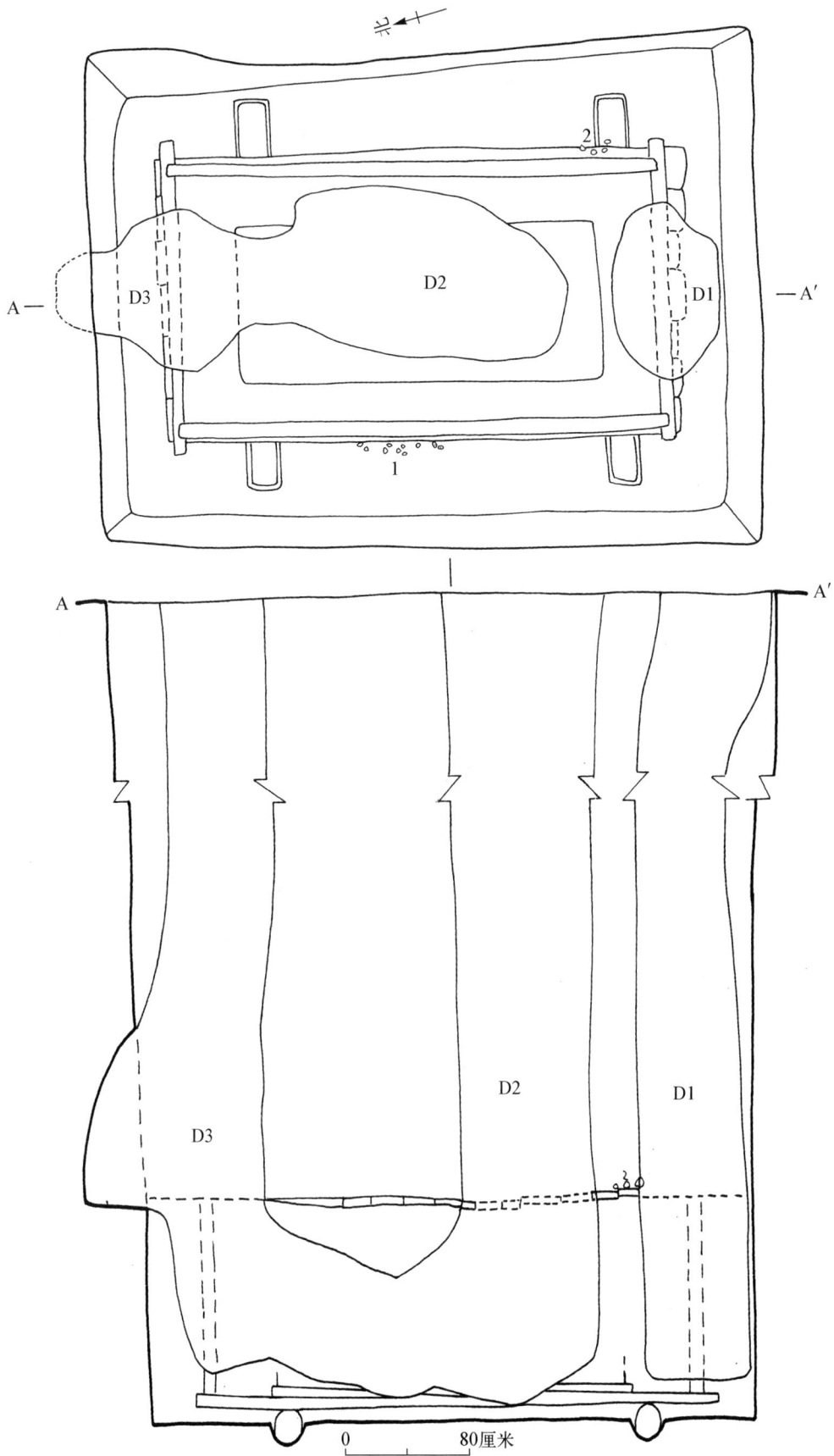

图七〇　2012FZYM17平剖图

随葬品全出自于盗洞，描述中未出现1、2号器物

（3）填土

填土较松散,土色呈黄褐色,夹杂较少的红土颗粒,分布不均匀。墓葬下部土质较硬,土色呈红褐色,夹杂较少的黄土颗粒,分布不均匀。未发现夯打痕迹。

（4）葬具

一椁一棺。棺椁均为南北向放置。

椁长311、宽154、高92厘米。残留11块椁盖板,均东西横向放置在二层台上,由北向南长、宽依次残余14×20、194×19、195×20、194×20、190×26、188×16、184×18、190×20、198×20、198×18、198×22厘米。椁侧板两端嵌于端板内。东西侧板的长、宽分别为317×8—10、323×7—10厘米,南北端板长宽分别为187×10、199×10厘米。椁底板由7块南北向放置的板组成,自西向东长、宽依次为329×26、324×22、326×24、330×32、330×26、340×28、340×28厘米。棺长236、宽100厘米（图七一）。

椁下有两道东西向垫木槽,南北向基本平行,南垫木槽长248、宽20厘米,北垫木槽长248、宽22厘米,两垫木槽间距为210厘米。内各放置一根圆形垫木,北垫木长242、直径18、进深10厘米,南垫木长244、直径16、进深8厘米,两垫木间距216厘米。

D3底部发现有少量的朱砂,棺及椁内未发现。

（5）墓主人

盗扰严重,仅在清理D3底部时发现有股骨等。经鉴定,墓主人可能为一青壮年女性。

（6）随葬品及其位置

共42件（组）。

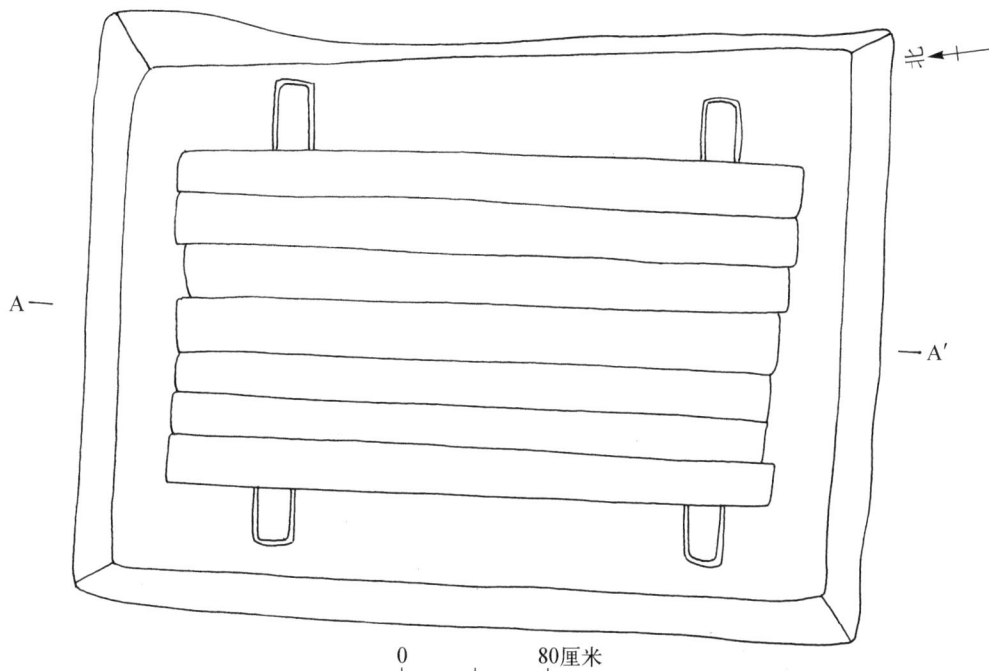

图七一　2012FZYM17椁底板平面图

出土于各个盗洞的情况如下：

出土于D1的有：毛蚶22枚（03），出于D1口部；石鱼2件（013），出于D1下部；毛蚶14枚（012）、罍1件（036），出于D1底部。

出土于D2的有：三足瓷2件（02、033）、联裆鬲1件（04），出于D2口部；圆形蚌泡13枚（05）、三角形蚌泡5枚（06）、方形蚌泡5枚（07），出于D2中部；骨匕1件（011）、蚌泡7枚（015），出于D2下部；石鱼1件（018），出于D2底部。

出土于D3的有：柄形器附饰35件（08、023）、毛蚶46枚（09）、三角形蚌泡3枚（019）、圆形蚌泡26枚（020）、玉龙1件（022）、蚌珠43枚（024）、组玉佩1件（025）、蚌饰1件（026）、方形蚌泡1枚（027）、海贝229枚（028）、柄形器器柄1件（029），出于D3下部；器盖5件（01、031、034、035、040、042）、簋2件（010、032）、三角形蚌泡3枚（014）、毛蚶53枚（016）、石鱼1件（017）、玉戈1件（021）、联裆鬲2件（030、037）、圈足2件（043、041）、豆（038）、乳钉纹簋（039），出于D3底部。

保留在原位的有：毛蚶11枚（1），出土于内椁盖板西北边第3—5块盖板西端；毛蚶4枚（2），出土于椁盖板东南角第1—2块盖板东端上。

（7）随葬品介绍

玉戈　1件。标本M17D3：021，下半部残。青灰色，器身受沁有粉白色痕迹。形制近似戈，条形片状。锋部呈三角状，双面刃。上下援部两侧均有宽血槽。器身有朱砂痕迹。残长16.2、宽7.2、厚0.4厘米（图七二：2；图版一七：4）。

玉龙　1件。标本M17D3：022，保存完整。黄绿色，局部受沁呈粉白色。扁平圆弧形，呈璜状。首宽尾细，龙眼为"臣"字眼，龙嘴穿孔，卷鼻，张口，弯身，翘尾。器身两面均有双线阴刻的卷云纹。长6.1、宽1.5、厚0.5厘米（图七四：32，图八〇：3；彩版一一：1）。

组玉佩　1件。标本M17D3：025，出土时，由于盗扰，其佩件已散乱各处。仅见玛瑙珠和玛瑙管，应为1件组玉佩。玛瑙珠，共2枚。中间有双面对钻穿孔。标本M17D3：025-1，黄褐色。直径0.9、孔径0.3、高1.3厘米（图七四：4）。标本M17D3：025-2，橘红色。直径1.1、孔径0.3、高0.9厘米（图七四：9）。玛瑙管，共2枚。标本M17D3：025-3、标本M17D3：025-4，灰白色。圆柱体。直径1.2、管径0.4、高0.6厘米（图七四：16）。

石鱼　共4件。皆残。标本M17D1：013-1，钙化严重，仅见部分鱼身。呈长条状，一侧可见一凹口。残长4.1、最宽处2.1、厚0.5厘米（图七四：12）。标本M17D1：013-2，仅见部分鱼身鱼尾。呈长条状，分尾斜直上翘，尾部有朱砂残留。残长5.8、宽1.6—2.0、厚0.5厘米（图七四：33）。标本M17D3：017，首尾皆无，仅见部分鱼身。灰白色，钙化严重。鱼身有少量朱砂残留。残长5.5、宽1.7、厚0.5厘米（图七四：27）。标本M17D2：018，仅见鱼身鱼尾。青白色，直身，分尾斜直，身宽尾窄，腹部有一凹口与一长方形缺口，背部有一凹口，应为鱼鳍分界。残长7.0、宽1.9、厚0.5厘米（图七四：34）。

柄形器玉柄　1件。标本M17D3：029，白色略带青色，窄长条状，柄首残，底端两侧微内收，底部凹凸不平，近断口处饰一道细旋纹，正面光滑，背面粗糙，细颗粒状明显。长4.3、残端宽1.25、底端宽1.1、残端厚0.5、底端厚0.3厘米（图七四：30）。

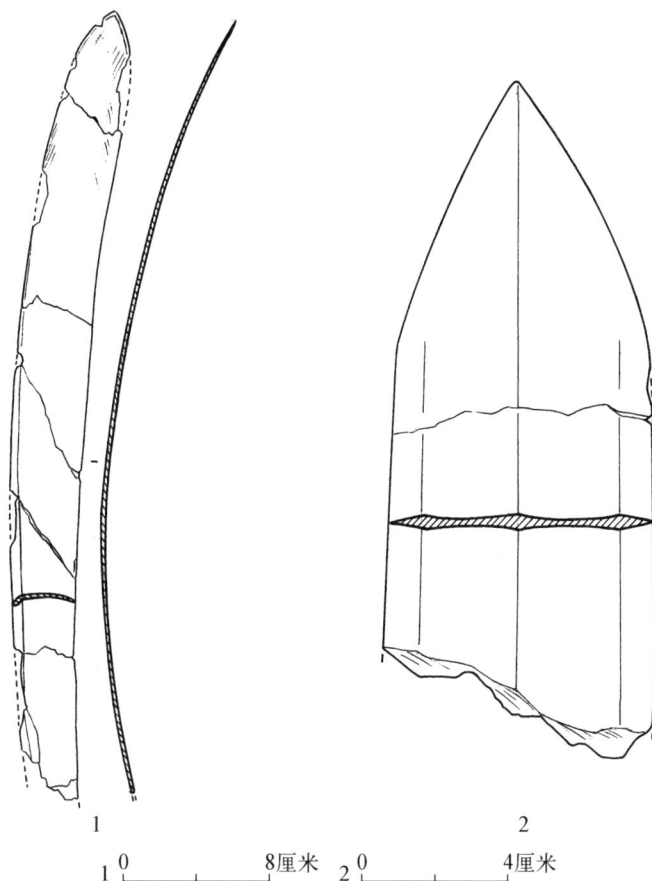

图七二　2012FZYM17骨、玉器

1. 骨匕（D2：011）　2. 玉戈（D3：021）

柄形器蚌托　1件。标本M17D3：026-2，窄长方体，窄长面中心有一个单面钻的圆形穿孔，两面孔径大小不同，长边微弧。长1.9、宽0.7、孔径0.4厘米（图七四：26）。

柄形器玉附饰　共35件。均出自盗洞填土中，散乱无章，形制多样，目前还无法复原。为了展现M17所出柄形器的全貌，我们采取按照玉饰分类来发表，而非复原性发表。组合附饰中的玉饰35件，主要分为三类：第一类是带扉棱玉片，10件；第二类是带浅槽玉片，20件；第三类是不规则形玉片，5件，其中有小玉蝉2件（图七三）。

第一类：侧边带扉棱玉片，共10件。体扁平，侧边带扉棱或犬齿。一般复原于柄形器组合附饰的最外两侧，齿朝外，一端向外侧出尖牙，一端近平，尖端朝向柄形器器柄，平端向下。标本M17D3：08-2，同形制2个。向上出牙一侧另有一个无犬齿扉棱，另一侧平直，平端突起一道细棱（图七四：24）。标本M17D3：023-1，同形制2件。青玉。一侧饰两个犬齿状扉棱、一个犬齿状缺口、两个梯形缺口，另一侧下方有一个梯形缺口。长5、宽0.5、厚0.1厘米，扉棱长0.9—1.2、扉棱一侧的缺口宽0.5、另一侧的缺口宽1.0厘米（图七四：23）。标本M17D3：023-3，白玉质，厚体、截面近方，残，一端有平直出牙，正面有一凹槽，整体形似尖牙状扉棱，近平端有一缺口，其上方残断。有朱砂残留痕迹。残长2.5、宽0.4、厚0.1—0.5厘米（图七四：31）。标本M17D3：023-5，残，白玉，

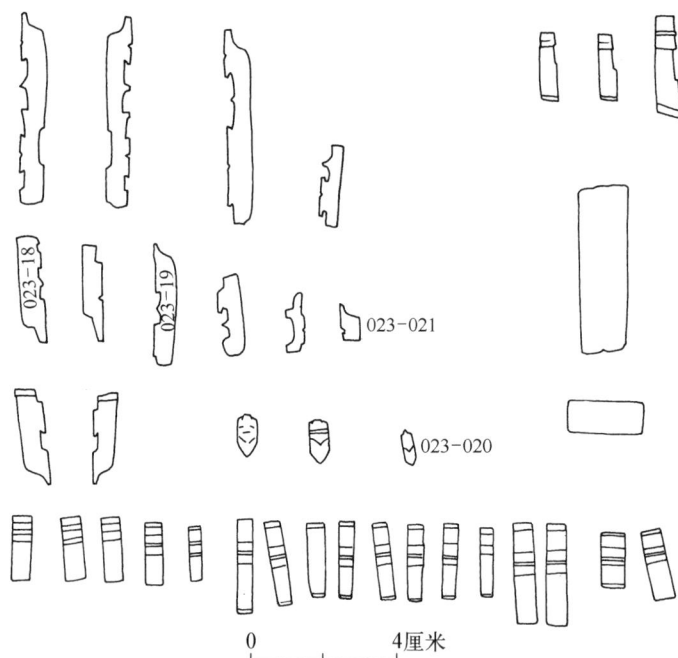

图七三　2012FZYM17柄形器玉附饰分类

一侧有一个犬齿状扉棱和一个犬齿状缺口，另一侧平直。根据扉棱与尖牙排布推测原器物应在3厘米以上。残长2.1、宽0.5、缺口宽0.4、厚0.2厘米（图七四：18）。标本M17D3：023-7为白玉质，有少量灰褐色沁染。长2.4、宽0.6、扉棱宽0.5、厚0.2厘米（图七四：19）。标本M17D3：023-9，白玉，一侧饰两个犬牙状扉棱，一个犬牙状缺口，另一侧平直。背面有一条竖长凹痕纵贯，应为开料痕迹，有朱砂残留。长5、宽0.6、扉棱长1.2—2、犬牙状缺口宽0.8厘米（图七四：28）。标本M17D3：023-14，白玉质，形制较特殊，为一端圆一端平，一侧有一个犬齿状缺口，另一侧平直。长2.1、宽0.6、犬齿状缺口宽0.7、厚0.1厘米（图七四：20）。标本M17D3：023-18，青玉质、厚体、截面近方，一端近平，另一端有平直出牙，正面有一个犬牙状缺口，上方有一道凹槽，近尖端处有一道旋纹。根据以往发掘经验可以推测，此器物应位于柄形器附饰中轴线上，有扉棱一面为正面，尖端向下。长2.8、有扉棱的一面宽0.4、侧面宽0.5厘米。标本M17D3：029-6白化严重，推测应为青玉质。长2.6、宽0.6、扉棱宽0.5厘米。

第二类：正面带浅槽玉片，共20件。一般背面一端平直，一端略有上翘。正面平直一端有一道粗棱，上翘一端有一道细棱，中间靠近平端位置突起粗棱，上有一道浅槽使其上形成两道并列的棱，侧面看类似突起的小扉棱。长短、大小、厚薄、宽窄不一。标本M17D3：08-1、M17D3：023-10，均为白玉质，并行的两道棱中间隐约可见一道竖向痕迹，疑为开料加工过程中遗留。两器尺寸相同。均长2.7、宽0.6、厚0.3厘米（图七四：1、2）。标本M17D3：08-2，青玉质。长1.4、宽0.6、厚0.2、并行两道棱宽0.5厘米（图七四：24）。标本M17D3：023-2，同形制有3件，均在一侧有梯形缺口，平直端无凸棱而是向上突起一个平台，其上有两道旋纹，上翘端略向缺口一侧倾斜。长1.7、宽0.3、厚0.2、缺口长0.5厘米（图七四：29）。标本M17D3：023-4，青玉质，有金属光泽。长1.4、宽0.3、并

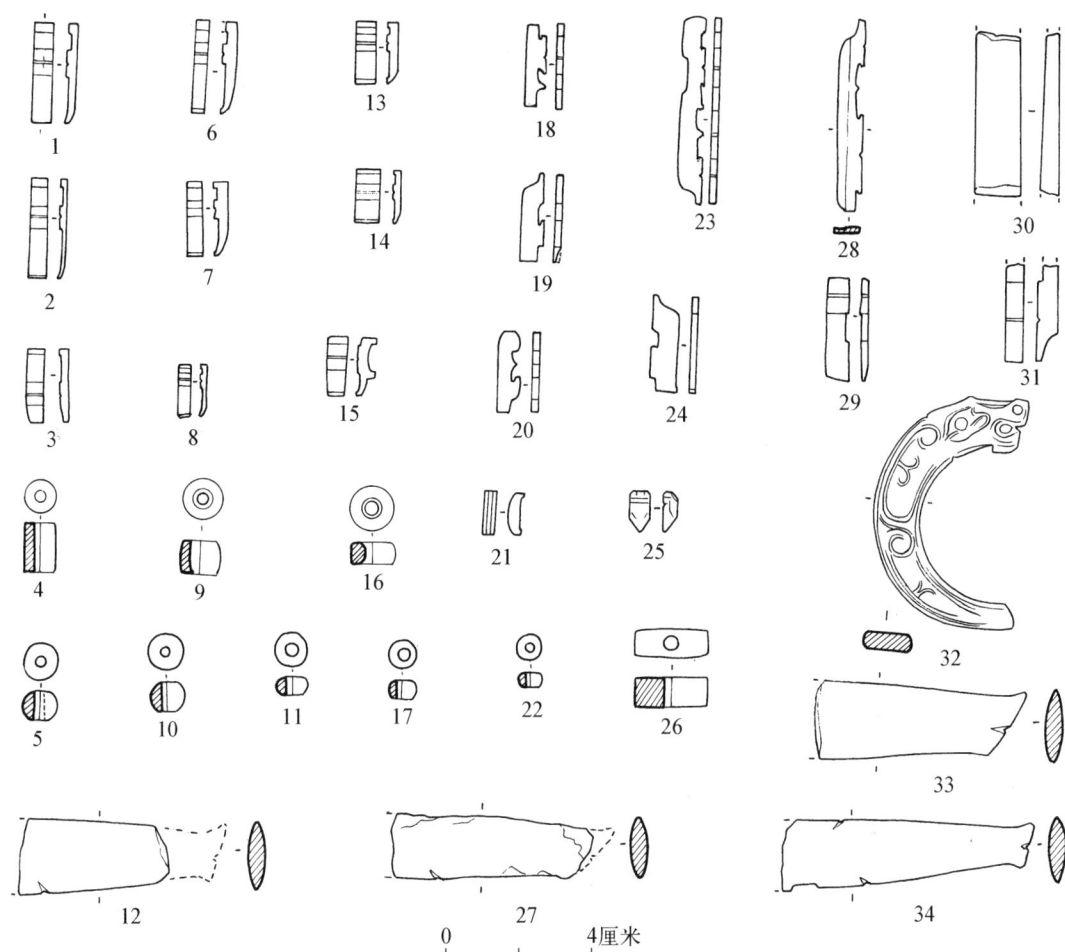

图七四　2012FZYM17 随葬品

1、2、3、6. 柄形器玉附饰（D3：08-1、D3：023-10、D3：023-11、D3：023-8）

7、8、13、14. 柄形器玉附饰（D3：023-12、D3：023-4、D3：023-13、D3：023-15）

15、18、19、20. 柄形器玉附饰（D3：023-6、D3：023-5、D3：023-7、D3：023-14）

21、23、24、25. 柄形器玉附饰（D3：023-16、D3：023-1、D3：08-2、D3：023-17）

28、29、31. 柄形器玉附饰（D3：023-9、D3：023-2、D3：023-3）　26. 柄形器蚌托（D3：026-2）

4、9. 玛瑙珠（D3：025-1、D3：025-2）　5、10、11、17、22. 蚌珠（D3：024-1、D3：024-2、D3：024-4、D3：024-3、D3：024-5）

12、27、33、34. 石鱼（D1：013-1、D3：017、D1：013-2、D2：018）

16. 玛瑙管（D3：025-3）　30. 柄形器玉柄（D3：029）　32. 玉龙（D3：022）

行两道棱宽0.5、厚0.2厘米（图七四：8）。标本M17D3：023-8，白玉质，其上附着有朱砂。长2.5、宽0.5、厚0.3、并行两道棱宽0.6厘米（图七四：6）。标本M17D3：023-11，白玉质，上翘一端较厚且无细棱突起，并行两道棱位置靠近上翘一端且深度较浅。长1.9、宽0.5、厚0.3、并行两道棱宽0.6厘米（图七四：3）。标本M17D3：023-12，共6件，窄且长，形制形似、大小相若，均为白玉质。长2.1、宽0.4、厚0.3厘米（图七四：7）。标本M17D3：023-13，共4件，宽、厚且短，青玉质，其上均附着有朱砂。长1.7、宽0.5、厚0.4、并行两道棱宽0.5厘米（图七四：13）。标本M17D3：023-15，长1.5、宽0.7、厚0.2、并行两道棱宽0.1厘米（图七四：14）。

　　第三类：不规则形状，共5件。标本M17D3：023-6，白玉质，一面类似第二类柄形饰附饰，一端上翘并带凸棱，上有并行两道棱，另一面凸起两个凸棱。长1.6、宽0.5、厚0.1—0.2厘米（图七四：15）。标本M17D3：023-16，一端上翘成三角形，一端有犬齿状凸起，近尖端有减地形成的倒三角纹饰。长1.2、宽0.4厘米（图七四：21）。标本M17D3：023-17、标本M17D3：029-32，共2件，均玉蝉形。前者白色，后者乳白色，均阴线刻有双眼，两道横向旋纹，一道向下的三角纹。长1.1、宽0.6、厚0.4厘米（图七四：25）。标本M17D3：023-21，一端有出牙尖角，一端平直，尖端一侧有一个小三角形缺口，另一侧平直。长1.0、宽0.4、厚0.2厘米。

　　联裆鬲　共3件，皆残损，夹砂灰陶。标本M17D2：04-1，卷沿，方圆唇，沿面外缘有一周旋纹，沿下角较小。残高2.3厘米（图六八：4）。标本M17D2：04-2，柱状实足根。饰印痕较浅的斜行中绳纹。残高5厘米（图六八：8）。二者属于同一个体。标本M17D3：030，折沿，圆唇，沿下角较小。沿外缘有一周旋纹，沿下绳纹被抹。腹部较浅，上有竖行细绳纹，绳纹规整较浅，印痕模糊。人字裆，裆部较高，锥状实足根，足较细，足部有刮削痕迹。口径14.2、器身最大径14.8、通高12.4、厚0.6厘米（图七五：9；彩版一六：4）。标本M17D3：037，卷沿，斜方唇，沿面外侧有一圈凹槽，沿下角小，矮束颈，浅腹，人字裆，锥状实足根。器身饰细绳纹，绳纹较浅，足部绳纹被抹。口径14.0、足残高4.6厘米（图七五：7）。

　　簋　共3件。均残。泥质磨光黑皮陶。标本M17D3：010，敛口，方唇，浅腹外鼓，高圈足外撇，圈足口部尖圆唇，有小平台。肩部有四条弦纹，弦纹上有四耳，均为两条泥条并列贴筑而成。口径16.9、器身最大径21.2、底径12.5、通高14.4、厚0.8厘米（图七五：3）。标本M17D3：032，敛口，方唇内斜，浅腹外鼓，高圈足外撇，圈足口部尖圆唇，有小平台。肩部有四条弦纹，弦纹上有四耳，均为两条泥条并列贴筑而成。口径17.2、器身最大径22.2、底径13.0、通高15.0、厚0.8厘米（图七五：4）。标本M17D3：039，仅剩部分腹片及圈足。深腹圆弧，腹壁较直，器身饰有弦纹和乳钉纹，圈足较粗、外撇。器身最大径19、圈足底径16厘米（图七五：2）。

　　豆　1件。标本M17D3：038，残。泥质黑皮陶，敞口，窄平沿，尖唇，盘较浅且为圜底。盘壁饰2周旋纹，盘外侧饰5周旋纹。口径17.0、残高5.6厘米（图七五：1）。

　　罍　1件。标本M17D1：036，残。泥质灰陶。侈口，卷沿，溜肩。肩部饰有数周旋纹和乳钉纹。肩径34.8、残高11.6厘米（图七五：10）。

　　三足瓮　1件。标本M17D2：02，残，仅存口沿及足根，泥质灰陶。敛口，平折沿，三角方唇，束颈，肩部有波折纹和绳纹，从残片可见肩部有一道空白条带。口径30.2、残高5.4厘米（图五七：8、图七五：5）。标本M17D2：033，仅剩足部。袋足。素面。残高11.4厘米（图六八：12）。由于该器碎片数量较多，且多可拼合，三足瓮又多出于女性墓中，故在此倾向将此件三足瓮定为墓葬随葬品，但不排除是墓葬打破单位包含物的可能性。

　　器盖　共5件。皆残。标本M17D3：01，泥质黑皮陶。钮部圆唇，平折沿有小平台。钮内径4.2、钮外径6、残高3.8厘米（图六八：7）。标本M17D3：031，泥质黑皮陶。钮部圆唇，平折沿有小平台。有子母口，子母口较深。器盖上有两圈旋纹，两道旋纹之间分布竖绳纹，中部穿过一道空白条带。盖沿无向外平侈，盖沿圆唇。钮内径2、钮外径3.5、钮高1.1、子口径5.8、直径9、通高4厘

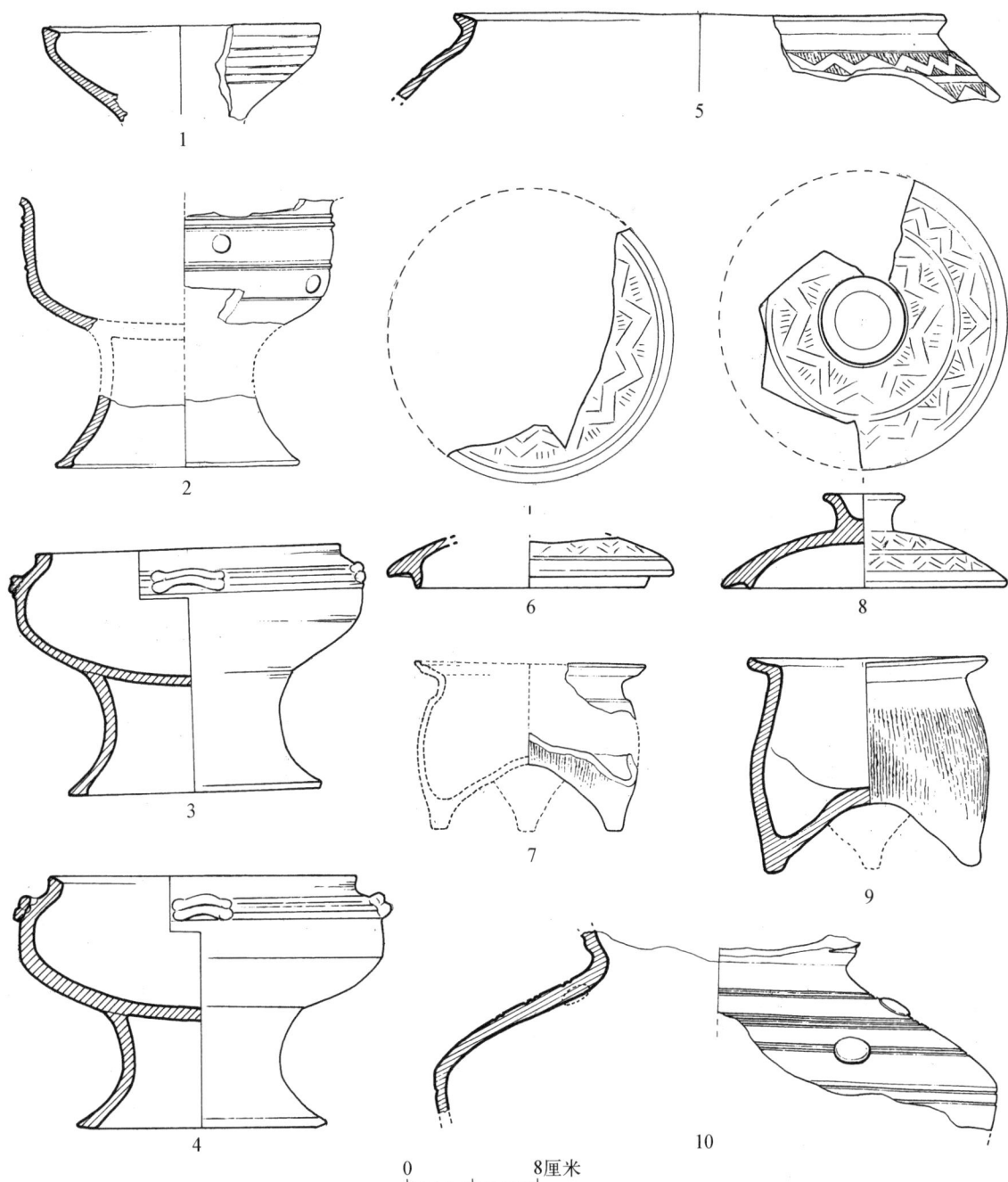

图七五　2012FZYM17陶器

1. 陶豆（D3：038）　　2、3、4. 陶簋（D3：039、D3：010、D3：032）　　5. 陶三足瓮（D2：02）
6、8. 陶器盖（D3：035、D3：034）　　7、9. 联裆鬲（D3：037、D3：030）　　10. 陶罍（D1：036）

米（图五七：6、图六七：2）。标本M17D3：034，泥质灰陶，整体呈锅盖状，有子母口，子母口较浅。钮部尖圆唇，平折沿有小平台。器盖上有波折纹和绳纹，并有两周空白条带。盖沿无向外平侈，盖沿圆唇。器身直径17.7、通高5.6、厚0.5厘米；钮内径3.2、钮外径5.2、钮高2.2、子口径13.7厘米（图七五：8）。标本M17D3：035，泥质灰陶。钮部已不存。有子母口，子母口较深。器盖上有波折纹和绳纹。盖沿无向外平侈，盖沿圆唇。子口径14、直径17.6、残高3.7厘米（图七五：6）。标本M17D3：040，泥质黑皮陶。仅剩口沿残片。盖沿圆唇，有子母口，子母口较浅，内敛。盖面外侧有一圈凹槽。子口径18.8、直径22、残高3厘米（图六八：1）。与标本M17D3：01当属同一个体。标本M17D3：042，泥质黑皮陶。仅剩口沿残片。方唇，无子母口，盖沿向外稍平侈，盖面外缘饰两周旋纹。口径12.9、残高2厘米（图六八：9）。

圈足　2件。皆残。标本M17D3：041，泥质黑皮陶，方圆唇，上施两周旋纹，其间饰斜线纹。底径10.6、残高3.6厘米（图六八：11）。标本M17D3：043，泥质灰陶，圈足口部出宽沿，内端有一平台。底径13.8、残高2.3厘米（图六八：6）。

蚌珠　共43枚。基本完整，为扁圆球形，中部有穿孔，部分沾有朱砂。标本M17D3：024-1，直径1.0、孔径0.3、高0.8厘米（图七四：5）。标本M17D3：024-2，直径1、孔径0.3、高0.8厘米（图七四：10）。标本M17D3：024-3，直径0.8、孔径0.3、高0.5厘米（图七四：17）。标本M17D3：024-4，直径0.9、孔径0.3、高0.5厘米（图七四：11）。标本M17D3：024-5，直径0.7、孔径0.3、高0.4厘米（图七四：22）。

蚌泡　共63枚。均为白色，扁平状，平底。

圆形蚌泡　共46枚，表面微鼓，正面边缘和中心涂有一周红漆。大小不一，大者底径3.3、小者底径2.2厘米。其中双面钻1枚。标本M17D2：05-1，直径3.0、高0.8、孔径0.5—0.8厘米（图七六：1）。单面钻38枚，部分只钻半穿。标本M17D2：05-2，直径2.4、高0.8厘米（图七六：2）。标本M17D2：05-3，孔未钻透且偏于一侧。直径2.3、高0.7厘米（图七六：17）。标本M17D2：015-1，直径2.4、孔径0.4、高0.7厘米（图七六：11）。标本M17D2：015-2，直径2.4、高0.8厘米（图七六：22）。标本M17D3：015-3，孔未钻透，直径2.3、高0.7厘米（图七六：6）。标本M17D3：020-1，直径3.2、孔径0.5、高0.8厘米（图七六：21）。标本M17D3：020-2，直径2.7、孔径0.1、高0.6厘米（图七六：16）。标本M17D3：020-3，孔未钻透，直径2.4、高0.7厘米（图七六：7）。标本M17D3：020-4，孔未钻透，直径2.4、高0.5厘米（图七六：12）。无钻孔7枚。标本M17D3：020-5，底径2.5、高0.4厘米（图七七：12）。

正方形蚌泡　共6枚。整体呈方锥状。大小不一，大者宽3.54厘米，小者宽2.5厘米。其中双面钻孔1枚，钻孔位于正中心，无钻孔5枚，四周边缘涂有一周红漆。标本M17D2：07-1，边长2.8、高0.8厘米（图七六：24）。标本M17D2：07-2，边长2.5、高0.8厘米（图七六：18）。标本M17D2：07-3，边长3.5、孔径0.3、高0.6厘米（图七六：25）。标本M17D3：027，边长2.7、高0.8厘米（图七六：23）。

三角形蚌泡　共11枚，皆基本完整，整体呈三棱锥状，底面为等腰三角形。中心无钻孔，多数边缘有一周红漆。大小不一，大者底长4.4厘米，小者底长3厘米。标本M17D2：06-1，尖部微残，残长3.5、高0.7厘米（图七六：10）。标本M17D2：06-2，底长2.9、高0.9厘米（图七六：4）。标本M17D2：06-3，底长3.3、高0.9厘米（图七六：3）。标本M17D2：06-4，底长2.9、高0.8厘米（图七六：9）。标本M17D2：06-5，微残，底长2.5、高0.7厘米（图七六：8）。标本M17D3：014-1，底长3.2、高0.6厘米（图七六：20）。标本M17D3：014-2，略残，残长3.2、高0.5厘米（图七六：15）。

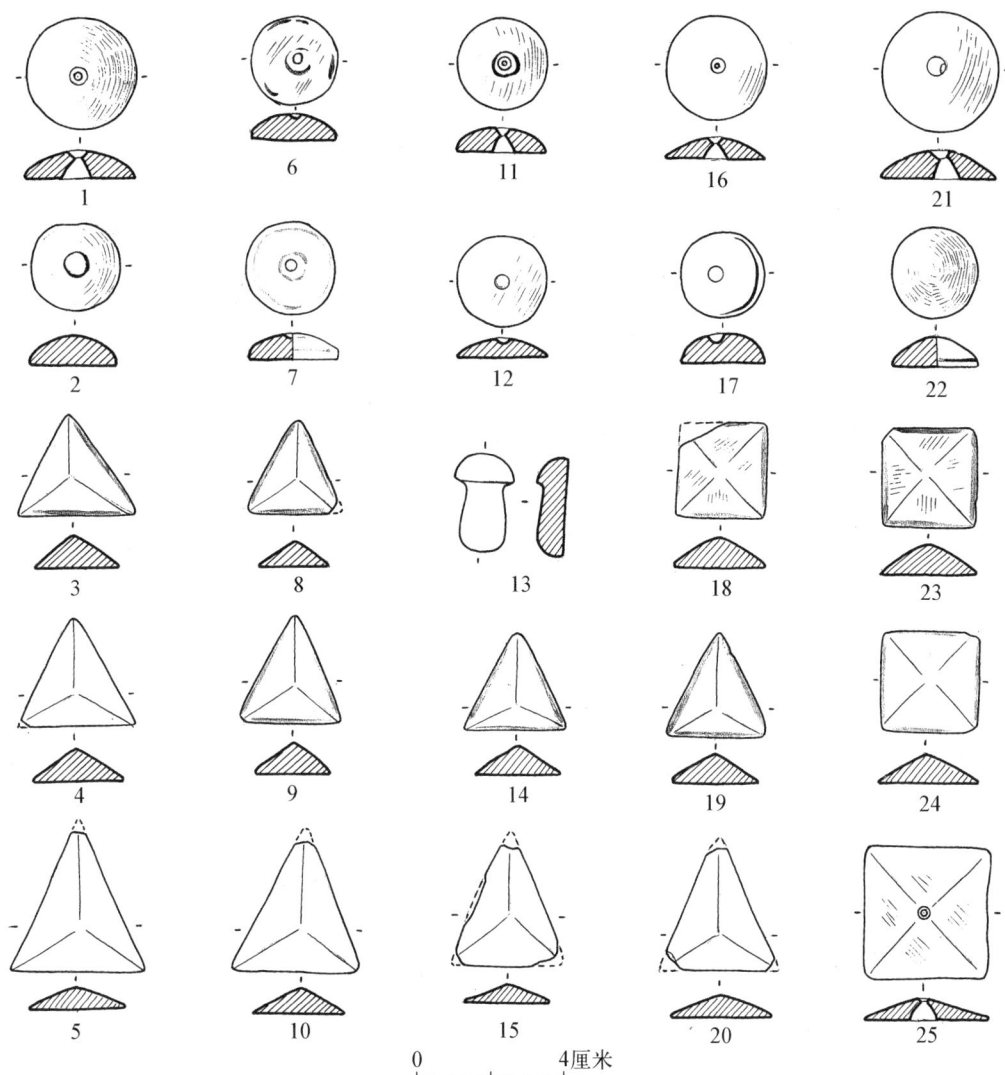

图七六　2012FZYM17蚌器

1、2、6、7. 圆形蚌泡（D2：05-1、D2：05-2、D2：015-3、D3：020-3）　11、12、16、17. 圆形蚌泡（15-1、D3：020-4、D3：020-2、D2：05-3）

21、22. 圆形蚌泡（D3：020-1、D2：015-2）　3、4、5、8. 三角形蚌泡（D2：06-3、D2：06-2、D3：019-1、D2：06-5）

9、10、14、15. 三角形蚌泡（D2：06-4、D2：06-1、D3：019-2、D3：014-2）　19、20. 三角形蚌泡（D3：014-3、D3：014-1）

13. 蚌饰（D3：026-1）　18、23、24、25. 方形蚌泡（D2：07-2、D3：027、D2：07-1、D2：07-3）

标本 M17D3：014-3，底长 2.8、高 0.8 厘米（图七六：19）。标本 M17D3：019-1，尖部微残，残长
3.7、高 0.6 厘米（图七六：5）。标本 M17D3：019-2，底长 2.6、高 0.8 厘米（图七六：14）。

　　蚌饰　1件。标本 M17D3：026-1，角形蚌饰。正面为蘑菇形，根部稍宽于颈部，背面平直。
蚌体沾有少量朱砂。长 2.6、宽 0.9—1.7、厚 0.6—0.8 厘米（图七六：13）。

　　毛蚶　共150枚。基本完整，均白色，单扇，壳顶处有穿孔，扇面有长条形皱折纹，部分沾有
朱砂痕迹。大小不等，大者长 3.9、宽 3.3 厘米；小者长 1.8、宽 1.6 厘米。标本 M17：1-1，长 3.0、
宽 2.6、高 1.0、孔径 0.2 厘米（图七七：4）。标本 M17：1-2，长 2.6、宽 2.4、高 0.7、孔径 0.5 厘米（图

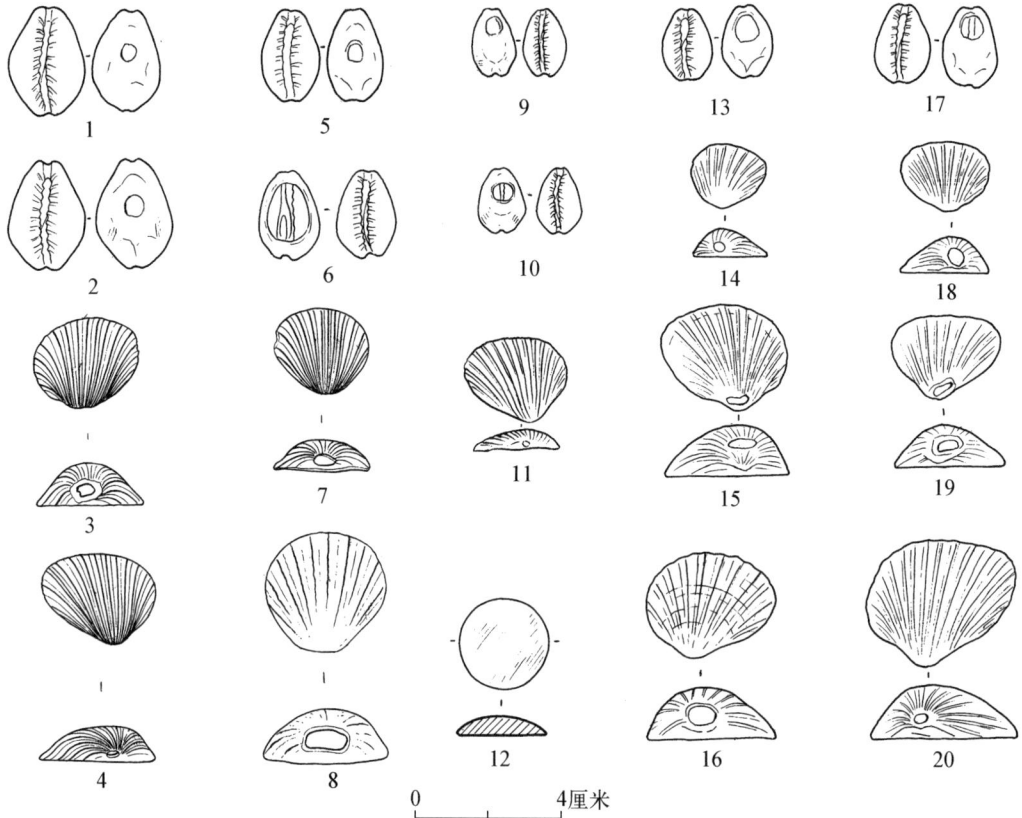

图七七　2012FZYM17海贝、毛蚶、蚌泡

1、2、5、6. 海贝（D3：028-2、D3：028-1、D3：028-3、D3：028-8）　9、10、13、17. 海贝（D3：028-6、D3：028-7、D3：028-5、D3：028-4）

3、4、7、8. 毛蚶（D3：016-3、1-1、1-2、D3：016-1）　11、14、15、16. 毛蚶（D3：016-2、D3：09-2、D1：012-1、D3：09-3）

18、19、20. 毛蚶（D3：09-1、2-1、D1：03-1）　12. 蚌泡（D3：020-5）

七七：7）。标本M17：2-1，长3.0、宽2.2、高1.1、孔径0.5厘米（图七七：19）。标本M17D1：03-1，长4.1、宽3.4、高1.5、孔径0.2厘米（图七七：20）。标本M17D3：09-1，长2.4、宽1.85、高1、孔径0.45厘米（图七七：18）。标本M17D3：09-2，长2、宽1.7、高1.75、孔径0.25厘米（图七七：14）。标本M17D3：09-3，长3.5、宽2.8、高1.4、孔径0.7厘米（图七七：16）。标本M17D1：012-1，长3.4、宽2.8、高1.4、孔径0.7厘米（图七七：15）。标本M17D3：016-1，长2.9、宽2.7、高1.4、孔径0.2厘米（图七七：8）。标本M17D3：016-2，长2.3、宽2.4、高0.6、孔径0.2厘米（图七七：11）。标本M17D3：016-3，长2.8、宽2.1、高1.0、孔径0.6厘米（图七七：3）。

海贝　共229枚。均为白色，面有唇，唇内侧各有一排细齿，背面有一穿孔，贝体沾有朱砂。仅在背部磨一小孔者218枚，背部几乎被磨平者11枚。其中大体56枚。标本M17D3：028-1，长2.9、宽2.1、高1.2、孔径0.6厘米（图七七：2）。标本M17D3：028-2，长2.9、宽2.1、高1.1、孔径0.5厘米（图七七：1）。中体113枚。标本M17D3：028-3，长2.5、宽1.5、高1、孔径0.5厘米（图七七：5）。标本M17D3：028-4，长2.2、宽1.5、高0.9、孔径0.6厘米（图七七：17）。标本M17D3：028-8，背部几乎被磨平，长2.4、宽1.7、高0.6、孔径1.5厘米（图七七：6）。小体60枚。标本M17D3：028-5，长

1.9、宽1.4、高0.8、孔径0.7厘米（图七七：13）。标本M17D3：028-6，长1.9、宽1.3、高0.8、孔径0.5厘米（图七七：9）。标本M17D3：028-7，长1.8、宽1.2、高0.7、孔径0.6厘米（图七七：10）。

骨匕　1件。标本M17D2：011，残。器形为长条形，前端略磨呈锋状且微微上翘，两侧略微向内翻卷，自尾端至顶端逐渐变薄，顶端削成尖峰状。器表沾有少量朱砂。残长42、残宽4厘米（图七二：1）。此类器物墓葬中罕见，不排除为水池内堆积。

（8）分期年代

根据所出陶鬲形制判断，该墓年代为中期偏晚阶段。

5. 2012FZYM18（图七八）

（1）墓位与盗扰情况

位于姚家墓地北区。东距M24约3.37米，东北距M20约3米，西距M15约3米。

该墓共有3个盗洞。D1位于南端中部，口部近圆形，最大径0.62米，贴壁直下延伸至墓底打破生土，破坏棺、椁南端，出有少量的玉、蚌、瓷、陶等遗物。D2位于中部，口部呈圆形，直径0.7米，直下延伸至墓底将棺中间扰乱，出有陶片、蚌等。D3位于东北角，口部呈椭圆形，最大径0.73米，贴壁直下延伸至墓底将椁的北端及棺北端大部分扰乱，出有玉、蚌、贝、陶等质地遗物。

（2）墓向与形制

南北向，方向13°。长方形竖穴土坑墓，口小底大。墓口东北角略凸，北宽南窄。墓口及墓底墓角均圆弧。墓壁局部经加工较光滑，但无工具痕迹。墓底东南角斜直内凹。墓口长3.6、北宽2.2、南宽2.1米，墓底长3.7、宽2.3、自深5.2米。

（3）填土

土质较松散，土色呈黄褐色，夹杂较多的红土颗粒，分布较均匀，墓葬口部局部土色呈浅灰褐色，未发现夯打痕迹，无包含物。

（4）葬具

一棺一椁。棺椁均为南北向放置。

椁长248、宽132厘米。残存7块椁盖板，均东西横向放置在二层台上，由北向南长、宽依次为160×26、160×20、160×22、158×13、164×20、164×25、170×24厘米。椁侧板两端嵌于端板内。南、北端板长宽分别为156×6、160×6厘米，东、西侧板长宽分别为250×5、254×4厘米。椁底板共6块，均为南北向放置，由西向东长、宽依次为276×22、278×30、240×26、250×20、294×20、300×28厘米。棺残长202、宽88厘米。

椁下有两道东西向垫木槽，南北向基本平行。北垫木槽长180、宽18，南垫木槽长178、宽17厘米。两垫木槽间距为171厘米。内各有一根圆形垫木，北垫木长178、直径16，南垫木长176、直径18厘米。两垫木间距为168厘米。

（5）墓主

被盗洞全部扰乱至D3内，根据其周围墓葬及棺内被盗洞扰乱的器物来判断，大多器物在北边，推断头向北，面向不清。经鉴定，墓主为年龄在40岁左右的女性。

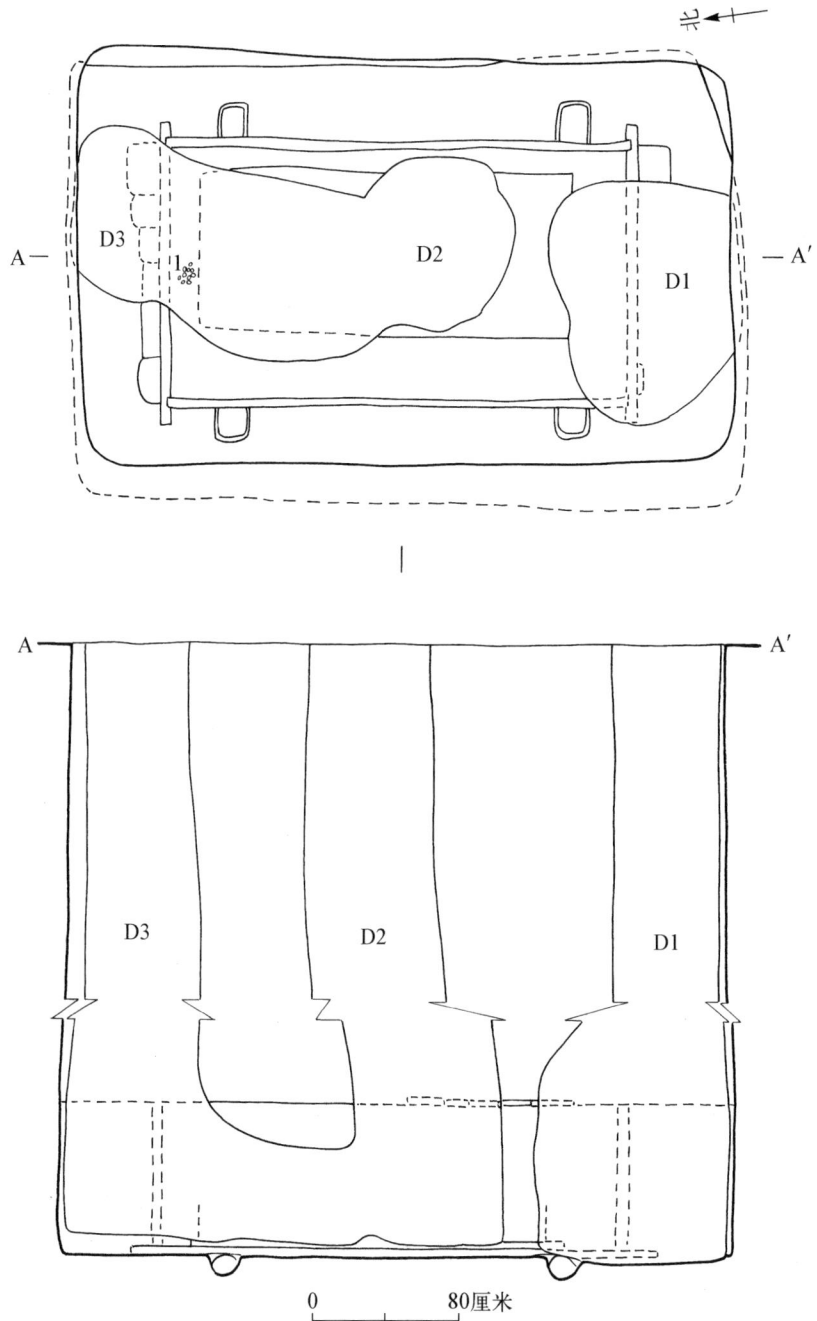

图七八　2012FZYM18平剖图

随葬品全出自于盗洞,描述中未出现1号器物

（6）随葬品及其位置

共31件（组）。

出土于各个盗洞的情况如下：

出土于D1的有：蚌饰若干（03）、蚌泡4枚（04），出于D1上部；玉戈1件（07）、陶丸1件（08），

出于D1下部；原始瓷圈足1件（031），出于D1底部。

　　出土于D2的有：联裆鬲1件（01）、蚌饰1件（02）、器盖1件（05）。

　　出土于D3的有：玉虎1件（06）、玉鸟3件（09、010、022）、玉饰10片（012）、玉戈1件（013）、玉鱼2件（014、015）、蚌饰若干（016）、海贝11枚（017）、蚌泡13枚（018）、毛蚶8枚（019）、单体柄形器1件（020）、玉蝉3件（011、023、024）、小玉管5件（021、028、029）、大玉管1件（025）、玉贝2件（026）、玛瑙珠3件（027）、陶丸1件（030），均出于D3。其中（023）—（030）位于盗洞底部棺内。

　　保留在原位的有：毛蚶10枚（1），出土于棺椁之间的棺北端。

（7）随葬品介绍

玉戈　共2件，内部皆残缺不见。形制相似，为长条形，呈扁平片状，锋部尖锐下斜。有中脊，双面刃，两面上下援部各有一道血槽。标本M18D1：07，部分墨绿色，部分青灰色。器形较大。斜直援。残长6.0、宽2.5、厚0.4厘米（图七九：18）。标本M18D3：013，器形较小。白玉质，略透明。斜直援。残长3.3、宽0.91.2、厚0.3厘米（图七九：16）。

玉虎　1件。标本M18D3：06，青白玉质，局部受沁呈黄褐色。长条形，扁平片状，通体阴线纹饰。虎头微垂，张口露齿，宽吻方鼻，方形眼，瓶形角。颈下部有前爪前伸作匍匐状。两道三角形凹槽刻出利爪，后爪似鱼鳍状后扬。垂腹，宽长尾上翘并卷起。两面纹饰相同，口、尾部各有一圆形穿孔。水平长7.1、宽2.0、厚0.4厘米（图七九：24、图八〇：11；彩版一二：4）。

玉鸟　共3件。形制各异，但均呈扁平片状。标本M18D3：09，浅绿色。匍匐状。宽喙，圆睛，扬翅，伏爪，头上有花冠和飘绥，宽尾向后伸，腹下有一鳍。两面刻纹相同，胸前有一穿孔。长4.2、宽2.3、厚0.2厘米（图七九：21、图八〇：1；彩版一一：4）。标本M18D3：010，青玉质。鸟身作飞翔状，整体呈三角形。宽喙下勾，圆睛，头上有冠呈绥带状后摆，四道阴线向斜上方作扬翅状，其一道弧线在胸前作一卷云纹，身下由两三道阴线刻出趾爪，分尾，宽尾向后伸展且向下弯曲，饰三条阴线纹。两面刻纹相同，胸前有一穿孔。长4.6、宽1.8、厚0.5、孔径0.1厘米（图七九：22、图八〇：8；彩版一一：5）。标本M18D3：022，青白玉质。除羽冠和趾爪为阴线外，主体纹饰为减地细阳线。宽扁喙，喙上部以两道折线纹装饰，喙下部回勾并钻有一孔。弦纹圆睛，睛上有眉，头上有倒靴形冠，刻有极细密的平行线纹，凤身有卷云纹与云雷纹装饰，爪部有两道线刻，尾尖，有穿孔。制作精美。长3.5厘米，头冠长1.0、宽0.7、厚0.3厘米，喙部穿孔径0.2、尾部穿孔径0.1厘米（图七九：20、图八〇：4；彩版一一：6）。

玉蝉　共3件。均为扁平片状，为阴线刻划。头端有尖吻，吻部有侧向穿孔，一双凸睛，阴刻双翼，双睛与双翼之间有两道旋纹，分尾。两面纹饰相同。标本M18D3：011，浅绿色。双翼并拢。分尾宽而短，分尾处有旋纹。长3.3、宽1.7—2.1、厚0.3、孔径0.1厘米（图七九：2、图八〇：6；彩版一一：2）。标本M18D3：023，黄白色玉。头宽尾尖，翼部微凹，双翼未并拢，分尾尖锐，尾向一侧偏斜，疑似由玉鱼改制而成。长4.0、宽1.3—1.6、厚0.6、孔径0.1厘米（图七九：4、图八〇：7）。标本M18D3：024，青玉质，有灰白色絮状沁蚀痕迹。双翼并拢，分尾宽而短，分尾间有一道较长阴线。长3.3、宽1.5—2.0、厚0.2、孔径0.1厘米（图七九：3；彩版一一：3）。

玉鱼　共2件。皆残。标本M18D3：014，青玉质，头部残。细长直身，分尾尖锐且斜直。残

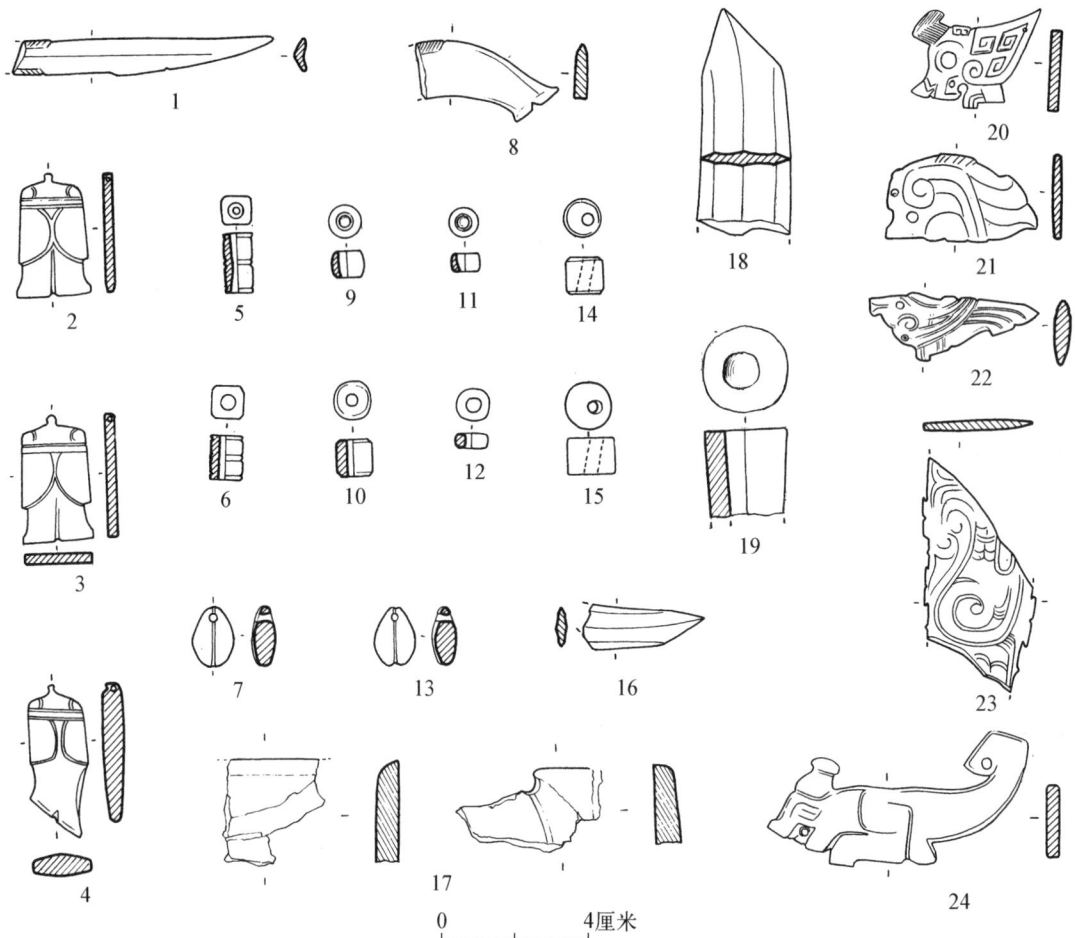

图七九　2012FZYM18玉、玛瑙器

1、8. 玉鱼（D3∶014、D3∶015）　2、3、4. 玉蝉（D3∶011、D3∶024、D3∶023）

5、6、10、14、15. 小玉管（D3∶021-1、D3∶028、D3∶021-1、D3∶021-2、D3∶029）

7、13. 玉贝（D3∶026-1、D3∶026-2）　9、11、12. 玛瑙珠（D3∶027-2、D3∶027-3、D3∶027-1）

16、18. 玉戈（D3∶013、D1∶07）　17. 玉不明器（D3∶012）　19. 大玉管（D3∶025）

20、21、22. 玉鸟（D3∶022、D3∶09、D3∶010）　23. 柄形器（D3∶020）　24. 玉虎（D3∶06）

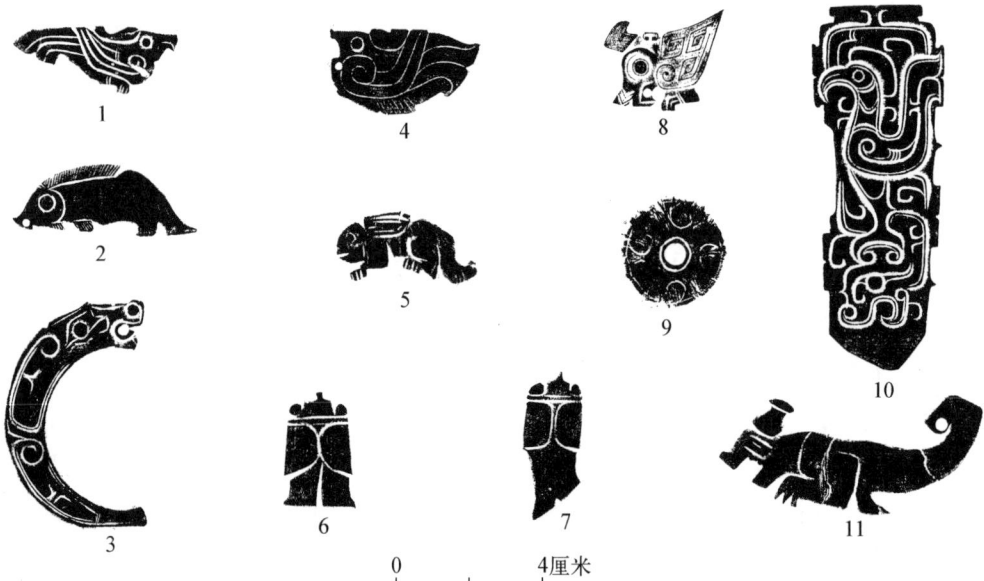

图八〇　2012FZYM7、M17、M18、M23、M30玉器拓片

1、4、8. 玉鸟（M18D3∶09、M18D3∶022、M18D3∶010）　2. 玉鱼（M30D3∶039）　3. 玉龙（M17D3∶022）　5. 玉兔（M7D6∶064）

6、7. 玉蝉（M18D3∶011、M18D3∶023）　9. 玉泡（M7D6∶066）　10. 玉柄形器（M23∶4）　11. 玉虎（M18D3∶06）

断处有阴刻的背鳍和尾鳍，一面有平直切割痕迹，一面略有突起。残长7.1、宽1.0、厚0.3厘米（图七九：1）。标本M18D3：015，残损，青白玉质，长条形，器身呈弧形，残断处有阴刻线纹背鳍，分尾尖锐下垂。残长3.9、宽1.5、厚0.3厘米（图七九：8）。

小玉管　共5件。标本M18D3：021-1，白玉质，局部白化，方柱形，横截面为圆角近方形，两端及中部均有凸棱，中心有穿孔，两边对钻。直径1.0、孔径0.3、高1.5厘米（图七九：10）。标本M18D3：021-2，乳白色，略透明。圆柱形，中心有穿孔，两面对钻。直径1.0、孔径0.3、高1.0厘米（图七九：14）。标本M18D3：021-3，乳白色，略透明。圆柱形，两头及中心有三道凸棱，中心有穿孔，两面对钻。直径0.8、孔径0.2、高1.6厘米（图七九：5）。标本M18D3：028，乳白色，有褐色杂斑。方柱形，横截面为圆角矩形，两端及中部都有凸棱，中心有穿孔，两面对钻。直径0.8、孔径0.3、高1.2厘米（图七九：6；彩版一三：2）。标本M18D3：029，灰白色。圆柱形，中心有穿孔，两面钻孔。直径1.3、孔径0.3、高1.0厘米（图七九：15；彩版一三：3）。

大玉管　1件。标本M18D3：025，残。黄白色。圆柱形，中心有穿孔。直径2.4、孔径0.9、残高2.3厘米（图七九：19）。

玉不明器　拼对后共6片。残玉块。碧玉质，有黑、褐色杂斑。形状各异，大小不一。已经不能辨别器形，但多件残块上有人工修饰的斜坡，且均经过细致的打磨抛光。经加工打磨一侧隐约可相连，推测原器物较为厚重，且有一长边。包含少量朱砂。标本M18D3：012-1，残长2.8、宽2.8、厚0.6厘米（图七九：17左）。标本M18D3：012-2，残长3.9、残宽2.1、厚0.7厘米（图七九：17右）。标本M18D3：012-3，残长2.1、宽3、厚0.6—0.8厘米。另有细碎残块3块。

玉贝　共2件。均为青白色。仿海贝形，底面略平有凹槽，背面有突起，一端略尖。尖部有穿孔，单面钻。标本M18D3：026-1，长1.6、宽1.1、厚0.6、孔径0.2厘米（图七九：7；彩版一三：4）。标本M18D3：026-2，长1.6、宽1.2、厚0.6、孔径0.2厘米（图七九：13；彩版一三：4）。

玛瑙珠　共3件。均为橘红色，内外光滑，圆柱体，中间略鼓，中心有穿孔，单面钻。标本M18D3：027-1，直径0.9、孔径0.4、高0.4厘米（图七九：12；彩版一三：5）。标本M18D3：027-2，直径0.9、孔径0.3、高0.7厘米（图七九：9；彩版一三：5）。标本M18D3：027-3，直径0.8、孔径0.3、高0.5厘米（图七九：11；彩版一三：5）。

柄形器　1件。单体。标本M18D3：020，残，白化严重，隐约可见黄白玉质。推测原器物应为长方形牌状柄形器，上宽下窄。残件可见两侧犬牙状扉棱与突起尖角交错排列，两面纹饰相同，雕刻立形鸟纹，钩喙，圆眼，昂首，扬翅，卷尾。从残存纹饰看，尾羽可能由身后向上卷至头前，胸下有硕大的鸟爪。用大斜刀手法阴刻。残长6.0、宽3.1、厚0.3厘米（图七九：23；图版一八：2）。

原始瓷圈足　1件。标本M18D1：031，残，灰白胎，青白釉，釉层厚薄不一，圈足外撇，圈足口部出宽沿，圆方唇。底径14、残高4.4、厚0.8厘米（图八一：6）。

联裆鬲　1件。标本M18D2：01，口沿及上腹部残片。夹砂深灰陶。卷沿方唇，沿下较大，唇面、沿下、肩上均有连续的竖绳纹，肩部有一周斜戳印纹。口径20.0、残高9.2、厚0.6厘米（图五七：2、图八一：1）。

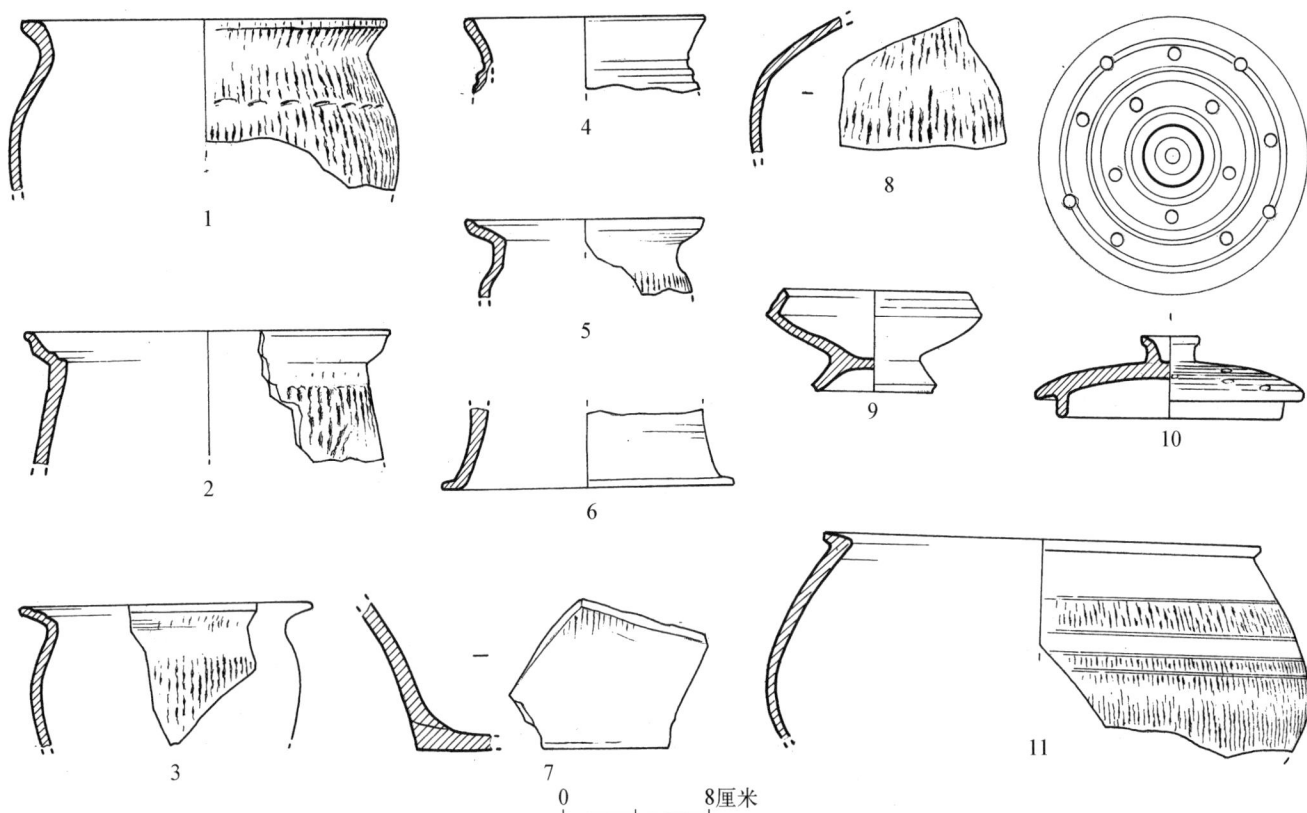

图八一　2012FZYM18、M19陶、原始瓷器

1、3、5.陶联裆鬲（M18D2：01、M19D1：010、M19D1：021）　2.陶大袋足无实足根鬲（M19D1：020）　4.陶旋纹罐（M19D1：024）　6.原始瓷圈足（M18D1：031）
7.陶器底（M19D1：026）　8.陶矮直领瓮（M19D1：019）　9.瓷豆（M19D1：07）　10.陶器盖（M18D2：05）　11.陶三足瓮（M19D1：05）

器盖　1件。标本M18D2：05，略残。泥质黑皮陶，整体呈锅盖状。钮部为折沿，沿面有小平台，并有一圈凹槽，器盖表面有三道三圈一组的旋纹，均匀分布乳钉，子口较深。盖内面有陶文。钮内径2.6、钮外径3.2、钮高1.2、口径14.6、通高4.3、厚0.5厘米（图五七：5、图五七：7、图八一：10；图版二二：1）。

陶丸　共2件。均呈红褐色圆球状。标本M18D1：08，直径2.6厘米（图八二：10）。标本M18D3：030，直径2.6厘米（图八二：15）。

蚌饰　共145件。分扁棱蚌饰、几何形蚌饰、蚌壳三类：

扁棱蚌饰　共13件（图版一九：4），均体厚，呈弧形扁平状。对称型4件，其中2件是勾云纹分布在外弧两端的四分之一处，且方向一致。外弧中间有一道刻槽，两边的勾云纹呈对称分布。标本M18D3：016-5，长9.9、宽2.4、厚0.2厘米（图八二：5）。标本M18D3：016-10，长10.6、宽2.2、厚0.3厘米（图八二：20）。1件是勾云纹分布在蚌体的两端，方向相反。外弧中间有一道刻槽，两边的勾云纹呈对称分布。标本M18D3：016-6，残长7.5、宽2.1、厚0.2厘米（图八二：6）。1件是勾云纹分布在外弧中部，其两边等距各有一个刻槽呈对称分布。标本M18D2：02，残长10.1、宽1.7、厚0.3厘米（图八二：19）。不对称型9件，通体仅有一处勾云纹。其中7件是勾云纹分布

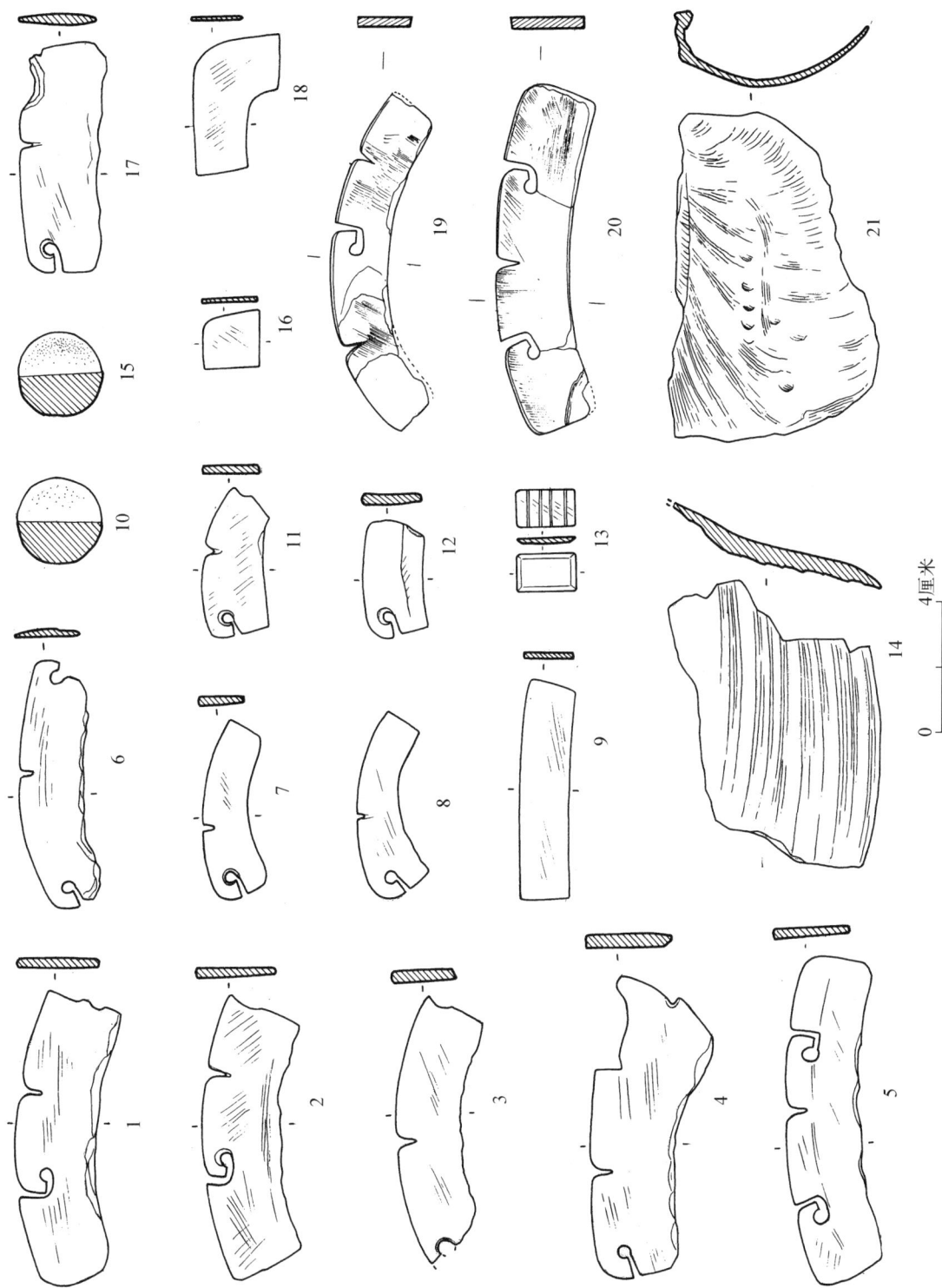

图八二 2012FZYM18蚌器、陶丸

1、2、3、4. 扁棱蚌饰(D3：016－1，D3：016－2，D3：016－3，D3：016－4) 5、6、7、8. 扁棱蚌饰(D3：016－5，D3：016－6，D3：016－7，D3：016－8)
9、13、16、18. 几何形蚌饰(D3：016－9，D3：016－13，D3：016－15) 10、15. 陶丸(D1：08，D3：030)
11、12、17、19. 扁棱蚌饰(D3：016－11，D3：016－12，D1：03－1，D2：02) 19、20. 扁棱蚌饰(D2：02，D3：016－10) 14、21. 蚌壳(D1：03－2，D1：03－3)

在蚌体的头端,方向朝外。外弧中部有一道刻槽。标本M18D1:03-1,尾端残缺,残长6.9、宽2.4、厚0.3厘米(图八二:17)。标本M18D3:016-3,尾端下部竖直,上部内凹呈月牙形。残长8.2、宽1.9、厚0.3厘米(图八二:3)。标本M18D3:016-4,尾端呈鱼尾状,分尾上翘。长9.2、宽2.7、厚0.3厘米(图八二:4)。标本M18D3:016-7,尾端竖直,长5.5、宽1.0、厚0.3厘米(图八二:7)。标本M18D3:016-8,尾端竖直,长5.6、宽1.2—1.5、厚0.2厘米(图八二:8)。标本M18D3:016-11,尾端下部竖直,上部内凹呈月牙形。长4.5、宽1.9、厚0.3厘米(图八二:11)。标本M18D3:016-12,中部凹槽至尾端处残缺,残长3.4、宽1.9、厚0.3厘米(图八二:12)。2件是勾云纹和1个刻槽分别分布在外弧两端的三分之一处。外弧一端下部竖直,上部内凹呈月牙形。标本M18D3:016-1,长8.9、宽2.7、厚0.2厘米(图八二:1)。标本M18D3:016-2,长8.6、宽2.5、厚0.2厘米(图八二:2)。

几何形蚌饰 130件。长条形有37件,扁平状。其中35件通体素面。蚌体长短、宽窄不一(图八四、图八五)。标本M18D3:016-9,长6.7、宽1.6、厚0.2厘米(图八二:9)。标本M18D3:016-18,一角残缺,一边中部有刻槽。长3.1、宽1.3、厚0.1厘米(图八三:3)。标本M18D3:016-28,2个角略残,长3.4、宽0.7—1.2、厚0.1厘米(图八三:13)。标本M18D3:016-29,长2.4、宽1.4、厚0.1厘米(图八三:14)。标本M18D3:016-31,长2.3、宽1.0、厚0.1厘米(图八三:16)。标本M18D3:016-35,长3.5、宽1.6、厚0.2厘米(图八三:20)。标本M18D3:016-39,长2.2、宽0.9、厚0.1厘米(图八三:24)。标本M18D3:016-43,长2.7、宽1.1、厚0.2厘米(图八三:28)。2件是一面刻划有4道直线。刻划较浅,划痕内似乎涂有绿漆,方向与蚌体的宽边平行。标本M18D3:016-14,长1.9、宽1.1、厚0.2厘米(图八二:13)。椭圆形有1件。近圆形泡状。体小,正面略鼓起,背面平。标本M18D3:016-44,长径1.6、短径1.1、厚0.3厘米(图八三:29)。三角形有6件,扁平状,其中2件平面为等腰三角形。标本M18D3:016-38,长边3.1、短边1.5、厚0.2厘米(图八三:23)。标本M18D3:016-42,边长3.1、短边1.8、厚0.2厘米(图八三:27)。4件是顶角呈弯曲状。标本M18D3:016-37,长2.8、宽1.3、厚0.2厘米(图八三:22)。标本M18D3:016-41,长2.8、宽1.5、厚0.2厘米(图八三:26)。弧形有16件,扁平状。标本M18D3:016-30,长3.9、宽1.0、厚0.1厘米(图八三:15)。标本M18D3:016-33,长3.0、宽1.1、厚0.2厘米(图八三:18)。标本M18D3:016-34,长3.8、宽1.4、厚0.2厘米(图八三:19)。标本M18D3:016-45,长5.7、宽0.5—1.0、厚0.3厘米(图八三:30)。圆角矩形有8件,其中4件体量较大。标本M18D3:016-21,长2.8、宽2.1、厚0.1厘米(图八三:6)。4件体量较小。标本M18D3:016-13,长1.8、宽1.7、厚0.1厘米(图八二:16)。标本M18D3:016-40,略残,长径1.6、短径1.1、厚0.1厘米(图八三:25)。"L"形有36件。标本M18D3:016-15,长4.0、宽1.7、厚0.1厘米(图八二:18)。标本M18D3:016-20,一角略残,长3.1、宽1.2—1.9、厚0.1厘米(图八三:5)。标本M18D3:016-23,长2.2、宽1.2—1.5、厚0.1厘米(图八三:8)。标本M18D3:016-26,长2.8、宽0.8—1.4、厚0.1厘米(图八三:11)。标本M18D3:016-27,一角略残,长2.8、宽1.0—1.3、厚0.1厘米(图八三:12)。"U"形有25件。标本M18D3:016-16,一拐角略残,长3.0—3.8、宽1.1—1.8、厚0.1厘米(图八三:1)。标本M18D3:016-17,一拐角略残,长2.9、宽0.9—1.5、厚0.2厘米(图八三:2)。标本M18D3:016-19,长3.2、宽1.1—1.5、厚0.1厘米(图八三:4)。标本M18D3:016-22,长3.0—3.8、宽1.1—1.8、厚

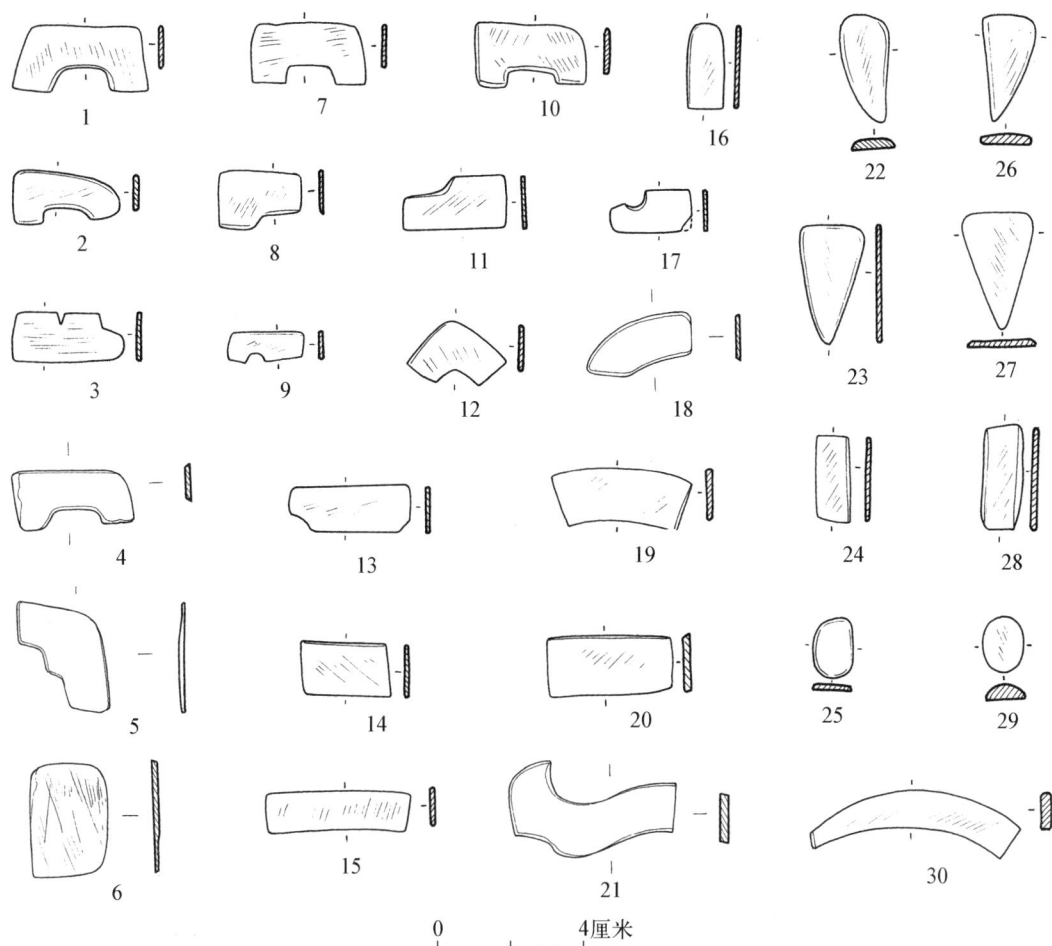

图八三　2012FZYM18蚌饰

1、2、3、4.（D3：016-16、D3：016-17、D3：016-18、D3：016-19）　5、6、7、8.（D3：016-20、D3：016-21、D3：016-22、D3：016-23）
9、10、11、12.（D3：016-24、D3：016-25、D3：016-26、D3：016-27）　13、14、15、16.（D3：016-28、D3：016-29、D3：016-30、D3：016-31）
17、18、19、20.（D3：016-32、D3：016-33、D3：016-34、D3：016-35）　21、22、23、24.（D3：016-36、D3：016-37、D3：016-38、D3：016-39）
25、26、27、28.（D3：016-40、D3：016-41、D3：016-42、D3：016-43）　29、30.（D3：016-44、D3：016-45）

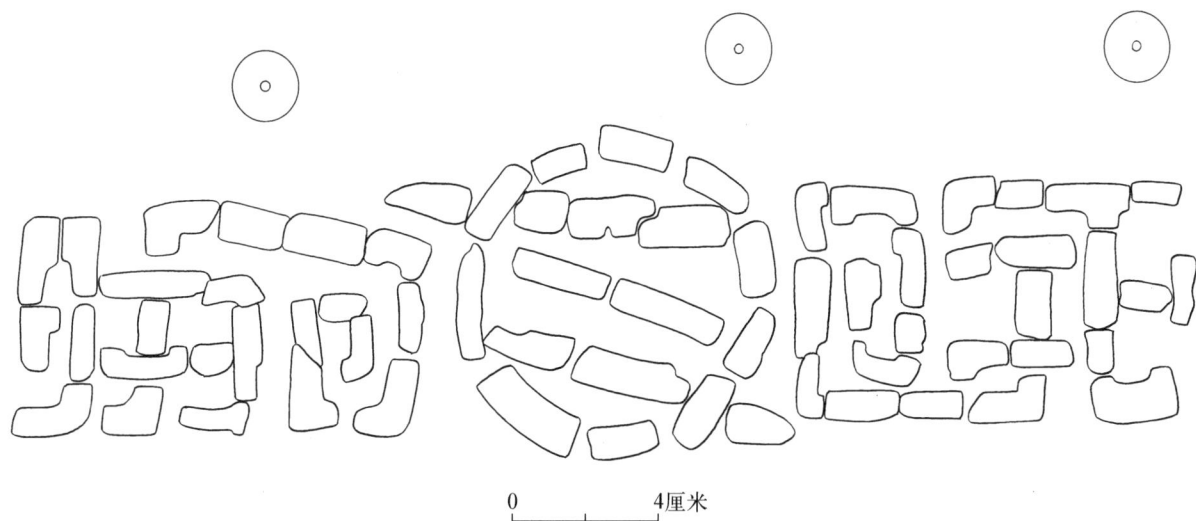

图八四　2012FZYM18蚌饰组合图案想象图

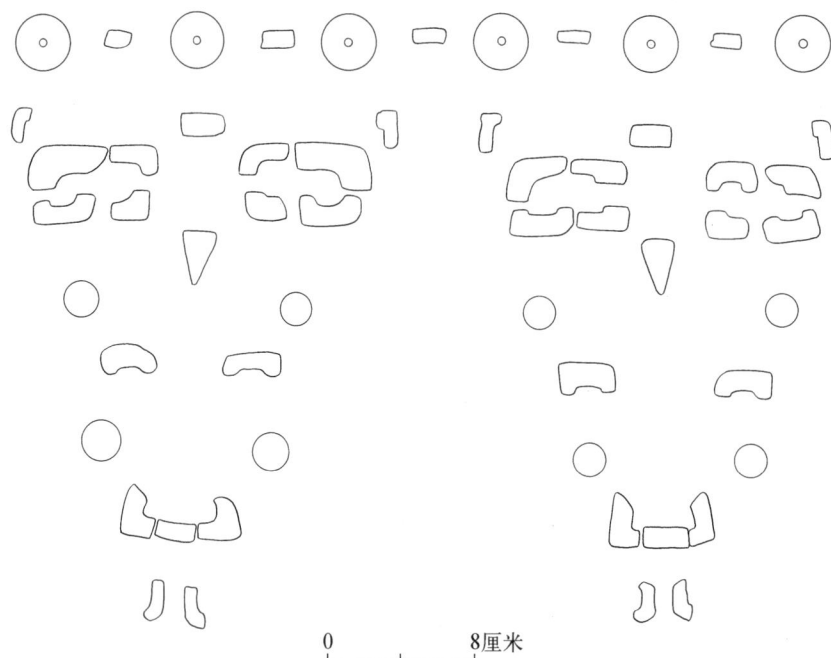

图八五　　2012FZYM18蚌饰组合图案想象图

0.1厘米（图八三：7）。标本M18D3：016-24，长2.1、宽0.6—0.9、厚0.1厘米（图八三：9）。标本M18D3：016-25，长3.0、宽1.2—1.8、厚0.1厘米（图八三：10）。标本M18D3：016-32，略残，长2.2、宽0.6—1.1、厚0.2厘米（图八三：17）。勾形有1件。标本M18D3：016-36，长4.4、宽1.2—2.3、厚0.2厘米（图八三：21）。

　　蚌壳　共2件。标本M18D1：03-2，蚌体残缺不全呈扇形，体大、较厚，未见加工痕迹。残长8.6、残宽6.4、厚0.1—0.6厘米（图八二：14）。标本M18D1：03-3，残，体大、较厚，未见加工痕迹。残长9.9、残宽6.5、厚0.1—0.6厘米（图八二：21）。

　　蚌泡　共17枚（图版一九：2）。均为圆形蚌泡。白色，扁平状，表面微鼓，平底。正面边缘和中心涂有一周红漆。其中有钻孔者10枚，均为双面钻。标本M18D1：04-1，直径2.5、孔径0.2、高0.6厘米（图八六：6）。标本M18D3：018-1，直径2.3、孔径0.1、高0.5厘米（图八六：7）。标本M18D3：018-2，直径2.1、孔径0.4、高0.4厘米（图八六：10）。无钻孔7枚。标本M18D1：04-2，直径3.0、高0.6厘米（图八六：11）。标本M18D1：04-3，直径2.9、高0.6厘米（图八六：13）。标本M18D1：04-4，微残，直径2.9、高0.5厘米（图八六：18）。标本M18D3：018-3，直径2.9、高0.3厘米（图八六：14）。标本M18D3：018-4，直径2.9、高0.6厘米（图八六：17）。

　　毛蚶　共18枚。单扇，扇面有长条形皱折纹，均在壳顶处有穿孔。位于原位的毛蚶沾有大量朱砂。大小不一，大体长3.7—4.9、宽3.6—4厘米，小体长2.0—2.9、宽1.7—2.1厘米。标本M18：1-1，扇面微残，残长2.9、宽2.5、高1.2、孔径1.3厘米（图八六：8）。标本M18：1-2，穿孔部位残，长2.4、残宽2.1、高1.0、残孔径0.5厘米（图八六：15）。标本M18D3：019-1，长3.8、宽2.9、高1.6、孔径0.8厘米（图八六：9）。标本M18D3：019-2，长2.2、宽1.9、高0.9、孔径0.2厘

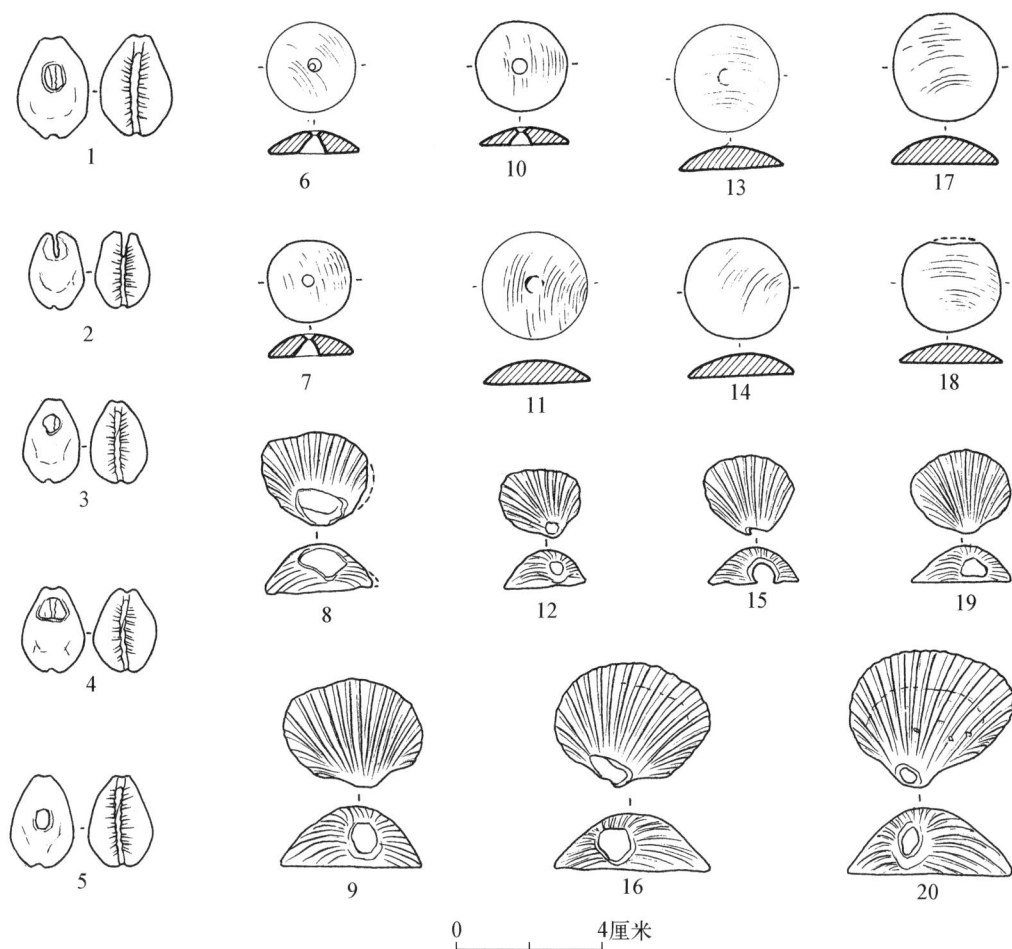

图八六 2012FZYM18海贝、毛蚶、蚌泡

1、2、3、4、5.海贝(D3：017-1、D3：017-2、D3：017-3、D3：017-4、D3：017-5) 6、7、10、11.蚌泡(D1：04-1、D3：018-1、D3：018-2、D1：04-2)

13、14、17、18.蚌泡(D1：04-3、D3：018-3、D3：018-4、D1：04-4) 8、9、12、15.毛蚶(1-1、D3：019-1、D3：019-2、1-2)

16、19、20.毛蚶(D3：019-3、D3：019-4、D3：019-5)

米(图八六：12)。标本M18D3：019-3，长4.2、宽3.3、高1.5、孔径0.9厘米(图八六：16)。标本M18D3：019-4，长2.7、宽2.2、高1.0、孔径0.6厘米(图八六：19)。标本M18D3：019-5，长4.5、宽3.6、高1.7、孔径0.6厘米(图八六：20)。

海贝 共11枚。均为白色，面有唇，唇内侧各有一排细齿，背面有一穿孔。其中有10枚在背部磨一较小的孔，1枚背部几乎被磨平。大小不等，最大者长2.7、宽2厘米，最小者长2、宽1.5厘米。标本M18D3：017-1，长2.7、宽1.9、高0.5、孔径1.1厘米(图八六：1)。标本M18D3：017-2，穿孔部位残，长2、宽1.5、高0.8厘米(图八六：2)。标本M18D3：017-3，长2.2、宽1.5、高0.9、孔径0.4厘米(图八六：3)。标本M18D3：017-4，长2.2、宽1.7、高0.8、孔径0.7厘米(图八六：4)。标本M18D3：017-5，长2.5、宽1.8、高1.1、孔径0.4厘米(图八六：5)。

（8）分期年代

此墓中所出联裆鬲卷沿明显，为西周中期偏早特征。器腹部饰一圈指甲纹，且绳纹条理清晰,触之无扎手感,较为特殊。柄形器上大鸟纹使用"大斜刀"工法,也为西周中期偏早特征。该墓年代为西周中期偏早阶段。

6. 2012FZYM19(图八七)

（1）墓位与盗扰情况

位于姚家墓地北区。西北距M17约1.91米,西南距M20约1.46米,东距M23约3.57米,东北距M26约1.65米。

东北角有盗洞D1,口部近圆形,最大径为1.2米,贴壁直下延伸至墓底,将棺内全部扰乱,出有部分陶器、原始瓷、玉器及石器等。推测为早期盗洞。

（2）墓向与形制

南北向,墓向10°。

长方形竖穴土坑墓,口大底小。墓口南宽北窄,墓口及墓底墓角均圆弧,墓底弧度小于墓口。墓壁未见加工痕迹。平底。墓口长3.4、北宽2.1、南宽2.2米,墓底长3.2、宽1.9米,自深3.9—4.0米。

（3）填土

土质较松散,黄褐色颗粒状,含有少量的礓石。未经夯打,无包含物。

（4）葬具

一棺一椁。棺椁均为南北向放置。

椁长248、宽108、高88厘米。椁盖板由9块东西向放置的木板组成,由南向北长、宽依次为160×22、154×26、148×22、145×14、142×28、144×25、146×23、145×26、残60×22厘米。椁侧板两端嵌于端板内。南北端板长、宽分别为144×6、残82×6厘米。东西侧板长、宽分别为残178×6、253×6厘米。椁底板共7块,均南北向放置,自西向东长、宽依次为270×30、264×24、262×20、270×27、残250×22、残254×20、243×14厘米。

棺严重扰乱,尺寸不明。

椁下放置两根长方形垫木,无垫木槽。北垫木残长70、南垫木长180、直径均为10厘米。

（5）墓主人

盗扰严重,仅在盗洞中发现少许已成粉末状骨。

（6）随葬品及其位置

共41件(组)。

出土于盗洞的有:联裆鬲足根3件(01、017、022)、圈足2件(02、035)、陶丸1件(03)及(013)10件、海贝2枚(04)、三足瓮3件(05、032、033)、石器1件(06)、原始瓷豆2件(07、08)、原始瓷片1件(09)、联裆鬲2件(010、021)、毛蚶59枚(011)、小白石50件(012)及(038)2件、骨饰9片(014)、玉鱼1件(015)、器盖5件(016、018、029、036、037)、矮直领瓮1片(019)、大袋足无实足根鬲(疑似)1件(020)、甗1件(023)、旋纹罐1件(024)、柱状蚌饰1件(025)、器底1件(026)、联裆甗2件(027、028)、蚌泡1枚(030)、盂1件(031)、文蛤3枚(034)1片,均出于盗洞上部或下部。

保留在原位的有:墓葬椁内西北角出土铜阳燧1件(1)、毛蚶38枚(2)和海贝24枚(3)。

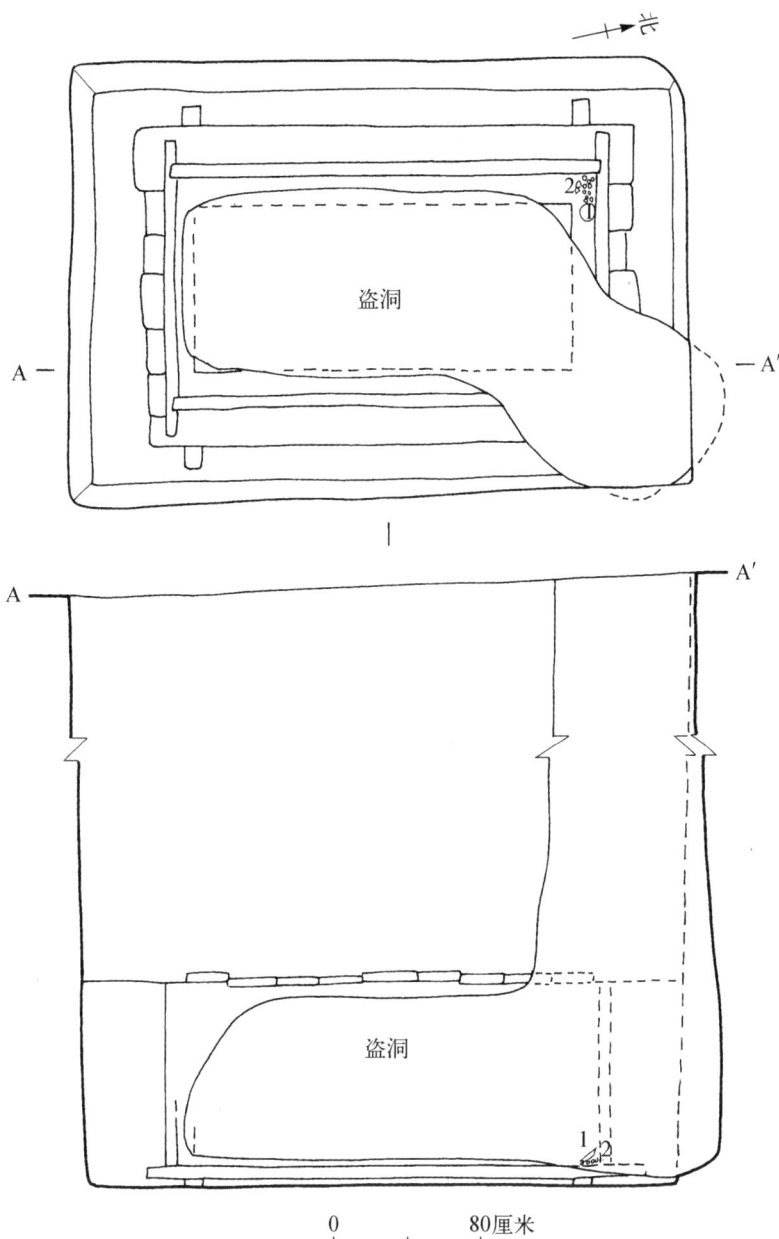

图八七 2012FZYM19平剖图

1.铜阳燧 2.海贝

（7）随葬品介绍

铜阳燧 1件。标本 M19：1，平面呈圆形，凹面，另一面中心处有一桥形钮。通体素面。直径7.8、高1.2厘米，钮长2.5、宽0.5厘米（图八八：21；图版一五：1）。

玉鱼 1件。标本 M19D1：015，尾部残。碧玉，局部呈灰白色并夹杂墨色斑点。整体扁平，素面无纹饰，但雕刻出鱼唇上翘的形状，下唇残断，腹部以两个凹槽显示腹鳍，背部从两侧磨薄。头部有穿孔，单面钻。残长5.4、宽2.0、厚0.5、孔径0.2厘米（图八八：18）。

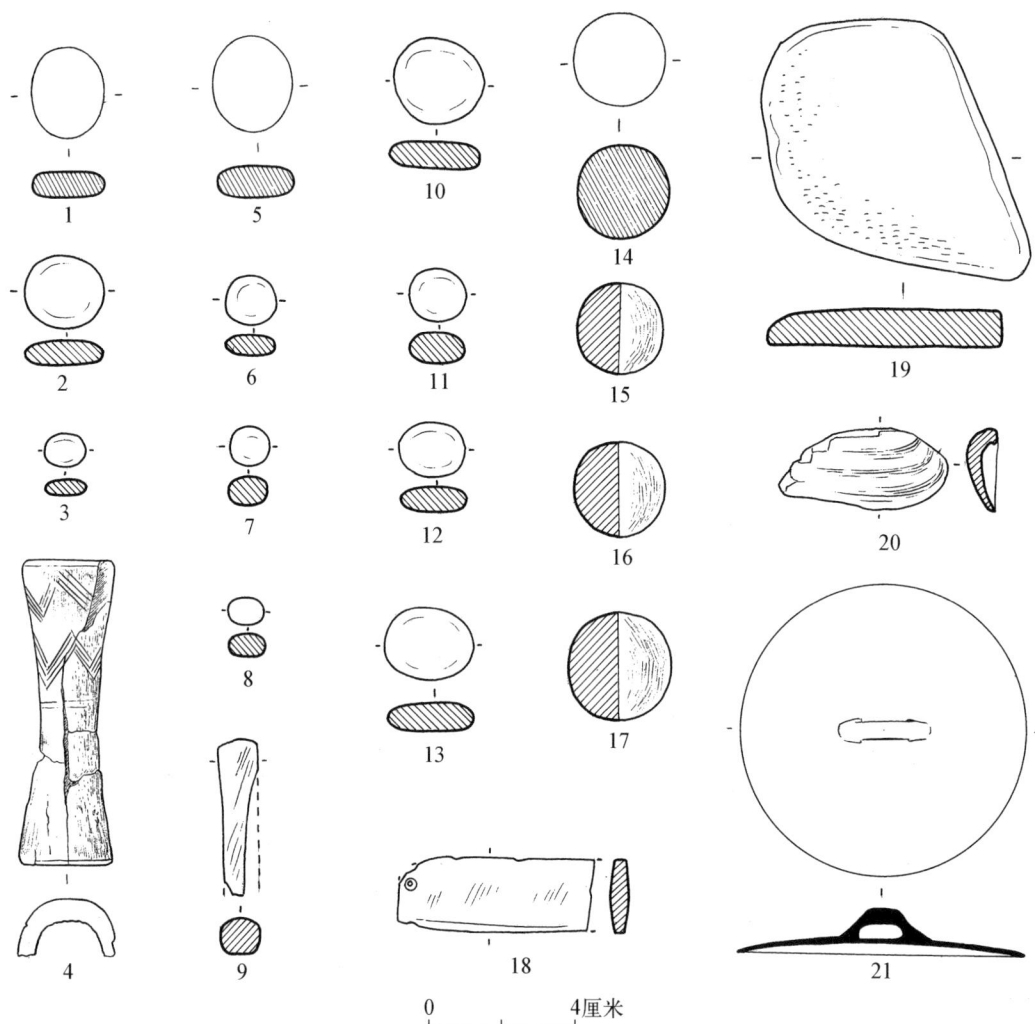

图八八　2012FZYM19随葬品

1、2、3、5. 小白石（D1∶038-1、D1∶012-1、D1∶012-2、D1∶038-2）　6、7、8、10. 小白石（D1∶012-3、D1∶012-4、D1∶012-5、D1∶012-6）
11、12、13. 小白石（D1∶012-7、D1∶012-8、D1∶012-9）　4. 骨管（D1∶014）　9. 柱状蚌饰（D1∶025）
14、15、16、17. 陶丸（D1∶03、D1∶013-3、D1∶013-2、D1∶013-1）　18. 玉鱼（D1∶015）
19. 石器（D1∶06）　20. 文蛤（D1∶034-1）　21. 铜阳燧（1）

石器　1件。标本M19D1∶06，黄褐色。砂岩，扁平不规则状，一面平整，边缘磨薄。边长6.5—6.9、厚1.0厘米（图八八∶19）。

小白石　共50枚。颜色不一，白色偏黄，白色偏灰。扁平状，经打磨，平面呈椭圆形或近圆形。大小不等，长2.6—2.9厘米者共4枚，长2—2.4厘米者共12枚，长1.6—1.9厘米者共11枚，长1.3—1.5厘米者共6枚，长0.8—1.2厘米者共17枚。标本M19D1∶012-1，长径2.2、短径1.9、厚0.6厘米（图八八∶2）。标本M19D1∶012-2，长径1.2、短径0.9、厚0.4厘米（图八八∶3）。标本M19D1∶012-3，长径1.4、短径1.3、厚0.5厘米（图八八∶6）。标本M19D1∶012-4，近圆形。直径1.1、厚0.8厘米（图八八∶7）。标本M19D1∶012-5，长径1.0、短径0.7、厚0.6厘米（图八八∶8）。标本M19D1∶012-6，长径2.5、短径2.3、厚0.7厘米（图八八∶10）。标本M19D1∶012-7，长径1.5、短径1.3、厚0.8厘米（图八八：11）。标本 M19D1：012-8，长径1.9、短径1.5、厚0.7厘米（图八八：12）。标本 M19D1：012-9，长径2.6、短径1.9、厚0.8厘米（图八八：13）。标本 M19D1：038-1，长径2.5、短径2、最厚处0.7厘米（图八八：1）。标本 M19D1：038-2，长径2.5、短径2.2、厚0.8厘米（图八八：5）。

原始瓷豆　共2件。皆青灰釉，敛口，折盘，盘较深，盘壁圆弧。标本 M19D1：07，釉层厚薄不一。方圆唇，矮圈足，圈足外撇。口沿外侧隐约可见数周旋纹。口径9.7、器身最大径11.7、底径6.1、通高5.4厘米（图八一：9；彩版一五：1）。标本 M19D1：08，残，仅剩部分豆盘。灰白胎，方唇。沿外侧可见两周旋纹。口径15.6、残高5.1厘米（图八九：14）。

原始瓷片　1件。标本 M19D1：09，残损较甚，仅剩一小块疑似口沿部分。灰白胎，青灰釉。残长1.5、宽1厘米。器形不辨。

联裆鬲　2件。标本 M19D1：027，残，仅剩鬲足，锥状无实根足。足部施竖行细绳纹，裆底的绳纹较粗较模糊，外部绳纹清晰且细。残高9.4、厚0.7厘米（图八九：13）。标本 M19D1：028，残，

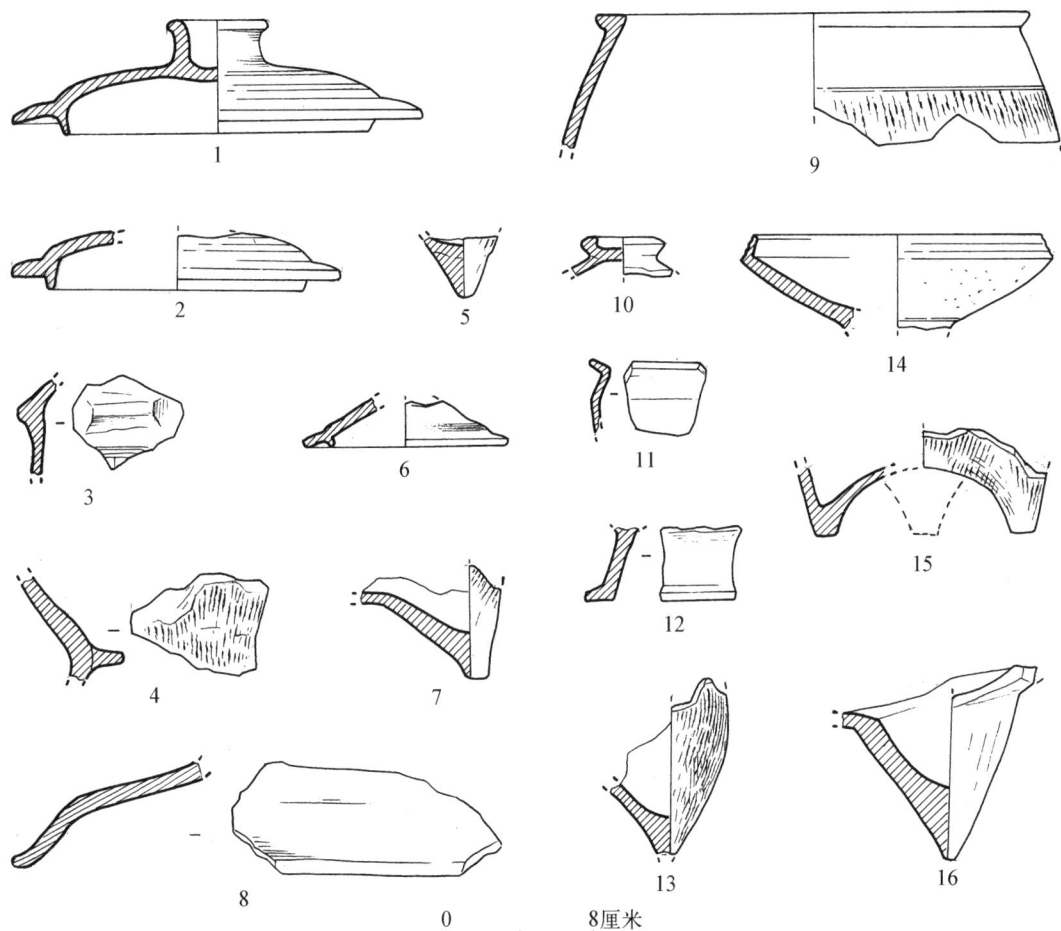

图八九　2012FZYM19陶、原始瓷器

1、2、6、8、10. 陶器盖（D1：016、D1：018、D1：037、D1：029、D1：036）　3. 陶罍（D1：023）　4、13. 陶联裆鬲（D1：028、D1：027）
5、7、15. 陶联裆鬲足根（D1：022、D1：01、D1：017）　9、16. 陶三足瓮（D1：032、D1：033）　11. 陶盂（D1：031）
12. 陶圈足（D1：02）　14. 瓷豆（D1：08）

仅剩部分甗腰。腰隔较窄,上施竖行细绳纹。腰隔宽0.8、残高5.6、厚0.9厘米(图八九:4)。该件与标本M20D1:03属于同一个体。

大袋足无实足根鬲 1件。标本M19D1:020,残,夹砂灰黑陶。圆唇,折沿,沿面内凹,沿外侧外凸,束颈。颈部纹饰被抹,但残痕依稀可见,器表饰印痕较深的粗绳纹。口径20.0、残高7.0、厚0.6厘米(图八一:2)。

联裆鬲 2件。标本M19D1:010,残,夹砂灰陶。卷沿,方圆唇,沿面有两周旋纹。沿下部有未抹净绳纹,腹部饰竖行细绳纹,绳纹印痕较浅,条理模糊。残长7.0、残高7.5、厚0.5厘米(图五七:1、图八一:3)。标本M19D1:021,残,夹砂灰黑陶。折沿,尖圆唇,沿面微内凹,束颈。腹部饰竖行粗绳纹。口径13.2、残高4.0、厚0.5厘米(图八一:5)。

联裆鬲足根 3件。标本M19D1:01,夹砂灰陶。锥状实足根,裆部略高。裆部隐约可见斜行细绳纹,印痕较浅。残高6.0、厚0.5厘米(图八九:7)。标本M19D1:017,夹砂灰陶。弧形裆,裆部较矮,柱状足。足上施交错绳纹,绳纹印痕较浅,条理模糊。残高5.7、厚0.5厘米(图八九:15)。标本M19D1:022,夹砂灰陶。锥状实根足,足上施模糊绳纹。残高3.3、厚0.4厘米(图八九:5)。

甗 1件。标本M19D1:023,仅存肩部錾。泥质灰陶。截面呈三角形。錾宽3.8、残高5.0、厚0.6厘米(图八九:3)。

旋纹罐 1件。标本M19D1:024,残存部分口沿。泥质灰褐陶。侈口,尖圆唇,颈部有凸棱,肩部饰多周旋纹。口径12.1、残高4.0、厚0.5厘米(图八一:4)。

盂 1件。标本M19D1:031,残,仅剩部分口沿。泥质灰陶。平折沿,圆唇,沿下角较小,折肩,肩部近口处微敛。残长4.6、残高3.9、厚0.4厘米(图八九:11)。

矮直领瓮 1件。标本M19D1:019,肩部残片。泥质灰陶,圆折肩。残存部分施竖行绳纹。残长9.0、残高7.0、厚0.4厘米(图八一:8)。

三足瓮 2件。标本M19D1:05,残,泥质灰陶。平折沿,沿面较窄,尖圆唇。溜肩且较广,腹部饰旋纹及绳纹,旋纹内间竖行细绳纹,且有一条窄条状形空白带。口径24.0、残高11.3、厚0.6厘米(图八一:11)。标本M19D1:032,残,泥质灰陶。平折沿,圆唇,沿面较窄,溜肩且较广,肩部饰一周旋纹,旋纹上素面,旋纹下饰斜行细绳纹。口径23.9、残高7.1、厚0.6厘米(图八九:9)。

三足瓮足根 1件。标本M19D1:033,泥质浅灰陶。袋状足,素面。残高10.1、厚0.8厘米(图八九:16)。

器盖 5件。标本M19D1:016,残,泥质浅灰陶。钮部圆唇,折沿,沿有小平台,盖沿向外平侈,沿部方唇,子口较深。盖面近钮处及近沿处各饰两周细旋纹。钮内径3.9、钮外径5.5、钮高2.4、直径22.5、通高6.0、厚0.5厘米(图八九:1)。标本M19D1:018,泥质灰陶,盖沿向外平侈,沿部方唇,子口较深。盖面上有两周细旋纹。直径18.0、残高3.2、厚0.6厘米(图八九:2)。标本M19D1:029,泥质黑陶。敞口,圆唇。残长14.8、残高6.0厘米(图八九:8)。标本M19D1:036,盖钮。泥质黑皮陶。圆唇,平折沿,沿部有小平台,平台上有一凹槽,盖内有彩绘,近钮部有旋纹。钮内径2.8、钮外径4.6、残高2.1、厚0.5厘米(图八九:10)。标本M19D1:037,残为片状。泥质黑皮陶。器盖表面有一道凹槽,盖口为圆唇,盖沿向外平侈,子口较浅。盖沿及凹槽内各饰一周条带状红彩,盖面隐约可见之字纹红彩。直径11.2、残高2.4、厚0.5厘米(图八九:6)。

圈足 2件。泥质黑皮陶。标本M19D1:02,圈足下部平折,圆唇,外撇,圈足较高。残长4.2、残高4.0、宽0.6厘米(图八九:12)。标本M19D1:035,圈足口部出宽沿,微外撇,圈足口尖唇。

器底 1件。标本M19D1:026,泥质灰陶。腹下部近底处微内凹,平底。腹部饰细绳纹,绳纹条理模糊、印痕较浅。残底径7.0、残高7.9、厚0.9厘米(图八一:7)。

陶丸 共11件。均为红褐色圆球状,大小较为均匀,直径2.1—2.85厘米。标本M19D1:03,直径2.5厘米(图八八:14)。标本M19D1:013-1,直径2.9厘米(图八八:17)。标本M19D1:013-2,直径2.4厘米(图八八:16)。标本M19D1:013-3,直径2.3厘米(图八八:15)。

蚌泡 1枚。标本M19D1:030,圆形,扁平状,平底。表面微鼓,中心有一双面钻孔,正面边缘和中心涂有一周红漆。直径2.4、孔径0.3、厚0.6厘米(图九〇:8)。

柱状蚌饰 1件。标本M19D1:025,残。整体呈圆柱状,一端略粗,横截面呈椭圆形,蚌体沾有朱砂。残长4.2、宽1.1、厚1.0厘米(图八八:9)。

文蛤 共3枚。均顶部残,扇形,表面光滑,自然纹理。标本M19D1:034-1,残长4.5、宽2.2、高0.9、厚0.1—0.5厘米(图八八:20)。标本M19D1:034-2,表面光滑,有黄色斑点。残长3.4、残宽2.5、高0.7厘米(图九〇:4)。

毛蚶 共97枚。均为白色,单扇,均在壳顶处有穿孔,扇面有长条形皱折纹。位于原位的均沾有朱砂,出于盗洞的少数沾有朱砂。大小不一,最大者长4.0、宽3.2、高1.8厘米,最小者长2.2、宽2.0、高0.7厘米。标本M19:2-1,长2.9、宽2.2、高1.1、孔径0.4厘米(图九〇:12)。标本M19:2-2,长2.9、宽2.4、高1.2、孔径0.3厘米(图九〇:11)。标本M19:2-3,长3.1、宽2.5、高1.1、孔径0.2厘米(图九〇:14)。标本M19D1:011-1,长2.9、宽2.3、高1.2、孔径0.5厘米(图九〇:9)。标本M19D1:011-2,长3.2、宽2.5、高1.2、孔径0.4厘米(图九〇:10)。标本M191:011-3,长2.3、宽1.9、高0.9、孔径0.2厘米(图九〇:13)。标本M19D1:011-4,长3.8、宽3.1、高1.5、孔径0.1厘米(图九〇:15)。标本M19D1:011-5,长3.4、宽2.9、高1.2、孔径0.2厘米(图九〇:16)。标本M19D1:011-6,长3.9、宽3.1、高1.2、孔径0.3厘米(图九〇:17)。

海贝 共26枚。均为白色,面有唇,唇内侧各有一排细齿,背面有一穿孔。其中有25枚背部有小穿孔,1枚背部鼓出部分几乎被磨平。位于原位的海贝均沾有朱砂痕迹。大小不一,最大者长3.4、宽2.7厘米,最小者长1.8、宽1.2厘米。标本M19D1:04-1,背部几乎被磨平,长3.3、宽2.1、高0.7、孔径2.3厘米(图九〇:1)。标本M19D1:04-2,长2.6、宽1.8、高0.5、孔径1.1厘米(图九〇:3)。标本M19:3-1,长2.3、宽1.4、高0.9、孔径0.6厘米(图九〇:5)。标本M19:3-2,长2.0、宽1.3、高0.7、孔径0.7厘米(图九〇:6)。标本M19:3-3,长1.9、宽1.4、高0.8、孔径0.3厘米(图九〇:7)。标本M19:3-4,长2.5、宽1.8、高0.9、孔径0.5厘米(图九〇:2)。

骨管 1件。标本M19D1:014,残。环形骨饰,横截面为环形,两头粗中间细,近底部有两组四条阴刻之字纹。通高8.3、外环径2.7、内环径1.9厘米(图八八:4)。

(8)分期年代

所出联裆鬲裆部低平,绳纹细密印痕较浅,沿面有两道凹槽。据此判断该墓年代为西周中期

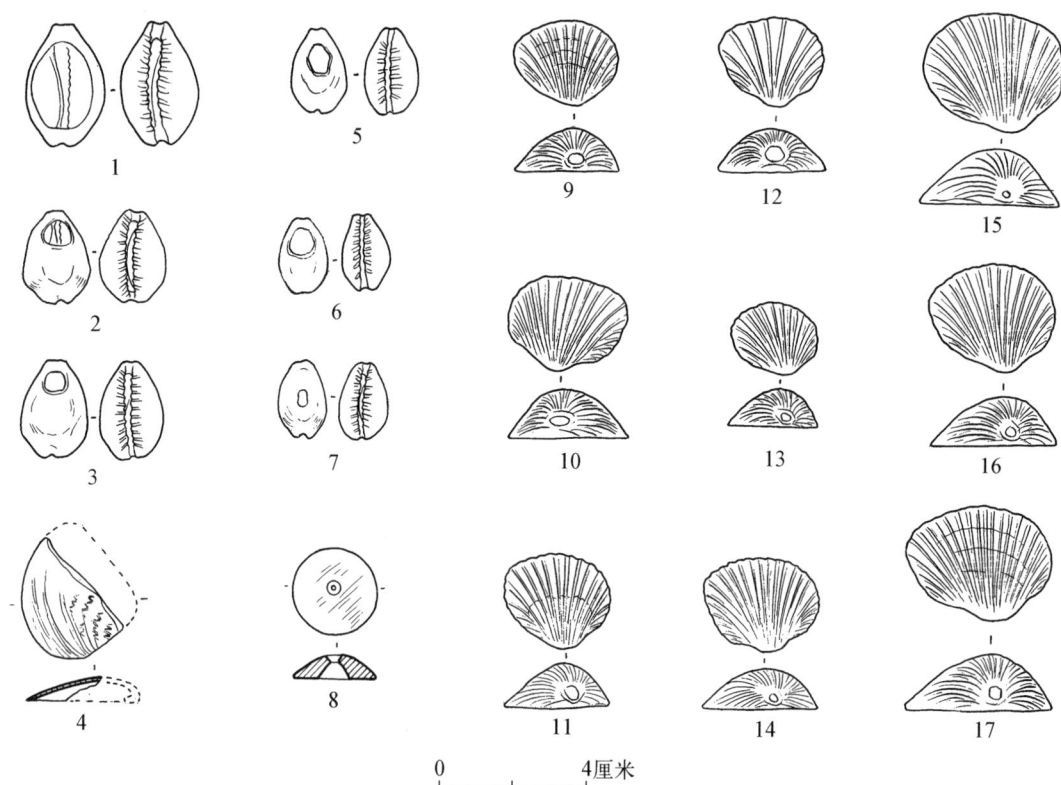

图九〇　2012FZYM19随葬品

1、2、3、5. 海贝（D1：04-1、3-4、D1：04-2、3-1）　6、7. 海贝（3-2、3-3）　4. 文蛤（D1：034-2）　8. 蚌泡（D1：030）
9、10、11、12. 毛蚶（D1：011-1、D1：011-2、2-2、2-1）　13、14、15、16、17. 毛蚶（D1：011-3、2-3、D1：011-4、D1：011-5、D1：011-6）

偏晚阶段。

7. 2012FZYM20（图九一）

（1）墓位与盗扰情况

位于姚家墓地北区。北距M19约1.46米，西南距M18约3米，东南距M24约1.58米。

仅东北角有盗洞D1，口部呈椭圆形，最大径0.62米，贴壁直下延伸至墓底，破坏棺椁北部，出土陶器、玉器、骨器等。

（2）墓向与形制

南北向，墓向15°。

长方形竖穴土坑墓，口小底大。墓口西南角略凸，墓口及墓底四角均略弧。墓壁未见工具迹象。平底。墓口长2.7、宽1.4米，墓底长3.0、北宽1.7、南宽1.8米，自深3.0—3.1米。

椁下有两道东西向垫木槽，南北向基本平行。北垫木槽的东端弯曲。南端垫木槽长156、宽12、进深8厘米，北端垫木槽长162、宽14—16、进深8厘米，两垫木槽间距170—173厘米。

（3）填土

土质疏松，黄褐色泛红，夹杂有小颗粒状黑垆土，未经夯打。无包含物。

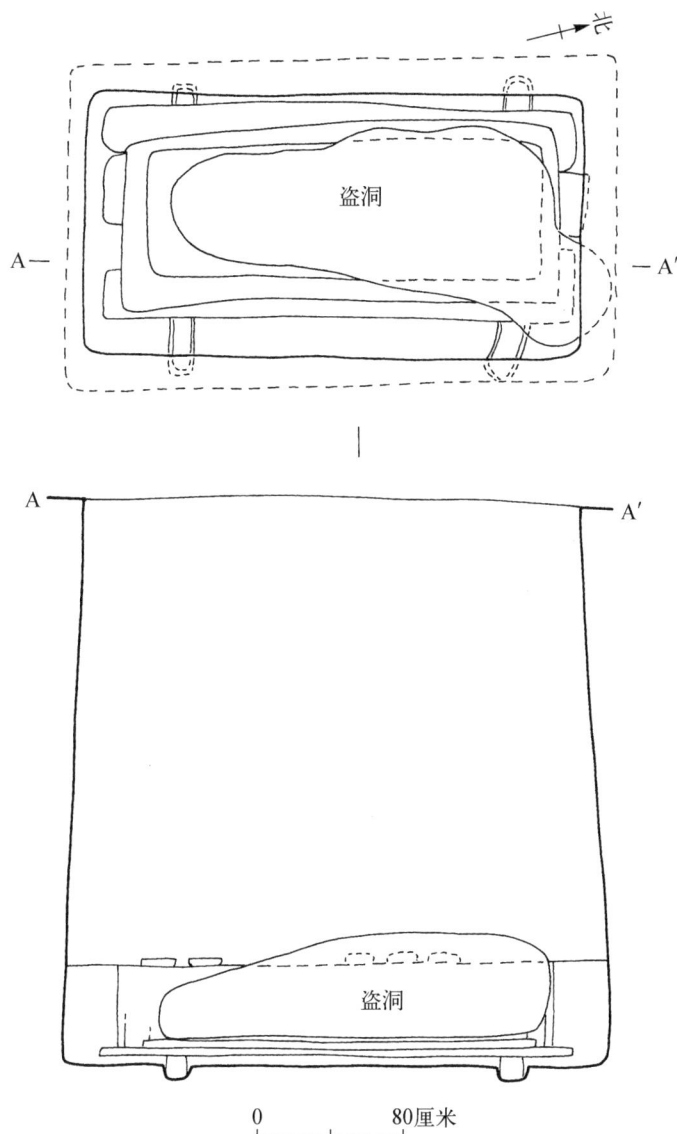

图九一　2012FZYM20 平剖图

（4）葬具

一棺一椁。棺椁均为南北向放置。

椁长238、宽88—101、高44厘米。残存5块盖板，均东西横向放置在二层台上，由南向北长、宽依次为122×20—24、118×18、122×16—20、108×14—18、120×16—18厘米。由于被盗扰严重，侧板、端板、椁底板形制均不辨。棺长216、宽68—76厘米（图九二）。

两垫木槽内各放置一根方形垫木，北垫木长160、东宽16、西宽12、进深14厘米，南垫木长154、西宽12、东宽14、进深12厘米，两垫木间距163—168厘米。

（5）墓主

盗扰严重，盗洞内人骨架凌乱，葬式不明。经鉴定，墓主为年龄在25岁左右的女性。

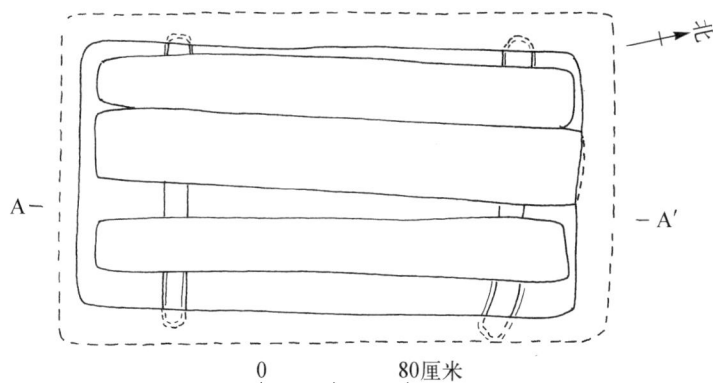

图九二　2012FZYM20椁底板平面图

（6）随葬品及其位置

共13件（组）。其中包括三足瓮1件（01）、柄形器玉柄1件（02）、联裆鬲2件（03、012）、联裆鬲（甗）足根1件（011）、柄形器蚌托1件（06）、料管1件（07）、柄形器附饰14件（09）、獐牙器1件（010），均出于盗洞底部，器盖1件（05）出于盗洞东北部二层台上，联裆鬲2件（04、013）、海贝4枚（08）位于盗洞底部棺底板上。

（7）随葬品介绍

柄形器　1组，复合件，共16件（图九四）。

柄形器玉柄1件。标本M20D1：02，为两残片，无法拼合，根据玉质与形制判断应属同一个体。青玉质，长方形片状，两残片的两端均残，两侧边缘圆滑。素面。残长分别为3.2、2.5厘米，宽2.4、厚0.3厘米（图九三：16）。柄形器蚌托1件。标本M20D1：06，宽长方体，窄面中心有一个单面钻的圆形穿孔。长1.6、宽0.9、高1.4、孔径0.5厘米（图九三：15）。柄形器附饰14件。能区分出两层，并非完整组合，尚缺部分玉饰和绿松石片、蚌片，推测M20的这件柄形器组合附饰为两层。第一层，共9件。均为青玉质，有少量灰褐色沁蚀，体薄。带犬齿状扉棱玉片2件，复原于柄形器附饰第一组最外侧，扉棱一侧向外，尖端朝向柄形器柄。标本M20D1：09-2，尖端残，一侧残存一组尖牙状扉棱和一个尖牙状缺口，另一侧平直。残长3.5、宽0.5、厚0.1厘米（图九三：3）。标本M20D1：09-5，平端残，尖端略有残损，但仍可见形制，一侧残存一组尖牙状扉棱和一个尖牙状缺口，另一侧平直。残长2.7、宽0.7、厚0.1厘米（图九三：8）。带浅槽玉片5件，均为长方形平直玉片，一端有较宽凸棱，一端有较细凸棱，中部靠近较宽凸棱一侧有两条并列宽棱，两条宽棱间有一道浅槽，应位于柄形器附饰中间部位进行组合装饰。标本M20D1：09-3，较宽较厚。长2.3、宽0.7、厚0.2厘米（图九三：6）。标本M20D1：09-4，长1.8、宽0.6、厚0.3厘米（图九三：7）。标本M20D1：09-7，长3.0、宽0.6、厚0.1厘米（图九三：10）。标本M20D1：09-8，残，应与标本M20D1：09-7形制相同，仅存并列凸棱的一半与细凸棱一侧，残长1.8、宽0.5、厚0.1厘米（图九三：11）。另有带浅槽玉片2件，一件长2.1、宽0.4、厚0.1厘米，另一件残，仅存并列凸棱的一半与粗凸棱一侧，残长1.2、宽0.5、厚0.1厘米。不规则形状玉片2件。标本M20D1：09-9，残长0.6、宽0.4厘米。另一件长1.2、宽0.4厘米。第二层，共5件。均为黄白玉质，有少量灰褐色沁蚀，体厚。带扉棱玉片3件。标本M20D1：09-1，无尖端两端皆平，一

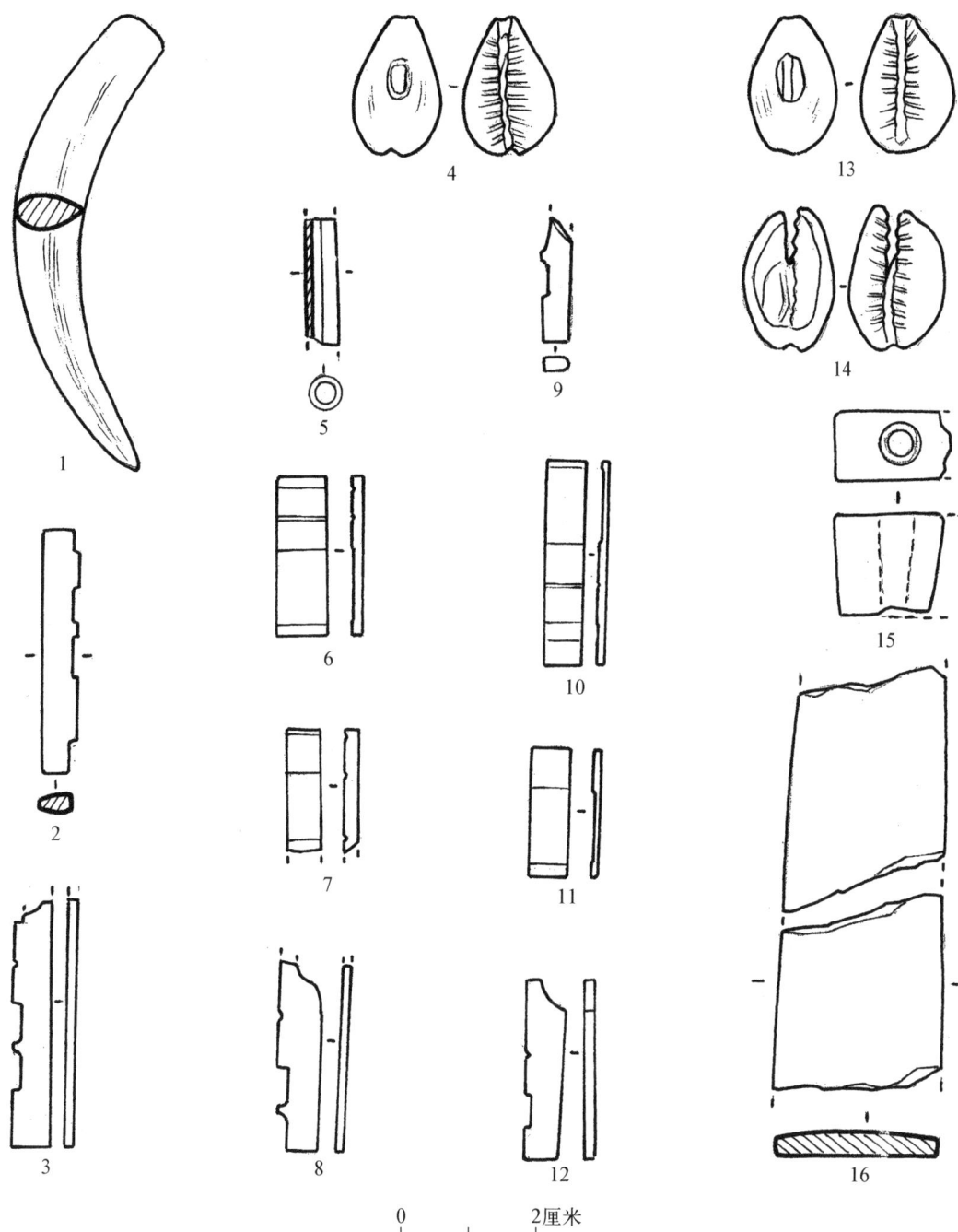

图九三　2012FZYM20 随葬品

1. 獐牙器（D1：010）　2、3、6、7. 柄形器附饰（D1：09-1、D1：09-2、D1：09-3、D1：09-4）　4、13、14. 海贝（D1：08-1、D1：08-2、D1：08-3）
5. 料管（D1：07）　8、9、10、11、12. 柄形器附饰（D1：09-5、D1：09-6、D1：09-7、D1：09-8、D1：09-9）
15. 柄形器蚌托（D1：06）　16. 柄形器玉柄（D1：02）

图九四　2012FZYM20柄形器结构复原示意图

1. M20（第一层）　2. M20（第二层）

侧有长方形扉棱两个和一个尖牙缺口，另一侧平直。长3.5、宽0.6、厚0.2厘米（图九三：2）。标本M20D1：09-9，一端尖一端平，一侧有一个犬齿状扉棱和一个梯形缺口，另一侧平直。长2.6、宽0.5、厚0.2厘米（图九三：12）。标本M20D1：09-6，残，一侧仅留一尖牙缺口，另一侧平直。残长1.8、宽0.4、厚0.2厘米（图九三：9）。标本M20D1：09-10，应为简化版的带浅槽玉片，仅在相应位置留有四道弦纹，长3.3、宽0.5、厚0.2厘米。标本M20D1：09-14，"凸"字形短条，长1、宽0.5厘米。

联裆鬲　2件。均残损，夹砂灰陶。实根柱足。沿下绳纹被抹净，沿面饰四周旋纹，腹部饰竖行中绳纹，裆部饰交错中绳纹，足根底部饰两道旋纹。标本M20D1：04，折沿，沿面微内凹，缘部起榫，沿下角较小，尖圆唇，鼓腹，裆部微鼓，低足。对应三足的腹部各有3个扉棱。口径14.2、器身最大径13.6、通高10、厚0.5厘米（图一〇六：9；图版二〇：2）。标本M20D1：013，斜折沿，沿面内凹,沿下角小,斜方唇,微束颈,平裆,圆锥状柱足,足根有刮削痕迹。口及颈部素面。口径14.0、器身最大径13.6、通高11.0、厚0.5厘米(图一〇六:11)。

联裆甗　共2件,均残。标本M20D1:03,夹砂灰陶,仅存部分甗腰及甑部。腰隔较窄,外部施竖形细绳纹,条理清晰。腰隔宽1.2、残高6.8、厚0.7厘米(图一〇六:2)。标本M20D1:012,残。大袋足无实根。足表面饰竖行中绳纹,条理清晰,内侧饰竖行粗绳纹,绳纹印痕较浅、条理模糊。残高14.8、厚0.7厘米(图一〇六:3)。另有部分甗残片与标本M20D1:012属于同一个体。

联裆鬲(甗)足根　1件。标本M20D1:011,夹砂灰褐陶。袋足,足表面外侧饰竖形细绳纹,内侧饰竖行粗绳纹,条理模糊。残高10.3、厚0.6厘米(图一〇六:4)。

器盖　1件。标本M20D1:05,泥质灰陶。盖沿向外平侈,出沿较宽,沿部尖唇,子母口较深。钮部尖圆唇,平折沿。近盖钮及近沿处各饰两周细旋纹。直径25.2、通高7.0厘米,钮内径3.9、钮外径5.8、钮高1.9、厚0.6厘米(图一〇六:1)。

三足瓮　1件。标本M20D1:01,残,泥质灰陶。敛口,平折沿,三角方唇,鼓腹,圜底,袋足。近口部饰4圈旋断竖绳纹,中间两道旋纹中部为空白带,器表整体饰竖绳纹,裆部有交错绳纹。口径26.2、器身最大径32.4、通高31.0、厚0.5厘米(图一〇六:14)。

料管　1件。标本M20D1:07,残。蓝色,圆管状,表面有朱砂痕迹。残长1.7、直径0.5、孔径0.3厘米(图九三:5)。

海贝　共4枚。均为白色,面有唇,唇内侧各有一排细齿,背面有一穿孔。其中3枚仅在背面磨制一小孔。标本M20D1:08-1,长2.0、宽1.3、高0.8、孔径0.3厘米(图九三:4)。标本M20D1:08-2,长1.9、宽1.4、高0.75、孔径0.6厘米(图九三:13)。1枚背部鼓出部分几乎被磨平。标本M20D1:08-3,长2.0、宽1.3、高0.7、孔最大径1.5厘米(图九三:14)。

獐牙器　1件。标本M20D1:010,黄白色。牙根部略残,牙冠部可能经过打磨修整,削成弯曲的薄片状,磨制光滑。长6.6、最大径1.0厘米(图九三:1)。

(8)分期年代

该墓所出联裆鬲沿面凹槽较深,起脊较高,束颈明显,裆部低平,据此判断该墓年代为西周晚期偏早阶段。

8. 2012FZYM22(图九五)

(1)墓位与盗扰情况

位于姚家墓地北区。北距M23约2.72米,西北距M20约4.2米,西南距M24约2.3米,东南距M21约2.3米。

西北角有一盗洞D1,口部呈不规则椭圆形。先打破墓壁后贴壁直下打破生土,破坏棺椁北部及北垫木,且将墓主上半身扰乱,D1中出土少量蚌饰、玉饰。

(2)墓向与形制

南北向,墓向5°。

长方形竖穴土坑墓,口大底小。墓口及墓底均北宽南窄,墓壁未见工具加工迹象。平底。墓

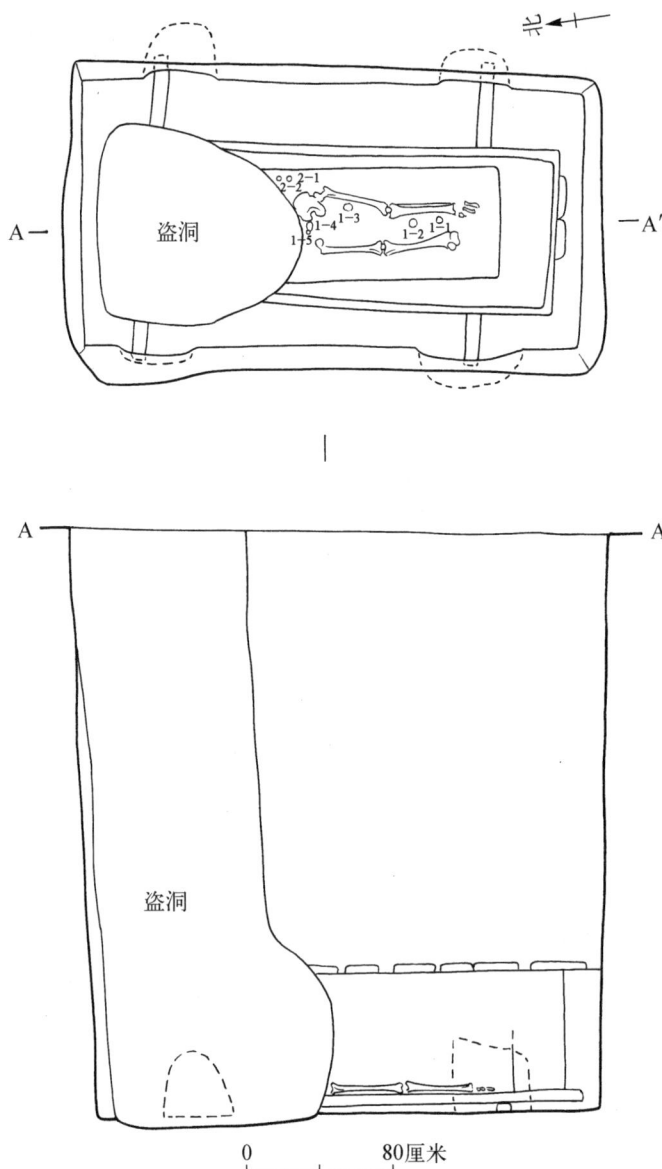

图九五　2012FZYM22平剖图
1.毛蚶　2.蚌泡

口长2.9、北宽1.7、南宽1.6米,墓底长2.7、北宽1.4米,南宽1.5、自深3.0—3.1米。

(3)填土

土质疏松,黄褐色泛红,夹杂有小颗粒状黑垆土,未经夯打。无包含物。

(4)葬具

一棺一椁。棺椁均为南北向放置。

椁残长176、宽81厘米。椁盖板由9块木板组成,均东西横向放置在二层台上,板与板之间均有2—6厘米的间距不等,由南向北长、宽依次为120×28、残20×25、残25×17、残24×23、110×18、118×20、残24×20、残24×20、残16×12厘米,厚度均为4厘米。椁侧板两端嵌于端板内。椁底板形制不明。

棺残长126、宽60厘米,高度不详。

椁下放置两根圆形垫木,无垫木槽。北垫木残长52、宽7厘米,南垫木长160、宽8厘米,两垫木间距168厘米。

（5）墓主

墓主人上半部分凌乱置于盗洞内,盆骨以下部分保存完整,从保存较好部分可以看出墓主人头向北,直肢,左腿微曲。经鉴定,墓主人为年龄在40—44岁的女性。

（6）随葬品位置

共120件。其中毛蚶共94枚（01、02、03、08）、漆器1件（05）、玉鱼2件（06）、蚌泡5枚（07、011）、骨牌串饰9件（09）、海贝4枚（04、010、012）、蚌片4片（013）均出于盗洞。

另在墓葬棺内左腿骨内侧出土毛蚶2枚（1-1、1-2）,盆骨下端出土毛蚶1枚（1-3）,盆骨左侧出土毛蚶2枚（1-4、1-5）,盆骨右上方出土蚌泡2枚（2-1、2-2）。

（7）随葬品介绍

玉鱼　共2件。扁平片状直体,分尾平直,尾尖上翘。标本M22D1:06-1,碧玉,受沁处呈褐白色。头部虽残缺,但两面仍可见一道阴刻腮线。两面均阴刻背鳍、腹鳍,鱼鳍处饰斜线纹,腹部微弧。背鳍前部有一穿孔。残长8.0、宽1.8—2.2、厚0.2厘米（图九六:19）。标本M22D1:06-2,残,仅剩鱼尾,器形、玉质与M22D1:06-1相同,残长2.9、宽1.7—2.1、厚0.3厘米（图九六:12）。

蚌泡　共7枚,均出自盗洞。白色,圆形,扁平状,表面微鼓,平底。正面边缘和中心涂有一周红漆。其中无钻孔1枚。标本M22D1:07-3,直径2.8、高0.7厘米（图九六:2）。单面钻2枚。标本M22D1:07-1,单面钻孔但未穿透。直径3.0、高0.7、孔径0.5厘米（图九六:17）。标本M22D1:011,单面钻孔但未穿透,孔深度较浅。直径2.8、高0.6、孔径0.3厘米（图九六:10）。双面钻4枚。标本M22:2-1,直径2.9、高0.7、孔径0.3厘米（图九六:5）。标本M22:2-2,双面钻未穿透,形成2个较浅的小孔。直径2.9、高0.9、孔径0.2厘米（图九六:14）。标本M22D1:07-2,直径3.2、高0.7、孔径0.2厘米（图九六:1）。

蚌片　共4片。均呈白色薄片状,磨制,其中1片残。标本M22D1:013-1,长条形。长2.1、宽0.8、厚0.1厘米（图九六:3）。标本M22D1:013-2,圆形。直径1.4、厚0.1厘米（图九六:7）。标本M22D1:013-3,椭圆形。长径1.7、短径0.9、厚0.2厘米（图九六:8）。

海贝　共4枚。均出土于盗洞下部,形制基本相同。白色,面有唇,唇内侧各有一排细齿,背面有一穿孔。标本M22D1:04,在壳面近中部磨成一穿孔。长2.1、宽1.5、孔径0.5厘米（图九六:11）。标本M22D1:010-1,保存较好,在壳面磨成一较大穿孔。长2.6、宽1.7、孔径1.7厘米（图九六:6）。标本M22D1:010-2,保存基本完整,壳面基本磨掉,形成一大穿孔。长2.7、宽1.7、孔径2.0厘米（图九六:18）。标本M22D1:012,背部隆起较大,在壳面近上部磨成一穿孔。长2.2、宽1.4、孔径0.9厘米（图九六:15）。

毛蚶　共99枚。大小不一,形制相似。均为粉白色,单扇,壳顶处有穿孔,扇面有长条形皱折纹。标本M22:1-1,长2.9、宽2.5、高1.2、孔径0.3厘米（图九七:6）。标本M22:1-2,长3.9、宽3.2、高1.6、孔径0.3厘米（图九七:2）。标本M22:1-3,长4.1、宽3.4、高1.6、孔径0.2厘米（图九七:

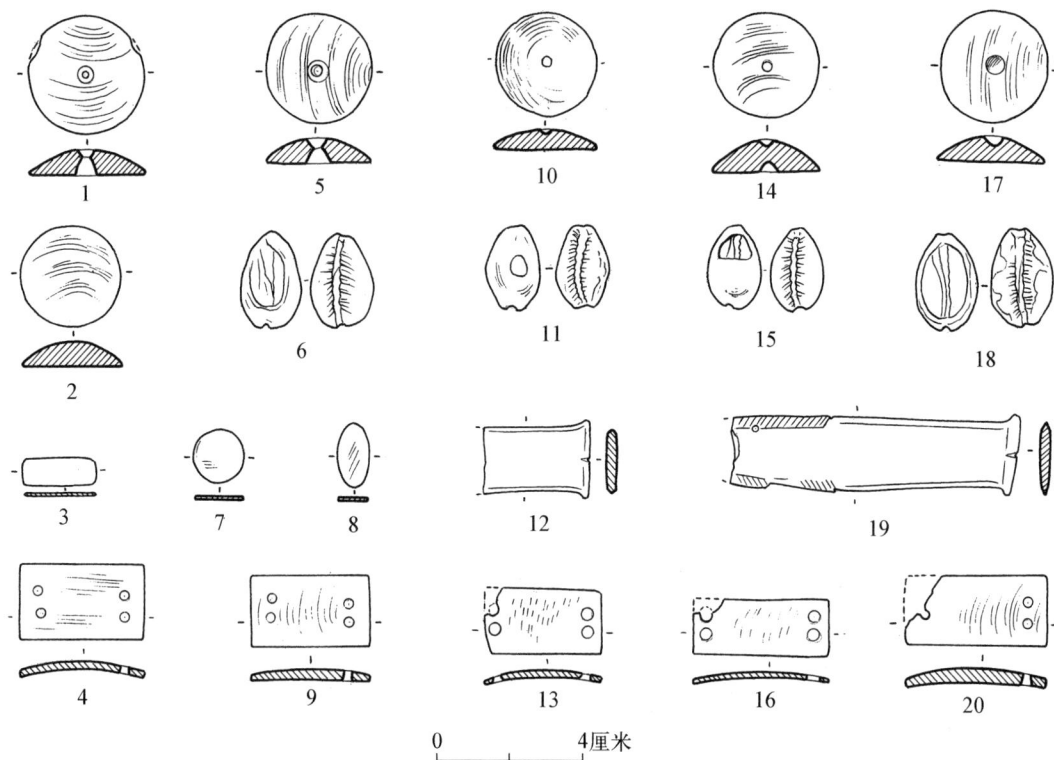

图九六　2012FZYM22随葬品

1、2、5、10. 蚌泡(D1：07-2、D1：07-3、2-1、D1：011)　14、17. 蚌泡(2-2、D1：07-1)　3、7、8. 蚌片(D1：013-1、D1：013-2、D1：013-3)
4、9、13、16、20. 骨牌串饰(D1：09-3、D1：09-2、D1：09-5、D1：09-4、D1：09-1)
6、11、15、18. 海贝(D1：010-1、D1：04、D1：012、D1：010-2)　12、19. 玉鱼(D1：06-2、D1：06-1)

4)。标本M22：1-4，长3.4、宽2.7、高1.4、孔径0.2厘米(图九七：3)。标本M22：1-5，长3.3、宽2.7、高1.2、孔径0.3厘米(图九七：1)。标本M22：01，长3.1、宽2.7、高1.4、孔径0.2厘米(图九七：5)。标本M22D1：02，长4、宽3.3、高2、孔径0.2厘米(图九七：19)。标本M22D1：03-1，长3.8、宽3.2、高1.7、孔径0.2厘米(图九七：8)。标本M22D1：03-2，长3.1、宽2.7、高1.3、孔径0.2厘米(图九七：9)。标本M22D1：03-3，长2.9、宽2.4、高1.3、孔径0.2厘米(图九七：10)。标本M22D1：08-1，长4.1、宽3.3、高1.7、孔径0.3厘米(图九七：12)。标本M22D1：08-2，长4.0、宽3.2、高1.7、孔径0.4厘米(图九七：18)。标本M22D1：08-3，长4.0、宽3.2、高1.6、孔径0.2厘米(图九七：20)。标本M22D1：08-4，长3.8、宽3.2、高1.6、孔径0.2厘米(图九七：16)。标本M22D1：08-5，长3.9、宽2.7、高1.4、孔径0.3厘米(图九七：14)。标本M22D1：08-6，长3.0、宽2.5、高1.3、孔径0.2厘米(图九七：15)。标本M22D1：08-7，长3.0、宽2.6、高1.3、孔径0.3厘米(图九七：13)。标本M22D1：08-8，长2.8、宽2.4、高1.3、孔径0.2厘米(图九七：11)。标本M22D1：08-9，长3.4、宽2.8、高1.5、孔径0.3厘米(图九七：7)。标本M22D1：08-10，长3.6、宽2.9、高1.5、孔径0.1厘米(图九七：17)。

漆器　1件。标本M22D1：05，出土时位于盗洞底部，残存漆痕，红色漆皮呈碎屑状，无法复原。

骨牌饰　共9件。出土时位于盗洞下部，均是使用动物骨头的骨密质制成。除2件呈淡黄色外均呈青白色，各件背面微隆起，两端微下倾，似拱桥状。在近两端处一面向背面单面各钻2

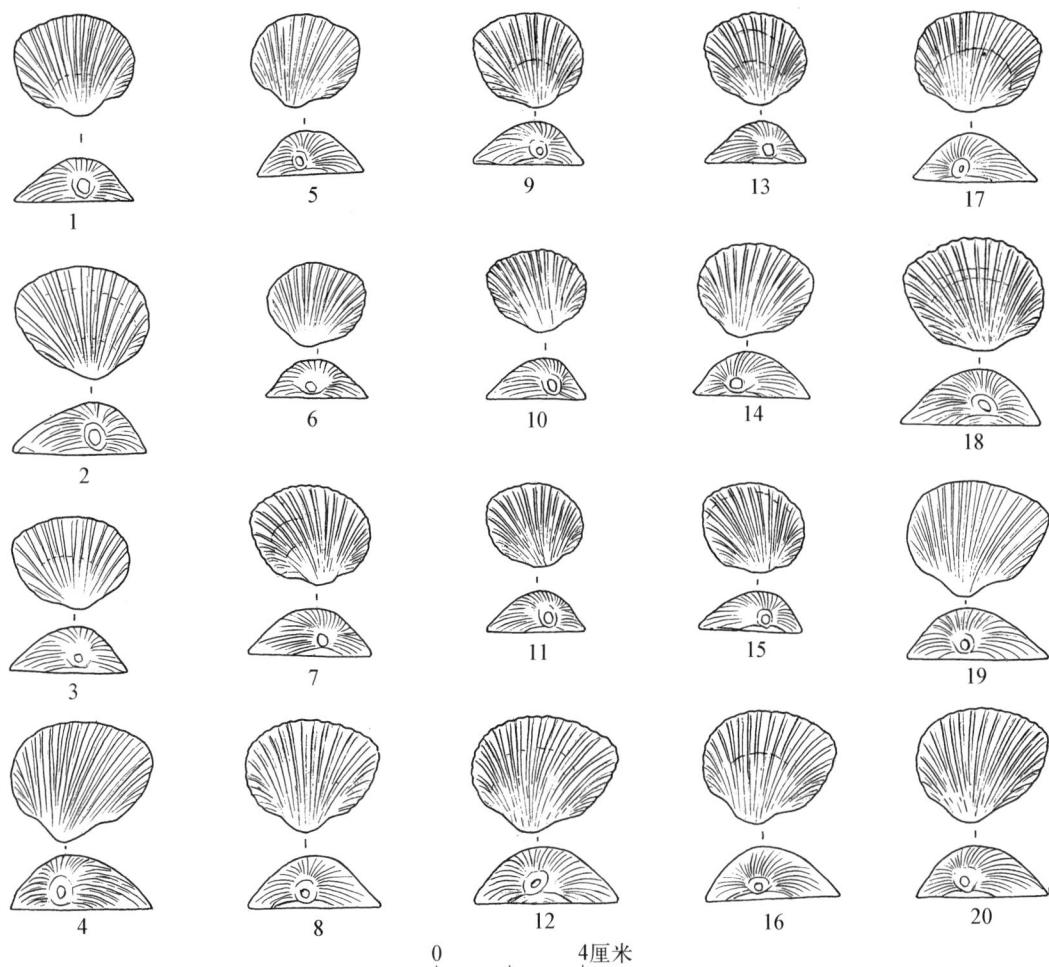

图九七　2012FZYM22 毛蚶

1、2、3、4. 毛蚶（1-5、1-2、1-4、1-3）　　5、6、7、8. 毛蚶（D1∶01、1-1、D1∶08-9、D1∶03-1）

9、10、11、12. 毛蚶（D1∶03-2、D1∶03-3、D1∶08-8、D1∶08-1）

13、14、15、16. 毛蚶（D1∶08-7、D1∶08-5、D1∶08-6、D1∶08-4）

17、18、19、20. 毛蚶（D1∶08-10、D1∶08-2、D1∶02、D1∶08-3）

孔，有6件背面打磨光滑。标本M22D1∶09-1，长3.9、宽1.9、厚0.4、孔径0.2厘米（图九六∶20）。标本M22D1∶09-2，长3.3、宽1.9、厚0.3、孔径0.3厘米（图九六∶9）。标本M22D1∶09-3，长3.4、宽2.0、厚0.2、孔径0.2厘米（图九六∶4）。标本M22D1∶09-4，长3.7、宽1.5、厚0.2、孔径0.4厘米（图九六∶16）。标本M22D1∶09-5，长3.2、宽1.8、厚0.2、孔径0.3厘米（图九六∶13）。

（8）分期年代

该墓为西周墓葬，期别不明。

9. 2012FZYM23（图九八、图九九）

（1）墓位与盗扰情况

位于姚家墓地北区。西北距M26约2.4米，西距M19约3.6米，南距M22约2.7米，东北距M27

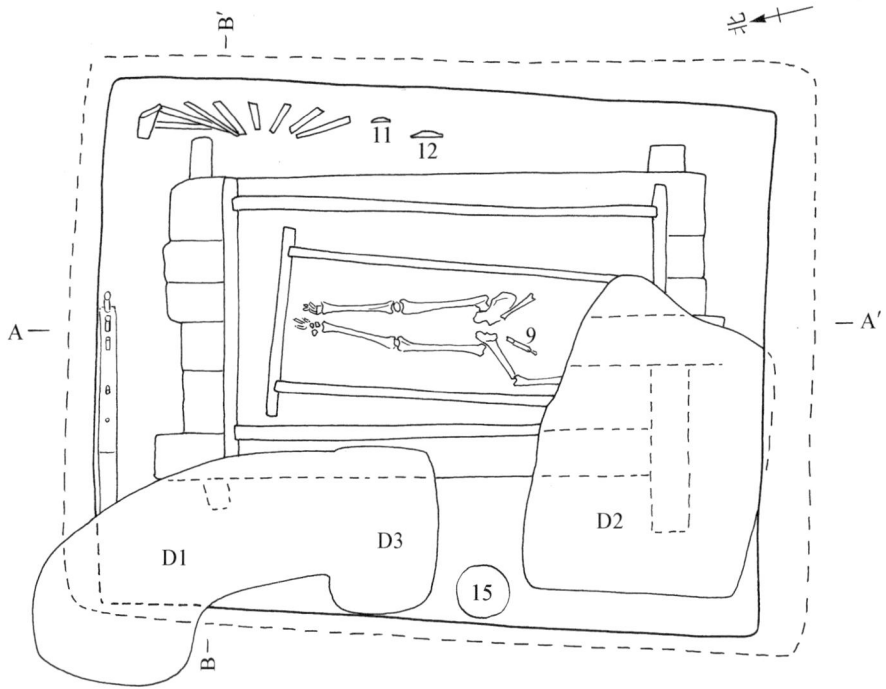

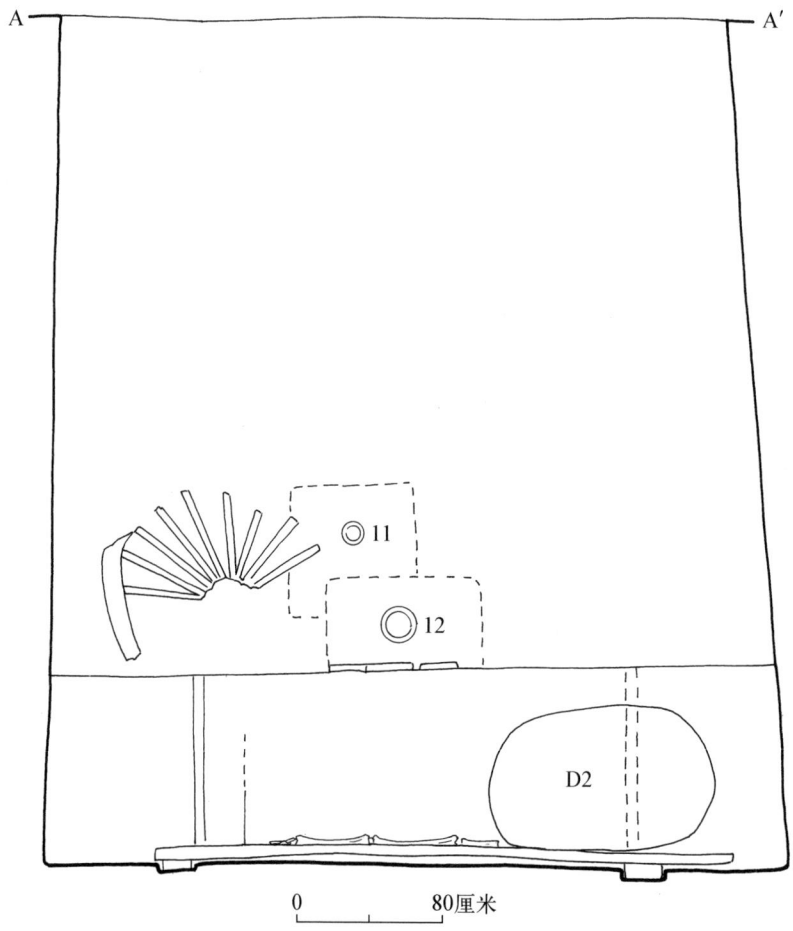

图九八　2012FZYM23平剖图

9.柄形器　11、12.铜阳燧　15.漆器

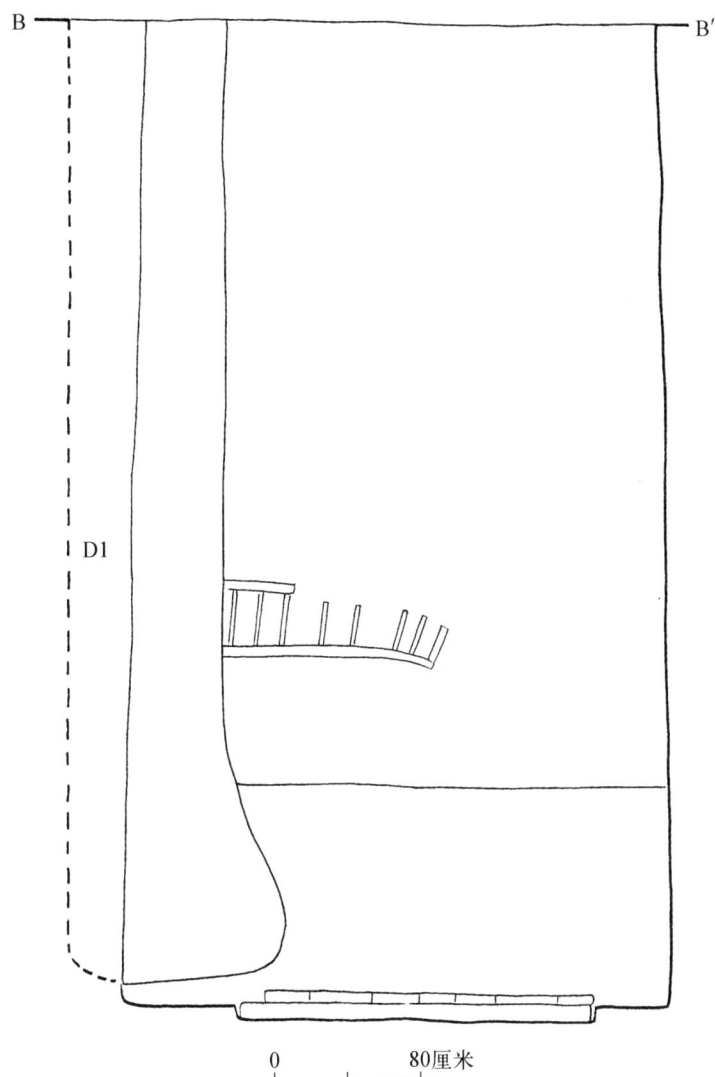

图九九　2012FZYM23剖视图

约4.8米。

　　该墓葬共有盗洞三个，D1位于墓葬的西北角，口部打破西北角墓壁，口部呈圆形，直径0.9、底南北长1.22、宽0.6—0.9米，顺其墓角垂直向下，到墓底后顺西壁向南扩大。D2位于墓葬南壁中部偏西，口部呈不规则形，直下延伸至墓底后向四周扩大，北部将墓主头部破坏，口部直径0.6、底部东西长1.64、南北宽1.2米。D3位于墓葬西壁中部偏北，口部近方形，紧贴墓壁直下，到底部后与D1相通，破坏部分北部椁底板及北垫木。出有陶片、人骨、骨饰、铜饰残片、玉饰、毛蚶等。

　　（2）墓向与形制

　　南北向，墓向195°。

　　长方形竖穴土坑墓，口小底大。墓口及墓底均南宽北窄且墓角均为圆弧形。墓壁未见工具痕迹。平底。墓口长3.6、北宽2.8、南宽2.8米，墓底长4.1、北宽3.0、南宽3.1米，自深4.5米。

（3）填土

白褐色填土，土质致密，含有少量黑垆土颗粒，未经夯打。

（4）葬具

一棺一椁。棺椁均为南北向放置。

椁长2.3、宽1.1米。东二层台上残存三块椁盖板，由北向南残长、宽依次为9×22、12×24、14×22厘米，厚均为4厘米。椁侧板两端嵌于端板内。南北端板残长、宽分别为48×6—7、150×8—9厘米，东西侧板长、宽分别为166×6、残232×4—6厘米。椁底板共6块，均为南北向放置，板与板之间没有间隙，由东向西长、宽依次为292×34、296×20、294×21、297×26、257×34、272×24厘米，厚度均为4厘米（图一〇〇）。

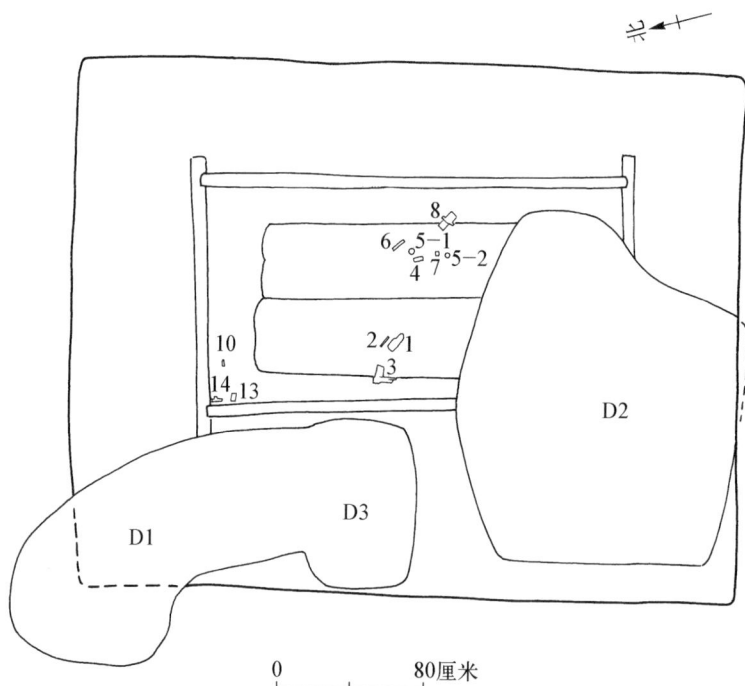

图一〇〇　2012FZYM23椁底板平面图

1.柄形器　2、4、6.单体柄形器　3、8、14.铜戈　5.圆箍状铜环　7.圆角长方形铜环　10.玉鱼　13.车軎

棺残长为172厘米，残宽为66厘米。由盖板、侧板、端板和底板四部分组成，棺盖板是由2块木板组成，均南北向放置。由东向西残长、宽依次为136×40、124×40—44厘米，厚均为4厘米，高68厘米。

椁下放置两根圆形垫木，无垫木槽。北垫木长196、宽10—12、厚6厘米，南垫木长240、宽20、厚8厘米。两垫木槽间距232—240厘米。

棺内墓主身体上下铺有厚约2厘米的朱砂。

（5）墓主

骨骼盗扰、腐朽严重，从现存骨骼判断，墓主头向南，面向不清，仰身直肢葬，双手交叉于小腹上。经鉴定,墓主人约20岁左右,性别不明。

头骨　共2块。标本M23D1:05,均为下颌骨。其中一块长7厘米,残留2颗臼齿,牙冠宽0.8厘米和0.9厘米,高1厘米和0.6厘米。另一块残长6.5厘米。

(6)随葬品及其位置

共53件(组)。出土于D1的有:玉鱼2件(01-1、01-2)、骨牌饰9件(03)、残铜片9片(04)、蚌饰4件(07、021-4、021-6、021-7)、骨牌饰7件(08)、铜轭足1件(09)、联裆鬲残片5件(010)、蚌泡28枚(011)、圆形无沿小铜泡5件(012、020-1、020-2、029、031)、骨管1件(013)、联裆鬲2件(010、014)、罐底残片4件(015)、骨牌饰26件(016)、扁长方形铜节约1件(017)、圆箍状中型铜环3件(018)、铜戈1件(019)、蚌泡12枚(021、041)、残铜片19片(022)、柄形器玉附饰、绿松石35件(023、024)、长方形铜泡2件(025)、毛蚶9枚(026)、原始瓷残片1件(028)、骨牌饰27件(030)、残铜片3片(032)、铜锡1件(033)、海贝24枚(045)、铜扣2件(042、046)、残铜片19片(043)、残铜片3片(047)、鳖残片1件(048)、直筒状铜轭颈2件(034、037)。

出土于D2的有:铜轭足1件(02)、玉鱼2件(05-1、05-2)、扁喇叭状铜轭颈1件(036)、瑗状铜环2件(035-1、035-2)、圆形有沿大铜泡1件(038)、海贝38枚(039)、铜衡末饰1件(040)、玉鱼2件(044)。

墓葬中椁内西北角出土铜车書1件(13)、铜戈1件(14)。椁底板西北角出土玉鱼1件(10)。棺盖板上出土柄形器玉柱1件(1)、单体柄形器3件(2、4、6)、铜戈2件(3、8)、圆箍状中型铜环2件(5-1、5-2)、圆角长方形铜环1件(7)。棺内墓主小腹上出土柄形器玉柄、附饰40件(9)。墓室东部二层台上出土铜锡2件(11、12)。西部二层台上有1件漆器(15),已朽。

(7)随葬品介绍

铜戈　共3件。援部均有折断或扭曲的痕迹,为"毁兵"所致。皆为直内,有侧、下阑。标本M23:3,援前部及下阑残缺不见。无胡,援上无穿,援部近侧阑处两面均有三角形台面。有上阑。长条形内下斜,上角圆转。内部上缘低于援部上刃。内部一圆形穿孔。残长12.1厘米,援残长5.7、宽4.6厘米,内长6.4、宽3.5厘米,阑残长6.1、宽1.0厘米,孔径0.6厘米,重163.5克(图一〇二:2)。标本M23:8,长胡,胡上近侧阑处有三长方形穿,胡不过下阑。援部扭曲成卷曲状,其上一穿。无上阑。长条形内下斜,上下角皆急转。内部一圆形穿。内部上缘与援部上刃齐平。援部近侧阑处两面均饰有龙形浅浮雕纹。援身附着有编织布残迹,1.4厘米内密布有14条经纬交错线。残长19.0、厚0.6厘米,援残长11.3、宽4.6、圆穿直径1.0厘米,阑长14.6、宽0.9厘米,内长7.6、宽4.4厘米,长方形穿长2.1、宽0.3厘米(图一〇二:9、图一〇一;图版一三:4)。标本M23:14,下阑残缺。援前部呈弯曲状。锋部呈舌形。微胡,胡上近侧阑处有一长方形穿。有上阑,援上无穿。长条形内下斜,上角圆转,内部上缘低于援部上刃。内近中部有一椭圆形穿。残长24、厚0.5厘米,援长17.2、宽7厘米,内长6.6、宽3.5厘米,阑部残长8.0、宽0.6厘米,圆穿直径0.9厘米,长方形穿长1.1、宽0.3厘米,重358.8克(图一〇二:7;图版一三:5)。

铜车書　1件。标本M23:13,呈圆筒形,中部以一周圆箍状弦纹区分内外端,内端开口,外端封顶,内外端长度接近。内端口部直径大于外端顶部直径。器表近内端口部有2个相对的长方

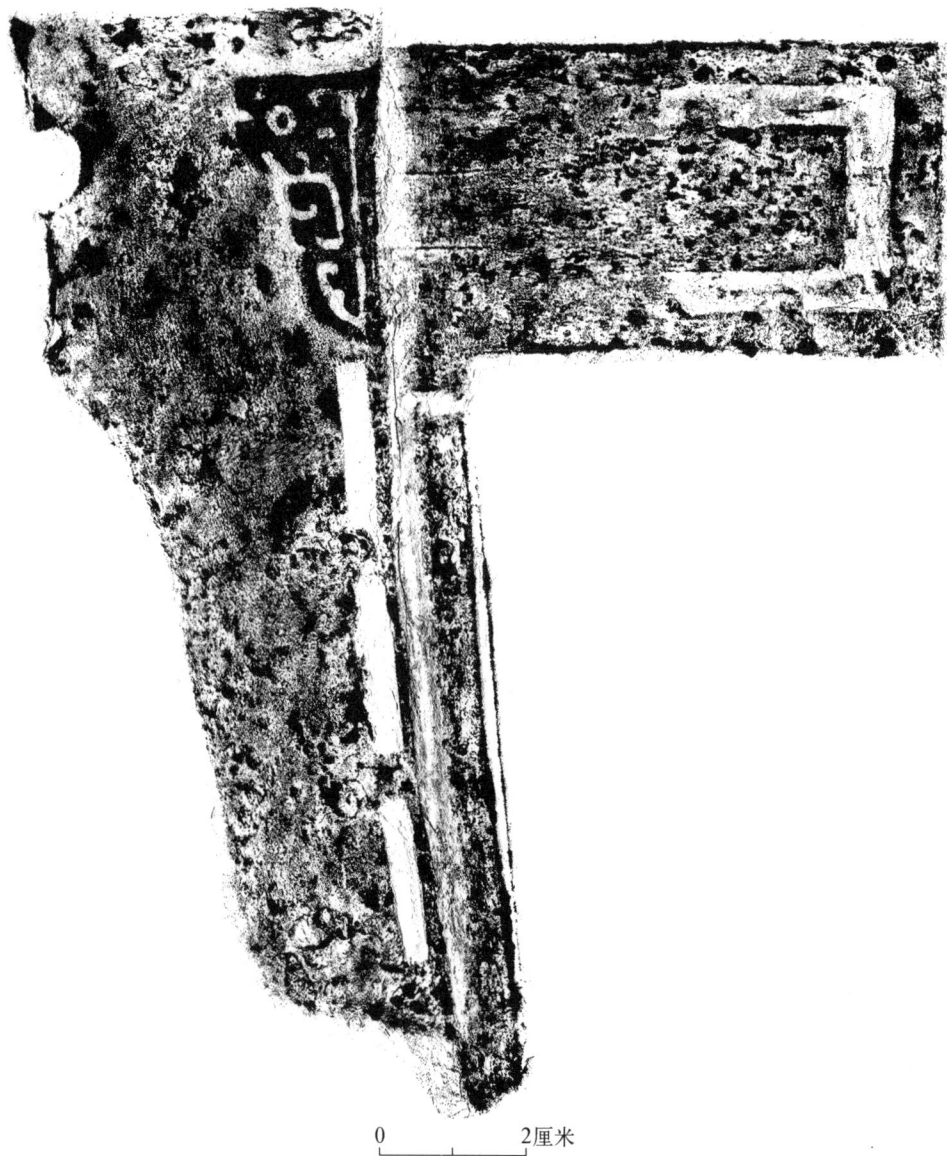

0　　　　　　2厘米

图一○一　2012FZYM23铜戈（M23∶8）拓片

形辖孔。内端略短于外端。内端口径5.3、外端顶径4.0、全长12.3厘米，壁厚0.2厘米，辖孔长3.3、宽1.2厘米，重351克（图一○二∶1）。

铜轭足　共2件。形制相同，略呈蹄形。中空，一端封顶，一端开口，通体素面。标本M23D2∶02，顶部部分残损，两侧各一方形穿孔。口长2.9、宽2.4、通高2.3、壁厚0.15厘米，穿孔长0.6、宽0.4厘米，重19.1克（图一○三∶1）。标本M23D1∶09，两侧各一不规则近圆形穿孔。口长2.6、宽2.5、通高2.4、壁厚0.2厘米，穿长0.4、宽0.2厘米，重15.5克（图一○三∶7）。

圆形无沿小铜泡　共5件。形制均相同，整体均呈半球面状，内部中空，无沿边，顶部无穿孔，底部有一横梁。标本M23D1∶012，梁位于底部偏上。直径1.5、高0.7、厚0.2厘米，梁长1.1、宽0.2厘米，重2.0克（图一○三∶13）。标本M23D1∶020-1，梁位于底部。直径1.5、高0.7、厚0.2厘米，梁

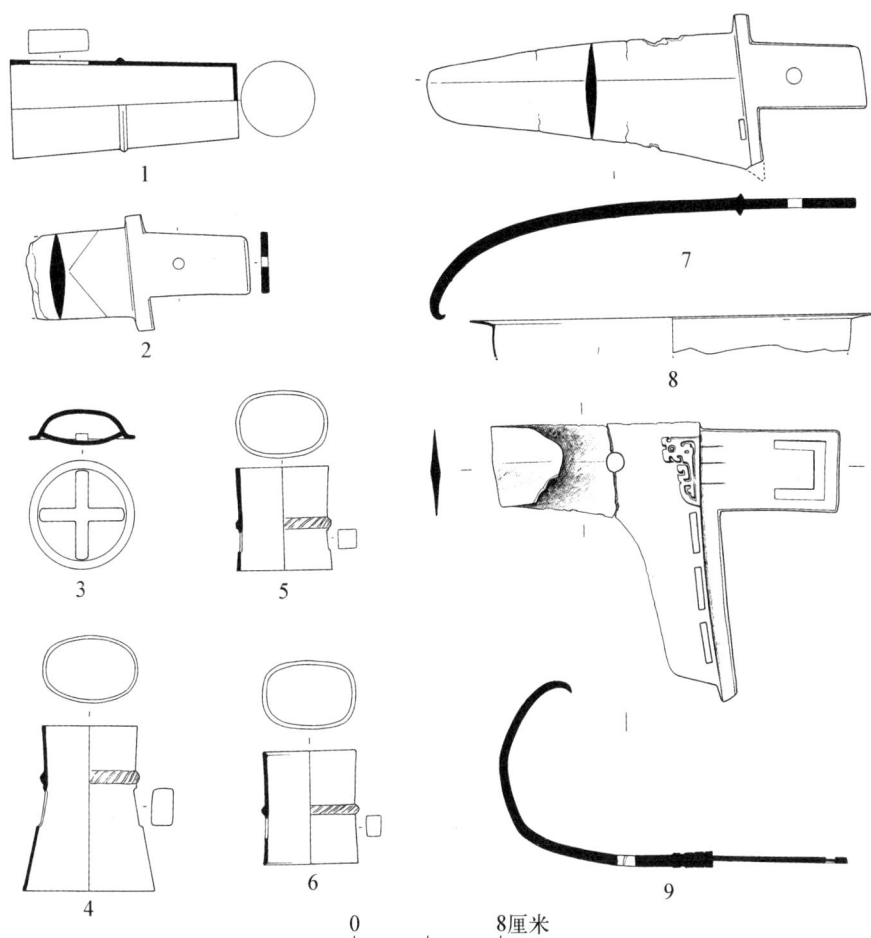

0　　　　　　8厘米

图一〇二　2012FZYM23铜器

1. 铜车軎（13）　　2、7、9. 铜戈（3、14、8）　3. 圆形有沿大铜泡（038）　4. 扁喇叭状铜轭颈（036）
5、6. 直筒状铜轭颈（D1：034、D1：037）　8. 铜錫（D1：033）

长1.2、宽0.2厘米，重2.1克（图一〇三：16）。标本M23D1：020-2，梁位于底部。直径1.4、高0.7、厚0.2厘米，梁长1.2、宽0.2厘米，重2克（图一〇三：17）。标本M23D1：029，梁位于底部偏上。直径1.3、高0.6、厚0.15厘米，梁长1.1、宽0.2厘米，重2克（图一〇三：14）。标本M23D1：031，梁位于底部偏上。直径1.4、高0.6、厚0.2厘米，梁长1.1、宽0.2厘米，重1.9克（图一〇三：18）。

　　圆形有沿大铜泡　1件。标本M23D2：038，器形较大，球面状，背部中空，窄平沿，顶部无穿孔，背有十字形梁。通体素面。直径5.8、沿宽0.5、厚0.3厘米，梁长4.8、宽0.7厘米，重48克（图一〇二：3）。

　　半圆柱形铜泡　共2件。整体呈半圆柱状，背部中空。标本M23D1：025-1，锈蚀严重。长3.2、宽2.6、高1.3、壁厚0.3厘米，梁长2.2、宽0.3厘米，重17.2克（图一〇三：12）。标本M23D1：025-2，长3.8、宽1.7、高1.0、壁厚0.3厘米，梁长1.3、宽0.3厘米，重18.2克（图一〇三：19）。

　　扁长方形铜节约　1件。标本M23D1：017，器形较大，扁长方形。背部中空，一端封顶，一端开口、平直。两面近顶处各有一相对的长方形穿孔。顶面及两侧面中部有明显的折棱。通体素面。长3.0、宽2.6、厚0.2厘米，孔长2.8、宽0.7厘米，重12.2克（图一〇三：11；图版一四：2）。

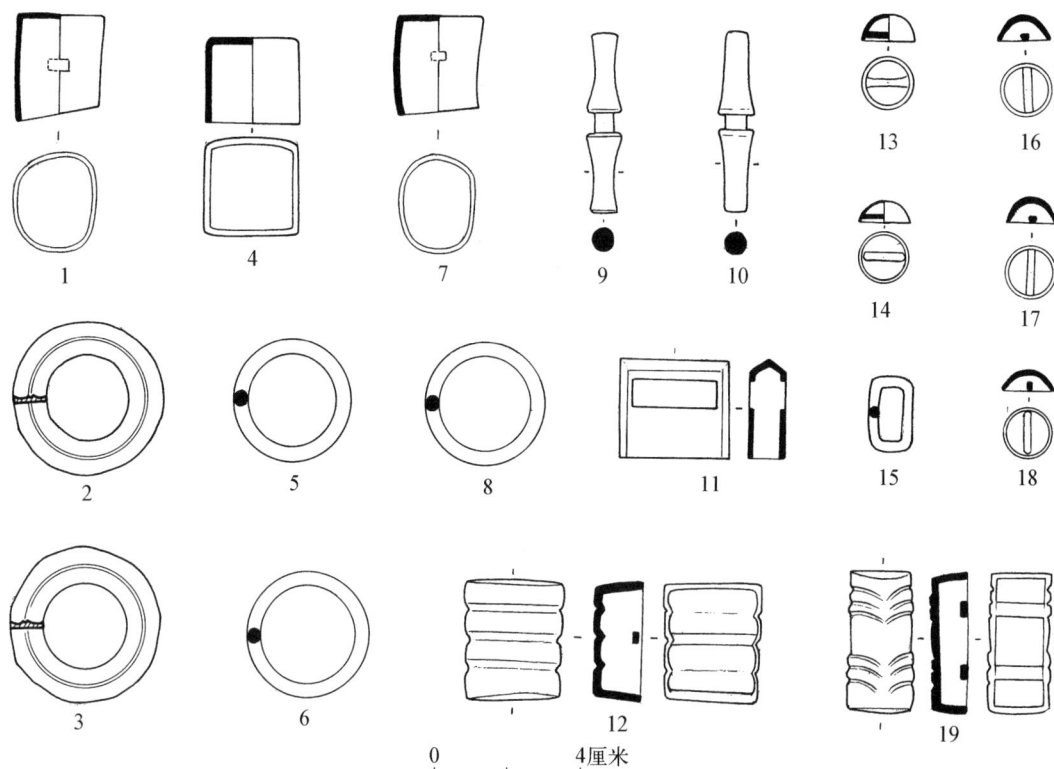

图一○三　2012FZYM23铜器

1、7.铜轭足(D2∶02、D1∶09)　2、3.瑗状铜环(D2∶035-2、D2∶035-1)　4.铜衡末饰(D2∶040)　5、6、8.圆箍状中型铜环(D1∶018、5-2、5-1)
9、10.铜扣(D1∶046、D1∶042)　11.扁长方形铜节约(D1∶017)　12、19.半圆柱形铜泡(D1∶025-1、D1∶025-2)
13、14、16、17、18.圆形无沿小铜泡(D1∶012、D1∶029、D1∶020-1、D1∶020-2、D1∶031)　15.圆角长方形铜环(7)

　　圆箍状中型铜环　共5件。形制相同，大小、尺寸相近。圆箍状，环身截面呈圆形。标本M23∶5-1，外径3.3、内径2.9、环身径0.4厘米，重8克(图一○三∶8)。标本M23∶5-2，外径3.3、内径2.6、环身径0.4厘米，重7.7克(图一○三∶6)。标本M23D1∶018-1，外径3.2、内径2.4、环身径0.4厘米，重8.5克(图一○三∶5)。

　　瑗状铜环　共2件，锈蚀较严重。形制相同，大小、尺寸相近。整体呈瑗状，一面有2周凹槽。标本M23D2∶035-1，外径4.1、内径2.2、厚0.2厘米，重11.9克(图一○三∶3；图版一五∶5)。标本M23D2∶035-2，外径4.1、内径2.2、厚0.2厘米，重9.9克(图一○三∶2；图版一五∶5)。

　　圆角长方形铜环　1件。标本M23∶7，整体呈圆角长方形，截面近圆形。长2.0、宽1.2、环身径0.3厘米，重2.4克(图一○三∶15)。

　　直筒状铜轭颈　共2件，形制相同，直筒状椭圆形，中空，两侧各有一长方形穿孔，器表饰一周绹索状箍。标本M23D1∶034，长5.5、宽5.0—5.2、壁厚0.2厘米，箍宽0.6厘米，穿长1.0、宽1.1厘米，重105.5克(图一○二∶5)。标本M23D2∶037，长5.8、宽3.4、高5.0、壁厚0.2、箍宽0.5厘米，穿长1.1、宽0.8厘米，重104.2克(图一○二∶6)。

　　扁喇叭状铜轭颈　1件。标本M23D2∶036，扁管状喇叭形，横截面呈椭圆形。中空，两侧各有一长方形穿孔，器表饰一周绹索状箍。内部残留少量木屑。长8.8、宽5.2—7.2、壁厚0.3厘米，箍宽0.5厘米，穿长0.8、宽1.2厘米，重139.2克（图一〇二：4；彩版一〇：3）。

铜扣　共2件。形制一致，两端为伞状圆柱体，中部为榫卯凹槽，呈亚腰状。标本M23D1：042，长4.8、两端直径0.6、器身最大径0.9、腰部长0.4厘米，重13克（图一〇三：10）。标本M23D1：046，长4.3、两端直径0.8、器身最大径0.9、腰部长0.5厘米，重12.9克（图一〇三：9）

铜锡　共3件，均残。正面弧状，背面中空，沿边有成对的穿孔。标本M23：11，数十片小碎片，重13.2克。标本M23：12，数十片小碎片，其中有沿者3片，窄沿，残存沿面上可见两个一组的穿孔，穿孔为锤击形成，重127克。标本M23D1：033，破碎严重，可见沿边。直径22.1、残高2、沿宽1.3厘米，重43.1克（图一〇二：8）。

铜衡末饰　1件。标本M23D2：040，短长方筒形，中空，一端封顶，一端开口。长2.6、宽2.2、壁厚0.2厘米，重19.1克（图一〇三：4）。

铜残片碎小铜片，均残破严重。壁厚较薄，可能为铜锡。标本M23D1：04、M23D1：022、M23D1：032、M23D1：043、M23D1：047。

柄形器　共4件。

单体柄形器　共3件，标本M23：2，透闪石软玉，青色，内掺杂有白色细末物。器身较厚，呈扁长条状，柄首似箍状平帽型，两侧边近柄首处均有一个缺口形微束颈，中部略厚，两端稍薄，两侧边磨光。长5.6、宽2.1、厚1.1厘米（图一〇五：4；图版一八：4）。标本M23：4，透闪石软玉，灰绿色，柄末端有白褐斑。器身较薄，器形为长方形牌状，上宽下窄，顶端有一组犬牙状扉棱，两侧各有两组犬牙状扉棱，末端呈不规则尖状，一侧边有2个犬齿状缺口。器身两面用阴线刻相同形制但方向相反的一鸟一龙纹。鸟纹在上，靠近柄首，钩喙，平嘴，圆睛，头有花冠，扬翅，卷分尾，尾羽由身后向上卷至头前，胸下有硕大的鸟爪；龙纹在下，靠近柄末，卷鼻，张口，口下有短须，"臣"字形眼，顾首，龙身曲折，尾下垂。长9.5、宽3.5、厚0.4厘米（图一〇五：23，图八〇：10；图版一八：5）。标本M23：6，柄末端稍残。透闪石软玉，青绿色，玉色温润，近末端含淡黄褐色斑块，器形较窄，呈长条状，中间较厚，两侧边圆滑。柄首箍状平顶，束颈，颈部以两道旋纹作为分界。近柄首处有两道浅凹槽，两凹槽中部稍细，有两周凸棱。器表素面。长7.9、宽1.1、厚0.4厘米（图一〇五：3）。

复合柄形器1组，共39件。包括1个玉柄，两层组合附饰，均不完整，残存玉饰9个和绿松石片28个，以及1个疑似柄形器第四部分的玉柱，插入蚌托的圆形穿孔，但因该墓未发现蚌托，故这件玉柱归属尚属推测（图一〇四；彩版一四：4）。玉柄1个，标本M23：9-1，碧玉，白化严重，末端有褐斑，器身窄而厚，制作较精良。平顶，束颈，颈上饰两道弦纹，末端微内收出榫，底端平齐。全长8.5厘米，首端宽2.2、厚0.9厘米，底端宽1.3、厚0.6厘米，柄身厚1.0厘米（图一〇五：21）。第一层，包括玉饰5个，绿松石片17个。带犬齿状扉棱玉片3个，均一端尖、一端平。标本M23D1：024-5，长边一侧有两个犬齿状扉棱、一个犬齿状缺口和一个方形缺口，另一侧平直。长4.2、宽0.6、厚0.2厘米（图一〇五：7）。标本M23D1：023-1，长边一侧有两个犬齿状扉棱、一个犬齿状缺口，另一侧平直。长4.2、宽0.6、厚0.2厘米（图一〇五：5）。复原于第一层最外侧的两列，扉棱侧向外，尖端朝上。第3个残，依旧能看出其形制与两侧的两个相同，应该与另一个相同的复

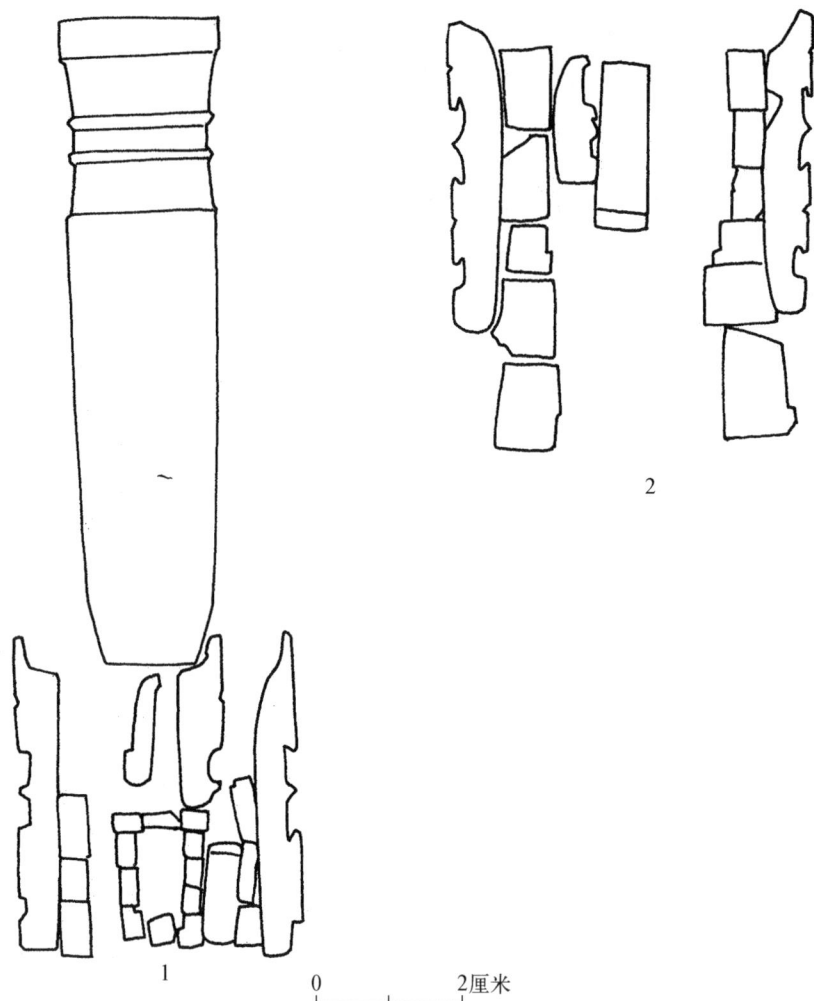

图一〇四　2012FZYM23：9柄形器结构复原示意图

1. M23：9（第一层）　2. M23：9（第二层）

原于中轴列旁的两列。1个带浅槽短玉条，两端各有一道细棱，中部饰两道并行的棱，一端薄且上翘，另一端厚且平。标本M23D1：024-1，长1.4、宽0.4、厚0.3厘米（图一〇五：14）。1个带钩状玉条，标本M23D1：024-6，一端弯，一端圆弧，中部直。长1.0、宽0.5、厚0.2厘米（图一〇五：6）。绿松石片17个，均较细小，或长方形，或"L"形，或正方形。复原于中轴列两侧的两列玉饰中间，整齐排列。标本M23D1：024-3，长0.9、宽0.2、厚0.1厘米（图一〇五：13）。标本M23D1：024-4，长0.6、宽0.4、厚0.1厘米（图一〇五：9）。

第二层，包括玉饰4个，绿松石片11个。带犬齿状扉棱长玉条2个，其上均有两个扉棱，一个犬齿状缺口和一个半犬齿缺口，另一侧平直或有三角形缺。标本M23：9-2、标本M23：9-3，尺寸相同，均长4.2、宽0.6、厚0.2厘米（图一〇五：12、10）。带浅槽状玉条1个，标本M23D1：023-2，厚体，一端薄而翘起，另一端厚而平直，较厚端起一道粗棱，较薄端起一道细棱，中部近较厚端有两道并列粗棱。长1.7、宽0.6、厚0.3厘米（图一〇五：11）。长方形玉条1个，标本M23：9-4，厚体，一端有一道细棱且翘起，另一端平直。长2.3、宽0.6、厚0.2厘米（图一〇五：2）。绿松石片11个，均较大，或长方形，或梯形，或"L"形，或一边起棱的方形。复原于玉饰中间或两侧、底边，整齐排列。标本M23D1：024-2，长0.9、宽0.5、厚0.1厘米（图一〇五：8）。柄形器玉柱1件。标本M23：1，疑似插入蚌托圆形穿孔的玉柱，器身圆柱状略扁。一端平齐，有切割痕迹，似对切，两侧斜直微内收至另一端出榫，分界明显，榫头为锥状，截面为圆形，与蚌托单面钻圆穿孔正好相吻合，一头小一头大。器身饰类似鱼背鳍和鱼腹鳍的纹饰。长5.7、底端宽0.8、榫头长0.9、榫头圆截面直径0.3厘米（图一〇五：18；图版一八：1）。

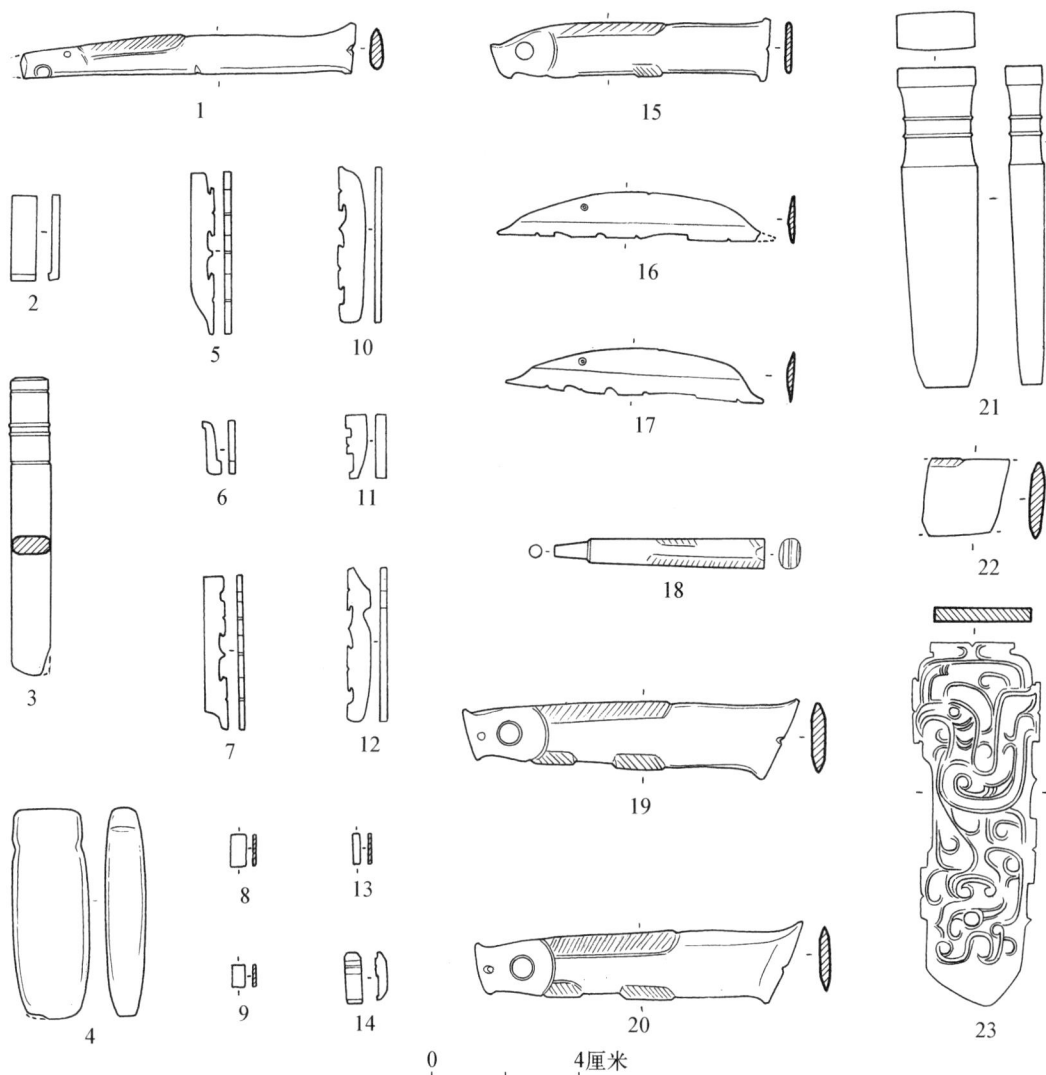

图一〇五　2012FZYM23玉器

1、15、19、20、22．扁平片状直体玉鱼（D1：01-1、10、D2：05-2、D2：05-1、D1：01-2）
2、5、6、7．柄形器附饰（9-4、D1：023-1、D1：024-6、D1：024-5）　10、11、12、14．柄形器附饰（9-3、D1：023-2、9-2、D1：024-1）
3、4、23．单体柄形器（2、6、4）　8、9、13．柄形器绿松石附饰（D1：024-2、D1：024-4、D1：024-3）
16、17．扁平片状曲体玉鱼（D2：044-2、D2：044-1）　18．柄形器玉柱（1）　21．柄形器玉柄（9-1）

扁平片状直体玉鱼 共5件。整体呈扁平片状直体。标本M23D1：01-1，保存完整。墨绿色，受沁处呈黄白色。阔嘴，分尾微斜直。两面均用阴线刻出鱼头、鱼眼、背鳍、腹鳍和鱼尾，鱼鳍上饰细斜线纹，圆眼凸出。背鳍前部有一单面钻小圆穿孔。长9.1、宽0.7—1.1、厚0.4、孔径0.2厘米（图一〇五：1、图一一三：2；彩版一二：2）。标本M23D1：01-2，仅残存鱼身中间一段。残见阴线刻出的背鳍，中间稍厚，两边较薄。残长2.2、宽2.1、厚0.4厘米（图一〇五：22）。标本M23D2：05-1，青绿色，有灰白色受沁痕迹。阔嘴，分尾，尾部下斜。两面均用阴线刻出鱼头、鱼眼、背鳍、胸鳍、腹鳍和鱼尾，鱼鳍上有细斜线纹。嘴部有一双面钻孔。长9.0、宽1.9、厚0.3、孔径0.3厘米（图一〇五：20、图一一三：5；彩版一二：3）。标本M23D2：05-2与M23D2：05-1器形、玉质相同，应为一对对开成形器物。长9.2、宽1.9、厚0.4、孔径0.2厘米（图一〇五：19）。标本M23：10，头部微残。墨绿色，受沁处呈乳白色。阔嘴，分尾斜直。背部稍厚，腹部稍薄。两面用阴线刻出头部、眼睛、腹鳍，腹鳍较长，背部一道凹槽以示背鳍。长7.6、宽1.4、厚0.2厘米（图一〇五：15；图版一六：1）。

扁平片状曲体玉鱼 共2件。1件头部稍残。黄白色。形制相同，整体呈扁平薄片状，背部呈弧形，应为因料施工而造型特别。阔嘴，垂分尾。鱼身磨制光滑，一面有平直切割痕迹。上部呈圆弧状，近前侧有一两面钻小圆穿孔，下部呈齿牙状。局部附着朱砂痕迹。最长处7、最宽处3、厚0.1、孔径0.05厘米。标本M23D2：044-1，器形完整，窄条尾。长8.0、宽1.3、厚0.2、孔径0.2厘米（图一〇五：17；彩版一二：6）。标本M23D2：044-2，残缺。残长8.2、宽1.3、厚0.2、孔径0.2厘米（图一〇五：16）。

原始瓷 1件。标本M23D1：028，残。胎厚，呈白灰色，器表施一层较薄的墨绿色釉。器形不明。

联裆鬲 共2件。均夹砂。M23D1：010，仅残存1件口沿残片和4片腹部残片。灰褐陶，侈口，方唇，平折沿，沿外缘略突起一周棱，斜直领，束颈，沿下角近90°。自沿下饰竖行中绳纹，沿下局部绳纹被抹，肩部饰一周旋纹形成旋断绳纹，纹理规整而清晰。口径15.8、残高5.0、厚0.5厘米（图一〇六：5）。标本M23D1：014，残，经复原为完整器。浅灰陶。侈口，卷沿，圆唇，矮领，沿下角较大。略鼓腹，弧裆近平。尖锥状足无实足根。自肩部以下均饰交错中绳纹，印痕较浅，纹理不清，沿下绳纹被抹。口径14.8、通高13.8、器身最大径16.2、厚0.6厘米（图一〇六：7）。

陶鬲足根 1件。标本M23D1：06，残，夹砂灰褐陶。锥状实足根，饰交错粗绳纹，纹饰较模糊。残高4厘米（图一〇六：13）。

圈足 1件。标本M23D1：027，残，泥质灰陶。素面。残长4、残高3、厚0.7厘米（图一〇六：12）。

罐底 1件。标本M23D1：015，出土时残成4片，无法复原。泥质灰陶，下腹弧直，平底，素面，内壁有泥条盘筑痕。底径2.8、残高2.4厘米（图一〇六：10）。

蚌饰 共4件。其中扉棱蚌饰2件。标本M23D1：07，体厚，呈弧形扁平状。勾云纹分布在蚌体的头端，方向朝内，外弧中部突起呈尖齿状，尾端竖直。长7.9、宽2.1—3.2、厚0.3、穿孔径0.4厘米（图一〇八：15）。标本M23D1：021-7，残缺较甚。平面呈三角形，弧形扁平状，体较薄。可见残体两端分别有勾云纹和刻槽。残长4.1、宽2.0、厚0.3厘米（图一〇八：14）。几何形蚌饰2件。标本M23D1：021-4，近圆形泡状。体小，正面略鼓起，背面平。长径1.6、短径1.1、高0.5厘米（图一〇七：8）。标本M23D1：021-6，椭圆形片状。体长，弧角略尖。长径2.8、短径1.6、高0.2厘米（图一〇七：9）。

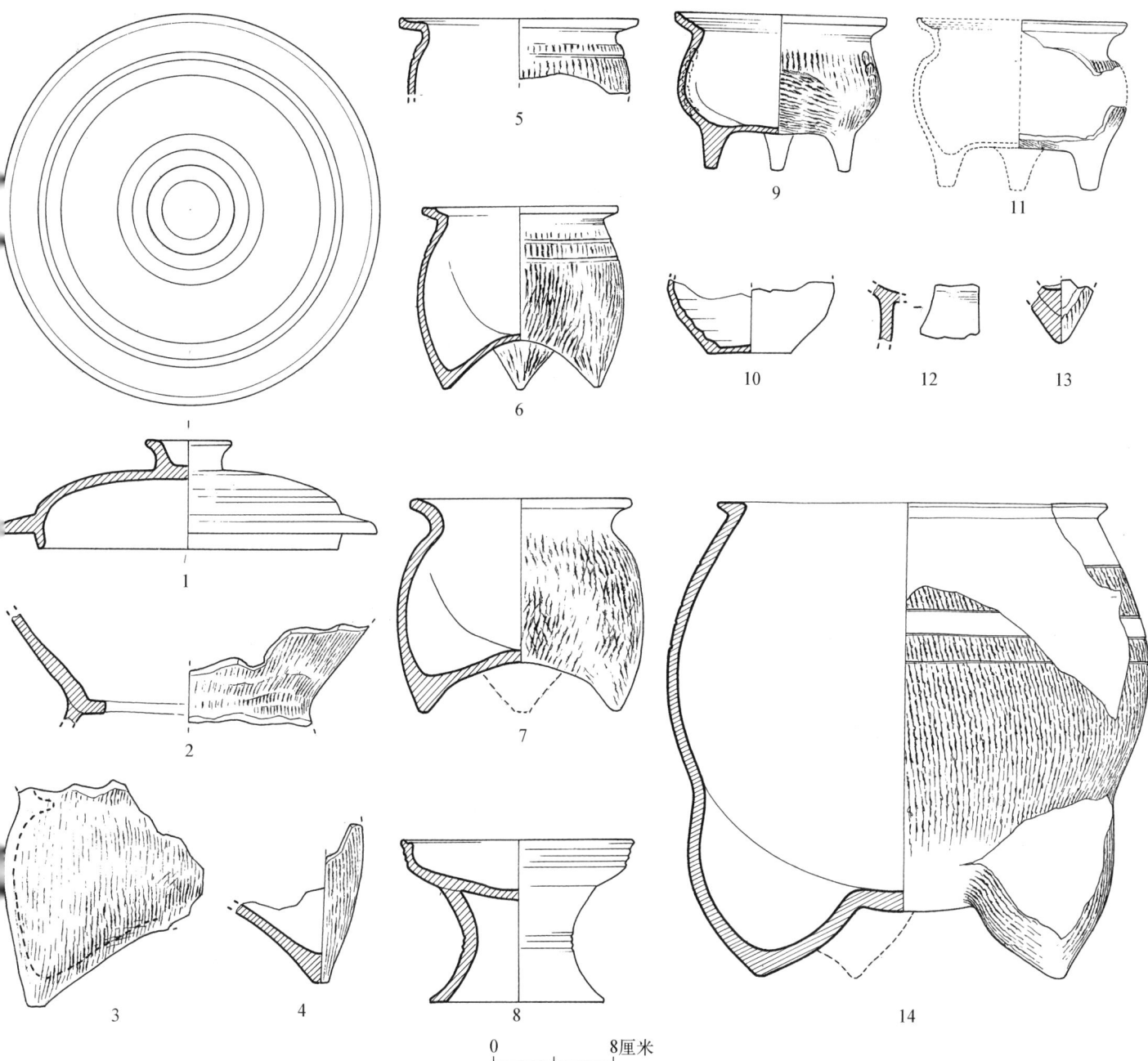

图一〇六　2012FZYM20、M23、M27、M29陶器

1. 器盖（M20D1：05）　　2、3. 陶联裆甗（M20D1：03、M20D1：012）　　4、13. 陶联裆鬲（甗）足根（M20D1：011、M23D1：06）

5、6、7、9、11. 联裆鬲（M23D1：010、M27D1：01、M23D1：014、M20D1：04、M20D1：013）

8. 豆（M29D2：04）　　10. 罐底（M23D1：015）　　12. 圈足（M23D1：027）　　14. 三足瓮（M20D1：01）

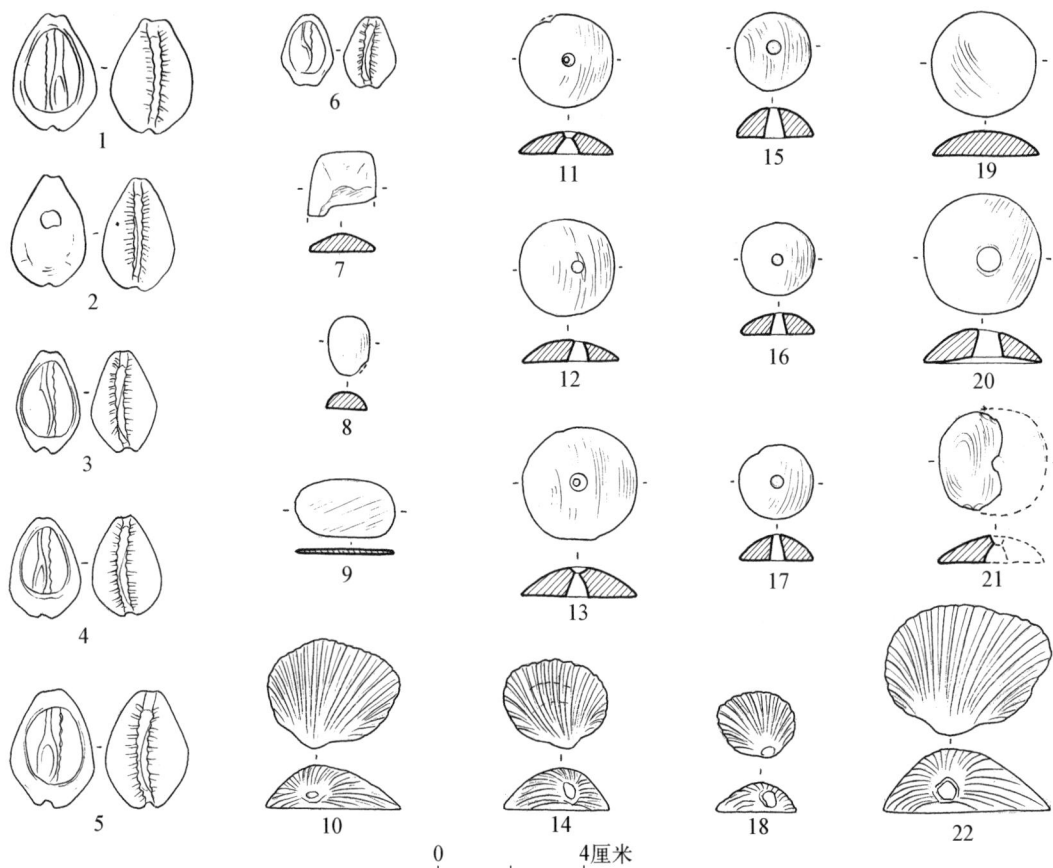

图一〇七　2012FZYM23海贝、毛蚶、蚌饰

1、2、3、4. 海贝（D2：039、D1：045-1、D1：045-3、D1：045-2）　5、6. 海贝（D1：045-5、D1：045-4）
7、11、12、13. 蚌泡（D1：021-5、D1：011-3、D1：011-2、D1：021-1）
15、16、17、19. 蚌泡（D1：021-3、D1：011-5、D1：011-4、D1：011-1）　20、21. 蚌泡（D1：021-2、D1：041）
8、9. 蚌饰（D1：021-4、D1：021-6）　10、14、18、22. 毛蚶（D1：026-2、D1：026-3、D1：026-4、D1：026-1）

蚌泡　共40枚。部分残缺，均为白色，扁平状，平底。

圆形蚌泡　共24枚，表面微鼓，正面边缘和中心均涂有一周红漆。其中无钻孔3枚。标本 M23D1：011-1，直径2.9、高0.7厘米（图一〇七：19）。单面钻16枚。标本 M23D1：011-2，直径2.6、高0.6、孔径0.3厘米（图一〇七：12）。标本 M23D1：011-4，直径2、高0.7、孔径0.2厘米（图一〇七：17）。标本 M23D1：011-5，直径2.1、高0.6、孔径0.2厘米（图一〇七：16）。标本 M23D1：021-2，直径3.3、高0.9、孔径0.7厘米（图一〇七：20）。标本 M23D1：021-3，直径2.1、高0.8、孔径0.2厘米（图一〇七：15）。双面钻5枚。标本 M23D1：011-3，直径2.6、高0.6、孔径0.2厘米（图一〇七：11）。标本 M23D1：021-1，直径3.2、高0.8、孔径0.4厘米（图一〇七：13）。标本 M23D1：041，残存左半部，直径2.9、高0.7、孔径0.6厘米（图一〇七：21）。

正方形蚌泡　共16枚。3枚残损，整体呈方锥状。其中双面钻孔10枚，无钻孔6枚。标本 M23D1：021-5，残，边长1.3—1.8、高0.5厘米（图一〇七：7）。

毛蚶　共9枚，其中1件残。单扇，均在壳顶处有穿孔，扇面有长条形皱折纹。标本

M23D1：026-1，长4.6、宽3.4、孔径0.5、厚1.7厘米（图一〇七：22）。标本M23D1：026-2，长3.7、宽2.8、孔径0.3、厚1.2厘米（图一〇七：10）。标本M23D1：026-3，长2.9、宽2.4、孔径0.5、厚1.1厘米（图一〇七：14）。标本M23D1：026-4，长2.2、宽1.8、孔径0.5、厚0.8厘米（图一〇七：18）。

海贝　共62枚。形制、大小基本相同。均为白色，面有唇，唇内侧各有一排细齿，背面有一穿孔，贝体有朱砂痕迹。标本M23D2：039，长3.1、宽2.3、孔径2.3厘米（图一〇七：1）。标本M23D1：045-1，长2.9、宽2.0、孔径0.5厘米（图一〇七：2）。标本M23D1：045-2，长2.7、宽1.9、孔径1.3—1.9厘米（图一〇七：4）。标本M23D1：045-3，长2.8、宽1.8、孔径2.0厘米（图一〇七：3）。标本M23D1：045-4，长1.9、宽1.9、孔径1.4厘米（图一〇七：6）。标本M23D1：045-5，长3.2、宽2.2、孔径2.1厘米（图一〇七：5）。

骨管　1件。标本M23D1：013，为一截较粗壮的动物肢骨，呈圆管状，两端略粗，中间微细，中空，内壁刳平。素面。高7.3、外径4.5、内径2.9、厚0.8厘米（图一〇八：18）。

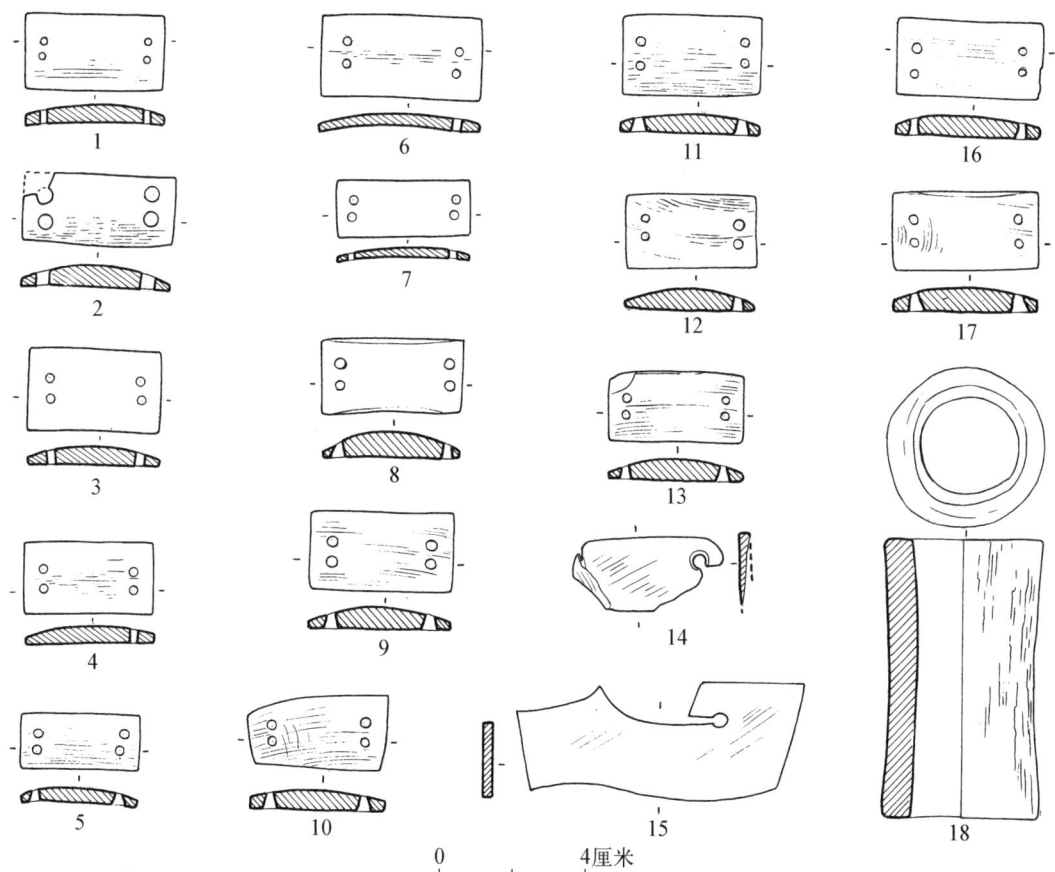

0　　　　　　4厘米

图一〇八　2012FZYM23骨器、蚌器

1、2、3、4.骨牌饰（D1：03、D1：08、D1：016-2、D1：016-3）　5、6、7、8.骨牌饰（D1：030-9、D1：016-1、D1：016-4、D1：030-3）
9、10、11、12.骨牌饰（D1：030-4、D1：030-7、D1：030-5、D1：030-6）　13、16、17.骨牌饰（D1：030-8、D1：030-2、D1：030-1）
14、15.蚌饰（D1：021-7、D1：07）　18.骨管（D1：013）

骨牌饰　共42件(图版一九:6)。标本M23D1:03,为白色略弧的长方形厚片,正面为骨质紧密,经打磨且较光滑;背面未经打磨。两侧各有2个钻孔,由背面向正面单面钻出。长3.8、宽2.0、厚0.5、孔径0.2厘米(图一〇八:1)。标本M23D1:08,呈灰白色,中部微微隆起,成弧状。四角各有一对由背面向正面单面钻圆穿孔。长4.2、宽1.9、厚0.6、孔径0.4厘米(图一〇八:2)。标本M23D1:016-1至M23D1:016-4、标本M23D1:030-1至标本M23D1:030-8,都为骨牌串饰。整体为白色,上有青绿色,为蚌自身颜色。整体为长方形厚片,正面为蚌外侧,打磨光滑;背面略加打磨,可见斜线形磨痕。近4角处各有2个圆钻孔,由背面向正面单面钻钻出。标本M23D1:016-1,长4.3、宽2.2、厚0.4、孔径0.2厘米(图一〇八:6)。标本M23D1:016-2,长3.6、宽2.2、厚0.5、孔径0.2厘米(图一〇八:3)。标本M23D1:016-3,长3.5、宽1.9、厚0.4、孔径0.2厘米(图一〇八:4)。标本M23D1:016-4,长3.6、宽1.5、厚0.3、孔径0.2厘米(图一〇八:7)。标本M23D1:030-1,长4.0、宽2.1、厚0.6、孔径0.2厘米(图一〇八:17)。标本M23D1:030-2,长4.0、宽2.0、厚0.6、孔径0.3厘米(图一〇八:16)。标本M23D1:030-3,长3.8、宽2.1、厚0.6、孔径0.3厘米(图一〇八:8)。标本M23D1:030-4,长3.9、宽2.1、厚0.6、孔径0.3厘米(图一〇八:9)。标本M23D1:030-5,长3.7、宽2.1、厚0.6、孔径0.2厘米(图一〇八:11)。标本M23D1:030-6,长3.5、宽2.0、厚0.6、孔径0.2厘米(图一〇八:12)。标本M23D1:030-7,长3.7、宽1.4—2、厚0.6、孔径0.3厘米(图一〇八:10)。标本M23D1:030-8,长3.7、宽1.9、厚0.6、孔径0.2厘米(图一〇八:13)。标本M23D1:030-9,长3.2、宽1.4、厚0.4、孔径0.2厘米(图一〇八:5)。

鳖残片　1件,出于D1下部。标本M23D1:048,扁平状,表面有蜂窝状斑点。残长1.6、宽1.5、厚0.1厘米。

漆器　1件。标本M23:15,漆木已朽,无法提取。

近东壁偏北处发现车轮痕迹,距墓口2.5米,距北壁0.3米。残存9根辐条,辐条分布较均匀。辐条之间间距较为均匀,骹部略宽于股部。骹部宽约4、股部宽约3厘米,辐长50厘米。残存部分轮牙,牙宽约8厘米。

近北壁中部发现车舆痕迹,由于盗扰及墓室塌落严重,仅残存少量车軫痕迹,残存7根軫木。距墓口2.8米,车舆残高26厘米,軫木宽约3—4厘米。

(8)分期年代

该墓所出联裆鬲如标本M23D1:014、标本M23D1:010束颈明显,且上腹部有饰旋断绳纹,均为西周中期偏早阶段作风[1],所出小口圆肩罐多见于西周早期偏晚和中期偏早阶段。故而将墓葬年代定为西周中期偏早阶段。

10. 2012FZYM24(图一〇九)

(1)墓位与盗扰情况

位于姚家墓地北区。西北距M20约1.58米,西距M18约3.37米,东南距M11约2.54米,东北

---

[1]　黄曲:《周原遗址西周陶器谱系与编年研究》,北京大学硕士学位论文,2003年,第7页。

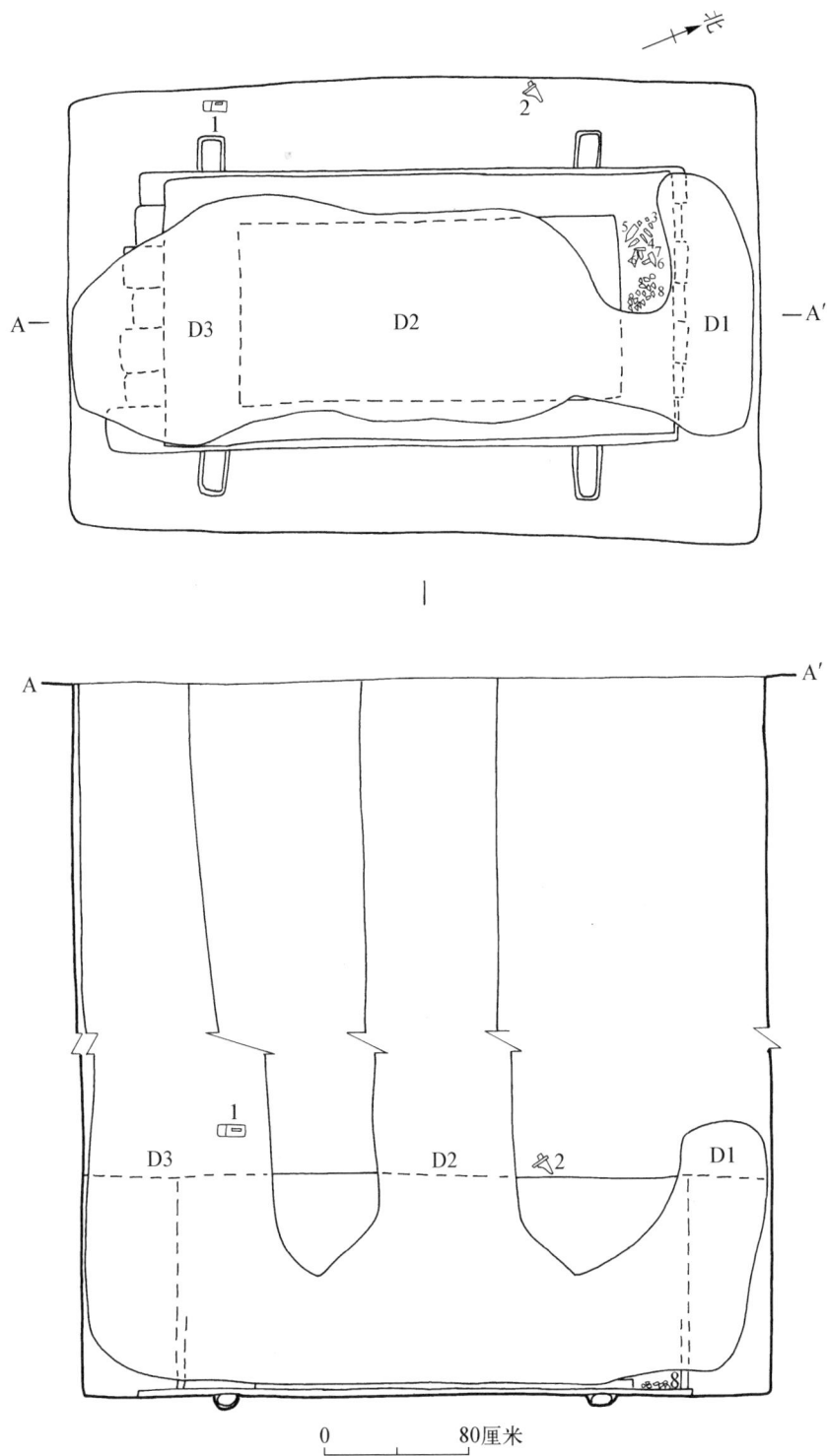

图一〇九 2012FZYM24平剖图

1.车軎 2.铜戈 3.蚌鱼 4.玉鱼 5.石圭 6.石鸟 7.石戈 8.毛蚶

距M22约2.3米。

该墓共有3个盗洞。D1位于东北角,墓口呈圆形,最大径0.8米。D2位于墓葬中部,口部呈圆形,直径0.74米。D3位于南端中部,口部呈圆形,打破墓口,最大径0.68米。D1、D3均贴壁直下、D2直下,三者均延伸至椁室,D1将椁的北端大部分破坏,出有石圭、毛蚶;D2将棺内中间部分扰乱,出有贝及铜泡;D3破坏棺椁北部,出有铜片、铜镞、铜泡、贝、原始瓷片、蚌泡等。

(2)墓向与形制

南北向,墓向22°。

长方形竖穴土坑墓,口小底大。墓口北宽南窄,墓口及墓底四角均圆弧,墓底弧度小于墓口。墓壁局部经加工较光滑,但无工具痕迹,西壁局部地方塌落形成了较不规则形,东壁微弧,墓角较规整。平底。墓口长3.8、北宽2.3、南宽2.2米,墓底长3.8、宽2.4米,自深6.9米。

椁下有两道东西向垫木槽,南北向基本平行。南垫木槽长198、宽11、深8厘米,北垫木槽长196、宽11、深6厘米。

(3)填土

土质总体较硬,局部较松散,土色呈黄褐色,夹杂大量的红色颗粒及浅灰色颗粒,分布较均匀,未夯打,墓室西侧接近二层台处有一车軎。

(4)葬具

一棺一椁。棺椁均为南北向放置。

椁长282、宽160厘米。椁盖板共5块,均东西横向放置在二层台上,由北向南长、宽依次为170×20、174×22、178×24、174×22、174×16厘米。椁侧板、端板保存不好,形制不辨。椁底板共7块,均为南北向放置,由西向东长宽依次为302×20、300×20、308×20、300×22、306×24、304×20、314×26厘米(图版一一:1)。

棺长210、宽约49厘米。棺底板由3块南北向放置的木板组成,由西向东长、宽依次为208×30、208×34、196×34厘米。

椁下放置两根圆形垫木,北垫木长190、直径12厘米,南垫木长198、直径12厘米。两垫木间距194厘米。

椁底板上局部铺有朱砂,范围较小。

(5)墓主人

盗扰严重,棺内未发现墓主骨骼,在盗洞中发现有少量的残骨。根据其周围墓葬及棺椁之间、棺北端的随葬品推断,头向北,面向不清。经鉴定,墓主人可能为一成年男性。

(6)殉牲

盗洞中发现有少量的动物骨骼,有可能为殉牲。经鉴定,动物骨骼包括野猪左下犬齿1枚;马骨共5件,包括左肩胛骨残片1件、左股骨远端1件、左跟骨1件、左胫骨1件、左距骨远端1件,管状骨片10件。

(7)随葬品及其位置

共19件(组)。

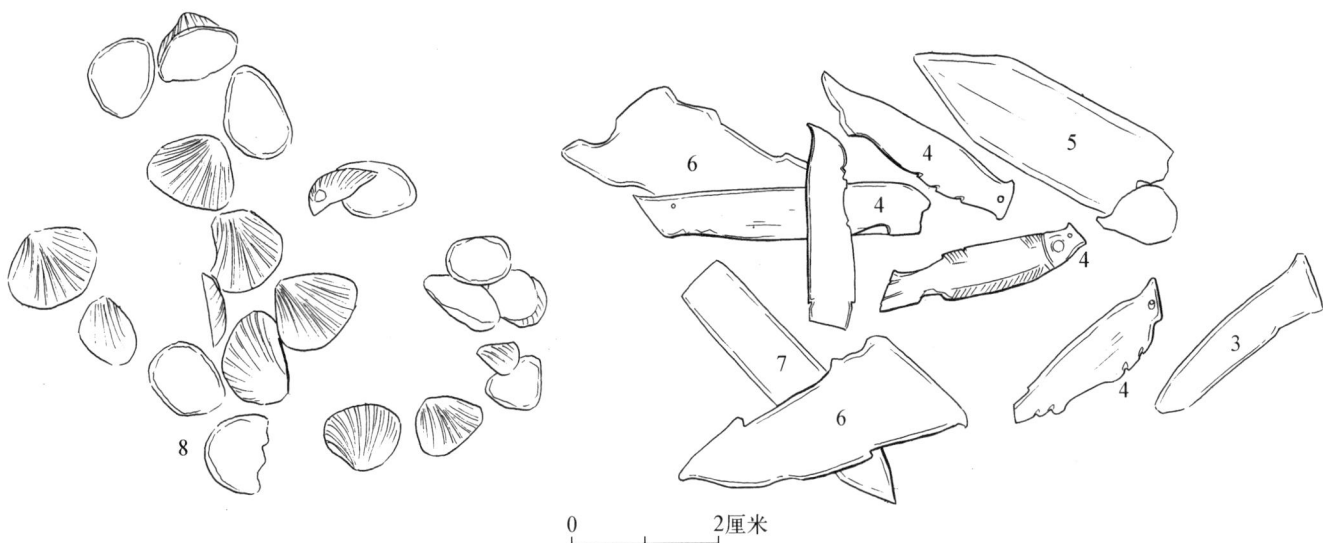

0　　　　　2厘米

图一一〇　2012FZYM24随葬品位置平面图

3.蚌鱼　4.玉鱼　5.石圭　6.石鸟　7.石戈　8.毛蚶

石圭1件（02）、毛蚶31枚（03），均出于D1。

海贝15枚（09）、圆形无沿小铜泡9枚（010），均出于D2。

铜残片若干（01）、有铤双翼铜镞1件（04）、铜泡5枚（05）、海贝17枚（06）、原始瓷豆1件（07）、蚌泡2枚（08）、原始瓷簋1件（011）、骨泡1枚（012），均出于D3。

西侧二层台偏南端上部填土内，南北向摆放着铜车軎1件（1）（见图一〇九）；西侧二层台上偏北端，放置铜戈1件（2）（见图一〇九）；椁底板上西北角出土蚌鱼1件（3）、玉鱼5件（4）、石圭1件（5）、石鸟4件（6）、石戈1件（7）、毛蚶数枚（8）（图一一〇）。

（8）随葬品介绍

铜戈　1件。标本M24：2，援前部及锋部残缺。短胡，胡上近阑处一长方形穿，胡不过下阑。援下刃微作弧状隆起，无明显棱脊。双面刃。有上阑。长条形内下斜，上角圆转。内部上缘与援部上刃齐平。援、内部上均无穿。残长13.7、残援长7.5、援中宽3.1、最厚约0.4、阑长9.7厘米，内长4.9、宽2.5厘米，穿长1.3、宽0.2厘米，重135.5克（图一一一：10）。

铜镞　1件。标本M24D3：04，一后锋残缺不见，器表锈蚀较严重。长身短铤，条形双翼，双面刃微弧。圆铤，往上渐粗。前锋尖锐。后锋圆转，与关齐平。铤上端有绳子缠绕痕迹。全长4.3、两翼相距1.7厘米，关长0.6、直径0.7厘米，铤长1.1厘米，重6克（图一一一：1）。

铜车軎　1件。标本M24：1，整体呈圆筒形，中部以一周弦纹区分内外端。弦纹呈宽带状，带上有一周凸棱。内端开口，外端封顶。内端口部直径大于外端顶部直径。器表近内端口部有2个相对的长方形辖孔。器内壁可见一条合范线，可知为模铸，内壁上又附着一些灰褐色物，似为皮质物。通体素面。全长12.9、壁厚0.25、内端径5.8、外端径4.7厘米，辖孔长3.4、宽1.1厘米，重422.4克（图一一一：4）。

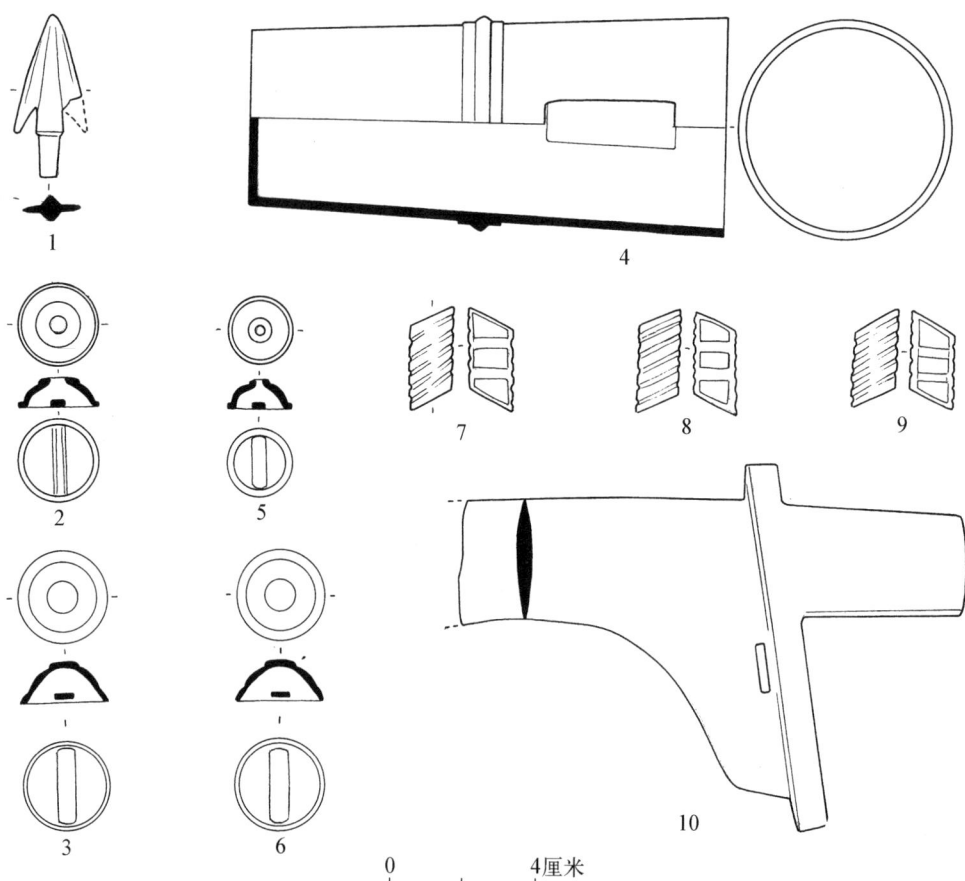

图一一一　2012FZYM24铜器

1. 铜镞（D3：04）　　2、5. 圆形有沿小铜泡（D3：05-2、D3：05-4）　　3、6. 圆形无沿小铜泡（D2：010-1、D2：010-2）
4. 铜车書（1）　　7、8、9. 平行四边形铜泡（D3：05-1、D3：05-3、D3：05-5）　　10. 铜戈（2）

　　圆形有沿小铜泡　共2枚。均为圆形，呈半球面状。有沿边，面饰一周同心旋纹，顶部有一圆形穿孔。背部中空，有一条横梁。标本 M24D3：05-2，直径2.2、高0.8、厚0.2厘米，梁长1.9、宽0.4厘米，重5.1克（图一一一：2）。标本 M24D3：05-4，直径1.8、高0.8、厚0.2厘米，梁长1.4、宽0.4厘米，重4.7克（图一一一：5）。

　　圆形无沿小铜泡　共9枚。均为圆形，呈半球面状。无沿边，面饰两周同心旋纹。背部中空，有一条横梁。标本 M24D2：010-1，直径2.4、高1.1、壁厚0.2厘米，梁长2.0、宽0.5厘米，重6克（图一一一：3；图版一五：3）。标本 M24D2：010-2，直径2.4、高1.5、厚0.2厘米，梁长2.0、宽0.5厘米，重6.3克（图一一一：6；图版一五：3）。

　　平行四边形铜泡　共3枚。平面为平行四边形，整体呈半圆柱状。背部中空，有2条平行横梁。器表饰数道旋纹。标本 M24D3：05-1，侧长2.2、侧宽1.3、壁厚0.1厘米，梁长0.9、宽0.3厘米，重5.6克（图一一一：7）。标本 M24D3：05-3，侧长2.3、侧宽1.3、壁厚0.15厘米，梁长0.8、宽0.3厘米，重5.3克（图一一一：8）。标本 M24D3：05-5，侧长2.1、侧宽1.4、壁厚0.2厘米，梁长0.8、宽0.2厘米，重7.1克（图一一一：9）。

铜残片 若干。标本M24D3∶01,残损严重,多为碎小铜片。器壁较薄,可能为铜锡。最大片长约2.9、宽约2.0厘米,重8.3克。

玉鱼 共5件。应均为碧玉,但白化严重,多灰白色斑块与墨色斑点。均为长条形片状,头部位置有一穿孔。均有朱砂痕迹。标本M24∶4-1,白化严重。鱼嘴下斜,斜直分尾。两面均阴刻圆睛、弧腮、背鳍、胸鳍、腹鳍,鱼鳍上刻有细斜线纹。玉鱼中间略宽,头尾略窄,鱼身微鼓,腹背微收。长7.7、宽1.5、最厚0.4、孔径0.1厘米(图一一二∶2)。标本M24∶4-2,白化严重。鱼身上宽下窄,鱼嘴上翘,两面均未见阴刻纹饰,侧面腹部鱼鳍处有三个凹槽、背鳍处有一个凹槽,腹部向下呈圆弧形。鱼尾略残,分尾下斜。鱼身略厚,边缘磨薄。长7.7、宽1.5、厚0.4、孔径0.1厘米(图一一二∶5)。标本M24∶4-3,白化严重。鱼嘴竖直,两面均未见阴刻纹饰,玉鱼侧面腹部鱼鳍处有三个凹槽,背鳍处有一个凹槽。鱼尾略残,分尾下斜。长7.2、宽1.5、最厚0.3、孔径0.1厘米(图一一二∶3)。标本M24∶4-4,可见碧色玉质,有灰白色斑块和黑色斑点。整体呈扁平薄片状,素面。鱼嘴上斜,唇部上翘,尾部略残,分尾下垂。玉鱼腹部呈随形弧线,侧面嘴部有犬齿状凹槽,腹部一前一后各有一凹槽,背鳍处有一凹槽,眼部有一单面钻孔。一面有一道横向平直切割痕迹。残长9.8、器身最宽1.9、厚0.2、孔径0.1厘米(图一一二∶1)。标本M24∶4-5,与M24∶4-4器形、玉质相同,尾部残断。残长6.5、宽1.6、厚0.3、孔径0.2厘米(图一一二∶4)。

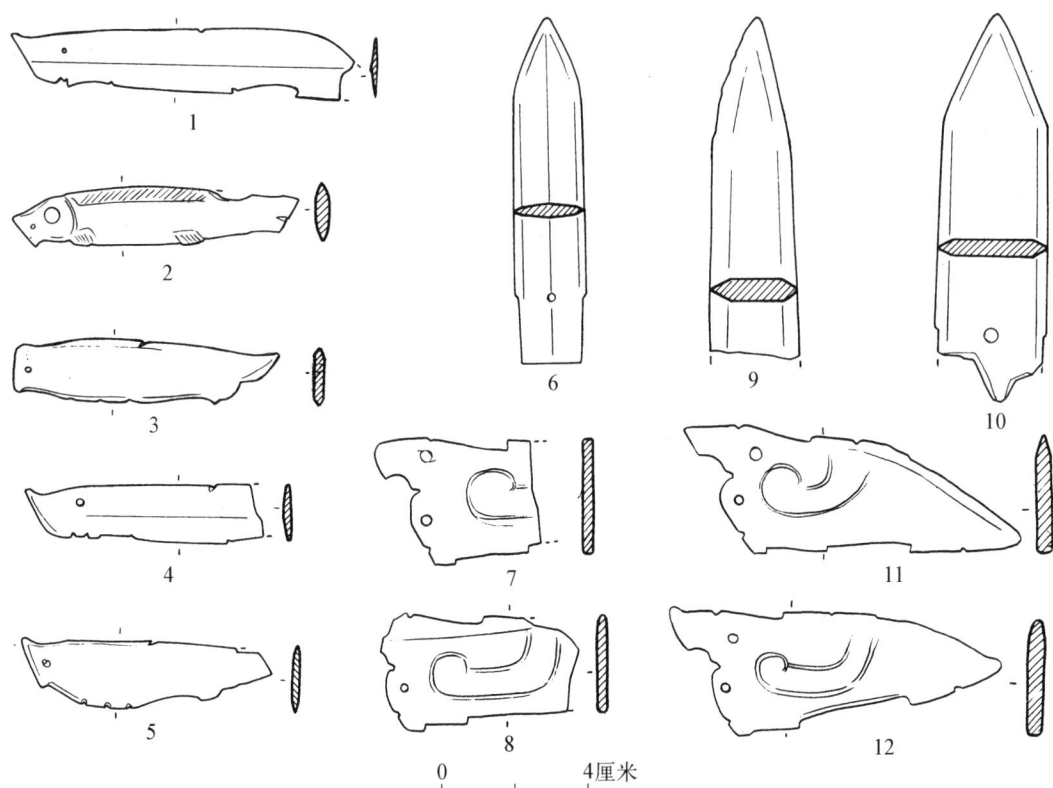

图一一二 2012FZYM24玉、石器

1、2、3、4、5.玉鱼(4-4、4-1、4-3、4-5、4-2) 6.石戈(7) 7、8、11、12.石鸟(6-3、6-4、6-1、6-2) 9、10.石圭(D1∶02、5)

石鸟 共4件。2件完整，2件残。形制相同，两两大小、尺寸相同。均呈乳白色。均在胸前单面钻一小圆穿孔，皆器身局部附着朱砂。鸟身作侧视的匍匐状，长尾方喙，鸟首上昂，圆眼，扬翅，只是在腹部均有2个小三角形缺口，尾尖斜长且向后上扬。两面刻纹相同，均用阴线刻出鸟身各部。标本M24：6-1，长9.3、宽3.4、厚0.4、孔径0.4厘米（图一一二：11、图一一三：3）。标本M24：6-2，长9.1、宽3.2、厚0.5、孔径0.3厘米（图一一二：12）。另外2件残，仅剩头部，鸟翅表现形式不同。标本M24：6-3，残长4.4、宽3.4、厚0.3、孔径0.2厘米（图一一二：7）。标本M24：6-4，残长5.4、宽3.2、厚0.25、孔径0.3厘米（图一一二：8）。

石圭 共2件。标本M24：5，后端残，粉白色。宽长条形，器身较厚，器表光滑。前端呈尖峰状，圭角并未磨成锋刃，正面磨出中脊和边锋，近后端中间单面钻一圆穿孔。器表满布朱砂。残长10.3、宽3.1、厚0.5、孔径0.4厘米（图一一二：10）。标本M24D1：02，扁长条形，乳白色，钙化严重，有蜂窝状圆点，尾端残。前端呈尖峰状，两面均磨出中脊和边锋。附着朱砂。残长9.1、宽2.5、厚0.6厘米（图一一二：9）。

石戈 1件。标本M24：7，出土时断成2截，经复原为完整器。乳白色，器身较短，表面粗糙，钙化严重，扁长条形。直援直内，前端呈三角形，但未磨成锋刃，长援，有中脊，上刃平直，下刃微弧，上、下刃磨出锋刃，至内部收成一级台阶状，有穿孔，内部短直，呈窄方形，近援部和内部交界处单面钻一圆穿孔。器表局部附着朱砂。通长9.1、援长7.4、宽1.9、最厚0.4、内长1.7、宽1.6—1.7、孔径0.2厘米（图一一二：6；图版一七：6）。

原始瓷豆 1件。标本M24D3：07，仅残存部分盘部。折盘，敞口，口外缘内敛后再外折。斜方唇。胎体较厚，灰白色，器表施一层较薄的淡青色釉。口径14、残高3.3厘米（图一三〇：2）。

原始瓷簋 1件。标本M24D3：011，口沿及腹部残片。敛口，尖唇，沿与腹部无明显分界，弧腹，腹上部由上至下贴一列由五个泥条组成的桥形耳，每个泥条两侧各贴一个泥质小圆饼，腹部饰瓦楞纹。胎较厚，灰白色，器表及内壁施一层薄青釉。残高7.6厘米（图一二九：3）。

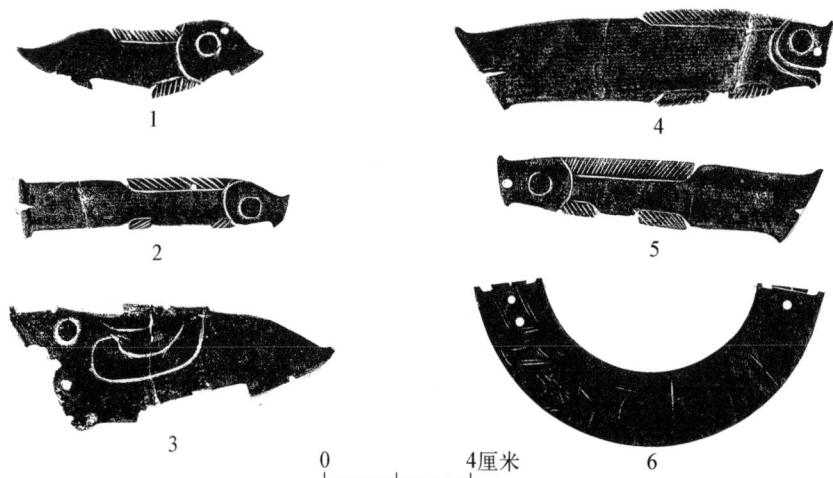

图一一三 2012FZYM23、M24、M29、M30玉器拓片

1、2、4、5. 玉鱼（M30D3：041、M23D1：01-1、M30D3：038、M23D2：05-1） 3. 石鸟（M24：6-1） 6. 玉璜（M29：1）

　　蚌泡　共2枚，均为白色。圆形，表面微鼓，扁平状，平底，正面边缘和中心均涂有一周红漆。其中无钻孔1枚。标本M24D3：08－1，直径2.6、高0.6厘米（图一一四：15）。单面钻1枚。标本M24D3：08－2，残损。直径3.0、高0.5、孔径0.2—0.5厘米（图一一四：19）。

　　蚌鱼　1件。标本M24：3，残缺较甚，出土时为8块碎片，无法复原，仅有小段看出分尾。蚌体呈白色，长条形片状，局部附着少量朱砂痕迹。

　　毛蚶　共34枚。形制相似，大小不一，少量残损。单扇，均在壳顶处有穿孔，扇面有长条形皱折纹。标本M24：8－1，长3.8、宽3.3、高1.5、孔径0.6厘米（图一一四：18）。标本M24：8－2，长2.6、宽2.1、高1.1、孔径0.5厘米（图一一四：21）。标本M24：8－3，长2.1、宽1.7、高0.8、孔径0.4厘米（图一一四：13）。标本M24D1：03－1，长4.4、宽3.45、高1.4、孔径0.8厘米（图一一四：22）。标本M24D1：03－2，长3.9、宽3.2、高1.5、孔径0.7厘米（图一一四：14）。标本M24D1：03－3，长3.4、宽2.8、高1.3、孔径0.8厘米（图一一四：20）。标本M24D1：03－4，长3.2、宽2.5、高1.3、孔径0.3厘米（图一一四：12）。标本M24D1：03－5，长2.8、宽2.1、高1.0、孔径0.5厘米（图一一四：16）。标

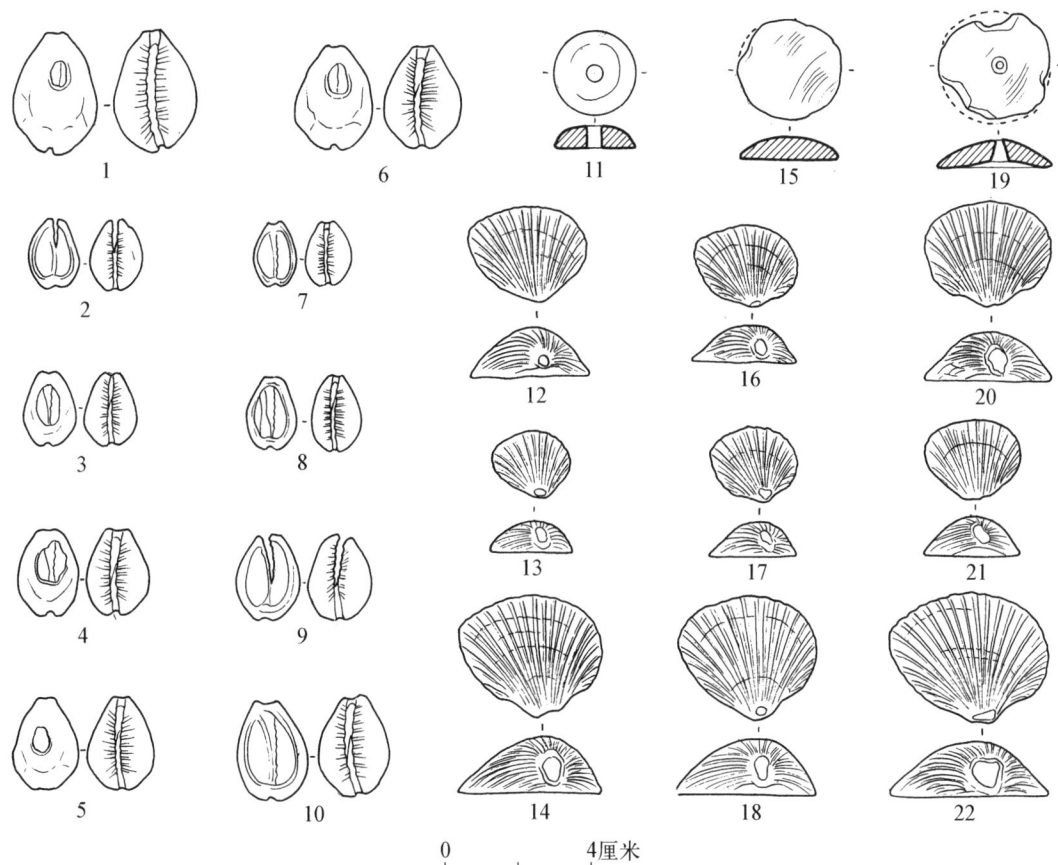

图一一四　2012FZYM24海贝、毛蚶、蚌泡

1、2、3、4.海贝（D2：09－4、D3：06－5、D3：06－3、D2：09－2）　5、6、7、8.海贝（D2：09－1、D2：09－3、D3：06－6、D3：06－4）

9、10.海贝（D3：06－2、D3：06－1）　11.骨泡（D3：012）　12、13、14、16.毛蚶（D1：03－4、8－3、D1：03－2、D1：03－5）

17、18、20、21、22.毛蚶（D1：03－6、8－1、D1：03－3、8－2、D1：03－1）　15、19.蚌泡（D3：08－1、D3：08－2）

本 M24D1：03-6，长2.4、宽2.0、高0.9、孔径0.4厘米（图一一四：17）。

海贝　共32枚，形制基本相同，大小不一。均为白色，面有唇，唇内侧各有一排细齿，龟背面有一穿孔。标本 M24D3：06-1，长2.7、宽1.9、孔径2.1厘米（图一一四：10）。标本 M24D3：06-2，长2.3、宽1.7、孔径1.7厘米（图一一四：9）。标本 M24D3：06-3，长1.9、宽1.4、孔径1.1厘米（图一一四：3）。标本 M24D3：06-4，长1.9、宽1.4、孔径1.5厘米（图一一四：8）。标本 M24D3：06-5，长1.8、宽1.4、孔径1.3厘米（图一一四：2）。标本 M24D3：06-6，长1.7、宽1.2、孔径1.2厘米（图一一四：7）。标本 M24D2：09-1，长2.4、宽1.8、孔径0.7厘米（图一一四：5）。标本 M24D2：09-2，长2.3、宽1.6、孔径1.1厘米（图一一四：4）。标本 M24D2：09-3，长2.8、宽2.1、孔径0.8厘米（图一一四：6）。标本 M24D2：09-4，长3.2、宽2.3、孔径0.7厘米（图一一四：1）。

骨泡　1枚。标本 M24D3：012，褐黄色，局部有绿斑。骨泡表面凸起，背面平。在器表中间有一圆穿孔，孔壁竖直，应是两面对钻，后加工磨平该穿孔所致。直径2.2、高0.6、孔径0.4厘米（图一一四：11）。

（9）分期年代

根据青铜戈形制判断，该墓年代为西周中期阶段（可能偏早）。

11. 2012FZYM27（图一一五）

（1）墓位与盗扰情况

位于姚家墓地北区。东南距 M26 约5.1米，距 M23 约2.4米。

M27 口部有盗洞2个，编号 D1、D2。D1位于该墓葬的南端西南角，口部近似呈圆形，最大径0.9米；D2位于北端的东北偏中部，贴墓室北壁直下进入椁室，口部近呈椭圆形，最大径0.8米。D1出土遗物有联裆鬲残片、蚌泡、毛蚶、铜刻刀。D2出土有马镳、海贝、铜刻刀、石鱼、蚌泡、毛蚶。两个盗洞内均没有出土人骨。D1、D2在椁室内相通并将棺内全部扰乱。

（2）墓向与形制

南北向，墓向10°。

长方形竖穴土坑墓，口小底大。墓葬口部四角均为圆弧形，底部墓角的弧度小于墓口的弧度。四壁经修整较规整，但无工具加工痕迹。平底。墓口长3.0、东宽1.9、西宽1.9米，墓底长3.3、宽2.1米，自深4.1米。椁下有两道东西向垫木槽，南北向基本平行。南垫木槽长174、宽10，北垫木槽长178、宽10—12厘米，两垫木槽间距为230厘米。

（3）填土

土质较疏松，土色黄褐色，含一些体积较小的料礓石。未见夯打痕迹。

（4）葬具

一棺一椁。该墓葬经过盗扰，在清理至椁室后，其东南部和西北部残存的椁盖板较为清楚，且侧板及端板保存较完整，椁内没有棺及墓主人的痕迹。

椁长236、宽112、高58厘米。椁盖板共残存10块木板，均东西横向放置在二层台，其残长、残宽依次为150—180×10、160×9—10、20×9—11、12×9—11、13—17×11、10×11、14×12、22×10、18×6—9、

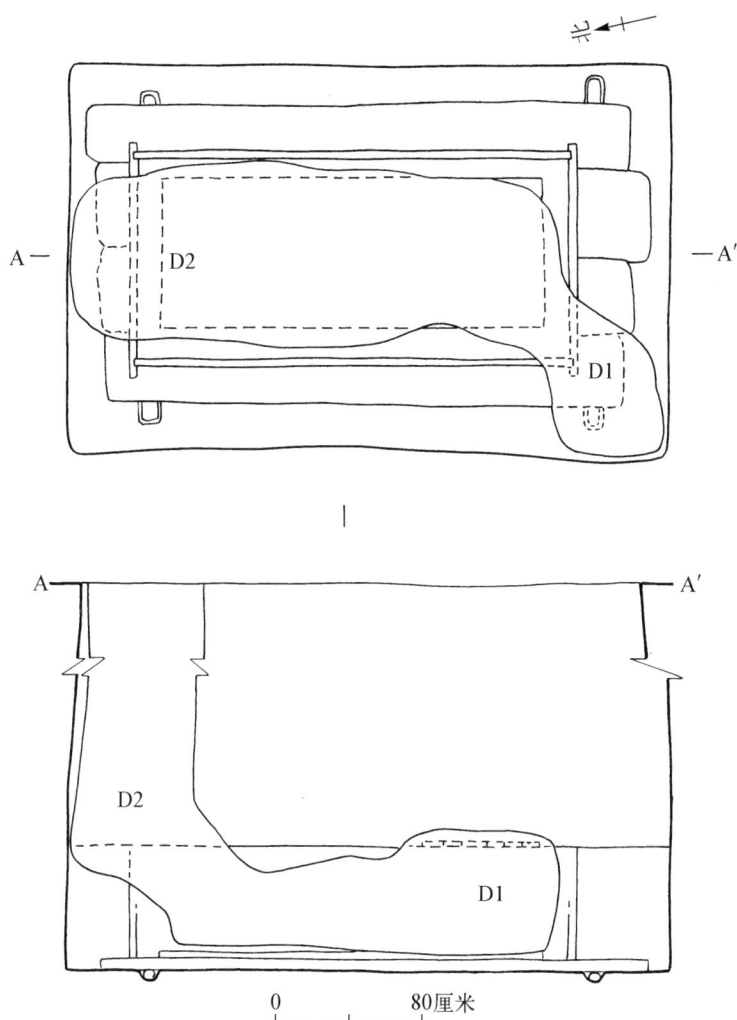

图一一五　2012FZYM27平剖图

21×10。椁侧板与端板的块数已很难分清,但是可看出侧板两端嵌于端板内。椁底板共4块,均为南北向放置,由东向西长、宽依次为296×28—36、残295×46、291×39—49、381×33—38厘米。

棺部分严重扰乱,范围仍可见。棺长206—208、宽80厘米。其下南北各放置一根圆形垫木,北垫木长178、宽11厘米,南垫木长187、宽10厘米。垫木厚度均不明。

（5）墓主

因被盗洞全部扰乱,在棺内及盗洞中均未发现头骨,葬式不明。经鉴定,墓主人为年龄在45—50岁的男性。

（6）随葬品及其位置

共11件（组）,均出于盗洞。联裆鬲1件（01）,蚌泡4枚（02）,蚌泡5枚（03）,毛蚶12枚（04）,铜刻刀1件（05）,其中01—04均出于D1下部,05出于D1底部。铜马镳1件（06）,海贝5枚（07）,铜刻刀1件（08）,石鱼3件（09）,蚌泡10枚（010）,毛蚶13枚（011）,均出于D2底部,其中D2：06紧贴北壁。

（7）随葬品介绍

铜马镳　1件。标本M27D2：06，保存完整。整体呈羊角状弧形，一端宽、一端窄，背面中空。器表中间一方形穿孔，内侧两圆管状钮出器身，近外侧内置一半环形钮。正面阴刻饰云雷纹，纹理清晰流畅。长11.7、最宽处6.3、方孔长约0.7、壁厚0.2厘米，管状钮孔直径0.9厘米，重70.5克（图一一六：8、图一四一：7）。

铜刻刀　共2件。皆残，周身均布满绿色铜锈，出土时均有少量木屑伴出。形制近同，均为平背平刃，标本M27D1：05，一端呈三角状。残长13.5、宽1.1、厚0.5厘米，重2.7克（图一一六：6）。标本M27D2：08，长条形，一端圆弧，横截面呈等腰三角形。残长2.4、宽0.6—0.8、厚0.5厘米，重23.3克（图一一六：5）。此2件标本极有可能是放在椁室内的工具，更可能为同一件器物。

石鱼　共3件。石灰岩，乳白色，钙化严重。长条形片状，均用阴线在两面刻出眼睛、两道弧鳃、背鳍、两道腹鳍，鱼鳍饰斜线纹，腹鳍前后均有小三角形缺口。中间较厚，边缘磨薄。标本M27D2：09-1，嘴呈窄长条状下垂，嘴下有犬齿状缺口，背鳍左下侧对钻一圆孔，两腹鳍中亦对钻一小圆孔，但未钻穿，钻痕较浅，尾部残断。长8.3、宽0.5—1.9、厚0.6、孔径0.3厘米（图一一六：2；彩版一三：1）。标本M27D2：09-2，嘴呈窄长条状下垂，嘴下有犬齿状缺口，背鳍后有一三角形缺

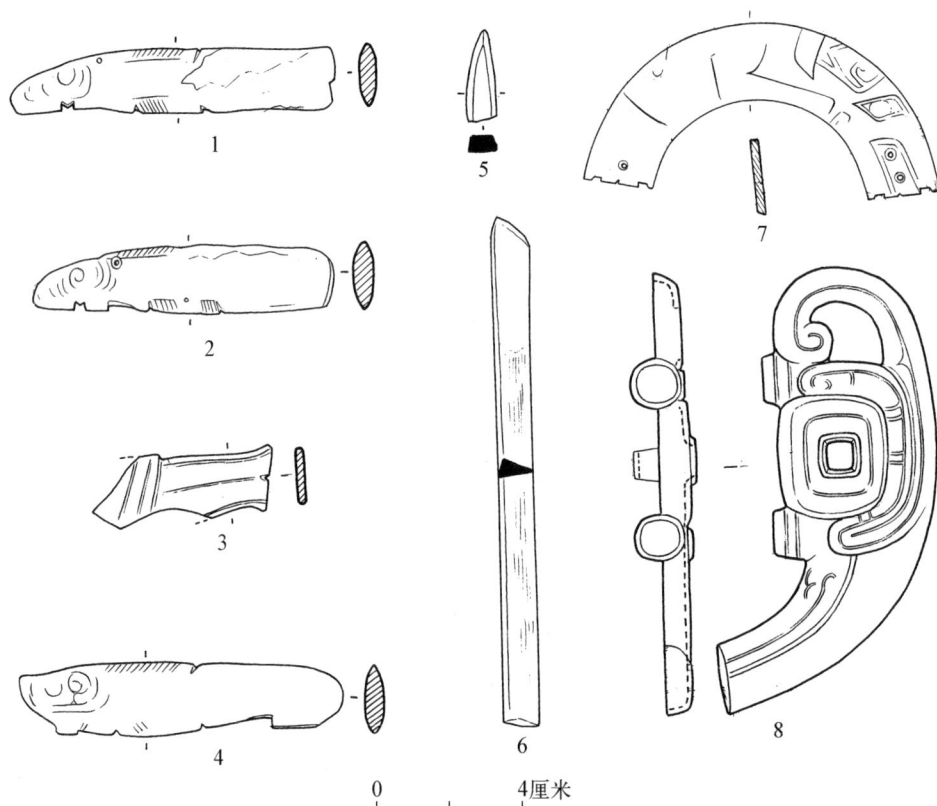

0　　　　　4厘米

图一一六　2012FZYM27、M29铜、玉器

1、2、4.石鱼（M27D2：09-2、M27D2：09-1、M27D2：09-3）　3.玉鱼（M29D1：03）

5、6.铜刻刀（M27D2：08、M27D1：05）　7.玉璜（M29：1）　8.铜马镳（M27D2：06）

口,以和鱼身区分,平直分尾,但尾下部残缺。表面有织物痕迹。长8.9、宽0.7—1.7、厚0.5、孔径0.1
厘米(图一一六:1;彩版一三:1)。标本M27D2:09-3,阔嘴,鱼头作翘首状,背鳍后亦有窄三角
形缺口,腹部内收较大,圆尾下垂。长8.9、宽0.4—2.0、厚0.6厘米(图一一六:4;彩版一三:1)。

　　联裆鬲　1件。标本M27D1:01,出土时为15块碎片,经复原为完整器。泥质浅灰陶,整体
较高,器形规整,圆方唇,折沿,沿内侧微内凹,沿面有小平台,矮领,沿下角较大,微鼓腹,腹径略
大于口径,弧裆,足根较高,小实根足,足尖有小平台。器表遍饰竖向粗绳纹,印痕较深,纹理较清
晰;在肩部又饰两道中旋纹以致形成旋断绳纹,局部绳纹被抹;裆部及足根内侧饰交错粗绳纹。
口径13、通高11.8、器身最大径13.8、厚0.3厘米(图五六:5、图一〇六:6;彩版一六:3)。

　　蚌泡　共19枚。均为白色,扁平状,平底。

　　圆形蚌泡　共14枚,表面微鼓,正面边缘和中心均涂有一周红漆。其中无钻孔8枚。标
本M2D1:02-2,两侧边缘稍残缺,直径2.5、厚0.7厘米(图一一七:5)。标本M27D2:010-2,
平面微内凹,形成一弧面。直径2.6、厚0.4厘米(图一一七:10)。标本M27D2:010-3,直径2、
厚0.6厘米(图一一七:6)。标本M27D2:010-4,直径2.3、厚0.5厘米(图一一七:18)。标本

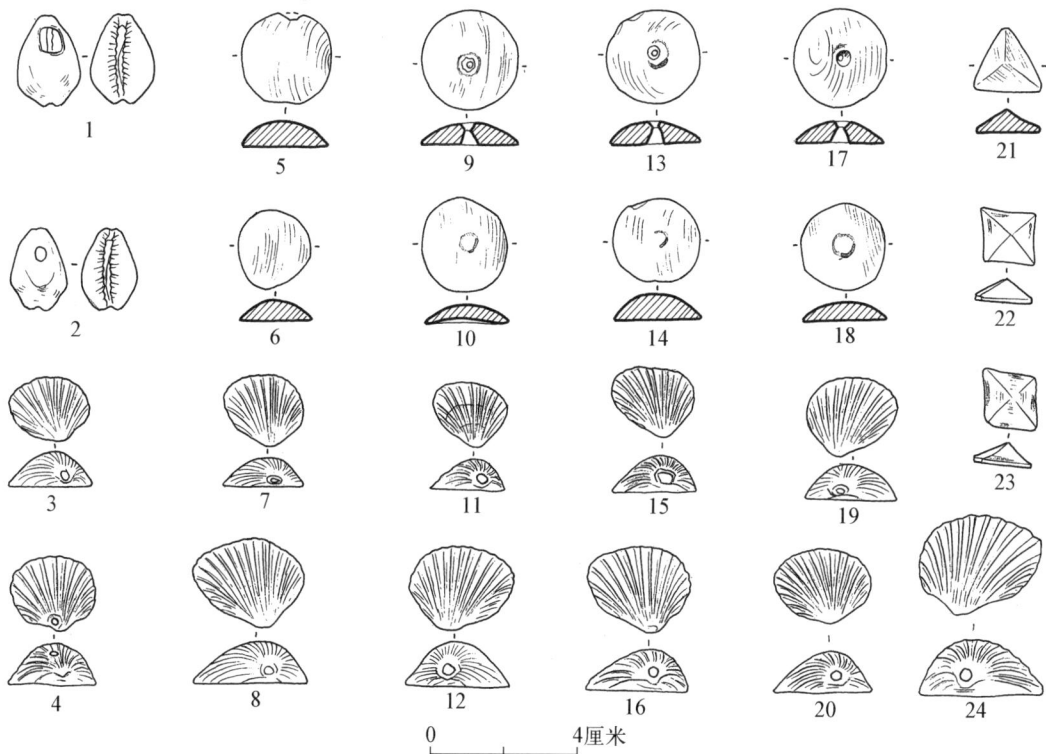

图一一七　2012FZYM27、M29海贝、毛蚶、蚌泡

1、2.海贝(M27D2:07-2、M27D2:07-1)　3、4、7、8.毛蚶(M27D1:04-2、M29D2:02、M27D2:011-2、M27D1:04-1)
11、12、15、16.毛蚶(M29:2-3、M27D2:011-1、M29:2-4、M29:2-2)　19、20、24.毛蚶(M27D1:04-3、M29:2-5、M29:2-1)
5、6、9、10.蚌泡(M27D1:02-2、M27D2:010-3、M27D2:010-5、M27D2:010-2)
13、14、17、18.蚌泡(M27D2:010-1、M27D2:010-6、M27D1:02-1、M27D2:010-4)
21、22、23.蚌泡(M27D1:03-2、M27D1:03-1、M27D1:03-3)

M27D2：010-6，直径2.4、厚0.7厘米（图一一七：14）。双面钻6枚。标本M27D1：02-1，直径2.4、厚0.6、孔径0.3—0.5厘米（图一一七：17）。标本M27D2：010-1，直径2.4、厚0.6、孔径0.2—0.5厘米（图一一七：13）。标本M27D2：010-5，直径2.7、厚0.7、孔径0.3—0.5厘米（图一一七：9）。

正方形蚌泡　共4枚，整体呈方锥状。均无钻孔，四周边缘涂有一周红漆。标本M27D1：03-1，侧边长约1.4—1.5、高0.6厘米（图一一七：22）。标本M27D1：03-3，器形较方正，侧边长1.5—1.6、高0.6厘米（图一一七：23）。

三角形蚌泡　1枚。标本M27D1：03-2，整体呈三棱锥状，底面近等边三角形，中心无钻孔。边长1.8、厚0.6厘米（图一一七：21）。

毛蚶　共25枚，部分残损。单扇，均在壳顶处有穿孔，扇面有长条形皱折纹，部分壳面上有朱砂痕迹。标本M27D1：04-1，长3.1、宽2.5、厚1.1、孔径约0.3厘米（图一一七：8）。标本M27D1：04-2，长2.3、宽1.7、厚1.0、孔径约0.3厘米（图一一七：3）。标本M27D1：04-3，长2.5、宽2.1、厚0.9、孔径约0.2厘米（图一一七：19）。标本M27D2：011-1，长2.8、宽2.1、厚1.2、孔径约0.3厘米（图一一七：12）。标本M27D2：011-2，长2.2、宽1.9、厚0.8、孔径约0.2厘米（图一一七：7）。

海贝　共5枚。均为白色，面有唇，唇内侧各有一排细齿，背面有一穿孔。标本M27D2：07-1，长2.2、宽1.6、孔径0.3厘米（图一一七：2）。标本M27D2：07-2，长2.4、宽1.8、孔径0.7厘米（图一一七：1）。

（8）分期年代

本墓所出陶鬲折沿，腹部饰旋断绳纹，为西周中期偏早的式别特征。另据吴晓筠对马镳的研究，镳总的发展趋势是由方形镳（A型）被圆形（B型）与角形镳（C型）取代，角形镳由立体的角形逐渐向扁平过渡[1]。标本M27D2：06属吴晓筠所分C V式，形同曲村M6384：40·2、张家坡M204：11，时代为西周中期阶段。综上，该墓年代为西周中期偏早阶段。

12. 2012FZYM29（图一一八）

（1）墓位与盗扰情况

位于姚家墓地北区。西距M28约3.4米，北距M30约3.3米，南距M17约5米，东北距M31约8.1米。

该墓共有2个盗洞。D1位于南部，口部近椭圆形，最大径0.6米，近南壁直下延伸至椁室，破坏南部部分椁盖板、端板及侧板。D2位于西北角，打破西壁，口部近椭圆形，最大径0.7米，近北壁向东斜下延伸至椁室，破坏北部部分椁盖板、端板及侧板。D2与D1相通，将棺内全部扰乱。

（2）墓向与形制

南北向，墓向13°。

长方形竖穴土坑墓，口大底小。墓口北宽南窄，墓角圆弧，较规整，墓底弧度大。墓壁局部经加工较光滑，但无工具痕迹。墓底北宽南窄，平底。墓口长3.2、北宽2.2、南宽2.1米，墓底长2.9、北宽2.0、南宽1.7米，自深4.5米。

---

[1]　吴晓筠：《商至春秋时期中原地区青铜车马器形式研究》，《古代文明》第1卷，第225页。

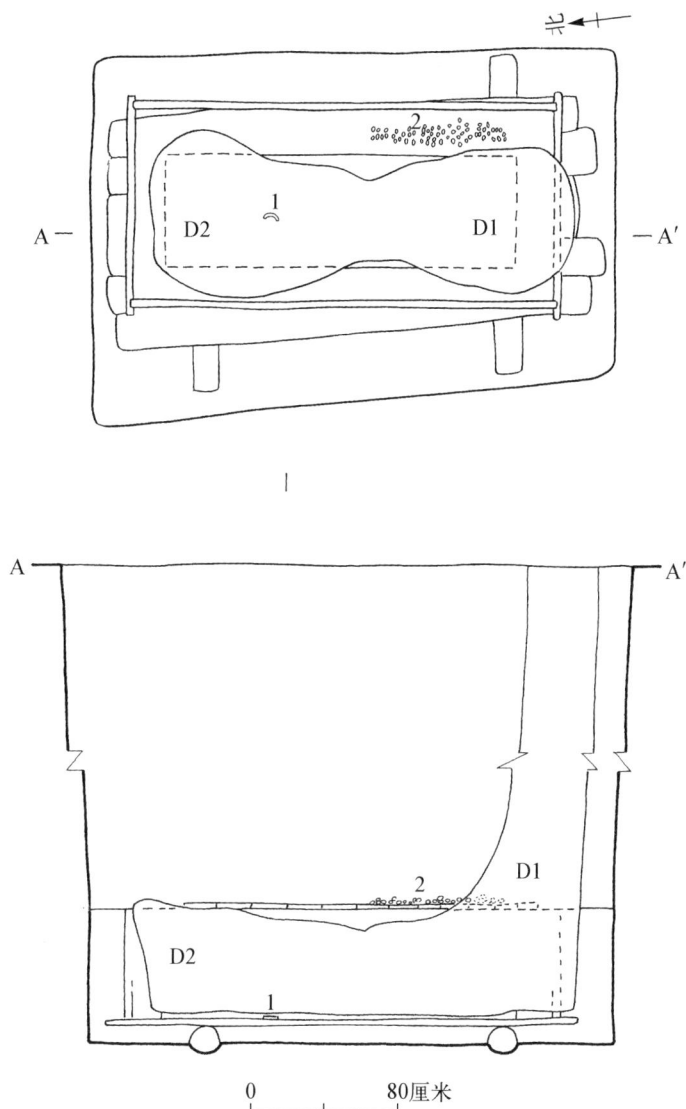

图一一八　2012FZYM29平剖图
1. 玉璜　2. 毛蚶

（3）填土

土质较疏松,土色呈黄褐色,夹杂少量红土。分布较均匀,未发现夯打痕迹,含有原始瓷片、玉鱼、毛蚶等少量包含物。

（4）葬具

一棺一椁。棺椁均为南北向放置。

椁长264、宽100、高58厘米。残留12块椁盖板,均东西向放置在二层台上,由南向北残长、宽 依 次 为31×12、31×13、28×14、32×14、32×14、32×16、32×16、33×20、31×16、30×19、25×20、26×18厘米。椁侧板两端嵌于端板内。端板长118、厚4厘米,东西侧板长234、厚4厘米。椁底板共5块,均为南北向放置,由东向西长、宽依次为258×20—22、268×19—26、

260×34—44、275×18—20、261×21厘米。

棺长192、宽60厘米。

椁下放置两根圆形垫木,无垫木槽。北垫木长171、直径16厘米,南垫木长170、直径14—16厘米,两垫木间距150厘米。

(5)墓主

全部被盗洞扰乱。在D1、D2底部棺内散乱放置少量人骨,葬式不明。

(6)殉牲

盗洞中有动物骨,经鉴定为兔骨。

(7)随葬品及其位置

共6件(组)。原始瓷片1件(01),出于D1底部。扁平片状卷体玉鱼1件(03),出于D1中部。毛蚶1枚(02),陶豆1件(04),均出于D2底部。

玉璜1件(1),出于椁底板中北部;毛蚶541枚(2),出于椁盖板东北侧(见图一一八)。

(8)随葬品介绍

玉璜 1件。标本M29:1,黄白色。器形磨制规整,器身内侧稍厚,外缘较薄,弧长大致相当于整圆的1/2,两端各有一组三齿扉牙装饰。表面纹饰较浅,应为正式雕刻前的打稿痕迹。一面可见双勾阴线刻出的龙嘴、臣字型眼、龙角与其上的装饰纹,单阴线刻出龙身卷体的大概位置,其后有两道竖直阴线,应有分区的作用。另一面纹饰更浅,仅见寥寥数笔,刻划出口、眼、角和龙身的位置,仍有分区所用的竖线,两面纹饰相同。龙口部对钻2圆孔,另一端近扉牙处中间对钻1圆孔。长9.6、内径5.9、宽2.1、厚0.2、孔径0.2厘米(图一一六:7、图一一三:6;图版一七:1)。

玉鱼 1件。标本M29D1:03,仅残存尾部及部分腹部。呈青绿色,受沁处呈白色。扁平薄片状,分尾斜直。腹部阴刻有三道斜线,鱼尾上部沿边缘有一道阴线,鱼尾中间分尾处有一道阴线。两面纹饰相同。残长4.9、宽约1.6、厚0.2厘米(图一一六:3)。

原始瓷片 1件。标本M29D1:01,残存肩部。胎薄,灰白色,夹细砂,胎表面明显有刮削痕,器表及内壁均施较薄的一层淡青色釉,滴釉较均匀,烧成时火候较高。此标本器形可能为瓿或尊。

豆 1件,标本M29D2:04,泥质黑皮陶,出土时残为4块,整理时发现其与M31所编02号陶豆残片可拼对为一件,由于该豆的形制特征早于M31所出其他器物,且大部分残片出于M29,因此将其归入M29。整体粗矮,折盘微弧,直口,厚方唇,唇面有一道凹槽,外壁斜直,内壁弧圆,圜底,底微内凹。把腰粗大,把裙外侈较大,喇叭状圈足,圈足底平。盘外壁、把腰中部均饰三周粗旋纹。通高12.6、盘径15.8、把腰径7.4、底径11.6厘米(图一〇六:8;图版二二:4)。

毛蚶 2组共542枚。单扇,均在壳顶处有穿孔,扇面有长条形皱折纹,部分器表残留朱砂痕迹。标本M29:2-1,长3.4、宽2.5、厚1.5、孔径0.3厘米(图一一七:24)。标本M29:2-2,长2.8、宽2.3、厚1.1、孔径0.3厘米(图一一七:16)。标本M29:2-3,长2.6、宽2.1、厚1.0、孔径0.1厘米(图一一七:11)。标本M29:2-4,长2.3、宽1.8、厚1.0、孔径0.4厘米(图一一七:15)。标本M29:2-5,长2.8、宽2.0、厚1.1、孔径0.2厘米(图一一七:20)。标本M29D2:02,长2.4、宽2.0、厚1.1、孔径0.1厘米(图一一七:4)。

（9）分期年代

根据陶豆 M29∶04 形制判断，该墓年代为西周中期偏早阶段。

13. 2012FZYM30（图一一九）

（1）墓位与盗扰情况

位于姚家墓地北区。东距 M31 约 3.7 米，南距 M29 约 3.3 米。

墓口共有 3 个盗洞。D1 位于墓口的西北角，口部呈圆形，最大径为 0.8 米。D2 位于东南角，口部呈不规则圆形，最大径 0.8 米。D3 位于墓口的中间，口部呈椭圆形，最大径 0.8 米。D2 与 D3 直下延伸至椁室相通，扰乱整个棺内。D1、D2 和 D3 的填土中出有铜饰、海贝、蚌片，毛蚶、龟甲、原始瓷器等遗物。椁室端板、侧板、局部的盖板均完整，推断均为早期盗洞。

（2）墓向与形制

南北向，墓向 12°。

长方形竖穴土坑墓，口小底大。墓口及墓底四角均为弧角，墓口弧度小于墓底。斜壁，呈袋状，未见加工痕迹。平底。墓口长 4.3、宽 3.2 米，墓底长 4.4、宽 3.3，自深 5.4 米。

（3）填土

红褐色颗粒状，土质较硬且致密，含有少量料礓石及小块的鹅卵石，经过夯打。

（4）葬具

一棺一椁。棺椁均为南北向放置。椁长 296、宽 130、高 86 厘米。椁盖板共 11 块，均东西横向放置在二层台上，由南向北长、宽、厚依次为 162×26×5、167×32×4、163×22×6、193×28×4、198×24×5、198×25×5、204×23×6、220×24×5、200×20×6、212×18×5、212×20×5 厘米。椁侧板两端嵌于端板内。在清理侧板和端板时，发现椁板受填土压力后向椁内弯弧，越到中间部分弧度越大。南北端板的长宽分别为 196×8、190×8 厘米，东西侧板长、宽均为 304×6 厘米。椁底板共 7 块，均为南北向放置，由东向西长、宽依次为 350×24、348×30、366×19、354×30、355×27、353×30、352×23 厘米。

棺盗扰严重，无法辨认。

椁下有两道东西向垫木槽，南北向基本平行。北垫木槽长 236、宽 16、进深 8 厘米，南垫木槽长 254、宽 17、深 7 厘米，两垫木槽间距 245 厘米。槽内各放置一根长方形垫木，北垫木长 236、宽 16、厚 10 厘米，南垫木长 254、宽 17、厚 10 厘米，两垫木间距 247 厘米。

椁底板下铺设一层席，南端紧贴墓壁，宽度较椁底板宽出 10 厘米。墓底北端未发现席子迹象。

（5）墓主人

盗扰严重，仅在清理椁室盗洞填土时发现一小段人下颌骨，其头向、面向及葬式无法判断。经鉴定，墓主人为一成年男性。

（6）随葬品及其位置

共 97 件（组）。

出土于各个盗洞的情况如下：

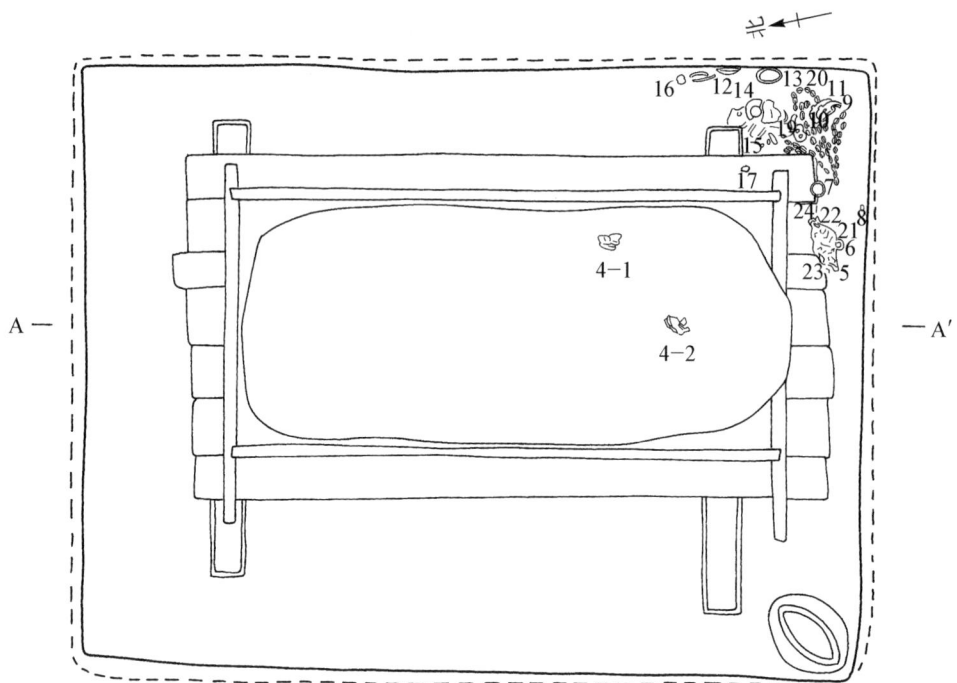

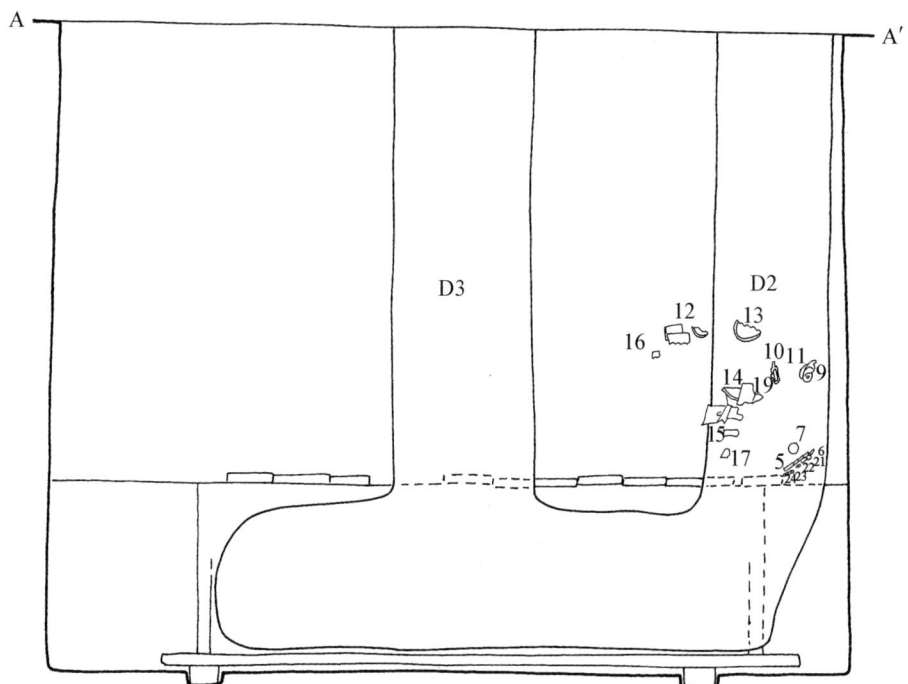

图一一九　2012FZYM30平剖图

4.联裆鬲　5.铜马冠　6.圆形无沿大铜泡　7、13.铜锡　9、11.铜马镳
12.漆壶铜釦　14.原始瓷簋　15.原始瓷　16、17.龟甲　20.海贝　22.铜泡　23.扁长方形铜节约

出土于D1的有：柄形器玉附饰1件（06）、原始瓷圈足1件（08）、圆箍状铜环1件（019）、海贝47枚（020）、玉鱼1件（021）、马鼻铜饰1件（022）、铜泡5件（023）、铜矛/戈1件（024）、原始瓷尊1件（025）、兽首1件（026）、石器1件（027）、原始瓷罐1件（028）、原始瓷圈足1件（029）、原始瓷豆2件（030）、原始瓷豆1件（031）、原始瓷豆1件（032）、原始瓷豆1件（033）、蚌泡6枚（059）、铜不明器3件（060、063、066）、铜泡1件（061）、铜当卢2件（062）、不明铜容器（064）。

出土于D2的有：不明铜容器4件（03、054、055、056）、海贝4枚（05）、原始瓷豆1件（011）、铜马镳1件（014）、T形铜节约2件（016）、海贝12枚（017）、原始瓷圈足1件（018）、铜泡33枚（048）、马鼻铜饰（053）、铜镞2件（049、050）、圆箍状铜环1件（051）、铜锡1件（052）、蚌泡1枚（057）、石泡1枚（058）、扁长方形铜节约1件（067）、铜管状器1件（068）。

出土于D3的有：圆箍状铜环2件（01、047）、铜泡3件（09-1、2、3）、龟甲1件（010）、海贝42枚（012、065）、柄形器玉附饰11件（013）、铜马镳2件（09-4、015）、蚌饰10件（034）、蚌泡14枚（035）、骨泡1枚（036）、骨牌饰2件（037）。玉鱼6件：扁平片状直体玉鱼（038、040、042、043、044）、扁平片状卷体玉鱼（039）、扁平片状曲体玉鱼（041）。柄形器玉附饰2件（045）、铜泡7枚（046）、柄形器绿松石3片（069）、柄形器蚌托1件（070）。

位于原位者有：铜车轭1件（1）、铜车軎2件（2、3）、陶联裆鬲1件（4）、铜马冠2件（5）、圆形无沿大铜泡1件（6）、铜锡3件（7、13、19）、扁长方形铜节约2件（8、23）、铜马镳3件（9、10、11）、漆壶铜釦1件（12）、原始瓷簋1件（14）、原始瓷尊1件（15）、龟甲2件（16、17）、漆器1件（18）、海贝273枚（20）、圆形有沿大铜泡2件（21、22）、骨扣2件（24）、铜车辖2件（25、26）、原始瓷瓠形器1件（27）。（1）、（2）位于墓室西北角填土中。（3）位于墓室东北角填土中。（4）位于椁盖板上南端。（5）位于南侧二层台上偏东处，倾斜放置。其下由南向北依次排列（6）、（21）、（22）、（23）、（24）。（7）位于（5）东侧。（8）位于（5）东南侧，紧邻墓室南壁。（9）位于墓室东南角二层台上、（7）东侧偏南。（10）位于（9）西北侧。（11）倒置，叠压于（9）下。（12）位于墓室东侧二层台南端、（10）东北侧，紧靠墓室东壁。（13）位于（12）南侧。（14）位于（13）西侧偏北。（15）位于（14）西侧。（16）位于（12）北侧。（17）位于（15）西侧。（18）位于西南角二层台上。（19）位于（14）下。（20）散置于（9）、（10）、（11）周围。（25）、（26）位于（9）、（11）下。（27）内置于（14）内（图一二〇；彩版八）。

（7）随葬品介绍

不明铜容器　共5件，均为容器上残块，厚度不一，难以辨其器形。标本M30D2∶03，呈不规则四边形，平直。残长1.5、残宽1.1、厚0.4厘米，重5.9克。标本M30D2∶054，不规则形状，平直，一面有烟炱痕。残长3.8、残宽2.6、厚0.7厘米，重15.3克（图一二五∶4）。标本M30D2∶055，不规则形状，微弧。残长3.3、残宽1.5、厚0.5厘米，重8.9克。标本M30D2∶056，不规则形状，微弧。残长2.7、残宽1.7、厚0.3厘米，重7.8克。标本M30D1∶064，不规则四边形，器表圆弧。残长6.6、残宽4.0、厚0.3厘米，重32.5克（图一二六∶12）。

铜矛/戈　1件。标本M30D1∶024，残留锋部，脊不明显。截面呈圆角菱形。残长3.1、最宽处2.4、厚0.7厘米，重10.7克（图一二六∶6）。

图一二〇　2012FZYM30随葬品位置平面图

5. 铜马冠　6. 圆形无沿大铜泡　7、13、19. 铜锡　9、10、11. 铜马镳　12. 漆壶铜釦　14. 原始瓷簋　15. 原始瓷尊　20. 海贝

铜镞　2件。标本M30D2∶049，一后锋残缺不见。铤、身相若，圆铤，下端较细，越往上越粗。椭圆形关。脊与关浑然一体。条形双翼，翼与脊区分明显。双面刃，近直。后锋圆转内收，超过关部。全长3.9厘米，关径0.3、长0.6厘米，铤径0.2—0.5、长1.5厘米，重5.9克（图一二六∶1；图版一三∶3）。标本M30D2∶050，后锋、关、铤部均残。但可见圆銎，前锋圆润，呈圆三角形，双面弧刃。条形双翼，翼与脊区分不明显。残长3.0、最宽处1.8厘米，重5.7克（图一二六∶3）。

车軎　2件。形制相同，大小、尺寸相近。均呈圆柱筒形，器身以中间一道圆箍状弦纹将其分为内端和外端，内端略长于外端。外端封顶，微斜。内端开口，平直。口径大于顶径。内端近口部有两个相对辖孔。孔呈长方形，磨损严重，似使用所致。通体素面。标本M30∶2，器表有丝麻织物痕迹。軎内残留少许木屑。通长12.1、口径5.2、顶径4.1、壁厚0.2厘米，辖孔长3.0、宽1.2厘米，重271克（图一二一∶5）。标本M30∶3，通长11.9、口径5.2、顶径4.2、壁厚0.2厘米，辖孔长3.0、宽1.1厘米，重305.1克（图一二一∶6）。

车辖　共2件。形制、大小、尺寸相同。皆为带底板、有键、兽首形辖。辖首为猪头，形象逼真，头顶鬃毛，双耳肥大并下垂，阴刻双眼、双眉、双鼻孔，鼻梁上饰有两道旋纹，吻部上扬。嘴两侧各有一对獠牙。猪耳下有一长方形穿孔，其背面有一底板。底板呈圆弧双下角状。首下为一长条形键，键上有一水滴形穿孔。标本M30∶25，通高10.9、长5.9、宽4.0厘米，底板长4.0、宽0.4—0.9、高3.7厘米，键长7.3、宽2.9、厚0.7厘米，兽首穿长1.2、宽0.7—0.9厘米，键孔长2.1、宽0.5—1厘米，重242.6克（图一二一∶1）。标本M30∶26，通高11.0、长5.8、宽4.0厘米，底板长4.0、宽0.4—0.9、高3.7厘米，键长7.3、宽2.9、厚0.7厘米，兽首穿长1.1、宽0.8—1厘米，键孔长2.2、宽0.4—0.9厘米（图一二一∶3；彩版一〇∶4）。

车軨　1件。标本M30∶1，圆柱筒状，一端开口，一端封顶，平顶。口径大于顶径。器表中部有一对穿孔，穿孔近圆形，磨损严重，似铸造后使用磨损而致。通体素面。器表有木屑痕迹。全长9.2、口径4.8、顶径3.6、孔径0.9×1.0、壁厚0.2厘米，重243克（图一二二∶7）。

铜马冠　共2件。形制相同，大小、尺寸近同。均残，但依然可见其为兽面片状，额头呈外圆弧状，双角下垂，倒立状八字眉，圆目中空并突出。两侧耳皆呈双弧形，上下各有一圆孔。长宽鼻梁凸出，饰有两道三角形阴线条和镂孔，双鼻孔呈蝌蚪状。下颌呈内圆弧状，两侧面颊下垂呈尖状，饰有镂空勾连云纹。面四周还分布镂空的卷云纹。器表共有15个穿孔，额头上相间分布四对较均匀的穿孔，孔呈方形或圆形，双颊每侧各有一对穿孔，下颌分布有3个长方形穿孔。标本M30∶5-1，孔径0.3—4.5厘米之间，通长20.6、最宽24.5、厚0.1厘米，重128.9克（图一二三∶2）。标本M30∶5-2，孔径0.2—0.8厘米之间，通长19.9、残宽18.0、厚0.1厘米，重119.8克（图一二三∶1）。

马络头　共2副。出土时，各种马络饰如铜泡、节约、马鼻饰、海贝等散落一处。根据以往发掘资料、研究成果和本次保存状况[1]，经复原，可能有2副∶1副为海贝串联，以节约纵横连结，横2道，竖3道；1副为铜泡串联，以节约纵横连结，横3道，竖3道。

---

[1]　中国社会科学院考古研究所∶《沣西发掘报告》，文物出版社，1963年，第147页。

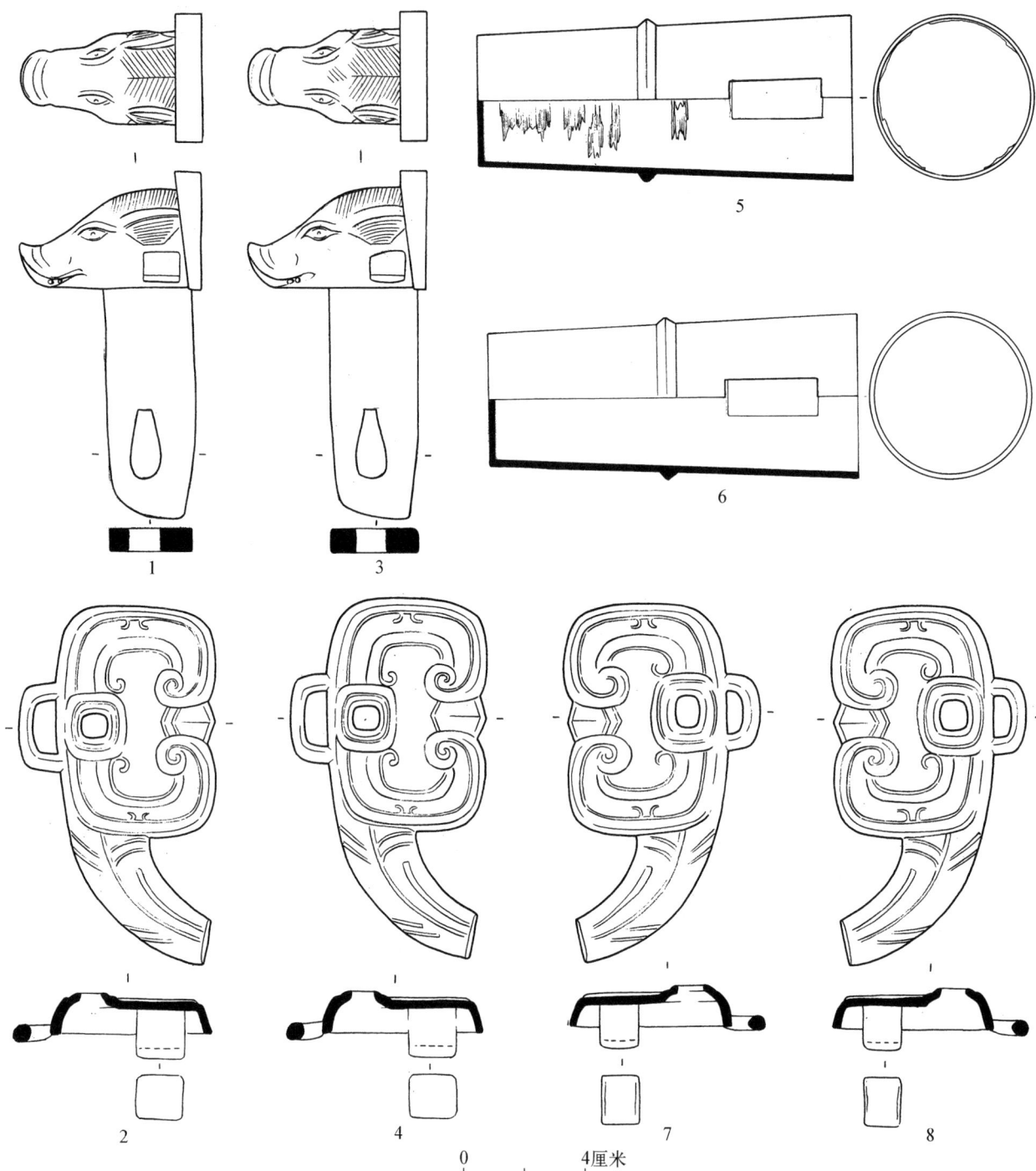

图一二一　2012FZYM30铜器

1、3.车辖（25、26）　2、4、7、8.马镳（11、10、D2：014、9）　5、6.车軎（2、3）

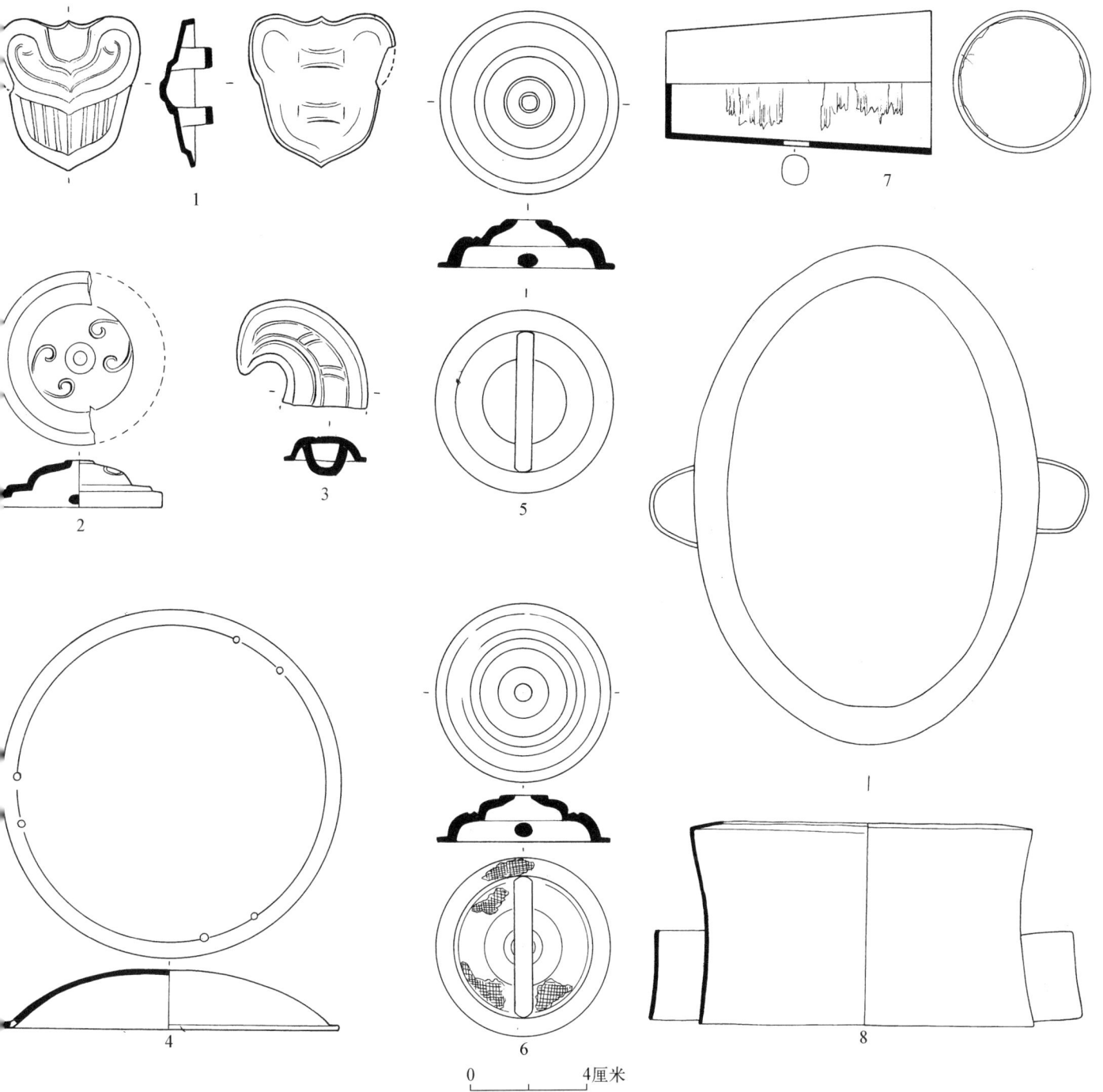

0　　　　4厘米

图一二二　　2012FZYM30铜器

1.马鼻铜饰（D1：022）　2.圆形无沿大铜泡（6）　3.马镳（D3：09-4）　4.鍚（19）　5、6.圆形有沿大铜泡（21、22）　7.车轫（1）　8.漆壶铜釦（12）

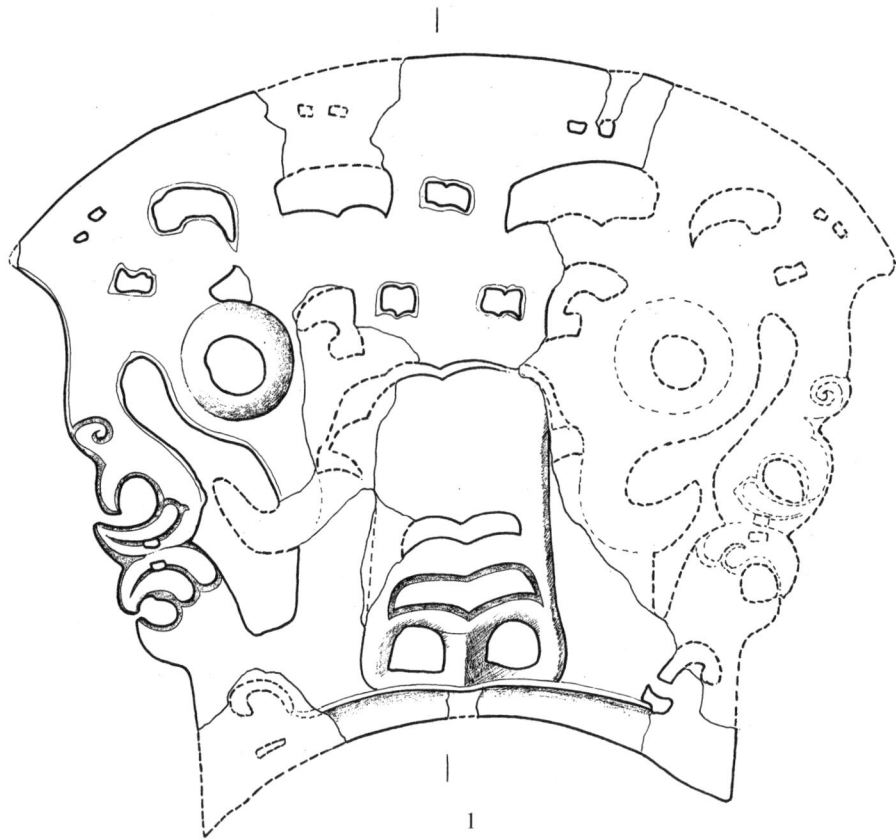

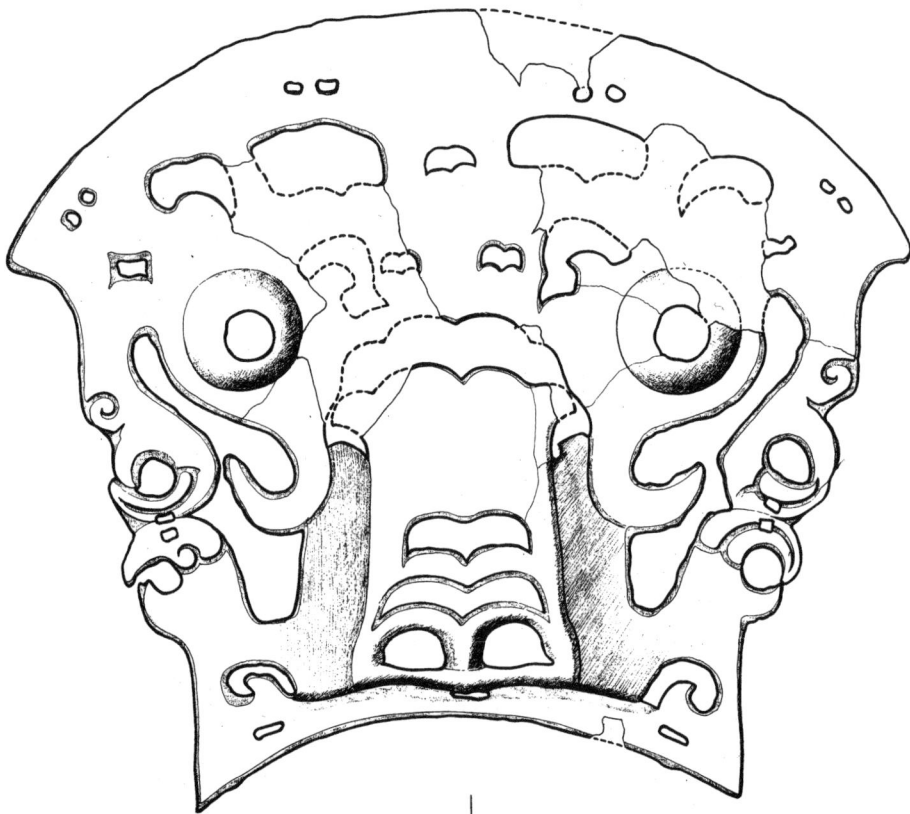

1

2

0   4厘米

图一二三　2012FZYM30铜马冠

1.(5-2)　2.(5-1)

马笼嘴　共2副。出土时，各种笼嘴饰如节约、海贝、中轴等散落一处。由于盗扰严重和海贝残损较多，参照以往，至少有1副以节约为连结点、海贝串联的马笼嘴。横向3排，纵向5排，中间一排为双行排列的海贝串。

圆形无沿大铜泡　1件。标本M30：6，锈蚀较严重。平面呈圆形，无沿边，二层阶梯球面状，背部中空。圆鼓顶，顶中心有一圆形穿孔，背面有一圆柱形横梁。顶面一周饰四个圆涡纹。通高1.6、顶高0.8、面直径5.8、顶直径3.6、孔径0.5—1.0厘米，重46.3克（图一二二：2）。

圆形有沿大铜泡　共2件。形制、大小、尺寸近同。平面呈圆形，窄平沿，三层阶梯状。背部中空，顶面齐平，中心有一圆形穿孔，背面有一圆柱形横梁。第二层阶梯上有一圈旋纹。标本M30：21，通高1.6、直径6.1、孔径0.6、沿宽0.3厘米，梁长4.7、宽0.6厘米，重70.7克（图一二二：5）。标本M30：22，背面有织物痕迹。通高1.6、直径5.9、孔径0.6、沿宽0.3厘米，梁长4.7、宽0.6厘米，重77克（图一二二：6）。

圆形中小型铜泡　共10枚（组），大多数保存完好，少数残破。中空。标本M30D3：09，1组3枚。标本M30D3：09-1，呈半球状，无沿，背面有一长条形齐平式横梁。正面饰2周旋纹。通高1.1、直径2.4厘米，梁长2.1、宽0.3、厚0.2厘米，重2.5克（图一二四：15）。标本M30D3：09-2与标本M30D3：09-3，形制相同，大小、尺寸近同，均呈半球状，圆鼓，无沿，背面有一长条形齐平式横梁。素面。标本M30D3：09-2，通高0.8、直径1.6厘米，梁长1.3、宽0.4、厚0.2厘米，重1.5克（图一二四：2）。标本M30D3：09-3，通高0.8、直径1.5厘米，梁长1.4、宽0.4、厚0.2厘米，重1.6克（图一二四：11）。标本M30D3：046，1组7枚。标本M30D3：046-1，整体呈半球状，无沿，平顶。背面有一内嵌的长条形横梁。球面饰两周同心旋纹。通高0.8、直径2.3厘米，梁长2.0、宽0.3、厚0.1厘米，重3.2克（图一二四：6）。标本M30D3：046-2，半球状，圆鼓，无沿。背面有

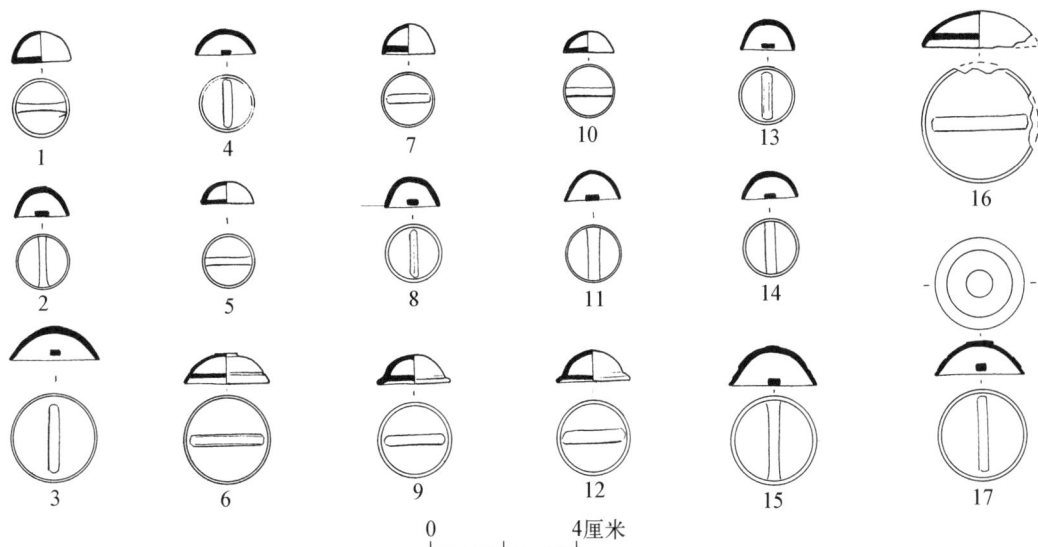

图一二四　2012FZYM30圆形铜泡

1、2、3、4.（D2：048-4、D3：09-2、D3：046-4、D3：046-3）　5、6、7、8.（D2：048-5、D3：046-1、D3：046-2、D1：023-3）
9、10、11、12.（D2：048-2、D2：048-6、D3：09-3、D2：048-3）　13、14、15、16、17.（D1：023-2、D3：046-5、D3：09-1、D2：048-1、D1：023-1）

一内嵌式长条形横梁。素面。通高0.8、直径1.5厘米,梁长1.2、宽0.3、厚0.2厘米,重1.7克(图一二四:7)。标本M30D3:046-3与标本M30D3:046-5,形制、大小、尺寸近同,均呈半球状,圆鼓,无沿,背面有一长条形横梁。素面。略有差别的是标本M30D3:046-3,横梁为内嵌式。通高0.7、直径1.6厘米,梁长1.2、宽0.2、厚0.1厘米,重1.5克(图一二四:4)。标本M30D3:046-5,横梁为齐平式。通高0.7、直径1.5厘米,梁长1.4、宽0.3、厚0.1厘米,重2.0克(图一二四:14)。标本M30D3:046-4与标本M30D3:046-3形制相同,但大小、尺寸不同。通高0.9、直径2.4厘米,梁长1.8、宽0.3、厚0.2厘米,重3.1克(图一二四:3)。标本M30D1:023,1组5枚,均呈半球状,无沿,背面有一长条形横梁。标本M30D1:023-1,微扁,平顶。球面有2周同心旋纹。横梁为内嵌式。通高0.9、直径2.4厘米,梁长2.0、宽0.3、厚0.2厘米,重3.5克(图一二四:17)。标本M30D1:023-2与标本M30D1:023-3,大小、尺寸近同,圆鼓。素面。横梁一端内嵌,另一端齐平。标本M30D1:023-2,通高0.8、直径1.5厘米,梁长1.2、宽0.2、厚0.2厘米,重1.6克(图一二四:13)。标本M30D1:023-3,通高0.8、直径1.5厘米,梁长1.3、宽0.3、厚0.1厘米,重1.5克(图一二四:8)。标本M30D2:048,1组33枚,呈半球状,背面有一长条形横梁,素面。依大小并结合其他特征,分为中小两种:中者3枚。标本M30D2:048-1,边缘残。微扁,无沿,横梁为内嵌式。通高1.0、直径3.2厘米,梁长2.6、宽0.4、厚0.2厘米,重8.2克(图一二四:16)。小者30枚。其中,2枚形制、大小、尺寸相同。均有边,微扁,横梁为齐平式。标本M30D2:048-2,通高0.8、直径1.9、沿宽0.1厘米,梁长1.6、宽0.3、厚0.2厘米,重2.9克(图一二四:9)。标本M30D2:048-3,残损,仅存一半,梁部残损。通高0.8、直径2.0、沿宽0.1厘米,梁长1.7、宽0.4、厚0.1厘米,重3.3克(图一二四:12)。还有相对较小者28枚。无沿,横梁为齐平式。标本M30D2:048-4,圆鼓。通高0.8、直径1.6厘米,梁长1.4、宽0.15—0.3、厚0.2厘米,重1.6克(图一二四:1)。标本M30D2:048-5,微扁。通高0.6、直径1.4厘米,梁长1.2、宽0.2、厚0.1厘米,重1.8克(图一二四:5)。标本M30D2:048-6,微扁。通高0.6、直径1.4厘米,梁长1.3、宽0.2、厚0.1厘米,重1.7克(图一二四:10)。

盾牌至少3面。出土时,漆盾已朽,只残留漆痕和铜锡。

铜锡 共4件。多残破严重,难以修复。标本M30:7,只可见6小块平折沿,其他均为长度在0.3—1.2厘米之间的残铜片。整体较圆鼓。残高1.0、沿宽0.6、壁厚0.1厘米,重9.5克。标本M30:13,只可见平折沿和一段弧面,整体较圆鼓。口径10.9、残高2.0、沿宽0.6、壁厚0.1厘米,重57.5克(图一二五:7)。标本M30:19,残破,经拼对复原。平面为圆形,平折沿,中部隆起成球面。体呈覆钵状,较扁平。素面。沿边有3组均匀分布的圆形穿孔。每组穿孔2个,间距约1.6、孔径约0.2厘米。正面有少许红色朱砂。直径10.6—11.7、高2.0、壁厚0.2、沿宽0.4厘米,重128.3克(图一二二:4;图版一五:4)。标本M30D2:052,残见一段平折沿和弧面,整体上较圆鼓。残高1.6、沿宽0.6、壁厚0.1厘米,重2.4克(图一二五:8)。

方形铜泡 1件。标本M30D1:061,呈半管束腰状,正面中部有一凸棱,背面有一齐平式横梁。长1.8、宽1.6、高1.1厘米,梁长1.8、宽0.5厘米,厚0.2厘米,重8.3克(图一二六:4)。

铜管状器 1件。标本M30D2:068,两端均残,为半圆管状,中空,正面圆鼓,背面有一桥形横梁。素面。残长4.8、宽1.3、高1.4、壁厚0.2厘米,重6.9克(图一二六:2)。

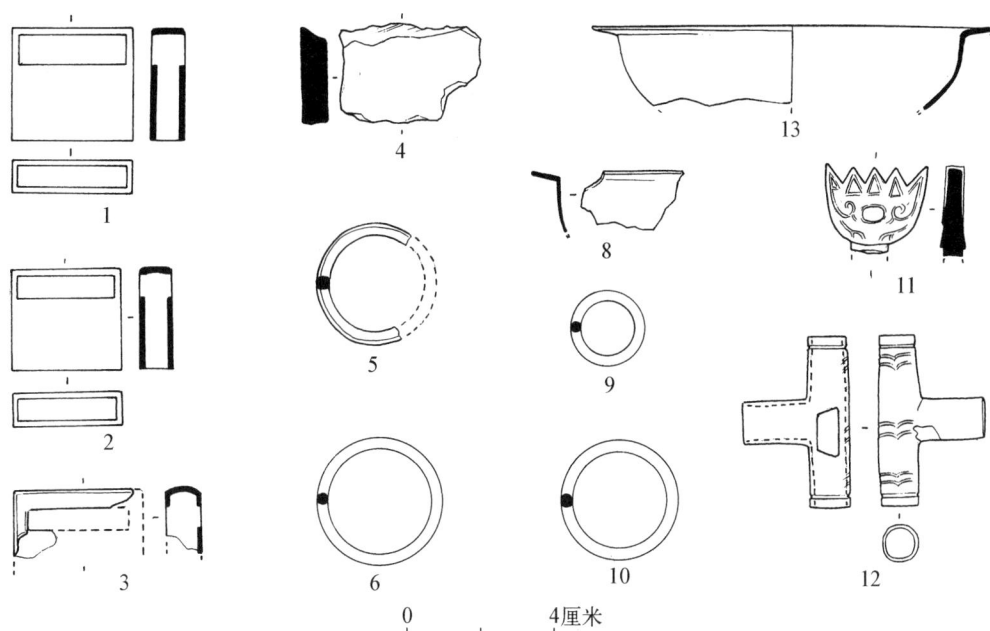

图一二五　2012FZYM30铜器

1、2、3. 扁长方形铜节约（23、8、D2∶067）　4. 不明铜容器（D2∶054）　5、6、9、10. 圆箍状铜环（D3∶047、D3∶01、D2∶051、D1∶019）
7、8. 铜锡（13、D2∶052）　11. 兽首（D1∶026）　12. T形铜节约（D2∶016）

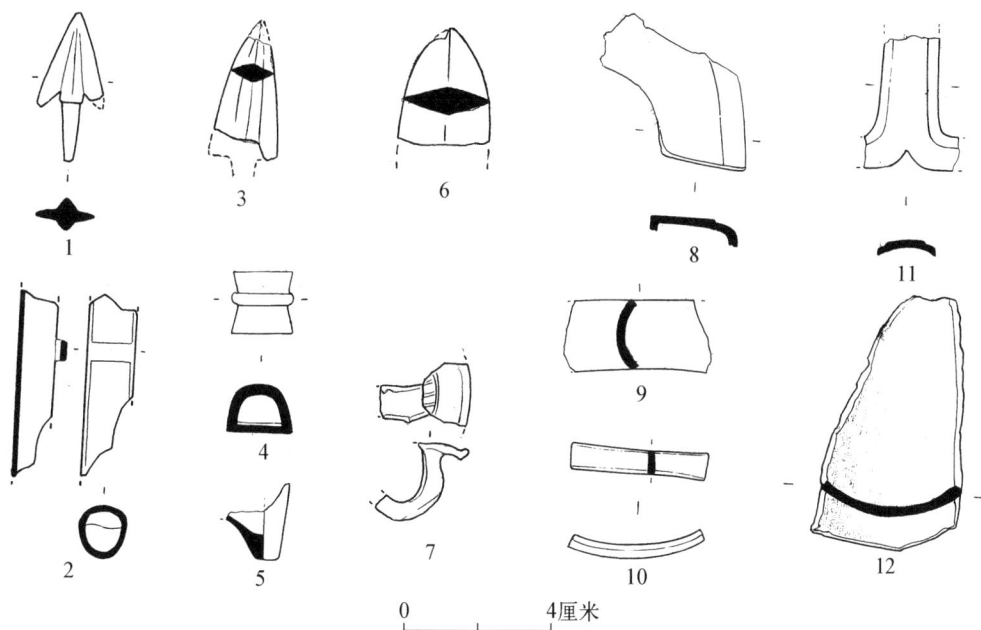

图一二六　2012FZYM30铜器

1. 铜镞（D2∶049）　2. 铜管状器（D2∶068）　3. 圆銎双翼铜镞（D2∶050）　4. 方形铜泡（D1∶061）
5、9、10. 铜不明器（D1∶066、D1∶060、D1∶063）　6. 铜矛/戈（D1∶024）　7. 马鼻铜饰（D2∶053）
8. 马镳（D3∶015）　11. 当卢（D1∶062-1）　12. 不明铜容器（D1∶064）

扁长方形铜节约　共3件。形制相同，大小、尺寸近同，均呈扁长方形，中空，一端封顶，一端开口，平直。两面近顶端各有一长方形穿孔。顶面及两侧面几近平直。通体素面。标本M30：8，长2.9、宽0.9、高2.7、壁厚0.2厘米，穿孔长2.6、宽0.6厘米，重19.6克（图一二五：2）。标本M30：23，长3.2、宽0.9、高3.0、厚0.2厘米，穿孔长2.9、宽0.8厘米，重23.8克（图一二五：1）。标本M30D2：067，仅存上端，两面近顶端各残留一长方形穿孔，残长3.2、宽1.0、残高1.7、厚0.15厘米，穿孔残长2.7、宽0.6厘米，重5.8克（图一二五：3）。

T形铜节约　1件。标本M30D2：016，三通式圆管状。竖管较长，其正面阴刻三组水波纹，每组均为2条，背面中部有一长方形穿孔。两端各有一周旋纹。竖管中部与横管连接处有一穿孔。横管较短，与竖管交接处背面布有席痕。竖管长4.5、横管长（连同竖管段）2.9厘米，圆管内径0.8、外径1.0厘米，穿孔长0.9—1.3、宽0.6厘米，重21.2克（图一二五：12；图版一四：3）。

铜马镳　共6件。除2件残破严重，其他均保存完好，皆为羊角状弧形。背面内凹。一端较小，近似羊角卷曲，面饰几条旋纹。一端较大，为圆角长方形，正面饰2组两两相对的云纹，其上近边处有一圆角方形穿孔，孔口微凸，周边有一周旋纹。顶部无悬梁，外侧附置一长方形钮，近内侧有一对半管状钮。标本M30：9，通高2.0、长11.4、宽6.3、壁厚0.2厘米，穿孔长1.3、宽0.9厘米，悬梁长2.4、宽1.0、孔径0.4×1.3厘米，钮长1.5、宽1.2、高1.4厘米，重106.5克（图一二一：8、图一四一：2）。标本M30：10，通高2.0、长11.3、宽6.4、壁厚0.2—0.3厘米，穿孔长0.7、宽0.8厘米，悬梁长2.8、宽1.2、孔径0.7×1.7厘米，钮长1.5、宽1.4、高1.6厘米，重132.2克（图一二一：4）。标本M30：11，通高2.1、长11.4、宽6.4、壁厚0.2—0.3厘米，穿孔长0.8、宽0.7厘米，悬梁长2.8、宽1.2、孔径0.7×1.7厘米，钮长1.5、宽1.4、高1.6厘米（图一二一：2）。标本M30D3：09-4，残。龙尾状，正面圆鼓，其上阴刻尾线条。有沿，背面一桥形钮。残长3.6、宽3.0、器厚1.3、壁厚0.3厘米，钮高1.1、孔径0.7×1厘米，重23.9克（图一二二：3）。标本M30D2：014，通高2.0、长11.4、宽6.3、壁厚0.3厘米，穿孔长1.0、宽0.8厘米，悬梁长2.9、宽1.1、孔径0.5×1.3厘米，钮长1.5、宽1.2、高1.4厘米，重115.8克（图一二一：7）。另外，标本M30D3：015，残存小端。条形圆弧状，背部内凹。正面隐约可见几道阴线条。残长3.4、宽1.8—3.3、壁厚0.2厘米，重21克（图一二六：8）。

漆壶铜釦　1件。标本M30：12，为漆壶颈部铜釦，残。出土时，漆壶已朽，仅见漆痕。扣体呈喇叭圆筒状，中部微束，上下部均外撇。椭圆形平口，口部有一圈较窄的平折边，近下部两侧各附有一竖直的半圆管状贯耳。通体素面，只在一穿正对器内壁饰有"×"阳刻符号。通高6.7、口径11.9×16.8厘米，穿高3.2、宽1.8、内径1.4厘米，厚0.1厘米，重323.4克（图一二二：8）。

圆箍状铜环　共4件。多保存完好，均为圆箍状。素面。标本M30D3：01，截面为圆形。外径3.4、内径2.8厘米，重4.5克（图一二五：6）。标本M30D1：019，截面为圆形。外径3.2、内径2.5厘米，重4.2克（图一二五：10）。标本M30D3：047，残，仅存三分之二，截面为近圆形。外径3.2、内径2.6厘米，重3.1克（图一二五：5）。标本M30D2：051，截面为圆形。外径2.0、内径1.4厘米，重1.5克（图一二五：9）。

马鼻铜饰　共2件。标本M30D1：022，平面整体呈盾形，有沿。上端为宽弧形，器表为凸出的连体眉条，其上阴刻连体卷云纹。下端呈三角形，面饰8道竖向弦纹。背面上下并列一对横向半环形钮。长5.0、宽5.0、器厚1.3、壁厚0.2厘米，钮长1.5、宽0.5—0.6、高1.1—1.4、孔径0.7×1.6厘米，重30.5克（图一二二：1）。标本M30D2：053，残。只可见一半环状残穿孔和一段圆弧面，其上有几道阴线条。残长2.3、残宽1.7、残高2.1厘米，钮残高1.9、残孔径1.4厘米，重8.1克（图一二六：7）。

　　兽首　1件。标本M30D1：026，残。兽面状。顶部呈锯齿形，底部残缺不见。正面上部阴刻一组3个三角纹，其下为左右对称的卷云纹状眼，乳突状鼻，鼻顶一道阴线。鼻下为T字形嘴，其左右两侧为对称的F形阴纹。残高2.4、宽2.9、厚0.5厘米，重15.6克（图五三：3、图一二五：11）。

　　铜当卢　2件。皆残。标本M30D1：062，犄角状，有平缘，背部内凹。顶端两角岔开明显，但左右犄角和下端均残缺不见。素面。残长3.5、宽1.5—2.5、厚0.2厘米，重9.0克（图一二六：11）。标本M30D1：071，残长2.8、宽1.5—3.1、厚0.3厘米。

　　铜不明器　共3件。标本M30D1：060，长条弧状，正面圆鼓，背面内凹中空。残长3.7、宽1.9、厚0.3厘米，重11.1克（图一二六：9）。标本M30D1：063，窄长条弧状。残长4.3、宽0.7、厚0.2厘米，重3.7克（图一二六：10）。标本M30D1：066，残足根。实心柱状。素面。残高2.0厘米，重4.8克（图一二六：5）。

　　柄形器　复合体，至少1件，共18片，没有器柄，仅发现柄形器的组合玉附饰14个、绿松石片3个及蚌托1个（图一二七）。蚌托1个，标本M30D3：070，整体为宽长方体，但在其长边各有2个面，形成八面体。中心钻孔为单面钻，小孔径的一面朝向组合附饰，大孔径的一面朝向外。长2.2、宽1.2、厚0.7、孔径0.4—0.6厘米（图一三一：2）。带犬齿状扉棱的玉片6个，均青白色，一端尖、一端平。长条状1个，标本M30D3：013-1，一侧有两个犬齿状扉棱、一个犬齿状缺口和一个犬齿状尖牙，另一侧平直。长4.0、宽0.7、厚0.3、犬齿状缺口宽1.1厘米（图一二八：1）。短条状4个，均一侧有一个犬齿状扉棱和一个犬齿状缺口，另一侧平直。标本M30D3：013-2，长2.5、宽0.6厘米（图一二八：16）。标本M30D3：013-5，表面有不规则阴线纹饰，应为旧物改制，长3.0、宽0.8厘米（图一二八：15）。标本M30D3：013-6，长2.9、宽0.6厘米（图一二八：9）。标本M30D1：06，长3.2、宽0.8、厚0.3厘米（图一二八：14）。不规则状1个，标本M30D3：013-9，一侧有一个犬齿状扉棱和一个犬齿状缺口，另一侧平直，平端斜直向上呈梯形，尖端处有一个不规则凹槽。长2.4、宽0.7、厚0.3厘米。带浅槽状玉条4个，厚体，宽窄、长短不一，均呈乳白色，一端有较宽凸棱，一端有较细凸棱，中部靠近较宽凸棱一侧有两条并列宽棱，两条宽棱间有一道浅槽，面凹凸不平。标本M30D3：013-4，窄长条，两端均平直。长2.8、宽0.4、厚0.6厘米（图一二八：6）。标本M30D3：013-7，宽长条，两端均平直。长2.2、宽0.5、厚0.5厘米（图一二八：10）。标本M30D3：013-10，窄短条，细棱一端较薄且翘起，

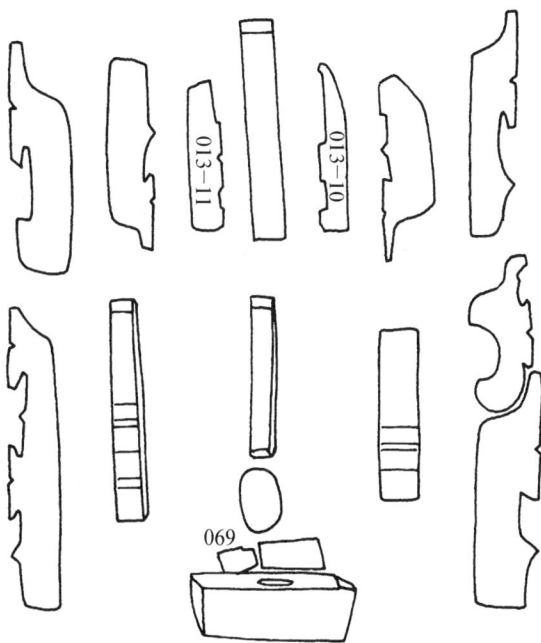

图一二七　2012FZYM30柄形器结构复原图

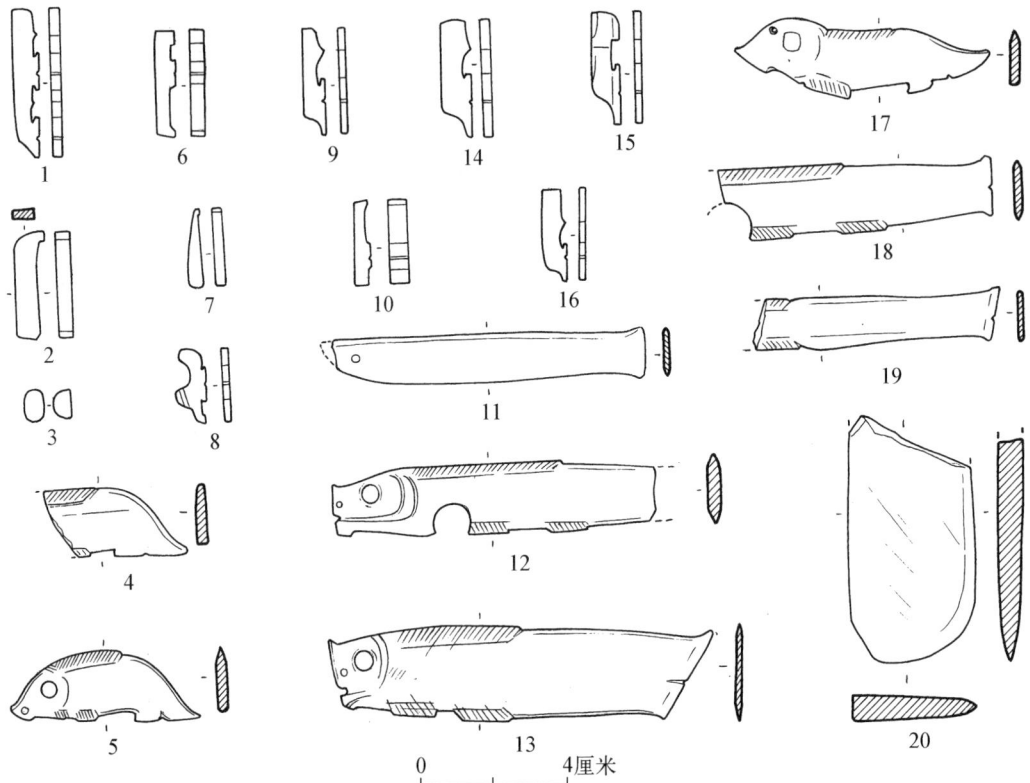

图一二八　2012FZYM30玉、石器

1、2、3、6.柄形器附饰（D3：013-1、D3：045-1、D3：013-8、D3：013-4）　7、8、9、10.柄形器附饰（D3：045-2、D3：013-3、D3：013-6、D3：013-7）
14、15、16.柄形器附饰（D1：06、D3：013-5、D3：013-2）　4、5.扁平片状卷体玉鱼（D1：021、D3：039）
11、12、13、18、19.扁平片状直体玉鱼（D3：040、D3：042、D3：038、D3：043、D3：044）
17.扁平片状曲体玉鱼（D3：041）　20.石器（D1：027）

另一端平直。长2.1、宽0.3、厚0.4厘米。标本M30D3：013-11，窄短条，细棱一端残。残长1.9、宽0.2、厚0.4厘米。长方条1个，标本M30D3：045-1，黄白色，窄长条，截面呈梯形，一端较平直，另一端向宽面弯曲且突出一道细棱。长2.8、宽0.8、厚0.3厘米（图一二八：2）。不规则形状玉饰3个，标本M30D3：045-2，青色软玉，长条状，一端尖细向外略弯曲，另一端圆钝，一侧有近似脊线的线切痕迹。长2.0、宽0.2—0.4、厚0.3厘米（图一二八：7）。标本M30D3：013-3，一端尖、一端圆滑，一侧饰犬齿状扉棱，另一侧有一个梯形缺口，一面有两道斜向阴线。长2.0、宽0.8、厚0.2厘米（图一二八：8）。标本M30D3：013-1与标本M30D3：013-3、标本M30D1：06三者依次竖向放置于第一层的最右侧，扉棱侧向外，可以明确看出其尖端与平端吻合相接。标本M30D3：013-8，褐绿色，椭圆半球状，一面平直，一面圆鼓，长径0.8、短径0.5、高0.4厘米（图一二八：3）。该形制的玉饰，复原于第一层中轴列下排的中间，周边由绿松石围绕。绿松石片3个，标本M30D3：069，或长方形，或为"凸"字形薄片。长0.3—0.8、宽0.3—0.5、厚0.1厘米。

扁平片状直体玉鱼　共5件。通体磨光。4件两面均阴刻鱼身各部位线。长条形扁平片状。标本M30D3：038，墨绿色，玉质透光度较差。整体呈扁平条状，上宽下窄。张口，阔嘴略斜直，尖头上翘，下唇外翻，分尾斜直，尾尖外翘，鱼鳍处向外突出，轮廓呈鱼形。两面阴刻圆眼、两弧腮、一背鳍、两腹鳍线、鱼鳍饰细斜线。嘴中部有一双面对穿式孔。鱼身有少量漆痕。长10.4、宽2.5、厚0.2、孔径0.2厘米（图一一三：4、图一二八：13；彩版一二：5）。标本M30D3：042，尾部残缺不见。墨绿色泛白，玉质透光度较差。两面阴刻圆眼、两弧腮、一背鳍、二腹鳍线，鱼鳍饰细斜线。张口，阔嘴平直，尖头上翘，下唇外翻，头部中间有一圆形穿孔。腹前部有一半圆形凹孔，直径1.0厘米，据此推测为改制器。前部可见黄色沁痕，鱼身可见少量漆痕。残长8.6、宽1.8、厚0.4、孔径0.2厘米（图一二八：12；图版一六：4）。标本M30D3：043，头部残缺不见。墨绿色，玉质透光度较差，局部白化。分尾。腹前部有一半圆形穿孔，但已残损。两面可见细线阴刻一背鳍、两腹鳍，两腹鳍完整，背鳍残断，鱼鳍饰细斜线。鱼身残留少量漆痕。推测应与M30D3：042形制相同，残长7.4、宽1.9、厚0.3厘米（图一二八：18）。标本M30D3：044，头部残缺不见，仅存部分鱼身和尾部。褐色，玉质透光性较好。分尾微斜直，器形流畅，鱼身略厚，边缘处较薄。两面可见细线阴刻一背鳍、一腹鳍线。鱼身一面有平直切割痕迹。残长6.4、宽1.4、厚0.2厘米（图一二八：19；图版一六：5）。另有1件标本M30D3：040，两面未见阴刻眼睛、头部、背鳍、胸鳍、腹鳍线。黄褐色，有白色沁斑，玉质透光性较好。嘴部残损，可能为尖状。腹、背部基本平直，腹部微弧。尾部微收，平头、束颈，束颈两端各有一道阴线，应为柄形器改制。器身微厚，边缘磨薄。嘴部位置有一穿孔。残长8.5、宽1.3、厚0.2、孔径0.2厘米（图一二八：11；图版一六：2）。

扁平片状卷体玉鱼　共2件。通体磨光。分尾下垂。标本M30D1：021，青色。扁平片状。头部已残，仅见部分背鳍、腹鳍及尾部，以阴线刻出，鳍上饰细斜线。两面纹饰相同，均有平直切割痕迹。残长3.7、宽1.8、厚0.3厘米（图一二八：4）。标本M30D3：039，青黄色，玉质透光性好。鱼身略有弧度。阔嘴，斜直微弧。头部近吻处有一双面对穿式孔。背部圆弧，与身平行，分尾下垂，尖端外翻。两面阴刻圆睛、一圆弧状腮、一背鳍、两腹鳍线，鳍上饰细斜线。器物中间较厚，边缘磨薄。长5.1、宽1.8、厚0.3厘米，孔径0.2厘米（图一二八：5、图八〇：2；图版一六：3）。

扁平片状曲体玉鱼　1件。标本M30D3：041，灰白色，材质通透度较差。鱼身弯曲。阔嘴，斜弧、尖端上扬，中部一单面斜穿孔。鱼背、腹圆弧，三分尾圆弧且下垂。两面阴刻圆形眼、一圆弧状腮、一背鳍、一腹鳍线。通体磨光。长6.9、宽1.8、厚0.3、孔径0.1—0.2厘米（图一一三：1、图一二八：17；图版一六：6）。

石泡　1件。标本M30D2：058，黄白色。半球状，圆鼓。正面隆起，为球面，背面为平面。中部有一圆形穿孔。中孔为背面单面钻。通体磨光。直径2.2、高1.4厘米，孔径0.3厘米（图一三二：15）。

石器　1件。标本M30D1：027，深灰色泥质砂岩，有黑色纹理。扁平近长圆形，一端残，一端圆弧，两侧缘均较平直。弧端及一侧呈刃状。通体磨制。残长6.6、宽3.4、厚0.7厘米（图一二八：20）。

原始瓷簋　1件。标本M30：14，灰白色胎，青釉，内、外壁及圈足有流釉现象。敞口，卷沿，圆唇，短颈竖直。颈部饰两周浅凹槽。弧壁，腹上部斜直，腹下部较圆鼓。腹上部置竖向桥状双耳。耳孔呈椭圆形。内底近平。喇叭状圈足。通体素面。通高16.9、口径24.4、器身最大径25.0、足径13.4厘米，耳孔径0.9×2.2厘米（图一二九：6；彩版一五：2）。

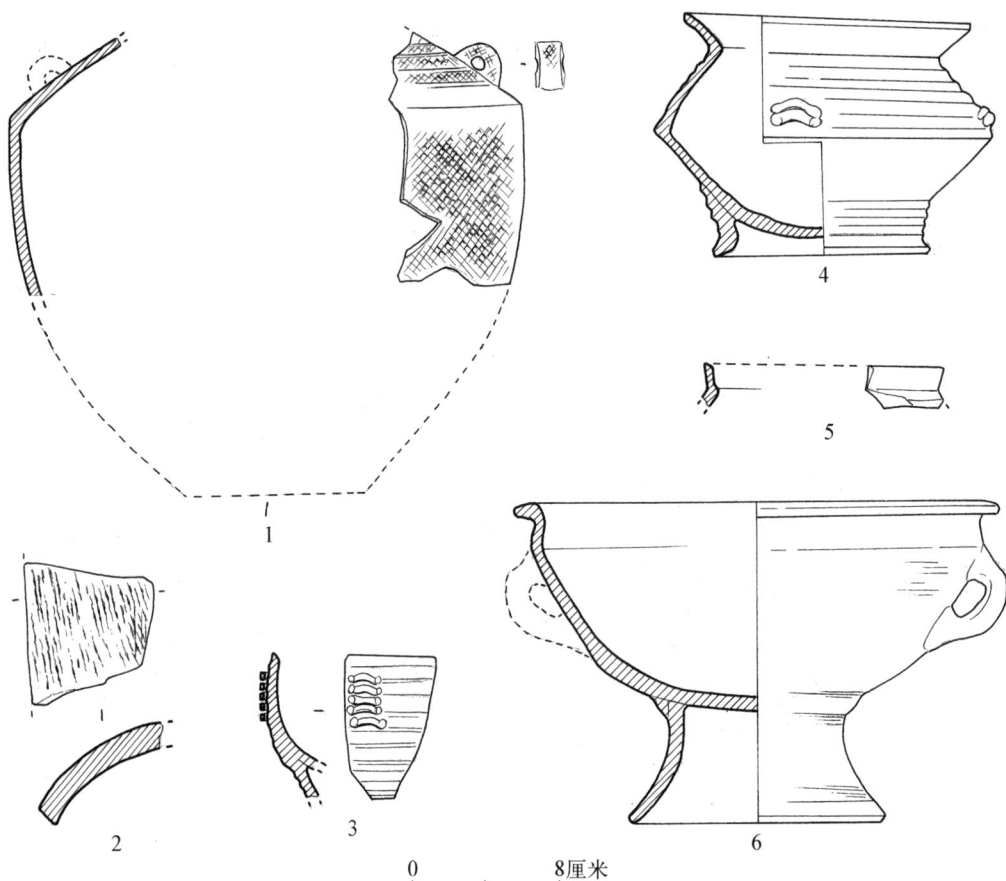

图一二九　2012FZYM24、M30陶、原始瓷器

1、4. 原始瓷尊（M30D1∶025、M30∶15）　2. 陶瓦（M30D2∶02）　3. 原始瓷簋（M24D3∶011）
5. 原始瓷罐（M30D1∶028）　6. 原始瓷簋（M30∶14）

原始瓷尊　共2件。标本M30D1∶025，残存肩部和腹部。灰白色胎，内外均饰青黄色釉，釉不匀。折肩，肩上附置竖向桥形耳，残见2个。耳穿孔为圆形。肩腹分界明显。腹圆弧。肩、腹部满饰细密小方格布纹，肩部还饰有数周细旋纹。旋纹三条并行一组，形成带状纹饰。残高13.6、肩最大径28、穿孔直径0.4—0.6厘米（图一二九∶1）。标本M30∶15，整器变形歪斜。灰白色胎，青釉。侈口，卷沿，方唇，束颈。宽折肩微鼓。肩近腹部贴塑三组横向双系，系呈桥形。肩腹分界明显。腹斜直，圜底，底有漆痕。矮圈足，呈喇叭状。足外缘斜直，形似方唇。肩部饰数道宽窄不一的弦纹，腹下部和圈足饰数道凸尖棱和宽弦纹。通高12.5、口径15.7、肩最大径18.2、圈足底径11.4厘米（图一二九∶4；彩版一五∶3）。

原始瓷罐　1件。标本M30D1∶028，仅可辨残口沿，其他均为瓷残片。灰白色胎，青黄色釉。直口微弧，方唇。残片满饰细密小方格布纹。残高2.2、口径13厘米（图一二九∶5）。

原始瓷瓿形器　1件。标本M30∶27，胎偏灰白并泛黄，青釉较薄且色浅。敞口，口部歪斜，腹深且粗细不一，圜底。喇叭状圈足，足底齐平。烧制较粗糙，器身凹凸不平，多不对称。通体素面。通高5.0、口径3.7、圈足底径2.3厘米（图一三〇∶13；彩版一五∶4）。

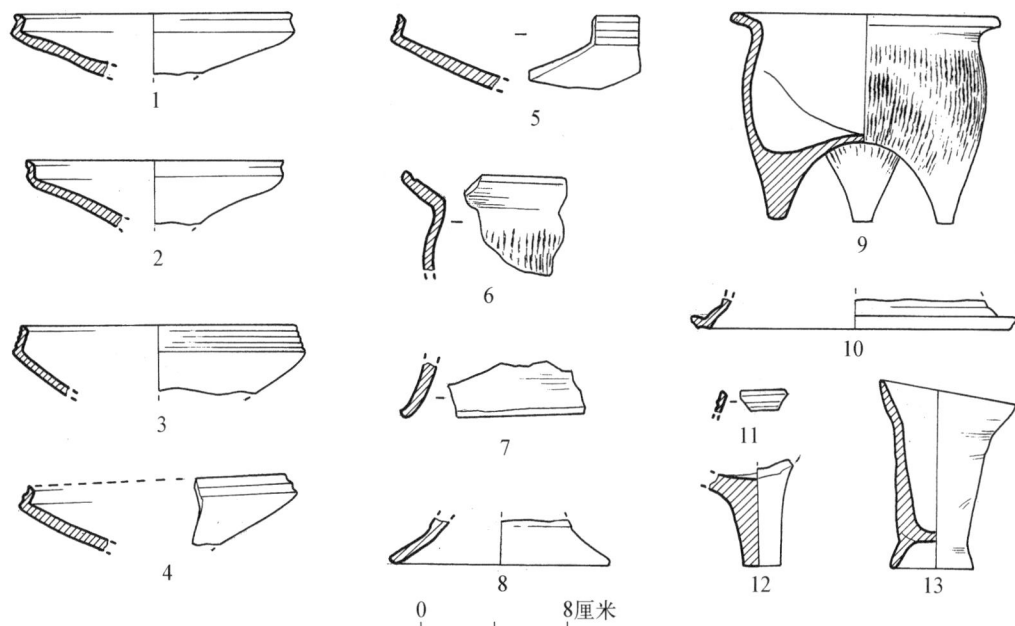

图一三〇　2012FZYM24、M30陶、原始瓷器

1、2、3、4、5、11. 原始瓷豆(M30D1∶033、M24D3∶07、M30D2∶011、M30D1∶030、M30D1∶032、M30D1∶031)
6、9、12. 陶联裆鬲(M30D2∶04、M30∶4、M30D1∶07)　　7、8、10. 原始瓷圈足(M30D1∶029、M30D2∶018、M30D1∶08)
13. 原始瓷觚形器(M30∶27)

原始瓷豆　共5件,均残。灰白色胎,方唇,唇面有一凹槽。标本M30D2∶011,残存豆盘。青釉。敛口,弧壁,圜盘底。盘壁饰四周旋纹。素面。残高3.4、口径15.0、壁最大径15.8厘米(图一三〇∶3)。标本M30D1∶030,残存豆盘。青黄釉,敛口,弧壁,盘底近平。盘壁饰两周旋纹。素面。残高3.4、口径14.0、壁最大径15.1厘米(图一三〇∶4)。标本M30D1∶031,残存盘口沿。青黄釉。直口,直壁。盘壁残存三周旋纹。素面。残高1.0厘米(图一三〇∶11)。标本M30D1∶032,残存豆盘。青釉。直口,直壁,圜盘底,盘壁饰五周旋纹。残高3.8厘米(图一三〇∶5)。标本M30D1∶033,残存豆盘。青釉。平折沿,尖圆唇,弧壁,圜盘底。素面。残高3.2、口径15.0厘米(图一三〇∶1)。

原始瓷圈足　共3件。均残,皆呈喇叭状。标本M30D1∶08,灰白色胎,内外施青黄色釉。底部齐平并出沿,沿外缘斜直,形似方唇。外饰宽弦纹。残高1.6、圈足直径17.2厘米(图一三〇∶10)。标本M30D2∶018,黄白色胎,青色釉,分布不均,局部泛黄。底部边缘圆弧,形似圆唇。器表可见一道细弦纹。残高2.3、圈足直径10.6厘米(图一三〇∶8)。标本M30D1∶029,灰白色胎,内外施少量釉,且分布不均。器表外饰数道细旋纹,间距不等。残高3.8厘米(图一三〇∶7)。

联裆鬲　2件。标本M30∶4,夹砂黑灰陶。圆唇,卷沿,沿下角较小,沿面较窄,束颈。弧腹,人字形瘪裆,圆锥状实心足。器身略扁平。腹部近颈处被抹,但隐约可见竖向中绳纹。腹部饰竖行中绳纹,纹理较清晰,印痕较浅。足部削痕明显。通高10.9、口径14.5、器身最大径13.4、厚0.6厘米(图一三〇∶9;彩版一六∶2)。标本M30D2∶04,夹砂浅灰陶。残存口沿。折沿,沿面较斜平,近唇部有一道凹槽,圆唇,束颈。残存腹部饰竖向中绳纹,纹理较清晰,印痕较浅。残高5.2厘米(图一三〇∶6)。

联裆鬲高足根　标本M30D1：07，夹砂浅灰陶。残足根。柱状实心足，素面。残高5.6、足底直径2.0厘米（图一三〇：12）。

陶瓦　标本M30D2：02，泥质黑灰陶。残。背面内凹。三侧残缺，一侧面完整且平直。正面和完整侧面饰斜行粗绳纹。残长7.6、残宽6.9、厚1.5厘米（图一二九：2）。

蚌饰　共10件。多保存较好，均为乳白色。其中卷曲形蚌饰2件。标本M30D3：034-1，平面呈长方形，宽边，体厚。一端的宽边卷曲上扬，另一端平直。长3.6、宽2.1、厚0.3厘米（图一三一：14）。标本M30D3：034-4，略残。平面近方形，宽边，体厚。一端的宽边卷曲上扬，另一端平直。边长2.0、厚0.4厘米（图一三一：6）。标本M30D3：034-2，长方形宽条状，扁平，体厚。长3.2、宽2.2、厚0.4厘米（图一三一：12）。标本M30D3：034-3，角残，长方形宽条状，扁平，体厚。长3.7、宽2.1、厚0.4厘米（图一三一：10）。标本M30D3：034-5，圆角长方形，扁平，体薄。长1.8、宽1.1、厚0.2厘米（图一三一：7）。标本M30D3：034-6，残，近方形片状。长1.6、宽1.4、厚0.1厘米（图一三一：4）。

蚌泡　共21枚。均为白色，圆形，扁平状，表面微鼓，平底。正面边缘和中心均涂有一周红漆。其中单面钻14枚。标本M30D3：035-4，残。直径2.1、高0.9、孔径0.6厘米（图一三二：12）。标本M30D3：035-6，直径2.0、高0.6、孔径0.4厘米（图一三二：9）。标本M30D3：035-7，直径2.3、高0.8、孔径0.3厘米（图一三二：13）。标本M30D3：035-8，直径2.8、高0.9、孔径0.8厘米（图一三二：18）。标本M30D1：059-1，正面残。直径2.3、高0.5、孔径0.2厘米（图一三二：10）。标本M30D1：059-2，正、背面皆残。直径1.9、高0.5、孔径0.3厘米（图一三二：17）。标本M30D1：059-4，直径1.5、高0.6、孔径0.2厘米（图一三二：14）。双面钻9枚。标本M30D3：035-1，直径3.2、高0.6、孔径0.2厘米（图一三二：1）。标本M30D3：035-2，直径3.1、高0.8、孔径0.2厘米（图一三二：4）。标本M30D3：035-3，直径3.1、高0.8、孔径0.1厘米（图一三二：16）。标本M30D3：035-5，直径2.9、高0.6、孔径0.1厘米（图一三二：3）。标本M30D2：057，直径2.2、高0.7、孔径0.2厘米（图一三二：6）。标本M30D1：059-3，直径1.9、高0.7、孔径0.4厘米（图一三二：11）。

海贝　共377枚。部分残损，质地、形状相同。均为白色，面有唇，唇内侧各有一排细齿。背面有一穿孔，大椭圆形穿孔分布整个背部。标本M30：20-1，长3.0、残宽2.1、高0.8、孔径1.5—2.3厘米（图一三三：25）。标本M30：20-2，长2.6、宽1.8、高0.6、孔径1.3—1.9厘米（图一三三：16）。标本M30：20-3，长2.4、宽1.7、高0.6、孔径1.1—1.7厘米（图一三三：11）。标本M30：20-4，长2.1、宽1.5、高0.5、孔径1.1—1.5厘米（图一三三：2）。标本M30：20-5，长2.0、宽1.4、高0.5、孔径0.9—1.3厘米（图一三三：10）。标本M30：20-6，长1.8、宽1.3、高0.4、孔径0.9—1.4厘米（图一三三：19）。标本M30D2：05-1，背部隆起，椭圆形穿孔位于小尖端。背部一侧边缘层状剥落，留有条形缝。腹部残留朱砂痕迹。长1.9、宽1.3、高1.1、孔径0.9—1.5厘米（图一三三：12）。标本M30D2：05-2，长1.6、宽1.0、高0.4、孔径0.7—1.3厘米（图一三三：13）。标本M30D3：012-1，长2.8、宽1.9、高0.7、孔径1.4—2.0厘米（图一三三：21）。标本M30D3：012-2，长2.6、宽2.0、高0.7、孔径1.2—1.8厘米（图一三三：1）。标本M30D3：012-3，长2.3、宽1.6、高0.6、孔径1.2—1.7厘米（图一三三：6）。标

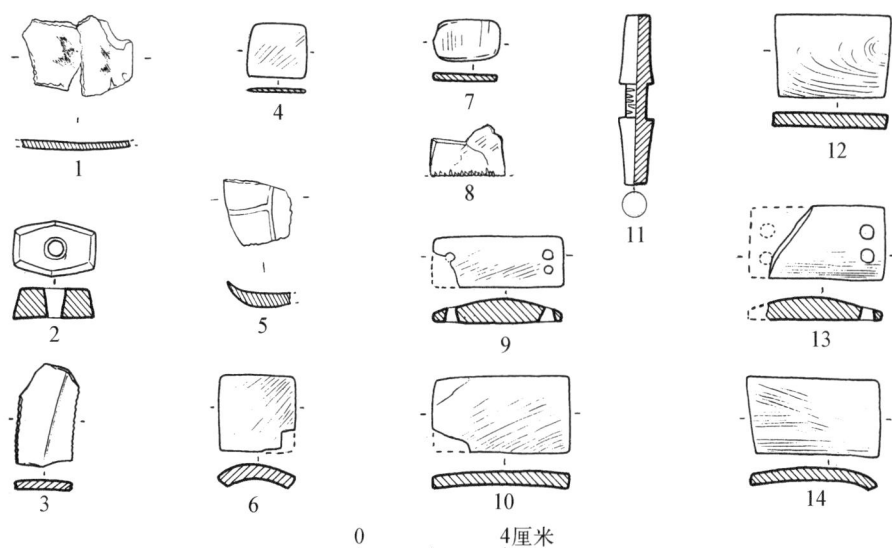

图一三一　2012FZYM30骨、蚌器

1、3、5、8.龟甲（17-1、D3：010、17-2、16）　2.柄形器蚌托（D3：070）　4、6、7、10.蚌饰（D3：034-6、D3：034-4、D3：034-5、D3：034-3）
12、14.蚌饰（D3：034-2、D3：034-1）　9、13.骨牌饰（D3：037-2、D3：037-1）　11.骨扣（24-1）

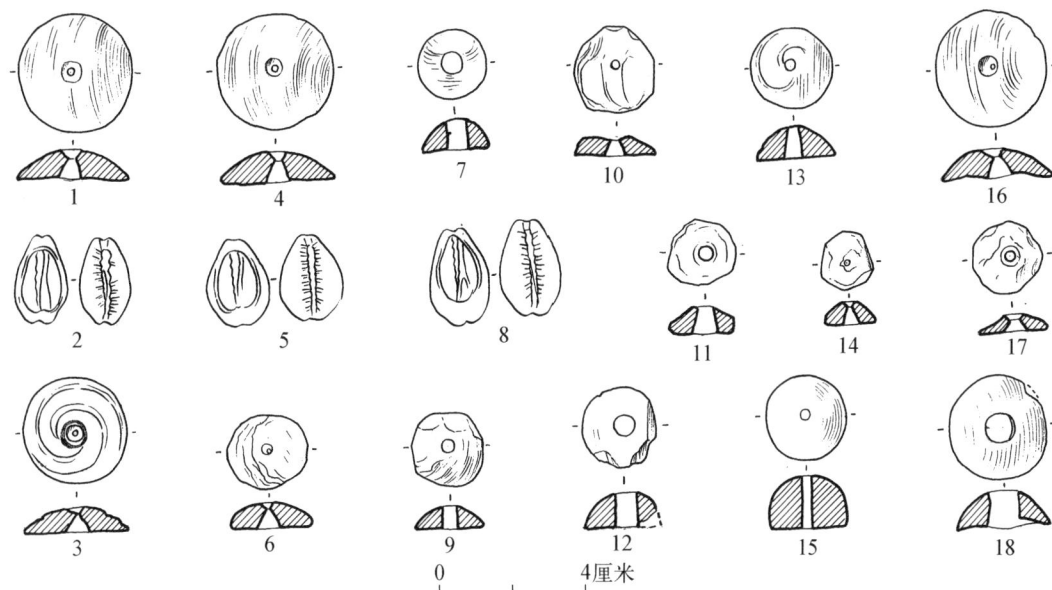

图一三二　2012FZYM30石、蚌、骨器及海贝

1、3、4、6.蚌泡（D3：035-1、D3：035-5、D3：035-2、D2：057）　9、10、11、12.蚌泡（D3：035-6、D1：059-1、D1：059-3、D3：035-4）
13、14、16、17、18.蚌泡（D3：035-7、D1：059-4、D3：035-3、D1：059-2、D3：035-8）　2、5、8.海贝（D2：017-4、D1：020-4、D2：017-3）
7.骨泡（D3：036）　15.石泡（D2：058）

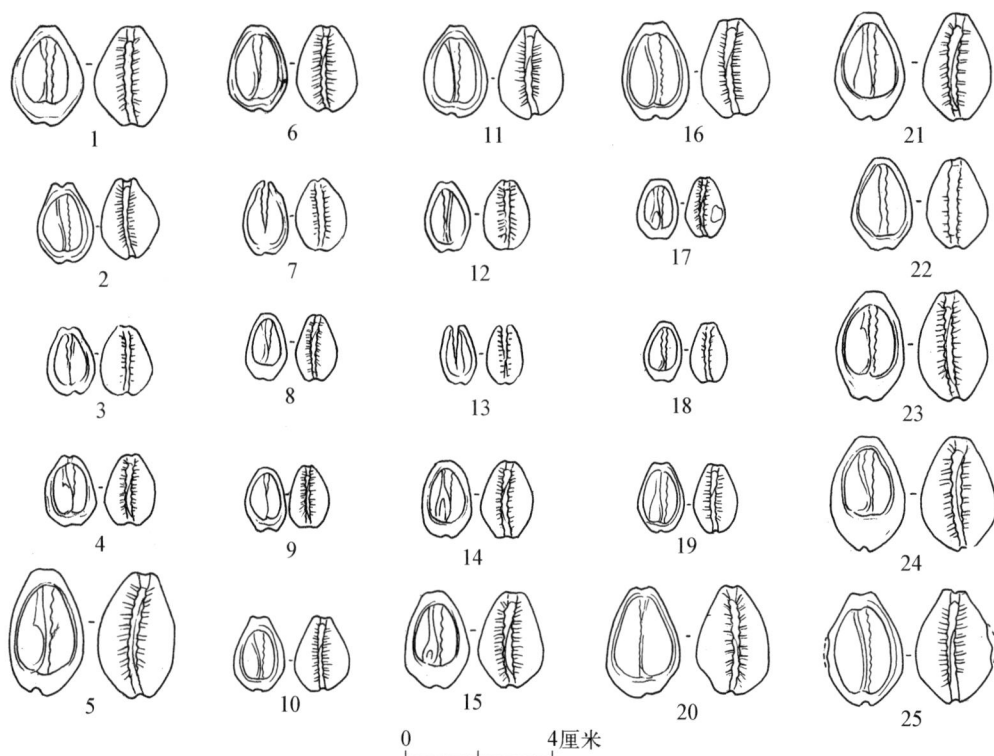

图一三三　2012FZYM30海贝

1、2、3、4.(D3：012-2、20-4、D2：017-1、D1：020-6)　5、6、7、8.(D1：020-1、D3：012-3、D2：017-5、D3：012-5)
9、10、11、12.(D1：020-8、20-5、20-3、D2：05-1)　13、14、15、16.(D2：05-2、D3：012-4、D1：020-5、20-2)
17、18、19、20.(D1：020-7、D3：012-6、20-6、D2：017-2)　21、22、23、24、25.(D3：012-1、D3：065、D1：020-2、D1：020-3、20-1)

本M30D3：012-4，长2.0、宽1.4、高0.5、孔径1.0—1.5厘米(图一三三：14)。标本M30D3：012-5，长1.8、宽1.15、高0.6、孔径0.8—1.2厘米(图一三三：8)。标本M30D3：012-6，长1.6、宽1.0、高0.4、孔径0.7—1.1厘米(图一三三：18)。标本M30D2：017-1，腹部残留铜绿痕。长1.8、宽1.3、高0.5、孔径0.9—1.8厘米(图一三三：3)。标本M30D2：017-2，长2.9、宽2.0、高0.8、孔径1.6—2厘米(图一三三：20)。标本M30D2：017-3，长2.6、宽1.6、高0.7、孔径1.8厘米(图一三二：8)。标本M30D2：017-4，长2.4、宽1.4、高0.6、孔径1.6厘米(图一三二：2)。标本M30D2：017-5，长1.9、宽1.3、高0.5、孔径1.5厘米(图一三三：7)。标本M30D1：020-1，长3.4、宽2.0、高0.8、孔径1.6—2.4厘米(图一三三：5)。标本M30D1：020-2，长3.1、宽2、高0.7、孔径1.3—1.8厘米(图一三三：23)。标本M30D1：020-3，长2.9、宽1.8、高0.7、孔径1.3—1.9厘米(图一三三：24)。标本M30D1：020-4，长2.3、宽1.7、高0.5、孔径1.0—1.6厘米(图一三二：5)。标本M30D1：020-5，长2.6、宽1.8、高0.6、孔径1.2—1.6厘米(图一三三：15)。标本M30D1：020-6，长1.9、宽1.4、高0.4、孔径0.9—1.3厘米(图一三三：4)。标本M30D1：020-7，长1.6、宽1.1、高0.5、孔径0.8—1.1厘米(图一三三：17)。标本M30D1：020-8，长1.7、宽1.1、高0.5、孔径0.9—1.2厘米(图一三三：9)。标本M30D3：065，腹部残留铜绿痕。长2.5、宽1.6、高0.6、孔径1.3—1.9厘米(图一三三：22)。

　　骨扣　共2件。两端皆为平顶伞状/等腰梯形，截面为近圆形。中间以呈短圆柱状的凹槽相接。槽部凸凹不平。通体磨光。标本M30:24-1,绿色、黄色相间分布,并不均匀,晶莹透亮。长4.5、最大径1.0、端径0.7厘米,槽深0.2、宽0.9厘米(图一三一:11)。标本M30:24-2,褐色。长3.1、最大径1.2、端径0.8厘米,槽深0.3、宽0.6厘米。

骨牌饰　共2件,均残。原应为一组骨牌串饰,但出土时已被严重盗扰。正面为骨密质并磨光,微弧。背面为骨松质。标本M30D3:037-1,黄白色,窄长条形。两端各有两圆形锥状穿孔,且孔系背面独穿式。残长3.2、宽2.0、厚0.6厘米,孔间距0.25、孔径0.4厘米(图一三一:13)。标本M30D3:037-2,灰白色泛绿,宽条形。一端残缺不见,一端可见两圆形穿孔。残长3.5、宽1.4、厚0.6厘米,孔间距0.2、孔径0.2—0.3厘米(图一三一:9)。

骨泡　1件。标本M30D3:036,残。淡黄色。半球状。正面为球面,背面为平面。中部皆有一圆形穿孔。中孔为平面独穿式。直径1.8、高0.8、孔径0.6厘米(图一三二:7)。

龟甲　共3件。均为龟背甲,残损严重。骨黄色。标本M30:16,残长2.0、宽1.3厘米(图一三一:8)。标本M30:17,少量碎片残留朱砂痕迹。标本M30:17-1,残长2.8、宽2.2、厚0.2厘米(图一三一:1)。标本M30:17-2,长1.8、宽1.7、厚0.4厘米(图一三一:5)。标本M30:010,条状,两侧有细齿,部分残片上残留朱砂痕迹。残长2.7、宽1.6、厚0.2厘米(图一三一:3)。

(8)分期年代

该墓出土联裆鬲折沿近平,据此判断该墓年代为西周中期偏晚阶段。

14. 2012FZYM31(图一三四)

(1)墓位与盗扰情况

位于姚家墓地北区。北距M32约2.2米,西距M30约3.7米,南距M29约8.1米,东北距M33约2.8米。

该墓共有2个盗洞。D1位于西南角,口部呈椭圆形,最大径0.9米,直下延伸至椁室,破坏棺椁西南角,出有少量陶器残片。D2位于北边中部,口部近圆形,最大径0.8米,贴壁直下直至椁室,在3.6米处向下打破墓壁1.5米,破坏棺椁北端。盗洞内土质较疏松,土色呈灰褐色。

(2)墓向与形制

南北向,墓向0°。

长方形竖穴土坑墓,口大底小。墓角及墓底四角均圆弧。墓壁未见工具加工痕迹。墓底北宽南窄,平底。墓口长3.9、宽2.4、墓底长3.3—3.4、南宽1.8、北宽1.9米,自深5.4米。

(3)填土

上层土质较硬,厚约1米,土色呈黄褐色,夹杂有大量的红土颗粒。下部土质松散,土色呈黄褐色,夹杂有红褐色土及灰色颗粒。未发现夯打痕迹,内含有少量礓石。

(4)葬具

一椁一棺。棺椁均为南北向放置。

椁长240、宽130、高60厘米。残留5块椁盖板,均东西向放置于二层台上,由南向北残长、宽依次为4×10、6×20、8×26、8×20、8×20厘米。椁侧板、端板破坏严重,不辨形制。椁

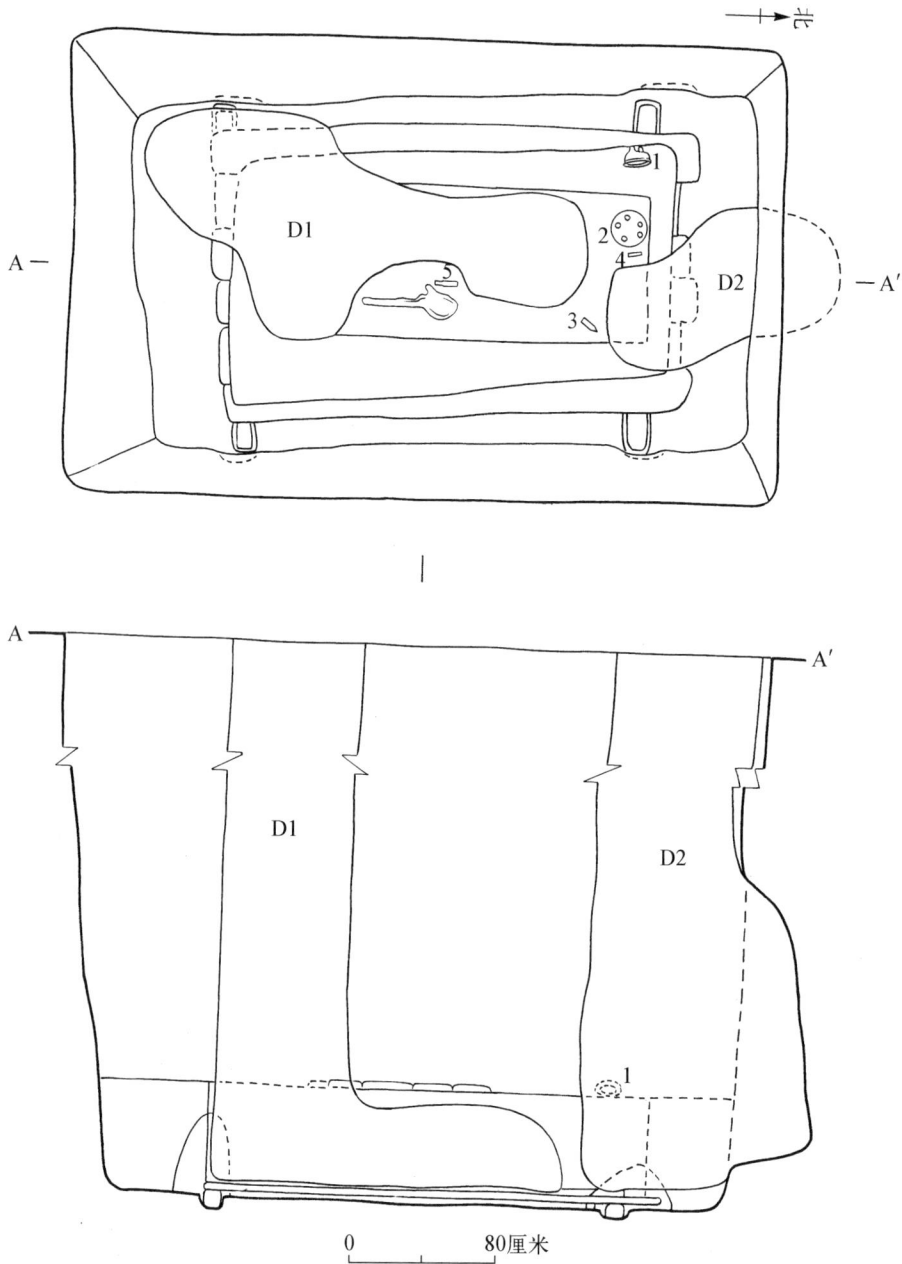

图一三四　2012FZYM31平剖图

1.联裆鬲　2.漆器　3.石圭　4.玉戈

底板共6块，均为南北向放置，由东向西长、宽依次为：268×24—26、246×30、250×20—28、248×24—26、244×26—30、252×20—22厘米。棺两端被破坏，残长84—172、宽80厘米，高度不详。

椁下有两道东西向垫木槽，南北向基本平行。墓底南北两端各有一垫木槽，打破墓底并延伸至墓壁。南端垫木槽长182、宽8、深6厘米，北端垫木槽长192、宽10、深4厘米，墓壁中均见垫木槽，南端垫木延伸入西壁2、延伸入东壁4厘米；北端垫木延伸入西壁6、延伸入东壁6厘米。内各放置一根方形垫木,北垫木长190、直径10,南垫木长192、直径8—10厘米,两垫木间距220厘米。

棺椁之间铺有一层朱砂。

（5）墓主

由于盗洞的破坏,不见墓主骨骼,性别、年龄、葬式等皆不详。

（6）随葬品及其位置

共6件（组）。包括联裆鬲2件（1、01）、漆器1件（附饰蚌泡11枚、蚌片14件）（2）、石圭1件（3）、玉戈1件（4）、柄形器及附饰1件（5）。1位于西侧第一块椁盖板上北端。2位于北端二层台上,南邻棺北侧端板。3位于棺内东北角,近棺东侧板。4位于棺内北端,紧邻棺北侧端板。5位于棺内中部。01出于D1。

（7）随葬品介绍

玉戈　1件。标本M31:4,翠绿色。锋部残断,但仍可见其斜直前收趋势。长条形内,窄于戈身。内、援两面区分不明显,两侧区分明显。内、援部两面均有中脊。双面刃,磨痕明显。援部中脊上近内处有一圆形穿孔。残长9.3、厚0.4厘米,援残长7.3、宽2.1厘米,内长2.0、宽1.8厘米,穿孔直径0.1—0.3厘米（图一三六:20）。

柄形器　1件,复合体,包括玉柄1个、玉附饰6个、绿松石片2个（图一三五；彩版一四:1）。玉柄1个,标本M31:5-1,墨绿色中夹杂黄白色,略斑驳。长条状,柄首及颈部薄,柄身厚。柄首呈箍状平顶,束颈,颈部两面以上下两道旋纹区分。柄身平直,呈三角形尖底,一边略残,底端有一圆形穿孔,孔为单面钻。残长10.3、宽2.1—2.5、厚0.3—0.6、孔径0.4—0.5、颈长2.8厘米（图一三六:21）。玉附饰6个,其中带犬齿状扉棱长玉条2个,一端尖一端平,一侧有两个犬齿状扉棱、一个犬齿状缺口和一个半齿状缺口,另一侧平直。标本M31:5-2,长4.1、宽0.8、厚0.3厘米（图一三六:6）。带浅槽状玉条4个,两对,长短不一,复原于第一层中轴列两侧的两列上下两排,长一对,短一对。均呈乳白色,一端有较宽凸棱,一端有较细凸棱,中部靠近较宽凸棱一侧有两条并列宽棱,两条宽棱间有一道浅槽,面凹凸不平。标本M31:5-3,略长,同形制有2个,两端均平直。长2.1、宽0.4、厚0.3厘米（图一三六:5）。标本M31:5-4,略短,同形制2个,细棱一端薄而上翘,宽棱一端厚且平直。长1.6、宽0.7—0.8、厚0.2厘米（图一三六:16）。绿松石片2个,标本M31:5-5,"L"形薄片,长0.6—0.9、宽0.7厘米。

石圭　1件。标本M31:3,乳白色,有黑色斑点。扁平片状,一面较平,另一面起中脊,刃缘及侧边较薄。底端平直微出榫,部分残损。

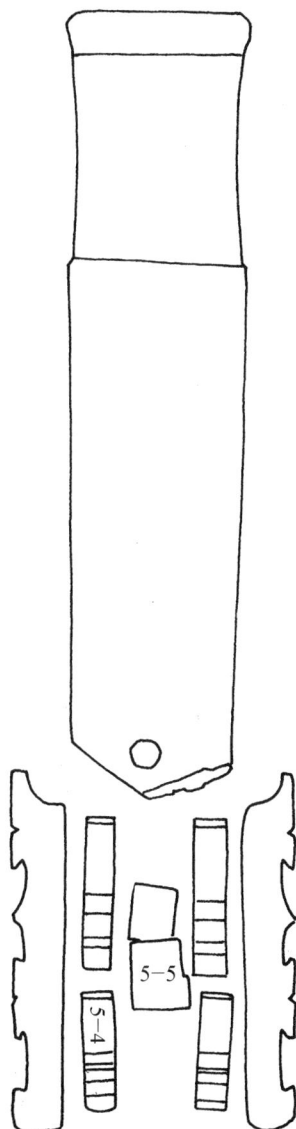

图一三五　2012FZYM31柄形器结构复原图

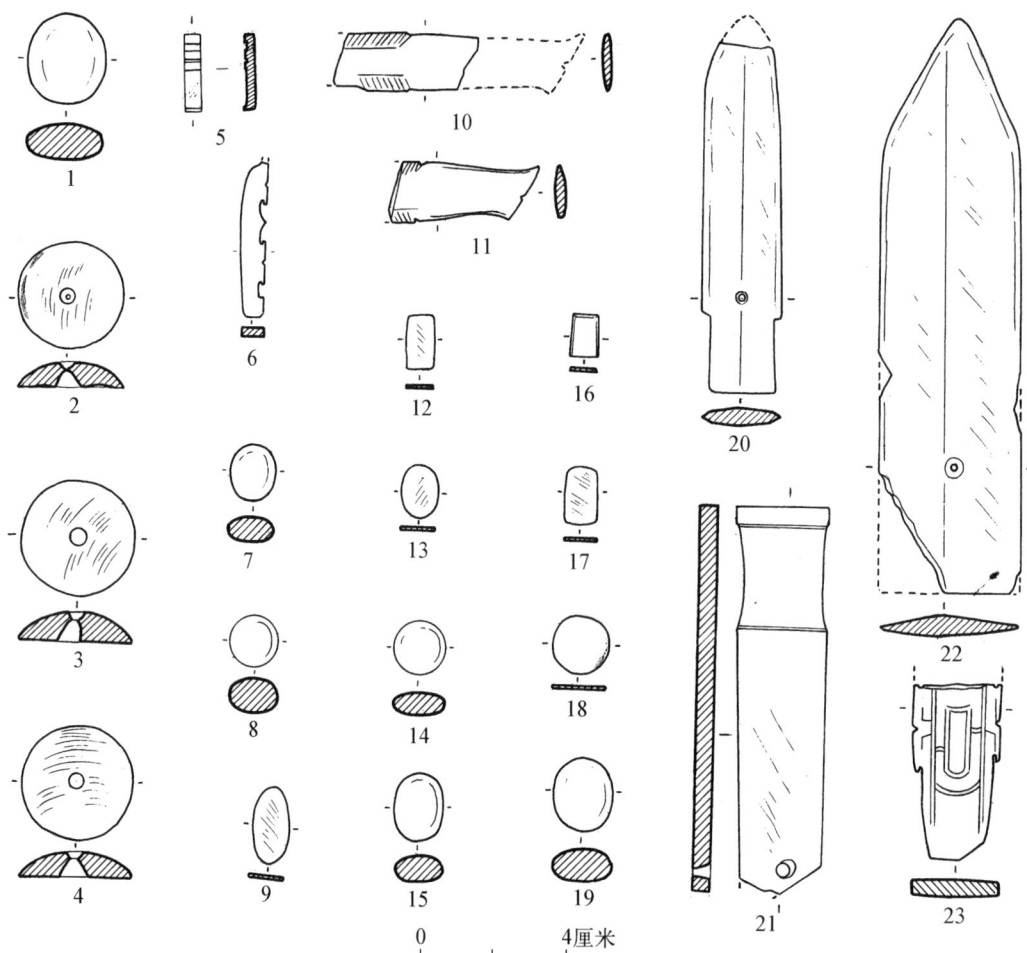

图一三六　2012FZYM31、M34 玉、石、蚌器

1、7、8、14. 小白石（M34D1：010-1、M34D1：010-4、M34D1：010-6、M34D1：010-5）　15、19. 小白石（M34D1：010-3、M34D1：010-2）

2、3、4. 蚌泡（M31：2-3、M31：2-1、M31：2-2）　5、6、16. 柄形器玉附饰（M31：5-3、M31：5-2、M31：5-4）

9、12、13、17、18. 蚌片（M31：2-5、M31：2-7、M31：2-6、M31：2-8、M31：2-4）　10、11. 玉鱼（M34D1：09、M34D2：011）

20. 玉戈（M31：4）　21. 柄形器玉柄（M31：5-1）　22. 石圭（M31：3）　23. 柄形器（M34D1：06）

近底端有一圆形穿孔，孔为单面钻。器表残留漆痕。长15.2、宽3.8、最厚处0.5、孔径0.2—0.5厘米（图一三六：22）。

联裆鬲　共2件。均为夹砂深灰陶，沿面近唇处有一周旋纹，沿下角较大。圆唇，束颈，弧腹。标本M31：1，折沿微斜，沿面较宽，平裆，柱状实心足，足部较高。腹上部近颈处磨光。腹部饰竖行细绳纹，纹理较清晰，印痕较浅，腹部四周附加6个泥饼，皆均匀分布。裆部和底部被抹，但隐约可见细绳纹。足根明显有削痕。通高8.4、口径14.9、器身最大径12.8、厚0.8厘米（图一三七：1；彩版一六：6）。标本M31D1：01，微卷沿，人字形裆。柱状实心足。足上腹部各附堆1条扉棱。扉棱呈鸡冠状，有4个凹口。腹上部近颈处磨光。腹部饰竖向细绳纹，印痕较浅。裆部饰交错绳纹。底部被抹，但隐约可见细绳纹。足根明显有削痕。通高15.8、口径23.9、器身最大径23.9、厚0.7厘米（图一三七：2）。

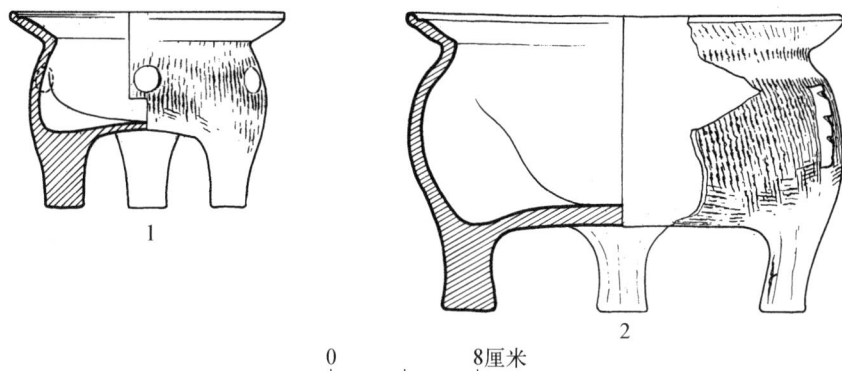

图一三七 2012FZYM31陶器

1、2.联裆鬲(M31:1、M31D1:01)

漆器 1件。标本M31:2,出土时,漆木已腐朽,仅见漆痕和附属蚌泡11枚、蚌片14件。

蚌泡形制相同,均为圆形。正面隆起,呈扁半球状,背面平直。中部皆有一圆形双面钻穿孔。穿孔和器身的边缘均涂有一周红漆。标本M31:2-1,直径3.0、高0.8厘米,孔径0.1—0.6厘米(图一三六:3)。M31:2-2,直径3.0、高0.7厘米,孔径0.2—0.7厘米(图一三六:4)。M31:2-3,直径2.8、高0.7厘米,孔径0.1—0.7厘米(图一三六:2)。

蚌片乳白色,扁平状。圆形4件。标本M31:2-4,直径1.5、厚0.1厘米(图一三六:18)。椭圆形5件。标本M31:2-5,直径1.1—2.0、厚0.1厘米(图一三六:9)。M31:2-6,直径1.0—1.4、厚0.1厘米(图一三六:13)。长条形5件。标本M31:2-7,直径0.8—1.4、厚0.1厘米(图一三六:12)。M31:2-8,直径0.9—1.5、厚0.1厘米(图一三六:17)。

出土状况:漆器位于北端二层台上,南邻棺北侧端板。从黑木残存痕迹看,分内外两圈呈圆形分布,内圈中部残留有红色漆皮。其中有3枚蚌泡垂直等距分布于台面北侧,蚌泡底面沾有黑木痕迹,4枚蚌泡正面朝上分布于外圈西侧。另有1枚蚌泡正面朝上位于内圈中心,其周围分布有5片蚌片。

根据以往发掘资料,我们推测此件漆器可能是件带盖的漆豆。依据蚌泡底面沾有黑木的迹象以及它们之间的距离,推测可能为10枚蚌泡外嵌于豆盘一周。依据出土时位于内圈中同一平面上的蚌片数量,推测豆盖顶部中心嵌蚌泡1枚,周围饰5片蚌片,其余9片蚌片可能是豆柄上的装饰。

(8)分期年代

本墓所出仿铜陶鬲,沿面内外有一道凹槽,但其沿下角较大,据此判断该墓年代为中晚期之际。

15. 2012FZYM34(图一三八)

(1)墓位与盗扰情况

位于姚家墓地北区。西北距M35约1.3米,东北距M50约2.4米。

米

1

6

2

5

D2

D1

A —   — A′

3

4

|

A   A′

2

1

6

5

D2   D1

0   80厘米

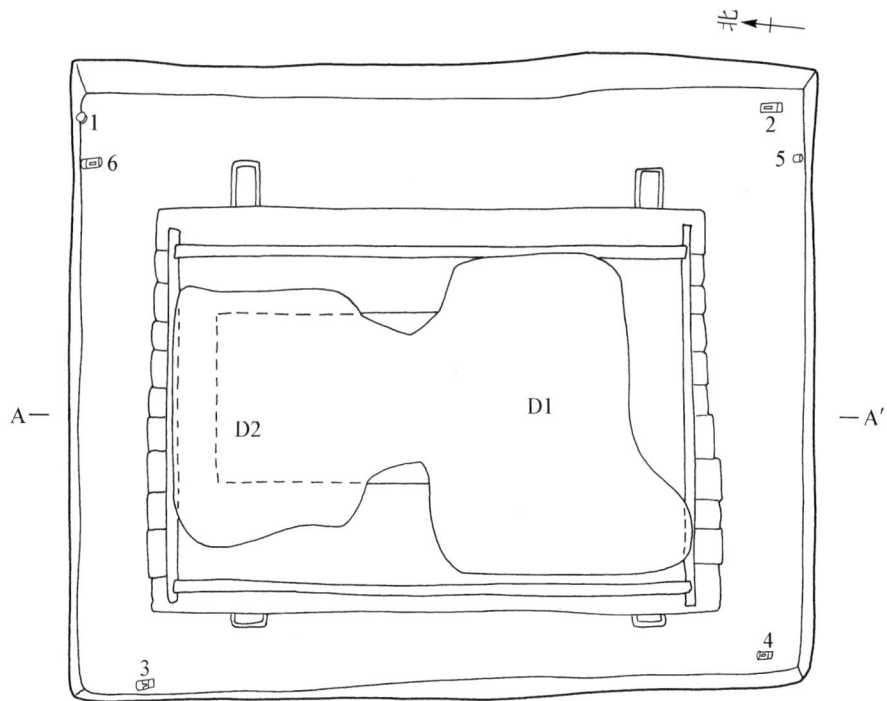

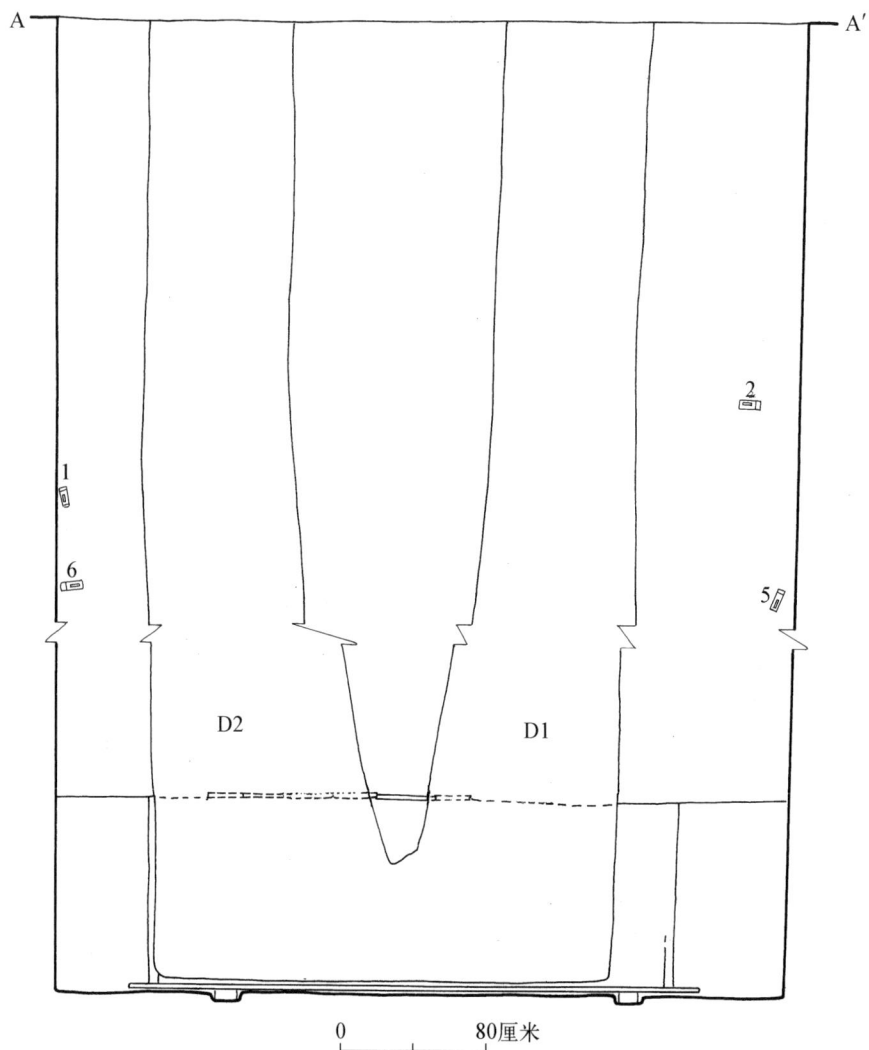

图一三八 2012FZYM34平剖图

1、2、3、4、5、6.铜车軎

该墓共有2个盗洞。D1位于墓葬南部，口部呈椭圆形，最大径1.1米，直下延伸至椁内，将棺南端扰乱。D2位于盗洞北部，口部呈圆形，最大径0.9米，直下延伸至椁室内，扰乱棺椁北部。在D1的底部发现有5个矿泉水瓶，少量瓷片、陶片及小铜器。

（2）墓向与形制

南北向，墓向355°。

长方形竖穴土坑墓，口大底小。墓口及墓底四角均略弧。墓壁经修整较光滑，并未发现工具痕迹。平底。墓口长4.1、宽3.3米，墓底长3.9、宽3.2米，自深7.5米。

（3）填土

上部填土土质较疏松，土色呈黄褐色，夹杂大量的红色土点颗粒，下部土质较硬，有明显的夯打痕迹，夯窝不明显。

（4）葬具

一椁一棺。棺椁均为南北向放置。

椁长298、宽约226、高104厘米。椁盖板破坏严重，不辨形制。侧板两端嵌于端板内。椁底板共10块，均为南北向放置，由西向东长、宽依次为286×26、286×20、286×20、286×18、286×16、286×20、286×15、286×20、286×18、286×20厘米。

棺全部被盗洞所扰乱，仅能模糊看见北端的范围。棺残长84、宽88厘米。

椁下有两道东西向垫木槽，基本平行。均长274、宽18、进深4厘米。内各放置一根方形垫木，北垫木长270、直径20厘米，南垫木长271、直径20厘米，两垫木间距约200厘米。

（5）墓主人

破坏严重，仅发现部分人骨。经鉴定，墓主人为年龄在40—44岁的男性。

（6）随葬品及其位置

共17件（组）。其中圆箍状大铜环1件（01）、陶不明器1件（02）、原始瓷豆1件（03）、铜不明器1件（04）、铜鱼5件（05）、柄形器1件（06）、圆形铜泡1件（07）、不明铜容器1件（08）、玉鱼1件（09）、小白石8件（010），出于D1。玉鱼1件（011），出于D2。

填土中共出土铜车軎6件，东北角向下2.5米处出土铜车軎1件（1）、向下3.6米处铜车軎1件（6）、东南角向下2.6米处铜车軎1件（2）、向下3.7米处铜车軎1件（5），西北角向下2.8米铜车軎1件（3），西南角向下2.6米处铜车軎1件（4）。

（7）随葬品介绍

铜车軎　6件。多保存完好，个别有不同程度的残损。标本M34：1与标本M34：2、标本M34：4与标本M34：5、标本M34：3与标本M34：6两两形制相同，大小、尺寸相近。均呈圆柱筒形，器身明显以中间一道箍状弦纹将其分为内端和外端，内端略长于外端，或两端比例相若。外端封顶，内端开口、平直。顶径小于口径。内端近口部有两个相对辖孔。孔呈长方形。标本M34：1，一穿旁边有一残缺口。平顶。素面。器表残留席痕。全长12.3、口径5.8、顶径4.4、壁厚0.3厘米，辖孔长3.5、宽1.1厘米，重360克（图一三九：1）。标本M34：2，平顶。素面。器表残留席痕，軎内残留少许木屑。全长12.1、口径5.8、顶径4.4、壁厚0.3厘米，辖孔长3.4、宽

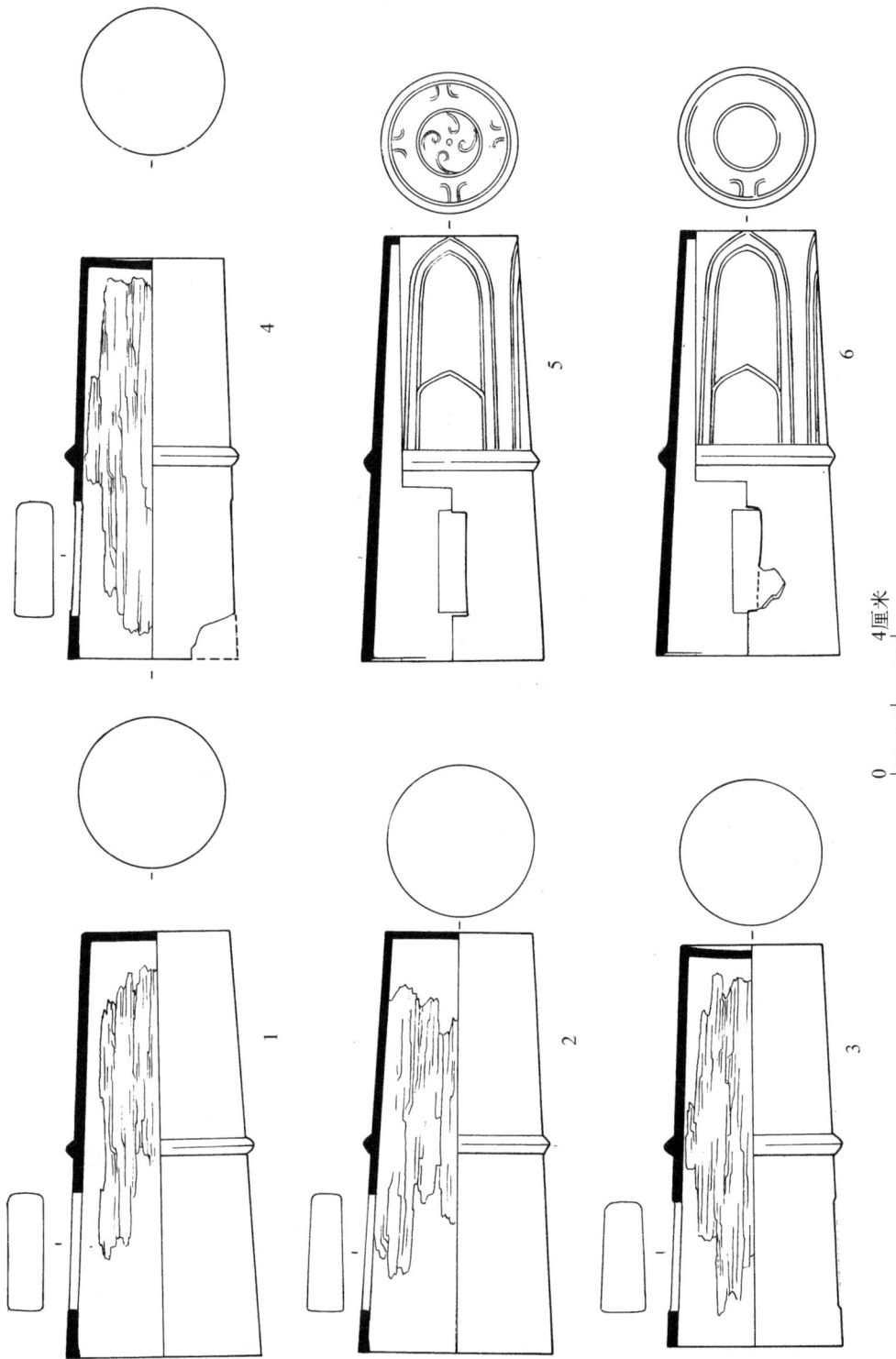

图一三九 2012FZYM34铜车軎

1、2、3、4. 铜车軎（1、2、5、4） 5、6. 铜车軎（3、6）

1.1厘米,重332克(图一三九:2)。标本M34:4,一辖孔残损。顶微内凹。素面。臿内残留少许木屑。全长11.5、口径5、顶径4.3、壁厚0.3厘米,辖孔长3.3、宽1.2厘米(图一三九:4)。标本M34:5,一辖孔残损。顶微内凹。素面。全长11.5、口径5.2、顶径4.2、壁厚0.3厘米,辖孔长3.2、宽1.3厘米,重206克(图一三九:3)。标本M34:3与标本M34:6,顶皆微内凹。顶饰两周同心细旋纹。旋纹之间饰四组对称卷云纹,两个1组,两两相对。中心为一圆窝。围绕中心点,四个卷云纹逆时针排列,组成圆涡纹。外端饰四个三角蕉叶纹,均匀分布。纹饰凸出,并有边沿。外端三角蕉叶纹上有一三角形台面,与辖孔同处一条直线上。标本M34:3,一辖孔残损。臿内残留少许木屑。全长12.2、口径5.5、顶径4.0、壁厚0.3厘米,辖孔长2.9、宽0.9厘米,重235.5克(图一三九:5)。标本M34:6,一辖孔扭曲严重,似使用所致。全长12.3、口径5.5、顶径4.0、壁厚0.3厘米,辖孔长3.0、宽0.9厘米,重261.6克(图一三九:6、图一四一:1)。

圆箍状大铜环　1件。标本M34D1:01,呈圆箍状,截面呈圆形。内径3.9、外径5.0厘米,重31克(图一四〇:7)。

铜鱼　共5件。均有不同程度的破损。形制、大小、尺寸近同。直体,扁平片状,分尾。鱼头、腹、脊背、鳍、尾形态明显,腹鳍、背鳍突出,张鳍翘尾,形象生动。头部皆有一近圆形穿孔。鱼身上有明显的织物残留痕迹。标本M34D1:05-1,斜直嘴。长5.7、最宽处1.9、厚0.2厘米,重5.8克(图一四〇:2;图版一五:6)。标本M34D1:05-2,尖圆嘴。长5.4、最宽处1.8、厚0.2厘米,重6.5克(图一四〇:3;图版一五:6)。标本M34D1:05-3,圆嘴。长5.5、最宽处2.1、厚0.2厘米,重6.9克(图一四〇:6;图版一五:6)。标本M34:D1:05-4,尖嘴。长5.4、宽1.9、厚0.2厘米,重6.2克(图一四〇:5;图版一五:6)。标本M34D1:05-5,鱼头部和尾部残缺,背鳍相连。器表残留漆痕。残长4.6、宽2.1、厚0.2厘米,重6.5克(图一四〇:4;图版一五:6)。

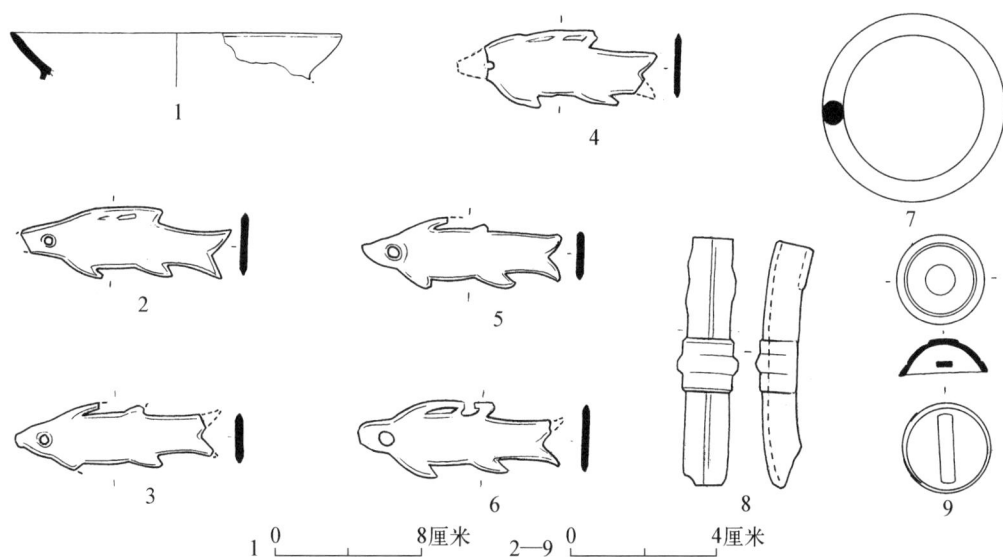

图一四〇　2012FZYM34铜器

1. 不明铜容器(D1:08)　2、3、4、5、6.铜鱼(D1:05-1、D1:05-2、D1:05-5、D1:05-4、D1:05-3)
7. 圆箍状大铜环(D1:01)　8. 铜不明器(D1:04)　9. 圆形铜泡(D1:07)

图一四一　2012FZYM27、M30、M34、M38、M39铜器拓片

1、6. 车軎外端（M34：6、M39：7）　2、5、7. 马镳（M30：9、M38：2、M27D2：06）　3. 车軎顶部（M39：7）　4. 兽面形铜泡（M38：3）

圆形铜泡　1件。标本M34D1：07，半球面状，圆鼓，背部中空。球面上饰两周同心旋纹。背面内嵌一长条形横梁。泡内残留蓝色痕迹。直径2.4、高0.9厘米，梁长1.9、宽0.4、厚0.2厘米，重5.7克（图一四〇：9）。

不明铜容器　1件。标本M34D1：08，残口沿。微卷沿，沿内侧与壁分界明显。束颈。口径18.2、残高2.4、壁厚0.1厘米，重7.8克（图一四〇：1）。

铜不明器　1件。标本M34D1：04，残。不辨器形。弧形圆管状物，中空。弧外侧有1道旋纹，中部有一段箍饰。箍饰呈束腰状，中间一凸棱上饰绚索纹。弧内侧有一长段凹口。残长6.1厘米，管口内径0.7、外径1.1厘米，箍直径1.7厘米，重24克（图一四〇：8）。

柄形器　1件。单体，仅一玉柄。标本M34D1：06，青色软玉，末端有褐斑。柄首残，扁平牌状，两面纹饰相同，均饰回环纹，可见两侧缘分布的双足、横向身躯、水平尾线，均为阴刻线条。两侧装饰也相同，皆呈犬齿状扉棱。残长4.7、宽0.9—2.4、厚0.5厘米（图一三六：23；图版一八：6）。

玉鱼　共2件，均残。整体呈长条形扁平片状，直体。标本M34D1：09，头、尾部皆残，残留鱼身。青玉,一面可见褐色沁痕,一面可见灰白色沁痕,还有织物残留痕迹。残留部分背鳍与腹鳍,鳍上饰细斜线。玉鱼中间较厚,边缘磨薄。残长4.0、宽1.5、厚0.2厘米(图一三六:10)。标本M34D2:011,头部残缺不见,仅存部分鱼身和尾部。深褐色,局部受沁处泛白。分尾斜直,一尖端上扬,一尖端后抻。残留部分背鳍与腹鳍,鳍上饰细斜线。玉鱼中间较厚,边缘磨薄且光滑。残长4.1、宽1.6、厚0.3厘米(图一三六:11)。

小白石　共8件。总体上呈灰白色。扁圆球状,多为椭圆形或圆形。通体打磨。直径在1.4—2.5厘米之间。标本M34D1:010-1,椭圆形,直径2.1—2.4、厚0.9厘米(图一三六:1)。标本M34D1:010-2,椭圆形,直径1.6—2.0、厚0.9厘米(图一三六:19)。标本M34D1:010-3,圆形,直径1.3—1.8、厚0.7厘米(图一三六:15)。标本M34D1:010-4,圆形,直径1.3—1.5、厚0.7厘米(图一三六:7)。标本M34D1:010-5,圆形,直径1.4、厚0.6厘米(图一三六:14)。标本M34D1:010-6,圆形,直径1.4、厚0.9厘米(图一三六:8)。

原始瓷豆　1件。标本M34D1:03,残,仅存豆盘,灰白色胎,青色釉,釉色分布不均。敛口,方唇,沿面外侧饰三周宽旋纹,圜底。口径13.6、残高3.9、壁最大径15.8、厚0.7厘米(图一四九:1)。

陶不明器　1件。标本M34D1:02,疑似瓮罐类,泥质黑皮陶。圆折肩。肩、腹部均饰旋断绳纹。肩最大径14.8、残高7.1、厚0.6厘米(图一四九:7)。

(8)分期年代

该墓未出能明确断代的陶器,仅从残陶片所饰纹饰判断,墓葬年代应为西周中期阶段。

16. 2012FZYM35(图一四二)

(1)墓位与盗扰情况

位于姚家墓地北区。西北距M25约2.8米,西南距M34约1.3米,东距M36约3.4米,东北距M37约4.7米。上部被冲沟打破。

西北角有1盗洞,口部呈椭圆形,最大径0.8米,直下延伸至椁室且将其全部扰乱。人骨散乱于盗洞底部。

(2)墓向与形制

南北向,墓向0°。

长方形竖穴土坑墓,口底同大。墓口北窄南宽,墓壁未见任何工具加工痕迹。自现开口向下约0.8米四周均发现有生土二层台,东二层台长2.5、宽0.6—0.7、高约0.6米,西二层台长2.5、宽0.3—0.4米、高约70厘米,南二层台长2.3米、宽0.3—0.4米、高约50厘米,北二层台长2.2米、宽0.5米、高约50厘米。平底。墓口长3.4、北宽2.2、南宽2.3米,墓底长3.4、北宽2.2、南宽2.3米,由于上部被冲沟破坏,现深2.1米。

(3)填土

红褐色五花土,土质较疏松,未发现夯打痕迹,无包含物。

(4)葬具

一棺一椁。

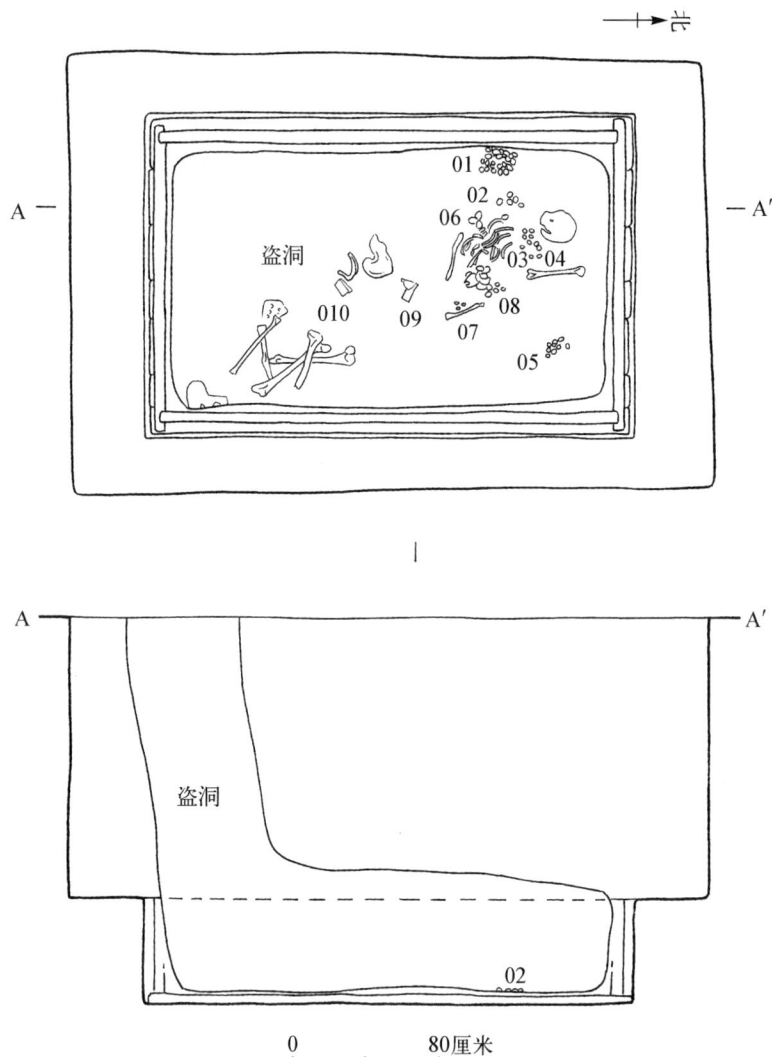

图一四二　2012FZYM35平剖图

01、04、02、05.毛蚶　06、08.文蛤　07、09.海贝　10.联裆鬲

椁长254、宽130、高55厘米。由于盗扰严重,椁盖板、椁底板、尺寸等均不详。仅知椁侧板两端嵌于端板内。棺长212、宽80厘米,高度不详。

（5）墓主

盗扰严重,人骨散乱于盗洞底部,葬式不明。经鉴定,墓主为年龄在18—19岁的女性。

（6）随葬品及其位置

共10件（组）。包括毛蚶26枚（01）、毛蚶6枚（02）、蚌泡5枚（03）、毛蚶4枚（04）、毛蚶11枚（05）、文蛤3枚（06）、海贝3枚（07）、文蛤1枚（08）、海贝1枚（09）、陶联裆鬲1件（010）,均出于盗洞底部。

（7）随葬品介绍

联裆鬲　1件,标本M35D1：010,夹砂黑皮陶。卷沿,沿面近唇处有一周凹槽,沿下角较小。

方圆唇,束颈,弧腹,高弧裆,圆锥状实心足。腹部近颈处磨光,腹部饰竖向细绳纹,纹理较清晰,印痕较浅。裆部和底部饰交错绳纹。足根明显有削痕。口径14.8、通高12.0、器身最大径14.1、厚0.6厘米(图一四九:4;图版二〇:3)。

文蛤　共4枚(图版一九:1)。扇形,表面光滑,自然纹理。壳顶部有一穿孔。标本M35D1:06-1,长4.3、宽3.5、高1.3、孔径0.2厘米(图一四三:5)。标本M35D1:06-2,长4.9、宽4.3、高1.6、孔径0.1厘米(图一四三:22)。标本M35D1:06-3,长4.7、宽3.8、高1.2、孔径0.2厘米(图一四三:17)。标本M35D1:08,长4.5、宽3.7、高1.4、孔径0.1厘米(图一四三:10)。

毛蚶　共4组47枚。大小不一,形制相似。单扇,均在壳顶处有圆形或椭圆形穿孔,扇面有长条形皱折纹,部分体表沾有朱砂痕迹。标本M35D1:01,26件。标本M35D1:01-1,长3.1、宽2.6、高1.2、孔径0.2—0.3厘米(图一四三:16)。标本M35D1:01-2,长3.8、宽3.1、高1.4、孔径0.2厘米(图一四三:15)。标本M35D1:01-3,长3.6、宽2.9、高1.3、孔径0.3厘米(图一四三:4)。标

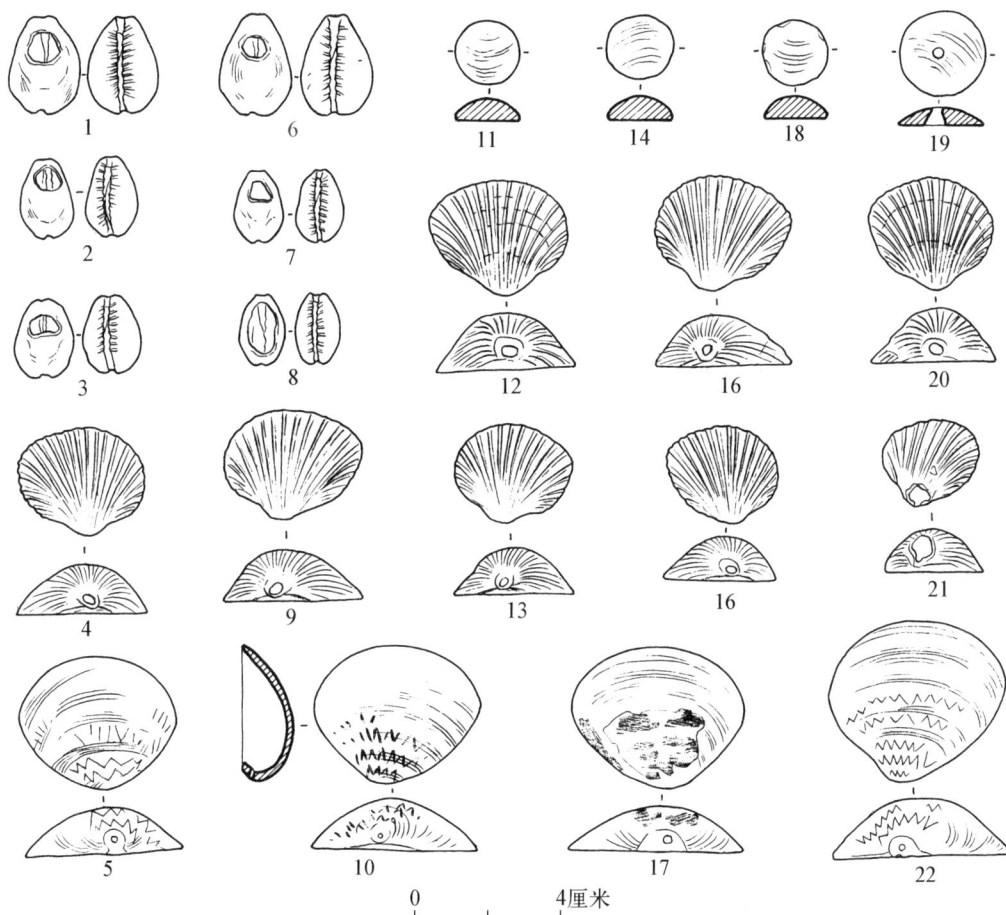

图一四三　2012FZYM35、M36随葬品

1、2、3、6.海贝(M36:1-2、M35D1:09、M35D1:07-3、M36:1-1)　4、9、12、13.毛蚶(M35D1:01-3、M35D1:02-1、M35D1:04-1、M35D1:02-2)
5、10、17、22.文蛤(M35D1:06-1、M35D1:08、M35D1:06-3、M35D1:06-2)　7、8.海贝(M35D1:07-1、M35D1:07-2)
11、14、18、19.蚌泡(M35D1:03-3、M35D1:03-4、M35D1:03-2、M35D1:03-1)
15、16、20、21.毛蚶(M35D1:01-2、M35D1:01-1、M35D1:04-2、M35D1:05-1)

本M35D1：02，6件。标本M35D1：02-1，长3.7、宽2.9、高1.4、孔径0.3厘米（图一四三：9）。标本M35D1：02-2，长3.2、宽2.6、高1.2、孔径0.2厘米（图一四三：13）。标本M35D1：04，4件。标本M35D1：04-1，长3.8、宽3.0、高1.5、孔径0.3—0.4厘米（图一四三：12）。标本M35D1：04-2，长3.5、宽3.0、高1.4、孔径0.3厘米（图一四三：20）。标本M35D1：05，11件。标本M35D1：05-1，长2.7、宽2.3、高1.1、残孔径0.6厘米（图一四三：21）。

蚌泡　共5枚。均为黄白色，圆形，扁平状。表面微鼓，平底。其中无钻孔4枚。标本M35D1：03-1，直径2.3、高0.5、孔径0.3厘米（图一四三：19）。标本M35D1：03-2，直径1.8、高0.6厘米（图一四三：18）。标本M35D1：03-3，直径1.7、高0.6厘米（图一四三：11）。标本M35D1：03-4，直径1.8、高0.6厘米（图一四三：14）。单面钻1枚。

海贝　共4枚。质地、形状相同，但大小不一。均为白色，面有唇，唇内侧各有一排细齿，背面有一穿孔。标本M35D1：07-1，穿孔位于尖端。长1.9、宽1.3、高1、孔径0.5—0.6厘米（图一四三：7）。标本M35D1：07-2，穿孔位于尖端。长1.9、宽1.2、高1.1、孔径0.7—1.3厘米（图一四三：8）。标本M35D1：07-3，背部被磨平，大椭圆形穿孔分布于整个背部。长2.1、宽1.6、高0.6、孔径0.4—0.8厘米（图一四三：3）。标本M35D1：09，穿孔位于尖端。长2.1、宽1.4、高1.3、孔径0.7厘米（图一四三：2）。

（8）分期年代

该墓所出陶鬲平折沿，腹部饰旋断绳纹，据此判断墓葬年代为西周中期偏晚阶段。

17. 2012FZYM36（图一四四）

（1）墓位与盗扰情况

位于姚家墓地北区。西北距M37约4.3米，西距M35约3.4米，南距M34约4.5米。M36西部大部分被近代冲沟破坏，仅残留东南角部位，北部被一晚期扰坑破坏至底部以下。

（2）墓向与形制

南北向，墓向172°。

长方形竖穴土坑墓，残留部分口底同大，墓口及墓底略弧，近直角。残留墓壁较规整，有修整痕迹，无工具痕迹。平底。墓口与墓底均残长0.7—1.7、宽1.2米，自深2.4米。

（3）填土

土质疏松，土色呈黄褐色，未见夯打痕迹，内含少量礓石。

（4）葬具

单棺，棺残长48、宽76厘米。

图一四四　2012FZYM36平面图

1.海贝

在头骨残片下现残留一片朱砂痕迹,范围大约为30×46厘米,推测可能棺内底部全部铺有一层朱砂。

（5）墓主人

人骨保存较差,仅在棺内南端残留头骨残片,其他部分均被扰乱或腐朽不见,头向为南,其他不明。

（6）随葬品及其位置

共3枚,均为海贝（1）,位于棺内头骨西侧。

（7）随葬品介绍

海贝　共3枚。2枚完好,1枚残损。均为黄白色,面有唇,唇内侧各有一排细齿。背面有一穿孔,孔位于尖端处。标本M36∶1-1,长2.5、宽1.9、高1.2、孔径0.5—0.7厘米（图一四三∶6）。标本M36∶1-2,长2.6、宽2.0、高1.3、孔径0.8—0.9厘米（图一四三∶1）。

（8）分期年代

根据墓葬形制及葬俗可知为西周时期墓葬,但墓内仅出土三枚海贝,具体期别无法判断。

18. 2012FZYM37（图一四五）

（1）墓位与盗扰情况

位于姚家墓地北区。西南距M25约4.7米,东南距M36约4.3米。

未经盗扰。

（2）墓向与形制

南北向,墓向3°。

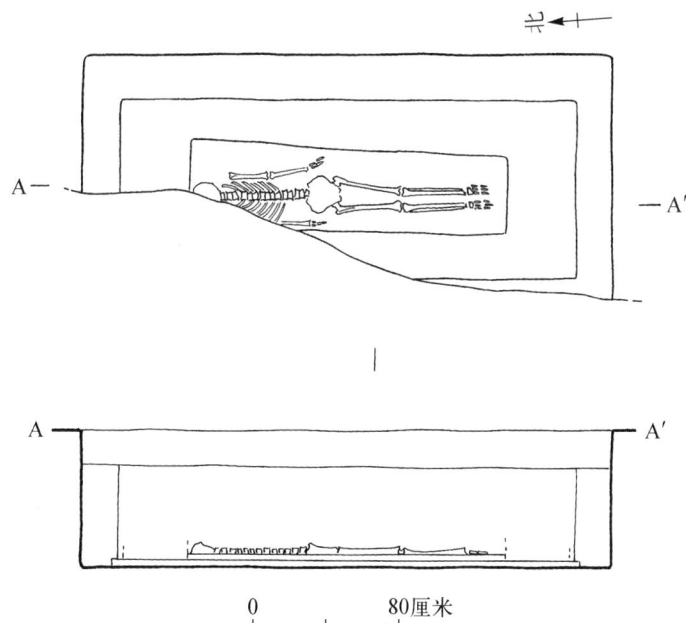

图一四五　2012FZYM37平剖图

长方形竖穴土坑墓,口底同大。上部被近代冲沟破坏,西边被近代道路打破至生土,残留墓底北窄南宽。墓口及墓底略弧,近直角。墓壁未见工具加工痕迹,平底。墓口与墓底均长2.9、残宽0.7—1.3、自深0.8米。

(3)填土

黄褐色五花土,土质较疏松,夹杂少量的红土颗粒,未见夯打痕迹。无包含物。

(4)葬具

一棺一椁。破坏严重,仅能见大致范围。

椁长250、宽96、残高4.1厘米。

棺长174、宽46—40厘米。

(5)墓主人

保存较差,头部、股骨腐朽成粉末,胫骨清晰可见,头向为北,面向不详,直肢葬,双手下垂。经鉴定,墓主人应为一成年个体,可能为女性。

(6)随葬品及其位置

无。

(7)分期年代

该墓未出土任何随葬品,期别不明。

19. 2012FZYM38(图一四六)

(1)墓位与盗扰情况

位于姚家墓地北区。西北距M41约7.9米,西距M33约6.6米,东北距M47约8.4米。

未经盗扰。

(2)墓向与形制

南北向,墓向6°。

长方形竖穴土坑墓,上部被冲沟破坏,口底同大。墓口北宽南窄。墓口及墓底四角较圆弧。墓壁未见工具加工痕迹。平底。墓口与墓底均长3.0、北宽1.9、南宽1.8、残深1.1米。

椁下有两道东西向垫木槽,南北向基本平行。北端垫木槽长180、宽20—24、深约4厘米,南端垫木槽长172、宽约18、深4厘米。

(3)填土

黄褐色五花土,土质较疏松,未见夯打痕迹,无包含物。

(4)葬具

一椁一棺。棺椁均为南北向放置。

椁长264、宽约142厘米。二层台上部已经被冲沟破坏掉,故椁盖板被破坏。椁侧板与端板形制亦不辨。椁底板共6块,均南北向放置,自西向东长、宽依次为268×12、286×24—28、286×26—30、288×16—24、290×12—14、280×16—24厘米(图版一一:2)。

棺长202、北宽74、南宽70厘米,高度不详。

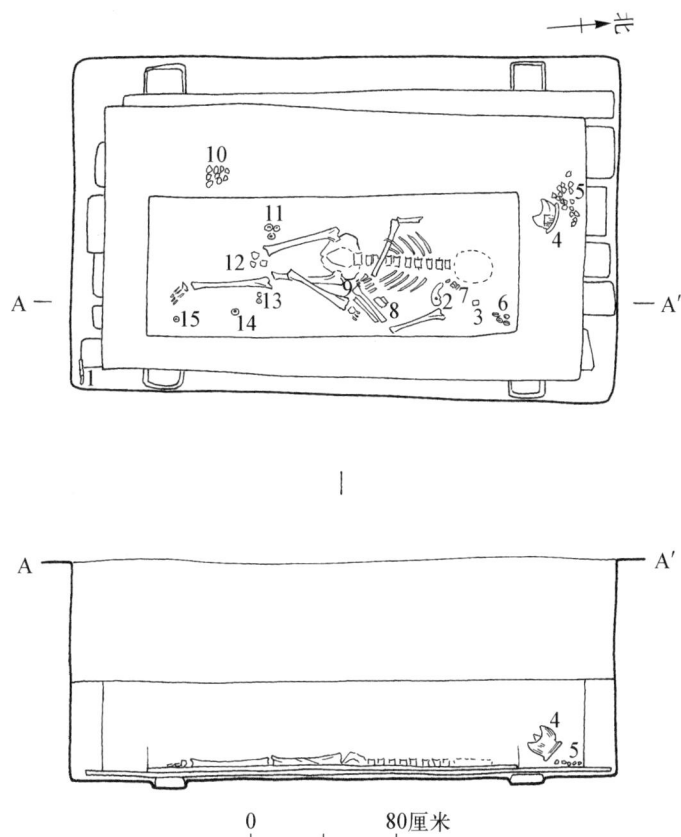

图一四六　2012FZYM38平剖图

2.马镳　3.兽面形铜泡　4.联裆鬲　5、10、12.毛蚶　6.海贝　7.口含玉片　8.柄形器　11、13、14、15.蚌泡

两垫木槽均稍微扭曲。槽内各放置一根长方形垫木,北垫木长174、直径16厘米,南垫木长168、直径18—20厘米,两垫木间距180厘米。

（5）墓主

人骨保存较好,除头部已朽成末,其他部位仍清晰可见,右胫骨位于左股骨上,可能为水浸入墓室,将右胫骨漂起并下落所致。葬式应为仰身直肢葬,头向北,面向不详。经鉴定,墓主可能为一青壮年男性。

（6）随葬品及其位置

共15件(组)。墓葬内二层台东南角出土铜戈1件(1),棺盖板出土马镳1件(2),头部东侧出土兽面形铜泡1件(3)、口含(玉片)5片(7),腹部东侧出土柄形器器柄及附饰18件(8、9)。椁内北端出土陶联裆鬲1件(4),西北角出土毛蚶22枚(5),西端偏南出土毛蚶15枚(10)。棺内东北角出土海贝7枚(6),西侧偏南出土蚌泡3枚(11),南端墓主两腿骨中部出土毛蚶6枚(12),东南墓主左胫骨东侧出土蚌泡4枚(13、14、15)。

（7）随葬品介绍

铜戈　1件。标本M38:1,锋部和援前部均残缺。根据残缺形制判断,其应为长条形援略上扬,援身瘦削,援下刃较平直。有上、下和侧阑。短胡,胡上有一长方形穿。胡不过下阑。长条形内微下斜,上角圆转。内部有一圆形穿。内上缘与援上刃平齐。援胡夹角为137°。上阑与内上缘夹角为102°,下阑与内下缘夹角为78°。残长13.1、残援长6.7、阑长9.6、内长6.5、胡上穿长1.3、宽0.2厘米,内上穿直径为0.4厘米,重163.5克(图一四七:1;图版一三:6)。

　　铜马镳　1件。标本M38:2,呈羊角状,整体较扁平且窄长。一端宽,呈圆角长方形。一端窄且卷曲。背面中空,顶部有一悬梁,背面有两桥形钮。器表中部有一圆角方形孔,孔外饰弦纹。窄端表面饰重环纹,余饰弦纹。通长10.0、宽端宽3.9、窄端宽2.4、悬梁宽3.5、长2.5厘米,孔径1.0、钮径0.8厘米,重68.3克(图一四一:5、图一四七:15)。

　　兽面形铜泡　1件。标本M38:3,浮雕牛首兽面形。双角内收,卷云状凸眼,鼻梁内凹,吻部凸出。背部中间有一长条形横梁,平行于上、下边。上边长2.9、下边长2.4、高2.6、厚0.9—1.2厘米,梁长2.8、宽0.3厘米,重29.3克(图一四一:4、图一四七:11)。

　　口含(玉残片)　共5片。残缺较甚。形制不辨。均为扁平片状不规则形,经过精细打磨。

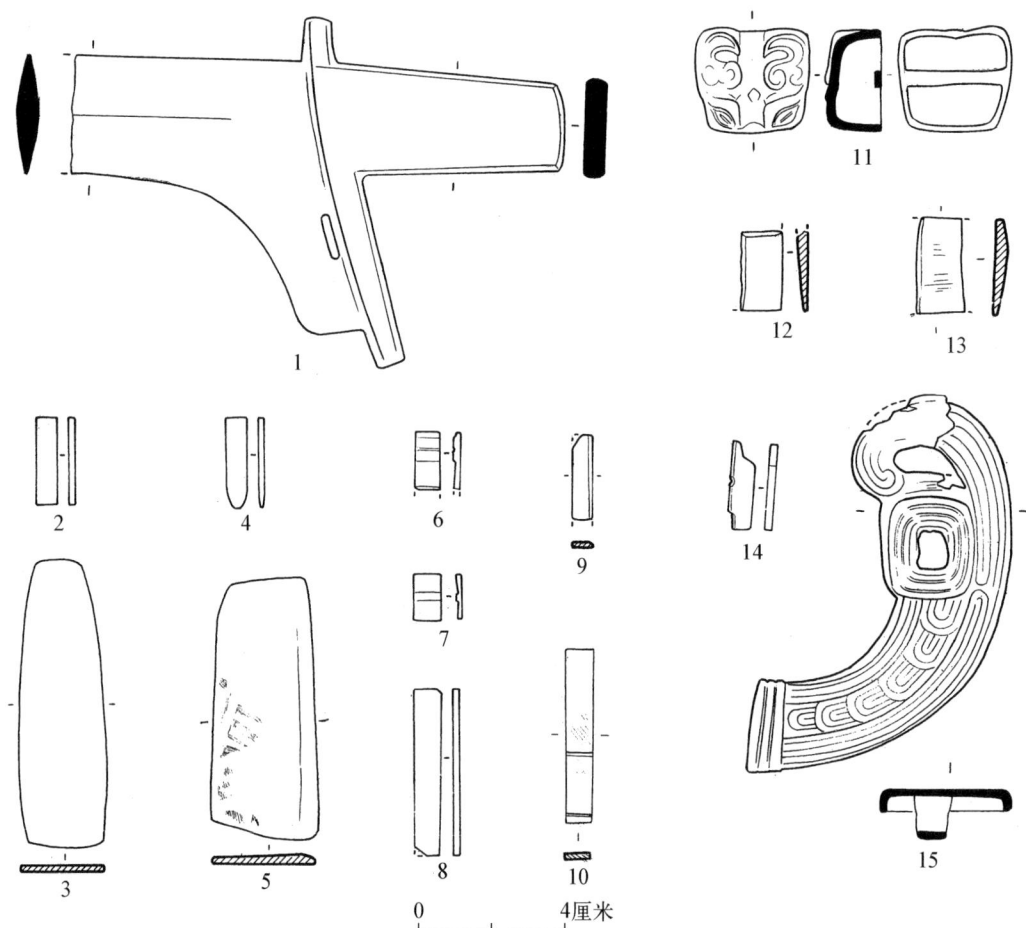

图一四七　2012FZYM38铜、玉器

1.铜戈(1)　2、4、6、7.柄形器玉附饰(9-4、9-7、9-2、9-1)　8、9、10、14.柄形器玉附饰(9-5、9-9、9-3、9-8)　3、5.柄形器玉柄(8-1、9-10)　11.兽面形铜泡(3)　12、13.口含(玉片)(7-2、7-1)　15.铜马镳(2)

其中1片有少量朱砂。标本M38：7-1，较大。黄色，中间略鼓，一边厚、一边薄。残长2.5、宽1.2、厚0.1—0.3厘米（图一四七：13）。M38：7-2，较大。墨绿色，器形平直，一边厚、一边薄。残长2.2、宽1.2、厚0.1—0.3厘米（图一四七：12）。

柄形器 2件，均为复合体。一件保存有玉柄1个和第一层玉附饰8个，另一件保存有玉柄1个和玉附饰4个（图一四八）。玉柄2个，均为长方形扁平薄片状。标本M38：9-10，白玉，大量黑色斑点，半圭形，呈不规则梯形。窄端平直未经打磨，宽端薄且略抹角有被打磨的痕迹。两面均有平直切割痕迹。长6.9、首端2.1、尾端3.1、厚0.2厘米（图一四七：5）。标本M38：8-1，青白玉，边缘有白化现象，两侧斜直微内收呈梯形，均抹角。长7.7、首端宽2.2、底端1.0、厚0.2厘米（图一四七：3）。

柄形器玉附饰 共12件。均呈灰绿色，透光性差。其中，长方形扁平玉条6个。形体较长者2个，分别在一端与中部各有一道旋纹，另一端则无。标本M38：9-3，长4.6、宽0.8、厚0.2厘米（图一四七：10）。标本M38：9-5，与M38：9-3形制相同，大小相若，一角略残。长4.6、宽0.8、

图一四八 2012FZYM38柄形器结构复原图

1. M38：9 2. M38：8

厚0.2厘米(图一四七：8)；长方形扁平短条4件，较短，形制相似，一端平直，另一端不能判断是人为抹角还是残损。标本M38：9-4,长2.3、宽0.6、厚0.2厘米(图一四七：2)。标本M38：9-7,长2.4、宽0.6、厚0.1厘米(图一四七：4)。标本M38：9-9,长2.3、宽0.6、厚0.2厘米(图一四七：9)。带方形齿状缺口短条2件，形制相同，均一端出牙、一端平直，长边一侧有一方形小缺口。标本M38：9-8,残长2.3、宽0.6、厚0.1厘米。带扉棱短条1件，标本M38：9-8,一端出牙、一端平直，长边一侧有一犬牙状扉棱，长2.3、宽0.7、厚0.2厘米(图一四七：14)。带浅槽玉片2件，较宽扁。标本M38：9-1,中部饰一道宽棱，面凹凸不平，长1.3、宽0.7、厚0.2、齿宽0.1厘米(图一四七：7)。标本M38：9-2,中部饰两道宽棱，两棱中间有一道浅槽，面凹凸不平，残长1.5、宽0.7、厚0.1、棱宽均为0.3厘米(图一四七：6)。另有残片1件，长0.9、宽0.4厘米。

联裆鬲　1件。标本M38：4,夹砂灰陶。折沿，圆唇，沿面内凹，内缘折痕明显，沿下角较小，弧腹，矮裆，略柱状足。沿外缘饰一道旋纹，沿内缘饰两道旋纹，沿外侧素面，腹部饰旋断绳纹。裆部绳纹条理清晰，足部素面。口径13.9、通高10.2、厚0.6厘米(图五六：4、图一四九：3)。

蚌泡　共7枚。均白色，圆形，扁平状。表面微鼓，平底。中间有穿孔。标本M38：11-1,直径2.2、厚1.0、孔径0.5厘米(图一五〇：3)。标本M38：11-2,直径1.9、厚0.6、孔径0.4厘米(图一五〇：1)。标本M38：13,直径2.2、厚0.6、孔径1.0厘米(图一五〇：4)。标本M38：14,直径2.3、厚1.1、孔径0.5厘米(图一五〇：5)。标本M38：15,直径2.1、厚0.9、孔径0.5厘米(图一五〇：2)。

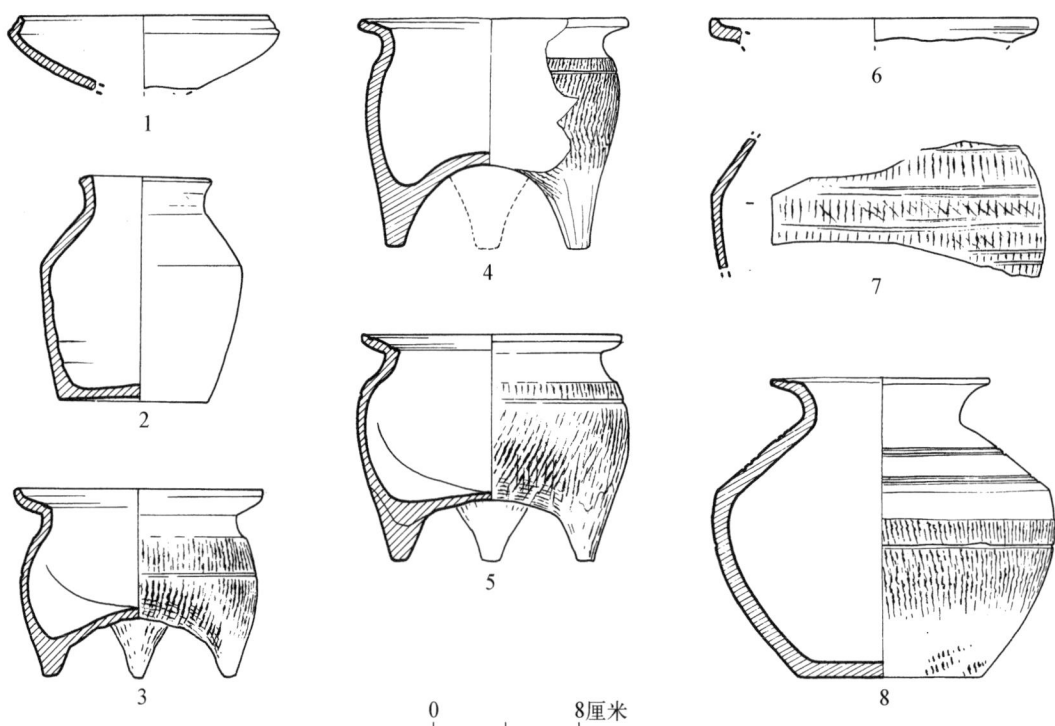

图一四九　2012FZYM34、M35、M38、M39、M40陶、原始瓷器

1. 瓷豆(M34D1：03)　2. 陶素面罐(M40D1：01)　3、4、5、6. 陶联裆鬲(M38：4、M35D1：010、M39D1：01、M40D1：02)
7. 陶不明器(M34D1：02)　8. 陶绳纹罐(M39D1：02)

毛蚶　共43枚。均残，大小不一，形制相似。单扇，均在壳顶处有穿孔，扇面有长条形皱折纹。标本M38：5，22件。标本M38：5-1，大体。长3.8、宽4.2、高2.0、孔径0.3厘米（图一五〇：24）。标本M38：5-2，大体。长3.2、宽3.8、高1.5、孔径0.9厘米（图一五〇：19）。标本M38：5-3，大体。长3.1、宽3.9、高1.6、孔径0.9厘米（图一五〇：13）。标本M38：5-4，小体。长2.9、宽3.5、高1.3、孔径0.3厘米（图一五〇：18）。标本M38：5-5，小体。长2.7、宽3.1、高1.4、孔径0.2厘米（图一五〇：16）。标本M38：5-6，小体。长2.5、宽2.9、高1.3、孔径0.5厘米（图一五〇：17）。标本M38：5-7，小体。长2.4、宽2.7、高1.2、孔径0.1厘米（图一五〇：11）。标本M38：10，13件。标本M38：10-1，大体。长3.1、宽4.0、高1.4、孔径0.3厘米（图一五〇：20）。标本M38：10-2，大体。长3.1、宽3.8、高1.5、孔径0.5厘米（图一五〇：14）。标本M38：10-3，小体。长2.5、宽2.8、高1.6、孔径0.6厘米（图一五〇：21）。标本M38：12，6件。标本M38：12-1，大体。长3.6、宽4.0、高

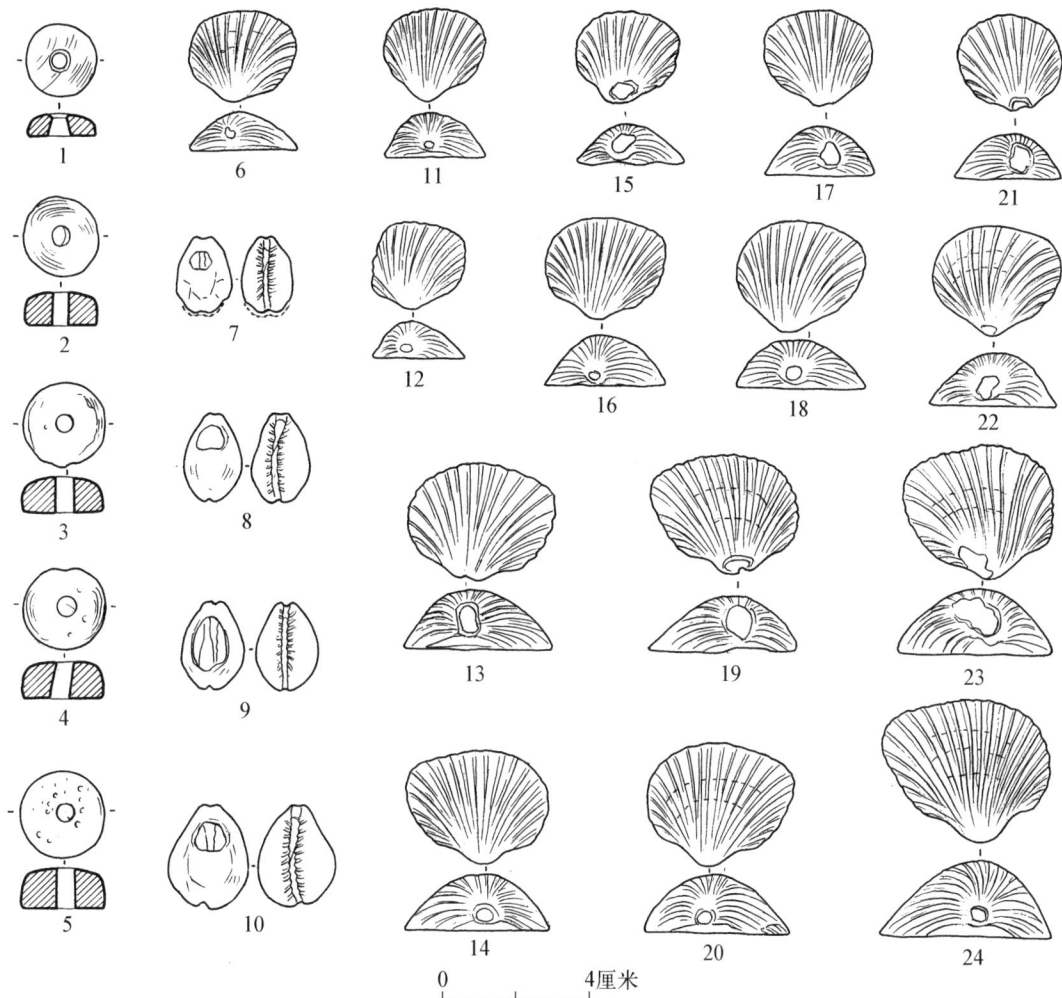

图一五〇　2012FZYM38蚌泡、毛蚶及海贝

1、2、3、4、5. 蚌泡（11-2、15、11-1、13、14）　6、11、12、13. 毛蚶（12-4、5-7、16、5-3）　7、8、9、10. 海贝（6-1、6-4、6-3、6-2）
14、15、16、17. 毛蚶（10-2、12-3、5-5、5-6）　18、19、20、21. 毛蚶（5-4、5-2、10-1、10-3）　22、23、24. 毛蚶（12-2、12-1、5-1）

1.8、孔径1.2厘米（图一五〇：23）。标本M38：12-2，小体。长2.9、宽3.4、高1.4、孔径0.5厘米（图一五〇：22）。标本M38：12-3，小体。长2.4、宽2.7、高1.0、孔径0.6厘米（图一五〇：15）。标本M38：12-4，小体。长3.0、宽2.5、高1.0、孔径0.3厘米（图一五〇：6）。标本M38：16，1件，小体。长2.3、宽2.4、高1.0、孔径0.2厘米（图一五〇：12）。

海贝　共7枚。均为白色，面有唇，唇内侧各有一排细齿，背面有一穿孔。标本M38：6-1，长2.1、宽1.3、高1.1、孔径0.7厘米（图一五〇：7）。标本M38：6-2，长2.3、宽1.5、高1.0、孔径0.8厘米（图一五〇：10）。标本M38：6-3，长2.3、宽1.7、高0.9、孔径1.4厘米（图一五〇：9）。标本M38：6-4，长2.8、宽2.1、高1.4、孔径0.8厘米（图一五〇：8）。

（8）分期年代

所出联裆鬲口沿沿面上有两道凹槽，判断该墓年代为西周晚期偏早阶段。

20. 2012FZYM39（图一五一）

（1）墓位与盗扰情况

位于姚家墓地北区。东南距M41约5.7米，东南距M47约44.1米，东北距M40约11.2米。

西南角有一盗洞D1，口部呈椭圆形，最大径0.9米，打破墓口及墓壁，斜直向下延伸至墓底，扰乱整个椁室，盗洞内含少量人骨架等。

（2）墓向与形制

南北向，墓向7°。

长方形竖穴土坑墓，口大底小。墓口及墓底四角略弧，近直角。墓壁经修整，较光滑，但未见工具加工痕迹。墓底北高南低。墓口长4.9、宽3.5米，墓底长4.5、宽3.2，自深6.5—6.6米。

（3）填土

红褐色五花土，土质较硬，未见夯打痕迹，无包含物。

（4）葬具

一椁一棺。棺椁均为南北向放置。

椁长320、宽约178、高80—90厘米。椁室被严重盗扰，椁侧板、端板以及棺的高度、侧板等的尺寸均不详。

棺长约206厘米、宽约74厘米。

棺底板上有少量朱砂，推断朱砂位于棺内。

椁下放置两根方形垫木，无垫木槽。南垫木长约244、宽约20、深约4厘米，北垫木长约216、宽约18、深约4厘米。

（5）墓主人

仅在棺南端发现一根胫骨，中部偏北发现少量手指骨，仅可大致判断墓主人头朝北，葬式、面向等不详。经鉴定，墓主人为年龄在45—50岁的男性。

（6）随葬品及其位置

共11件（组）。其中陶联裆鬲1件（01）、绳纹罐1件（02），出于盗洞中部。

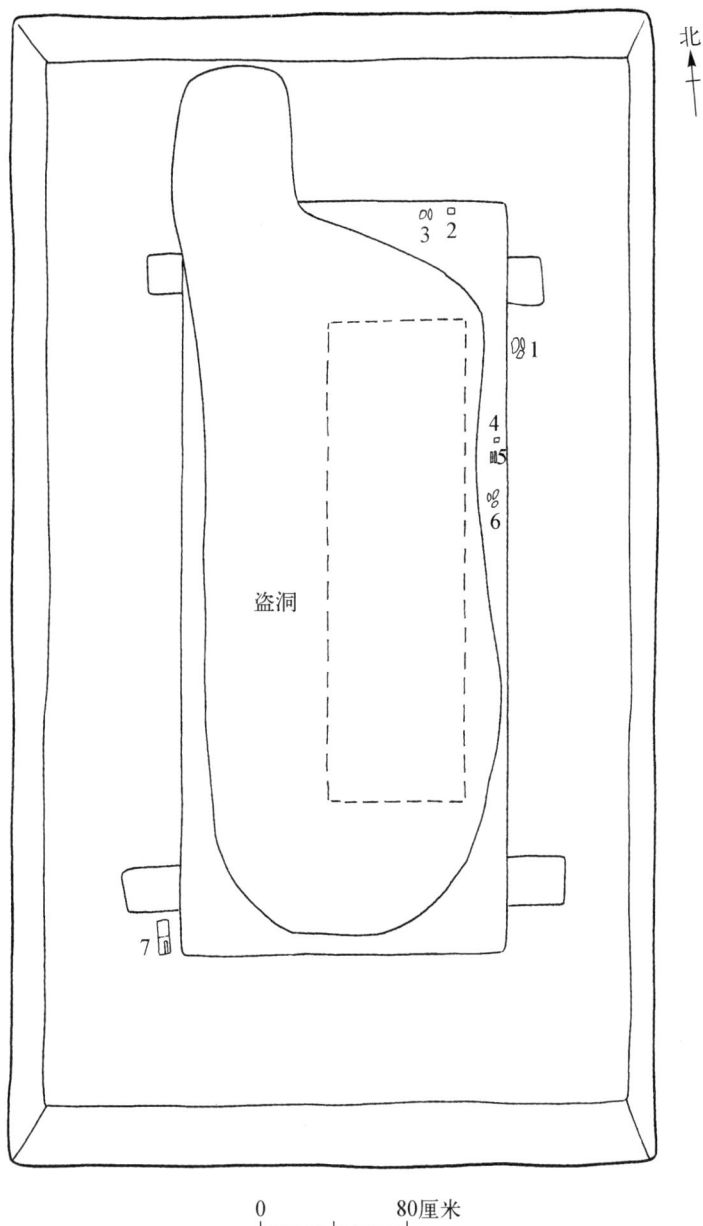

图一五一　2012FZYM39平面图

1. 铜鍚　2. 柄形器　3、6. 毛蚶　4. 蚌饰　5. 铜不明器　7. 车軎

　　东边二层台北端出土铜鍚1件（1）。椁内北端出土单体玉柄形器1片（2）、毛蚶2枚（3），东侧棺椁之间东部出土蚌饰1件（4）、铜不明器2件（5）、毛蚶3枚（6），西边二层台南端下出土铜车軎1件（7）。人骨口部有口含1枚（8）。

　　（7）随葬品介绍

　　铜鍚　1件。标本M39：1，残碎不堪，仅可见残沿边和一端弧面。器身整体较圆鼓，重18.3克。

　　铜车軎　1件。标本M39：7，内端残。为圆筒形，中部以一周宽弦纹区分内外端，内端开口，外端封顶,顶面内凹。内端口部直径大于外端顶部直径。器表内端近口部有2个相对的长方形辖孔。内端素面,外端明显饰三段纹饰:近顶部饰两周旋纹,中间阴刻波曲纹,近内端饰窃曲纹。顶面饰4个相接重环纹,两两以三点线分界,组成带状。全长12.0、内端直径5.7、内端长6厘米,外端直径4.5、长6.0厘米,穿长3.2、宽1.2厘米(图一四一:3、6,图一五二:14;彩版一〇:6)。

铜不明器 共2件。标本M39:5-1,截面呈三角形。残长3.1、宽0.7厘米(图一五二:6)。标本M39:5-2,一端截面呈正方形,一端呈圆鼓状,可能是铜锥。残长3.2、宽0.3—0.5厘米(图一五二:7)。

柄形器 1件。单体,标本M39:2,残。青玉,局部白化。长方形扁平片状,两端皆残。素面,器表及两侧磨光。残长3.5、宽2.9、厚0.2厘米(图一五二:5)。

口含 1枚。M39:8。为一枚毛蚶,小体。在背上有长条形皱褶纹,壳顶有一穿孔。长2.7、宽2.1、高1.1、孔径0.2厘米。

联裆鬲 1件。标本M39D1:01,夹砂灰陶。折沿,圆唇,内缘折痕明显,沿下角较小,束颈,微有肩,弧腹,矮裆,柱状足。沿内外缘各饰一周旋纹,沿外侧素面,颈部隐约可见绳纹,腹部上端饰有一道旋纹,腹部施绳纹。裆部绳纹条理清晰,印痕较浅,足部可见绳纹并有削过的

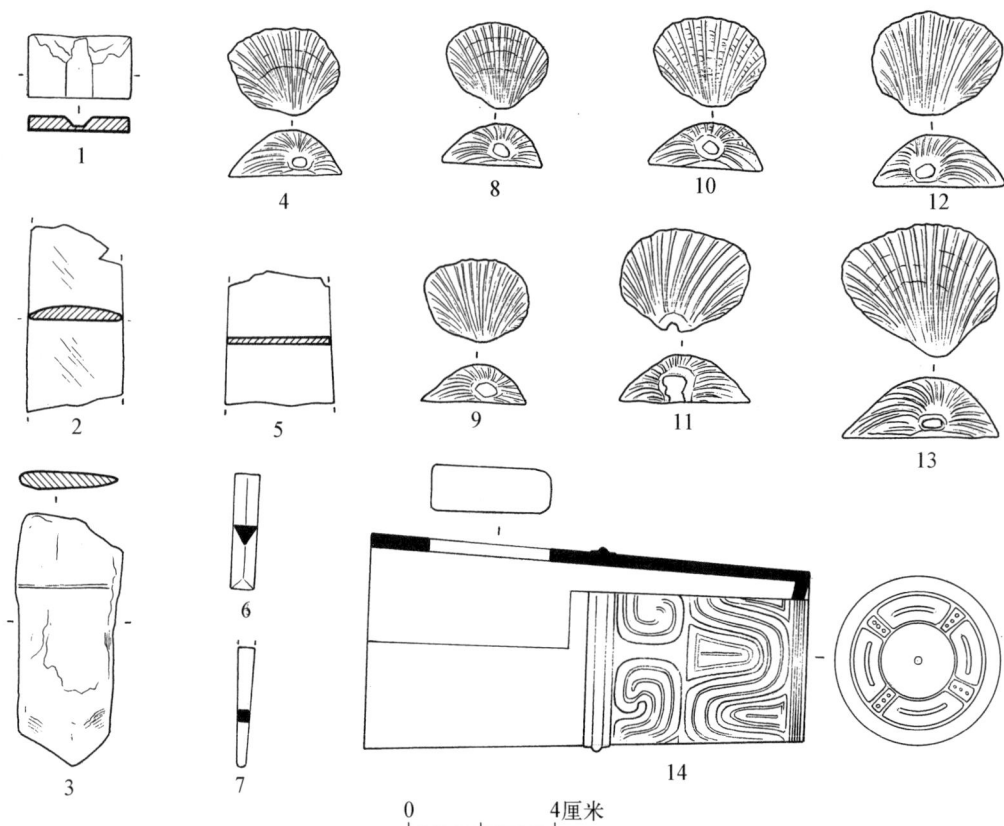

图一五二 2012FZYM39、M40随葬品

1. 蚌饰(M39:4) 2、3. 石圭(M40:1、M40:2) 4、8、9、10. 毛蚶(M39:3-2、M39:6-3、M39:3-1、M39:6-2)
5. 柄形器(M39:2) 6、7. 铜不明器(M39:5-1、M39:5-2) 11、12、13. 毛蚶(M40:3-2、M39:6-1、M40:3-1) 14. 铜车害(M39:7)

痕迹。口径14.0、通高12.0、器身最大径14.8、厚0.5厘米(图一四九:5;彩版一六:5)。

绳纹罐 1件。标本M39D1:02,泥质灰陶。平折沿,沿面有较宽小平台,圆方唇,折肩,弧腹,近底部斜收,平底。沿面上有一周旋纹,肩面饰两组纹饰,每组各有两周旋纹。腹上部饰旋断绳纹,近底部施楔形绳纹,绳纹与楔形绳纹之间素面,底部饰交错绳纹。口径12.2、底径10.0、通高16.0、厚0.6厘米(图一四九:8)。

毛蚶 共5枚。均为单扇,小体。壳顶处有穿孔,扇面有长条形皱折纹,部分体表沾有朱砂痕迹。标本M39:3-1,长2.2、宽2.8、高1.0、孔径0.6厘米(图一五二:9)。标本M39:3-2,长2.3、宽3.2、高1.2、孔径0.3厘米(图一五二:4)。标本M39:6-1,长2.7、宽3.4、高1.6、孔径0.5厘米(图一五二:12)。标本M39:6-2,长2.4、宽3.1、高1.2、孔径0.3厘米(图一五二:10)。标本M39:6-3,长2.3、宽2.6、高1.1、孔径0.3厘米(图一五二:8)。

蚌饰 1件。标本M39:4,蚌牌。长方形扁平状,一面中部刻凹槽一道。凹槽与蚌牌宽边平行,口大底小,截面呈梯形。长2.9、宽1.7、厚0.4、凹槽宽0.2—0.6、深0.2厘米(图一五二:1)。

(8)分期年代

所出陶鬲折沿近平,颈上部内敛似有肩,裆部低平,为西周晚期偏早特征,因此该墓年代为西周晚期偏早阶段。

21. 2012FZYM40(图一五三)

(1)墓位与盗扰情况

位于姚家墓地北区。西距M42约6.4米,东南距M46约5.1米,东北距M45约10.0米。

北端中部有一盗洞D1,口部呈圆形,直径约57厘米,直下延伸至椁室内,破坏北端二层台中间部分,扰乱整个棺内,并打破椁室内北端底部及生土,底部较平,出有少量的人骨及陶罐残片。

(2)墓向与形制

南北向,墓向8°。

长方形竖穴土坑墓,口底同大。墓口四角微弧近直角。墓壁有修整的痕迹,但未见工具加工痕迹。平底。墓口与墓底均长3.6、宽2.2米,自深2.9米。

(3)填土

红褐色五花土,土质较硬,夹杂少量的黄色颗粒,内含少量礓石,未经夯打,无其他遗物。

(4)葬具

一棺一椁。

椁长236、宽144、高74厘米。由于盗扰严重,椁盖板、椁底板、棺底板的数量、尺寸等均不详。棺长216、宽78厘米。

(5)墓主人

棺内被扰乱,仅在盗洞底部出有少量人骨。经鉴定,为一成年个体,可能为男性。

(6)随葬品及其位置

共5件(组)。其中陶联裆鬲口沿残片1件(02),出于盗洞上部;素面罐1件(01),出于盗洞底部。

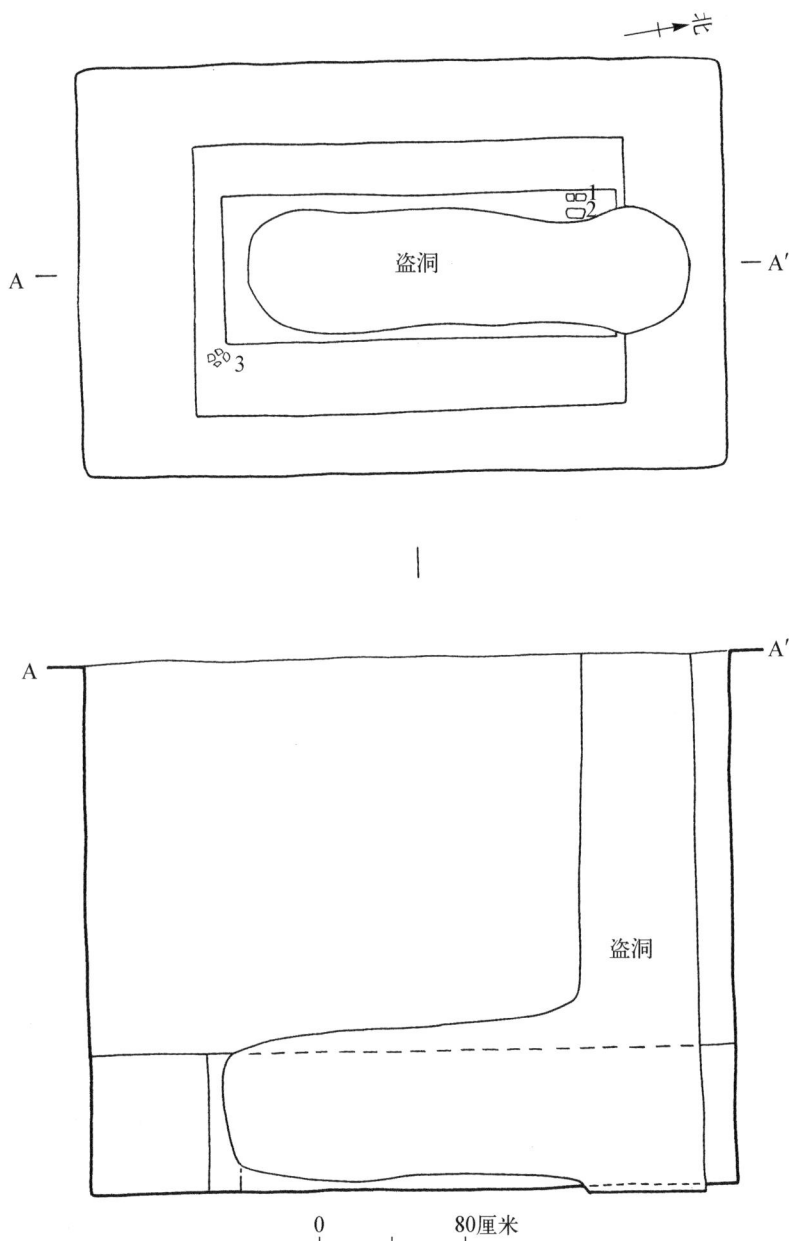

图一五三　2012FZYM40平剖图

1、2. 石圭　3. 毛蚶

墓葬棺内西北角出土石圭2片(1、2),椁内南部,棺西北角外侧出土毛蚶4枚(3)。

(7) 随葬品介绍

石圭　2件。均为扁平状长条形,钙化严重。标本M40∶1,两端皆残。一面青绿色,一面灰白色。通体打磨,中间略厚,两侧边缘略薄。残长4.9、宽2.6、厚0.4厘米(图一五二∶2)。标本M40∶2,白色。有束颈,一面饰一道旋纹以分界。中间略厚,两侧边缘略薄。残长6.1、宽2.6、厚0.5厘米(图一五二∶3)。

素面罐　1件。标本M40D1:01,泥质磨光黑陶。微侈口,折沿,沿面有小平台,尖圆唇,略束颈,折肩,腹部近直,大平底。通体素面,颈部有一周凸棱。口径7.2、器身最大径11.1、底径8.2、通高11.9、厚0.7厘米(图一四九:2;图版二三:5)。

联裆鬲　1件。为口沿残片。标本M40D1:02,夹砂灰褐陶。圆唇,沿面内凹。素面。口径17.8、残高1.3、厚0.6厘米(图一四九:6)。

毛蚶　4枚。白色,单扇。均在壳顶处有穿孔,扇面有长条形皱折纹。标本M40:3-1,大体。长3.5、宽4.3、高1.6、孔径0.5厘米(图一五二:13)。标本M40:3-2,小体。长2.7、宽3.6、高1.3、孔径0.6厘米(图一五二:11)。

（8）分期年代

该墓所出联裆鬲口沿沿面内凹,缘部似有起棱;陶罐整体低矮。据此判断该墓年代为西周中期阶段。

22. 2012FZYM83(图一五四)

（1）墓位与盗扰情况

位于姚家墓地南区,与M67、M87、M89、M95南北成列。北距M67约5.5米,西南距M86约1.6米,南距M87约2.1米。

该墓共有2个盗洞,D1位于东端中部,口部呈椭圆形,最大径约0.9米。D2位于西端中部,口部呈圆形,直径约0.8米。两盗洞均贴壁直下延伸至椁室内相通,将椁两端局部破坏,扰乱整个棺内,底部发现有贝、铜等遗物。

（2）墓向与形制

东西向,墓向270°。

长方形竖穴土坑墓,口小底大。墓口四角微弧近直角。墓壁有修整痕迹且较为规整,但未见工具加工痕迹。平底。墓口长3.3、宽2.0米,墓底长3.7、宽2.3米,自深5.9米。

椁下有两道南北向垫木槽,东西向基本平行。东垫木槽长214、宽12厘米,西垫木槽长192、宽10—12厘米,两垫木槽间距为220厘米。

（3）填土

土质较为松散,土色呈红褐色,含大量的黄色土点颗粒,未见夯打的痕迹,填土中无包含物。

（4）葬具

一棺一椁。棺椁均为东西向放置。

椁长284、宽130—134厘米。椁盖板、椁侧板、端板形制均不明。椁底板共6块,均为东西向放置,由北向南长、宽依次为280×20—26、298×22、284×26、282×20、280×20、282×30厘米。

棺长约196、宽66—76厘米。

垫木槽内各放置一根圆形垫木,西垫木长216、直径12厘米,东垫木长222、直径14厘米,两垫木间距约212厘米。

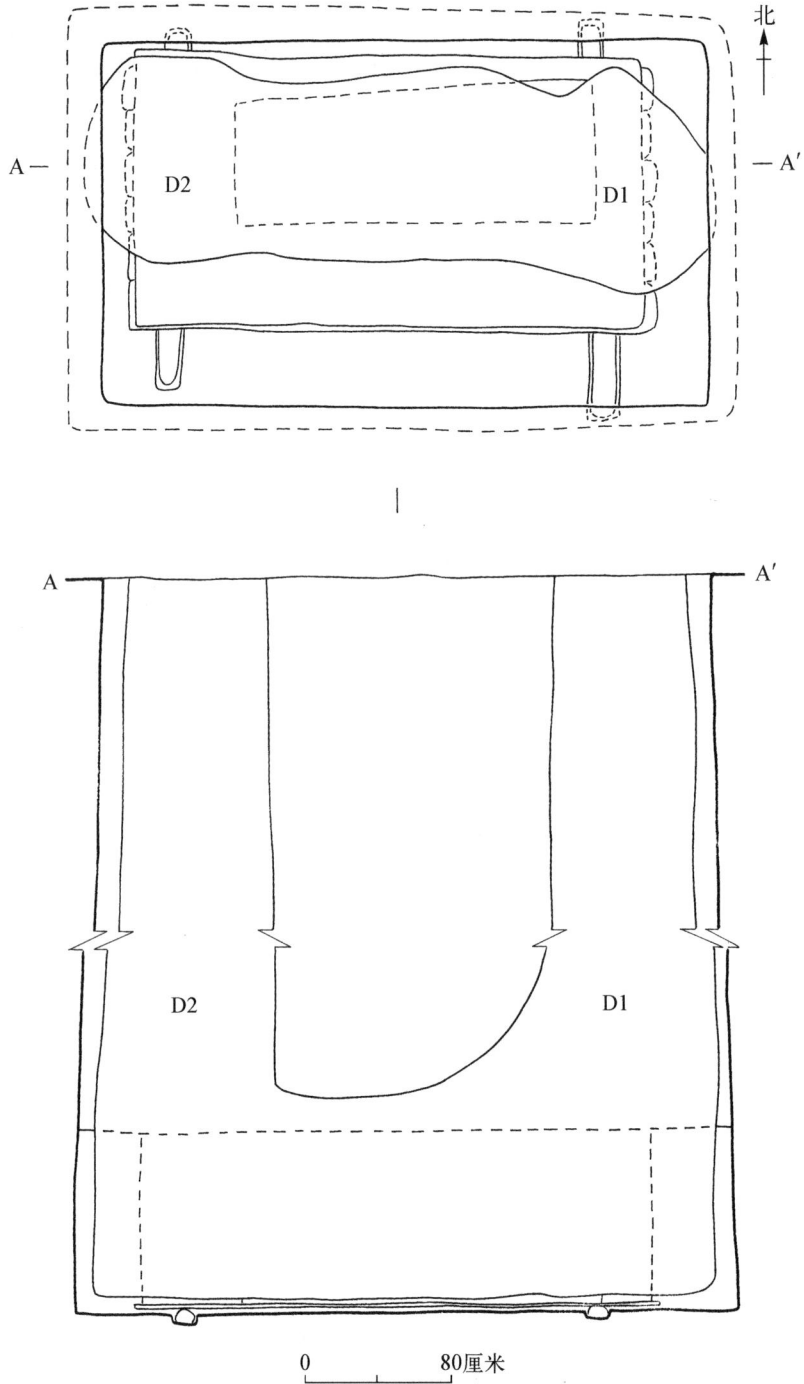

图一五四　2012FZYM83平剖图

（5）墓主人

盗扰严重，仅剩一节腿骨。经鉴定，墓主可能为一成年男性。

（6）随葬品及其位置

共5件（组）。包括铜块1件（01）、海贝4枚（02），均出于D2底部，肢骨南端。人骨口部出土口含1件（1）。

（7）随葬品介绍

铜块　1件。标本M83D2：01，不规则圆球形，表面凸凹不平，器形不明。长径3.0、短径2.5厘米，重22.2克（图一五六：12）。

口含　1件。标本M83：1，为海贝一枚。较小，白色，面有唇，唇有细齿，龟背面有一小穿孔。长2.4、宽1.6、高1.6、孔径1.2厘米。

海贝　4枚。均为白色，面有唇，唇内侧各有一排细齿，背面有一穿孔。标本M83D2：02-1，大体，穿孔较小。长2.8、宽1.7、高0.8、孔径1.3厘米（图一五六：9）。标本M83D2：02-2，小体，穿孔较大。长2.1、宽1.7、高0.9、孔径1.4厘米（图一五六：11）。

（8）分期年代

期别不明。

23. 2012FZYM87（图一五五）

（1）墓位与盗扰情况

位于姚家墓地南区。北距M83约5.5米，西距M86约0.9米，南距M89约1.1米，东南距M90约3.1米。

西北角有1个盗洞，口部呈椭圆形，最大径为0.6米，直下延伸至棺内，盗洞中间出土一件残陶鬲。

（2）墓向与形制

东西向，墓向275°。

长方形竖穴土坑墓，口大底小。墓口及墓底四角圆弧。墓壁局部经修整较光滑，但无工具痕迹。平底。墓口长2.7、宽1.2米，墓底长2.5、宽0.8—0.9米，自深3.0米。墓底有一腰坑，位于墓主盆骨处，为圆形，坡底。直径约为0.4、深0.2米，腰坑内未发现遗物。

（3）填土

土质疏松，土色呈红褐色，夹杂较多的黄土点颗粒及少量褐色土点颗粒，未见夯打痕迹，无包含物。

（4）葬具

单棺。

棺长206、宽64—74厘米，盗扰严重，无法辨别板的数量，高度不详。

（5）墓主人

骨架保存较好，为仰身直肢，头朝西，面向不详，双手交叉于腹部。

（6）随葬品介绍及位置

共6件（组）。其中陶联裆鬲1件（01），出于盗洞。

墓主人头部上侧出土蚌鱼1片（1）、海贝5枚（2），南侧出土圆形小铜泡1个（3）。棺南侧出土陶簋1件（4）。

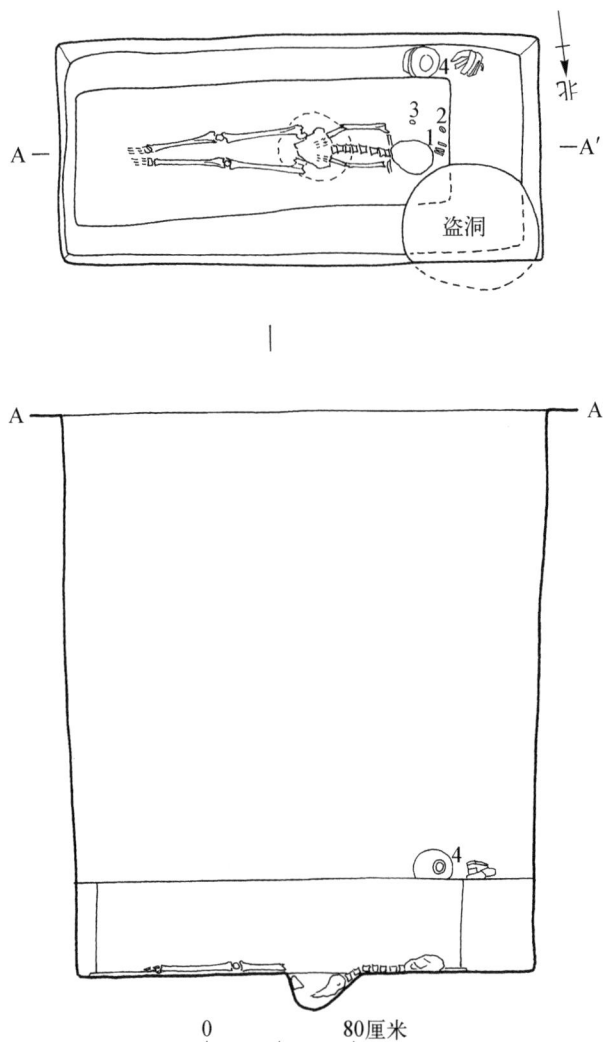

图一五五　2012FZYM87平剖图

1. 蚌鱼　2. 海贝　3. 小铜泡　4. 陶簋

（7）随葬品介绍

圆形小铜泡　1件。标本M87:3,平面为圆形,整体呈半球面状,无沿,背部中空,有一横梁。通体素面。直径1.6、高0.8厘米,梁长1.5、宽0.1厘米,重2.6克（图一五六:15）。

石鱼　1件。标本M87:1,白色,表面有黄色或黑色腐蚀痕迹,残成两片,根据两片的形制判断应为1件。均为扁平条状,钙化严重。器表情况已不可辨。残长8.1、宽1.3、厚0.3厘米（图一五六:20）。

联裆鬲　1件。标本M87D1:01,夹砂灰褐陶。卷沿,尖圆唇,沿下角较大,沿面较宽,略弧腹,矮裆,柱状足。腹部饰竖行细绳纹,印痕较浅,足部有被削过的痕迹,素面。口径14.8、通高11.3、厚0.5厘米（图一五九:7;彩版一六:1）。

簋　1件。标本M87:4,完整。泥质灰陶。敞口,卷沿微折,沿面下倾,圆唇,斜直领,腹较

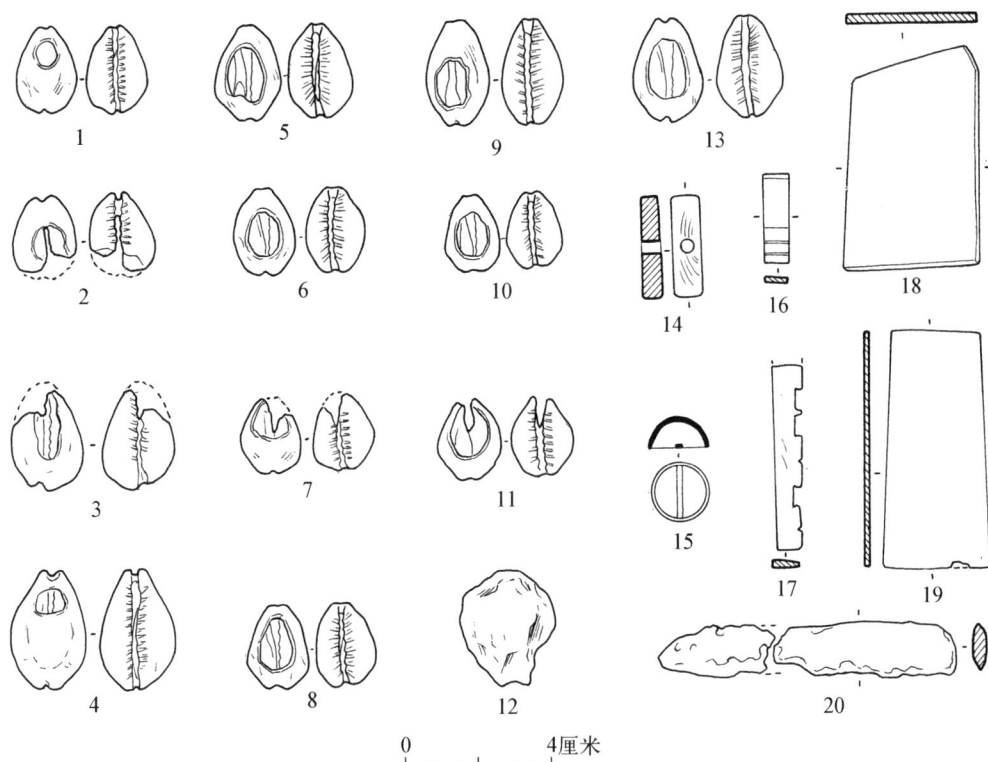

图一五六　2012FZYM83、M87、M88随葬品

1、2、3、4. 海贝（M87∶2-3、M87∶2-4、M87∶2-2、M87∶2-1）　5、6、7、8. 海贝（M88∶5-2、M88∶5-3、M87∶2-5、M88∶5-4）
9、10、11、13. 海贝（M83D2∶02-1、M88∶5-5、M83D2∶02-2、M88∶5-1）　12. 铜块（M83D2∶01）　14. 柄形器蚌托（M88∶6-1）
15. 铜泡（M87∶3）　16、17. 柄形器附饰（M88∶7-2、M88∶7-1）　18、19. 柄形器柄部（M88∶4-1、M88∶4-2）　20. 石鱼（M87∶1）

深，鼓腹，矮圈足较粗，圈足微外撇，上有小平台。通体素面。口径21.9、腹最大径18.4、底径14.8、通高17.0、圈足高4.0、厚0.6厘米（图一五九∶11；图版二一∶2）。

　　海贝　共5枚。均为白色，面有唇，唇内侧各有一排细齿，背面有一穿孔。标本M87∶2-1，大体，小穿孔。长3.1、宽2.0、高1.2、孔径0.8厘米（图一五六∶4）。标本M87∶2-2，大体，背部鼓出部分几乎被磨平。残长2.6、宽2.0、高0.9、孔径1.9厘米（图一五六∶3）。标本M87∶2-3，小体，小穿孔。长2.3、宽1.6、高1.0、孔径0.6厘米（图一五六∶1）。标本M87∶2-4，小体，小穿孔。残长1.9、宽1.8、高0.8、孔径0.9厘米（图一五六∶2）。标本M87∶2-5，小体，小穿孔。长2.0、宽1.6、高0.9、孔径0.9厘米（图一五六∶7）。

　　（8）分期年代

　　该墓所出陶鬲沿下角较小，裆部低矮。陶簋颈部较长，腹部圆微鼓，为西周中期偏早特征。据此判断该墓年代为西周中期偏早阶段。

　　24. 2012FZYM88（图一五七；图版七∶1）

　　（1）墓位与盗扰情况

　　位于姚家墓地南区。北距M86约2.6米，东南距M95约2.74米，东北距M89约3米。未经盗扰。

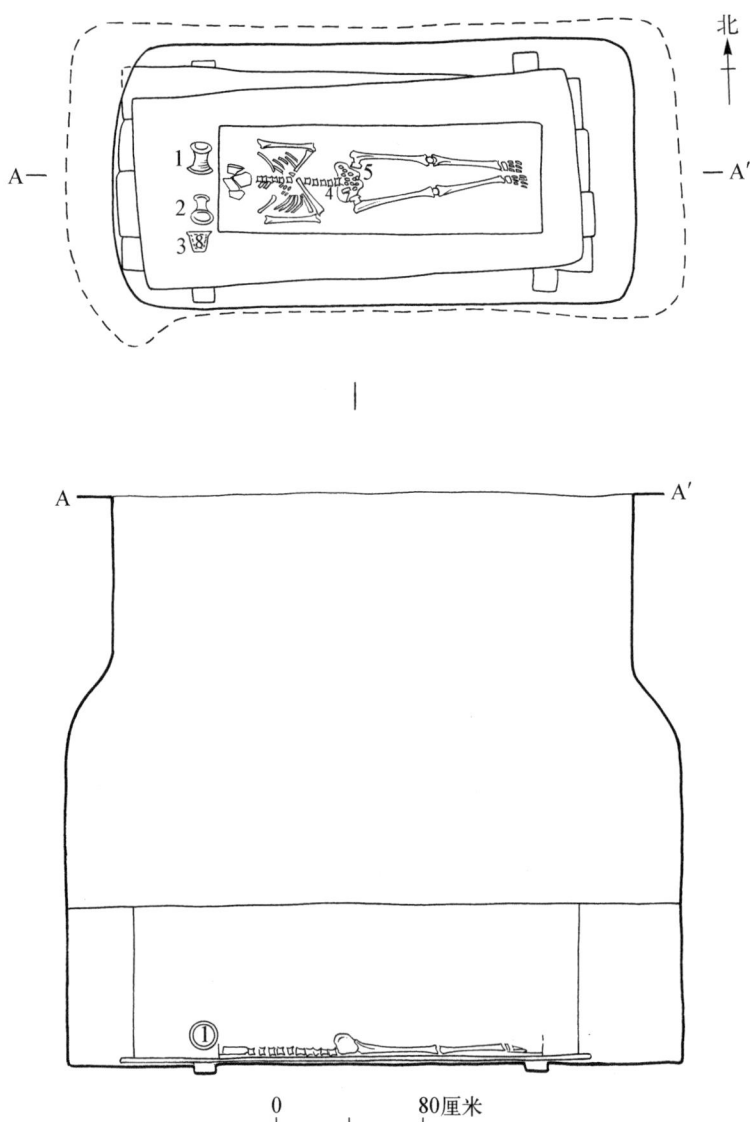

图一五七　2012FZYM88平剖图

1、2.陶豆　3.盂

（2）墓向与形制

东西向，墓向272°。

长方形竖穴土坑墓，口小底大。墓口四角圆弧。墓壁呈"凸"字形，墓壁基本垂直，但在近口部约三分之一处突然外扩，再垂直至墓底。未见加工痕迹。平底，底部东北角略凸。墓口长2.8、宽1.4米，墓底长3.4、宽1.5米，自深3.0米。

东西两端各有一垫木槽，均打破墓底但未延伸到墓壁。西垫木槽长130、宽12厘米，东垫木槽长132、宽12厘米，深6厘米。

（3）填土

土质疏松，土色为黄褐色，夹杂白色及红色颗粒，未经夯打，无包含物。

（4）葬具

一棺一椁及两根垫木。棺椁均为东西向放置。

椁长284、宽140、高84厘米。椁盖板、侧板、端板形制均不明。椁底板共4块,均为东西向放置,由北向南长、宽依次为250×26、252×32、256×32、252×22厘米。

棺长142、宽102—104厘米,高度不详。

椁下放置两根圆形垫木。东侧垫木长132、宽12厘米,西侧垫木长130、宽12、厚6厘米,两垫木间距160厘米。

（5）墓主

人骨架保存较好,头朝西,面向不详,为仰身直肢,双手交叉于胸部。经鉴定,墓主为年龄在45—50岁的男性。

（6）随葬品及其位置（图版二四:1）

共8件（组）。头部上端出土陶豆2件（1、2）、陶盉1件（3）、陶盆1件（8）,其中盉（3）内置于盆中。骨盆上部出土柄形器玉柄2件（4）、柄形器附饰23片（7）、海贝17枚（5）、柄形器蚌托1件（6）。

（7）随葬品介绍

柄形器　2件,复合体。一件复原为1个玉柄和6个玉附饰。另一件复原为1个玉柄、1个蚌托、14个玉饰、3个蚌饰,组合附饰能复原成2层。玉柄2个,均扁平薄体,青玉（图一五八）。标本M88:4-1,边缘有白化现象,有黑色斑点,呈半圭为"璋"形。首端斜直,两侧边斜直,底端呈不对称三角形。长5.9、首端宽3.7、底端宽3.4、厚0.3厘米（图一五六:18）。标本M88:4-2,梯形,首端有一个长约0.5厘米缺口,底端被磨薄。长6.3、首端宽3.0、底端宽2.4、厚0.2厘米（图一五六:19）。蚌托1个,标本M88:6-1,窄长方体,中心有圆形单面钻穿孔。长2.7、宽0.8、厚0.6、孔径0.4厘米（图一五六:14）。蚌片2个,长方形薄片,一个完整,一个残。长1.2—2.1、宽0.7、厚0.1—0.2厘米。带方齿状缺口短蚌条1个,与带方齿状缺口的玉条形制相同,应该复原于第二层中轴列两侧的两列第一排。长1.5—2.5、宽0.5、厚0.1—0.3厘米。玉附饰20个,均呈青白色。带犬齿状扉棱长玉条2个,标本M88:7-1,两端平,一侧饰有两个犬牙状扉棱、一个犬牙状缺口、一个梯形缺口,另一侧平直。长4.9、宽0.8、厚0.1—0.3厘米（图一五六:17）。带浅槽玉条或玉片14个,均扁平较直,两端饰细棱,中部饰两道宽棱,棱中间以阴线作为分界。2个残,长短不一。标本M88:7-2,长2.4、宽0.7、厚0.2厘米（图一五六:16）。带方齿状缺口短玉条3个,一端尖、一端平,平端略微向外凸出。一侧有方齿形缺口,另一侧平直。长2.7、宽0.7厘米。长方形素面玉片1个。长1.8、宽0.6厘米。

陶豆　共2件。均为泥质灰陶。方唇,唇面有凹槽,折盘,柄较粗,高圈足。标本M88:1,直口,盘壁下端饰三道旋纹。柄上有一道明显凸棱。圈足底部外撇,上有一较宽小平台。口径17.2、底径13.2、通高11.9、柄高7.0、厚1.0厘米（图一五九:3）。标本M88:2,敛口方唇,唇面有一道凹槽。浅盘,盘外壁饰两道旋纹。柄部较粗,中有一周凹槽,圈足外撇,有一较窄的小平台。口径16.4、底径13.0、通高9.4、柄高7.0厘米（图一五九:2）。

陶盉　2件。标本M88:3,泥质灰陶。卷沿,尖圆唇,沿面较鼓,折肩,深鼓腹,腹下部斜直,平底。通体素面。口径15.2、腹最大径14.0、底径8.0、通高9.7厘米（图一五九:6）。标本M88:8,

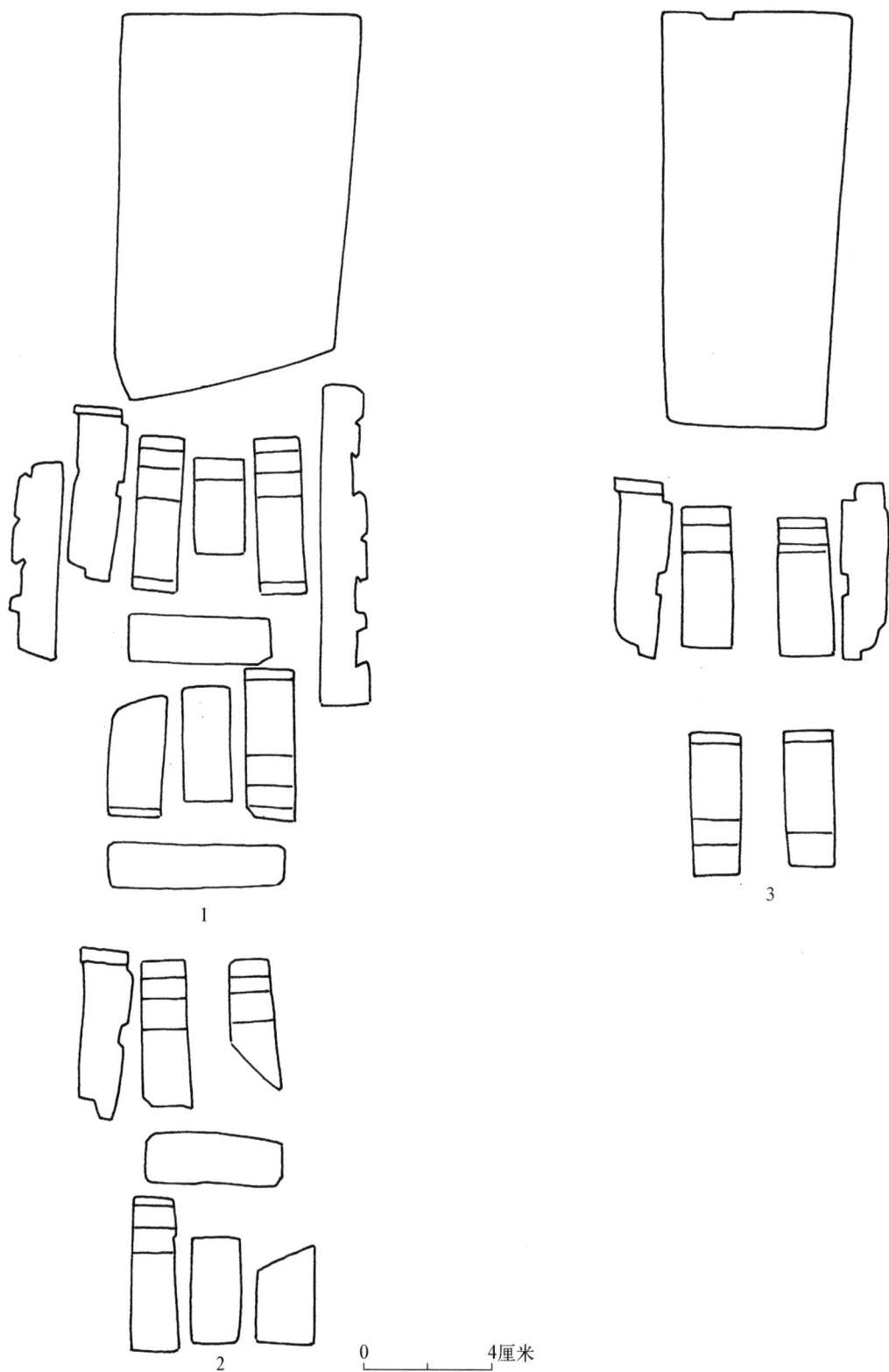

图一五八　2012FZYM88柄形器结构复原示意图

1. M88∶4（第一层）　2. M88∶4（第二层）　3. M88∶6

泥质灰陶。折沿，沿面内缘有一道凹槽，圆唇，沿下角较小。折肩，腹下部斜直，平底。上腹饰瓦楞纹，腹下部平均分布有五个乳丁纹，乳丁纹下面饰一道旋纹，底部饰中绳纹，印痕模糊。口径19.4、腹最大径18.2、底径9.8、通高11.6厘米（图一五九：4）。

海贝　共17枚。均为白色，面有唇，唇内侧各有一排细齿。背面有一穿孔，背部鼓出部分几乎被磨平。标本M88：5-1，大体。长2.7、宽1.8、高1.4、孔径1.6厘米（图一五六：13）。标本M88：5-2，小体。长2.5、宽1.8、高1.0、孔径1.5厘米（图一五六：5）。标本M88：5-3，小体。长2.3、宽1.5、高1.2、孔径1.3厘米（图一五六：6）。标本M88：5-4，小体。长2.4、宽1.6、高1.2、孔径1.4厘米（图一五六：8）。标本M88：5-5，小体。长2.0、宽1.5、高1.0、孔径1.3厘米（图一五六：10）。

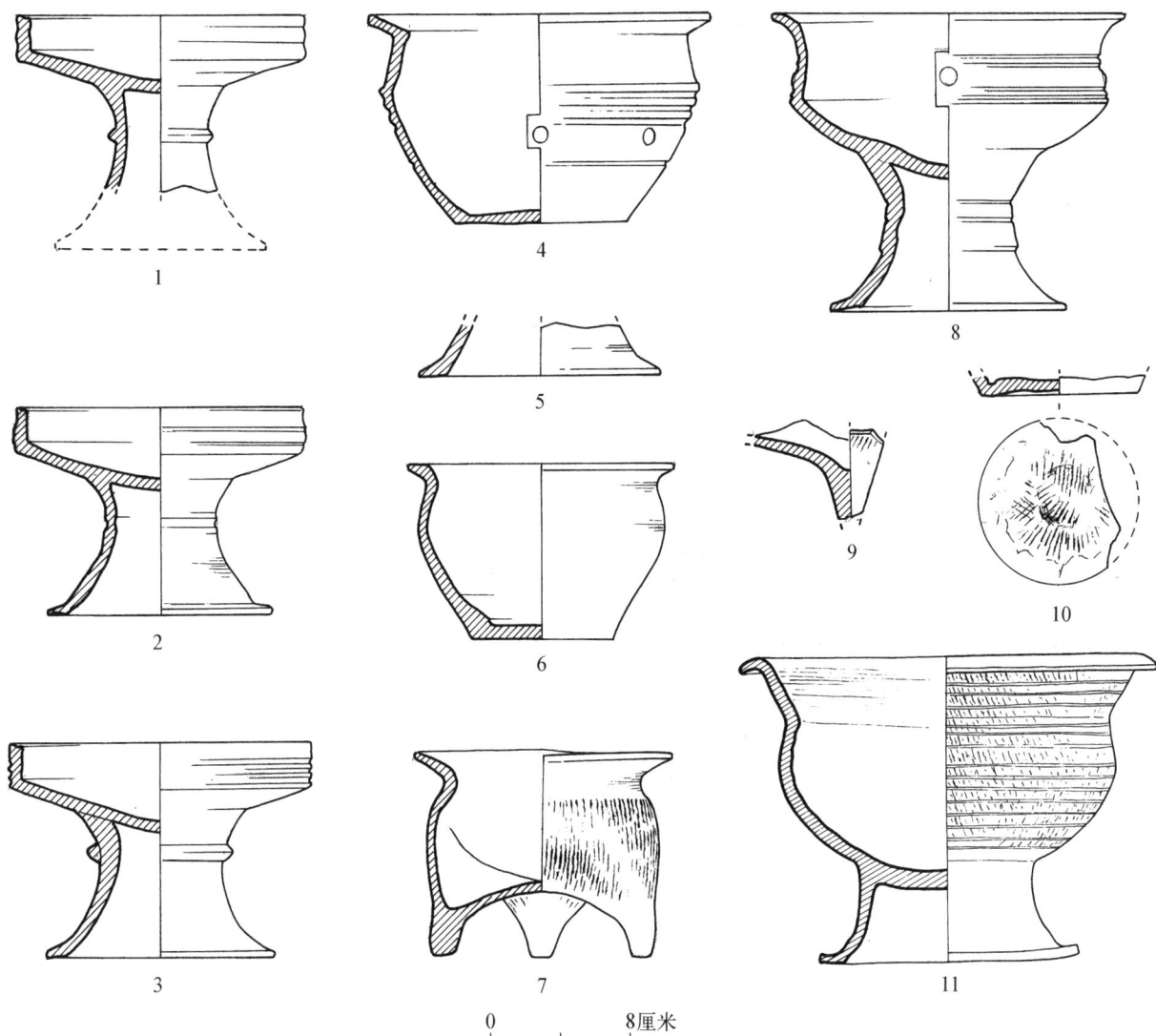

0 _____ 8厘米

图一五九　2012FZYM87、M88、M95、M97陶器

1、2、3.豆（M97D1：04、M88：2、M88：1）　4、6.盂（M88：8、M88：3）　5、8、11.簋（M95D1：05、M97：1、M87：4）
7.联裆鬲（M87D1：01）　9.联裆鬲足根（M95D1：01）　10.罐底（M95D1：04）

（8）分期年代

该墓所出陶豆豆柄细长，柄中部凸棱明显，据此判断该墓年代为西周中晚期之际。

25. 2012FZYM89（图一六〇）

（1）墓位与盗扰情况

位于姚家墓地南区。北距M87约1.25米，西南距M88约3米，南距M95约1.3米，东距M90约2.3米。

东北角有1个盗洞D1，口部呈椭圆形，最大径0.5米。打破北壁，距M95西壁0.3米。直下至2.7米处呈斜坡向北延伸至椁室打破墓底，破坏棺椁东部，出有头骨。

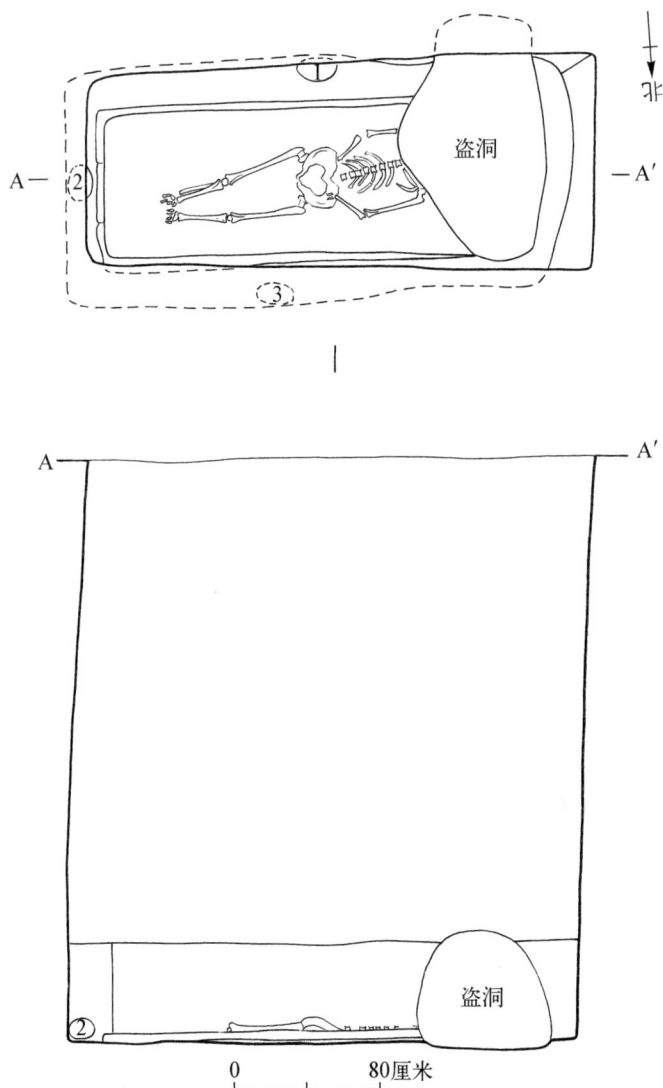

图一六〇　2012FZYM89平剖图

1、2、3. 石头

（2）墓向与形制

东西向，墓向273°。

长方形竖穴土坑墓，口小底大。墓口西窄东宽，墓口四角微弧近直角，墓壁剖面近似平行四边形。北壁及南壁东端略内收，中、西侧外弧，墓壁未见加工痕迹。墓底四角较弧，平底。墓口长2.8、西宽1.0、东宽1.1米，墓底长2.8、宽1.2—1.3米，自深3.1米。

（3）填土

上部土色呈红褐色，夹杂有黄色土颗粒，土质较硬；下部土色呈黄褐色，土质较疏松，夹杂红色土颗粒。未经夯打，无包含物。

（4）葬具

单棺。棺残长202、宽78、残存高度16厘米。

墓底东、南、北紧贴墓壁各放置一块石头，南壁石块编号1，长20、宽12、高12厘米，距西壁122厘米；东壁石块编号2，长19、宽14、高11厘米，与墓底有2厘米间隙，距西壁261厘米。北壁石块编号3，长20、宽14厘米，距东壁104厘米。

（5）墓主人

头骨被盗扰，其他部位均保存较好，双手放置于腹部，下肢略向北倾斜。仰身直肢葬，头朝西，面向不详。

（6）随葬品及其位置

无。

（7）分期年代

由于墓内未出土任何随葬品，无法判断期别。

26. 2012FZYM95（图一六一）

（1）墓位与盗扰情况

位于姚家墓地南区。北距M89约1.25米，西北距M88约2.7米，西南距M98约3.1米，东南距M96约3.0米，东部距M90约3.1米。

西北角有1个盗洞D1。口部呈椭圆形，最大径1.0米，深4.0米。打破北壁局部，直下延伸至椁室，打破北侧二层台局部，扰乱棺、椁西北端，盗洞下部有少量陶器残片，残玉片，底部有玉饰。

（2）墓向与形制

东西向，墓向277°。

长方形竖穴土坑墓，口小底大。墓口墓角呈弧角。墓壁未见工具加工痕迹。平底。墓口长2.6、宽1.4米，墓底长3.3、宽1.8米，自深4.2米。

（3）填土

上部土质较硬，土色呈红褐色，夹杂有黄色土颗粒；下部土质较疏松，土色呈黄褐色，夹杂有红色土颗粒，未发现夯打痕迹和包含物。

盗洞

北

A —

— A'

盗洞

A

A'

盗洞

0   80厘米

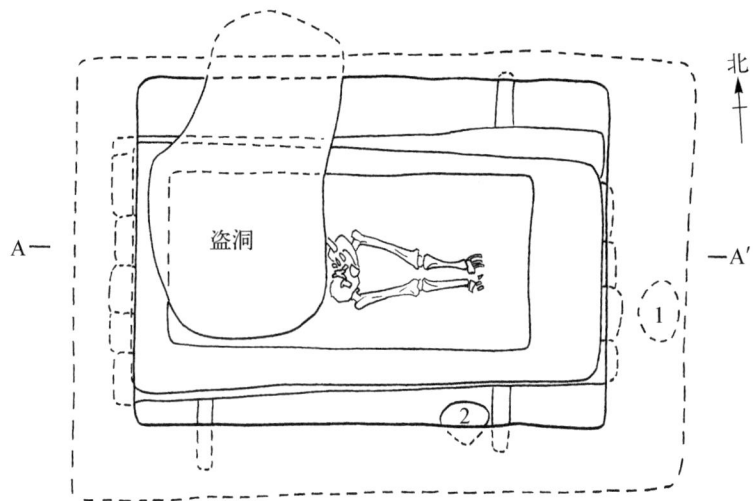

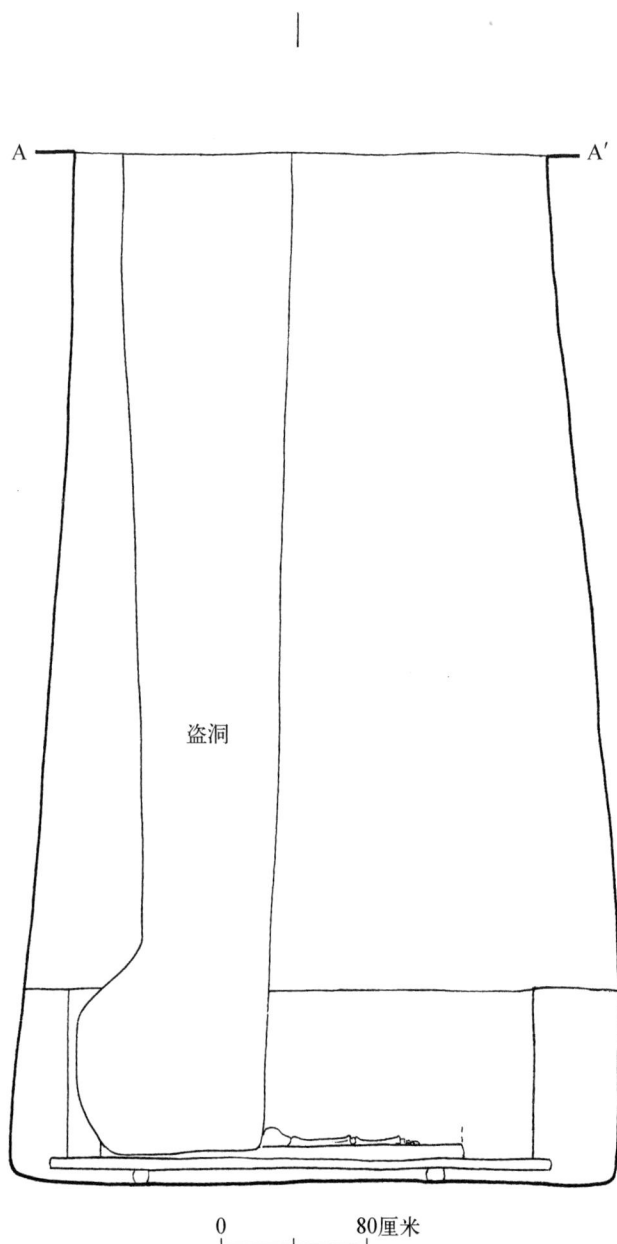

图一六一　2012FZYM95平剖图

1、2. 石头

（4）葬具

一棺一椁。棺椁均为东西向放置。

椁长256、宽94、高72厘米。椁盖板、侧板、端板形制不明。椁底板共5块，均东西向放置，由南向北长、宽依次为268×22—26、272×22—24、278×18—20、282×16—20、278×18—22厘米。棺长188、宽72厘米，高不详。

椁下放置两根长方形垫木，无垫木槽。东端垫木长156、宽10、距东壁94厘米，南端距南壁14、北端距北壁8厘米；西端垫木长158、宽8、距西壁70厘米，南端距南壁10、北端距北壁19厘米。两垫木间距150厘米。

（5）墓主人

墓主上半身基本全部被盗扰，残留左上肢，下肢保存较好。仰身直肢葬，双手放置于盆骨上，头朝西，面向不详。鉴定墓主应为一成年个体，但性别、年龄不详。

（6）随葬品及其位置

共5件。人骨嘴部出土口含3件（1）。陶联裆高足根1件（01）、柄形器1件（02）、玉璧改制器1件（03）、陶罐底1件（04）、陶簋1件（05），均出土于盗洞。

（7）随葬品介绍

柄形器　1件。单体，标本M95D1∶02，残。青色，长方形扁平片状。两端皆残，素面，器表及侧边均磨光。残长3.2、宽2.9、厚0.2厘米（图一六四∶11）。

玉璧改制器　1件。标本M95D1∶03，斑驳灰褐色夹杂青绿色。扁平角状器，圆弧状一边与较宽平直边打磨光滑，另一边凹凸不平，较宽的一端中间位置有一穿孔。通体素面，一面有平直切割痕迹，有织物痕迹。长7.9、宽3.9、厚0.3、孔径0.3厘米（图一六四∶15）。

联裆高足根　1件。标本M95D1∶01，夹砂灰陶。从残留部分看，矮平裆。上饰印痕较浅的交错绳纹，柱状实足根，足部绳纹被抹并有削过痕迹。残高5.2、厚0.2厘米（图一五九∶9）。

罐底　1件。为罐底残片。标本M95D1∶04，泥质灰陶。平底，底壁衔接处内部有一周凹槽。底部饰交错绳纹，印痕较浅。底径9.1、残高1.0、厚0.4厘米（图一五九∶10）。

陶簋　1件。为圈足残片。标本M95D1∶05，泥质灰陶。喇叭状圈足，底部有一较窄小平台，平台上有一凹槽。通体素面。底径14.0、残高3.0、厚0.6厘米（图一五九∶5）。

口含　共3件。标本M95∶1，由2枚蚌泡及1片蚌片组成。蚌泡均为圆形。表面微鼓，无钻孔。直径2.4—2.8、厚0.2—0.5厘米。蚌片为椭圆形，薄体。长径1.8、短径1.5、厚0.1厘米。

（8）分期年代

据陶器特征判断，该墓年代为西周中晚期之际。

27．2012FZYM97（图一六二；图版七∶2）

（1）墓位与盗扰情况

位于姚家墓地南区。西南距M101约10米，东南距M103约4.9米，东距M98约6.3米。

西南角有一盗洞D1，口部呈圆形，贴壁直下近二层台时向西、向东扩，延伸至墓底，打破生

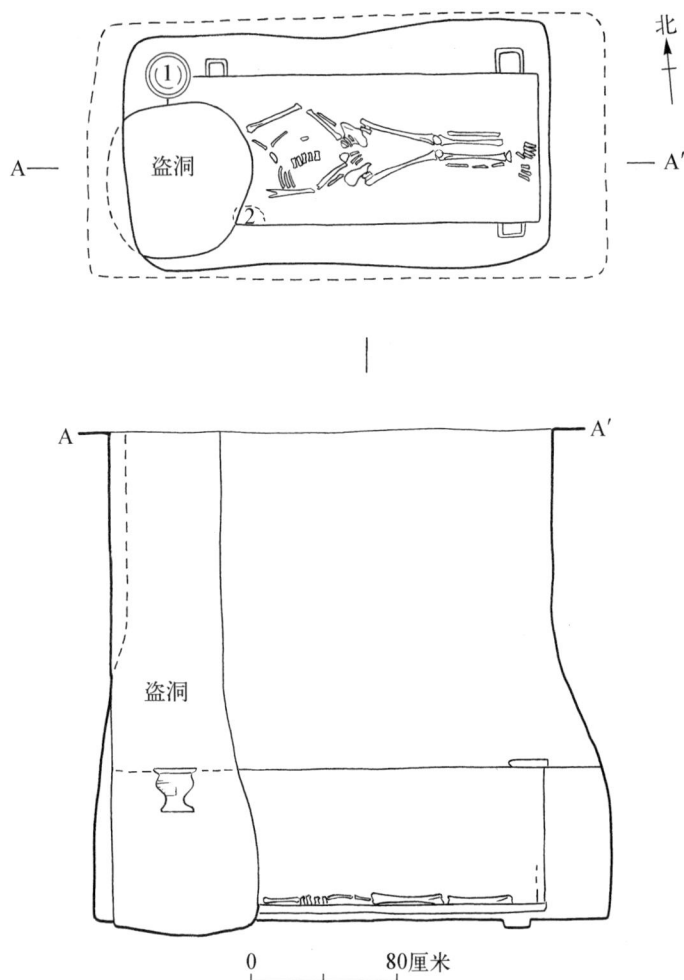

图一六二　2012FZYM97平剖图

1. 陶簋　2. 漆器

土,破坏棺西北角、西垫木南端,出土少量陶器残片。

（2）墓向与形制

墓向275°,东西向。

长方形竖穴土坑墓,口小底大,墓壁剖面呈喇叭形。墓口南、北部中间内弧,墓口及墓底四角近圆弧,墓底弧度小于墓口。墓壁未见加工痕迹。平底。墓口长2.3、宽1.2—1.3米,墓底长2.8、宽1.4米,自深2.6米。

（3）填土

白褐色填土,含有少量黑垆土颗粒,土质密度较大,类似夯土。

（4）葬具

单棺。

保存较差。棺长202、宽80、高76厘米。

棺下有两道南北向垫木槽,东西向基本平行。西端垫木槽南部被盗洞打破,残长28、宽12、进深4厘米，东端垫木槽长100、宽14，进深4厘米。槽内各放置一根长方形垫木，西端垫木残长26、宽8、厚7厘米，东端垫木长96、宽10、厚7厘米。

（5）墓主人

墓主头部被盗洞扰乱，盆骨及肋骨部分已朽为粉末，头向西，面向不清，仰身直肢，双手交叉于腹部。经鉴定，墓主为年龄在45—50岁左右的男性。

（6）随葬品及其位置

共6件（组）。其中柄形器蚌饰1件（02）、柄形器石柄1组（03）、豆1件（04）均出土于盗洞底部；海贝3枚（05），出于盗洞。

墓葬内西北角二层台上出土一件陶簋（1），棺上西南处出土漆器1件（2）。

（7）随葬品介绍

柄形器　1件，复合体，包括石柄1个，玉附饰5个，蚌饰1个。仅大致复原出各自位置，为一件柄形器的第一层（图一六三）。器柄1个，标本M97D1：03，残。石质，黄色。两端残损，两面边缘处各有一竖直切割痕迹。残长4.2、宽2.1、厚0.6厘米（图一六四：5）。玉附饰5个，均呈青灰色。带方齿状缺口短条2个，一端尖、一端平，长边有方齿状小缺口，短边平直，平直一端饰一道旋纹，平直端向短边一侧出榫。标本M97D1：03-1，长2.9、宽0.6厘米。另有一件玉片与M97D1：03-1形制相同，平直一端略残。带横向浅槽玉片1个，标本M97D1：03-2，饰有两道横向

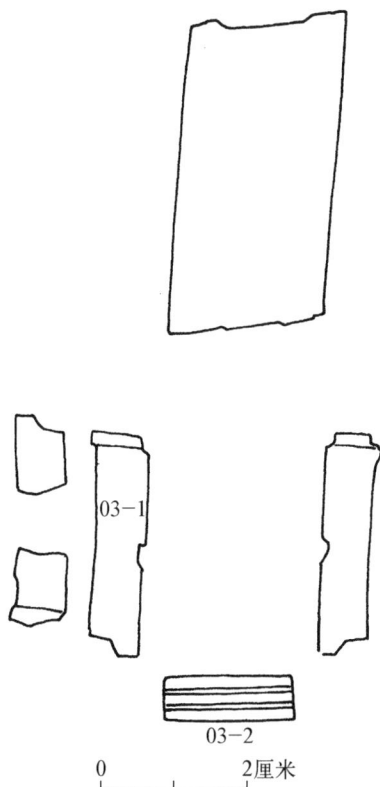

图一六三　2012FZYM97柄形器结构复原图

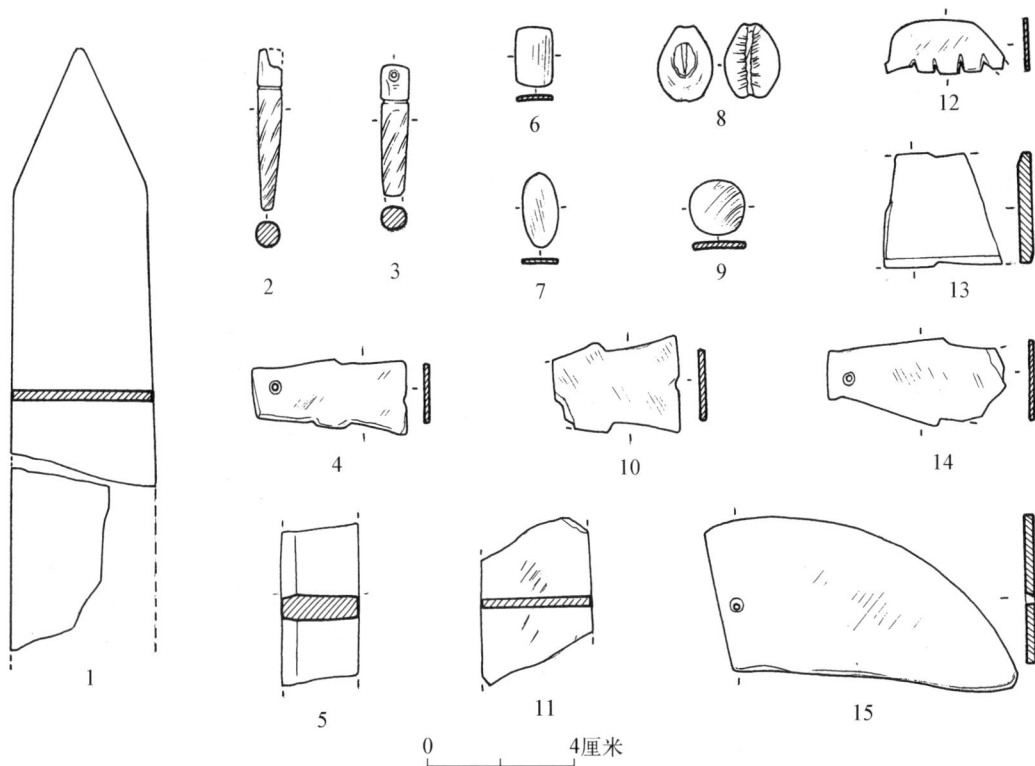

图一六四　2012FZYM95、M97、M98 随葬品

1、13. 石圭（M98D1∶02-1、M98D1∶02-2）　2、3. 蚌饰（M98D1∶04-2、M98D1∶04-1）

4、10、12、14. 蚌鱼（M98D1∶06-4、M98D1∶06-3、M98D1∶06-2、M98D1∶06-1）　5. 柄形器石柄（M97D1∶03）

6、7、9. 蚌片（M97∶2-2、M97∶2-3、M97∶2-1）　8. 海贝（M98D1∶03-1）　11. 柄形器（M95D1∶02）　15. 玉璧改制器（M95D1∶03）

浅槽，长1.6、宽0.5、厚0.1厘米。另有不规则玉片2个，长0.8—1、宽0.4—0.6、厚0.1厘米。蚌饰1个，标本M97D1∶02，残，仅能辨其为长方形薄蚌片。

陶豆　1件。标本M97D1∶04，圈足残缺，泥质灰陶。微敛口，方唇，唇面有一周凹槽，浅折盘，细柄，上有一道明显凸棱。口径16.4、厚0.8厘米（图一五九∶1）。

陶簋　1件。标本M97∶1，泥质灰陶。敞口，卷沿微折，沿面平斜，圆唇，浅折腹，高圈足较细，圈足外撇，且有一较宽小平台。腹部饰4个对称分布的乳钉纹，其上下各饰两周旋纹；柄中部饰两周旋纹，其下有一道凸棱。口径20.3、腹最大径18.2、底径13.8、通高16.4、圈足高7.2厘米（图一五九∶8；图版二一∶6）。

蚌饰　共3件。标本M97D1∶02，为白色蚌饰，已残破成数片，无法辨认器形。

漆器　1件。标本M97∶2，漆木已朽，仅见漆痕和附属蚌泡8枚、蚌片9件：

蚌泡　共8枚。形制相同，均为圆形。正面隆起，呈扁半球状，背面平直，无钻孔。球面中心和器身的边缘均涂有一周红漆。标本M97∶2-4，直径2.6、厚0.7厘米（图一六七∶3）。标本M97∶2-5，直径2.7、厚0.8厘米（图一六七∶2）。标本M97∶2-6，直径2.7、厚0.8厘米（图一六七∶1）。

蚌片　共9件，均为小薄片。长方形6件，均残。标本M97∶2-2，长1.6、宽1、厚0.1厘米（图一六四：6）。圆形1件，残。标本M97：2-1，直径1.5、厚0.2厘米（图一六四：9）。椭圆形2件，较完整。标本M97：2-3，长径2.0、短径0.9、厚0.1厘米（图一六四：7）。

出土状况：漆器位于棺上西南处。从黑木残存痕迹看，呈4—5道圈形分布于台面北部，西南侧残留有红色漆皮。其中有4枚蚌泡等距平铺于最外圈黑木残痕之下，另可见1枚蚌泡位于南侧二层台的壁面上，黑木残痕之间夹杂有若干蚌片。

根据出土时残存的黑木痕迹，推测此件漆器可能为漆盘。根据蚌泡间相对位置和出土位置来看，推测漆盘可能是由于塌落，才形成蚌泡残留于二层台的壁面上。推测此漆盘的复原情况可能是，8枚蚌泡等距外嵌于盘壁一周，盘内饰蚌片9片。

海贝　共3枚。均为白色，面有唇，唇内侧各有一排细齿，背面有一穿孔。标本M97D1：05-1，大体。长2.5、宽1.8、高1.2、孔径0.5厘米（图一六七：13）。标本M97D1：05-2，小体。长2.3、宽1.6、高0.9、孔径0.5厘米（图一六七：7）。标本M97D1：05-3，小体。长2.5、宽1.3、高0.9、孔径0.4厘米（图一六七：10）。

（8）分期年代

该墓所出陶豆浅折盘，柄部细长且有一道凸棱。陶簋圈足较高，领部较长。据此判断该墓年代为西周晚期偏早阶段。

28. 2012FZYM98（图一六五）

（1）墓位与盗扰情况

位于姚家墓地南区。西北距M88约4.7米，西南距M103约5.5米，东南距M102约2.4米，东北距M95约3.1米。

西南角有一盗洞D1。口部呈椭圆形，最大径1.4、深4.6米。贴壁直下延伸至椁室，打破西二层台，扰乱整个椁室。盗洞偏上有陶罐、豆、簋、仿铜鬲、石圭残片及人骨下颌等。

（2）墓向与形制

东西向，墓向273°。

长方形竖穴土坑墓，口小底大，墓口及墓底四角均圆弧。墓壁未见加工痕迹。墓底西宽东窄，平底。墓口长3.1、宽1.9—2.0米，墓底长3.7、宽2.3米，自深4.5米。

（3）填土

上部土色呈红褐色，夹杂有黄色土颗粒，土质较硬；下部土色呈黄褐色，土质疏松，夹杂有红色土颗粒。无夯打痕迹和包含物。

（4）葬具

一棺一椁。棺椁均为东西向放置。

椁长268、宽126厘米。椁盖板共10块，均南北横向放置在二层台上，由西向东长、宽依次为残长64×28、160×24、残长128×28、150×24、148×28、144×26、128×32、156×28、166×26、176×22厘米。椁侧板两端嵌于端板内。西端板长152、宽10厘米，西端距墓壁42厘米，北端距墓壁46厘米；东端板长158厘米，东端距墓壁24厘米，北端距墓壁42厘米；北侧板长252、厚6厘

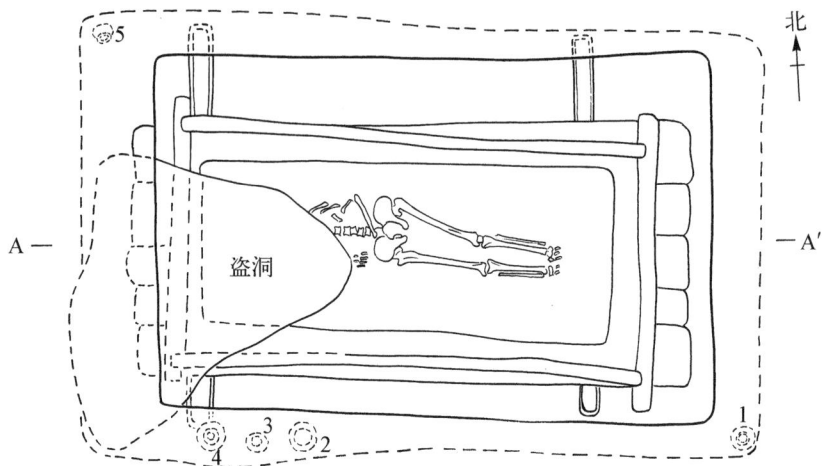

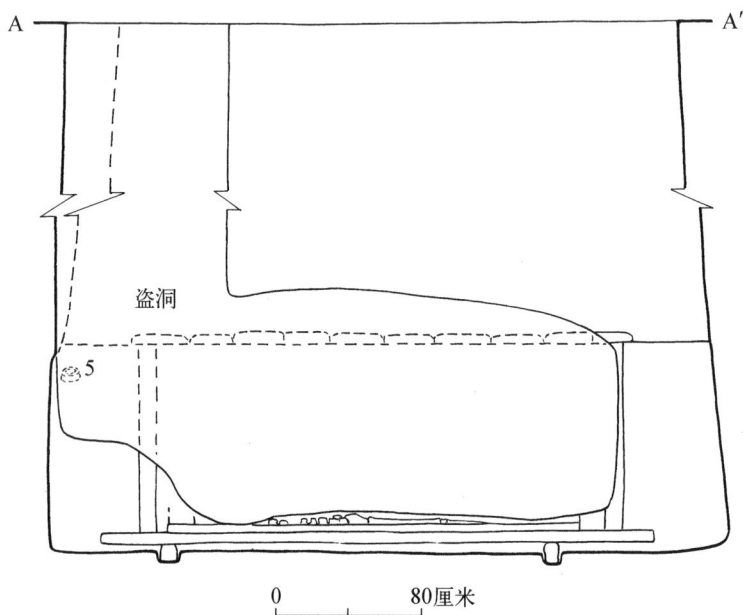

图一六五　2012FZYM98平剖图

1. 素面罐　2. 联裆鬲　3. 敛口罐　4. 旋纹罐　5. 绳纹罐

米，南侧板长258、厚约6厘米。椁底板共5块，均为东西向放置，第二块与第三块西部之间有2厘米的间隙，由南向北长宽依次为302×28—34、302×20、306×20—28、304×26—34、304×30—36厘米。

　　棺长224、西宽86、东宽94厘米。

　　椁下有两道南北向垫木槽，东西向基本平行。东端垫木槽长278、宽10—14、进深6厘米，距东壁92、南端距南壁20、北端距北壁26厘米，西端垫木槽长288、宽10—16、进深6厘米，距西壁

60、南端距南壁20、北端距北壁36厘米。两垫木槽间距为150厘米。槽内各放置一根方形垫木，东垫木长146、直径6厘米，西垫木长150、直径7厘米，两垫木间距152—155厘米。

席位于椁底板上，据残存席纹痕迹可推断当时席是压在椁侧板和端板下的，席略小于椁底板。

（5）墓主

仰身直肢葬，头骨和左上肢被盗扰，无法看清其头向和面向。以残存的情况来看双手放于胸前，下肢略向南倾斜。骨架保存较好。经鉴定，墓主为年龄在40—44岁的男性。

（6）随葬品及其位置

共15件（组）。其中石圭1件（02）、海贝4枚（03）、蚌饰2件（04）、毛蚶23枚（05）、蚌鱼21件（06）、陶篦1件（01）、陶联裆鬲3件（07、08、09）、陶豆柄1件（010）、陶豆盘2件（011、012）、素面罐2件（013、014）、旋纹罐1件（015），均出于盗洞。

在墓葬二层台上东南角出土素面罐1件（1），南椁盖板下13厘米距西壁60厘米处出土陶联裆鬲1件（2），南椁盖板向下15厘米距陶联裆鬲12厘米处出土敛口罐1件（3），南椁盖板下处距陶罐12厘米处出土旋纹罐1件（4），二层台西北角向下12厘米处出土绳纹罐1件（5）。

（7）随葬品介绍

石圭　1件。标本M98D1：02，白色略发黄。扁平状长条形，圭首呈三角形。未开刃，器表及边缘均平直。标本M98D1：02-1，末端残。残长11.6、宽3.8、厚0.3厘米（图一六四：1）。标本M98D1：02-2，可见两侧有内收痕迹。残长3.2、宽3.1、厚0.4厘米（图一六四：13）。

联裆鬲　共4件，均为夹砂灰陶。折沿，沿下角较小，沿面微内凹，束颈，弧裆近平，柱状足，沿面饰两周旋纹，腹部饰旋断竖行细绳纹，旋纹上与足对应部分等距分布三个乳钉纹，足根部绳纹被抹并有被刮削痕迹。标本M98：2，绳纹印痕较浅。口径15.2、通高11.9、厚0.2厘米（图一六六：14；图版二〇：4）。标本M98D1：07，绳纹印痕较浅。口径15.4、通高11.9、厚0.4厘米（图一六六：15；图版二〇：1）。标本M98D1：08，绳纹印痕较清晰。残高10.4、厚0.4厘米（图一六六：13）。标本M98D1：09，口沿残片。折沿，尖圆唇，沿面内凹，沿下角较小。器表素面。残高2.4厘米（图一六六：5）。

素面罐　共3件。标本M98：1，泥质，陶色不均，分别为灰色和灰褐色。侈口，卷沿，圆唇，沿下角大，圆折肩，腹部制作不规整，一侧微弧，一侧微瘪，平底。器表素面，底部隐约可见绳纹。口径9.2、腹最大径13.1、底径8.6、通高11.7、厚0.6厘米（图一六六：2；图版二三：3）。标本M98D1：013，残，仅存腹下部和底部。泥质褐陶。斜直腹，平底。底部饰交错绳纹，印痕模糊。腹最大径15.2、底径9.8、残高8.8、厚0.4厘米（图一六六：3）。标本M98D1：014，残，仅存部分口沿及肩部。泥质褐陶。敞口，厚圆唇，束颈，折肩，肩面斜直。素面。残高6.6、厚0.5厘米（图一六六：8）。

旋纹罐　共2件。标本M98：4，泥质褐陶，敞口，卷沿，尖唇，沿面有小平台，颈部斜直，广折肩，斜腹，平底。肩部近颈部和近折肩处分别饰一周旋纹。底部饰交错绳纹。口径8.8、腹最大径14.0、底径8.9、通高11.6、厚0.6厘米（图一六六：1；图版二三：4）。标本M98D1：015，残存口沿

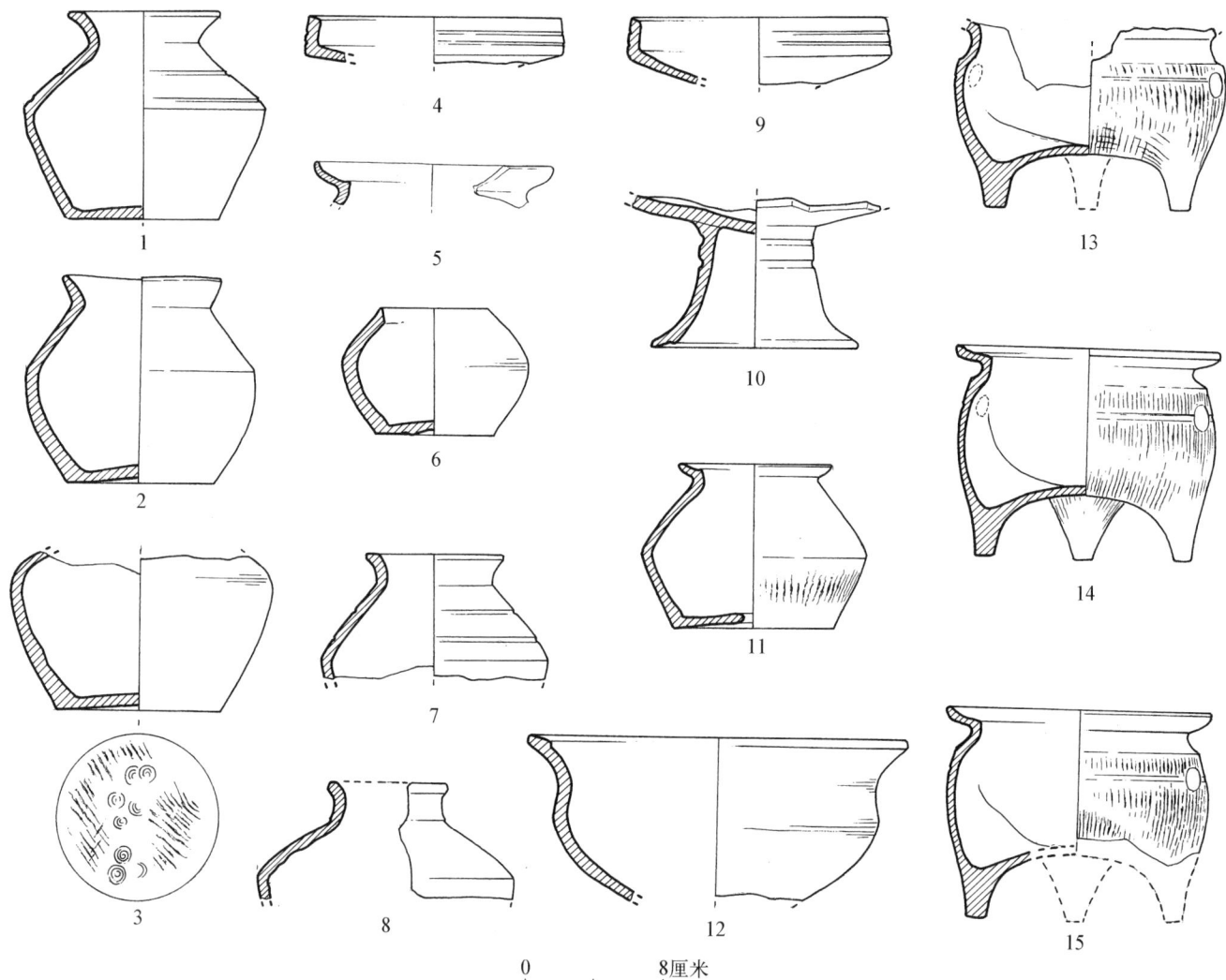

图一六六　2012FZYM98陶器

1、7.旋纹罐(4、D1∶015)　2、3、8.素面罐(1、D1∶013、D1∶014)　4、9.豆盘(D1∶012、D1∶011)
5、13、14、15.联裆鬲(D1∶09、D1∶08、2、D1∶07)　6.敛口罐(3)　10.豆柄(D1∶010)　11.绳纹罐(5)　12.簋(D1∶01)

及肩部。泥质褐陶。侈口，卷沿，尖圆唇，沿面有小平台，圆折肩，束颈。肩部饰两道旋纹。口径8.2、残高7.0、厚0.6厘米（图一六六∶7）。

　　绳纹罐　1件。标本M98∶5，泥质灰褐陶。敞口，折沿，尖唇，沿面微内凹，沿外侧有一周凹槽，沿下角较大，折肩，斜直腹，大平底。腹部隐约可见绳纹，底部饰交错绳纹，器底中心有一圆孔。口径8.9、腹最大径13.0、底径9.5、通高9.2、厚0.5厘米（图一六六∶11）。

　　敛口罐　1件。标本M98∶3，泥质褐陶。敛口，尖唇，圆折肩，弧腹，平底，底部微内凹。通体素面磨光。口径6.6、腹最大径10.8、底径7.0、通高7.2、厚0.6厘米（图一六六∶6）。

　　簋　1件。仅残存部分口沿及腹部、底部。标本M98D1∶01，泥质灰陶。敞口，斜直颈，卷沿，圆唇，沿面有一小平台，深鼓腹，腹下部圜收。喇叭状圈足，上有一小平台，小平台上有一道凹槽。

器表素面。口径22.0、残高9.0、厚0.8厘米（图一六六：12）。

豆盘　共2件。皆残。一件口微敛，另一件敛口明显，且盘壁高度亦不相同，因此二者并非同一个体。均为泥质灰陶。敛口，方唇，唇面有一周凹槽，浅折盘。盘壁上饰两周旋纹。标本M98D1：011，口径14.8、残高4.0、厚0.5厘米（图一六六：9）。其陶质、陶色与M98：010相同，二者可能为1件。标本M98D1：012，口径15.0、残高2.9、厚0.6厘米（图一六六：4）。

豆柄　1件。仅残留豆柄及部分圈足。标本M98D1：010，泥质灰陶。柄较粗，中部偏上有一道明显凸棱，喇叭状圈足，上有一小平台。底径12.0、残高8.6、厚0.6厘米（图一六六：10）。

蚌饰　2件。蚌坠饰，均为白色，形制相同。整体呈圆锥状，蚌体自头端向尾端缓收渐细。头端处有一双面钻穿孔，孔下刻有一周凹槽，至尾端处刻有数道螺旋状凹槽环绕蚌体。标本M98D1：04-1，长4.3、截面直径0.7、孔径0.1厘米（图一六四：3）。标本M98D1：04-2，长4.4、截面直径0.7厘米（图一六四：2）。

毛蚶　23枚。单扇，均在壳顶处有穿孔，扇面有长条形皱折纹。标本M98D1：05-1，大体。长4.7、宽3.7、厚1.9、孔径0.6厘米（图一六七：15）。标本M98D1：05-2，大体。长4.7、宽4.0、厚1.8、孔径0.4厘米（图一六七：12）。标本M98D1：05-3，大体。长4.2、宽3.6、厚1.7、孔径0.2厘米（图一六七：9）。标本M98D1：05-4，小体。长3.1、宽3.5、厚1.4、孔径0.2厘米（图一六七：6）。标本M98D1：05-5，小体。长2.7、宽3.3、厚1.8、孔径0.3厘米（图一六七：5）。标本M98D1：05-6，

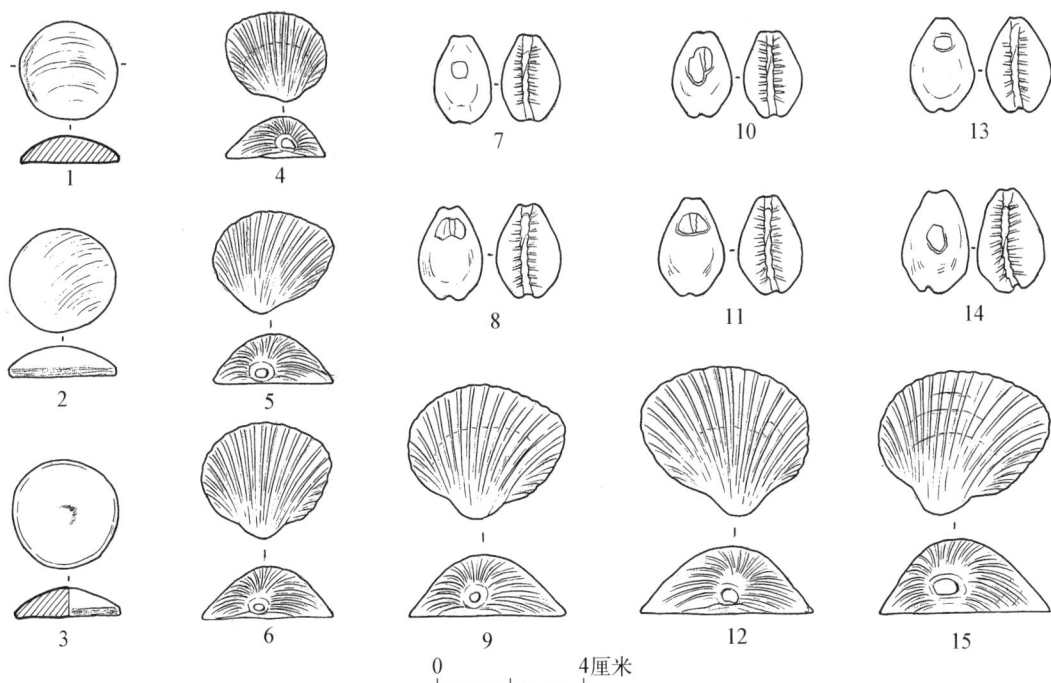

图一六七　2012FZYM97、M98海贝、蚌泡、毛蚶

1、2、3.蚌泡（M97：2-6、M97：2-5、M97：2-4）　4、5、6、9.毛蚶（M98D1：05-6、M98D1：05-5、M98D1：05-4、M98D1：05-3）
12、15.毛蚶（M98D1：05-2、M98D1：05-1）　7、8、10、11.海贝（M97D1：05-2、M98D1：03-4、M97D1：05-3、M98D1：03-3）
13、14.海贝（M97D1：05-1、M98D1：03-2）

小体。长2.7、宽2.4、厚1.1、孔径0.3厘米(图一六七:4)。

蚌鱼　21件。残损严重。均为白色,扁平片状,天然略经磨制。其中可辨6件有单面钻穿孔,可辨4件尾部,均为分尾。标本M98D1:06-1,残长4.8、宽2.3、厚0.2、孔径0.2厘米(图一六四:14)。标本M98D1:06-2,半圆形,一边为锯齿状。长3.2、宽1.4、厚0.1厘米(图一六四:12)。标本M98D1:06-3,残长3.4、宽2.5、厚0.2厘米(图一六四:10)。标本M98D1:06-4,残长4.2、宽1.8、厚0.1、孔径0.1—0.3厘米(图一六四:4)。

海贝　4枚。形制相同,大小不一。均为白色,面有唇,唇内侧各有一排细齿,背面有一穿孔。标本M98D1:03-1,大体。长2.0、宽1.5、高0.8、孔径0.9厘米(图一六四:8)。标本M98D1:03-2,大体。长2.8、宽1.8、高1.4、孔径0.8厘米(图一六七:14)。标本M98D1:03-3,大体。长2.6、宽1.8、高1.0、孔径0.9厘米(图一六七:11)。标本M98D1:03-4,大体。长2.5、宽1.7、高1.1、孔径0.8厘米(图一六七:8)。

(8)分期年代

该墓所出联裆鬲折沿,沿下角较小,沿面内凹其上有两道旋纹。陶罐器体矮小。据此判断,该墓年代为西周晚期偏早阶段。

29. 2012FZYM101(图一六八)

(1)墓位与盗扰情况

位于姚家墓地南区。东南距M103约5.6米,东北距M97约10米。

中部有1个盗洞D1,口部呈椭圆形,直径0.5—0.7米,直下延伸至椁室,打破生土,破坏棺椁中部,出土少量陶片,可能为陶鬲的残片。

(2)墓向与形制

东西向,墓向260°。

长方形竖穴土坑墓,口底同大。墓口西宽东窄,墓口墓角圆弧,近直角。墓壁较规整,未见工具加工痕迹。平底。墓口及墓底均长3.2、宽1.6米,自深5.6米。

(3)填土

土质坚硬,土色呈浅褐色,有明显的夯打痕迹与夯窝,含少量的红色颗粒。无包含物。

(4)葬具

一棺一椁。棺椁均为东西向放置。

椁长198、东宽108、西宽112、高40厘米。椁盖板、侧板、端板、底板均形制不明。

棺长184、宽72厘米,高度不详。

墓底及墓壁中均可见垫木槽,东端垫木槽延伸入南壁2、延伸入北壁4厘米;西端垫木槽延伸入南壁6、延伸入北壁6厘米。椁下放置两根方形垫木,东侧垫木长172、宽10、入墓壁4厘米,西垫木长180、宽10、伸入墓壁4厘米。两垫木间距162厘米。

(5)墓主人

盗扰严重,未见墓主骨架。盗洞内发现有一下颌骨,经鉴定可能为一中年女性。

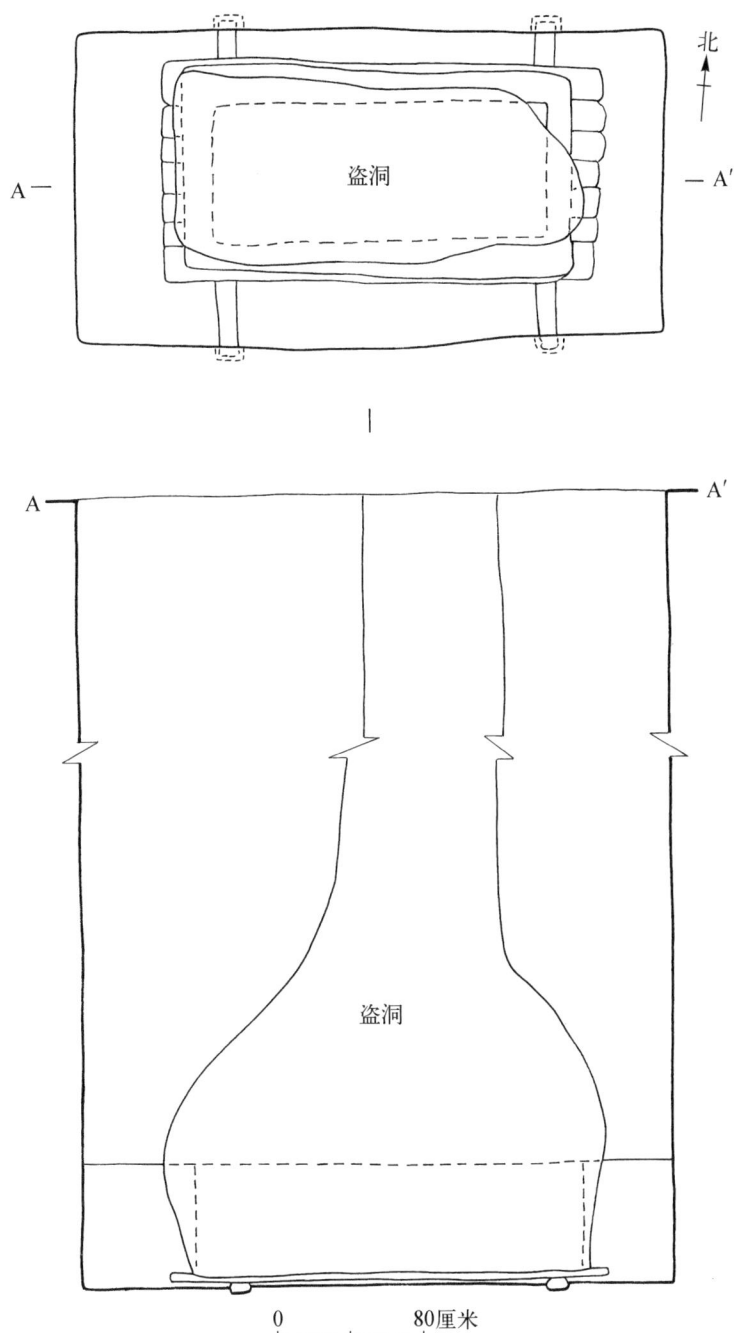

图一六八 2012FZYM101平剖图

（6）随葬品及其位置

共7件（组）。包括素面罐1件（01），出土于盗洞底部。海贝25枚（03）、蚌泡6枚（04）、蚌鱼25件（05）、陶簋2件（02、06）、陶联裆鬲足根1件（07）。

（7）随葬品介绍

素面罐 1件。标本M101D1：01，泥质灰陶。整体矮胖。敞口，平折沿，尖唇，沿面有小平台，束颈，圆折肩，直腹，下腹微斜收，大平底。腹部近底部饰楔形绳纹，底部饰交错绳纹。口径8.2、器身最大径12.3、底径9.2、通高9.8、厚0.2厘米（图一七二：4）。

簋　共2件。均夹砂灰陶。标本M101D1：02，整体较矮。敞口，卷沿，圆唇，鼓腹，圈足近直，较矮，微撇，圈足上有一窄小平台。沿外侧饰旋断绳纹，腹上部及圈足饰竖行中绳纹，印痕较浅。口径18.8、腹最大径15.5、底径9.0、通高12.2、厚0.3厘米（图一七二：9；图版二一：3）。标本M101D1：06，仅残存部分口、腹部及圈足，无法拼合，但从陶质、陶色判断二者属于同一个体。标本M101D1：06-1，圈足残片。底径10.0、残高4.4、厚0.2厘米（图一七二：5）。标本M101D1：06-2，口沿残片。尖唇，沿外侧及腹部残留部分饰绳纹，印痕较浅。口径19.2、残高6.8、厚0.2厘米（图一七二：8）。

联裆鬲高足根　1件，为属于同一个体的三个鬲足。残存部分腹部及足部。标本M101D1：07，夹砂灰陶。弧裆近平，柱状足。腹部饰竖行中绳纹，裆部饰交错绳纹，印痕较清晰。足部绳纹被抹并有刮削痕迹，其中一件腹部有一乳钉。残高9.0厘米（图一七二：3）。

蚌泡　6枚。均为白色，圆形，扁平状。表面微鼓，平底。中心有双面钻孔，正面边缘和中心均涂有一周红漆。标本M101D1：04-1，直径1.9、厚0.3、孔径0.2厘米（图一六九：8）。标本M101D1：04-2，直径1.9、厚0.3、孔径0.3厘米（图一六九：4）。标本M101D1：04-3，直径1.6、厚0.5、孔径0.3厘米（图一六九：1）。标本M101D1：04-4，直径1.7、厚0.4、孔径0.3厘米（图一六九：11）。标本M101D1：04-5，直径1.6、厚0.3、孔径0.4厘米（图一六九：5）。

蚌鱼　25件。大部分已残，形制不辨。其中两件有双面钻穿孔，两件可辨尾部，另有三件蚌体有朱砂。标本M101D1：05-1，残长5.3、宽1.6、厚0.2厘米（图一六九：17）。标本M101D1：05-2，可见分尾。残长3.4、宽1.5、厚0.2厘米（图一六九：16）。标本M101D1：05-3，头部有穿孔。残长4.8、宽1.8、厚0.2、穿孔0.2厘米（图一六九：15）。

海贝　25枚。形制相同，大小不一。均为白色，面有唇，唇内侧各有一排细齿，背面有一

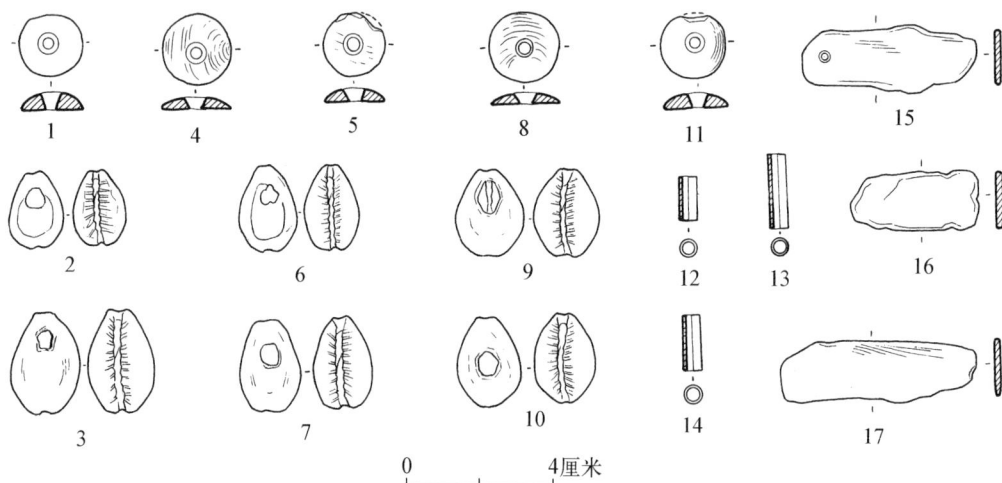

图一六九　2012FZYM101、M102海贝、蚌器、料管

1、4、5、8、11. 蚌泡（M101D1：04-3、M101D1：04-2、M101D1：04-5、M101D1：04-1、M101D1：04-4）
2、3、6、7. 海贝（M101D1：03-3、M102：2-3、M101D1：03-2、M101D1：03-1）　9、10. 海贝（M102：2-1、M102：2-2）
12、13、14. 料管（M102：1-3、M102：1-1、M102：1-2）　15、16、17. 蚌鱼（M101D1：05-3、M101D1：05-2、M101D1：05-1）

穿孔。标本M101D1：03-1，小体，小穿孔。长2.4、宽1.6、高0.7、孔径0.6厘米（图一六九：7）。标本M101D1：03-2，小体，小穿孔。长2.3、宽1.5、高1.2、孔径0.5厘米（图一六九：6）。标本M101D1：03-3，小体，小穿孔。长2.0、宽1.4、高0.9、孔径0.5厘米（图一六九：2）。

（8）分期年代

该墓所出陶鬲裆部低平。陶罐器体矮小。据此判断该墓年代为西周中期偏晚阶段。

30. 2012FZYM102（图一七〇；图版九：1）

（1）墓位与盗扰情况

位于姚家墓地南区。北距M95约6.9米，西北距M98约2.4米，西南距M104约2.4米，东南距M105约4.2米，东北距M99约4.0米。

保存完整，未经盗扰。

（2）墓向与形制

东西向，墓向268°。

长方形竖穴土坑墓，口底同大。墓口及墓底四角微弧近直。墓壁上部与下部均为直壁，墓壁中部向外微扩。墓壁未见工具加工痕迹。平底。墓口与墓底均长2.4、宽1.0米，自深2.6米。

（3）填土

红褐色五花土，土质疏松，红色颗粒较小，无夯打痕迹。无包含物。

（4）葬具

单棺。棺长214、宽56厘米，高度不详。

棺下有两道南北向垫木槽，东西向基本平行。东垫木槽长157、宽12厘米，西垫木槽长148、宽10—12厘米，两垫木槽间距为150厘米。内各放置一根长方形垫木，东垫木长146、直径6厘米，西垫木长150、直径7厘米，两垫木间距152—155厘米。

（5）墓主人

人骨保存较好，墓主头向西，仰身直肢，双手交叉于腹部。经鉴定，为20岁左右的女性。

（6）随葬品及其位置

共2组。其中墓主头部南侧出土料管一组共11件（1），头部下侧出土海贝16枚（2），人骨口部出土口含1件（3）。

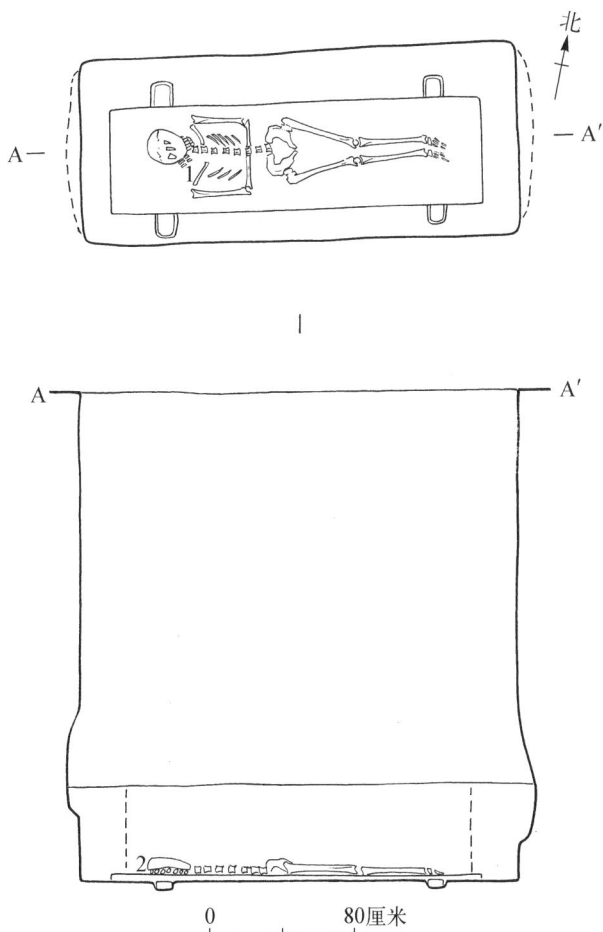

图一七〇　2012FZYM102平剖图

（7）随葬品介绍

料管　共11件。其中9件完整，2件残缺。长短不一，有蓝色和绿色两种。圆管状，中空。标本M102：1-1，蓝色。长2.0、截面直径0.5、孔径0.3厘米（图一六九：13）。标本M102：1-2，绿色。长1.5、截面直径0.5、孔径0.3厘米（图一六九：14）。标本M102：1-3，绿色。长1.3、截面直径0.5、孔径0.3厘米（图一六九：12）。

海贝　共16枚。均为白色，面有唇，唇内侧各有一排细齿，背面有一穿孔。标本M102：2-1，小体，小穿孔。长2.3、宽1.8、高1.2、孔径0.9厘米（图一六九：9）。标本M102：2-2，小体，小穿孔。长2.3、宽1.7、高1.0、孔径0.6.厘米（图一六九：10）。标本M102：2-3，大体，小穿孔。长2.7、宽1.8、高1.4、孔径0.3厘米（图一六九：3）。

口含　1件。标本M102：3。为海贝，残损严重，仅剩一半，白色，并覆有一层淡黄色钙质，面有唇，唇有细齿。长2.4、残宽0.6、高1.4厘米。

（8）分期年代

期别不明。

31. 2012FZYM103（图一七一）

（1）墓位与盗扰情况

位于姚家墓地南区。西北距M101约5.6米，南距M107约3.8米，东南距M104约2.5米，东北距M98约5.6米。

西南角有一盗洞D1。口部呈椭圆形，直径0.8—0.9米，打破西南壁，贴壁直下延伸至椁室，破坏棺的西南部，出有陶罐、豆及人骨等。

（2）墓向与形制

东西向，墓向265°。

长方形竖穴土坑墓，口大底小。墓口及墓底四角微弧，近直角。墓壁未见工具加工痕迹。平底。墓口长2.6、宽1.3米，墓底长2.5、宽1.2米，自深3.9米。

（3）填土

红褐色五花土，土质松软，红色颗粒较小，未见有夯打痕迹。无包含物。

（4）葬具

单棺。

棺长210、宽80厘米。

（5）墓主人

骨架保存较好，头骨在盗洞内，其他保存完整。从人骨的四肢判断，头骨朝西，仰身直肢，双手交叉于腹部。依据肢骨等特征推断墓主35—39岁的男性，依据下颌骨等特征推断墓主为50岁左右的男性。

（6）随葬品及其位置

共5件。人骨口部出土口含2件（1），另有绳纹罐2件（01、02）、陶豆1件（03）、陶圈足1件

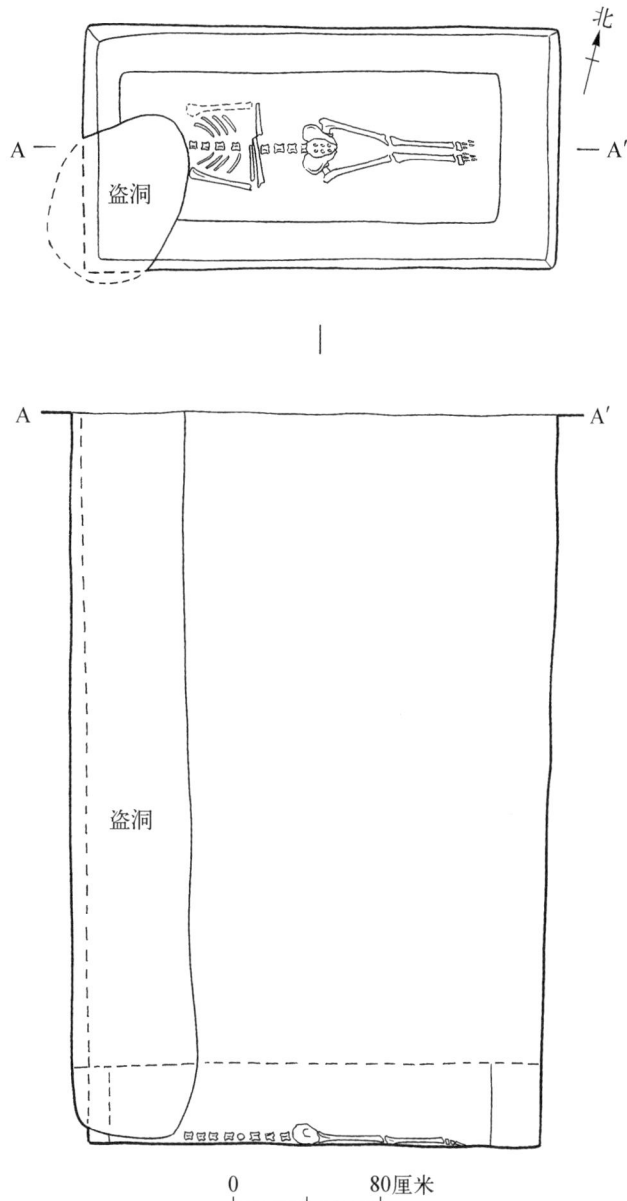

图一七一　2012FZYM103平剖图

（04），均出于盗洞。

（7）随葬品介绍

绳纹罐　共2件。均为夹砂灰陶。沿面近平，沿面有一小平台，沿下角较大。标本M103D1∶01，整体瘦高。口微侈，卷沿，尖圆唇，折肩，腹部斜直，平底。腹近肩处饰有两周旋断绳纹，腹下部饰绳纹，印痕较浅。口径8.9、器身最大径13.2、底径7.6、通高15.8厘米（图一七二∶6；图版二三∶2）。标本M103D1∶02，整体瘦高。侈口平折沿，圆唇，圆折肩，下腹斜收，平底。腹上部及近底部饰斜行粗绳纹，印痕模糊。口径9.6、器身最大径13.9、底径7.6、通高16.6、厚0.2厘米（图一七二∶1）。

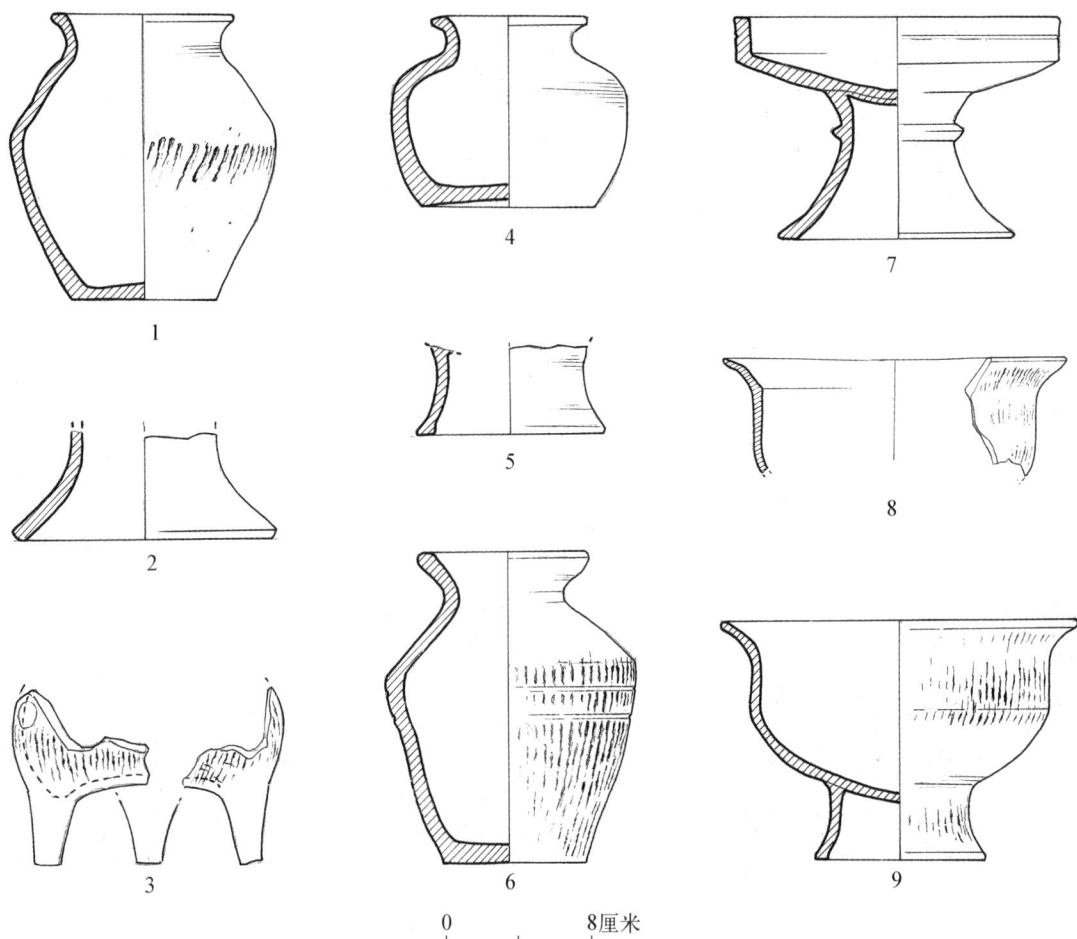

图一七二　2012FZYM101、M103陶器

1、6. 绳纹罐（M103D1：02、M103D1：01）　2 圈足（M103D1：04）　3 联裆鬲足根（M101D1：07）　4 素面罐（M101D1：01）
5、8、9 陶簋（M101D1：06-1、M101D1：06-2、M101D1：02）　7 豆（M103D1：03）

豆　1件。标本M103D1：03。泥质灰陶。直口微敛，方唇，唇面有一周凹槽。浅盘细柄，柄上部有一道明显凸棱，圈足外撇，上有一较宽小平台。盘壁饰两周旋纹。口径18.8、底径9.0、通高12.4、圈足高3.0、厚0.6厘米（图一七二：7）。

圈足　1件。标本M103D1：04，泥质黑陶。喇叭状圈足，足部方唇。通体素面。底径13.4、残高5.4、厚0.6厘米（图一七二：2）。

口含　共2件。标本M103：1，均为海贝。均小体。白色，表面覆一层淡黄色钙质，面有唇，唇有细齿，龟背面有一穿孔，钻孔均较小。一枚长1.8、宽1.9、高0.6、孔径0.5厘米，另一枚长2.4、宽1.7、高1.3、孔径1.0厘米。

（8）分期年代

该墓所出陶豆浅盘细柄，柄部有一道明显凸棱。绳纹罐整体矮胖。据此判断该墓年代为西周中晚期之际。

32. 2012FZYM104（图一七三）

（1）墓位与盗扰情况

位于姚家墓地南区。北距M98约2.4米，西北距M103约2.5米，西南距M107约3.1米，南距M109约5.7米，东距M105约4.4米，东北距M102约3.8米。

未经盗扰。

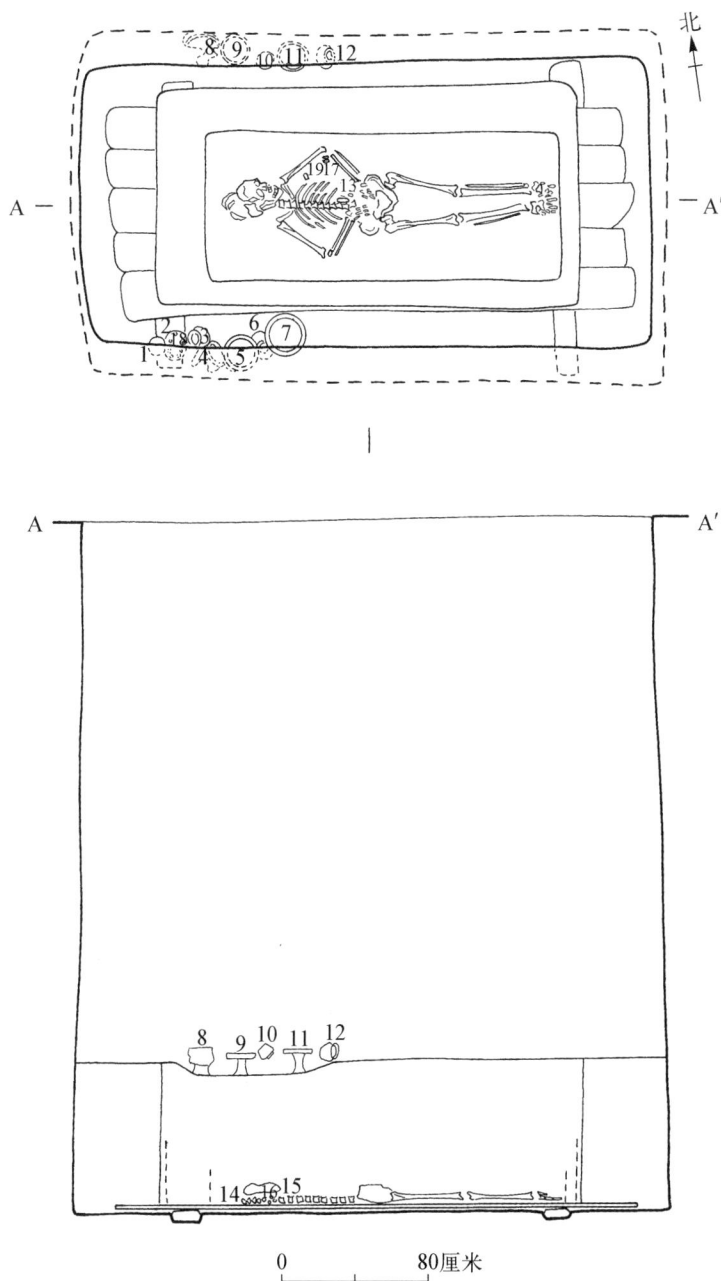

图一七三　2012FZYM104平剖图

1、2. 漆器　3、6、10. 绳纹罐　4. 联裆鬲　5、7、8. 陶簋　9、11. 陶豆　12. 素面罐

（2）墓向与形制

东西向,墓向273°。

长方形竖穴土坑墓,口小底大。墓口东宽西窄,墓口及墓底四角较弧。墓壁经修整较规整,但未见工具痕迹。墓底东宽西窄,平底。墓口长3.2、西宽1.4、东宽1.5米,墓底长3.3、东宽1.9、西宽1.8米,自深3.7米。

（3）填土

土质较硬,土色呈黄褐色,夹杂少量的红色颗粒,分布较均匀,未见夯打痕迹,无包含物。

（4）葬具

一棺一椁。棺椁均为东西向放置,棺放置于椁中间位置,椁下有两根垫木,均为南北向放置,东西向基本平行。

椁长230、西宽112、东宽120、高约76厘米。椁盖板、侧板、端板形制不明。椁底板共5块,均东西向放置,由南向北长、宽依次为286×30、286×22、290×26、284×20、280×22厘米。棺长194、宽80厘米,高度不详。

椁下放置两根长方形垫木,无垫木槽,东边垫木的南端较弯曲。东端垫木长152、宽12—16厘米,西端垫木长150、宽10—20厘米,两垫木均厚4厘米。

（5）墓主人

人骨架保存较好,均粘有朱砂。头朝西,面向上,仰身直肢,双手交叉于腹部。经鉴定,墓主为年龄在35—40岁的男性。

（6）随葬品及其位置（图版二四：2）

共19件（组）。其中墓葬内南二层台西端共出土漆器2件（1、2）、2号漆器内出土蚌泡7个（18）,绳纹罐3件（3、6、10）、陶联裆鬲1件（4）、陶簋2件（5、7）。北二层台西端出土陶簋1件（8）、陶豆2件（9、11）、素面罐1件（12）。墓主腹部出土柄形器玉柄1件（13）,墓主头骨下部出土海贝56枚（14）、口含（玉残片）13件（15）、口含（玉珠）5个（16）、口含（海贝）3枚（20）。墓主左肱骨处出土柄形器玉附饰13件（17）,墓主胸部出土柄形器蚌托1件（19）。

（7）随葬品介绍

柄形器　1件。复合体,包括玉柄1个,蚌托1个,玉附饰13个（图一七四；彩版一四：2）。复原为柄形器的第一层。玉柄1个。标本M104：13-6,墨绿色,扁平片状。平顶,束颈,以两周旋纹作为颈部分界,两侧斜直微弧至底端抹角,底部磨薄,器身表面一侧有一道平直切割痕迹,另一侧两道。长7.9、宽2.6、厚0.2厘米（图一七五：23）。蚌托1个。标本M104：19,宽长方体,窄面有一个圆形单面穿孔。长1.5、宽1.0、厚0.5、孔径0.3厘米（图一七五：13）。玉附饰13个。带犬齿状扉棱长玉条1个。标本M104：17-1,残。一端尖、一端平,尖端较平,平端残损,长边饰两个犬齿状扉棱,一个较宽犬齿状缺口,另一边平直。长4.1、宽0.6、厚0.2厘米（图一七五：22）。方齿缺口短玉条4个,其中一片平端残断。一端尖、一端平,尖端较平,平端有一道凸棱且向短边侈出,长边有一个方齿状缺口,短边平直。标本M104：13-2,长2.7、宽0.6、厚0.2厘米（图一七五：18）。带浅槽短玉条1个。标本M104：17-2,乳白色,长方形片状,两端起细棱,中部起两个并行宽棱。长

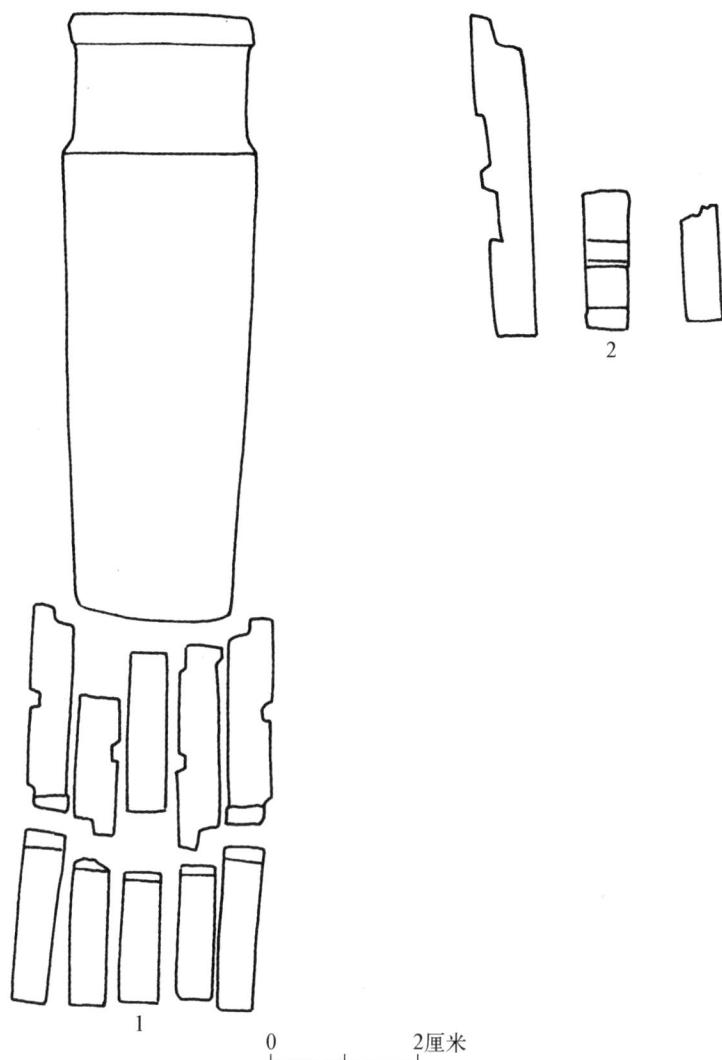

图一七四　2012FZYM104柄形器结构复原图
1. M104：13（第一层）　2. M104：13（第二层）

1.7、宽0.5、厚0.2厘米（图一七五：17）。长方形短玉条7个。一端起细棱玉条4个，其中2个残断。标本M104：13-3，一端起细棱，长2.3、宽0.5、厚0.1厘米（图一七五：20）。标本M104：13-4，较长，长2.1、宽0.5、厚0.1厘米（图一七五：16）。标本M104：13-5，较短，同形制2个，长1.7、宽0.5、厚0.1厘米（图一七五：19）。标本M104：13-1，较长，长5.6、宽0.6、厚0.2厘米（图一七五：21）。

口含　标本M104：15，现存13片。多数为形状不规则的玉残片，大小不一，12件为墨绿色，不规则碎片，其中一件有单面钻孔。1件为青灰色，长方形，两端各起一道凸棱，中间一道凸棱。长1.1、宽0.8、厚0.2厘米（图一七五：15）。标本M104：16，玉珠共5个。大小不一。均为石质，乳白色。扁圆球形。标本M104：16-1，圆形。长径1.3、短径1.2、厚0.7厘米（图一七五：9）。标本M104：16-2，圆形。直径1.3、厚0.6厘米（图一七五：10）。标本M104：16-3，圆形。直径1.0、厚0.6厘米（图一七五：11）。标本M104：16-4，长圆形。长径1.1、短径0.7、厚0.7厘米（图

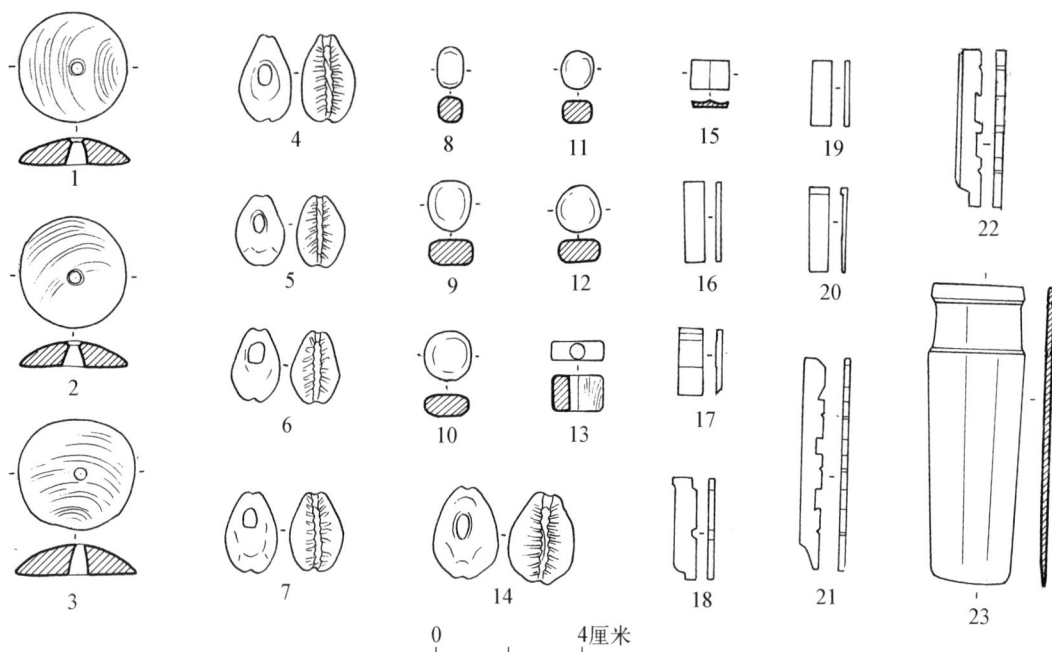

图一七五　　2012FZYM104随葬品

1、2、3.蚌泡（2-3、2-1、2-2）　4、5、6、7、14.海贝（14-2、14-4、14-5、14-3、14-1）　8、9、10、11、12.口含（玉珠）（16-4、16-1、16-2、16-3、16-5）
13.柄形器蚌托（19）　15.口含（玉残片）（15）　16、17、18、19.柄形器玉附饰（13-4、17-2、13-2、13-5）
20、21、22.柄形器玉附饰（13-3、13-1、17-1）　23.柄形器玉柄（13-6）

一七五：8）。标本 M104：16-5，圆形。直径为1.2、厚0.6厘米（图一七五：12）。标本 M104：20，
共3枚。均为海贝，大小不一，均为白色，表面覆一层淡黄色钙质，面有唇，唇有细齿，龟背面有一
穿孔，钻孔均较小。最小的长2.0、宽1.4、高1、孔径0.6厘米，最大者长2.6、宽1.9、高1.4、孔径1.0
厘米。

　　联裆鬲　1件。标本 M104：4，夹砂灰黑陶，整体矮扁。折沿，圆唇，沿面内凹，上饰四周旋
纹。沿下角较小。束颈，浅腹，低裆且平，柱状足，矮且细。腹部饰绳纹，且有三组扉棱，每组有七
个凹口，裆部饰交错绳纹，足部素面似有削过痕迹。通体满布烟炱。口径13.4、通高11.6、厚0.3厘
米（图一七六：3）。

　　簋　共3件。其中两件形制相近。方圆唇。标本 M104：5，夹砂灰陶。直口平折沿，沿面有
两周凹槽，深弧腹，高圈足，较粗，外撇，圈足上有一小平台，小平台上有一周凹槽。腹部平均分布
三组相同纹饰，每组纹饰由两周旋纹组成。在每组旋纹之间饰等距的乳丁纹5个，共10个，上下
两组乳丁纹呈波浪状交错分布。口径20.6、腹最大径18.9、底径15.0、通高16.2、圈足高7.0、厚0.3
厘米（图一七六：9；图版二一：5）。标本 M104：7，夹砂灰陶。直口，平折沿，沿面有两周凹槽，
深弧腹，高圈足，较粗，外撇，圈足上有一小平台，小平台上饰一周弦纹。腹部平均分布三组相同
纹饰，每组纹饰由两周旋纹组成。在每组旋纹之间饰等距的乳丁纹5个，共10个，上下两组乳丁
纹呈波浪状交错分布。口径21.6、腹最大径20.4、底径16.1、通高16.6、圈足高7.8、厚0.3厘米（图
一七六：10）。标本 M104：8，泥质灰陶，敛口，方唇，鼓腹，腹部最大径低，圈足粗且矮，外撇。圈

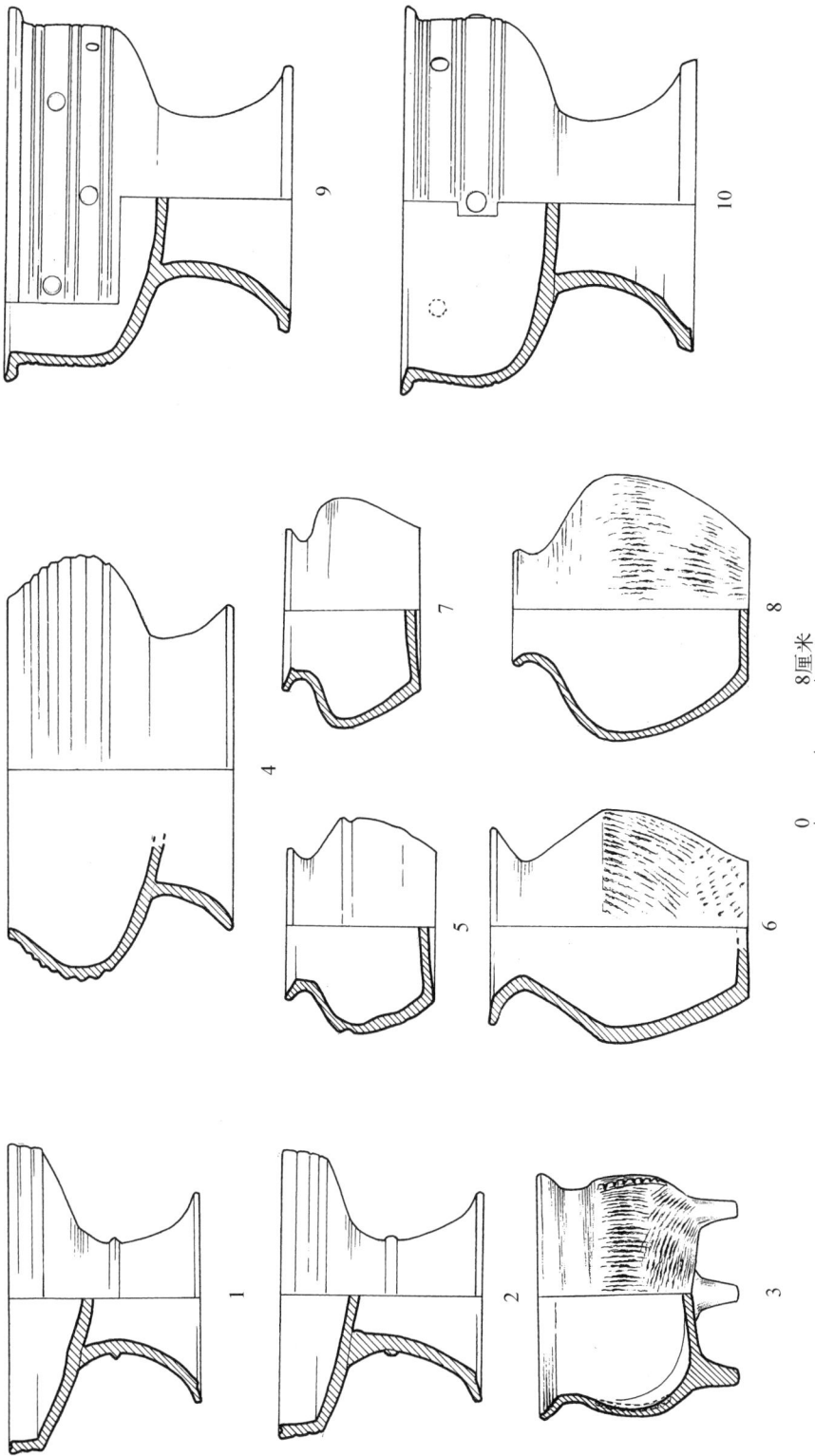

图一七六　2012FZYM104陶器

1.2.豆（11,9）　3.联裆鬲（4）　4.9.10.盨（8,5,7）　5.旋纹罐（10）　6.8.绳纹罐（3,6）　7.素面罐（12）

足上为方唇,唇面上有一周凹槽。腹部饰七周瓦楞纹,覆盖整个腹部。口径19.1、腹最大径23.4、底径18.2、通高12.8、厚0.6厘米(图一七六:4;图版二二:2)。

豆　共2件。形制相近,均为泥质灰陶。方唇,唇面有凹槽,浅折盘,高圈足,柄部较细,圈足外撇,中部有凸棱,圈足底部隐约可见一小平台,并微内凹。标本M104:9,凸棱较粗。盘壁饰三周旋纹。口径16.0、底径11.5、通高11.8、豆柄高7.0、厚0.6厘米(图一七六:2)。标本M104:11,凸棱较细。盘壁饰两周旋纹。口径17.5、底径11.6、通高11.2、豆柄高6.2、厚0.5厘米(图一七六:1)。

绳纹罐　共2件。标本M104:3,泥质灰陶。卷沿尖圆唇,沿面有一较宽小平台,沿下角较大,束颈,圆折肩,腹微弧近直,平底。腹部饰绳纹,腹部近底部饰交错绳纹,印痕模糊。口径11.1、腹最大径12.9、底径7.6、通高14.9、厚0.2厘米(图一七六:6)。标本M104:6,泥质灰陶。敞口,卷沿圆唇,沿下角较大,微束颈,圆肩,深弧腹,弧收至底部,平底。腹部饰绳纹,印痕模糊。口径6.4、腹最大径14.9、底径7.9、通高13.6、厚0.5厘米(图一七六:8)。

旋纹罐　1件。标本M104:10,夹砂灰褐陶。整体矮扁。敞口,折沿,圆唇,沿面微内凹,束颈,圆折肩,腹微弧,腹部较浅,大平底。肩腹交界处有一周凹槽,通体素面。口径8.4、腹最大径11.9、底径8.6、通高8.5、厚0.5厘米(图一七六:5)。

素面罐　1件。标本M104:12,夹砂灰褐陶。整体矮扁。敞口,折沿,尖唇,沿面微内凹,束颈,圆折肩,腹微弧,腹部较浅,大平底。口径9.0、腹最大径13.0、底径8.9、通高7.8、厚0.5厘米(图一七六:7)。

漆器　共7件。残破严重,仅残留蚌泡7枚,其中1枚残。形制相近,大小相近。均为白色,圆形,扁平状。表面微鼓,平底。中心有双面钻孔,正面边缘和中心均涂有一周红漆。标本M104:2-1,直径3.0、厚0.7、孔径0.4厘米(图一七五:2)。标本M104:2-2,直径2.9、厚0.8、孔径0.3厘米(图一七五:3)。标本M104:2-3,直径2.9、厚0.7、孔径0.3厘米(图一七五:1)。

海贝　共56枚。均为白色,面有唇,唇内侧各有一排细齿。背面有一穿孔,部分体表残留有朱砂痕迹。标本M104:14-1,小穿孔,大体。长2.4、宽1.8、高1.2、孔径0.6厘米(图一七五:14)。标本M104:14-2,小穿孔,大体。长2.3、宽1.4、高1.0、孔径0.6厘米(图一七五:4)。标本M104:14-3,小穿孔,小体。长2.1、宽1.4、高0.9、孔径0.5厘米(图一七五:7)。标本M104:14-4,小穿孔,小体。长1.9、宽1.3、高0.8、孔径0.5厘米(图一七五:5)。标本M104:14-5,小穿孔,小体。长2.0、宽1.3、高0.8、孔径0.5厘米(图一七五:6)。

(8)分期年代

该墓所出陶鬲整体矮扁,沿下角较小,束颈,裆部低平。陶豆浅盘细柄,柄部有一道凸棱;陶罐器形矮扁,束颈。据此判断,该墓年代为西周中晚期之际。

33. 2012FZYM105(图一七七)

(1)墓位与盗扰情况

位于姚家墓地南区,与M108、M110、M123、M127南北成列。西北距M102约4.2米,西距M104约4.4米,南距M108约2.0米。

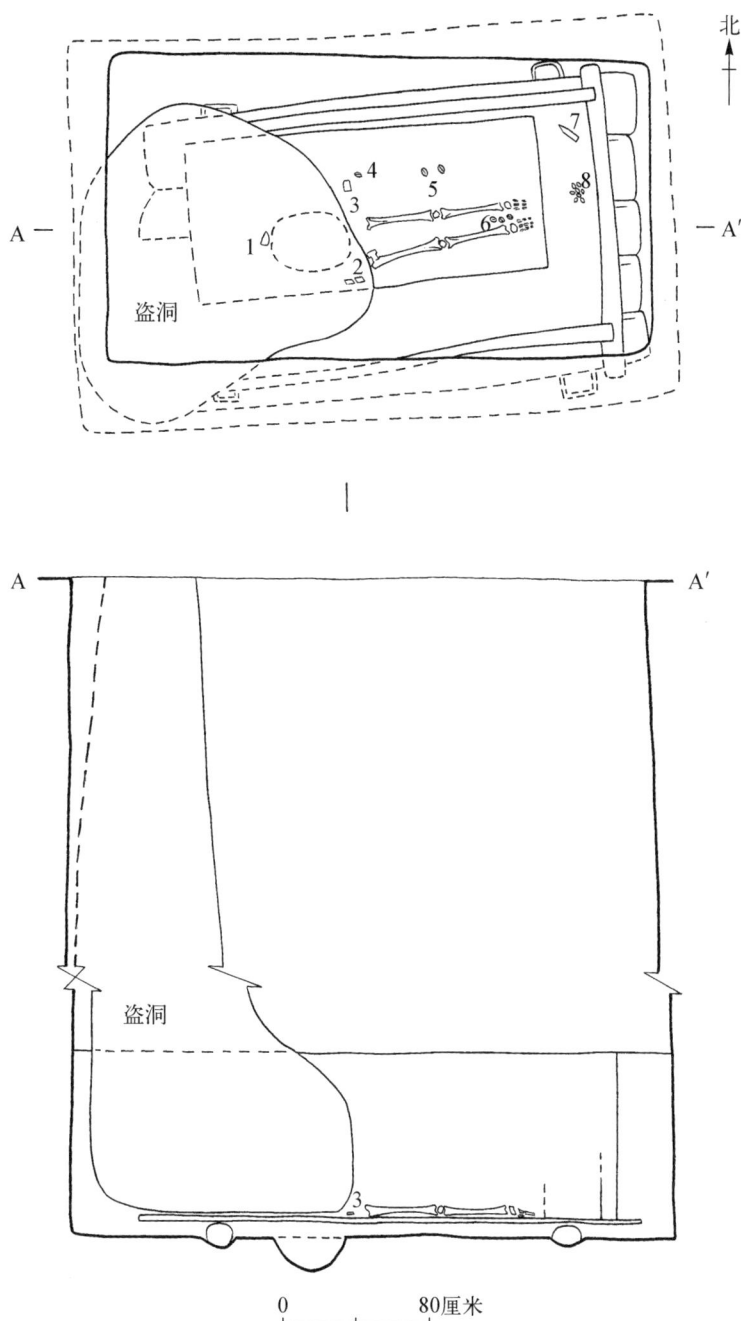

图一七七　2012FZYM105平剖图

1、2. 石鱼　3、7. 石圭　4、5、6、8. 海贝

　　西南角有一盗洞D1,口部呈椭圆形,口径为78—90厘米,打破墓壁至2.4米处,直下延伸至椁室,扰乱棺椁西端及西端垫木,盗洞底部出有少量陶器残片。

　　(2)墓向与形制

　　东西向,墓向270°。

长方形竖穴土坑墓，口小底大，墓口及墓底均西宽东窄。墓口及墓底均圆弧。墓壁经修整较光滑，但未见加工痕迹。平底。墓口长3.0、东宽1.4、西宽1.5米，墓底长3.3、西宽1.9、东宽1.8米，自深5.2米。

墓室底部人骨盆骨处有1椭圆形腰坑，坡底。长径0.4、短径0.3、深0.2米。

（3）填土

土质上部较硬，下部较疏松，土色均为红褐色，未见任何夯打痕迹，无包含物。

（4）葬具

一棺一椁。棺椁均为东西向放置。

椁长274、宽142、高80厘米。椁盖板形制不明，端板、侧板仅能判断为椁侧板两端嵌于端板内，尺寸不详。椁底板共5块，均为东西向放置，由南向北长、宽依次为残长214—224×24厘米，第四块274×26—32厘米，第五块274×26—30厘米。

棺西宽东窄，长194、东宽76、西宽82厘米。

椁下有两道南北向垫木槽，东西向基本平行。西端垫木槽长164、宽12—16厘米，东端垫木槽较弯曲，长约148、宽12—16厘米，进深均为4厘米。内各放置一根圆形垫木，东垫木长146、直径6厘米，西垫木长150、直径7厘米，两垫木间距152—155厘米。

（5）墓主人

人骨架保存较差，股骨以上全部被盗扰，仰身直肢葬，头向西。经鉴定，墓主为一成年男性。

（6）殉牲

在腰坑中发现少量小型动物骨骼，已为粉末状。

（7）随葬品及其位置

共9件（组）。另有小口圆肩罐1件（02）、绳纹罐1件（03）、素面罐1件（04）、陶豆1件（01），出于盗洞。

墓葬中棺内西端偏北出土石鱼1件（1），西端出土石鱼1件（2），中部石圭1片（3），东北海贝2枚（5）。墓主左股骨北侧出土海贝1枚（4），两胫骨之间海贝3枚（6）。椁室东端垫木槽内出土石圭1件（7）、海贝15枚（8）。

（8）随葬品介绍

石圭　1件。白色，钙化严重。扁平片状，中间厚两边薄。一面平整，一面有中脊，中脊略向一侧倾斜。首端呈三角形，未开刃。标本M105∶3，末端微出榫，中间有圆形缺口。残长3、宽2.7、厚0.1—0.3厘米。标本M105∶7，薄刃，首完整，尾部残缺，脊偏向一侧。残长11.9、宽2.8、厚0.5厘米（图一七八∶19）。

石鱼　共2件。灰白色，钙化严重。均为扁平片状，中间厚两边薄。标本M105∶1，残。可见一道弧鳃线与钻孔痕迹，可能与另一碎片为同一件。残长3.9、孔径0.2、厚0.5厘米（图一七八∶4）。标本M105∶2，首尾两端均残，器表虽经打磨但略显粗糙，可见两侧各有一三角形缺口。表面有朱砂痕迹。残长4.7、宽2.0、厚0.2厘米。可能与另一碎片为同一件（图一七八∶5）。

豆　1件。仅残存部分豆盘及豆柄。标本M105D1∶01，泥质灰陶。微敛口，方唇，浅弧盘，柄

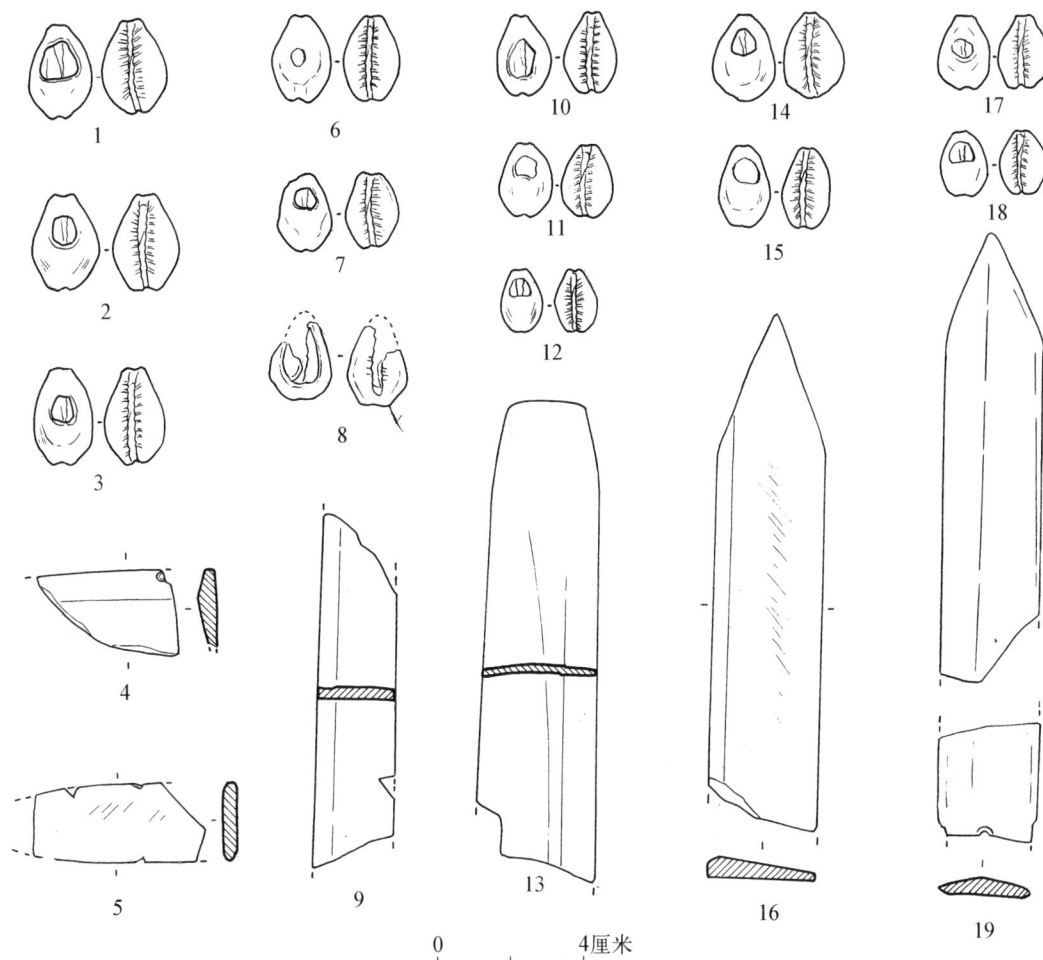

图一七八　2012FZYM105、M107海贝、玉石器

1、2、3、6.海贝（M107：13-1、M107：9-1、M107：10-1、M105：6-1）　　7、8、10、11.海贝（M107：10-2、M105：5、M107：13-2、M105：4）
12、14、15、17、18.海贝（M105：8-2、M107：9-2、M105：6-2、M107：9-3、M105：8-1）　　4、5.石鱼（M105：1、M105：2）
9、16、19.石圭（M107：11、M107：7、M105：7）　　13.柄形器（M107：12）

较粗。通体素面。口径14.9、残高7.8、厚0.7厘米（图一八〇：2）。

　　小口圆肩罐　1件。标本M105D1：02，泥质黑陶。直口微侈，方唇，沿面有一窄小平台，圆肩，深腹，平底。肩面及腹上部饰瓦楞纹。口径6.2、器身最大径12.6、残高7.8、厚0.5厘米（图一八〇：5；图版二三：6）。

　　绳纹罐　1件。标本M105D1：03，夹砂灰陶。微侈口，卷沿，尖圆唇，沿下角较大，圆折肩，斜直腹近竖直，平底。腹部饰绳纹，底部隐约可见绳纹，纹饰模糊。口径5.8、器身最大径11.7、底径8.4、通高12.2、厚0.5厘米（图一八〇：7）。

　　素面罐　1件。标本M105D1：04，夹砂灰陶。直口微侈，卷沿圆唇，圆肩，腹微鼓近竖直，大平底。通体素面。口径8.0、器身最大径11.3、底径9.4、通高11.4、厚0.5厘米（图一八〇：6）。

　　海贝　共21枚。均为白色，面有唇，唇内侧各有一排细齿。背面有一穿孔，部分体表残留有朱砂痕迹。标本M105∶4,小体,小穿孔。长1.9、宽1.4、高0.9、孔径0.6厘米(图一七八∶11)。标本M105∶5,小体,小穿孔。长1.7、宽1.2、高0.8、孔径0.4厘米(图一七八∶8)。标本M105∶6-1,小体,小穿孔。长2.2、宽1.5、高0.9、孔径0.4厘米(图一七八∶6)。标本M105∶6-2,小体,小穿孔。长2.1、宽1.3、高0.9、孔径0.8厘米(图一七八∶15)。标本M105∶8-1,小体,小穿孔。长1.7、宽1.3、高0.6、孔径0.6厘米(图一七八∶18)。标本M105∶8-2,小体,小穿孔。长1.7、宽1.2、高0.7、孔径0.6厘米(图一七八∶12)。

(9)分期年代

该墓所出陶豆浅盘粗柄,陶罐整体低矮。据此判断该墓年代为西周中期偏晚阶段。

34.2012FZYM107(图一七九)

(1)墓位与盗扰情况

位于姚家墓地南区。北距M103约3.8米,东南距M109约2.7米,东北距M104约3.1米。

西北角有1盗洞D1,口部呈椭圆形,直径为0.7—0.8、深约3.0米。上部打破墓壁,先直下后内扩延伸至椁底板上部,扰乱墓主头部,并打破西部二层台。盗洞内填土土质疏松,内含少量陶器残片及墓主头骨残片。

(2)墓向与形制

东西向,墓向277°。

长方形竖穴土坑墓,口底同大。墓壁上部与下部均为直壁,墓壁中部向外微扩。墓口西北角外凸。墓口及墓底四角较圆弧,墓底弧度较小。墓壁经修整较光滑,但未见工具加工痕迹。平底。墓口与墓底均长3.4、宽1.6—1.8米,自深3.1米。

(3)填土

土质较硬,土色呈黄褐色,未发现有夯打的痕迹,内含少量礓石,无其他包含物。

(4)葬具

一棺一椁。棺椁均为东西向放置。

椁西宽东窄,椁长250、东宽104、西宽120、高80厘米。椁盖板、侧板、端板形制不明。椁底板共5块,均为东西向放置。棺长200、宽70厘米。椁下放置两根长方形垫木,无垫木槽。东端垫木长138、宽20厘米,西端垫木长140、宽20厘米,均深约4厘米。

(5)墓主

墓主头部被盗扰至棺外椁室西北角,两上肢骨、两胫骨均有较严重腐朽,盆骨、两股骨清晰可见。仰身直肢葬,双手交叉于墓主腹部,下肢平放,头向西,面向不详。经鉴定,墓主为年龄在29—30岁的男性。

(6)随葬品及其位置

共9件(组)。墓葬内北二层台西侧出土陶豆3件(1、2、3)、陶联裆鬲1件(4)。椁室内西南角出土铜鬲口沿1件(5)、蚌鱼18件(6),西端出土玉不明器1件(7、11),西北角出土蚌鱼13件(8)、海贝5枚(9)。

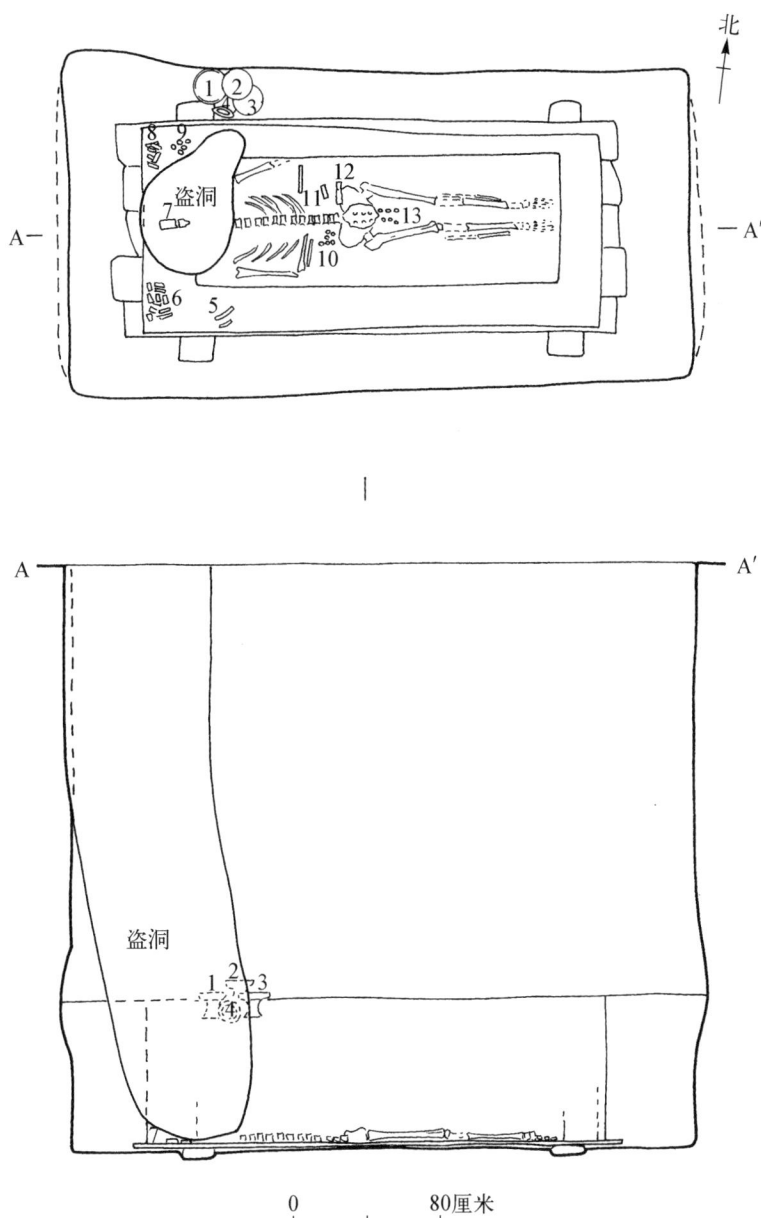

图一七九 2012FZYM107平剖图

1、2、3.陶豆 5.铜鬲 6、8.蚌鱼 7、11.不明玉器 9、10、13.海贝 12.柄形器

棺内墓主腹部出土海贝6枚(10)、单体柄形器1件(12),两股骨之间海贝6枚(13)。人骨口部出土口含1件(15)。

(7)随葬品介绍

铜鬲 1件。标本M107:5,残口沿。窄平沿方唇,外缘厚于内缘。素面。口径23.9、沿宽2.0、厚0.2—0.3厘米,重118.8克(图一八〇:9)。

柄形器 1件。单体,标本M107:12,墨绿色,长方形扁平片状,磨制光滑。首端残,底端内

图一八〇　2012FZYM105、M107、M108 铜、陶器

1、12.陶联裆鬲（M108D1：02、M107：4）　2、3、4、11.陶豆（M105D1：01、M107：1、M107：3、M107：2）　5.陶小口圆肩罐（M105D1：02）
6.陶素面罐（M105D1：04）　7.陶绳纹罐（M105D1：03）　8.陶瓿（M108D1：04）　9.铜鬲（M107：5）　10.陶簋（M108D1：03）

收出榫，两面各见一道平直切割痕迹。长12.5、宽3.1、厚0.2厘米（图一七八：13；图版一七：5）。

　　玉不明器　1件。标本M107：14，残损严重，仅留一小片，不辨器形。青色。扁平状梯形，一面为单面刃，器表有数条不明形状阴线纹饰。残长1.2、宽2.9、厚0.6厘米。

　　石圭　共2件。均为黄白色，扁平片状，器身平直。标本M107：7，圭首较尖，呈三角形，末端残。一边厚一边薄，一面近缘处有平直切割痕迹。器表一面经打磨后较平滑，另一面较粗糙。残长13.7、宽3.0、厚0.2—0.6厘米（图一七八：16）。标本M107：11，两端皆残，可能为石圭中部残片。中部微凸，一边厚、一边薄。表面有朱砂，器表经打磨修整。器表阴刻有平直切割痕迹。长边长9.5、短边长为6.3、宽2.1、厚0.3厘米（图一七八：9）。

联裆鬲　1件。标本M107：4，夹砂灰陶。平折沿，方唇，沿面微内凹，内缘和外缘各有一周凹槽，沿下角较小，束颈，直腹，平裆略上弧，柱状实足根。腹部饰旋断竖行中绳纹，裆部饰交错绳纹，纹饰较清晰，足部素面有刮削痕迹。口径15.8、通高12.0、厚0.5厘米（图一八〇：12；图版二〇：5）。

豆　共3件。皆泥质灰陶。直口略侈，方唇，唇面有一周凹槽，浅折盘，喇叭状圈足，圈足较高，底部有一小平台。豆柄中部有一道明显凸棱，圈足小平台上有一周凹槽。标本M107：1，盘壁上等距分布三周旋纹。口径16.8、底径12.8、通高11.9、豆柄高7.4、厚1.2厘米（图一八〇：3；图版二二：5）。标本M107：2，盘壁下部饰两周旋纹。口径17.6、底径13.6、通高12.2、豆柄高7.4、厚1.3厘米（图一八〇：11）。标本M107：3，陶色斑驳。通体素面。口径17.6、底径13.2、通高12.7、豆柄高8.0、厚0.8厘米（图一八〇：4；图版二二：6）。

蚌鱼　31件。均为白色，扁平片状，直体。标本M107：6，残破成26件。其中可辨12件有双面钻穿孔，尾部7件，均分尾。标本M107：6-1，残长6.0、宽1.2、厚0.1、孔径0.2厘米（图一八一：12）。标本M107：6-2，长4.6、宽1.1—2.2、厚0.3、孔径0.3厘米（图一八一：6）。标本M107：6-3，残长5.0、宽2.0、厚0.5厘米（图一八一：11）。标本M107：6-4，残长5.7、宽1.7、厚0.3厘米（图一八一：13）。标本M107：6-5，长6.8、宽2.0、厚0.3、孔径0.1厘米（图一八一：3）。标

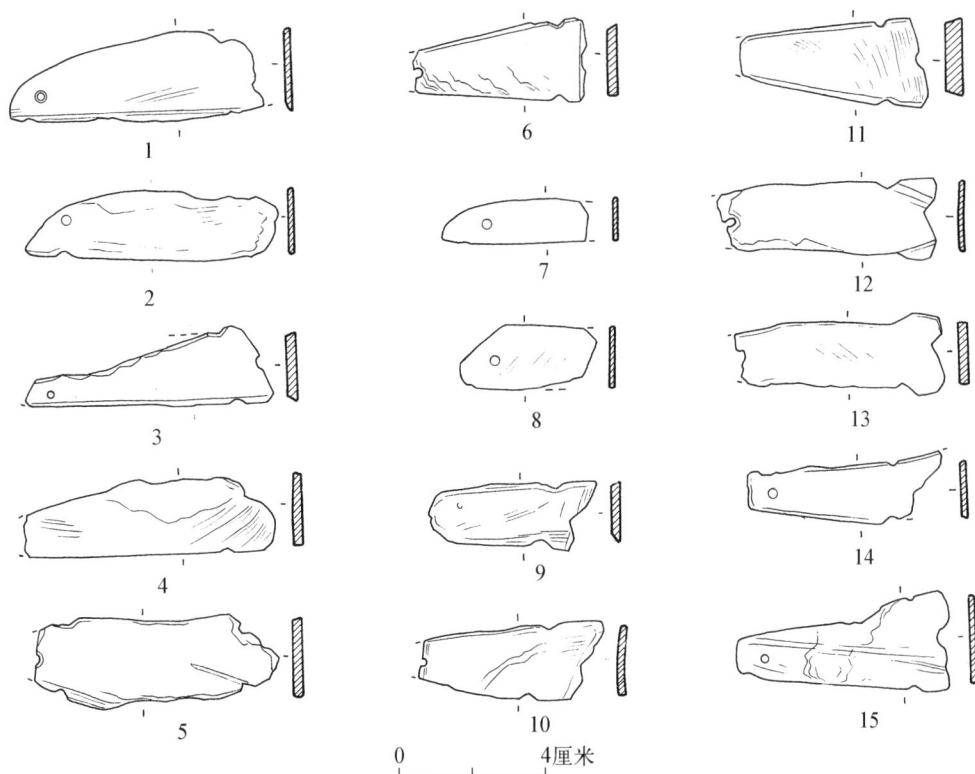

图一八一　2012FZYM107蚌鱼

1、2、3、4.蚌鱼（8-4、6-8、6-5、8-5）　5、6、7、8.蚌鱼（6-7、6-2、6-9、6-10）　9、10、11、12.蚌鱼（8-3、8-2、6-3、6-1）
13、14、15.蚌鱼（6-4、6-6、8-1）

本M107：6-6，残长5.5、宽1.5、厚0.2、孔径0.2厘米（图一八一：14）。标本M107：6-7，残长6.5、宽2.4、厚0.3、残孔径0.3厘米（图一八一：5）。标本M107：6-8，长6.7、宽1.9、厚0.2、孔径0.2厘米（图一八一：2）。标本M107：6-9，残长3.9、宽1.1、厚0.2、孔径0.3厘米（图一八一：7）。标本M107：6-10，残长3.7、宽1.7、厚0.1、孔径0.2厘米（图一八一：8）。标本M107：8，共5件。均较完整，其中可辨2件有双面钻穿孔，尾部1件，分尾。标本M107：8-1，长5.9、宽1.0—2.6、厚0.1、孔径0.1厘米（图一八一：15）。标本M107：8-2，长5.0、宽1.9、厚0.2、残孔径0.2厘米（图一八一：10）。标本M107：8-3，长4.5、宽1.6、厚0.3厘米（图一八一：9）。标本M107：8-4，长6.8、宽2.3、厚0.2、孔径0.2厘米（图一八一：1）。标本M107：8-5，残长6.7、宽2.0、厚0.3厘米（图一八一：4）。

海贝　17枚。均为白色，面有唇，唇内侧各有一排细齿，背面有一穿孔。标本M107：9-1，小穿孔，大体。长2.5、宽1.8、高1.3、孔径0.8厘米（图一七八：2）。标本M107：9-2，小穿孔，小体。长2.3、宽1.6、高1.1、孔径0.7厘米（图一七八：14）。标本M107：9-3，小穿孔，小体。长1.9、宽1.3、高0.8、孔径0.6厘米（图一七八：17）。标本M107：10-1，小穿孔，大体。长2.5、宽1.6、高1.1、孔径0.7厘米（图一七八：3）。标本M107：10-2，小穿孔，小体。长1.9、宽1.4、高0.8、孔径0.6厘米（图一七八：7）。标本M107：13-1，小穿孔，大体。长2.5、宽1.8、高1.5、孔径1.1厘米（图一七八：1）。标本M107：13-2，小穿孔，小体。长2.1、宽1.4、高0.8、孔径1.1厘米（图一七八：10）。

口含　1件。标本M107：15，为海贝。较大。白色，面有唇，唇有细齿，龟背面有一小穿孔。长2.4、宽1.6、高1.0、孔径0.7厘米。

（8）分期年代

本墓所出陶鬲平折沿，沿面内外有凹槽，腹部饰旋断绳纹，微微有肩。陶豆直口方唇细柄，为西周晚期偏早作风。故将此墓年代定为西周晚期偏早阶段。

35.2012FZYM108（图一八二）

（1）墓位与盗扰情况

位于姚家墓地南区。北距M105约2米，南距M110约1.5米，东南距M113约2.3米，东距M112约7.8米。

西南角有1个盗洞D1，平面呈椭圆形，长径约1.1、短径约0.9米。盗洞近二层台以上打破墓壁，直下延伸至椁室，将西侧墓壁的南半部分和西侧二层台大部破坏，棺椁西半部分被扰乱。出有海贝、蚌片、玉片、陶罐及少量人骨等。

（2）墓向与形制

东西向，墓向271°。

长方形竖穴土坑墓，口底同大。墓口东侧两墓角弧度较小，墓壁经修整较光滑。墓底四角微弧。平底。墓口长2.8、宽1.4米，墓底长2.8、宽为1.4米，自深4.7米。

在墓底人盆骨下有一圆角长方形腰坑，长56、宽44、深18厘米。

（3）填土

填土红褐色，土质较硬，填土内包含有灰黑色的硬土块，未见夯打痕迹，无包含物。

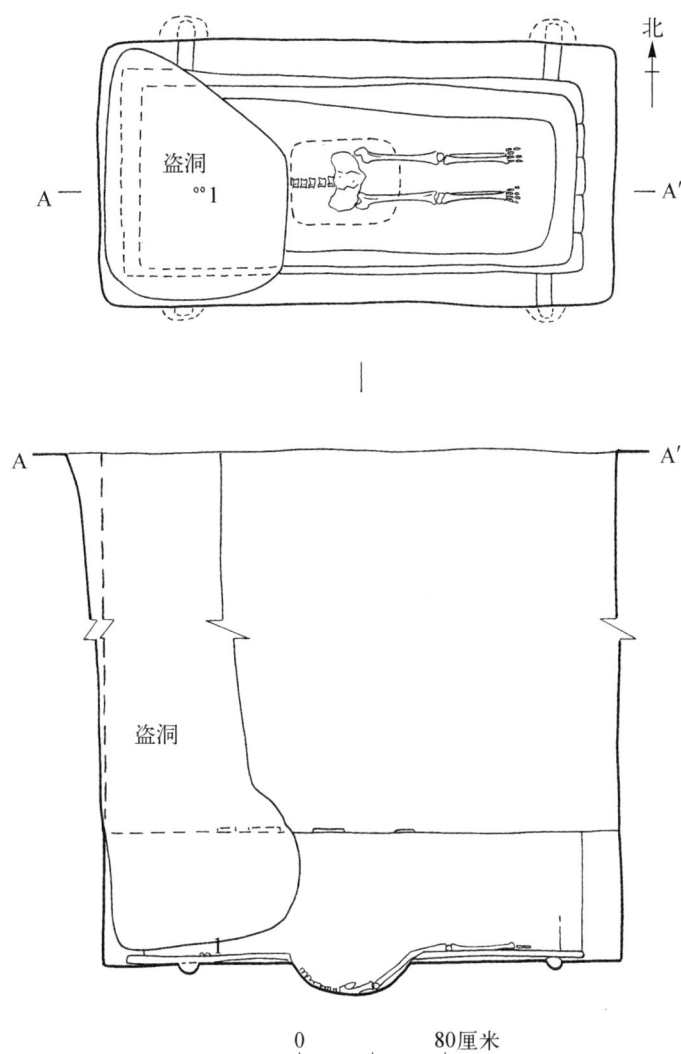

图一八二 2012FZYM108平剖图

1. 海贝

（4）葬具

一棺一椁。棺椁均为东西向放置。

椁残长、宽、高约66厘米。北二层台上残留4块椁盖板，均南北横向放置在二层台上，自西向东残长、宽依次为10×9、18×9、16×10、12×10厘米。南二层台上残留2块，自西向东残长、宽依次为22×18、21×12厘米。椁侧板、端板形制均不明。椁底板共5块，均东西向放置。棺长226、宽72—86厘米。

椁下放置两根圆形垫木。东、西垫木均长160、直径8厘米，两垫木间距190厘米。墓壁中可见垫木槽，南端垫木延伸入西壁2、延伸入东壁4厘米；北端垫木延伸入西壁6、延伸入东壁6厘米。

棺内有朱砂，大部分分布于棺内墓主人头部与脚部的位置。

（5）墓主人

盗扰严重，腰部以上骨架保存较差，散乱严重，腰部以下保存完好，推测属于仰身直肢葬，头向西，面向不详。经鉴定，墓主可能为一成年男性。

（6）殉牲

位于腰坑中，骨架呈粉状。

（7）随葬品位置

共9件（组）。其中海贝32枚（01）、陶簋1件（03）、陶瓶1件（04）、蚌鱼7件（05）、玉鱼2件（06）、陶联裆鬲1件（02），均出于盗洞。

墓葬棺底板之上，西侧墓主头部附近出土海贝2枚（1）。

（8）随葬品介绍

玉鱼　1件。标本M108D1：06，残。灰白色，扁平片状直体，正面磨光规整，边缘略薄。阔嘴张口。硕腹，可见腹鳍，尾部残缺。通体素面，未见阴刻眼睛、头部、背鳍、胸鳍、腹鳍线。头部有一穿孔，为双面钻。表面有朱砂痕迹。残长7.3、宽2.2、厚04、孔径0.1厘米（图一八五：18）。

联裆鬲　1件。口沿残片。标本M108D1：02，夹砂灰陶，圆唇，沿面内凹。素面。口径16.0、残高1.8厘米（图一八〇：1）。

簋　1件。仅残留部分腹部及圈足。标本M108D1：03，泥质褐陶。从残留形制来看，应为上腹近直，下腹弧，圈足较粗。腹部饰两周旋纹，旋纹之间饰S形纹，其余为素面。腹最大径18.8、残高12.1、厚1.0厘米（图一八〇：10）。

瓶　1件。标本M108D1：04，泥质灰陶。卷沿圆唇，沿下角较大，折肩，斜直腹，圈足外撇，上有一较窄小平台。颈部至下腹满布瓦楞纹。口径10.8、腹最大径14.0、底径10.6、通高12.9、圈足高2.2、厚0.3厘米（图一八〇：8；图版二二：3）。

蚌鱼　7件。均为白色，扁平片状，直体。M108D1：05，残损严重，其中可辨单面钻穿孔者2件。标本M108D1：05-1，残存尾部，分尾。残长3.8、宽0.9—1.7、厚0.2厘米（图一八五：16）。标本M108D1：05-2，残长5.5、宽2.5、厚0.2厘米（图一八五：17）。标本M108D1：05-3，残长3.2、宽0.7—1.4、厚0.1、残孔径0.2厘米（图一八五：19）。

海贝　34枚。大小不一，形制相似。均为白色，面有唇，唇内侧各有一排细齿，背面有一穿孔。标本M108：1-1，大体，背部鼓出部分几乎被磨平。长2.5、宽1.5、高1.0、孔径1.7厘米（图一八五：7）。标本M108：1-2，小体，小穿孔。长1.9、宽1.5、高0.9、孔径0.4厘米（图一八五：8）。标本M108D1：01-1，大体，小穿孔。长2.9、宽1.9、高1.5、孔径0.9厘米（图一八五：1）。标本M108D1：01-2，较大，小穿孔。长2.5、宽2.0、高1.0、孔径0.7厘米（图一八五：5）。标本M108D1：01-3，小体，小穿孔。长2.2、宽1.6、高1.1、孔径0.7厘米（图一八五：14）。标本M108D1：01-4，小体，小穿孔。长1.8、宽1.4、高0.7、孔径0.7厘米（图一八五：6）。

（9）分期年代

本墓所出陶瓶和陶簋演变规律尚不明晰，陶簋腹部饰"S"形纹，陶瓶体型矮扁，口沿外卷，整体属于西周中期特征，故将此墓年代定为西周中期。

36. 2012FZYM109（图一八三；图版八：1）

（1）墓位与盗扰情况

位于姚家墓地南区。北距M104约5.7米，西北距M107约2.7米，东南距M124约5.3米，东距M110约8.3米。

西南角有一盗洞D1，口部呈椭圆形。口略大于底，口径0.9—1、底径0.5—7、深4.44米。自开口至2.2米处均打破墓壁，下部贴壁直下延伸至椁底板上部，打破西端二层台，破坏棺西端局部且扰乱头骨。盗洞内填土疏松，土质较杂，内含少量人骨残片、陶器残片等。

（2）墓向与形制

东西向，墓向272°。

墓室底部东西两端各一方形垫木槽，西端垫木槽长116、宽18、深4厘米，东端垫木槽长136、宽18、深4厘米。

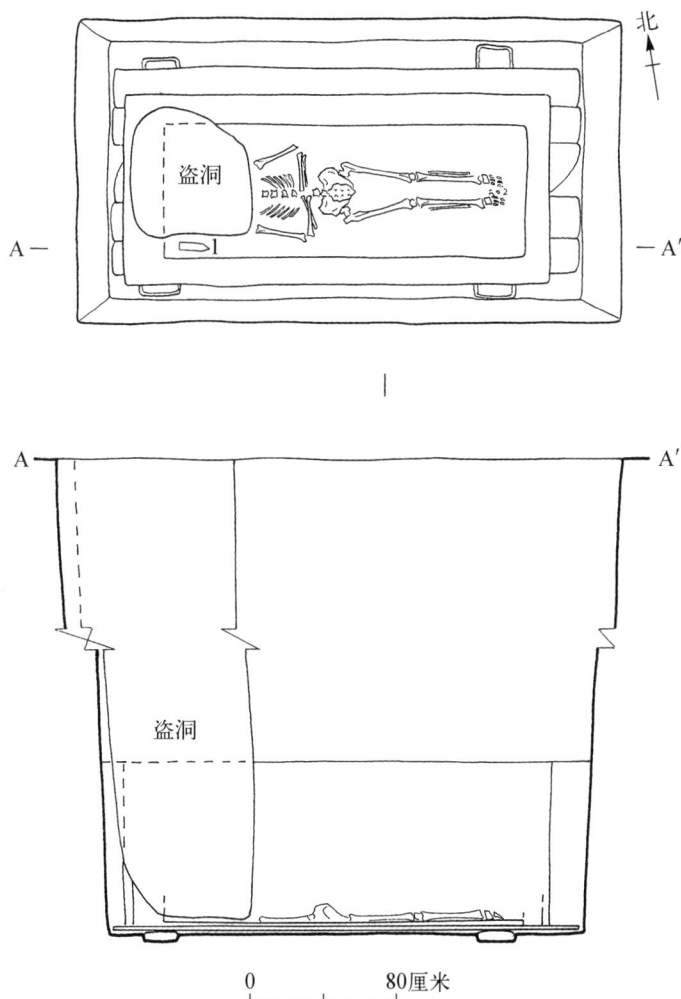

图一八三　2012FZYM109平剖图

1. 石圭

（3）填土

红褐色五花土，土质较疏松，夹杂较少的黄色土颗粒，内含少量礓石，未发现夯打的痕迹。

（4）葬具

一棺一椁。棺椁均为东西向放置。

椁长230、宽114、高90厘米。椁底板共5块，均东西向放置，由南向北长、宽依次为253×20、254×19、252×24、256×22、254×18厘米不等。棺长196、宽84厘米。

椁下有两道南北向垫木槽，东西向基本平行。西端垫木槽长116、宽18、深4，东端垫木槽长136、宽18、深4厘米，两垫木槽间距为150厘米。内各放置一根长方形垫木，东垫木长146、直径6厘米，西垫木长150、直径7厘米，两垫木间距152—155厘米。

（5）墓主人

除头部被盗扰以外，其他保存较好。推断头向为西，面向不详，葬式为直肢葬，两下肢骨平铺于棺底，双手交叉于腹部。经鉴定，墓主为年龄在40—44岁的女性。

（6）随葬品及其位置

共6组12件。位于原位的有：墓葬中棺内西南角出土石圭1件（1），墓主两脚之间发现海贝4枚（2）。出土于盗洞的有：陶簋2件（01、09），绳纹罐1件（02），素面罐1件（010），陶豆2件（03、05、04、06、08），联裆鬲1件（07）。

（7）随葬品介绍

石圭　1件。标本M109：1，黄白色。首端呈三角形，尾端平直。一面起一道中脊，有明显加工而成的薄缘，但未开刃。近尾端2.3厘米处两边缘有凹口，使圭身与尾端分界明显。圭身整体长22.2、宽3.6、厚0.2—0.4厘米（图一八五：20；图版一七：3）。

联裆鬲　1件。标本M109D1：07，分别为同一件联裆鬲的口沿、鬲足残片。夹砂褐陶。标本M109D1：07-1，沿外侧有一凹槽，颈部绳纹被抹，腹部饰绳纹加一周旋纹，纹理清晰，印痕较深。残长4.4、残高3.4、厚0.6厘米（图一八四：9）。标本M109D1：07-2，锥状足，足根有被刮削的痕迹，其上饰细绳纹，条理清晰，印痕较深。足残高3.6厘米（图一八四：8）。

簋　共2件。标本M109D1：01，夹砂灰陶。敞口，平折沿，方唇，沿面上有一道凹槽，斜直颈，腹部鼓凸近折，颈腹分界明显，簋身近似浅腹盂形，腹底部近圜状，高圈足，下裙外撇成喇叭状。沿外侧饰竖行粗绳纹，印痕较浅，条理模糊；颈腹交界处饰两周绳纹，鼓腹处饰一周旋纹，腹部饰粗绳纹，条理模糊，印痕较浅；高圈足中部饰一周绳纹。口径21.2、底径13.4、通高15.2、圈足高5.4厘米（图一八四：12）。标本M109D1：09，分别为同一件簋的口沿、圈足、圈足下裙残片，均夹砂灰陶。标本M109D1：09-1，圈足下裙残片。外撇，平折沿，圆唇，斜直领，素面。残长5.0、残高2.8、厚0.6厘米（图一八四：11）。标本M109D1：09-2，圈足上部残片。微向外撇，底较厚，素面。残高5.6、厚0.9厘米（图一八四：10）。标本M109D1：09-3，圈足下裙外撇处有一小平台，素面。

豆　共2件。标本M109D1：03与M109D1：05分别为同一件豆的豆盘、豆柄残片。均泥质灰陶。标本M109D1：05，豆盘残片。折盘，直口，方唇，唇面有一道凹槽，盘壁外侧饰两周旋纹。口径15.2、残高4.8、厚0.6厘米（图一八四：1）。标本M109D1：03，豆柄残片。柄上有凸棱，圈足

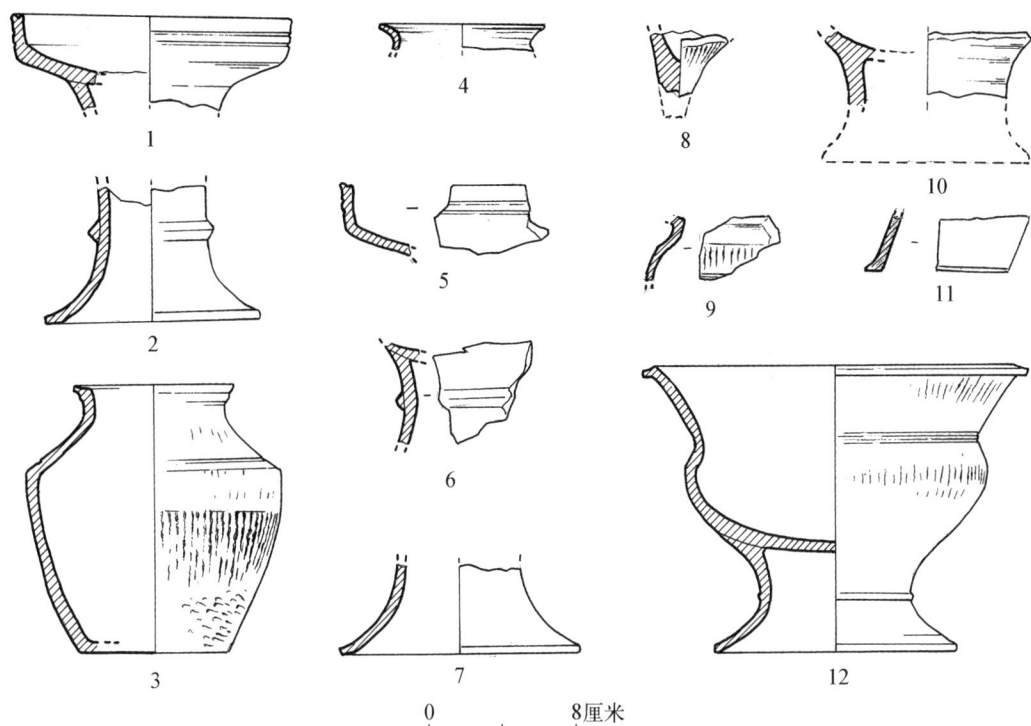

图一八四　2012FZYM109 陶器

1、2、5、6、7. 豆（D1：05、D1：03、D1：04、D1：06、D1：08）　3. 绳纹罐（D1：02）　4. 素面罐（D1：010）
8、9. 联裆鬲（D1：07-2、D1：07-1）　10、11、12. 簋（D1：09-2、D1：09-1、D1：01）

外撇，下裙处内侧有一周旋纹，似有一个窄平台。底径11.7、残高7.0厘米（图一八四：2）。标本
M109D1：04、M109D1：06、M109D1：08应为同一件豆的豆盘、豆柄、圈足残片。均泥质灰陶。标
本M109D1：04，豆盘残片。折盘，直口，方唇，唇面有一道凹槽，盘壁外侧饰两周旋纹。残长6.0、
残高3.6、厚0.6厘米（图一八四：5）。标本M109D1：06，豆柄残片。豆柄上有凸棱，柄与盘交界处
较厚。残长5.4、残高5.2、厚0.3—0.6厘米（图一八四：6）。标本M109D1：08，圈足残片。外撇，底
部有一道凹槽，素面。底径13.0、残高5.8、厚0.6厘米（图一八四：7）。

　　绳纹罐　1件。标本M109D1：02，夹砂灰陶，直口，卷沿，沿面较平，方唇，束颈，折肩，直腹，
腹近底部略斜收，平底。肩面饰两道旋纹，腹上部饰一道旋纹，腹下部饰约向左斜倾45°的斜向楔
形绳纹，腹中部饰竖行中绳纹，条理清晰，印痕较深。口径8.8、肩径13.9、底径8.0、高14.2、厚0.3
厘米（图一八四：3）。

　　素面罐　1件。标本M109D1：010，口沿残片。夹砂褐陶。杯形口，平折沿，圆唇，沿面及沿
外侧各有两道凹槽。口径8.9、残高1.4、厚0.2厘米（图一八四：4）。

　　海贝　4枚。标本M109：2，白色，面有唇，唇内侧各有一排细齿，背面有一穿孔。长1.2—3、
宽1.4—2.3、高0.6—2.0、孔径0.5—2.1厘米。

　　（8）分期年代

　　本墓所出陶簋为敞口薄唇簋，颈部较长而腹部较浅，且沿面似有一小平台。陶鬲纹饰较细，

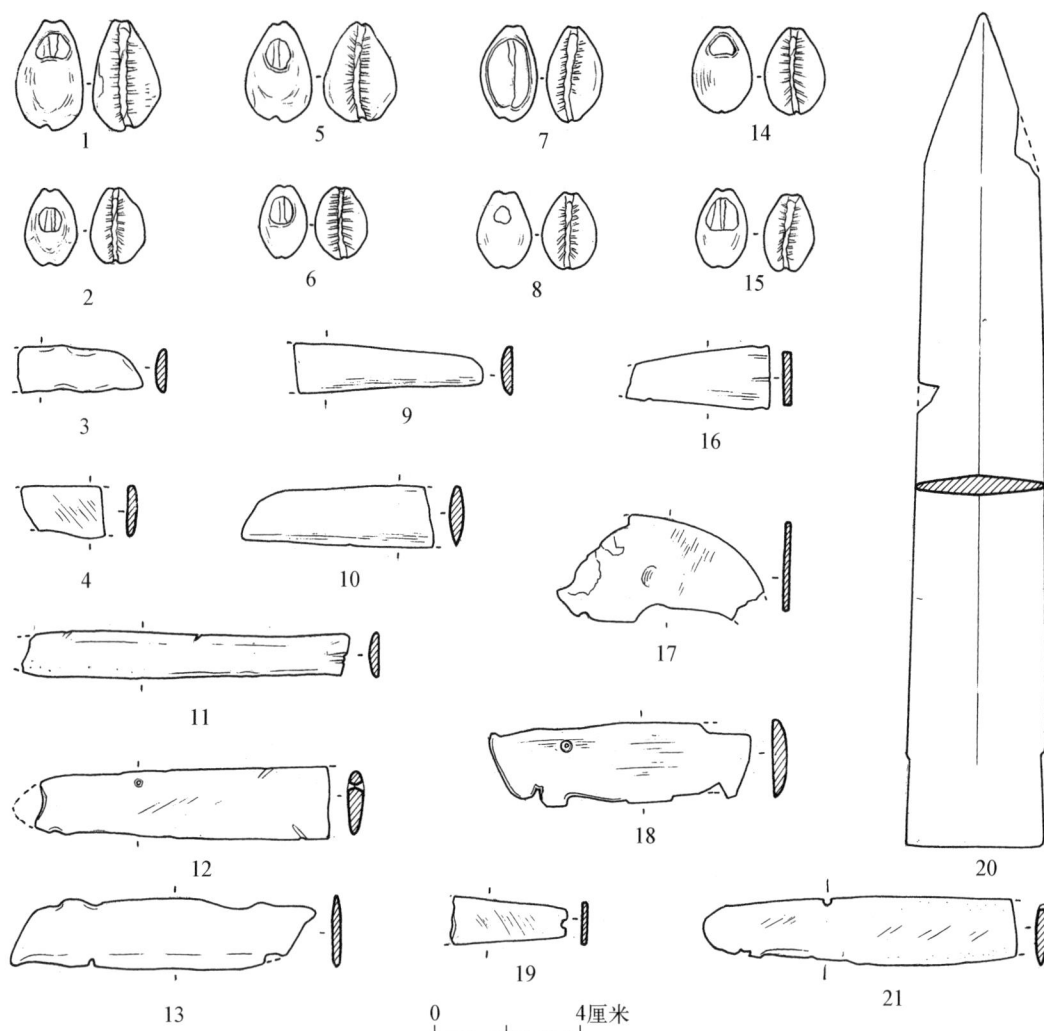

图一八五　　2012FZYM108、M109、M110海贝、蚌鱼、玉石器

1、2、5、6.海贝（M108D1∶01-1、M110∶8-1、M108D1∶01-2、M108D1∶01-4）　　3、4、9、10.石鱼（M110∶3、M110∶7-1、M110∶7-2、M110∶6）
7、8、14、15.海贝（M108∶1-1、M108∶1-2、M108D1∶01-3、M110∶8-2）　　11、12、13、21.石鱼（M110∶1、M110∶4、M110∶2、M110∶5）
16、17、19.蚌鱼（M108D1∶05-1、M108D1∶05-2、M108D1∶05-3）　　18.玉鱼（M108D1∶06）　　20.石圭（M109∶1）

颈腹交界处似乎有肩。据此判断,该墓年代为西周晚期偏早阶段。

37. 2012FZYM110（图一八六）

（1）墓位与盗扰情况

位于姚家墓地南区,与M105、M108、M123、M127南北成列,与M109、M113、M114、东西成排。
北距M108约1.5米,东距M109约8.3米,南距M123约1.5米,东距M113约1.6米。

西南角有一盗洞D1,口部呈椭圆形,最大径约1.2、最短径约1.0米,深5.2米。盗洞打破西南
部墓壁,直下延伸至椁室,破坏棺椁西南端,扰乱墓主上半身。盗洞内土质较松散,土色呈浅灰
色,出有石鱼、陶片等。

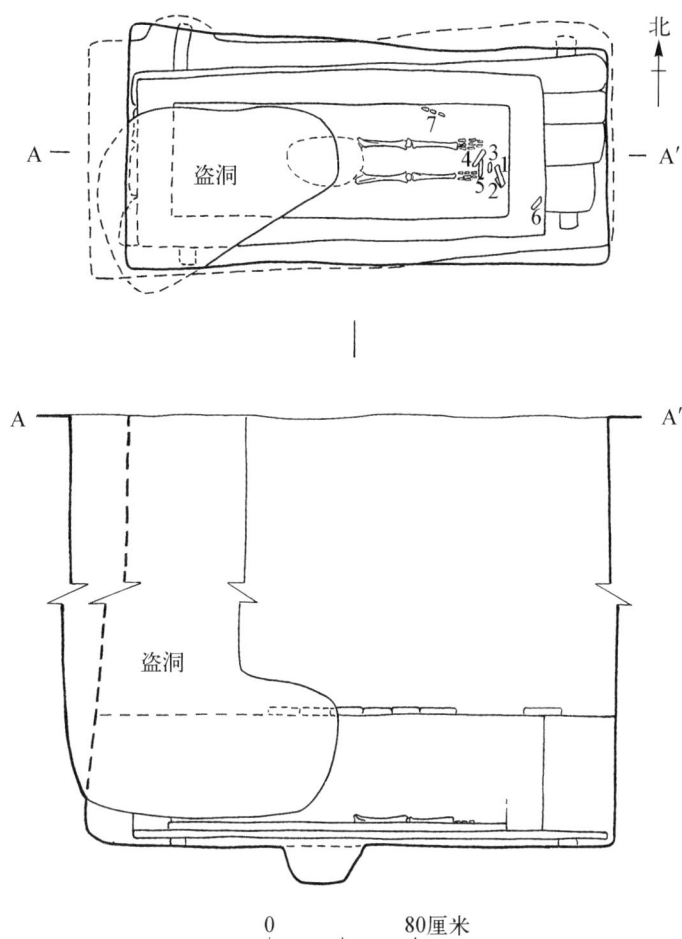

图一八六　2012FZYM110平剖图

1、2、3、4、5、6、7. 石鱼

（2）墓向与形制

东西向，墓向270°。

长方形竖穴土坑墓，口小底大。墓口西宽东窄，墓口及墓底四角均圆弧，墓底弧度小于墓口。墓壁经修整较光滑。平底。墓口长2.6、东宽1.1、西宽1.3米，墓底长2.9、宽1.2米，自深4.3米。

墓底人骨盆骨处有一椭圆形腰坑，长径46、短径28厘米。

（3）填土

土质较硬，局部较疏松，土色呈黄褐色，夹杂较多的红土点颗粒及浅黑色颗粒，局部有较大的浅黑色土块，无包含物。

（4）葬具

一棺一椁。棺椁均为东西向放置。

椁长224、宽92、高72厘米。残存椁盖板7块，均南北向放置于二层台上，由西向东长、宽依次为8×16—18、106×18、104×14—16、106×16—20、106×16—17、108×16—19、110×20厘米。

椁端板、侧板形制不明。椁底板共4块,均东西向放置,由北向南长、宽依次为260×18、260×16、258×30、262×60厘米。

棺长184、宽60厘米。

椁下放置两根圆形垫木,无垫木槽。西端垫木长130、宽8厘米,东端垫木长102、宽10厘米,两垫木间距200厘米。

棺内局部有朱砂,分布面积较大,厚约0.2厘米,主要分布于墓主腿骨周围。

（5）墓主人

盗扰严重,仅剩腿骨,亦腐朽成粉末状,无法采集。推断为直肢葬,头向西。

（6）殉牲

有腰坑,腰坑内有小动物的骨骼和三枚海贝,推测可能为狗骨,头向东。

（7）随葬品及其位置

共13件（组）。簋2件（01、02）出于盗洞中,其他位于原位。墓葬椁盖板上出土石鱼7件（1、2、3、4、5、6、7）,人骨口部出土口含1件（9）。腰坑内出土海贝3枚（8）、残骨若干。

（8）随葬品介绍

石鱼　共7件。均残。灰白色,存在不同程度的钙化现象。直身,边缘磨薄。标本M110:1,器身细长,头宽尾窄,嘴部残,头部有一残穿孔,背部有一斜向切口,分尾,尾部有两道切痕。长9.0、宽1.2、厚0.3厘米（图一八五:11）。标本M110:2,宽嘴上翘,分尾下垂,腹背部各有两处凹口,似为鱼鳍分界线,头部有一残穿孔。残长8.4、宽1.8、厚0.3厘米（图一八五:13）。标本M110:3,2片,残损严重。器表凹凸不平,有褐色斑点。窄长条形,尾上翘。其中一片残长3.2、宽1.2、厚0.3厘米,另一片残长2.0、宽0.9、厚0.3厘米（图一八五:3）。标本M110:4,头部有一个圆形小穿孔,鱼的背部及腹部有两处凹口,似为鱼鳍分界线,尾残。残长8.1、宽1.3—1.9、厚0.4厘米（图一八五:12）。标本M110:5,一面光滑呈暗灰色,一面钙化严重呈灰白色。形制与M110:4相近,嘴部较长,下有犬齿状缺口,尾部较宽,鱼的背部及腹部有两处凹口,似为鱼鳍分界线,背部一侧有一个残穿孔。残长8.5、宽1—1.5、厚0.1—0.2厘米（图一八五:21）。标本M110:6,残存尾部,器表凹凸不平,表面有褐色斑点。残长5.4、宽1.6、厚0.4厘米（图一八五:10）。标本M110:7-1,残存尾部,分尾,尾斜直。残长2.2、宽1.2—1.4、厚0.3厘米（图一八五:4）。标本M110:7-2,残损严重,表面凹凸不平,有褐色斑点。细长条状,一端宽、一端窄,一面扁平、一面微弧。残长5.2、宽0.7—1.4、厚0.3厘米（图一八五:9）。

其中,标本M110:7-1与M110:6可能为1件,M110:7-2与M110:3可能为1件,由于残损严重,尚无法完全将其接缝缀合,故在此分开描述,且标本M110:7-2、M110:3与M110:1形制近同,M110:5、M110:4成对,M110:2与M110:6成对。初步判断这些石鱼组成一件串饰,出土于椁盖板上。

簋　2件。均泥质褐胎灰皮陶,敞口,斜折沿,颈腹交界处微内折,腹底圜状,圈足外撇,下裙处外翻形成一个小平台。标本M110D1:01,梯形唇,唇部较厚,矮颈,深圆腹,腹部较鼓,粗矮圈足。颈部饰数周暗旋纹,腹部饰绳纹,间以两周旋纹形成的空白带,内壁颈腹分界处饰一周旋纹。口径24.6、通高15.6、圈足高3.8、底径14.2、厚0.6厘米（图一八八:7;图版二一:1）。标本

M110D1：02，尖唇，鼓腹，浅腹，高圈足，内壁颈腹分界处有一周凸棱，通体素面。口径24.4、通高18.1、圈足高5.4、底径15.4厘米（图一八八：11）。

海贝　3枚。均为白色，面有唇，唇内侧各有一排细齿，背面有一穿孔。标本M110：8-1，长2、宽1.0—1.5、孔径0.6厘米（图一八五：2）。标本M110：8-2，长2、宽1.5、孔径0.8厘米（图一八五：15）。

口含　1件。标本M110：9。为海贝一枚。残损严重，从残存形制来看较小。白色，面部有唇，唇有齿。残长1.6、残宽0.6、高1厘米。

（9）分期年代

本墓所出厚唇簋（标本M110D1：02）颈部较长，另一件敞口薄唇簋（标本M110D1：01）颈部较长，腹部微鼓。综合两件陶簋时代特征，将此墓年代定为西周中期。

38. 2012FZYM123（图一八七）

（1）墓位与盗扰情况

位于姚家墓地南区。北距M110约1.5米，西南距M124约1.5米，南距M127约3.7米，东北距M113约2.0米。

西南角有1个盗洞D1，口部形状不规则，最大径1.4、深5.1米，盗洞打破西南部墓壁，直下延伸至椁室，破坏棺椁西南端及西垫木南侧。土质较松散，土色浅灰褐色，出有贝、陶等。

（2）墓向与形制

东西向，墓向270°。

长方形竖穴土坑墓，口小底大。墓口及墓底四角均圆弧。墓壁未见夯打痕迹。墓底弧度小于墓口，平底。墓口长2.9、宽1.4米，墓底长3.0、宽1.7米，自深5.1米。

墓底中部偏西有一近圆形腰坑，直径30、深3厘米。

（3）填土

土质较硬，局部较疏松，土色呈黄褐色，夹杂较多的红土及浅黑土颗粒，分布较均匀，局部有较大的浅黑色土块，未经夯打，无包含物。

（4）葬具

一棺一椁。棺椁均为东西向放置。

椁长234、宽114、高69厘米。残损严重，盖板、侧板、端板形制均不明。椁底板共4块，均为东西向放置，由南向北长、宽依次为288×20、287×23、287×26、292×22厘米。

椁下放置两根圆形垫木，无垫木槽。东垫木长114、宽10厘米，西垫木长127、宽12厘米，均深3厘米。两垫木间距176厘米。

（5）墓主

盗扰严重，墓主只剩下右侧肱骨、盆骨、腿骨、脚掌骨，腐朽成粉末状。推断原位残留腿骨为直肢，头朝西。

（6）殉牲

腰坑内有殉狗，已朽为粉末状，仅存犬齿1枚。

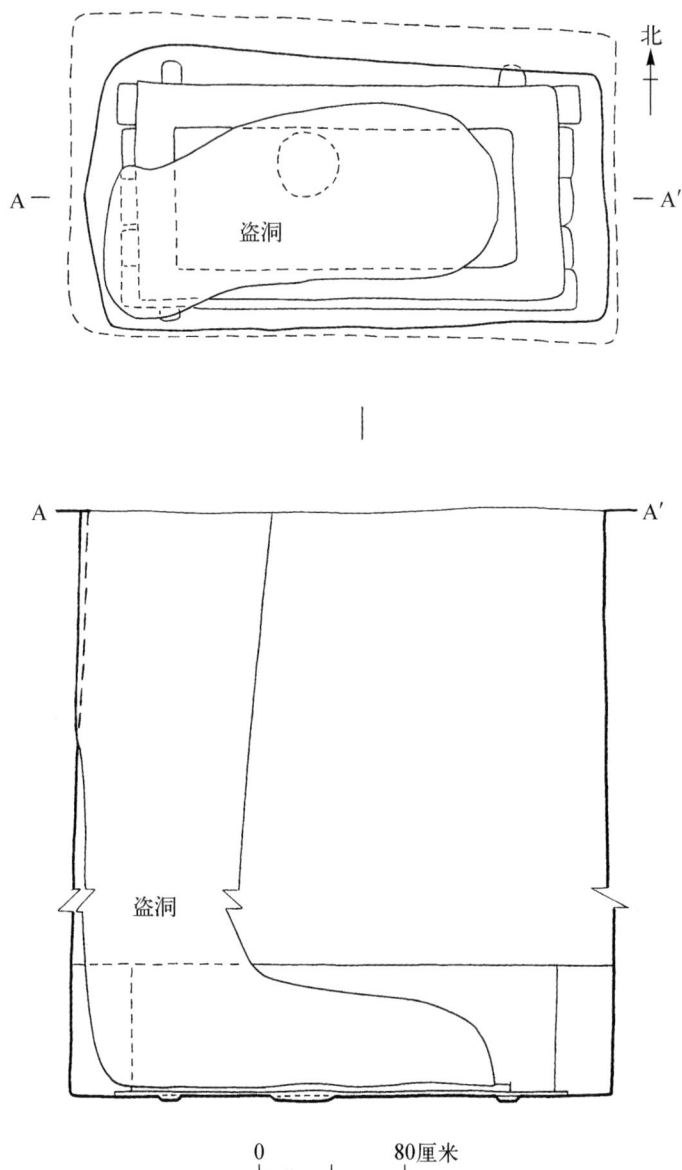

图一八七　2012FZYM123平剖图

（7）随葬品及其位置

共6组12件。均出土于盗洞，包括陶簋1件（01），仿铜陶鬲2件（03、04），绳纹罐1件（05），旋纹罐1件（06），圈足3件（07、08、09），陶豆1件（011），海贝3枚（02、010）。

（8）随葬品介绍

联裆鬲　共2件。均夹砂灰陶。折沿，沿下角较大，沿内缘、外缘各有一道凹槽，沿下绳纹有被抹的痕迹；矮颈，颈腹交界处饰一周绳纹，似为颈部绳纹被抹而形成的分界线；腹部饰绳纹，条理清晰，印痕较深，腹部饰有3个鸡冠状扉棱堆饰，每个扉棱有5道切痕；低裆，裆部近平，裆部饰交错绳纹；足根有被刮削的痕迹。标本M123D1∶03，方唇，锥状足，足根较矮。口径14.0、器身最大径14.0、通高10.8、厚0.5厘米（图一八八：5）。标本M123D1：04，圆唇，柱状足，足根较高。口径14.8、器身最大径15.4、通高11.0、厚0.6厘米（图一八八：9；图版二〇：6）。

　　簋　1件。标本M123D1：01，泥质灰陶。近直口，平折沿，圆唇，深鼓腹，腹部饰瓦楞纹，圈足斜直，且较粗矮，其上饰两周旋纹。口径22.0、底径18.0、通高16.0、圈足高4.8、厚0.6厘米（图一八八：8；图版二一：4）。

　　豆　1件。标本M123D1：011，泥质灰陶。直口，口微外撇，方唇，唇面向内倾斜，浅盘，折盘微弧，粗柄，高圈足，圈足下裙向下斜收。盘底饰交错绳纹，圈足下裙处饰一道弦纹。口径13.8、

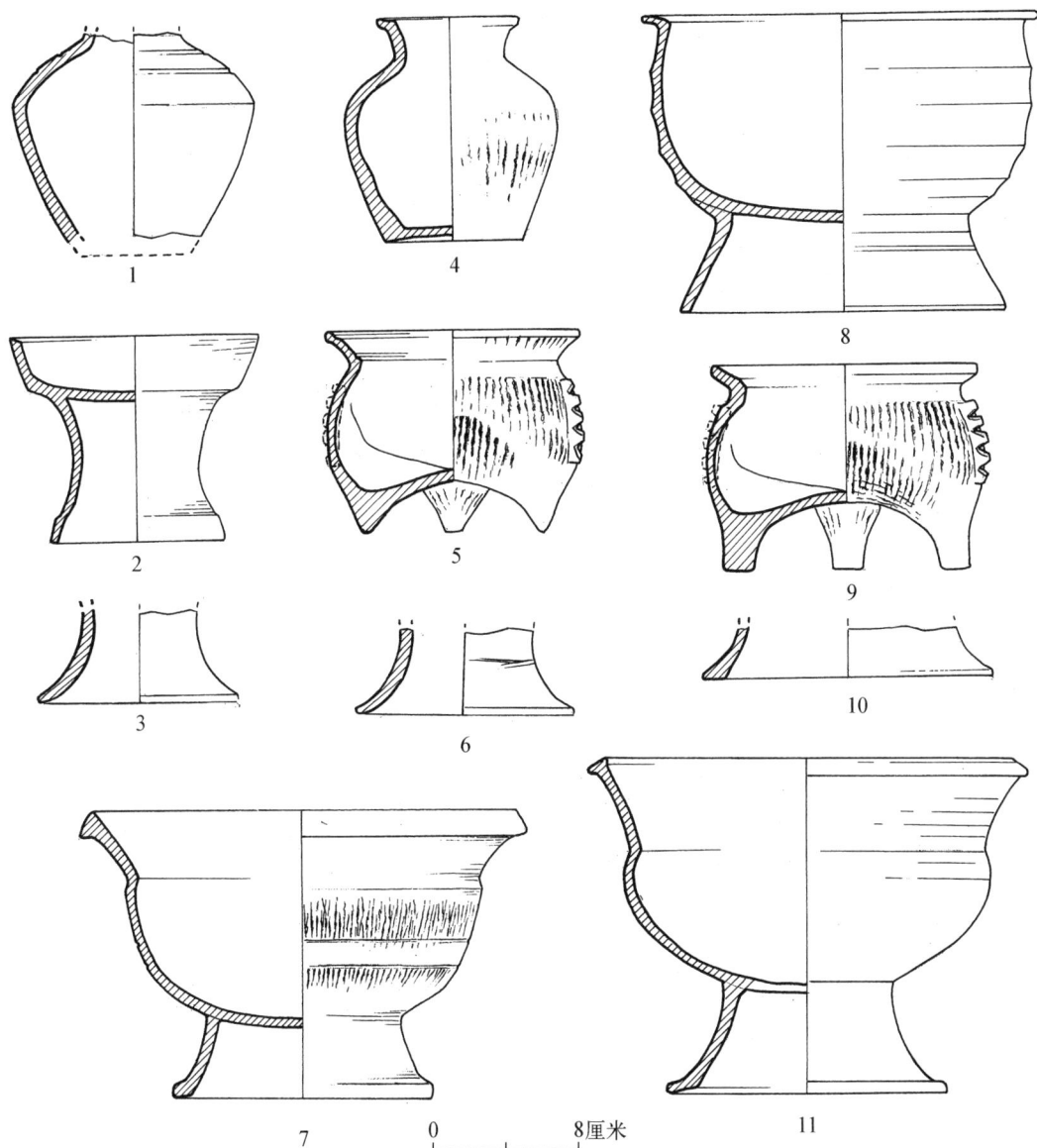

图一八八　2012FZYM110、M123陶器

1. 旋纹罐（M123D1：06）　2. 豆（M123D1：011）　3、6、10. 圈足（M123D1：07、M123D1：08、M123D1：09）
4. 绳纹罐（M123D1：05）　5、9. 联裆鬲（M123D1：03、M123D1：04）　7、8、11. 簋（M110D1：01、M123D1：01、M110D1：02）

通高11.0、底径9.2、豆柄高7.6、厚0.6厘米（图一八八：2）。

绳纹罐　1件。标本M123D1∶05，夹砂灰陶。小口，平折沿，沿面有一道凹槽，斜方唇，高颈，圆折肩，腹部斜直，平底。腹部饰交错粗绳纹，纹理杂乱，印痕较浅，腹近底部饰两至三道旋纹，底部饰有交错绳纹。口径7.8、底径7.6、器身最大径11.6、通高12.0、厚0.6厘米（图一八八：4）。

旋纹罐　1件。标本M123D1∶06，泥质灰陶。敛口，方唇，圆肩，肩腹交界处外鼓，腹部斜直内收，底残。肩近口处饰两道相距较近的旋纹，肩面饰两道相距较远的旋纹。器身最大径13.4、残高10.8、厚0.5厘米（图一八八：1）。

圈足　3件。均圈足外撇，底部有一个窄小平台。标本M123D1∶07，泥质灰陶。素面。底径11.0、残高4.9、厚0.7厘米（图一八八：3）。标本M123D1∶08，泥质黑陶。其上饰有一道旋纹。底径12.0、残高4.5、厚0.7厘米（图一八八：6）。标本M123D1∶09，泥质灰陶。素面。底径16.2、残高2.6、厚0.5厘米（图一八八：10）。

海贝　3枚。均为白色，面有唇，唇内侧各有一排细齿，背面有一穿孔。标本M123D1∶02，顶部有2个圆形穿孔。长2.0、宽1.5、高0.7厘米。标本M123D1∶010－1，顶部穿孔较小，表面光滑。长2.0、宽1.5、高0.7、孔径0.6厘米（图一九一：8）。标本M123D1∶010－2，顶部穿孔较大，几乎占据整个背面。长2.0、宽1.4、高1.0、孔径1.0—1.6厘米（图一九一：6）。

（9）分期年代

本墓所出2件仿铜陶鬲器体矮扁，其中标本M123D1∶03沿面上有两周旋纹。小口圆肩罐整体矮小。该墓年代应为西周晚期偏早阶段。

39. 2012FZYM124（图一八九）

（1）墓位与盗扰情况

位于姚家墓地南区，与M126南北成列。西南距M125约2.0米，南距M126约2.2米，东北距M123约1.5米。

西北角有1个盗洞D1，口部近圆形，直径1.1米，底部东西长1.2、宽0.5—0.8米。先略弧打破墓壁，后直下延伸至椁室，破坏棺椁西部。出有陶片、毛蚶以及兽骨。

（2）墓向与形制

东西向，墓向270°。

长方形土坑竖穴墓，口小底大。墓口及底部墓角为圆弧形。墓壁有长方形工具加工痕迹。平底。墓口长约2.9、宽约1.5米，底长3.2、宽2.0米，自深5.3米。

墓底人骨盆骨及股骨下有一圆角长方形腰坑。斜直壁，底略小于口。腰坑长72、宽36、深25厘米。

（3）填土

土质总体较硬，局部较松散，土色呈黄褐色，夹杂较多的红土点及浅黑色土点颗粒，分布较均匀，有淤土痕迹。填土中出有簋1件。

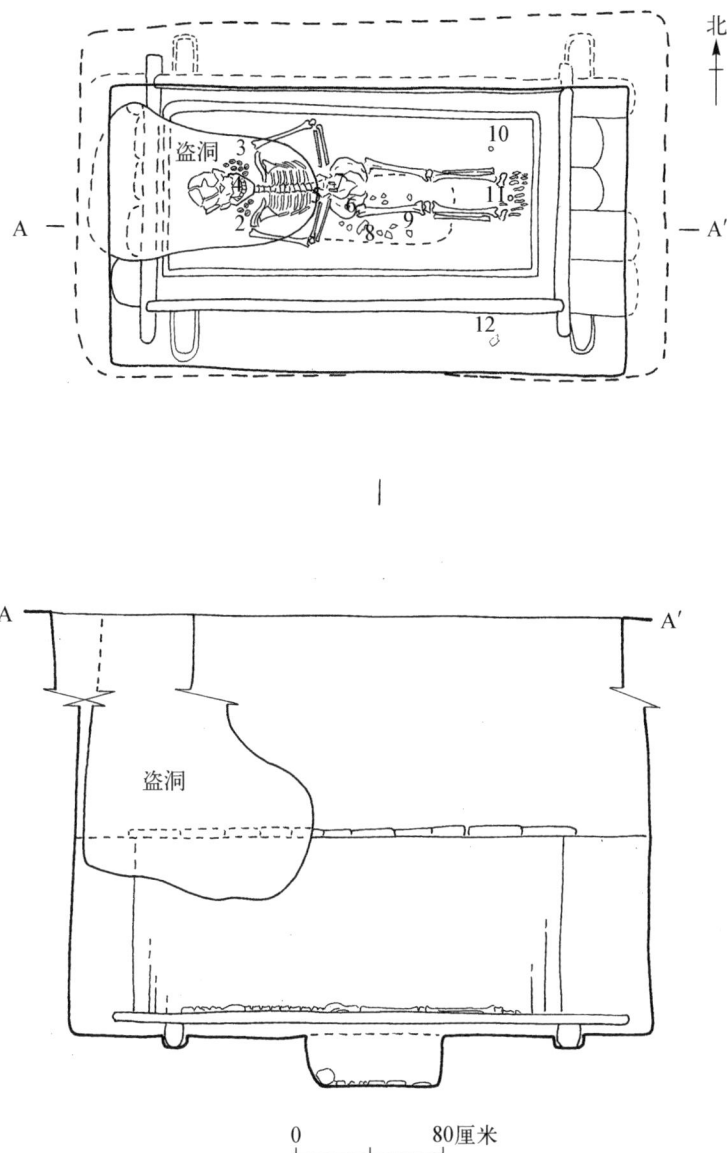

图一八九　2012FZYM124平剖图

2. 蚌鱼　3、11. 海贝　4. 口含　5. 石圭　8. 石鱼　9、12. 毛蚶　10. 铜块

（4）葬具

一棺一椁。棺椁均为东西向放置。

椁长220、宽154厘米。椁盖板共11块，均南北向放置于二层台上，由西向东长、宽依次为160×30、162×24、168×20、168×18、166×17、172×20、178×24、166×18、164×16、160×29、146×30厘米。椁侧板两端嵌于端板内。西端板长154、宽8—10厘米，距墓壁34厘米。东端板长145、宽8厘米，距墓壁约50厘米。北侧板长222、厚8—12厘米，南侧板长220、厚10厘米。椁底板共5块，均为东西向放置，由南向北长、宽依次为290×26、280×28、256×24、256×24、280×20厘米。棺西宽东窄，长205、东宽90、西宽94厘米。

椁下有两道南北向垫木槽,东西向基本平行。西端垫木槽长178、宽14、距西壁50厘米,东端垫木槽长170、宽14、距东壁38厘米。内各放置一根方形垫木。西垫木长177、宽16厘米,东垫木长172、宽15.6厘米,两垫木间距204厘米。

席共两层,位于椁底板上,压在椁侧板和端板下,两层席中间有填土间隔。席略小于椁底板。棺内发现有朱砂痕迹。位于腰坑位置上的席子上方铺置有一层竹编物,范围与腰坑相同。

（5）墓主

墓主骨架保存完整,墓主头向西,仰身直肢,双手交叉于小腹上。依据头骨特征和牙齿磨耗程度推断墓主人为30岁左右的男性;依据骨架其他部位特征推断墓主人为27—28岁的男性。

（6）殉牲

墓底有腰坑,腰坑内放置狗,狗骨保存完整。头向西。经鉴定,其股骨两段未愈合,年龄在8—9个月（图一九〇）。

（7）随葬品及其位置

共16组112件。

出土于盗洞的有:联裆鬲2件（03、04）,毛蚶6枚（02）,陶圈足1件（01）。

位于原位的有:填土内出土陶簋1件（1）。墓葬内墓主头骨附近出土蚌鱼（疑似）1件（2）,头骨附近以及口中出土海贝52枚（3）,口中出土口含（玉璜）1件（4）,右侧肋骨旁出土石圭1件（5）,墓主盆骨附近出土毛蚶10枚（6）,盆骨处出土海贝9枚（7）,右侧盆骨附近出土石鱼2件（8）,右侧股骨旁出土毛蚶13枚（9）,左腿附近出土铜块1件（10）,脚部出土海贝2枚（11）。南二层台东侧

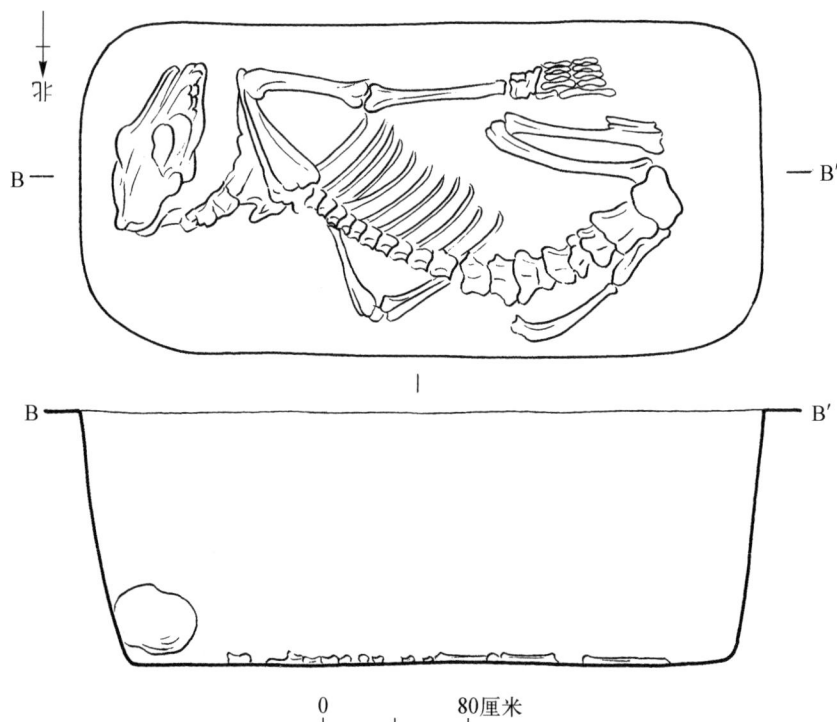

图一九〇　2012FZYM124腰坑殉狗平剖图

出土毛蚶1枚(12)。

(8)随葬品介绍

铜块 1件。标本M124:10,不规则圆球状。较圆弧的一面上有布纹痕迹,凹凸不平的一面上有一道明显的凹槽。长2.3、宽1.8、高2厘米,重14.5克。

石圭 1件。标本M124:5,乳白色。尖首长条形,首端呈尖峰状,两侧有薄刃,尾端两侧略内收呈柄状,有穿孔,单面钻。残长10.7、宽2.8、厚0.4、孔径0.3厘米(图一九一:14)。

石鱼 2件。标本M124:8,乳白色,钙化严重。头部已残,鱼身长条形,中部略厚于两边缘,鱼鳍明显,分尾下垂。长7.9、宽2.1、厚0.3厘米(图一九一:10)。其中一件残损严重,长2.4、宽2.0、厚0.3厘米。

联裆鬲 2件。均夹砂灰陶。标本M124D1:03,仅存口沿。圆唇,沿下绳纹有被抹痕迹。残长4.7、残高1.3、厚0.6厘米(图一九三:2)。标本M124D1:04,仅存口沿及腹上部。卷沿微折,方唇,沿内缘有一道凹槽,沿下角较大。束颈,颈部素面,腹部饰竖行中绳纹,纹理清晰,印痕较深,其上还残留3个鸡冠状扉棱。口径16.0、器身最大径15.6、残高7.6、厚9.6厘米(图一九三:5)。

簋 1件。标本M124:1,泥质灰陶。侈口卷沿,沿面较宽,方唇,深腹,腹上部斜直,腹下部微鼓,腹底部圜收,高圈足,圈足下裙外撇较甚,且较厚形成一个小平台。沿面及沿外侧饰

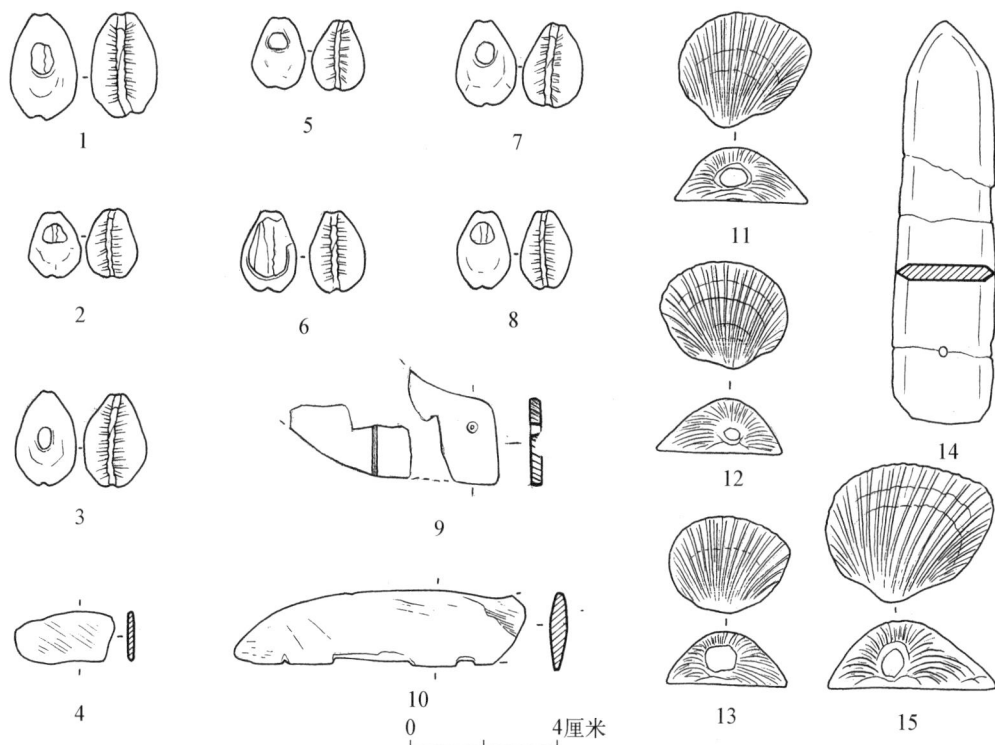

图一九一 2012FZYM123、M124玉石、蚌贝、毛蚶

1、2、3、5.海贝(M124:7-1、M124:7-5、M124:7-2、M124:7-4) 6、7、8.海贝(M123D1:010-2、M124:7-3、M123D1:010-1)
4.蚌鱼(M124:2) 9.玉璜(M124:4) 10.石鱼(M124:8)
11、12、13、15.毛蚶(M124D1:02-1、M124D1:02-2、M124D1:02-3、M124:12) 14.石圭(M124:5)

数周暗旋纹,腹部饰三道旋纹,腹下部外鼓处有一道明显的刮削痕,圈足内侧饰一周宽旋纹,使底部下裙的小平台更为明显。口径26.4、底径15.2、通高16.0、圈足高4.9、厚0.7厘米(图一九三:7)。

圈足 1件。标本M124D1:01,残,可能为簋的圈足,泥质红褐陶。圈足斜直,稍外撇,底部似形成一个小平台。底径15.8、残高4.2、厚0.8厘米(图一九三:3)。

蚌鱼 1件。标本M124:2,乳白色,钙化严重。扁长条形,一端圆弧略尖,一端残断。残长2.7、宽1.8、厚0.2厘米(图一九一:4)。

毛蚶 30枚。单扇,均在壳顶处有穿孔,扇面有长条形皱折纹。标本M124:12,长4.7、宽3.6、厚1.8、孔径0.8厘米(图一九一:15)。标本M124D1:02-1,长3.8、宽3.1、厚1.4、孔径0.8厘米(图一九一:11)。标本M124D1:02-2,长3.5、宽2.8、厚1.5、孔径0.4厘米(图一九一:12)。标本M124D1:02-3,长3.3、宽2.6、厚1.4、孔径0.9厘米(图一九一:13)。

海贝 共11枚。均呈白色,面有唇,唇内侧各有一排细齿,背面有一穿孔。标本M124:7-1,长2.8、宽1.8、孔径0.8厘米(图一九一:1)。标本M124:7-2,长2.5、宽1.6、孔径0.6厘米(图一九一:3)。标本M124:7-3,长2.3、宽1.6、孔径0.6厘米(图一九一:7)。标本M124:7-4,长1.8、宽1.4、孔径0.6厘米(图一九一:5)。标本M124:7-5,长1.8、宽1.5、孔径0.7厘米(图一九一:2)。

口含 包括玉璜和海贝。玉璜,1件。标本M124:4,白玉,残。复原后其弧长大致相当于整圆的三分之一,两面光洁无纹饰,一端有穿孔,单面钻,孔径0.1—0.3厘米。因发现于墓主口中,似有意根据嘴形选择的玉口含形状。外弧残长5.7、内弧残长2.8、宽2.3、厚0.3厘米(图一九一:9)。M124:3,海贝,共52件。均呈白色,面有唇,唇内侧各有一排细齿,龟背面有一穿孔。标本M124:3-1,长1.8—2.5、宽1.5—1.7、孔径0.4—0.8厘米。

(9)分期年代

本墓所出仿铜陶鬲侈口,沿下角较大。陶簋圈足较粗。据此判断,该墓年代为西周中期,有可能早至西周中期偏早阶段。

40. 2012FZYM125(图一九二;图版八:2)

(1)墓位与盗扰情况

位于姚家墓地南区。北距M109约4.9米,南距M132约1.9米,东北距M124约2.0米。

西侧有一盗洞D1,口部呈椭圆形,最大径0.9、深2.5米。盗洞内土质较松散,土色呈浅灰褐色。打破墓口,贴壁直下延伸至椁室,打破整个棺椁上部,扰乱墓主头骨、左侧肢骨及部分肋骨,出有石、蚌、陶等质地遗物。

(2)墓向与形制

东西向,墓向278°。

长方形竖穴土坑墓,口小底大。墓壁剖面呈喇叭形,仅墓口三分之一处为直壁,再向外扩直至墓底。墓壁局部经修整较光滑,但无工具痕迹。平底。墓口长2.6、宽1.2米,墓底长2.9、宽1.4米,自深3.2米。

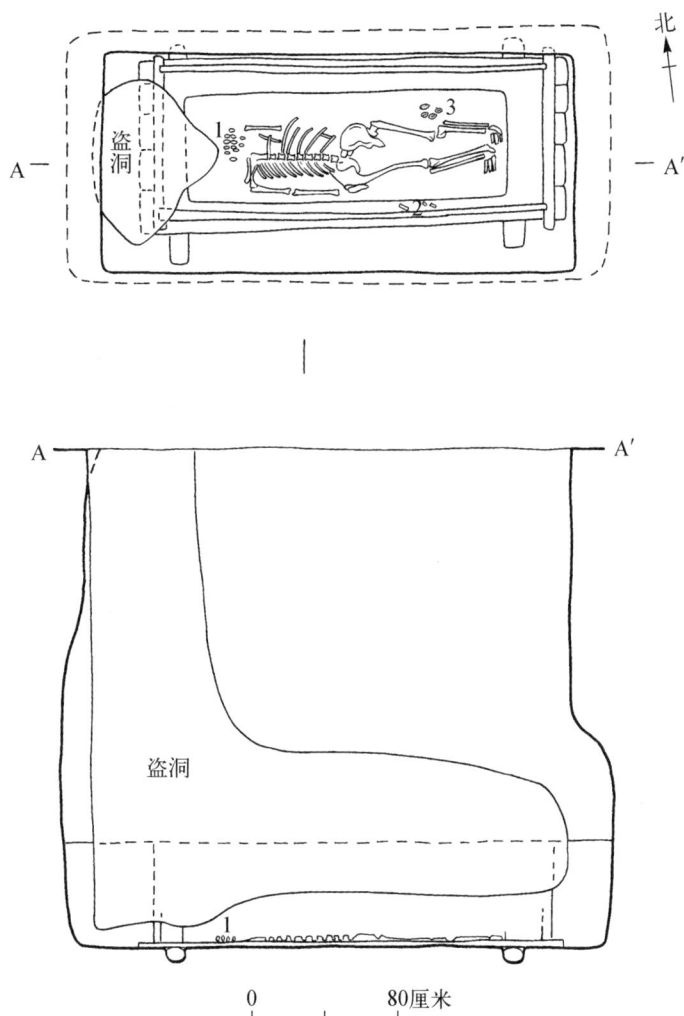

图一九二　2012FZYM125平剖图

1、3. 海贝　2. 石圭

（3）填土

土质总体较硬，局部较疏松，土色呈黄褐色，夹杂较多的红及浅黑色土点颗粒，分布较均匀，局部有较大的浅黑色土块，未发现夯打痕迹，无包含物。

（4）葬具

一棺一椁。棺椁均为东西向放置。

椁长220、宽75厘米。椁盖板形制不明。椁侧板两端嵌于端板内。椁端板长96、侧板长208厘米。椁底板保存状况不好，推测由5块东西向的板组成，尺寸不明。

棺残长175、宽60厘米。椁下放置两根圆形垫木，置于垫木槽内。东垫木长114、直径12厘米，西垫木长120、直径10厘米，两垫木间距170厘米。

（5）墓主

除头骨、左侧肢骨及左侧部分肋骨被扰外，基本保存完整。葬式为仰身直肢葬，头向西。经鉴定,墓主为年龄在25—30岁的女性。

（6）随葬品及其位置

共4件（组）。

出土于盗洞的有:素面罐1件（01）。位于原位的有:棺内西端出土海贝16枚（1），墓葬南侧偏东棺椁之间出土石圭1件（2），墓主左侧下端出土海贝4枚（3）。

（7）随葬品介绍

石圭　1件。标本M125:2，残。黄白色。可见三角形首端，尾端残，边缘磨薄，但未开刃。一面打磨光滑，一面粗糙。残长8.0、宽2.0、厚0.4厘米（图一九四:17）。

素面罐　1件。标本M125D1:01，夹砂红褐陶。斜腹平底，部分残片有烟炱痕迹。在周原遗址几乎不见此类器作为炊器使用，夹粗砂，素面，薄胎，疑为外来文化因素。底径9.6、残高9.8厘米（图一九三:6）。

海贝　20枚。均为白色，面有唇，唇内侧各有一排细齿，背面有一穿孔。标本M125:1-1，长3.8、宽2.0、高1.3、孔径0.6厘米（图一九四:3）。标本M125:1-2，长2.5、宽2.0、孔径0.6厘米（图

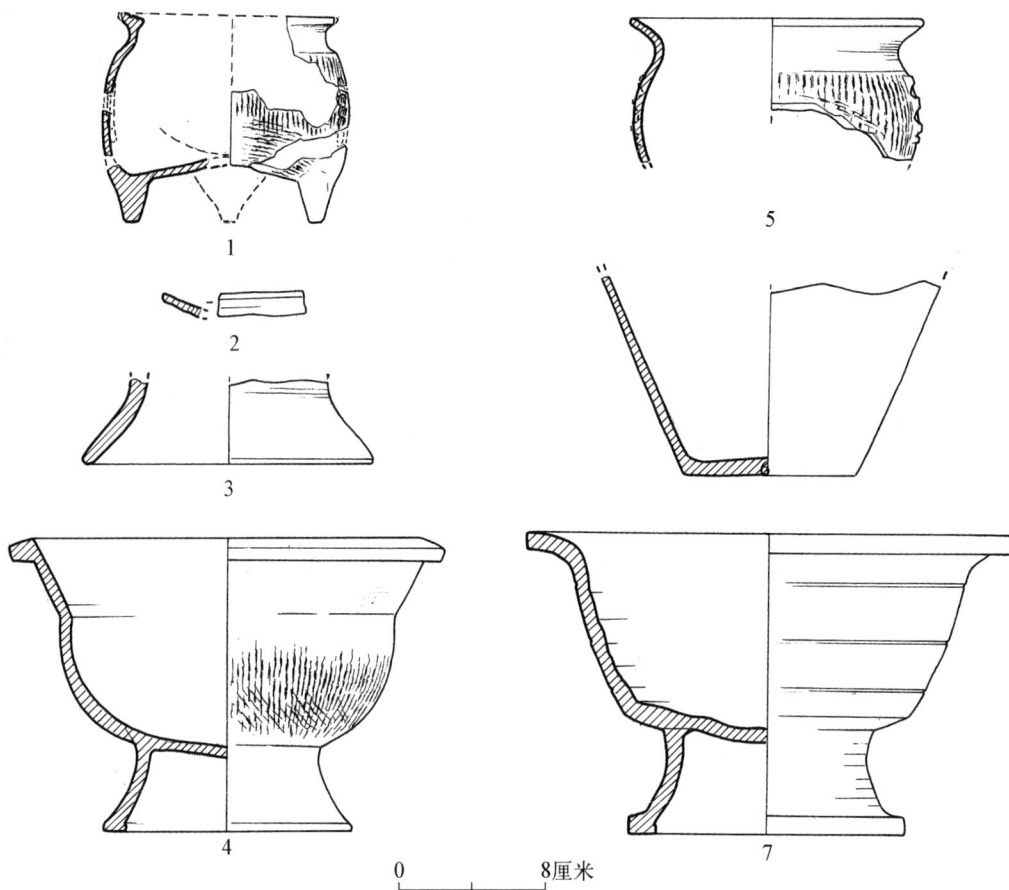

图一九三　2012FZYM124、M125、M126陶器

1、2、5. 联裆鬲（M126D1:03、M124D1:03、M124D1:04）　3. 圈足（M124D1:01）

4、7. 簋（M126D1:05、M124:1）　6. 素面罐（M125D1:01）

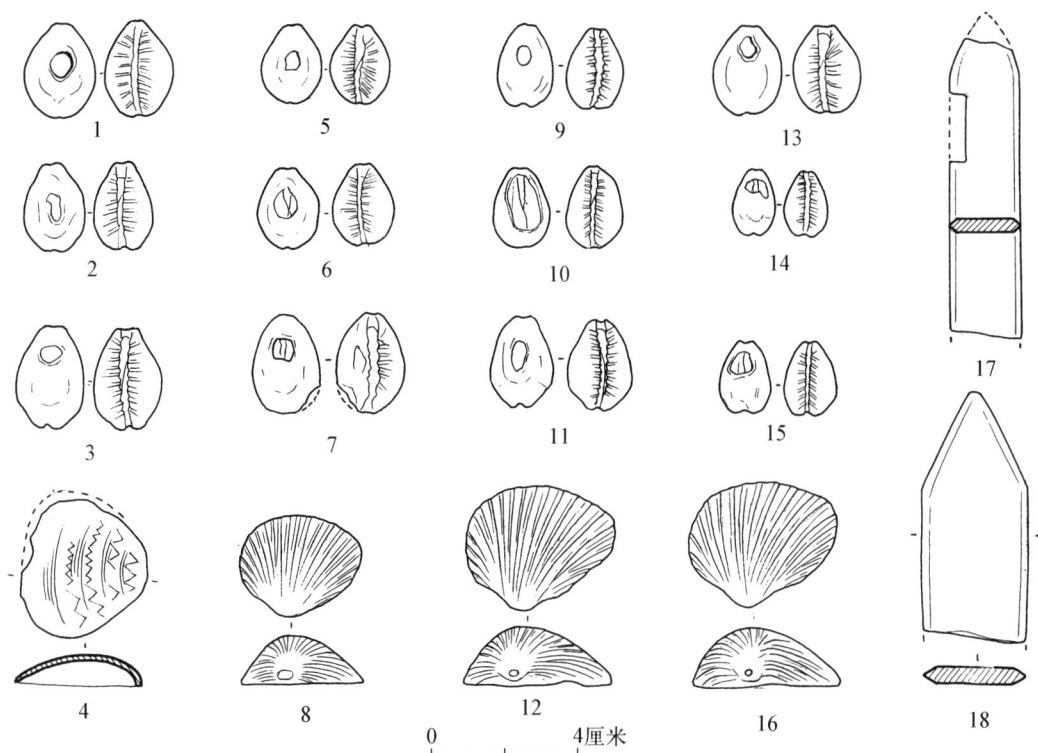

图一九四 2012FZYM125、M126、M127随葬品

1、2、3、5. 海贝（M125：3-1、M125：3-2、M125：1-1、M125：1-3） 4. 文蛤（M127D1：08）
6、7、9、10. 海贝（M125：3-3、M127D1：018、M127D1：020-1、M126D1：04-1）
8、12、16. 毛蚶（M127D1：025-3、M127D1：025-2、M127D1：025-1）
11、13、14、15. 海贝（M127D1：023、M125：1-2、M127D1：020-2、M126D1：04-2） 17、18. 石圭（M125：2、M126：1）

一九四：13）。标本M125：1-3，长2.1、宽1.7、高0.9、孔径0.5厘米（图一九四：5）。标本M125：3-1、长2.5、宽1.9、高1.1、孔径0.7厘米（图一九四：1）。标本M125：3-2，长2.3、宽1.7、高1.0、孔径0.7厘米（图一九四：2）。标本M125：3-3，长2.2、宽2.2、高1.0、孔径0.8厘米（图一九四：6）。

（8）分期年代

期别不明。

41. 2012FZYM126（图一九五）

（1）墓位与盗扰情况

位于姚家墓地南区，与M131、M132、M127、M128、M129、M130东西成排。西北距M125约3.5米，西距M132约4.6米，东距M127约2.3米。

东北角有1盗洞D1，口部呈椭圆形，最大径0.7米。贴壁直下至墓底后向西延伸，破坏整个椁室，将人骨全部扰乱。盗洞内填土松散，土色为深褐色，出土少量人骨残片，及陶器、蚌饰等。

（2）墓向与形制

东西向，墓向280°。

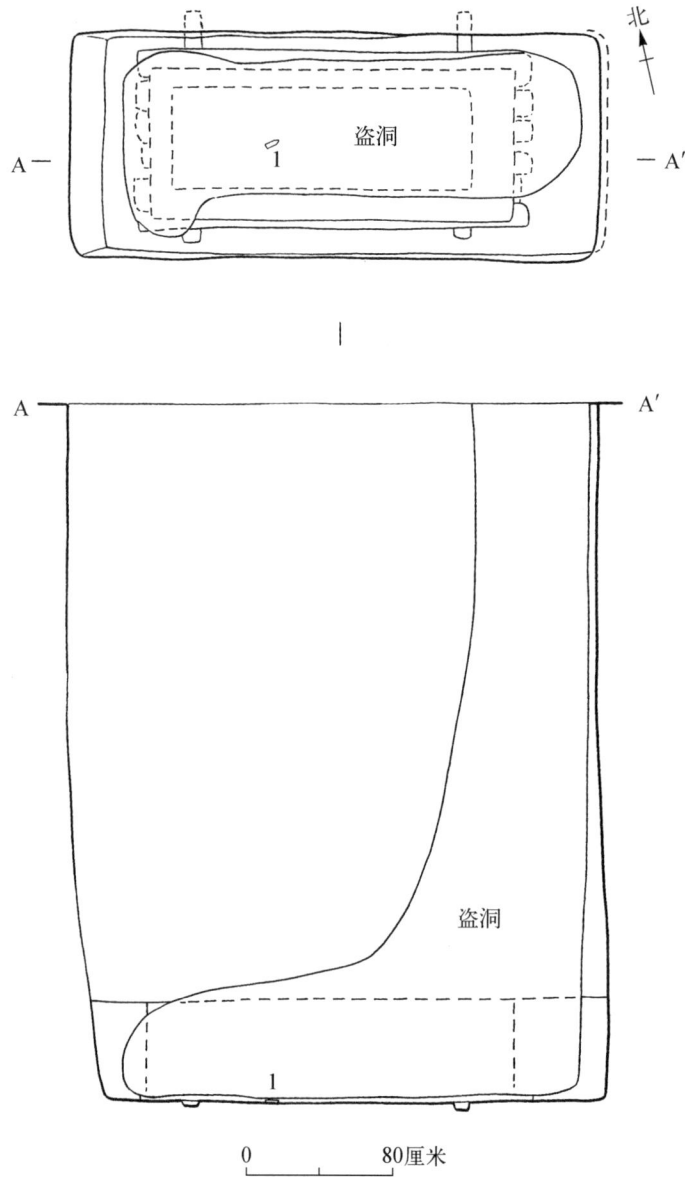

图一九五　2012FZYM126平剖图

1.石圭

　　长方形竖穴土坑墓,口大底小。墓口四角圆弧,墓底西北角微弧,近直角,其余三角圆弧。墓壁西部斜直内收,整体向东微弧。墓底东宽西窄,平底。墓口长2.9、宽1.2米,墓底长2.7、西宽1.0、东宽1.2米,自深3.6—3.7米。

　　(3)填土

　　土质较硬,土色呈黄褐色,内夹杂有白色颗粒絮状物和小颗粒状垆土,经过夯打。无包含物。

　　(4)葬具

　　一棺一椁。棺椁均为东西向放置。

椁长218、宽99、高41厘米。椁盖板、端板、侧板形制均不明。推测共有5块椁底板,均为东西向放置,只有南北两侧椁底板可大致辨认,中间三块长宽不明。由北向南长、宽依次为210×16—18、216×18—20厘米。棺保存较好。长164、宽54厘米。

墓壁中可见垫木槽,墓底无垫木槽。南壁东端垫木槽东西宽10、进深6、深6厘米,南壁西端垫木槽东西宽8、进深8、深5厘米。椁下放置两根长方形垫木,东端垫木长120、宽10厘米,西端垫木长120、宽8厘米。

墓主人身下铺有一层较薄的朱砂。

（5）墓主人

因盗扰及腐朽严重,人骨保存极差,依据残痕仅能判断头向西。

（6）随葬品及其位置

共7件（组）。位于原位的有:墓室西端出土石圭1件（1）,墓室西南角有漆痕（2）。出土于盗洞的有:漆皮若干（01）,蚌泡6枚（02、06）,联裆鬲1件（03）,陶簋1件（05）,海贝2枚（04）。

（7）随葬品介绍

石圭　1件。标本M126:1,残存首部。灰白色,有褐色点状沁染。首端呈三角形,尾端残。打磨规整,边缘磨薄有薄刃。器表有朱砂痕迹。残长6.7、宽2.9、厚0.5厘米（图一九四:18）。

联裆鬲　1件。标本M126D1:03,残存口沿、裆部、足部。夹砂灰黑陶。平折沿,沿面有两道凹槽,沿下角较大,束颈,柱状实足根,足根有刮削痕迹。颈腹交界处饰一周弦纹,腹部饰中绳纹且残留一个鸡冠状扉棱,裆部饰交错绳纹,纹理模糊,印痕较深,足底饰绳纹。口径12.2、残高4.0、厚0.6厘米（图一九三:1）。

簋　1件。标本M126D1:05,泥质灰陶,胎皮偏土黄色。敞口,斜折沿,沿面下倾,厚方唇,斜直颈,颈腹交界处微内折,内壁颈腹交界处有一周凸棱,深弧腹,腹底圜状,圈足矮而粗,圈足下裙斜直。腹部饰交错绳纹,纹理模糊,印痕较浅。圈足隐约可见一周旋纹,内侧有一道明显的旋纹,使圈足底部形成一个小平台。口径24.0、圈足高4.0、底径13.8、通高15.6、厚0.4厘米（图一九三:4）。

蚌泡　6枚。均为白色,圆形,扁平状。表面微鼓,平底。无穿孔,正面边缘和中心均涂有一周红漆。标本M126D1:02-1,直径2.0、厚0.7厘米（图一九八:4）。标本M126D1:02-2,直径1.9、厚0.6厘米（图一九八:3）。标本M126D1:06,直径2.0、厚0.6厘米（图一九八:2）。

海贝　2枚。均为白色,面有唇,唇内侧各有一排细齿,背面有一穿孔。标本M126D1:04-1,顶部穿孔较大,几乎占据整个背面。长2.2、宽1.5、孔径1.5厘米（图一九四:10）。标本M126D1:04-2,顶部穿孔较小。长1.8、宽1、孔径0.6厘米（图一九四:15）。

（8）分期年代

本墓所出陶鬲平折沿,裆部低平。陶簋颈很长,腹部较矮。故此墓年代为西周中晚期之际。

42.2012FZYM127（图一九六）

（1）墓位与盗扰情况

位于姚家墓地南区。北距M123约3.7米,西距M126约2.3米,东南距M128约2.8米。

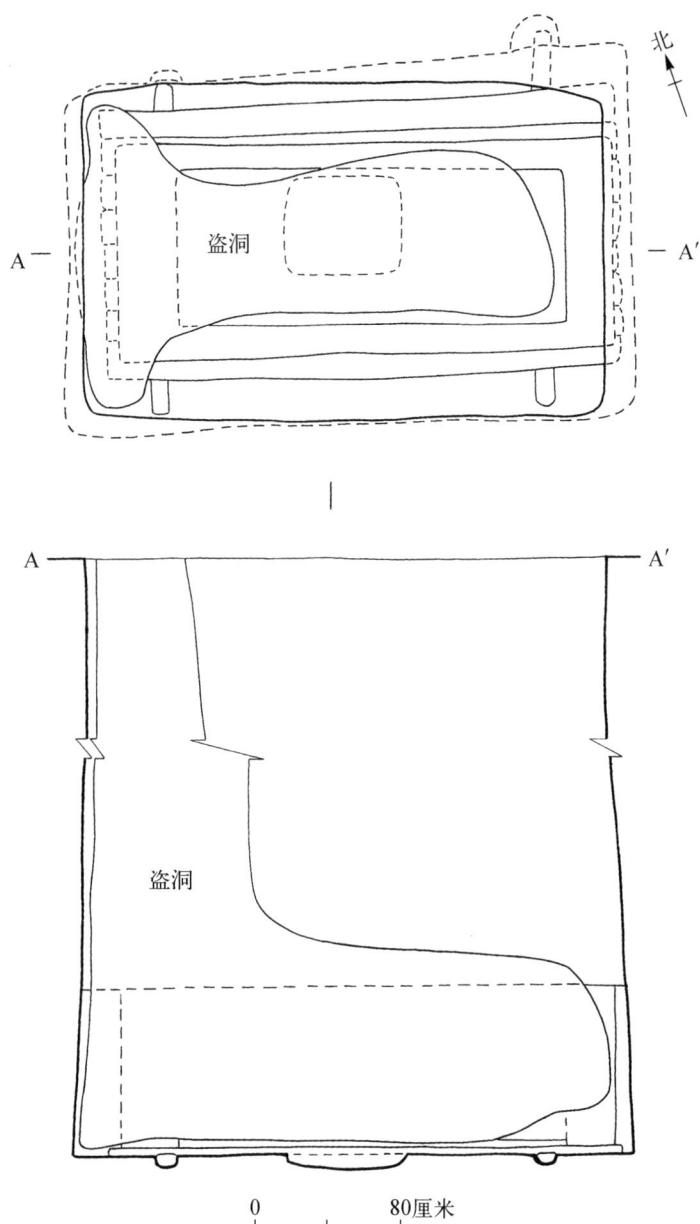

图一九六　2012FZYM127平剖图

西部有一盗洞D1，口部呈椭圆形，口部长径0.7、短径0.5米，底部长径2.8、短径0.8米。贴西壁直下，打破西边二层台，到墓底后顺西壁向东扩大到整个椁室，出有陶片、贝、牙、蚌泡、人骨、动物骨骼、毛蚶等。

（2）墓向与形制

东西向，墓向275°。

长方形竖穴土坑墓，口小底大。墓口及墓底墓角为圆弧形，较规整。墓底不平整。墓口长为2.3、宽1.8米，墓底长3.1、东宽2.0、西宽1.8米，自深6.1米。

墓底棺中部有一长方形腰坑,长65、宽51、深7厘米。

(3) 填土

土质较紧密,土色呈黄褐色,夹杂少量的红色土块。有的层位有夯打痕迹,无包含物。

(4) 葬具

一棺一椁,棺椁均为东西向放置。

椁长287、宽146、高85厘米。椁盖板、端板形制不明。椁的侧板分三层,从上到下高度分别为20、16、30厘米,南边残长240、北边残长280厘米。椁底板共6块,为东西横向放置,板与板之间有间隙,由北向西南长、宽依次为220×20、256×20、256×20、256×18、260×20、202×14厘米。

墓壁中可见垫木槽,南端垫木延伸入西壁2、延伸入东壁4厘米;北端垫木延伸入西壁6、延伸入东壁6厘米。椁下放置两根圆形垫木,无垫木槽。西垫木长180、直径为10厘米,南垫木长222、直径为10厘米。

棺底板之上有朱砂。

(5) 墓主人

盗扰严重,人骨骨架均出于盗洞,其他不明。

(6) 殉牲

(1) 距墓口3.4米深处墓南壁中部横陈殉羊1只;(2) 距墓口350厘米深处墓平面中心出土石块1块;(3) 腰坑出土兽牙1枚。

(7) 随葬品及其位置

共43件(组)。出土于盗洞的有:残陶簋2件(01、02),陶豆2件(03、04),残陶联裆鬲2件(05、07),残陶片1件(06),小口圆肩罐2件(012、029),素面罐(022、030),残铜片5件(011、014、015、016、028),石鱼2件(010、026),柄形器玉附饰、玉柄6件(019、027-1、2、3、4、5),文蛤1枚(08),蚌泡30枚(09、013、017、021、024),海贝19枚(018、020、023),毛蚶5枚(025)。

(8) 随葬品介绍

残铜片 5件,均为残碎铜片。标本M127D1:011,不规则四边形,边长约0.5厘米,重0.4克。标本M127D1:014,块状,锐利断口,较厚,重1.8克。标本M127D1:015,三角形,三边长分别为2、2.3、1.2厘米,重0.7克。标本M127D1:016,极其碎小,重0.2克。标本M127D1:028,不规则形状。最大片长约0.7、宽1厘米,重1.3克。

柄形器 1件。复合体,包括玉柄1件,玉附饰5件(图一九七)。玉柄1件,标本M127D1:027-1,残。青玉,有白色沁斑。扁平片状,顶端和一侧饰有犬牙状扉棱,转角处呈不规则形,似是他器改制。素面。长3.5、宽1.8、厚0.2厘米(图一九八:6)。玉附饰5件,其中,带犬牙状扉棱玉条2个,标本M127D1:027-2,残,青玉。残存尖端及两个犬齿状扉棱和一

0　　　　4厘米

图一九七 2012FZYM127
柄形器结构复原示意图

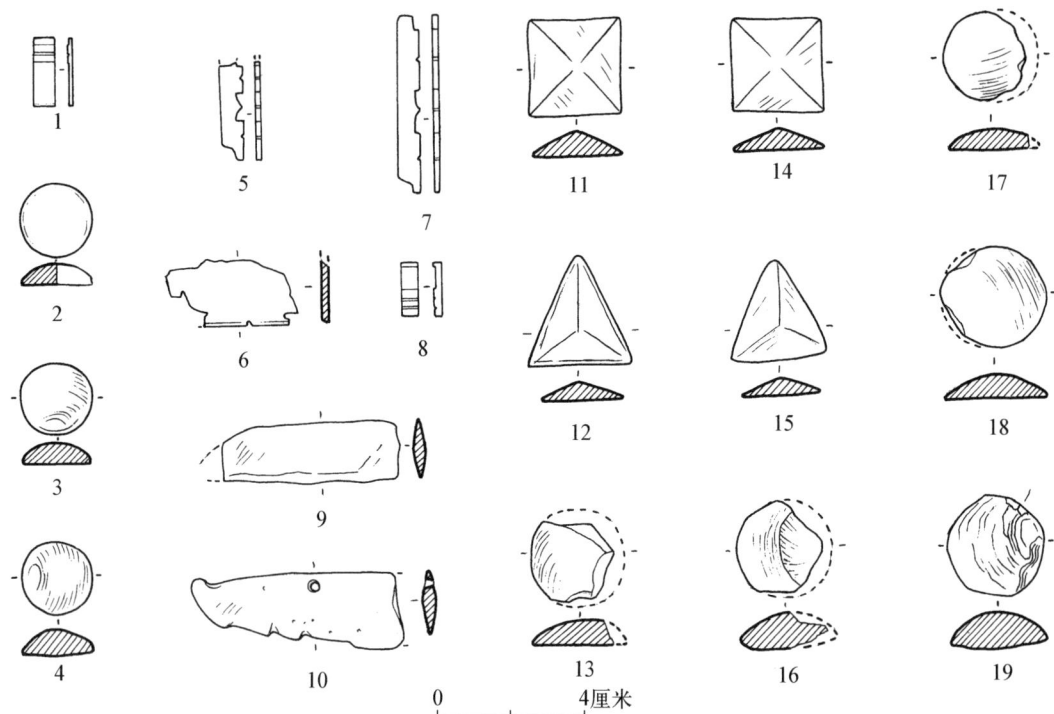

图一九八　2012FZYM126、M127 玉石器、蚌泡

1、5、7、8. 柄形器玉附饰（M127D1：027-5，M127D1：027-2，M127D1：027-3，M127D1：027-4）

2、3、4、11. 蚌泡（M126D1：06、M126D1：02-2、M126D1：02-1、M127D1：024-3）

6. 柄形器玉柄（M127D1：027-1）　9、10. 石鱼（M127D1：010，M127D1：026）

12、13、14、15. 蚌泡（M127D1：024-5、M127D1：013、M127D1：024-4、M127D1：024-6）

16、17、18、19. 蚌泡（M127D1：09、M127D1：024-2、M127D1：024-1、M127D1：017）

个犬齿状缺口，另一侧平直。残长2.6、宽0.6、厚0.2厘米（图一九八：5）。标本 M127D1：027-3，黄白玉，一端尖一端圆弧，一侧饰有两对犬齿状扉棱和一个犬齿状缺口，另一侧平直。长4.8、宽0.5、厚0.2厘米（图一九八：7）。带浅槽短玉片2个，标本 M127D1：027-4，青玉。两端平直，正面凹凸不平，两端起细棱，中部饰两道宽棱，棱中间以一道凹槽分界，背面平。长1.5、宽0.5、厚0.2厘米（图一九八：8）。标本 M127D1：027-5，青玉。长方形薄玉片，残，正面以阴线刻划出3道旋纹。长1.9、宽0.6、厚0.1厘米（图一九八：1）。方齿缺口玉条1个，标本 M127D1：019，残。青玉。一侧有一个方齿状缺口，另一侧平直，一端弧平。残长1.0、宽0.5、厚0.3厘米。

石鱼　共2件。标本 M127D1：010，残。钙化严重。长条形。残长4.9、宽1.6、厚0.3厘米（图一九八：9）。标本 M127D1：026，残。长条形，中间厚边缘薄。阔嘴，硕腹，腹部上有鳍。头部有穿孔，孔径约0.3厘米；残长5.5、宽1.0—2.1、厚0.4厘米（图一九八：10）。

石块　1块。标本 M127：2。浅灰黄色，不规整劈裂六面体。长8、宽7.5、厚3厘米。

联裆鬲　共2件。均夹砂灰陶，折沿，圆唇，沿下角较大，沿面饰3道旋纹。标本 M127D1：05，口沿及腹部残片。沿下绳纹被抹，残痕依稀可见，腹部饰竖行中绳纹，纹饰条理清晰，印痕较浅，腹部残留一个鸡冠状扉棱，扉棱上有三道痕。口径16、残高8.0、器身最大径16.2、厚0.4厘米（图一九九：8）。标本 M127D1：07，口沿、鬲足与裆部残片，陶色偏土黄色。唇面有一道凹槽，低裆，瘪裆，裆底部近平，柱状实足根，足底较平。腹部饰中绳纹，纹理清晰，印痕较浅，裆底部饰交错绳纹，腹部上残留一个扉棱，该扉棱仅存一道痕，足根有刮削痕。标本 M127D1：07-1，裆部及鬲足残片，残高9.0、足根宽1.2、厚0.7厘米（图一九九：10）。标本 M127D1：07-2，口沿残片，口径14.0、残高1.9、厚0.5厘米（图一九九：6）。

　　簋　共2件。标本 M127D1：01，口沿和上腹部残片，泥质灰陶。直口微敛，短折沿，圆唇，鼓腹，腹底部圜收。颈近口部饰一周旋纹，颈腹交界处饰一周弦纹，腹中部凸出处隐约可见一周弦纹。口径26.0、残高8、器身最大径25.4、厚0.4厘米（图一九九：4）。标本 M127D1：02，口沿至肩部残片，泥质黑陶。敛口，平折沿，圆唇，残存的肩部上饰有三道宽瓦楞纹，凸棱明显。残高5.7、厚0.7厘米（图一九九：9）。

　　豆　共2件。均为豆盘残片，泥质灰陶，直口。标本 M127D1：03，圆唇，盘壁饰两道旋纹。残高2.0、厚0.6厘米（图一九九：7）。标本 M127D1：04，方唇，唇面有一道凹槽，盘壁饰至少四道旋纹。残高3.4、厚0.6厘米（图一九九：5）。

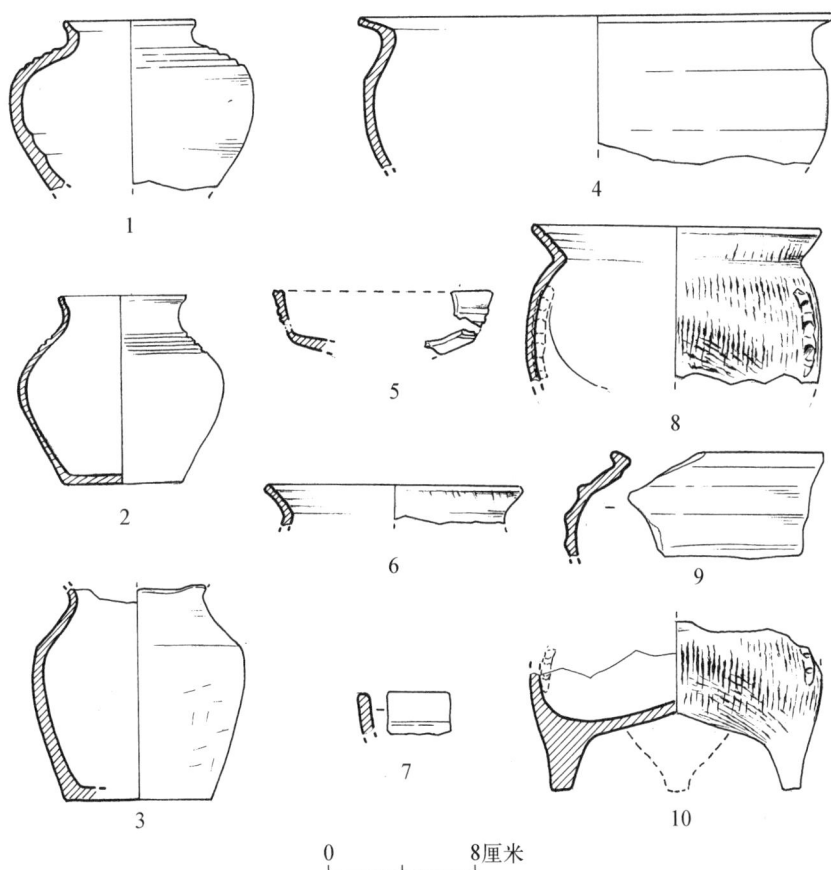

图一九九　2012FZYM127陶器

1、2. 小口圆肩罐（D1：012、D1：029）　3. 素面罐（D1：022）　4、9. 簋（D1：01、D1：02）

5、7. 豆（D1：04、D1：03）　6、8、10. 联裆鬲（D1：07-2、D1：05、D1：07-1）

小口圆肩罐　2件，均残，小口，卷沿，尖圆唇，沿面微内凹，圆肩，鼓腹，腹下部斜直内收，平底。肩面饰三道细瓦楞纹。M127D1：012，泥质灰陶。口径7.2、器身最大径13.2、底径7.4、高8.8、厚0.4厘米（图五六：3、图一九九：1）。标本M127D1：029，泥质褐陶。口径7.0、器身最大径11.2、底径6.2、通高10.0、厚0.4厘米（图一九九：2）。

素面罐　共2件。标本M127D1：022，口部及底部残，夹砂灰陶。窄斜肩，斜直腹，平底，素面。底径8.0、器身最大径11.6、残高11.2、厚0.4厘米（图一九九：3）。标本M127D1：030，泥质灰陶。鼓腹斜收，平底。

陶片　1件。标本M127D1：06，三角形，泥质红陶，素面。残长4.5、残宽3.2、厚0.6厘米。

蚌泡　共30枚。部分残缺，均为白色，扁平状。无钻孔，平底。其中圆形蚌泡，表面微鼓，正面边缘和中心涂有一周红漆。标本M127D1：09，残。直径2.6、厚0.9厘米（图一九八：16）。标本M127D1：013，残，其上有烧焦痕。残径2.4、厚0.6厘米（图一九八：13）。标本M127D1：017，直径2.6、厚1.0厘米（图一九八：19）。标本M127D1：024-1，直径2.8、厚0.6厘米（图一九八：18）。标本M127D1：024-2，残径2.6、厚0.6厘米（图一九八：17）。正方形蚌泡，整体呈方锥状，四周边缘涂有一周红漆。标本M127D1：024-3，边长2.5、厚0.7厘米（图一九八：11）。标本M127D1：024-4，边长2.5、厚0.6厘米（图一九八：14）。三角形蚌泡，整体呈三棱锥状，底面均为等腰三角形，部分边缘涂有一周红漆。标本M127D1：024-5，短边2.8、长边3.3、厚0.5厘米（图一九八：12）。标本M127D1：024-6，短边2.7、长边3.0、厚0.5厘米（图一九八：15）。

毛蚶　共5枚。单扇，均在壳顶处有穿孔，扇面有长条形皱折纹。标本M127D1：025-1，长4.1、宽3.4、厚1.6、孔径0.2厘米（图一九四：16）。标本M127D1：025-2，长4.1、宽3.4、厚1.6、孔径0.3厘米（图一九四：12）。标本M127D1：025-3，长3.4、宽2.7、厚1.3、孔径0.4厘米（图一九四：8）。

文蛤　1枚。标本M127D1：08，残。扇形，表面光滑，自然纹理。残长3.7、残宽3.5、高0.8厘米（图一九四：4）。

海贝　共19枚。均为白色，面有唇，唇内侧各有一排细齿，龟背面有一穿孔。标本M127D1：018，长2.6、宽1.8、孔径0.6厘米（图一九四：7）。标本M127D1：020-1，长2.2、宽1.5、孔径0.5厘米（图一九四：9）。标本M127D1：020-2，长1.8、宽1.2、孔径0.6厘米（图一九四：14）。标本M127D1：023，长2.4、宽1.7、孔径0.8厘米（图一九四：11）。

兽牙　1枚，标本M127：3，钙化严重。

（9）分期年代

本墓所出仿铜陶鬲整体矮扁，沿面有间隔不匀的旋纹，沿下角较大。瓦楞簋腹部所饰瓦纹稀疏。小口圆肩罐口沿略微外撇，均为西周中期偏早的时代特征。据此将该墓年代定为西周中期偏早阶段。

43. 2012FZYM132（图二〇〇）

（1）墓位与盗扰情况

位于姚家墓地南区。东北距M125约1.9米，西距M131约1.4米，东南距M133约0.9米，东距

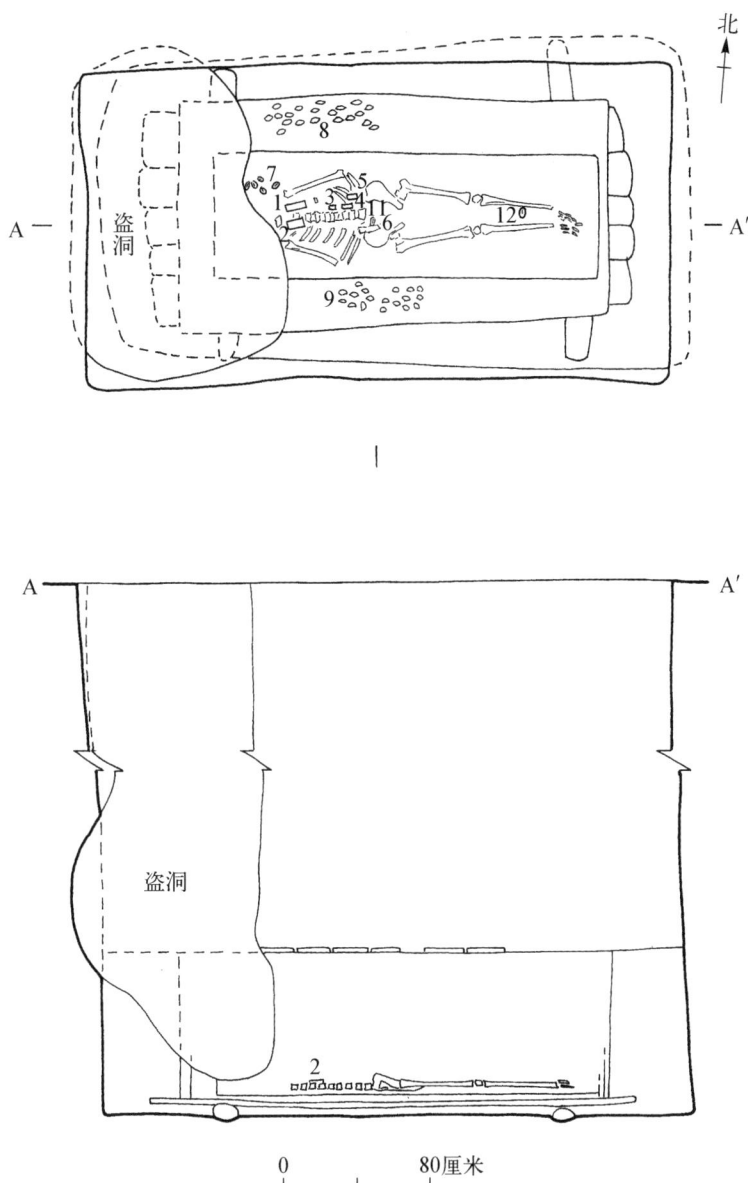

图二〇〇　2012FZYM132平剖图

1、2、3、4、5.柄形器　6.石圭　7、11、12.海贝　8、9.毛蚶

M126约4.6米。

　　西北角有一盗洞D1，口部呈椭圆形，口径0.9、底部长径1.8、短径1.2米。口部打破墓壁，近墓底后顺西壁向南扩大。盗洞中出有陶片、穿孔贝、马牙、瓷片、蚌泡、人骨、动物骨骼、毛蚶等。

　　（2）墓向与形制

　　东西向，墓向273°。

　　长方形竖穴土坑墓，口小底大。口部、底部四角均为圆弧形。墓底东宽西窄，平底。墓口长

3.2、宽1.7米,墓底长3.2、东宽1.7、西宽1.5米,自深5.8米。

（3）填土

土质致密,土色呈黄褐色,夹杂红色土块。未经夯打,无包含物。

（4）葬具

一棺一椁。棺椁均为东西向放置。

椁长268,宽110、高82厘米。椁盖板在北二层台上残存6块,南侧残存3块,由西向东长、宽依次为138×19、139×18、137×20、142×18、140×22、130×22厘米。椁侧板与端板保存状况较差,椁端板残宽7、残长118厘米;椁侧板残宽6—8、残长241厘米。椁底板共5块,均为东西向放置,板与板之间有间隙,由北向西南长、宽依次为262×26—30、272×22—24、268×16—24、266×14—20、260×23—28厘米。

棺长211、宽64—67厘米。棺端板残长80、宽6—8厘米,侧板长200、残宽4—12厘米。

椁下放置两根圆形垫木,无垫木槽。西端垫木长160、北宽12—14、南宽8—13厘米,东端垫木长172、北宽9—12、南宽12厘米。

（5）墓主人

头部被盗洞破坏,其余骨骼保存较好,推断头向西,面向不清。仰身直肢葬,双手交叉于小腹上。经鉴定,墓主为年龄在29—30岁的男性。

（6）随葬品及其位置（图二〇一）

共46件（组）。

出土于盗洞的有:陶豆1件（01）,陶簋5件（02、09、012、017）,陶罐1件（03）,绳纹罐2件（08、014）,素面罐1件（04）,陶瓮残片1件（07）,海贝15枚（05、011）,蚌泡6枚（06、010、013）,毛蚶20枚（015、016）。

位于原位的有:墓主肋骨上有柄形器石柄、玉附饰、蚌片、蚌托1组（1）,脊椎上有柄形器石柄、玉附饰、蚌片、蚌托1组（2）,胸椎旁有单体柄形器2件（3、4）,桡骨上有柄形器石柄、玉附饰、蚌片、蚌托1组（5）,石圭1件（6）,双手之间海贝1枚（11）,双脚之间海贝1枚（12）,椁内北侧偏西出土海贝5枚（7）、毛蚶72枚（8）,南侧偏西出土毛蚶60枚（9、10、14、17）,墓葬二层台上出土毛蚶7枚（15）,西北角出土毛蚶1枚（16）。

（7）随葬品介绍

柄形器 共5件。

单体2件,标本M132:3,石质,黄白色,长条状,柄首呈箍状平顶,两侧微内凹成平帽状,直身,底端略宽,平齐。长6.9、顶端宽1.1、底端1.4、厚0.5—0.7厘米（图二〇四:18）。标本M132:4,玉质,青绿色,扁平片状。柄首呈盝顶状平顶,束颈,颈部以两周旋纹分界,末端微出榫,稍残。长5.4、宽1.4、厚0.3厘米（图二〇四:1;图版一八:3）。

复合体3件。标本M132:1,1件。由石柄、组合附饰、蚌托三部分构成,组合附饰有四层。组合附饰包括玉饰21个,均分布于第一层和第二层;石饰16个,分布于第三层和第四层;蚌片3个,绿松石片34个（图二〇二、图二〇三;彩版一四:5）。石柄1个,标本M132:1-1,黄白色,

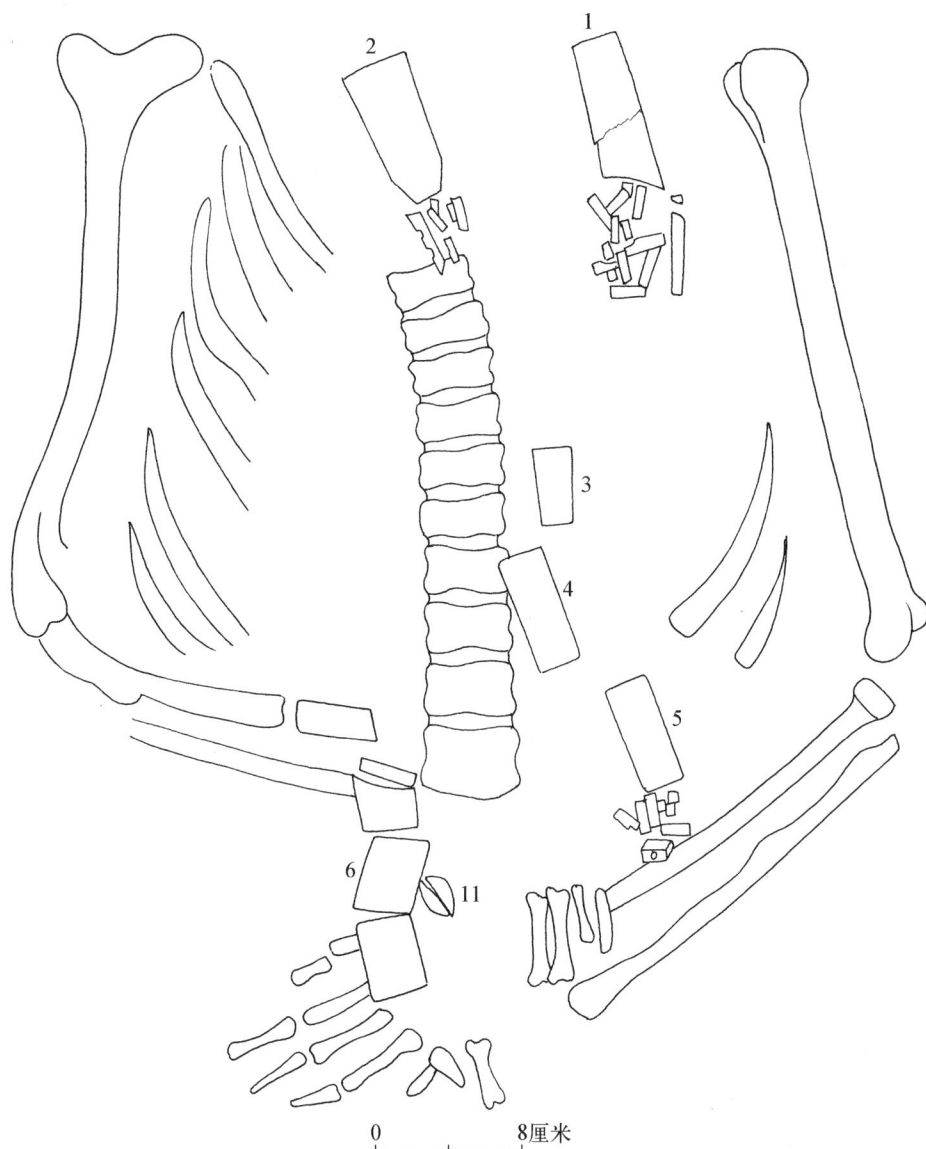

图二〇一　2012FZYM132人骨与随葬品局部平面图

1、2、3、4、5.柄形器　6.石圭　11.海贝

石质,长方形扁平状,柄首平直,两侧斜直至底端微收呈梯形,底端较首端薄。残长8.1、顶端宽2.2、底端宽2.4、厚0.4厘米(图二〇四:19)。蚌托1个,标本M132:1-2,窄长方体,两长边微弧,中心有一个单面钻圆形穿孔,穿孔朝向器柄。长1.9、宽1.0、厚0.7厘米(图二〇四:5)。第一层:玉附饰13个。其中,方齿缺口短条6个,一侧有方形缺口,另一侧平直。标本M132:1-5,同形制的有4个,两两背靠背置于第一排的第一二列和第四五列,且二、四列的尖端朝下,齿相对,一、五列的尖端朝上,齿朝外。一端尖一端平,平端饰一道细棱。长2.1、宽0.5、厚0.2厘米(图二〇四:13)。标本M132:1-6,同形制的2个,位于第二排的第一、五列,齿朝外。两端均平,一侧为两个犬齿状扉棱中间夹一个方齿缺口,另一侧平直。长2.2、宽0.5厘米。长方形玉条5

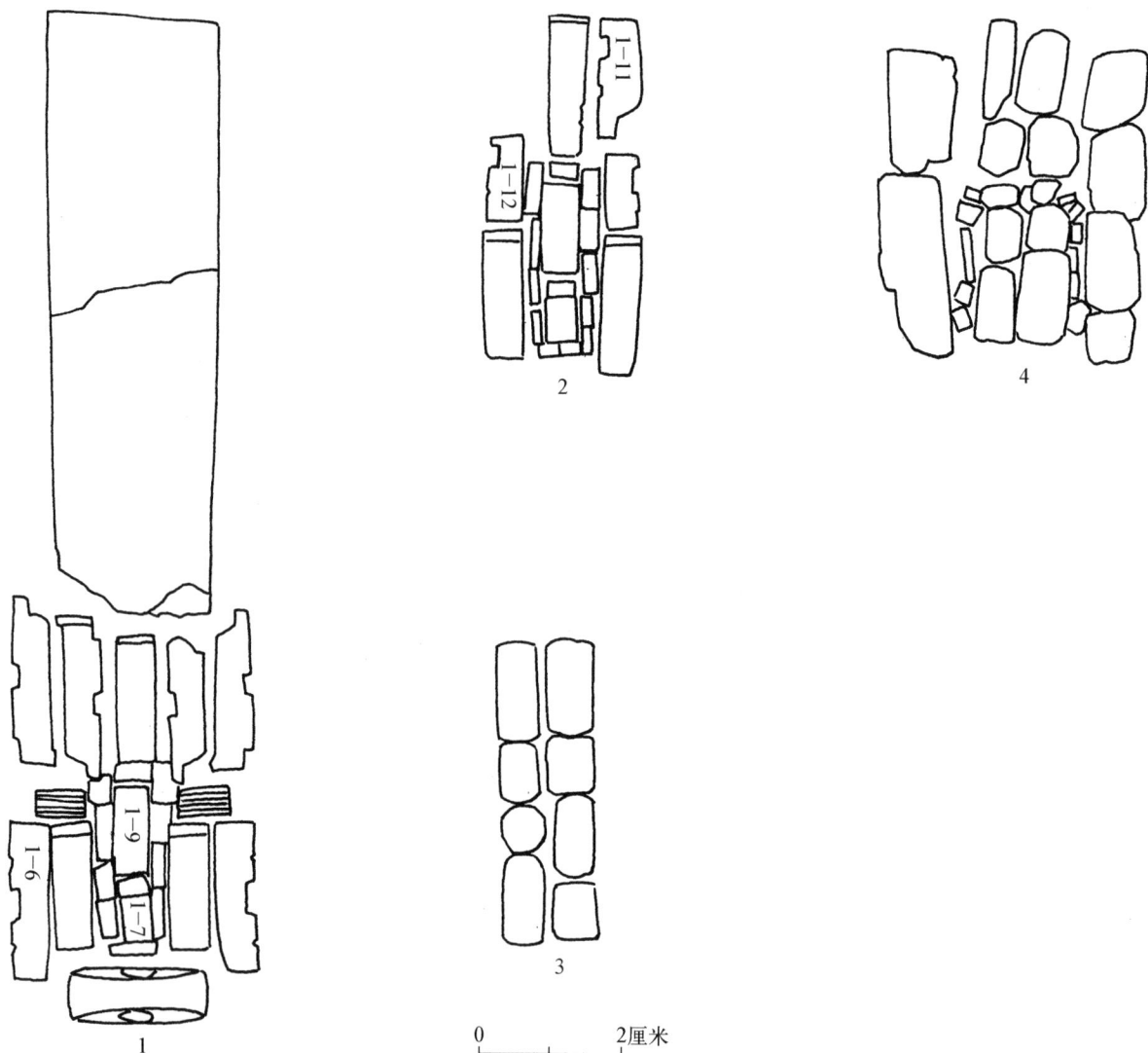

图二〇二　2012FZYM132柄形器结构复原示意图

1. M132∶1（第一层）　　2. M132∶1（第二层）　　3. M132∶1（第三层）　　4. M132∶1（第四层）

个，标本M132∶1-7，方形小玉条1个，复原于第二排中轴列最下面，周围用绿松石整齐环绕，素面。长0.5、宽0.3、厚0.2厘米。标本M132∶1-8，一端带细棱的长方形玉条3个，一个位于中轴列第一排，两个位于第二排的中轴列两侧的两列，一律带细棱的那端朝上。长1.8、宽0.5、厚0.2厘米（图二〇四∶7）。标本M132∶1-9，略呈梯形，长边的背面较薄，虽小巧但制作精致，棱角分明。复原于中轴列第二个。长0.8、短边宽0.4、长边宽0.5、厚0.25厘米。带浅槽玉片2个，形制相同。标本M132∶1-10，横向浅槽，背面一端薄一端厚，厚端朝向外侧，复原于第一层的上下两排分界中。长0.7、宽0.35、厚0.15厘米。第一层绿松石片12个，复原于中轴列两侧和底边，整齐围绕，且在中轴列的第三个方形玉条上侧也围绕有绿松石。或方形，或"L"形，或长方形，长0.4—0.9、宽0.15—0.3、厚0.1厘米。

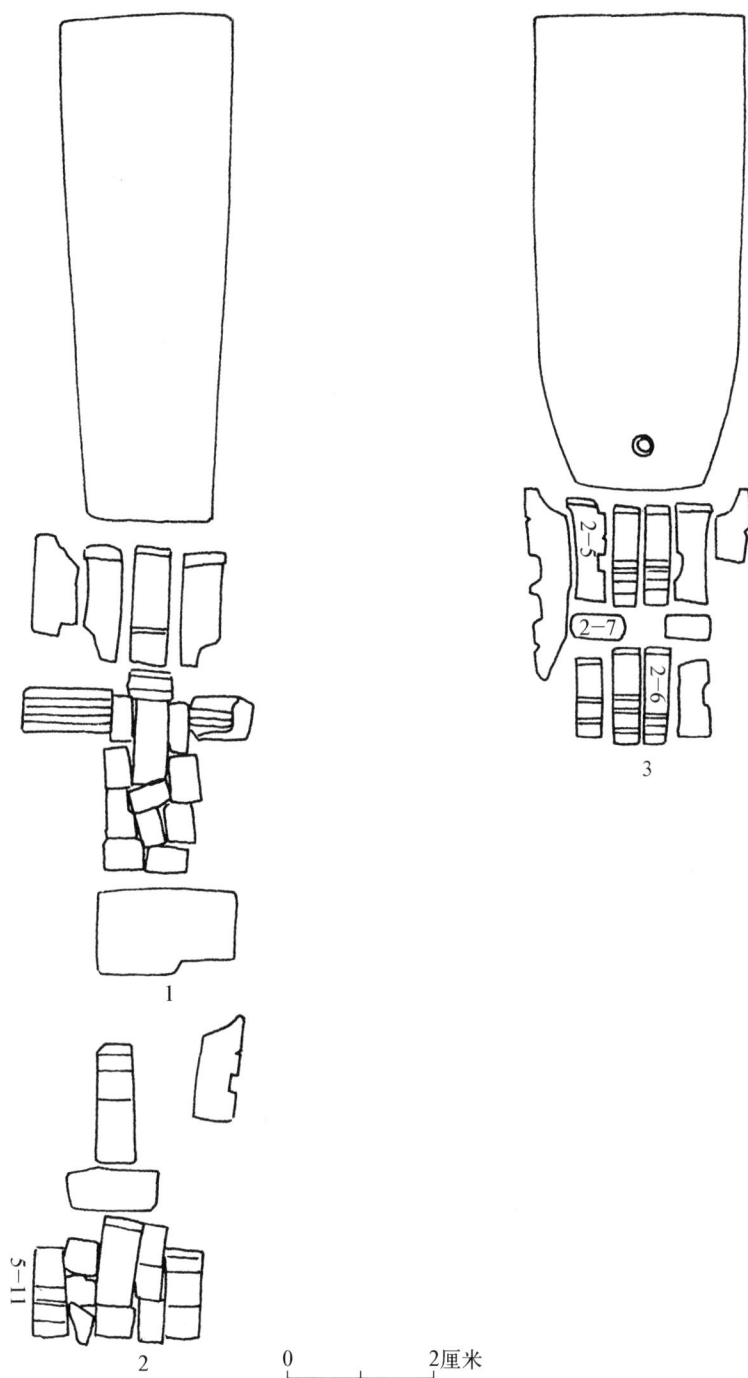

图二〇三　2012FZYM132柄形器结构复原示意图

1. M132：5（第一层）　2. M132：5（第二层）　3. M132：2（第三层）

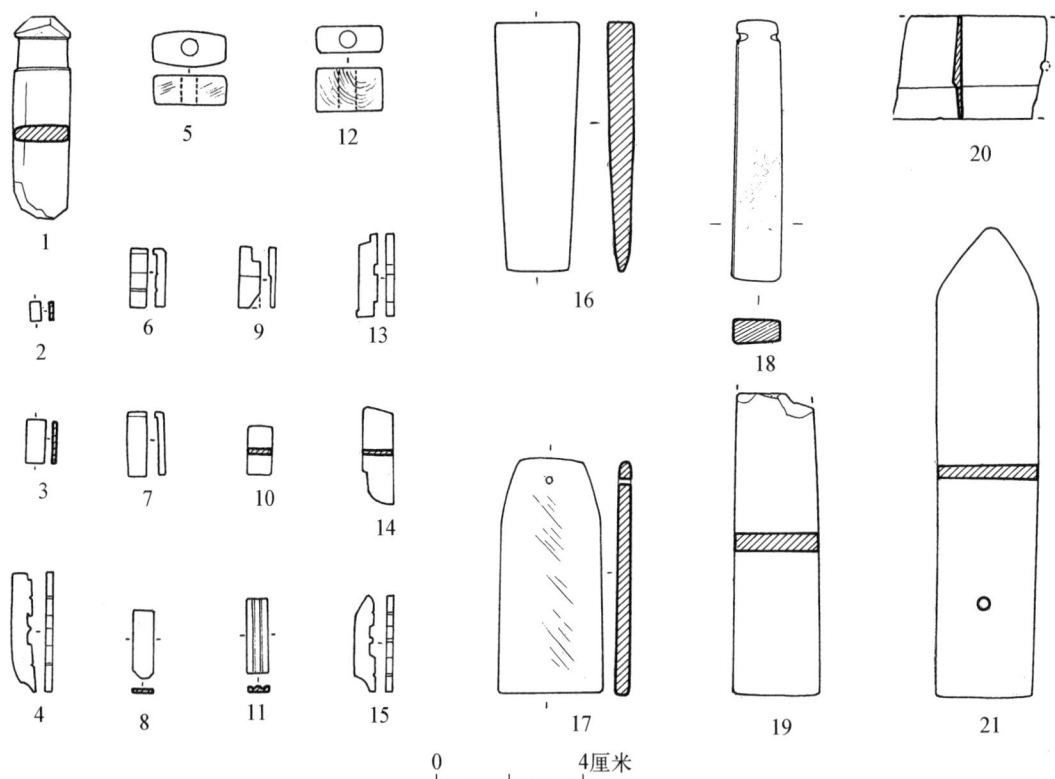

图二〇四　2012FZYM132、M133柄形器、石圭

1、18. 柄形器（M132：4、M132：3）　2、3、4、6. 柄形器玉附饰（M132：5-8、M132：5-6、M132：5-4、M132：5-3）

5、12. 柄形器蚌托（M132：1-2、M132：5-5）　7、8、9、13、15. 柄形器玉附饰（M132：1-8、M132：5-9、M132：5-2、M132：1-5、M132：2-4）

10、11、14. 柄形器蚌片（M132：1-4、M132：5-7、M132：1-3）　16、17、19. 柄形器石柄（M132：5-1、M132：2-1、M132：1-1）

20、21. 石圭（M133D1：02、M132：6）

第二层：玉饰8个，均黄绿色。其中，方齿缺口短条3个，标本M132：1-11，一端尖一端平，一侧饰有一个犬齿状扉棱和一个方齿状缺口，另一侧平直。长1.6、宽0.5厘米。另有形制相同的2个。标本M132：1-12，较短，两端均平，一侧有一个方齿状缺口，另一侧平直。长1.2、宽0.5厘米。长方形玉条5个，形制、大小、排列方式，与第一层的长方形玉条完全相同。第二层绿松石片12个，或宽或细，或长方形或"L"形，长0.4—0.9、宽0.15—0.3、厚0.1厘米。第三层和第四层：石饰各8个，或长方形，或圆形，或方形。两列，每列4个，第一列由上至下依次为：长方形、方形、圆形、长方形；第二列由上至下依次为：长方形、方形、长方形、方形。长0.5—1.3、宽0.4—0.6厘米。此外，第四层的两侧各有一列长条状蚌片，残。标本132：1-3，长2.6、宽0.9、厚0.1厘米（图二〇四：14）。标本M132：1-4，长1.3、宽0.8、厚0.2厘米（图二〇四：10）。第四层绿松石片12个，大小、宽细不一，长0.3—0.6、宽0.1—0.3厘米。

标本M132：2，1件。由1个石柄和12个玉附饰组成，保存并不完好，仅能复原第一层的若干（图二〇二；彩版一四：3）。石柄1个，标本M132：2-1，石质，扁平长方形，柄首平直，底端呈抹角，底端有一个圆形穿孔，两侧边缘略薄，底端磨平。长6.3、首端宽2.8、底端宽1.2、厚0.3、孔径0.2厘米（图二〇四：17）。带犬齿状扉棱短条2个，其中1个残断。标本M132：2-4，墨绿色，一端尖一端斜直，一侧有两个犬齿状扉棱和一个犬齿状缺口，另一侧平直至平端微弧内收。器身有一条片切割所留遗痕。长2.6、宽0.7、厚0.2厘米（图二〇四：15）。方齿缺口短条3个，其中1个残断。形制相同，两端均平，一侧有一个方齿状缺口，另一侧平直，一端饰有细棱且向平直一侧突出。标本M132：2-5，墨绿色，长1.3、宽0.3、缺口宽0.2厘米。带浅槽短玉条5个，两对，外加一个较短玉条。均为两端起细棱，正面饰两道并行的宽棱。标本M132：2-6，长者长1.3、短者长1、宽0.3厘米。长方形短条2个，极细小，相当于M132：1中的带横向浅槽的小玉片，排列于第一层两排中间作为分界。标本M132：2-7，长0.6、宽0.3、厚0.15厘米。标本M132：5，1件。包括石柄1个、蚌托1个、玉附饰11个、蚌片3个、绿松石片22个，仅复原出第一层和第二层的部分附饰组合结构（图二〇三；彩版一四：6）。石柄1个，标本M132：5-1，石质，黄白色。梯形，首端平直且厚，底端较短且渐薄。长6.6、首端宽2.2、底端宽1.6、首端厚0.7、底端厚0.1厘米（图二〇四：16）。蚌托1个，标本M132：5-5，乳白色，宽长方体，窄长面上有一个单面对钻的圆形穿孔。长1.8、宽1.1、厚0.6、孔径0.4厘米（图二〇四：12）。第一层：玉饰6个，蚌片2个，绿松石片9个。标本M132：5-2，同形制有2个，一端尖一端平，平端饰有一道细棱。长1.5、宽0.6、厚0.2厘米（图二〇四：9）。带浅槽短玉条1个。标本M132：5-3，两端均饰有一道细棱，一端翘起，正面饰两道并列宽棱。长1.6、宽0.4、厚0.3厘米（图二〇四：6）。带犬齿状扉棱短条1个，标本M132：5-4，一端尖一端斜直，一侧有两个犬齿状扉棱和一个犬齿状缺口，另一侧平直至平端微弧内收。长3.2、宽0.5、厚0.2厘米（图二〇四：4）。长方形玉条2个，一个体长，一个体短，标本M132：5-6，长1.2、宽0.5、厚0.1厘米（图二〇四：3）。标本M132：5-8，较小，位于第一层中轴列最下部。长0.5、宽0.3、厚0.1厘米（图二〇四：2）。第一层绿松石9个，或长方形，或“L”形，均较细小，长0.2—0.7、宽0.1—0.4厘米。标本M132：5-7，带横向浅槽的蚌片，位于第一层上下两排中间的分界，其上有两道浅槽。长2.0、宽0.6、厚0.1厘（图二〇四：11）。第二层：玉饰5个，蚌片1个，绿松石片6个。其中方齿缺口短条1个，带浅槽4个。均较细小，标本M132：5-10，一端尖一端平，一侧有一个犬齿状扉棱，一个方形缺口，另一侧平直。长1.5、宽0.5厘米。标本M132：5-11，一端平一端薄而翘起，两端均饰一道细棱，正面饰两道宽棱。长1.3、宽0.4厘米。标本M132：5-9，蚌片，长1.8、宽0.6、厚0.1厘米（图二〇四：8）。

石圭　1件。标本M132：6，黄白色。首端呈三角形，尖头圆钝，末端与两侧均平直。一面打磨光滑，一面较为粗糙。边缘未磨薄。近末端位置有一圆孔，孔径0.3厘米；器物长12.4、宽2.7、厚0.4厘米（图二〇四：21；图版一七：2）。

豆　1件。标本M132D1：01，豆柄残片多件，夹砂灰陶，柄中部有一道凸棱。

簋　共5件。标本M132D1：02-1，圈足残片。泥质褐陶。敞口，卷沿，尖圆唇，唇面有一道凹槽，沿外侧有两道细弦纹。底径14.3、残高2.3厘米（图二〇五：5）。标本M132D1：02-2，圈足残片。泥质褐陶。侈口，折沿，方圆唇。圈足外撇，底部有一小平台。底径12.0、残高2.8、厚0.6厘米（图二〇五：6）。标本M132D1：09，口部、腹部残片，泥质灰陶。敞口，卷沿，沿面微下倾，圆唇，斜长颈，颈腹交界处内折，折棱明显，圆鼓腹，腹底部圜收。颈外侧隐约可见竖向短粗绳纹。口径22.0、残高9.5、厚0.6厘米（图二〇五：8）。标本M132D1：012，口部及圈足残损。泥质灰陶。

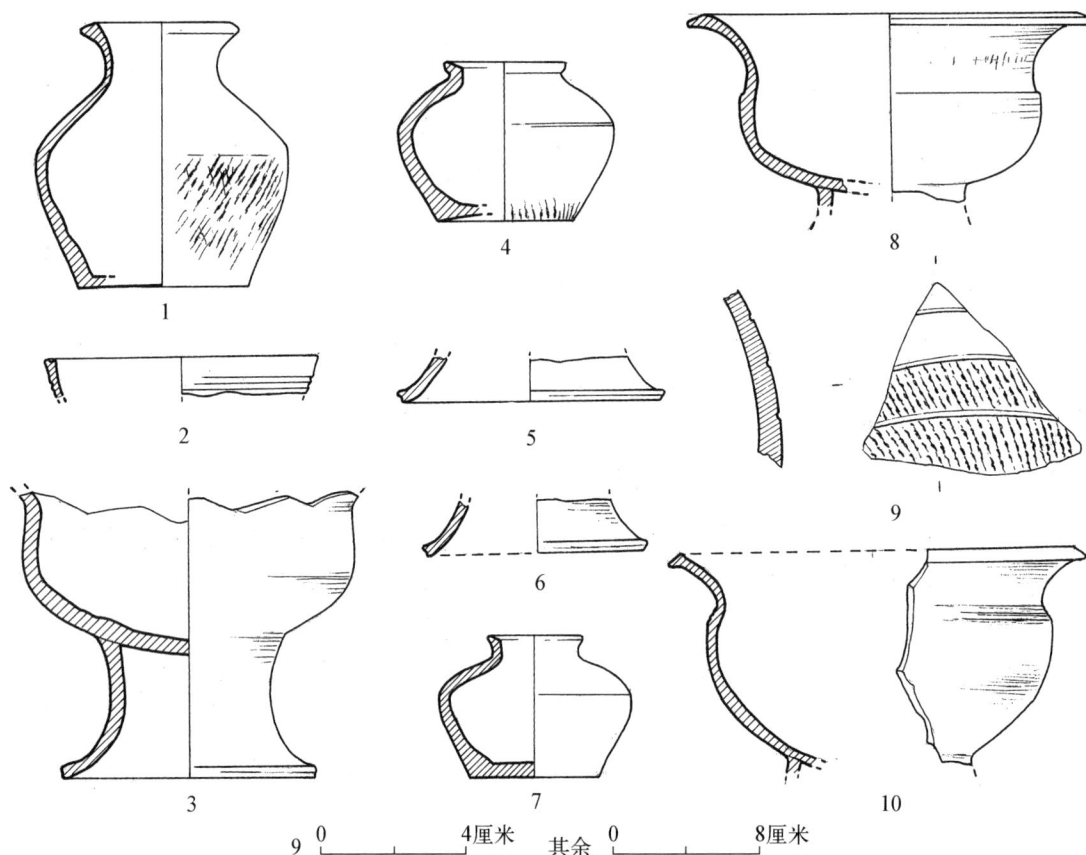

图二〇五 2012FZYM132陶器

1、4. 绳纹罐（D1：014、D1：08） 2. 罐（D1：03） 3、5、6、8、10. 簋（D1：012、D1：02-1、D1：02-2、D1：09、D1：017）
7. 素面罐（D1：04） 9. 瓮（D1：07）

卷沿，短颈，颈腹交界处微内凹，鼓腹，腹底部圜收，高圈足，圈足较粗外撇成喇叭状。底径14.0、残高14.8、圈足高6.6、厚0.3厘米（图二〇五：3）。标本M132D1：017，残，泥质灰陶。敞口，高斜领，卷沿圆唇，颈腹交界处内凹，折棱明显，鼓腹，腹底部圜收。颈腹交界处饰三道旋纹。口径22.8、底径10.0、通高12.2、厚0.6厘米（图二〇五：10）。

罐 1件。标本M132D1：03，口沿、底部残片，泥质灰陶。杯形口，方唇，唇面有一道凹槽，沿外侧饰三道弦纹，印痕较深。口径15.0、残高2.0、厚0.6厘米（图二〇五：2）。

绳纹罐 共2件。标本M132D1：014，底部残，夹砂灰陶。侈口，卷沿，沿面下倾，尖圆唇，束颈，溜肩，肩腹交界处微鼓，腹部斜直，平底。腹部饰交错绳纹，印痕较浅。口径8.6、底径9.4、通高14.0、厚0.4厘米（图二〇五：1）。标本M132D1：08，泥质灰陶。小口，折沿，尖圆唇，沿面有微内凹，沿面内缘有一道旋纹，圆折肩，斜直腹，平底。肩腹交界处饰一道旋纹，腹部近底处饰绳纹，印痕较浅。口径6.7、器身最大径12.0、底径7.5、通高8.5、厚0.8厘米（图二〇五：4）。

素面罐 1件。标本M132D1：04，夹砂灰陶。小口直领，折沿，沿面有一道凹槽，尖圆唇，折肩，斜直腹，平底。口径5.2、器身最大径10.6、底径7.2、通高7.6、厚0.8厘米（图二〇五：7）。

瓮 1件。残片。标本M132D1∶07，泥质灰陶。饰有3道旋断绳纹和竖绳纹。残高5.2、厚0.7厘米（图二〇五∶9）。此件器物可能并非墓葬随葬品。

蚌泡 共6枚。均呈白色，圆形，扁平状。表面微鼓，平底。无钻孔，正面边缘和中心涂有一周红漆。标本M132D1∶06-1，直径2.9、厚0.6厘米（图二〇六∶12）。标本M132D1∶06-2，直径2.6、厚0.5厘米（图二〇六∶9）。标本M132D1∶010，直径3.0、厚0.5厘米（图二〇六∶15）。标本M132D1∶013，直径2.6、厚0.5厘米（图二〇六∶6）。

毛蚶 共160枚。单扇，均在壳顶处有穿孔，扇面有长条形皱折纹。标本M132∶8-1，长4.4、宽3.6、厚1.0、孔径0.3厘米（图二〇七∶4）。标本M132∶8-2，长3.5、宽2.8、厚1.2、孔径0.3厘米（图二〇七∶7）。标本M132∶9-1，长4.2、宽3.5、厚1.9、孔径0.3厘米（图二〇七∶8）。标本M132∶9-2，长3.7、宽3.0、厚1.5、孔径0.3厘米（图二〇七∶15）。标本M132∶9-3，长3.3、宽2.8、厚1.5、孔径0.2厘米（图二〇七∶11）。标本M132∶10-1，长3.0、宽2.6、厚1.0、孔径0.2厘米（图二〇七∶6）。标本M132∶10-2，长3.2、宽2.6、厚1.2、孔径0.2厘米（图二〇七∶10）。标本M132∶14，长3.4、宽3.3、厚1.5、孔径0.9厘米（图二〇七∶14）。标本M132∶15-1，长4.2、宽3.3、厚1.7、孔径0.8厘米（图二〇七∶13）。标本M132∶15-2，长3.8、宽3.0、厚1.6、孔径0.4厘米（图二〇七∶5）。标本M132∶15-3，长3.8、宽3.1、厚1.4、孔径0.3厘米（图二〇七∶1）。标本M132∶15-4，长3.2、宽2.7、厚1.3、孔径0.5厘米（图二〇七∶3）。标本M132∶15-5，长3.1、宽2.4、厚1.1、孔径0.4厘米（图二〇七∶2）。标本M132∶15-6，长2.6、宽2.0、高0.9、孔径0.3厘米（图二〇六∶3）。标本M132∶17-1，长3.8、宽2.9、高1.5、孔径0.3厘米（图二〇七∶9）。标本M132D1∶015，长3.4、宽3.1、厚1.5、孔径0.2厘米。标本M132D1∶016-1，长4.1、宽3.0、厚1.4、孔径0.3厘米（图二〇七∶12）。标

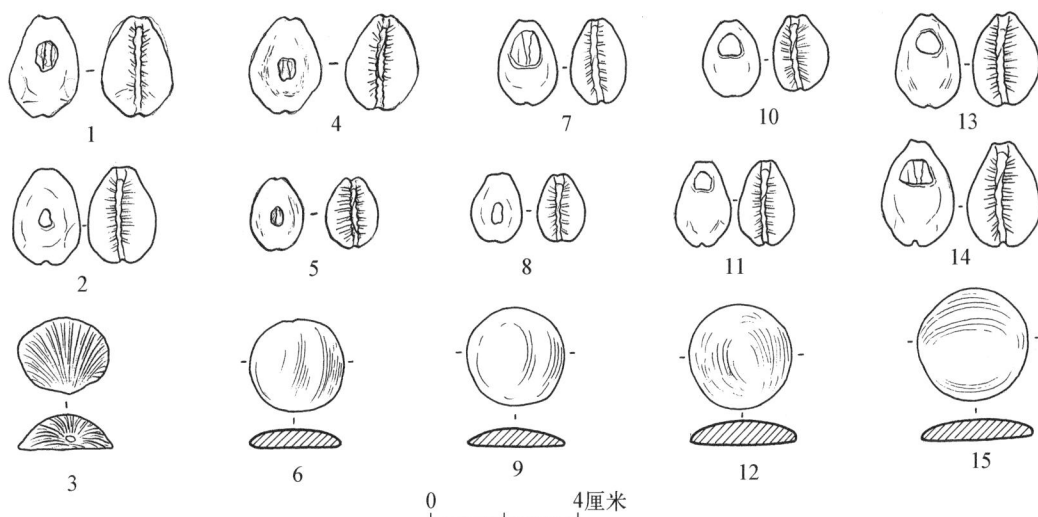

图二〇六 2012FZYM132、M133海贝、蚌泡、毛蚶

1、2、4、5.海贝（M132D1∶05-1、M132D1∶020-2、M132D1∶05-3、M132D1∶05-2） 3.毛蚶（M132∶15-6）

6、9、12、15.蚌泡（M132D1∶013、M132D1∶06-2、M132D1∶06-1、M132D1∶010）

7、8、10、11.海贝（M133∶1、M132D1∶011-4、M132D1∶011-3、M132D1∶011-2）

13、14.海贝（M132∶7、M132D1∶011-1）

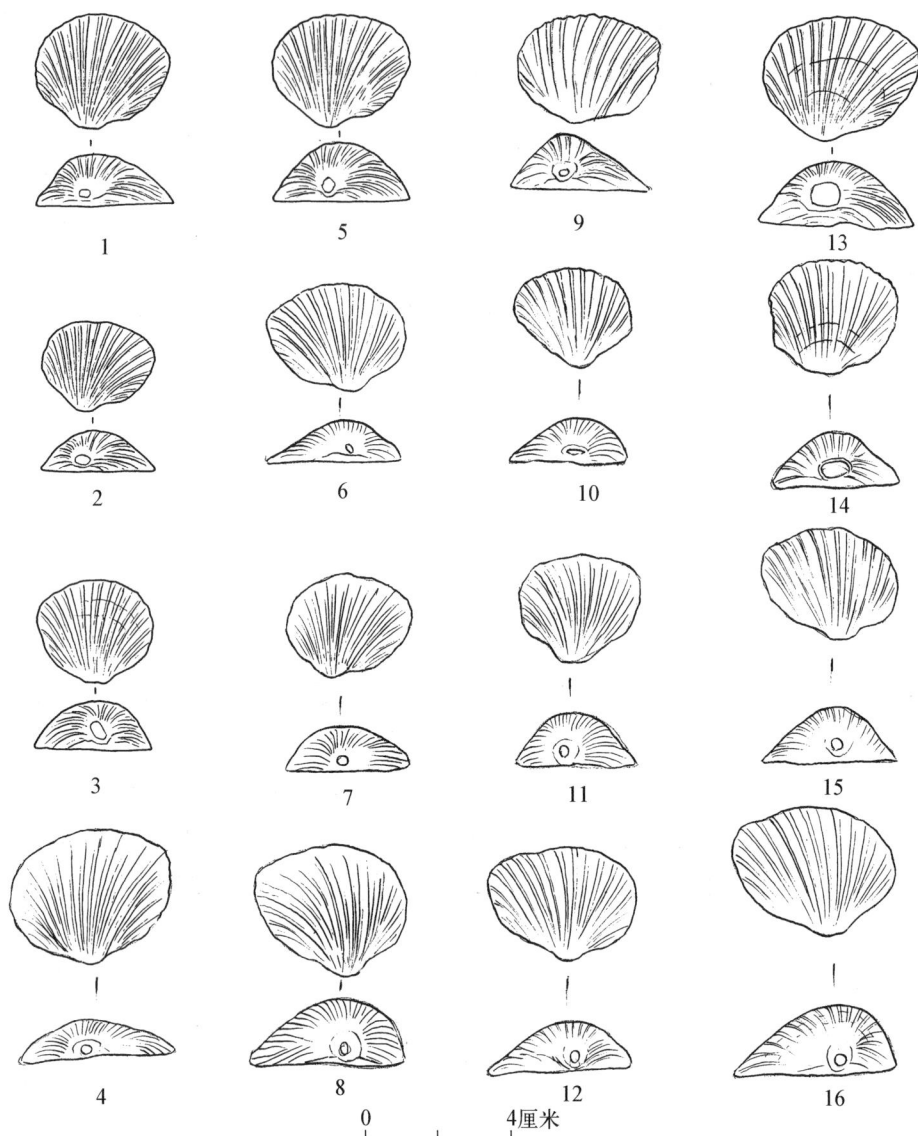

图二○七　2012FZYM132毛蚶

1、2、3、4. 毛蚶（15-3、15-5、15-4、8-1）　5、6、7、8. 毛蚶（15-2、10-1、8-2、9-1）
9、10、11、12. 毛蚶（17-1、10-2、9-3、D1：016-1）　13、14、15、16. 毛蚶（15-1、14、9-2、D1：016-2）

本M132D1：016-2，长4.5、宽3.7、厚1.4、孔径0.4厘米（图二○七：16）。

海贝　共22枚。均为白色，面有唇，唇内侧各有一排细齿，背面有一穿孔。标本M132：7，长2.5、宽1.8、高1.7、孔径0.7厘米（图二○六：13）。标本M132：11，长2.6、宽1.8、高1.9、孔径1.1厘米。标本M132：12，长2.6、宽2.0、高1.2、孔径0.6厘米。标本M132D1：05-1，长2.7、宽1.9、高1.8、孔径0.6厘米（图二○六：1）。标本M132D1：05-2，长1.9、宽1.4、高1.0、孔径0.4厘米（图二○六：5）。标本M132D1：05-3，长2.6、宽2.0、高1.6、孔径0.7厘米（图二○六：4）。标本M132D1：011-1，长2.8、宽2.0、高1.4、孔径1.1厘米（图二○六：14）。标本M132D1：011-2，长2.3、宽1.6、高1.1、孔径0.5厘米（图二○六：11）。标本M132D1：011-3，长2.0、宽1.6、高0.8、孔径0.6厘

米(图二〇六：10)。标本 M132D1：011-4，长 1.8、宽 1.3、高 0.8、孔径 0.5 厘米(图二〇六：8)。标本 M132D1：020-2，长 2.6、宽 1.8、高 0.7、孔径 0.4 厘米(图二〇六：2)。

(8)分期年代

本墓所出小口罐器体矮小，卷沿近平折，据此将该墓年代定为西周晚期偏早阶段。

44. 2012FZYM133(图二〇八)

(1)墓位与盗扰情况

位于姚家墓地南区。西北距 M132 约 1.4 米。

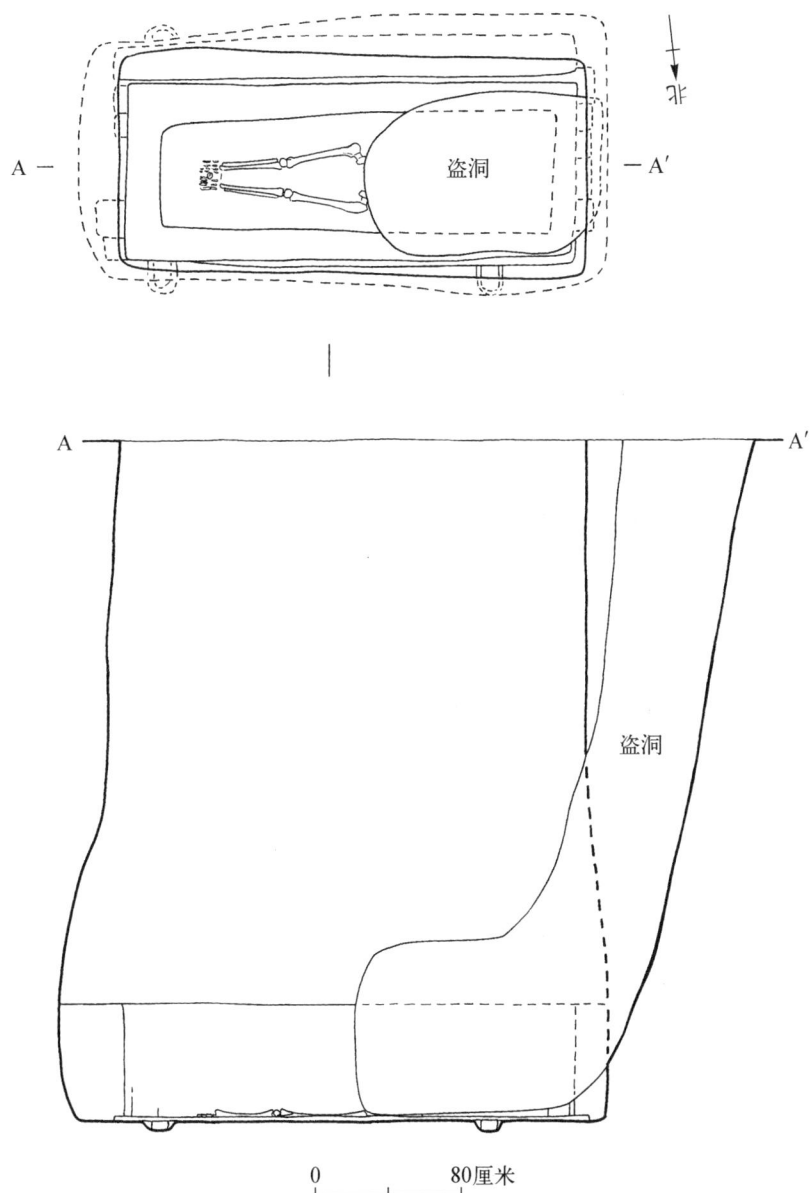

图二〇八　2012FZYM133平剖图

近西壁有盗洞D1,口近圆形。西侧斜向下打破墓壁并延伸进墓内,破坏西面二层台和棺椁的西半部分,将墓主盆骨以上全部扰乱。盗洞内土质较松软,土色呈黄褐色,出有石圭、陶片等。

（2）墓向与形制

东西向,墓向277°。

长方形竖穴土坑墓,口小底大。墓口及墓底四角均为弧角。墓壁上部较为平整,局部有人工修整痕迹。墓底西宽东窄,平底。墓口长2.6、宽1.2米,底长2.9、东宽1.2、西宽1.5米,自深3.6米。

（3）填土

土质总体较硬,土色呈灰褐色,夹杂有大量的灰黑色硬土块。可能经过夯打,仅局部夯层明显,夯层厚0.1—0.2米,无包含物。

（4）葬具

一棺一椁。棺椁均为东西向放置。

椁尺寸不明。二层台上未发现清晰明确的椁盖板痕迹。北侧二层台处发现有成块的椁侧板朽木。椁底板共6块,均为东西向放置,自北向南长、宽依次为256×10—12、263×20—22、231×16—20、232×14—16、251×10—16、250×12—18厘米。从可辨的棺痕判断棺长约为116、宽56—66厘米。棺木全部腐朽。

椁下放置两根方形垫木,无垫木槽。西端垫木长140、宽14、深5—6厘米,东端垫木长150、宽16、深5厘米,两垫木之间间距170厘米。

墓主身下有一层较薄的朱砂。

（5）墓主

盗扰严重,墓主身体上半部分只有左右肱骨、尺骨、桡骨保持在原位且较为完整,脊椎骨腐朽局部呈粉末状,其余包括头骨、肋骨在内均散乱放置在盗洞内,盆骨以下保存状况较好。基本可判断为仰身直肢葬,头向西,墓主双臂交叉放于腹部。经鉴定,墓主为年龄在25—30岁的男性。

（6）随葬品及其位置

共7件（组）。出土于盗洞的有:石圭1件（02）,联裆鬲1件（04）,陶簋2件（03、06、07）,陶器残片2件（01、05）。位于原位的有:墓主脚趾骨中间出土海贝1枚（1）。

（7）随葬品介绍

石圭 1件。标本M133D1:02,残,打磨规整,白色。中间厚边缘薄,一边有一道凹槽。残缺一端的断面上有一个已残的圆形小孔。残长3.9、宽2.7、厚0.1—0.2厘米（图二〇四:20）。

联裆鬲 1件。标本M133D1:04,残,夹砂灰陶。折沿,沿面微内凹,圆唇,沿下角较小,瘪裆。颈部以下饰竖行中绳纹间以一道旋纹,绳纹清晰,印痕深,残留一个鸡冠状扉棱,扉棱上有两道痕,裆部饰交错绳纹。口径18.0、残高7.7、厚0.3厘米（图二〇九:1）。

簋 共2件。标本M133D1:03,残,夹砂灰陶。敞口,平折沿,沿面有小平台,方唇,斜直颈,颈腹交界处微内折,折棱明显,弧腹,腹上部微鼓。颈中部饰两道旋纹。口径24.1、残高11.0、厚0.4厘米（图二〇九:5）。标本M133D1:07与标本M133D1:06分别为同一件簋的口沿及腹部、圈足残片,均泥质褐陶,形制较特殊。标本M133D1:06,矮圈足,较粗,圈足下裙斜直,底部有小平台。底径

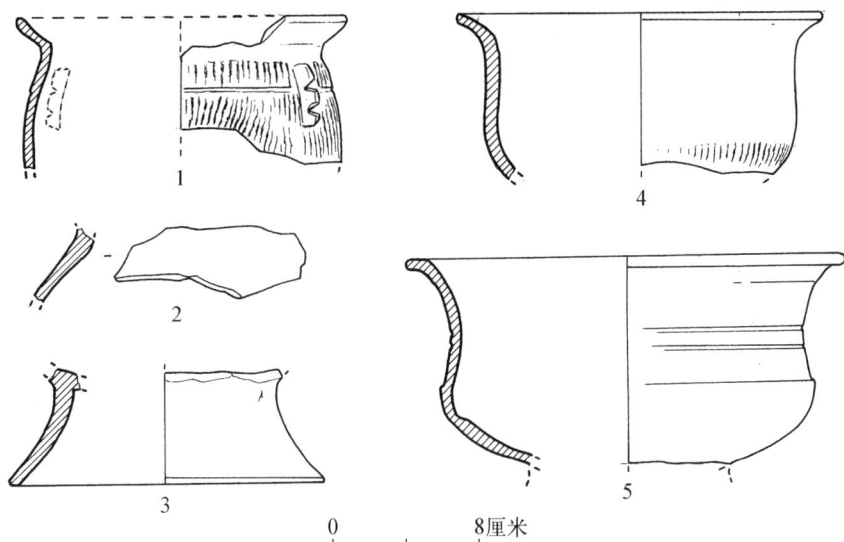

图二〇九　2012FZYM133 陶器

1. 联裆鬲（D1∶04）　2. 陶器残片（D1∶05）　3、4、5. 簋（D1∶06、D1∶07、D1∶03）

16.8、残高 6.0、厚 0.7 厘米（图二〇九∶3）。标本 M133D1∶07，侈口，卷沿微折，圆唇，沿下绳纹有被抹的痕迹，弧腹。腹部饰绳纹，纹理模糊，印痕较浅。口径 20.0、残高 8.2、厚 0.6 厘米（图二〇九∶4）。

陶器残片　共 2 件。皆泥质灰陶，素面，器形不辨。标本 M133D1∶05，残高 3.8、厚 0.6 厘米（图二〇九∶2）。标本 M133D1∶01，残长 8.2、残高 4.1、厚 0.6 厘米。

海贝　1 枚。标本 M133∶1，白色，面有唇，唇内侧各有一排细齿，背面有一穿孔。长 2.3、宽 1.6、高 0.8、孔径 1.2 厘米（图二〇六∶7）。

（8）分期年代

该墓所出陶鬲口沿窄短，沿下角较大，上腹饰旋断绳纹，是西周中期偏早特征。另外，此墓所出陶簋（标本 M133∶03）为夹砂质地，与常见陶簋的泥质胎不同。该墓墓向也与周边墓葬有些许不同。

45. 马坑 M10

（1）位置与盗扰情况

M10 位于整个姚家墓地的中部，北区的南部。西距 M7 约 25.5 米，西北邻 M11 约 7.7 米。

M10 共 3 个盗洞，编号为 D1、D2、D3。D1 位于北壁中间，打破上部部分坑壁，平面近似呈圆形，南北宽、东西宽分别约 59、65 厘米；D2 位于南壁中间，打破上部部分坑壁，平面近似呈椭圆形，南北宽、东西宽分别为 98、158 厘米；D3 位于 M10 东北部，打破墓底生土，平面亦近似圆形，南北宽、东西宽分别约 53、57 厘米（图二一〇）。

（2）墓向与形制

起初发掘该坑时，并不知其为马坑，编号为 M10，这是根据整个姚家墓地钻探的情况编号的。

墓向 258°。坑口平面近呈方形，南部口线稍向内收。长、宽约为 3.5×3.6 米，墓口四个转角处呈圆弧形。斜直壁，坑壁修整规整，但没有工具痕迹，底平，自深 3.8 米。

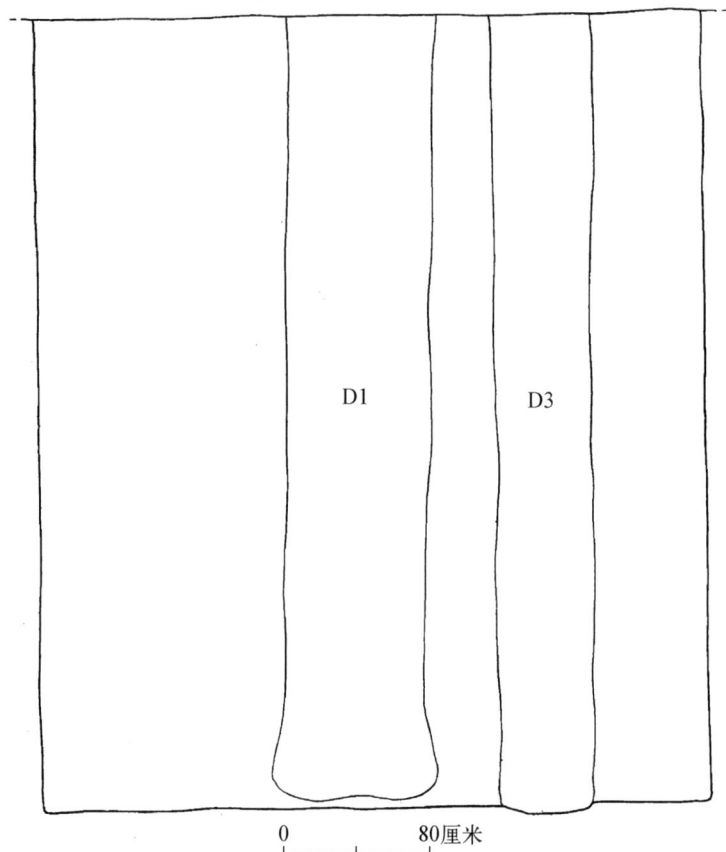

图二一〇　2012FZYM10马坑剖面图（东西向剖）

在清理至距地表3.3米时，东南角已见白灰色腐朽痕迹，四周零星散见动物骨头，中部填土略厚，且分布较凌乱无规则，初步判断为芦席；在清理西北角马骨时，由坑壁延伸至第二层马骨下有一层白灰色芦席腐灰，保存较好，纹理清理，为十字交错编织法。说明该马坑有两层芦席。

（3）填土

盗洞填土土色为深灰褐色，土质疏松，夹杂黑色块状土块。坑中填土主要为黄褐色五花土，土质松散，其中又夹杂灰色颗粒状物。在清理至第一层马骨时，发现局部马骨下和马骨中间填土土色为淡绿色，土质较疏松，其间夹杂淡红色颗粒，推测为马毛、马肉、马血腐烂后之物。第二层马骨下整整一层为此淡绿色填土，这层填土下即为坑底。

（4）葬马埋藏状况

由于被3个盗洞盗扰和后期塌落，马骨叠压错落，交叉较多，整体凌乱，未发现其埋葬规律。关键部位如头骨、肋骨、脊椎等保存较差，只有大部分的马牙还保存较好，这为判断个体数、埋藏时形式、摆放位置等增加了难度。清理工作开始前，经仔细观察和辨认，以能体现最大个体数的保存部位（头骨和牙）来判断，第一层可分为15匹马，第二层有9匹马（图版九：2）。

共出土马骨24匹，由于无法厘清马骨的分布情况，我们按提取的先后顺序对其进行编号。以头骨的出现为判断标准，来确定其个体数。下面分别对每匹马的头骨朝向、年龄及性别进行初步鉴定：

第一层[1]（图二一一）：

马1位于坑的东南角，其头骨的吻部向下，延伸至底层，面向南。头骨的枕部及颈椎紧贴坑南壁，呈东西向摆放；整个躯体从肩胛骨至盆骨呈南北向摆放，其左侧紧贴坑东壁；肩胛骨及前肢由上向下直入坑底层。下门齿、犬齿已出齐，犬齿中等磨蚀。i1[2]呈圆三角形，黑窝消失，齿坎呈小圆形，齿星出现；i2呈长三角形，齿坎呈长椭圆形，齿星出现；i3为长三角形，齿坎痕明显，黑窝即将消失。四肢骨骺均愈合。初步推断为10岁左右的雄性个体。

马2位于马1的西北侧，头骨位于马1盆骨的西北向，头朝北，面向西。下门齿、犬齿已萌出，i1呈圆三角形，齿坎痕呈小圆形，靠近舌缘，齿星周界不明显；i2呈梯形，齿坎痕为长椭圆形，左右横径稍大于前后径，齿星呈小带状；i3为斜三角形，齿坎痕呈小圆形。四肢骨骺均愈合。初步推断为11岁左右的雄性个体。

马3位于坑西北角，头朝西南方向。下门齿、犬齿已萌出，犬齿稍磨蚀。i1呈椭圆形，黑窝已消失，齿坎痕为长椭圆形，出现线状齿星；i2呈梯形，黑窝即将消失，隐约出现线状齿星，骨骺均愈合。初步推断为6.5岁左右的雄性个体。

马4位于盗洞1范围内，由于被严重盗扰，仅见部分门齿及犬齿，犬齿中等磨蚀。i1呈圆三角形，齿坎痕为三角形；i2呈梯形，齿坎痕为三角形；i3呈斜三角形，黑窝刚刚消失。初步推断为9岁左右的雄性个体。

马5位于坑西南角，头朝西，吻部紧贴坑西壁。下门齿及犬齿均已出齐，犬齿未磨蚀，i1呈梯形，齿坎为长条形，黑窝不明显；i3稍磨蚀。初步推断为6岁左右的雄性个体。

马6头骨位于马2盆骨下层，其头骨朝西。下门齿及犬齿均已经萌出，犬齿未磨蚀。i1呈梯形，齿坎为长条形，黑窝即将消失；i3稍磨蚀。初步推断为6岁左右的雄性个体。

马9头骨位于的北侧，头朝西南方向。下门齿及犬齿已萌出，犬齿稍磨蚀。i1呈梯形，齿坎痕为椭圆形；i2呈斜三角形，齿坎痕为椭圆形；i3呈斜三角形，黑窝消失，咀嚼面已磨平，骨骺均愈合。初步推断为8岁左右的雄性个体。

马10头骨夹于马2左右掌骨间，头朝西。下门齿及犬齿已萌出，犬齿中等磨蚀。i1呈圆三角形，齿坎痕为三角形；i2呈梯形，齿坎痕为三角形；i3呈斜三角形，黑窝刚刚消失。初步推断为9岁左右的雄性个体。

马11头骨位于马5肋骨的腹侧，头朝东北方向。下i1、i2、Di3及c已萌出。i1呈圆梯形，齿坎痕呈长条形，黑窝明显；i2呈梯形，黑窝明显，Di3磨蚀严重，正处于与恒齿I3更换时期，恒齿I3位于Di3下方。初步推断为4岁左右的雄性个体。

马12头骨位于马9肱骨的北侧，头朝西北方向。下门齿、犬齿已萌出，犬齿磨蚀中等。i1呈圆三角形，齿坎痕呈小圆圈状，且即将消失；i2呈斜三角形，齿坎痕呈小椭圆形。初步推断为10岁左右的雄性个体。

---

[1]　因马5头部朝下，贯穿两层，在第一层最先出现，故将马5归入第一层介绍。
[2]　在动物考古学中，i代表马牙门齿。以下均同。

图二一一 2012FZYM10第一层殉马平面图

马13头骨位于马12头骨的西北方向,两个头骨吻部相接,头朝东南方向。门齿、犬齿已萌出,犬齿稍磨蚀。i1呈三角形,齿坎痕呈长三角形,黑窝消失;i2呈梯形,其釉质圈发育不全,齿坎呈长椭圆形,黑窝即将消失。初步推断为8岁左右的雄性个体。

马14头骨位于马9腰椎西侧,头朝西北方向。未见门齿,仅见犬齿齿根,由于上下颌前臼齿及臼齿完整,初步推断为一雄性个体。

马15头骨位于马5肋骨间,头朝东北方向。门齿、犬齿已萌出,犬齿中等磨蚀。i1呈圆三角形,齿坎痕为三角形;i2呈梯形,齿坎痕为椭圆形;i3呈斜三角形,齿坎痕为椭圆形,黑窝即将消失。初步推断为8.5岁左右的雄性个体。

马16头骨位于马9后肢北侧，头朝北。下门齿、犬齿已萌出，犬齿未磨蚀。i1呈梯形，黑窝即将消失，出现线状齿星；i2呈斜三角形梯形，在黑窝前方隐约出现线状齿星。初步推断为6岁左右的雄性个体。

马17头骨位于马14头骨的东侧，其头骨朝西北方向。下门齿及犬齿均已经萌出，犬齿未磨蚀。i1呈梯形，齿坎为长条形，黑窝不明显；i3稍磨蚀。初步推断为6岁左右的雄性个体。

上述为第一层藏马情况，下为第二层的藏马情况（图二一二）：

马7头骨位于马17头骨东侧，头朝东。下门齿及犬齿已出齐，犬齿中等磨蚀。i1呈圆三角形，齿坎痕为三角形；i2呈梯形，齿坎痕为三角形；i3呈斜三角形，黑窝刚刚消失。初步推断为9岁左右的雄性个体。

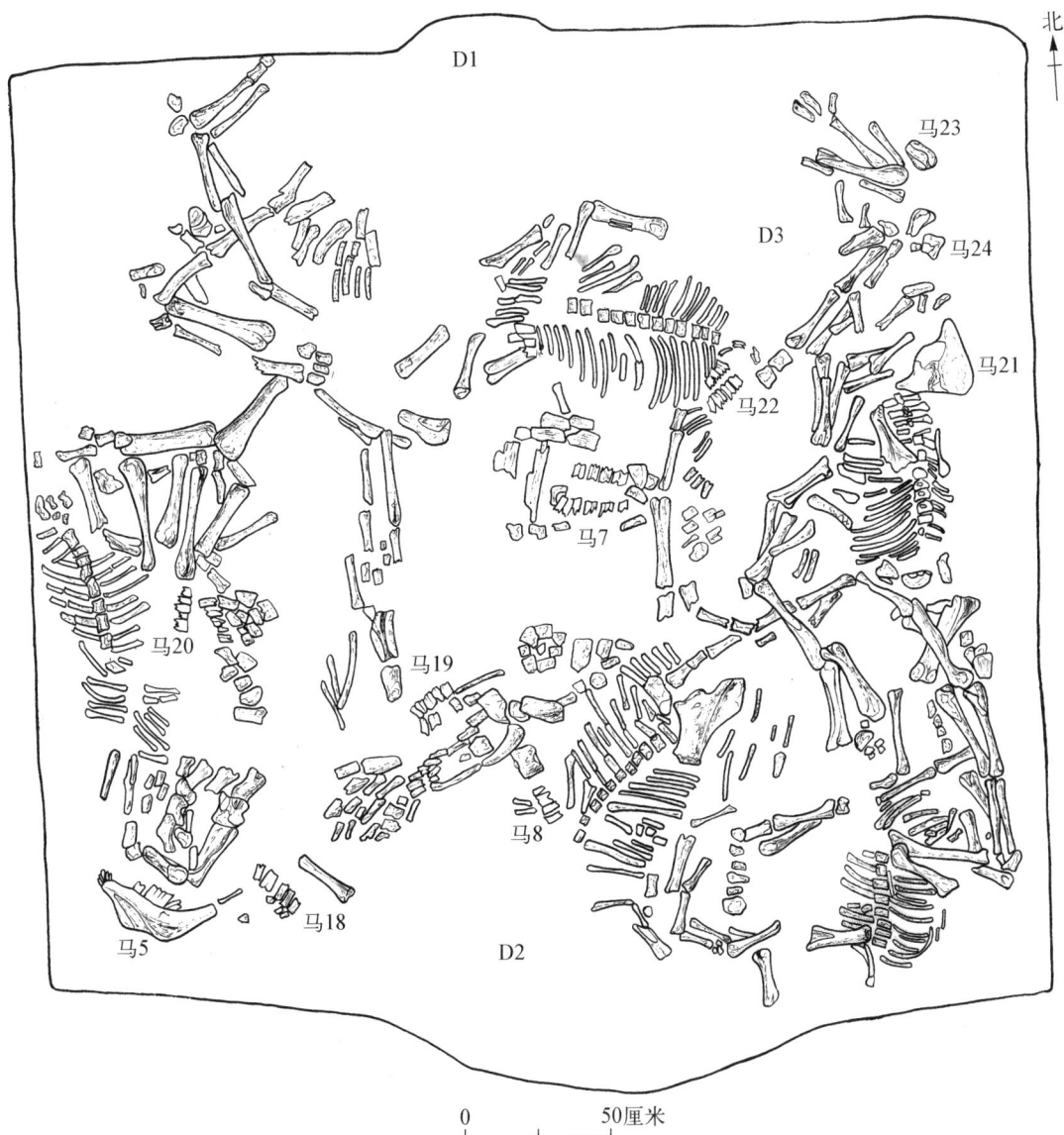

图二一二　2012FZYM10第二层殉马平面图

马8下颌骨位于盗洞2的东北方向，未见头骨及门齿，不能确定其年龄性别（由于紧邻盗洞2，故将盗洞2范围内清理出的头骨残块归为马8）。

马18头骨位于马5头骨东侧，其头骨朝西南方向。下门齿及犬齿均已经萌出，犬齿未磨蚀。i1呈圆梯形，齿坎痕呈长条形，黑窝明显；i2呈梯形，黑窝明显；Di3磨蚀严重，正处于与恒齿I3更换时期。初步推断为4岁左右的雄性个体（该个体紧邻盗洞2西侧，由于盗洞盗扰，仅见下颌前臼齿及臼齿完整，未见颅骨）。

马19头骨位于马9头骨南侧，头朝东北方向。下门齿及犬齿均已经萌出，犬齿未磨蚀。i1呈圆三角形，齿坎呈长条形，黑窝刚刚消失；i2呈长方形，齿坎呈长条形，黑窝不明显；i3黑窝明显，稍磨蚀。初步推断为6岁左右的雄性个体。

马20头骨位于马15头骨北侧，头朝南。下门齿及犬齿已萌出，i1呈三角形，齿坎呈小圆形，黑窝已消失；i2呈三角形，齿坎为椭圆形，黑窝已消失；i3的黑窝已消失，犬齿稍磨蚀。初步推断为9.5岁左右的雄性个体。

马21头骨紧贴东壁，在马24头骨的南侧，头朝下。下门齿及犬齿均已出齐，犬齿中等磨蚀。i1呈圆三角形，齿坎痕为三角形；i2呈梯形，齿坎痕为椭圆形；i3呈斜三角形，齿坎痕为椭圆形，黑窝即将消失。初步推断为8.5岁左右的雄性个体。

马22头骨位于马17头骨东侧，头朝东北方向。下门齿及犬齿均已出齐，犬齿未磨蚀。i1呈圆三角形，齿坎呈长条形，黑窝刚刚消失；i2呈长方形，齿坎呈长条形，黑窝正在消失；i3黑窝明显，稍磨蚀。初步推断为6岁左右的雄性个体。

马23头骨位于该坑东北角，头朝东。下门齿及犬齿均已出齐，犬齿中等磨蚀。i1呈三角形，齿坎痕已消失，齿磨面呈三角形；i2呈圆三角形，齿坎痕刚刚消失，齿磨面呈三角形，i3为不正椭圆形，齿坎痕缩小。初步推断为14岁左右的雄性个体。

马24头骨位于该坑东北角，在马23头骨的南侧，头朝东南方向。下门齿及犬齿均已出齐，犬齿未磨蚀。i1呈圆三角形，齿坎呈长条形，黑窝刚刚消失；i2呈长方形，齿坎呈长条形，黑窝正在消失；i3黑窝明显，稍磨蚀。初步推断为6岁左右的雄性个体。

总之，该坑可鉴定性别和年龄的22匹马，性别均为雄性，年龄主要为青壮年个体，幼年个体2匹和老年个体1匹。归纳如下：

幼年(0—4岁)	青年(5—8岁)	壮年(9—12岁)	老年(大于12岁)
11、18	3、5、6、9、13、15、16、17、19、21、22、24	1、2、4、7、10、12、20	23

马8头骨中由于未见门齿及犬齿，无法对其性别进行鉴定。马14头骨中未见门齿，但有犬齿存在，初步判断为一雄性个体。

（5）马坑年代与属性

考察其形制特征，M10属于西周时期，由于没有出土陶器或其他可证实其年代的器物，具体年代不明。

M10没有出土车器，仅随葬马骨，应为一单纯的马坑。马骨堆积南高北低，尤其是墓室的东南角堆积较厚。葬马24匹，诸马头向不一，向南、向东、向西皆有。马身相互叠压、肢骨交错。根据以上现象推测，埋藏时可能匆忙，未整齐摆放，马被投入后挣扎导致肢骨交叉复杂。从第一层来看，马2的左后腿和右后腿交叉在一起，似为捆绑。且在马坑一些后肢骨处发现红色粉状物，应为某种捆住马腿的丝织物或绳子。由此可见，当时是将活马直接推入坑中埋葬的。

M10西距M7有28米，其对应墓主应不在M7、M8，在对整个姚家墓地进行钻探后，在M7、M8的西边有一形制近长方形的马坑，且距离较近。从姚家墓地北区墓位关系看来，M10与北区中小型墓葬更为接近，且在北区中小型墓中再没有像M10一样的马坑，那么M10对应的墓主可能是北区中小型墓较高等级者或者为北区墓葬的公共马坑。

2.4　墓地结构与社会形态

姚家墓地是迄今为止周原遗址西周时期墓地中，墓地范围和墓葬数量唯一可确定者，是研究该时期墓地结构与社会形态的上佳材料。根据钻探结果，该墓地内共有墓葬及马坑132座，2012年度发掘了其中的46座墓葬和1座马坑。在此基础上，我们将对姚家墓地进行分区研究，并结合葬制、葬俗对墓主的族属和身份进行探讨，以管窥当时的墓地结构与社会形态。

1. 墓地分区

姚家墓地内的墓葬均为竖穴土坑墓，墓向主要有南北向和东西向两种。从平面图中可见，墓地内有三个墓葬集中区，即西区、北区和南区。三区之间存在较为明显的空白地带，南、北两区间尤甚，南区密集区最北端的M65与北区最南端的M62相距达40米。各区空白地带的距离均大于墓区内墓葬间的距离，故从墓葬集中程度与空白地带角度将姚家墓地划分为三区。除空间集散程度外，我们还发现不同墓区的墓葬在规模等级、墓位形态、葬制葬俗等方面也各有特征。

西区位于姚家墓地西南地带，包括7座墓葬，即2座带墓道大墓（M7、M8）及其5座中型竖穴土坑墓（M1、M2、M3、M5、M6）。此区内墓葬规模和等级明显高于其他两区，墓地内仅有的2座带墓道大墓皆分布在此区，竖穴土坑墓中面积最小者如M6也有9平方米，较南区一般的小型墓葬面积明显偏大。

南、北两区以M62、M63和M64之间的空白地带为界：北区墓葬及马坑54座，编号M9—M63，发掘墓葬21座、马坑1座（M10）；南区墓葬及马坑71座，其中已发掘23座墓葬、1座马坑M134未完成发掘。两墓区之间墓葬在布局、规模及墓向上差别较为显著。从空间布局来看，相较于北区而言，南区墓葬排列无论是横向还是纵向都十分整齐；北区则不然，呈现为在两大墓东北方向一定距离的地方相对集中,再呈两条带状向东南、北部两处扩散,在北区的任一区域都不能找到排列整齐的几座墓葬,分布相对较散乱。从墓向上来看,北区的墓葬除了几座正方形可能为马坑的墓葬外,基本均为南北向,不见东西向。而南区则多有东西向的墓葬,且南区北部还有东西向与南北向墓呈"丁"字形排列的现象。从规模等级来看,北区大部分墓葬的面积都比南区要大,随葬品也更加丰富。

综合以上分析,我们认为姚家墓地可分为西区、北区和南区三大墓区。从分期年代上看,西区2座大墓的年代均为西周中期,南、北两墓区内墓葬均可分为二期3段:西周中期偏早和偏晚阶段、西周晚期偏早,三墓区始用和废弃时代几乎相同,彼此不存在明显的早晚关系。这说明姚家墓地自形成之初就经过严密规划,三大墓区自始至终并存。

2. 族属判断

据以往认识,周原遗址西周聚落内的居民主要可分为两大族群,即以姬姓周人为代表的"周人族群"和广义的"殷遗民"。关于殷遗民墓葬的特征,以前研究者多有讨论,也取得了一些共识,认为凡是有腰坑、殉人、殉牲等特征之墓,都是殷遗民墓葬[1]。

在以往这些共识的基础上,周原遗址西周时期殷遗民墓葬还有以下特征:

(1)随葬陶簋。在周原地区,先周时期考古学文化墓葬中不用陶簋,而殷墟文化晚期墓葬中则多有陶簋随葬。进入西周,周原遗址上学者公认的典型"周系"墓葬如贺家西墓葬中,不随葬陶簋;而公认的"殷遗系"墓葬如齐家北制玦作坊等墓葬中,则常见随葬陶簋。

(2)随葬陶器有"偶数同形"现象。所谓"偶数同形"是指,一座墓葬中随葬陶器的同一器类(如鬲、簋、豆、罐)有2件以上者,同类陶器形制几乎相同。由于周原遗址内所见"同形"器的数量多为偶数,故称为"偶数同形"。周原地区西周时期明确为周系的墓地,如周公庙遗址下樊等墓地、孔头沟遗址宋家墓地、宝鸡贾家崖墓地的西周墓葬[2],随葬陶器均为单鬲,或单鬲单罐,有时也见单罐[3],不见陶器同形现象。

另外,在全国西周文化墓葬中,随葬陶簋或同形陶器之墓,常伴随殉牲、腰坑、殉狗等殷遗民文化特征,如北京琉璃河遗址西周墓葬[4];在明确为姬姓周人的墓葬如晋侯墓葬中,则不见陶簋和同形陶器。据此,以上两点特征亦作为判断周原遗址西周时期殷遗民墓葬的依据[5]。

根据以上标准,我们统计了姚家墓地已发掘墓葬的情况。其中南区经发掘的23座墓葬中,19座墓中或随葬陶簋,或随葬同形陶器,或有腰坑和殉牲,具有殷遗民族属的文化特征。其他墓葬虽然未发掘,但墓葬行列较为整齐,且偏北部的墓位形态与周原遗址其他殷遗民墓地(齐家北

[1] 马赛:《聚落与社会——商周时期周原遗址的考古学研究》,北京大学博士学位论文,2009年,第87—106页。
[2] 宝鸡孔头沟和贾家崖遗址材料待刊。
[3] 必须强调的是,随葬单鬲,或单鬲单罐,或单罐之墓主未必一定是周系族群。
[4] 冉红林:《琉璃河遗址西周时期的文化、聚落与社会》,北京大学研究生毕业论文,2013年。
[5] 需要说明的是,目前所有商周两系族群墓葬陶器器用特征,都是专指男性而言。女性族属文化特征有时同于夫家族群,有时同于娘家族群,目前尚未取得共识。

制块作坊墓葬、李家铸铜作坊墓葬等)相同。因此,可以将南区墓葬族属判断为殷遗民。

北区共发掘21座墓葬和1座马坑,其中男性墓7座、女性墓8座,其余性别不明。这些墓葬均不见腰坑和殉牲,几乎不随葬陶簋,且所有男性墓中或随葬1件陶罐或随葬1鬲1罐,仅在2座女性墓(M16和M17)有"偶数同形"现象。另外,北区的马坑M10共葬马24匹,诸马头向不一,相互叠压,肢骨交错,垂死挣扎之态毕现,应为活马埋葬。以往研究认为,商系马坑葬马多杀殉,周系马坑葬马为活埋[1]。据此,可以将北区墓葬(男性墓)族属当为周系族群。

西区只发掘了2座带墓道大墓M7和M8。虽然在M7中发现少许人骨遗骸,但不能判定性别。从随葬青铜戈、石琮等器物推测墓主人应为男性。在M8盗洞中残存部分头骨,鉴定为40岁左右的男性,很可能是墓主。遗憾的是,两墓被盗严重,不见陶器随葬品,无法从随葬陶器判断族属。更为特别的是,两墓形制均罕见。M7墓室四角各有一条墓角斜道,形制不见于以往。M8墓道整体弯弧,墓口平面呈香蕉状,这种形制亦罕见。但考虑到两墓内均未发现腰坑、殉牲、陶簋、"偶数同形"等殷遗民文化特征,且两墓位置更靠近北区、墓向也与北区近同,因此我们将此区墓葬的族属暂判定为周系族群。

3. 墓地结构

在姚家墓地,除墓葬遗迹外仅在西部有一座西周时期的水池。该水池的年代主要为西周早期,至迟在西周中期偏早阶段已被填满。姚家墓地部分墓葬打破水池,说明墓地年代整体上晚于水池。除此之外,墓地范围内再不见其他西周时期居址遗存,说明该墓地是一处单纯墓地。姚家墓地内墓区划分清晰,墓葬排列有序,不见墓葬间有打破现象,说明整个墓地所对应的人群族属应未曾变更。

根据调查结果,姚家墓地北、东、南三面大范围区域内未见西周时期遗存。其正西方向为许家北居址区,两者相距不足300米;其西北方向最近的功能区为姚家西功能区,两者相距1 000米;其西南方向最近的功能区为齐村功能区,两者相距1 500米。姚家西区、齐村区均包含有居址与墓地,仅有许家北区为居址区。姚家墓地外围如此大范围的空白区域,显示出姚家墓地应是一处独立的墓地,并非是几个墓地的组合。故与姚家墓地对应的居址区应该是许家北居址区。

墓地内部分区明显,不同区之间层级显著。遗憾的是,由于盗劫严重,在姚家墓地未见金文,致使无法准确对各区墓葬再做细分并判断各组之间关系。从性别分布来看,西区只发掘了2座大墓,均为男性,其余5座性别不明。北区靠南的10座墓葬中,有7座为女性(含疑似)墓,仅有1座明确为男性墓;而北区靠北墓葬的墓主性别则均为男性,似有性别分区。南区已发掘墓葬中多见男性墓,女性(含疑似)仅有4座,分散在男性墓中无特别规律,与北区女性墓集中埋葬的现象不同。这种不同性别在墓位排列上的差别可能与南北两区人群的族属不同有关。

等级方面,西区有2座带墓道大墓,等级明显高于南、北两区。北区绝大多数墓葬规模又明

---

[1]　马赛:《聚落与社会——商周时期周原遗址的考古学研究》,北京大学博士学位论文,2009年,第105—107页。

显大于南区墓葬。南区规模最大的两座墓葬是M83和M98,墓口面积分别约6.5和6.0平方米,其余南区墓葬墓口面积多为3.0—5.0平方米左右,最小者不足2.5平方米。而北区墓口面积超过6.0平方米者在半数以上,其中M17、M30、M39等墓口面积在13平方米以上,M39墓口近18平方米,是南区M98的三倍。北区墓口面积在3.0—5.0平方米者数量甚少,面积在4.0平方米以下者更是罕见。虽然北区也有等级同于南区小墓者,但数量甚少,由此可言,南区殷遗民的等级普遍低于北区周系族群。

姚家墓地西、北、南三区等级有别,可谓"按等级分墓区而葬"。西周时期按等级分墓地或墓区而葬的现象并非姚家墓地特例。西周时期带墓道大墓多集中埋葬、独立成区,这是常见之制。似北区和南区这种分等级而葬的墓地制度,也见于周公庙遗址:周公庙遗址陵坡墓地等级最高,为目前所知西周时期等级最高的墓地,白草坡墓地次之,而其他如折树棱、下樊等墓地墓葬等级普遍小于白草坡墓地[1]。即使在同一墓地中,也常见"大墓集中埋葬现象"。

4. 社会形态

姚家墓地各墓区关系中,有两个特征最为突出:一是族属不同,二是等级有别。由此可管窥周原遗址西周聚落的一些社会形态。

第一,血缘关系的地缘化。

根据对姚家墓地及其周边地区的了解,该墓地的性质应是许家北居址区内居民的公共墓地[2],墓主生前应属于同一个独立的社会组织,即周原遗址西周聚落层面下的一个社会组织单位。墓地内部的西区和北区族属均为周系集团,而南区族属为殷遗民。也就是说,就各区而言,不同族群仍是"聚族而葬",但就整体而言,姚家墓地并非一处单纯的"族墓地"。可推知与姚家墓地对应的许家北居址区内,不仅居住着周系族群,同时也居住着殷遗民,只是目前还无法得知两系族群的具体居住形态是否为分区域"聚族而居"。

目前学界已认识到,作为都邑性聚落,周原遗址西周时期聚落内杂居着不同族群,社会组织已非血缘关系。如朱凤瀚认为周原遗址"西周贵族家族间的居住关系主要是受政治因素的支配,而不是受血缘关系的支配"[3]。再如林森认为"周原居民的居住模式不是以血缘关系为根基的聚族而居,而是带有政治性的地域聚居区"[4]。由于以往缺少一个完整墓地的材料,且对周原西周聚落分区不明,相关研究只能是就整个周原聚落层面而论,缺乏对周原聚落次一级社会组织单位形态的明确论证。姚家墓地范围清楚,对应居址区明确,可弥补这一缺憾。

姚家墓地各墓区聚族而葬,表明在这一级社会单位内,血缘关系仍是社会组织的基础。不同族属处于同一墓地,说明这个社会单位已有地缘组织性质。林森认为,如同丰镐遗址张家坡墓地

---

[1]　由此看来,姚家墓地西、北、南三个墓区等级不同,也可成为墓地分区依据之一。
[2]　就调查材料所知,许村北区是一处居址区。不过,宝鸡市周原博物馆曾在该区清理过一座残墓,还出土了1件西周晚期的青铜鼎,器主名"大父"。我们怀疑可能尚有个别殷遗民葬于许家北居址区。
[3]　朱凤瀚:《商周家族形态研究》(增订本),天津古籍出版社,2004年,第381页。
[4]　林森:《西周基层地域组织研究》,吉林大学博士学位论文,2015年,第103页。

那样,不同族群共葬于一个墓地之中,应是西周时期"里"这一社会基层地域组织的反映[1]。许家北居住区(及姚家墓地)是"里"或是"邑",笔者目前尚无法明确判断,但可以明确的是,这个组织可视作基于血缘关系的地域组织。或许也可以将之理解为血缘组织的地缘化[2]。

第二,血缘组织的政治等级化。

姚家墓地分区可分为不同层级:整个墓地分为三大区,西、北、南三区等级依次降低。墓地各层级的分区,当是社会组织结构的直接体现。2000年在许家北居址区发现1件青铜盂,系窖藏所出,盂铭"丹叔番作宝盂"[3]。西周丹国(族)地望目前尚不能确认,有可能在丹水流域。据此器仅可推测姚家墓地应有丹叔一支,至于是否有丹伯、丹仲之支,又不可得知了。

在西区和北区内,除去车马坑(包括疑似者),所见墓葬仅51座。南区除去车马坑,所见墓葬70座。墓地经历西周中期偏早至西周晚期偏早阶段,百年左右,墓葬数量如此之少,推测当时许家北区(姚家墓地)内居住人口规模可能并不太大,故本文推测姚家墓地西区和北区墓葬有可能属于一个"大型的伸展家族"或"宗族"。

西区2座带墓道大墓,是姚家墓地(及许家北居住区)等级最高者,应为族长或宗君。其等级相当于西周诸侯国国君,身份或如丰镐遗址的井叔,乃周王室重臣。目前已知在周原遗址7处西周墓地中有9座带墓道大墓,带墓道大墓的墓地数量之多,与一般西周遗址带墓道大墓多集中在一处或两处墓地的特点不同,而与殷墟类似,由此可认为西区大墓墓主并非整个周原聚落的最高统治者。北区绝大多数墓葬规模明显大于南区墓葬。由此可言,南区殷遗民的等级普遍低于北区周系族群。虽然在姚家墓地这个社会组织里,殷遗民人数多于周系,但人多并非势大,也许可以把南区殷遗民视为西区和北区周系族群的"附庸"。

朱凤瀚认为西周贵族家族中,已采取了严格的宗法等级关系,这种关系逐渐走向政治化,演化为家族内部的君臣关系[4]。而姚家墓地西区和北区周系家族的等级差异,很可能就是这种血缘关系政治等级化的表现。南区殷遗民等级普遍低于周系族群的现象,也可视作血缘关系政治等级化的反映。

---

[1] 林森:《从张家坡墓地看西周社会基层地域组织》,《中国国家博物馆馆刊》2014年第7期。
[2] 陈絜:《血缘组织地缘化和地缘组织血族化——关于周代基层组织与基层社会的几点看法》,《社会科学战线》2009年第1期。
[3] 张恩贤、魏兴兴(宝鸡市周原博物馆):《周原遗址出土"丹叔番"盂》,《考古与文物》2001年第5期。
[4] 朱凤瀚:《商周家族形态研究》(增订本),天津古籍出版社,2004年,第313页。

第三章　姚家墓地周邻区域的试掘与钻探

本章主要介绍紧邻姚家墓地的许家北和姚家西两区域的考古发掘与钻探收获。

3.1　工 作 概 述

3.1.1　工作背景与工作区域

为寻找与姚家墓地相对应的居址遗存,并了解其特征,最终揭示该区域的功能区形态,在对以姚家墓地为中心的周原遗址东部边缘区域进行详细考古调查的基础上,初步发现在姚家墓地以西的许家北存在居址遗存,这是离姚家墓地最近的居址遗存,两者之间可能存在着对应关系。此外又在许家北北面的姚家西发现有墓葬和居址遗存,推测这可能是以姚家墓地为代表的族邑之外的另一处族邑聚居地。因此本年度在许家北和姚家西两个地点,开展考古钻探与居址试掘工作。

许家北,位于许家村之北。2000年7月25日,曾在此发现青铜窖藏,出土丹叔番盂1件,出土地点位于现在姚家西窑厂附近,据当时简报云,在该窑厂断崖面上曾发现大量西周时期灰坑[1]。在许家沟西的东边曾清理一座墓葬,出土一件西周晚期的青铜鼎——大父鼎,在清理墓葬时,在该墓葬周围曾发现有灰坑[2]。

经过多年的姚家西窑厂取土与村民用土,许家北地点取土深度均有3—4米,古文化遗存被破坏殆尽,现在在取土场的断坎上已罕见古文化遗存。本年度调查仅见2座灰坑,因此,本年度的居址发掘与钻探工作均位于断坎之北的农田中。从该区域考古钻探GIS图上测量得知,钻探区域的最东地点距姚家墓地东北角约613米,最西地点距姚家墓地西北角约222米。

姚家西,位于姚家村以西。姚家西窑厂所处地域原本地势较高,经长年累月取土烧砖,此处已被下挖2—3米深,取土场之北台地为农田,本年度的考古钻探和发掘即在窑厂北面的台地上进行。钻探区域的最北端距姚家墓地西北角820米,在此发掘的T1距姚家墓地

---

[1]　张恩贤、魏兴兴:《周原遗址出土"丹叔番盂"》,《考古与文物》2001年第5期。

[2]　宝鸡市周原博物馆魏兴兴先生参加此项工作,面告。

约1 065米，T2距姚家墓地约1 040米，T3距姚家墓地约1 004米，T3距许家北发掘地T1约725米。

以往在姚家西窑厂也发现有西周时期的陶片，初步判断在这一区域存在西周时期居址和墓葬遗存。另外，在该区域的调查过程中，还见有汉代居址和墓葬。本年度在该区域的调查，既发现有墓葬，在断坎上还发现有类似马骨，初步推断可能有马坑。

3.1.2　工作内容

1. 居址试掘

在许家北地点共布设3个探方，分别编号为2012FZXT1-XT3（图二一三；图版一二：1），探方的布设是在钻探所见遗迹范围的基础上设置的，其中T3是为解剖钻探所见的沟状遗迹所设。T1和T2方向均为正磁北向，T1的面积为25（5×5）平方米，T2为7.5（2.5×3）平方米，T3就钻探沟的形制布设，探方方向为北偏西30°，探方布设加扩方面积约为17.7（3.1×5.7）平方米，共计发掘面积约为50.2平方米。其中T1距T2为6.2米，距T3为16.2米，T2距T3为7.8米（均为直线距离）。该地点的发掘自2012年9月24日开始至2012年10月15日结束，实际工作时间为15天。

姚家西即为姚家西窑厂取土场，因不断取土，断坎被蚕食严重。在请示上级文物管理部门后，特拟定方案，对该断崖部分采用了抢救式发掘[1]。在姚家西地点亦布设3个探方，濒临断

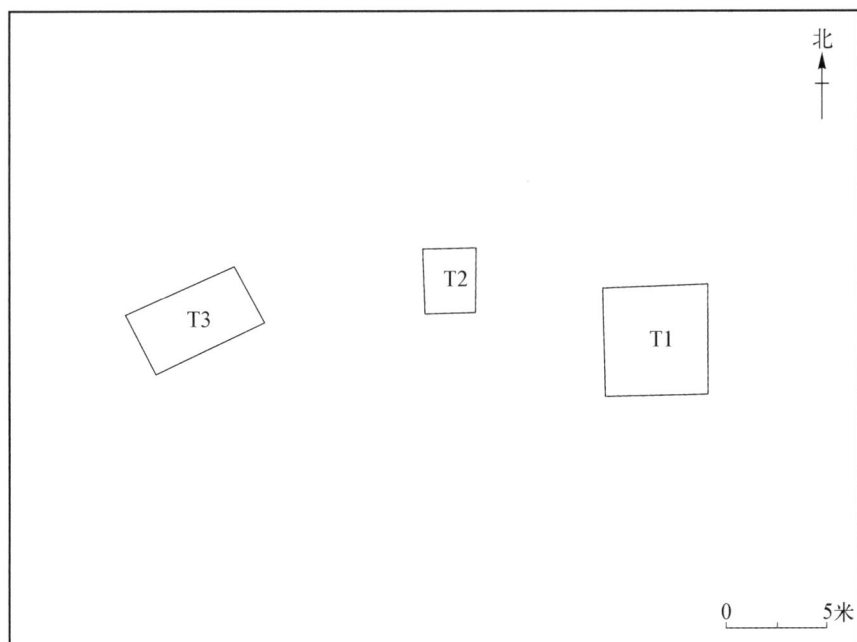

图二一三　许家北地点探方位置图

---

[1]　在和村民谈判时，村民坚决不同意挖开断坎，故只有紧邻断崖布方。

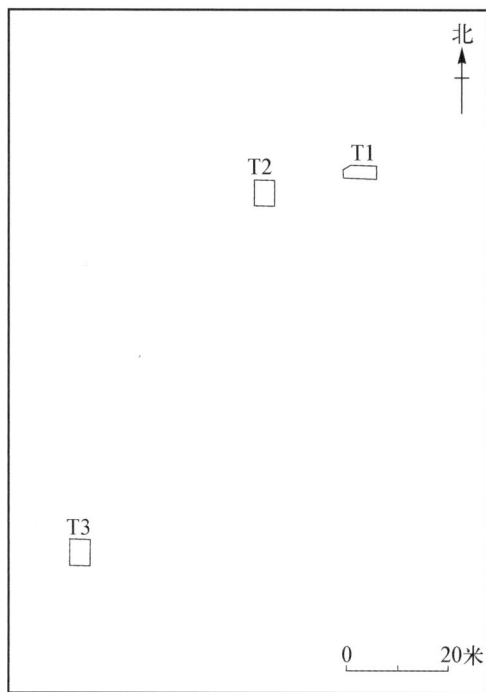

图二一四　姚家西地点探方位置图

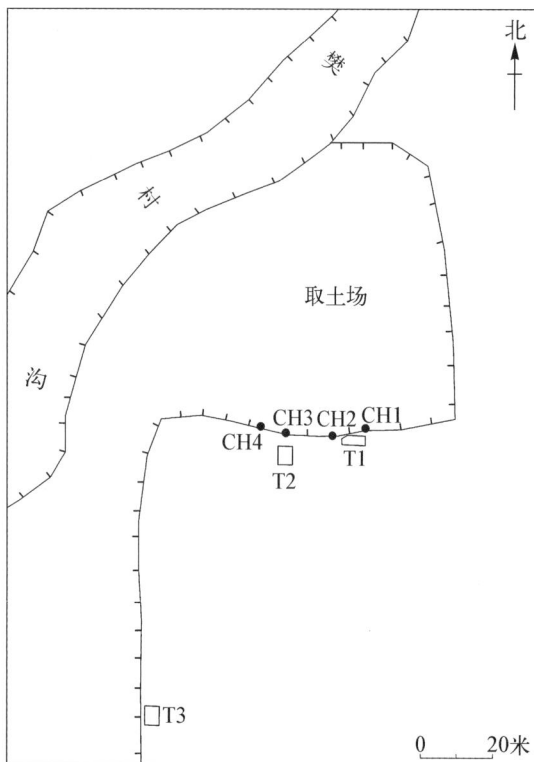

图二一五　姚家西采集灰坑位置图

崖而设,分别编号为2012FZYT1－YT3(图二一四),其中T1布方与扩方后实际面积为15.6平方米,T2为20(4×5)平方米,T3布方与扩方后实际面积为28.5平方米(图版一二:2),共计发掘面积约为64.1平方米。其中T1距T2为14米,距T3为42.7米,T2距T3为26.7米。该地点的发掘自2012年10月11日开始至2012年11月17日结束,实际工作时间为34天。

在姚家西窑厂取土场断崖面上,还残存4个西周时期的灰坑,基本形制已不得而知,故作为采集灰坑发掘,编号分别为CH1—CH4(图二一五),其中CH1距CH2为8米,CH2距CH3为11.3米,CH3距CH4为5.5米。采集灰坑的发掘自2012年10月24日下午至10月25日结束,实际工作时间为1天。

2. 区域钻探

在姚家西墓地周边地区进行钻探,由南向北依次为许家北钻探区(B区)、法黄路南钻探区(C区)、姚家西窑厂钻探区(D区)和姚家西钻探区(E区)(见图三)。

B区由西安市雍科考古技术服务有限公司从2012年9月3日开始钻探,至26日结束,共有4人参加,钻探面积约66 172平方米。C区位于B区北侧。该区钻探也是由该公司从2012年9月27日开始钻探,28日结束,共有4人参加,钻探面积约2 659平方米。

D区和E区由西安博古文物勘探服务有限公司从2012年12月15日开始钻探,至23日结束,共有4人参加。D区位于姚家西窑厂的西侧,与C区隔着法黄公路北南相对,钻探面积约15 296平方米。E区位于姚家村西北侧、砖厂以北,钻探面积约37 061平方米。

3.2 区 域 试 掘

为搞清许家北、姚家西地点西周时期遗存的实际分布状况，我们在许家北、姚家西地点进行了试掘。

3.2.1 许家北试掘区

此地点共有西周灰坑3座、灰沟1条等（表三）。

表三 许家北、姚家西探方层位关系表

发掘地点	探方号	层 位 关 系	备 注
许家北2012FZX	T1	①—②—K1—H3—H4	仅H4为西周单位，H3可能为西周单位。
	T2	①—②—③—H2	H2为西周单位。
	T3	①—②—③—④—G1	G1为西周单位。
姚家西2012FZY	T1	①—②—③—H1	仅H1为西周单位。
	T2	①—②—③—④—H2	仅H2为西周单位。
	T3	①—②—③—④—⑤—H3⌐H4 ⌐ ⑥—H5—L1	T3⑥、H3、H4、H5、L1为西周单位。

1. 堆积状况

此地堆积可分为三个时期：近现代堆积、汉或汉以后堆积、西周堆积。

第一个时期近现代耕土层。包含现代瓷片、瓦片、石块、塑料薄膜等。

第二时期汉或汉以后堆积，叠压于耕土层之下，可分为1—3层。堆积内常见钙化白色丝状物和汉代布纹瓦，还有黑瓷片等。在附近断崖上也发现有汉代的墓葬、灰坑和文化层。

第三时期为西周单位，叠压于第二时期堆积下。共发现有西周灰坑3座、灰沟1条，各类遗存分布稀疏。

（1）2012FZXT1

以北壁剖面为例（图二一六）。

第①层，深约14—20厘米，厚约14—20厘米。土色呈浅黄色，土质疏松，包含现代瓷片、瓦片、石块、塑料薄膜等，多为现代生活和耕作的垃圾。该层分布于整个探方，为近现代耕土层。

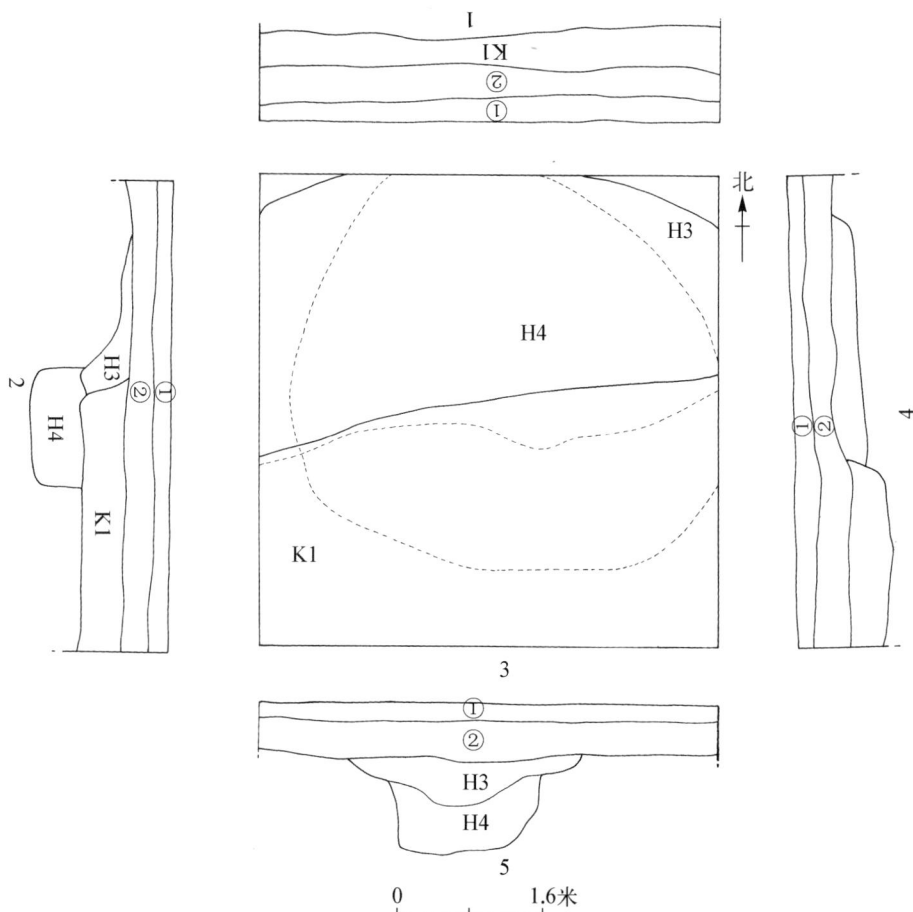

图二一六　2012FZXT1遗迹平面及四壁剖面图

1.南壁剖面图　2.东壁剖面图　3.遗迹平面图　4.西壁剖面图　5.北壁剖面图

第②层,深约50—58厘米,厚约32—38厘米。土色呈深黄色,土质较疏松,包含瓦片、料礓石和少量陶片等,出土瓦片多为汉代布纹瓦。该层分布于整个探方,其中北部堆积比南部稍厚,为汉代或汉以后堆积层。开口于此层下的遗迹有K1、H3、H4等。

（2）2012FZXT2

以西壁剖面为例（图二一七）。

第①层,深约8—17厘米,厚约8—17厘米。土色呈深灰色,土质疏松,包含麦秸秆。该层分布于整个探方,为近现代耕土层。

第②层,深约26—40厘米,厚约14—28厘米。土色呈灰褐色,土质较疏松,包含陶、瓦片。该层分布于整个探方,为汉或汉以后堆积。

第③层,深约50—58厘米,厚约16—24厘米。土色呈红褐色,土质较硬,包含白色丝状物、少量石块,汉代陶、瓷、瓦片,1件疑似铁钱的铁垫片。该层分布于整个探方,为汉或汉以后堆积。开口此层下的遗迹有H2等。

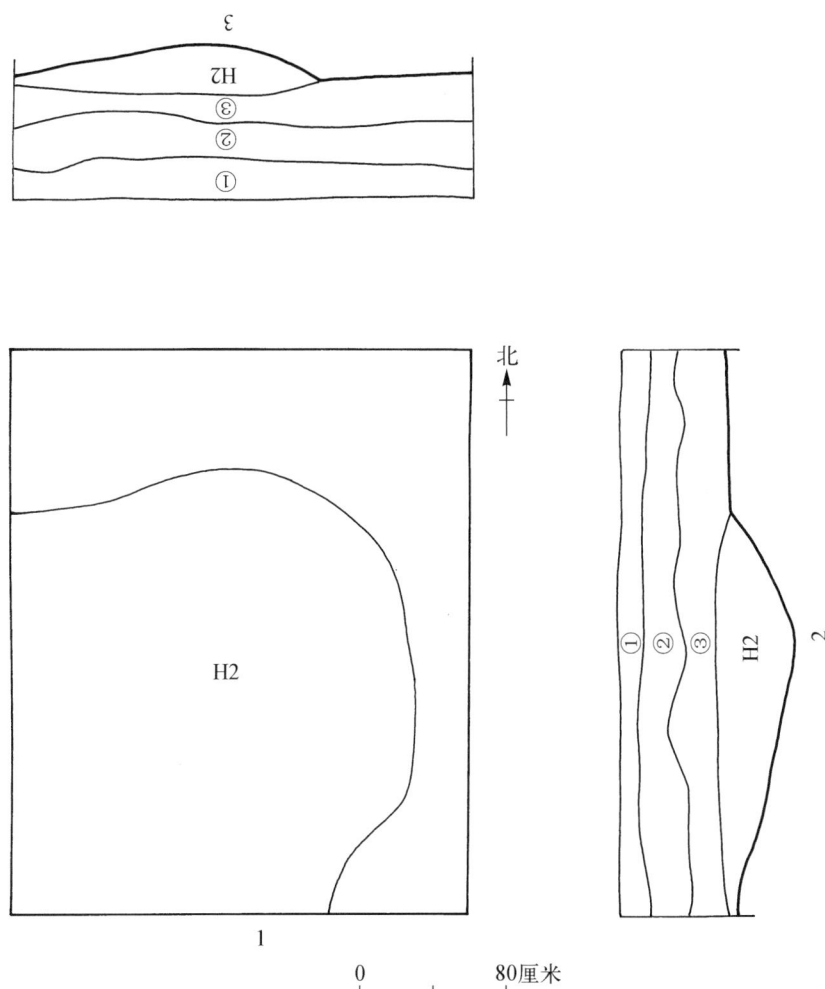

图二一七　2012FZXT2遗迹平面及探方壁剖面图

1.遗迹平面图　2.西壁剖面图　3.南壁剖面图

（3）2012FZXT3

以北壁剖面为例（图二一八）。

第①层，深约10—18厘米，厚约10—18厘米。土色呈深灰色，土质疏松，包含麦秸秆。该层分布于整个探方，为近现代耕土层。

第②层，深约30—40厘米，厚约14—26厘米。土色呈灰褐色，土质较疏松，包含石头，近代陶、瓷片。该层分布于整个探方，为汉或汉以后堆积。

第③层，深约56—68厘米，厚约20—31厘米。土色呈浅红褐色，土质较硬，包含石头、陶、瓷、瓦片。该层分布于整个探方，为汉或汉以后堆积。

第④层，深约72—84厘米，厚约12—21厘米。土色呈深红褐色，土质硬，包含石头、陶、瓷片，并伴有白丝丝状物。该层分布于整个探方，为汉或汉以后堆积。开口于此层下的遗迹有G1等。

3

G1

④
③
②
①

北

G1

1

①
②
③
④

G1

2

0　　　　　80厘米

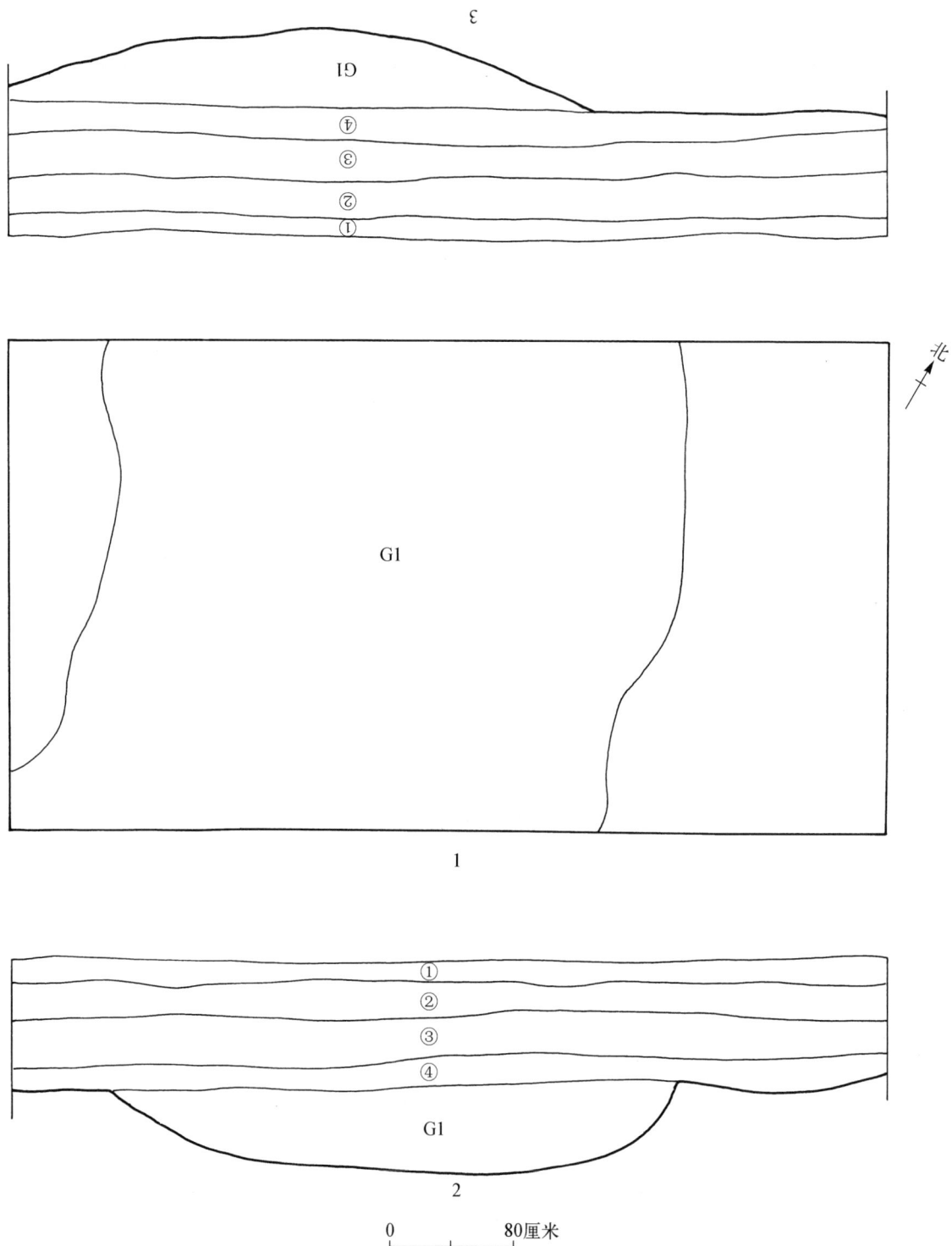

图二一八　2012FZXT3遗迹平面及探方壁剖面图

1. 遗迹平面图　2. 北壁剖面图　3. 南壁剖面图

2. 遗存分述

（1）2012FZXH2

位置与层位关系：

位于T2内西南部。开口于③层下，打破生土。

形制结构：

以揭露状况看，口部近圆形，南北口径长约234厘米，东西口径长约210厘米，自深84厘米。坑壁斜直不一，东、北两壁甚陡近直。坑底部呈圜底状（图二一九）。

堆积状况：

第①层，厚约10—30厘米。土色呈黑灰色，土质疏松，包含极少陶片。该层分布于整个灰坑。

第②层，厚约24—30厘米。土色呈红褐色，土质较硬，包含极少陶片、几块红烧土和小石子。该层分布于整个灰坑。

第③层，厚约0—26厘米。土色呈灰褐色，土质较疏松，包含极少陶片。该层分布于整个灰坑。

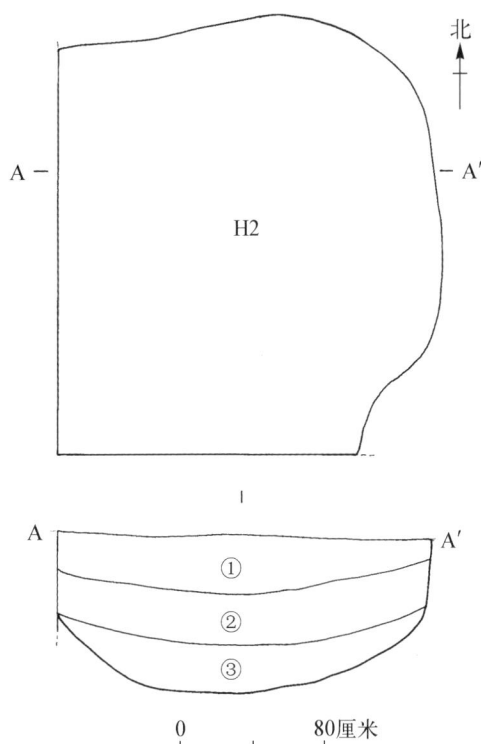

图二一九　2012FZXH2平剖图

包含物共存状况：

第①层，仅出土2件灰陶片，均夹砂，皆饰交错粗绳纹，不见其他遗物。可辨识1件鬲足上部近裆处。

第②层，发现少量红烧土、石子和极少数陶片。所出22件陶片，多系夹砂陶，也有少部分泥质陶，陶色有灰色和红褐之分。其中7件夹砂灰陶，8件夹砂红褐陶，5件泥质灰陶，2件泥质红褐陶。这些陶片多饰粗绳纹，有间断、交错、直行之分，少量陶片饰弦纹、素面。其中1件饰间断粗绳纹，10件饰交错粗绳纹，4件饰直行粗绳纹，1件饰弦纹，6件素面。可识1件罐底、1件豆盖、1件鬲口沿、1件鬲裆，均残。

第③层，仅出土5件陶片，均为泥质灰褐陶，其中1件饰间断细绳纹，2件饰直行粗绳纹和2件素面。可识1件鬲足、1件鬲口沿。

总之，H2出土陶片不仅量极少，而且极其碎小。

标本介绍：

联裆鬲，共1件。标本XH2：4，仅存口沿，夹砂灰陶。宽卷沿，沿面近平，方圆唇。器表饰竖行粗绳纹，纹理模糊，印痕较浅。残高4.8厘米（图二二〇：1）。

鬲足，共1件。标本XH2：6，夹砂灰褐陶。实心圆柱状足，粗矮。器表饰粗绳纹。残高6.2厘米（图二二〇：12）。

罐底，共1件。标本XH2：2，夹砂红褐陶。斜直腹，平底。下腹饰间断绳纹。残高5.2厘米（图二二〇：7）。

单位年代与属性：

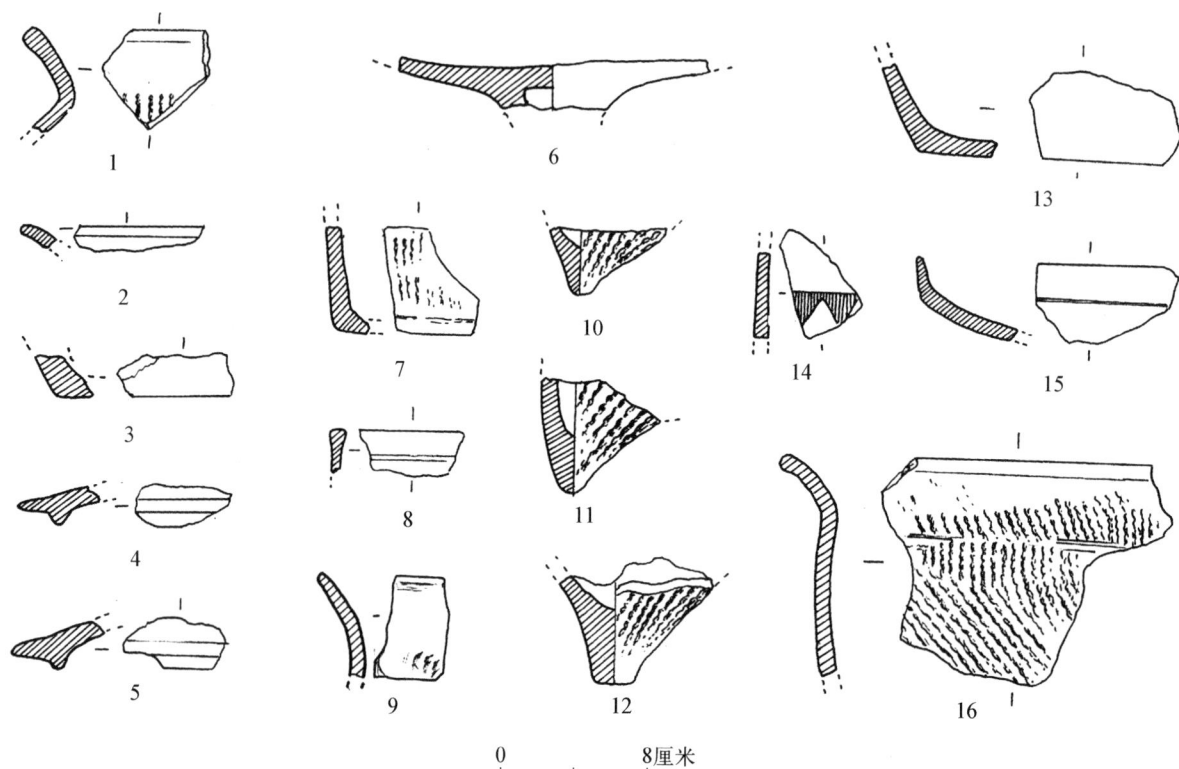

图二二〇　2012FZXH2、H4、G1陶器

1.联裆鬲(XH2:4)　2、8、14.不知名器(XH4:1、XH4:2、XG1:2)　3.器底(XH4:10)　4、5.器盖(XH4:3、XH4:8)
6、15.豆(XH4:9、XH4:7)　7、13.罐底(XH2:2、XG1:1)　9、16.联裆甗(XH4:4、XH4:5)
10、11、12.联裆鬲(甗)足根(XH4:6、XH4:11、XH2:6)

　　由于XH2所出陶片极少且碎小不堪,我们只能依据陶片的器类、形制、纹饰等特征,确定其为西周时期陶片,故我们认为此坑年代可定为西周。

　　(2) 2012FZXH3

　　位置与层位关系:

　　位于T1北部,开口于②层下,被K1打破,叠压在H4上。

　　形制结构:

　　以揭露状况看,口部近似不规则椭圆形,南北口径长约272厘米,东西口径长约500厘米,自深88厘米。坡状坑壁,东、北两壁下弧较平至坑底。坑底不平(图二二一)。

　　堆积状况:

　　第①层,厚约0—16厘米。土色呈深黑色,土质致密,包含大量白色丝状物、较多炭屑和陶片。该层分布于灰坑的北部。

　　第②层,厚约0—26厘米。土色呈灰黑色,土质致密,包含大量白色丝状物、少量炭屑和陶片。该层分布于整个灰坑。

　　第③层,厚约0—44厘米。土色呈灰褐色,土质较致密,包含一些白色丝状物和陶片。该层

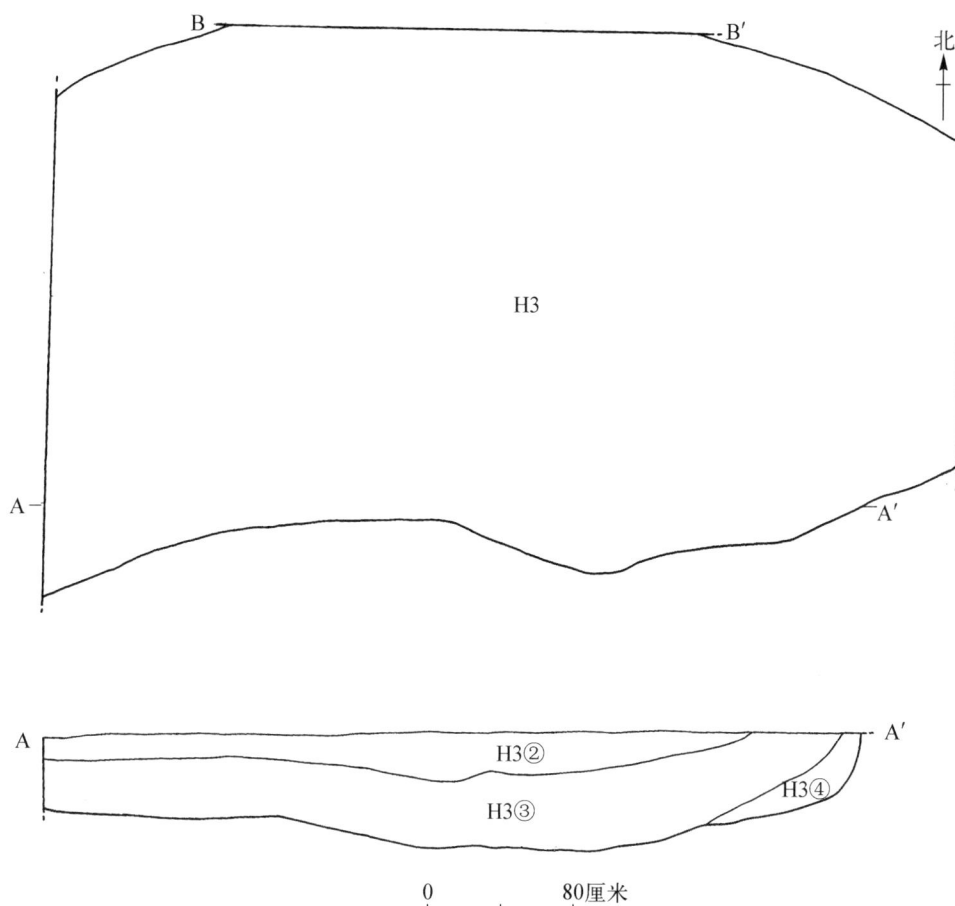

图二二一 2012FZXH3平剖图

分布于整个灰坑。

第④层,厚约0—29厘米。土色呈浅褐色,土质较致密,包含少量白色丝状物、炭屑和陶片。该层分布于整个灰坑。

第⑤层,厚约0—16厘米。土色呈褐色,土质较致密,包含炭屑。该层分布于灰坑的北部。

包含物共存状况:

第①层,仅出土13块陶片,分为夹砂陶和泥质陶,夹砂陶可分为灰陶和红褐陶,以灰陶为主,多饰交错粗绳纹和细绳纹。泥质陶中有灰陶、红褐陶、黑皮陶之分,各有2块,多饰横向细旋纹、中绳纹。

第②层,出土11块陶片,多为夹砂陶,少量为泥质陶,夹砂陶以灰色为主,多饰旋纹和粗绳纹。

第③层,出土1块陶片,灰陶,饰竖向粗绳纹。

第④层,出土1块陶片,灰陶,素面。

第⑤层,未出土陶片。

单位年代与属性:

从堆积的倾斜方向来看,该坑东部堆积稍厚于西部堆积,且各层平面东高西低,当时应是从东边开始倾倒。该坑所出陶片较少,且碎小,多数磨损严重,棱角不存,系多次扰动后进入,但所见陶片均为西周时期,可辨器形者,器类有罐、鬲等。该坑年代可能为西周时期,或者可能是晚于西周时期的遗存。

（3）2012FZXH4

位置与层位关系:

位于T1东北部,开口于②层下,被K1、H3打破,打破生土。

形制结构:

以揭露状况看,口部近似不规则圆形,南北口径长约420厘米,东西口径长468厘米,自深105厘米。坡状坑壁,东、南、北壁下弧较平至坑底,西壁下弧近直至坑底。坑底部呈圜底状(图二二二)。

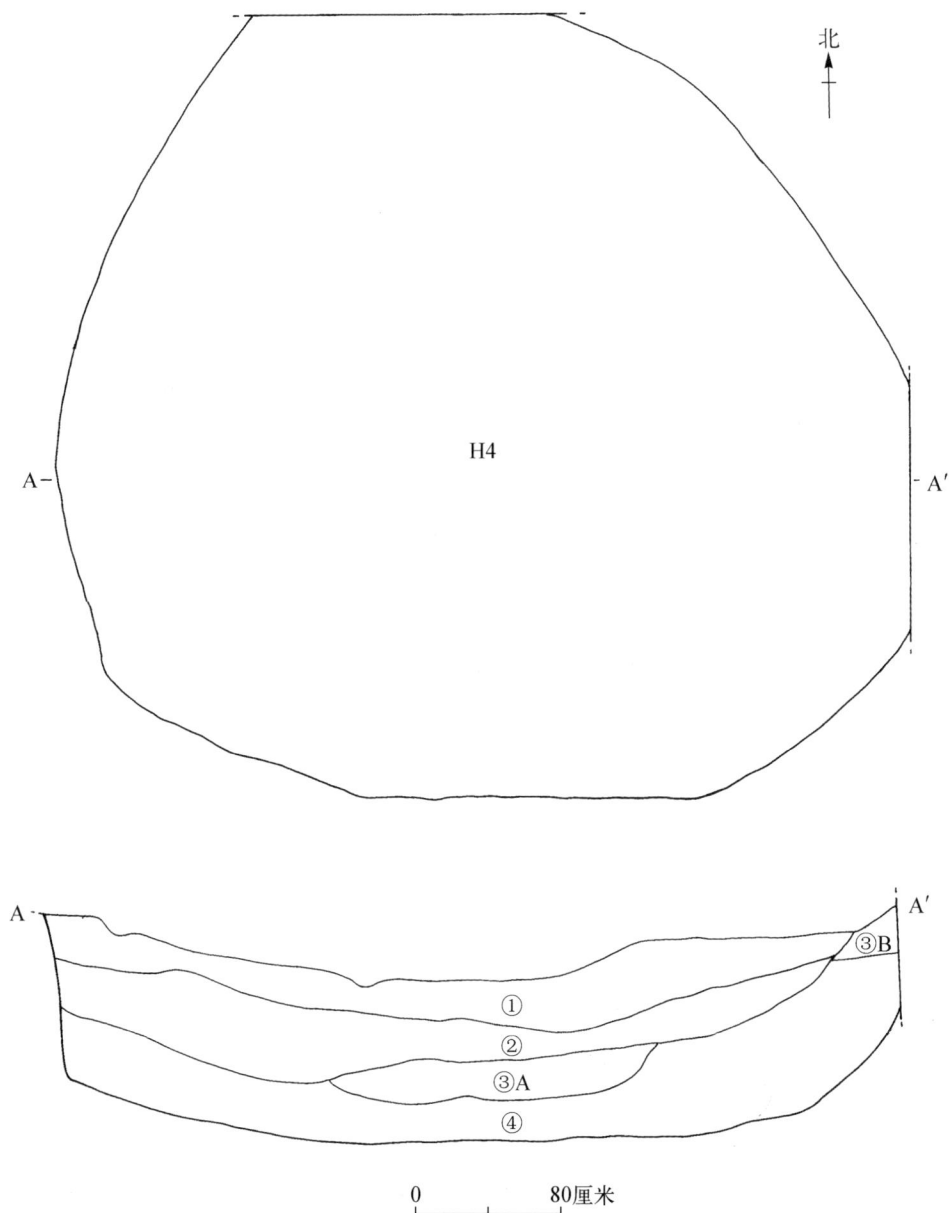

图二二二　2012FZXH4平剖图

堆积状况:

从堆积的倾斜方向来看,该坑西部堆积稍厚于东部堆积,且各层平面西高东低。当时应是从坑西边开始倾倒。

第①层,厚约0—37厘米。土色呈红褐色,土质较致密,包含一定数量的陶片。该层分布于整个灰坑。

第②层,厚约0—45厘米。土色呈深红色,土质较致密,包含少量陶片。该层主要分布于灰坑的北部。

第③层,分为③A和③B两部分。

③A层,厚约0—27厘米。土色呈浅红色,土质较致密,包含一定数量的陶片。该层主要分布于灰坑的东部。

③B层,厚约0—25厘米。土色呈红黄色,土质较致密。该层主要分布于灰坑的西南部。

第④层,厚约19—68厘米。土色呈红白色,土质较疏松,包含大量陶片和少量的动物骨骸碎末。该层分布于整个灰坑。

包含物共存状况:

第①层,出土19块陶片,分为夹砂陶和泥质陶,夹砂陶有灰陶和灰褐陶,以灰陶为主,多饰交错粗绳纹和粗绳纹;泥质陶中有灰陶、红褐陶、黑皮陶,以灰陶为主,多为素面。

第②层,出土8块陶片,多为夹砂陶,夹砂陶以灰陶和红褐陶为主,多饰斜向粗绳纹、中绳纹。

第③层,分为③A和③B两部分。

③A层,出土15块陶片,以夹砂陶为主,少量的泥质陶,夹砂陶均为灰褐,饰竖向粗绳纹。

③B层,未出土陶片。

第④层,出土50块陶片,31块为夹砂陶,19块为泥质陶,夹砂陶以灰陶为主,多为素面和饰横向中旋纹、竖向中绳纹;泥质陶也以灰陶为主,多为素面或饰横向粗旋纹、竖向中绳纹。此外,该层中出土了少量的动物骨骸碎末。

标本介绍:

联裆甗,共2件。皆残,均为深灰陶。标本XH4:4,仅存口沿,夹粗砂陶。侈口,方圆唇,宽沿,沿下角较大,领较高且近直。领部有戳印痕。残高5厘米(图二二〇:9)。标本XH4:5,下腹残,泥质陶。卷沿,圆唇,沿面较宽,沿下角较大,矮领,上腹微外鼓。领部及上腹饰交错粗绳纹,印痕较深,纹理较清晰。残高11厘米(图二二〇:16)。

陶豆,共2件。均残存盘部,泥质浅灰陶。标本XH4:7,敞口,尖唇,折盘较浅,沿下角较大。盘壁饰两周粗旋纹及一周弦纹,盘底饰两周细旋纹。残高3.8厘米(图二二〇:15)。标本XH4:9,盘底豆柄处直径较大,应为一矮柄豆。残高2.2厘米(图二二〇:6)。

器盖,共2件。均仅存子母口部。标本XH4:3,泥质深灰陶,盖面略下倾,近盖沿内凹较甚,尖圆唇,子母口较窄。残高2.2厘米(图二二〇:4)。标本XH4:8,夹砂浅灰陶,盖面微下倾,近盖沿处微内凹,尖唇,子母口较宽。残高2.4厘米(图二二〇:5)。

联裆鬲(甗)足根,共2件。均夹砂陶。标本XH4:6,红褐陶,圆锥状实根足,整体较矮,足根底部较平。器表饰斜向粗绳纹,印痕较模糊。残高3.2厘米(图二二○:10)。标本XH4:11,灰陶,整体矮粗,锥状,足根底部磨平,实足根较矮。器表饰交错粗绳纹,印痕较浅。残高5.6厘米(图二二○:11)。

器底,共1件。标本XH4:10,泥质浅灰陶。斜腹,平底。残高2厘米(图二二○:3)。

不知名器,共2件,均残存口部。标本XH4:1,泥质浅灰陶,直口,尖圆唇。残高1.2厘米(图二二○:2)。标本XH4:2,泥质红褐陶,直口,方唇,斜直领。残高2.2厘米(图二二○:8)。

单位年代与属性:

该坑所出豆为尖唇,为晚期作风,故判断该坑年代为西周晚期。

(4) 2012FZXG1

位置与层位关系:

位于T3西部,开口于④层下,打破生土。

形制结构:

以揭露状况看,G1并不直线分布,而是明显有弧度,即从西北、东南走向逐渐转成近南北走向。经解剖的长度为310厘米,宽度在365—387厘米之间,G1口距地表约为74厘米、自身厚度约为56厘米。沟边都呈坡状,并弧至底,东、西两边壁由北往南均越来越平缓,但是整体上东边壁较西边壁坡度大些。沟底呈圜底近平(图二一八)。

堆积状况:

第①层,厚约0—22厘米。土色呈红褐色,土质疏松,包含少量陶片。

第②层,厚约8—26厘米。土色呈黑灰色,土质较硬,包含一定数量的陶片。

第③层,厚约0—20厘米。土色呈深红色,土质较疏松,包含极少的石子、陶片。

包含物共存状况:

第①层,出土2件陶片,1件为泥质灰陶,1件为夹砂灰陶,皆饰粗绳纹,有交错和直行两种。

第②层,出土11件陶片,皆为泥质陶,其中6件为灰陶,3件为灰褐陶,2件为黑皮陶。8件素面,1件饰间断细绳纹,2件黑皮陶饰三角蕉叶纹。可辨器形有1件罐底和1件罐口沿。

第③层,共出几块石子和1件陶片。陶片为泥质灰褐陶,饰有弦纹。

总之,G1内出土的陶片量极少且碎小,大部分为老陶片,不见西周晚期陶片,但绳纹等纹饰系西周作风。

标本介绍:

罐底,共1件。标本XG1:1,泥质灰陶。弧腹,平底。素面。残高4.4厘米(图二二○:13)。

不知名器,共1件。标本XG1:2,泥质黑皮陶。器表饰三角蕉叶纹。残高5.2厘米(图二二○:14)。

单位年代与属性:

由于G1所出陶片的器类、形制、纹饰等方面来看,我们认为G1是西周时期的灰沟。

3.2.2 姚家西试掘区

此地点共有西周地层、灰坑5座、灰沟1条等遗存(见表三)。

1. 堆积状况

此地堆积可分为三个时期：近现代堆积、汉或汉以后堆积、西周堆积。

第一个时期近现代耕土层。包含带有植物茎叶的白丝、少量近代陶片、瓷片。

第二个时期为汉及汉代以后堆积，叠压于耕土层之下，可分为2—4层。堆积内掺杂植物根茎及白色点状物，常见汉代瓦片、瓷片等。发现有汉代的墓葬、灰坑。

第三个时期为西周时期堆积，叠压于第二时期堆积下。共发现有西周灰坑5座、地层1层、路1条。西周时期堆积遗存分布较稀疏。

（1）2012FZYT1

以北壁剖面为例（图二二三、图二二四）。

第①层，深约12—20厘米，厚约12—20厘米。土色为灰褐色，土质较硬，包含带有植物茎叶

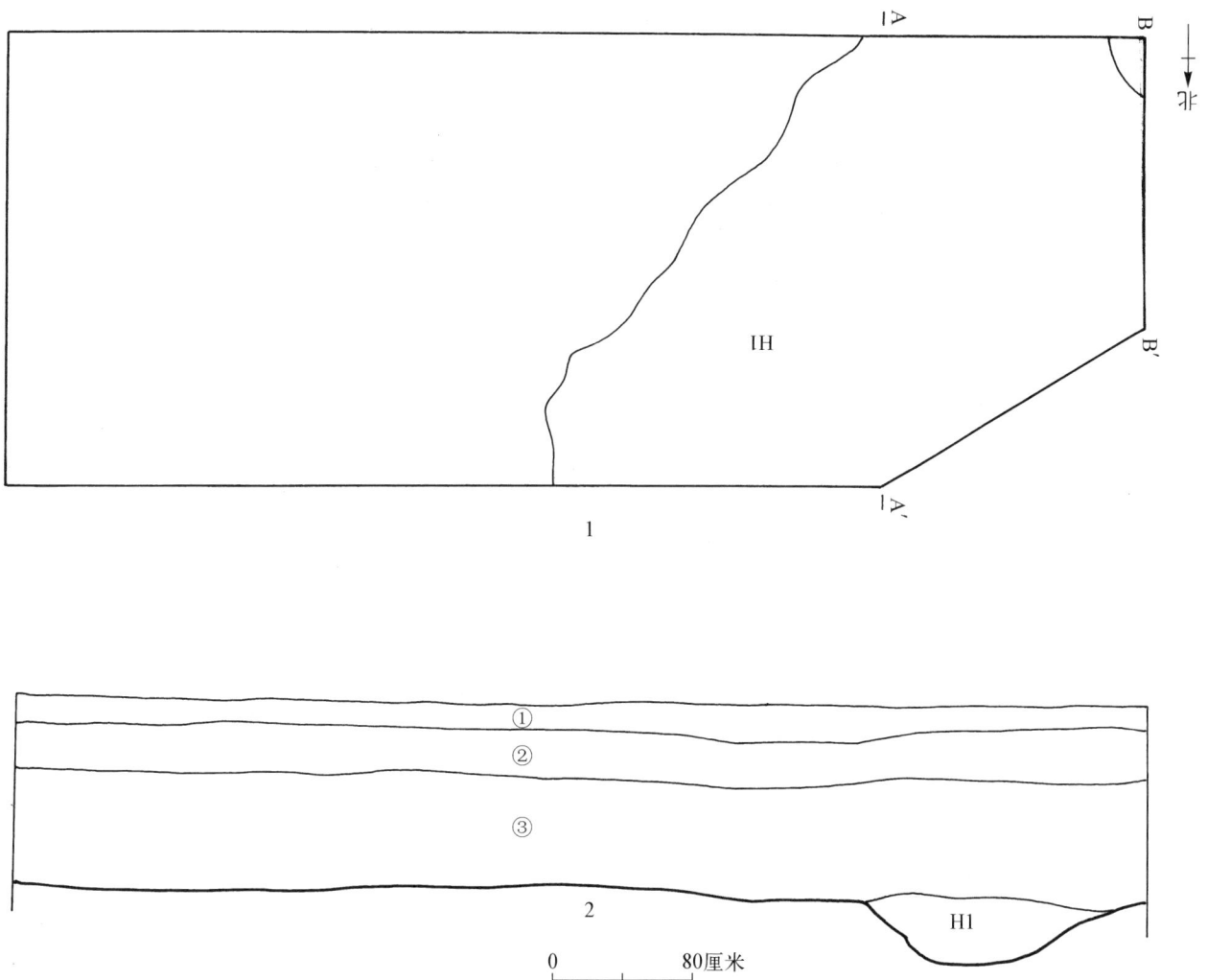

图二二三　2012FZYT1遗迹平面及南壁剖面图

1. 遗迹平面图　2. 南壁剖面图

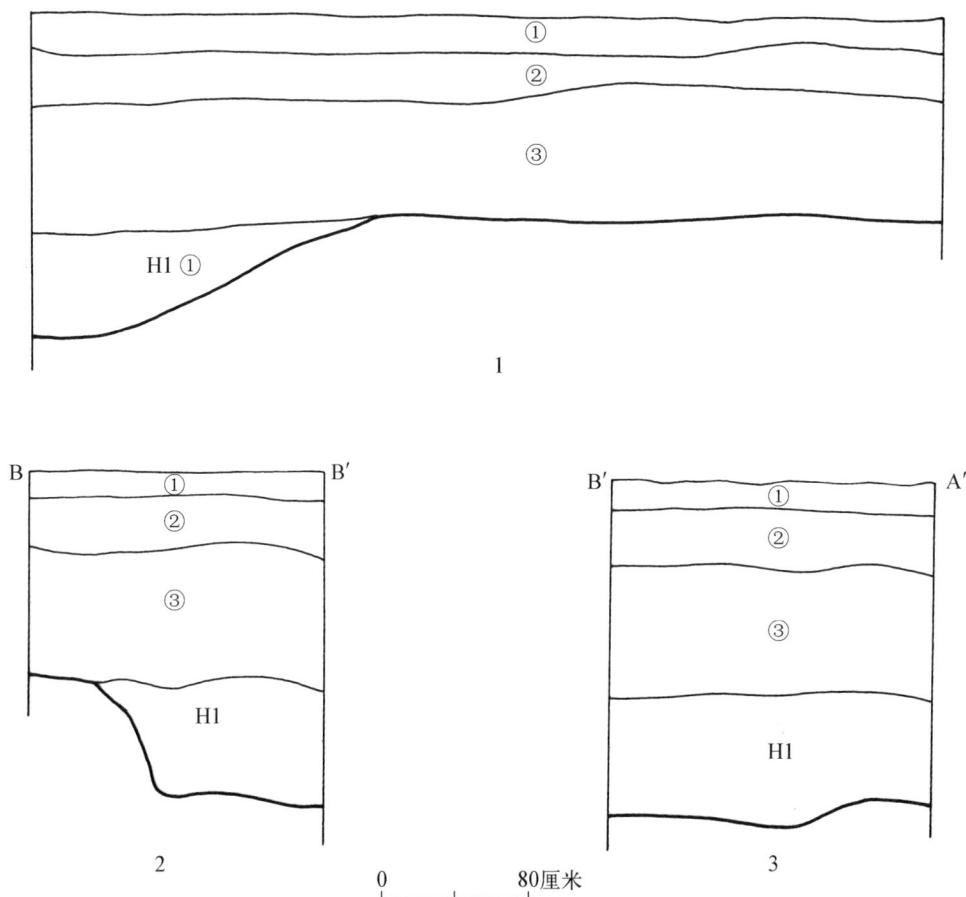

图二二四　2012FZYT1探方壁剖面图

1.北壁剖面图　2.西壁剖面图　3.西北壁剖面图

的白丝、几片现代瓷片。该层分布于整个探方,为近现代耕土层。

第②层,深约34—48厘米,厚约14—32厘米。土色为偏红色,土质松软,包含物有一枚铜钱、少量陶片。该层分布于整个探方,为汉或汉以后堆积。

第③层,深约104—116厘米,厚约60—72厘米。土色呈红色,土质较硬,包含物有炭屑、红烧土、蚌片、磨石、大量陶片。该层分布于整个探方,为汉或汉以后堆积。开口于此层的遗迹有H1等。

（2）2012FZYT2

以西壁剖面为例(图二二五)。

第①层,深约10—16厘米,厚约10—16厘米。土色呈灰褐色,土质疏松,包含植物根茎、少量近代陶片、瓷片。该层分布于整个探方,为近现代耕土层。

第②层,深约58—66厘米,厚约45—54厘米。土色呈红褐色,土质较硬,包含较多陶片、瓷片。该层分布于整个探方,为汉及汉以后堆积。

第③层,深约90—108厘米,厚约25—42厘米。土色呈浅灰色,土质坚硬,包含近代、汉代、西周时期陶片及瓷片。该层分布于整个探方,为汉或汉以后堆积。

北

H2

G1

1

①
②
③
④
H2

G1

2

①
②
③
④

3

0   80厘米

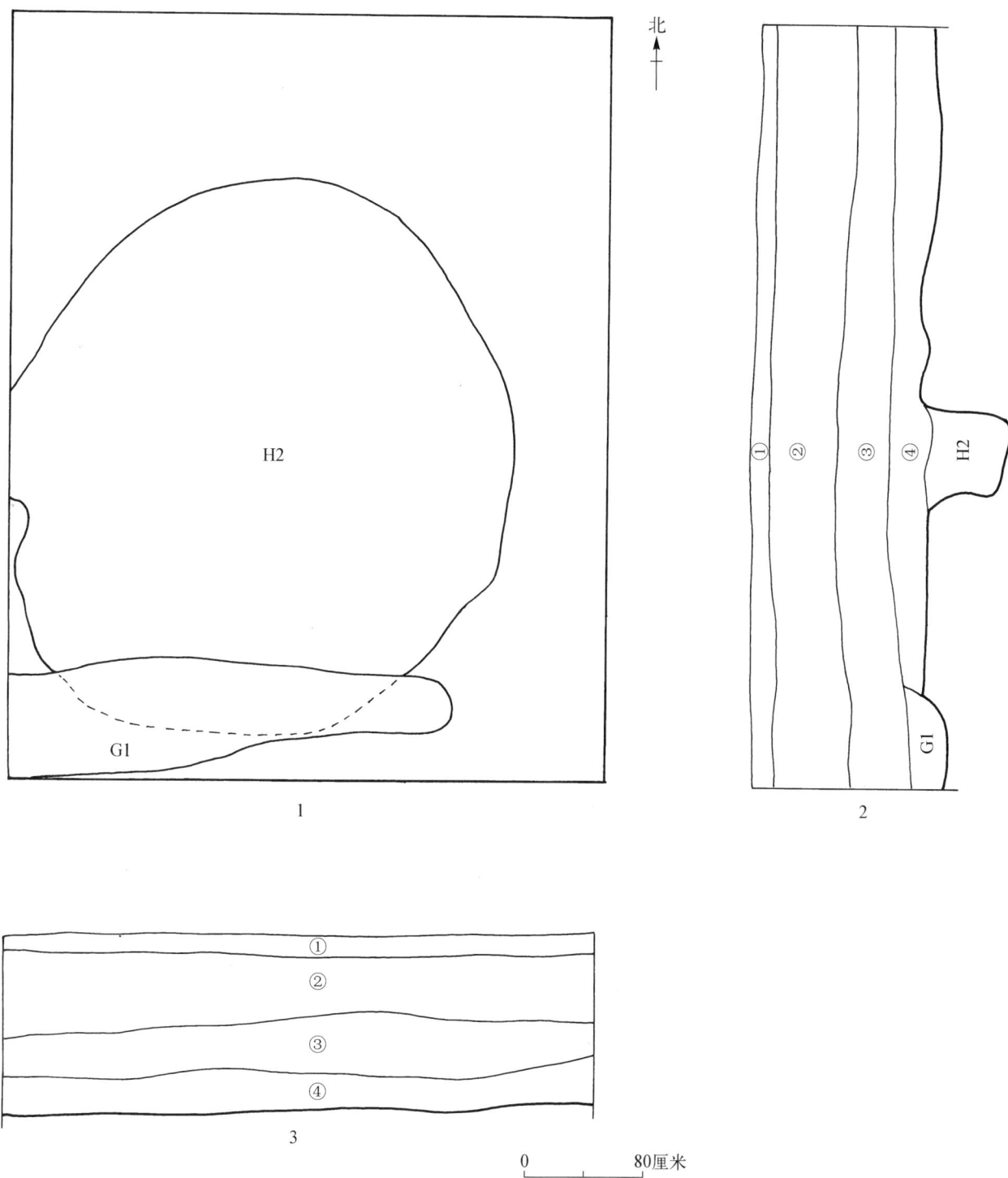

图二二五 2012FZYT2遗迹平面及探方壁剖面图

1.遗迹平面图 2.西壁剖面图 3.北壁剖面图

第④层，深约118—124厘米，厚约13—30厘米。土色呈红褐色，土质坚硬，包含较多西周时期陶片及少量汉代陶片。该层分布于整个探方，为汉或汉以后堆积。开口于此层的遗迹有H2等。

（3）2012FZYT3

以西壁剖面为例（图二二六、图二二七）。

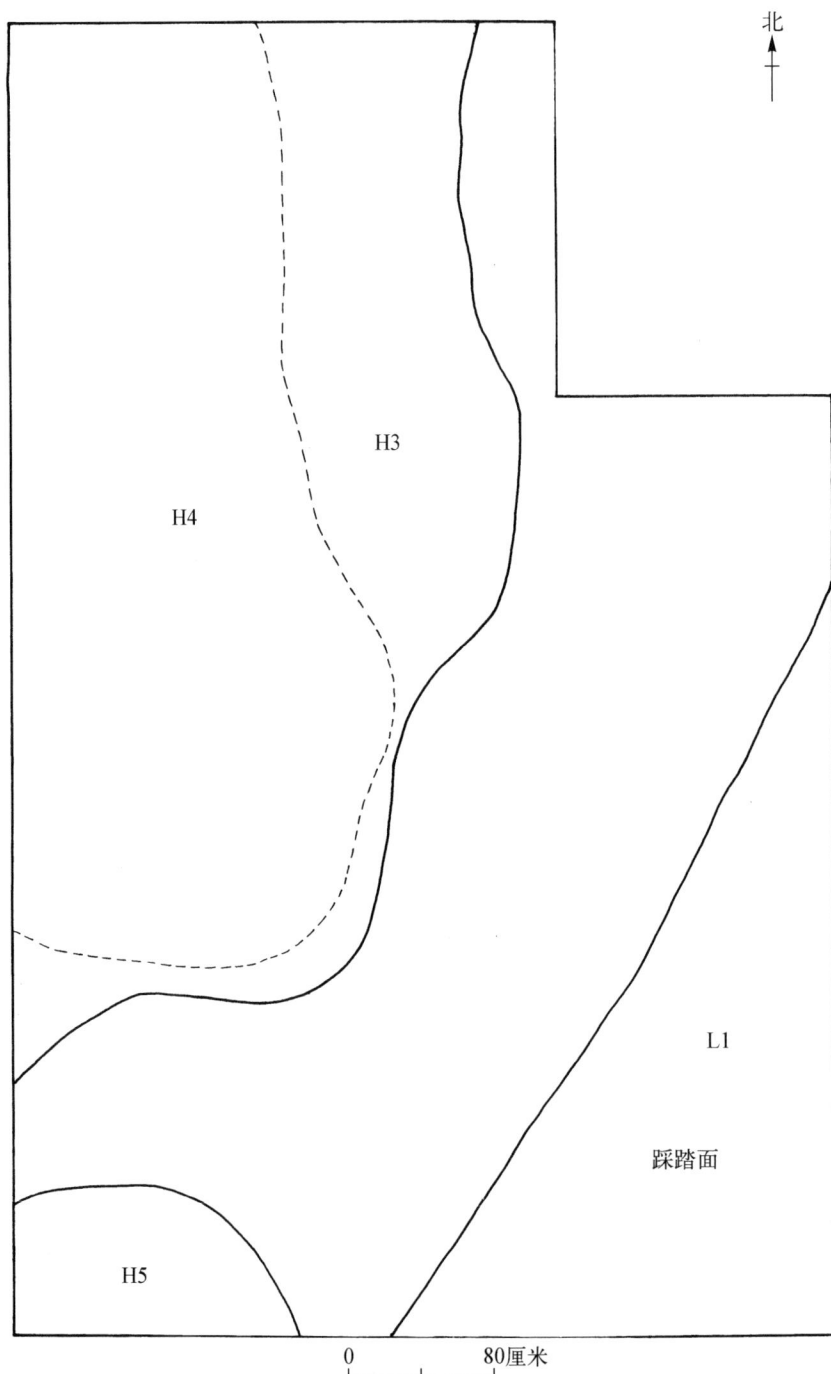

图二二六　2012FZYT3遗迹平面图

① ② ③ ④ ⑤

H5

H3

H4

1

① ② ③ ④ ⑤ ⑥

H3

H4

2

D A

① ② ③ ④ ⑤ ⑥

L1

H5

3

C D

① ② ③ ④ ⑤ ⑥

4

0　　　　　80厘米

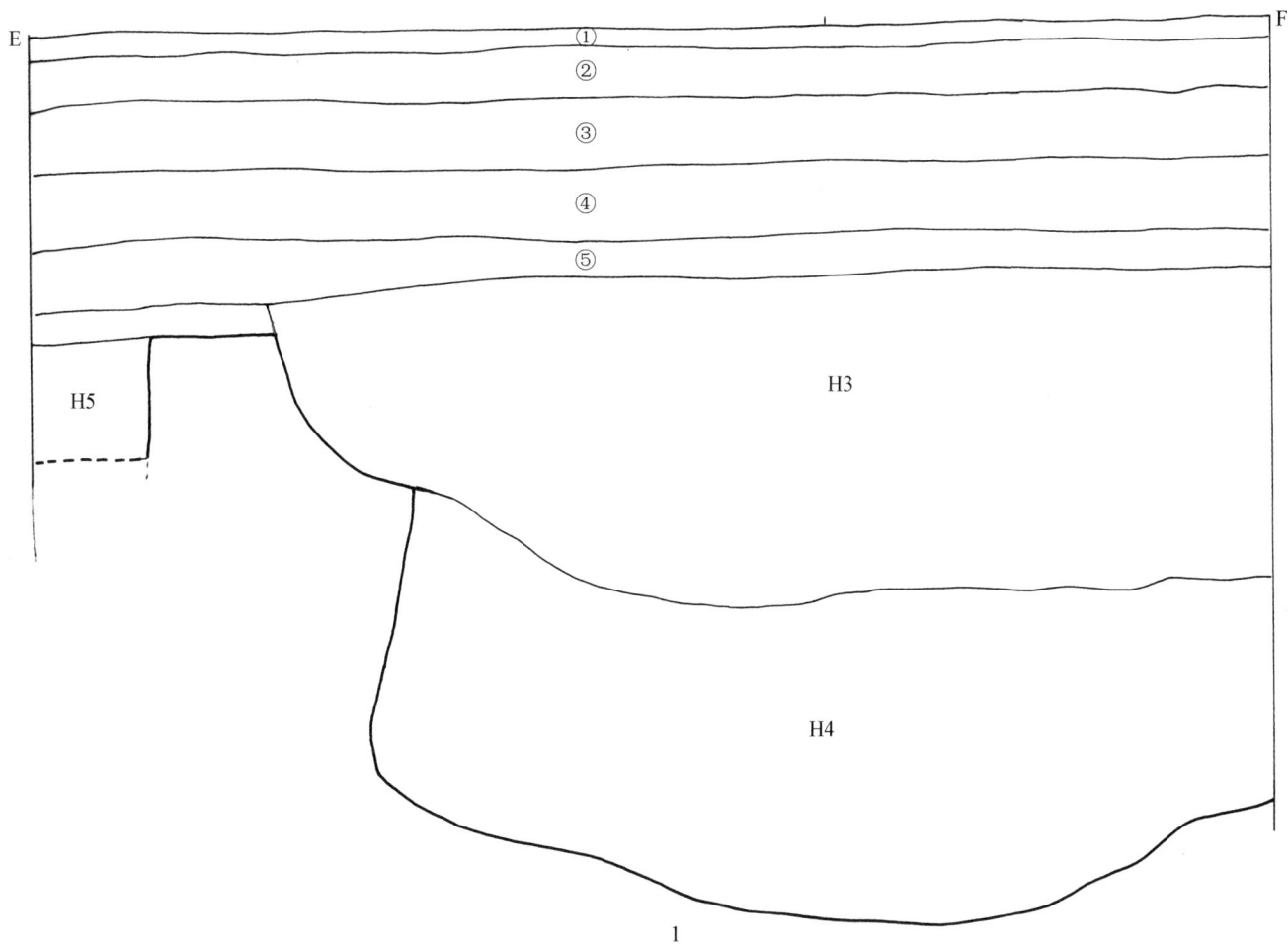

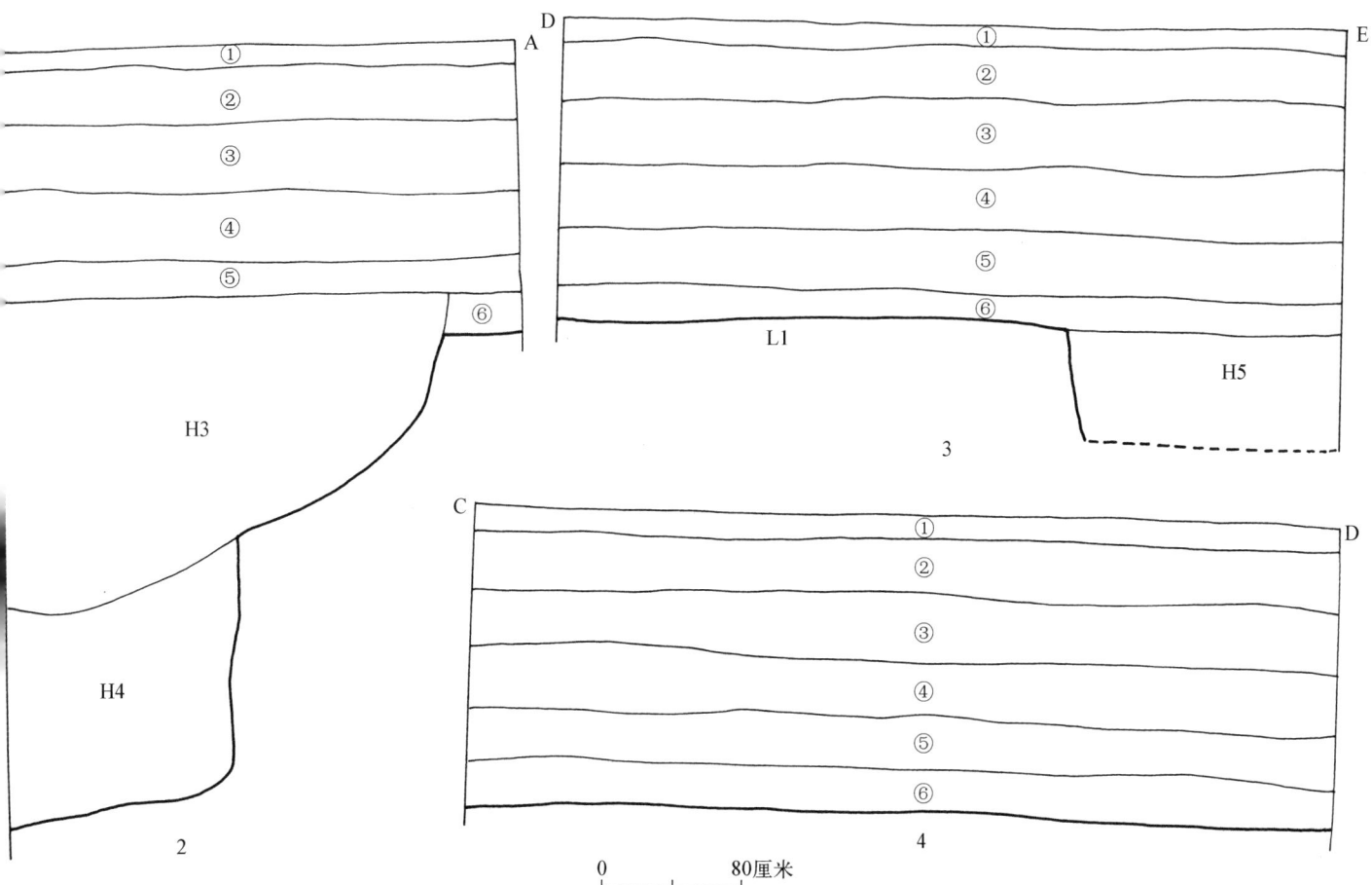

图二二七　2012FZYT3探方壁剖面图

1. 西壁剖面图　2. 扩方后北壁剖面图　3. 南壁剖面图　4. 东壁剖面图

第①层，深约10—14厘米，厚约10—14厘米。土色呈黄褐色，土质疏松，包含大量麦秸秆和少量晚期陶瓷片。该层分布于整个探方，为近现代耕土层。

第②层，深约38—42厘米，厚约24—30厘米。土色呈褐色，土质较硬，包含白丝状物、大量植物根茎和陶片。该层分布于整个探方，为汉或汉以后堆积。

第③层，深约74—76厘米，厚约38—40厘米。土色呈浅灰色，土质较硬，包含大量植物根茎及丝状物和大量的陶、瓷片。该层分布于整个探方，为汉或汉以后堆积。

第④层，深约110—118厘米，厚约36—44厘米。土色呈灰褐色，土质致密，包含大量树根和一定数量的陶、瓷片。该层分布于整个探方，为汉或汉以后堆积。

第⑤层，深约136—152厘米，厚约18—36厘米。土色呈浅黄色，土质致密，包含一定数量的瓷片及西周陶片。该层分布于整个探方，为汉或汉以后堆积。开口于此层的遗迹有H3、H4等。

第⑥层，深约166—168厘米，厚约15—18厘米。土色呈红褐色，土质致密，包含一定数量的陶片，均为老陶片。该层分布于整个探方，为西周时期堆积。开口于此层的遗迹有H5、L1等。

2. 遗存分述（附表三）

（1）2012FZYH1

位置与层位关系：

位于T1西半部，开口于③层下，打破第④层。

形制结构：

以揭露状况看，口部近似不规则形，南北口径长约250厘米，东西口径长308厘米，自深72厘米。坡状坑壁，南壁下弧较平至坑底。坑底部呈圜底状（图二二八）。

堆积状况：

总体堆积趋势是东南高，西北低，由此可判断其堆积是由东南方向倾倒。

第①层，厚约22—57厘米。土色呈暗黄色，土质松软，包括大量白丝状物、红烧土、炭屑、蚌片、有烧过痕迹的石头和大量陶片。该层分布于灰坑的中部。

第②层，厚约0—31厘米。土色呈红色，土质由坚硬逐渐变松软，包含大量红烧土和炭屑、少量陶片、磨石、蚌片、陶范。

包含物共存状况：

该灰坑所出陶片均为西周时期陶片，共325件（表四）。

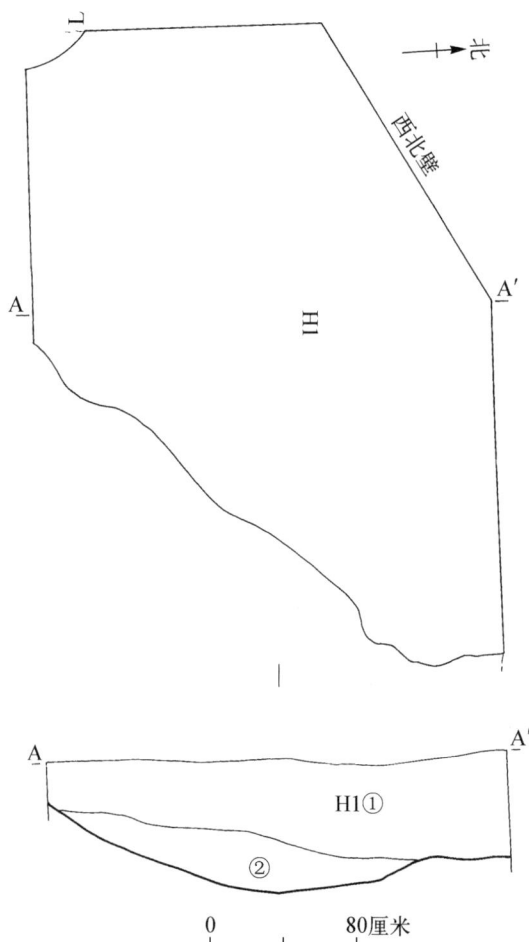

图二二八　2012FZYH1平剖图

表四　2012FZYH1陶系、器类统计表

陶质		夹　砂			泥　质			合计	百分比(%)
纹饰与器类	陶色	红色	褐色	灰色	红色	褐色	灰色		
纹饰	细绳纹	4	0	6	11	0	6	27	8.3
	中绳纹	22	99	33	7	0	12	173	53.2
	粗绳纹	3	12	35	2	1	5	58	17.8
	交错绳纹	0	1	1	4	2	4	12	3.7
	间断绳纹	0	7	1	0	1	0	8	2.5
	素面	1	17	18	0	0	11	47	14.5
合　计		30	136	93	24	4	38	325	100.0
百分比(%)		9.2	41.8	28.6	7.4	1.2	11.7	100.0	
		79.6			20.4				
器类	联裆鬲	8			0			8	47.1
	联裆甗	2			0			2	11.8
	带耳罐	0			1			1	5.9
	罐	0			6			6	35.3
合　计		10			7			17	100.0
百分比(%)		58.8			41.2			100.0	

　　第①层，出土248件陶片。其中，夹砂褐陶111件，占该单位陶片总数的44.8%；夹砂灰陶69件，占该单位陶片总数的27.8%；夹砂红陶26件，占该单位陶片总数的10.5%；泥质灰陶31件，占该单位陶片总数的12.5%；泥质红陶11件。纹饰主要有细绳纹、中绳纹、粗绳纹、间断绳纹、交错绳纹。其中，以中绳纹为主，共133件，占该单位陶片总数的53.6%；其次为粗绳纹者，占该单位陶片总数的19%；最少者为间断绳纹，仅占2.8%。

　　第②层，出土77件陶片。其中，夹砂褐陶25件，占该单位陶片总数的32.5%；夹砂灰陶24件，占该单位陶片总数的31.2%；夹砂红陶、泥质褐陶各4件，均占该单位陶片总数的5.2%；泥质灰陶8件，占该单位陶片总数的10.4%；泥质红陶12件，占该单位陶片总数的15.6%。纹饰主要有细绳纹、中绳纹、粗绳纹、间断绳纹、交错绳纹。其中，中绳纹占多数，共40件，占该单位陶片总数的51.9%；其次为粗绳纹和细绳纹者，各11件，均占该单位陶片总数的14.3%；最少者为间断绳纹，仅1件。

　　该灰坑可辨器形共21件。其中联裆鬲8件、联裆甗2件、罐6件、带耳罐1件、足根4件。该灰

坑小件有蚌片2件、磨石1件、陶范3件。

标本介绍：

联裆鬲，共8件。均夹砂灰陶。标本YH1：1，卷沿，圆唇，沿下角较大，鼓腹，瘪裆，圆柱形足。沿下绳纹被抹，器表饰交错绳纹，纹理清晰，印痕浅。口径16.4、器身最大径19.2、高19.8厘米（图二二九：1；图版二五：1）。标本YH1：4，夹粗砂，卷沿，方唇，沿下角较大。唇面有一道凹槽，素面。口径16.4、残高4.2厘米（图二三〇：1）。标本YH1：7，卷沿，圆唇，沿下角较大。沿面近唇部

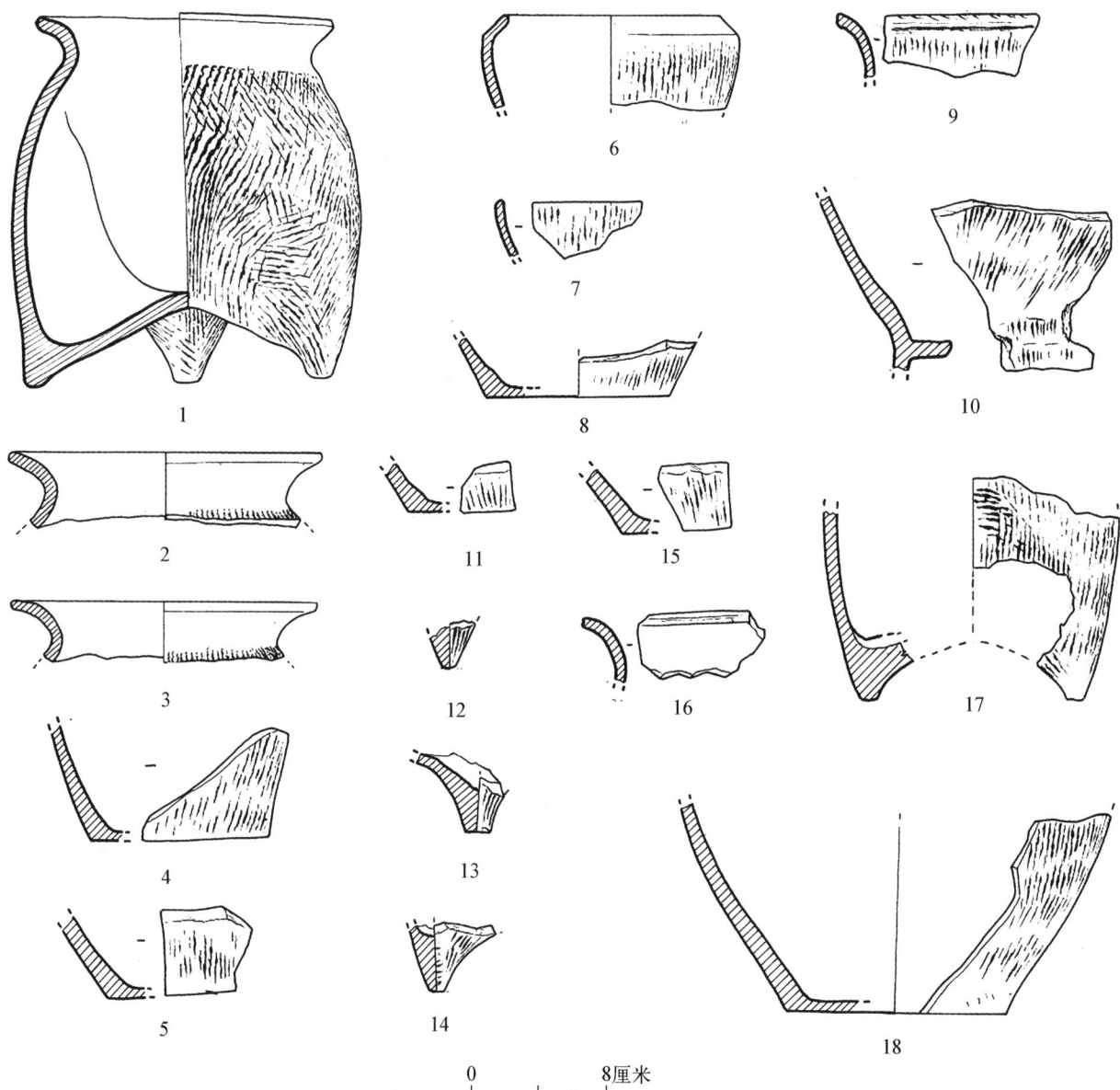

图二二九　2012FZYH1、H2陶器

1、2、3、16. 联裆鬲（YH1：1、YH1：17、YH1：16、YH1：18）　4、5、8、11. 罐（YH2：16、YH1：13、YH1：6、YH1：8）　6. 敛口钵（YH2：17）
7. 高领方唇鬲（YH2：11）　9、10. 联裆瓯（YH1：21、YH1：12）　12、13、14、17. 联裆鬲（瓯）足根（YH1：23、YH1：15、YH1：3、YH1：10）
15、18. 罐（YH1：14、YH1：11）

有一道凹槽，器表饰竖行绳纹。残高2.6厘米（图二三〇：2）。标本YH1：16，卷沿，斜方唇，沿面形成小平台，沿下角较大。沿下绳纹被抹，肩部饰竖行中绳纹，纹理模糊。口径16.8、残高3.4厘米（图二二九：3）。标本YH1：17，卷沿，圆唇，沿下角较大，肩部饰细绳纹，印痕较浅。口径17.2、残高4.1厘米（图二二九：2）。标本YH1：18，卷沿，圆唇，沿下角较大。唇面有一道凹槽，沿下绳纹被抹，但残痕依稀可见。残高3.6厘米（图二二九：16）。标本YH1：24，卷沿，圆唇，沿下绳纹被抹，但残痕依稀可见。残高3厘米（图二三〇：3）。

联裆甗，共2件。均夹砂红陶。标本YH1：12，腰隔较窄，器表饰斜行细绳纹，近腰隔处饰楔形绳纹，印痕较浅，纹理清晰。器表有烟炱痕。腰隔宽2、残高9.2厘米（图二二九：10）。标本YH1：21，卷沿，方唇，沿下角较大。唇面饰斜行绳纹，沿下饰中绳纹，印痕较浅，纹理模糊。残高3.4厘米（图二二九：9）。

罐，共6件。均为泥质陶，皆残。标本YH1：6，灰陶。斜直腹，平底。器表饰竖行中绳纹，印痕较浅，纹理模糊，底部素面。底径10、残高3厘米（图二二九：8）。标本YH1：8，灰陶。斜直腹，平底。器表饰细绳纹，印痕较浅，纹理模糊，底部素面。残高2.8厘米（图二二九：11）。标本YH1：11，灰陶。弧腹，平底。腹部饰斜行中绳纹，印痕较浅，纹理模糊，底部素面。底径12、残高

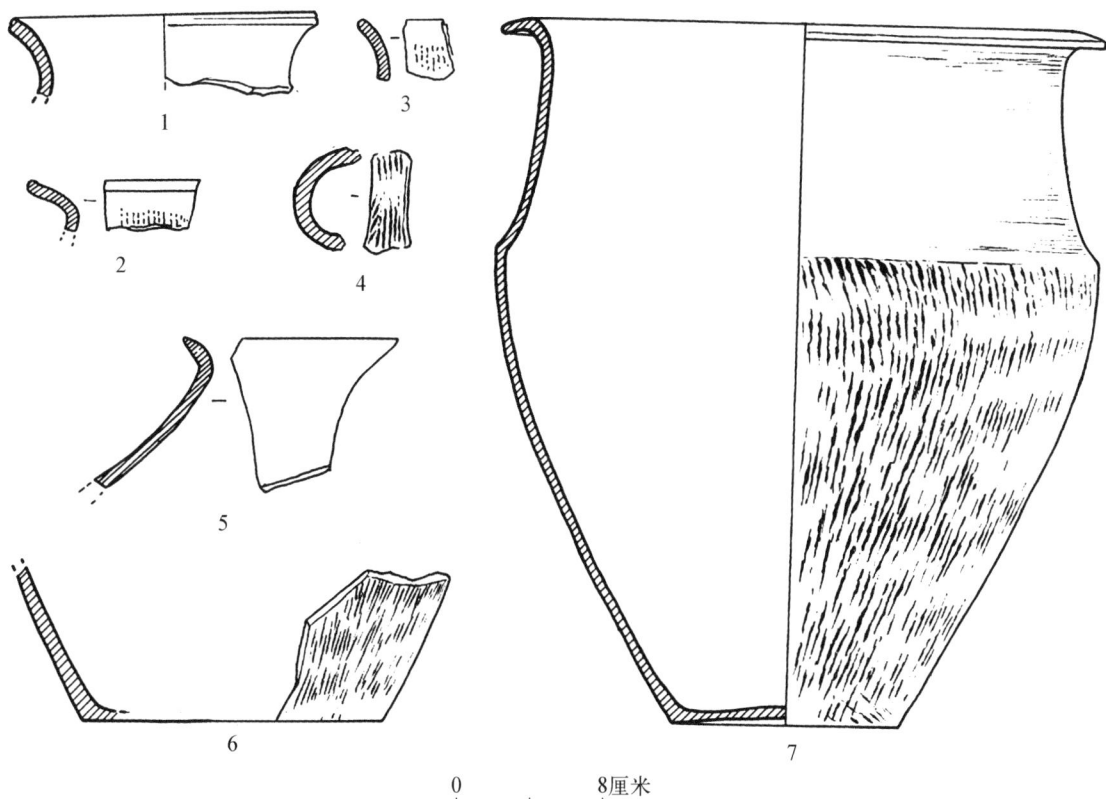

图二三〇　2012FZYH1、H2陶器

1、2、3.联裆鬲（YH1：4、YH1：7、YH1：24）　4.器耳（YH1：20）
5.小口广肩罐（YH2：15）　6.罐（YH1：22）　7.大口罐（YH2：3）

10.8厘米（图二二九：18）。标本YH1：13，灰陶。斜直腹，平底，近底部内凹。腹部饰细绳纹，纹理清晰，底部素面。残高4.6厘米（图二二九：5）。标本YH1：14，灰陶。斜直腹，平底。器表饰细绳纹，印痕较浅，纹理模糊，底部素面。残高3.6厘米（图二二九：15）。标本YH1：22，灰褐陶。弧腹，平底。器表饰中绳纹，纹理清晰，印痕较浅。底径16、残高7.8厘米（图二三〇：6）。

器耳，共1件。标本YH1：20，泥质灰陶，半月形，较厚，表面饰中绳纹，纹理模糊。宽2、厚1、残高5.6厘米（图二三〇：4）。

联裆鬲（瓹）足根，共3件。均夹砂。标本YH1：3，灰陶。尖锥状实足根，表面饰交错绳纹，印痕较浅，纹理模糊。残高3.8厘米（图二二九：14）。标本YH1：10，灰陶。瘪裆，尖锥状实足根，器表饰竖行粗绳纹，印痕较深，纹理清晰。残高12厘米（图二二九：17）。标本YH1：15，灰陶。尖锥状实足根，饰麦粒状粗绳纹，印痕较深。残高4.2厘米（图二二九：13）。标本YH1：23，灰褐陶。圆锥状实足根，表面饰中绳纹。残高2.6厘米（图二二九：12）。

磨石，共1件。标本YH1①：25，残。长条形，一端圆弧，四面较平。残长5.5、宽2.3、厚1.2厘米（图二三二：5）。

陶范，共3件。均残，泥质红陶。表面似有兵器刃部印痕。标本YH1①：26，残长4.4、残宽3.7、厚1.5厘米（图二三一：1）。标本YH1①：27，残长6、残宽4.9、厚3.5厘米（图二三一：2）。标本YH1①：28，残长3.7、残宽3、厚1.9厘米（图二三一：3）。

单位年代与属性：

H1出有较多的联裆鬲，卷沿，沿下角较大，沿下绳纹被抹光，几乎不见绳纹残痕，器表饰交错

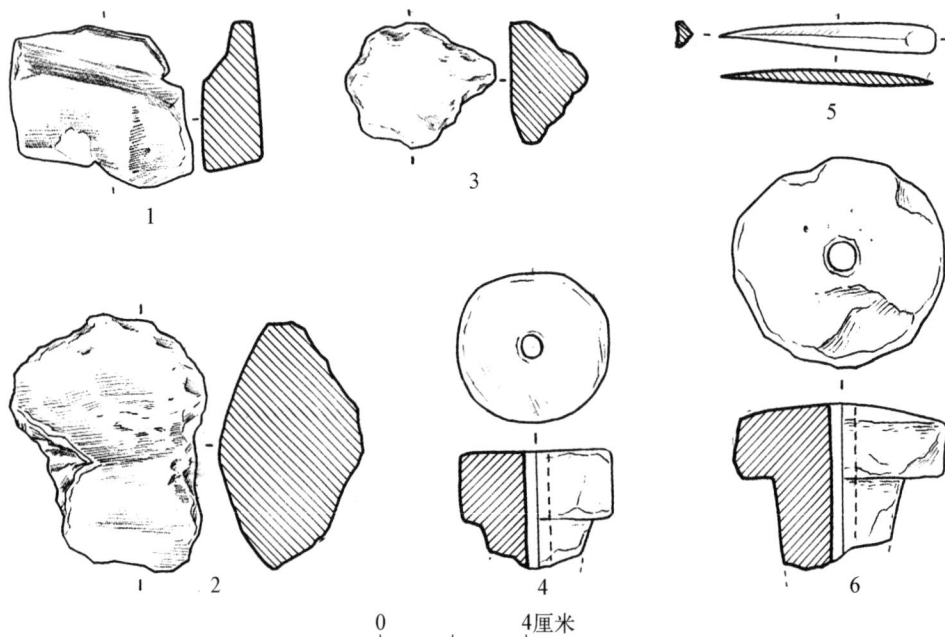

图二三一　2012FZYH1、H3、H4器物

1、2、3. 陶范（YH1①：26、YH1①：27、YH1①：28）　4、6. 螺丝钉状陶管（YH3⑥：36、YH3⑥：35）　5. 铜锥（YH4⑥：122）

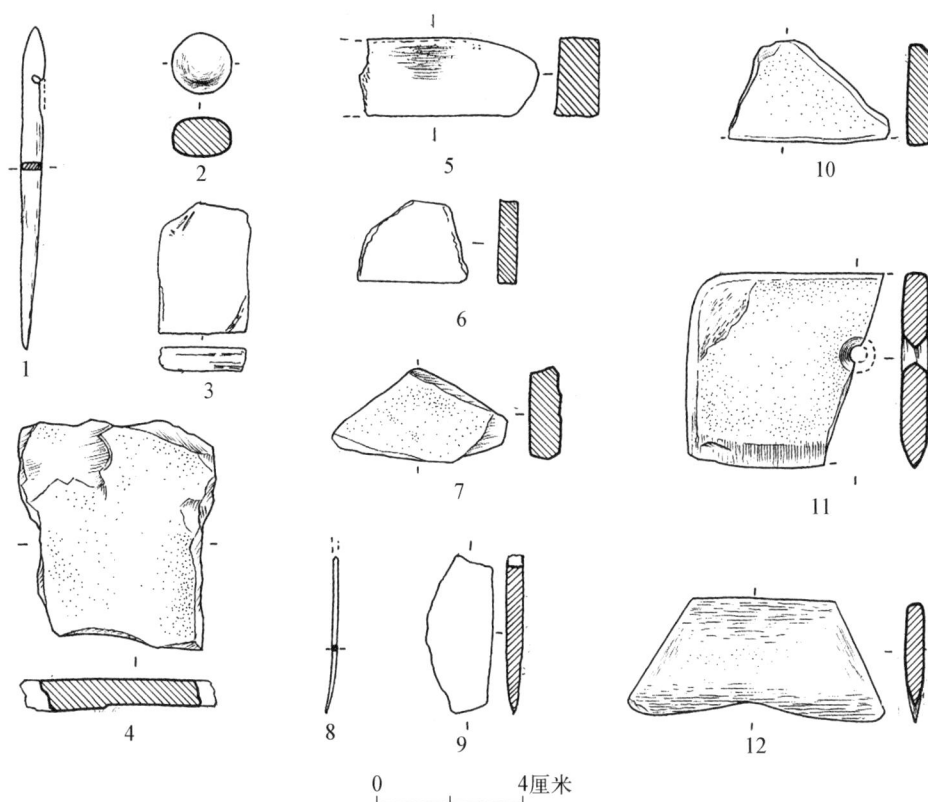

图二三二　2012FZYH1、H2、H4、CH2器物

1、8.骨针(YH4①:1、YH4③:4)　2.泥丸(YH4①:120)　3.不明石器(CH2:6)　4、7、10.砂岩片(YH4⑯:118、YH4①:112、YH4①:113)
5.磨石(YH1①:25)　6.砺石(CH2:5)　9、11.石刀(YH2:19、YH4⑯:119)　12.梯形无孔石刀(YH4③:115)

绳纹,印痕较深,条理清晰,触之有扎手感,由此推断为西周中期偏早阶段。

该坑堆积既包含有鬲、罐、甗等日用生活陶器,及红烧土、炭屑与有火烧痕迹的石头等生活垃圾;也包含有陶范、磨石等铸铜作坊的遗物。由此推测,该坑性质为与铸铜活动相关的生活垃圾坑。

（2）2012FZYH2

位置与层位关系:

位于T2的中部偏西,开口于④层下,打破生土。

形制结构:

以揭露状况看,口部大致为圆形,南北口径长约364厘米,东西口径长约336厘米,自深94厘米。坑北、西、南壁斜直并弧至底部,东壁呈斜坡状至底部。坑底呈圜底状(图二三三)。

堆积状况:

第①层,厚约0—28厘米。土色呈红褐色,土质较松散,包括大量陶片。该层分布于整个灰坑。

第②层,厚约0—26厘米。土色呈红色,土质较硬,包括大量陶片、石器。该层分布于整个灰坑。

第③层,厚约0—16厘米。土色呈黄色,土质坚硬,几乎不见任何陶片及其他遗物。该层分布于整个灰坑。

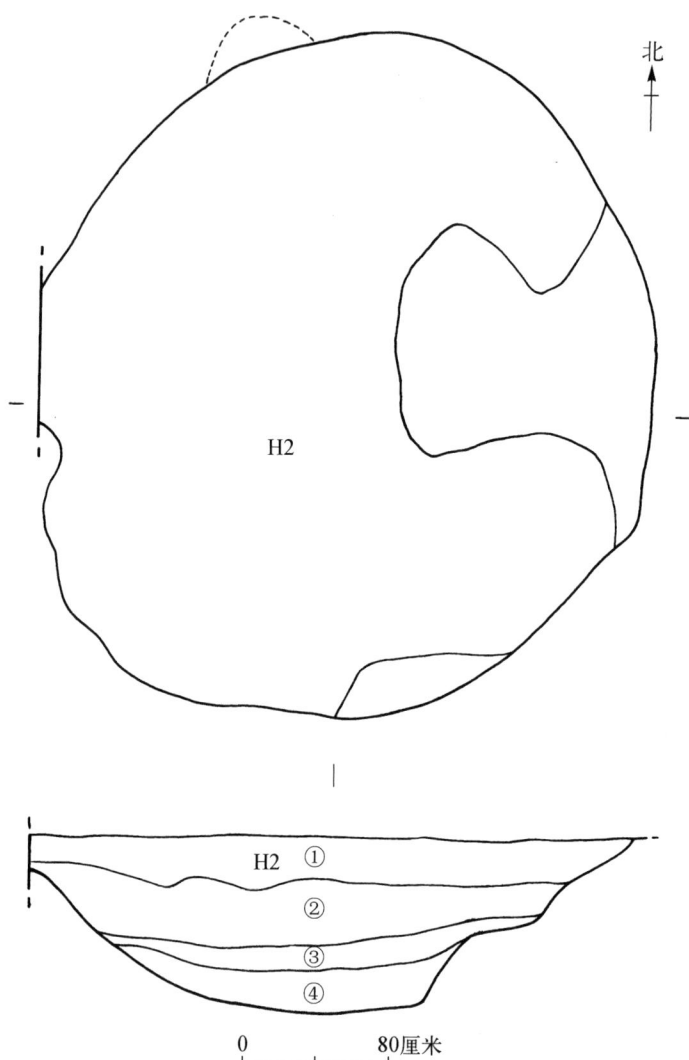

图二三三　2012FZYH2平剖图

第④层,厚约0—22厘米。土色呈灰褐色,土质松散,包含少量陶片。该层分布于整个灰坑。需要说明的是,此灰坑中各地层出土的陶片均可互相拼对。

包含物共存状况:

表五　2012FZYH2陶系、器类统计表

陶　质		夹　砂			泥　质				合计	百分比（%）
纹饰与器类	陶色	灰色	灰褐	褐色	灰色	灰褐	褐色	黑皮		
纹饰	竖行细绳纹	0	0	4	24	7	0	0	35	10.1
	竖行中绳纹	14	64	101	41	26	9	0	255	73.7

陶质		夹砂			泥质				合计	百分比（%）
纹饰与器类	陶色	灰色	灰褐	褐色	灰色	灰褐	褐色	黑皮		
纹饰	竖行粗绳纹	0	0	0	23	1	0	0	24	6.9
	间断细绳纹	0	0	0	3	0	0	0	3	0.9
	交错中绳纹	0	7	0	0	0	0	0	7	2.0
	素面	1	0	0	16	4	0	1	22	6.4
合　计		15	71	105	107	38	9	1	346	100.0
百分比（%）		4.3	20.5	30.4	30.9	11.0	2.6	0.3	100.0	
		55.2			44.8					
器类	鬲	7			0				7	46.7
	联裆甗	1			0				1	6.7
	敛口钵	0			1				1	6.7
	盆	0			2				2	13.3
	小口广肩罐	0			1				1	6.7
	敞口大口罐	0			1				1	6.7
	大口罐	0			1				1	6.7
	豆	0			1				1	6.7
合　计		8			7				15	100.0
百分比（%）		53.3			46.7				100.0	

在H2所出陶器中，夹砂陶的数量明显多于泥质陶。陶色则以灰色陶为主，褐陶次之，黑皮陶极少。从纹饰上来看，多饰竖行中绳纹，饰间断绳纹及交错绳纹极少，粗绳纹也较少。从器类上来看，出土的器物中鬲最多，其他器类还有联裆甗、敛口钵、盆、罐类等，各1件（表五）。

另在灰坑第②层出土石刀一件。

遗物标本介绍：

侈口方唇鬲，共2件。均残。侈口，方唇，折沿，沿下角大。标本YH2∶1，夹砂灰陶。近方体，微鼓腹，瘪裆微弧，锥状足。通体饰麦粒状绳纹，裆部饰交错绳纹，印痕较深。口径19.4、器身最大径22.2、通高22厘米（图二三五∶13；图版二五∶2）。标本YH2∶5，夹砂褐陶。素面。残高3厘米（图二三五∶10）。

卷沿鬲，共2件。均残，卷沿，圆唇，沿下角较大。标本YH2∶2，夹砂灰陶。长方体，微鼓腹，瘪裆微弧，尖锥状实足根。沿下绳纹被抹，但残痕依稀可见，通体饰竖行粗绳纹，印痕较深，纹理清晰。口径16.6、通高17.5厘米（图二三五∶1；图版二五∶3）。标本YH2∶8，夹砂灰褐陶。矮直领。领部绳纹被抹,但残痕较清晰,器表饰竖行中绳纹,印痕较深,纹理清晰。残高6.2厘米(图二三五:5)。

高领方唇鬲,共1件,仅存口沿。标本YH2:11,夹砂灰陶。高领,方唇。器表饰竖行中绳纹,印痕较浅,纹理模糊。残高3.2厘米(图二二九:7)。

高直领鬲,共1件,仅存口沿。标本YH2:12,夹砂褐陶。卷沿,斜方唇,沿下角较大。领部绳纹被抹,但残痕较清晰。残高3厘米(图二三五:8)。

联裆鬲,共1件,鬲腰残片。标本YH2:13,夹砂灰陶。腰隔较窄。饰竖行中绳纹,印痕较浅,纹理模糊。腰隔宽2、残高11.2厘米(图二三五:7、图二三四:7)。

敛口钵,共1件,仅存口沿。标本YH2:17,泥质灰陶。束口,方唇。口腹交接处有一道折棱,腹部饰竖行细绳纹,印痕较浅。口径12、残高5厘米(图二二九:6、图二三四:6)。

盆,共2件。均仅存口沿,沿下角较小。标本YH2:10,泥质灰陶。折沿,斜方唇。素面。残高3厘米(图二三五:9)。标本YH2:18,夹砂褐陶。卷沿,圆唇。腹部饰竖行细绳纹,印痕较浅,纹理模糊。残高5厘米(图二三五:11)。

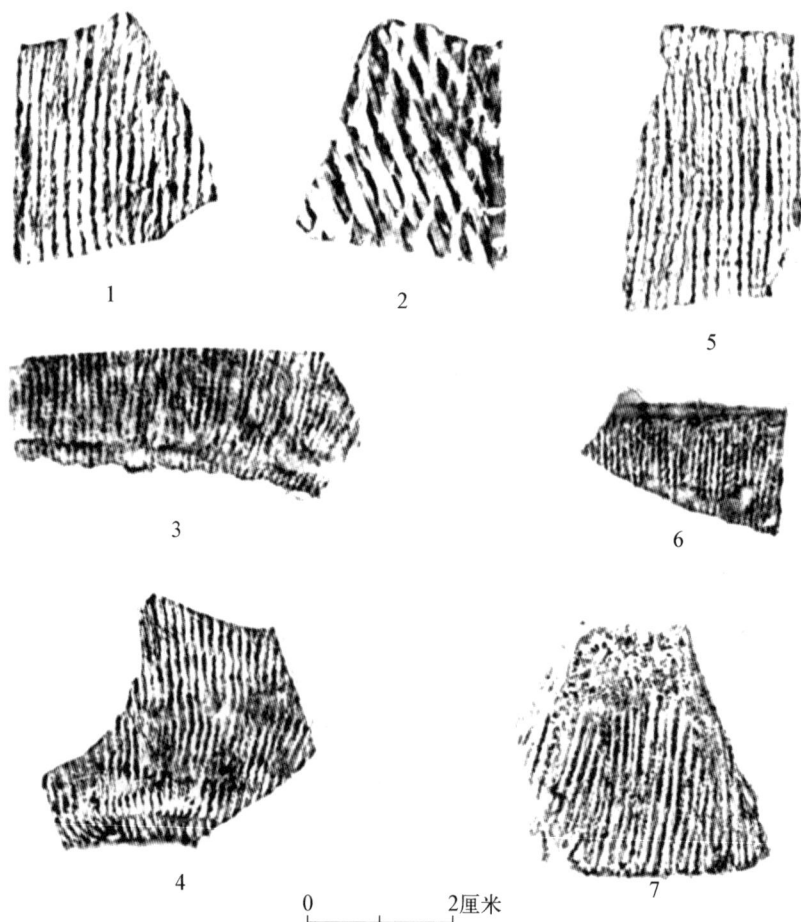

图二三四 姚家西居址陶器拓片

1. 绳纹(陶瓦表面YH3④:140)   2. 类篮纹(陶瓦内面YH3④:140)   3. 绳纹(陶联裆鬲YH3④:143)

4. 绳纹(陶器底YH3⑤:162)   5. 绳纹(陶瓦YH3⑥:171)   6. 绳纹(陶敛口钵YH2:17)   7. 绳纹(陶联裆鬲YH2:13)

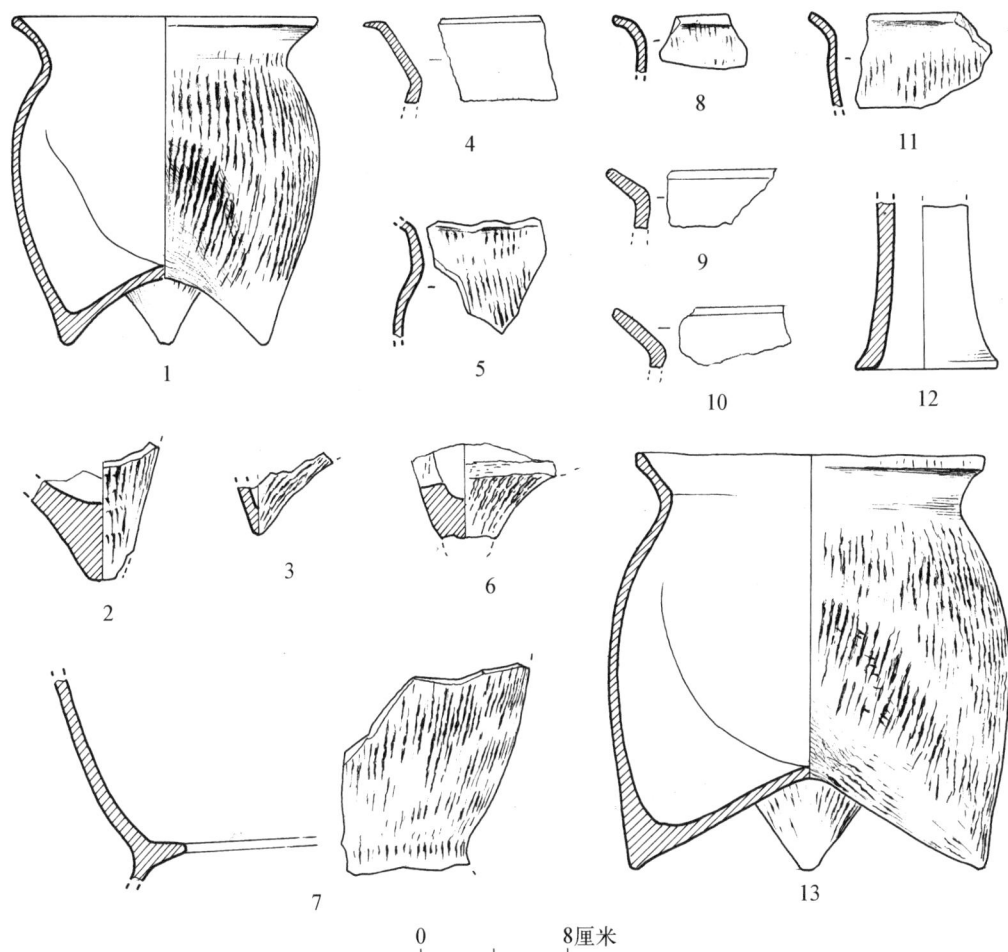

图二三五　2012FZYH2 陶器

1、5. 卷沿鬲（YH2：2、YH2：8）　　2、3、6. 联裆鬲（瓺）足根（YH2：4、YH2：9、YH2：7）　　4. 敞口大口罐（YH2：6）　　7. 联裆瓺（YH2：13）
8. 高直领鬲（YH2：12）　　9、11. 盆（YH2：10、YH2：18）　　10、13. 侈口方唇鬲（YH2：5、YH2：1）　　12. 豆（YH2：14）

　　罐，共 1 件。标本 YH2：16，仅存罐底，泥质灰陶。腹部及底部饰竖行细绳纹，印痕较浅，纹理模糊。残高 5.8 厘米（图二二九：4）。

　　小口广肩罐，共 1 件。标本 YH2：15，仅存口沿，泥质灰陶。小口，尖唇，沿下角较大，斜肩。素面。残高 8 厘米（图二三〇：5）。

　　敞口大口罐，共 1 件。标本 YH2：6，泥质灰陶。折沿，尖唇，沿面有小平台，沿下角较大，斜领。素面。残高 4.4 厘米（图二三五：4）。

　　大口罐，共 1 件。标本 YH2：3，泥质褐陶。大敞口，卷沿较明显，尖圆唇，沿面近平，束颈，斜肩，肩腹交接处有一道折棱，腹部斜直内收，平底。肩部素面，上腹饰斜行细绳纹，下腹饰竖行绳纹，底部饰交错细绳纹，纹理清晰。口径 32、底径 11.8、通高 36.4 厘米（图二三〇：7；图版二五：4）。

　　豆，共 1 件。标本 YH2：14，为豆柄残片，泥质褐陶。豆把较粗，呈管状。素面。残高 8.8 厘米（图二三五：12）。

联裆鬲（甗）足，共3件，均为锥状足。标本YH2：4，夹砂灰褐陶。饰竖行粗绳纹，印痕较深，纹理清晰。残高7.4厘米（图二三五：2）。标本YH2：7，夹砂褐陶。饰麦粒状绳纹，印痕较深，纹理清晰。残高5厘米（图二三五：6）。标本YH2：9，夹砂褐陶。饰交错细绳纹，印痕较深，纹理清晰。残高4.4厘米（图二三五：3）。

石刀，共1件，标本YH2：19，残，双面刃。残长4.7、宽2、厚0.4厘米（图二三二：9）。

分期年代与属性：

该坑出土联裆鬲纹饰虽然印痕较深，条理清楚，但此绳纹作风与先周时期高领袋足鬲上绳纹类似，且沿下角甚大，口沿微卷，沿外侧绳纹被抹，高体高裆，尖锥状实足根。高直领鬲出现于先周晚期，口部作风与高领袋足鬲的口部类似。大口罐，大致出现于先周晚期至西周早期，平折沿，窄肩，肩面微弧，但其沿面微卷的特征并非属于先周晚期。豆为粗把豆。由以上特点可以基本断定，此坑年代已进入西周时期，但应为西周第一期第1段，也即西周初期或早期偏早阶段。

（3）2012FZYH3

位置与层位关系：

位于T3东北角，开口于⑤层下，打破⑥层。

形制结构：

以揭露状况看，平面呈不规则状。南北口径长约566厘米，东西口径长282厘米，自深182厘米。口大、底小，坑壁斜直不一，未见明显加工痕迹或工具痕迹。弧壁圜底，呈锅底状（图二三六）。

堆积状况：

第①层，厚约0—52厘米。土色呈浅灰色，土质疏松，包含大量红烧土、炭屑、陶片、动物骨及蚌片。该层分布于整个灰坑。

第②层，厚约0—48厘米。土色呈浅黄色，土质致密且较硬，包含大量红烧土、炭屑、较多陶片及动物骨。该层分布于灰坑中、北部。

第③层，厚约13—58厘米。土色呈灰褐色，土质较硬，包含大量红烧土、炭屑、较多陶片及动物骨。该层分布于整个灰坑。

第④层，可细分为9层：

④a上有一层活动面DM1。

④a层，厚约0—9厘米。土色呈黄褐色，土质致密且较硬，包含少量料礓石。该层分布于灰坑的北部。

④b层，厚约0—12厘米。土色呈浅灰色，土质疏松，包含较多数量的红烧土点、炭屑、动物骨及陶片等。该层分布于灰坑的中、北部。

④c层，厚约0—9厘米。土色呈黄褐色，土质致密且较硬，包含少量红烧土点、炭屑、动物骨及陶片等。该层分布于灰坑中间。

④d层，厚约0—22厘米。土色呈浅灰色，土质疏松，包含少量红烧土点、炭屑、动物骨及陶片等。该层分布于灰坑中、北部。

④d下有一层活动面DM2。

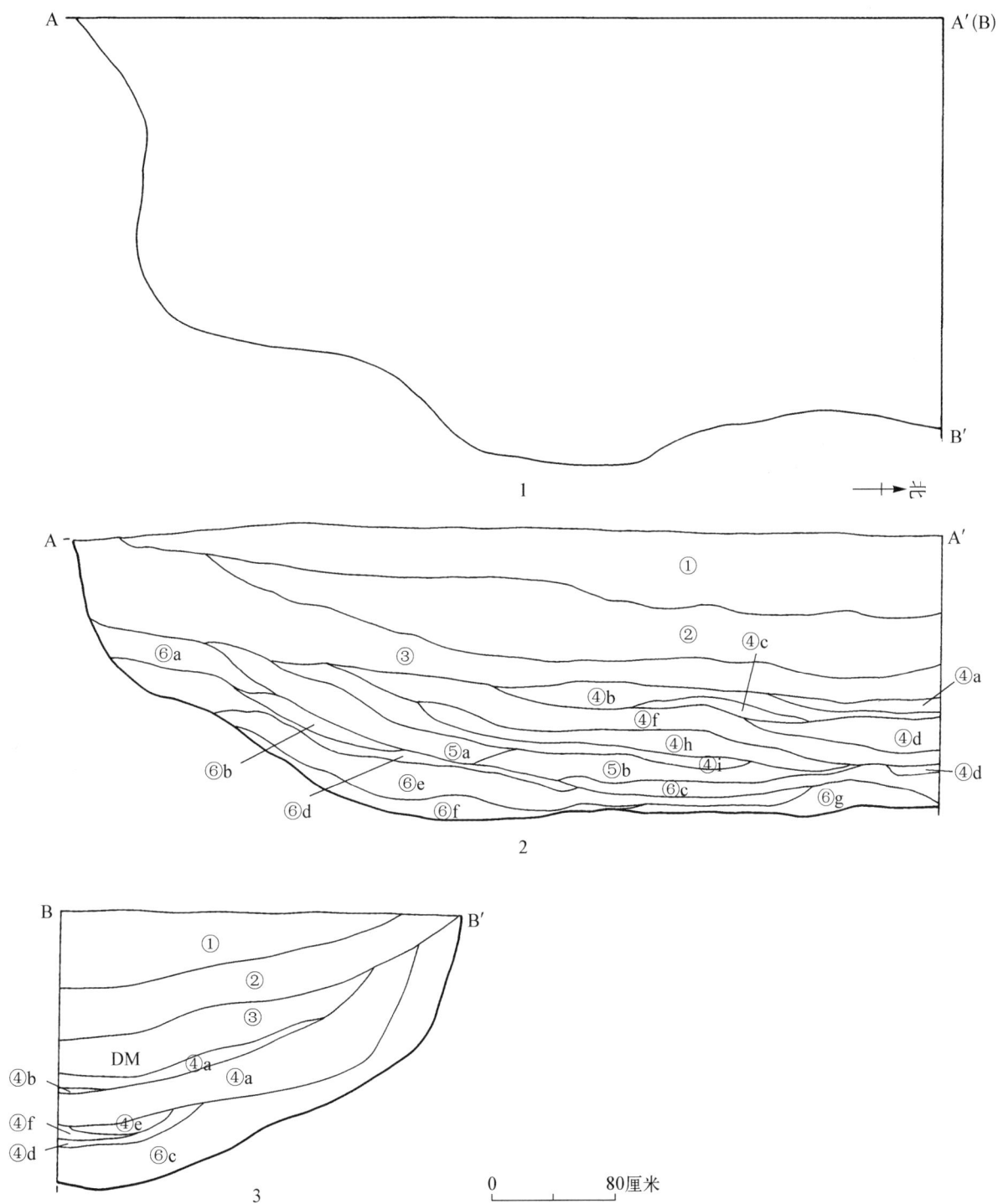

图二三六　2012FZYH3平剖图

1. H3 平面图　2. 西壁剖面图　3. 北壁剖面图

④e层，厚约0—9厘米。土色呈红褐色，土质致密且较硬，包含大量料礓石。该层分布于灰坑北部。

④f层，厚约0—23厘米。土色呈灰色，土质致密且较硬，包含大量的红烧土点、炭屑、动物骨及陶片等。该层分布于灰坑中、北部。

④f下有活动面DM3。

④g层，厚约0—7厘米。土色呈红褐色，土质致密且较硬，包含少量红烧土点。该层分布于灰坑北部。

④h层，厚约0—12厘米。土色呈灰褐色，土质较疏松，包含少量炭屑、红烧土点、动物骨及陶片等。该层分布于灰坑中部。

④i层，厚约0—18厘米。土色呈浅灰色，土质较疏松，包含少量红烧土、炭屑、动物骨及陶片等。该层分布于灰坑中部及南部。

第⑤层，可细分为2层：

⑤a层，厚约0—24厘米。土色呈红褐色，土质致密且较硬，包含有少量红烧土、炭屑、动物骨、料礓石及陶片等。该层分布于灰坑南部。

⑤b层，厚约0—17厘米。土色呈灰色，土质疏松，包含红烧土、炭屑，少量动物骨及陶片。该层分布于灰坑中间。

第⑥层，可细分为7层：

⑥a层，厚约0—20厘米。土色呈浅灰色，土质致密且较硬，包含少量的红烧土、炭屑、动物骨及陶片等。该层分布于灰坑南部。

⑥b层，厚约0—13厘米。土色呈灰褐色，土质较为疏松，包含少量的红烧土、炭屑、动物骨及陶片等。该层分布于灰坑南部。

⑥c层，厚约0—20厘米。土色呈浅灰色，土质疏松，包含少量的红烧土、炭屑、动物骨及陶片等。该层分布于灰坑中北部。

⑥d层，厚约0—25厘米。土色呈灰褐色，土质疏松，包含大量的红烧土、料礓石、炭屑、动物骨及陶片等。该层分布于灰坑南部。

⑥e层，厚约0—24厘米。土色呈灰色，土质疏松，包含大量红烧土、炭屑、动物骨及陶片等。该层分布于灰坑中南部。

⑥f层，厚约0—16厘米。土色呈红褐色，土质致密且较硬，包含极少量红烧土点、炭屑、动物骨及陶片等。该层分布于灰坑南部。

⑥g层，厚约0—20厘米。土色呈浅褐色，土质致密且较硬，包含极少量红烧土、炭屑、动物骨及陶片等。该层分布于灰坑中北部。

包含物共存状况：

YH3①

H3①包含物较丰富，包含大量的陶片、动物骨，少量的蚌器及石器等。

出土蚌刀1件、梯形无孔石刀1件、骨笄1件、圆陶片1件。

共出土陶片868片,陶质分为泥质和夹砂,以泥质陶为主,约占57%。陶色分为灰色、灰褐色和褐色,以灰陶为主,约占总数的90%。泥质灰陶所占比例多于夹砂灰陶;灰褐陶与褐陶所占比例相当。纹饰主要以绳纹为主,分为细绳纹、中绳纹、粗绳纹、交错绳纹及间断绳纹,其中中绳纹占多数,约占陶片总数的一半,粗绳纹也占一定的比例;亦有极少量的旋纹;另外还有少量的素面陶。其中可辨器形的有联裆鬲2件、联裆甗2件、杯形口罐1件、豆1件、矮领罐1件、盆2件,可辨器形中泥质陶多于夹砂陶。但是在①层中所出陶片大多数为老陶片,散碎且拼合度较低,器类亦较杂,似经过多次冲积搬运而成,可能非原坑内堆积(表六)。

表六　2012FZYH3①陶系、器类统计表

陶质		夹砂			泥质			合计	百分比(%)
纹饰与器类	陶色	灰色	灰褐	褐色	灰色	灰褐	褐色		
纹饰	细绳纹	2	0	0	47	13	0	62	7.1
	中绳纹	196	4	16	217	6	0	439	50.6
	粗绳纹	93	3	7	49	1	0	153	17.6
	交错绳纹	0	5	8	24	1	0	38	4.4
	间断绳纹	0	0	0	22	0	0	22	2.5
	旋纹	0	0	0	11	0	0	11	1.3
	素面	29	1	11	88	14	0	143	16.5
合计		320	13	42	458	35	0	868	100.0
百分比(%)		36.9	1.5	4.8	52.8	4.0	0.0	100.0	
		43.2			56.8				
器类	联裆鬲	2			0			2	22.2
	联裆甗	2			0			2	22.2
	杯形口罐	0			1			1	11.1
	豆	0			1			1	11.1
	矮领罐	0			1			1	11.1
	盆	0			2			2	22.2
合计		4			5			9	100.0
百分比(%)		44.4			55.6			100.0	

YH3②

包含物丰富。含有大量的陶片、动物骨、红烧土、炭屑,另有少量骨器、石块及蚌器等。

出土骨笄1件、骨锥1件、蚌刀1件、砂岩片若干。

所出动物骨相对较多，共311件，重约2.09千克[1]。经鉴定，可辨识的有猪、狗、羊、牛、鹿、鱼（疑似）骨等。其中猪骨共19件，包括头骨残片1件、上颌骨残片1件、左下颌1件、左肩胛残片1件、右肱骨残段1件、右尺骨骨干1件、右胫骨远端1件、胫骨骨干1件、左跟骨1件、掌（跖）骨远端1件，第Ⅰ、Ⅱ、Ⅲ指骨（趾骨）各2件，肱骨残段3件；狗骨2件，均为掌骨；羊骨共27件，包括左上颌2件、右下第三臼齿1枚、左肩胛骨中部1件、右肱骨远端1件、左桡骨近端1件、右尺桡骨近端2件、桡骨近端残2件、左胫骨近端4件、右胫骨近端1件、左掌骨近端1件、左跟骨残1件、右距骨近端1件、第Ⅰ指骨（趾骨）2件、第Ⅱ指骨（趾骨）2件、右尺骨近端（有烧痕）1件、右肩胛骨近端（有烧痕）1件、头骨残块3件。牛骨5件，包括左下颌1件、中央跗部1件、右距骨1件、跖骨近端残1件、第Ⅱ指骨（趾骨）1件；鹿骨4件，其中角残段1件、肩胛骨残段1件、坐骨残块1件、第Ⅰ指骨（趾骨）1件；鱼鳍翅1件。另有不可辨的主要有大型肋骨、中型肋骨、小型肋骨、管状骨片、管状骨、脊椎骨、肩胛骨等。

出土陶片592片，陶质为泥质和夹砂两种，夹砂陶多于泥质陶，约占55%。陶色分为灰色、灰褐色及褐色，以灰陶为主，所占比例大于90%，其中夹砂灰陶略多于泥质灰陶，灰褐陶其次，褐陶最少。纹饰均为绳纹，包括细绳纹、中绳纹、粗绳纹及间断绳纹，中绳纹所占比例最高，占总数的50%以上。另有极少量的素面陶。可辨器形的有联裆鬲9件、联裆甗3件、高领罐3件、大口尊1件，另有瓦片13件、联裆鬲（联裆甗）足根6件、罐底2件、器耳3件（表七）。

表七　2012FZYH3②陶系、器类统计表

陶质		夹　砂			泥　质			合计	百分比（%）
纹饰与器类	陶色	灰色	灰褐	褐色	灰色	灰褐	褐色		
纹饰	细绳纹	3	0	0	27	5	0	35	5.9
	中绳纹	171	9	0	143	3	0	326	55.1
	粗绳纹	129	10	6	19	8	0	172	29.1
	间断绳纹	2	0	0	14	0	0	16	2.6
	素面	0	1	0	42	0	0	43	7.3
合　计		305	20	6	245	16	0	592	100.0
百分比（%）		51.5	3.4	1.0	41.4	2.7	0.0	100.0	
		55.9			44.1				
器类	联裆鬲	9			0			9	56.2
	联裆甗	3			0			3	18.8
	高领罐	0			3			3	18.8
	大口尊	0			1			1	6.2
合　计		12			4			16	100.0
百分比（%）		75.0			25.0			100.0	

[1] 本报告件数未包括骨器、骨料等标本；重量则包括骨器、骨料等，下文与此相同。

YH3③

包含物丰富,含有大量的陶片、动物骨、红烧土及炭屑,少量制作角镞的余料及蚌器、石器等。

出土骨锥1件、蚌刀(疑似)1件、石刀1件、砺石1件,制作角镞的余料主要有鹿角余料、角条余料。

另出动物骨骼393件,总重3.308千克。经鉴定,可辨识的有猪、狗、兔、牛、羊、梅花鹿等。其中猪骨22件,包括头骨残片3件、带有1枚臼齿的上颌骨1件、左下颌1件、左右肩胛骨远端各1件、左肩胛残片1件、左肱骨远端1件、桡骨残段2件、右尺骨残段2件、尺骨残段1件、髋骨残片1件、股骨残片2件、胫骨残段2件、腓骨残段2件、左跟骨1件;狗掌骨1件;兔骨4件,包括右肱骨远端1件、左盆骨1件、右股骨远端1件、右胫骨远端1件;牛骨8件,包括牛角残片1件、右肩胛骨远端1件、右肱骨远端1件、右桡骨近端1件、腕骨2件、股骨近端骨骺1件、右跖骨远端1件;羊骨36件,包括头骨残片1件、左下颌6件、右下颌6件、左上颌1件、左肩胛骨4件、右肩胛骨1件、左桡骨近端1件、右尺桡骨近端1件、左胫骨近端1件、左胫骨远端3件、右胫骨远端3件、左掌骨近端1件、右距骨1件、左跖骨1件、跖骨残块4件、左桡骨近端1件;梅花鹿骨4件,包括左坐骨2件、指骨2件。另有部分肋骨、管状骨、头骨、肩胛骨、脊椎骨等无法鉴定。

共出土陶片725片,分为夹砂与泥质,二者所占比例相当。陶色分为灰色、灰褐、红褐和红色,其中以灰陶为主,约占90%。纹饰以绳纹为主,约占总数的85%,包括细绳纹、中绳纹、粗绳纹、交错绳纹及间断绳纹;另有少量的旋纹和素面。可辨器形有联裆鬲18件、联裆甗3件、小口矮领罐5件、小罍1件、盆2件、杯形口罐1件、斜领罐1件,此外出土圈足器1件、罐身1件、瓦17件、器耳7件、联裆鬲(甗)足根6件、器底12件(表八)。

表八　2012FZYH3③陶系、器类统计表

陶质		夹砂			泥质			合计	百分比(%)
纹饰与器类	陶色	灰色	灰褐	褐色	灰色	红褐	褐色		
纹饰	细绳纹	19	0	0	62	4	0	85	11.7
	中绳纹	122	7	22	126	4	0	281	38.8
	粗绳纹	116	0	0	30	10	0	156	21.5
	交错绳纹	41	2	0	22	0	0	65	9.0
	间断绳纹	3	0	0	12	1	0	16	2.2
	旋纹	0	0	0	4	0	0	4	0.6
	素面	22	0	1	76	19	0	118	16.3
合计		323	9	23	332	38	0	725	100.0

续表

陶　质		夹　砂			泥　质			合计	百分比（%）
纹饰与器类	陶色	灰色	灰褐	褐色	灰色	红褐	褐色		
百分比（%）		44.6	1.2	3.2	45.8	5.2	0.0	100.0	
		49.0			51.0				
器类	联裆鬲	18			0			18	56.3
	联裆甗	3			0			3	9.4
	小口矮领罐	0			5			5	15.6
	小罍	0			1			1	3.1
	圈足器	0			1			1	3.1
	盆	0			2			2	6.3
	杯形口罐	0			1			1	3.1
	斜领罐	0			1			1	3.1
合　计		21			11			32	100.0
百分比（%）		65.6			34.4			100.0	

YH3④

包含物丰富，出土大量的陶片、动物骨，少量料礓石、红烧土及炭屑等，砾石1件、不知名石器1件、砂岩片若干。

动物骨共259片，总重2.14千克。经鉴定，可辨识的有猪、狗、雉、兔、羊、鹿、牛、鱼等。其中猪骨14件，包括上升支残片2件、左下颌1件、右肩胛骨远端1件、右肱骨远端1件、左肱骨残段1件、右肱骨残段1件、左桡骨近端1件、桡骨残段1件、腓骨残段1件、第Ⅲ跖骨1件、掌（跖）骨远端1件、坐骨残片1件、第Ⅰ指骨（趾骨）1件；狗骨2件，为左右尺骨近端各1件、第Ⅲ跖骨1件；雉左肱骨远端1件；兔骨6件，包括右肩胛骨远端2件、右肱骨残段1件、左盆骨1件、跖骨2件；羊骨18件，包括左下颌4件、右下颌1件、左右第三下臼齿各1枚、上臼齿1枚、左肩胛骨2件、右肩胛骨1件、右尺骨近端1件、左掌骨近端1件、左跖骨近端2件、右掌骨近端1件、右桡骨骨干1件、第Ⅰ指骨（趾骨）1件；鹿骨3件，分别为尺骨近端1件、左胫骨近端1件、第Ⅰ指骨（趾骨）1件；牛骨2件，为右肱骨远端1件、带右角基部右额骨残段1件；鱼鳍及鱼鳃盖骨各1件。另有部分肋骨、管状骨、脊椎骨、肩胛骨、头骨残无法鉴定。

共出土陶片379件，分为泥质与夹砂，夹砂陶为主，约占70%。陶色主要有灰色、灰褐色、褐色，以灰陶为主，约占85%，其次为灰褐陶，仅出土极少量褐陶。纹饰均为绳纹，包括细绳纹、中绳纹、粗绳纹、交错绳纹、间断绳纹及楔形绳纹，以中绳纹为主，另有少量素面陶。其中可辨器类有25件：联裆鬲16件、联裆甗3件、三足盘1件、高领罐1件、斜领罐1件、杯形口罐2件、矮领罐1件，另有瓦7件、联裆鬲（甗）足根1件、器盖1件、器耳4件、器底7件（表九）。

表九　2012FZYH3④陶系、器类统计表

| 陶质 | | 夹砂 | | | 泥质 | | | 合计 | 百分比（%） |
陶色 纹饰与器类		灰色	灰褐	褐色	灰色	灰褐	褐色		
纹饰	细绳纹	60	3	6	16	1	0	86	22.7
	中绳纹	75	10	6	24	1	0	116	30.6
	粗绳纹	39	10	2	11	3	0	65	17.2
	交错绳纹	29	0	0	15	0	0	44	11.6
	间断绳纹	6	0	0	12	0	0	18	4.7
	楔形绳纹	1	0	0	1	0	0	2	0.5
	素面	22	3	1	18	4	0	48	12.7
合　计		232	26	15	97	9	0	379	100.0
百分比（%）		61.2	6.9	3.9	25.6	2.4	0.0	100.0	
		72.0			28.0				
器类	联裆鬲	16			0			16	64.0
	联裆甗	3			0			3	12.0
	三足盘	0			1			1	4.0
	高领罐	0			1			1	4.0
	斜领罐	0			1			1	4.0
	杯形口罐	0			2			2	8.0
	矮领罐	0			1			1	4.0
合　计		19			6			25	100.0
百分比（%）		76.0			24.0			100.0	

YH3⑤

包含物丰富，有大量陶片、动物骨，少量料礓石、红烧土及炭屑等。出土骨锥（疑似）1件、梭形骨片饰1件、角镞余料5件、砂岩片若干。

共出土动物骨248片，总重2.25千克。其中可鉴定的有猪、羊、牛、雉、鱼、狗等。猪骨共22

件,包括颞突1件、下颌骨残段3件、左肱骨残段1件、桡骨残段1件、左右肩胛骨残段各1件、髋骨残片1件、股骨残段1件、左右胫骨骨干各1件、左右第四跖骨近端各1件、掌(跖)骨远端2件、左肱骨骨干1件、左股骨骨干1件。右尺骨1件、右桡骨1件、右跟骨1件、耻骨1件;羊骨25件,分别为头骨残块3件、左下颌1件、右下颌水平支2件、右上升支3件、左肩胛骨近端2件、右肩胛骨近端3件、右桡骨近端1件、左尺桡骨近端1件、左胫骨近端1件、右胫骨近端1件、左掌骨近端1件、腓骨残段1件。舌骨1件、尺骨残段1件、左掌骨远端1件、左距骨1件、右桡骨骨干1件;牛骨16件,为头骨残片2件、颌前骨1件、左股骨近端骨干2件、右股骨远端1件、髋骨残块1件、下门齿1枚、第Ⅰ指骨(趾骨)1件、第Ⅱ指骨(趾骨)2件、第Ⅲ指骨(趾骨)2件、趾跟1件、上颚骨残片1件、右股骨远端1件;雉胫骨骨干残段1件;鱼鳃盖骨1件;狗骨2件,右桡骨近端1件,左肩胛骨1件。此外,有部分肋骨、管状骨、肩胛骨、脊椎骨、头骨无法鉴定,另有烧骨块1件。

　　所出陶片共408片,分为泥质与夹砂,以夹砂陶为主。陶色分为灰色、灰褐色及褐色,其中灰陶为主,约占总数的90%,夹砂灰陶与泥质灰陶所占比重相当;少量灰褐陶与褐陶。纹饰分为绳纹与旋纹两种,绳纹约占85%,包括细绳纹、中绳纹、粗绳纹、交错绳纹、间断绳纹及楔形绳纹,中绳纹所占比例最多;极少量旋纹。另有一定数量的素面陶。陶片可辨器类的共19件:联裆鬲7件、联裆甗4件、三足盘1件、高斜领罐1件、小口高领罐3件、小口矮领罐1件、有颈罐2件;另还有瓦3片,联裆鬲(甗)足根7件、器底6件、器耳1件、器盖1件(表一〇)。

表一〇　2012FZYH3⑤陶系、器类统计表

陶质		夹砂			泥质			合计	百分比(%)
纹饰与器类	陶色	灰色	灰褐	褐色	灰色	灰褐	褐色		
纹饰	细绳纹	28	3	0	22	0	0	53	13.0
	中绳纹	76	2	21	76	1	0	176	43.2
	粗绳纹	45	9	0	10	2	0	66	16.2
	交错绳纹	22	1	0	9	0	0	32	7.8
	间断绳纹	4	0	0	15	1	0	20	4.9
	楔形绳纹	1	0	0	1	0	0	2	0.5
	旋纹	2	0	0	1	0	0	3	0.7
	素面	21	0	0	35	0	0	56	13.7
合计		199	15	21	169	4	0	408	100.0
百分比(%)		48.8	3.7	5.1	41.4	1.0	0.0	100.0	
		57.6			42.4				

陶质		夹　砂			泥　质			合计	百分比（%）
陶色 纹饰与器类		灰色	灰褐	褐色	灰色	灰褐	褐色		
器类	联裆鬲		7			0		7	36.8
	联裆甗		4			0		4	21.0
	三足盘		0			1		1	5.3
器类	高斜领罐		0			1		1	5.3
	小口高领罐		0			3		3	15.8
	小口矮领罐		0			1		1	5.3
	有颈罐		0			2		2	10.5
合　计			11			8		19	100.0
百分比（%）			57.9			42.1			100.0

YH3⑥

包含物丰富，包括大量陶片、动物骨，少量的红烧土、炭屑、料礓石等。出土角镞废品3件、鹿角余料1件、蚌刀1件、不知名蚌器1件、螺丝钉状陶管2件、石饼2件、砂岩片若干。

共出土动物骨264片，总重2.02千克。可鉴定的有猪、兔、鸟、狗、羊、牛等。其中猪骨16件，包括头骨残块1件、右肩胛骨远端1件、桡骨远端1件、盆骨残块3件、左股骨远端1件、右距骨1件、跗骨1件、胫骨残段2件、第Ⅲ掌骨1件、掌（跖）骨远端2件、第Ⅰ和Ⅱ指（趾）骨各1件；兔跖骨1件；鸟肱骨骨干残段1件；狗左尺骨近端1件；羊骨21件，包括左上颌1件、左上升支1件、左肩胛骨近端1件、左下第三臼齿1枚、左下第4臼齿1枚、肱骨远端1件、左盆骨残块1件、左股骨近远端各1件、左胫骨远端2件、右胫骨远端1件、右距骨2件、第Ⅰ和Ⅱ指骨（趾骨）各1件、右掌骨远端1件、羊角残段1件、臼齿残块3件；牛骨11件，为左右颌前骨各1件、下颌骨残片2件（1件带锯痕）、舌骨2件、右胫骨近段1件、第Ⅰ和Ⅱ指骨（趾骨）各1件、第Ⅲ指骨（趾骨）2件。另有部分肋骨、管状骨、脊椎骨、肩胛骨、头骨残片无法鉴定，其中有1块烧骨。

出土陶片共397片，陶质分为泥质与夹砂，二者所占比例相当。陶色有灰色、灰褐色和褐色三种，以灰陶为主，约为90%，少量灰褐陶，仅1件褐陶。纹饰分为绳纹及旋纹，绳纹分为细绳纹、中绳纹、粗绳纹及间断绳纹，以中绳纹为主，约为50%以上；旋纹极少，仅1件；还有部分素面陶。可辨器类的有33件，夹砂陶多于泥质陶，包括联裆鬲11件、联裆甗7件、盆1件、斜高领罐1件、小口圆肩罐2件、小口高领罐7件、小口矮领罐4件，另有瓦7件、联裆鬲（甗）足根4件、器耳4件、器底7件（表一一）。

表一一　2012FZYH3⑥陶系、器类统计表

陶质		夹砂			泥质		合计	百分比(%)
纹饰与器类	陶色	灰色	灰褐	褐色	灰色	灰褐		
纹饰	细绳纹	3	0	0	3	4	10	2.5
	中绳纹	95	20	1	88	7	211	53.1
	粗绳纹	79	6	0	13	2	100	25.2
	间断绳纹	0	0	0	41	0	41	10.3
	旋纹	0	0	0	1	0	1	0.3
	素面	1	0	0	30	3	34	8.6
合计		178	26	1	176	16	397	100.0
百分比(%)		44.8	6.6	0.3	44.3	4.0	100.0	
		51.7			48.3			
器类	联裆鬲	11			0		11	33.4
	联裆甗	7			0		7	21.2
	盆	0			1		1	3.0
	斜高领罐	0			1		1	3.0
	小口圆肩罐	0			2		2	6.1
	小口高领罐	0			7		7	21.2
	小口矮领罐	0			4		4	12.1
合计		18			15		33	100.0
百分比(%)		54.5			45.5		100.0	

标本介绍:

H3①

联裆鬲,共2件。均为夹砂浅灰陶,方唇。标本YH3①:011,仅存口部。卷沿,斜直领,沿下角较大。沿外侧绳纹被抹,残痕模糊。残高3.4厘米(图二三七:9)。标本YH3①:014,下腹残。卷沿,沿面近平,沿下角较小,矮领。唇面似有一周凹槽,沿外侧绳纹被抹,但残痕较清晰,上腹饰竖向中绳纹,印痕较浅。残高4.4厘米(图二三七:4)。

联裆甗,共2件。均为夹细砂灰陶,侈口,方唇,宽沿微凹,沿下角较大。标本YH3①:09,仅存口部,斜直领。唇面及沿外侧竖行中绳纹,印痕较浅。口径25.6、残高4厘米(图二三七:12)。标本YH3①:017,下腹残,高领。沿外侧及上腹饰斜向中绳纹,印痕模糊。残高4厘米(图二三七:5)。

盆,共2件。皆残存口部,均为泥质陶。标本YH3①:08,灰褐陶,侈口,宽沿,圆方唇,沿下微折,直领且较高。领下部饰竖行中绳纹,局部被抹,印痕较浅。残高5.6厘米(图二三七:8)。

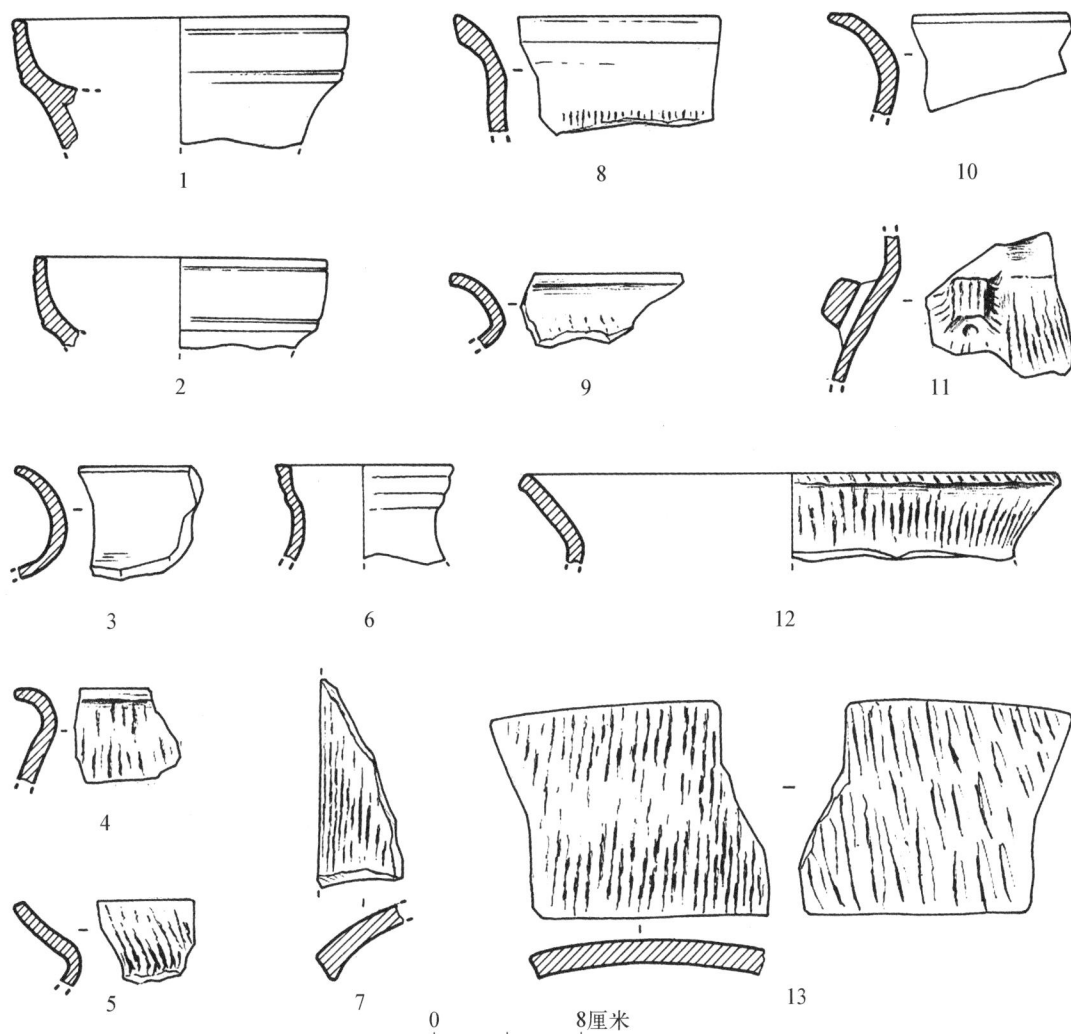

图二三七　2012FZYH3①陶器

1、2. 豆（YH3①：012、YH3①：018）　3. 小口矮领罐（YH3①：010）　4、9. 联裆鬲（YH3①：014、YH3①：011）
5、12. 联裆甗（YH3①：017、YH3①：09）　6. 杯形口罐（YH3①：016）　7、13. 瓦（YH3①：015、YH3①：019）
8、10. 盆（YH3①：08、YH3①：013）　11. 器耳（YH3①：020）

标本 YH3①：013，浅灰陶，卷沿，沿下角较大，尖圆唇，矮领。残高4.6厘米（图二三七：10）。

豆，共2件。皆残存盘部，均为泥质陶，直口微敛，方唇。标本 YH3①：012，折盘较深。盘壁饰两周细旋纹，粗高柄。口径16.2、残高6.2厘米（图二三七：1）。标本 YH3①：018，唇面微内倾，折盘折痕较明显。盘壁饰三周细旋纹。口径14、残高4.2厘米（图二三七：2）。

小口矮领罐，共1件。标本 YH3①：010，仅存口部及领部，泥质浅灰陶。卷沿，圆唇，沿面外端出现小平台，直领，沿下角较大。残高5.3厘米（图二三七：3）。

杯形口罐，共1件。标本 YH3①：016，仅存口部，泥质浅灰陶。侈口，方唇。沿外饰两周粗旋纹，印痕较浅。口径8.4、残高4.6厘米（图二三七：6）。

器耳，共1件。标本 YH3①：020，仅存器耳及肩部，泥质浅灰陶。单耳，器耳呈拱桥形，器耳两端横向接在器物肩部上，中间孔洞较小，圆形。器耳表面饰交错中绳纹，器物肩部饰竖向中绳纹，印痕均较浅。残高6.8、耳长2.2、宽1.2、孔径约0.6厘米（图二三七：11）。

瓦，共2件。标本YH3①：015，夹细砂灰褐陶。侧面有绳切痕迹，瓦面饰竖向中绳纹，印痕均较深，纹理清晰。残长9.8、厚1厘米（图二三七：7）。标本YH3①：019，泥质浅灰陶。向内微卷，瓦端有抹痕。瓦面饰竖行粗中绳纹，瓦内壁饰类篮纹，印痕均较深，纹理清晰。残长10、厚1厘米（图二三七：13）。

圆陶片，共1件。标本YH3①：05，泥质灰陶。圆形，凸起。边缘经磨制。表面饰中绳纹，两道弦纹环绕。直径5.4、厚0.6厘米（图二三八：12）。

梯形无孔石刀，共1件。标本YH3①：07，残。灰色。两面较平整，平面呈不规则形，单面刃。残长4.6、宽2.8、厚0.3厘米（图二三九：11）。

骨笄，共1件。标本YH3①：01，笄首及笄尾残，风化严重。黄白色。笄身为圆柱体逐渐变细，横截面为圆形。残长7.7、笄顶剖面直径0.5厘米（图二三八：2）。

蚌刀，共1件。标本YH3①：02，蚌壳制成，银白色。不规则形状。刃部锋利且经过磨制，有使用痕迹。每边均有切割痕，一边残留半个小圆孔。残长3.7、残宽4.2、厚0.2、孔径0.3厘米（图二三八：8）。

H3②

联裆鬲，共6件。皆夹细砂陶，卷沿，矮领，沿面外端有小平台。标本YH3②：62，仅存口部及上腹，深灰陶。方唇，沿下角较小。唇面有一周凹槽，沿下绳纹被抹，但残痕可见，器表饰竖行粗绳纹，局部有交错现象，印痕较深，触之有扎手感。口径18.2、残高6.4厘米（图二四○：

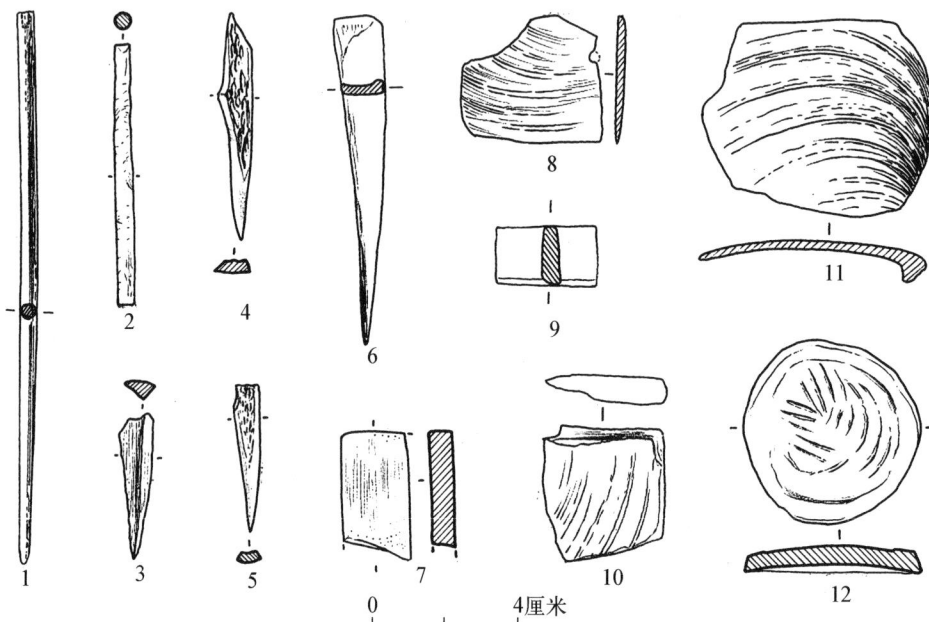

图二三八　2012FZYH3器物

1、2. 骨笄（YH3③：11、YH3①：01）　3、5、6. 骨锥（YH3③：210、YH3③：13、YH3③：2）　4. 骨锥（?）（YH3⑤：23）
7. 砂岩片（YH3⑤：45）　8、10、11. 蚌刀（YH3①：02、YH3②：29、YH3⑥：31）　9. 蚌器（YH3⑥：32）　12. 圆陶片（YH3①：05）

图二三九　2012FZYH3器物

1、3、4、5.砂岩片（YH3⑤：49、YH3⑤：48、YH3③：38、YH3③：42）　2、12.砺石（YH3④：44、H3③：41）
6、8、10.砂岩片（YH3⑤：46、YH3②：37、YH3⑤：47）　7.石刀（YH3②：58）　9.不知名石器（YH3④：40）
11.梯形无孔石刀（YH3①：07）　13、14.石饼（H3⑥：56、H3⑥：57）

3）。标本YH3②：64，仅存口部及上腹，浅灰陶。圆唇，沿下角较大。沿下竖行粗绳纹均被抹，但残痕依稀可见，上腹饰竖行粗绳纹，印痕较浅。口径18.2、残高4.8厘米（图二四〇：2）。标本YH3②：65，仅存口部及上腹，浅灰陶。圆唇，沿下角较大。沿下饰绳纹被抹，残痕较浅，上腹饰竖行粗绳纹，印痕较深，触之有扎手感。残高5.6厘米（图二四〇：10）。标本YH3②：67，仅存口部及上腹，红褐陶。方唇。唇面有一周凹槽，沿下绳纹被抹，但残痕清晰可见，上腹饰斜行粗绳纹，印痕较深。口径20、残高9.6、器身最大径22.8厘米（图二四〇：1）。标本YH3②：71，仅存口部，浅灰陶。方唇，沿下角较小。唇面有一周凹槽，沿下绳纹被抹，但残痕依稀可见。残高3.8厘米（图二四〇：7）。标本YH3②：72，仅存口部，浅灰陶。方唇，沿下角

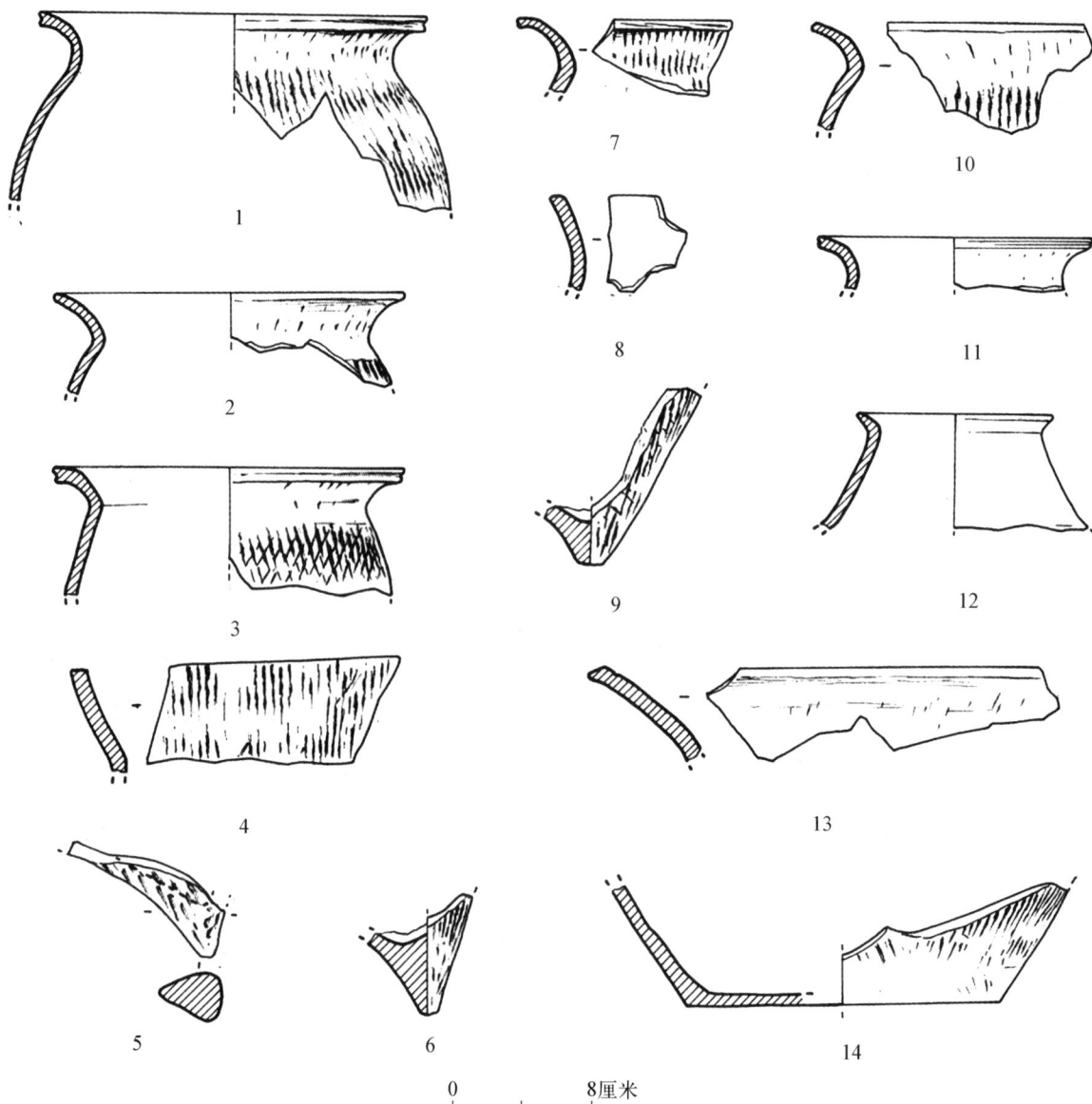

图二四〇　2012FZYH3②陶器

1、2、3、7.联裆鬲（YH3②：67、YH3②：64、YH3②：62、YH3②：71）　4.联裆甗（YH3②：66）
5、6、9.联裆鬲（甗）足根（YH3②：68、YH3②：76、YH3②：73）　8、12.小口高领罐（YH3②：82、YH3②：59）
10、11.联裆鬲（YH3②：65、YH3②：72）　13.大口尊（YH3②：61）　14.罐底（YH3②：60）

较大。唇面有一周凹槽，沿下绳纹被抹，残痕模糊。口径14、残高2.6厘米（图二四〇：11）。

小口高领罐，共2件，均存口部及领部，斜高领。标本YH3②：59，泥质浅灰陶。敞口，尖圆唇，卷沿，沿下角较大。素面，磨光。口径10、残高5.8厘米（图二四〇：12）。标本YH3②：82，夹粗砂深灰陶。直口，方唇，唇面微向内倾斜。残高4.8厘米（图二四〇：8）。

大口尊，共1件。标本YH3②：61，仅存口部，泥质浅灰陶。敞口，沿面外端有小平台，圆唇，高斜领外侈。残高4.6厘米（图二四〇：13）。

联裆甗，共1件。标本YH3②：66，仅存口部，夹细砂浅灰陶。侈口，方唇，沿下角较大。唇面绳纹被抹，但残痕可见，沿下饰竖行粗绳纹，印痕较浅。残高5.2厘米（图二四〇：4）。

器耳，共1件。标本YH3②：63，仅存器耳及部分肩部，泥质浅灰陶。器耳呈拱桥形，中间孔洞近圆形。器耳表面饰竖行细绳纹，侧面及肩部饰交错细绳纹，印痕较浅。残高6.8、耳长3.8、宽2、孔径1.8厘米（图二四一：5）。

联裆鬲（甗）足根，共3件，均为夹细砂陶。足根一侧内弧近平，另一侧外斜明显。标本YH3②：68，浅灰陶。整体较矮，尖锥状实根足。表面饰交错粗绳纹，印痕较浅。残高6.2厘米（图

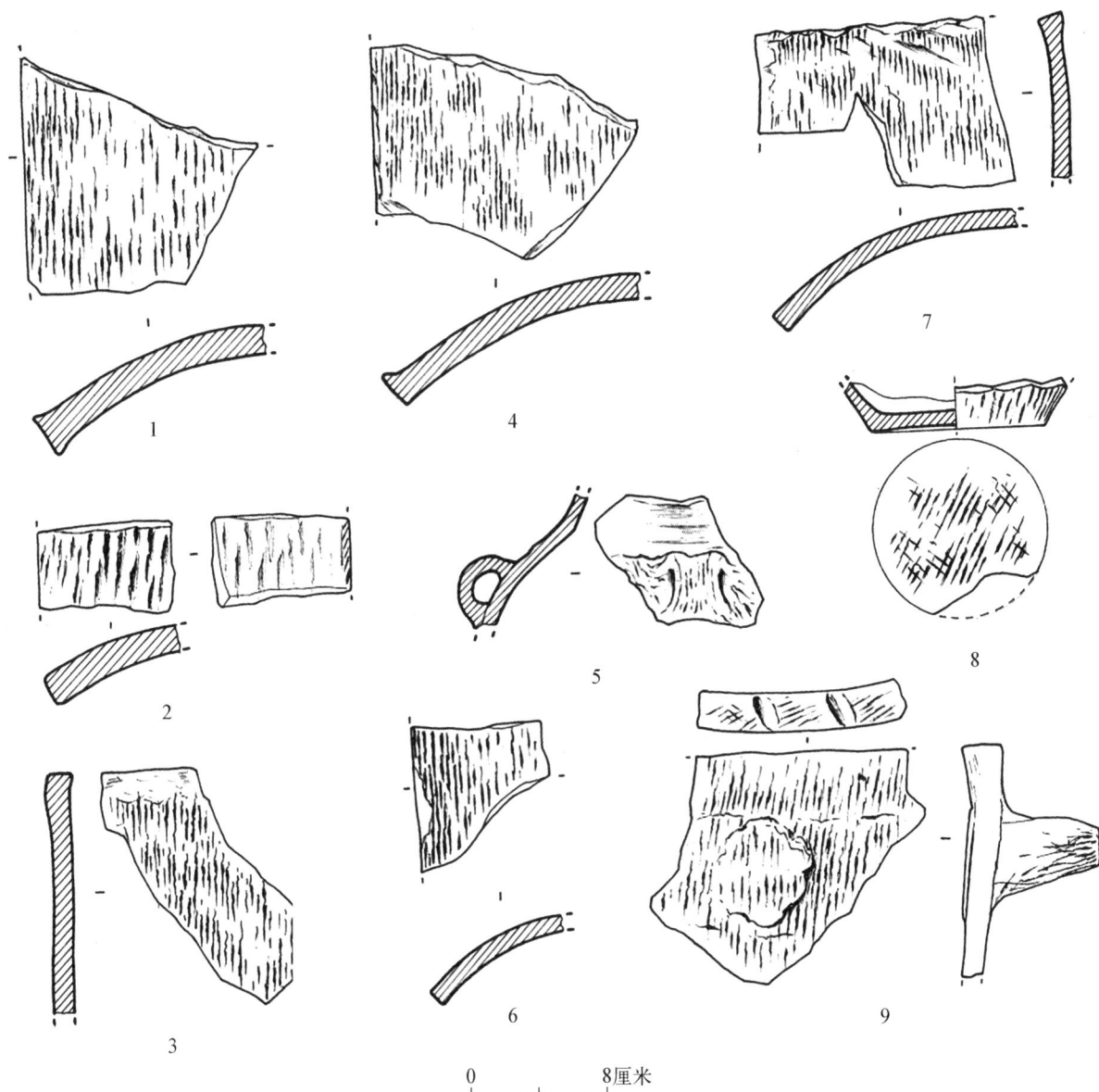

图二四一　2012FZYH3②陶器

1、2、3、4.瓦（YH3②：80、YH3②：77、YH3②：74、YH3②：81）　5.器耳（YH3②：63）

6、7、9.瓦（YH3②：69、YH3②：75、YH3②：79）　8.罐底（YH3②：70）

二四〇：5）。标本YH3②：73,浅灰陶。整体矮粗,足根扁平,尖锥状实根足。表面饰交错粗绳纹,印痕深浅不一。残高8.8厘米（图二四〇：9）。标本YH3②：76,红褐陶。整体较高,尖锥状实根足。表面饰交错中绳纹,印痕较浅,纹理不清。大部分有烟炱痕。残高6.2厘米（图二四〇：6）。

罐底,共2件,均为夹细砂陶,平底,腹部饰竖行中绳纹。标本YH3②：60,深灰陶。底部饰交错细绳纹,印痕较浅,近底部绳纹局部被抹。底径16、残高6厘米（图二四〇：14）。标本YH3②：70,红褐陶。底较厚。底部饰中绳纹,罐底局部有交错现象,印痕较深。底径9、残高2.4厘米（图二四一：8）。

瓦,共8件,皆残。标本YH3②：69,夹粗砂深灰陶。器表饰竖行中绳纹,印痕较浅且清晰,侧边留有绳切痕迹。残长7.4、厚1厘米（图二四一：6）。标本YH3②：74,夹细砂浅灰陶。器表饰竖行中绳纹,印痕较浅,侧边留有绳切痕迹且饰有绳纹。残长12、厚1.1厘米（图二四一：3）。标本YH3②：75,夹粗砂浅灰陶。整体微卷。器表饰竖行偏细中绳纹,印痕较浅且清晰。残长8.6、厚1.1厘米（图二四一：7）。标本YH3②：77,泥质浅灰陶。器表饰竖行粗绳纹,器表近侧边处及侧边饰斜向粗绳纹,内面饰类篮纹,印痕较深,纹理较清晰。残长4.6、厚1.6厘米（图二四一：2）。标本YH3②：79,残存瓦钉及部分板瓦,夹细砂浅灰陶。整体微卷较厚,器表局部有贴塑泥片,瓦钉是制成后接在板瓦内壁,瓦钉整体粗大,近似圆柱状。器表饰斜行中绳纹,器一侧有捏制痕,瓦钉饰有中绳纹,纹理较模糊。残长11.8、厚2.2厘米,钉高5.4、钉面径2厘米（图二四一：9）。标本YH3②：80,夹细砂浅灰陶。整体微卷,侧边斜直。器表饰竖行粗绳纹,侧边饰斜行粗绳纹,印痕较深,纹理较清晰。残长12、厚2.4厘米（图二四一：1）。标本YH3②：81,夹细砂浅灰陶。整体卷曲较大,斜直侧边。器表及侧边饰竖行中绳纹,印痕较深。残长11、厚2厘米（图二四一：4）。

石刀,共1件。标本YH3②：58,残,深灰色。两面较平整,平面呈三角形,双面刃。残长4.4、宽3.9、厚0.3厘米（图二三九：7）

砂岩片,共1件。标本YH3②：37,残,青灰色。两面较平整,无使用痕迹。平面呈不规则形。残长5.4、宽4.3、厚0.6厘米（图二三九：8）

蚌刀,共1件。标本YH3②：29,蚌壳制成,银白色。近不规则四边形。单面刃,锋利且经过磨制,有使用痕迹。其他两边均磨制。剥落破损严重。残宽3.6、残长3.9、厚0.8厘米（图二三八：10）。

H3③

联裆鬲,共8件,均为卷沿。标本YH3③：84,仅存口部及上腹,夹细砂浅灰陶。圆唇,斜领且较高,沿下角较大,上腹微外鼓。领部绳纹被抹,但残痕依稀可见,上腹饰斜行中绳纹,印痕较深,纹理清晰,触之有扎手感。残高8厘米（图二四二：4）。标本YH3③：92,仅存口沿,夹细砂浅灰陶。卷沿较甚,圆唇,高直领,沿下角较小。沿外绳纹被抹,但残痕依稀可见,腹部饰斜行中绳纹,印痕较深,纹理清晰。残高5.9厘米（图二四二：2）。标本YH3③：93,仅存口部,夹粗砂灰褐陶。卷沿,方唇,矮领,沿下角较小。唇面似有一周凹槽,领部饰竖行中绳纹,印痕较浅,纹理模糊。残高2.6厘米（图二四二：11）。标本YH3③：99,仅存口部,夹细砂浅灰陶。方唇,矮领,沿下角较大。领部绳纹被抹,但残痕依稀可见,上腹饰斜行中绳纹,印痕较浅。残高4.2厘米（图二四二：12）。标本YH3③：100,仅存口部及上腹,泥质浅灰陶。斜方唇,斜直领且较高,沿下角较大。领部

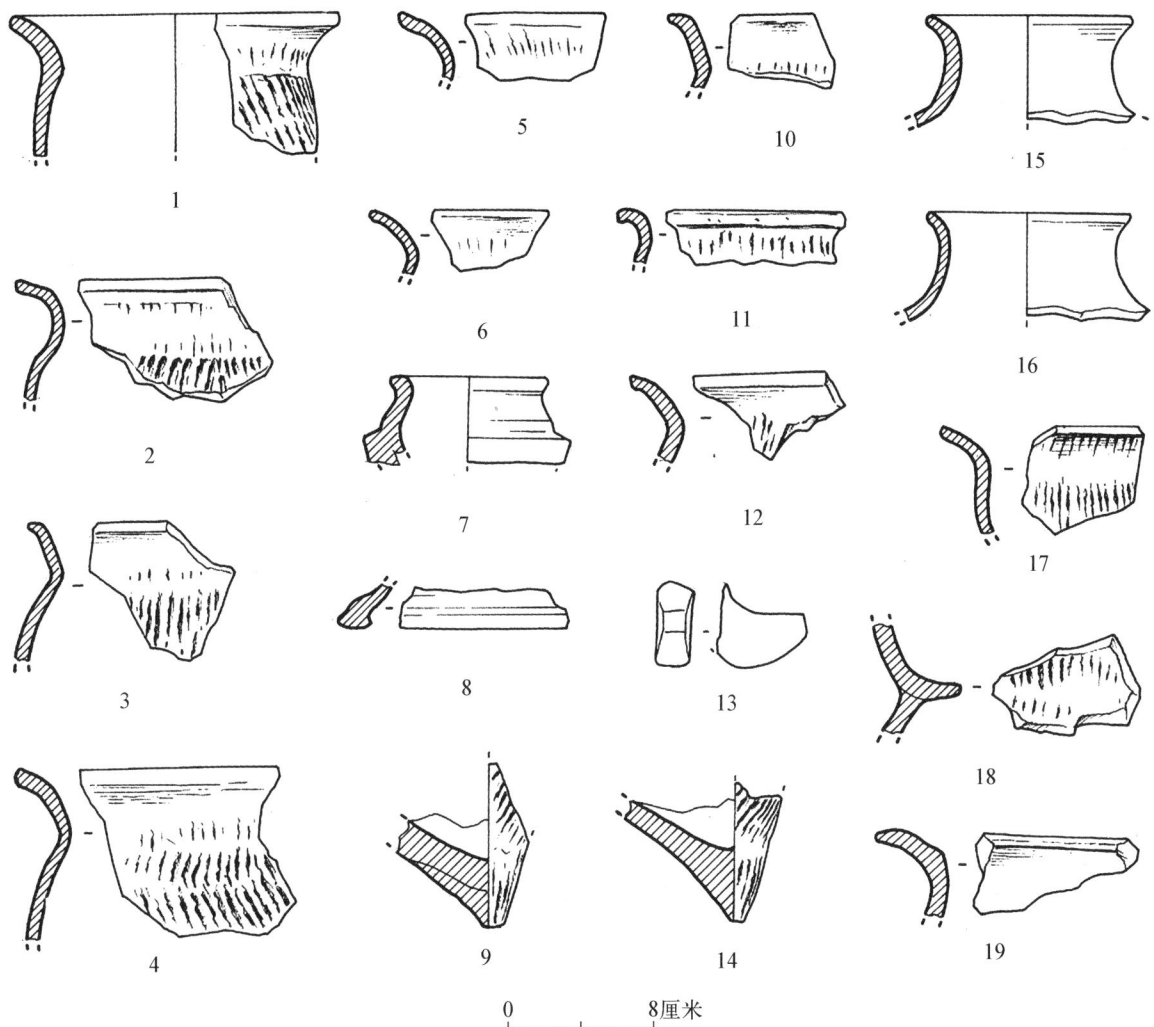

图二四二　2012FZYH3③陶器

1、2、3、4.联裆鬲（YH3③：102、YH3③：92、YH3③：100、YH3③：84）　5、6、11、12.联裆鬲（YH3③：107、YH3③：110、YH3③：93、YH3③：99）
7.小罍（YH3③：98）　8.器盖（YH3③：116）　9、14.联裆鬲（甗）足根（YH3③：101、YH3③：106）
10.斜领罐（YH3③：109）　13.器耳（YH3③：112）　15、16.小口矮领罐（YH3③：94、YH3③：86）
17、18.联裆甗（YH3③：96、YH3③：97）　19.盆（YH3③：91）

绳纹被抹，但残痕依稀可见，上腹饰竖行中绳纹，印痕较浅，纹理清晰。残高6.6厘米（图二四二：
3）。标本YH3③：102，仅存口部及上腹，夹细砂浅灰陶。圆方唇，矮领，沿下角较大，上腹微鼓。
领部绳纹被抹，残痕模糊，器表饰斜行粗绳纹，印痕较深，纹理不规整。口径15.8、残高6.6厘米
（图二四二：1）。标本YH3③：107，仅存口部，夹细砂浅灰陶。圆唇，矮领，沿下角较大。领部绳
纹被抹，但残痕依稀可见。残高3.2厘米（图二四二：5）。标本YH3③：110，仅存口部，夹细砂深
灰陶。圆唇，矮领，沿下角较小。领部绳纹被抹，残痕模糊。残高2.8厘米（图二四二：6）。

　　联裆甗，共2件，皆残。标本YH3③：96，仅存口部，夹粗砂深灰陶。卷沿，方唇，矮领，沿
下角较大。领部绳纹被抹，但残痕依稀可见，器表饰竖行中绳纹，印痕较浅，纹理清晰。器表满

布烟炱痕。残高5.2厘米（图二四二：17）。标本YH3③：97，仅存甑腰，夹细砂深灰陶，箅托整体较宽。腰部饰竖向中绳纹，印痕较浅、纹理模糊。腰隔宽1.8、残高4.8厘米（图二四二：18）。

盆，共1件。标本YH3③：91，仅存口部，泥质浅灰陶。敞口，尖圆唇，卷沿，沿面较宽，沿下角较大，沿面外端有小平台。沿外有刮削痕，素面，磨光。残高3.8厘米（图二四二：19）。

罐，共1件。标本YH3③：83，口部残，夹细砂深灰陶。折肩，肩腹转折处有明显折棱，腹部上弧下直，平底。肩部至腹部饰竖行中绳纹，印痕较浅，纹理清晰，底部饰交错绳纹，印痕模糊。残高23、底径12、最大径26.8厘米（图二四三：9）。

小口矮领罐，共2件。标本YH3③：86，夹细砂浅灰陶。近直口，卷沿，圆唇，矮领。领部有明显的刮削痕迹。口径10、残高5厘米（图二四二：16）。标本YH3③：94，泥质灰褐陶。卷沿，尖圆唇，沿面较宽，矮领。素面，磨光。口径10.1、残高5.2厘米（图二四二：15）。

斜领罐，共1件。标本YH3③：109，仅存口部，泥质浅灰陶。侈口，平折沿，斜直领较高，沿下角较大。领部绳纹被抹，残痕模糊。残高3.6厘米（图二四二：10）。

小罍，共1件。标本YH3③：98，仅存口部，泥质黑皮陶。直口，圆唇，平折沿，斜领。领部下端为重领。领部有刮削痕。口径7.6、残高4.2厘米（图二四二：7）

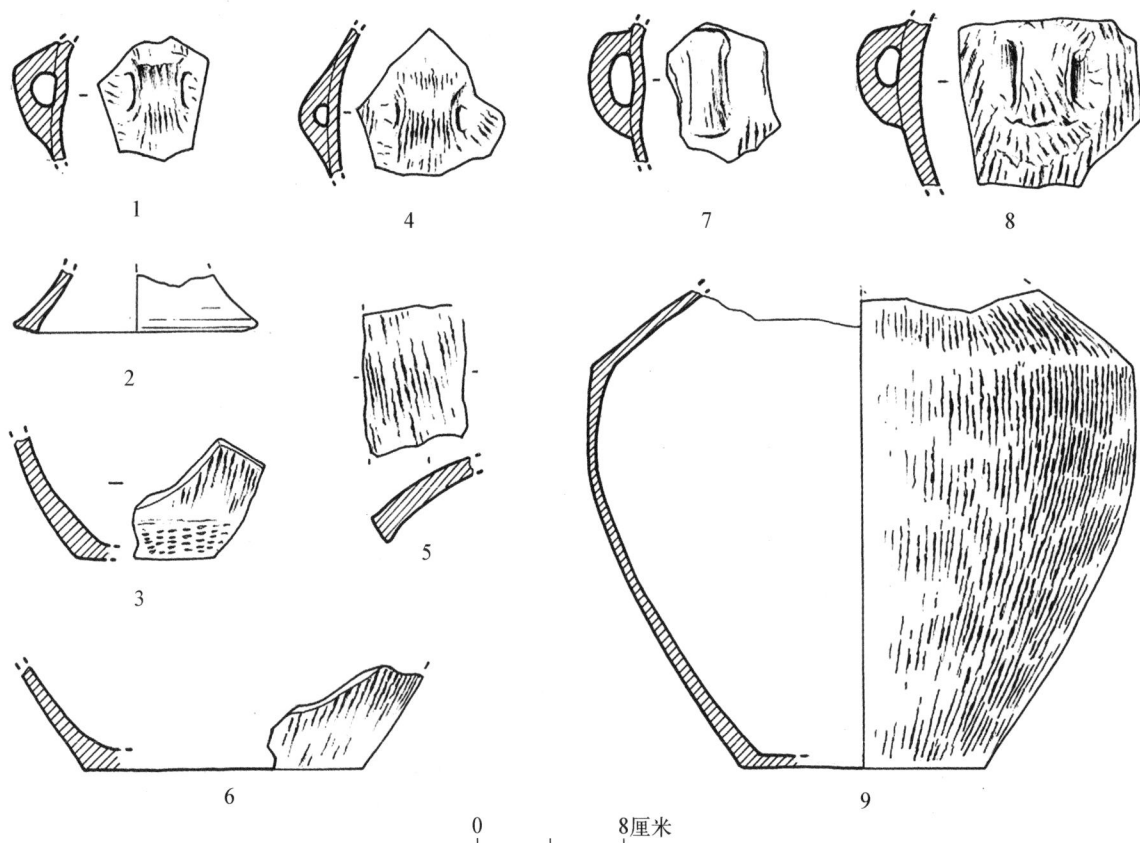

图二四三　2012FZYH3③陶器

1、4、7、8. 器耳（YH3③：88、YH3③：89、YH3③：104、YH3③：105）　2. 圈足（YH3③：90）
3、6. 器底（YH3③：85、YH3③：108）　5. 瓦（YH3③：121）　9. 罐（YH3③：83）

器盖，共1件。标本YH3③：116，仅存边缘，泥质浅灰陶。侈口，平折沿，圆方唇，盖面微下倾。口部有一圈较高的凸棱，器表及内壁均有刮削痕。残高2厘米（图二四二：8）。

器耳，共5件，皆为单耳。标本YH3③：112，夹细砂浅灰陶。整体较厚，靠内侧呈小半圆弧形。素面。残高4、宽1.6厘米（图二四二：13）。标本YH3③：104，仅存器耳及肩部，夹粗砂深灰陶。拱桥形，中间孔洞呈椭圆形。器耳及肩部饰竖行细绳纹，印痕较浅，纹理模糊。残高6.8、耳长5.2、宽2.2、孔径约2.4厘米（图二四三：7）。标本YH3③：89，仅存器耳及肩部，泥质深灰陶。拱桥形，中间孔洞近似圆形。器耳及肩部饰交错细绳纹，印痕较浅，纹理模糊。残高7、耳长6、宽2.8、孔径约1.1厘米（图二四三：4）。标本YH3③：88，仅存器耳及肩部，泥质浅灰陶。拱桥形，中间孔洞呈圆形。器耳表面饰竖行细绳纹，肩部饰交错细绳纹，印痕较浅，纹理模糊。残高6、耳长5.6、宽2.6、孔径约1.4厘米（图二四三：1）。标本YH3③：105，仅存器耳及腹部，泥质浅灰陶。拱桥形，中间孔洞呈椭圆形。器耳饰斜行中绳纹，腹部饰竖行中绳纹，印痕较浅，纹理清晰。残高8、耳长5.2、宽2.2、孔径1.8厘米（图二四三：8）。

联裆鬲（鬴）足根，共2件。夹细砂陶。标本YH3③：106，深灰陶。尖锥状实根足，足根一侧内弧近平，另一侧外斜明显。表面饰交错粗绳纹，印痕较深，纹理清晰。局部有烟炱痕。残高6.8厘米（图二四二：14）。标本YH3③：101，灰褐陶。尖锥状实根足，足根两侧斜直。表面饰交错中绳纹，印痕较浅，纹理模糊。器表有烟炱痕。残高7.8厘米（图二四二：9）。

器底，共2件。皆为泥质陶。标本YH3③：108，灰褐陶。弧腹，平底。腹部饰竖行中绳纹，印痕较浅，纹理清晰，底部素面。底径14、残高5厘米（图二四三：6）。标本YH3③：85，黑皮陶。弧腹，平底。腹部饰竖行细绳纹，近底部饰楔形绳纹，印痕较浅，纹理清晰。残高5.8厘米（图二四三：3）。

圈足，共1件。标本YH3③：90，圈足外撇，圈足口部折平。素面，磨光。底径12.1、残高2.8厘米（图二四三：2）。

瓦，共11件。皆残。标本YH3③：87，夹粗砂深灰陶。整体较厚，侧边有绳切痕迹。表面饰竖向中绳纹，印痕较浅，纹理模糊，侧边饰绳纹，纹理模糊。残长8、厚1.6厘米（图二四四：6）。标本YH3③：111，夹粗砂浅灰陶。整体较薄，顶端向上微弧，有绳切痕迹。表面饰斜向中绳纹，印痕较浅，纹理清晰，顶端饰绳纹，纹理模糊。残长7.6、厚1.4厘米（图二四四：4）。标本YH3③：113，夹粗砂红褐陶。整体较薄微弧，侧边有绳切痕迹。表面饰竖向中绳纹，印痕较浅，纹理模糊，侧边饰绳纹，纹理模糊。残长4.6、厚1.4厘米（图二四四：5）。标本YH3③：114，夹粗砂深灰陶。整体平直。表面饰竖向细绳纹，印痕较浅，纹理清晰，侧边饰斜向中绳纹，印痕较深。残长16.4、厚1.3厘米（图二四四：9）。标本YH3③：115，夹粗砂浅灰陶。整体较厚微弧，侧边有绳切痕迹。表面饰斜向中绳纹，印痕较浅，纹理清晰，侧边绳纹被抹，纹理模糊。残长10、厚1.2厘米（图二四四：8）。标本YH3③：118，夹细砂浅灰陶。整体厚重，顶端及侧边有绳切痕迹。顶端及表面饰竖向中绳纹，印痕较深，纹理清晰，侧边饰斜向粗绳纹，印痕较深。残长5、厚2.2厘米（图二四四：1）。标本YH3③：117，夹细砂灰褐陶。整体较厚微弧，顶端及侧边有绳切痕迹。表面饰竖向中绳纹，印痕较浅，纹理清晰，侧边饰斜向粗绳纹，局部被抹，纹理模糊。残长12、厚1.1厘米（图二四四：7）。标本YH3③：119，夹细砂浅灰陶。整体较薄，顶端及侧边有绳切痕迹。表面饰竖向中绳纹，

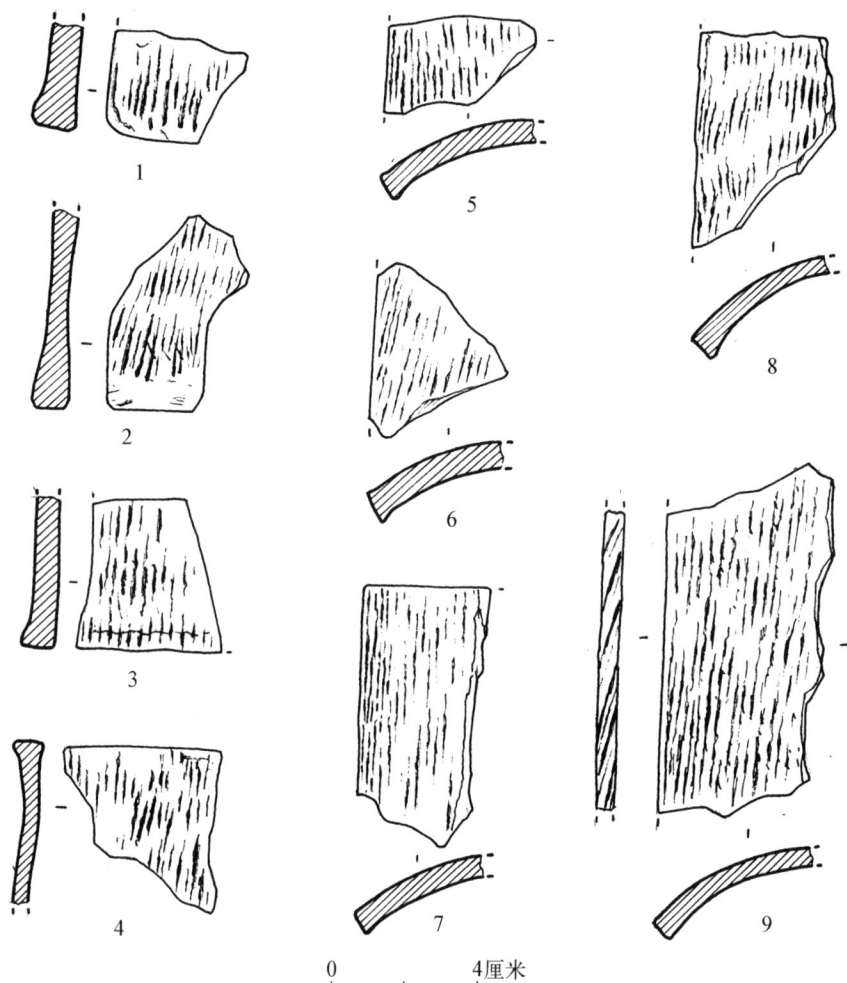

图二四四 2012FZYH3③陶瓦

1、2、3、4. 瓦（YH3③：118、YH3③：120、YH3③：119、YH3③：111）

5、6、7、8、9. 瓦（YH3③：113、YH3③：87、YH3③：117、YH3③：115、YH3③：114）

印痕较浅，纹理清晰，顶端饰绳纹，纹理模糊，侧边饰绳纹，纹理模糊，局部有手捏制痕迹。残长7、厚1.7厘米（图二四四：3）。标本YH3③：120，夹细砂浅灰陶。整体较薄。表面饰斜向中绳纹，印痕较浅，纹理模糊，顶端饰绳纹，局部被抹。残长9、厚2.2厘米（图二四四：2）。标本YH3③：121，夹粗砂红褐陶。整体厚重，侧边有绳切痕迹。表面饰斜行中绳纹，印痕较浅，纹理清晰，侧边饰斜向绳纹，纹理模糊。残长7.2、厚1.6厘米（图二四三：5）。

砾石，共1件。标本H3③：41，浅灰色。平面呈不规则状，两面中间均略凹且有使用痕迹。长4.3、宽3.5、厚1.7厘米（图二三九：12）。

砂岩片，共2件。无使用痕迹。标本YH3③：38，灰褐色。平面呈不规则形，一面略凹，一面平整。长9.9、宽7.8、厚0.8厘米（图二三九：4）。标本YH3③：42，青色。平面呈梯形。两面均平整。长4.5、宽5.2、厚1厘米（图二三九：5）。

　　骨笄，共1件。标本YH3③：11，黄色。直，圆平顶，笄顶镶嵌绿松石，最大径位于笄首，笄身为圆柱体，逐渐变细，横截面为圆形，笄尾忽变尖，尖部居中。通体打磨。长16.2、笄身长径0.4、笄顶剖面长径0.5厘米（图二三八：1）。

　　骨锥，共3件。标本YH3③：2，黄色。略弯，最大径位于头部，锥身横截面由长条状至圆形，尖部呈圆锥状，较尖。通体磨光。长9.7、宽1.5、厚0.4厘米（图二三八：6）。标本YH3③：13，残。扁平状，一端呈锥状，另一端截面呈窄长方形。残长4.3、宽0.8、厚0.3厘米（图二三八：5）。标本YH3③：210，残。扁平状，一端呈锥状，另一端截面呈三角形。残长4.3、宽1厘米（图二三八：3）。

　　骨板，共1件。标本YH3③：8，片状，平面呈不规则形。此为制作梭形片状饰的废料，是由肋骨劈成两片中的一小片，骨密质部分似被打磨过。残长4.1、宽1.8、厚0.3厘米（图二四五：8）。

　　基部，共2件。标本YH3③：5，左角基部，主枝与眉枝均有人工加工痕迹。主枝和眉枝断口的横截面均高低不平整，且各有6个不同方向的锯面，每一个锯面上的锯痕明显。基部底端有数道砍痕。长10.2厘米（图二四六：13）。标本YH3③：7，左角基部，主枝与眉枝均有人工加工痕迹。主枝

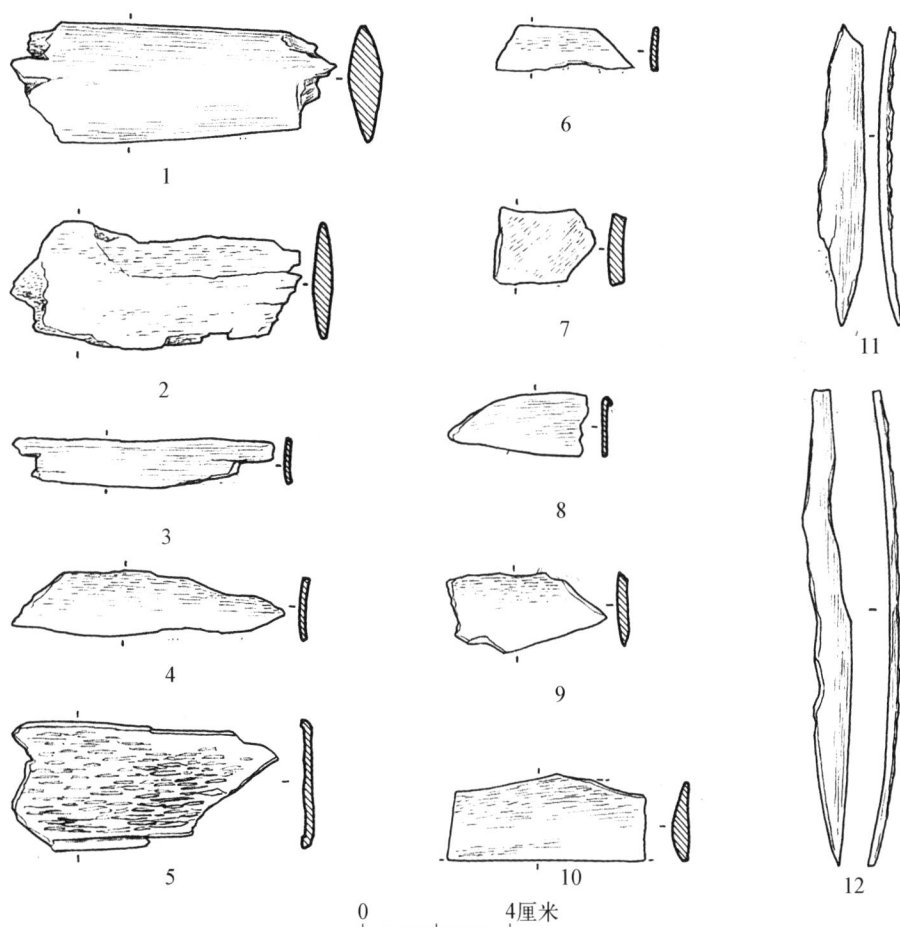

图二四五　2012FZYH3、H4器物

1、2. 肋骨（骨料）（YH4①：27、YH4①：28）　　3、4、5、6、7. 骨板（YH4①：36、YH4①：35、YH4③：85、YH4①：29、YH4①：32）
8、9、10、11、12. 骨板（YH3③：8、YH3⑥：28、YH4①：34、YH3⑤：24、YH3⑤：17）

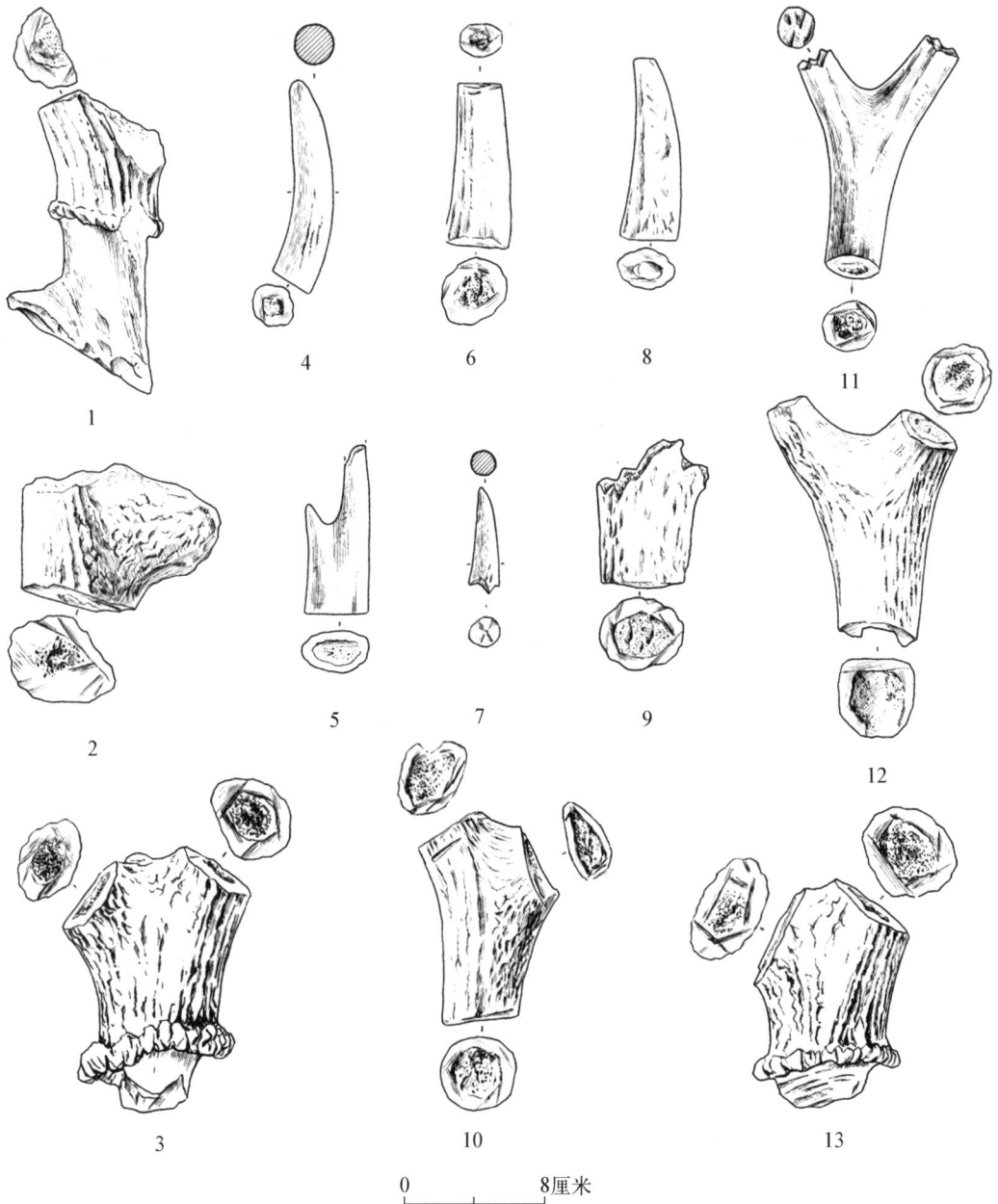

图二四六　2012FZYH3、H4角镞余料

1、2、3、9. 基部（YH4①：37、YH4①：47、YH3③：7、YH4①：43）　4、5、7、8. 角尖（YH4③：88、YH4①：45、YH3⑥：27、YH4①：54）
6. 截断（YH4①：58）　10、11、12、13. 基部（YH4③：86、YH4①：41、YH4①：51、YH3③：5）

断口的横截面稍齐整，其上有6个不同方向的锯面，每一个锯面上的锯痕明显。眉枝断口的横截面高低不平整，其上有5个不同方向的锯面，每一个锯面上的锯痕明显。长11.9厘米（图二四六：3）。

基部余料，共1件。标本YH3③：6，自然脱落的梅花鹿右角基前半部分，主枝被劈下近三分之一，劈面被风化严重，已看不出劈痕，主枝一端和眉枝均有人工加工痕迹。主枝断口残，骨松质高出骨密质界面，横截面上有3个不同方向的锯面，锯痕明显。眉枝断口横截面上有5个不同方向的锯面,锯痕明显。长9.9厘米(图二六〇:11;图版二六:3)。

角条余料,共4件。标本YH3③:10,两端宽度大致相同。一端残,三棱体,两侧共5个劈面,具体为一侧1个劈面,另一侧有4个劈面。完好一端的横截面上有2个不同方向的锯面,锯痕明显,且有接茬。残长4.7、宽2.3、厚2.2厘米(图二四八:7)。标本YH3③:11,扁条形,两端宽度大致相同。2个劈面,两端横截面均呈长方形,其上各有2个锯面,锯痕明显。长6.1、宽0.9、厚0.8厘米(图二四九:3)。标本YH3③:12,两端宽度大致相同。共4个劈面,具体为一侧1个劈面,另一侧3个劈面,劈的方向为上下交错。两端横截面上各有4个不同方向的锯面,锯痕明显。长5.9、宽1.1、厚1厘米(图二五〇:6)。标本YH3③:9,一端宽、一端窄,有3个劈面,在原扁长条形的角条的一端再斜向削1刀而形成。宽端与窄端分界明显。宽端横截面呈梯形,其上有2个不同方向的锯面,锯痕模糊。长5.6、宽2、厚1厘米(图二四七:6)。

成品,共1件。标本YH3③:209,镞身呈三棱状,圆铤,镞身与铤部分界明显。锋部横截面为三角形,镞身与铤交界处两侧内凹,铤部有刀削痕,铤部底端有一个小圆截面。长7.3、锋长4.5、锋宽1.1、锋厚0.8、铤长2.8、铤径0.7厘米(图二六二:10;图版二八:4)。

H3④

联裆鬲,共7件。均仅存口沿,夹砂,卷沿,沿下角较大。标本YH3④:125,灰褐陶。圆唇,沿

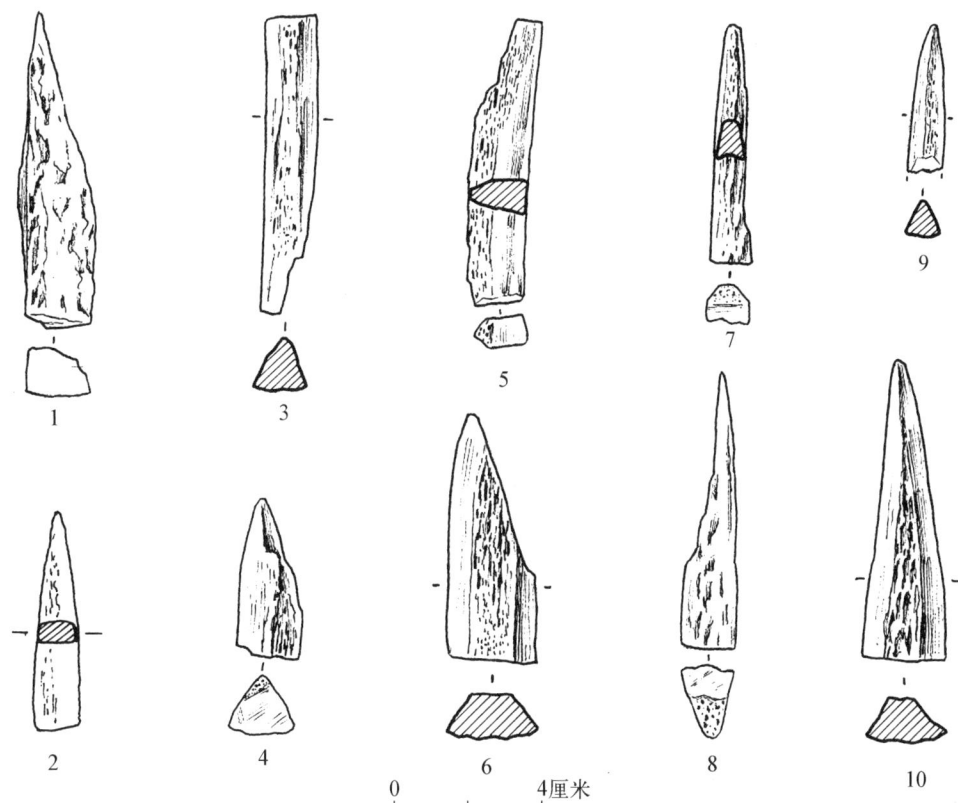

图二四七　2012FZYH3、H4角条

1、2、3. 角条(YH4③:95、YH4③:6、YH4③:105)　4、5、6、7. 角条(YH4①:68、YH4①:72、YH3③:9、YH4①:66)
8、9、10. 角条(YH4①:73、YH4①:62、YH3⑤:207)

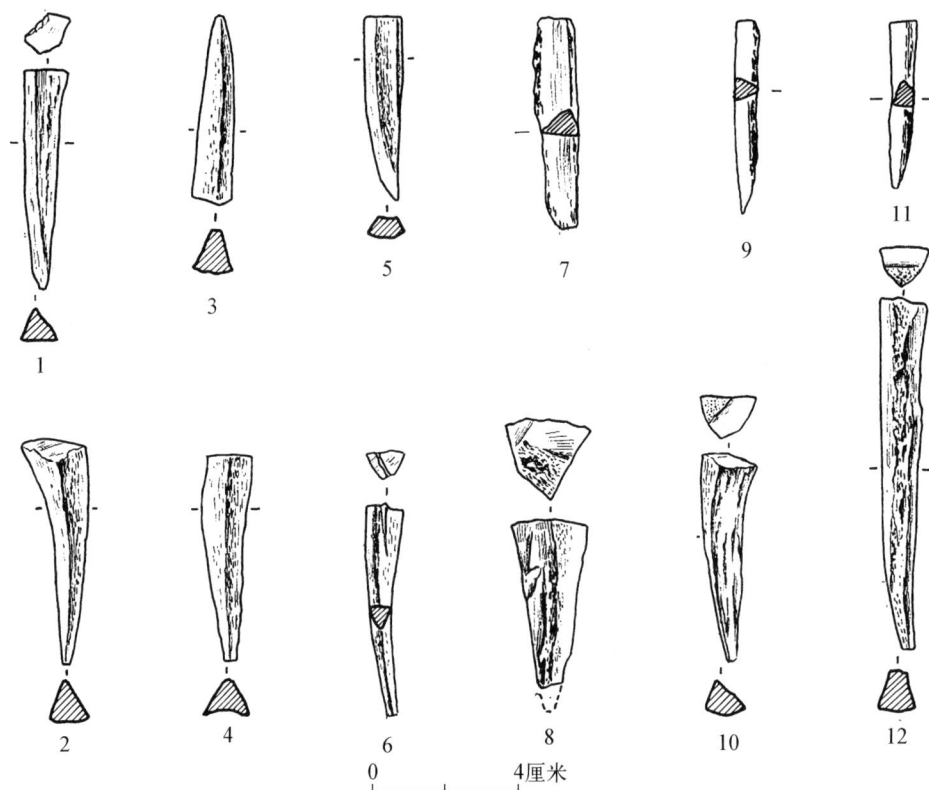

图二四八　2012FZYH3、H4角条

1、2、3、4.角条(YH4③：99、YH4③：89、YH3⑤：19、YH4③：104)　5、6、7、8.角条(YH4③：96、YH4①：75、YH3③：10、YH4③：7)
9、10、11、12.角条(YH4③：11、YH4①：60、YH4③：14、YH4③：103)

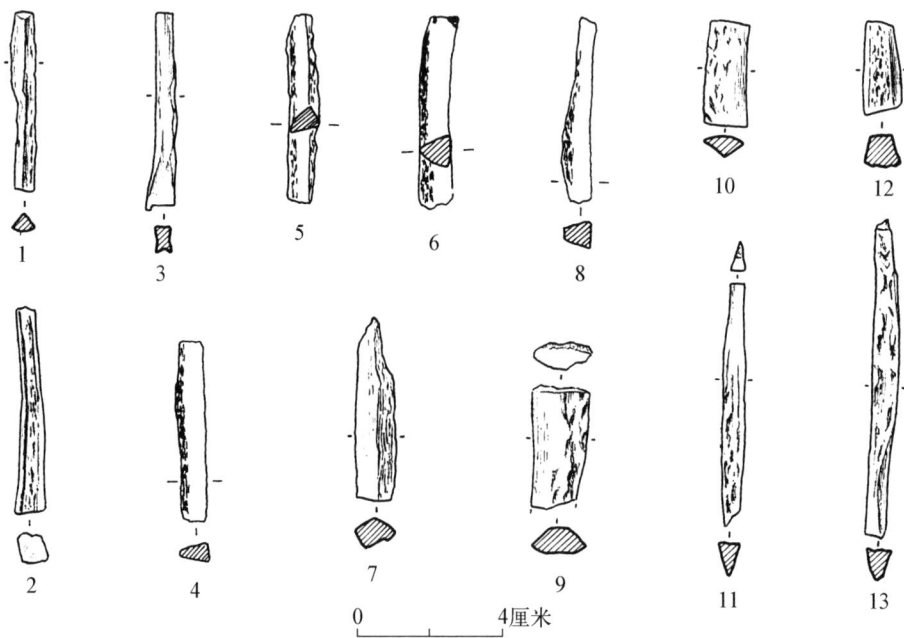

图二四九　2012FZYH3、H4角条

1、2、3、4.角条(YH4①：69、YH4③：107、YH3③：11、YH4①：2)　5、6、7、8.角条(YH4③：12、YH4③：17、YH3⑤：22、YH4③：8)
9、10、11、12、13.角条(YH4①：70、YH4①：65、YH4③：92、YH3⑤：208、YH4③：91)

面较宽。沿外侧绳纹被抹,但残痕依稀可见,器表饰竖行中绳纹,印痕较深,条理清晰。残高8厘米(图二五一:3)。标本YH3④:126,灰陶。斜方唇,唇面饰戳印纹,沿外侧绳纹被抹,器表饰竖行粗绳纹,印痕较深,条理较清晰。器表有烟炱痕迹。口径14、残高6.8厘米(图二五一:15)。标本YH3④:128,灰陶。斜方唇,沿面有小平台。沿外侧绳纹被抹,器表饰竖行粗绳纹,印痕较深,条理清晰。口径23.2、残高5.2厘米(图二五一:1)。标本YH3④:130,灰陶。圆唇,沿面近平。沿外侧绳纹被抹,但残痕依稀可见,器表饰竖行粗绳纹,印痕较深,条理清晰。口径19、残高8厘米(图二五一:13)。标本YH3④:137,灰陶。方唇,沿面较宽,唇面有一周凹槽。唇面饰斜行细绳纹,沿外侧绳纹被抹,但残痕依稀可见,器表饰竖行粗绳纹,印痕较浅,条理清晰。口径17、残高4.2厘米(图二五一:7)。标本YH3④:139,灰陶。方唇,沿面较窄。器表饰竖行中绳纹,印痕较浅,条理清

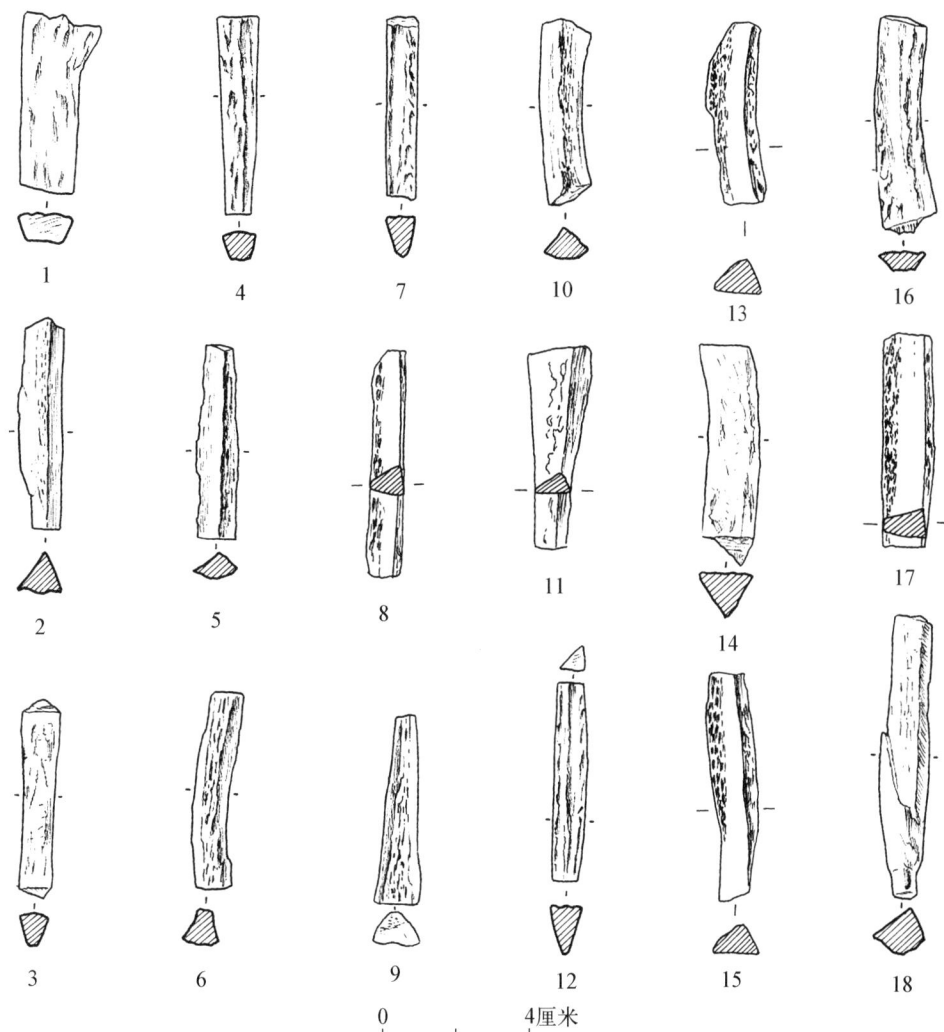

图二五〇　2012FZYH3、H4角条

1、2、3、4.角条(YH4①:63、YH3⑤:21、YH4③:90、YH4①:59)　5、6、7、8.角条(YH3⑤:18、YH3③:12、YH4①:67、YH4③:16)

9、10、11、12、13.角条(YH4③:102、YH4③:94、YH4③:9、YH4①:64、YH4③:10)

14、15、16、17、18.角条(YH4③:100、YH4③:15、YH4③:93、YH4③:13、YH4③:101)

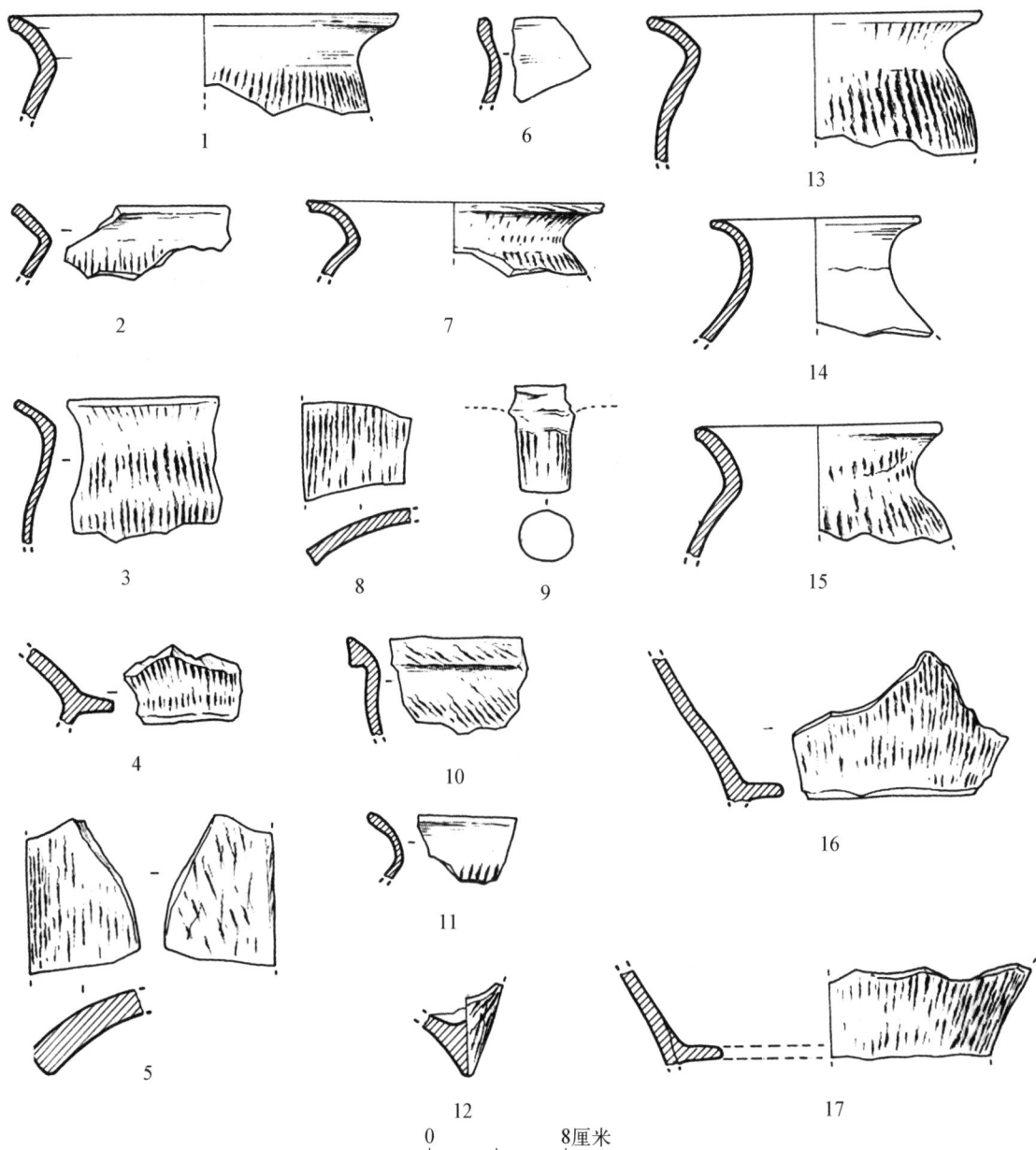

图二五一　2012FZYH3④陶器

1、2、3、7. 联裆鬲（YH3④:128、YH3④:139、YH3④:125、YH3④:137）
4、10、16、17. 联裆甗（YH3④:144、YH3④:136、YH3④:143、YH3④:123）　5、8、9. 瓦（YH3④:140、YH3④:145、YH3④:147）
6. 杯形口罐（YH3④:132）　11、13、15. 联裆鬲（YH3④:141、YH3④:130、YH3④:126）
12. 联裆鬲（甗）足根（YH3④:148）　14. 小口矮领罐（YH3④:131）

晰。残高4厘米（图二五一:2）。标本YH3④:141,灰陶。圆唇,沿面较宽。沿外侧绳纹被抹,器表饰竖行粗绳纹,印痕较深,条理清晰。器表有烟炱痕。残高3.8厘米（图二五一:11）。

联裆甗,共4件。均夹砂。标本YH3④:123,仅存甗腰,灰陶。甑部似盆形,腰隔较窄。甑部饰竖行中绳纹,印痕较浅,条理较清晰。腰隔宽2.2、残高5.2厘米（图二五一:17）。标本

YH3④:136,仅存口沿,灰陶。侈口,斜方唇,折沿,沿下角较小。唇面及器表饰斜行细绳纹,印痕较深,条理清晰。残高5.4厘米(图二五一:10)。标本YH3④:143,仅存甗腰,红褐陶。甑部似盆形,腰隔较窄。器表饰竖行中绳纹,印痕较浅,条理清晰。腰隔宽2、残高8厘米(图二五一:16、图二三四:3)。标本YH3④:144,仅存甗腰,灰褐陶。腰隔较窄。器表饰竖行粗绳纹,印痕较浅,条理清晰。腰隔宽2、残高4.4厘米(图二五一:4)。

小口矮领罐,共2件。均为仅存口沿,泥质,小口,卷沿,领较矮。标本YH3④:131,灰褐陶。圆唇,沿下角较大。素面,磨光。口径12、残高6.8厘米(图二五一:14)。标本YH3④:135,灰陶。尖圆唇,沿下角较大。素面,磨光。口径14、残高4厘米(图二五二:6)。

斜领罐,共1件。标本YH3④:142,泥质灰褐陶。侈口,方圆唇,沿面较窄且有小平台,斜直领。器表饰竖行中绳纹。口径22、残高5.8厘米(图二五二:1)。

杯形口罐,共1件。标本YH3④:132,仅存口沿,泥质灰陶。直口微内敛,尖唇。素面,磨光。残高4.8厘米(图二五一:6)。

三足盘,共1件。标本YH3④:122,泥质灰褐陶。敞口,方唇,浅盘,盘壁内凹。素面。口径

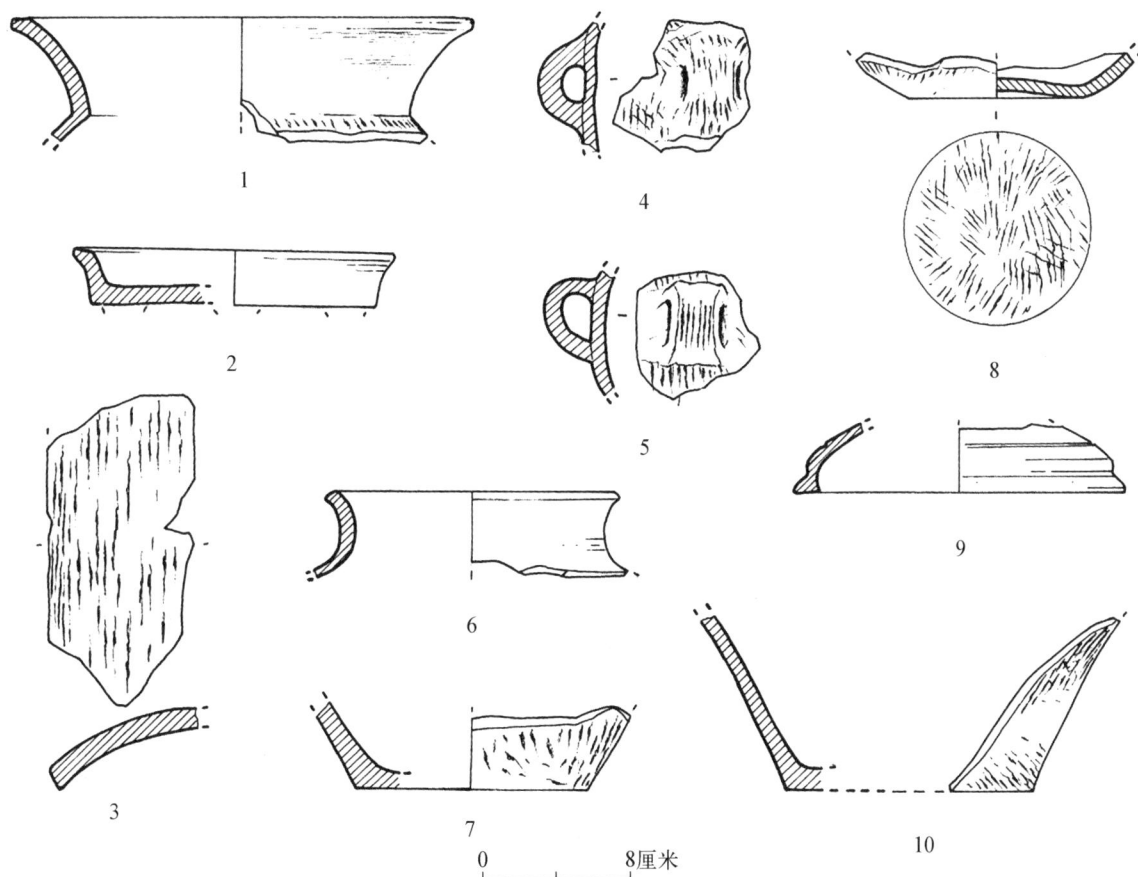

图二五二　2012FZYH3④陶器

1.斜领罐(YH3④:142)　2.三足盘(YH3④:122)　3.瓦(YH3④:127)　4、5.器耳(YH3④:129、YH3④:134)　6.小口矮领罐(YH3④:135)　7、8、10.器底(YH3④:138、YH3④:146、YH3④:133)　9.器盖(YH3④:124)

15.2、残高2.6厘米(图二五二：2)。

器盖，共1件。标本YH3④：124，泥质灰陶。平沿，尖圆唇，盖沿向外稍平侈。盖面饰两周旋纹。口径16、残高3.2厘米(图二五二：9)。

器耳，共2件。均残，泥质灰陶，器耳呈拱桥形。标本YH3④：129，中间孔洞呈椭圆形。耳饰竖行中绳纹，器表饰交错绳纹，印痕较浅。器身残高6.2、耳长5、宽2.2、孔径1.6厘米(图二五二：4)。标本YH3：134，中间孔洞呈不规则圆形。耳及器表饰竖行中绳纹，印痕较浅。器身残高6、耳长4、宽2.2、孔径2.4厘米(图二五二：5)。

联裆鬲(甗)足根，共1件。标本YH3④：148，夹砂灰褐陶。尖锥状实足根。器表饰交错及竖行粗绳纹，印痕较深。残高5.2厘米(图二五一：12)。

器底，共3件。均残。标本YH3④：133，夹砂灰陶。斜直腹，平底。腹及底部饰交错细绳纹，印痕较浅。底径12、残高8.2厘米(图二五二：10)。标本YH3④：138，泥质灰褐陶。斜直腹，平底。腹及底部饰粗绳纹，印痕较浅。底径11、残高4厘米(图二五二：7)。标本YH3④：146，夹砂灰陶，底部内凹。腹及底部饰交错细绳纹，印痕较浅。底径8.6、残高2厘米(图二五二：8)。

瓦，共4件。均残。标本YH3④：127，夹砂灰陶。较平。瓦面饰竖行中绳纹，印痕较深，条理清晰。残长14.4、厚1.1厘米(图二五二：3)。标本YH3④：140，泥质灰褐陶。较平。瓦面饰竖行粗绳纹，印痕较深，瓦内饰类篮纹，一侧饰斜行绳纹。残长8.6、厚2厘米(图二五一：5、图二三四：1、图二三四：2)。标本YH3④：145，夹砂灰陶。较平。瓦面饰竖行中绳纹，印痕较浅，条理清晰。残长5.4、厚0.8厘米(图二五一：8)。标本YH3④：147，夹砂灰褐陶。呈柱状。饰竖行中绳纹。残高6、钉面直径3厘米(图二五一：9)。

砺石，共1件。标本YH3④：44，灰色，平面呈三角形，一侧平整，一侧略凹且有使用痕迹。残长6.5、残宽5.5、厚2厘米(图二三九：2)。

不知名石器，共1件。标本YH3④：40，形状呈不规则状，两面均有加工痕迹。残长5.4、宽5、厚4.4厘米(图二三九：9)。

H3⑤

联裆鬲，共5件，均夹砂。残。标本YH3⑤：151，仅存口沿，灰陶。卷沿，圆唇，沿下角较大。沿下绳纹被抹，但残痕依稀可见，器表饰竖行中绳纹，印痕较深，条理清晰，触之有扎手感。残高7.2厘米(图二五三：12)。标本YH3⑤：156，仅存口沿，灰陶。卷沿，斜方唇，沿内侧有两道凸棱，沿面有一小平台，沿下角较大。沿下绳纹被抹，器表饰竖行粗绳纹，印痕较深，条理清晰，触之有扎手感。口径24、残高8厘米(图二五三：1)。标本YH3⑤：158，红褐陶。侈口，方圆唇，唇面有一凹槽，沿下角较大，瘪裆，裆部较高。沿下绳纹被抹，但残痕明显，器表饰细绳纹，条理清晰，印痕较深，触之有扎手感，裆部饰交错绳纹。器表满布烟炱痕。口径24.6、残高17、器身最大径27厘米(图二五三：14)。YH3⑤：165，仅存口沿，灰陶。卷沿，方唇，沿下角较小。唇面饰斜行绳纹，沿下绳纹被抹，但残痕依稀可见。残高4.5厘米(图二五三：10)。YH3⑤：203，仅存口沿，灰陶。卷沿，沿面有一小平台，方唇，沿下角较小。沿下绳纹被抹，但残痕依稀可见，器表饰竖行粗绳纹，印痕较深，条理清晰，触之有扎手感。口径18、残高6.2厘米(图二五三：5)。

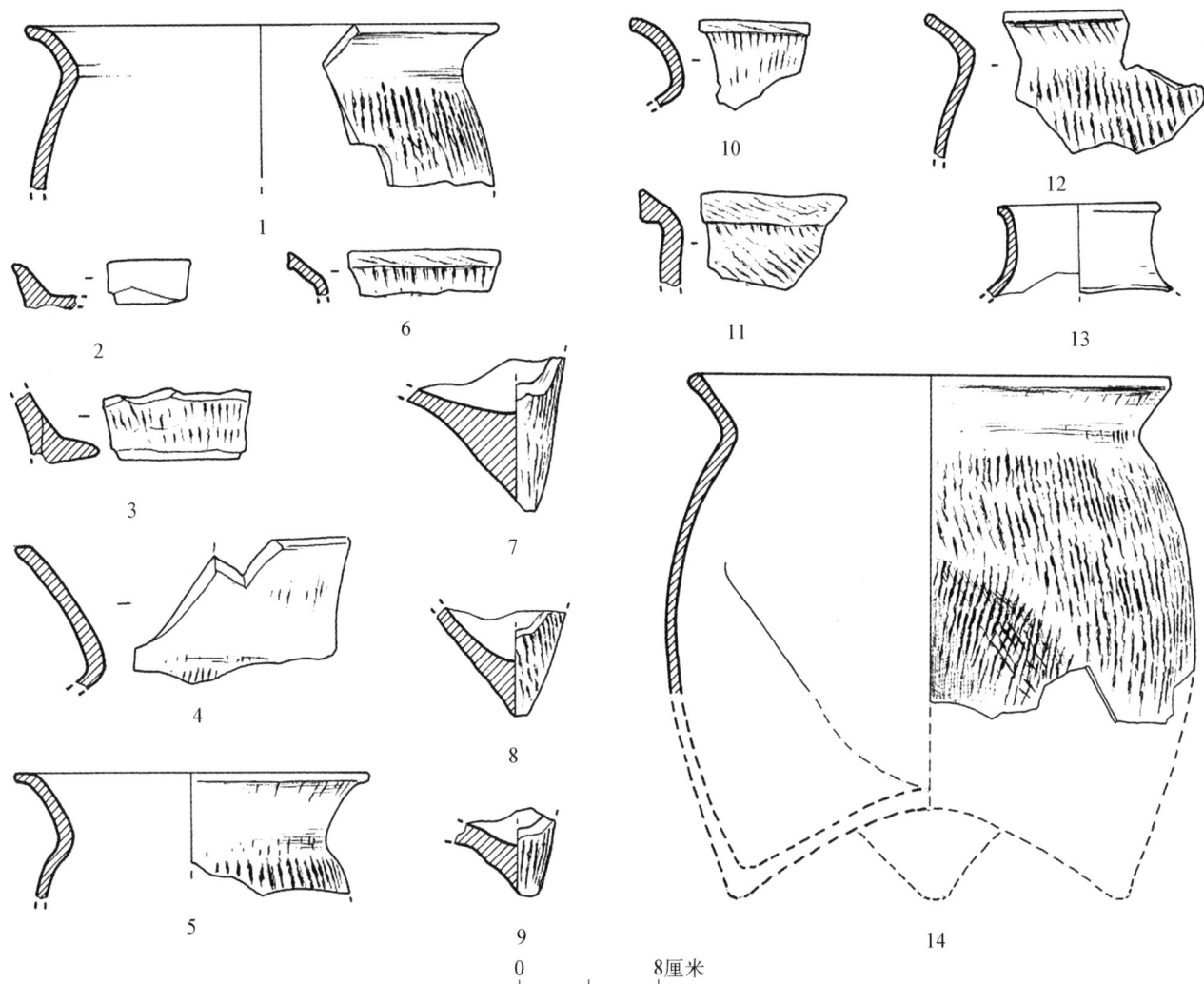

图二五三　2012FZYH3⑤陶器

1、5、10、12、14 联裆鬲（YH3⑤：156、YH3⑤：203、YH3⑤：165、YH3⑤：151、YH3⑤：158）　2. 三足盘（YH3⑤：155）
3、6、11. 联裆甗（YH3⑤：149、YH3⑤：169、YH3⑤：167）　4. 高斜领罐（YH3⑤：161）
7、8、9. 联裆鬲（甗）足根（YH3⑤：157、YH3⑤：166、YH3⑤：168）　13. 小口矮领罐（YH3⑤：154）

　　联裆甗，共3件。均夹砂。标本YH3⑤：149，灰陶。腰隔较窄。器表饰竖行中绳纹，印痕较浅，纹理清晰。腰隔宽2、残高3.6厘米（图二五三：3）。标本YH3⑤：167，仅存口沿，灰陶。卷沿，沿面近平，方唇，沿下角较小。唇面及以下饰斜行中绳纹，印痕较浅，条理清晰。残高4.8厘米（图二五三：11）。标本YH3⑤：169，仅存口沿，灰褐陶。卷沿，沿面近平，方唇，唇面饰细绳纹。沿下绳纹被抹，但残痕明显。残高2.2厘米（图二五三：6）。

　　小口高领罐，共2件。均为灰陶，卷沿，圆唇，高领。标本YH3⑤：150，泥质陶。溜肩，鼓腹。肩部饰有一对对称的桥形耳，领部以下饰细绳纹，纹理清晰，印痕较浅。口径9、残高15、耳长5.6、耳宽1.2、孔径约1.1厘米（图二五四：6）。标本YH3⑤：163，夹砂陶。颈部抹光。口径8.8、残高4.6厘米（图二五四：7）。

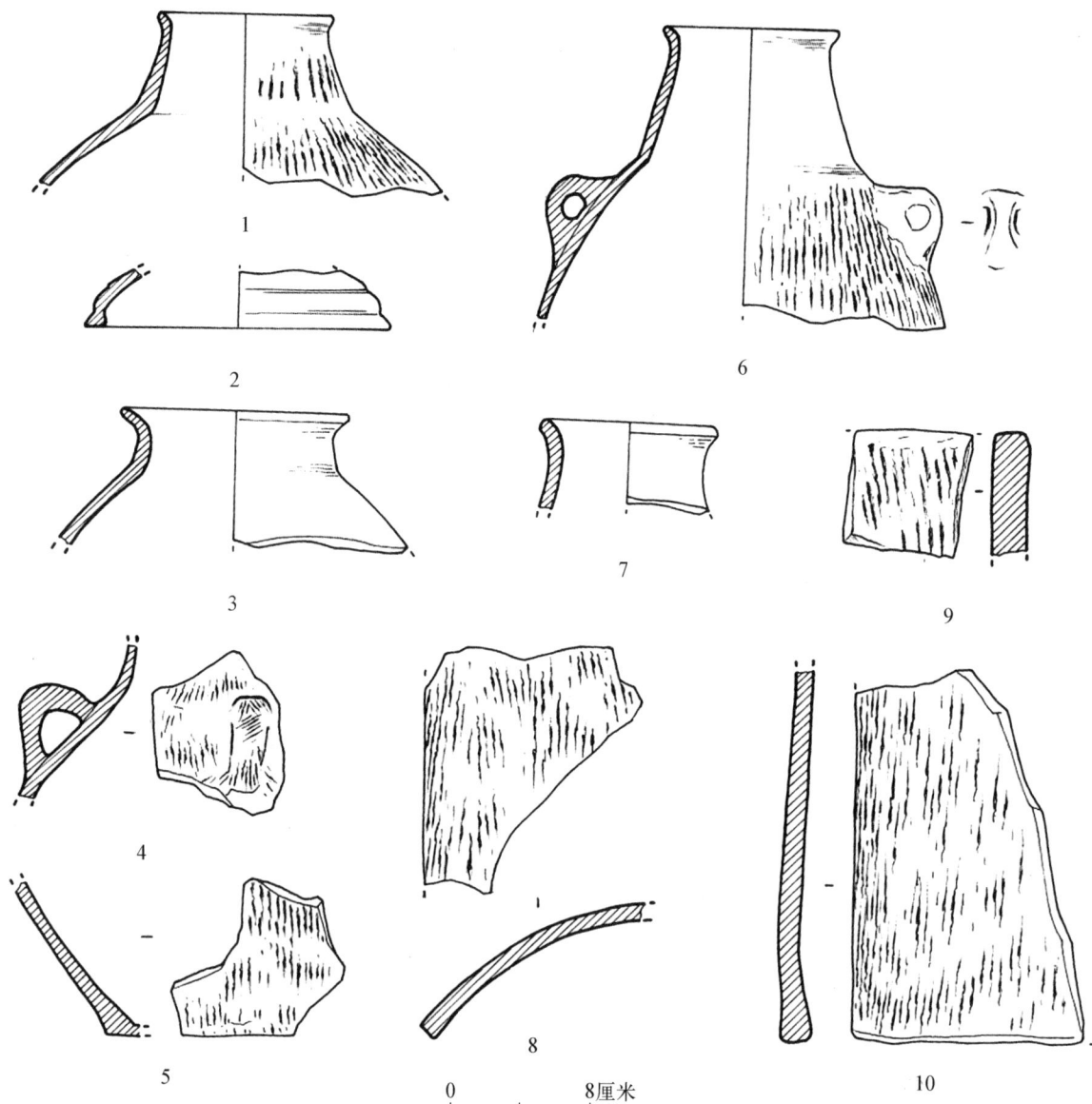

图二五四　2012FZYH3⑤陶器

1. 小口矮领罐（YH3⑤：152）　2. 器盖（YH3⑤：160）　3. 有颈罐（YH3⑤：153）　4. 器耳（YH3⑤：159）　5. 器底（YH3⑤：162）
6、7. 小口高领罐（YH3⑤：150、YH3⑤：163）　8、9、10瓦（YH3⑤：164、YH3⑤：204、YH3⑤：170）

　　小口矮领罐，共2件。均残，为泥质，卷沿，圆唇，矮领。标本YH3⑤：152，灰褐陶。沿下绳纹被抹，但残痕依稀可见，器表饰竖行粗绳纹，印痕较深，条理清晰。口径9.1、残高9.4厘米（图二五四：1）。标本YH3⑤：154，灰陶。沿面有一小平台。沿下绳纹被抹，但残痕依稀可见。口径8.4、残高4.6厘米（图二五三：13）。

　　高斜领罐，共1件。标本YH3⑤：161，泥质灰陶。直口，斜方唇，斜高领。沿内侧有一凹槽，领部绳纹被抹，领部以下饰细绳纹，印痕较浅，条理清晰。残高7.2厘米（图二五三：4）。

　　有颈罐，共1件。标本YH3⑤：153，泥质灰陶。卷沿，尖圆唇，沿下角较小，矮领。素面。口径11.8、残高7.2厘米（图二五四：3）。

三足盘，共1件。标本YH3⑤：155，泥质灰陶。方唇，斜直腹，浅盘。唇面有一凹槽，素面。残高2.2厘米（图二五三：2）。

器盖，共1件。标本YH3⑤：160，泥质灰陶。平沿，尖唇，浅腹。器表有两道凹槽，素面，磨光。口径16、残高3厘米（图二五四：2）。

器耳，共1件。标本YH3⑤：159，泥质灰陶。桥形耳，圆三角形耳穿。器表、耳部饰细绳纹，条理模糊，印痕浅。残高8.4、耳长5.4、宽1.8、孔径约2.2厘米（图二五四：4）。

联裆鬲（鬴）足根，共3件。均为夹砂灰陶。标本YH3⑤：157，尖锥状实根足。器表饰斜行中绳纹，条理模糊，印痕浅。部分有烟炱痕。残高7.6厘米（图二五三：7）。标本YH3⑤：166，圆锥状实根足。器表饰斜行中绳纹，条理模糊，印痕浅。残高5.4厘米（图二五三：8）。标本YH3⑤：168，圆锥状实根足。器表饰斜行粗绳纹，条理清晰，印痕较深，触之有扎手感。残高4.4厘米（图二五三：9）。

器底，共1件。标本YH3⑤：162，泥质灰陶。斜直腹，平底。器表饰中绳纹，印痕较浅，条理清晰，近底部饰楔形绳纹，器底绳纹被抹，但残痕依稀可见。残高8厘米（图二五四：5，图二三四：4）。

瓦，共3件。均夹砂，残，背面均素面。标本YH3⑤：164，灰褐陶。正面饰竖行中绳纹，印痕较深，条理清晰，触之有扎手感。残长12.6、厚1.厘米（图二五四：8）。标本YH3⑤：170，灰陶。侧边有线切割痕迹，正面、底边饰中绳纹，条理清晰，印痕较深，触之有扎手感。残长19.2、厚1.6厘米（图二五四：10）。标本YH3⑤：204，灰陶。正面、底边饰斜行中绳纹，印痕较浅，条理清晰。残长6.5、厚1.8厘米（图二五四：9）。

砂岩片，共5件。均残，两面较平整。标本YH3⑤：45，灰色，平面呈长方形，表面有使用痕迹。残长3.9、宽2、厚0.7厘米（图二三八：7）。标本YH3⑤：46，灰褐色，平面呈不规则形，无使用痕迹。残长4.6、宽5.5、厚0.5厘米（图二三九：6）。标本YH3⑤：47，深灰色，平面呈不规则四边形，无使用痕迹。残长10.7、宽4.2、厚1.6厘米（图二三九：10）。标本YH3⑤：48，深灰色，平面呈不规则形，无使用痕迹。残长7.5、宽7.3、厚1.5厘米（图二三九：3）。标本YH3⑤：49，灰色，平面呈不规则四边形，无使用痕迹。残长8.2、宽6.8、厚1.3厘米（图二三九：1）。

骨板，共3件。均为片状，可能为制作梭形片状饰的废料，是由肋骨劈成两片中的一小片。标本YH3⑤：17，平面呈不规则长条形。残长13.6、宽1.1、厚0.2厘米（图二四五：12）。标本YH3⑤：20，呈长方形。与骨密质一面相邻两面似有打磨的痕迹。残长8.7、宽0.5、厚0.3厘米（图二五五：2）。标本YH3⑤：24，平面呈不规则长条形。残长8.6、宽1.4、厚0.3厘米（图二四五：11）。

骨锥（疑似），共1件。标本YH3⑤：23。为扁平片状。一端呈锥状，似有使用过的痕迹，另一端已残，无法辨认其形态。残长6.7、剖面直径1.1、厚0.3厘米（图二三八：4）。

梭形片状饰，共1件。标本YH3⑤：25。整体呈梭形、扁平片状，由肋骨劈成两片中的一片制成，通体经过打磨，在其中部钻有两孔，可辨认为一面钻。长6、宽2.2、厚0.3、孔径0.3、两孔距离0.2厘米（图二五五：4）。

角条余料，共6件。标本YH3⑤：18，扁条形，两端宽度大致相同。2个劈面，两端横截面均呈长方形，其上各有1个锯面。长5.7、宽1.3、厚0.7厘米（图二五〇：5）。标本YH3⑤：21，三棱体，

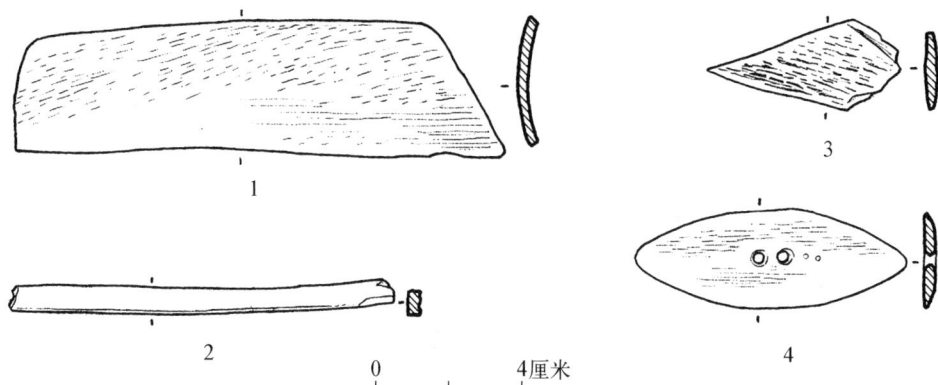

图二五五 2012FZYH3、H4骨板、梭形片状饰

1、2、3. 骨板（YH4①：31、YH3⑤：20、YH4③：30） 4. 梭形片状饰（YH3⑤：25）

两端宽度大致相同。2个劈面，其中1个劈面上有劈裂的痕迹。两端横截面均有2个不同方向的锯面，锯痕明显。一端的骨松质高出骨密质平面。长6.3、宽1.3、厚1.2厘米（图二五〇：2；图版二六：6）。标本YH3⑤：22，扁条形，风化严重，两端宽度大致相同。一端残，另一端横截面上有数道切痕。长5.6、宽1.3、厚0.7厘米（图二四九：7）。标本YH3⑤：208，四棱体，两端宽度大致相同。2个劈面，较短，似为长条截断，两端断面上均有锯痕。长2.9、宽1.1、厚1厘米（图二四九：12）。标本YH3⑤：19，一端宽、一端窄，且窄端几乎聚成尖而不成断面。三棱体，条体有2个劈面。三角形横截面上有2个不同方向的锯面，锯痕明显，窄端稍残，仍聚成尖。长5.3、宽1.1、厚1.2厘米（图二四八：3；图版二六：5）。标本YH3⑤：207，一端宽、一端窄，有3个劈面，在原扁长条形角条的一端再斜向削1刀而形成。一侧的两个劈面几乎相连，致使宽端与窄端分界不甚明显。宽端横截面呈梯形，其上有2个不同方向的锯面，锯痕明显。长6.6、宽1.9、厚0.9厘米（图二四七：10）。

H3⑥

联裆鬲，共6件。均残，夹砂，沿下角较大，沿外侧绳纹被抹，但残痕依稀可见。标本YH3⑥：182，灰褐陶。卷沿，方唇，鼓腹。器表饰交错粗绳纹，印痕较深，条理清晰，有烟炱痕迹。口径18、残高10.6厘米（图二五六：1）。标本YH3⑥：184，仅存口沿，灰陶。卷沿，方唇。器表饰交错粗绳纹，印痕较深，条理清晰，有烟炱痕迹。口径19、残高8、器身最大径18.8厘米（图二五六：2）。标本YH3⑥：188，仅存口沿，灰陶。卷沿，方唇。器表饰竖行中绳纹，印痕较深，条理清晰。残高5.6厘米（图二五六：7）。标本YH3⑥：194，仅存口沿，灰陶。卷沿，方圆唇，沿面较宽。器表饰竖行粗绳纹，印痕较深，条理清晰。残高3.6厘米（图二五七：2）。标本YH3⑥：196，仅存口沿，浅灰陶。卷沿，斜方唇。唇面有一道凹槽，沿面较宽。器表饰竖行中绳纹，印痕较深，条理清晰。残高5.2厘米（图二五六：6）。标本YH3⑥：198，仅存口沿。灰陶。卷沿，方唇。沿外侧绳纹被抹，但残痕依稀可见，器表饰竖行中绳纹，印痕较深，条理清晰。残高3.6厘米（图二五六：5）。

联裆甗，共7件。均残。夹砂灰陶。标本YH3⑥：172，侈口，方唇，斜平沿，沿面较宽，沿下角较大，鼓腹。唇面及器表饰斜行中绳纹，印痕较深，沿外侧交错绳纹被抹，但残痕比较明显。口径29.8、残高24厘米（图二五七：7）。标本YH3⑥：174，侈口，方唇，沿面较宽，沿下角较大，鼓腹。

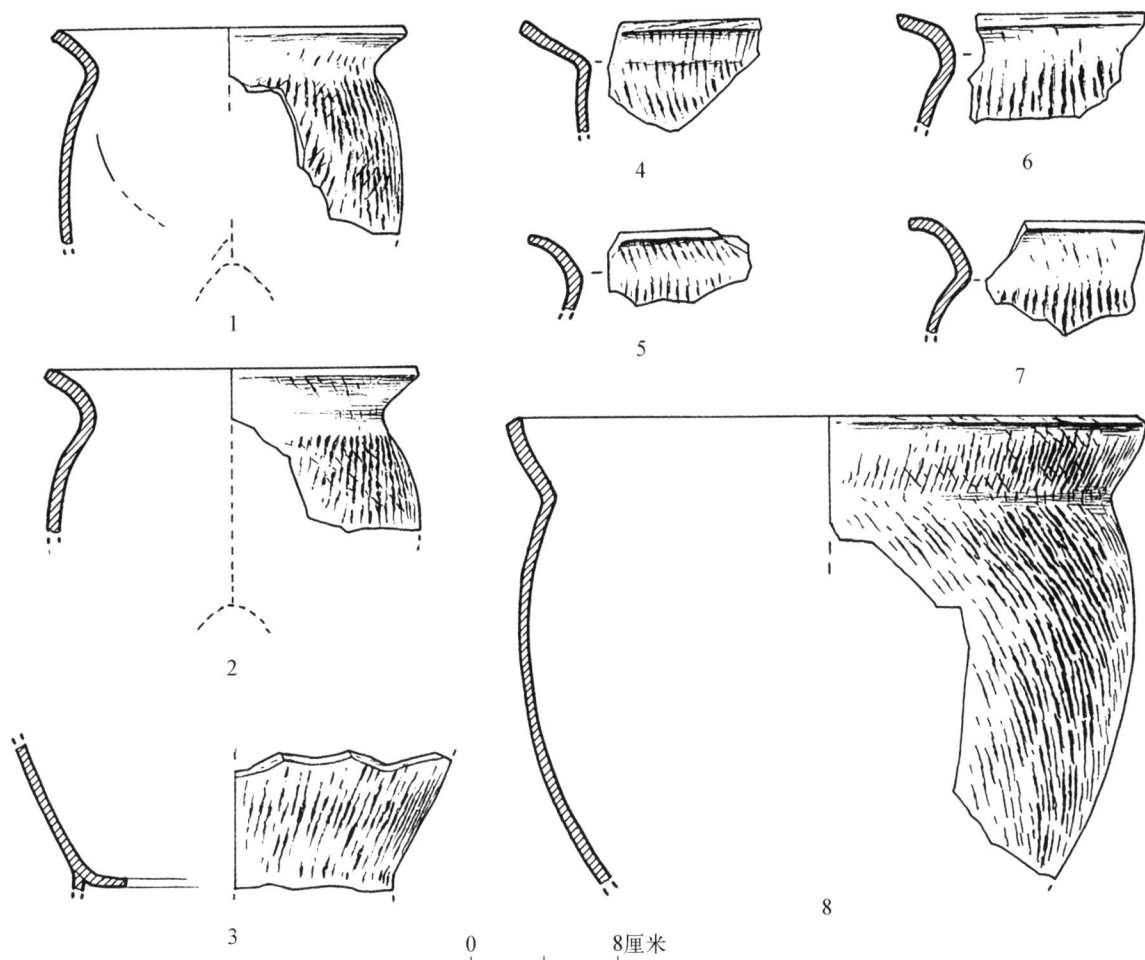

图二五六　2012FZYH3⑥陶器

1、2、5、6、7. 联裆鬲（YH3⑥：182、YH3⑥：184、YH3⑥：198、YH3⑥：196、YH3⑥：188）
3、4、8. 联裆甗（YH3⑥：176、YH3⑥：192、YH3⑥：174）

唇面及器表饰斜行中绳纹，沿外侧饰交错绳纹，印痕较深。口径32.4、残高23厘米（图二五六：8）。标本YH3⑥：176，仅存甗腰。甑部似盆形，腰隔较窄。器表饰竖行中绳纹，印痕较深，条理清晰。腰隔宽2.2、残高7.2厘米（图二五六：3）。标本YH3⑥：180，仅存口沿。侈口，方唇，斜平沿，沿面较宽，沿下角较大。唇面饰斜行中绳纹，器表饰竖行中绳纹，口沿以下纹饰有被抹的痕迹。口径30、残高6.2厘米（图二五七：6）。标本YH3⑥：190，仅存甗腰。腰隔较窄。甑部饰竖行粗绳纹，印痕较浅，纹理模糊。腰隔宽2.2、残高4厘米（图二五七：1）。标本YH3⑥：192，仅存口沿。侈口，方唇，斜平沿，沿面较宽，沿下角较大。唇面饰斜行中绳纹，器表饰竖行中绳纹，印痕较深。残高5.4厘米（图二五六：4）。标本YH3⑥：205，仅存甗腰。腰隔较窄。甑部饰印痕较深、条理清晰的竖行中绳纹。腰隔宽2.3、残高8.2厘米（图二五七：5）。

盆，共1件。标本YH3⑥：186，残。泥质灰陶。圆唇，卷沿，沿面较宽且有小平台。沿下绳纹被抹，内外壁皆磨光，颈部以下饰间断绳纹。残高7.2厘米（图二五九：5）。

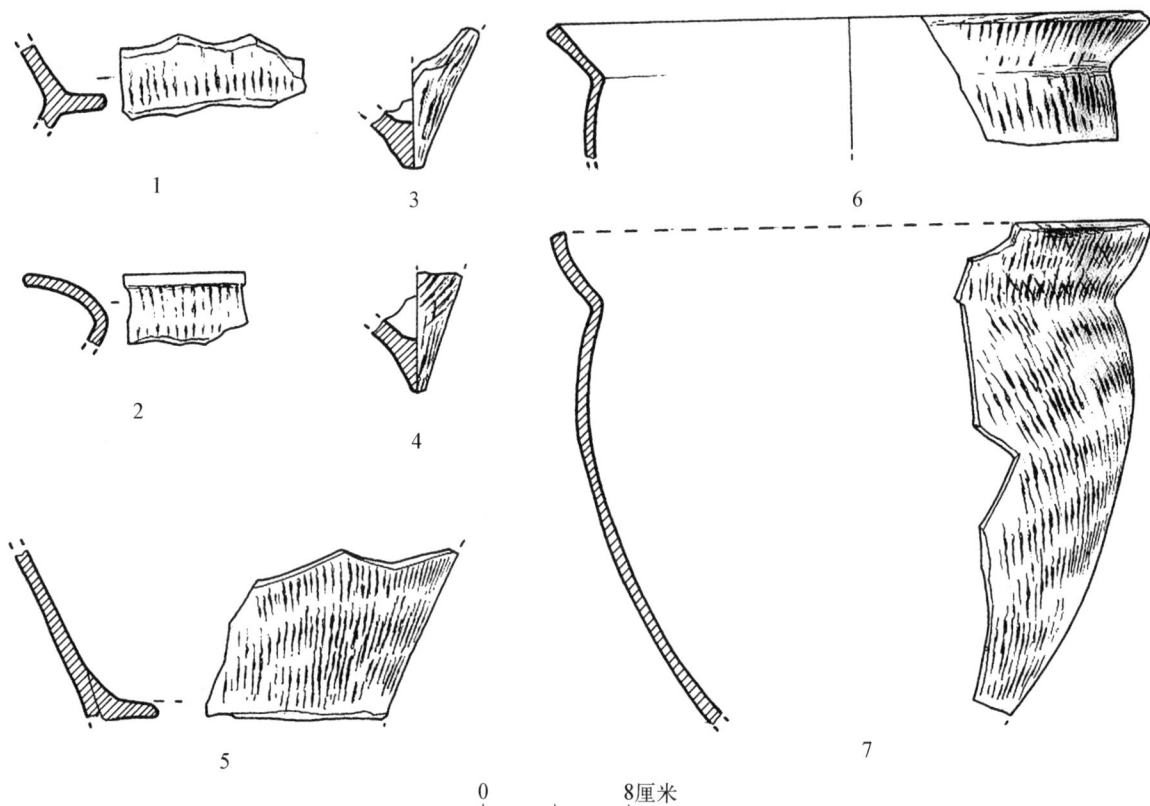

图二五七 2012FZYH3⑥陶器

1、5、6、7. 联裆甗(YH3⑥:190、YH3⑥:205、YH3⑥:180、YH3⑥:172)   2. 联裆鬲(YH3⑥:194)
3、4. 联裆鬲(甗)足根(YH3⑥:202、YH3⑥:201)

　　小口高领罐,共4件。均残,泥质灰陶。小口,高领。标本YH3⑥:179,仅存口沿。尖圆唇,平折沿。素面,磨光。口径10、残高6.2厘米(图二五八:3)。标本YH3⑥:181,仅存口沿。尖圆唇,卷沿。素面。口径9.8、残高4.8厘米(图二五八:2)。标本YH3⑥:189,溜肩,肩部有器耳。领部饰一周旋纹,肩部饰间断绳纹。残高12.2厘米(图二五九:1)。标本YH3⑥:206,残。直领,溜肩。肩部饰斜行中绳纹。残高12厘米(图二五八:1)。

　　小口矮领罐,共3件。均残,泥质灰陶。小口,矮领。标本YH3⑥:183,仅存口沿。圆唇,卷沿。素面。口径11.9、残高6.8厘米(图二五八:8)。标本YH3⑥:193,残。泥质灰陶。直口,尖唇,平折沿。肩部及以下饰竖行中绳纹,印痕较深。口径11.8、残高6厘米(图二五八:7)。标本YH3⑥:195,尖圆唇,卷沿,沿面较窄。领部饰暗纹,肩部饰竖行中绳纹。口径10.8、残高5.6厘米(图二五八:5)。

　　小口圆肩罐,共1件。标本H3⑥:187,残。泥质灰陶。盘口,圆唇,矮领,圆肩,鼓腹。肩部饰两周旋纹,磨光。口径7.6、残高5.6厘米(图二五八:4)。

　　斜高领罐　共1件。标本YH3⑥:178,仅存口沿。泥质灰陶。侈口,尖圆唇,斜直领。领下绳纹被抹,磨光。残高7.8厘米(图二五九:10)。

　　器耳,共3件。均残,泥质。器耳呈拱桥形,中间孔近圆形。标本YH3⑥:185,浅灰陶。器耳

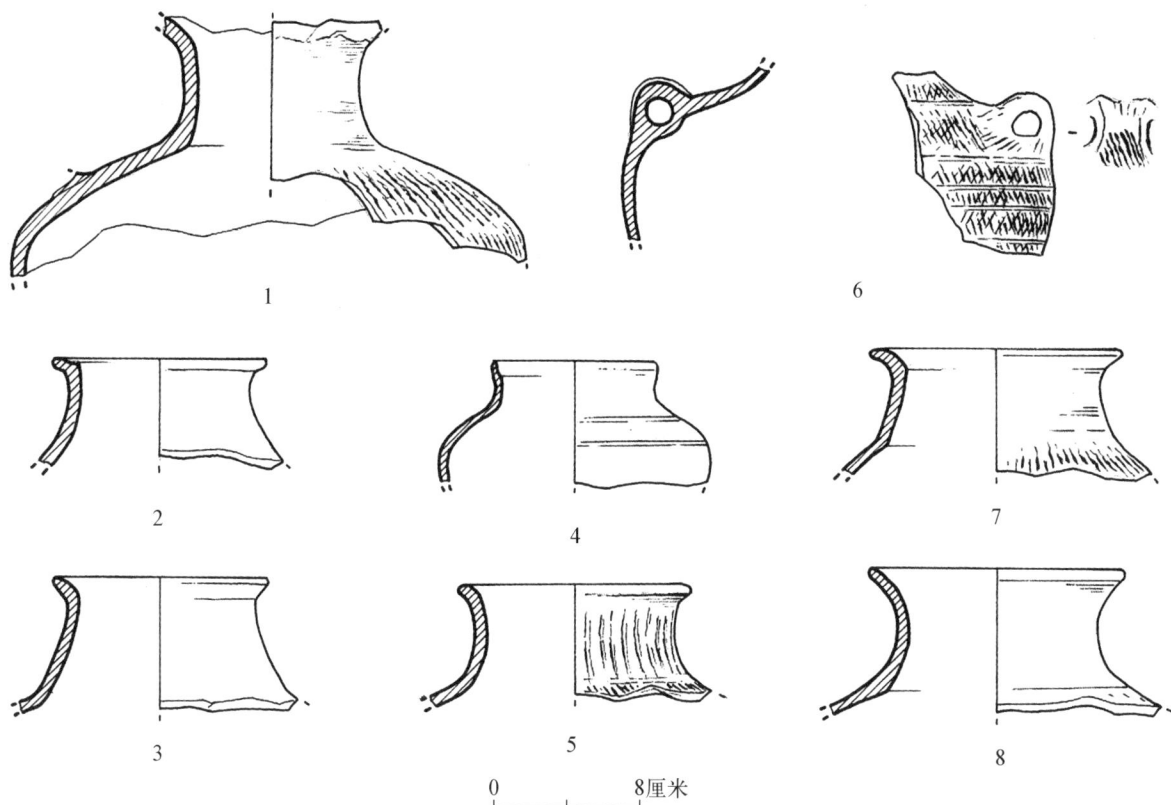

图二五八　2012FZYH3⑥陶器

1、2、3. 小口高领罐（YH3⑥：206、YH3⑥：181、YH3⑥：179）　4. 小口圆肩罐（YH3⑥：187）
5、7、8. 小口矮领罐（YH3⑥：195、YH3⑥：193、YH3⑥：183）　6. 陶器耳（YH3⑥：197）

饰竖行中绳纹，器身饰交错绳纹，印痕较深，条理清晰。残高7.4、耳长4、宽2.4、孔径1.8厘米（图二五九：2）。标本YH3⑥：197，灰陶。器耳两端较中间宽，中间孔近圆形。器耳饰斜行绳纹，器表饰间断绳纹。器身残高8.2、耳长3.4、宽2.4、孔径1.2厘米（图二五八：6）。标本YH3⑥：199，深灰陶。器耳呈拱桥形，较扁，中间孔近圆形。器表饰交错绳纹，耳部纹饰被抹。残高7、耳长2、耳宽2.4、孔径1.4厘米（图二五九：7）。

联裆鬲（甗）足根，共2件。夹砂灰陶。标本YH3⑥：201，尖锥状实根足。器表饰交错中绳纹，有烟炱痕迹。残高5.8厘米（图二五七：4）。标本YH3⑥：202，圆锥状实根足。器表饰竖行粗绳纹，印痕较深，纹理清晰。残高6.8厘米（图二五七：3）。

器底，共2件。均残，泥质。标本YH3⑥：175，灰褐陶。鼓腹，平底。腹部纹饰较模糊，底部饰交错绳纹，印痕较浅。底径11、残高4.4厘米（图二五九：11）。标本YH3⑥：177，灰陶。斜腹，腹部近底处内凹，平底。腹部及底部饰竖行中绳纹。底径15.8、残高4.2厘米（图二五九：4）。

瓦，共4件。均残。标本YH3⑥：171，夹砂灰褐陶。较平。瓦面饰竖行粗绳纹，印痕较深，瓦端饰斜行中绳纹，一侧有被抹痕迹。残长10.2、厚1厘米（图二五九：8、图二三四：5）。标本YH3⑥：173，泥质灰褐陶。较平。瓦面饰竖行粗绳纹，印痕较深，一侧有被抹痕迹。残长9.4、厚

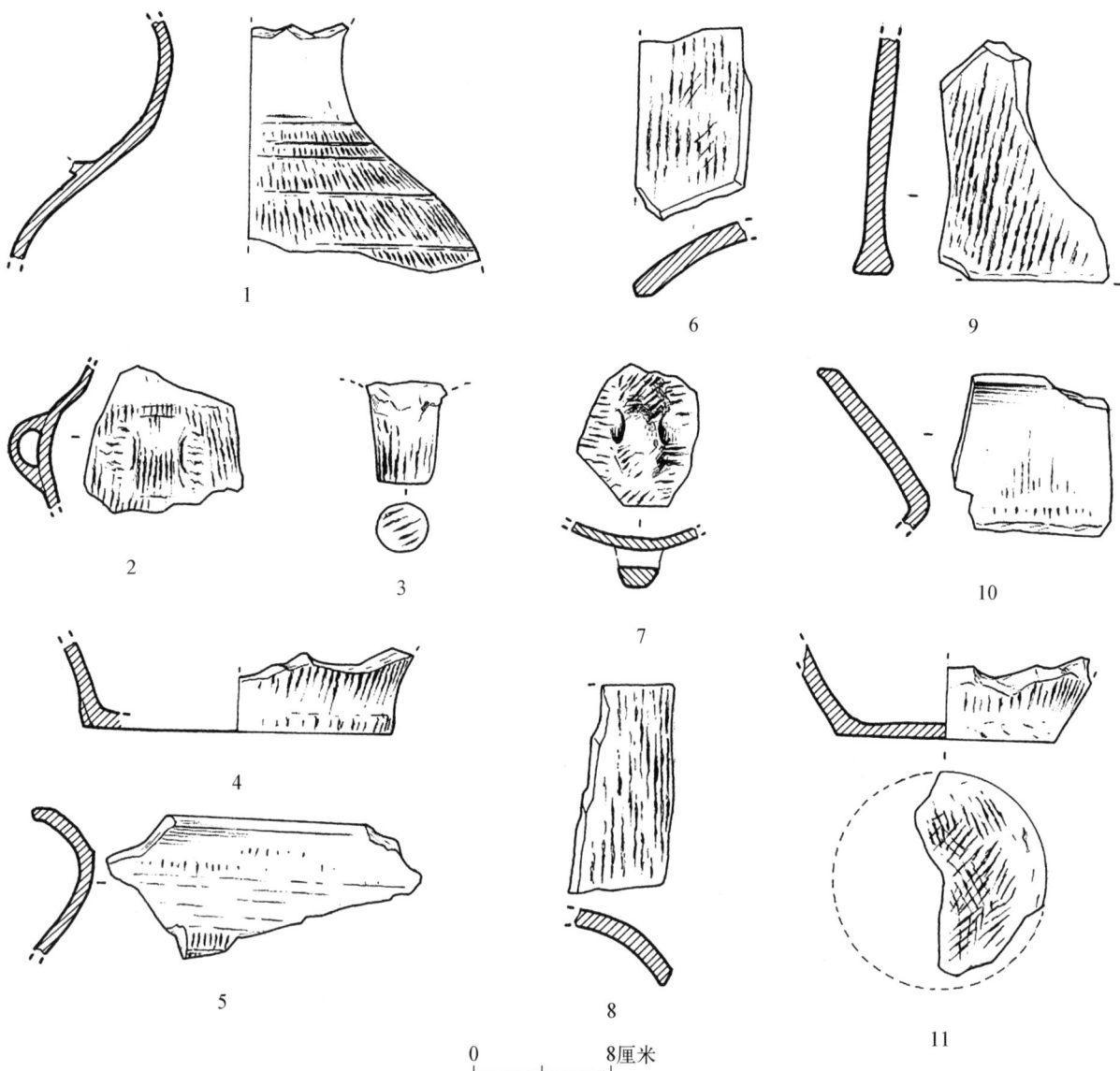

图二五九　2012FZYH3⑥陶器

1.小口高领罐(YH3⑥:189)　2、7.器耳(YH3⑥:185、YH3⑥:199)　3、6、8、9.瓦(YH3⑥:200、YH3⑥:173、YH3⑥:171、YH3⑥:191)　4、11.器底(YH3⑥:177、YH3⑥:175)　5.盆(YH3⑥:186)　10.斜高领罐(YH3⑥:178)

1厘米(图二五九:6)。标本YH3⑥:191,夹砂灰陶。略凹。瓦面饰竖行粗绳纹,印痕较深,条理清晰,一侧饰斜行绳纹。残长11.6、厚2厘米(图二五九:9)。标本YH3⑥:200,夹砂灰陶。呈柱状。器表饰交错绳纹,印痕较深。残高5、直径2.6厘米(图二五九:3)。

螺丝钉状陶管[1],共2件。残,圆柱状,一端粗,一端细,中有一小圆孔。标本YH3⑥:35,泥质灰褐陶。粗端表面绳纹被抹,但仍可见中绳纹。粗端直径5.2、细端直径2.8、残高4、孔径0.5厘

---

[1] 之前将这类遗物称为"伞状陶管"或"窝窝头"或"圆锥体中空器"等似有不妥。随着研究的进一步深入,有必要将其重新命名。依其形制,这里称为"螺丝钉状陶管"更为确切。

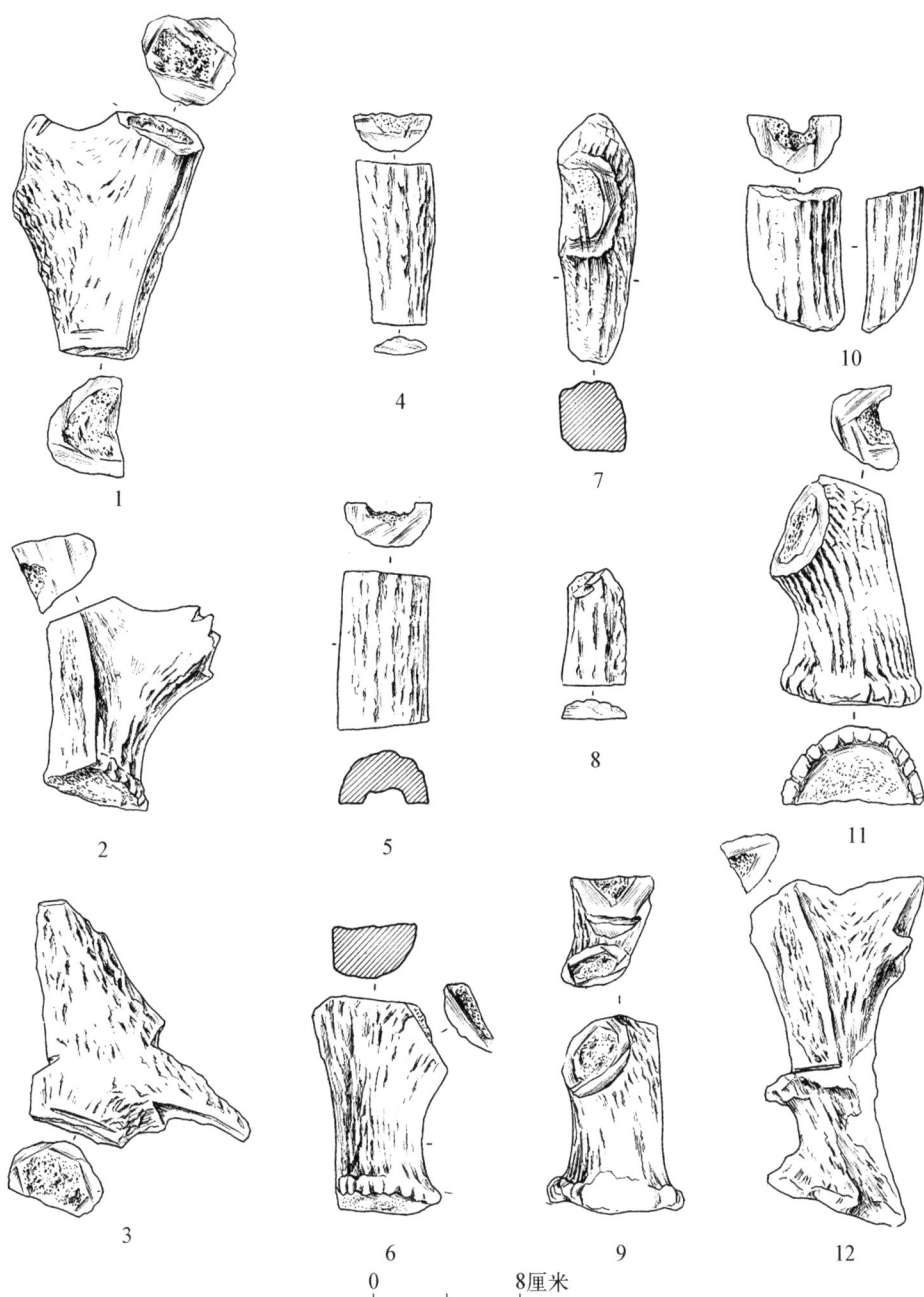

图二六〇　2012FZYH3、H4角镞余料

1、2、3、6. 基部余料（YH4①：50、YH4①：52、YH4①：44、YH4①：40）　4、5. 截断余料（YH4①：57、YH4①：56）

7、9、11、12. 基部余料（YH4①：49、YH4①：38、YH3③：6、YH4①：48）　8、10. 基部余片（YH4①：53、YH4①：55）

米（图二三一：6）。标本YH3⑥：36，泥质灰陶。素面。粗端直径3.7、细端直径2.4、残高2.9、孔径0.6厘米（图二三一：4）。

　　石饼，共2件。均灰色，边缘经过打磨。标本YH3⑥：56，残。现存平面为半圆形，一面平整。直径10.1、厚1.1厘米（图二三九：13）。标本YH3⑥：57，平面形状为圆形，两面均平整。直径

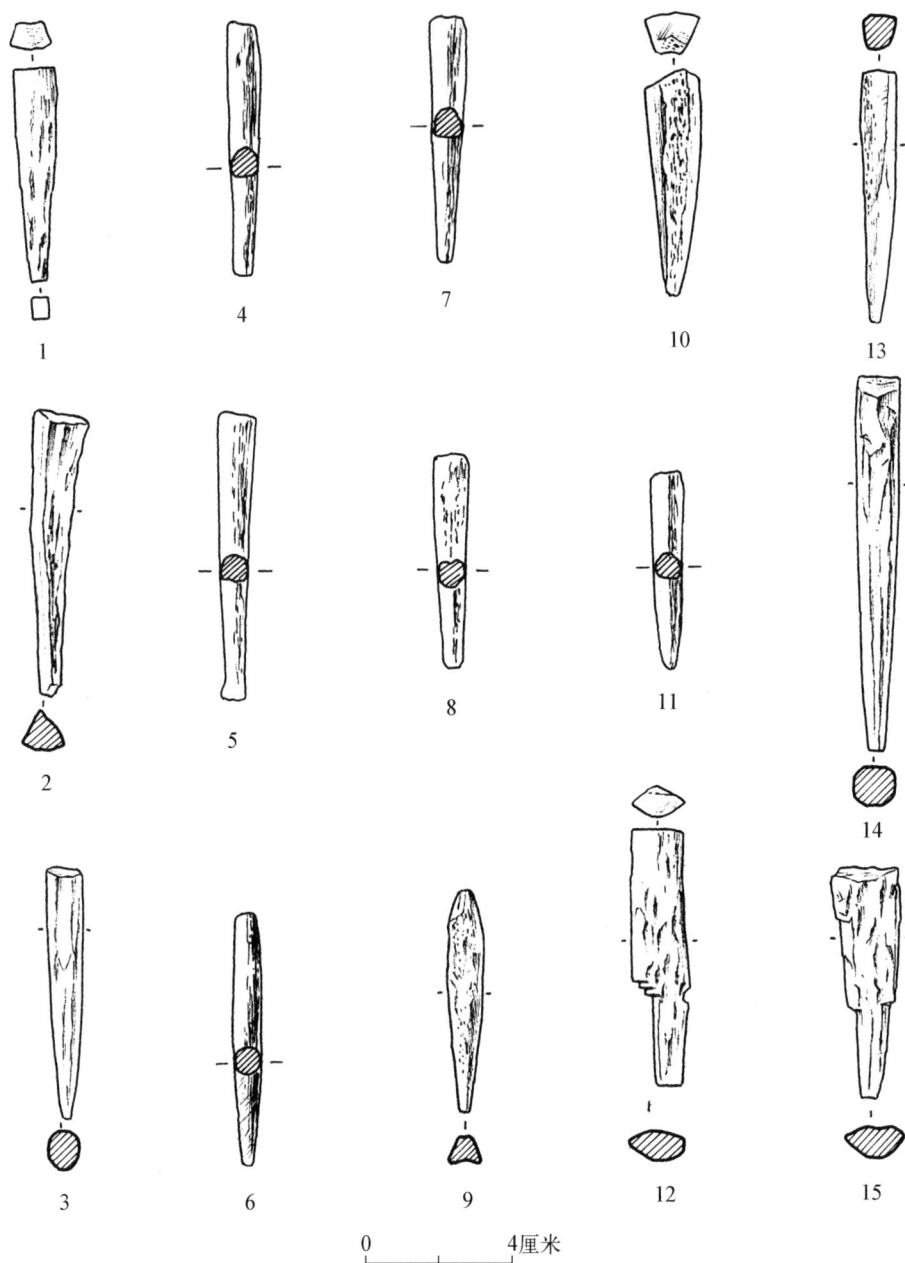

图二六一　2012FZYH3、H4角镞半成品

1、2、3、4.角镞半成品（YH4①：83、YH4③：97、YH4①：80、YH4③：21）　5、6、7、8.角镞半成品（YH4③：23、YH4③：25、YH4③：5、YH4③：22）

9、10、11、12.角镞半成品（YH3⑥：26、YH4③：106、YH4③：18、YH4①：79）

13、14、15.角镞半成品（YH4①：84、YH4①：77、YH4①：78）

11.8、厚1.2厘米（图二三九：14）。

骨板，共1件。标本YH3⑥：28，片状，平面呈不规则形。此为制作梭形片状饰的废料，是由肋骨劈成两片中的一小片，骨密质部分似被打磨过。残长4.7、宽2.3、厚0.3厘米（图二四五：9）。

角尖，共1件。标本YH3⑥：27，表面光滑，尖部有残损痕迹，另一端残。长4.7厘米（图二四六：7；图版二六：1）。

半成品，共1件。标本YH3⑥：26，风化严重，依稀可见其镞身并未加工完全，锋部已削出，锋部顶端横截面呈三角形。长5.5、直径0.9厘米（图二六一：9；图版二七：8）。

成品，共2件。标本YH3⑥：3，圆棒体，镞身与铤部分界不明显。锋部有多个削面，且在顶端聚成一个小圆截面。铤部无锉痕，仅有刀削痕，铤部底端聚成尖。长5.5、直径0.8米（图二六二：5；图版二八：2）。标本YH3⑥：4，扁胖体，镞身与铤部分界明显。锋部有多个削面，顶端聚成尖且为锐角。镞身胖扁，铤部瘦圆且无锉痕，仅有刀削痕，铤部底端有一个小圆截面。长6.3、直径1厘米（图二六二：6；图版二八：3）。

蚌刀，共1件。标本YH3⑥：31，蚌壳制成，黄白色。不规则形状。直边较厚，有切割磨制痕。其他弧边较薄，似为刃部。残长6.8、残宽5.8、厚1厘米（图二三八：11）。

蚌器，共1件。标本YH3⑥：32，蚌壳制成，银白色。长方形。四边均有切割磨制痕。长3.2、宽1.8、厚0.4厘米（图二三八：9）。

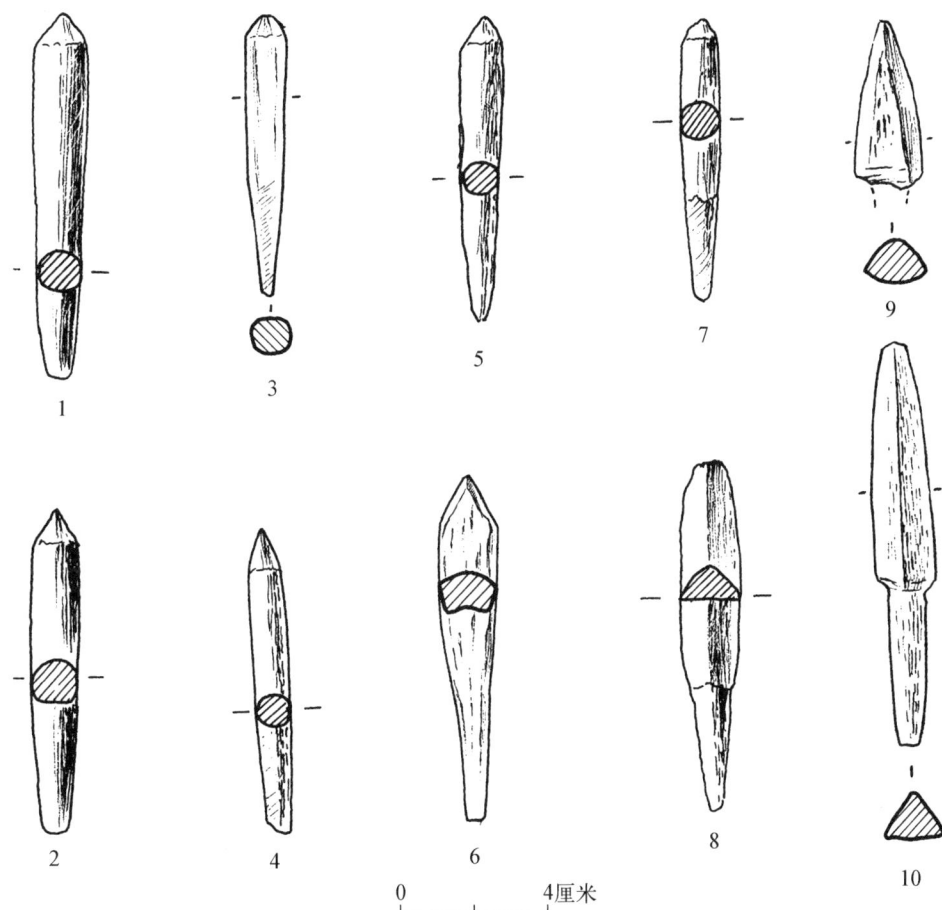

图二六二　2012FZYH3、H4角镞成品、残品

1、2、3、4.角镞成品（YH4③：20、YH4③：19、YH4③：76、YH4③：26）

5、6、7、8、10.角镞成品（YH3⑥：3、YH3⑥：4、YH4①：3、YH4③：24、YH3③：209）　9.角镞残品（YH4①：71）

单位年代与属性：

本坑所出联裆鬲较多，多数为卷沿，沿下角较大，沿外端出现小平台，所饰印痕较深且多数有扎手感；杯形口罐口部外侈较明显。由陶器特征推断该坑年代约属于西周早中期之际。

H3①层，所出土陶片大多数为老陶片，拼合程度较低，且器类较杂，系经过多次搬运而成，推测第①层可能不是H3的堆积。

H3②层，为坑内堆积。

H3②、③层陶片较大，茬口较新，较④、⑤层细碎，拼合度较差，有个别磨损痕迹，且值得注意的是②、③层出瓦的数量较多。但看不出H3③层有反复搅拌的痕迹，且有部分灰土。

H3④层，有三个活动面，局部有垫土，活动面下垫土较为纯净。垫土面可能是当时使用时的堆积，可能为半地穴房址。

H3④、⑤、⑥层陶片烟炱痕迹保存较好，拼合度较高，可能是一般生活垃圾坑。

H3③、⑤、⑥层出土角镞及大量角条余料等，附近可能存在制造角镞的作坊。

H3⑥层出土两件螺丝钉状陶管，可能与当时的铸铜遗址有关。

（4）2012FZYH4

位置与层位关系：

位于T3东北角，开口于⑤层下，被H3打破。

形制结构：

以揭露状况看，口部呈不规则状，整体呈袋状，东西最长处约520厘米，南北最宽处211厘米，自深约241厘米。坑壁均弧至底，未见明显加工痕迹或工具痕迹（图二六三）。

堆积状况：

第①层，厚约为0—37厘米。土色呈灰褐色，土质疏松，包含大量陶片、红烧土、炭屑及动物骨等。该层分布于灰坑南部。

第②层，厚约为0—19厘米。土色呈红褐色，土质较硬，包含少量炭屑及料礓石。该层分布于灰坑中北部。

第③层，厚约0—25厘米。土色呈灰色，土质疏松，包含较多的陶片、红烧土、炭屑及动物骨等。该层分布于灰坑南部。

第④层，厚约为0—18厘米。土色呈红褐色，土质较坚硬，包含较多红烧土点、炭屑及料礓石等。该层分布于灰坑南部且范围较小。

第⑤层，厚约为26—57厘米。土色呈黄褐色，土质致密且较硬，包含少量红烧土点及极少量炭屑。该层分布整个灰坑。

第⑥层，厚约为0—8厘米。土色呈浅灰色，土质疏松，包含少量的陶片、红色土块、炭屑、动物骨等。该层分布于灰坑南部及中部。

第⑦层，厚约为0—10厘米。土色呈黄褐色，土质致密且较硬，无包含物。该层仅分布于灰坑南部。

第⑧层，厚约为0—17厘米。土色呈红褐色，土质致密且较硬，无包含物。该层分布于灰坑

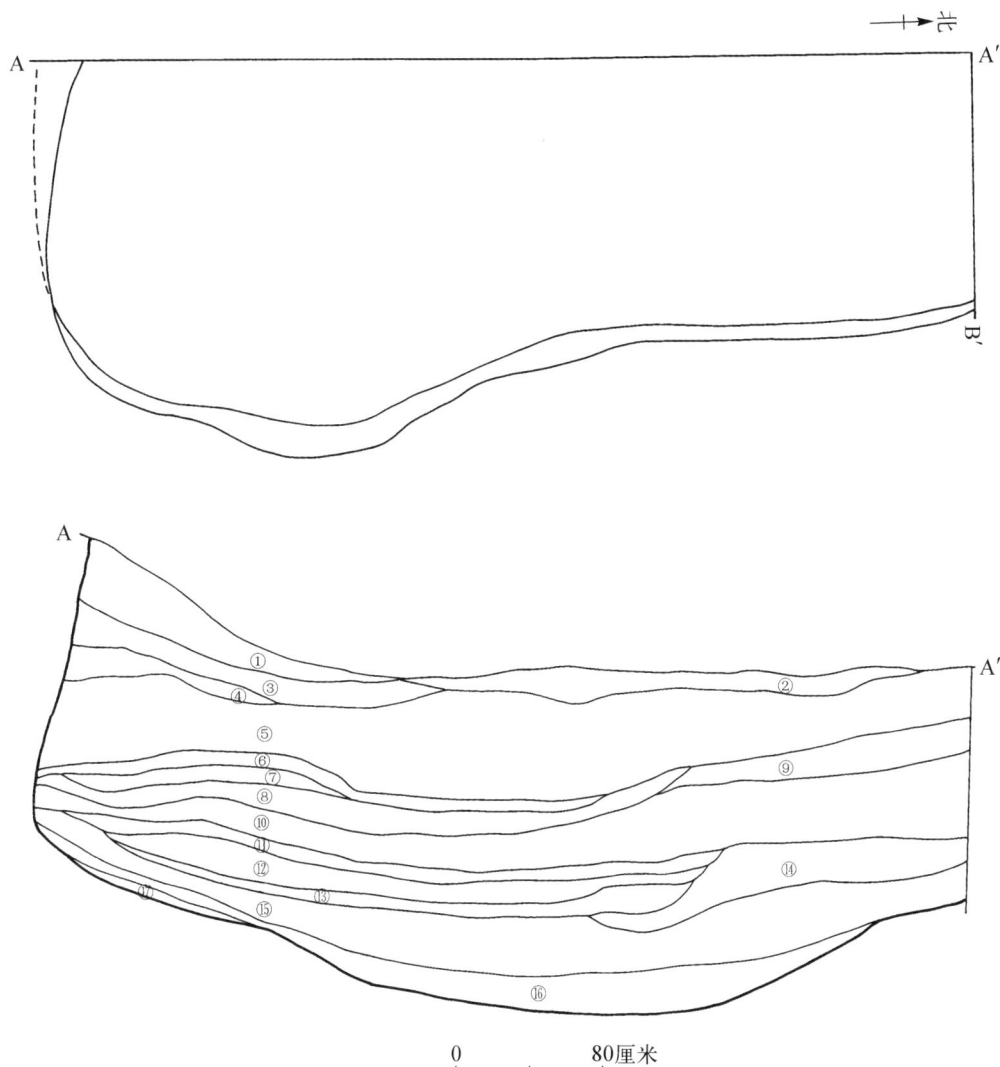

图二六三　2012FZYH4平剖图

中南部。

第⑨层,厚约为0—19厘米。土色呈黄褐色,土质致密且较硬,无包含物。该层分布于灰坑中北部。

第⑩层,厚约为6—47厘米。土色呈浅褐色,靠南部夹杂红色土点,土质致密且较硬,无包含物。该层分布于整个灰坑。

第⑪层,厚约为0—9厘米。土色呈红褐色,土质致密且较硬,无包含物。该层分布于灰坑南部及中部。

第⑫层,厚约为0—19厘米。土色呈浅褐色,内夹杂极少量红色土点,土质致密且较硬,无包含物。该层分布于灰坑南部及中部。

第⑬层,厚约为0—15厘米。土色呈红褐色,土质致密且较硬,无包含物。该层分布于灰坑南部。

第⑭层，厚约为0—30厘米。土色呈黄褐色，内夹杂少量红土点，土质致密且较硬，无包含物。该层分布于灰坑中北部。

第⑮层，厚约为8—34厘米。土色呈黄褐色，土质较疏松，包含少量红烧土点、炭屑、石头等。该层分布于整个灰坑。

第⑯层，厚约为0—24厘米。土色呈浅灰色，土质疏松，包含一定数量的红烧土点、炭屑、动物及石块等。该层分布于灰坑南部及中部。

第⑰层，厚约为0—5厘米。土色呈红褐陶，土质致密且较硬，无包含物。该层仅分布于灰坑南部。

包含物共存状况：

H4①

包含物丰富，夹杂大量的红烧土点、炭屑，包含大量的陶片、动物骨、骨及制作角镞的余料，少量的石器、骨器及少量石块。

出土骨针1枚、角镞废品1件、肋骨（骨料）2件、骨板8件、骨板余料1件、鹿角余料20件、截断余料7件、角条余料36件、角镞废品9件、角镞1件、石刀1件、梯形无孔石刀1件、砂岩片若干。

出土较多的动物骨，共128件，总重4.194千克。可鉴定的有兔、鹿、羊、牛、猪、狗及鸟等。其中兔骨共8件，包括左肩胛远端1、左右肱骨远端各1件、尺骨骨干残段1件、右股骨远端1件、肱骨残段1件、右肩胛骨中段1件、掌骨1件；鹿骨3件，包括右肩胛骨远端1件、左胫骨远端1件、第Ⅰ指骨（趾骨）1件；羊骨共29件，包括右下颌前半段1件、左下颌2件（1件完整前半段，1件残）、右上升支1件、左右肩胛骨远端各1件、左肱骨远端1件、左桡骨近端1件、左桡骨远端1件、右桡骨近端2件、左尺骨近端1件、右掌骨远端1件、左跟骨1件、左距骨1件、左髂骨1件、头骨残块1件、左上颌骨1件、右肩胛骨1件、左肱骨远端2件、左右尺桡骨近远端各1件、左尺骨近端1件、左股骨远端2件、左尺骨1件、左胫骨远端1件、左掌骨近端残片1件；牛骨5件，有头骨残块1件、第Ⅰ指骨（趾骨）1件、第Ⅲ指骨（趾骨）1件。第Ⅰ、Ⅱ跖骨各1件；猪骨共34件，包括头骨残块4件、左鼻骨1件、左下颌残段（带烧痕）1件、左肩胛骨残段（带砍痕）1件、左肱骨骨干2件、肱骨头1件、左桡骨1件、左尺骨骨干（带病）1件、左髂骨残块4件、右坐骨1件、右股骨残段3件、右髂骨1件、左胫骨近远端各1件、左胫骨残段1件、腓骨残段1件、右髂骨残段1件、左盆骨残段1件、掌（跖）骨残段3件，左下颌1件、寰椎1件、肱骨残段1件、右胫骨残段1件；狗左桡骨近端1件；大型鸟骨1件。另有不可辨别的胸骨残段、脊椎骨、股骨、肋骨、骨管等。

共出土陶片233件，分为夹砂与泥质，夹砂陶多于泥质陶，约占总数的67.4%。陶色分为灰色和灰褐色，灰陶约占73.9%。纹饰有绳纹与附加堆纹，绳纹分为细绳纹、中绳纹、粗绳纹、交错绳纹、间断绳纹及楔形绳纹，其中仅一件为附加堆纹、楔形绳纹及中绳纹的组合纹饰，中绳纹所占比例最高。所出陶片可辨器形的共有17件：联裆鬲8件、大袋足无实足根鬲1件、联裆甗2件、小口矮领罐2件、有颈罐1件、小口圆肩罐2件、高领方唇罐1件，其中夹砂陶所占比例大于泥质陶，约占64.7%。另有瓦1件、联裆鬲（甗）足根5件、器耳7件（表一二）。

表一二　2012FZYH4①陶系、器类统计表

陶质		夹　砂		泥　质		合　计	百分比（%）
纹饰与器类	陶色	灰　色	灰　褐	灰　色	灰　褐		
纹饰	细绳纹	16	20	5	0	41	17.6
	中绳纹	28	15	35	3	81	34.8
	粗绳纹	36	15	3	0	54	23.2
	交错绳纹	19	4	8	0	31	13.3
	间断绳纹	0	0	5	0	5	2.1
	附加堆纹＋楔形绳纹＋中绳纹	0	1	0	0	1	0.4
	素面	2	1	15	2	20	8.6
合　计		101	56	71	5	233	100.0
百分比（%）		43.4	24.0	30.5	2.1	100.0	
		67.4		32.6			
器类	联裆鬲	8		0		8	47.1
	大袋足无实足根鬲	1		0		1	5.9
	联裆甗	2		0		2	11.8
	小口矮领罐	0		2		2	11.8
	有颈罐	0		1		1	5.9
	小口圆肩罐	0		2		2	11.8
	高领方唇罐	0		1		1	5.9
合　计		11		6		17	100.0
百分比（%）		64.7		35.3		100.0	

H4③

包含大量的陶片，少量的红烧土点、炭屑、骨器、石器，一定数量的动物骨、角镞余料及石块。

出土骨针1枚、角条余料12件、角镞废品10件、梯形无孔石刀1件、砂岩片若干。

共有动物骨72片，总重0.916千克。可鉴定的有猪骨、狗骨、牛骨、羊骨。其中猪骨共4件，包括寰椎残块1件、髋骨残块2件、股骨胫骨残段各1件；狗右尺骨1件；羊骨共3件，分别为左肩胛骨1件、右下颌残段1件、髋骨残段1件。另有部分肋骨、管状骨无法鉴定。

共出土陶片265片，分为灰色和灰褐色，灰陶约占总数的95.9%。纹饰有绳纹与旋纹，其中绳纹包括细绳纹、中绳纹、粗绳纹、间断绳纹及交错绳纹，以中绳纹及交错绳纹为主，饰旋纹者仅1件，另有小部分素面。其中可辨器类的共14件：联裆鬲6件、联裆甗1件、小口高领罐1件、小口矮领罐4件、斜领罐1件、罐1件，夹砂陶与泥质陶所占比例相同。另有瓦3件、罐底3件、器耳1件（表一三）。

表一三　2012FZYH4③陶系、器类统计表

陶质	夹砂		泥质		合计	百分比（%）
陶色 纹饰与器类	灰色	灰褐	灰色	灰褐		
纹饰 细绳纹	10	0	30	2	42	15.8
中绳纹	58	0	14	0	72	27.2
粗绳纹	38	3	7	0	48	18.1
交错绳纹	39	0	23	1	63	23.8
间断绳纹	0	0	9	4	13	4.9
旋纹	0	0	1	0	1	0.4
素面	5	0	20	1	26	9.8
合计	150	3	104	8	265	100.0
百分比（%）	56.6	1.1	39.3	3.0	100.0	
	57.7		42.3			
器类 联裆鬲	6		0		6	42.9
联裆甗	1		0		1	7.1
小口高领罐	0		1		1	7.1
小口矮领罐	0		4		4	28.6
斜领罐	0		1		1	7.1
罐	0		1		1	7.1
合计	7		7		14	100.0
百分比（%）	50.0		50.0		100.0	

H4⑥

夹杂少量的红烧土块、炭屑，出土少量的陶片及动物骨，另有少量的石刀1件、铜锥1件、砂岩片若干，并发现有1块铜渣。

共出土动物骨25片，总重0.42千克。可鉴定的有羊、猪、狗及牛等，其中羊骨4件，为右下颌1件、右尺桡骨近端1件、右肩胛骨远端1件、掌骨远端1件；猪左坐骨残块1件；狗左股骨近端1件；牛骨6件，包括头骨残块4件、左下颌残块1件、右下颌前半段1件。另有部分肋骨、管状骨、脊椎骨无法鉴定。

所出陶片较少，仅29片，其中夹砂陶多于泥质陶，约占65.0%。陶色有灰色和灰褐色两种，夹砂灰陶的数量多于泥质灰陶，约占总数的60.0%，灰褐陶仅1件，为夹砂。纹饰主要为绳纹，分为

细绳纹、中绳纹及粗绳纹，其中粗绳纹所占的比例较高，有饰附加堆纹、楔形绳纹及中绳纹组合纹饰的陶片1件，素面陶片1件。其中可辨器类的仅两件：联裆鬲1件、罐1件，分为夹砂陶与泥质陶。另有瓦1件。

H4⑯

夹杂少量的红烧土点、炭屑、动物骨、石块及陶片，出土石刀1件、砂岩片若干。

出土动物骨69件，总重0.39千克。可鉴定的有猪、鹿和羊等，其中猪骨共5件，包括头骨残块1件、肱骨、股骨、胫骨、腓骨残段各1件；鹿左肱骨远端1件；羊骨6件，分别为左上颌1件、左胫骨远端1件、右胫骨近远端各1件、右距骨1件、右髂骨1件。另有部分肋骨、管状骨、头骨、胸骨、肩胛骨无法鉴定。

出土陶片相对较少，仅62片。分泥质与夹砂两种，泥质陶所占比例远多于夹砂陶，约80.0%。陶色主要有灰色及灰褐色，夹砂灰陶约占20.0%，泥质灰陶约为70.0%，灰褐陶数量较少，仅5件。纹饰主要为绳纹，分为细绳纹、中绳纹、粗绳纹、交错绳纹及间断绳纹，中绳纹所占比例最多；另有1件附加堆纹、楔形绳纹及中绳纹组合的陶片。此外，有部分素面陶。其中可辨器类的共4件：小口矮领罐2件、罐2件，均为泥质陶，另有瓦1件。

除上述几层外，②层土中夹杂少量的炭屑及料礓石，④层夹杂少量的红烧土点、炭屑及料礓石，⑤层夹杂少量的红烧土点及极少量的炭屑，⑮层中夹杂少量红烧土点、炭屑、石块等，另⑦、⑧、⑨、⑩、⑪、⑫、⑬、⑭、⑰层较为纯净，无包含物。

标本介绍：

H4①

联裆鬲，共6件。均为夹砂灰陶，仅存口沿，卷沿，沿下角较大。标本YH4①：127，沿面似有一小平台，斜方唇，唇面似有一道凹槽。沿下绳纹被抹，但残痕比较明显，器表饰中绳纹，印痕较深，条理清晰，触之有扎手感。口径18、残高4.6厘米（图二六四：1）。标本YH4①：135，方唇。唇面饰数道细绳纹，沿下绳纹被抹，但残痕比较明显，器表饰中绳纹，印痕较深，条理清晰，触之有扎手感。残高4.6厘米（图二六四：5）。标本YH4①：141，沿下绳纹被抹，但残痕比较明显，器表饰中绳纹，条理清晰，印痕较深，触之有扎手感。器表满布烟炱痕。残高11厘米（图二六四：9）。标本YH4①：153，方圆唇。沿下绳纹被抹。器表满布烟炱痕。残高3.8厘米（图二六七：10）。标本YH4①：154，方唇。沿下及颈腹交接处绳纹被抹，器表饰中绳纹，印痕较浅，条理模糊。器表有烟炱痕。口径13、残高6.6厘米（图二六四：2）。标本YH4①：155，圆唇。沿下绳纹被抹，但残痕比较明显。残高4.6厘米（图二六四：6）。

大袋足无实足根鬲，共1件。标本YH4①：139，仅存口沿，夹砂灰陶。卷沿，沿下角较大。器表饰交错粗绳纹，印痕较深，纹理清晰。残高8.6厘米（图二六四：8）。

联裆甗，共4件。均为夹砂灰褐陶。标本YH4①：126，仅存口沿。侈口，方唇，沿下角较大。唇面饰数道细绳纹，沿下绳纹被抹，但残痕比较明显，器表饰中绳纹，印痕较深，条理清晰，触之有扎手感。残高7厘米（图二六五：4）。标本YH4①：128，仅存口沿。卷沿，方唇，沿下角较大。沿下绳纹被抹，但残痕比较明显，唇面及器表饰中绳纹，条理清晰，印痕较深。器表满布烟

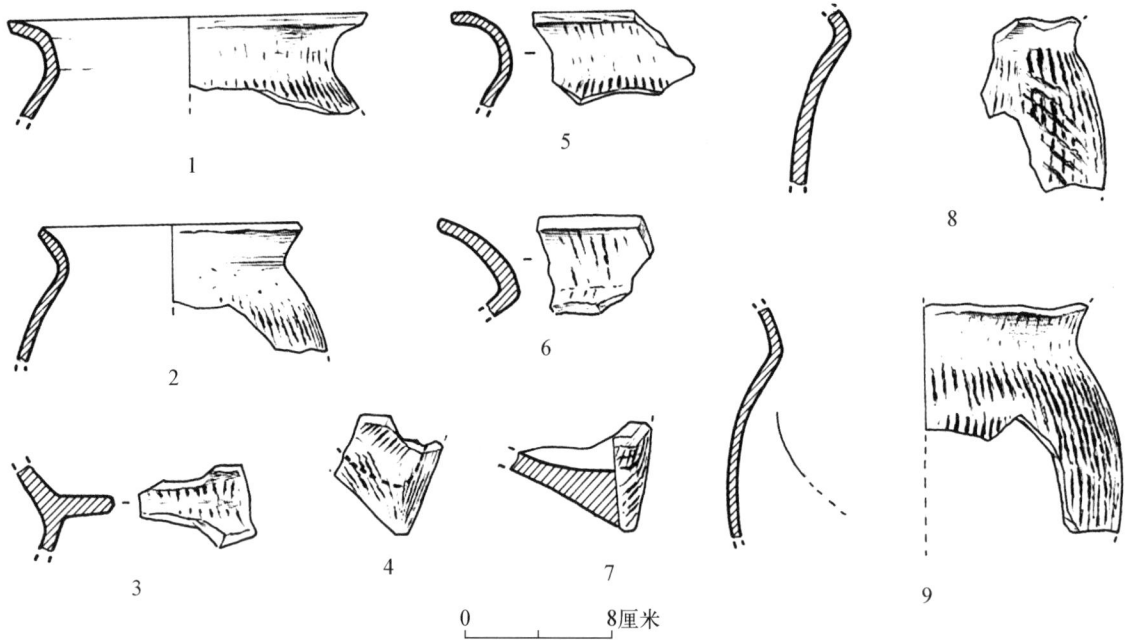

0　　　　　8厘米

图二六四　　2012FZYH4①陶器

1、2、5、6、9.联裆鬲（YH4①：127、YH4①：154、YH4①：135、YH4①：155、YH4①：141）　3.联裆甗（YH4①：140）
4、7.联裆鬲（甗）足根（YH4①：145、YH4①：137）　8.大袋足无实足根鬲（YH4①：139）

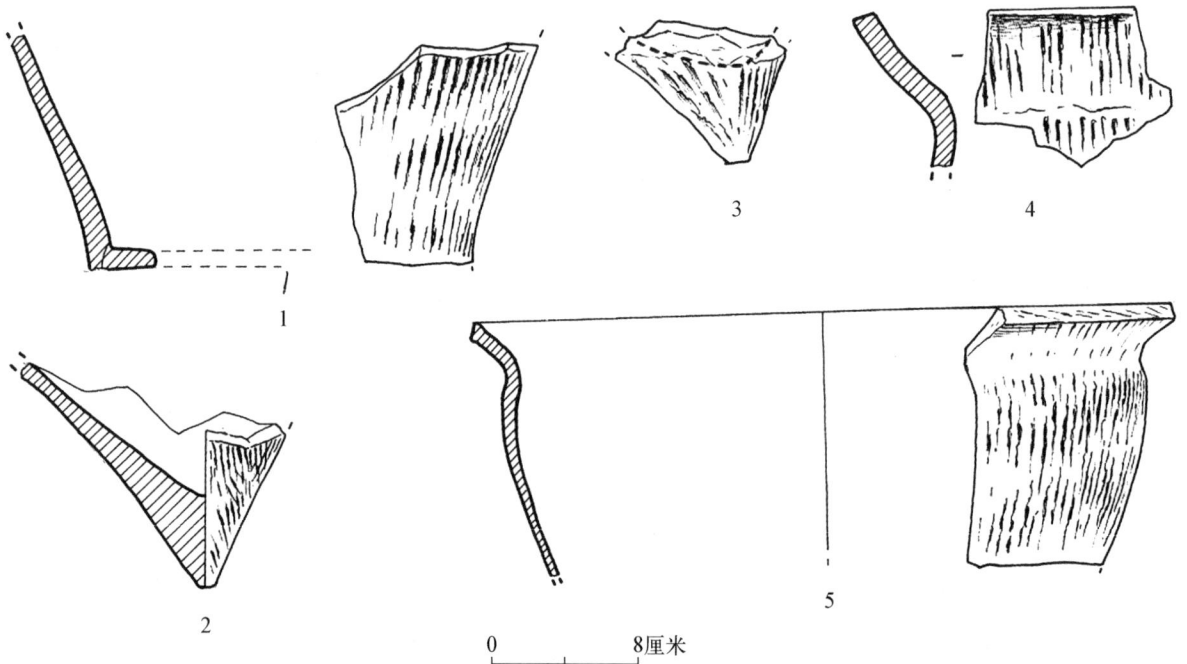

0　　　　　8厘米

图二六五　　2012FZYH4①陶器

1、4、5.联裆甗（YH4①：130、YH4①：126、YH4①：128）　2、3.联裆鬲（甗）足根（YH4①：125、YH4①：149）

炱痕。口径31.8、残高11.2厘米（图二六五：5）。标本YH4①：130，仅存甗腰。窄腰隔。器表饰中绳纹，条理清晰，印痕较浅。器表满布烟炱痕。腰隔宽2.2、残高9.8厘米（图二六五：1）。标本YH4①：140，仅存甗腰。窄腰隔。器表饰中绳纹，条理模糊，印痕浅。腰隔宽2.4、残高4厘米（图二六四：3）。

　　小口矮领罐，共3件。残。标本YH4①：124，夹砂灰褐陶。折肩，弧腹，腹下部内收，平底微凹。肩部及以下饰细绳纹，条理模糊，印痕浅。底径10.4、残高14.2厘米（图二六六：16）。标本

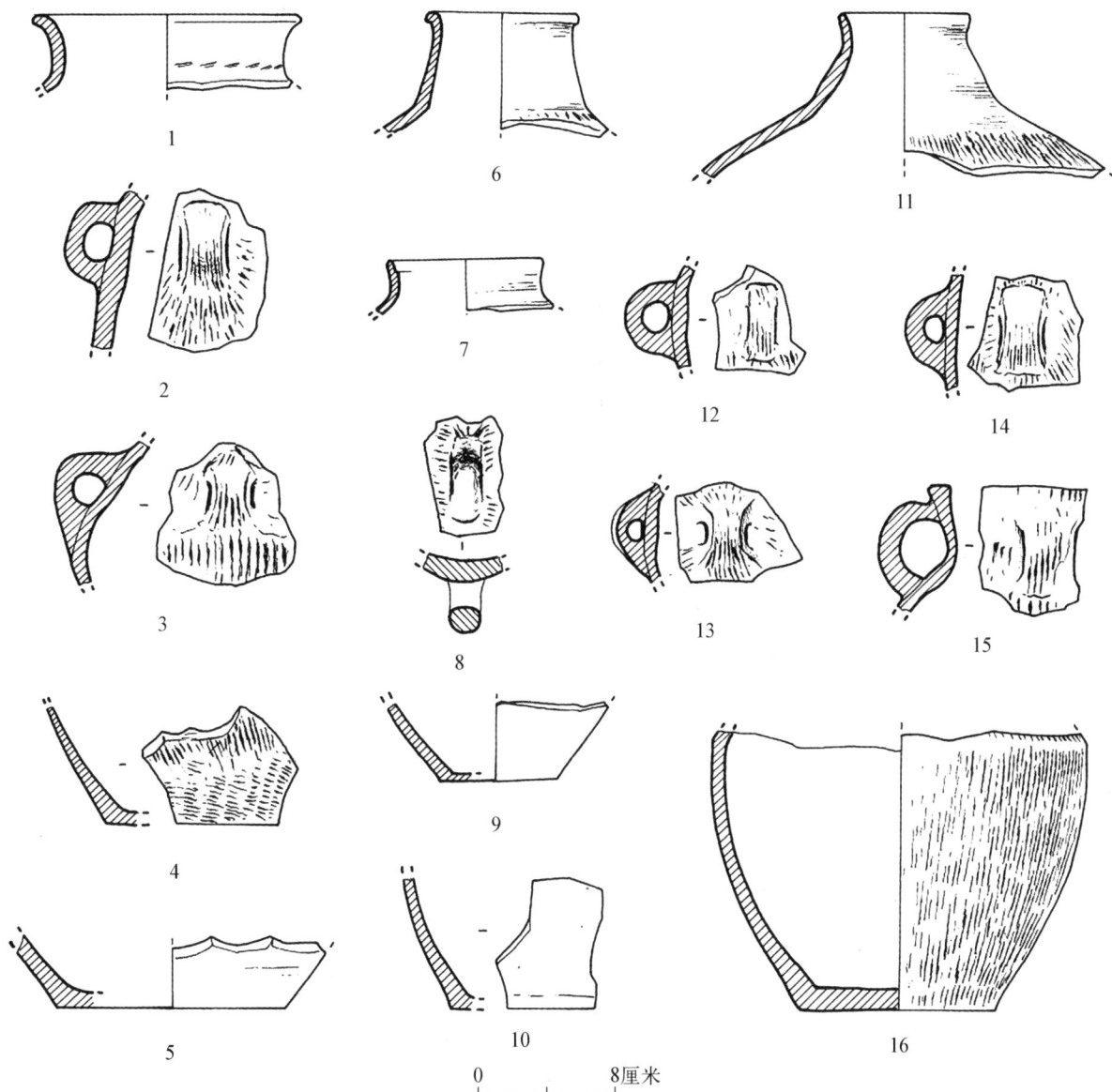

图二六六　2012FZYH4①陶器

1. 有颈罐（YH4①：134）　　2、3、8、12. 器耳（YH4①：148、YH4①：138、YH4①：150、YH4①：146）
4、5. 罐底（YH4①：147、YH4①：131）　　6、11、16. 小口矮领罐（YH4①：136、YH4①：132、YH4①：124）
7、9、10. 小口圆肩罐（YH4①：129、YH4①：142、YH4①：143）　13、14. 器耳（YH4①：144、YH4①：152）　15. 高领方唇罐（YH4①：151）

YH4①：132，夹砂灰褐陶。小口，卷沿，圆唇，矮领。领部以下饰细绳纹，条理模糊，印痕较浅。口径7、残高8.4厘米（图二六六：11）。标本YH4①：136，泥质灰陶。小口，卷沿，圆唇，矮领。领部以下满饰中绳纹，条理模糊。口径7.8、残高6.2厘米（图二六六：6）。

小口圆肩罐，共3件。均为泥质灰陶。标本YH4①：129，仅存口沿。卷沿，盘口，圆唇。素面，磨光。口径8、残高2.8厘米（图二六六：7）。标本YH4①：142，仅存罐底。圆腹，平底。素面。底径6、残高4厘米（图二六六：9）。标本YH4①：143，仅存罐底。圆腹，近底部内收，平底。素面，磨光。残高6.6厘米（图二六六：10）。

有颈罐，共1件。标本YH4①：134，仅存口沿，泥质灰陶。侈口，卷沿，尖圆唇，沿下角较大。素面，磨光。口径13.8、残高4厘米（图二六六：1）。

高领方唇罐，共1件。标本YH4①：151，仅存口沿，夹砂灰陶。直口，方唇，高领，扁状桥形耳，圆肩。唇面及以下饰中绳纹，印痕较浅，纹理模糊。残高6.6、耳长4.8、宽2.6、孔径2.8厘米（图二六六：15）。

器耳，共6件。圆形耳穿。标本YH4①：138，泥质灰陶。扁状桥形耳，折肩。表面饰中绳纹，印痕较浅，纹理清晰。器身残高7.2、耳长6.2、宽2.4、孔径1.5厘米（图二六六：3）。标本YH4①：144，泥质灰褐陶。扁状桥形耳。表面饰中绳纹，印痕较深，纹理清晰。器身残高5、耳长4.6、宽1.4、孔径0.8厘米（图二六六：13）。标本YH4①：146，泥质灰陶。扁状环形耳。表面饰中绳纹，印痕较浅。器身残高5.6、耳长4、宽1.4、孔径1.4厘米（图二六六：12）。标本YH4①：148，夹砂灰褐陶。扁状桥形耳。表面饰细绳纹，印痕较浅，纹理模糊。器身残高8.2、耳长4.6、宽2.4、孔径2厘米（图二六六：2）。标本YH4①：150，泥质灰陶。圆柱状环形耳。表面饰中绳纹，印痕较浅，耳部素面。耳长6、宽3.8、厚1、截面直径1.4厘米（图二六六：8）。标本YH4①：152，泥质灰陶。扁状桥形耳。表面饰细绳纹，印痕较浅。器身残高5.8、耳长4.6、宽2.2、孔径1.4厘米（图二六六：14）。

联裆鬲（䰝）足根，共6件。均为夹砂灰陶。标本YH4①：125，瘪裆，实圆锥状足。器表饰中绳纹，裆部饰交错绳纹，印痕较浅。残高10厘米（图二六五：2）。标本YH4①：137，实尖锥状足。表面饰中绳纹，纹理模糊。残高5.3厘米（图二六四：7）。标本YH4①：145，空尖锥状足。表面饰粗绳纹，印痕较浅。残高6厘米（图二六四：4）。标本YH4①：149，实尖锥状足。表面饰粗绳纹，印痕较深，纹理清晰。残高6.4厘米（图二六五：3）。

罐底，共2件。均为泥质灰陶。标本YH4①：131，斜直腹，平底。素面。底径12、残高3.6厘米（图二六六：5）。标本YH4①：147，斜直腹，平底。腹下部和底部满饰交错细绳纹，印痕较浅。残高6厘米（图二六六：4）。

泥丸，共1件。标本YH4①：120，褐色，扁球形。直径1.7、厚1.1厘米（图二三二：2）。

砂岩片，共2件。均残，青灰色。两面较平整，无使用痕迹。标本YH4①：112，平面呈四边形。残长5.4、宽2.7、厚1厘米（图二三二：7）。标本YH4①：113，平面呈三角形，一面有磨制痕迹。残长4.9、宽3、厚0.7厘米（图二三二：10）。

骨针，共1件。标本H4①：1，残，黄色。器身较直，呈扁状，一面磨光，两头均为尖状，近顶处有一圆形穿孔。长9.5、宽0.5、孔径0.15、厚0.2厘米（图二三二：1）。

骨板，共7件。均为片状，可能为制作梭形片状饰的废料，即由肋骨劈成两片中的一小片，骨密质部分均似被打磨过。标本YH4①：29，平面呈梯形。残长4.1、残宽1.2、厚0.2厘米（图二四五：6）。标本YH4①：31，平面似呈长方形。长11.1、宽3、厚0.3厘米（图二五五：1）。标本YH4①：32，平面呈五边形，较其他骨板厚。残长2.9、宽2.2、厚0.4厘米（图二四五：7）。标本YH4①：33，平面呈不规则形。标本YH4①：34，其平面似呈长方形。残长5.9、宽2.5、厚0.5厘米（图二四五：10）。标本YH4①：35，平面呈不规则形。残长8、残宽1.7、厚0.2厘米（图二四五：4）。标本YH4①：36，平面呈不规则形。残长7.7、残宽1.2、厚0.1厘米（图二四五：3）。

肋骨（骨料），共2件。为大型动物的肋骨，制作梭形片状饰的原料。标本YH4①：27，残长9.6、宽3.4、厚1厘米（图二四五：1）。标本YH4①：28，残长8.6、宽3.7、厚0.5厘米（图二四五：2）。

角尖，共2件。标本YH4①：45，鹿角主干，带有分叉。表面光滑，较长角尖的尖部稍残。被截的一端横截面平整，似一刀截断，但中间的骨松质并不是整齐的切口。近断口处还有一道1.5厘米长的切口，印痕较深。长7.5厘米（图二四六：5）。标本YH4①：54，表面粗糙，凹凸不平，尖部残但保留有加工痕迹。一面有纵向刀削的痕迹，近削痕处有因尖锐利器戳的数道凹痕，大的凹槽中有磨痕。被截的一端横截面高低不平，其上有6个不同方向的锯面，每一锯面上锯痕明显。长8.1厘米（图二四六：8）。

基部，共5件。标本YH4①：37，带额骨的右角底部，基部一端有人工加工痕迹。主枝断口残，剩余约二分之一的横截面，其上有4个不同方向的锯面，每一个锯面上的锯痕明显。长13.5厘米（图二四六：1）。标本YH4①：41，右角，带有分枝。下部断口横截面为人工截断，其上有4个不同方向的锯面，每个锯面上留有明显的锯痕。两个分枝的端部分别有2—3个三角形缺口，似人工加工而成。长10.9厘米（图二四六：11；图版二六：1）。标本YH4①：43，主枝角干，基部被加工过。主枝基部断口处横截面高低不平，骨松质高出骨密质。有7个不同方向的锯面，锯面上的锯痕明显。主枝另一端残部上有5个三角形缺口，形状规整，似人工加工而成。长6.7厘米（图二四六：9；图版二六：1）。标本YH4①：47，带有眉枝基部的右角干，主枝基部被加工过。主枝断口的横截面有6个不同方向的锯面，其中锯面与锯面之间有高低不平的接茬，每个锯面上留有明显的锯痕。主枝基部、眉枝风化严重。长6.5厘米（图二四六：2）。标本YH4①：51，带第二分枝基部的角干，主枝两端均有人工加工痕迹。第二分枝基部断口横截面上有6个不同方向的锯面，锯痕明显。另一端的横截面稍残，剩余横截面部分可见5个不同方向的锯面，锯痕明显。长11.1厘米（图二四六：12）。

基部余料，共7件。标本YH4①：38，自然脱落的右角基部前半段，眉枝与主枝基部均有人工加工痕迹。劈面粗糙不平整，劈面的骨松质中有一道类似指甲掐痕，似为着力点之一。主枝基部横截面残，残留有3个不同方向的锯面，锯痕明显。其上有一道口大底小的切口，切面倾斜，长1.3厘米。眉枝基部断口横截面上有6个不同方向的锯面，锯痕明显。长8.1厘米（图二六〇：9）。标本YH4①：40，自然脱落的左角底部内侧，主体有2个劈面，劈痕仍在。残留的眉枝基部有1个方向的锯面，锯痕明显。主枝顶部被切断，切面光滑，留有间距不等且较大的数道切痕。长8.9厘米

(图二六〇：6)。标本YH4①：44，左角内侧主干，其主体上有4个劈面，4个锯面。主枝基部断口横截面，残留有5个不同方向的锯面，近断口处有一道长1.8厘米的切口，此切口是锯成的，口小底大。推测当时想绕过基部骨干而改锯至现断口。长10.1厘米(图二六〇：3)。标本YH4①：48，带额骨的右角底部，主枝和眉枝基部均有人工加工痕迹。主枝上有一个劈面，靠底部有一个横向锯面，近断口处劈面的两边骨密质上各留有一个斜向锯面，主枝横截面残，残留有至少2个锯面，因风化严重无法知其确数。眉枝基部断面似为劈眉枝上角条而形成的坑洼不平的面，其中有3个三角形缺口。长14.4厘米(图二六〇：12；图版二六：3)。标本YH4①：49，带有眉枝残段内侧的角干，有3个劈面。主枝基部断面残，其横截面上残留4个不同方向的锯面，锯痕明显。眉枝一端残留至少1个锯面，锯痕明显，该面上有三道切痕。主枝基部表面有刀削痕迹。长10.2厘米(图二六〇：7)。YH4①：50，带有眉枝基部、主枝基部的右角角干，主枝上有1个劈面，主枝和眉枝均有人工加工痕迹。主枝两端均被截断，2个横截面上均残留4个不同方向的锯面，锯痕明显，横截面上还有数道切痕。眉枝基部断面残，残留有1个锯面，锯痕明显。长10厘米(图二六〇：1)。标本YH4①：52，主枝基部上有1个劈面，断口横截面残，有1个方向的锯面，锯痕明显，近劈面处有一道试切的切痕。眉枝基部断面似为劈眉枝上角条而形成的坑洼不平的面，其中有8个三角形缺口。长8.9厘米(图二六〇：2)。

截断，共1件。标本YH4①：58，角残段，一端宽、一端窄，上下横截面均被加工过。两端横截面上各有5个不同方向的锯面，锯痕明显。长7.3厘米(图二四六：6；图版二六：2)。

截断余料，共2件。截断的近二分之一，两端均被截断，似为截断劈成两半。标本YH4①：56，劈面粗糙，骨松质较少。两端横截面均被加工过，各有4个不同方向的锯面，锯面凹凸不平，似每一道锯痕便有一刀凹槽。长6.4厘米(图二六〇：5；图版二六：4)。标本YH4①：57，一端宽、一端窄，劈面粗糙。两端横截面均有加工痕迹，窄端有3个不同方向的锯面，宽端有4个不同方向的锯面，锯痕均较明显。宽端近劈面处有一道切口，似改劈前的试切口。长6.7厘米(图二六〇：4)。

基部余片，共2件。从基部上剖下的余片，形状不规则，只有一端为截下的二分之一横截面，另一端不规则。标本YH4①：53，劈面粗糙，两端均有加工痕迹。一端平整的横截面上留有3个不同方向的锯面，锯痕明显，另一端高低不平仍可见有2个锯面。长4.7厘米(图二六〇：8)。标本YH4①：55，劈面粗糙，二分之一的横截面上有4个不同方向的锯面，锯痕明显。长5.8厘米(图二六〇：10；图版二六：4)。

角条余料，共15件。标本YH4①：59，两端宽度大致相同。共3个劈面，其中一侧有1个劈面，另一侧有2个劈面。两端横截面呈三角形，骨松质被磨平。一端断面上有1个锯面和二道印痕较深的切口，另一端断面上有3个锯面，锯痕明显。长5.9、宽1.3、厚0.8厘米(图二五〇：4)。标本YH4①：63，扁条形，较宽，两端宽度大致相同。从基部上劈下，2个劈面，近断口处有1个微小的切面。一端带有基部上不规则形状，另一端横截面呈梯形，其上有2个方向的锯面。长5.3、宽2.4、厚0.8厘米(图二五〇：1)。标本YH4①：64，三棱体，两端宽度大致相同。骨松质较残且不规则，3个劈面，一侧有1个，另一侧有2个。一端横截面上有1个锯面，另一端横截面上有2个不同方向的锯面,锯痕明显。长5.9、宽0.9、厚1.5厘米(图二五〇:12)。标本YH4①:65、标本YH4①:70,残,均为新茬口,可确定为1件,骨松质被磨平,2个劈面。两端横截面上各有1个锯面,锯痕明显。标本YH4①:65,长3.2、宽1.3、厚0.7厘米(图二四九:10)。标本YH4①:70,长3.8、宽1.7、厚0.8厘米(图二四九:9)。标本YH4①:67,三棱体,两端宽度大致相同。2个劈面,两端横截面上各有2个不同方向的锯面,锯痕明显。长5.5、宽0.9、厚1.2厘米(图二五〇:7)。标本YH4①:69,细长条,两端宽度大致相同。一面有1个劈面,另一面有3个劈面,两端横截面上各有1个锯面和切痕。长5.5、宽0.6、厚0.5厘米(图二四九:1)。标本YH4①:60,三棱体,一端宽、一端窄,且窄端几乎聚成尖而不成断面。2个劈面,宽端的三角形横截面上有1个锯面,锯痕明显,其上有一道切痕。长5.9、宽1.6、厚0.9厘米(图二四八:10)。标本YH4①:2,一端宽、一端窄,从基部或截断上劈下的角条,2个劈面。宽端横截面呈梯形,窄端横截面呈三角形,其上各有2个方向的锯面。长5.5、宽0.9、厚0.4厘米(图二四九:4)。标本YH4①:62,残,仅剩尖端部分,仍可见3个劈面,一侧有1个劈面,另一侧有2个劈面。残长3.2、宽0.8、厚0.8厘米(图二四七:9)。标本YH4①:66,扁条形,一端宽、一端窄,有3个劈面,在原扁长条形的角条的一端再斜向削1刀而形成。窄端薄而尖。由窄端斜向削的1个劈面较短,宽端与窄端分界明显。宽端横截面呈四边形,其上有2个不同方向的锯面。长5.2、宽0.9、厚0.8厘米(图二四七:7)。标本YH4①:68,三棱体,较短,共4个劈面,为一侧1个劈面,另一侧3个劈面,且劈痕明显。尖端为逆向削2刀而成,宽端横截面上有2个不同方向的锯面,锯痕明显。长3.5、宽1.5、厚1.3厘米(图二四七:4)。标本YH4①:72,扁条形,一端宽、一端窄,有3个劈面,在原扁长条形的角条的一端再斜向削1刀而形成。一侧的两个劈面几乎交叠形成弧形。两端横截面均呈长方形,其上各有2个不同方向的锯面,锯痕明显。长6.2、宽1.2、厚0.7厘米(图二四七:5)。标本YH4①:73,三棱体,宽端与窄端分界明显。窄端聚成尖,宽端横截面上有2个不同方向的锯面。残长6、宽1.2、厚1.5厘米(图二四七:8)。标本YH4①:75,宽端横截面上有3个不同方向的锯面,锯痕明显,有一道较深的切口,窄端横截面上有1个锯面。残长6.1、宽1、厚0.8厘米(图二四八:6)。

　　半成品,共6件。标本YH4①:77,形体较长,一端宽,镟身除背面外都被削过。宽端有多处削痕、切口,其余镟身的削痕明显,铤部底端有一圆断面,稍残。长9.3、宽1.1、厚0.9厘米(图二六一:14;图版二七:4)。标本YH4①:78,扁长条,镟身仍未加工修整,为角条原形,其上有5个劈面,宽端横截面上有1个锯面。镟身与铤部分界处内凹,有横向内刀痕,铤部有被削过的痕迹。长5.7、宽1.7、厚0.8厘米(图二六一:15;图版二八:4)。标本YH4①:79,镟身与铤部在原有角条基础上分界明显,两侧用刀切出缺口。铤部一侧已削了一刀,凹槽处有多道刀痕。宽端横截面上有3个不同方向的锯面,锯痕明显。长6.4、宽1.4、厚0.7厘米(图二六一:12;图版二八:4)。标本YH4①:80,圆锥状,宽端横截面呈圆形,镟身及铤部圆滑,铤部聚成尖。刀削痕迹明显。长6.3、宽0.9、厚1厘米(图二六一:3;图版二七:6)。标本YH4①:83,一端宽、一端窄,两侧各有2个对劈的劈面,背面骨松质刮平。窄端横截面近似圆形,宽端横截面近似梯形,两端断面各有1个锯面。长5.3、宽1、厚0.7厘米(图二六一:1;图版二七:2)。标本YH4①:84,宽端横截面上有1个锯面。铤部修整近圆,削痕明显,铤部底端仍有1个圆形横截面。宽端镟身有2个劈面。

长6.3、宽0.9、厚0.8厘米（图二六一：13；图版二七：3）。

成品，共1件。标本YH4①：3，圆棒体，镞身与铤部分界不明显。锋部圆滑聚成尖，铤部有斜向锉痕，铤部底端有一个小圆截面。长5.2、直径0.8厘米（图二六二：7；图版二八：2）。

残品，共1件。标本YH4①：71，残，仅剩三棱状的镞身，锋部聚成尖，镞身宽，与铤部交界处内凹，两侧刀痕明显。因无铤部，故尚无法判断其形制。残长3、锋宽1.2、锋厚0.8厘米（图二六二：9）。

H4③

联裆鬲，共8件。均残，夹砂。标本YH4③：163，褐陶。卷沿，圆唇，沿下角较大。沿下绳纹被抹，但残痕依稀可见，器表饰斜行中绳纹，印痕较浅，纹理清晰。器表有烟炱痕。口径18、残高12.8、器身最大径19.4厘米（图二六七：1）。标本YH4③：162，灰陶。卷沿，圆唇，沿面形成小平台，沿下角较大，裆部较高。沿面上有一刻划文字，应为"七"，沿下绳纹被抹，但残痕明显，器表饰交错绳纹，印痕较深，条理清晰，触之有扎手感。口径19、残高10.2、器身最大径20厘米（图

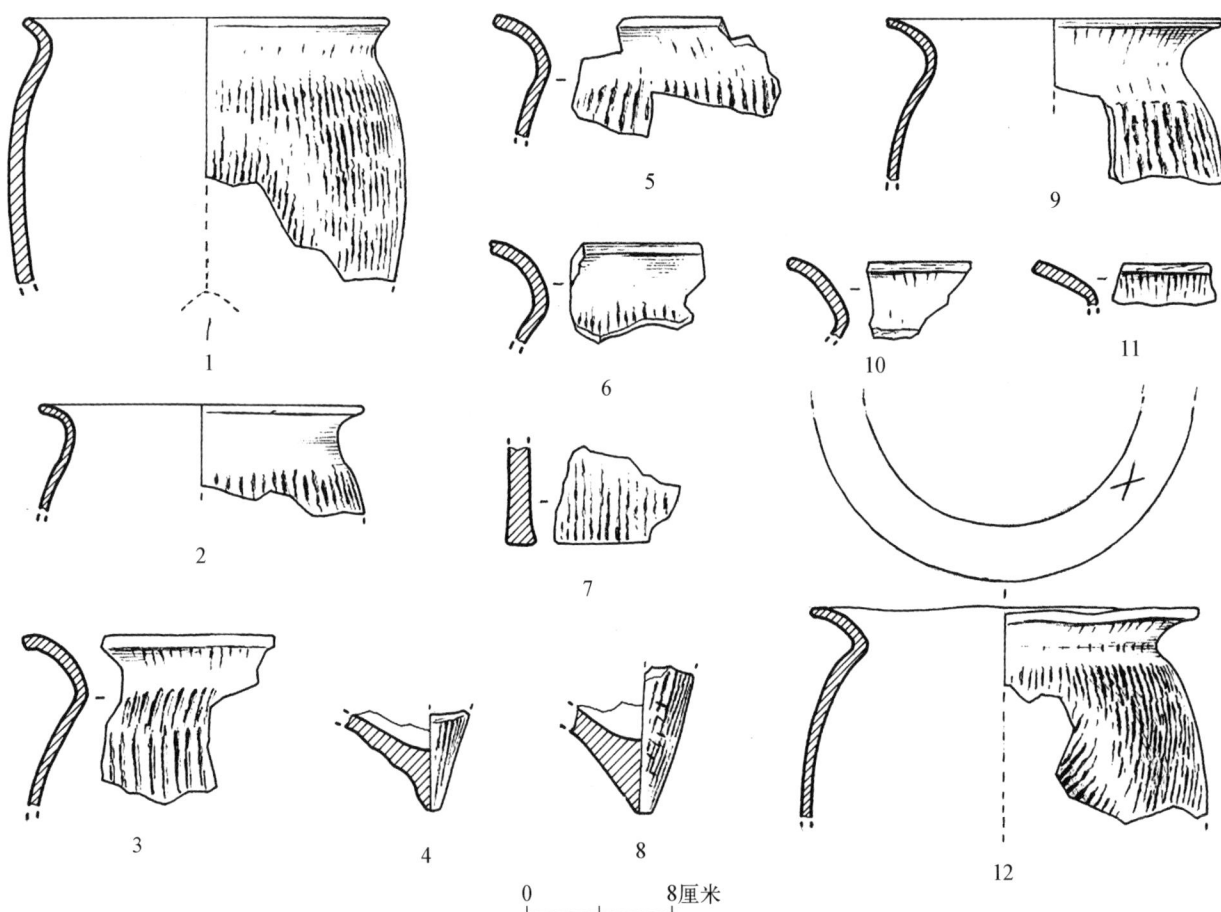

图二六七　2012FZYH4①、③陶器

1、2、3、5、6.联裆鬲（YH4③：163、YH4③：156、YH4③：180、YH4③：164、YH4③：166）　4、8.联裆鬲（甗）足根（YH4③：181、YH4③：182）

7.瓦（YH4③：178）　9、10、11、12.联裆鬲（YH4③：160、YH4①：153、YH4③：172、YH4③：162）

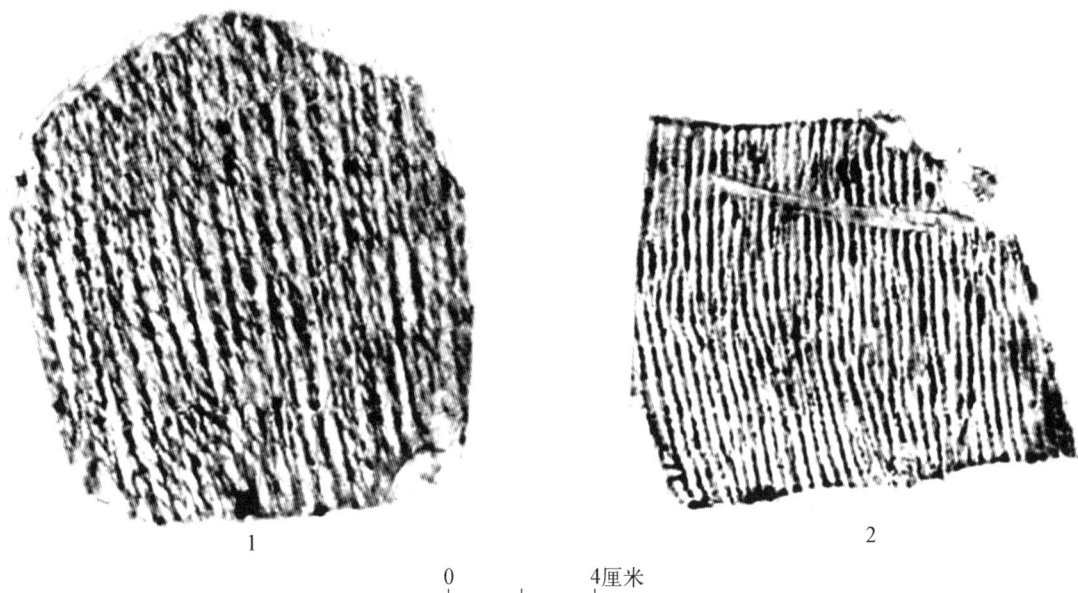

图二六八　姚家西居址陶器拓片

1.绳纹（陶瓦 YH4⑯：186）　　2.绳纹（陶罐 YH4：③：179）

二六七：12）。标本 YH4③：160，仅存口沿，灰陶。卷沿，斜方唇，沿下角较大。唇面有一周凹槽，沿下绳纹被抹，但残痕明显，器表饰竖行粗绳纹，印痕较深。口径16.4、残高7.8厘米（图二六七：9）。标本 YH4③：156，仅存口沿，灰陶。卷沿，尖唇，沿下角较大。沿下绳纹被抹，但残痕明显，器表饰竖行粗绳纹，印痕较深。口径16、残高5.2厘米（图二六七：2）。标本 YH4③：172，仅存口沿，灰陶。方唇。唇面饰斜行中绳纹，器表饰直行中绳纹，印痕均较深。残高2厘米（图二六七：11）。标本 YH4③：180，仅存口沿，灰陶。卷沿，圆唇，沿下角较大。沿下绳纹被抹但有残留痕迹，器表饰交错绳纹，印痕很深。残高8厘米（图二六七：3）。标本 YH4③：164，仅存口沿，褐陶。卷沿，圆唇，沿下角较大。沿外侧有一周凹槽，沿下绳纹被抹，但残痕明显，器表饰竖行粗绳纹，印痕很深，纹理清晰。残高5.8厘米（图二六七：5）。标本 YH4③：166，仅存口沿。灰陶，卷沿，方唇，沿下角较大。唇面有一周凹槽，沿下绳纹被抹，器表饰竖行中绳纹，印痕较深，纹理清晰。残高4.8厘米（图二六七：6）。

罐，共1件。标本 YH4③：179，为腹部残片。夹砂灰褐陶。圆鼓腹。腹上部饰旋断绳纹，共三周旋纹，腹下部饰斜行中绳纹，印痕较深。残高13.2厘米（图二六九：1、图二六八：2）。

小口高领罐，共1件。标本 YH4③：176，仅存口沿，泥质灰陶。小口，方唇，高领，领部微内凹。近口部有一周突棱，颈部素面磨光，肩部饰绳纹。口径9.2、残高8.2厘米（图二六九：2）。

小口矮领罐，共4件。均仅存口沿，灰陶，卷沿，小口，矮领。标本 YH4③：177，泥质。尖唇，沿面有小平台，斜肩。器表及器内壁均有数周暗纹，肩部有一道凹槽，肩部以下饰竖行中绳纹，印痕较浅。口径10、残高8.4厘米（图二六九：3）。标本 YH4③：159，夹砂。尖唇，沿面有小平台，斜肩。肩部及以下饰直行细绳纹，印痕较浅，纹理清晰。口径9.2、残高6厘米（图二六九：

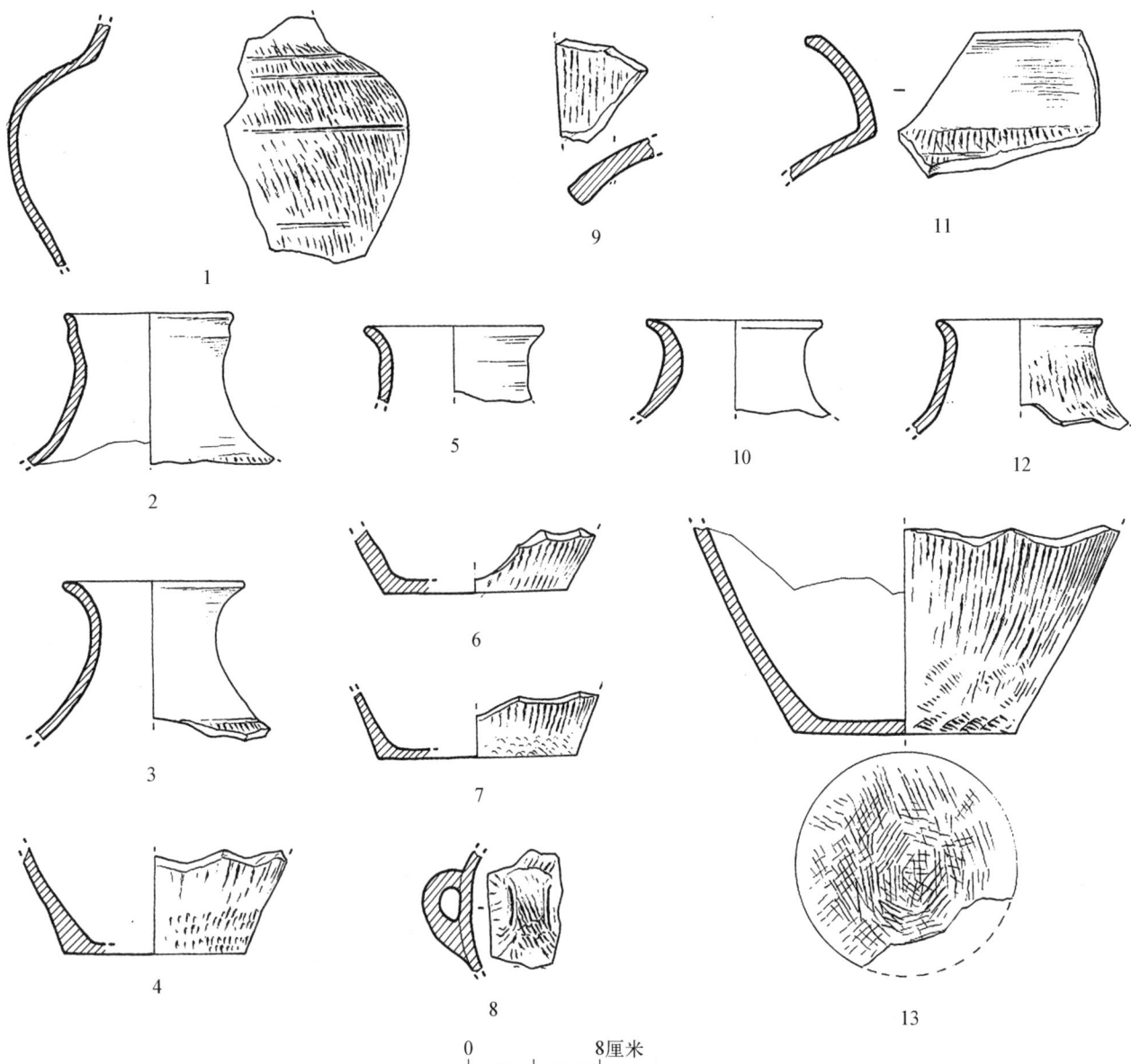

图二六九　2012FZYH4③陶器

1. 罐（YH4③：179）　2. 小口高领罐（YH4③：176）　3、5、10、12. 小口矮领罐（YH4③：177、YH4③：161、YH4③：165、YH4③：159）
4、6、7、13. 罐底（YH4③：167、YH4③：173、YH4③：171、YH4③：174）　8. 器耳（YH4③：169）
9. 瓦（YH4③：170）　11. 斜领罐（YH4③：157）

12）。标本YH4③：161，泥质。圆唇。素面，磨光。口径9.8、残高4.1厘米（图二六九：5）。标本YH4③：165，泥质。尖圆唇。素面，磨光。口径9.7、残高5.3厘米（图二六九：10）。

斜领罐，共1件。标本YH4③：157，仅存口沿，泥质灰褐陶。方唇，沿面有小平台，斜领，斜直肩。领部磨光，肩部饰交错绳纹。残高8厘米（图二六九：11）。

器耳，共1件。标本YH4③：169，夹砂灰陶。近椭圆形。耳上饰竖行中绳纹，器身饰交错绳纹，印痕较深。器身残高6.4、耳长5、宽2、孔径1.8厘米（图二六九：8）。

联裆鬲（甗）足，共2件。均为残片，夹砂，锥状足，器表饰交错绳纹。标本YH4③：181，灰陶。残高4.6厘米（图二六七：4）。标本YH4③：182，褐陶。器表有烟炱痕。残高7厘米（图二六七：8）。

罐底，共4件。均为残片，泥质灰陶。标本YH4③：174，弧腹，平底。腹部饰竖行直行细绳纹，近底部饰楔形绳纹，底部饰交错绳纹，印痕均较浅。底径12、残高11.2厘米（图二六九：13）。标本YH4③：167，弧腹，平底。腹部饰竖行麦粒绳纹，底部饰交错绳纹，印痕较浅。底径10、残高5.8厘米（图二六九：4）。标本YH4③：171，斜直腹，平底。腹部饰绳纹，印痕较深，近底部饰麦粒状绳纹，底部饰交错绳纹，印痕较浅。底径11.1、残高3.7厘米（图二六九：7）。标本YH4③：173，斜直腹，平底。腹部饰斜行细绳纹，印痕较深，底部饰交错绳纹，印痕较浅。底径10、残高3.6厘米（图二六九：6）。

瓦，共2件。均为残片，夹砂灰陶。标本YH4③：170，灰陶。瓦面饰竖行中绳纹，印痕较深，纹理模糊。残长5.6、厚1.1厘米（图二六九：9）。标本YH4③：178，褐陶。瓦面饰竖行细绳纹，印痕较浅，底边饰竖行中绳纹，印痕较深。残长4.6、厚1.4厘米（图二六七：7）。

梯形无孔石刀，共1件。标本YH4③：115，青灰色。两面较平整，平面呈梯形，无孔，双面刃，刃部中间有一凹槽，应为使用后留下的痕迹。上宽4.4、下宽7.8、高3.5、厚0.6厘米（图二三二：12）。

骨针，共1件。标本YH4③：4，残，黄白色。略弯，横截面为圆形，通体较细且磨光。残长4.6、剖面直径0.1厘米（图二三二：8）。

骨板，共2件。皆片状，平面呈不规则形。此为制作梭形片状饰的废料，是由肋骨劈成两片中的一小片，骨密质部分似被打磨过。标本YH4③：30，残长4.3、宽2、厚0.3厘米（图二五五：3）。标本YH4③：85，残长7.8、宽3.6、厚0.3厘米（图二四五：5）。

角尖，共1件。标本YH4③：88，表面光滑，局部风化。被截的一端横截面略微整齐，其上有5个不同方向的锯面，每一锯面上锯痕明显。近断口处有数道4毫米长的凹槽，似为指甲掐痕，着力于此方便锯断角。长9.6厘米（图二四六：4）。

基部，共1件。标本YH4③：86，左主枝骨干，且带有第二或第三主枝基部1段。上下断面均被加工过，三个横截面上均有6个不同方向的锯面，锯痕明显。第三分枝基部近断口处有一个试锯的切口，此切口口小底大，距离横断面0.8厘米，长1.7厘米。总长9.7厘米（图二四六：10）。

角条余料，共28件。

两端宽度大致相同。共19件。标本YH4③：8，3个劈面，两端横截面上各有1个锯面，锯痕明显。长5.8、宽0.8、厚0.8厘米（图二四九：8）。标本YH4③：9，从基部上劈下，3个劈面，一侧1个劈面，另一侧有2个对劈的劈面，两端横截面上各有1个锯面，锯痕明显。长6、宽1.9、厚0.6厘米（图二五〇：11）。标本YH4③：10，一侧有1个劈面和3个刀削的削面，另一侧有3个劈面。一端横截面有2个不同方向的锯面，锯痕明显。另一端有四道切口，印痕较深。长5.3、宽1.4、厚1.1厘米（图二五〇：13）。标本YH4③：12，3个劈面，其中一侧的2个劈面有改劈的迹象，后又逆向劈一刀，故而形成2个劈面于一侧。一端横截面上有1个锯面，另一端横截面2个不同方向的锯面，锯痕明显。长5.7、宽0.9、厚0.7厘米（图二四九：5）。标本YH4③：13，扁三棱体，从一端的两侧向下劈出2个劈面，后从另一端两侧斜向削出稍窄的端。一端断面上凹凸不平，仍可看出1个锯面，另一端断面上有1道切痕。长6.4、宽1.6、厚0.8厘米（图二五〇：17；图版二六：6）。标本YH4③：14，3个劈面，一端残，另一端横截面上有1个锯面，锯痕明显。长4.7、宽0.8、厚0.6厘米（图二四八：11）。标本YH4③：15，2个劈面，两端横截面上各有2个交叉方向的锯面，两端的骨松质均高出骨密质平面。长6.8、宽1.4、厚0.9厘米（图二五〇：15）。标本YH4③：16，表面光滑，似有刻划图案。3个劈面，其中一侧的2个劈面有改劈的迹象，后又逆向劈一刀。两端横截面上各有2个锯面，锯痕明显。长6.8、宽1、厚0.8厘米（图二五〇：8）。标本YH4③：17，三棱体，一端横截面稍残，另一端横截面上有2个锯面，锯痕明显。3个劈面，一侧有1个劈面，另一侧有2个劈面。稍残一端和骨松质一面上均有被火烧的痕迹。长5.9、宽1、厚0.9厘米（图二四九：6）。标本YH4③：90，一侧1个劈面，另一侧有2个劈面，且两端处的劈痕明显。两端横截面上各有2个锯面，锯痕明显。长5.9、宽1.1、厚1厘米（图二五〇：3）。标本YH4③：91，细长条形，一端残，另一端横截面上有1个锯面。一侧有1个劈面，另一侧有上下对劈的2个劈面。长9.8、宽0.7、厚0.9厘米（图二四九：13；图版二六：6）。标本YH4③：92，扁长条形，两侧各有2个对劈的劈面。一端残，另一端横截面上有1个锯面。长7.4、宽0.6、厚1厘米（图二四九：11）。标本YH4③：93，扁平条，2个劈面，劈痕明显。两端断面各有1个锯面，且两端上的骨松质高出骨密质平面。长6.3、宽1.7、厚0.5厘米（图二五〇：16）。标本YH4③：94，2个劈面，劈面粗糙。两端横截面上各有2个不同方向的锯面，锯痕明显。长5.5、宽1.5、厚0.9厘米（图二五〇：10）。标本YH4③：100，体较大，2个劈面，劈痕明显。一端横截面上有2个锯面和数道切痕，另一端横截面上有2个锯面，骨松质高出骨密质平面。长6.7、宽1.7、厚1.3厘米（图二五〇：14）。标本YH4③：101，风化严重，两侧各有2个对劈的劈面，有明显的改劈痕迹。两端断面各有2个交叉方向的锯面，锯痕明显。长8.4、宽1.6、厚1.4厘米（图二五〇：18；图版二六：6）。标本YH4③：102，2个劈面，两端横截面上各有2个锯面，其中一端断面上有2道印痕较深的切口。长5.6、宽1.4、厚1厘米（图二五〇：9）。标本YH4③：103，细长条，表面光滑，其上似有刻划图案。两侧各有2个劈面，有改劈的痕迹。两端断面的锯痕不明显。长9.8、宽1.4、厚1.2厘米（图二四八：12）。标本YH4③：107，扁条形，两侧各有2个劈面。两端横截面均呈菱形，且各有2个交叉方向的锯面，锯痕明显。残长6.4、宽0.8、厚0.9厘米（图二四九：2）。

一端宽、一端窄，且窄端几乎聚成尖而不成断面。共4件。标本YH4③：7，扁条形，横截面呈梯形，条体有2个劈面。宽端横截面上有一个锯面，锯痕明显。长6、宽1.2、厚0.7厘米（图二四八：8；图版二六：5）。标本YH4③：11，三棱体，2个劈面，宽端的三角形横截面上有1个锯面，骨松质高出该锯面。长5.4、宽0.7、厚0.6厘米（图二四八：9）。标本YH4③：96，扁条形，横截面呈四边形，条体有2个劈面。宽端横截面上有一个锯面，锯痕明显。长5.2、宽1、厚0.5厘米（图二四八：5；图版二六：5）。标本YH4③：99，条体有2个劈面，宽端横截面呈梯形，其上有1个锯面，锯痕明显，一道切痕。长6.2、宽1.3、厚0.9厘米（图二四八：1；图版二六：5）。

一端宽、一端窄，从基部或截断上劈下的角条，2个劈面。共2件。标本YH4③：89，从基部上劈下的角条，2个劈面，其中1个劈面有一道切口。两端横截面均呈三角形，宽端横截面上有3

个不同方向的锯面,窄端横截面上残留1个锯面。长6.4、宽1.8、厚1.2厘米(图二四八:2)。标本YH4③:104,从基部上劈下的不规则三棱体。宽端横截面呈扇形,其上有1个锯面,锯痕明显。窄端横截面呈三角形,残留1个锯面。长5.8、宽1.4、厚1厘米(图二四八:4)。

一端宽、一端窄,有3个劈面,在原扁长条形角条的一端再斜向削一刀而形成。共3件。标本YH4③:6,窄端聚成尖,宽端横截面呈梯形,其上有1个锯面和三道切痕。长4.7、宽1、厚0.5厘米(图二四七:2)。标本YH4③:95,宽端与窄端分界明显。窄端聚成尖,宽端横截面呈四边形,其上有1个锯面和一道切痕。长6.9、宽1.7、厚1厘米(图二四七:1;图版二七:1)。标本YH4③:105,宽端与窄端分界明显,由窄端斜向削的1个劈面较短,宽端横截面呈梯形,其上有2个不同方向的锯面,锯痕明显。窄端有1个锯面,凹凸不平。长6.5、宽1.2、厚1.2厘米(图二四七:3)。

半成品,共8件。标本YH4③:5,铤部修整近圆,削痕明显,铤部底端仍有1个圆形横截面。宽端镞身有2个劈面,即镞身仍是有棱的角条原形。宽端横截面上有2个不同方向的锯面,锯痕明显。长6.1、直径0.8厘米(图二六一:7;图版二七:3)。标本YH4③:18,一端宽,镞身除背面外都被削过。铤部底端本应呈尖锥状,且能看出3个削面,但因操作失误一侧削过了,现只能看到底部的尖和2个面。宽端横截面有2个交叉方向的锯面,锯痕明显。长4.9、直径0.7厘米(图二六一:11;图版二七:4)。标本YH4③:21,铤部修整近圆,削痕明显,铤部底端仍有1个圆形横截面。宽端镞身有2个劈面,即镞身仍是有棱的角条原形。宽端横截面上有1个锯面,锯痕明显。长6.3、直径0.8厘米(图二六一:4;图版二七:3)。标本YH4③:22,一端宽,镞身除背面外都被削过。铤部断面上有1个锯面。长5.4、直径0.9厘米(图二六一:8;图版二七:4)。标本YH4③:23,一端宽,镞身除背面外都被削过。铤部削至近圆,底端形成一个小平台,可看出削铤方向为由镞身向铤部削。长7.1、直径1厘米(图二六一:5;图版二七:4、5)。标本YH4③:25,一端宽,镞身除背面外都被削过。铤部与镞身分界不明显,镞身呈圆柱体,铤部渐收至底端形成一个圆形断面。铤部有斜向下的锉痕,锉痕杂乱并不整齐。长6.3、直径0.7厘米(图二六一:6;图版二七:7)。标本YH4③:97,一端宽,镞身除背面外都被削过。表面削痕明显,宽端断面有2个锯面。长7.1、宽1.4、厚1厘米(图二六一:2;图版二七:4)。标本YH4③:106,铤部修整近圆,削痕明显,铤部底端仍有1个圆形横截面。宽端镞身有2个劈面,即镞身仍是有棱的角条原形。宽端横截面上有3个不同方向的锯面,锯痕明显。长5.6、宽1.4、厚1厘米(图二六一:10;图版二七:3)。

成品,共5件。标本YH4③:76,圆棒体,镞身与铤部分界不明显。锋部有多个削面,且顶端聚成一个小圆截面。铤部有斜向锉痕,铤部底端聚成尖。长5、直径0.7厘米(图二六二:3;图版二八:2)。标本YH4③:19,圆棒体,镞身与铤部分界不明显。锋部有多个削面,且顶端聚成一个小圆截面。铤部无锉痕,仅为刀削痕,铤部底端有一个小圆截面。长5.9、直径0.8厘米(图二六二:2;图版二八:1)。标本YH4③:20,圆棒体,镞身与铤部分界不明显。锋部有多个削面,且顶端聚成尖。铤部无锉痕,仅为刀削痕,铤部底端有一个小圆截面。长6.6、直径0.8厘米(图二六二:1;图版二八:1)。标本YH4③:24,镞身呈三棱状,圆铤,镞身与铤部分界明显。锋部横截面为三角形，镞身与铤交界处两侧内凹，铤部为刀削痕，铤部底端有一个小圆截面。长6.3、锋长4.1、锋宽1.2、锋厚0.6、铤长2.2、铤径0.6厘米（图二六二：8；图版二八：4）。标本YH4③：26，锋部有多个削面，且顶端聚成尖。铤部无锉痕，仅为刀削痕，铤部底端聚成一个小圆截面。长5.6、直径0.6厘米（图二六二：4；图版二八：2）。

H4⑥

联裆鬲，共1件。标本YH4⑥：185，仅存口沿，夹砂灰褐陶。卷沿，圆唇，沿下角较大。沿下绳纹被抹，但残痕依稀可见，器身饰竖行粗绳纹，印痕较浅。器表满布烟炱痕。口径15、残高4.6厘米（图二七〇：9）。

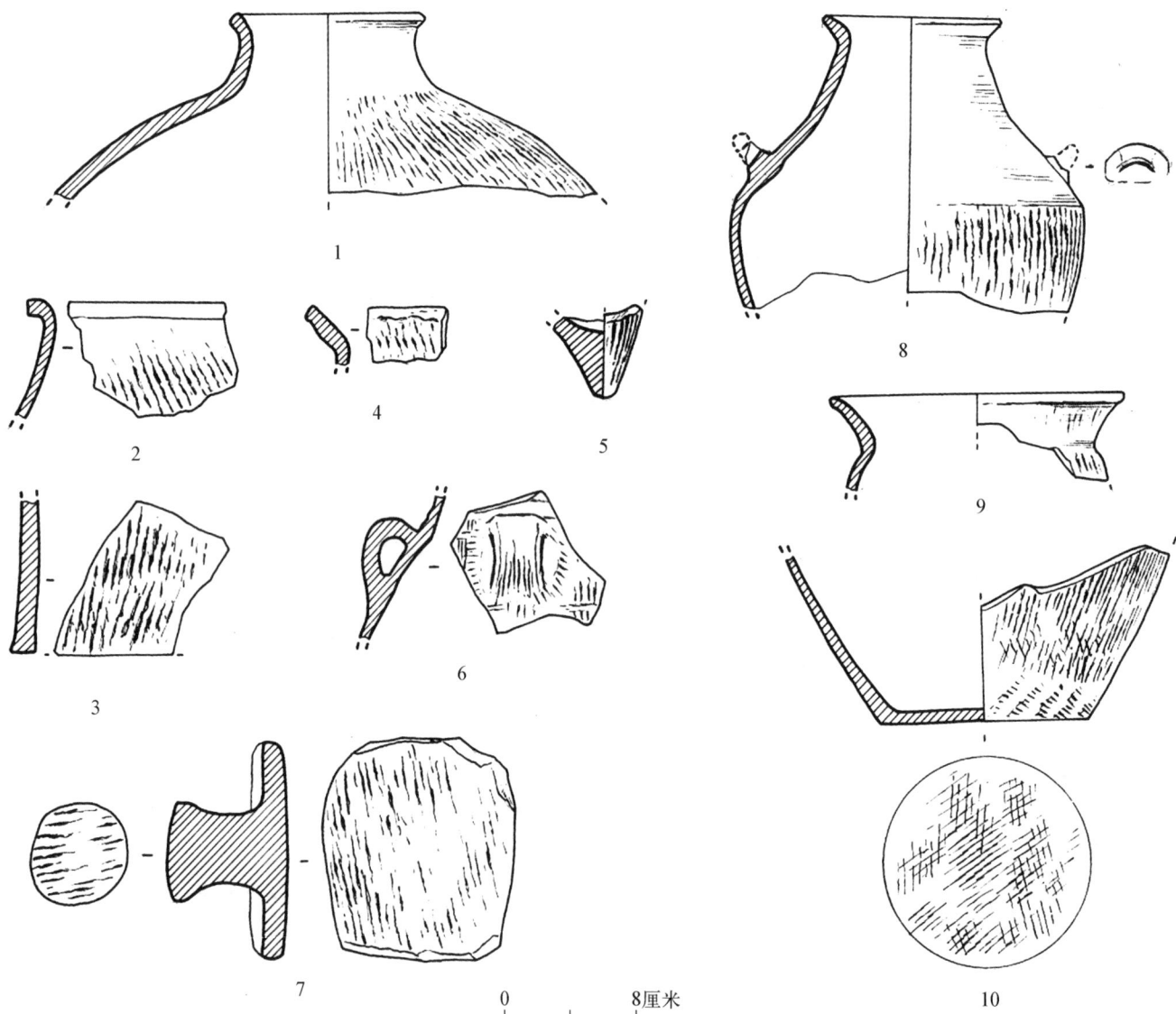

图二七〇　2012FZYH4⑥、H4⑯、H5③陶器

1、8. 小口矮领罐（YH4⑯：187、YH4⑯：189）　2、4、9. 联裆鬲（YH5③：1、YH5③：2、YH4⑥：185）
3、7. 瓦（YH4⑥：184、YH4⑯：186）　5. 联裆鬲（甗）足根（YH4⑯：188）　6. 器耳（YH4⑥：183）　10. 罐底（YH4⑯：190）

器耳,共1件。标本YH4⑥:183,泥质灰陶。拱桥形耳,中间孔洞呈不规则圆形。器耳饰竖行细绳纹,器表饰交错绳纹,印痕较浅。残高7、耳长4.8、宽2.4、孔径2厘米(图二七〇:6)。

瓦,共1件。标本YH4⑥:184,残,泥质灰陶。瓦面饰竖行粗绳纹,底边饰斜行粗绳纹,印痕较深,纹理清晰。残长7.6、厚1.2厘米(图二七〇:3)。

铜锥,共1件。标本YH4⑥:122,铜制。一端尖锥状,一端扁状双面刃。器身上有一棱脊,两侧各有一凹槽。器表偶见绿色铜锈。长5.3、宽0.7、厚0.3厘米(图二三一:5)。

H4⑯

小口矮领罐,共2件。均残,泥质。直口,领较矮,溜肩。标本YH4⑯:187,灰陶。口微侈,厚圆唇,斜直领,溜肩。肩部饰斜行中绳纹,印痕较深,纹理清晰。口径10、残高8.8厘米(图二七〇:1)。标本YH4⑯:189,黑皮陶。圆唇,直领,溜肩,肩部有对称的一对器耳,弧腹。腹部饰竖行粗绳纹,印痕较浅。口径9、残高14.6、器身最大径18、器耳残高0.4厘米(图二七〇:8)。

联裆鬲(鬻)足根,共1件。标本YH4⑯:188,夹砂灰褐陶。圆锥状实足根。器表饰交错绳纹,印痕较浅。器表有烟炱痕。残高4.6厘米(图二七〇:5)。

罐底,共1件。标本YH4⑯:190,泥质灰陶。斜直腹,平底。腹部饰斜行绳纹,腹部近底处饰楔形绳纹,底部饰交错绳纹,印痕较浅。底径10.6、残高8.6厘米(图二七〇:10)。

瓦,共1件。标本YH4⑯:186,残,泥质灰陶。瓦略凹,瓦上有瓦钉,瓦钉呈蘑菇状。瓦面及瓦钉饰竖行粗绳纹,印痕较深。残长11、厚6、钉面直径5厘米(图二七〇:7、图二六八:1)。

石刀,共1件。标本YH4⑯:119,残,深灰色。两面较平整,平面呈梯形,残留半个小孔,为两面钻,双面刃。残长5.8、宽5.7、厚0.7、孔径0.4厘米(图二三二:11)。

砂岩片,共1件。标本YH4⑯:118,残,褐色。两面较平整,无使用痕迹。平面呈不规则四边形。残长6.7、宽5.9、厚0.9厘米(图二三二:4)。

单位年代与属性:

本坑所出联裆鬲多数为卷沿,沿下角大,沿外侧绳纹被抹,但多数仍可见,所饰绳纹印痕较深,纹理清晰,触之有扎手感,部分沿面外端有小平台。由此推断该坑年代为西周早期偏晚阶段。

H4①、③层中出土大量关于制作角镞的余料等,应是角镞作坊之垃圾。H4⑥层中有出土1件铜锥及1件小铜渣,表明其可能与当时的铸铜作坊有关。H4⑯为纯净灰土,出土陶器上烟炱痕迹明显,推测其可能为一般生活垃圾坑。

(5)2012FZYH5

位置与层位关系:

位于T3西南角,开口于⑥层下。

形制结构:

以揭露状况看,其平面近圆形,东西最长处约158厘米,南北最宽处约80厘米,自深约66厘米。壁略弧,未发现工具痕迹(图二七一)。

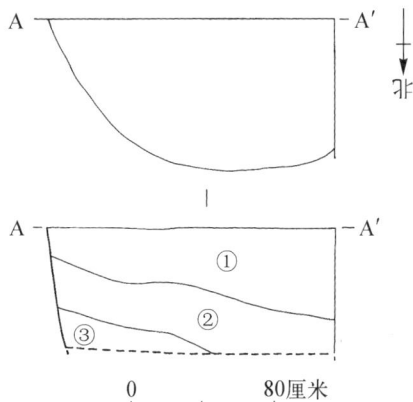

图二七一 2012FZYH5平剖图

堆积状况：

根据土质、土色及包含物状况等将发掘部分分为3层。根据剖面判断，其堆积来源于东北方向。

第①层，厚约15—48厘米。土色呈红褐色，土质致密且较硬，包含少量炭屑。该层分布于整个灰坑。

第②层，厚约18—33厘米。土色呈黄褐色，土质致密且较硬，包含少量炭屑及动物骨骼及陶片。该层分布于整个灰坑。

第③层，厚约0—22厘米。土色呈灰褐色，土质较上层疏松，包含少量炭屑、红烧土点、动物骨骼及陶片。该层分布于灰坑的东部。

包含物共存状况：

包含少量陶片、动物骨、炭屑及红烧土点等。其中陶片共38片，分为夹砂与泥质。夹砂陶与泥质陶所占比例相同。陶色有灰色和灰褐色，夹砂灰陶18片，所占比例最高，近50%；泥质灰陶15片，所占比例居于其次，近40%；灰褐陶所占比例较小，其中泥质灰褐陶多于夹砂灰褐陶，分别为4件、1件。纹饰均为绳纹，共28件，约占85%，主要有细绳纹、中绳纹、粗绳纹、交错绳纹及间断绳纹，其中以中绳纹所占比例最大，共17片，近50%。可辨识的器类有联裆鬲2件，为夹砂陶。

标本介绍：

联裆鬲，共2件，均仅存口沿，夹砂灰陶，卷沿，方唇。标本YH5③：1，沿面极短近平。唇面上隐约可见绳纹，器表饰斜行中绳纹，印痕较浅。残高5.8厘米（图二七〇：2）。标本YH5③：2，沿下角大。沿下饰竖行中绳纹，印痕较浅。残高2.8厘米（图二七〇：4）。

单位年代与属性：

本坑所出的联裆鬲沿下角大，瘪裆，高裆高足。沿外侧绳纹被抹，所饰绳纹较浅，略有纹理，因此推断该坑年代属于西周早期偏早阶段。

（6）2012FZYL1

位于T3东南角，开口于⑥层下，揭露约4.84平方米。以揭露状况看，路边较直。路面有车辙痕迹。

（7）2012FZYCH1

位置与层位关系：

ACH1位于姚家西窑厂的北面，西邻CH2。

形制结构：

从断面上看，整体较浅，口部近似圆形，南北口径长约264厘米。南、北壁较斜，圜底。口距地表76、自深76厘米。

单位年代与属性：

从堆积的方向和厚度来看，CH1北面堆积略厚于南面堆积，且出土物北面居多，该坑应是从北面始倾倒。出土陶片多磨损，棱角不清，伴随出土较少的碎骨。陶片均为西周时期之物，可辨器形的有鬲、甗等。因此，该坑年代为西周时期。

（8）2012FZYCH2

位置与层位关系：

位于姚家西窑厂北面,东临CH1。

形制结构:

从断面上观察,整体较深,口部似椭圆形,南北口径长约198厘米。南、北壁较弧,圜底。口距地表150、自深102厘米。

堆积状况:

南面堆积稍厚于北面,且地势南高北低,该坑应是从南面始倾倒。

标本介绍:

联裆鬲,共2件。标本CH2:3,下腹残,泥质浅灰陶。侈口,微卷沿,尖唇,斜直颈,沿下角较大,腹上部微向外鼓出。腹上部饰竖行中绳纹,印痕较浅,纹理模糊。口径12、残高5.4厘米(图二七二:3)。标本CH2:11,下腹残,夹细砂深灰陶,敞口,沿面近平,圆唇,斜直颈,沿下角较小,腹上部向外鼓出。沿下至领部有纹饰抹光痕,腹上部饰斜行粗绳纹,印痕较深,纹理模糊。口径15、残高5.2厘米(图二七二:2)。

横绳纹鬲,共1件。标本CH2:9,仅存口沿,泥质浅灰陶。侈口,平折沿,尖圆唇,斜直颈,沿下角较大,腹上部微向外鼓。沿下纹饰被抹,腹部饰横行细绳纹,印痕较浅,纹理清晰。口径15.6、残高7厘米(图二七二:1)。

高直领鬲,共1件。标本CH2:2,下腹残,夹粗砂深灰。敞口,圆唇,高直领,沿下近平,腹上部向外微鼓。腹部饰竖行中绳纹,印痕较浅,纹理模糊。口径13、残高6.8厘米(图二七二:16)。

甗,共2件,皆残存甗腰。标本CH2:15,泥质红褐陶,腰隔较宽。器表饰交错粗绳纹,印痕较浅。腰隔宽2.8、残高2.8厘米(图二七二:14)。标本CH2:16,夹细砂深灰陶,腰隔较窄。器表饰竖行中绳纹,印痕较浅。腰隔残宽0.4、残高2.6厘米(图二七二:5)。

簋,共1件。标本CH2:13,侈口,平折沿较宽,方唇,短颈,颈、腹部分界明显,腹部微鼓较浅,圜底,残圈足较矮粗。唇面有一周凹槽,颈部有一周折棱,颈部和腹上部之间有一周折棱,腹上部和腹下部之间有一折棱。口径18.6、残高10.1厘米(图二七二:21)。

盆,共1件。标本CH2:10,下腹残,泥质浅灰陶。直口,宽沿,方唇,沿下平直,沿下角较大,直颈,腹上部微内收。沿下有纹饰抹光痕,腹上部饰旋断绳纹,印痕较浅。残高7厘米(图二七二:17)。

联裆鬲(甗)足根,共6件。标本CH2:7,泥质浅灰陶,与标本CH2:3似为一件。整体较高,柱状,足根底部平,实足根较高。腹部饰竖向中绳纹,印痕较浅,纹理模糊。残高7.4厘米(图二七二:18)。标本CH2:4,夹粗砂深灰陶。整体高粗,锥状,实足根较高。表面饰交错中绳纹,印痕较浅,纹理模糊。残高6厘米(图二七二:7)。标本CH2:12,夹细砂红陶。整体较高,锥状,实足根较高,足根底部磨残。表面饰交错细绳纹,印痕较浅。残高7.4厘米(图二七二:11)。标本CH2:8,夹细砂浅灰陶。整体较矮,锥状,实足根较矮,足根底部磨平。表面饰交错中绳纹,印痕较浅。残高3.7厘米(图二七二:20)。标本CH2:14,夹细砂浅灰陶。整体较矮,尖锥状,小实根足。器表饰有竖行细绳纹,印痕较浅。残高4厘米(图二七二:9)。标本CH2:17,夹细砂浅灰陶。整体较矮,锥状,实足根较矮。器表饰交错粗绳纹,印痕较浅,纹理模糊。残高3.6厘米(图二七二:19)。

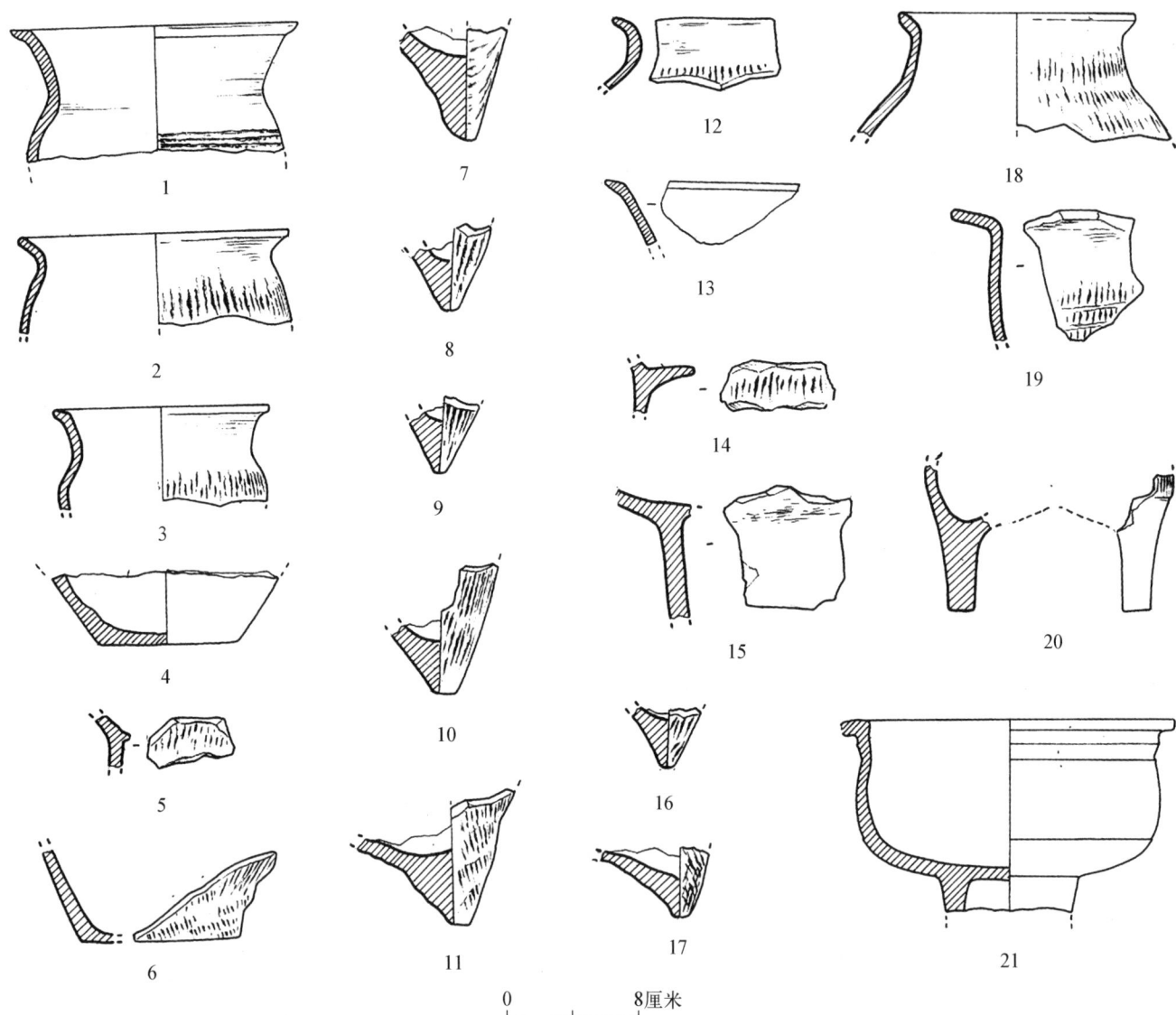

图二七二　2012采集灰坑陶器

1. 横绳纹鬲（CH2：9）　2、3.联裆鬲（CH2：11、CH2：3）　4、6、12.罐（CH3：4、CH4：3、CH3：3）　5、14.联裆甗（CH2：16、CH2：15）
7、8、9、10、11.联裆鬲（甗）足根（CH2：4、CH3：1、CH2：14、CH4：1、CH2：12）　13.大口尊（CH4：2）　15.簋（豆）（CH3：2）
16.高直领鬲（CH2：2）　17.盆（CH2：10）　18、19、20联裆鬲（甗）足根（CH2：7、CH2：17、CH2：8）　21.簋（CH2：13）

砺石，共1件。标本CH2：5，整体呈不规则方形。砂岩。残长3.3、宽2.4、厚0.6厘米（图二三二：6）。

不明石器，共1件。标本CH2：6，整体呈方形。页岩，经火烧，局部有开裂。残长3.8、宽2.7、厚0.7厘米（图二三二：3）。

单位年代与属性：

从出土标本来看，横绳纹鬲时代为先周晚期至西周早期，但此种形制在先周时期较少，平折沿，纹理清晰，印痕较深，年代属于西周早期。2件联裆鬲中，标本CH2：11，侈口，微卷沿，所饰绳纹纹理清晰,为周原西周早期偏早器。另1件则在西周中期不见,疑为横绳纹鬲发展而来。簋,腹圆鼓,为西周早期器。高直领鬲,立领外撇,和先周时期器有明显差别,所饰绳纹印痕较浅,属于先周晚期至西周早期作风。据此分析,虽有先周时期遗物,但该坑年代为西周早期偏早阶段。

（9）2012FZYCH3

位置与层位关系:

CH3位于姚家西窑厂北部,东临CH2,绝对坐标为(36 488 630,3 818 419)。

形制结构:

口距地表约162厘米,自深约73厘米,口径约183厘米。从断面上观察,为圜底坡状壁坑。

堆积状况:

未分层,土质较疏松,土色呈灰褐色。包含物较多,采集有陶片和骨头。

包含物共存状况:

坑内采集的动物骨有猪、羊等。其中,猪右肩胛1件、左肩胛骨1件、右肱骨残段1件、耻骨残段1件,羊左下颌后半段1件、右肱骨远段2件、耻骨1件,马牙1枚,中型肋骨1件,小型肋骨13件,脊椎骨3件,管状骨片6件。

标本介绍:

联裆鬲(瓻)足根,共1件。标本CH3∶1,泥质灰褐陶。实心尖锥状足,粗矮。器表饰麦粒状绳纹,印痕较深,纹理清晰。残高4.8厘米(图二七二∶8)。

罐,共2件。均为泥质灰陶。标本CH3∶3,仅存口沿。小口,卷沿,尖圆唇,矮领。肩颈以下饰粗绳纹,纹理模糊,印痕较浅。残高3.8厘米(图二七二∶12)。标本CH3∶4,仅存器底。腹下部弧收,小平底。素面。底径7.8、残高3.8厘米(图二七二∶4)。

簋(豆),共1件。标本CH3∶2,夹砂红褐陶。素面。残高6.7厘米(图二七二∶15)。

单位年代与属性:

陶器绳纹印痕较深,条理清晰,触之有扎手感,其特征属于早期偏晚阶段,由此推断CH3的年代当为西周早期偏晚阶段。

（10）2012FZYCH4

位置与层位关系:

CH4位于姚家西窑厂北部,东临CH3,绝对坐标为(36 488 624,3 818 417)。

形制结构:

CH4距地表约146厘米,自深约104厘米,口径约173厘米。从剖面来看,为圜底坡状壁坑。

堆积状况:

整坑初步清理,未分层。土质较疏松,土色呈黄褐色。包含物较少,采集到一些陶片、蚌片和骨头。

包含物共存状况:

CH4坑内采集了部分陶片、蚌片和一堆碎骨头。其中,残蚌片1件,羊右桡骨近段1件、肋骨1件。

标本介绍:

联裆鬲（甗）足根，共1件。标本CH4：1，泥质灰陶。实心尖锥状足。器表满饰粗绳纹，纹理模糊，印痕较浅。残高7厘米（图二七二：10）。

大口尊，共1件。标本CH4：2，仅存口沿，泥质灰陶。大敞口，卷沿，沿面近唇部有一小平台，尖圆唇。素面。残高3.4厘米（图二七二：13）。

罐，共1件。标本CH4：3，仅存器底，泥质黑皮陶。弧腹，平底。器表饰细绳纹，纹理模糊，印痕较浅。残高5厘米（图二七二：6）。

单位年代与属性：

由可辨器类的形制、纹饰等情况，初步判断CH4的年代为西周早期偏晚阶段。

3.3　区域钻探

为了进一步弄清许家北、姚家西地点西周时期的遗存分布范围，在许家北、法黄路南、姚家西窑厂、姚家西四个地点进行了钻探。以下分述各地点钻探情况。

3.3.1　许家北钻探区（B区）

1. 钻探范围

许家村北钻探区（B区）呈东西向条带状，东邻法黄公路，西靠许家河，南抵许家村北断坎，北距法黄公路约338.1米。其四角绝对坐标为东北角（36 488 813, 3 817 664），东南角（3 648 839, 3 817 487），西南角（36 488 472, 3 817 422），西北角（36 488 448, 3 817 599）。该区域地势整体呈北高南低，其间分布有东西向和南北向的生产路，地表上多相间分布玉米地和苹果树园。

2. 钻探目的与钻探方法

为寻找与姚家墓地相对应的居址遗存，在大范围地表调查的基础上，结合以往考古发现与成果，初步认为离姚家墓地最近的居址区应位于许家村北。但是，由于砖厂和村民取土，许家村北大片区域已从原地表下挖了3—4米左右，以往遗留下来的文化遗迹多已荡然无存，故在许家村北台地和砖厂附近钻探。主要目的就是寻找西周时期的居址遗存。

本区布以1×1米的梅花孔。遇到遗迹时，不仅加孔卡边卡口，而且钻深孔。探孔遗物均采集。

3. 钻探遗迹

该区域共发现30个遗迹（图二七三），包括灰沟2条，灰坑（群）22个，墓葬5座，路1条，其余均为空白地带。在钻探区的西部，经过发掘可知为西周时期堆积。东部G2及K14等单位为不早于汉代的遗存，其余遗迹年代不明。五座墓葬年代不明，但是其填土土质疏松，而西周时期即使未经夯打的小墓，其填土土质都较为致密，推测为不早于汉代的墓葬。钻探区以G2和L1为界分

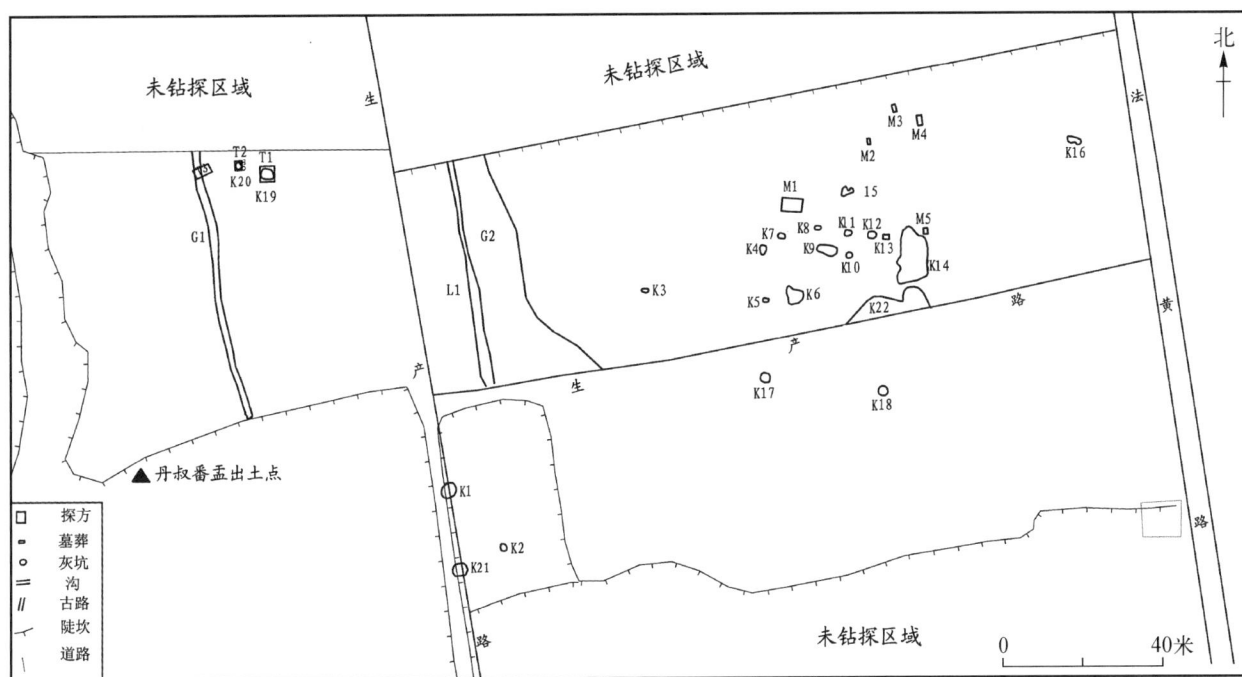

图二七三　许家北钻探遗迹平面图

为东西区,西区可以确定年代的遗迹都为西周时期,东区可以确定年代的遗迹都不早于汉代。

（1）灰沟

XZG1,位于B区西部,即为XT3中发现的XG1。从平面上来看,较窄长,长87.6、宽2.1—3米。南端由于取土而破坏掉。其绝对坐标:北端东西两侧各为（36 488 499,3 817 603）,（36 488 497,3 817 602）;南端东西两侧各为（36 488 516,3 817 517）,（36 488 515,3 817 516）。XZG1以北有横贯东西的水渠,初步推测XZG1为连接水渠的取水或给水的支渠。

XZG2,位于B区中部偏西,西距XZG1约84.8—87.9米。其绝对坐标:北端东西两侧各为（36 488 597,3 817 600）,（36 488 587,3 817 601）;中部东西两侧各为（36 488 612,3 817 555）,（36 488 596,3 817 554）;南端东西两侧各为（36 488 638,3 817 530）,（36 488 600,3 817 525）。南北走向。整体平面呈喇叭形,宽度不一,南宽北窄。其北端未钻探,南端已被取土形成的路坎破坏。长80.1、南宽11.1、北宽37.5米。沟内填土基本呈红褐色,土质疏松。从XZG2的走向来看,其似乎不是许家村北西周居址区的壕沟,更可能与其东的汉或汉以后遗存有密切关联。

（2）灰坑（群）

XZK1,位于B区中部的村北生产路坎上,东北距XZG2约34.8米。整体平面呈椭圆形。长径4.5、短径2米。坑内堆积呈灰黑色,土质疏松,内含大量炭屑、绳纹陶片等。

XZK2,位于B区中西部偏南,西北距XZK1约23米。整体平面呈椭圆形。长径2.7、短径2米。坑内堆积土色由灰褐色变为红褐色,土质由疏松变为较疏松。

XZK3,位于B区中部,西南距XZG2约28.6米。整体平面呈椭圆形。长径2.4、短径1.4米。坑内堆积土质由较为疏松变成疏松,土色由红褐色变为灰褐色。

　　XZK4,位于B区中部偏东,西南距XZK3约40.6米。整体平面呈椭圆形。长径3.3、短径2.3米。坑内堆积呈灰褐色,土质疏松。

　　XZK5,位于B区中部偏东,北距XZK4约14.5米。整体平面呈椭圆形。长径2.1、短径1.4米。坑内堆积呈灰褐色,土质疏松。

　　XZK6,位于B区中部偏东,西距XZK5约6.8米。整体平面呈袋状。袋底径6.1、口径2.8、长径6.7米。坑内堆积呈灰褐色,土质疏松。

　　XZK7,位于B区中部偏东,西南距XZK4约5.3米。整体平面呈椭圆形。长径2.6、短径1.8米。坑内堆积呈灰褐色,土质疏松。

　　XZK8,位于B区中部偏东,西南距XZK7约10.7米。整体平面呈椭圆形。长径2.2、短径1.4米。坑内堆积呈灰褐色,土质疏松。

　　XZK9,位于B区中部偏东,北距XZK8约5.1米。整体平面呈椭圆形。长径7、短径3.4米。坑内堆积呈灰褐色,土质疏松。

　　XZK10,位于B区东部偏西,西北距XZK9约3.4米。整体平面呈椭圆形。长径2.3、短径2米。坑内堆积呈灰褐色,土质疏松。

　　XZK11,位于B区东部偏西,南距XZK10约5.6米。整体平面呈椭圆形。长径2.7、短径2米。坑内堆积呈灰褐色,土质疏松。

　　XZK12,位于B区东部偏西,西距XZK11约5.5米。整体平面呈椭圆形。长径3.1、短径2.6米。坑内堆积呈灰褐色,土质疏松。

　　XZK13,位于B区东部偏西,西距XZK12约2.4米。整体平面呈四边形。长径2—2.2、短径1.5米。坑内堆积呈灰褐色,土质疏松。

　　XZK14,位于B区东部偏西,西距XZK13约4.2米。整体平面呈不规则形状。长径18.4、短径5.9—10.4米。坑内堆积呈灰褐、红褐两色,土质疏松,内含大量可晚至汉代的陶片,少量炭屑。

　　XZK15,位于B区中部偏东,南距XZK11约11.5米。整体平面呈不规则形状。长径4.5、短径1.1—2.6米。坑内堆积呈灰褐色,土质疏松。

　　XZK16,位于B区东部偏东,西南距XZK14约59.7米。整体平面呈不规则形状。长径4.9、短径1.5—2.1米。坑内堆积呈灰褐色,土质疏松。

　　XZK17,位于B区中部、村北东西向生产路南侧,北距XZK5约23.8米。整体平面近圆形。长径3.6、短径3.4米。坑内堆积呈灰褐色,土质疏松。

　　XZK18,位于B区中部、村北东西向生产路南侧,西北距XZK17约38.1米。整体平面近圆形。长径3.5、短径3.2米。坑内堆积呈灰褐色,土质疏松。

　　XZK19,即为XT1所发现的XH3、XH4,位于B区西部偏北、村北南北向生产路西侧,西距XZG1约19.8米。详见前文有关XH3、XH4的描述。

　　XZK20,即为XT2所发现的XH2,位于B区西部偏北、村北南北向生产路西侧,西距XZG1约10.3米。详见前文有关XH2的描述。

　　XZK21,位于B区中西部偏南的村北南北向生产路坎上,北距XZK1约36米。整体平面呈椭圆形。口径约1.2米。坑内堆积先呈红褐色,土质较疏松,后呈灰褐色,土质由较疏松变为疏松。

XZK22,位于B区东部偏东、XZG2东侧、村北东西向生产路北侧,北距XZK14约1.8米。整体平面呈不规则形状,南部不明。长径29.9、短径3.9—7.3—8、深1.8米。坑内堆积厚约0.6米,土质疏松,土色呈灰褐色。

（3）墓葬

XZM1,位于B区中部偏东、村北东西向生产路北侧,东南距XZK8约6.9米。东西向长方形竖穴土坑墓。长7.1—7.4、宽4.6米。墓内填土为五花土,土质疏松,黄褐色土夹杂红土。

XZM2,位于B区中部偏东、村北东西向生产路北侧,西南距XZK15约16.1米。南北向长方形竖穴土坑墓。长2、宽1米。墓内填土为五花土,土质疏松,黄褐色土夹杂红土。

XZM3,位于B区中部偏东、村北东西向生产路北侧,西南距XZM2约12.1米。南北向长方形竖穴土坑墓。长2.5、宽1.4米。墓内填土为五花土,土质疏松,黄褐色土夹杂红土。

XZM4,位于B区中部偏东、村北东西向生产路北侧,西北距XZM3约7米。南北向长方形竖穴土坑墓。长3.3、宽1.7米。墓内填土为五花土,土质疏松,土色呈黄褐色,夹杂少量红土。其北发现一椭圆形盗洞。

XZM5,位于B区中部偏东、村北东西向生产路北侧,西南距XZK14约0.8米。南北向长方形竖穴土坑墓。长1.9、宽1.4米,至少深5米。墓内填土为五花土,土质疏松,呈黄褐色,夹杂少量红土。

（4）道路

XZL1,位于B区中部偏西、村北东西向生产路北侧,紧邻XZG2西侧,可能为沟边西侧道路。其绝对坐标:北端东西两侧各为（36 488 587, 3 817 601）,（36 488 585, 3 817 602）;南端东西两侧各为（36 488 600, 3 817 525）,（36 488 598, 3 817 525）。长77.7、宽1.3—4.2米。

3.3.2　法黄路南钻探区（C区）

1. 钻探范围

钻探C区呈南北向长条带状,北接法黄公路,南距B区233米,西距许家河57米,东靠村北南北向生产路。其四角绝对坐标为东北角（36 488 513, 3 817 928）,东南角（36 488 523, 3 817 860）,西南角（36 488 474, 3 817 845）,西北角（36 488 468, 3 817 929）。该区域地表玉米田和果树园相间分布。

2. 钻探目的与钻探方法

最初目的是寻找许家村北发现的XZG1的北端去向,但钻探发现地层中垫土甚厚。对比B区发掘所获G1的深度,怀疑即使存在G1也已被破坏。加之秋收在即,钻探工人急于回家秋忙,故未在与G1相对应的区域上深钻。但在村北南北向生产路旁发现的M3应为西周墓葬。为判定XZM3周边是否还有墓葬遗存,特在此进行钻探。

本区钻探布以1.5×1.5米的梅花孔。遇到遗迹时,只加孔卡边卡口,不钻深孔。

3. 钻探遗迹

经钻探,该区域只发现3座墓葬(图二七四),其余均为空白地带。

LZM1,位于C区东部偏南,村北南北向生产路西侧,东距村北南北向生产路约16.9米。南北向长方形竖穴土坑墓。长2.5、宽1.3米。墓内填土为五花土,土质疏松,黄褐色土夹杂红土。

LZM2,位于C区东部偏南、村北南北向生产路西侧,西南距LZM1约3米。南北向长方形竖穴土坑墓。长2.3、宽1.3米。墓内填土为五花土,土质疏松,黄褐色土夹杂红土。

LZM3,位于C区东部偏南、村北东西向生产路东侧,西南距LZM2约23.2米。残。南北向长方形竖穴土坑墓。残长1.9、宽2.8米。墓内填土为五花土,土质疏松,黄褐色土夹杂红土。

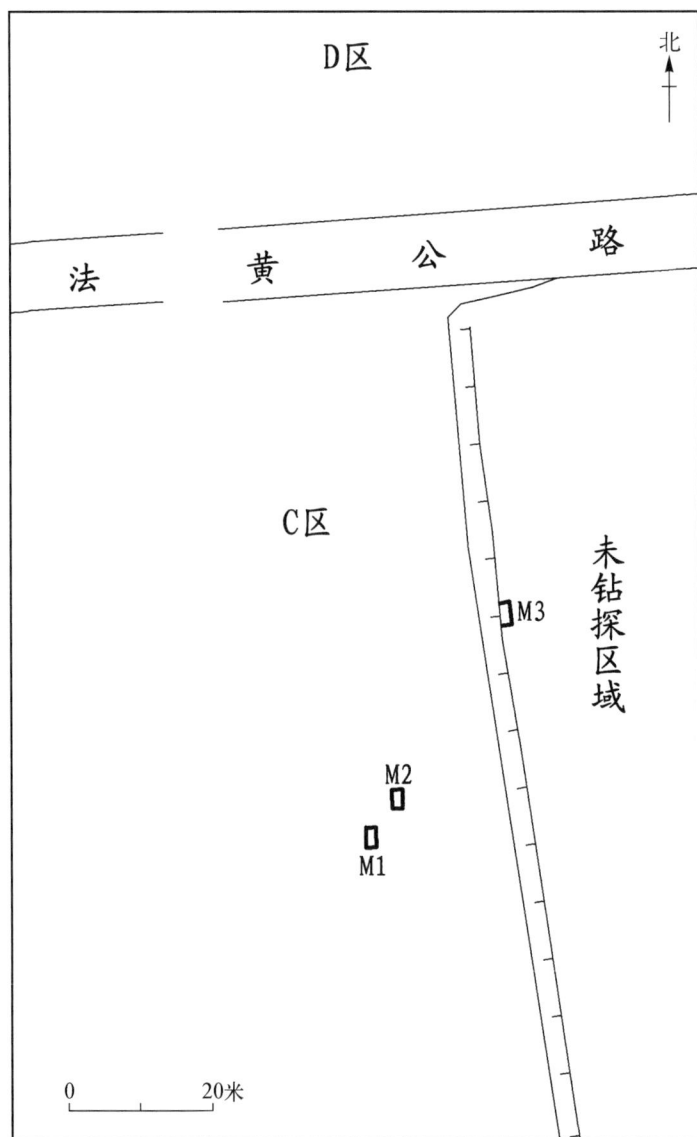

图二七四　法黄路南钻探遗迹平面图

3.3.3　姚家西窑厂钻探区（D区）

1. 钻探范围

钻探D区呈南北向条带状，东邻姚家西窑厂，西靠樊村沟，南抵法黄公路，北达砖厂北一近东西向小路。四角绝对坐标为东北角（36 488 487，3 818 158），东南角（36 488 527，3 817 949），西南角（36 488 458，3 817 946），西北角（36 488 424，3 818 145）。钻探面系砖厂取土后平整，比原地表低约2米。区内北部地势高于南部。如今，整个区域均是麦田。

2. 钻探目的与钻探方法

根据以往调查和采访，D区有西周时期的居址遗存，也可能有一处墓地。为寻找该区域内西周时期遗存，特在此进行钻探。

本区域布以1.5×1.5米的梅花孔。遇到遗迹时，只加孔卡边卡口，不钻深孔。

3. 钻探遗迹

钻探所获不佳，未能达到预期目标。经钻探，D区未发现任何古代遗迹现象，只发现一现代扰坑，内含较多炉渣和砖块，厚约0.4—2米。

3.3.4　姚家西钻探区（E区）

1. 钻探范围

E区呈东西向条带状，西邻呈东北-西南方向的樊村沟，东达南北向水泥公路，北抵砖厂取土形成的坎崖和与坎崖连接的一东西向小路，南至砖厂取土形成的坎崖。其区域绝对坐标为A东南角（36 488 715，3 818 249），B东北角（36 488 684，3 818 415），C西北角（36 488 487，3 818 406），D西南角（36 488 485，3 818 250），E西南角（36 488 534，3 818 258），F西南角（36 488 538，3 818 232）。该区域为砖厂取土形成的高台，地势较南部、西部等周围地区高。地表均为东西并列的麦田。

2. 钻探目的与钻探方法

在基本确定该区为西周时期居址区的情况下，对本区进行钻探，一是为了确定居址区的分布范围，二是试图区分不同的居址类型，三是掌握不同居址的性质，对居址进行初步划分，厘清各功能区之间的关系。

E区采用井字形钻探带，每条钻探带上布以2×2米的梅花孔。共计南北向六条，东西向三条。遇到遗迹时，为确定遗迹的范围等情况，加孔卡边。另外，该区域钻探时，钻深孔，一直至生土[1]。

---

[1]　这是针对以往所知周原遗址堆积特征所设计的。周原遗址的堆积状况是居址与墓葬混杂在一起，两类遗存相互叠压打破，关系复杂。很多墓葬叠压于灰坑之下。这一特点是周原遗址区别于其他遗址的特殊之处。于是，若不钻探至生土而仅钻探至灰坑口部，很可能会遗漏掉灰坑下压的墓葬，从而影响对堆积状况的了解。因此，建议以后在周原遗址进行钻探时，应全部或至少有选择地钻探至生土。

3. 钻探遗迹

该区域共发现24个遗迹（图二七五），包括灰沟3条（图二七六），灰坑（群）15个，墓葬5座，路1条，其余均为空白地带。

（1）灰沟

YZG1，位于E区西北部，西南-东北走向。本年钻探共探得B（36 488 554，3 818 402），B'（36 488 560，3 818 399），C（36 488 538，3 818 377），C'（36 488 544，3 818 372），D（36 488 516，3 818 327），D'（36 488 527，3 818 323），E（36 488 690，3 818 291），E'（36 488 495，3 818 285）。整体平面呈长方形，宽度不一。其南端、北端均已被砖厂取土破坏。区内长135、宽4.7—11.3、深[1] 1.7—2.2米。沟内填土呈红褐色，土质疏松，包含少量炭屑、料礓石、淤土层、瓦渣等。从其北端坎壁的东西向剖面来看，该沟开口于②层下。沟口距地表1.2、宽6、自深0.9米。沟内近西壁见一段踩踏面，厚约0.05、宽约0.3米，距口部0.2米。同时，采集到几件西周陶片。据钻探伴出的西周时期绳纹陶片和瓦片，并结合断面调查出的少量西周瓦片和陶片，初步推断YZG1年代当为西周时期。E区内，YZG1一端朝西南，一端向东北方向延伸，在北侧未钻探区域内弯转向西北而去（见第四章）。这样，YZG1所围区域基本上就是其西北方。也就是说，YZG1应为钻探区域内西北部文化堆积的环壕。YZG1所围的区域经发掘为制骨作坊所在地，还存在铸铜遗物。钻探结果也表明，在水渠围成的区域内，同时期的聚落分为两部分，且西部区域和制骨、铸铜手工业活动有关，东部区域的性质不明，但为居住区无疑。

YZG2依方向明显可分南北两段：

北段，位于E区中部偏西，东西走向。就目前钻探所得F（36 488 537，3 818 340），F'（36 488 538，3 818 336），G（36 488 599，3 818 346），G'（36 488 600，3 818 342），H（36 488 625，3 818 349），H'（36 488 622，3 818 344）。整体平面呈窄长方形。长91.6、宽1.5—2.3、深2.1—2.5米。沟内填土呈红褐色，土质疏松，包含少量炭屑、料礓石、瓦渣等。沟内东端距地表1.8米见淤土层，并伴出西周绳纹瓦片。沟内2—2.5米见白膳土[2]，沟外0.8—1.2米见白膳土。在YZG2的东边和北边未发现文化堆积，而在两沟围成的方形区域之内，发现灰坑群。有些灰坑有黑炉土，可能为房址。YZG2与YZG1相通，应同为西周时期。

南段，位于E区中部偏东、ZG1东侧，南北走向。其南端已被砖厂取土破坏掉，北端与ZG2北段东端相接，成为一沟，但直转直行。目前钻探所得I（36 488 626，3 818 296），I'（36 488 631，3 818 296），J（36 488 632，3 818 238），J'（36 488 637，3 818 238）。整体平面呈长条形，口底相若。口部平面为长方形，直壁，圜底。长111.6、宽1.5—2.6、深1.8—3米。沟内填土呈红褐色，土质疏松，包含少量炭屑、料礓石、淤土、陶片等。从其南端剖面上来看，该沟开口于②层下，打破第③层。沟口距地表1.1米，自深1.8米。沟内可见0.02米厚的淤土层。

YZG3，位于E区西南部，南北走向。南端已被砖厂取土破坏，北端延展不明。目前钻探所得

---

[1] 这里的深度均为距地表的深度。
[2] 为本地区生土。

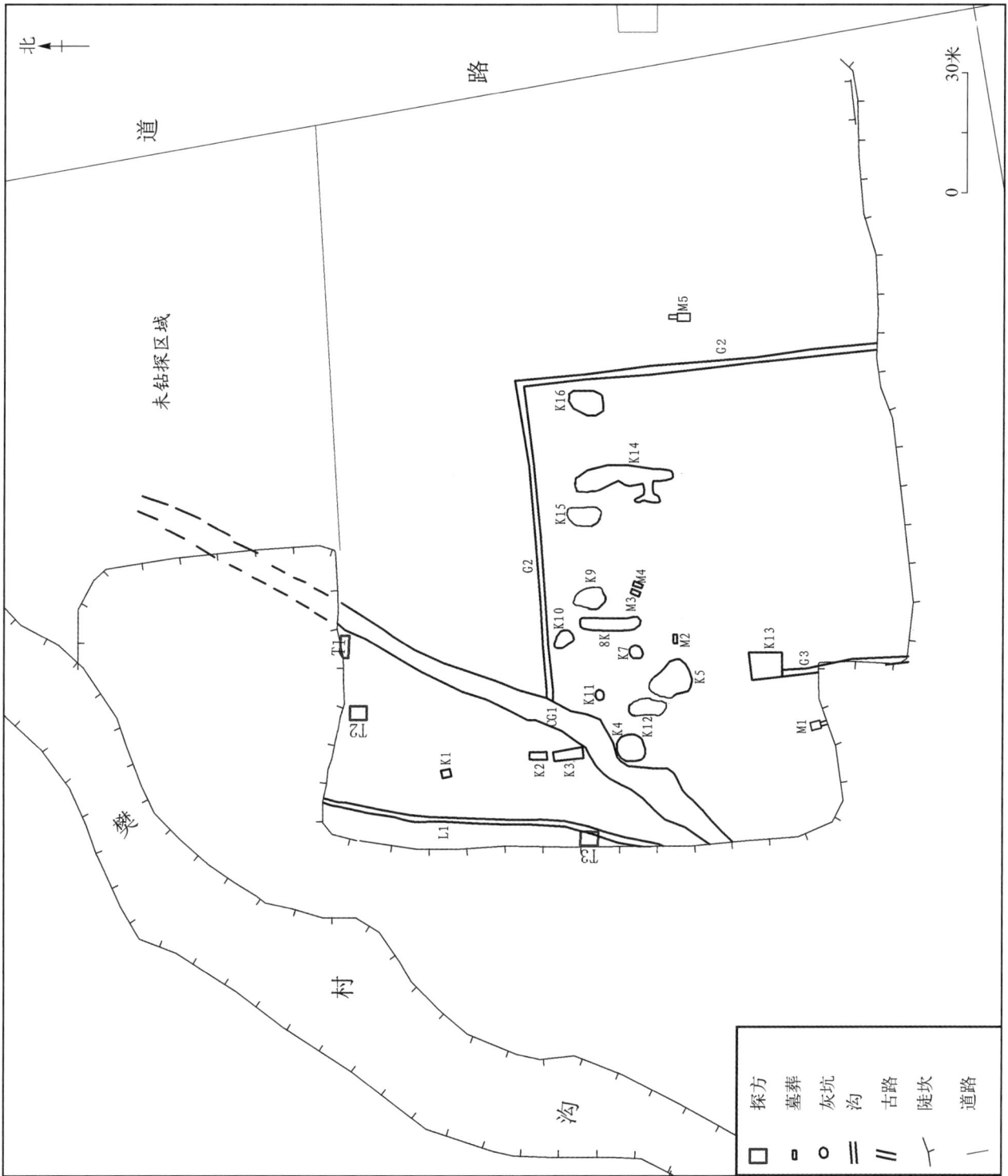

图二七五 姚家西钻探遗迹平面图

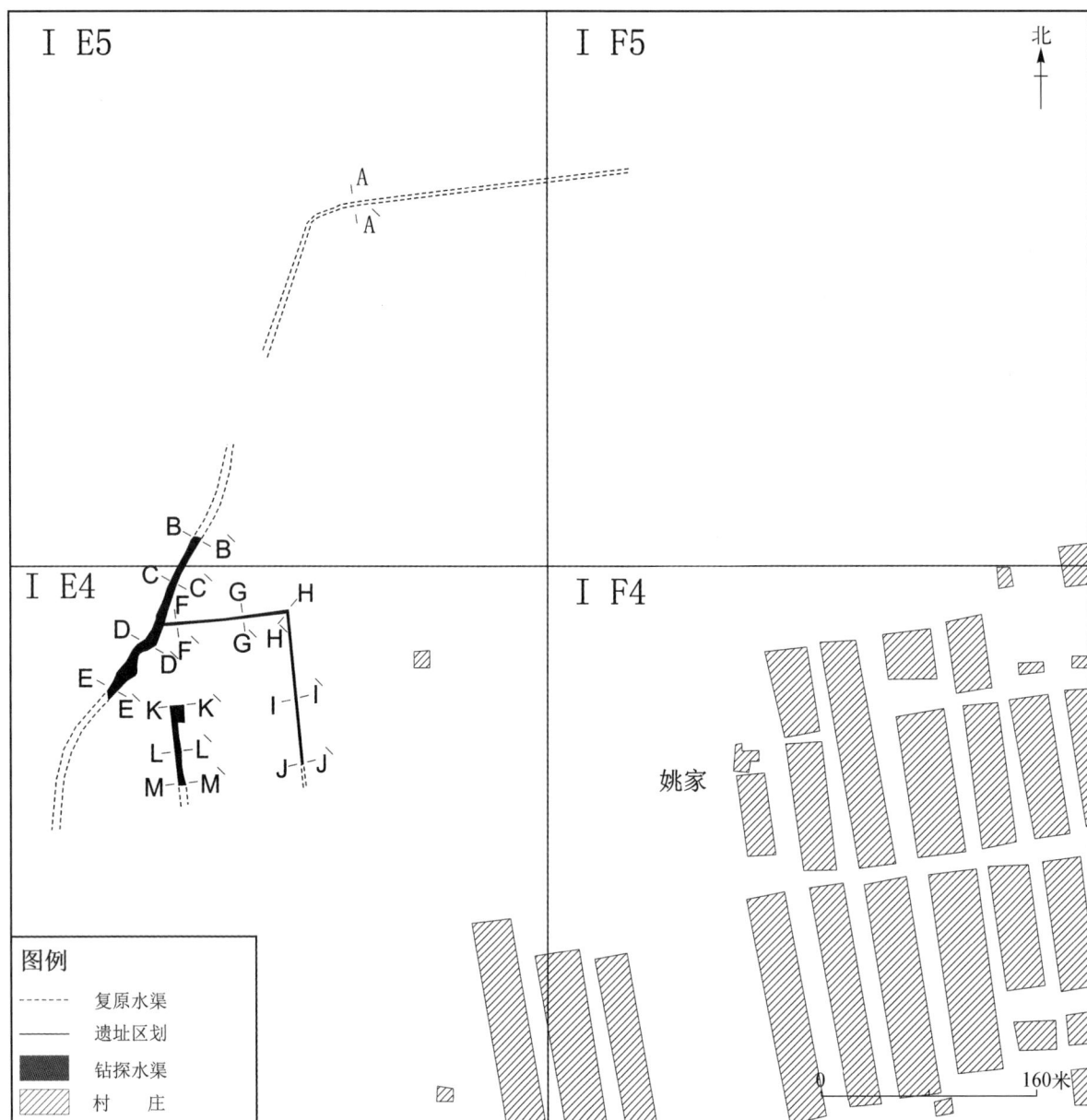

图二七六　姚家西沟渠平面图

K（36 488 536，3 818 279）、K'（36 488 547，3 818 280）、L（36 488 536，3 818 247）、L'（36 488 546，3 818 247）、M（36 488 541，3 818 223）、M'（36 488 548，3 818 223）。整体平面上看，较窄长。长38.3、宽1.5—2.7、深2—2.5米。沟内填土呈红褐色，类似颗粒状小五花土，土质疏松，土色匀称，含有大量料礓石。从其南端坎壁上的剖面来看，该沟开口于②层下，并采集到1件西周绳纹陶片。沟内北端距地表1.6米见踩踏面，厚约0.1—0.2米。

　　从平面上来看，YZG3与YZG2虽不相连，但从整体形制上看，YZG3与YZG2的南段平行，两者可能为同一条壕沟的支渠，且两条壕沟围成一个方形区域。

（2）灰坑（群）

这15个灰坑[1]，形成一灰坑群，但又被YZG1一分为二，分为东西两区。东区基本上为YZG2、YZG3所环绕，形成一相对独立的区域。西区以YZG1为东界。根据钻探所获的陶片可知，该区所发现的灰坑群主要为西周时期。各个灰坑相关钻探情况如下：

YZK1，位于E区西部，西距YZL1约11.3米。整体平面呈南北向长方形。长2.7、宽2.2—2.3、深2.8米。坑内堆积呈灰褐色，土质疏松，内含少量炭屑、兽骨、料礓石等。

YZK2，位于E区中西部，北距YZK1约23.9米。整体平面呈南北向长方形。长5.3、宽2.1—2.4、深3米。坑内堆积呈灰褐色，土质疏松，内含少量料礓石、陶片。

YZK3，位于E区中西部，北距YZK2约2米。整体平面呈南北向长方形。距地表2—2.5米处始见坑口。长8.7、宽2.7—3.3、深4—4.5米。坑内堆积呈灰褐色，土质疏松，内含大量炭屑，还有不少陶片、兽骨等。

YZK4，位于E区南部，西距YZG1约0.5米。整体平面呈椭圆形。距地表2米处始见坑口。长径8.8、短径8、深2.5—3.9米。坑内堆积可分3层：第①层，自地表深2.7米，厚约0.7米，土质较疏松，土色为灰褐色，内含少量炭屑、料礓石、瓦片、陶片；第②层，自地表深3米，厚约0.3米，土质疏松，土色为灰黑色，内含较多炭屑；第③层，自地表深3.9米，厚约0.9米，土质较疏松，内含少量炭屑。

YZK5，位于E区西南部，西北距YZG1约14.5米。整体平面呈不规则形。距地表0.8—1.3米处始见坑口。长径15.9、短径7.5—10、深1.5—2.3米。坑内堆积呈灰黑色，土质疏松。距地表0.8—1.3米处见大量炭屑、西周绳纹陶片及瓦片，少量红烧土。

YZK7，位于E区西部、YZG1东侧，西南距YZK5约7米。整体平面呈椭圆形。距地表1米处始见坑口。长径4.3、短径3.8、深1.8米。坑内堆积呈灰黑色，土质疏松。距地表1米处见大量炭屑，还有兽骨、西周绳纹陶片、红烧土块和石块。

YZK8，位于E区西部、YZG1东侧，西距YZK7约4.8米。整体平面呈近长方形。距地表0.8—1.1米处始见坑口。长17.8、宽3.4—3.7、深1.8—3米。坑内堆积基本上呈灰黑色，土质疏松。其南部距地表1.1米处见大量炭屑，厚达0.7米，伴出西周绳纹陶片和料礓石等。北部距地表0.8米处也见大量炭屑、料礓石，还有西周绳纹陶片和瓦片。距地表2米处见踩踏面，厚0.1米，纹理清晰，土质纯净且较硬。

YZK9，位于E区西部、YZG1东侧，西距YZK8约2.5米。整体平面呈椭圆形。距地表1.5米处始见坑口。长径8、短径6、深2.5米。坑内堆积可分两层：第①层，距地表2米，厚约0.5米，土质疏松，土色呈灰褐色，内含大量炭屑、陶片；第②层，距地表2.5米，厚约0.5米，土质较第①层硬，土色呈红褐色，为颗粒状花土。

YZK10，位于E区西部、YZG1东侧，东南距YZK8约3.4米。整体平面呈不规则形状。距地表0.9米处始见坑口。长径6.3、短径4.3、深1.5—2.5米。坑内堆积可分两层：第①层，距地表1.5米，厚约0.6米，土质疏松，土色呈灰黑色，内含大量炭屑、料礓石、少量红烧土；第②层，距地表2.5米，

---

[1]　因YZK6为近现代坑，故而在下文中没有具体描述。

厚约1米,土质较疏松,比第①层硬,土色呈黄褐色,内含钙化白色丝状物。

YZK11,位于E区西部,南距YZK5约11.3米。整体平面呈椭圆形。距地表1.2米处始见坑口。长径2.8、短径2.4、深1.5米。坑内堆积,厚约0.3米,土质疏松,土色呈灰黑色,内含大量炭屑和少量瓦片。

YZK12,位于E区西部、YZG1东侧,东南距YZK5约1.5米。整体平面呈不规则形状。距地表1.1—1.2米处始见坑口。长径5.2、短径3.7、深2.3—2.5米。其北部距地表1.1米见少量炭屑、绳纹陶片,厚约1.2米,土质较疏松,土色呈灰褐色。南部距地表1.2米见大量炭屑、少量绳纹陶片和烧土块,厚约1.3米,土质疏松,土色呈灰黑色。

YZK13,位于E区西部、YZG1东侧,北距YZK5约18.3米。整体平面呈方形。距地表1.2米处始见坑口。长径9.3、短径4.9、深3米。坑内堆积,土质疏松,土色呈灰褐色,内含少量炭屑、料礓石、陶片等。YZK13与YZG3应为两个遗迹单位,钻探时未能分清。

YZK14,位于E区西部、YZG1东侧,西距YZK9北段约20.2米。整体平面呈带扣状。长径28.5、短径6—8.5、深2.5—2.7米。坑内北部填土不易区分,内含少量炭屑、兽骨、陶片,但是中西部可分两层:第①层,距地表约2米,土质较疏松,土色呈灰褐色,内含少量炭屑、陶片;第②层,距地表约2.5—2.7,厚约0.5—0.7米,土质疏松,土色呈灰黑色,内含大量炭屑、陶片等。

YZK15,位于E区西部、YZG1东侧,东距YZK14约2米。整体平面呈椭圆形。长径18、短径13.5、深2.3—2.8米。坑内堆积可分两层:第①层,距地表约2米,土质较疏松,土色呈灰褐色,内含少量炭屑、兽骨、陶片;第②层,距地表约2.5—2.7米,厚约0.5—0.7米,土质疏松,土色呈灰黑色,内含大量炭屑、陶片等。

YZK16,位于E区西部、YZG1东侧,西距YZK14约14.7米。整体平面呈椭圆形。长径11.1、短径7.3、深3—3.5米。坑内堆积南北深度、厚度、堆积状况不一。北部填土可分两层:第①层,距地表约3米,土质较疏松,土色呈灰褐色,内含少量炭屑、陶片;第②层,距地表约3.5米,厚约0.5米,土质疏松,土色呈灰黑色,内含大量炭屑、兽骨,少量红烧土块等。南部填土距地表约3米,土质较疏松,土色呈灰褐色,内含少量炭屑、陶片。

YZK1、YZK3、YZK7、YZK14、YZK15、YZK16等出土兽骨,说明这些坑可能与发掘的西周单位YH3、YH4一样,同为与制角镞作坊相关的遗存。

(3)墓葬

YZM1,位于E区西南部、YZG1东南侧,东距YZG3约10米。距地表0.6米处始见墓口。南北向长方形竖穴洞室墓。墓室在北,墓道在南,墓室宽于墓道。墓道残长1.5、宽1.2、深4米,墓室长3、宽1.5、深4米。墓内填土为五花土,土质疏松,黄褐色土夹杂红土。距地表2.7米,见熟土填充的盗洞。

YZM2,位于E区中西部,西距YZK5约4.8米。距地表1米处始见墓口。东西向长方形竖穴土坑墓。长2.8、宽1.2、深4米。墓内填土为五花土,土质疏松,黄褐色土夹杂红土,内含炭屑。墓底见少量板灰。

YZM3,位于E区中西部,西距YZK8约5.9米。距地表1.2米处始见墓口。南北向长方形竖穴土坑墓。长2.6、宽1、深2.9米。墓内填土为五花土,土质疏松,黄褐色土夹杂红土。墓底见不少板灰。

YZM4,位于E区中西部,西距YZK8约8.4米,与YZM3平行并列。南北向长方形竖穴土坑墓。距地表1.2米处始见墓口。长2.6、宽1、深2.9米。墓内填土为五花土,土质疏松,黄褐色土夹杂红土。墓底见少量板灰和人骨。

YZM5,位于E区东部偏西南,西距YZG2南段约11米。距地表0.5米处始见墓口。南北向长方形竖穴洞室墓。墓室在南,墓道在北,墓室宽于墓道。墓道长3.4、宽2、深3米,墓室长2.6、宽1.5、深3米。距地表2米中空,厚约0.5米。

8座墓葬中,YZM1、YZM5均为汉墓,YZM2、YZM3、YZM4可能为周墓,也可能为汉墓。YZM2为东西向,YZM3、YZM4为平行并列的西南-东北向,且两处相距较远。如果3座墓是西周墓,那么它们应不属于同一墓地或仅为零星墓葬。

（4）道路

YZL1,与发掘探方YT3中所发现的YL1相通,应为同一条路。其位于E区西北部,近南北走向。其绝对坐标:北端东西两侧各为（36 488 496, 3 818 404）,（36 488 495, 3 818 405）;中部东西两侧各为（36 488 490, 3 817 333）,（36 488 488, 3 817 333）;南端东西两侧南北两点各为（36 488 482, 3 818 302）,（36 488 482, 3 817 305）。详见前面有关YL1的描述。

3.4　区域功能区的初步认识

综合以往发现和本年度的试掘、钻探结果,本节对该区域功能区的分布和手工业生产情况进行初步分析。

3.4.1　功能区的划分及特征

1.许家北聚落特征

从发掘和钻探结果来看,许家北居址区灰坑分布十分稀疏,出土陶片也比较稀少。这表明发掘与钻探区位于该居民点的北部边缘。该区域的四界如下:

根据调查断坎情况（见第四章）可知,该区域北部断坎以北为大片空白地带,故断坎应为许家北居址区的北界;东界基本沿着法黄公路,法黄公路以东为空白地带;西边以ZG1为界,沟西为断坎和空白地带;南界被村落叠压,还不清楚,暂以90年代调查发现的墓葬为居址的边界。

从历年调查钻探的周原水网结构[1]可知,ZG1属于此区域水网中主渠延伸出来的支渠,钻探表明此沟为许家北居址的西界,推测为许家北聚落的环壕。

2.法黄路南聚落特征

法黄路南钻探区所获LZM1、LZM2、LZM3三座墓均应为西周时期墓葬。LZM3与LZM1、

---

[1]　宝鸡市周原博物馆、宝鸡市考古研究所:《周原遗址池渠遗存的钻探与发掘》,宝鸡市周原博物馆编《周原（第1辑）》,第264—297页。

LZM2相距甚远,且墓向不一,为东西向,周围也未发现居址等其他遗存。因此,初步认为该处为姚家西功能区的边缘或姚家西功能区以外的零星墓葬。

首先,法黄路南钻探区位于水渠12QG2(见第四章)北面,而西周时期,水渠一般为不同功能区的界沟,或可作为姚家西功能区的南界。

其次,为更加了解这一区域的性质,在本次调查过程中还进行了几次访谈:第一次是对周原博物馆杨水田进行的一次访谈以及进行的实地调查,得到的结果是:① 在姚家西窑厂,GPS点为0488587、3818052处,曾经为一高台子,于2002年、2003年时取土发现西周时期残墓葬。在本次实地调查过程中发现人肢骨、人头盖骨、马肢骨以及经过夯打的墓葬填土。② 在姚家西窑厂东北角,GPS点号为0488759、3818186处,曾经也零星发现过西周墓葬。第二次是对北京大学考古文博学院教授雷兴山和周原博物馆李亚龙先生的访谈,根据他们叙述得知,20世纪90年代时曾在此处进行过调查,当时在窑厂制砖机旁边发现过制砖工人从土里挑出成堆的陶片,而制砖所用的土就是在法黄路南所挖,陶片中则既有属于居址遗存的,也有西周墓葬的随葬品。

第三,在空间距离上看,法黄路南钻探区更靠近姚家西钻探区,而许家北北部为一大片空白区域。

综上,法黄路南钻探遗存应属于姚家西功能区,且位于姚家西的边缘地带。

3. 姚家西聚落特征

姚家西居址遗存的起始年代为西周早期偏早,这表明在此时期周原遗址东界已扩展至此。近年来在云塘窑厂附近已经发现早期偏早遗存,这证明西周早期时居民点扩展至云塘、召陈一带。本次发掘则表明,西周早期偏早时居民点已经到了姚家西一带。

姚家西钻探所获遗迹虽然较稀疏,但结合发掘和调查资料,这一区域有以下两个特点:一是西周时期文化堆积比较薄且简单;二是该区遗迹分布稀疏,灰坑较少,墓葬零星分布。

姚家西居址灰坑H3、H4出土数块瓦,坑的年代为早期偏早与早中期之际,因以往明确为西周早期的瓦罕见,因此本次发现对认识西周早期瓦有重要意义。主要有以下几点:第一,有两件瓦的形制较为罕见,瓦的顶端有或宽或窄的花边。第二,部分瓦背面饰似粗绳纹,表面饰粗绳纹,这一特征极为罕见,且表面所饰绳纹较同期或同坑的绳纹粗。第三,早期瓦为泥质,多数较厚;早中期之际时多夹砂、较薄。早期绳纹特点则近似早期泥质陶绳纹,印痕较浅,绳纹较粗,绳纹之间似有相连;早中期之际绳纹特点与同期夹砂陶绳纹近同,印痕较深,条理清晰,触之有扎手感。因此各期瓦的绳纹特点大致与同时期陶器上所饰纹饰相同,可能为判断陶瓦分期的主要依据。第四,本次发掘均为板瓦,未见筒瓦。在周公庙所发掘的西周中期单位中亦只出板瓦,不出筒瓦[1]。据此推测在西周早期至中期偏早阶段,板瓦和筒瓦不共存,其原因尚不可知,推测筒瓦的出现晚于板瓦,可能出现于中期偏晚阶段。第五,根据以往认识,西周早期至早中期之际,大型夯土宫殿基址普遍用瓦,表明在此地早期可能存在夯土建筑。

---

[1] 周公庙考古队内部资料,待刊。

关于姚家西钻探区的性质和分区问题，限于材料还不能完全确定。综合钻探和发掘结果，提出两种推测性认识，以供参考：

其一，在姚家西钻探区东北方向断坎上发现的水沟遗迹，初步认为ZG1可能为周原遗址水网结构中的从主渠延伸出来的支渠，延伸至姚家西钻探区，为其提供生产、生活用水。具体方式可能为延伸至此地后与姚家西钻探区的环壕相接，为ZG2、ZG3提供水源，再与居址内部可能存在的水网连接，为居址提供生产、生活用水。ZG1以西可能为居址外的生产区域，因为铸铜、制骨角器可能带来的相关污染，先民将手工业作坊设置在居址外部和支渠的下游。也就是说，姚家西居民点为一个整体功能区，ZG2、ZG3所环绕的区域为功能内部的生活区，ZG1以西为生产区。

其二，姚家西钻探结果显示，ZG1、ZG2两沟之间没有发现任何遗存。YZG2内有较多西周堆积单位，但其东部和北部均为空白地带。如此，可肯定的是YZG1、YZG2为所发现西周遗迹的界沟。这两条沟将居址区分为东西两区：西部由YZG1圈定的区域和东部由YZG2、YZG3围成的方形区域。西区的YT3内发现有西周陶瓦，这说明区域内可能有夯土建筑。另外，该区西侧还发现有一马坑，少量墓葬，说明此处可能不会是集中的墓地，而是分布着零星墓葬。即东、西两区都是居民生活区，有水渠等界沟相隔。由调查、钻探、发掘可知，西区从西周早期偏晚一直延续至西周晚期，东区所出遗物也属于西周时期。

3.4.2　区域手工业状况认识

本年度发掘获取了大量与角镞手工业有关的骨料、残次品及成品遗存，为探讨这一时期的骨器手工业提供了很好的材料。在此对各类遗存进行分类，复原制作流程，并对该区域手工业发展状况进行讨论[1]。

1. 制作角镞工艺与工序的初步观察

H3、H4中与角镞制作相关的遗存主要包括三类：第一类是鹿角原料，即制作角镞的原料，包括鹿角的各个部位。共82件，主要有：角尖4件、角条53件、鹿角其余部位25件。第二类是角镞的半成品、成品和残品，分别是14、8、1件。"半成品"与"成品"是针对制作阶段而言：将角条之后的加工流程中所产生的角镞遗存，称之为"半成品"；一旦完成了加工半成品的流程之后形成的角镞遗存，便称之为"成品"；"残品"则指成品因其他原因而造成残损的角镞遗存。第三类是疑似制作角镞的工具，即配合角镞制作的各个步骤所使用的工具。如，石刀、蚌刀、砺石、砂岩片、石饼等。此外，还发现骨笄、骨锥、骨针各1件，数量极少且为成品，也有磨石、砺石等疑似其加工工具相伴生，可能为附属产品，更可能为生活用品遗留。

H3、H4共出土动物骨骼17.747公斤，其中，角料3.307公斤，包括鹿角原料、角镞半成品、成品、残品，共105件，占总数的18.6%。其中，约半数是角条，且H3、H4的角料极具连续性，即角镞

[1] 这一部分研究成果已经先期发表，参照张俭、种建荣、陈钢：《论周原姚西居址角镞的制作工艺》，《中国国家博物馆馆刊》，2017年第1期。

制作的每个步骤几乎都存在,初步判断这里存在制作角镞的生产活动。

从鹿角原料、半成品、成品其上的加工和使用痕迹观察,可以了解角镞的制作流程包括选料取材、原料加工、半成品加工至成品三大阶段。具体分析如下。

(1)选料取材

所取原料为梅花鹿的鹿角。

梅花鹿喜山地草原、稀树草原以及森林边缘附近生活,有学者认为梅花鹿可能在仰韶文化时期就开始驯养[1],在西周时期,鹿科动物很可能已被圈养[2]。据文献记载,在秦代已存在取鹿茸的行为。然而,商代甚至西周早期,狩猎业在当时人们的生活中仍占相当比重[3]。而且,在西周时期的周原聚落,各类型的作坊、聚居区、夯土建筑群和墓地密集分布[4],未必能为梅花鹿提供放养空间,因而制作角镞所用的梅花鹿可能依旧为人们狩猎所获,再取其鹿角。

观察H3、H4中的17.747公斤动物骨骼,除去鹿角原料外,其余动物骨骼经陕西省考古研究院胡松梅鉴定,共计13个属种。根据最小个体数统计的原则,确定其最小个体数为36。其中,羊最多,共14只,占总数38.89%;其次是家猪5头,占总数13.89%;马3匹,占总数8.33%;梅花鹿和黄牛各2只,分别占总数的5.56%;蚌、鱼、兔、雁和野猪的最小个体数均为1,分别占总数的2.78%。初步认为这些动物标本中,除蚌、鱼、兔、雁、鸟、野猪和梅花鹿为野生动物外,其余的6种均可能都是家畜。因此,可确知这批角镞所取原料为野生、狩猎所获的梅花鹿,具体利用的部位是梅花鹿的鹿角。

而观察H3、H4中的动物骨骼的各部位发现,共1 769件动物骨骼中,所出数量最多为肋骨612件,约占总数的34.6%;其次为管状骨580件,约占总数的32.8%。可知,H3、H4中的动物骨骼主要被利用或消费的部位为上下颌骨、肩胛骨和肢骨(包括胫骨、肱骨、股骨)。根据民族考古学资料可知,遗址中发现的动物骨骼不一定就代表了所有被利用或消费的动物数目,因为许多动物(尤其是大型动物)可能是在狩猎地或距村落较远处的屠宰地被肢解,人们只选择了重要的部位运回村落,因而考古过程中可能会发现完整的兔子骨头,却难以发现完整的鹿骨等[5]。这就不难解释,出土了较多鹿角原料的H3、H4中,却仅出现少量梅花鹿的其他部位如肩胛骨、肱骨、坐骨、尺骨、胫骨、跖(指)骨等,或可推知梅花鹿的其他部位作为食用消费。

综合以上分析,角镞作为一种渔猎工具或战争远攻武器,要求选材时骨质必须坚硬,多为较

[1] 西安半坡博物馆、临潼县文化馆:《1972年临潼姜寨遗址发掘报告》,《考古》1973年第3期。

[2] 黄蕴平:《天马-曲村遗址兽骨的鉴定和研究》,邹衡主编《天马-曲村(1980—1989)》(第三册),科学出版社,2000年,第1153—1169页。

[3] 虞禺:《商代的骨器制造》,《文物参考资料》1958年第10期。

[4] 林永昌、种建荣、雷兴山:《周公庙商周时期聚落动物资源利用初识》,《考古与文物》2013年第3期。

[5] 韩建业:《什么是"民族考古学"》,《东南文化》1993年第2期。具体可参见,Binford, L·R, *Nunamiut Ethnoarchaeology*, Academic press, New York, 1978.宾福德对爱斯基摩人猎获和利用驯鹿时在肢解、分配和搬运上的对应关系研究;还有,William L·Rathije, Michael B·Schiffer, *Archaeology*, Hareourt Brace Jovanovich press, pp.105-125, 1983. 文中提到的"Schlepp effect",即屠宰场动物遗骨的多少与屠宰动物的数量、大小和距离消费地远近有关。

厚阔的短段骨料。二里头遗址、沣西新旺村西周制骨作坊遗址也都选用粗壮顺直、骨质壁厚实、利用率高、易加工的大型动物四肢骨、鹿角及少量肩胛骨作为骨料[1]。而周原姚西居址H3、H4中出土的这105件极具关联性的鹿角原料、半成品、成品，几乎全是由梅花鹿的鹿角所制，似为有意收集、挑选和保留梅花鹿的鹿角以作为制作角镞的原料。

（2）加工原料

这批鹿角原料主要取自角的基部至眉枝与主枝结合部位稍上处，其断面上有明显的锯痕。且根据角条的骨质密度、厚度及骨壁的形态，可推测眉枝与主枝结合部位稍上处，至主枝与第二枝结合部位下部之间的主枝为制作角镞取材的最佳部位。这阶段所用加工工具有铜锯、石刀。

一个梅花鹿角的个体有两个主枝，其上有若干分枝，根据25个鹿角基部，外加已鉴定的梅花鹿其余部位可以肯定，H3、H4中梅花鹿的最小个体数大于12，远大于根据梅花鹿其余部位所鉴定得出的数量2。这种有意识地收集、取料的固定方式，足见是人们有意识地在进行制作角镞的活动，取材的最佳部位亦可反映取料有其固定方式。

取料方式相对固定，使得合理估算鹿角原料加工成角条的生产量成为可能。例如：梅花鹿鹿角长短不等，平均约50厘米。仅角的眉枝与主枝结合部位稍上处至主枝与第二枝结合部位下部之间的主枝被用来加工角镞，其周长约11厘米，长约为25厘米。居址中出土角料的宽度平均约1.239厘米，用周长除以宽度即某一段提供角料的个数约为8件。角料的平均长度约5.944厘米，那么一个完整的梅花鹿鹿角的主枝可以提供角料约有4段，这样一个梅花鹿鹿角大概能加工约32件角镞。这样，从这一批鹿角中可初步估算出一个完整的梅花鹿角可提供的角料数量。

根据鹿角原料的情况，我们可将其分为六类：

① 角尖，5件。其上留有人工加工和使用痕迹（图二四六：4）。

② 截断，1件。尚未剖开的截断整体（图二四六：6）。

③ 基部，8件。即截去角尖、截断后剩下的部位，尚未剖开若干片（图二四六：11）。

④ 截断余料，2件。即从截断上剖下的余料（图二六〇：5）。

⑤ 基部余料，10件。即基部已被剖下若干片后剩下的大块余料（图二六〇：11）。

⑥ 基部余片，2件。即从基部上剖下的小片余料（图二六〇：10）。

其中，①、②、③同时产生；⑤与⑥同时产生。

观察鹿角原料和角镞的坯形角条上面的加工痕迹，可知，加工鹿角原料主要有三个步骤：

第一步：分别截去角尖、截断，产生基部，这三者同时产生。截断与基部的区别在于，基部包含主枝和眉枝，而截断为主枝或眉枝的基部到角尖中部的部分；基部一般有3个断面，而截断只是两端被截成2个断面。

这一步的加工方法为锯。观察基部和截断的断口横截面，推测先用锯从几个不同方向将硬度相对较大的骨密质锯断，再从一个方向将硬度较小的骨松质锯断，就这样将鹿角的主枝、眉枝截成断面。为何不是刀砍或切呢？因为截面上有多个不同的锯面，锯面齐平，每一个锯面上留有

---

[1]　徐良高：《陕西长安县沣西新旺村西周制骨作坊遗址》，《考古》1992年第11期。

明显的锯痕。若为刀砍或切的话,因每一刀的力度不同,切面会不齐,这一点通过实验操作锯痕亦可得。此外,标本H4③:86(图二四六:10)有一个试切的切口,可见为避开主枝骨干部位而更改切割部位。该切口口小底大,距离横断面0.8厘米,长2厘米。石刀刀刃薄、刀身稍厚,若是石刀工具所为,所得切口定会是口大底小。因此,可以判断此步骤的加工方法为锯。

目前H3、H4中尚未发现石锯或铜锯等类似证据,但周原地区云塘制骨作坊遗址、沣西新旺村西周制骨作坊遗址和张家坡西周制骨作坊遗址中论述制骨工艺时,均认为是采用锯割方法从大型动物如牛骨、鹿骨上截下所需部位的。其中,仅云塘制骨作坊遗址中出土了铜锯[1],而沣西遗址仅出与制角镞有关的工具为磨石,但其报告中推测"锯截劈削的工具可能是青铜的"[2]。而胡永庆认为"锯是制骨过程的最初工序"[3],又鉴于郑州商城遗址中当时并没有发现任何石锯或铜锯,他推测当时是用石刀或铜刀在骨上来回拉锯而磨断,所留痕迹与锯断痕迹相同。然而他在后面叙述骨料加工时又分析成"一面锯"和"两面锯",形成自相矛盾之处。可见,我们虽尚未发现石锯或铜锯,但根据所出鹿角余料上的人工加工痕迹,初步判断加工方法为锯应无大问题。

第二步:从基部和截断上剖下若干大体,会同时产生基部余料、截断余料和基部余片。后两者的区别在于:截断余料的两端均被截成断面,而基部余片只有一端被截成断面,另一端呈不规则状。

该步骤的加工方法为劈,所用工具为石刀。观察基部余料上的剖面,劈面上的骨密质表面粗糙,并没有齐整的锯痕,而截断断口处两端分别留有1个锯面。标本H4①:38(图二六○:9)上留有的切口,口大底小,符合刀刃薄而刀身稍厚,由刀切下所形成的倾斜口大底小的切口。另外,劈面的骨松质均突出于骨密质平面,且粗糙不平没有明显的刀切痕迹。综合这几个因素,可初步推测其步骤为:将尚未剖开的基部或截断,用刀从断口横截面上横切一个切口,再从切口两端分别用锯子锯开一段,然后用刀劈到一定程度后,直接一掰即开。像标本H4①:48(图二六○:12;图版二六:3)上的剖面还需多一步程序,因为其连着额骨底部,因而还需锯断主枝基部,以达到剖下余料的目的。而H3、H4中共出有5件石刀,H3⑤层和H4③层石刀与制角镞相关遗存共存,且观察石刀的刀刃薄而倾斜,与余料上的刀痕及切口情况相吻合。因此,可以初步判断这一步的加工方法为劈,所用工具是石刀。

第三步:劈角条。这一步的加工方法是劈,所使用工具仍是石刀。理由是:首先,角条的长短大体上与截断余料和角镞成品的长短相若,或可肯定是有意识加工而成。但是,角条遗存中存在一定数量的角条废品,即在角条余料上经常会看到有改劈的迹象,一端向下劈差了,便改为在同侧的另一端重劈。正是由于劈下角条是从上下两端对劈,且无法控制方向,故时而会出现劈斜的情况。锯或切可以更方便地得到所要求的角条形状,而劈则往往会受到骨头纹理走向的影

---

[1] 陕西周原考古队:《扶风云塘西周骨器制造作坊遗址试掘简报》,《文物》1980年第4期。

[2] 中国科学院考古研究所:《沣西发掘报告》,文物出版社,1962年,第79页。

[3] 胡永庆:《试论郑州商代遗址出土的骨器》,河南文物研究所编《郑州商城考古新发现与研究(1985—1992)》,中州古籍出版社,1993年,第84页。

响[1]。其次，从角条上的加工痕迹来看，多保留有明显的劈面，而非切面或锯面。切面或锯面会有明显的一道道的规则锯痕或切痕，而劈面则更多情况下是一气呵成的。

制作角条有两种方法：其一，将基部和截断劈开成若干大体，再劈成若干小体，即成角条，所得角条形状为两端宽度大致相同，或一端宽、一端窄，但两端有明显的断面。第二种情况是直接从眉枝或主枝上截取，即从断口处劈至基部，在基部形成三角形切口，所得角条形状为一端宽、一端尖，且窄端几乎聚成尖而不成断面（图二四八：1）。这种带有三角形缺口的基部余料共3件，均在眉枝基部断面上，似为劈眉枝上的角条形成的坑洼不平的面。例如：标本H4①：43（图二四六：9；图版二六：1），有7个三角形缺口；标本H4①：52（图二六〇：2），有3个三角形缺口；标本H4①：41（图二四六：11；图版二六：1），有8个三角形缺口。此外，还有1个角尖标本H3⑥：27（图二四六：7；图版二六：1），被截的一端横截面上有3个三角形缺口。

角条共43件，可根据角条形状分为两型：

A型　33件。两端宽度大致相同。如，标本H4③：13（图二五〇：17；图版二六：6）。

B型　共10件。一端宽、一端窄。根据其劈成方式又分两亚型：

Ba型　6件。直接从眉枝或主枝上劈成。如，标本H4③：11（图二四八：9）。

Bb型　4件。从截断或基部上劈成若干大体后再劈成的小体。如，标本H4①：60（图二四八：10）。

以上三个步骤是对鹿角原料的加工过程，也可称之为角料预制[2]阶段，接下来便是制坯成形阶段，直至成品完工。

（3）半成品加工至成品

根据本年度发掘所获的25件半成品材料，大致可将角镞半成品加工至成品的流程进行最大限度地复原如下，共七个步骤：

第一步：在A型角条的一端斜向削一刀，将A型角条加工成一端宽、一端尖。如标本H3③：9（图二四七：6；图版二七：1）。显然，B型角条无此步骤，而是直接进入下一步。A型角条数量最多，可判断其为角条的常规形制，对角条加工成角镞的坯形大都从它入手。而Ba型角条是有意识直接从眉枝或主枝上劈成，进而形成三角形缺口。一种可能是为了加工尖铤形制的角镞，像云塘制骨作坊所出的柳叶状骨镞[3]、郑州商城所出的洛达庙期C型骨镞、二里冈期A型第二种骨镞[4]等均铤部较尖；另一种可能是该眉枝或主枝略接近额骨，直接锯断无法获得适宜长度，于是两刀直接劈至基部，以便能够最大限度获取角条。

第二步：刮平背面骨松质，切平铤部底端。如，标本H4①：83（图二六一：1；图版二七：2）。

[1]　徐良高：《陕西长安县沣西新旺村西周制骨作坊遗址》，《考古》1992年第11期。

[2]　李志鹏、何毓灵、江雨德：《殷墟晚商制骨作坊与制骨手工业的研究回顾与再探讨》，中国社会科学院考古研究所夏商周考古研究室编：《三代考古（4）》，科学出版社，2011年。

[3]　陕西周原考古队：《扶风云塘西周骨器制造作坊遗址试掘简报》，《文物》1980年第4期。

[4]　胡永庆：《试论郑州商代遗址出土的骨器》，河南文物研究所编《郑州商城考古新发现与研究（1985—1992）》，中州古籍出版社，1993年，第84页。

第三步：削铤部，削至近圆锥形，使铤部更为光滑，但铤部底端仍有1个圆形横截面。宽端镞身有2个劈面，即镞身仍是有棱的角条原形。如，标本H4①：84（图二六一：13；图版二七：3）等。

第四步：除背面外，镞身和铤部均被削过，但未修整完整。这一步已使角镞的料坯基本成形，等待进一步精细加工。如，标本H4①：77（图二六一：14；图版二七：4）等。其中，标本H4③：23（图二六一：5；图版二七：4；图版二七：5），削至铤部底端形成一个小平台，再将此多余的小平台切掉，从中可看出，削铤方向为由镞身向铤部。

第五步：镞身整体削至圆滑。如，标本H4①：80（图二六一：3；图版二七：6）。这一步是在前四步的基础上继续修整镞身，但铤部仍未加工。

第六步：锉铤部。如，标本H4③：25（图二六一：6；图版二七：7）。或者为其他非锉痕形制的镞进行铤部加工。

第七步：削出锋部。如，标本H3⑥：26（图二六一：9；图版二七：8）风化较严重，但能看出锋部已几乎成形，且镞整体并未加工完成，而铤部因风化较严重还未能肯定第五步是否在削锋部之前，也有可能第四步后便直接削锋部而成为另一种形制的镞，即铤部由刀削而成。

这一阶段的加工方法可分为刮削和锯锉两种。刮削的角条表面纹理一般是直向，而锯锉的角条表面纹理则为斜向，且纹路细密。本次发掘的成品量少，观察有锯锉痕的仅2件，且锉痕多模糊不清。而周原遗址云塘制骨作坊遗址中及其他地点所出的角镞上的锉痕，斜向锉痕规整、条理清晰，像是使用了一种转动的工具套合其上而锉圆的[1]。具体如何，就本次发掘而言尚不能判断，且并未发现转动工具的迹象。

此外，与角镞共存的疑似骨器加工工具还有砺石2件、砂岩片10件。其用途一般是磨光骨器，作磨石之用[2]。但因角镞成品较少，尚未发现有磨光的痕迹和步骤，而周原遗址所出的角镞成品表面大都有被打磨抛光的痕迹，因此本年度发掘资料在半成品细部加工方面，还存在缺环。

本次发掘中共出成品8件，虽数量不多，但足以窥形制之别。我们根据角镞形状，将其分为三型：

A型：圆棒体，镞身与铤部分界不明显。根据锋部和铤部的特征又可将其分为五亚型：

Aa型：锋部为刀削的圆头，铤部有削痕，铤部底部为平底。如，标本H4③：19（图二六二：2；图版二八：1）。

Ab型：锋部为刀削的圆头，铤部有锉痕，铤部底部为尖端。如，标本H4③：76（图二六二：3；图版二八：2）。

Ac型：锋部为刀削的圆头，铤部有削痕，铤部底部为尖端。如，标本H3⑥：3（图二六二：5；图版二八：2）。

Ad型：锋部为磨光的尖头，铤部有锉痕，铤部底部为平底。如，标本H4①：3（图二六二：7；

[1] 中国科学院考古研究所：《沣西发掘报告》，文物出版社，1962年，第79页。

[2] 徐良高：《陕西长安县沣西新旺村西周制骨作坊遗址》，《考古》1992年第11期。

图版二八：2）。

Ae型：锋部为刀削的尖头，铤部有削痕，铤部底部为平底。如，标本H4③：20（图二六二：1；图版二八：1）。

B型：扁胖体，镞身与铤部分界明显。镞身胖扁，铤部瘦圆。锋部为刀削的尖头且为锐角，铤部有削痕，铤部底部为平底。如，标本H3⑥：4（图二六二：6；图版二八：3）。

C型：三棱体，镞身呈三棱状，圆铤，镞身与铤部分界明显。锋部横截面为三角形，镞身与铤交界处两侧内凹，铤部有削痕，铤部底部为平底。如，标本H3③：209（图二六二：10；图版二八：4）。

此外，观察标本H4①：79（图二六一：12；图版二八：4）、H4①：78（图二六一：15；图版二八：4），可推知C型镞的制作步骤大致有：

第一步：打缺口，使镞身与铤部分界明显。

第二步：削铤部。

第三步：削镞身。目前无标本可证明，但根据C型的成品可推测一二。

以上几种形制的角镞，与周原遗址的齐家东居址、齐家北制石作坊、李家铸铜作坊、王家嘴、贺家等遗址中发掘出土的角镞形制完全相同，没有出现新类型。根据宝鸡市周原博物馆提供的角镞成品资料分析，周原遗址中的角镞类型与本批角镞基本一致，包括A型圆棒体及其亚型和B型扁胖体。区别在于比本年度的C型三棱体多出一种亚型，即镞身扁平，剖面为梯形，但整体形制仍为三棱体。

（4）讨论

姚西居址H3、H4出土的几种形制的角镞，与周原遗址的齐家东居址、齐家北制石作坊、李家铸铜作坊、王家嘴、贺家等遗址中发掘出土的角镞形制完全相同。上述遗址所出的骨镞分别占其各自小件的百分比为8%、3.7%、2.9%和4%，数量较少，且周原遗址中尚未出现像姚西居址这样能集中复原角镞制作流程的遗存。本年度发掘遗存与云塘制骨作坊相类，包括产品生产链上的成品、半成品、坯料和废料，且与后者地缘接近，产品形制相同，从侧面反映出姚西居址角镞制作活动，可能属于周原遗址制角镞业的一部分。但是，H3、H4包含的角料数量太少，规模较小，其生产活动极可能只是自给自足，而非专门给整个聚落或聚落以外提供产品的角镞生产作坊，这一认识成因叙述如下。

在考古遗址中，界定制骨作坊一般应满足三个条件：（1）有比较固定的生产活动空间；（2）堆积中出土有骨器加工工具；（3）堆积中出土有骨器成品、坯料和废料，它们之间具有制作工序上的关联性，即能够清晰地看出骨器加工的整个流程[1]。具体到本年度发掘遗存上，首先，H3、H4中尚未发现明确而固定的角镞生产活动空间。结合探方中出土的鬲、盆、豆、罐等完整组合的生活陶器和大块的红烧土块，尤其是H3④、⑤、⑥层陶片的烟炱痕迹保存较好，拼合度较高，表现出尤为明显的生活气息。而且，H3④层有三个活动面，活动面下有较为纯净垫土，其上有生活堆积，初

---

[1]　马萧林：《关于中国骨器研究的几个问题》，《华夏考古》2010年第2期。

步判断H3④层其上有人活动。若连续出现工作活动面，很可能制作角镞的人们的居住地点就在这周围或附近。由于断崖限制，本坑只发掘了近二分之一，未完整揭露出整个遗存面貌，因而对于其工作空间的准确判断还有待日后其他工作。初步判断更像是一个生活和角镞生产并用的空间。第二，虽有疑似制作工具（如石刀、砺石等）相伴出，但作为关键加工步骤的锯、锉、抛光等相应工具并未发现。换言之，H3、H4中共存的石器或蚌器等不足以完成角镞生产的全过程。第三，虽然从本次发掘出土的角料能够清晰看出角镞加工的大体流程，但骨器成品、半成品、坯料和废料必须有一定量的规模出现，否则不足以支撑一个作坊生产，有可能只是为了供家庭内部需要。而H3、H4所出角料总共仅105件，作坊生产尚言之过早。

角镞的生产方式也是本年度发掘关注的问题。加拿大学者Ursula Martius Franklin根据殷墟的材料提出了"全面式"（holistic technology）和"规定式"（prescriptive technology）生产的问题。全面式生产，即同一小组的生产者需要完成生产过程中所有的生产步骤，包括从原料到成品的全过程；规定式生产，即生产活动预先被设定为若干步骤，每个小组的生产者只完成整个生产过程中的一个工序[1]。初步推测H4的角镞制作生产方式有两种：一、可能是全面式生产；二、两种生产方式均存在，只是后来垃圾被集中于此废弃坑。尽管H4①层和H4③层出土有若干极具关联性的鹿角余料、半成品、成品，这两层在探方的北半部分也表现出地层上的相互叠压关系，但凭此仅能推断一整套制作流程均存在且最后废弃于同一地点。

此外，由常识可知，鹿一般雄性长角，角质较密，春天鹿角从角环处脱落，秋天长成。如果所发现的鹿角角端较平，可知为换角季节，推测当时的人们是在秋—春狩猎。那么，以鹿角为主要原料来源的角镞生产，则可能是季节性的生产活动。H3、H4中的角料堆积与生活垃圾相互叠压、反复堆积，也可从侧面证实这一点。

作为含肉较丰富的肢骨，本年度发掘数量由多至少的动物依次是猪、羊、牛、马、鹿。由于中、大型哺乳动物肢骨或可保留做骨器制作的原料，例如沣西遗址中的骨铲基本由牛或马的下颌骨或肩胛骨制作而成[2]，周公庙遗址中发掘数量不少的卜骨多由牛的肩胛骨制成。但是H3、H4所出肢骨（胫骨、肱骨、股骨）较细小、破碎，其上并无人工使用或加工的痕迹。且牛的肩胛骨较少，而猪和羊的肩胛骨占绝大多数，猪的上下颌骨比例也较高，马的下颌骨及肩胛骨仅各1件。仅有的2件牛下颌骨中，1件上带有锯痕，然而数目太少，仔细观察发现更有可能是用利器取肉食用时留下的痕迹。因此，基本可以排除H3、H4中存在制作卜骨或骨铲的可能。

在H4中发现了1件梭形骨牌饰，根据骨牌饰的骨质疏松结构、骨器的宽度及薄厚，推断应为大型动物的肋骨加工而成。然而H4中牛的肋骨所占H4动物骨骼总数的16.4%，而H3、H4所有的牛肋骨仅占总数的7.8%，数量少且加工痕迹似是而非，可见H4所反映的并不是专门收集牛肋骨来进行制作梭形骨牌饰，仅能表明可能存在这种制作行为。也发现了骨笄、骨锥、骨针各1件，

[1] The beginning of Metallurgy in China, A Comparative Approach, The Great Bronze Age of China, A Symposium, Los Angeles Country Museum of Art, 1983, Los Angeles.

[2] 陕西周原考古队：《扶风云塘西周骨器制造作坊遗址试掘简报》，《文物》1980年第4期。

数量极少且为成品,可能为生活用品所遗留。总之,H3、H4中的动物骨骼多为生活消费遗存,基本可以排除该单位中存在其他骨器加工行为的可能。

综上,本年度出土了一批极具关联性的,能够反映选料取材、加工原料、半成品加工至成品整个流程的角镞遗存,反映了H3、H4这一地点中存在角镞制作的活动。通过从动物骨骼和灰坑堆积状况两方面的分析,可知H3、H4尚不具备专业生产角镞作坊的条件,可能为一般的废弃堆积坑,而周原姚西居址角镞制作更有可能是家庭式自给自足生产。

2. 梭形片状饰制造

根据出土的梭形片状饰成品来看,它的制作原料应该是大型动物的肋骨,但无法鉴别出具体是何种动物。此次发掘见到余料并不多,根据现有残片能推测的制造过程如下:

第一步可能是将肋骨劈成两半使其呈片状,从其存在形态来看,两面均可使用。

第二步则有三种可能性:(1)将肋骨片的四角切去呈菱形。(2)修整肋骨的两长边,再除去四角呈菱形。(3)若宽度适中则采用第(1)种制法;若肋骨片过宽,则采用第(2)种制法。

第三步也有两种可能性:(1)通体打磨,使其呈梭形片状。(2)在修整过的肋骨片上钻制两个小孔。这两种可能性实为制作工序中的两个步骤,但是究竟先后顺序如何,由于标本数及废料过少,目前还无法判定。

3. 铸铜业

受发掘面积有限、出土遗物数量较少等因素影响,尚不能明确判断属于西周早中期之际的遗迹单位H1、H3⑥层、H4就是铸铜作坊的堆积,但是我们认为在西周早中期之际,甚或更早时期,姚家西钻探区内或周边地区存在铸铜活动。

一般而言,铸铜作坊位于聚落的边缘。就目前所知,H1、H3⑥层、H4所在的姚家西钻探区就处在周原遗址的东部边缘。初步推测应该是因为冶铸铜会造成较大污染,远离聚居区较为适宜。

从堆积状况来看,H1除发现3件陶范、1件砺石、少量红烧土块外,尚未发现其他与铸铜有关的大量陶范、红烧土块、木炭等遗物。所出砺石系长条形,与周原遗址铸铜遗存中发现的打磨铜器范缝的砺石类似[1],可能为铸铜工具,但其实际用途会有多样。初步推测,H1相关铸铜遗物不像是直接来源于铸铜作坊的堆积,极有可能是偶然混入坑内的。H3⑥层中发现多块红烧土块和较多木炭,可能与铸铜有关。H4中发现大量的纯净土,且呈多层堆积,但不是生土块,似乎是有意堆积而成。是否与铸铜有关,在田野工作中尚无法观察和判断,还有待进一步研究。

从出土遗物来看,H1中发现3件陶范和1块砺石,H3⑥层中发现2件螺丝钉状陶管,H4中发现少量铜渣和1件铜锥。现已基本确定螺丝钉状陶管与铸铜生产有关[2]。青铜锥系首次发现,以

---

[1] 周原考古队:《周原庄李西周铸铜遗址2003与2004年春季发掘报告》,《考古学报》2011年第2期。

[2] 以往有关铸铜遗址的报告、简报中多有关于此类遗物的介绍,如周原考古队发掘并发表的《2003年秋周原遗址(ⅣB2与ⅣB3区)的发掘》一文中,提及4件伞状陶管H92:132、H97:8、H97:10、M2:19。

往周原遗址发掘未见此类遗物，其具体功用还有待进一步发现与研究。但是，在周公庙铸铜作坊、周原李家铸铜作坊、山西侯马铸铜遗址[1]中，都曾发现一种较长的青铜锥，一端呈尖状，另一端呈扁平状，此形制与本次发现的青铜锥近同。以往多认为青铜锥为铸铜工具，与制范有关。因此本年度发现的青铜锥也有可能是一种与制范有关的工具。

截至目前，周原遗址发现的铸铜遗存主要有三处：第一处是经过大面积发掘的李家铸铜作坊遗址[2]，发现大量炉壁、陶模、陶范、陶芯、红烧土、木炭以及各种铜、骨、蚌、角制工具等，该作坊从西周早期延续至西周晚期。第二处位于齐家北160米，紧邻制石玦作坊，1974年在该地点曾发现过陶模、陶范、流渣等遗物[3]。2002年，齐家北制石玦作坊发掘区H49中曾发现6件螺丝钉状陶管，在其他单位还发现有石范、陶范[4]。目前看其年代可早至商周之际，下限不明。第三处位于齐镇村民小组东南约200米处的取土壕上[5]，东邻召陈大型夯土建筑群基址，曾发现一座炼炉[6]，伴出有烧土块、炉壁碎块和大块炼渣等。此外在一些地点仍零星发现过其他相关遗物，如1999年周原遗址调查地面时，云塘制骨作坊旁曾发现有螺丝钉状陶管和破碎陶范等，但还不能判断其为铸铜作坊。前述三处铸铜遗址地点，均离姚家西钻探区相距甚远，姚家西的铸铜遗物不似长距离倾倒垃圾所致，很有可能是原位生产的遗留。这是判断姚家西地区有铸铜作坊遗存的另一个重要原因。

若上述推测无误，便可确知周原遗址有四处铸铜作坊。这四处作坊不是周原遗址内同一作坊在不同时段的迁移形成，而是有共存关系，属性可能不同。同时姚家西钻探区还存在制作角镞作坊，与铸铜作坊相对集中分布，规模较小，与上述三处铸铜作坊性质明显不同。总的来说，姚家西的手工业作坊性质与以往认为的王室手工业经济不同，属于两种不同手工业形态。

---

[1] 山西省考古研究所：《侯马铸铜遗址》（全二册），文物出版社，1998年11月第一版。文中将此类遗物称为"铜刻刀"。

[2] 周原考古队：《陕西周原遗址发现西周墓葬与铸铜遗址》，《考古》2004年第1期；周原考古队：《2003年秋周原遗址（ⅣB2与ⅣB3区）的发掘》，《古代文明》（第3卷），文物出版社，2004年12月。

[3] 罗西章、陕西省文物志编撰委员会、扶风县文物志编撰委员会、周原博物馆：《扶风县文物志》，陕西人民教育出版社，1993年第1版。

[4] 罗西章：《扶风齐家村西周石器作坊调查记》，《文博》1992年第5期；齐家石玦作坊H49出土1件陶纺轮和5件圆锥形陶拍，即6件螺丝钉状陶管，发掘者推测其可能与铸铜或制陶有关，H42发现1件石范，H1、H3、H6、H10、H21、H22、H29、H49各发现1件陶范，具体资料有待刊发，部分信息参见雷兴山：《论新识的一种周系铸铜工具》，《中原文物》2008年第6期。

[5] 陕西周原考古队：《扶风召陈西周建筑群基址发掘简报》，《文物》1981年第3期，第10—22页；周文：《新出土的几件西周铜器》，《文物》1972年第7期；罗西章：《扶风县文物志》，陕西人民教育出版社，1993年。

[6] 魏兴兴、李亚龙：《陕西扶风齐镇发现西周炼炉》，《考古与文物》2007年第1期。

第四章　周原遗址东部边缘区域的调查

本章首先介绍调查工作概况,进而在介绍调查所获遗迹、遗物,以及调查区的区域池渠遗存的基础上,初步探讨周原遗址东部边缘区域的聚落结构。

4.1　调　查　概　述

4.1.1　调查目的与方法

本年度调查的主要目的有两个:其一,了解以姚家墓地为核心的族邑形态。现有研究表明,西周时期周原遗址的聚落特征为"聚族而居、聚族而葬",由于墓地的族群特征易于辨别,在调查钻探中也易于确认,因此可以把墓地作为调查区的核心。在调查中重点考察姚家墓地与周边建筑基址、居住区、作坊、窖藏等功能区的位置关系,进而了解姚家墓地所在族邑的聚落形态。其二,了解周原遗址东部边缘区域的聚落结构。划分功能区并探讨聚落结构,是本次调查的重点目标。另外,周原遗址的东部边界也是需要解决的问题。

本年度调查利用GPS、GIS等科技手段,采用国内传统调查方法与国外区域系统调查相结合的"聚落结构调查法",建立田野调查数据库和相关GIS考古系统。具体内容如下:

地表的调查方法:以5人为一组(共四组),调查时一字排开,以20×20米的区域为一个采集点,收集所见西周遗物,填写调查登记表。测点所用设备型号:ARMIN—GPS72[1]。

断面的调查方法:刮铲一个调查区域内的所有断面,观察有无灰坑、墓葬、文化层等遗迹。划清所见堆积的层位和打破关系,采集遗物标本并绘图、照相[2]。每处遗迹和文化层均单独作为一个采集点,填写调查登记表格。在实际操作中,根据特殊遗迹与遗物的分布,现场追踪相关迹象并初步判断一定区域的功能属性。

本年度调查与以往工作的不同之处在于注重"空白区域"。在以往的调查中,多数仅记录发现遗物的断面或地表信息,而本次调查把没有任何遗物的"空白区"同样视为聚落的重要组成部

---

[1]　本次调查同一型号GPS设备在不同时间段内的测点可能有误差,室内整理时进行了校正。
[2]　本次调查未采集土样。

分。如同一个墓地中的空白地带可以划分不同墓区,聚落中的空白区域可以起到划分功能区的作用。根据以往经验,周原遗址商周聚落内,有些区域中的空白地带虽仅有20多米宽,但其两侧从西周早期延续至西周晚期的堆积性质均完全不同。这种现象表明,即使很窄的空白地带,有时也可作为两个功能区的间隔区域。

由于田野调查有一定局限性,地表没有采集到任何遗物并不等于地下没有任何遗迹,为了准确起见,在调查中采取记录"空白断坎"的方法。所谓"空白断坎"即经过刮铲没有任何遗迹、遗物现象的现代断坎,无论是带状还是环形断坎,均采用测量关键点的方法,即用若干GPS点确定一条空白断坎,再在GIS系统中以点连线,描绘出断坎的形态。与"空白断坎"相应的,用同样的方法测量了"有遗迹断坎",即出现灰坑、柱础、墓葬、水渠等遗迹的现代断坎,同样在GIS系统中生成线状图层。最后,可以在GIS系统中通过有无遗迹断坎位置的对比,结合调查点的分布情况,大致确定"空白区域"的范围,为划分功能区提供参考。

调查登记表的设置:根据本次调查的需要设计了《田野调查登记表》,该表的主要内容有GPS点号、北京54坐标、遗迹属性、时代、陶片数量、陶器器类、特殊遗物、采集点方位等。根据这些内容,建立了田野调查数据库,数据库的字段包括点号、东坐标、北坐标、遗迹性质、陶片数量、所属时代等。根据东坐标和北坐标,可以把数据库中的每一个采集点加入GIS系统,生成采集点分布图,为进一步的分析提供基础。

室内整理及数据处理:基本内容是,清洗采集来的陶片,写上所属GPS点号,在所有陶片中挑出可辨识器形的标本,如口沿、器底、足根等。按照西周早、中、晚的分期标尺确定标本年代后,进行标本描述,最后形成文稿和数据库。

调查区象限划分:按照周原遗址统一发掘分区规划,本年度调查区属于Ⅰ、Ⅳ象限。分区编号原则在第一章1.4.3"各类编号说明"中已有叙述,此处不赘。

4.1.2　调查区域

本次调查区的范围北至樊村、姚家村、黄堆一线,南至齐村,西至召陈村,东至美阳河(图二七七)。调查区范围平面呈不规则形状,南北长5 354米,东西宽951米至3 207米,面积10 272 627平方米,整体地势北高南低,平均海拔约700米。

调查区范围的确定,是以姚家墓地为中心。东至美阳河,即周原遗址的最东部,调查这一区域可以为东部边界的划定提供更多依据;西至召陈建筑基址,以观察建筑基址与墓地的位置关系,及建筑基址周边遗存分布情况;北至樊村、姚家村,直至黄堆村一线,即到达周原遗址的北界;南至齐村青铜器窖藏点,以齐村为南界,可以考察铜器窖藏与姚家墓地的关系。调查区四周以河流和主要道路为边界,它们的特征较为明显,便于准确定位。

调查区内以往工作概况:1957年8月,陕西省文管会组成调查小组,在上康村清理残墓5座,发现了召陈北壕的建筑区[1]。1960年,陕西省文管会在岐山、扶风进行调查[2],进一步确

[1]　陕西省文物管理委员会:《陕西岐山、扶风周墓清理记》,《考古》1960年第8期。
[2]　陕西省文物管理委员会:《陕西扶风、岐山周代遗址和墓葬调查发掘报告》,《考古》1963年第12期。

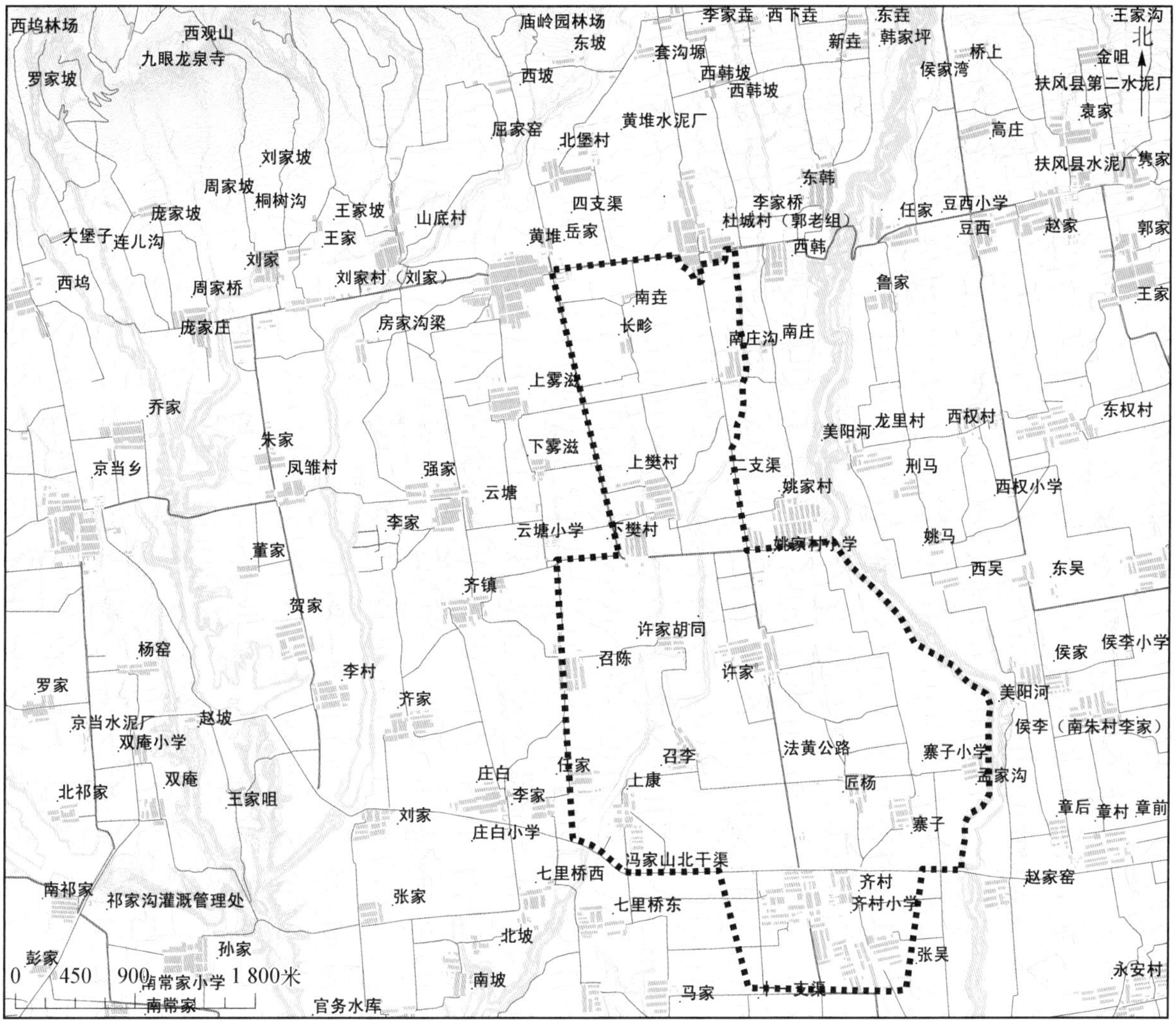

图二七七　调查区域位置图

认了召陈村北壕的建筑基址，同年，在召陈村西南发现了散伯车父铜器窖藏，共出土铜器19件[1]。1975年，扶风县文化馆、陕西省文管会对召李村一号墓进行了抢救性发掘，出土铜容器4件[2]。1976年开始，陕西周原考古队在周原遗址展开了大规模的考古工作，发掘了召陈大型建筑基址[3]。1978年，齐村修陂塘时发现青铜器窖藏，出土周厉王㝬簋等王器[4]。任家村北曾发现制骨作坊[5]。

[1]　史言：《扶风庄白大队出土的一批西周铜器》，《文物》1972年第6期。
[2]　罗西章等：《陕西扶风县召李村一号周墓清理简报》，《文物》1976年第6期。
[3]　陕西周原考古队：《扶风召陈西周建筑群基址发掘简报》，《文物》1981年第3期。
[4]　罗西章：《陕西扶风发现西周厉王㝬簋》，《文物》1979年第4期。
[5]　罗西章编著：《扶风县文物志》，陕西人民出版社，1993年。

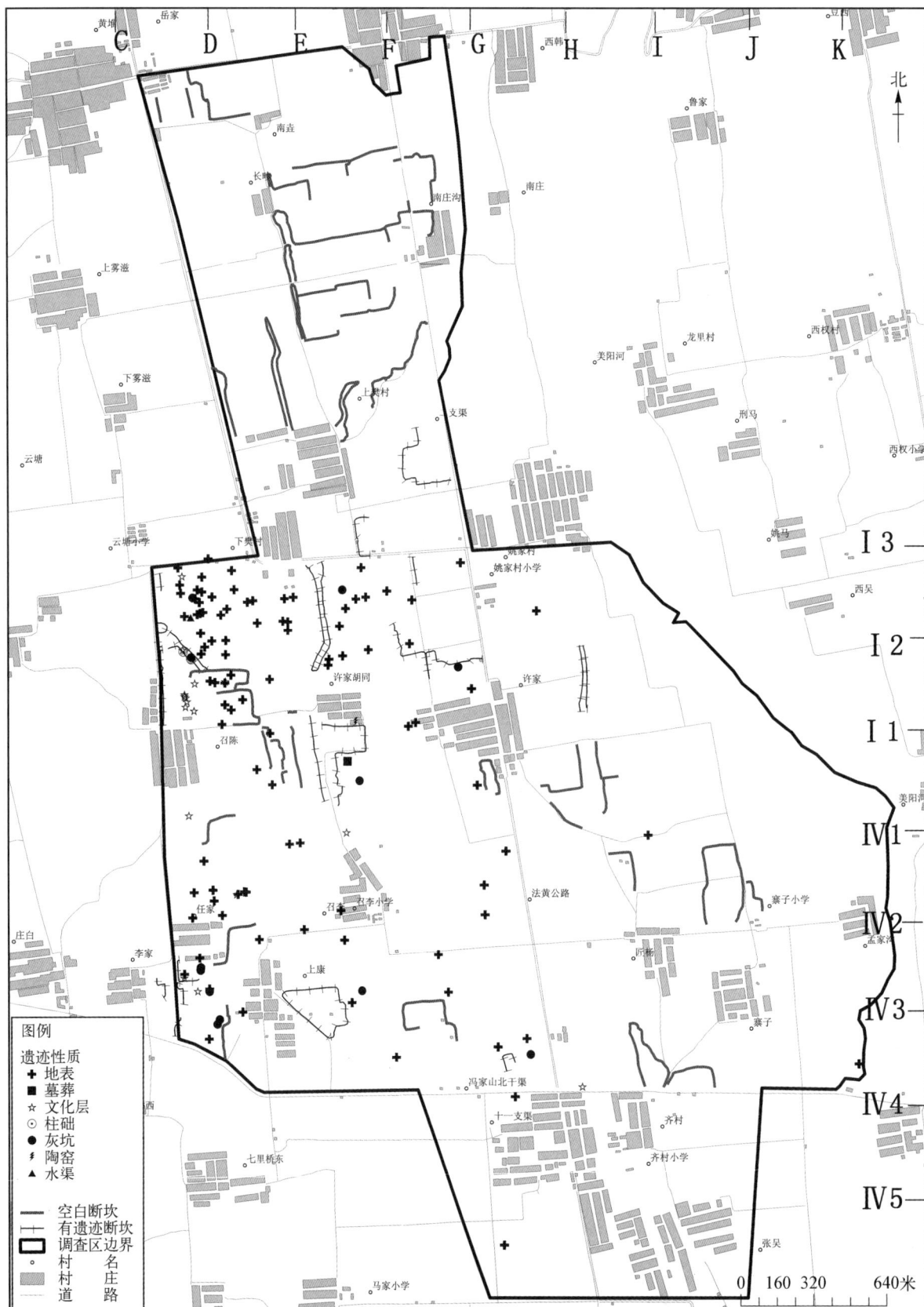

图二七八 调查区域断坎与采集点分布图

4.1.3 调查结果

1. 采集点概述

经统计,采集点遗迹有地表95处,文化层18处,灰坑17处,柱础3处,墓葬1处,水渠1处,陶窑1处,共计136处。其在调查区的分布状况见下图(图二七八),基本情况见附表(附表四)。

表一四 调查区域采集点统计表

遗迹属性	地表	文化层	灰坑	墓葬	水渠	柱础	陶窑	合计
西周中期	3	4	3					10
西周中晚期	29	8	4					41
西周晚期	5	1	9				1	16
西周时期	58	5	1	1	1	3		69
总　数	95	18	17	1	1	3	1	136
百分比(%)	69.9	13.2	12.5	0.7	0.7	2.2	0.7	99.9

2. 采集点各期分布状况

各期遗存分布的大致情况(表一四)为:

(1)西周中期

调查共发现遗存10处,其中地表3处,文化层4处,灰坑3处。这些遗存散布在调查区的东、中、西各个位置。从采集点的区位密度分析可知,该期遗存相对集中分布在调查区西部,以今行政区划来界定,基本位于召陈村南、北(图二七九)。

(2)西周中晚期

调查共发现遗存41处,其中地表29处,文化层8处,灰坑4处。与前期遗存相比,该期遗存分布范围仍集中在调查区西部,但有所扩大。召陈村北出现更为密集的文化层和地表遗物。召陈村以南的任家村附近形成了另一个遗迹集中区域,有大量灰坑及地表遗物。总体来看,调查区中部遗存数量较中期增多,遗存分布范围向东部扩展(图二八〇)。

(3)西周晚期

调查共发现遗存16处,其中地表5处,文化层1处,灰坑9处,陶窑1处。晚期的遗存较中期有明显变化,召陈村周边遗迹大量减少,而任家村南依然分布较密集。中、东部地区在晚期几乎没有遗迹(图二八一)。

(4)西周时期

此次调查中没有标本可以确定期段的,统称为西周时期。共发现遗存69处,其中地表58处,墓葬1处,柱础3处,水渠1处,灰坑1处,文化层5处。这些遗存的分布情况与中期近似,密集分布在召陈村北及许家、胡同村北(图二八二)。

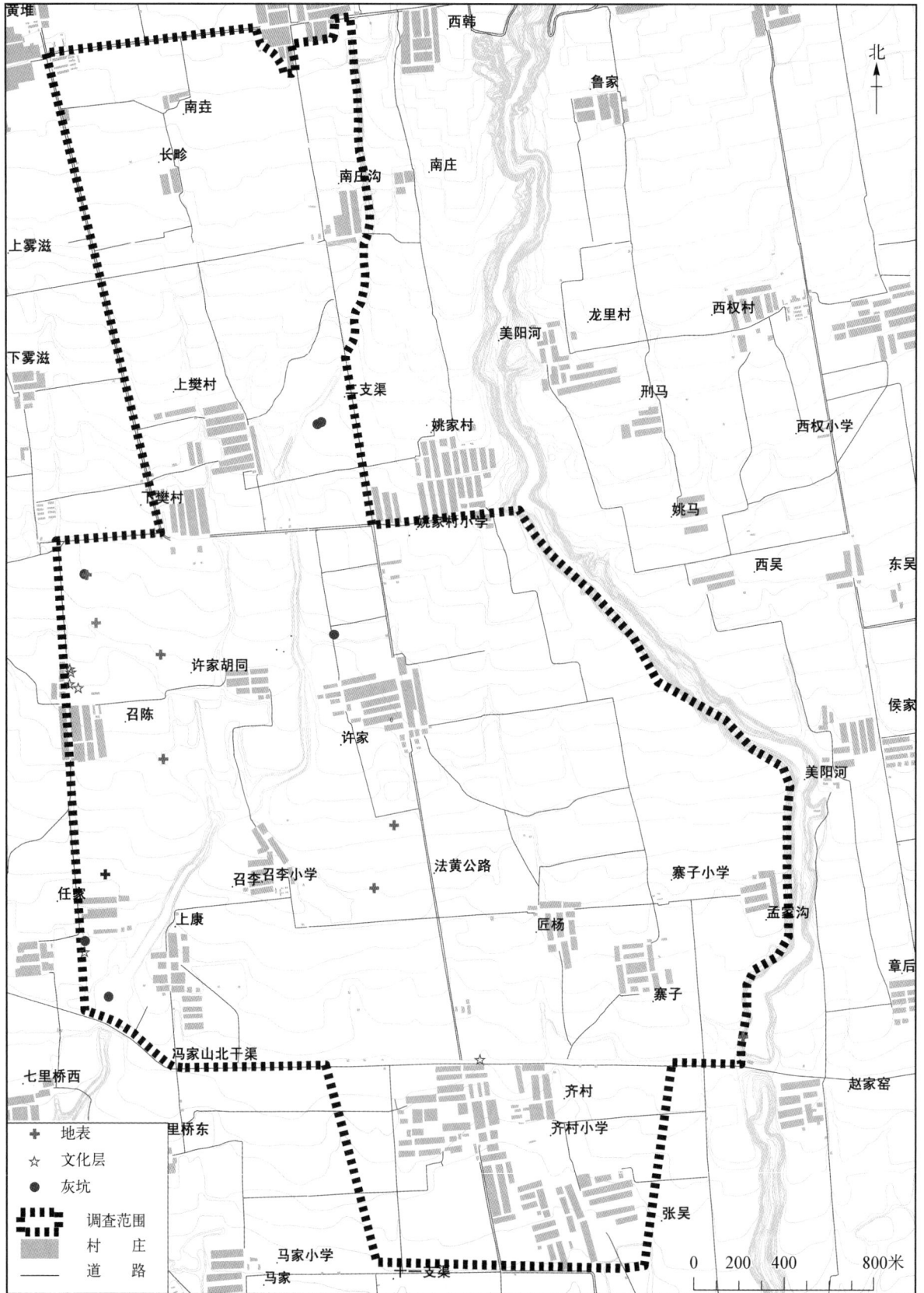

图二七九　西周中期采集点分布图

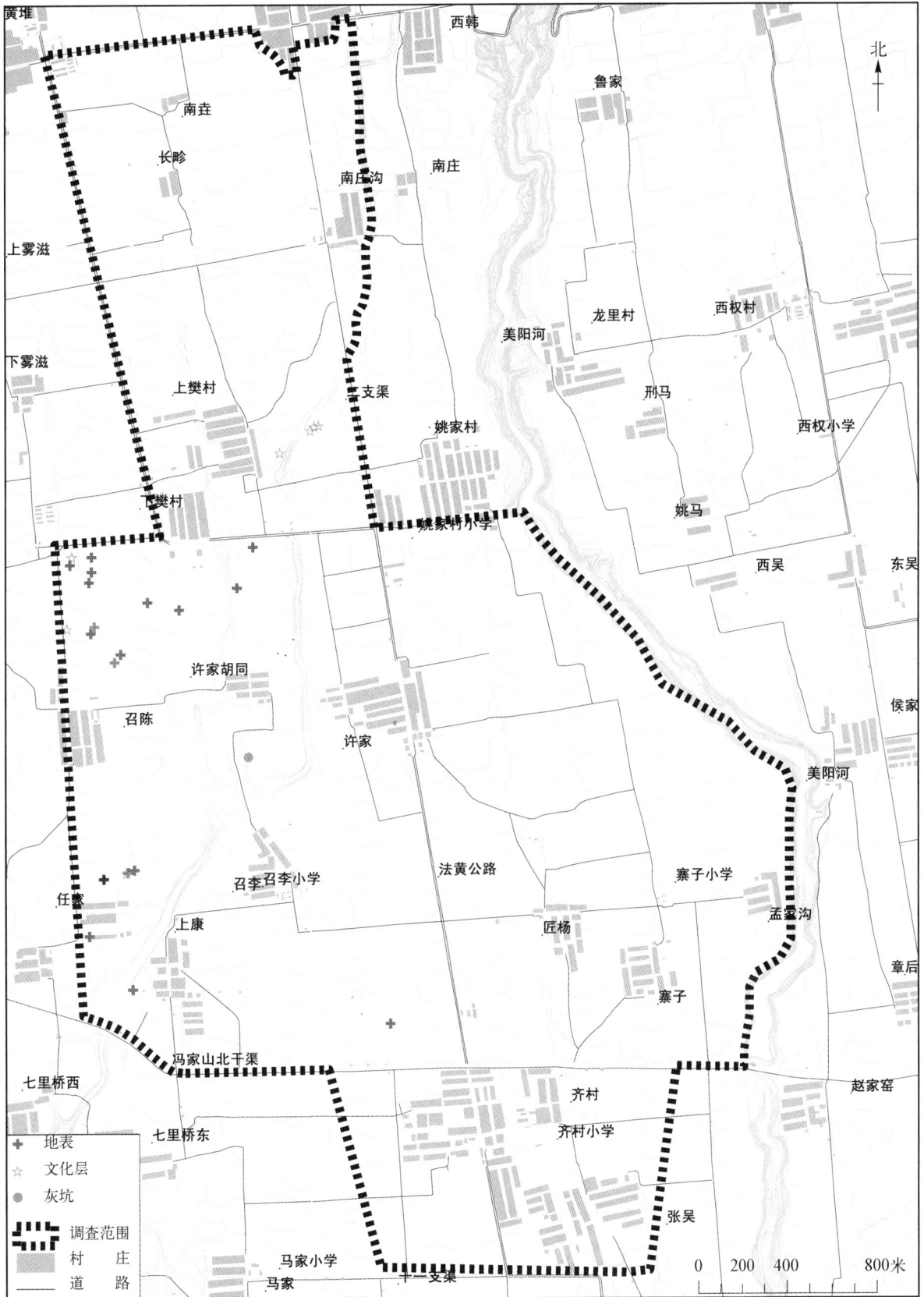

图二八〇　西周中晚期采集点分布图

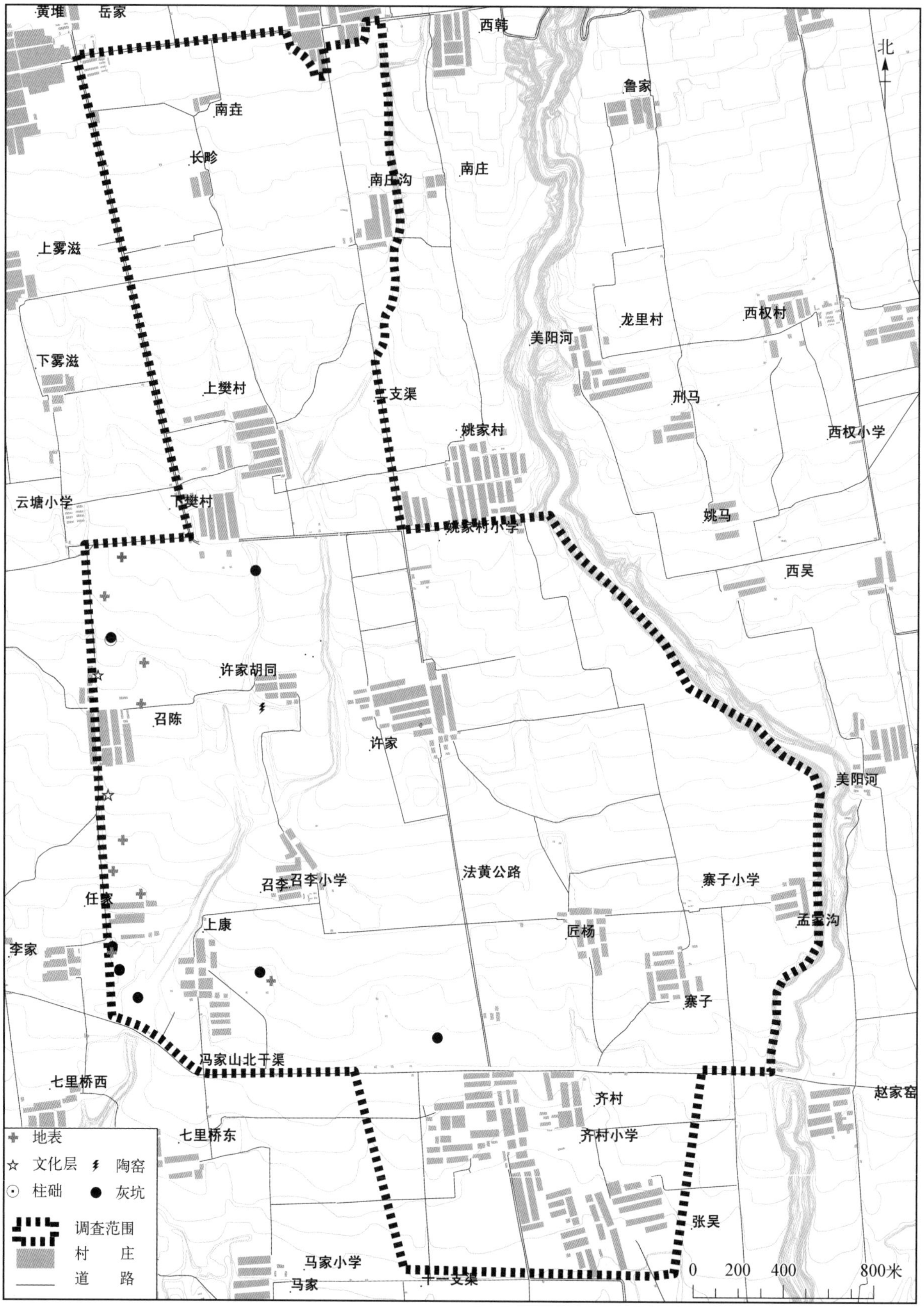

图二八一　西周晚期采集点分布图

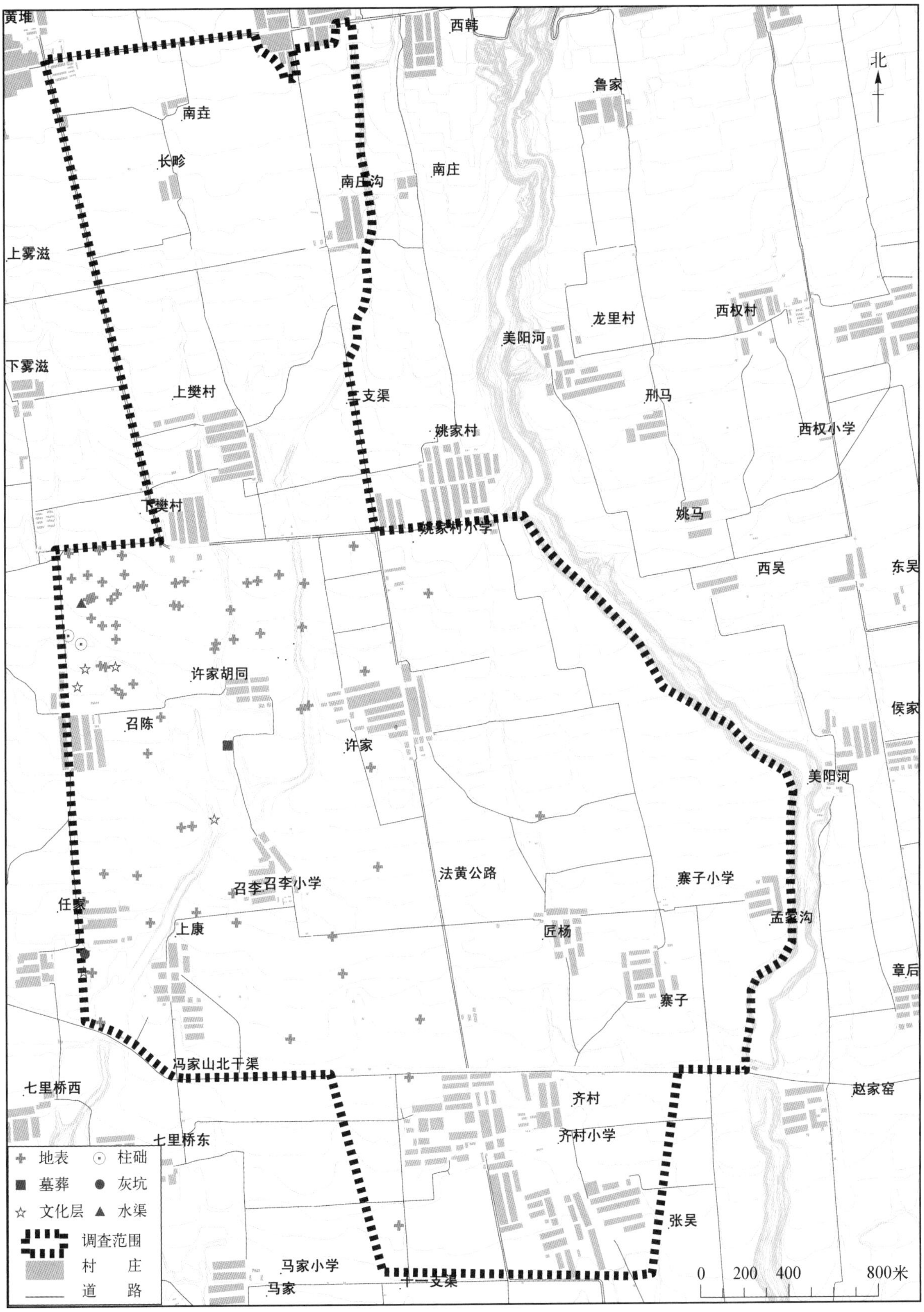

图二八二　西周时期采集点分布图

调查中发现的柱础与瓦数量最多的点完全吻合,可确定召陈村北部为大型建筑基址区,水渠紧邻基址区北侧,为东西走向,可能代表建筑基址的北部边界。

3. 调查断坎概述

现代断坎,是指因取土、修整土地等人为原因暴露在外的断面。根据遗迹的有无可以把它们分为"空白断坎"和"有遗迹断坎"[1]两类。断坎的形制,有条带状的,多位于两片梯田之间,也有环形的,多数由于砖窑取土形成。在调查中测量断坎的方法是测定GPS控制点,例如一个环形的断坎,可以通过测定它的几个端点来确定。将每条断坎的GPS控制点输入GIS系统,可以通过连线的方式,显示断坎形状和位置。断坎的记录方法是,按条数依次顺编,如DK1、DK2、DK3等。空白断坎和有遗迹断坎分别编号,为在图中标示明确,取"无"拼音首字母"W"和"有"拼音首字母"Y",加以区分,即空白断坎标示为"WDK1、WDK2……44",有遗迹断坎标示为"YDK1、YDK2……23"。每条断坎有若干个GPS点。

本年度调查共记录空白断坎43条,有遗迹断坎22条,共计65条(图二八三)。其基本情况见附表(附表五、六)。从图上可知,大量的空白断坎位于调查区的中部偏南和东部。结合采集点分布状况,这些区域恰好也是遗迹、遗物分布最少的。召陈村北、任家村南和许家北是有遗迹断坎的集中分布区,召陈村北曾经发现过大型夯土基址,任家村南和许家北也是本年度调查灰坑密集的地区。召陈村周围集中分布条带状空白断坎,且大致呈环形分布,围绕召陈建筑基址的环形空白带应该是其与任家村南灰坑区和许家北居址区的分隔界线。

4.2　遗　　迹

4.2.1　灰坑

C11,位于云塘村西南,属于云塘功能区(图二八四)。采集陶片22件、骨骼7个。可辨器形有罐、鬲等。灰坑深1.4米,分3层。第一层呈深褐色,包含陶片;第二层呈灰褐色,有炭屑,土质松散,包含陶片、骨骼、烧土;第三层呈红褐色,土壤颗粒较硬,土质较松散,包含陶片。年代为西周中期。

C32,位于下樊村东南,YDK46上(图二八七),采集陶片35件,可辨器形有罐、鬲、器底、瓦等,灰坑口宽3.5、深1.2米,年代为西周晚期。

C43,位于召陈村北高地拐角处,属于召陈功能区(见图二八四),采集陶片4件,其中豆、瓦各1件,灰坑中夹杂大量红烧土,有灰层,南边有2处大型柱础遗存,下部未剖到底。年代为西周晚期。

---

[1]　"空白断坎"指不见任何文化遗存的断坎;"有遗迹断坎"则是指在断坎上可见若干文化遗存,换言之,有遗迹断坎上也可能存在空白地带。

图例

空白断坎

有遗迹断坎

调查区边界

○　地　名

村　庄

道　路

0　160　320　640米

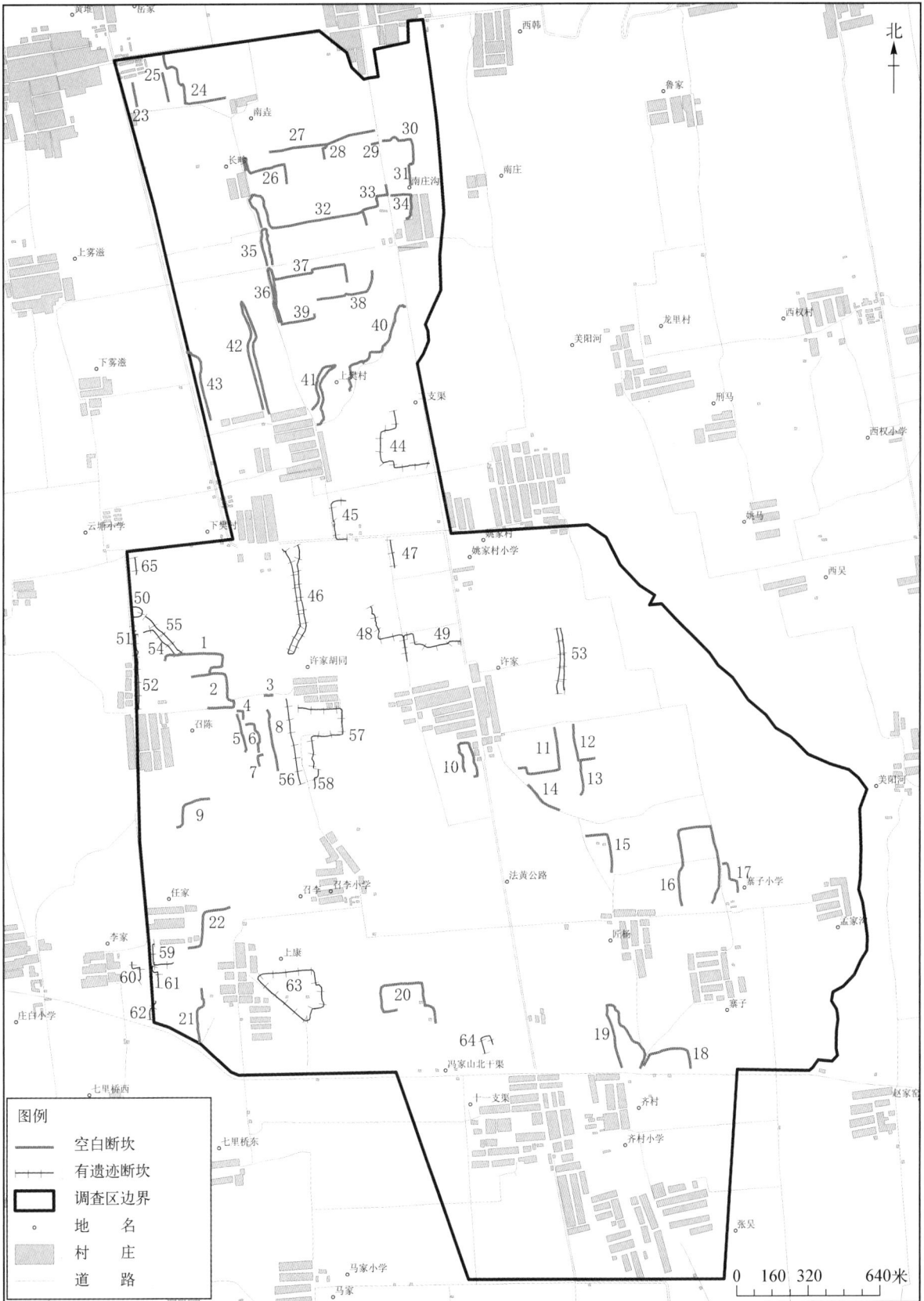

图二八三　调查区域断坎分布图

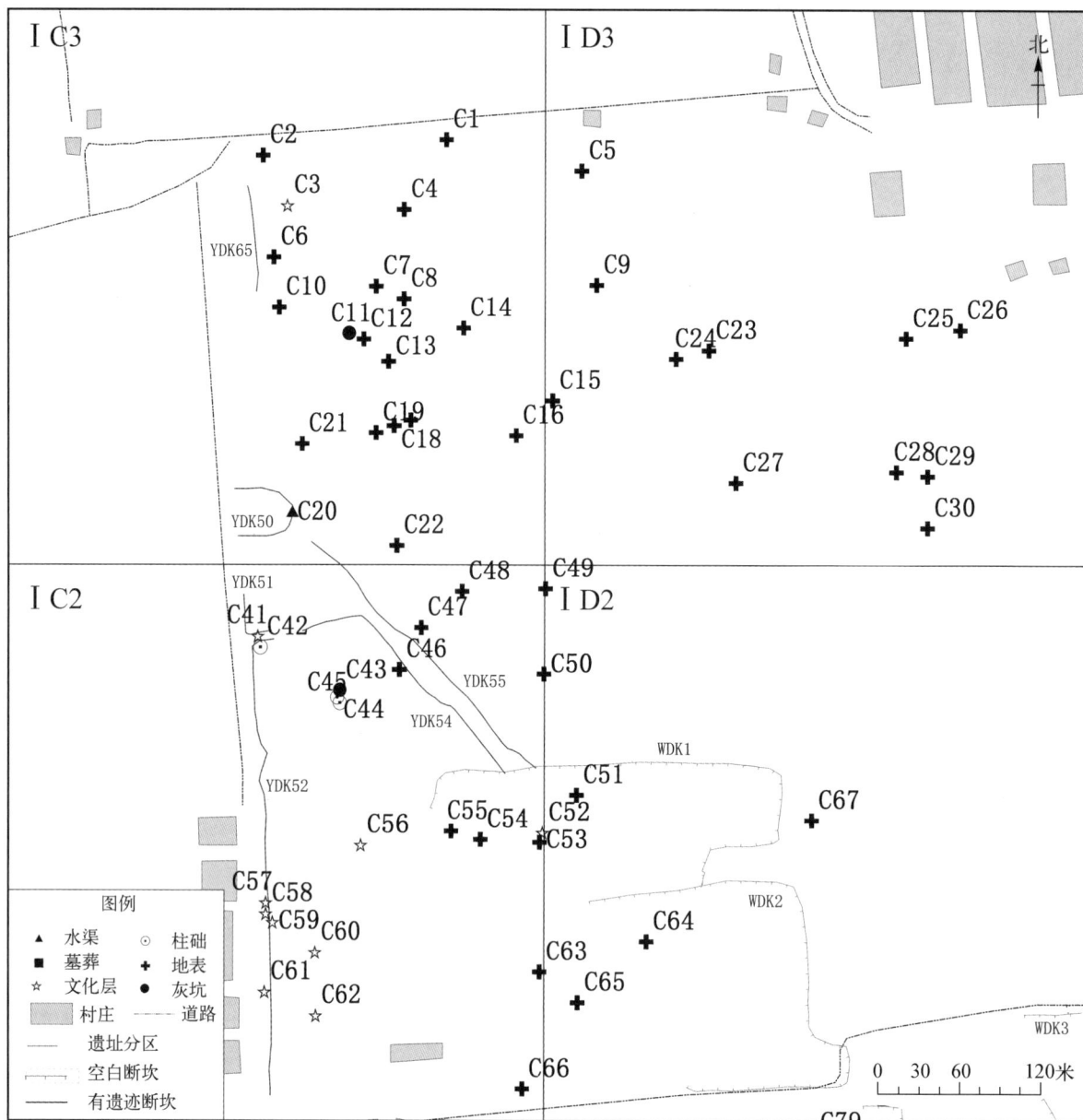

图二八四　　Ⅰ C3、Ⅰ D3、Ⅰ C2、Ⅰ D2区采集点位置图

　　C76,位于许家村北,YDK49上,属于许家功能区(见图二八七)。采集陶片14件,可辨器形有
鬲、盆、罐、瓦。开口于第二层下,打破生土,土色红褐夹杂炭屑。底宽2.2、深1.5、口宽2.8米。年
代为西周中期。

　　C83,位于许家胡同村南,YDK56上,属于许家胡同功能区(图二八八)。采集陶片4件。年代
为西周中晚期。

　　C105,位于任家村南,YDK59上,属于任家功能区(图二八六),采集陶片26件及骨骼3件,可辨
器形有盆、器盖等。可见2个灰坑,H1土色偏红褐色,内含陶片19件,骨头3件;H2第一层较灰,第
二层偏黄白色,第三层偏黄色,第四层偏黄褐色,内含陶片4件,深约0.8米。年代为西周中晚期。

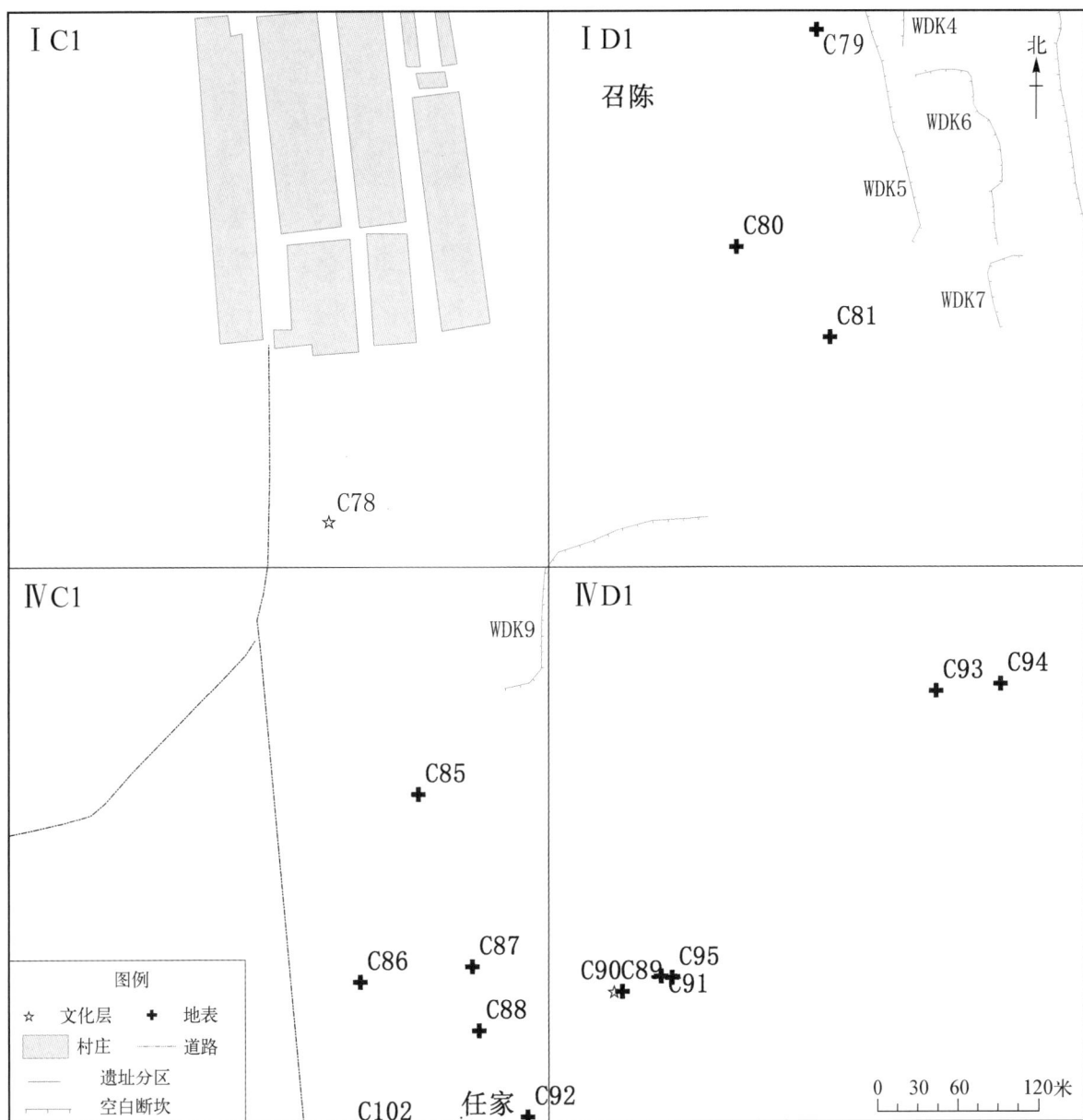

图二八五　ⅠC1、ⅠD1、ⅣC1、ⅣD1区采集点位置图

C107,位于任家村南,YDK59上,属于任家功能区(见图二八六),采集陶片4件。可辨器形有罐等,年代为西周中晚期。

C108,位于任家村南,YDK59上,属于任家功能区(见图二八六),采集陶片28件,可见3个灰坑。H1第一层土质较松散,呈浅灰色,含陶片;第二层土质较硬,呈黄褐色,为扰土;第三层土质较硬,呈白褐色,含陶片。共发现陶片9件,骨骼3件。H2第一层呈灰褐色,土质松散,含陶片;第二层呈深灰色,土质松散;第三层土质较硬,呈红褐色,含陶片,共发现陶片19件。H3第一层呈深褐色,土质松散;第二层呈浅灰色,土质较硬;第三层呈红褐色,土质较硬。无陶片。年代为西周中晚期。

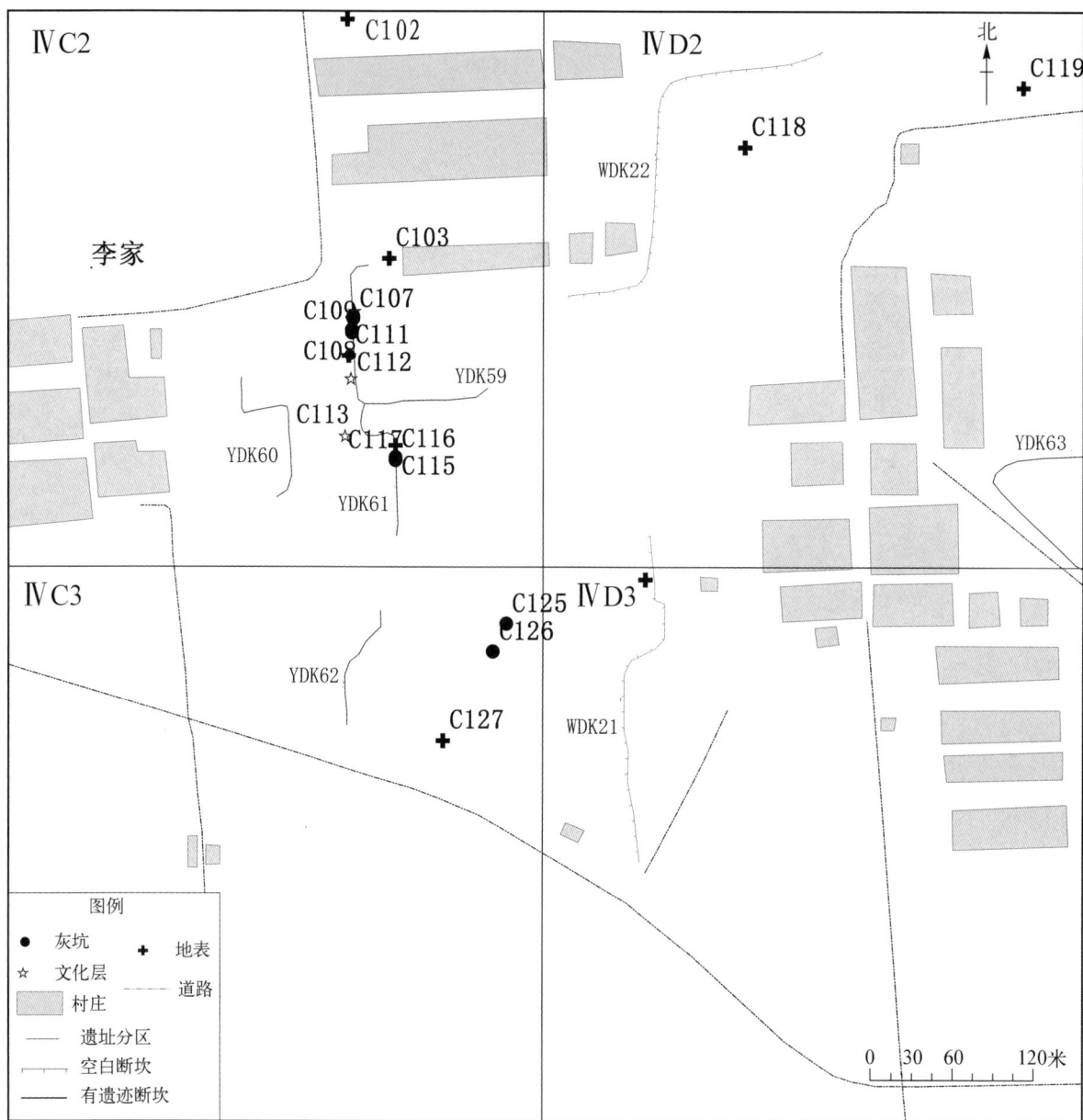

图二八六　ⅣC2、ⅣD2、ⅣC3、ⅣD3区采集点位置图

　　C109，位于任家村南，YDK59上，属于任家功能区（见图二八六），采集陶片19件，可辨器形有罐等，年代为西周晚期。

　　C110，位于任家村南，YDK59上，属于任家功能区（见图二八六），含蚌片4件。口宽4.3、底宽4.0米。分4层，第一层呈深褐色，土质较硬，厚0.17米；第二层呈浅灰色，土质较松散，厚0.39米；第三层呈红褐色，土质较硬，厚0.2米；第四层呈黄褐色，土质较硬，包含木炭和蚌片，厚0.1米。年代为西周时期。

　　C115、C116、C117，皆位于任家村西南，YDK61上，属于任家功能区（见图二八六），可见3个

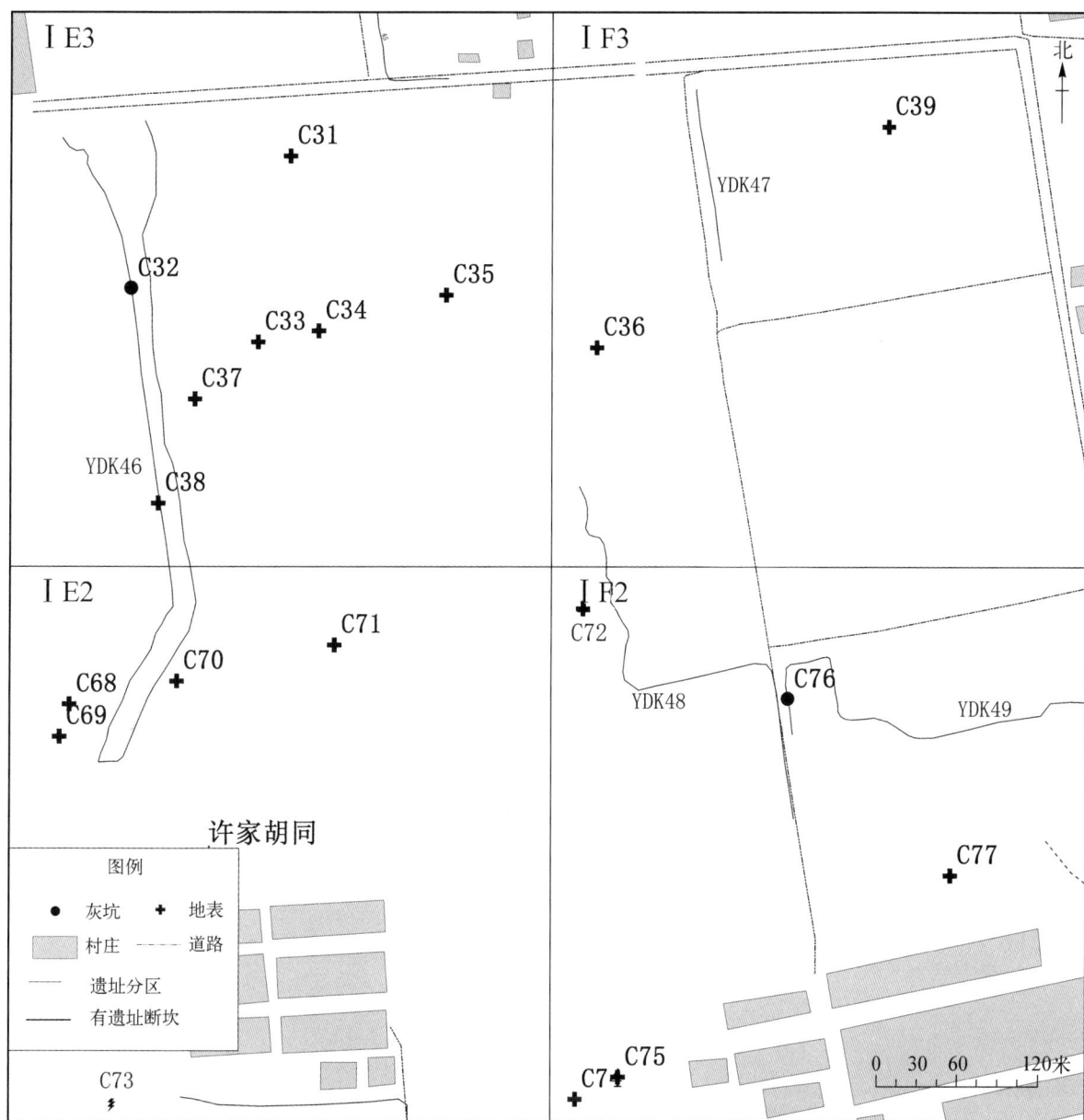

图二八七 ⅠE3、ⅠF3、ⅠE2、ⅠF2区采集点位置图

灰坑且相互叠压打破。其中C115采集14件陶片，C116采集2件陶片，C117采集1件陶片。C115
开口于第三层下，分上下两层，上层土质偏灰，夹以白点。下层土质红褐色。C115打破C117，
C116叠压在C115、C117之下，分上下两层，上层土质偏白，下层灰土。C115深1.0、口宽5.3米，
C117底宽1.25米。年代为西周晚期。

C125，位于上康村西，属于任家功能区（见图二八六）。采集陶片16件，可辨器形有盆、豆等，
年代为西周晚期。

C126，位于上康村西，任家砖厂一处断崖旁，属于任家功能区（见图二八六）。采集陶片58

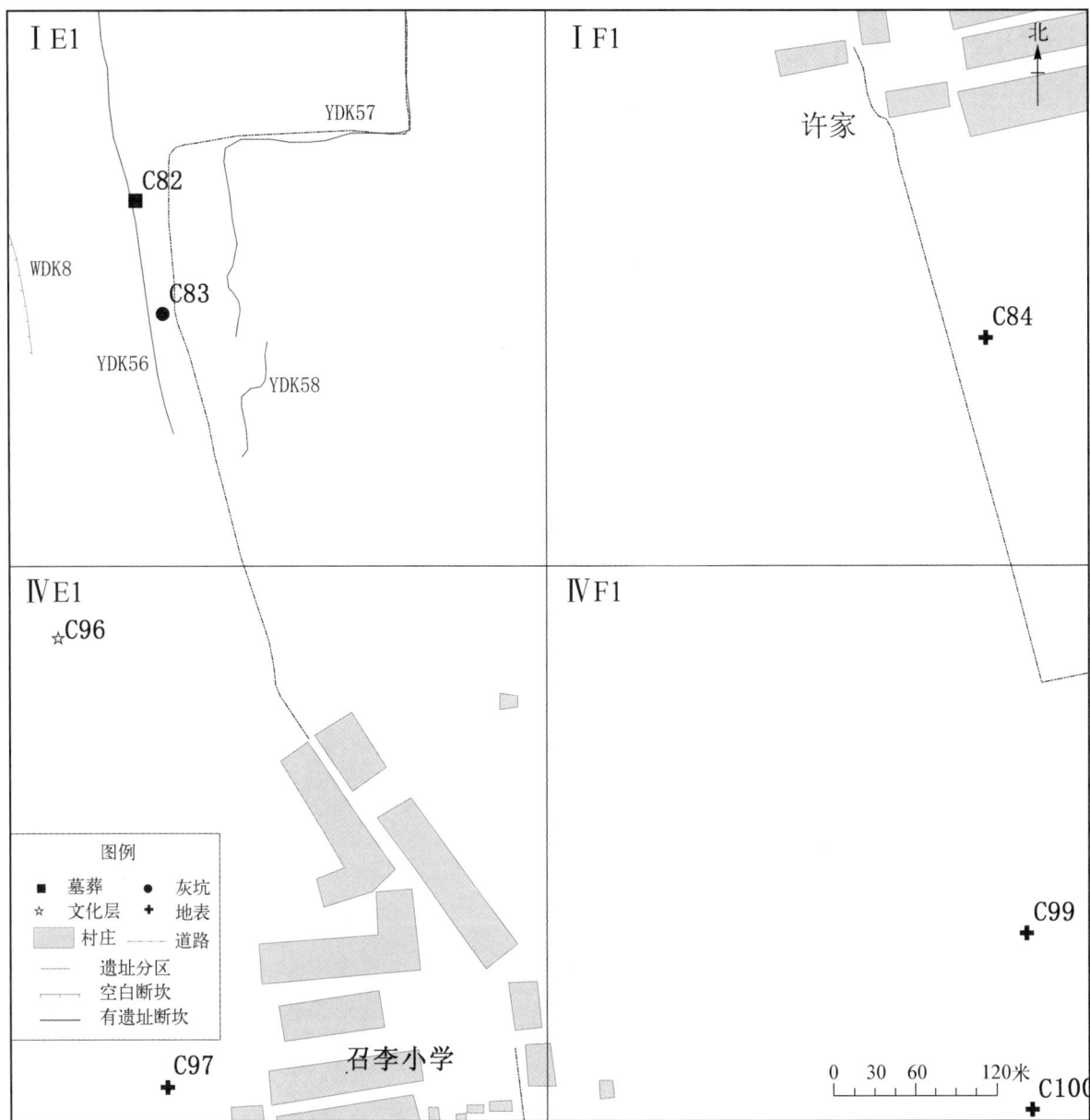

图二八八　ⅠE1、ⅠF1、ⅣE1、ⅣF1区采集点位置图

件、骨骼16块、蚌饰残片5件。口残长2.5、底长1.6、深0.7米，口距地表0.2米。灰坑左上部被破坏，土质偏红灰，内出土大量遗物，已露出生土。可辨器形有鬲、盆、罐、尊等，年代为西周中期。

C131，位于齐村北，YDK64上，属于齐村功能区（图二九二）。采集陶片7件，其中瓦1件。年代为西周晚期。

C133，位于上康村东，YDK63上，属于上康功能区（图二八九）。采集陶片8件，可辨器形有罐，年代为西周晚期。

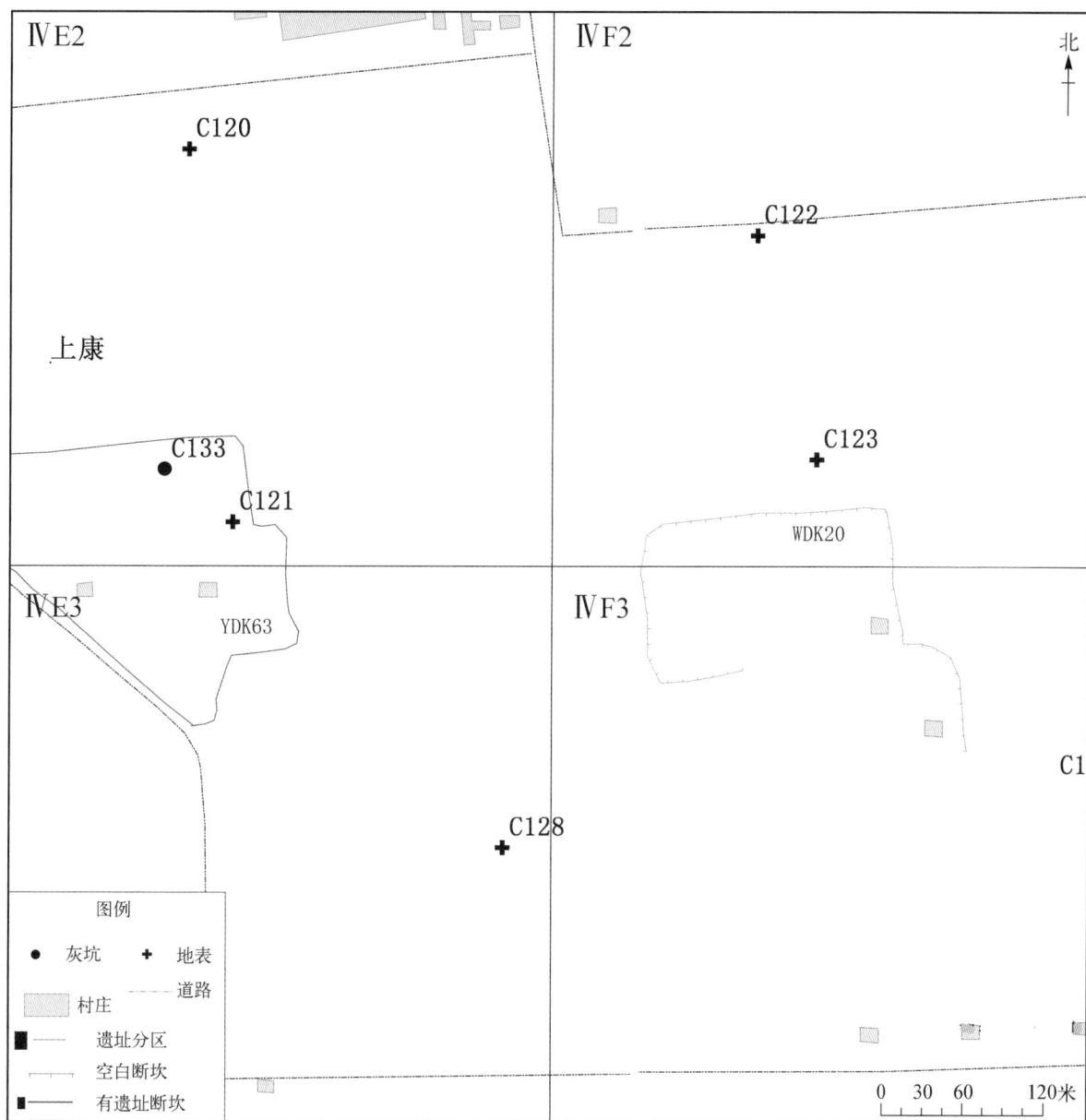

图二八九 ⅣE2、ⅣF2、ⅣE3、ⅣF3区采集点位置图

4.2.2 柱础

C42,位于召陈村北,YDK52上,属于召陈功能区(见图二八四)。第一层为耕土层,第二层为扰土层,柱洞开口于二层下,第三层为文化层。柱础内第一层为填土,厚0.29米;第二层为柱石,厚0.26米;第三层为夯层,厚0.06米;第四层为填土,厚0.15米;第五层为柱石,厚0.1米;第六层为填土,厚0.16米。年代为西周时期。

C44,位于召陈村北,属于召陈功能区(见图二八四)。第一层为耕土;第二层为扰土;第三

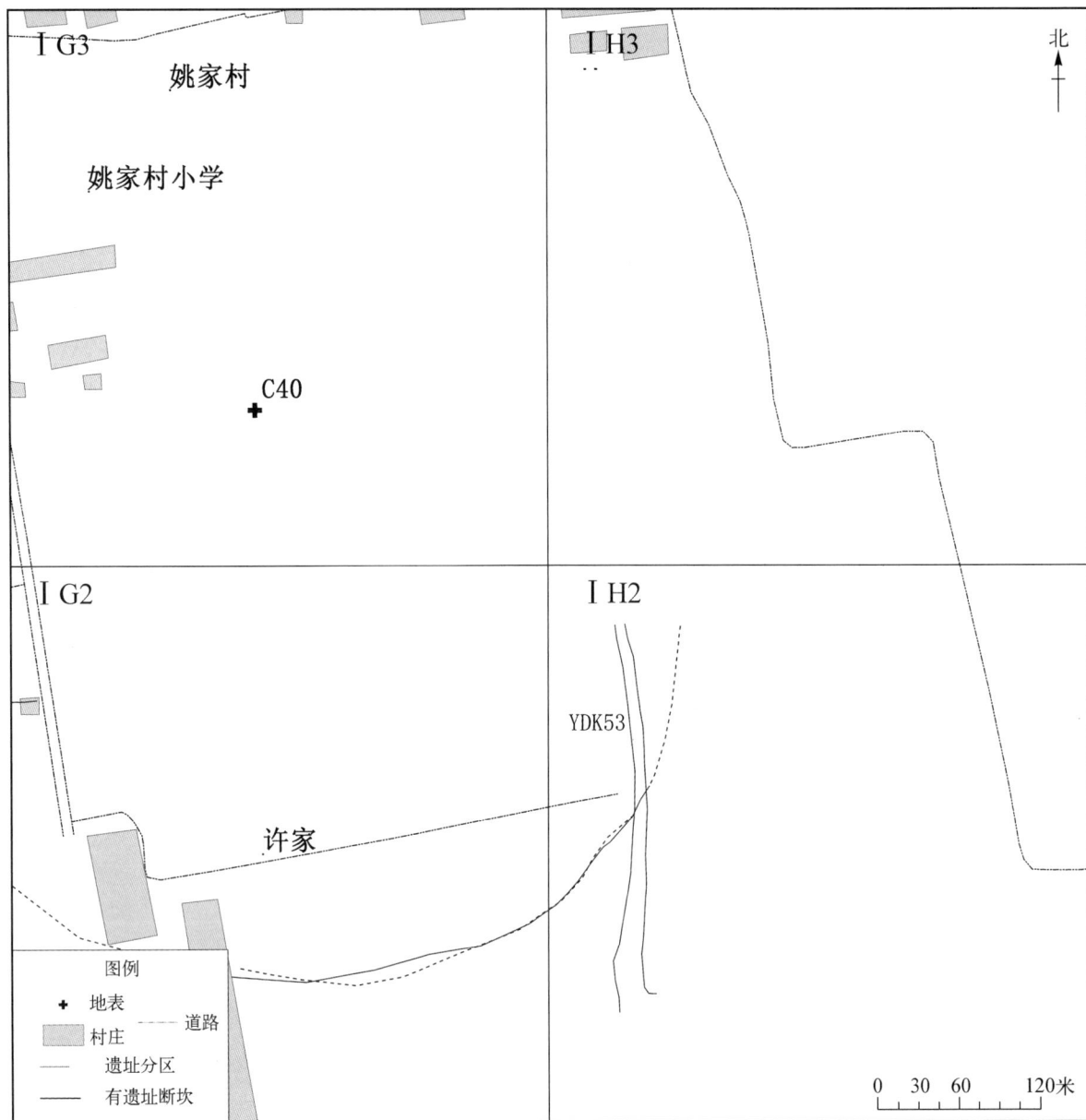

图二九〇　ⅠG3、ⅠH3、ⅠG2、ⅠH2区采集点位置图

层为夯土，厚约0.5米；第四层为填土，厚约0.37米；第五层为生土。有2个柱洞，柱洞均打破三、四层及生土。柱洞①深0.73、底宽0.4、口宽0.56米；柱洞②深1.43、底宽0.75、口宽1.16米。年代为西周时期。

　　C45，位于召陈村北，属于召陈功能区（见图二八四）。可见柱洞2个，第一层为耕土，第二层为扰土，第三层为夯土，第四层为垫土，第五层为红生土，第六层为黄生土。柱洞①口宽0.56、底宽0.4、深1.42米；柱洞②口宽1.16、底宽0.75、深1.43米。年代为西周时期。

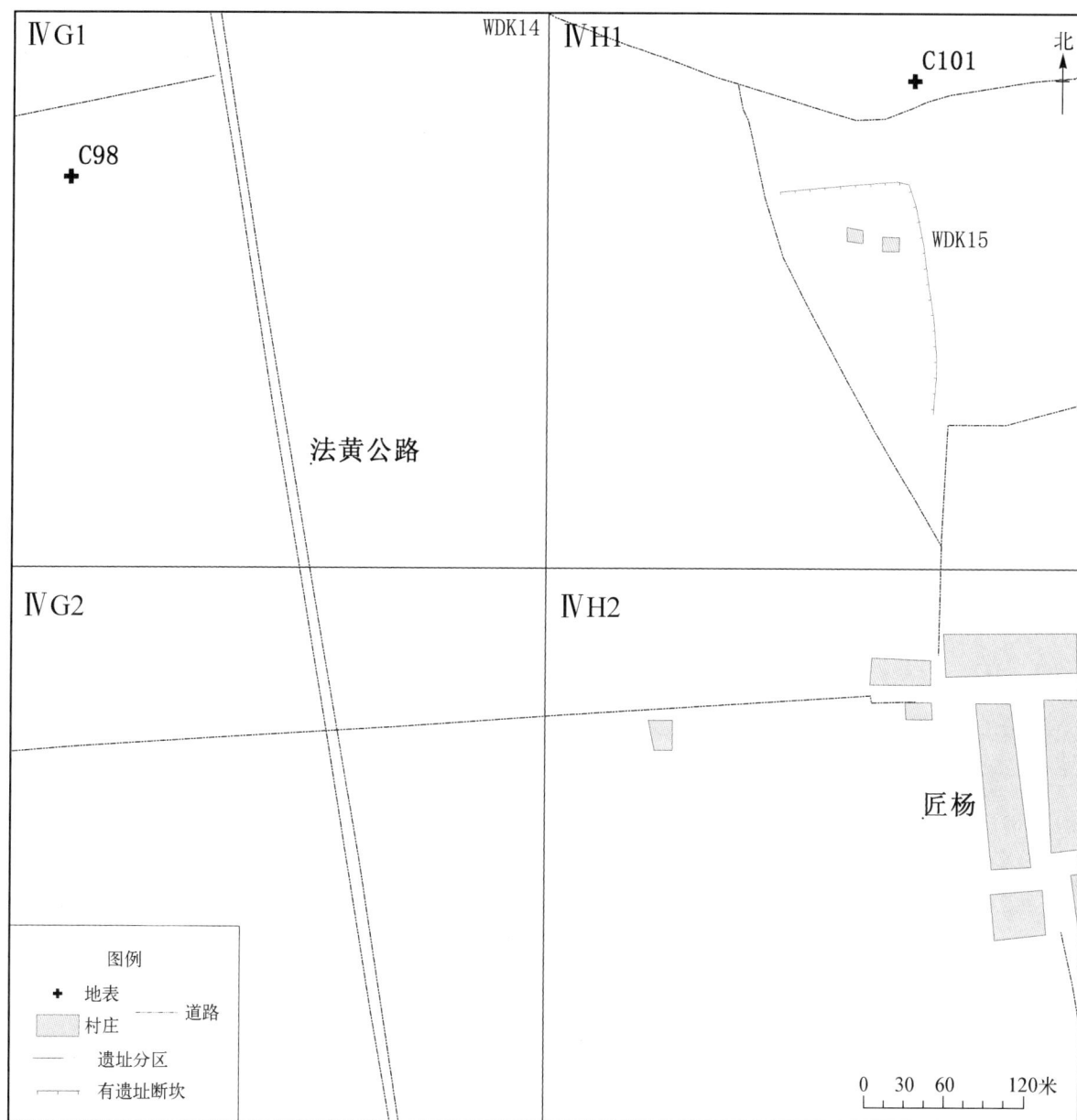

图二九一　ⅣG1、ⅣH1、ⅣG2、ⅣH2区采集点位置图

4.2.3　文化层

C3,位于召陈村北,YDK65上,属于云塘功能区(见图二八四)。采集陶片2件,土色偏红褐色,年代为西周中晚期。

C41,位于召陈村北,YDK52上,属于召陈功能区(见图二八四)。采集陶片5件,年代为西周中晚期。

C52,位于召陈村东北,属于召陈功能区(见图二八四)。采集陶片2件,土质偏红褐色。可能是从上层文化层掉落,生土已露出。年代属于西周时期。

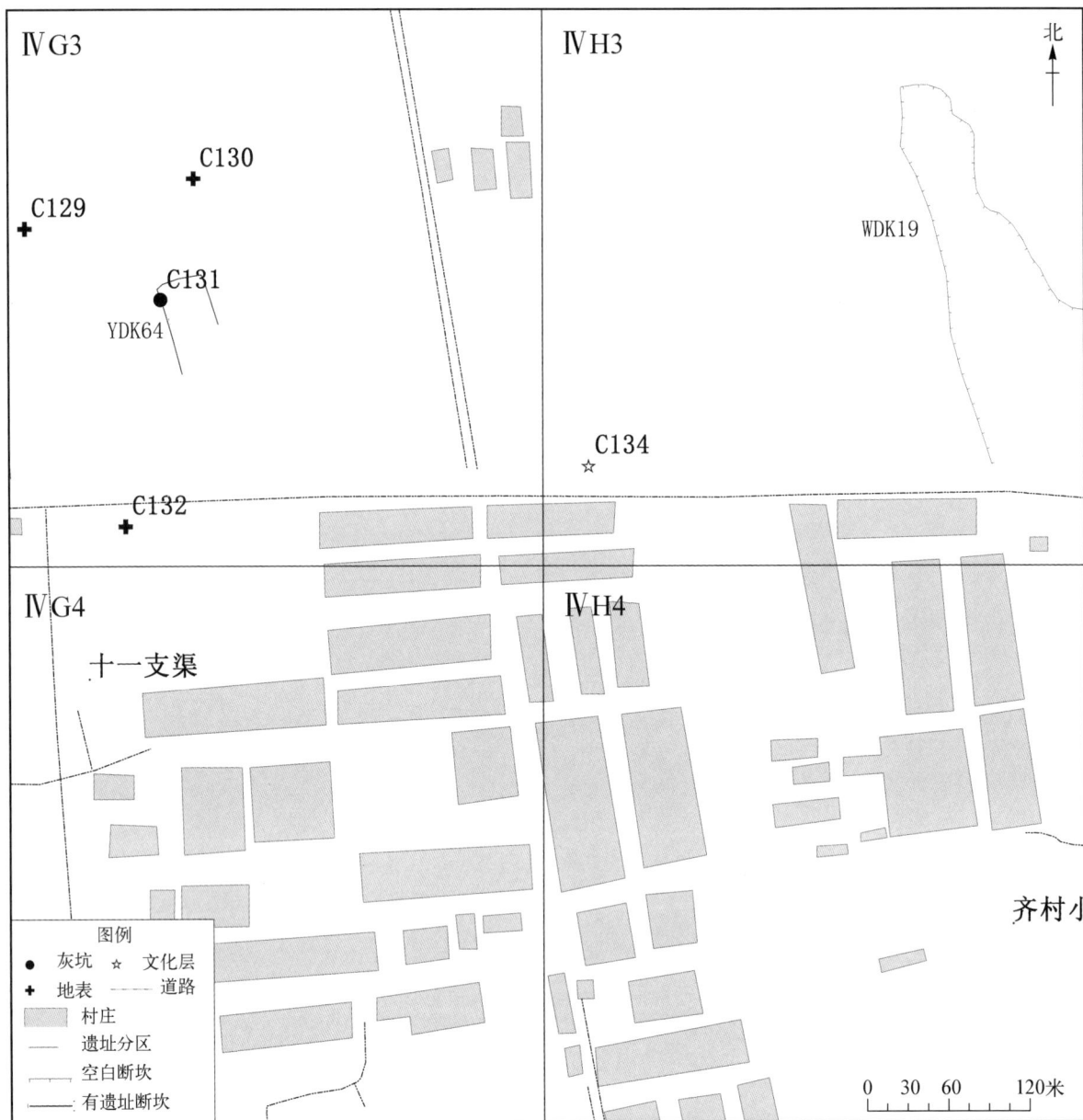

图二九二 ⅣG3、ⅣH3、ⅣG4、ⅣH4区采集点位置图

C56,位于召陈村北,属于召陈功能区(见图二八四)。采集陶片3件,土色偏褐色,土质硬,含有木炭屑和骨头。年代属于西周时期。

C57,位于召陈村北,YDK52上,属于召陈功能区(见图二八四)。采集陶片3件,位于文化层第三层。文化层包含红烧土较多,生土露出地表,厚0.6米。年代为西周中期。

C58,位于召陈村北,YDK52上,属于召陈功能区(见图二八四)。采集陶片5件,包括联裆鬲实足根、圆肩罐、口沿以及瓦等,土色为灰褐色,文化层含红烧土粒多,耕土层至扰土层厚约1.5米,文化层厚约0.6米。年代为西周中期。

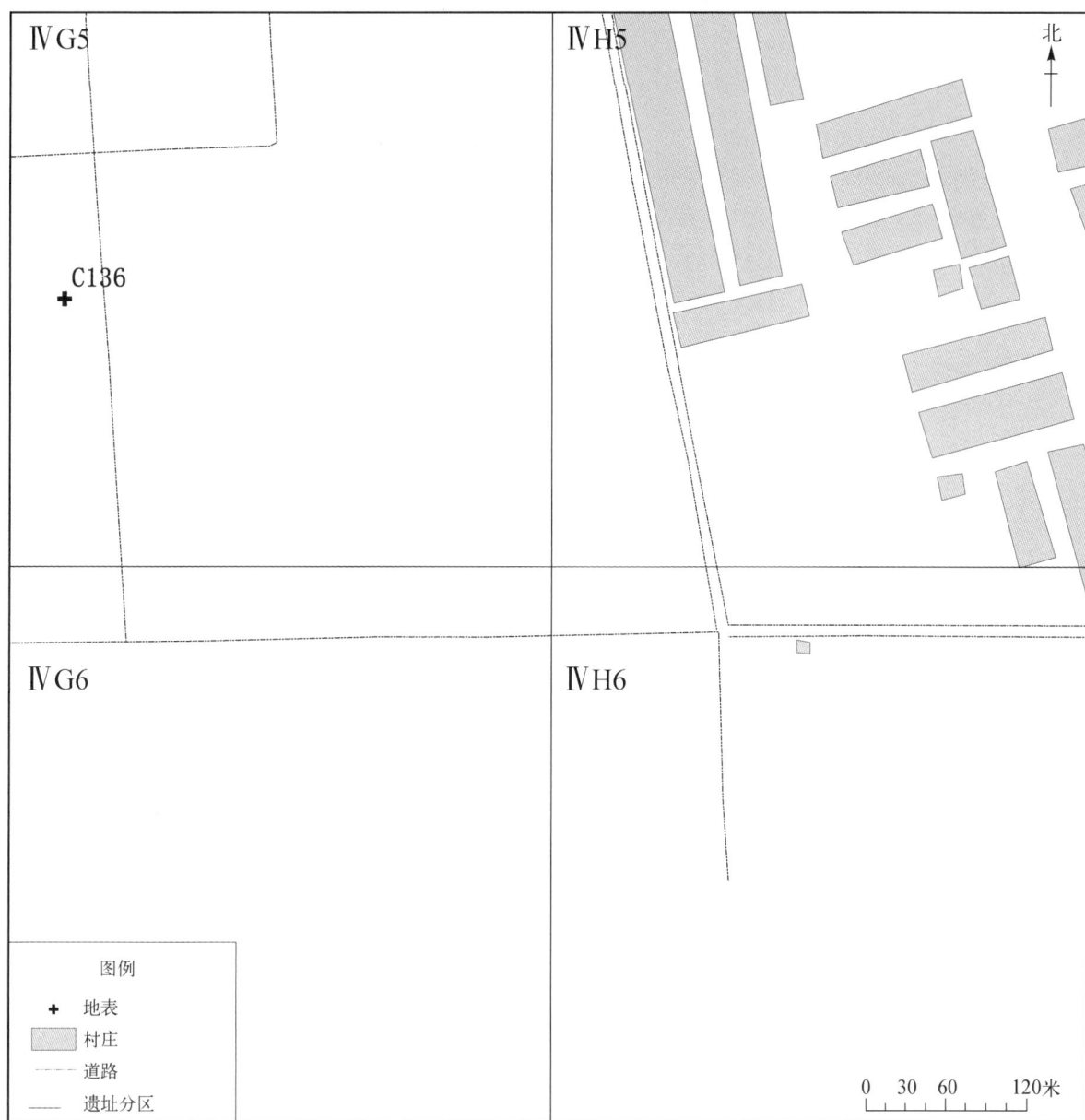

图二九三　ⅣG5、ⅣH5、ⅣG6、ⅣH6区采集点位置图

C59,位于召陈村北,YDK52上,属于召陈功能区(见图二八四)。采集瓦片1件。瓦片旁有一灰坑,年代为西周中期。

C60,位于召陈村北,YDK52上,属于召陈功能区(见图二八四)。采集残瓦1件,土质偏黄褐。年代为西周时期。

C61,位于召陈村北,YDK52上,属于召陈功能区(见图二八四)。采集陶片4件,可辨器形有联裆鬲、罐等,土色为黄褐色,包含物有烧土粒、陶片,耕土层至扰土层厚约1.5米,文化层厚约1.2米。年代为西周中晚期。

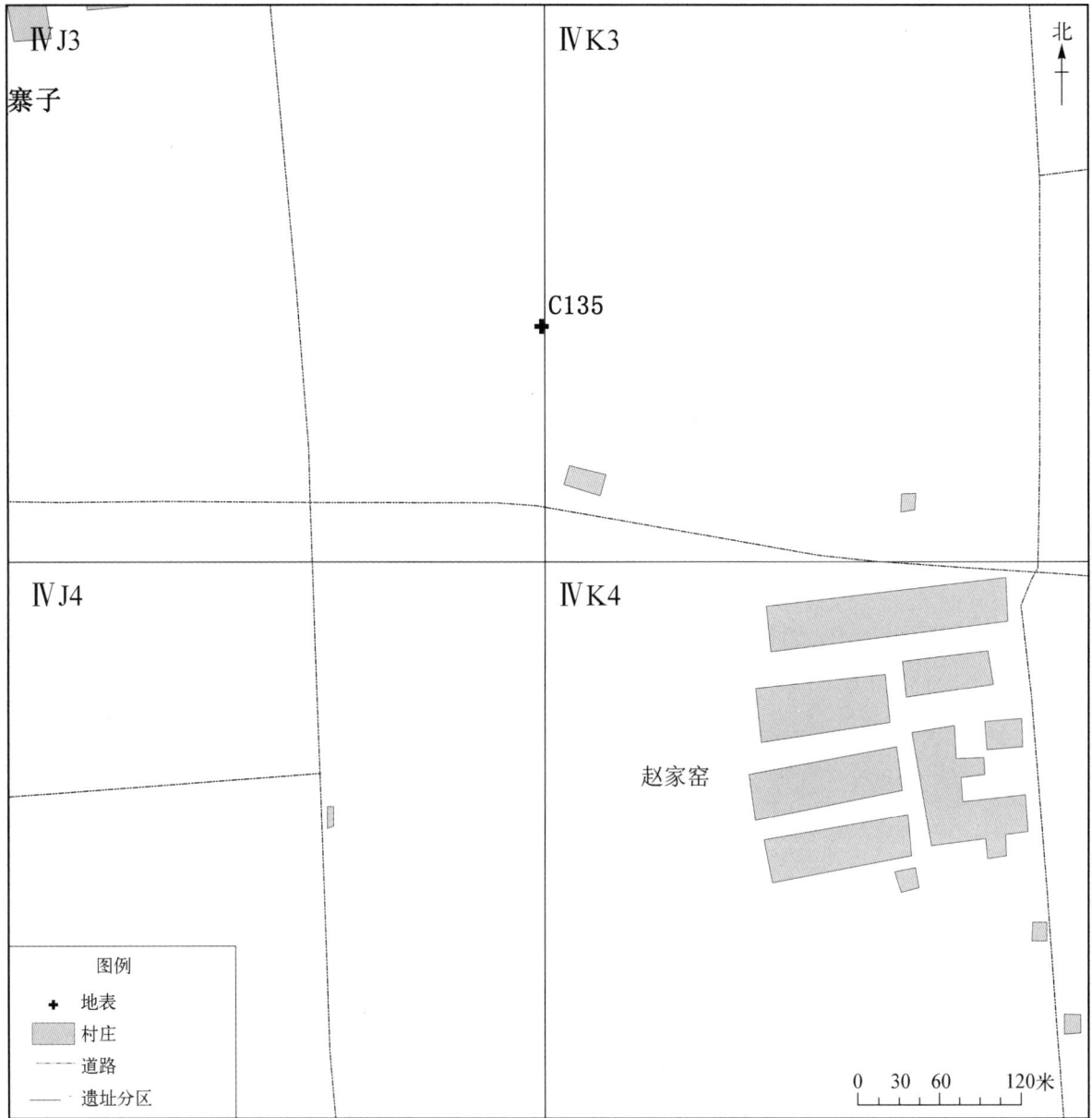

图二九四　Ⅳ J3、Ⅳ K3、Ⅳ J4、Ⅳ K4区采集点位置图

　　C62，位于召陈村北，YDK52上，属于召陈功能区（见图二八四）。采集陶片5件，其中瓦1件，土色偏黄，土质较硬，包含有红烧土，少量木炭屑，文化层厚0.55米。年代为西周中晚期。

　　C78，位于召陈村南，属于召陈功能区（图二八五）。采集陶片21件，可辨器形有盆、鬲、罐等，土质较松散，土色上层偏黄，下层偏红，包含有陶片。年代为西周中期。

　　C89，位于召陈村南，属于任家功能区（见图二八五）。采集陶片11件以及骨骼2块，上层为扰土层和耕土层。文化层土质为夯土，厚度达0.5米，偏黄色，底部生土已经露出表面。年代为西周中晚期。

C96,位于召李村北,属于召李西北区(见图二八八)。采集陶片2件。年代为西周时期。

C104,位于任家村南,YDK59上,属于任家功能区(见图二八六)。采集9件陶片,可辨器形有尊、鬲等,土质偏硬,土色偏黄,包含物有陶片、骨头。年代为西周晚期。

C106,位于任家村南,YDK59上,属于任家功能区(见图二八六)。采集陶片3件,其中瓦1件。土色偏黄色。年代为西周晚期。

C112,位于任家村南,YDK59上,属于任家功能区(见图二八六)。采集陶片17件,土色偏灰,可辨器形有甗腰、器耳、罐等。底部有淤土厚约0.05米,灰层厚约0.39米,文化层长12米。年代为西周中晚期。

C113,位于李家村东,YDK61上,属于任家功能区(见图二八六)。采集陶片37件。年代为西周时期。

C134,位于齐村北,属于齐村功能区(图二九二)。采集陶片10件,可辨器形有罐,土质松散,呈红褐色。年代为西周中晚期。

4.2.4　墓葬

C82,位于许家胡同南,YDK56上,属于许家胡同功能区(见图二八八)。包含有3座墓,M1口宽3.5、底宽4、深约3.3米;M2已残,底宽2.2、深3.3米;M3已残,底宽2.2、深1.8米。

4.2.5　陶窑

C73,位于许家胡同村南,YDK57上,属于许家胡同功能区(见图二八七)。采集陶片4件,有1件发现于陶窑,颜色偏红,其他3件发现于断崖上,可辨器形有鬲、豆。年代为西周晚期。

4.3　遗　物

本次采集的陶片标本均为残片,大部分没有地层关系,所以对陶片的分期参照以往周原遗址西周文化的分期标尺,即西周早期、西周中期、西周晚期。在本次调查中几乎未采集到西周早期遗物,部分遗物不能准确分期,只能限定在西周中晚期。

共133个标本。

4.3.1　西周中期

联裆鬲　均为口沿残片,夹砂灰陶。标本C11:16,卷沿,方唇,唇面有一道凹槽,沿下角较大,器表饰绳纹。残长5、残高7.2厘米(图二九七:3)。标本C11:18,卷沿,尖圆唇,沿下绳纹被抹,器表饰绳纹。口径14、残高5.7厘米(图二九七:14)。标本C12:19,卷沿,方唇,沿下角较小。残长4.4、残高1.6厘米(图二九七:9)。标本C47:46,卷沿,圆唇,沿面有一小平台,沿下绳纹被抹,腹部饰绳纹。残长9、残高6.4厘米(图二九七:4)。标本C67:66,方唇,唇面有凹槽，沿下绳纹被抹。残长3.4、残高1.4厘米（图二九七：12）。标本C87：77，卷沿，沿面有小平台，圆唇，沿下素面，腹部饰绳纹，绳纹模糊。口径16、残高4.8、残器身最大径15.8厘米（图三〇〇：7）。标本C88：88，卷沿，尖唇，沿下角较大。残长2.8、残高2.4厘米（图二九七：11）。标本C100：95，卷沿微折，沿面有小平台，尖唇，沿下角较小。残长7、残高4.8厘米（图二九七：6）。标本C126：135，灰陶，卷沿，尖圆唇，沿下角较大，沿下绳纹被抹。口径11.8、残高3厘米（图二九七：2）。

鬲足　均为残片，夹砂。标本C11：17，灰陶，呈锥状，饰绳纹。鬲足残高5.6厘米（图二九七：17）。标本C61：62，灰陶，呈柱状，饰绳纹。鬲足残高5.4厘米（图二九七：13）。标本C76：70，锥足，足面饰绳纹。鬲足残高7.5厘米（图二九七：18）。标本C126：132，红陶，柱状，足面饰绳纹。鬲足残高6.2厘米（图二九七：8）。标本C126：134，灰陶，略呈柱状，裆部较低，饰绳纹。鬲足残高6厘米（图二九七：16）。标本C126：137，灰陶，略呈锥状，饰绳纹，有被抹痕迹，裆部较矮。鬲足残高8.6厘米（图二九七：19）。

罐　均为灰陶。标本C11：12，口沿残片，夹砂，卷沿，沿上有小平台，沿下角大。口径12.8、残高7厘米（图二九五：2）。标本C11：14，高领罐口沿残片，泥质，卷沿，圆唇，素面。口径11.6、残高7.2厘米（图二九五：3）。标本C11：15，泥质，颈部有一周凸棱，肩上有两周旋纹。残长5.2、残高8.6厘米（图二九五：5）。标本C61：59，肩部残片，泥质，肩部施旋纹，腹部施绳纹。残长10、残高7.3厘米（图二九五：8）。标本C76：71，肩部残片，泥质，折肩，肩上部有6圈旋纹，下部施3圈旋纹。残长、残宽均为8厘米（图二九五：14）。标本C76：72，肩部残片，泥质，圆肩，肩部有3圈旋纹。残长8.6、残高8.1厘米（图二九五：10）。标本C98：94，口沿残片，夹砂，卷沿，沿面有小平台，沿下角较大，圆唇。残长5、残高2.8厘米（图二九七：10）。标本C112：113，口沿残片，泥质，侈口，方唇，唇面有一道浅凹槽，沿下有一道较浅凸棱。口径9.2、残高4、器身最大径残13.2厘米（图二九五：7）。标本C126：128，罐底残片，泥质，腹底施绳纹被抹，分布不均匀，底部施交叉绳纹。底径13、残高4.8厘米（图二九五：6）。标本C126：138，夹细砂，卷沿，圆唇，沿下角较大，鼓肩，器身施绳纹，绳纹较深，条理清晰。口径12.8、残高6.4、残器身最大径9.6厘米（图二九五：11）。标本C126：139，夹细砂，卷沿，沿面有平台，圆唇，唇部有凹槽，腹部施绳纹。口径32.4、残高10.6厘米（图二九五：15）。标本C134：144，口沿残片，泥质，敞口，卷沿，圆唇，素面。口径13.6、残高5厘米（图二九五：4）。

甑　夹砂灰陶。标本C112：112，甑腰残片，腰外施绳纹，腰隔较宽。残长6.8、残高2.9、残腰隔宽2.6厘米（图二九七：15）。标本C126：126，口沿残片，卷沿近折，斜方唇，沿部施有绳纹，直至唇部。口径26、残高4.2厘米（图二九七：1）。标本C126：127，甑腰残片，腰外施粗绳纹，腰隔较宽。残高13.4、腰径22.4、腰隔宽3厘米（图二九七：20）。标本C126：129，口沿残片，卷沿，方唇，唇面施绳纹，沿外有一道凸棱并施绳纹，腹上部微鼓，腹部施绳纹。残长11、残高12.8厘米（图二九七：5）。标本C126：130，口沿残片，方唇，唇面施绳纹，卷沿，沿外有绳纹被抹，沿下有绳纹。残长7、残高4.4厘米（图二九七：7）。

瓦　均为残片，泥质灰陶。标本C57：52，瓦背施绳纹，瓦侧有线切痕迹。残长7.2、残宽

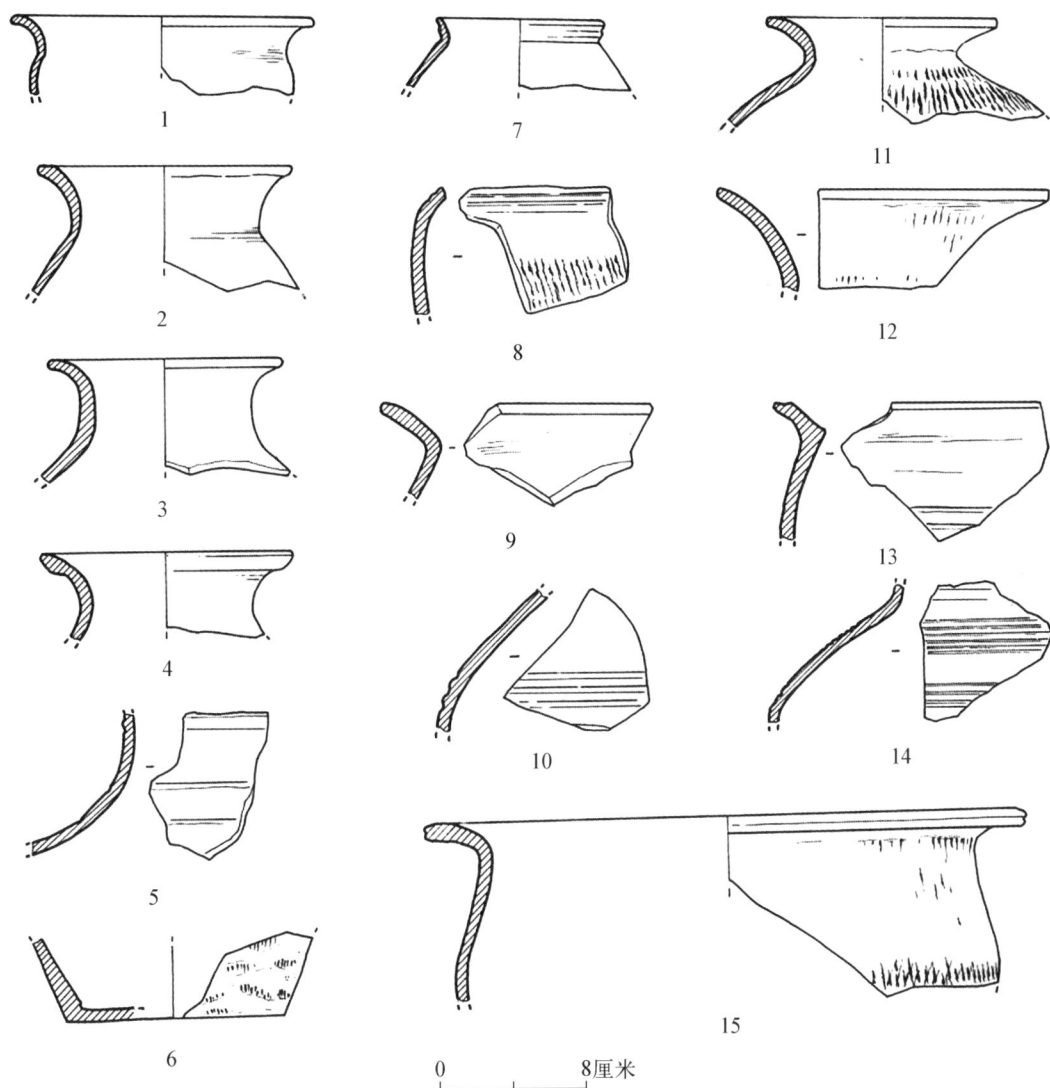

图二九五 调查所获西周中期陶器

1、9、13. 盆（C135：145、C105：100、C76：69） 2、3、4、5. 罐（C11：12、C11：14、C134：144、C11：15）
6、7、8、10. 罐（C126：128、C112：113、C61：59、C76：72） 11、14、15. 罐（C126：138、C76：71、C126：139） 12. 大口尊（C126：136）

7.1（图二九六：2）。标本C57：53，瓦背施绳纹，瓦侧有线切痕迹。残长10、残宽10厘米（图二九六：1）。标本C59：58，呈半弧状，表面施细绳纹。残长8、残宽11厘米（图二九六：4）。标本C61：61，瓦背及瓦侧均施绳纹。残长14.2、残宽8.2厘米（图二九六：5）。标本C62：64，器身微弧，施交错绳纹。残长10.4、残宽8.6厘米（图二九六：3）。标本C76：74，瓦背施绳纹。残长12.6、残宽6.8厘米（图二九六：6）。标本C81：81，瓦背施绳纹，瓦侧有线切痕迹。残长4.6、残宽3.4（图二九六：8）。

器底 残片，泥质灰陶。标本C11：13，腹下部施绳纹。底径8.1、残高6.5厘米（图二九六：12）。标本C105：102，底部饰不规则粗绳纹。残长5.2、残高1.4厘米（图二九六：11）。标本C126：133，斜

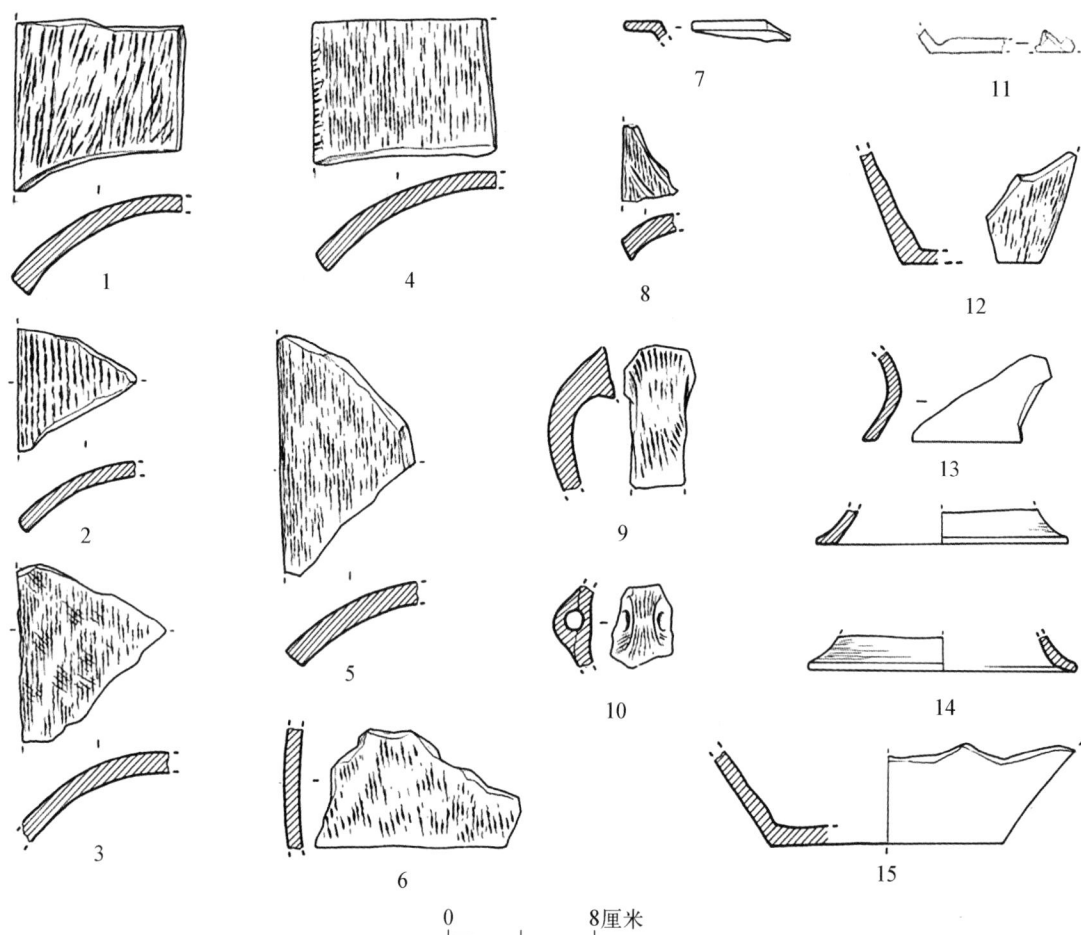

图二九六 调查所获西周中期陶器

1、2、3、4. 瓦（C57：53、C57：52、C62：64、C59：58） 5、6、8. 瓦（C61：61、C76：74、C81：81） 7. 口沿残片（C105：101）
9、10. 器耳（C62：63、C112：114） 11、12、15. 器底（C105：102、C11：13、C126：133） 13、14. 圈足（C126：131、C47：47）

直腹，腹下方有横向刮抹痕迹，底部饰交错绳纹。底径14、残高5.8厘米（图二九六：15）。

盆 均为口沿，泥质。标本C76：69，灰黑陶，敞口，折沿，折沿处形成突棱，沿面内缘内凹，沿面外缘有小平台，圆唇，肩部下端有两道旋纹。残长12.5、残高8厘米（图二九五：13）。标本C105：100，灰陶，敞口，卷沿微折，方圆唇，素面。残长11、残高5.9厘米（图二九五：9）。标本C135：145，灰陶，敞口，卷沿，圆唇，圆鼓腹，素面。口径16.4、残高4.5厘米（图二九五：1）。

大口尊 标本C126：136，口沿残片，泥质灰黑陶，宽卷沿，沿面抹光，圆唇。残口径长13.8、残高5.7厘米（图二九五：12）。

圈足 标本C47：47，残片，泥质黑皮陶，尖圆唇，沿面下有小平台。底径15、残高2厘米（图二九六：14）。标本C126：131，残片，泥质灰陶，敞口，高领，有小平台，尖唇，素面。残长8.3、残高5.2厘米（图二九六：13）。

器耳 标本C62：63，桥状，器耳上施绳纹。残长4.4、残高8.6厘米（图二九六：9）。标本C112：114，残片，泥质灰陶，施绳纹。残长3.6、残高4.8、耳径1厘米（图二九六：10）。

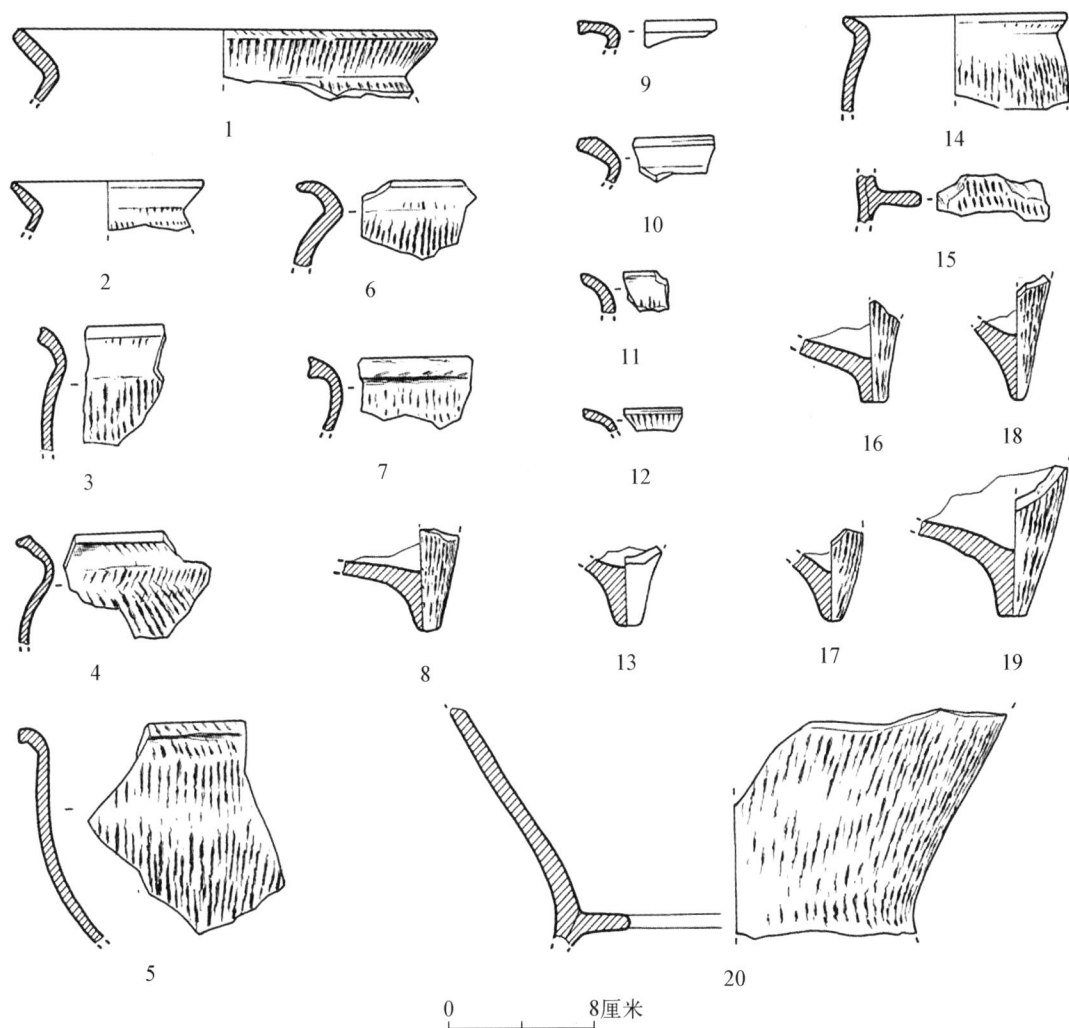

图二九七　调查所获西周中期陶器

1、5、7、15、20. 甗（C126：126、C126：129、C126：130、C112：112、C126：127）　2、3、4、6. 联裆鬲（C126：135、C11：16、C47：46、C100：95）
8、13、16. 鬲足（C126：132、C61：62、C126：134）　9、11、12、14. 联裆鬲（C12：19、C88：88、C67：66、C11：18）
10. 罐（C98：94）　17、18、19. 鬲足（C11：17、C76：70、C126：137）

口沿残片　标本C105：101，残片，泥质灰陶，圆唇，表面施旋纹。残长16、残宽1.2厘米（图二九六：7）。

4.3.2　西周中晚期

联裆鬲　标本C8：10，商式鬲口沿残片，夹砂褐陶，宽沿，方唇，沿外绳纹被抹。残长4.8、残高1.9厘米（图二九八：6）。

三足瓮　标本C13：20，口沿残片，泥质灰陶，敛口，平折沿。残长4、残高4.5厘米（图二九八：7）。

尊　标本C4：6，口沿残片，泥质灰陶，卷沿，方尖唇，唇部及器表施绳纹。残长4.2、残高5.4

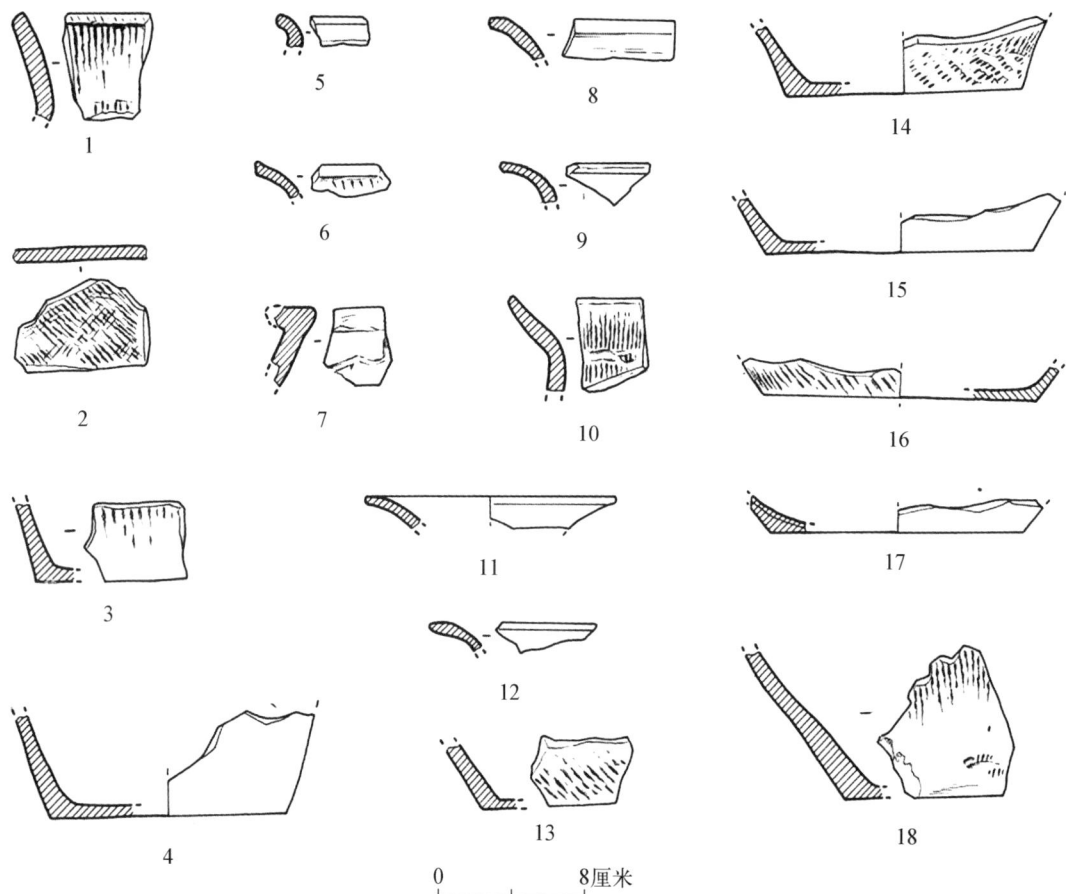

图二九八　调查所获西周中晚期陶器

1、11. 不知名器（C27：23、C89：90）　2、3、4、13、14. 器底（C90：91、C31：26、C3：1、C103：96、C83：82）　5、8. 盆（C88：89、C6：9）
6. 联裆鬲（C8：10）　7. 三足瓮（C13：20）　9、12. 罐（C91：92、C47：48）　10. 尊（C4：6）
15、16、17、18. 器底（C37：36、C4：2、C124：122、C37：35）

厘米（图二九八：10）。

　　盆　口沿残片。标本 C6：9，夹砂灰陶，卷沿，方唇，沿下角较大。残长 6.7、残高 2.4 厘米（图二九八：8）。标本 C88：89，泥质灰陶，圆唇，卷沿。残长 3.6、残高 1.8 厘米（图二九八：5）。

　　罐　口沿残片，灰陶。标本 C47：48，泥质，卷沿，尖圆唇。残长 6、残高 1.8 厘米（图二九八：12）。标本 C91：92，夹砂，卷沿，方圆唇，沿面有凹槽。残长 5、残高 2.4 厘米（图二九八：9）。

　　器底　标本 C3：1，泥质灰陶，腹部素面，平底，底部施交错绳纹，印痕较浅。底径 14.2、残高 6 厘米（图二九八：4）。标本 C4：2，泥质灰陶，腹下部和器底施绳纹。底径 16.2、残高 2.1 厘米（图二九八：16）。标本 C31：26，泥质灰陶，腹部施绳纹。残长 6.2、残高 4.6 厘米（图二九八：3）。标本 C37：35，泥质灰陶，平底，斜直腹，腹上部施绳纹，下部素面，底部施绳纹。残长 8.2、残高 8.8 厘米（图二九八：18）。标本 C37：36，泥质灰陶，素面。底径 15.9、残高 3.3 厘米（图二九八：15）。标本 C90：91，泥质灰褐陶，平底，底部有交错绳纹。残长 8、残宽 5.4 厘米（图二九八：2）。标本

C103∶96,夹砂灰陶,底部饰绳纹。残长6.2、残高4.1厘米(图二九八∶13)。标本C124∶122,泥质灰陶,平底素面。底径长15、残高2厘米(图二九八∶17)。标本C83∶82,泥质灰陶,腹部底部施绳纹。底径14、残高4.1厘米(图二九八∶14)。

瓦 均为板瓦或筒瓦残片。标本C4∶3,泥质灰陶,瓦背施绳纹,瓦侧有线切痕迹。残长2、残宽3.8厘米(图二九九∶11)。标本C4∶7,泥质灰陶,瓦背施绳纹,瓦侧有线切痕迹。残长4、残宽4.6厘米(图二九九∶5)。标本C30∶24,泥质灰陶,瓦背施绳纹。残长5.8、残宽8.8厘米(图二九九∶9)。标本C31∶25,泥质灰陶,瓦背施绳纹。残长3.4、残宽4.6厘米(图二九九∶4)。标本C41∶39,泥质灰褐陶。残长6.8、残宽4.6厘米(图二九九∶3)。标本C41∶40,泥质灰陶,瓦背施绳纹,瓦侧有线切痕迹。残长4、残宽5.2厘米(图二九九∶10)。标本C41∶41,泥质灰陶,瓦背施较浅绳纹,瓦侧有线切痕迹。残长4、残宽4.6厘米(图二九九∶8)。标本C41∶42,泥质灰褐陶,瓦背施绳纹,瓦侧有线切痕迹。残长8.4、残宽5.8厘米(图二九九∶2)。标本C46∶45,泥质灰陶,瓦背施绳纹。残长9.6、残宽8厘米(图二九九∶13)。标本C53∶51,泥质灰陶,瓦背施绳纹。残长5.1、残宽7厘米(图二九九∶12)。标本C129∶140,泥质灰陶,瓦背施绳纹。残长2.6、残宽4.9厘米(图二九九∶7)。标本C88∶87,筒瓦,夹砂灰陶,瓦背施绳纹,瓦背有线切痕迹。残长6.4、残宽5.5厘米(图二九九∶6)。标本C51∶49,瓦钉,泥质灰陶,瓦背施绳纹,上有柱状瓦丁。残长6.2、残宽5.2、瓦钉高1.2、瓦钉最大径1.9厘米(图二九九∶1)。

不知名器 标本C89∶90,残片。泥质灰陶,圆唇,盖沿向外平侈。口径15、残高1.8厘米(图二九八∶11)。标本C27∶23,口沿残片,斜方唇,唇部及沿下施绳纹。残长5.4、残高6.2厘米(图二九八∶1)。

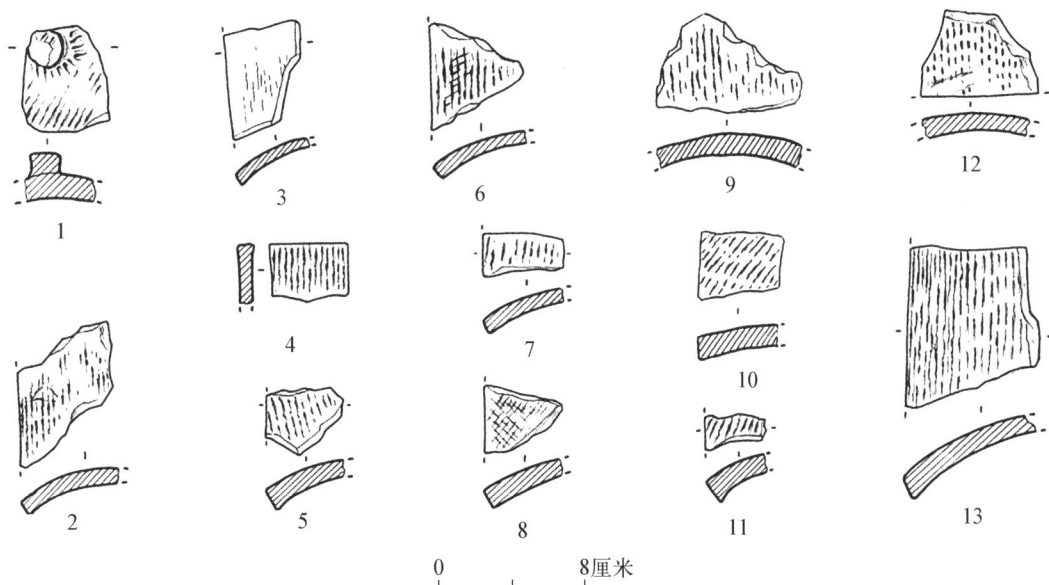

图二九九 调查所获西周中晚期陶瓦

1.(C51∶49) 2.(C41∶42) 3.(C41∶39) 4.(C31∶25) 5.(C4∶7) 6.(C88∶87) 7.(C129∶140) 8.(C41∶41) 9.(C30∶24) 10.(C41∶40) 11.(C4∶3) 12.(C53∶51) 13.(C46∶45)

4.3.3 西周晚期

联裆鬲　均口沿残片，夹砂灰陶。标本C32：30，卷沿，方圆唇，沿下角大，沿下绳纹有被抹痕迹，器身施绳纹。口径17.8、残高6.5厘米（图三〇〇：16）。标本C32：32，平折沿，沿面内缘有一道旋纹，沿面外缘突起，方圆唇，束颈明显，器身施旋断绳纹。残长5.8、残高5.4厘米（图三〇〇：10）。标本C73：67，卷沿，方圆唇，沿下绳纹被抹，器身施斜绳纹，绳纹粗，印痕较深。残长7、残高8厘米（图三〇〇：13）。标本C78：75，卷沿，圆唇，沿外缘有一周浅凹槽，沿下绳纹被抹，腹部饰绳纹及扁棱，绳纹较模糊。残长6.4、残高6.2厘米（图三〇〇：14）。标本C78：76，折沿，方唇，唇上有凹槽，沿下饰绳纹。残长4.9、残高2.8厘米（图三〇〇：2）。标本C78：79，卷沿，圆唇，沿下素面。残长5.2、残高3厘米（图三〇〇：3）。标本C86：86，沿面有凹槽，沿外缘有突棱，尖圆唇。残长2.6，残高1.6厘米（图三〇三：6）。标本C92：93，折沿，沿面内外缘各有一道旋纹，方圆唇。残长3.4、残高2厘米（图三〇〇：5）。标本C108：107，卷沿，方唇，唇面有一道凹槽，沿下绳纹有被抹痕迹，器表施绳纹。残长7、残高6厘米（图三〇〇：9）。标本C121：121，折

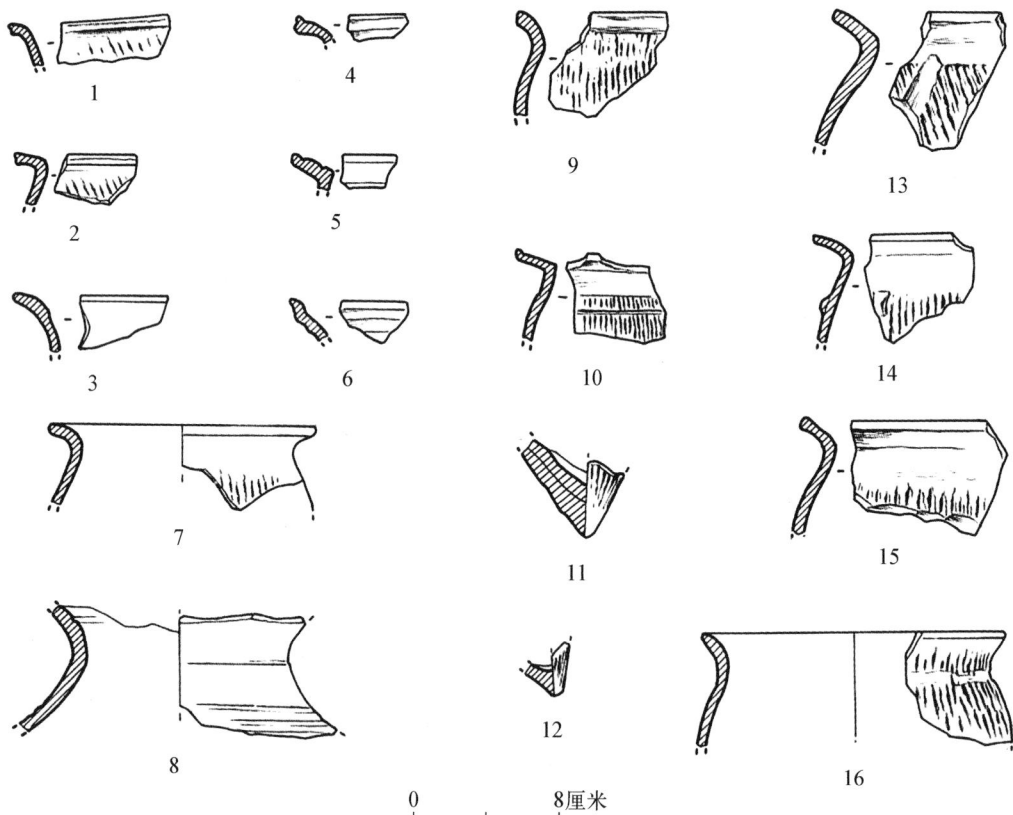

图三〇〇　调查所获西周晚期陶器

1. 联裆甗（C111：110）　　2、3、5、9、10. 联裆鬲（C78：76、C78：79、C92：93、C108：107、C32：32）　　4. 口沿（C104：99）
6、8. 罐（C4：8、C116：117）　　7. 联裆鬲（C87：77，本器物为西周中期，该单位C87为晚期单位）
11、12. 鬲足（C104：98、C58：57）　　13、14、15、16. 联裆鬲（C73：67、C78：75、C121：121、C32：30）

沿,沿面内缘、外缘均有一道凹槽,斜方唇,腹上部素面,下部饰绳纹。残长9.2、残高6.5厘米(图三〇〇:15)。

高足　均夹砂灰陶,锥状足,施绳纹。标本C58:57,残高3.1厘米(图三〇〇:12)。标本C104:98,残高5.6厘米(图三〇〇:11)。

联裆鬲　标本C111:110,口沿残片,夹砂褐陶,卷沿,唇面有一道凹槽,沿下有刻划纹。残长6.8、残高2.4厘米(图三〇〇:1)。

罐　标本C4:8,杯形口罐残片,泥质灰陶,敞口,口部外侈呈杯形,方唇,沿下施瓦纹。残长4、残高2.4厘米(图三〇〇:6)。标本C32:27,口沿残片,夹砂红陶,高领卷沿,方圆唇,肩部施绳纹。口径14、残高5.6厘米(图三〇一:6)。标本C32:31,残存口沿至肩部,泥质灰陶,敞口,卷沿,圆唇,肩部以下饰交错绳纹,绳纹较粗。口径12.4、残高8.3、残器身最大径21.4厘米(图三〇一:5)。标本C58:54,肩部残片,折肩,肩部饰绳纹。器身最大径22.4、残高9.1厘米(图三〇一:14)。标本C66:65,口沿残片,夹砂灰陶,卷沿,沿面有小平台,尖圆唇,颈部微突出,素

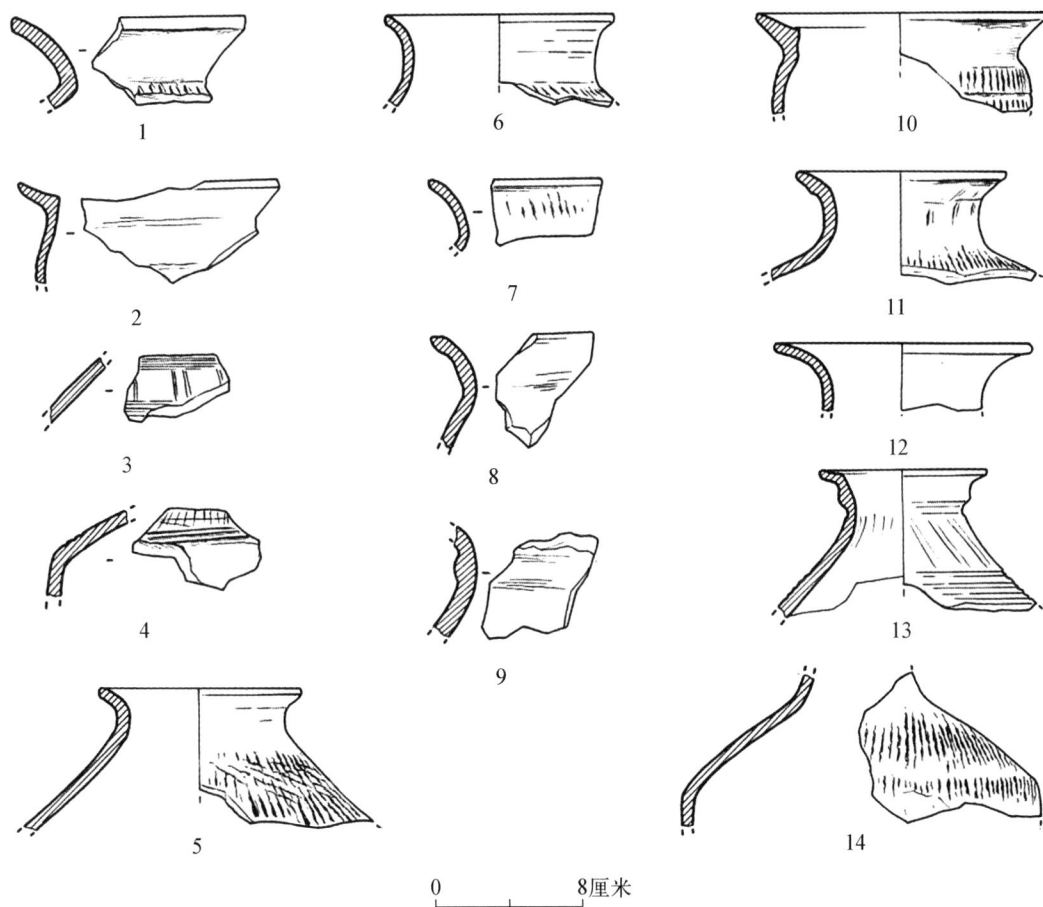

图三〇一　调查所获西周晚期陶器

1. 尊(C104:97)　2、7、10. 盆(C125:124、C78:78、C131:141)　3、4、5、6、8. 罐(C107:104、C108:108、C32:31、C32:27、C66:65)　9、11、12、13、14. 罐(C115:116、C109:109、C78:80、C133:143、C58:54)

面。残长6.2、残高6.8厘米（图三〇一：8）。标本C78：80，口沿残片，泥质，圆唇，卷沿，沿下角大。口径16、残高4厘米（图三〇一：12）。标本C107：104，肩部残片，泥质灰陶，表面施暗纹。残长6.4、残高4厘米（图三〇一：3）。标本C108：108，肩部残片，泥质灰陶，肩上部施倾斜的条带状暗纹，肩下部施三道旋纹。残长7.8、残宽5.2厘米（图三〇一：4）。标本C109：109，口沿残片，夹砂灰陶，卷沿，沿下角较小，圆唇，肩部施绳纹。口径13、残高6.8厘米（图三〇一：11）。标本C115：116，口沿残片，泥质灰陶，唇部残缺，颈部有突棱，素面。残长7、残高6.6厘米（图三〇一：9）。标本C116：117，口沿残片，泥质灰陶，敞口，卷沿，沿面有一道凹槽，束颈，颈部有一道凸棱，肩部施有数道横向杂乱暗纹，暗纹下施有两道旋纹。残高7厘米（图三〇〇：8）。标本C133：143，残存口沿至肩部，泥质灰陶，敞口，平折沿，沿面有凹槽且内缘起，圆唇，沿下角较小，颈部有一道较宽的突棱，肩上部施有斜倾45度的粗线暗纹，肩下部施有6道旋纹。口径10.4、残高8.4厘米（图三〇一：13）。

盆 口沿残片，泥质灰陶。标本C78：78，侈口，圆唇，宽卷沿。残长6.8、残高4.3厘米（图三〇一：7）。标本C125：124，折沿，圆唇，肩部饰一周旋纹。残长12.2、残高6.1厘米（图三〇一：2）。标本C131：141，折沿，沿外缘有一道凹槽，内缘有一道凸棱，尖圆唇，腹部饰旋断绳纹。口径18、残高6厘米（图三〇一：10）。

豆 泥质灰陶。标本C21：21，豆盘残片，盘壁折棱明显，盘壁下端施两道旋纹。残长10.2、残高4.1厘米（图三〇三：11）。标本C43：43，豆盘壁残片，折盘，直壁，尖唇，盘壁下缘有两道旋纹。残长3.3、残高3.2厘米（图三〇三：7）。标本C73：68，豆柄残片，柄上有凸棱，柄较细。残长15.8、残高6.2、突棱直径6厘米（图三〇三：12）。标本C125：123，豆盘残片，尖唇，盘壁下端饰两周旋纹。残长3.8、残高3.4厘米（图三〇三：5）。

尊 标本C104：97，口沿残片，夹砂灰陶，卷沿，方圆唇，肩部施绳纹。残长9.4、残高5.2厘米（图三〇一：1）。

口沿残片 泥质灰陶，标本C104：99，方唇，唇上有凹槽。残长3.7、残高1.4厘米（图三〇〇：4）。标本C117：119，敞口，折沿，折棱上部有一道凹槽，方唇，素面。残长6、残高2.5厘米（图三〇三：9）。

器底 标本C32：28，泥质灰陶，器底及腹底施绳纹。残长10.2、残高5.2厘米（图三〇二：1）。标本C32：29，泥质灰陶，腹部饰旋纹及戳印纹，底部饰交错绳纹。底径13.2、残高5.9厘米（图三〇二：7）。标本C107：105，夹砂灰陶，平底，斜直腹。残长3.4、残高3厘米（图三〇二：5）。标本C107：106，泥质灰陶，底面施细绳纹，腹部及底部施有绳纹。残长5、残高2.4厘米（图三〇二：3）。标本C111：111，泥质灰陶，器腹中部施绳纹，器底下绳纹被抹，分布不均匀。底径18.1、残高6.9厘米（图三〇二：6）。标本C115：115，泥质灰陶，表面饰绳纹，印痕清晰，绳纹较粗。残长8.2、残高5.9厘米（图三〇二：2）。标本C116：118，泥质灰陶，腹部饰浅绳纹。底径13、残高7.8厘米（图三〇二：9）。标本C125：125，泥质灰陶，腹部施绳纹。底径11.9、残高5.4厘米（图三〇二：8）。

瓦 标本C43：44，板瓦残片，泥质灰陶，瓦背施绳纹，瓦侧有线切痕迹。残长5、残宽4厘米（图三〇三：2）。标本C53：50，筒瓦残片，泥质灰褐陶，前端有瓦舌，瓦背施雷纹及绳纹。残长10.2、残宽12厘米（图三〇三：13）。标本C58：55，筒瓦残片，泥质灰陶，呈半弧状，瓦背施雷纹及绳

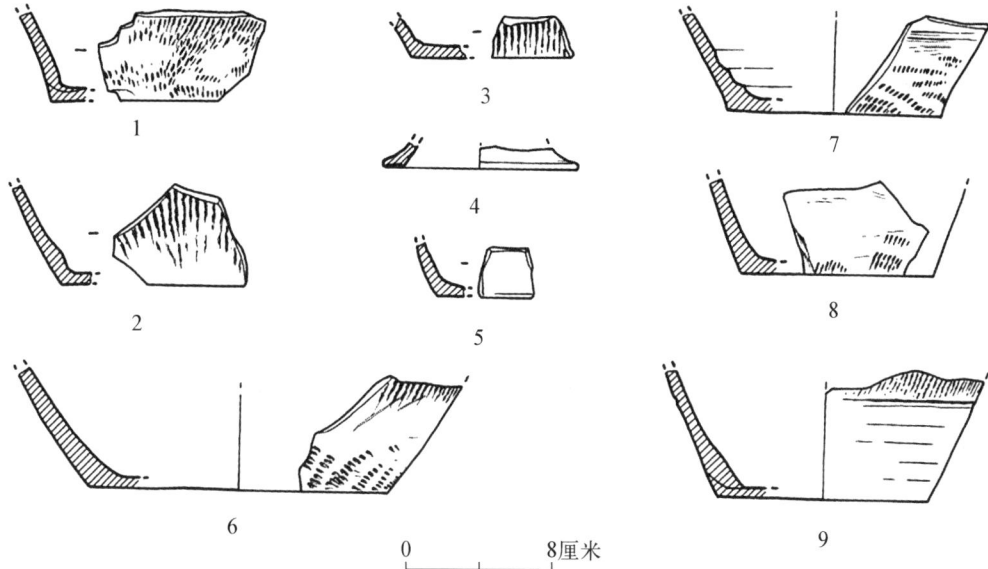

图三〇二　调查所获西周晚期陶器

1、2、3、5. 器底（C32：28、C115：115、C107：106、C107：105）　4. 圈足（C4：5）
6、7、8、9. 器底（C111：111、C32：29、C125：125、C116：118）

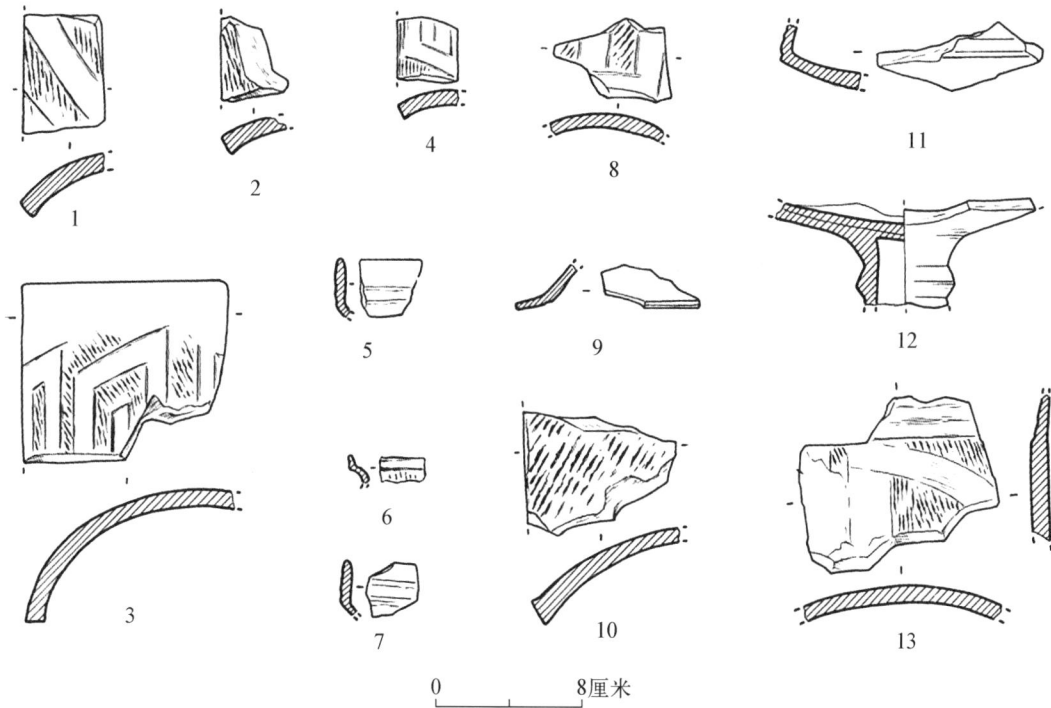

图三〇三　调查所获西周晚期陶器

1、2、3、4. 瓦（C131：142、C43：44、C58：55、C85：85）　5、7、11、12. 豆（C125：123、C43：43、C21：21、C73：68）
6. 联裆鬲（C86：86）　8、10、13. 瓦（C85：84、C58：56、C53：50）　9. 口沿（C117：119）

纹,瓦侧有线切痕迹。残长10.6、残宽12.4厘米(图三〇三:3)。标本C58:56,板瓦残片,泥质灰黑陶,瓦背施绳纹。残长7.4、残宽9.2厘米(图三〇三:10)。标本C85:84,筒瓦残片,泥质灰陶,瓦背施雷纹及绳纹。残长5、残宽7.2厘米(图三〇三:8)。标本C85:85,筒瓦残片,泥质灰陶,瓦背施雷纹及绳纹,瓦侧有线切痕迹。残长3.9、残宽3.7厘米(图三〇三:4)。标本C131:142,筒瓦残片,泥质灰陶,瓦背施之字纹及绳纹,瓦侧有线切痕迹。残长7、残宽5厘米(图三〇三:1)。

圈足　标本C4:5,口沿残片,泥质灰陶,沿面有小平台且有凹槽,圆唇。底径11.9、残高1.5厘米(图三〇二:4)。

4.4　调查区域池渠系统与聚落结构

4.4.1　池渠系统

所谓池渠遗存,即指周原遗址近年发现的水池和沟渠类遗存。其中水池常作为蓄水之用,沟渠常作为给水设施。池渠系统则指的是在一个聚落之内,若干同时共存的水池和沟渠的形制、功用、联通方式与分布形态。池渠遗存既有自然形成的,也有人工开凿的,对判断不同区域重要遗迹之关系,研究不同功能区的有机联系,厘清聚落布局,理解聚落结构有重要意义[1]。

周原遗址池渠系统的调查、钻探与发掘,以王占奎先生1990—1991年在云塘、周家等地进行钻探并探明淤土为始[2],后来周原考古队亦曾经开展相关工作,如在美阳河流域进行调查,发现若干水域及河道遗存[3]。而2009年云塘陂塘遗存及相关沟渠的钻探和发掘,正式揭开了周原遗址池渠系统发掘的序幕[4]。因而本年度工作也将此作为重点,结合以往工作,共计发现水池1处,沟渠类遗存8处,以下对池渠遗存进行分别介绍,并判断其性质,对于相关池渠系统作进一步分析。

1. 区域池渠遗存

水池类遗存:

共1处,位于姚家墓地区,在前期墓地钻探时,发现M8打破一个西周早期的大水池。该水池位于姚家墓地东南边,远不至姚家村,且出有一片西周早期的瓦,棱角分明,应该不是长距离翻动的"老陶片",而应是此处的遗留,可能是建筑遗存的线索。该水池编号为12SC1。在前期钻探过程中,共得A(36 489 348,3 817 549),B(36 489 357,3 817 497),C(36 489 240,3 817 354),D(36 489 218,3 817 315),E(36 489 064,3 817 252),F(36 489 057,3 817 235)共6个点。另在北

---

[1]　宝鸡市周原博物馆、宝鸡市考古研究所:《周原遗址池渠遗存的钻探与发掘》,宝鸡市周原博物馆编:《周原(第1辑)》,三秦出版社,2013年6月。

[2]　王占奎:《周原遗址扶风云塘陂塘与水渠三题》,宝鸡市周原博物馆编:《周原(第1辑)》,三秦出版社,2013年6月。

[3]　周原考古队:《2005年陕西扶风美阳河流域考古调查》,《考古学报》2010年第2期。

[4]　宝鸡市周原博物馆、宝鸡市考古研究所:《周原遗址池渠遗存的钻探与发掘》,宝鸡市周原博物馆编《周原(第1辑)》,三秦出版社,2013年。

边、西边共得两个深孔,编号1(36 489 229,3 817 400),2(36 489 171,3 817 328)(图三〇四)。此外,对于水池边界进行了卡点钻探,大致确定了水池的四周边界。据此,紧绕大水池的池边,也就是姚家墓地的东南边缘划定范围,成为"姚家水渠区"。弧长499.47米(图三〇五),估算水池面积应有122 339平方米。

(1) 堆积

在12SC1北部边缘进行钻探时,发现5米深时尚不能见底,7米深时才见砂石层,底部为锅底状。考虑到现地表可能比西周时高出40—50厘米,可推测该水池底部距当时地面至少7米。

水池开口于②层下并被M8打破,从墓室东壁观察到池内堆积分四层,各层堆积情况如下(图三〇六):

第①层为淤土层,分布于整个池塘,北厚南薄。土质较为疏松,土色为灰黑色,包含大量的白色纤维。深152—170、厚92—110厘米。

第②层分布于整个池塘,北薄南厚。土质较硬,土色偏黄,少见淤土且淤层较薄较平,整体较为纯净。深292—405、厚140—235厘米。

第③层分布于整个池塘,北厚南薄。土质较②层松散,密度较大,土色为黄褐色。深362—

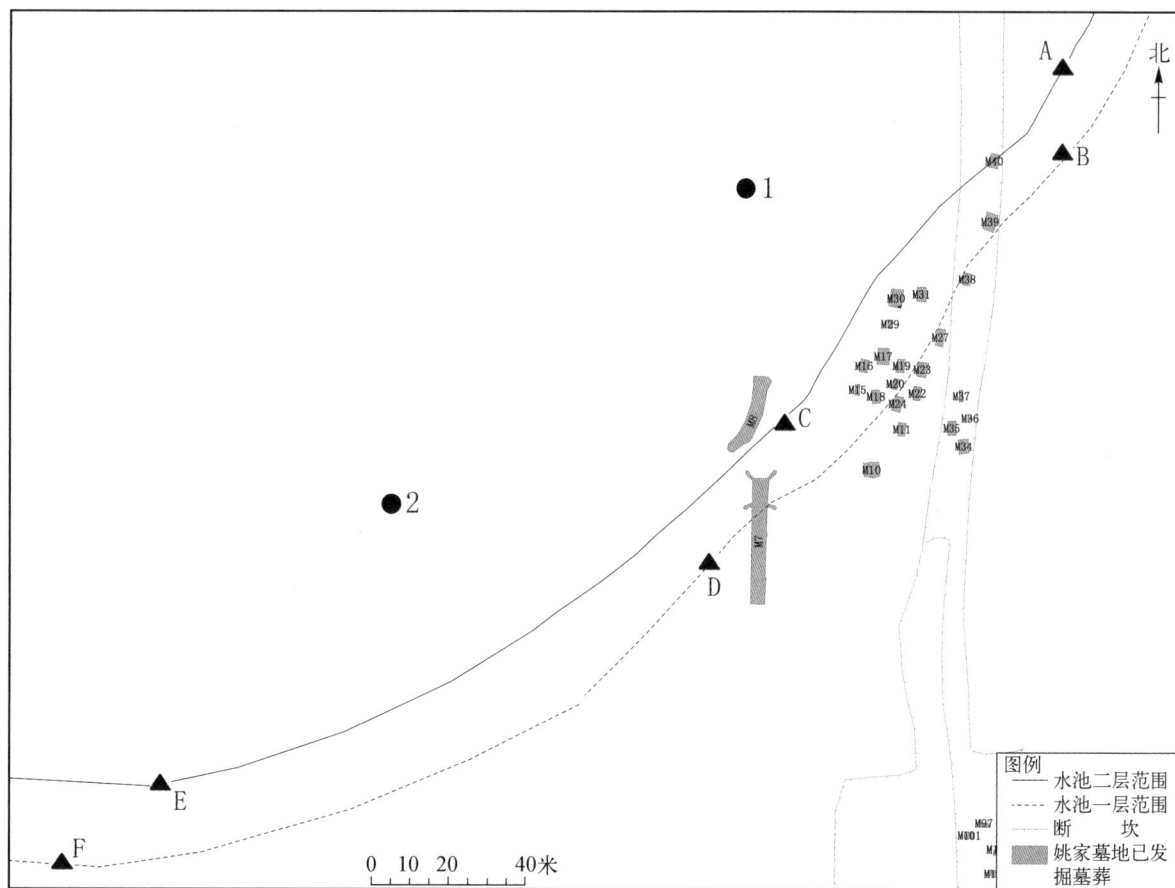

图三〇四　水池2012SC1局部钻探平面图

图三〇五　姚家南池渠位置图

525、厚70—120厘米。大部分为淤土,淤层较薄较平,包含一片西周早期的残瓦。

第④层分布于池塘底部,面积较上边三层均小。土质较③层硬,土色为棕色,有少量淤土,淤层较薄较平。深440—640、厚0—120厘米。

(2)遗物

水池第③层出土一件西周早期瓦片,编号为标本SC1③:1,泥质灰陶。表面、顶端及侧面均饰粗绳纹,印痕较深。残长12、残宽11.5、厚1.5厘米(图三〇七)。除此件瓦片外,M30填土中也发现一片(标本M30D2:02),可能是附近建筑类遗存的线索。

沟渠类遗存:

(1)姚家西12YZG1,位于姚家村西,功能区西北,详见第三章3.3.4"姚家西钻探区"部分。

(2)姚家西12YZG2,位于姚家村西,功能区西北,详见第三章3.3.4"姚家西钻探区"部分。

(3)姚家西12YZG3,位于姚家村西,功能区西北,详见第三章3.3.4"姚家西钻探区"部分。

(4)12QG1,位于姚家村西北断坎上,本年度曾经调查过A(36 488 691,3 818 646),A'(36 488 692,3 818 639)两点,残存口部宽5米,深约2米,在沟底层有明显的水平淤土痕迹,初步判断该水渠可能为东西向。但该断面以西数百米地势均较水渠为低,已被破坏殆尽,且断坎正对

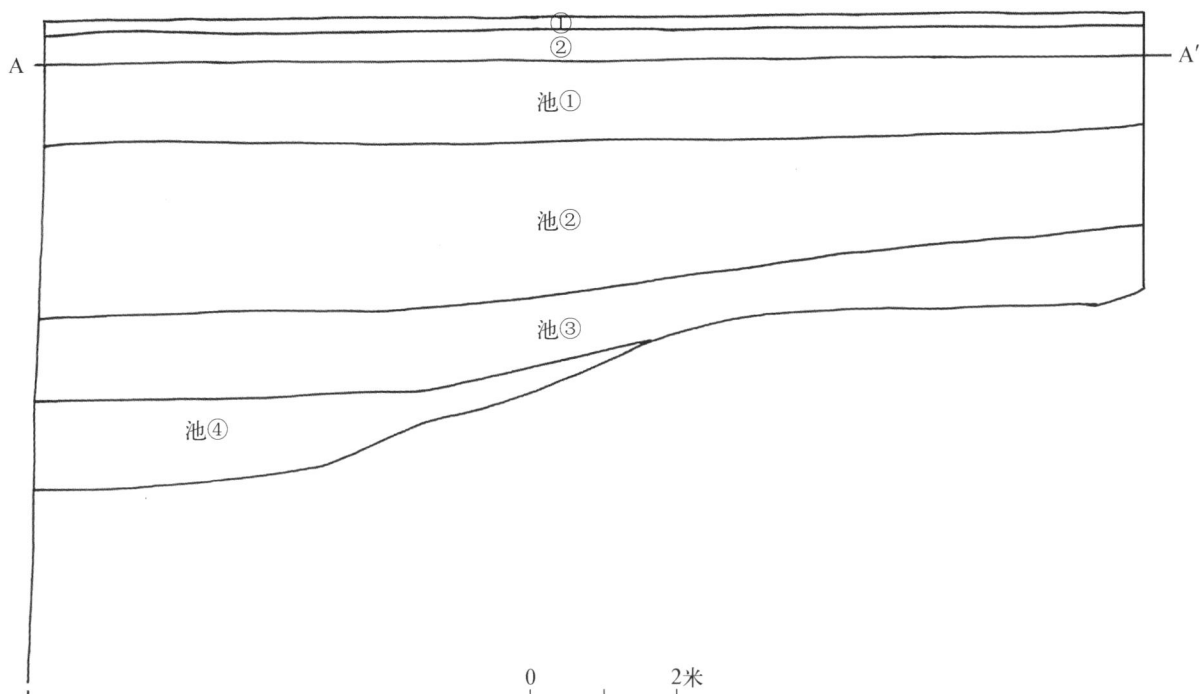

图三〇六　水池2012SC1局部堆积剖面图（为M8东壁外扩后所见堆积状况，其中A点距离墓室原东壁1.8米，A'距离墓室原东壁1.9米）

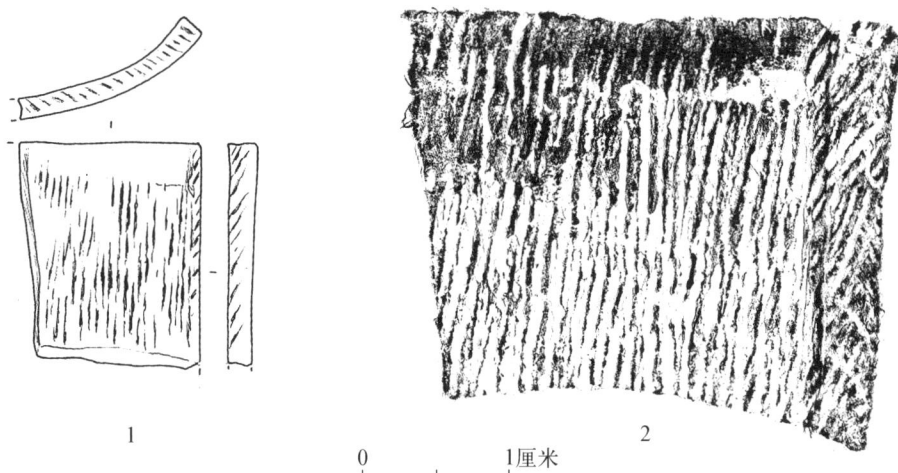

图三〇七　水池2012SC1③层陶瓦

1. SC1③∶1器物图（1/2）　2. SC1③∶1纹饰拓片图（1/1）

断面也不见水沟痕迹，因此水沟流向亦不能完全确定。初步认为可能与12YZG1有关，可能是引水入12YZG1的主渠。

（5）12XZG1，位于许家村西北，在许家北功能区西，见第三章3.3.4 "许家北钻探区" 部分（图三〇八）。

（6）12QG2，位于姚家村南，东西走向，与12XZG1相接，长约920米（见图三〇五、图三〇八）。本年度钻探共测得12个点，其基本情况如下表所示：

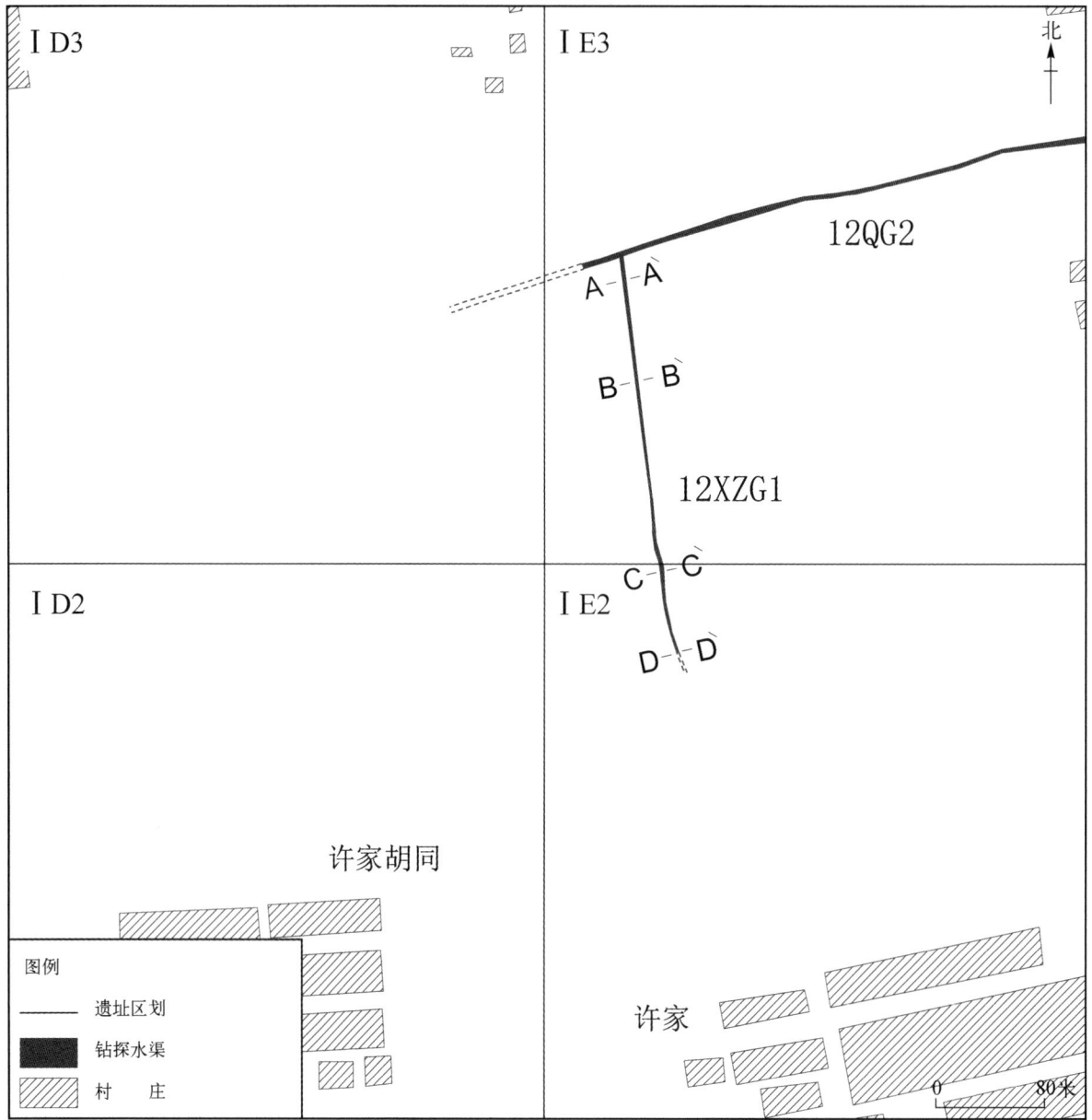

图三〇八　许家北沟渠位置图

点号	东坐标	北坐标	点号	东坐标	北坐标	宽度（米）
A	36 488 674	3 817 855	A'	36 488 676	3 817 851	2.9
B	36 488 754	3 817 877	B'	36 488 755	3 817 874	2.8
C	36 489 032	3 817 920	C'	36 489 033	3 817 914	5
D	36 489 233	3 817 965	D'	36 489 234	3 817 961	4.4
E	36 489 317	3 817 985	E'	36 489 318	3 817 980	5.3
F	36 489 370	3 818 004	F'	36 489 373	3 818 000	5.6

（7）2011G1，即周原考古队2011年在云塘钻探G1的最东端，南距召陈村340米，大体呈西北—东南走向，西端连接云塘陂池，已钻探长度为1743米，平均宽4—5米，最宽21、最窄2.6米（图三〇九）[1]。此外，本年度在该处YDK50上新发现采集点C20，性质为水渠，开口于第二层扰土层下，口宽3.5米1，深约1.8米。应为原云塘G1，可进一步证明此沟的存在。

（8）1976G1，即1976年度召陈西周建筑基址发掘中所发现的大壕沟G1，位于召陈F7以东30米。据简报描述："沟内在F7正东夯起一条30多米宽的通道，面与沟口平，标高99厘米。通道北边的沟口宽5.7米，最宽处33米，最窄处只有3米左右。南边的沟口宽22米。北浅南深，自北向南倾斜而下。通道北边沟口深2.9米，南边沟口深5.6米。"[2]当时钻探长1 000多米，仍未到达尽头。壕沟内已发掘的部分内有东西向的夯土通道，可与壕沟东侧相通[3]。结合发表资料及实地调查采访，确定该南北向G1贯穿召陈村，北部应与11G1相连接（图三〇九）。

2. 池渠性质与结构

根据目前钻探和发掘资料，对池渠遗存的形制与结构有如下初步认识：

（1）年代判断。2011云塘G1的年代，原简报认为年代为西周早中期[4]；召陈基址简报认为，1976G1的年代约相当于中期偏晚到晚期[5]。本年度钻探水池SC1开始使用年代在西周早期，废弃年代在西周中期偏早，即姚家墓地开始使用的时期。

其他水渠钻探并未发现遗存，然而YZG1、YZG2、YZG3作为姚家西功能区的环壕沟渠和内部界沟，12QG1可能是功能区的引水沟；XZG1作为许家北功能区的西部边界，成为遗存的分界沟。在明确了沟渠与功能区的关系前提下，功能区的年代可以大致作为沟渠的年代，姚家西年代可以早到西周早期，许家北年代从西周中期到西周晚期。因此上述沟渠年代大致可以确定在西周时期，与之连接的QG2年代也应在西周时期。既如此，本年度钻探的池渠遗存年代都在西周时期。

（2）池渠的性质及连接方式。目前资料显示，周原的池渠系统可包含以下几类：引水渠，即从水源地引水，将水连接到池塘，如QG1可能有引山上泉水之用，此类渠还发现不多，然而云塘陂塘的发现，已经把寻找水源的问题提到周原考古的议事日程[6]，相应地寻找引水渠也应成为工作之重；水池，即为蓄水类设施，如年度SC1和云塘陂塘等；主干渠，即从水渠中排出水的沟渠，如本年度12QG2，及云塘2011G1等；支干渠，从主干渠引水进入功能区的沟渠，有的作为功能区界沟，如本年度12XZG1等；环壕沟渠，作为聚落四周的边界，也可能为聚落提供水源，如12YZG2、

[1]　宝鸡市周原博物馆、宝鸡市考古研究所：《周原遗址池渠遗存的钻探与发掘》，宝鸡市周原博物馆编《周原》（第1辑），三秦出版社，2013年。

[2]　参见陕西周原考古队：《扶风召陈西周建筑群基址发掘简报》，《文物》1981年第3期。

[3]　罗西章：《扶风县文物志》，陕西人民教育出版社，2013年，第20页。

[4]　宝鸡市周原博物馆、宝鸡市考古研究所：《周原遗址池渠遗存的钻探与发掘》，宝鸡市周原博物馆编《周原》（第1辑），三秦出版社，2013年。

[5]　陕西周原考古队：《扶风召陈西周建筑基址发掘简报》，《文物》1981年第3期。

[6]　王占奎：《周原遗址扶风云塘陂塘与水渠三题》，宝鸡市周原博物馆编《周原》（第1辑），三秦出版社，2013年。

姚家

2011云塘G1

1976召陈G1

召陈1976甲组基址

召陈

图例

———— 遗址分区

———— 召陈甲组基址探方

■■■ 沟渠遗存

▨ 村　庄

0　　　　　　100米

图三○九　召陈区沟渠位置图

YZG3等；沟内渠，流经功能区的水渠，为功能区提供水源，并可能作为内部不同小区的分界，如本年度YZG1等。

基于此，可将周原遗址池渠遗存划分为"引水渠—主干渠—支干渠—环聚落壕沟—区内水沟"等若干层级，每个层级功能不同，其作为分区界标，对应的聚落等级也并不相同。廓清周原遗址由大大小小、不同层级池渠所构成的水网系统，对进一步了解周原遗址的功能区划分、聚落结构及社会组织有重要意义。

（3）根据遗址东部沟渠的总体情况，池渠系统的水源应主要来自美阳河，池渠系统作为一个整体，是如何与美阳河等自然水源相连接的，也是下一步工作的重点。换言之，即研究周原遗址西周时期的聚落扩张与自然环境之关系，这不仅与聚落内部的管理模式有密切联系，还为探究这一时期的人与自然的关系提供了新视角（图三一○）。

4.4.2 聚落结构

1. 聚落功能区划分标准

本报告讨论的聚落分区方法，是指划分聚落功能区的方法。"功能区"即在单个聚落内，有一定范围、延续一段时间、具有特定功能、可能属于特定人群的一个区域。结合周原遗址的田野实践和本年度调查工作，功能区划分主要依据以下几个方面：1.自然地形，如古河流、自然沟、自然池沼等。2.聚落的城墙、壕沟、道路等大体量线状人工遗迹，在本年度调查工作中，沟渠类遗迹成为主要使用的功能区界标。3.依据调查中发现的若干空白地带，将其视作聚落公共地带，空白地带的边线作为不同功能区的边界。4.特殊遗迹与遗物，如集中发现陶范、红烧土块堆积、墓葬等有特别指示作用的遗迹或遗物等。5.聚落各期段遗存的分布范围与集中分布区域，这有助于判断功能区的数量，对有些功能区边界的划分有参考作用[1]。

2. 调查区域功能区划分及其特征

依据调查材料和本年度钻探发掘资料，本次调查区域内一共可划分出11个功能区，其中姚家西区年代可早至西周早期，其余10个功能区从西周中期延续到西周晚期（图三一一；彩版一）。

（1）姚家西区

该区位于姚家村西部，关于该区的性质分析已在第三章3.4.1"功能区的划分及特征"中有详细叙述，此处不赘。该功能区的北界，可到YDK44的北端，断坎以北为空白地带；环壕ZG2以东不见文化层，成为人工分界；西界可达自然沟渠，沟西不见文化遗存；90年代在环壕聚落以南调查发现若干采集墓葬，南区可能为墓地区，惜取土破坏甚重，南界暂不清楚，本年度在法黄路南钻探出三座墓，可能为西周时期。该功能区年代从西周早期延续到西周晚期，居住址、手工业作坊和墓地，面积为113 855平方米。

---

[1] 关于周原遗址功能区划分标准，已有专文论述。请参考雷兴山：《周原遗址商周时期聚落分区方法》，载于《李下蹊华——庆祝李伯谦先生八十华诞论文集》，科学出版社，2017年。

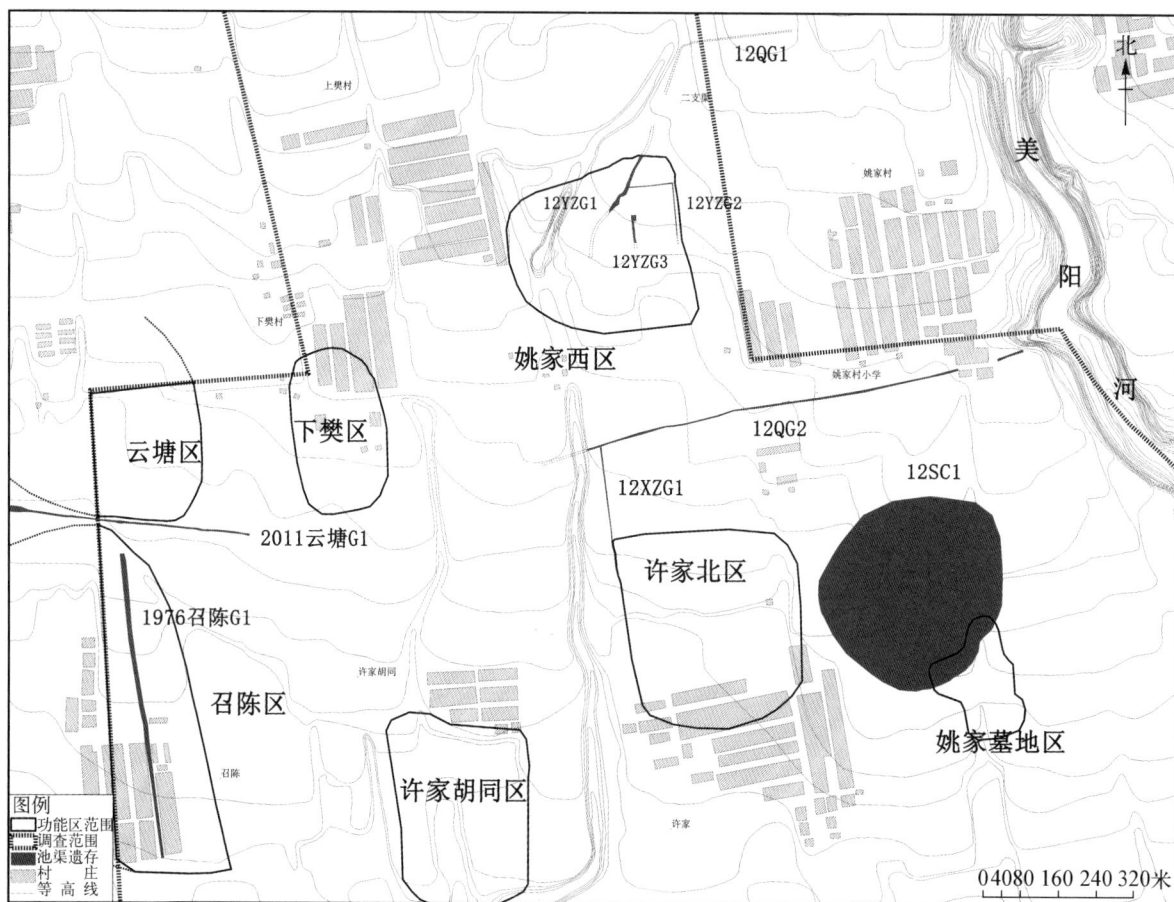

图三一〇　区域池渠系统分布图

（2）姚家墓地区

位于姚家村南。该区为本年度发掘点之一，经过了全面钻探，墓地四周均为空白断坎，并紧贴墓地边缘，因此范围比较清楚。性质为单纯的墓地。年代从西周中期偏早到晚期。面积约30 100平方米。

（3）许家北区

位于许家村及村北。该区为本年度发掘点之一，关于该区的性质与范围已在第三章3.4.1"功能区的划分及特征"中有详细叙述，此处不赘。结合出土青铜器铭文，该处应为生活居址区，年代从西周中期偏早延续到西周晚期。面积约139 950平方米。

（4）下樊区

位于下樊村及村南。根据以往调查，本功能区内有制瓦作坊，位于法黄公路东侧，断崖上暴露出许多周瓦残片和陶窑残迹，未发掘。此外下樊村周围还有墓地，西、南均到法黄公路畔。1985年冬季扶风文管所在此处清理了两座墓葬，时代均为西周中晚期[1]。

---

[1]　罗西章：《扶风县文物志》，23、31页，陕西人民教育出版社，1993年。

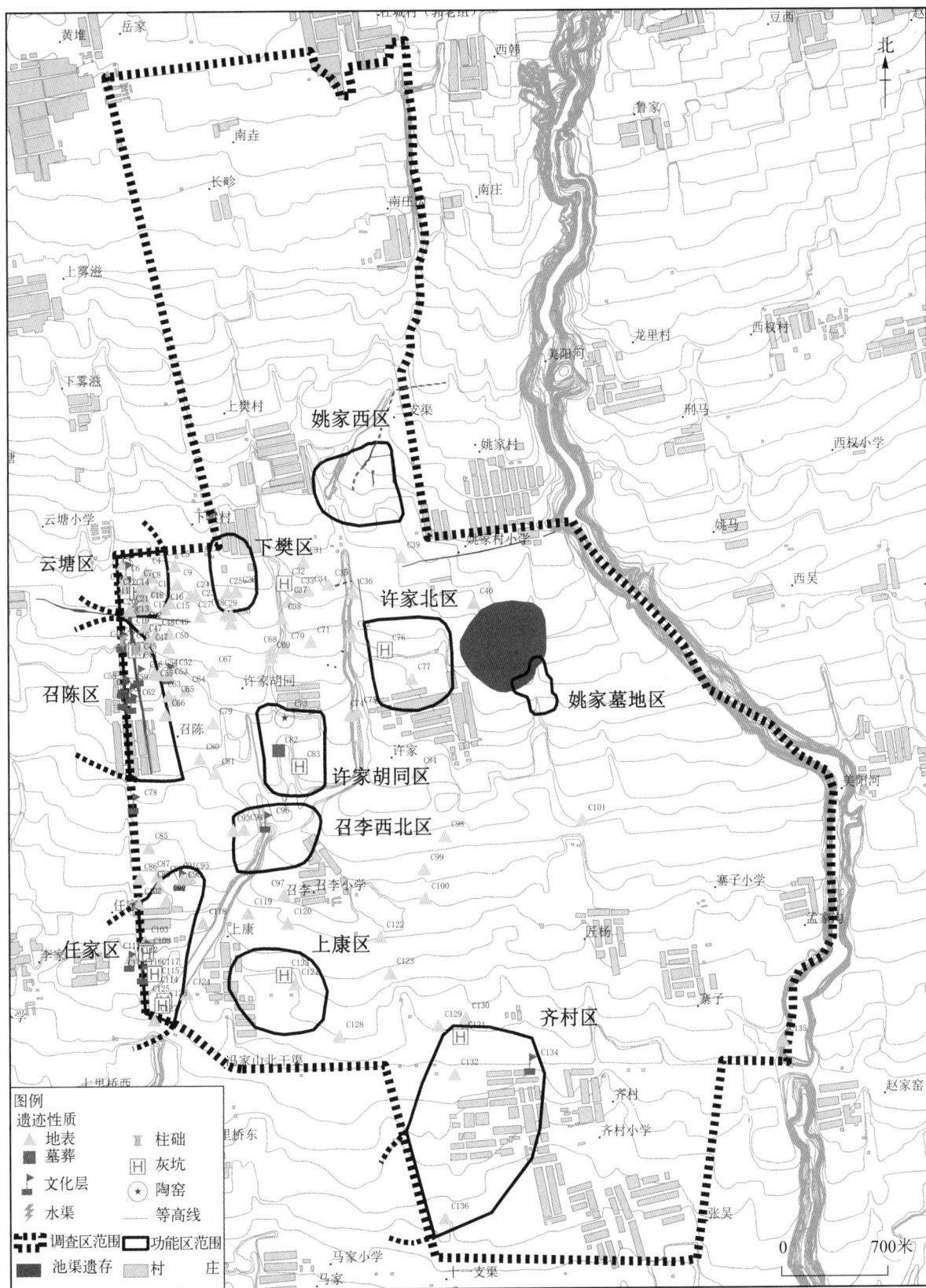

图三一一　区域功能区分布图

本年度调查发现地表遗物不多,西界根据制瓦作坊位置确定,不超过法黄公路;东界不甚清楚,应在下樊村内,然而经过对周原博物馆杨水田进行访谈以及实地调查,在上樊村南麦田东边,GPS点为(36 488 383, 3 818 076),即上樊砖厂取土处发现西周灰坑,另在许家沟也曾经发现过灰坑,故东界有可能更远;法黄公路南曾采集到西周中晚期陶片,分布范围可达2011云塘G1,故以G1为功能区南界。北界亦不能确定,应在下樊村内。性质为手工业、居址和墓葬区,时代为西周中晚期,面积约59 700平方米。

(5)许家胡同区

位于许家胡同村南。根据以往调查和发掘,许家胡同村西崖上有西周墓地,是周原遗址除黄堆墓地以外又一单纯墓地,占地约30亩。墓葬形制均较大,也有车马坑,扶风县文化馆曾在此清理过残墓。1984年在此处发现车马坑,出土车马饰和铜矛[1]。

本年度调查中,该功能区的北界主要由遗迹断坎YDK13和YDK14北端确定,可到许家胡同村中;西边遗存范围可到YDK13以西,主要以空白断坎WDK3及WDK8为界;东部则以断坎YDK14为界,断坎以东不见文化遗存;南边主要以断坎YDK13及YDK15南端的空白地带为界,其中在YDK13上还发现若干墓葬和车马坑[2]。该区年代为西周中期偏早至西周晚期,性质主要是墓地。面积约104 600平方米。

(6)召李西北区

位于召李村西北。以往调查发现有居址,未经过发掘,在村北断崖上有大量的西周绳纹板瓦残片,红烧土块及墙皮,还有鬲、罐等西周晚期的陶器残片[3]。

本年度调查中,在召李村西北发现数量较多的灰坑和文化层,可以确定该区的核心区域。其具体四界不明,大致根据调查所见遗存划定。此为生活居址区,年代在西周中晚期。面积约100 400平方米。

(7)上康区

位于上康村东。上世纪50年代曾在上康村东300米发现过5座西周墓葬,发表资料最详细的M2时代为西周晚期[4]。此外,上康村附近曾经先后两次出土青铜器窖藏,共计百余件,包括函皇父铜器群及会妘鼎等[5]。据此上康区可能是函皇父家族的生活区,等级比较高。

本年度调查在上康村东YDK63的C121、C133采集点中发现有灰坑和文化层,故东部以在断坎附近的上述墓葬一线为界;北界应在断坎YDK63以北,但具体位置不明;西界已经进入上康村内,具体位置不明;在上康村东发现有西周中晚期陶片,故东南界应在村东,具体位置不明。从现有资料看,该区居址与墓葬分离,墓葬位于东部,年代从西周中期到西周晚期,面积约133 000平方米。

[1]　罗西章编著:《扶风县文物志》,陕西人民教育出版社,1993年,第30页。
[2]　本次调查未测绘。
[3]　罗西章编著:《扶风县文物志》,陕西人民教育出版社,1993年,第22页。
[4]　陕西省文物管理委员会:《陕西岐山、扶风周墓清理记》,《考古》1960年第8期。
[5]　马赛:《聚落与社会——商周时期周原遗址的考古学研究》,北京大学2009年博士学位论文,第147页。

（8）齐村区

位于齐村西部和西北部。该区面积较大,本年度根据以往调查和出土青铜器的位置,及本次调查所获遗迹点而确定范围。20世纪70年代,在齐村修陂塘时发现厉王胡簋。后又在其西南25米处发现丰邢叔簋、四鸭方鼎及三件车马器[1],池塘位于村子西南,两件铜器分别出土于相邻的两个灰窖。此外,发掘者曾提及灰窖周围有"不少红烧土和西周陶片,还有踩踏过的地面",可能有废弃建筑和道路存在。表明齐村区等级比较高。

本年度调查表明,该区东南部以池塘为边界,东界可到齐村内,具体位置不明;北界以断坎YDK21及其上采集点为界,断坎以北为空白地带。功能区西部和西南几乎不见采集点,边界不明,但应已超过本年度调查区范围。从现有资料看,齐村区应为高等级居住区,年代在西周中晚期,面积约422 300平方米。

（9）任家区

位于调查区域西南部,任家村及村周围。据以往资料,村北约200米处有任家制骨作坊,1980年平整土地时发掘出许多有锯割痕迹的骨料和骨笄残件[2],马赛曾经推测其年代应当在西周中晚期之时。根据《扶风县文物志》记录,任家村西南、李家村东壕有墓葬区,1940年在此处出过"梁其诸器",1963年在李家村东壕又发现铜器5件。1979年周原考古队在此清理了三座小型墓,全都被盗,均为长方形竖穴土圹墓,无腰坑,出土器物有高柄簋、豆、罐等,从器形看均属西周晚期[3]。

根据本年度调查结果,其北界最远到达本年度调查点C87、C89、C90、C91、C95一线;东界则是根据任家村东空白断坎WDK21和WDK22而确定;西边直抵本年度调查区最西界,一直有西周时期文化堆积存在;南界亦已超出调查区边缘,具体位置尚不明。该功能区内采集点密集,村北有较密集的陶片分布,村南发现了出土大量陶片、骨骼残块和蚌块的灰坑。灰坑附近还发现有墓葬,或许与1979年发掘的墓葬为同一墓区。该区性质为居址和墓葬区,年代从西周中期到西周晚期,目前面积约133 670平方米。

（10）召陈区

位于调查区域西北,召陈村及周边。召陈村周边有记载的建筑区共三处,分别位于村北、西北及西南。目前已发掘的只是一小部分[4]。尹盛平曾撰文指出召陈建筑基址"东西近一华里,南北约二华里"[5],可见这三处建筑应同属于召陈区。

2007年曾在召陈村北钻探出东西向沟渠遗存,本年度调查又在水渠南侧断坎YDK7、

［1］　扶风县图博馆:《陕西扶风发现西周厉王胡簋》,《文物》1979年第4期。
［2］　罗西章编著:《扶风县文物志》,陕西人民教育出版社,1993年,第23页。
［3］　罗西章编著:《扶风县文物志》,陕西人民教育出版社,1993年,第31页。
［4］　已发掘的部分分为甲区和乙区两组,其中乙区建筑发掘1 000余平方米,未发表资料。在《扶风县文物志》上有简要的介绍,另有尹盛平《西周蚌雕人头像种族探索》(《文物》1981年第6期)对其中出土的蚌雕人头像进行了介绍。甲区建筑见《扶风召陈西周建筑基址发掘简报》,《文物》1981年第3期。
［5］　尹盛平:《周原西周宫室建筑初探》,《文物》1981年第9期。

YDK11、YDK12处发现柱础、文化层、灰坑等遗存,故以沟渠为召陈区的北界。东、南是以本年度调查点分布范围和空白断坎WDK1、WDK2、WDK4和WDK9为界,另外钻探发现水渠位于召陈区东侧,形成界沟,或可作为该区的东界;西边已经超过本年度调查范围,一直有西周时期的文化堆积。

本次调查所见柱础及水渠G1,位于已发掘的召陈大型建筑的正北方向。若以水渠为建筑区北界,则水渠与大型建筑的距离约一华里,符合尹盛平的认识。因此,基本可以确定所见柱础属于召陈建筑区范围内。本次调查还发现大量瓦集中分布,建筑面积之大,为该区域所仅见。根据以往研究,该区性质可能是王室或贵族的大型建筑基址。村西南分布有墓葬。此外在20世纪60年代还出土过"散伯车父"等19件青铜器,主体年代为西周中期晚段[1]。该区年代在西周中晚期,目前面积约194 330平方米。

（11）云塘区

位于调查区域西北边缘,云塘村南,大部分不在本年度调查区域内。东界是根据采集点的密集分布范围所确定,2011年发现的云塘G1,其南北两侧均有较大的空白地带,因此可确定该区的南界。西边、北边于调查区范围外仍旧有西周时期的文化堆积,其特征有待以后进一步说明。目前面积约57 300平方米。

3. 区域聚落与社会

本年度的调查和发掘,进一步明确了周原遗址东部区域的功能区分布,在此基础上,对于该地区的聚落结构有以下几点收获:

（1）周原遗址西周早期东部边界的再认识。目前所见的10个功能区,年代可以早到西周早期的有姚家西功能区,此外下樊功能区也可能早到西周早期。池渠遗存中,SC1为西周早期的遗存,这促使我们重新认识周原遗址的范围。以往认为周原遗址在西周早期的东界主要在齐家沟东岸的手工业作坊区附近,再向东可见零星遗存,但不超过召陈村西一线。而西周早期功能区和池渠遗存的确认,表明周原遗址在西周早期时最东边缘已经到达美阳河一带,并且已有了人为规划,建立了颇具规模的聚落和公共设施。

（2）西周中期聚落结构的新认识。进入西周中期以后,在该区域内新出现了若干功能区,且多数稳定延续到西周晚期,表明这一时期人口开始涌入,并兴建了若干池渠设施。当然,与这一时期周原核心区域的功能区分布密集,几无空白地带相比,在此处仍有大量的空白区域,功能区仍相对稀疏,尤以许家胡同以东为甚。

（3）诸功能区的特征与性质研究。从整体来看,目前各功能区内的居葬关系多为分离或相对分离。居址与墓葬分离且距离较远者,如召陈、云塘等大型建筑功能区对应北部的黄堆墓地[2];居葬相对分离即居址与墓地同处一个功能区内且距离较近,如姚家西区和许家胡同区等。

---

[1]　史岩:《扶风庄白大队出土的一批西周铜器》,《文物》1972年第6期。
[2]　雷兴山、蔡宁:《周原遗址黄堆墓地分析》,《古代文明研究通讯》,第七十三期,2017年6月。

此外,还有可能存在居址与墓葬遗存同处一地、互相叠压,即居葬合一的情况,如上康区。总的来说,居址与墓葬分离的情况比较多,少部分居葬合一的情况可能是部分殷遗民在功能区的集中聚居点。

目前关于功能区的具体性质还不能全面了解,以往研究多认为召陈、云塘等大型建筑区应该是高级贵族乃至王室的宫殿区,姚家墓地带墓道大墓M7、M8等大墓的墓主也具备诸侯一级的实力。许家区、上康村、任家村等地附近出土的青铜重器窖藏,表明某一特定功能区可能有诸侯贵族的采邑。特别是齐村出土的厉王胡簋,也显示了这一区域的极高地位。加之姚家西功能区和紧邻该区的李家等手工业作坊区,以及密布其间的池渠系统,表明西周中晚期时这一区域已经被纳入整个周原聚落的政治中心。

第五章 结 语

由陕西省考古研究院联合北京大学考古文博学院、宝鸡市周原博物馆组成的周原考古队,以初步了解周原遗址西周时期聚落东部边缘区域的文化、聚落与社会特征,作为2012年度周原遗址田野考古工作目标。

为此,2012年2月至12月,周原考古队以姚家墓地为中心,对重点区域进行了考古钻探,对重要遗存进行了针对性发掘,利用"聚落结构调查方法"进行了"区域全覆盖式"的考古调查。在姚家墓地共清理西周墓葬、马坑47座,试掘居址面积114.3平方米,考古调查面积达10平方千米。主要收获与学术意义简述如下。

其一,关于姚家墓地的新收获与新认识

1. 新发现并确认了姚家墓地。

经大范围重点钻探,在原认为是周原遗址范围以外的区域,发现了姚家墓地,并在该墓地范围内,确认共有西周时期墓葬132座、马坑2座。该发现不仅填补了以往认识上的空白,更重要的是确认了周原遗址西周时期聚落的东部边界。

以往仅知周原遗址墓地数量众多,但从未明确过任何一处墓地的范围与规模。此处则是周原遗址第一处墓地范围清楚、墓葬数量准确、墓口形制明确的墓地。

2. 较为全面地了解了姚家墓地的墓葬特征与墓地特征。

依据墓葬形制、分布集中程度等特征,可将姚家墓地分为西、北、南三区,各区等级有别。

(1)西区墓葬主要是2座带墓道大墓,年代分别为西周中期偏早与西周中期偏晚阶段。以往在周原遗址仅发掘1座带墓道大墓,姚家墓地这2座带墓道大墓的发掘,丰富了周原遗址带墓道大墓的墓葬数量及墓地数量。两墓墓口平面形制罕见,不同形制的带墓道大墓处于同一墓地的情形,在商周时期墓地中亦属罕见。两墓墓道底端与墓室相接处均有横置木柱,M7墓道有生土二层台,墓道底局部下凹,这些现象在以往西周墓葬中也甚罕见。

(2)北区已发掘墓葬的年代为西周中期偏早至西周晚期偏早阶段,均为南北向,无腰坑,无殉牲,随葬铜兵器有"毁兵现象"。男性墓中随葬陶器多为单鬲或单鬲单罐,族属应为周系族群。

(3)南区已发掘墓葬的年代与北区相同,墓向以东西向为主,夹杂少量南北向墓葬,局部区域构成"丁"字形墓位形态。南区部分墓葬带腰坑,腰坑中殉牲多为狗,随葬陶器中,有陶簋、有"同形"现象,族属应为殷遗民。

3. 初步探索了姚家墓地的墓地结构与社会形态。

经调查和钻探,姚家墓地是一处单纯墓地,与周原遗址黄堆墓地、贺家墓地、双庵墓地特征相同,与位于周原遗址腹心地区"居葬合一"的墓地特征不同。根据墓葬等级、随葬品特征,初步判断姚家墓地西区与北区的周系族群是统治者,南区殷遗民族群是周系族群的附庸。换言之,姚家墓地是不同等级、不同族群的公共墓地,初步揭示了周原遗址西周中晚期时"血缘组织地缘化"和"血缘组织政治等级化"的社会组织特征。

其二,关于许家北功能区的新认识

由调查和发掘可知,许家北区主要是一处居址区。该区离姚家墓地最近,两区存在时间基本相同。可初步判断姚家墓地与许家北居址区,应是同一人群的墓葬区与居住区。居址与墓地的对应关系是商周考古中的难题,本年度工作只是做了一次尝试性的探讨。

其三,关于姚家西功能区的新认识

1. 姚家西居址遗存的起始年代为西周早期偏早阶段,这是目前所知周原遗址西周早期偏早阶段聚落的最东边缘。以往认为周原遗址西周早期的最东边缘在召陈村以西,姚家西功能区的发现,改变了以往对周原遗址东部边缘区域的认识。

2. 发现了数量较多的制作角镞的原材料、废料和残次品等遗物。据此确认了该区存在制作角镞的手工业作坊,基本搞清了角镞制作的工艺流程和工艺特征。这是在周原遗址首次确认角镞作坊,也是在夏商周考古中首次研究角镞制作工艺。据此另外还认识到,以往田野发掘报告中所谓商周时期的"骨镞",大多应为"角镞"。

3. 发现了少量的螺丝帽状小陶管、砾石、铜锥、陶范等铸铜生产工具,可推测姚家西居址区应有铸铜作坊。与周原遗址李家、齐家北铸铜作坊相比,姚家西铸铜作坊规模甚小,可能属贵族家庭手工业经济,而非王室经济。

4. 钻探发现了YZG2、YZG3,基本上可以确定为功能区的环壕。这是在周原遗址第一次发现的基本完整的功能区环壕。

5. 发现了西周早期偏早阶段的陶瓦,表明该区应存在大型夯土建筑。陶瓦的分期研究,也是周原考古乃至西周考古中长期悬而未决的问题,原因之一是罕见明确的西周早期陶瓦标本。该陶瓦的发现无疑有助于西周陶瓦分期研究。

其四,关于聚落结构的新认识

1. 聚落功能区新识

本年度工作新提出了"功能区"的概念。综合调查、钻探和发掘结果,利用空白区域、遗存分布密度等特征,初步将本年度工作区域划分为11个功能区。西周早期遗存有姚家水池及姚家西两个功能区。西周中期、中晚期聚落,可分为姚家墓地区、许家北区、姚家西区、下樊区、齐村区、上康区、召李西北区、任家区、召陈区、云塘区10个功能区。

本年度功能区的划分,或将有助于对周原遗址西周时期聚落结构的研究,可为相关考古研究提供必要的考古背景。虽然由于时间、人力、水平等方面的局限,本年度划分的功能区范围未必绝对准确,但功能区的提出和实践,是对周原遗址乃至商周时期大型聚落考古工作理念和方法的新探索。建议未来工作应明确将功能区作为聚落与社会研究的一个分析单元,将划分功能区作为聚落考古之必需。

2. 池渠系统新识

本年度在姚家墓地区新发现了1处水池遗存,在姚家村西、村北新发现了4条沟渠遗存,在许家村北新发现2条沟渠遗存,结合近年来周原遗址池渠遗存的新发现以及1976年发现的召陈G1,这些发现大致廓清了周原遗址东部区域西周时期的池渠系统。

本报告初步认为,池渠系统可分为池塘、引水渠、主干渠、支干渠、环壕界沟及区内沟渠等层级。与姚家西功能区和许家北功能区相连接的很有可能是支干渠,水池及其主干渠往往从两功能区之间通过,是诸功能区间的公共设施。不同性质的池渠是周原聚落的有机组成部分。

周原遗址池渠类遗存的田野与研究工作刚刚起步,本年度的相关收获,不仅推进了池渠系统的研究,也将推进对周原遗址商周时期聚落结构及社会组织的深入研究。

3. 聚落变迁新识

本年度工作结果表明,西周早期周原聚落已向东扩展到美阳河西岸。但聚落东部区域除姚家西区、姚家水池区有西周早期偏早阶段的遗存外,其他功能区基本形成于西周中期。以往对周原遗址西周中晚期聚落变迁的认识较少。本年度工作表明,周原遗址东部区域在西周中期时,聚落布局发生了较大变化。

其五,工作理念与方法的新探索

由于种种原因,虽然未能全面达到本年度预期目标,但对于周原遗址田野工作理念方法的新探索,以及对今后周原遗址田野考古工作的思考,仍有不少新收获。

1. 围绕一个功能区开展田野考古与研究,应是将来周原遗址考古的一个基本模式。

周原遗址经过长期田野工作,可谓硕果累累,但整个遗址的聚落结构仍然不甚清晰,为此需要探索新的田野工作理念与方法。以划分功能区并判断聚落结构,作为周原聚落考古的切入点和年度工作目标,经本年度工作实践检验,这一理念应是切实可行的。建议今后周原遗址的年度工作目标,应围绕一个功能区而开展。

2. 应采用大遗址"聚落结构调查法",对周原遗址进行全面调查。

本年度的考古调查,仅是聚落结构调查方法在周原遗址的初步尝试。我们认为,聚落结构调查方法同样适用于周原遗址,并建议应使用该调查方法对周原遗址进行全面调查。

3. 周原遗址墓地的田野工作理念与方法。

本次针对姚家墓地的全面勘探,搞清了墓地范围、墓葬数量及形制,这在周原遗址尚属首次。建议在以后的墓地钻探中,务必要钻探出整个墓地的边界及墓口形制。需要强调的是,在周原腹心地区,居址与墓葬往往同处一地,叠压打破关系复杂,又兼盗扰严重,因此建议对这些墓地的钻探,不能仅仅钻至墓口,而是要钻探到生土。墓地与墓地之间的空白区,是划分不同墓地,进而划分不同居葬功能区的关键,因此把墓地外围的空白地带也要作为钻探的重要对象。

4. 池渠遗存是未来周原遗址考古的一个重点。

池渠遗存有可能是一个或多个功能区的界标,属聚落框架性遗迹,是研究聚落结构的重点对象。池渠遗存往往体量大,淤土层厚,保存较好,易于辨认。因此我们认为,钻探寻找池渠遗存应是将来周原聚落考古的重点。

5. 田野发掘报告体例的新尝试。

作为周原遗址东部区域2012年度的田野工作报告,本报告在编写体例与表现形式上同以往田野工作报告稍有不同。我们认为在全面、科学地报道考古材料的大原则下,探索适于聚落考古的田野报告新体例,也应是思考讨论的课题之一。于此提及的是,我们认为,编写年度田野工作报告,应是周原遗址此类大型遗址田野工作报告的惯例。

6. 基于文化遗产理念下的田野考古理念与方法,是周原考古需重点探讨的一个课题。

新时期新形势之下,田野考古不仅要解决重大学术问题,促进学科发展,更应将促进文化遗产事业的繁荣,作为田野考古新的历史使命。近些年提出的基于文化遗产保护理念的田野工作方法已引起业界关注,但有关具体的工作方法尚讨论较少。本年度工作虽有此愿望,业已稍作努力,但成果甚少。故基于文化遗产保护的周原考古新理念与新方法,尚有待进一步探索。

附　表

附表一　2012年度姚家墓地钻探墓葬登记表[1]

序号	墓　号	墓向(度)	长(米)	宽(米)	面积(平方米)	备　注
1	M1	8	3.6	2.9	10.4	
2	M2	358	3.6	3.3	11.9	
3	M3	356	4.4	2.3	10.1	
4	M5	0	8.4	2.1	17.6	
5	M6	358	4.3	2.1	9.0	
6	M7	5	31.9	4.3	137.2	已发掘
7	M8	10	21.5	3.8	81.7	已发掘
8	M9	355	2.6	1.4	3.6	
9	M10	359	3.6	3.9	14.0	已发掘,马坑
10	M11	3	3.4	2.0	6.8	已发掘
11	M12	354	2.4	1.4	3.4	
12	M13	356	2.5	1.6	4.0	
13	M15	351	2.9	1.2	3.5	已发掘
14	M16	11	3.2	2.7	8.6	已发掘
15	M17	6	4.3	2.8	12.0	已发掘
16	M18	16	3.8	2.0	7.6	已发掘
17	M19	7	3.4	2.0	6.8	已发掘
18	M20	14	2.8	1.5	4.2	已发掘
19	M21	15	3.0	2.2	6.6	
20	M22	21	3.4	2.0	6.8	已发掘

---

[1] 根据以往发掘和钻探经验,周原遗址中小型墓葬绝大多数为长方形,而长、宽近似的所谓"正方形墓葬"一般性质为马坑。

序号	墓　号	墓向（度）	长（米）	宽（米）	面积（平方米）	备　注
21	M23	13	3.8	2.6	9.9	已发掘
22	M24	7	4.0	2.4	9.6	已发掘
23	M25	7	2.6	1.6	4.2	残
24	M26	354	1.8	2.4	4.3	马坑？
25	M27	11	4.4	2.0	8.8	已发掘
26	M28	0	2.5	2.7	6.8	
27	M29	0	2.1	1.2	2.6	已发掘
28	M30	11	4.9	3.2	15.5	已发掘
29	M31	0	3.7	2.4	9.1	已发掘
30	M32	0	3.3	1.4	4.6	
31	M33	357	2.7	1.3	3.5	
32	M34	356	3.7	2.7	10.1	已发掘
33	M35	359	3.7	2.4	8.7	已发掘
34	M36	355	0.8	1.1	0.9	已发掘,残
35	M37	354	2.9	1.2	3.5	已发掘,残
36	M38	10	3.1	1.6	4.9	已发掘
37	M39	13	3.7	2.3	8.4	已发掘
38	M40	5	3.0	1.0	3.0	已发掘
39	M41	16	4.5	3.0	13.5	
40	M42	8	4.8	1.9	9.1	残
41	M43	8	4.5	0.6	2.7	残
42	M44	0	3.7	2.5	9.3	
43	M45	16	4.2	2.5	10.5	
44	M46	15	2.5	2.5	6.3	
45	M47	15	2.7	1.8	4.9	
46	M48	7	3.5	2.3	8.1	
47	M49	357	2.8	1.4	3.9	
48	M50	1	3.3	2.1	6.9	
49	M51	2	2.7	1.3	3.5	
50	M52	354	2.8	2.0	5.6	
51	M53	7	3.5	2.6	9.1	

序号	墓　号	墓向（度）	长（米）	宽（米）	面积（平方米）	备　注
52	M54	354	3.0	2.9	8.7	
53	M55	9	3.4	3.0	10.2	
54	M56	356	3.4	2.7	9.2	
55	M57	355	2.6	1.9	4.9	
56	M58	19	3.1	2.0	6.2	
57	M59	1	3.2	1.4	4.5	
58	M60	6	2.9	1.9	5.5	
59	M61	0	3.7	2.0	7.4	
60	M62	350	2.4	1.3	3.1	
61	M63	357	6.8	3.1	21.1	
62	M64	270	3.0	1.4	4.2	
63	M65	262	2.8	1.2	3.4	
64	M66	255	2.9	1.4	4.1	
65	M67	270	2.3	1.1	2.5	
66	M68	278	2.7	1.2	3.2	
67	M69	3	2.5	1.4	3.5	
68	M70	0	3.2	1.7	5.4	
69	M71	356	2.4	1.2	2.9	
70	M72	0	3.7	1.4	5.2	
71	M73	268	2.4	1.2	2.9	
72	M74	274	2.9	1.2	3.5	
73	M75	2	3.3	1.6	5.3	
74	M76	267	2.9	1.7	4.9	
75	M77	265	2.6	1.3	3.4	
76	M78	262	2.5	1.5	3.8	
77	M79	13	3.4	1.2	4.1	
78	M80	1	2.2	1.1	2.4	

序号	墓　号	墓向（度）	长（米）	宽（米）	面积（平方米）	备　注
79	M81	27	2.6	1.1	2.9	
80	M82	270	2.8	1.4	3.9	
81	M83	270	3.4	2.0	6.7	已发掘
82	M84	270	2.8	1.3	3.6	
83	M85	0	2.6	1.2	3.1	
84	M86	273	3.2	1.2	3.8	
85	M87	273	2.6	0.9	2.4	已发掘
86	M88	275	2.5	1.2	3.0	已发掘
87	M89	271	2.5	1.2	3.0	已发掘
88	M90	267	2.8	1.9	5.3	
89	M91	275	3.1	1.7	5.3	
90	M92	5	2.9	1.7	4.9	
91	M93	264	2.7	1.3	3.5	
92	M94	355	2.4	1.2	2.9	
93	M95	271	2.5	1.3	3.2	已发掘
94	M96	261	2.9	1.8	5.2	
95	M97	275	2.5	1.1	2.8	已发掘
96	M98	278	3.0	1.9	5.7	已发掘
97	M99	257	2.7	2.1	5.7	
98	M100	265	2.8	1.4	3.9	
99	M101	276	2.8	1.7	4.7	已发掘
100	M102	270	2.4	0.9	2.1	已发掘
101	M103	267	2.6	1.4	3.8	已发掘
102	M104	274	2.9	1.6	4.6	已发掘
103	M105	267	3.0	1.6	4.6	已发掘
104	M106	275	3.8	1.4	5.3	
105	M107	278	3.2	1.5	4.9	已发掘

续表

序号	墓 号	墓向(度)	长(米)	宽(米)	面积(平方米)	备 注
106	M108	268	2.8	1.4	4.0	已发掘
107	M109	266	2.5	1.4	3.4	已发掘
108	M110	263	3.0	1.3	4.0	已发掘
109	M111	264	3.0	1.4	4.2	
110	M112	270	3.1	1.7	5.3	
111	M113	266	3.3	1.7	5.6	
112	M114	266	2.7	1.5	4.1	
113	M115	268	3.8	1.8	6.8	
114	M116	271	3.0	1.4	4.2	
115	M117	274	2.7	1.5	4.1	
116	M118	275	2.5	1.4	3.5	
117	M119	275	2.8	1.7	4.8	
118	M120	275	2.7	1.3	3.5	
119	M121	266	2.8	1.4	3.9	
120	M122	282	3.6	2.0	7.2	
121	M123	266	3.0	1.7	5.2	已发掘
122	M124	275	3.1	1.7	5.2	已发掘
123	M125	294	3.1	1.5	4.5	已发掘
124	M126	275	2.7	1.4	3.8	已发掘
125	M127	269	2.8	1.9	5.2	已发掘
126	M128	268	3.4	1.9	6.5	
127	M129	265	3.4	1.7	5.8	
128	M130	281	3.3	1.8	5.9	
129	M131	270	2.9	1.5	4.4	
130	M132	270	3.5	1.7	5.8	已发掘
131	M133	287	2.7	1.3	3.3	已发掘
132	M134	268	2.6	1.2	3.1	未完成发掘

附表二　2012年度姚家墓地发掘墓葬登记表

墓号	分期	墓向	墓葬形制	墓室(口、底、深)	葬具	墓主	腰坑	随葬器物	备注
M7	西周中期	5°	口大底小	646×386 661×460—472	一棺一椁一头厢	成年男性	无	金箔1；铜矛2、戈1、管状舆饰1、曲衡饰1、衡末饰1、毂饰2、轭脚1、辖2、铃舌1、节约2、铜泡、铜饰1、环状器1、残片1、不明器1；玉兔1、管1、玉泡1、豆2、豆盖1、瓮2、尊1、圈足2、陶两3、柄形饰2；小白石1；原始瓷簋1、豆1、残片3；蚌泡3、蚌鱼2、蚌饰、海贝；骨管2、扣3、牌饰；龟甲	
M8	西周中期	5°	口小底大	490×350—360 480×380—390	一棺两椁	40岁男性	无	铜觚？、矛1、镞1、管状舆饰2、节约1、游环1、圆管1、铜泡、叙圆环残段1；玉柄形饰1；残片1、瓷片1；原始瓷豆盖1、瓷片1；蚌片1、蚌泡1、海贝1；骨角镳2；龟甲1	
M11	中期偏晚	15°	口小底大	294×164—190 322×206—218	一棺一椁		无	陶两1；毛蚶、海贝	
M15	中期偏晚	5°	口小底大	290×140 300×154	一棺一椁	成年女性	无	石饼1；陶两1；蚌摆2、毛蚶、海贝	
M16	中期偏早	5°	口小底小	334×210 352×228—250	一棺一椁	青壮年女性	无	铜节约7、马镳4、马鼻饰2、铜泡3、铜铜片、残铜片1；柄形饰1；陶两1、罐6、大口尊1、器盖2；蚌片、泡、鱼、蚌饰、海贝	
M17	中期偏晚	18°	口大底小	432×306—330 392×294—263	一棺一椁	青壮年女性？	无	玉圭1、龙1、玉佩1、柄形饰2、玛瑙珠2、玛瑙管2；石鱼4；陶两3、盏3、豆1、罐1、三足瓮2、罍1、圈足2、器盖2、蚌泡、蚌珠、毛蚶、海贝；骨匕1	
M18	中期偏早	13°	口小底大	358×212—222 370×234	一棺一椁	40岁女性	无	玉戈1、虎1、鸟3、蝉1、玛瑙珠；原始瓷圈足1；陶两1、器盖1、器盖1；柄形饰1、玉管、玉贝1、不明器、玛瑙珠丸、蚌饰、蚌泡、毛蚶、海贝	
M19	中期偏晚	10°	口大底小	335×214—220 320×192	一棺一椁		无	阳燧1；玉鱼1、石器、小白石1；原始瓷豆2、盂1、罍1、瓿6、罐1、三足瓮3、矮直领瓮1、器盖2、器底1、圈足2、陶丸1、柱状蚌饰1、蚌泡、毛蚶、海贝、文蛤；骨管1	

续表

墓号	分期	墓向	墓葬形制	墓室（口,底,深）	葬具	墓主	腰坑	随葬器物	备注
M20	晚期偏早	15°	口小底大	272×142 302×174—176	一棺一椁	25岁女性	无	玉柄形饰1；料管1；陶鬲2、瓿2、鬲（瓿）足根1、三足瓮1、器盖1；海贝1；獐牙器1	
M22	不明	5°	口大底小	290×158—170 272×140—147	一棺一椁	40—44岁女性	无	玉鱼2；蚌泡、蚌片、毛蚶、海贝；骨牌串饰；漆器1	
M23	中期偏早	195°	口小底大	364×278—282 406×296—314	一棺一椁	20岁；性别不明	无	铜戈4、铜锡3、车軎3、轭足2、节约1、衡末饰1、铜扣2、铜环8、铜泡、残铜片；玉鱼6、柄形饰4；原始瓷残片；陶鬲2、瓿（瓿）足跟、罐底1、圈足1；蚌泡、蚌饰、毛蚶、海贝、骨牌饰、骨管1；龟甲；漆器1	
M24	中期偏早	22°	口小底大	384×220—234 384×243	一棺一椁	成年男性？	无	铜戈1、镞1、车軎1、铜泡、残铜片；玉戈1、圭1、鱼5；石戈1；原始瓷盖1、豆1；蚌鱼、蚌泡、毛蚶、海贝；骨泡1	盗洞一枚
M27	中期偏早	10°	口小底大	302×192—194 325×206	一棺一椁	45—50岁男性	无	铜马镳2、刻刀2；石鱼3；陶鬲1；蚌泡、毛蚶、海贝	
M29	中期偏早	13°	口大底小	314×206—224 288×170—198	一棺一椁		无	玉璜1、鱼1；原始瓷片1；陶豆1；毛蚶	盗洞一兔骨
M30	中期偏晚	12°	口小底大	430×315 442×327	一棺一椁	成年男性	无	不明铜器5、矛/戈1、镞2、铜锡4、车軎2、车轭1、车軎2、节约4、马冠2、当卢2、马镳6、马鼻饰2、兽首1、铜泡、铜环4、铜扣1、不明器；玉鱼8、柄形饰1；石器1、石泡1；原始瓷簋1、豆5、尊2、罐1、瓿形足3、陶鬲3、圈足1、瓦1；蚌饰、蚌泡、海贝、骨扣2、骨泡1、骨牌饰1、龟甲3；漆器1	
M31	中晚期之际	0°	口大底小	388×244 326—342×182—188	一棺一椁		无	玉戈1、柄形饰1；石圭1；陶鬲2；漆器1	

墓号	分期	墓向	墓葬形制	墓室（口、底、深）	葬具	墓主	腰坑	随葬器物	备注
M34	西周中期	355°	口大底小	406×330 / 394×320 / 752	一棺一椁	40—44岁男性	无	不明铜容器1、车軎6、铜环1、鱼5、铜泡、不明器;玉鱼2、柄形饰2;小白石;原始瓷豆1;陶不明器1	
M35	中期偏晚	0°	口底同大	336×222—228 / 336×222—228 / 210	一棺一椁	18—19岁男性	无	陶鬲1;蚌泡、毛蚌、海贝、文蛤	
M36	不明	172°	口底同大	70—170×120 / 70—170×120 / 240	单棺		无	海贝	残 未被盗
M37	不明	3°	口底同大	290×74—129 / 290×74—129 / 75	一棺一椁	成年女性?	无	无	残 未被盗
M38	晚期偏早	6°	口底同大	296×176—187 / 296×176—187 / 110	一棺一椁	青壮年男性?	无	铜戈1、马镳1、铜泡;玉柄形饰2;陶鬲1;蚌泡、毛蚌、海贝	未被盗
M39	晚期偏早	7°	口大底小	490×352 / 446×320 / 650—660	一棺一椁	45—50岁男性	无	铜戈1、车軎1、不明器2;玉柄形饰2;陶鬲1、罐1;毛蚌、蚌饰	
M40	西周中期	8°	口底同大	356×220 / 356×220 / 286	一棺一椁	成年男性?	无	石圭2;陶鬲1、罐1;毛蚌	
M83	不明	270°	口小底大	330×196 / 366×226 / 594	一棺一椁	成年男性?	无	铜块;海贝	
M87	中期偏早	275°	口大底大	266×120 / 250—252×80—90 / 300	单棺		有	铜泡;陶鬲1、篮1;蚌鱼1、海贝	腰坑无遗物
M88	中晚期之际	272°	口小底大"凸"形	282×140 / 336×150 / 302	一棺一椁	45—50岁男性	无	玉柄形饰2;陶豆2、盂2;海贝	未被盗
M89	不明	273°	口小底大的平行四边形	276×104—114 / 278×116—131 / 308	单棺		无		

续表

墓号	分期	墓向	墓葬形制	墓室（口，底，深）	葬具	墓主	腰坑	随葬器物	备注
M95	中晚期之际	277°	口小底大	258×140 334×178—180 418	一棺一椁	成年	无	玉柄形饰1、玉璧改制器1；陶鬲1、篮1、罐底1；蚌泡	
M97	晚期偏早	275°	口小底大喇叭形	230×123—127 282×140 260	单棺	40—50岁男性	无	玉柄形饰1；陶篮1、豆1；蚌泡、蚌饰、蚌片、海贝；漆器1	
M98	晚期偏早	273°	口小底大	306×192—196 372×230—234 452	一棺一椁	40—44岁男性	无	石圭1；陶鬲4、篮1、豆3、罐7；蚌饰、蚌鱼、海贝、毛蚶	
M101	中期偏晚	260°	口底同大	322×162—164 322×162—164 560	一棺一椁	中年女性	无	陶鬲1、篮2、罐1；蚌鱼、蚌泡、海贝	
M102	不明	268°	口底同大墓壁中部外扩	240×100 240×100 260	单棺	20岁女性	无	料管；海贝	未被盗
M103	中晚期之际	265°	口大底小	260×130 250×120 390	单棺	35—39岁或50岁男性	无	陶豆1、罐2、圈足1；海贝	
M104	中晚期之际	273°	口小底大	316×140—154 330×180—188 368	一棺一椁	35—40岁男性	无	玉柄形饰1、残片；陶鬲1、篮3、豆2、罐4；蚌泡、海贝；漆器	未被盗
M105	中期偏晚	270°	口小底大	298×140—150 328×182—192 520	一棺一椁	成年男性	有	石圭2、圭1；陶豆1、罐3；海贝	腰坑中骨架破损严重
M107	晚期偏早	277°	口底同大墓壁中部外扩	340×164—176 340×164—176 310	一棺一椁	29—30岁男性	无	铜鬲1；玉戈1、圭1、柄形饰1；石圭2；陶鬲1、豆3；蚌鱼、海贝	
M108	西周中期	271°	口底同大	280×140—144 280×140 465	一棺一椁	成年男性	有	玉鱼1；陶鬲1、篮1、瓶1；蚌鱼7、海贝	腰坑中骨架破损严重

续表

墓号	分期	墓向	墓葬形制	墓室（口、底、深）	葬具	墓主	腰坑	随葬器物	备注
M109	晚期偏早	272°	口大底小	294×160 256×138 452	一棺一椁	40—44岁女性	无	石圭1；陶鬲1、簋2、豆2、罐2；海贝	
M110	西周中期	270°	口小底大	260×114—128 286×120 432	一棺一椁		有	石鱼6；陶盆2；海贝	腰坑中殉狗
M123	晚期偏早	270°	口小底大	285×142 298×166 512	一棺一椁		有	陶鬲2、簋1、豆1、罐2、圈足3；海贝	腰坑中殉狗
M124	中期偏早	270°	口小底大	286×152 320×198 526	一棺一椁	27—30岁男性	有	铜块1；玉璜1；石圭1、鱼2；陶鬲2、簋1、圈足1；蚌鱼1、毛蚶、海贝	腰坑中殉狗
M125	不明	278°	口小底大喇叭形	258×116 285×137 316	一棺一椁	25—30岁女性	无	石圭1；陶罐1；海贝	
M126	中晚期之际	280°	口大底小	290×120 274×104—116 364—370	一棺一椁		无	石圭1；陶鬲1、簋1；蚌泡、海贝；漆痕、漆皮若干	
M127	中期偏早	275°	口小底大	228×178 310×180—200 610	一棺一椁		有	残铜片；玉柄形饰1；石鱼2；陶鬲2、簋2、豆2、罐4、残片1；蚌泡、毛蚶、海贝、文蛤	腰坑中一兽牙盗洞一羊骨
M132	晚期偏早	273°	口小底大	320×170 322×154—170 583	一棺一椁	29—30岁男性	无	玉柄形饰5；石圭1；陶簋5、豆1、罐4、瓮1；蚌泡、海贝、毛蚶	
M133	中期偏早	277°	口大底小	264×120 288×124—148 362	一棺一椁	25—30岁男性	无	石圭1；陶鬲1、簋2、残片2；海贝	

附表三 许家北与姚家西发掘区遗迹登记表

序号	遗迹编号	发掘区	所在探方	形 制	层位关系	分期与年代	备注
1	XH2	许家北	2012FZXT2	发掘部分为近圆形，坑壁斜直不一，圜底。自深84厘米	开口于③层下，打破生土	西周时期	
2	XH3	许家北	2012FZXT1	发掘部分为不规则椭圆形口，坡状壁，坑底不平，自深88厘米	开口于②层下，被K1打破，打破H4	可能为西周时期，或者可能为晚于西周时期	
3	XH4	许家北	2012FZXT1	发掘部分为不规则圆形口，坡状壁，圜底。自深105厘米	开口于②层下，被K1、H3打破，打破生土	西周晚期	
4	XG1	许家北	2012FZXT3	发掘部分从西北-东南向转成近南北走向，坡状沟边，圜底。自深56厘米	开口于④层下，打破生土	西周时期	
5	YH1	姚家西	2012FZYT1	发掘部分为不规则形，坡状壁，圜底。自深72厘米	开口于③层下，打破第④层	西周中期偏早阶段	
6	YH2	姚家西	2012FZYT2	发掘部分为圆口，斜直壁，圜底。自深94厘米	开口于④层下，打破生土	西周初期或早期偏早阶段	房址
7	YH3	姚家西	2012FZYT3	发掘部分为不规则形口，弧壁，圜底。自深182厘米	开口于⑤层下，打破⑥层	西周早中期之际	房址
8	YH4	姚家西	2012FZYT3	发掘部分为不规则状口，弧壁。自深241厘米	开口于⑤层下，被H3打破	西周早期偏晚阶段	
9	YH5	姚家西	2012FZYT3	发掘部分为近圆形，略弧壁，锅底状底。自深66厘米	开口于⑥下	西周早期偏早阶段	
10	YL1	姚家西	2012FZYT3	发掘部分路边较直。最宽242厘米。	开口于⑥层下，打破生土	西周时期	

附表四　采集点登记表

序号	采集点号	GPS点号	图号	所在分区号	所在断块号	所属功能区	北坐标 (m)	东坐标 (m)	高程 (m)	遗迹性质	陶片总量	标本数量	陶器器类	瓦数量	标本号	时代
1	C1	20120701A007	图二八四	IC3		云塘区	36 487 615	3 817 813	705	地表	21	0		0		西周时期
2	C2	20120630A009	图二八四	IC3	YDK65	云塘区	36 487 482	3 817 874	702	地表	2	0		0		西周时期
3	C3	20120630A008	图二八四	IC3	YDK65	云塘区	36 487 500	3 817 838	701	文化层	2	1	器底1	0	1	西周中晚期
4	C4	20120701A006	图二八四	IC3		云塘区	36 487 587	3 817 835	705	地表	72	6	罐1、瓦2、器底1、器盖1、尊1	2	2、3、5—8	西周中晚期
5	C5	20120701B007	图二八四	ID3			36 487 719	3 817 863	704	地表	3	0		0		西周时期
6	C6	20120630A010	图二八四	IC3	YDK65	云塘区	36 487 490	3 817 801	704	地表	10	1	盆1	0	9	西周中晚期
7	C7	20120630B008	图二八四	IC3		云塘区	36 487 567	3 817 780	704	地表	4	0		0		西周时期
8	C8	20120630B009	图二八四	IC3		云塘区	36 487 587	3 817 771	708	地表	15	1	鬲1、瓦1	1	10	西周中晚期
9	C9	20120701A008	图二八四	ID3		云塘区	36 487 730	3 817 781	707	地表	16	0		0		西周时期
10	C10	20120630A011	图二八四	IC3	YDK65	云塘区	36 487 494	3 817 765	697	地表	5	0		0		西周时期
11	C11	20120630B006	图二八四	IC3		召陈区	36 487 547	3 817 746	701	灰坑	22	7	鬲3、罐3、器底1	0	12—18	西周中期
12	C12	20120630B010	图二八四	IC3		云塘区	36 487 558	3 817 742	705	地表	15	1	鬲1	0	19	西周中晚期

续表

序号	采集点号	GPS点号	图号	所在分区号	所在断坎号	所属功能区	北坐标(m)	东坐标(m)	高程(m)	遗迹性质	陶片总量	标本数量	陶器器类	瓦数量	标本号	时代
13	C13	20120630B011	图二八四	IC3		云塘区	36 487 576	3 817 726	707	地表	4	1	三足瓮1	0	20	西周中晚期
14	C14	20120701A005	图二八四	IC3		云塘区	36 487 632	3 817 750	703	地表	10	0		0		西周时期
15	C15	20120701B006	图二八四	ID3			36 487 698	3 817 698	701	地表	5	0		0		西周时期
16	C16	20120701A004	图二八四	IC3		云塘区	36 487 671	3 817 673	704	地表	2	0		0		西周时期
17	C17	20120630B012	图二八四	IC3		云塘区	36 487 592	3 817 684	705	地表	9	0		0		西周时期
18	C18	20120630B013	图二八四	IC3	近YDK50	云塘区	36 487 580	3 817 680	712	地表	3	0		0		西周时期
19	C19	20120630B014	图二八四	IC3	近YDK50	云塘区	36 487 567	3 817 675	704	地表	10	0		0		西周时期
20	C20	20120630A007	图二八四	IC3	YDK50	云塘区	36 487 538	3 817 662	695	水渠	0	0		0		西周时期
21	C21	20120630A012	图二八四	IC3	近YDK50	云塘区	36 487 511	3 817 667	700	地表	5	1	豆1	0	21	西周晚期
22	C22	20120630B016	图二八四	IC3	近YDK50		36 487 582	3 817 594	703	地表	3	0		0		西周时期
23	C23	20120701B009	图二八四	ID3			36 487 813	3 817 734	708	地表	14	0		0		西周时期
24	C24	20120701B008	图二八四	ID3			36 487 789	3 817 728	710	地表	1	0		0		西周时期

续表

序号	采集点号	GPS点号	图号	所在分区号	所在断坎号	所属功能区	北坐标(m)	东坐标(m)	高程(m)	遗迹性质	陶片总量	标本数量	陶器器类	瓦数量	标本号	时代
25	C25	20120701B014	图二八四	ID3		下樊区	36 487 958	3 817 743	711	地表	6	0	瓦1	1		西周中晚期
26	C26	20120701B015	图二八四	ID3		下樊区	36 487 998	3 817 749	711	地表	11	0		0		西周时期
27	C27	20120701A009	图二八四	ID3			36 487 833	3 817 639	704	地表	11	1	尊1	0	23	西周中晚期
28	C28	20120701A011	图二八四	ID3			36 487 951	3 817 647	703	地表	8	0		0		西周时期
29	C29	20120701A012	图二八四	ID3			36 487 974	3 817 644	705	地表	6	0		0		西周时期
30	C30	20120701A013	图二八四	ID3			36 487 974	3 817 607	705	地表	2	1	瓦1	1	24	西周中晚期
31	C31	20120703B004	图二八七	IE3	YDK46		36 488 300	3 817 876	712	灰坑	3	2	器底1，瓦1	1	25、26	西周中晚期
32	C32	20120703A002	图二八七	IE3			36 488 214	3 817 781	707	地表	35	6	罐2，高2，器底2，瓦2	2	27—32	西周晚期
33	C33	20120703B003	图二八七	IE3			36 488 276	3 817 742	706	地表	3	0		0		西周时期
34	C34	20120703B002	图二八七	IE3			36 488 321	3 817 750	708	地表	11	0		0		西周时期
35	C35	20120703B005	图二八七	IE3			36 488 415	3 817 776	716	地表	2	0		0		西周时期
36	C36	20120703B006	图二八七	IF3			36 488 526	3 817 738	711	地表	3	0		0		西周时期

续表

序号	采集点号	GPS点号	图号	所在分区号	所在断坎号	所属功能区	北坐标(m)	东坐标(m)	高程(m)	遗迹性质	陶片总量	标本数量	陶器器类	瓦数量	标本号	时代
37	C37	20120703A001	图二八七	IE3			36 488 229	3 817 701	702	地表	3	2	器底2	0	35、36	西周中晚期
38	C38	20120701B016	图二八七	IE3	YDK46		36 488 202	3 817 626	708	地表	2	0		0		西周时期
39	C39	20120703B017	图二八七	IF3			36 488 743	3 817 897	708	地表	11	0		0		西周中晚期
40	C40	20120703B018	图二九〇	IG3			36 489 074	3 817 692	712	地表	1	0		0		西周中晚期
41	C41	20120630A006	图二八四	IC2	YDK52	召陈区	36 487 503	3 817 522	686	文化层	5	4	瓦5	5	39—42	西周中晚期
42	C42	20120630A005	图二八四	IC2	YDK52	召陈区	36 487 505	3 817 514	694	柱础	0	0		0		西周时期
43	C43	20120630B007	图二八四	IC2		召陈区	36 487 540	3 817 490	701	灰坑	4	2	豆1、瓦2	2	43—44	西周晚期
44	C44	20120630B004	图二八四	IC2		召陈区	36 487 538	3 817 485	696	柱础	0	0		0		西周时期
45	C45	20120630B005	图二八四	IC2		召陈区	36 487 540	3 817 481	700	柱础	0	0		0		西周时期
46	C46	20120630B018	图二八四	IC2	YDK54		36 487 584	3 817 505	703	地表	9	1	瓦1	1	45	西周中晚期
47	C47	20120630B017	图二八四	IC2	YDK55		36 487 600	3 817 535	701	地表	9	3	高1、圈足1、盆罐类1	0	46—48	西周中晚期
48	C48	20120630B015	图二八四	IC2	YDK55		36 487 631	3 817 561	702	地表	21	0		0		西周时期

续表

序号	采集点号	GPS点号	图号	所在分区号	所在断坎号	所属功能区	北坐标(m)	东坐标(m)	高程(m)	遗迹性质	陶片总量	标本数量	陶器器类	瓦数量	标本号	时代
49	C49	20120701A003	图二八四	ID2			36 487 693	3 817 563	700	地表	7	0		0		西周时期
50	C50	20120701A002	图二八四	IC2			36 487 692	3 817 502	703	地表	1	0		0		西周时期
51	C51	20120701A001	图二八四	ID2		召陈区	36 487 716	3 817 415	702	地表	3	1	鬲1,瓦2	2	49	西周中晚期
52	C52	20120701B005	图二八四	IC2		召陈区	36 487 691	3 817 388	697	文化层	2	0		0		西周时期
53	C53	20120701B004	图二八四	IC2		召陈区	36 487 689	3 817 381	697	地表	5	2	瓦3	3	50,51	西周中晚期
54	C54	20120630B020	图二八四	IC2		召陈区	36 487 645	3 817 383	699	地表	6	0		0		西周时期
55	C55	20120630B019	图二八四	IC2		召陈区	36 487 623	3 817 389	699	地表	3	0		0		西周时期
56	C56	20120630B003	图二八四	IC2		召陈区	36 487 556	3 817 379	691	文化层	3	0		0		西周时期
57	C57	20120630A004	图二八四	IC2	YDK52	召陈区	36 487 511	3 817 332	696	文化层	3	2	瓦3	3	52,53	西周中期
58	C58	20120630A003	图二八四	IC2	YDK52	召陈区	36 487 511	3 817 324	697	文化层	5	4	罐1,瓦2,鬲1	2	54—57	西周中期
59	C59	20120630A002	图二八四	IC2	YDK52	召陈区	36 487 516	3 817 318	691	文化层	1	1	瓦1	1	58	西周中期
60	C60	20120630B022	图二八四	IC2	YDK52	召陈区	36 487 521	3 817 302	694	文化层	1	0		1		西周时期

续表

序号	采集点号	GPS点号	图号	所在分区号	所在断坎号	所属功能区	北坐标（m）	东坐标（m）	高程（m）	遗迹性质	陶片总量	标本数量	陶器器类	瓦数量	标本号	时代
61	C61	20120630A001	图二八四	IC2	YDK52	召陈区	36 487 515	3 817 279	698	文化层	4	3	罐1、鬲1、瓦2	2	59、61、62	西周中晚期
62	C62	20120630B001	图二八四	IC2	YDK52	召陈区	36 487 553	3 817 262	693	文化层	5	2	瓦1、器耳1	1	63、64	西周中晚期
63	C63	20120701B001	图二八四	IC2		召陈区	36 487 689	3 817 288	698	地表	2	0		0		西周时期
64	C64	20120701A022	图二八四	ID2			36 487 768	3 817 310	693	地表	7	0		0		西周时期
65	C65	20120701B002	图二八四	ID2		召陈区	36 487 717	3 817 266	696	地表	2	0	瓦1	1		西周时期
66	C66	20120630B021	图二八四	IC2		召陈区	36 487 676	3 817 204	702	地表	12	1	罐1	0	65	西周晚期
67	C67	20120701B011	图二八四	ID2			36 487 889	3 817 397	696	地表	4	1	鬲1	0	66	西周中晚期
68	C68	20120701A015	图二八七	IE2			36 488 156	3 817 483	704	地表	16	0		0		西周时期
69	C69	20120701A014	图二八七	IE2			36 488 152	3 817 458	701	地表	8	0		0		西周时期
70	C70	20120701B017	图二八七	IE2	YDK46		36 488 216	3 817 498	707	地表	2	0		0		西周时期
71	C71	20120703B001	图二八七	IE2			36 488 333	3 817 524	706	地表	1	0		0		西周时期
72	C72	20120703B007	图二八七	IF2			36 488 516	3 817 550	706	地表	4	0	瓦1	1		西周时期

续表

序号	采集点号	GPS点号	图号	所在分区号	所在断坎号	所属功能区	北坐标(m)	东坐标(m)	高程(m)	遗迹性质	陶片总量	标本数量	陶器器类	瓦数量	标本号	时代
73	C73	20120703A003	图二八七	IE2	YDK57	许家胡同区	36488275	3817217	703	陶窑	4	2	鬲1，豆1	0	67、68	西周晚期
74	C74	20120703B008	图二八七	IF2			36488511	3817197	700	地表	1	0		0		西周时期
75	C75	20120703B009	图二八七	IF2			36488543	3817213	694	地表	2	0	瓦1	1		西周时期
76	C76	20120703B015	图二八七	IF2	YDK49	许家北区	36488733	3817451	701	灰坑	14	5	鬲1、盆1、罐2、瓦1	1	69—72、74	西周中期
77	C77	20120703B016	图二八七	IF2		许家北区	36488791	3817358	699	地表	2	0		0		西周时期
78	C78	20120702A001	图二八五	IC1		召陈区	36487530	3816813	680	文化层	21	5	盆1、鬲3、罐1	0	75、76、78—80	西周中期
79	C79	20120701B012	图二八五	ID1			36487891	3817166	695	地表	2	0		0		西周时期
80	C80	20120701B010	图二八五	ID1		召陈区	36487831	3817010	705	地表	3	0		0		西周时期
81	C81	20120701B013	图二八五	ID1		召陈区	36487901	3816945	693	地表	1	1	瓦1	1	81	西周中期
82	C82	20120703A004	图二八八	IE1	YDK56	许家胡同区	36488238	3817046	684	墓葬	0	0		0		西周时期
83	C83	20120703A005	图二八八	IE1	YDK56	许家胡同区	36488293	3816963	687	灰坑	4	1	器底1	0	82	西周中晚期
84	C84	20120706B001	图二八八	IF1			36488816	3816944	699	地表	1	0		0		西周中晚期
85	C85	20120702A002	图二八五	IVC1			36487596	3816617	692	地表	7	2	瓦2	2	84、85	西周中晚期

续表

序号	采集点号	GPS点号	图号	所在分区号	所在断坎号	所属功能区	北坐标(m)	东坐标(m)	高程(m)	遗迹性质	陶片总量	标本数量	陶器器类	瓦数量	标本号	时代
86	C86	20120702A003	图二八五	IVC1			36 487 553	3 816 482	680	地表	15	1	鬲1	0	86	西周中晚期
87	C87	20120701A016	图二八五	IVC1			36 487 636	3 816 493	683	地表	3	1		0	77	西周时期
88	C88	20120701A023	图二八五	IVC1		任家区	36 487 641	3 816 447	683	地表	8	3	瓦1,盆1,鬲1	1	87—89	西周中晚期
89	C89	20120701B021	图二八五	IVD1		任家区	36 487 741	3 816 475	680	文化层	11	1	不知名器1	0	90	西周中晚期
90	C90	20120701B020	图二八五	IVD1		任家区	36 487 747	3 816 475	680	地表	13	1	器底1,瓦1	1	91	西周中晚期
91	C91	20120701B019	图二八五	IVD1		任家区	36 487 775	3 816 486	681	地表	26	1	盆1	0	92	西周中晚期
92	C92	20120701A017	图二八五	IVC1		任家区	36 487 677	3 816 385	678	地表	19	1	鬲1,瓦1	1	93	西周晚期
93	C93	20120702B002	图二八五	IVD1		召李西北区	36 487 981	3 816 691	686	地表	4	0		0		西周时期
94	C94	20120702B001	图二八五	IVD1		召李西北区	36 488 029	3 816 696	689	地表	4	0		0		西周时期
95	C95	20120701B018	图二八五	IVD1		任家区	36 487 783	3 816 485	679	地表	67	0		0		西周时期
96	C96	20120703B010	图二八八	IVE1		召李西北区	36 488 233	3 816 742	660	文化层	2	0		0		西周时期
97	C97	20120707B005	图二八八	IVE1			36 488 208	3 816 406	690	地表	7	0		0		西周时期
98	C98	20120706A001	图二九一	IVG1			36 488 940	3 816 661	685	地表	5	1	罐1	0	94	西周中晚期

续表

序号	采集点号	GPS点号	图号	所在分区号	所在断坎号	所属功能区	北坐标 (m)	东坐标 (m)	高程 (m)	遗迹性质	陶片总量	标本数量	陶器器类	瓦数量	标本号	时代
99	C99	20120706B002	图二八八	IVF1			36 488 846	3 816 516	689	地表	3	0		0		西周时期
100	C100	20120706B003	图二八八	IVF1			36 488 850	3 816 389	682	地表	4	1	鬲1	0	95	西周中期
101	C101	20120706A005	图二九一	IVH1			36 489 565	3 816 731	686	地表	8	0		0		西周时期
102	C102	20120702A004	图二八六	IVC2		任家区	36 487 546	3 816 374	677	地表	2	0		0		西周时期
103	C103	20120701A018	图二八六	IVC2	YDK59	任家区	36 487 577	3 816 202	677	地表	4	1	器底1	0	96	西周中晚期
104	C104	20120701A019	图二八六	IVC2	YDK59	任家区	36 487 583	3 816 165	684	文化层	9	3	尊1、鬲1、口沿1、瓦1	1	97—99	西周晚期
105	C105	20120701A021	图二八六	IVC2	YDK59	任家区	36 487 582	3 816 161	667	灰坑	26	3	盆1、器盖1、器底1	0	100—102	西周中晚期
106	C106	20120701A025	图二八六	IVC2	YDK59	任家区	36 487 582	3 816 160	667	文化层	3	0	瓦1	1		西周中晚期
107	C107	20120701A024	图二八六	IVC2	YDK59	任家区	36 487 582	3 816 159	667	灰坑	4	3	罐1、器底2	0	104—106	西周中晚期
108	C108	20120701A020	图二八六	IVC2	YDK59	任家区	36 487 581	3 816 151	667	灰坑	28	2	罐1、鬲1	0	107、108	西周中晚期
109	C109	20120701A026	图二八六	IVC2	YDK59	任家区	36 487 581	3 816 150	667	灰坑	19	1	罐1	0	109	西周晚期
110	C110	20120701A027	图二八六	IVC2	YDK59	任家区	36 487 581	3 816 149	667	灰坑	0	0		0		西周时期
111	C111	20120702A006	图二八六	IVC2	YDK59	任家区	36 487 510	3 816 132	675	地表	26	2	器底1、口沿1	0	110、111	西周晚期

续表

序号	采集点号	GPS点号	图号	所在分区号	所在断坎号	所属功能区	北坐标 (m)	东坐标 (m)	高程 (m)	遗迹性质	陶片总量	标本数量	陶器器类	瓦数量	标本号	时代
112	C112	20120702A005	图二八六	IVC2	YDK59	任家区	36 487 509	3 816 117	684	文化层	17	3	器耳1，罐1，瓶1	0	112—114	西周中晚期
113	C113	20120703B014	图二八六	IVC2	YDK61	任家区	36 487 568	3 816 060	669	文化层	37	0		0		西周时期
114	C114	20120701B023	图二八六	IVC2	YDK61	任家区	36 487 620	3 816 069	669	地表	30	0		0		西周时期
115	C115	20120701B022	图二八六	IVC2	YDK61	任家区	36 487 620	3 816 060	669	灰坑	14	2	罐1，器底1	0	115，116	西周晚期
116	C116	20120701B025	图二八六	IVC2	YDK61	任家区	36 487 620	3 816 059	669	灰坑	2	2	罐1，器底1	0	117，118	西周晚期
117	C117	20120701B024	图二八六	IVC2	YDK61	任家区	36 487 620	3 816 058	669	灰坑	1	1	口沿1	0	119	西周晚期
118	C118	20120702B003	图二八六	IVD2			36 487 841	3 816 282	695	地表	18	0		0		西周中晚期
119	C119	20120707A003	图二八六	IVD2			36 488 047	3 816 325	678	地表	2	0		0		西周时期
120	C120	20120707B004	图二八九	IVE2			36 488 224	3 816 280	677	地表	3	0		0		西周时期
121	C121	20120707B003	图二八九	IVE2	YDK63	上康区	36 488 257	3 816 012	666	地表	4	1	鬲1	0	121	西周晚期
122	C122	20120706A004	图二八九	IVF2			36 488 644	3 816 218	676	地表	8	0		0		西周时期
123	C123	20120706A003	图二八九	IVF2			36 488 689	3 816 057	674	地表	19	0		0		西周时期
124	C124	20120703A006	图二八六	IVD3			36 487 767	3 815 971	669	地表	3	1	器底1	0	122	西周中晚期

续表

序号	采集点号	GPS点号	图号	所在分区号	所在断坑号	所属功能区	北坐标(m)	东坐标(m)	高程(m)	遗迹性质	陶片总量	标本数量	陶器器类	瓦数量	标本号	时代
125	C125	20120703B012	图二八六	IVC3		任家区	36 487 665	3 815 939	668	灰坑	16	3	盆1，豆1，器底1	0	123—125	西周晚期
126	C126	20120703B011	图二八六	IVC3		任家区	36 487 655	3 815 919	670	灰坑	58	14	口沿残片1，甗4，器底2，鬲4，盆1，罐1，尊1	0	126—139	西周中期
127	C127	20120703B013	图二八六	IVC3		任家区	36 487 618	3 815 855	668	地表	61	0	瓦1	1		西周时期
128	C128	20120707B002	图二八九	IVE3			36 488 457	3 815 778	667	地表	3	0		0		西周时期
129	C129	20120706B005	图二九二	IVG3			36 488 906	3 815 823	668	地表	3	1	瓦1	1	140	西周中晚期
130	C130	20120706B004	图二九二	IVG3			36 489 031	3 815 859	673	地表	1	0		0		西周时期
131	C131	20120706A002	图二九二	IVG3	YDK64	齐村区	36 489 048	3 815 791	665	灰坑	7	2	鬲1，瓦1	1	141,142	西周晚期
132	C132	20120706B006	图二九二	IVG3		齐村区	36 488 980	3 815 609	666	地表	7	0		0		西周时期
133	C133	20120707A002	图二八九	IVE2	YDK63	上康区	36 488 303	3 816 063	678	灰坑	8	1	罐1	0	143	西周晚期
134	C134	20120707A001	图二九二	IVH3		齐村区	36 489 276	3 815 653	706	文化层	10	1	罐1	0	144	西周中晚期
135	C135	20120707B006	图二九四	IVJ3			36 490 490	3 815 749	693	地表	1	1	盆1	0	145	西周中期
136	C136	20120707B001	图二九三	IVG5		齐村区	36 488 933	3 814 973	656	地表	5	0		0		西周中晚期

附表五 空白断坎登记表

序号	断坎编号	位　置	测点	东坐标（m）	北坐标（m）	高程（m）	长度（m）	深度（m）
1	WDK1	召陈村东北	1	36 487 537	3 817 403	727	391.4	4.6
			2	36 487 546	3 817 428	723		
			3	36 487 669	3 817 436	726		
			4	36 487 787	3 817 431	724		
			5	36 487 790	3 817 382	730		
			6	36 487 741	3 817 377	728		
			7	36 487 734	3 817 356	727		
2	WDK2	召陈村东约180米	1	36 487 652	3 817 337	727	420.6	3
			2	36 487 802	3 817 348	730		
			3	36 487 815	3 817 243	729		
			4	36 487 840	3 817 233	727		
			5	36 487 841	3 817 206	731		
			6	36 487 728	3 817 202	727		
3	WDK3	许家胡同村西约90米	1	36 487 972	3 817 256	727	42	2.3
			2	36 488 013	3 817 127	727		
4	WDK4	召陈村东约330米	1	36 487 853	3 817 191	727	60	2.3
			2	36 487 881	3 817 189	727		
			3	36 487 881	3 817 151	727		
5	WDK5	召陈村东约300米	1	36 487 854	3 817 177	727	169	2.3
			2	36 487 895	3 817 024	727		
6	WDK6	召陈村东约350米	1	36 487 891	3 817 133	727	173.2	2.3
			2	36 487 929	3 817 133	730		
			3	36 487 934	3 817 108	730		
			4	36 487 946	381 099	730		
			5	36 487 954	3 817 058	730		
7	WDK7	召陈村东南	1	36 487 969	3 817 001	730	70	2.3
			2	36 487 946	3 816 992	730		
			3	36 487 954	3 816 953	730		

序号	断坎编号	位　置	测点	东坐标（m）	北坐标（m）	高程（m）	长度（m）	深度（m）
8	WDK8	召陈村东约450米	1	36 488 036	3 816 932	724	271	2.3
			2	36 488 004	3 817 091	725		
			3	36 487 997	3 817 152	726		
			4	36 487 992	3 817 187	723		
9	WDK9	召陈村东南约180米	1	36 487 591	3 816 688	730	232.7	1.2
			2	36 487 615	3 816 708	730		
			3	36 487 623	3 816 788	730		
			4	36 487 792	3 816 815	730		
10	WDK10	许家村南，东邻法黄公路	1	36 488 892	3 816 902	730	323.8	2—3
			2	36 488 917	3 816 907	730		
			3	36 488 896	3 816 989	730		
			4	36 488 879	3 817 064	730		
			5	36 488 828	3 817 043	730		
			6	36 488 829	3 817 006	730		
			7	36 488 844	3 816 983	730		
			8	36 488 852	3 816 924	730		
11	WDK11	许家村东南约150米	1	36 489 094	3 816 945	729	382	3
			2	36 489 127	3 816 942	730		
			3	36 489 137	3 816 917	730		
			4	36 489 270	3 816 939	730		
			5	36 489 255	3 817 107	726		
12	WDK12	许家村东约320余米	1	36 489 335	3 817 134	724	241	3
			2	36 489 357	3 816 977	722		
			3	36 489 434	3 816 983	723		
13	WDK13	许家村东南约400米	1	36 489 371	3 816 965	725	151	1.5
			2	36 489 376	3 816 887	734		
14	WDK14	许家村东南约200米	1	36 489 138	3 816 872	731	181	1.3
			2	36 489 197	3 816 792	732		
			3	36 489 274	3 816 763	725		

序号	断坎编号	位　置	测点	东坐标（m）	北坐标（m）	高程（m）	长度（m）	深度（m）
15	WDK15	匠杨村北约160米	1	36 489 389	3 816 652	726	262	1.5
			2	36 489 491	3 816 655	727		
			3	36 489 509	3 816 499	728		
16	WDK16	寨子村北约200米	1	36 489 824	3 816 346	722	824	3
			2	36 489 810	3 816 491	722		
			3	36 489 828	3 816 222	718		
			4	36 489 802	3 816 668	730		
			5	36 489 952	3 816 689	730		
			6	36 489 984	3 816 472	730		
			7	36 489 960	3 816 358	730		
17	WDK17	寨子村东北约250米	1	36 489 996	3 816 532	730	162	3.2
			2	36 490 023	3 816 524	730		
			3	36 490 032	3 816 469	730		
			4	36 490 074	3 816 450	730		
			5	36 490 074	3 816 405	730		
18	WDK18	齐村东北约120米	1	36 489 860	3 815 655	730	314	3.6
			2	36 489 846	3 815 732	730		
			3	36 489 675	3 815 711	730		
			4	36 489 650	3 815 665	730		
19	WDK19	齐村北	1	36 489 683	3 815 654	730	645	4.5
			2	36 489 654	3 815 711	730		
			3	36 489 606	3 815 765	730		
			4	36 489 549	3 815 840	730		
			5	36 489 513	3 815 923	730		
			6	36 489 480	3 815 921	730		
			7	36 489 517	3 815 775	730		
			8	36 489 548	3 815 655	723		

续表

序号	断坎编号	位　置	测点	东坐标（m）	北坐标（m）	高程（m）	长度（m）	深度（m）
20	WDK20	上康村东约500米	1	36 488 564	3 815 905	726	539	1.7
			2	36 488 492	3 815 901	726		
			3	36 488 491	3 816 006	726		
			4	36 488 662	3 816 022	726		
			5	36 488 680	3 815 924	726		
			6	36 488 717	3 815 913	730		
			7	36 488 728	3 815 848	730		
21	WDK21	上康村西南约80米	1	36 487 689	3 815 764	740	250	3.2
			2	36 487 679	3 815 904	739		
			3	36 487 706	3 815 928	738		
			4	36 487 699	3 816 001	731		
22	WDK22	任家村东	1	36 487 633	3 816 170	730	318	3.6
			2	36 487 687	3 816 185	726		
			3	36 487 704	3 816 324	731		
			4	36 487 820	3 816 345	730		
23	WDK23	黄堆东南	1	36 487 529	3 819 826	768.1	112	1.5
			2	36 487 515	3 819 906	753.1		
			3	36 487 532	3 819 804	753.1		
24	WDK24	黄堆东约100米	1	36 487 730	3 819 816	758.1	447	3.5
			2	36 487 719	3 819 899	751.1		
			3	36 487 713	3 819 894	749.9		
			4	36 487 693	3 819 961	748.6		
			5	36 487 671	3 819 974	746.8		
			6	36 487 647	3 819 961	753.2		
			7	36 487 806	3 819 822	753.2		
			8	36 487 911	3 819 840	755.4		
			9	36 487 650	3 819 967	753.7		
			10	36 487 631	3 820 039	759.2		

续表

序号	断坎编号	位 置	测点	东坐标（m）	北坐标（m）	高程（m）	长度（m）	深度（m）
25	WDK25	黄堆东南	1	36 487 713	3 819 812	754.1	131	0.5—0.8
			2	36 487 699	3 819 914	752.9		
26	WDK26	长畛村东	1	36 487 998	3 819 526	745.5	368	1.7—3.4
			2	36 487 988	3 819 578	749.4		
			3	36 487 999	3 819 580	747.7		
			4	36 488 021	3 819 516	765.4		
			5	36 488 123	3 819 545	753.2		
			6	36 488 147	3 819 433	756		
			7	36 488 174	3 819 555	750.5		
27	WDK27	长畛村东约130米	1	36 488 100	3 819 607	755.8	470	1.6
			2	36 488 205	3 819 624	767.7		
			3	36 488 359	3 819 639	762		
			4	36 488 351	3 819 625	753.4		
28	WDK28	长畛村东北约350米	1	36 488 338	3 819 621	755.9	59	2
			2	36 488 346	3 819 574	748.4		
			3	36 488 453	3 819 677	753.4		
			4	36 488 583	3 819 700	753.3		
29	WDK29	南庄沟西北约260米	1	36 488 563	3 819 640	751.5	WDK29、30、31总长390	0.5
			2	36 488 591	3 819 648	749.4		
			3	36 488 597	3 819 653	749.2		
30	WDK30	南庄沟约130米	1	36 488 632	3 819 655	747.2		1.5
			2	36 488 652	3 819 669	747.9		
			3	36 488 669	3 819 654	753		
			4	36 488 724	3 819 659	758		
31	WDK31	南庄村北	1	36 488 734	3 819 556	752.9		1
			2	36 488 715	3 819 552	746.8		
			3	36 488 723	3 819 461	747.7		

序号	断坎编号	位 置	测点	东坐标（m）	北坐标（m）	高程（m）	长度（m）	深度（m）
32	WDK32	长畛村南	1	36 488 380	3 819 277	742.6	760	3.6
			2	36 488 378	3 819 315	740.6		
			3	36 488 208	3 819 285	738		
			4	36 488 102	3 819 271	739.2		
			5	36 488 086	3 819 359	737.3		
			6	36 488 079	3 819 428	737		
			7	36 488 050	3 819 409	735.7		
			8	36 488 041	3 819 420	737.7		
			9	36 488 038	3 819 422	740		
			10	36 488 039	3 819 410	740		
			11	36 488 019	3 819 405	741		
			12	36 488 027	3 819 371	740.6		
			13	36 488 037	3 819 369	737.4		
			14	36 488 043	3 819 360	732		
			15	36 488 068	3 819 281	738		
33	WDK33	南庄沟村西	1	36 488 618	3 819 480	746	272	1.7—3.5
			2	36 488 622	3 819 420	751.2		
			3	36 488 575	3 819 415	744.3		
			4	36 488 579	3 819 374	741		
			5	36 488 512	3 819 352	743.7		
			6	36 488 513	3 819 238	736.1		
			7	36 488 402	3 819 327	738.8		
34	WDK34	南庄沟村西	1	36 488 715	3 819 430	740.2	197	1.6—3.1
			2	36 488 725	3 819 358	743.7		
			3	36 488 635	3 819 425	745		
35	WDK35	长畛村东南约150米	1	36 488 069	3 819 276	735.3	320	3
			2	36 488 085	3 819 288	734.3		
			3	36 488 059	3 819 244	729.3		

续表

序号	断坎编号	位　　置	测点	东坐标（m）	北坐标（m）	高程（m）	长度（m）	深度（m）
35	WDK35	长畛村东南约150米	4	36 488 076	3 819 232	730.8	320	3
			5	36 488 109	3 819 197	730		
			6	36 488 113	3 819 177	730.6		
			7	36 488 118	3 819 125	735		
			8	36 488 097	3 819 109	745		
36	WDK36	长畛村东南约320米	1	36 488 292	3 819 284	728.4	489	1.23—3.78
			2	36 488 330	3 819 285	728.4		
			3	36 488 320	3 819 239	732		
			4	36 488 355	3 819 054	726		
			5	36 488 322	3 819 110	729		
			6	36 488 335	3 819 071	727		
37	WDK37	南庄沟西南约200米	1	36 488 320	3 819 239	732	406	1.67—2.23
			2	36 488 380	3 819 251	730		
			3	36 488 489	3 819 271	734		
			4	36 488 488	3 819 281	733		
			5	36 488 531	3 819 290	732		
			6	36 488 630	3 819 304	734		
			7	36 488 644	3 819 239	734		
38	WDK38	南庄沟西南约150米	1	36 488 751	3 819 279	733	323	2
			2	36 488 727	3 819 187	735		
			3	36 488 653	3 819 175	737		
			4	36 488 644	3 819 180	738		
			5	36 488 631	3 819 170	740		
			6	36 488 508	3 819 152	738		
39	WDK39	上樊村西北约400米	1	36 488 497	3 819 174	738	165	2
			2	36 488 439	3 819 652	736		
			3	36 488 349	3 819 053	723		
			4	36 488 496	3 819 073	723		

序号	断坎编号	位　置	测点	东坐标（m）	北坐标（m）	高程（m）	长度（m）	深度（m）
40	WDK40	上樊村东北约200米	1	36 488 853	3 819 088	726	518	2.1—3
			2	36 488 837	3 819 024	724		
			3	36 488 810	3 818 962	722		
			4	36 488 798	3 818 952	723		
			5	36 488 796	3 818 937	725		
			6	36 488 742	3 818 925	734		
			7	36 488 740	3 818 908	731		
			8	36 488 729	3 818 894	732		
			9	36 488 715	3 818 886	725		
			10	36 488 713	3 818 884	726		
			11	36 488 709	3 818 888	727		
			12	36 488 654	3 818 865	728		
			13	36 488 658	3 818 819	722		
			14	36 488 649	3 818 813	722		
			15	36 488 659	3 818 780	718		
			16	36 488 652	3 818 766	717		
			17	36 488 657	3 818 759	717		
41	WDK41	上樊村东北	1	36 488 185	3 818 484	730	560	1.55
			2	36 488 215	3 818 535	730		
			3	36 488 209	3 818 607	730		
			4	36 488 237	3 818 663	730		
			5	36 488 292	3 818 671	730		
			6	36 488 292	3 818 671	730		
			7	36 488 225	3 818 589	730		
			8	36 488 235	3 818 533	730		
			9	36 488 230	3 818 482	730		
			10	36 488 234	3 818 434	730		
			11	36 488 210	3 818 417	730		

序号	断坎编号	位　置	测点	东坐标（m）	北坐标（m）	高程（m）	长度（m）	深度（m）
42	WDK42	上樊村北	1	36 487 942	3 819 081	715.2	992	5.5—6.4
			2	36 488 977	3 818 925	710.4		
			3	36 488 031	3 818 788	714.6		
			4	36 488 065	3 818 628	713.2		
			5	36 487 984	3 818 954	710		
			6	36 487 995	3 818 918	709		
			7	36 488 037	3 818 814	708.6		
			8	36 488 056	3 818 625	712		
43	WDK43	上樊村西北	1	36 487 632	3 818 727	730	338	1.3—3.4
			2	36 487 700	3 818 689	730		
			3	36 487 695	3 818 619	730		
			4	36 487 733	3 818 448	730		

附表六　有遗迹断坎登记表

序号	断坎编号	位置	测点	东坐标（m）	北坐标（m）	高程（m）	长度	深度	采集点性质	采集点
1	YDK44	上樊村东约250米	1	36 488 544	3 818 471	730	522	4.6	灰坑	
			2	36 488 559	3 818 396	730				
			3	36 488 491	3 818 388	730				
			4	36 488 491	3 818 252	730				
			5	36 488 542	3 818 255	730				
			6	36 488 699	3 818 240	730				
2	YDK45	上樊村东南约100米	1	36 488 337	3 818 087	720	260	2.1	文化层	
			2	36 488 273	3 818 079	720				
			3	36 488 296	3 817 931	720				
			4	36 488 330	3 817 929	720				
3	YDK46	下樊村东南	1	36 488 125	3 817 895	723	978	4.8	灰坑	C32、C38、C70
			2	36 488 123	3 817 806	723				

序号	断坎编号	位　置	测点	东坐标（m）	北坐标（m）	高程（m）	长度	深度	采集点性质	采　集　点
3	YDK46	下樊村东南	3	36 488 163	3 817 565	723	978	4.8	灰坑	C32、C38、C70
			4	36 488 114	3 817 440	723				
			5	36 488 083	3 817 446	723				
			6	36 488 123	3 817 554	723				
			7	36 488 089	3 817 816	723				
			8	36 488 059	3 817 882	723				
4	YDK47	姚家村西南约270米	1	36 488 525	3 817 920	730	125	5.2	墓葬	
			2	36 488 548	3 817 808	730				
5	YDK48	许家北约110米	1	36 488 437	3 817 637	734	377	4.6	沟渠	
			2	36 488 483	3 817 494	734				
			3	36 488 580	3 817 508	734				
			4	36 488 603	3 817 398	734				
6	YDK49	许家村西北约150米	1	36 488 600	3 817 452	725	338	4.5	灰坑	C76
			2	36 488 592	3 817 505	725				
			3	36 488 626	3 817 515	725				
			4	36 488 637	3 817 470	725				
			5	36 488 693	3 817 458	725				
			6	36 488 839	3 817 480	725				
7	YDK50	召陈村北约200米	1	36 487 384	3 817 683	730	102	3	水渠、文化层	C20
			2	36 487 421	3 817 634	730				
			3	36 487 424	3 817 602	730				
			4	36 487 394	3 817 602	730				
8	YDK51	召陈村北约130米	1	36 487 395	3 817 558	730	47	1.7	柱础、文化层	
			2	36 487 396	3 817 533	730				
			3	36 487 414	3 817 533	730				
9	YDK52	召陈村北	1	36 487 419	3 817 210	726	345	2.8—3.2	柱础、文化层、灰坑	C41、C42、C57、C58、C59、C60、C61、C62
			2	36 487 402	3 817 523	725				

续表

序号	断坎编号	位 置	测点	东坐标（m）	北坐标（m）	高程（m）	长度	深度	采集点性质	采 集 点
10	YDK53	姚家墓地	1	26 487 416	3 817 525	727	571	2.2	墓葬	
			2	36 487 400	3 817 519	727				
			3	36 487 412	3 817 359	727				
			4	36 487 417	3 817 201	727				
11	YDK54	召陈村北约170米	1	36 487 436	3 817 530	730	204	1.8	文化层	C46
			2	36 487 480	3 817 539	730				
			3	36 487 582	3 817 437	730				
12	YDK55	召陈村北	1	36 487 613	3 817 439	730	236	2.5	文化层	C47、C48
			2	36 487 447	3 817 592	730				
13	YDK56	许家胡同村东南	1	36 488 136	3 816 877	730	377	6.1	墓葬	C82、C83
			2	36 488 071	3 817 242	730				
14	YDK57	许家胡同村南	1	36 488 125	3 817 198	728	571	7.5	陶窑	C73
			2	36 488 308	3 817 192	728				
			3	36 488 315	3 817 093	728				
			4	36 488 183	3 817 077	728				
			5	36 488 190	3 816 951	728				
			6	36 488 190	3 816 951	728				
15	YDK58	许家胡同村南约270米	1	36 488 213	3 816 945	730	94	7.2	灰坑	
			2	36 488 212	3 816 908	730				
			3	36 488 196	3 816 903	730				
			4	36 488 200	3 816 863	730				
16	YDK59	任家村南	1	36 487 477	3 816 174	730	206	2	灰坑	C103、C104、C105、C106、C107、C108、C109、C110、C111、C112
			2	36 487 483	3 816 102	730				
			3	36 487 569	3 816 102	730				
17	YDK60	李家村东	1	36 487 391	3 816 092	712	130	1.5	文化层	
			2	36 487 423	3 816 086	712				
			3	36 487 424	3 816 040	712				

序号	断坎编号	位　置	测点	东坐标（m）	北坐标（m）	高程（m）	长度	深度	采集点性质	采　集　点
18	YDK61	任家村南约100米	1	36 487 478	3 816 092	717	120	1.2	灰坑	C113、C114、C115、C116、C117
			2	36 487 482	3 816 069	717				
			3	36 487 504	3 816 056	717				
			4	36 487 507	3 816 013	717				
19	YDK62	任家村南约240米	1	36 487 496	3 815 943	721	93	2.4		
			2	36 487 477	3 815 910	721				
			3	36 487 470	3 815 865	721				
20	YDK63	上康村东	1	36 487 953	3 816 042	714	802	7	灰坑	C121、C133
			2	36 480 191	3 816 065	714				
			3	36 488 202	3 816 016	714				
			4	36 488 236	3 815 927	714				
			5	36 488 193	3 815 908	714				
			6	36 488 167	3 815 869	714				
21	YDK64	齐村西北	1	36 488 947	3 815 715	716	136.4	1.5—1.7	灰坑、文化层	C131
			2	36 488 929	3 815 777	716				
			3	36 488 964	3 815 787	716				
			4	36 488 974	3 815 754	716				
22	YDK65	召陈村北约400米	1	36 487 403	3 817 777	729	76	0.9		C2、C3、C6、C10
			2	36 487 397	3 817 846	728				

后　记

　　《周原遗址东部边缘——2012年度田野考古报告》是在陕西省考古研究院承担的国家社科基金重点项目——"周原2012：周原遗址的东部边缘"的基础上完成的。项目负责人为种建荣，成员有孙周勇、王占奎、赵艺蓬、陈钢与北京大学考古文博学院雷兴山教授。该成果报告是全体参研人员与考古队队员历经5年辛勤付出的结果，是集体智慧的结晶与共同的劳动成果。

　　报告主编为项目负责人种建荣，副主编为雷兴山、张亚炜，其他撰稿者包括孙周勇、王占奎、赵艺蓬、陈钢、刘万军、韩云。报告题名、框架构建、编写思路、内容与要求，由种建荣与雷兴山商定；各章节的撰写由全体作者分工协作执笔完成。大致分工如下：第一章执笔种建荣、王占奎、孙周勇；第二章2.1、2.2、2.3.1、2.3.4执笔种建荣、雷兴山；2.3.2、2.3.3执笔赵艺蓬、种建荣、陈钢、刘万军；第三章3.1、3.2、3.3执笔陈钢、种建荣、赵艺蓬、张亚炜、韩云，3.4执笔雷兴山、种建荣；第四章4.1、4.4执笔雷兴山、陈钢，4.2、4.3执笔种建荣、赵艺蓬、张亚炜；第五章由种建荣与雷兴山共同执笔。

　　报告中的田野遗迹与工作照相由考古队技师吕少龙、许甫喆与中央民族大学的马赛副教授完成，器物照相由陕西省文物保护研究院的王保平研究员完成；GIS测绘图制作李宏斌，遗迹清绘、器物图绘制董宏伟、徐永江；纹饰、文字拓片冯文丽；目录、附表、插图、图版制作编排由陈钢、赵艺蓬、冯文丽、李宏斌、吕少龙、魏进合合作完成；英文摘要翻译为郑州大学讲师赵昊。另外，报告中的人骨性别、年龄鉴定由西北大学的陈靓教授与研究生洪秀媛完成；动物遗存鉴定结果由陕西省考古研究院胡松梅研究院完成提供，墓地出土铜器鉴定由北京大学陈建立教授完成，为报告内容的丰富完整增色不少。

　　报告审阅为领队孙周勇、王占奎，外审专家北京大学刘绪教授，统稿、定稿种建荣，执行编辑吴长青，封面装帧设计黄琛。

　　在本报告成书出版之际，我们衷心感谢，在田野考古工作、资料整理与报告编写期间给予我们支持、鼓励、指导与帮助的所有单位与人员。

　　感谢国家文物局、省文物局、宝鸡市文物局的领导与职能部门的同志们！感谢陕西省考古研究院领导与同事、北京大学考古文博学院、周原博物馆的领导及朋友们！ 感谢来自北京大学、中央民族大学、湖南大学、吉林大学、西北大学参与田野考古实习的同学们；也感谢考古队全体同志的辛勤付出；感谢上海古籍出版社的吴长青；特别感谢北京大学李伯谦先生、刘绪先生工作期间给予我们的悉心指导。刘绪先生于百忙之中审阅报告,并不吝赐序!

《周原遗址东部边缘——2012年度田野考古报告》是本次周原遗址田野考古工作收获的全面介绍与总结,也是我们努力探索提出的青铜时代"聚落结构"考古工作与研究理念的集中体现。但囿于我们的知识水平与阅历见识,报告中无疑存在一些不足之处与瑕疵。真诚地期待来自学界的批评与意见,以裨益于周原今后的工作与研究。

编　者
2017 年 8 月

Abstract

From Feburary to December of 2012, Zhouyuan Archaeological Team, taking the opportunity of the salvage excavation of Yaojia cemetery, conducted systematic archaeological fieldwork in the eastern area of Zhouyuan site. The team for this field mission was composed by researchers from Shaanxi Provincial Archaeological Institute, Peking University and Baoji Zhouyuan Museum. The discoveries from this field season shed new lights on the understanding about the characteristics of the archaeological material culture, settlement pattern and social feature around the eastern margin of Zhouyuan during the Western Zhou period (1046–771BC).

Through extensively summarizing and reexamining the previous fieldwork at Zhouyuan, we adopted an idea of "excavating tombs with a vision on related cemetery, and excavating cemetery with a vision on related settlement". This fieldwork season mainly focused on the coring and excavation of Yaojia cemetery. Sampling coring was conducted in those key areas in vicinity of Yaojia cemetery, while the method of "settlement structure survey" was used to make a full-coverage surface survey around the eastern part of Zhouyuan site. The result of coring depicted the general extent of Yaojia cemetery, and also confirmed 130 Western Zhou tombs and affiliated horse-chariot pits. Totally 47 tombs and horse pits were excavated. Moreover, an area up to 10,272,627.3 m^2 of Zhouyuan site was scanned by the coring and surface survey. Meanwhile, an excavation of 114.3 m^2 was conducted at Xujiabei and Yaojiaxi, revealing abundance of remains related to bronze foundry and antler workshop.

The 2012 fieldwork at Zhouyuan is reported in five chapters. Chapter 1 "Introduction" briefly introduces the background of the fieldwork, and summarizes the primary fieldwork, and especially explicate the ideas and methods that were implemented in our work. Meanwhile, this chapter also explains the ideas and structure for compiling this report. In Chapter 2 "Coring and excavation at Yaojia cemetery", we firstly comprehensively report the data of Yaojia burials which were subjected to coring and excavation. We also makes close comparison between the data from coring and excavation, to evaluate the effectiveness of the result from large-scale coring. The information about tombs and horse-pits are reported in detail. Moreover, the ethnic identity and social status of the deceased are also discussed in this chapter. Chapter 3 "Pilot excavation and coring in adjacent areas of Yaojia cemetery", mainly introduces the discoveries from the excavation and coring at Xujiabei locus and Yaojiaxi locus respectively. Current fieldwork confirms that Xujiabei locus was the residence temporary and relevant with Yaojia cemetery. Moreover, Yaojiaxi is identified as the easternmost archaeological locus of the early phase of early Western Zhou period, and the first specialized antler workshop of Zhouyuan city was also found there. This discovery will provide new materials for the research on the settlement layout and the craft economy at Zhouyuan. Chapter 4 "Surface survey at the eastern margin of Zhouyuan", revolves around the discussion on the settlement structure of the eastern marginal area of Zhouyuan site. In light of the result of 2012 survey work, the target area is demarcated into 11 functional zones. Through the survey, several channels of Zhouyuan's water system were confirmed, and this new discovery could be informative for furthering our understanding about the settlement structure and its related social network in Zhouyuan city.

The primary academic progress and new understandings from this fieldwork season can be summarized into five points.

1. New discovery and understanding on Yaojia cemetery. Through large-scale coring, 132 tombs and 2 horse pits of the Western Zhou period were found in 2012, making Yaojia cemetery the first one at Zhouyuan that the archaeologists clarified its clear extent and number of burials. This new progress is crucial for depicting the spatial distribution of Western Zhou archaeological remains in the eastern part of Zhouyuan site. Furthermore, the fieldwork revealed the characteristics of the tombs and cemetery at Yaojiao. This cemetery can be clearly divided into three zones, including western, northern and southern zones, with a descending order of social ranks. The western zone mainly comprises two high-ranking tombs with ramp passages. The ethnic identity of tombs in the northern zone are Zhou people, whereas those in the southern zone are identified as Shang people. According to the comparison of the rank and burial goods among the tombs in these three zones, we consider that the tombs of Zhou people buried in the western and northern zones were rulers of this area, while the Shang people in the southern zones were the subjects affiliated to the Zhou people. This is the first time at Zhouyuan to find such phenomenon that different ethnicities were buried together in the same cemetery but with sub-segregation.

2. New understanding on Xujiabei functional zone. Current discovery confirmed the nature of Xujiabei locus as a relatively homogenous residential area, and it was relevant with the Yaojia cemetery.

3. New discoveries and understanding regarding to Yaojiaxi functional zone. Yaojiaxi residential area is identified as the easternmost archaeological locus during the early phase of early Western Zhou period at Zhouyuan site. The new fieldwork redefines the understanding about eastern part of Zhouyuan site. Also for the first time among the sites of the Xia-Shang-Zhou period, archaeologists largely clarified the production procedures in an antler workshop. Meanwhile, traces of a bronze

foundry were also found at Yaojiaxi locus, but probably with limited production scale and lower rank. The moat encircling the residential area at Yaojiaxi was also found, and this is the first moat with clear scale known to archaeologists, which shed new light on the understanding about the structure and layout of moat at Zhouyuan.

4. New understanding about the overall settlement structure of Zhouyuan. In this fieldwork season, we adopted the new conception of "functional zone", and divided the entire target area into 11 functional zones through survey, coring and excavation. The Yaojia water ponds zone of and Yaojia cemetery were detected for the first time by archaeologists. This will be helpful to determine the nature of Zhouyuan site in the Western Zhou period, and also can provide more necessary archaeological contexts for related research. Meanwhile, the new discovery of the pond and channel system is of significance for depicting the water networks in the eastern part of Zhouyuan.

The result of field survey suggests that the Zhouyuan settlement had already expanded to the western bank of Meiyang river in the early Western Zhou period. The settlement structure of the eastern Zhouyuan area witnessed a significant change in the mid Western Zhou period, which was reflected by the rapid expansion of population size, the construction of large-scale palatial complexes, the presence of handicraft workshops, and the burial of many high-ranking bronze hoards. The high-ranking noble cemetery at Huangdui also started to put into use during this time. These phenomena in together suggest that the eastern area of Zhouyuan played an important role during the mid Western Zhou period.

5. New exploration on the idea and method of archaeological fieldwork. We suggest that the Zhouoyuan archaeology should revolved around the fieldwork and research of functional zones, and should adopt the method of "macro-site settlement structure survey" to conduct comprehensive field survey. The survey and mapping of blank areas also can be considered one of the key factors for demarcating different functional zones of a settlement.

For the excavation of cemetery at Zhouyuan, we suggest that it is also necessary to find the boundary of the whole cemetery as well as the shape of tomb openings through systematic coring. The blank areas around the target cemetery should also be on the agenda of survey and coring. If conditions permits, it is important to excavate the entire cemetery, and try to locate the temporary and related residential area of the cemetery.

The fieldwork in 2012 suggests that the pond and channel system may function as the landmark for one or multiple functional zones. Whereas the moat may function as the landmark for the sub-division within certain functional zone. Moreover, coring and locating these remains with considerable size should be one of the focuses for the settlement archaeology at Zhouyuan. If necessary, the shape and size of them should be further confirmed through coring work, and the result will provide significant data for understanding the road network and division of functional zones of Zhouyuan.

In summary, the new discoveries from the fieldwork in the eastern marginal areas of Zhouyuan during 2012 provide a series of important materials for the research on the characteristics of archaeological culture, settlement structure and related society. Following the guiding principles of reporting archaeological materials comprehensively, scientifically and authentically, this fieldwork report aims to draw more interests on the research of the settlement structure of Zhouyuan, and to reconsider and discuss the more effective methods for settlement archaeological fieldwork as well as for the compilation of report. We hope all these attempts can help to promote more deepening research on related academic issues.

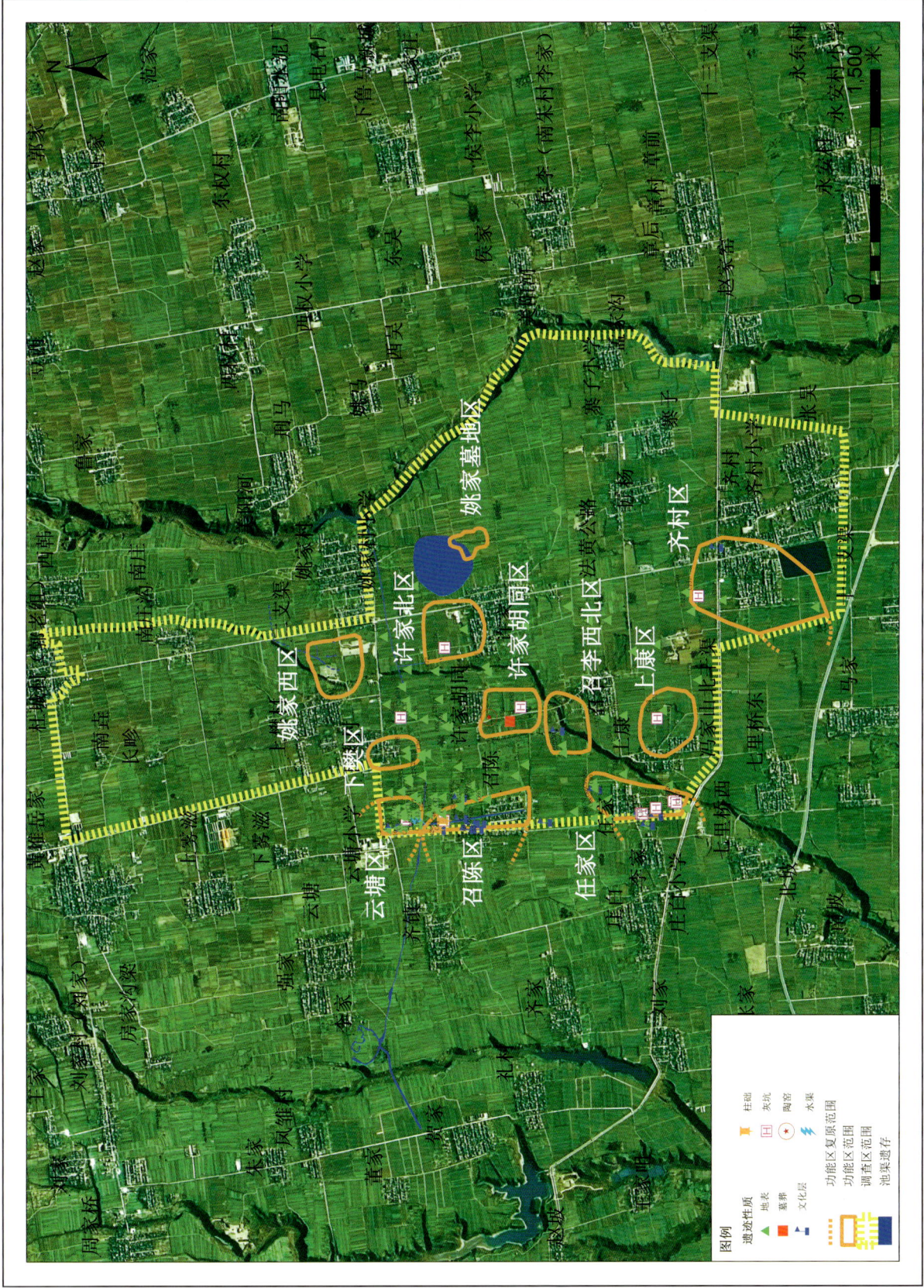

彩版一　调查区暨功能区划分

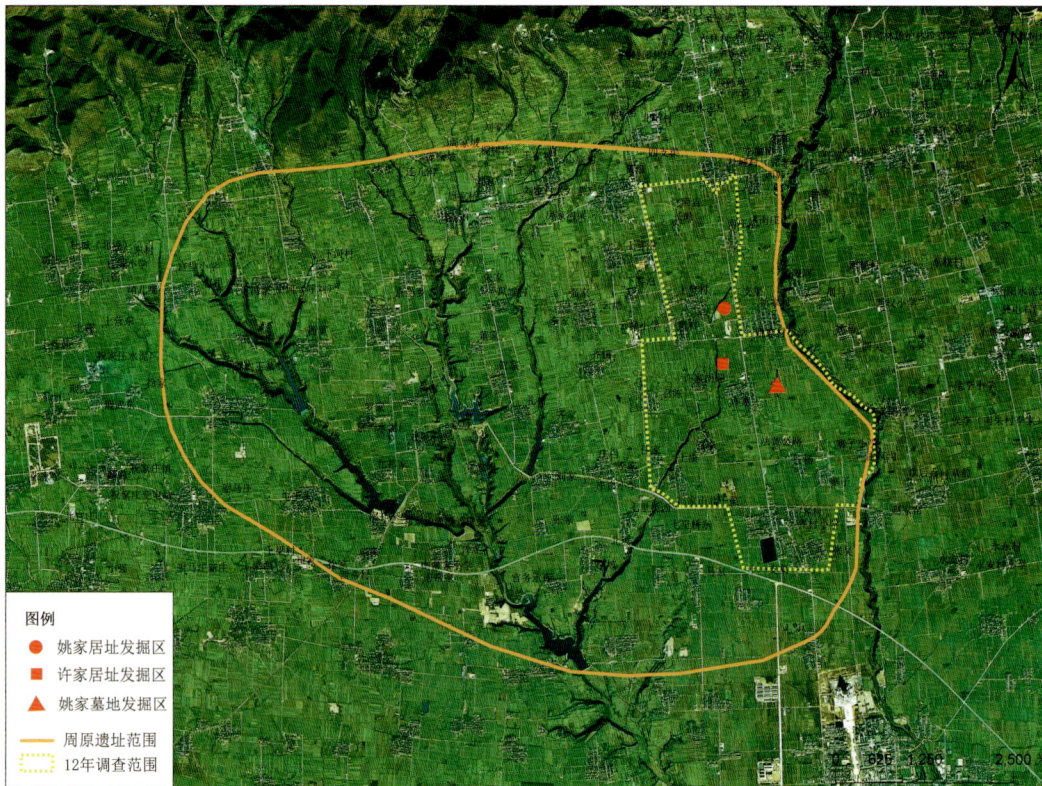

1. 2012年度田野考古工作区域位置图

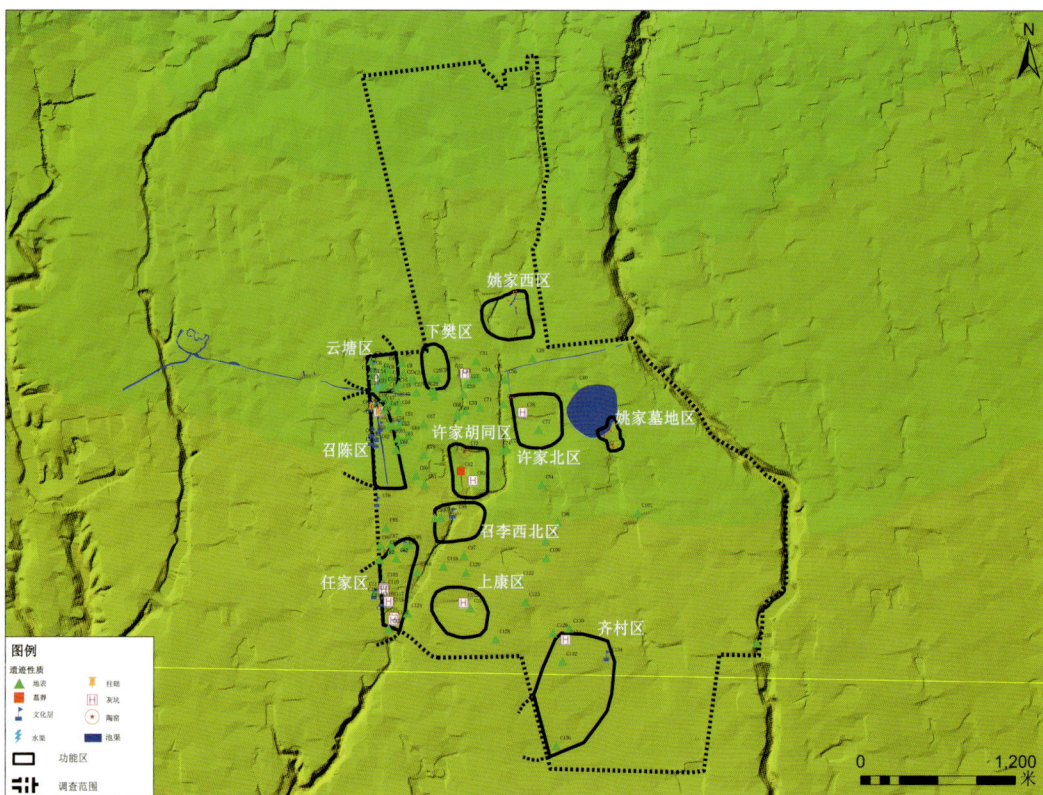

2. 工作区域数字高程模型（DEM）效果图

彩版二　2012年度工作区域及效果图

1. 李伯谦先生（右三）等指导工作

2. 刘绪先生（右一）等指导工作

彩版三　专家指导发掘

彩版四　部分参与人员合影

1. 调查采集点C20

2. 田野调查

彩版五　周原东部边缘区域调查

1. M7西壁车轮

3. M7轮2、轮3

2. M7东壁车轮

4. M7轮5

彩版六　姚家墓地M7随葬车轮

1. M8墓室及墓道（由南往北）

2. M8墓道东壁车轮

3. M8墓道西壁车轮

彩版七　姚家墓地 M8 随葬车轮

1. M16 棺椁之间、棺南端器物

2. M30 南二台上出土器物

彩版八　姚家墓地 M16、M30 器物出土状况

1. 齐家村东北断坎

2. 上樊村及黄堆断坎

彩版九　调查所见断坎

1. 车輨（M7∶2）

4. 车辖（M30∶26）

2. 管状舆饰（M7D6∶035）

5. 车軎（M7D4∶034）

3. 軏颈（M23D2∶036）

6. 车軎（M39∶7）

彩版一〇　姚家墓地出土铜车器

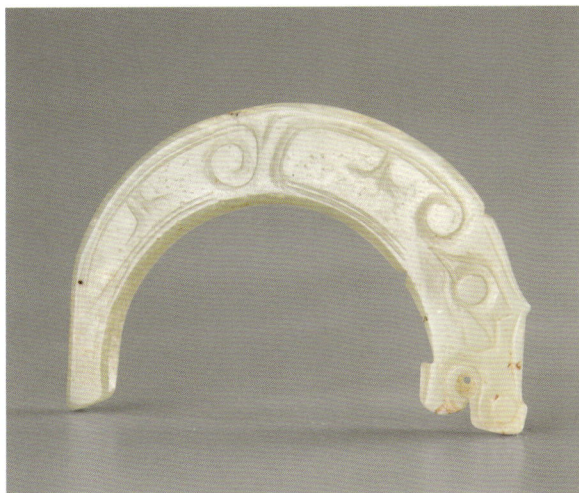
1. 玉龙（M17D3：022）

4. 玉鸟（M18D3：09）

2. 玉蝉（M18D3：011）

5. 玉鸟（M18D3：010）

3. 玉蝉（M18D3：024）

6. 玉鸟（M18D3：022）

彩版一一　姚家墓地出土玉器

1. 玉伏兽（M16D3：011）

4. 玉虎（M18D3：06）

2. 玉鱼（M23D1：01-1）

5. 玉鱼（M30D3：038）

3. 玉鱼（M23D2：05-1）

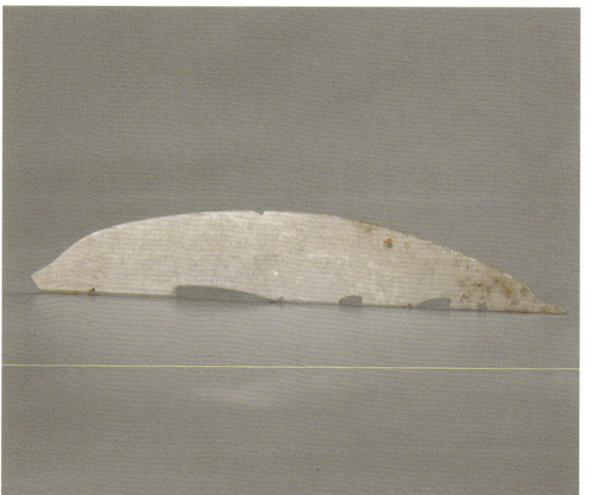
6. 玉鱼（M23D2：044-1）

彩版一二　姚家墓地出土玉器

1. 石鱼（M27D2∶09-1、-2、-3）

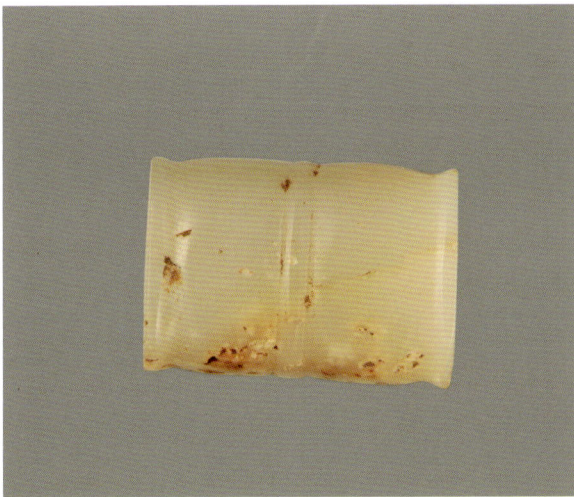

2. M18D3∶028

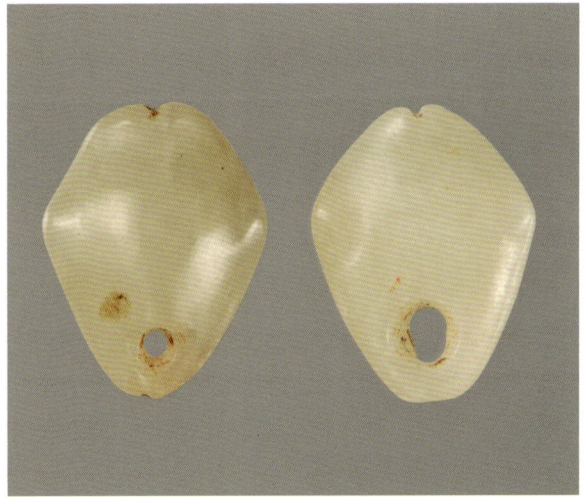

4. M18D3∶026

3. M18D3∶029

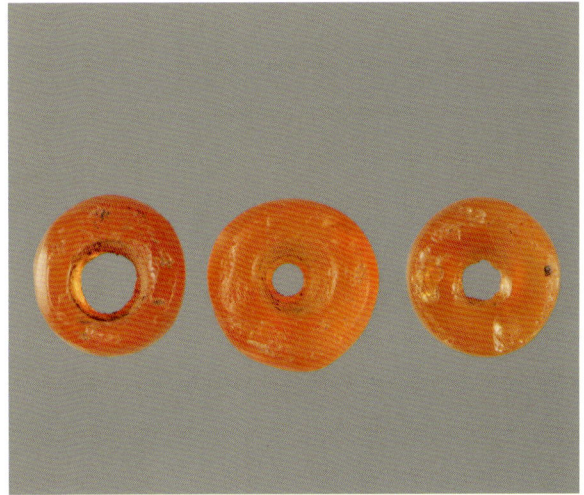

5. M18D3∶027

彩版一三　姚家墓地出土玉石器

1. M31：5

2. M104：13

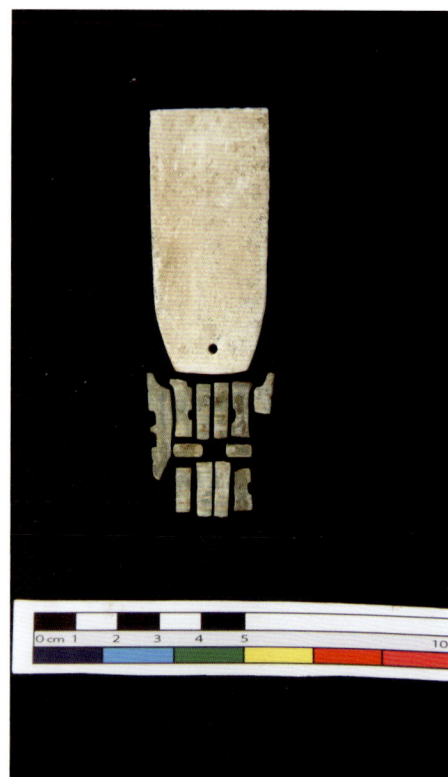

3. M132：2

4. M23-9

5. M132：1

6. M132：5

彩版一四　姚家墓地出土复合柄形饰复原图

1. 豆（M19D1：07）

3. 尊（M30：15）

2. 簋（M30：14）

4. 瓠形器（M30：27）

彩版一五　姚家墓地出土原始瓷器

1. M87D1：01

4. M17D3：030

2. M30：4

5. M39D1：01

3. M27D1：01

6. M31：1

彩版一六　姚家墓地出土联裆鬲

1. 发掘姚家墓地 M30

2. 发掘许家北居址

图版一　墓地与居址发掘状况

1. 墓地南区

2. 墓地南区

图版二 姚家墓地南区发掘现场

1. M7墓口（由北向南）及发掘方法

2. M8墓口（由南向北）

图版三　姚家墓地M7、M8墓口

1. M7扩方后墓口

2. M7南墓道（由北向南）

图版四　姚家墓地M7墓口及墓道

1. M7椁室

2. M7头箱内遗物

图版五　姚家墓地M7椁室及头厢

1. M8椁室

2. M8椁底板

图版六　姚家墓地M8椁室及椁底板

1. M88

2. M97

图版七　姚家墓地 M88、M97

1. M109

2. M125

图版八　姚家墓地 M109、M125

1. M102

2. M10

图版九　姚家墓地 M102、M10

1. M15椁盖板及棺

2. M15棺椁底板

图版一○　姚家墓地M15棺椁

1. M24椁底板

2. M38椁底板

图版一一　姚家墓地 M24、M38椁底板

1. 许家北居址发掘区

2. 2012FZYT3

图版一二　居址发掘区探方

1. 矛（M7D6：068）

4. 戈（M23：8）

2. 矛（M8：1）

5. 戈（M23：14）

3. 镞（M30D2：049）

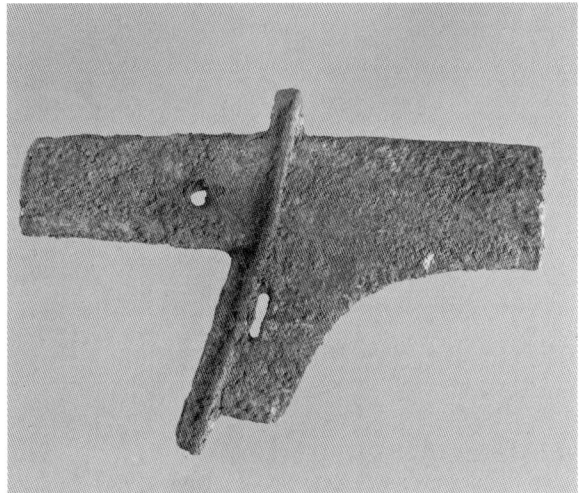
6. 戈（M38：1）

图版一三　姚家墓地出土铜兵器

1. 节约（M7D4：09）

4. 马镳（M8D2：025）

2. 节约（M23D1：017）

5. 马鼻饰（M16：7-1）

3. 节约（M30D2：016）

6. 马镳（M16：6-1、6-3）

图版一四　姚家墓地出土铜马器

1. 阳燧（M19：1）

4. 錫（M30：19）

2. 泡（M16：1）

5. 环（M23D2：035）

3. 泡（M24D2：010）

6. 鱼（M34D1：05）

图版一五　姚家墓地出土铜器

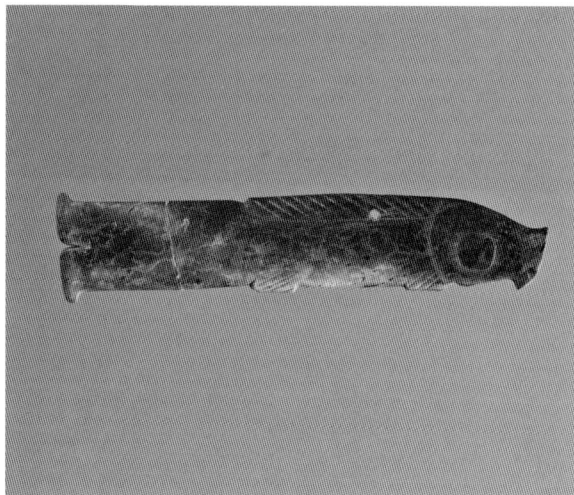

1.（M23：10）

4. M30D3：042

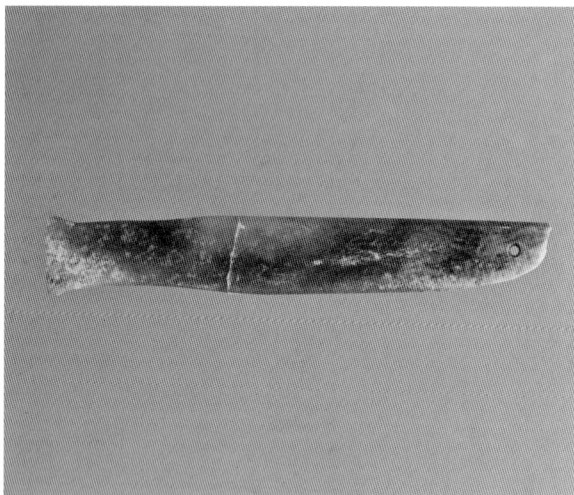

2. M30D3：040

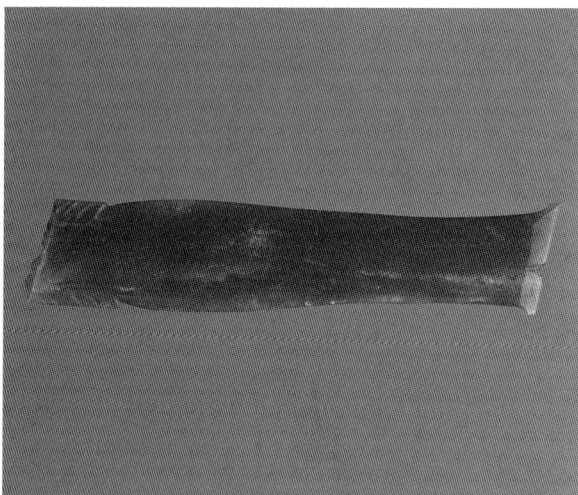

5. M30D3：044

3.（M30D3：039）

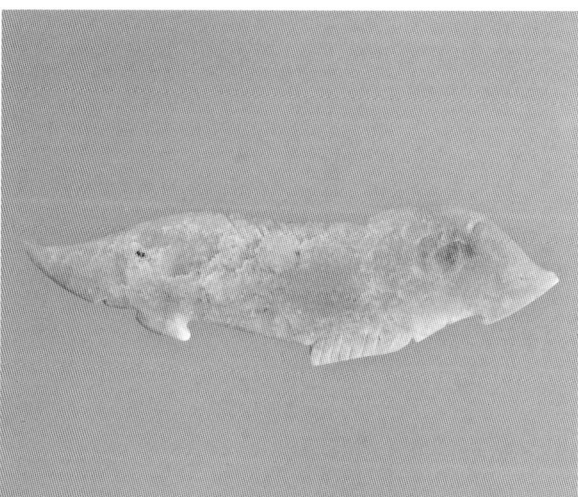

6. M30D3：041

图版一六　姚家墓地出土玉鱼

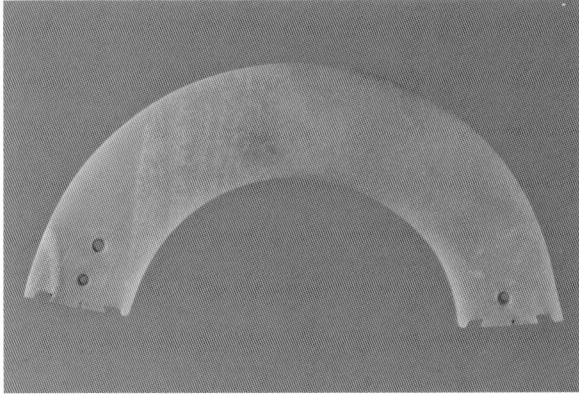

1. 玉璜（M29：1）

4. 玉戈（M17D3：021）

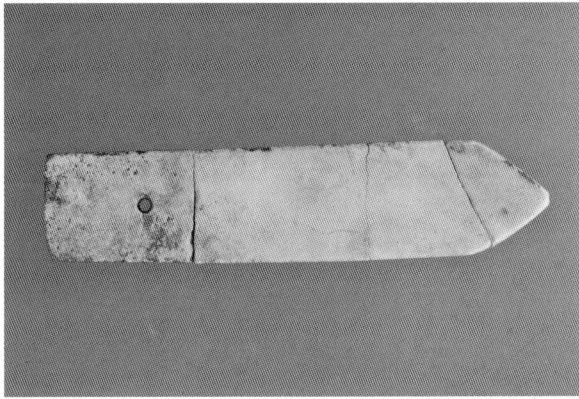

2. 石圭（M132：6）

5. 柄形器（M107：12）

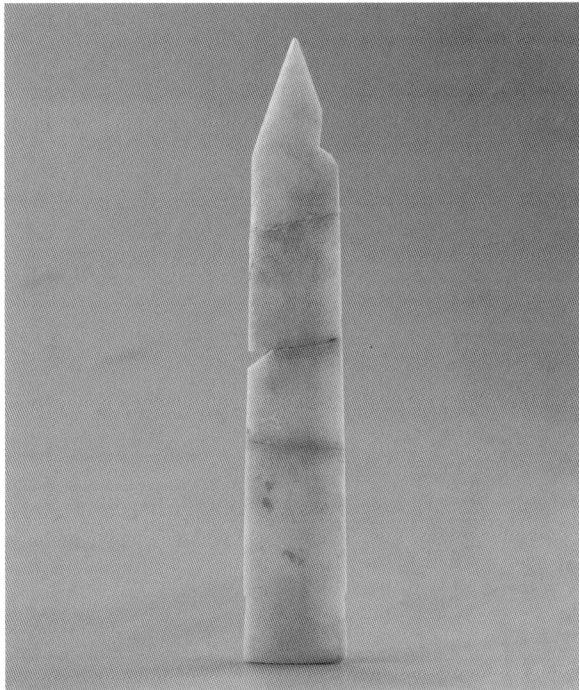

3. 石圭（M109：1）

6. 石戈（M24：7）

图版一七　姚家墓地出土玉石器

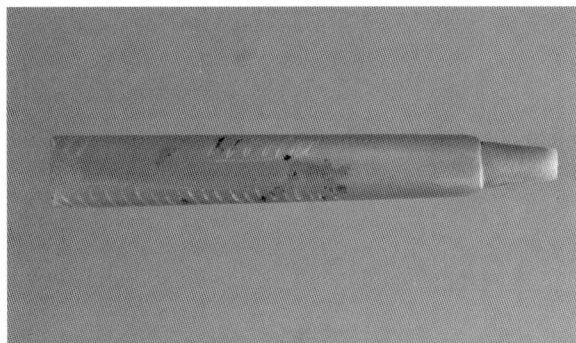

1. M23：1

4. M23：2

2. M18D3：020

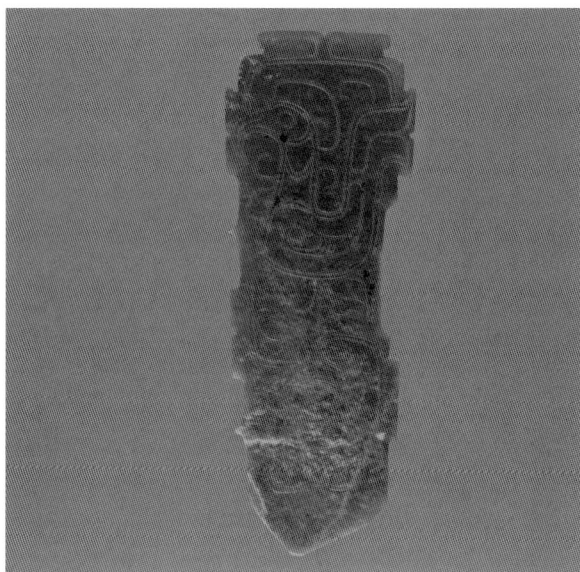

5. M23：4

3. M132：4

6. M34D1：06

图版一八　姚家墓地出土玉柄形器

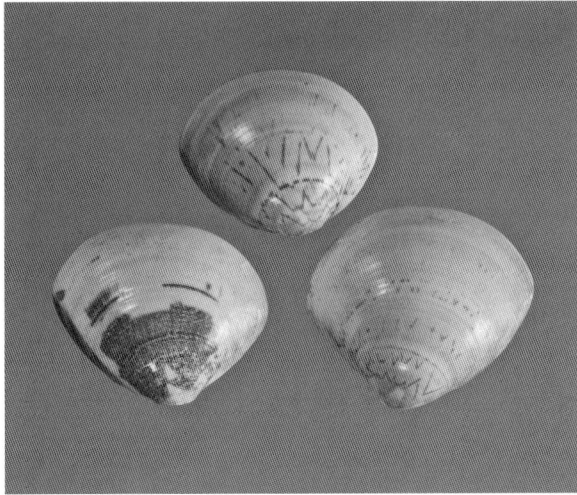
1. 文蛤（M35D1：06）

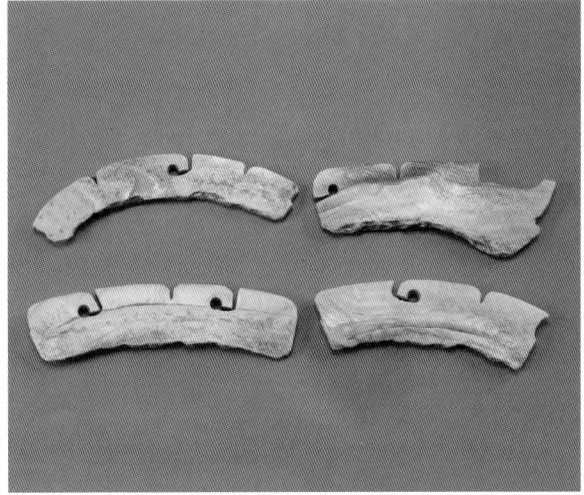
4. 扉棱蚌饰（M18）

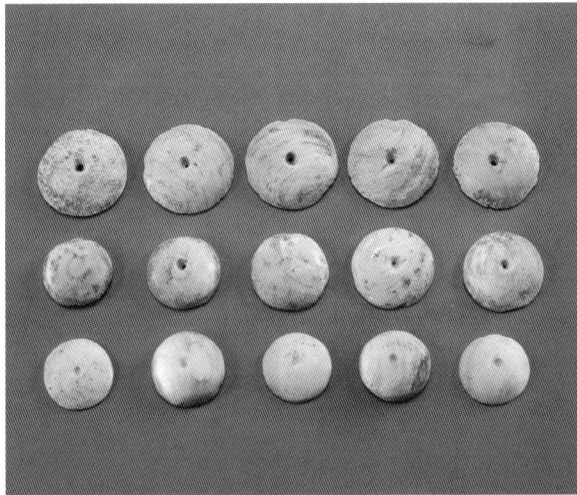
2. 部分蚌泡（M18）

5. 海贝（多座墓葬）

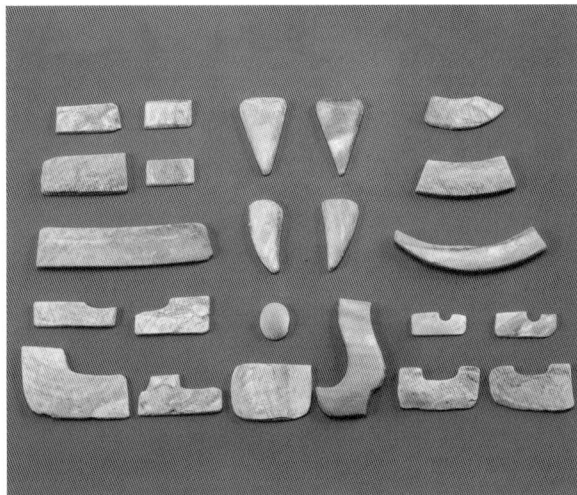
3. 漆器附属蚌饰（M18）

6. 骨牌饰（M23D1：03、08、016、030）

图版一九　姚家墓地出土蚌、贝、骨器

1. M98D1：07

4. M98：2

2. M20D1：04

5. M107：4

3. M35D1：010

6. M123D1：04

图版二〇　姚家墓地出土联裆鬲

1. M110D1：01

4. M123D1：01

2. M87：4

5. M104：5

3. M101D1：02

6. M97：1

图版二一　姚家墓地出土陶簋

1. 器盖（M18D2：05）

4. 豆（M29D2：04）

2. 簋（M104：8）

5. 豆（M107：1）

3. 瓶（M108D1：04）

6. 豆（M107：3）

图版二二　姚家墓地出土陶器

1. 小口圆肩罐（M16D3：012）

4. 弦纹罐（M98：4）

2. 绳纹罐（M103D1：01）

5. 素面罐（M40D1：01）

3. 素面罐（M98：1）

6. 小口圆肩罐（M105D1：02）

图版二三　姚家墓地出土陶罐

1. M88陶器组合

2. M104陶器组合

图版二四 姚家墓地出土陶器组合

1. 联裆鬲（YH1①：1）

3. 卷沿鬲（YH2：2）

2. 侈口方唇鬲（YH2：1）

4. 大口罐（H2：3）

图版二五　居址出土陶器

1.带三角形缺口的余料（H4①:41、H4①:43、H3⑥:27）

4.截断余料（[左]H4①:56与基部余片[右]H4①:55对比）

2.截断（H4①:58）

5.角条（H4③:99、H3⑤:19、H4③:96、H4③:7）

3.基部余料（H4①:48、H3③:6）

6.角条（H3⑤:21、H4③:13、H4③:91、H4③:101）

图版二六　加工鹿角原料主要步骤

1. 第一步（H3③：9、H4③：95）

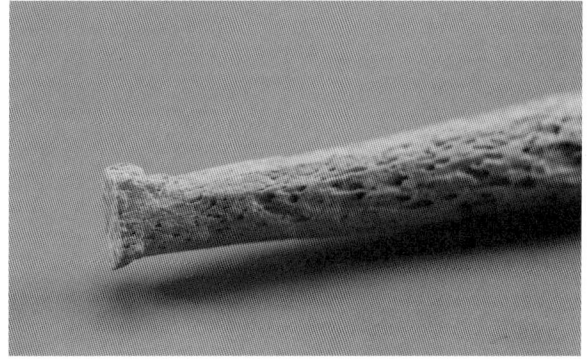

5. 第四步（H4③：23）

2. 第二步（H4①：83）

6. 第五步（H4①：80）

3. 第三步（H4①：84、H4③：5、H4③：21、H4③：106）

7. 第六步（H4③：25）

4. 第四步（H4①：77、H4③：18、H4③：23、H4③：97、H4③：22）

8. 第七步（H3⑥：26）

图版二七　半成品至成品主要步骤

1. A 型（H4③：19、H4③：20）

3. B 型（H3⑥：4）

2. A 型（H3⑥：3、H4③：26、H4③：76、H4①：3）

4. C 型成品及残料（H4①：79、H4①：78、H3③：209、H4③：24）

图版二八　姚家西居址角镞成品